» IL CAMMEO «

VOLUME 219

I MITI NORDICI

di

GIANNA CHIESA ISNARDI

OTTANTACINQUE DISEGNI
DI GINO ARCIDIACONO

LONGANESI

Gruppo editoriale Mauri Spagnol

www.longanesi.it

ISBN 978-88-304-1031-2

I edizione ottobre 1991
II edizione settembre 1997
III edizione gennaio 2006
IV edizione ottobre 2008
V edizione giugno 2010
VI edizione ottobre 2011
VII edizione settembre 2012
VIII edizione ottobre 2013
IX edizione luglio 2014
X edizione febbraio 2015
XI edizione febbraio 2016
XII edizione novembre 2016
XIII edizione gennaio 2018

I miti nordici
Storie, figure, simboli

a Enrico

Molte persone mi hanno aiutato in vari modi nella realizzazione di questo libro e a tutte va il mio grazie sincero. In particolare tuttavia desidero esprimere la mia più profonda gratitudine al personale della Biblioteca Universitaria di Uppsala «Carolina Rediviva» e alla dottoressa Cecilie Wiborg Bonafede della Biblioteca Universitaria di Oslo che durante questi anni di studio e di ricerca hanno notevolmente agevolato il mio lavoro dimostrandosi sempre disponibili a fornirmi la loro preziosa collaborazione.

Introduzione

I. Il mondo nordico

Quella fase della storia del medioevo europeo che viene comunemente definita «periodo vichingo» durò poco più di duecentocinquant'anni. Ebbe inizio nell'ultimo decennio dell'VIII secolo, quando le prime navi provenienti dalla Scandinavia fecero la loro comparsa, inaspettate e minacciose, sulle coste orientali dell'Inghilterra e dell'Irlanda.[1] Si concluse intorno alla metà dell'XI secolo. Due date principali ne segnano il declino. Nel 1035 moriva Canuto il Grande, il sovrano vichingo che aveva riunito sotto la propria autorità i regni d'Inghilterra, Danimarca e Norvegia. La grande monarchia non gli sarebbe sopravvissuta; nondimeno pochi anni dopo, il 14 ottobre 1066, l'ultimo re anglosassone, Aroldo, veniva sconfitto e ucciso a Hastings dall'esercito normanno di Guglielmo il Conquistatore. Appena venti giorni prima, il 25 settembre, Aroldo era riuscito a respingere a Stamford Bridge l'attacco del re norvegese Araldo di Duro Consiglio,[2] che pagava così con la vita le proprie pretese sul regno d'Inghilterra. Questi avvenimenti sono significativi per diverse ragioni. Canuto il Grande era stato un sovrano abile e oculato; tuttavia la sua figura si avvicina assai più al modello di un esperto uomo politico che non a quello di un re vichingo di vecchio stampo, fedele prima di ogni altra cosa al proprio spirito di indipendenza e d'avventura. I suoi rapporti con altri sovrani e con l'autorità della Chiesa, grazie ai quali seppe allargare e consolidare il proprio potere, ne fecero forse il più grande dei re vichinghi, ma la sua eredità appartiene più alla storia che alla leggenda.

Lo stesso si può dire dei Normanni: gli «uomini del Nord» che al seguito di Guglielmo il Conquistatore invasero e sottomisero l'Inghilterra erano ormai i componenti dell'esercito fedele di un duca, più che i compagni d'avventura di un capo liberamente scelto sulla base del coraggio e dell'intraprendenza. Durante il soggiorno in Francia essi avevano gradualmente perduto la loro lingua e molte delle loro tradizioni, sicché, quando sbarcarono in Inghilterra e nell'Italia meridionale, gran parte del loro patrimonio «vichingo» era andata perduta.

La morte del re norvegese Araldo nella sfortunata battaglia di Stamford Bridge non segnò soltanto il fallimento di un'impresa guerriera. Dopo di lui il regno subì profonde trasformazioni politiche e sociali, avviandosi a divenire, come del resto la Svezia e la Danimarca, una monarchia ormai legata ai modelli dell'Europa meridionale. Inoltre, in quegli anni, il cristianesimo stava ormai prevalendo in tutto il Nord. Cosicché l'influsso culturale di quelle terre verso le quali i Vichinghi si erano spinti per audacia, necessità e spirito di avventura, determinò l'inesorabile declino della loro era.

Quali erano state dunque le caratteristiche grazie alle quali gli «uomini del Nord» avevano segnato col proprio nome un periodo della storia? Quale l'eredità lasciata dietro di sé? Un breve sguardo al loro mondo potrà fornire una risposta ai quesiti.

L'epopea dei Vichinghi copre, s'è detto, un arco di tempo di due secoli e mezzo. In questo periodo essi portarono a compimento una serie di imprese straordinarie.

Dai primi insediamenti sulle coste baltiche, i Vichinghi svedesi, altrimenti detti Vareghi, Variaghi[3] o Rus' (nome dato loro dalle popolazioni locali, donde, probabilmente, Russia), si mossero verso sud-est. Navigando quando possibile sui fiumi, e trascinando via terra le imbarcazioni lungo i tratti impraticabili, essi discesero il corso del Dnepr e del Volga. Così, traversando il mar Nero da una parte e il mar Caspio dall'altra, giunsero fino a Costantinopoli e a Baghdād. Un diplomatico arabo, Ibn Faḍlān, descrive in un memorabile resoconto gli usi e i costumi di questi intraprendenti forestieri che aveva avuto la ventura di incontrare sul Volga.[4]

I Norvegesi si mossero soprattutto verso ovest. Nel IX secolo si stanziarono in Islanda, la «terra del ghiaccio», rifugio fino ad allora solamente di qualche eremita irlandese.[5] Dall'Islanda fu raggiunta la Groenlandia, singolarmente battezzata «terra verde»; il Paese in cui il famoso Erik il Rosso, protagonista della saga omonima, avrebbe stabilito la propria autorità.

La scoperta dell'America avvenne per caso nell'estate del 986. Un islandese, tale Bjarni Herjólfsson, stava navigando verso la Groenlandia, dove avrebbe dovuto incontrare il padre. Ma durante il viaggio la sua nave fu sorpresa da una violenta tempesta che, allontanandola dalla rotta, la spinse verso ovest in direzione delle coste nordamericane. Bjarni e i suoi uomini costeggiarono il nuovo continente per un lungo tratto, senza tuttavia sbarcarvi; poi finalmente poterono far vela per la Groenlandia, dove riferirono la propria avventura. La prima spedizione esplorativa verso le nuove terre fu in seguito capeggiata da Leifr il Fortunato, figlio di Erik.[6] Inconfutabili testimonianze archeologiche mostrano l'esistenza di insedia-

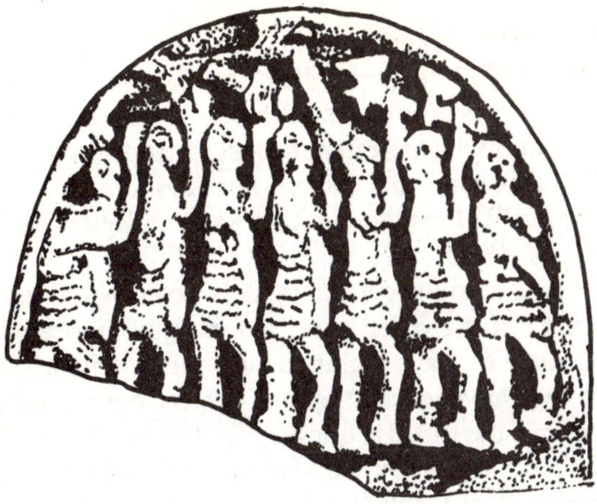

I Vichinghi all'assalto. Raffigurazione su una pietra dell'isola di Lindisfarne. Northumberland, Inghilterra, età vichinga

menti vichinghi in Terranova.[7] Tuttavia le colonie americane, nelle terre battezzate con i nomi di *Helluland* «terra delle rocce piatte», *Markland* «terra delle foreste» e *Vínland* «terra del vino», non sopravvissero a lungo alla ricorrente ostilità delle popolazioni indigene e alla obiettiva difficoltà di mantenere costanti rapporti con la madrepatria.

I Vichinghi danesi raggiunsero obiettivi più vicini ma non meno prestigiosi. Fin dai primi anni dell'800, quando ancora l'impero carolingio era saldo sotto la guida del suo fondatore, essi erano comparsi minacciosi sulle coste settentrionali della Francia e nella regione dei Frisoni e dei Sassoni, avvicinandosi pericolosamente ad Aquisgrana. L'inettitudine dei successori di Carlo Magno e il conseguente, progressivo sgretolarsi dell'impero non fecero che spianare una strada già aperta. Invano i diversi sovrani tentarono di arrestarli sborsando ingenti somme di denaro o assoldandoli come mercenari contro i loro stessi connazionali: niente valse a fermare la loro penetrazione. Nel 911 Carlo il Semplice concedeva al capo vichingo Rollone[8] il titolo di duca di quel territorio che proprio dai nuovi occupanti avrebbe tratto il nome di Normandia:[9] non si trattava che di un atto formale con il quale si sanciva una situazione di fatto.

Non meno incisiva, e destinata a lasciare tracce profonde, era stata la penetrazione in Inghilterra. Dopo le prime incursioni sulle coste, gli attacchi si erano succeduti sempre più frequenti fino a quando, a partire dall'865, l'Anglia orientale diveniva l'obiettivo di una vera e propria invasione. In tal modo si veniva formando quel territorio, che andò via via estendendosi, sottoposto di fatto al dominio e alla giurisdizione dei Danesi. Per questa ragione esso avrebbe preso il nome di *Danelagu* (in anglosassone *lagu* «legge», termine preso a prestito dal nordico).[10]

Quanto la penetrazione dei Danesi nel Paese fosse estesa e consolidata appare dal trattato dell'anno 886, nel quale il re anglosassone Alfredo il Grande e il capo vichingo Guthrum stabilivano il confine meridionale del *Danelagu*. In seguito il potere danese in Inghilterra ebbe alterne vicende, tuttavia questa presenza avrebbe lasciato tracce profonde in un Paese destinato comunque a cadere sotto il dominio dei Normanni di Guglielmo il Conquistatore.[11]

Altri Normanni, intanto, avrebbero raggiunto le coste della Spagna e dell'Italia meridionale dove, venuti come mercenari al soldo dei principi locali, presto avrebbero imposto il loro dominio e fondato durature signorie.

Al culmine della loro espansione i Vichinghi avevano esteso i confini del proprio mondo dalle coste americane dell'oceano Atlantico alle pianure dell'Asia centrale.

Ma che cosa aveva spinto tutti questi uomini tanto lontano dalla patria?

Le ragioni fondamentali sono molteplici. Esse infatti non vanno cercate soltanto in un generico spirito di intraprendenza o nel semplice desiderio d'avventura. Ci fu innanzitutto, alla base, un pressante bisogno di nuove terre e di nuove opportunità di ricchezza. Le modeste fonti di sostentamento del loro Paese – pesca, caccia e agricoltura soprattutto –, troppo spesso affidate ai capricci di una natura inclemente e ostile, avevano da sempre reso difficili le condizioni di vita. La causa prima che spinse i Vichinghi sulla via dell'emigrazione fu probabilmente un consistente aumento demografico cui le risorse tradizionali della madrepatria non furono in grado di far fronte. Si calcola che nell'arco di circa duecentocinquant'anni non meno di duecentomila persone abbiano lasciato definitivamente la Scandinavia.

Altri fattori tuttavia ebbero un peso determinante.[12] La curiosità suscitata da terre lontane e misteriose, la possibilità di facili guadagni e il desiderio di emergere giocarono un ruolo considerevole. Per di più i Vichinghi erano marinai insuperabili. Le loro navi, capaci di portare fino a ottanta uomini, erano in grado di affrontare le onde dell'oceano così come la corrente dei fiumi. Per molto tempo esse furono la grande passione e il vero vanto di questi uomini che non a caso si erano attribuiti l'ambizioso appellativo di «re del mare».[13]

Ma chi erano e come vivevano i Vichinghi nella loro patria?

L'etimologia del nome è controversa. Più che attraverso un improbabile collegamento col latino *vicus*, il termine va presumibilmente spiegato ricorrendo al nordico *vík* f. «baia», arricchito del suffisso *-ingr*, frequente nei nomi di popolo. Esso significherebbe dunque «predone [che approda] nelle baie» o «predone [che va] di baia in baia».[14]

Discendenti di quei Germani settentrionali che si erano stanziati in Danimarca e nella zona meridionale della penisola scandinava, essi avevano potuto, proprio grazie alla posizione geografica marginale, mantenere intatto più a lungo il loro patrimonio di tradizioni e di cultura. Così, mentre i Germani orientali e occidentali avevano ben presto subìto, seppure in forme diverse e variate, l'influsso determinante di altre culture, quali la celtica, la latina e la greca, i popoli del Nord ne erano stati toccati solo marginalmente. Basti pensare che il cristianesimo non si affermò in Scandinavia che dopo l'anno 1000. Nella sua opera *Gesta Hammaburgensis Ecclesiae Pontificum* del 1070 circa, Adamo da Brema descriveva ancora con toni di sdegno i riti in onore degli dèi pagani che si celebravano nel centro svedese di Uppsala.[15]

La nuova religione, introdotta più spesso per opportunità politica che per reale convinzione,[16] avrebbe dovuto convivere a lungo con pratiche e credenze pagane assai radicate, al punto che si può affermare che l'onda lunga del paganesimo nordico si protrasse addirittura oltre la Riforma protestante. Le saghe medievali abbondano di particolari sulle tradizioni pagane e spesso riferiscono episodi significativi nei quali si rivela il profondo contrasto che divideva chi rimaneva legato all'antico costume dai fautori del nuovo credo.[17]

Una delle usanze pagane destinate a perdurare più a lungo fu certamente quella relativa al culto degli antenati, il quale va senz'altro inteso come conseguenza, sul piano religioso, di strutture sociali e familiari risalenti al mondo germanico.[18] La comunità familiare scandinava, sebbene numericamente inferiore a quella che era stata la *Sippe*,[19] ne conservava molte delle caratteristiche. Essa era basata, come in tutto il mondo indoeuropeo, su una concezione patriarcale, anche se le donne vi avevano grande dignità e autorevolezza.

Al tempo dei Vichinghi la famiglia come nucleo sociale aveva definitivamente conquistato un suo spazio e una sua autonomia, benché le concezioni che avevano caratterizzato le strutture sociali del mondo germanico continuassero a dominare nel suo interno. Era in genere una famiglia contadina che possedeva propri terreni e una fattoria costituita da diverse costruzioni solitamente di pietra, ricoperte esternamente da zolle d'erba e rivestite all'interno di legno. La grande sala in cui si svolgeva la maggior parte della vita comunitaria aveva al centro il focolare; una scarsa luce scendeva da un'apertura nel tetto. Non mancava, anche nelle abitazioni più modeste, il «posto d'onore» (*hásœti* n.), dove a esempio sedeva il figlio primogenito nel momento in cui subentrava al padre ricevendone l'eredità. La concezione della proprietà dei beni immobili (casa, terreno) come «sacro retaggio»[20] che doveva essere conservato alla famiglia imponeva che esso non dovesse finire in mani estranee né potesse essere frazionato. Per questo, non solo i figli illegittimi (piuttosto frequenti a causa degli usuali rapporti degli uomini con più donne, specie se schiave), ma anche i fratelli minori dovevano spesso accontentarsi – in luogo dell'eredità – di un risarcimento in denaro. Questa consuetudine fu la causa non ultima che spinse sulla via delle spedizioni molti giovani dotati di coraggio e intraprendenza.

Il divorzio era pratica comunemente ammessa e come si vedrà anche le donne potevano chiederlo con relativa facilità. Non mancano tuttavia nelle saghe figure di spose legate al marito da un amore profondo ed esemplare, quali Auðr, moglie di Gísli, o Bergþóra, moglie di Njáll.[21]

I rapporti interni alla comunità familiare, cui erano affidate le possibilità di affermazione – quando non addirittura di sopravvivenza – di ognuno dei membri, erano basati, fondamentalmente, sulla mutua fedeltà dei componenti, vitale forza coesiva che garantiva stabilità e autorità. Tale legame, che impegnava a un sostegno reciproco incondizionato e vincolava fino ai limiti estremi della vendetta e dell'assassinio, era conseguenza naturale della consanguineità o del matrimonio. Nella letteratura nordica abbondano i drammi di chi veniva a trovarsi, suo malgrado, nell'angosciosa situazione di un conflitto che costringeva a privilegiare gli interessi di una delle famiglie cui contemporaneamente si apparteneva per nascita o per legame matrimoniale. Esemplare da questo punto di vista – e assolutamente coerente con il modo di pensare di tale società – è il comportamento di Þórdís Þorbjarnardóttir quale è narrato nella *Saga di Gísli*.

Costei, resa vedova dal fratello Gísli che le aveva assassinato il marito per vendicare un «fratello di sangue» (v. sotto), era passata a seconde nozze con il cognato, il quale a sua volta – e istigato da lei – aveva pagato dei sicari per ottenere vendetta della morte del fratello. Aggiunge tuttavia la saga come, avuta notizia dell'avvenuta uccisione di Gísli, Þórdís tentasse di ferire a morte con le proprie mani l'esecutore materiale del delitto. Disapprovata dal marito per questo gesto, ella si proclamò immediatamente divorziata da lui e lo abbandonò, andando a vivere per proprio conto.

Un'istituzione che ebbe grande diffusione in Scandinavia consentiva, anche a chi non fosse consanguineo o comunque parente, di stringere un legame altrettanto forte. Si tratta dell'istituto che va sotto il nome di «fratellanza di sangue» (*fóstbrœðralag* n.), originariamente connesso alla pratica dell'adozione. Poiché era usanza diffusa che alcune famiglie (specie le più notabili) mandassero i figli a essere allevati presso conoscenti, si stabiliva fra gli adottati e i ragazzi nati nella casa un legame molto vicino a quello di una vera e propria parentela. Il *fóstbrœðralag* ebbe un tale sviluppo che anche persone legate da semplice amicizia potevano stringere tra loro questo tipo di vincolante alleanza. Nella *Saga di Gísli* si racconta con dovizia di particolari la cerimonia con la quale i «fratelli di sangue» divenivano tali. Si tratta di un rituale mediante il quale si attuava una sorta di rinascita come fratelli attraverso un simbolico rapporto con la madre terra.[22] È facile intuire quanto potesse essere diffusa questa pratica tra coloro che insieme decidevano di affrontare il mare e l'avventura. Si è già accennato come nel nome *Væringjar* che designava i Vichinghi svedesi vada riconosciuta la stessa radice di *várar* (f.pl.) «giuramento solenne».

Molto spesso, indulgendo a facili generalizzazioni e sottovalutando differenze anche sostanziali, si è parlato della comunità nordica antica come della prima società democratica formatasi in Europa. Tale affermazione si fonda, ancora una volta, sulle concezioni che stavano alla base del mondo germanico, conservate senza rilevanti mutamenti in tutta la Scandinavia. Laddove l'individuo aveva valore solo in quanto appartenente alla *Sippe*, anche le decisioni che regolavano la vita dovevano giocoforza essere comunitarie; al singolo era concessa la facoltà di proporre, non quella di deliberare. Momento culminante di tale gestione comune della «cosa pubblica» era l'assemblea, in nordico *þing* n.,[23] istituzione destinata ad avere eccezionale sviluppo particolarmente in Islanda, Paese nel quale essa sarebbe stata a lungo lo strumento con il quale la borghesia contadina si sarebbe sottratta ai tentativi di accentramento del potere. All'assemblea, durante la quale la pace doveva essere rigorosamente rispettata[24] e alle cui decisioni anche i re e gli uomini eminenti dovevano sottomettersi, potevano partecipare solo gli uomini liberi, spesso cioè solo coloro che godevano di una situazione sociale privilegiata, basata su una solida posizione economica. In effetti la società nordica, benché genericamente «democratica», prevedeva gradi sociali assai diversi per i suoi componenti. Accanto ai re, che, oltre a vedere il proprio potere sensibilmente condizionato dall'assemblea, dovevano per lo più accontentarsi di esercitare la propria autorità su territori poco estesi e in modo molto limitato,[25] c'era la potente borghesia contadina, i cui componenti avevano una notevole influenza sulla vita della comunità. Altri contadini meno agiati erano, benché uomini liberi, alle dipendenze dei più ricchi proprietari terrieri. Gli schiavi, la cui condizione non era tuttavia particolarmente pesante, erano per lo più prigionieri catturati durante le scorrerie o persone rovinate dai debiti. A loro erano affidati i lavori più ingrati e gravosi.

Sebbene la situazione della donna consentisse a quelle dotate di particolari qualità di godere di stima e prestigio, essa rimaneva tuttavia condizionata da una società di tipo patriarcale. Per questa ragione le vedove cercavano in un nuovo matrimonio (spesso col fratello del defunto) un appoggio quasi sempre indispensabile.[26]

I villaggi, come s'è detto, erano rari, prevalendo piuttosto le fattorie isolate nelle quali comunque vivevano parecchie persone. Con l'intensificarsi delle spedizioni vichinghe, nel loro duplice aspetto militaresco e commerciale, sorsero via via alcune città che nella loro struttura rivelano il duplice scopo di servire da mercati e fortezze. Naturalmente avevano un porto o, comunque, un immediato collegamento col mare. Restano famosi i nomi di Birka (in Svezia) e Hedeby (in Danimarca), centri ben noti ai missionari cristiani, o Kaupang sulla costa occidentale del fiordo di Oslo. Fuori del territorio scandinavo si rammentano tra le altre Truso, alla foce della Vistola, o Wollin, alla foce dell'Oder, la città in cui si trovava la leggendaria fortezza detta Jómsborg dove secondo la saga omonima vivevano gli Jómsvichinghi.[27] È noto che importanti città russe quali Novgorod e Kiev si svilupparono nei punti nodali delle direttrici percorse dai Vareghi.

Il termine «vichingo» viene attualmente usato non soltanto per designare un periodo storico (e una fase linguistica) dell'antica Scandinavia, ma anche per indicare genericamente i suoi abitanti. In realtà – e i dati etimologici paiono confermarlo con tutta evidenza –[28] la parola aveva originariamente un'accezione più limitata. I veri Vichinghi erano infatti coloro che lasciavano la patria per dedicarsi al commercio e alla guerra, attività tra le quali non esisteva affatto a quel tempo la rigida distinzione che oggi si potrebbe supporre.

La parola «vichingo», destinata per gli straordinari successi di questi uomini a godere di particolare fortuna, passò dunque a designare un intero popolo, anzi diversi popoli, ché proprio allora si cominciò a distinguere fra *Svíar* «Svedesi», *Danir* «Danesi» e *Norðmenn* «Norvegesi». In questo ampliamento di significato è celata tuttavia una inesattezza storica. Infatti nella società nordica, ancora legata alle strutture sociali della *Sippe* (v. sopra), il «vichingo» veniva a rappresentare per così dire il «ribelle», cioè colui che, rivoltandosi contro un atteggiamento di totale e passiva sottomissione alle esigenze e al destino della comunità, tentava, unendosi ad altri individui come lui, di divenire padrone della propria vita e del proprio futuro. La banda di Vichinghi che, legati da giuramento di fedeltà a un solo capo, cercavano nell'avventura e nella guerra uno sfogo alle proprie aspirazioni e ambizioni personali, non era infatti che una forma di *comitatus*. La parola *comitatus*, con la quale Tacito[29] designava un gruppo ristretto di guerrieri scelti, indica di fatto quei nuclei di persone, ribelli alla tradizione comunitaria, che, unendo i propri sforzi per il conseguimento di un'affermazione personale, seguivano un condottiero con il quale condividevano il proprio ideale di vita.[30]

In un mondo in cui la lotta per l'esistenza era esperienza quotidiana, in una società nella quale i ragazzi raggiungevano la maggiore età a soli dodici anni, in un Paese dove le risorse naturali non offrivano se non le prospettive di una vita difficile e faticosa, molti dovettero essere gli stimoli che indussero chi era dotato di intraprendenza e determinazione a tentare di mutare il proprio destino.

E se esaminiamo la realtà storica, cioè i risultati che questi uomi-

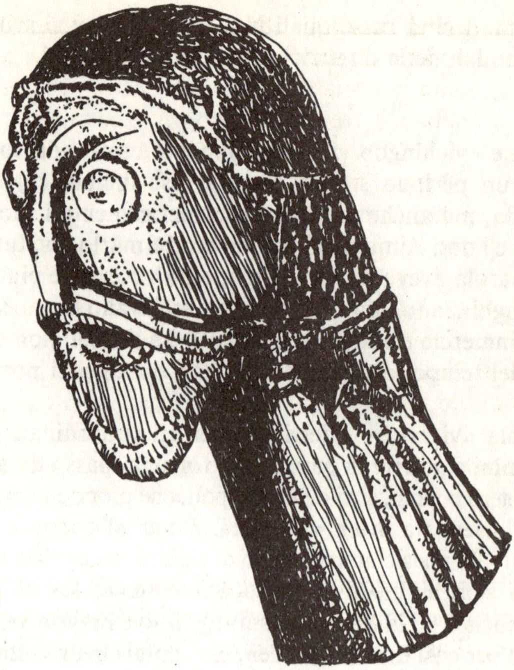

Testa di guerriero vichingo intarsiata in legno nel carro del corredo funerario di Oseberg. Vestfold, Norvegia, IX secolo

ni riuscirono a conseguire, possiamo tranquillamente affermare che anche se l'uso del termine «vichingo» per indicare il complesso della società nordica è di per sé inesatto, il suo prevalere non fu tuttavia ingiusto. Ché, se guardiamo alle arti figurative o alla poesia, ai reperti archeologici o alle usanze più nobili e illustri del tempo, ci accorgeremo facilmente che tutto ciò riflette soprattutto, conservandone il ricordo, una concezione della vita che s'andava allontanando dalla tradizione e, spesso, a essa si ribellava. Così, mentre le immagini su pietra o su legno ci mostrano guerrieri in assetto di combattimento o divinità nell'atto di compiere imprese mitiche, la poesia degli scaldi canta la vita degli uomini illustri in rime difficili e ricercate, appesantite per noi da oscure metafore di contenuto mitologico.[31] Così, mentre i reperti archeologici relativi alle sepolture ci mostrano non tanto un mutamento delle usanze rispetto al passato, quanto piuttosto la comparsa di tombe particolarmente ricche in cui erano stati inumati personaggi eminenti della cui eredità si voleva conservare il ricordo,[32] Ibn Faḍlān ci fa capire, riferendo le parole di un vichingo sconosciuto durante il solenne funerale di un capo, quanta importanza e considerazione si fossero guadagnati quei «ribelli» che avevano saputo imporre una nuova concezione di vita.

«Uno dei Rus' era al mio fianco e lo udii parlare con l'interprete che stava con lui. Domandai che cosa quello gli avesse detto. Rispose: 'Ha detto: ''Voi Arabi siete pazzi'''. 'Perché?' domandai. Disse: 'Voi prendete colui che amate e onorate di più fra tutti e lo gettate nella terra e la terra e i serpi e i vermi lo divorano. Noi invece lo bruciamo in un attimo cosicché subito entri in paradiso'. E prese a ridere fragorosamente. Quando gli domandai il perché rispose: 'Il suo dio, per amor suo, ha mandato il vento per portarlo via in un'ora'. E in effetti non era trascorsa un'ora che la nave, il legname, la ragazza[33] e il suo signore altro non erano che tizzoni e cenere.»[34]

Il contrasto tra la società contadina legata alle più antiche tradizioni e lo spirito «vichingo» di questi uomini dovette essere profondo e toccò ogni aspetto dell'esistenza. Gli dèi, come gli uomini, ne furono coinvolti, sicché, a seconda delle loro particolari attitudini e qualità e delle diverse concezioni di vita, essi furono oggetto di un culto più o meno devoto.

Note

1 L'inizio delle incursioni vichinghe si fa comunemente risalire al giugno del 793, quando venne assalito e devastato il monastero di Lindisfarne presso le coste orientali dell'Inghilterra. L'episodio è ricordato con toni drammatici nella *Cronaca anglosassone* (su cui v. G.K. Anderson, *The Literature of the Anglo Saxons*, Princeton University Press, 1966, pp. 292-5 e nota 7, pp. 297-8). Già qualche anno prima, tuttavia, alcune navi vichinghe erano comparse all'orizzonte delle coste inglesi. La prima razzia sulle coste irlandesi fu invece quella di Lambey, nel 795.

2 In antico nordico Haraldr ***harðráði*** cioè «di duro consiglio» o forse «severo governatore» o, ancora, «determinato» o «spietato». ***Harðr*** è aggettivo che vale «duro», «severo»; ***ráða***, verbo, «consigliare», «governare».

3 Il nome, in nordico *Væringjar*, si fa comunemente risalire al termine *várar* (solo pl.) «giuramento solenne». Esso è connesso a quello della dea Vár che, secondo quanto insegna Snorri Sturluson nell'*Inganno di Gylfi* (*Gyl* 35; cfr. p. 294), è colei che viene invocata quale testimone dei voti e delle promesse solenni. Esso indi-

cherebbe dunque il legame che si stabiliva fra i componenti di un gruppo. Il suffisso *-ingr* è frequente nei nomi di popolo (v. Merovingi, Carolingi ecc.).

4 Correva l'anno 922. Il resoconto di Ibn Faḍlān è particolarmente interessante e dettagliato riguardo gli usi funerari (cfr. nota 34).

5 La colonizzazione dell'Islanda fu tuttavia legata a precise implicazioni politiche. In quel periodo si andava infatti affermando in Norvegia il potere del re Araldo Bella chioma (ca. 870-945), cui molti rifiutarono di sottomettersi preferendo l'esilio.

6 Fonti principali di queste informazioni sono la *Saga di Erik il Rosso (Eir)* e la *Saga dei Groenlandesi* (*Grœ*), che tuttavia talvolta non concordano nella narrazione.

7 Cfr. Anne Stine Ingstad, *The Discovery of a Norse Settlement in America*, Oslo-Bergen-Tromsø 1977, dove si dà conto della campagna di scavi che ha rivelato l'esistenza di un insediamento di tipo nordico nella zona di L'Anse-aux-Meadows in Terranova.

8 Non è certo se Rollone fosse di nazionalità danese o norvegese. È forse identificabile, come suggerisce anche Snorri Sturluson, con Hrólfr, soprannominato *Göngu-Hrólfr*, cioè Hrólfr Pedone, per il fatto che, data la sua mole, nessun cavallo era in grado di reggerlo in sella. Si veda la *Saga di Araldo Bella chioma* (*HarH* 24), la *Saga di Óláfr il Santo* (*ÓlH* 20), rispettivamente terza e settima parte della *Heimskringla* di Snorri Sturluson, e la *Saga degli uomini delle Orcadi* (*Ork* 4).

9 Il termine nordico *Norðmenn* «uomini del Nord» venne latinizzato in *Nordmanni* (donde *Normanni* e *Normandia*). Cfr. in proposito la *Vita Carolis imperatoris* di Eginardo (ed. G.H. Pertz, *MGH*, Hannoverae 1839, Script. tom. II), prima metà del IX secolo, al cap. 12; l'opera di Liutprando, vescovo di Cremona, *Antapodoseos* (ed. G.H. Pertz, *MGH*, Hannoverae 1839, Script. tom. III), X secolo, capp. I, 11, e V, 15, e i *Gesta Hammaburgensis Ecclesiae Pontificum* di Adamo da Brema (*AdB* IV, 12).

10 Nel quale tuttavia compare come *lög* n.pl. (*ö*<*a* per metafonia labiale).

11 Per non citare che un esempio dell'influsso della cultura vichinga, basterà elencare alcune parole del vocabolario inglese di sicura provenienza scandinava. Tali sono, tra le più comuni: *birth*, *calf*, *call*, *cast*, *die*, *egg*, *fellow*, *happy*, *hit*, *husband*, *ill*, *knife*, *law*, *low*, *race*, *ransack*, *root*, *same*, *sister*, *skin*, *sky*, *take*, *they*, *their*, *them*, *though*, *till*, *ugly*, *want*, *window* (dal nordico *vindauga* n. «occhio del vento»). Per altre più approfondite notizie si rimanda a G. Jones, *A History of the Vikings*, Oxford University Press 1968, Appendice II: *The Danelaw* (pp. 421-4).

12 Per un corretto approfondimento delle cause del movimento vichingo nelle diverse direzioni cfr. G. Jones, *op. cit.*, pp. 182-203.

13 In un passaggio della *Saga degli Ynglingar* (*Yng* 30) di Snorri Sturluson (prima parte della *Heimskringla*), si legge questa superba definizione: «... E parve che con pieno diritto si chiamasse re del mare solo chi mai dormiva sotto la trave fuligginosa e mai beveva accanto al focolare» (*Þótti sá einn með fullu mega heita sækonungr, er hann svaf aldri undir sótkum ási ok drakk aldri at arinshorni*). D'altronde, già Tacito (*Ger* 44) faceva riferimento all'efficienza della flotta dei Suiones.

14 Connesso a questi termini è anche *víking* f. «scorreria». Contro questa etimologia apparentemente agevole depone il fatto che il termine compare in antico inglese come *wicing* e in alto tedesco antico come *wīhhing* già nell'VIII secolo. Sulla

questione cfr. J. de Vries, *Altnordisches etymologisches Wörterbuch*, Leiden 1962², pp. 662-3, dove si dà conto delle diverse opinioni. V. anche la recente discussione su questo termine tra gli studiosi F. Hødnebø e G. Holm, apparsa sulla rivista *Maal og Minne* (in successione: F.H., *Hvem var de første vikinger?*, 1987, pp. 1-16; G.H., *Ordet viking än en gång*, 1988, pp. 144-5; F.H., *Ordet viking. Replikk til Gösta Holm*, 1988, pp. 146-51; G.H., *Orden víkingr, m., och víking, f., Replik til en replik*, 1988, pp. 188-9). A proposito di *víking* va qui inoltre ricordata l'usanza risalente ai tempi pagani per cui i giovani appartenenti a famiglie notabili partecipavano, ai fini della loro educazione, a una di queste spedizioni in Paesi stranieri. Questo viaggio anticipa il *grand tour* dei tempi moderni. Cfr. in proposito R. Cleasby-G. Vigfússon, *An Icelandic-English Dictionary*, Oxford 1957², p. 716.

15 *AdB* IV, 26-8. Data la posizione geografica, la situazione della Danimarca fu sempre un po' diversa, essendo questo Paese più aperto agli influssi della cultura meridionale.

16 Cfr. a esempio le motivazioni con cui l'assemblea generale decretava nell'anno 1000 che il cristianesimo divenisse religione ufficiale dell'Islanda; Ari Þorgilsson, nel suo *Libro degli Islandesi* (composto attorno al 1122), parla esplicitamente di un compromesso mirante a salvaguardare la pace sociale e l'unità del Paese (*Ísl* 7).

17 Cfr. a esempio la *Saga della cristianizzazione* (*Kri* 9) o la *Saga di Njáll* (*Njá* 102) in cui si riferisce del contrasto tra la poetessa Steinunn, seguace del dio Thor, e il missionario cristiano Þangbrandr (v. pp. 232-3).

18 Numerosi indizi testimoniano l'importanza attribuita a un corretto e fecondo rapporto dei vivi con i defunti, specie con coloro che erano appartenuti allo stesso nucleo familiare. Il festino in onore del morto, che seguiva il suo funerale, aveva infatti lo scopo di stringere un legame profondo tra lui e gli eredi. Esso non serviva soltanto a rievocare la figura di chi era deceduto, né semplicemente a proclamare il suo successore nel governo della casa. Obiettivo principale del rito era piuttosto quello di rafforzare l'unità, la stabilità e la fecondità della *Sippe* (v. nota 19) mediante una sorta di patto sacro con gli antenati. Nel mondo scandinavo ricorrevano ogni inverno particolari feste legate a riti sacrificali per ottenere la fecondità. Innegabile è il rapporto di queste celebrazioni con il culto dei morti (cfr. J. de Vries, *Altgermanische Religionsgeschichte*, Berlin 1970³, I, pp. 448-50). La credenza che gli spiriti dei morti dimorassero presso il focolare domestico o in altri luoghi particolari quali cumuli di pietre (che ricordavano antichi usi tombali) o spazi sacri è spesso testimoniata nel folclore. Cfr. in proposito anche J. Meier, *Untersuchungen zur deutschen Volkskunde und Rechtsgeschichte*. I *Ahnengrab und Brautstein*, Halle 1944; II *Ahnengrab und Rechtstein*, Berlin 1950.

19 Il termine tedesco *Sippe* (in italiano «stirpe», «schiatta») non è stato tradotto intenzionalmente. Tale parola viene infatti comunemente usata anche nella nostra lingua quando si debba fare riferimento a un preciso istituto della società germanica, basato su una concezione collettiva della vita. Una *Sippe* era, nel mondo germanico, la comunità delle persone unite da parentela, le quali dunque erano legate l'una all'altra da vincoli di assoluta lealtà e pace. Tale concetto comunitario era talmente radicato che i singoli individui non avevano valore né dignità se non in quanto appartenenti a una determinata *Sippe*. «Ognuno è partecipe dello stesso spirito, cellula impersonale di un organismo superiore che vive per il concorso eguale di tutti. Ognuno è interessato alla propria conservazione e, in pari

misura, a quella dei propri congiunti che gli sono eguali per nascita e destino di vita. Di qui trae origine quella convinzione, schiettamente germanica, dell'identità assoluta tra i congiunti, che si possono sostituire a piacere l'un con l'altro e che non hanno altro scopo, se non lo sviluppo sempre più grande della 'Sippe' in tutte le sue manifestazioni» (M. Scovazzi, *Scritti di storia del diritto germanico*, Milano 1975, I, p. 204, cui si rimanda per ulteriori approfondite notizie e per i riferimenti alle fonti).

20 Cfr. M. Scovazzi, *op. cit.*, II, pp. 357-69.

21 Nella *Saga di Gísli* (*Gís passim*), la figura di Auðr, moglie del protagonista, risalta per le sue qualità di donna coraggiosa e fedele, indispensabile sostegno per il marito che era stato dichiarato fuorilegge. Si veda l'episodio narrato nei capp. 31-2: «... Eyjólfr però disse che prima voleva incontrare Auðr. Giunsero dunque alla fattoria ed entrarono. Eyjólfr si sedette di nuovo a parlare con Auðr. Egli prese a dire così: 'Io voglio fare un contratto con te, Auðr', egli disse, 'che tu mi dica dove è Gísli e io ti darò i trecentosessanta pezzi d'argento che ho ricevuto in cambio della sua testa. Tu non sarai presente, quando gli toglieremo la vita. Questo anche [te ne] verrà, che io ti farò fare un matrimonio del tutto migliore di quanto sia stato questo. E devi anche considerare', aggiunse, 'quanto sia disagevole per te restare in questo fiordo desolato e sopportare tutto ciò per le sventure di Gísli, né mai vedere parenti o congiunti'. Ella rispose: 'Mi sembra improbabile', ella disse, 'che noi ci accordiamo così che tu mi procuri un compagno che mi paia pari a questo; tuttavia è vero, come si dice, che il denaro è la cosa migliore dopo la morte; fammi vedere se questo denaro è tanto e pregevole come tu dici'. Egli le versò il denaro in grembo, ella vi affondò la mano e quello lo contava e ricontava per lei... Eyjólfr aveva allora contato [tutto] l'argento e Auðr disse: 'In nulla il denaro è peggiore di quanto avevi detto; ora tu devi pensare che io abbia diritto di fare ciò che mi pare'. Eyjólfr acconsentì con gioia e la pregò di fare certamente ciò che voleva. Auðr prese dunque il denaro e lo fece cadere in un grande borsellino; poi si alzò e sbatté il borsellino con [le monete] d'argento sul naso di Eyjólfr, così che subito gli schizzò addosso tutto il sangue, e disse: 'Prenditi questo per la tua credulità e con ogni danno. Non dovevi aspettarti che io consegnassi mio marito nelle tue mani, perfido uomo. Prenditi questo con vergogna e disgrazia. Devi ricordarti, uomo miserabile, finché vivi che una donna ti ha colpito e inoltre tu non avrai ciò che volevi'» (*... ok kvezk Eyjólfr vilja hitta Auði. Þeir koma nú á bœinn ok ganga inn, ok settisk Eyjólfr enn á tal við Auði. Hann tekr svá til orðs: «Ek vil eiga kaup við þik, Auðr», segir hann, «at þú seg mér til Gísla, en ek mun gefa þér ccc. silfrs þau sem ek hefi tekit til höfuðs honum. Þú skalt ok eigi við vera, er vér tökum hann af lífi. Þat skal ok fylgja, at ek mun fá þér ráðahag þann, at öllu sé betri en sjá hefir verit. Máttu ok á þat líta», segir hann, «hversu óhallkvæmt þér verðr at liggja í eyðifirði þessum, ok hljóta þat af óhöppum Gísla ok sjá aldri frændr ok nauðlitamenn». Hon svarar: «Þar þykki mér óvænst um», segir hon, «at vér verðim um þat sátt, at þú fáir mér þat gjaforð, at mér þykki jafnt við þetta; en þó er þat satt sem mælt er, at fé er bezt eptir feigan, ok lát mik sjá hvárt fé þetta er svá mikit ok frítt, sem þú segir». Hann steypir nú fénu í kné henni, ok hefir hon hönd í, en hann telr ok tjár fyrir henni... Eyjólfr hefir þá talit silfrit; en Auðr mælti: «Í engan stað er féit minna eða verra en þú hefir sagt; ok mun þér nú þykkja ek heimilt eiga at gøra af slíkt er mér sýnisk». Eyjólfr tekr því glaðliga ok bað hana at vísu gøra af slíkt er hon vill. Auðr tekr nú féit ok lætr koma í einn stóran sjóð; stendr hon síðan upp ok rekr sjóðinn með silfrinu á nasir Eyjólfi, svá at þegar støkkr blóð*

um allan ok mælti: «Haf nú þetta fyrir auðtryggi þína ok hvert ógagn með. Engi ván var þér þess, at ek munda selja bónda minn í hendr illmenni þínu. Haf nú þetta ok með bæði skömm ok klæki. Skaltu þat muna, vesall maðr, meðan þú lifir, at kona hefir barit þik, en þú munt eigi at heldri fá þat er þú vildir»). Nella *Saga di Njáll* la figura di Bergþóra risalta per la sua personalità e autorevolezza. Memorabile è l'episodio in cui ella rifiuta di essere salvata, preferendo morire accanto al suo compagno: «... 'Io voglio concederti di uscire', disse Flosi, 'perché non meriti di bruciare [insieme alla casa]'. Njáll rispose: 'Io non voglio uscire, perché sono vecchio e poco adatto a vendicare i miei figli, e non voglio vivere nel disonore'. Flosi disse a Bergþóra: 'Esci fuori tu, padrona! Perché non voglio in nessun caso che tu bruci [dentro]'. Bergþóra disse: 'Io da giovane fui data a Njáll e gli ho promesso che ci sarebbe stata per noi una unica [sorte]'. Poi entrambi rientrarono» (*Njá* 129: *Flosi mælti: «Utgöngu vil ek þér bjóða, því at þú brennr ómakligr inni».Njáll mælti: «Eigi vil ek út ganga, því at ek em maðr gamall ok lítt til búinn at hefna sona minna, en ek vil eigi lifa við skömm». Flosi mælti til Bergþóru: «Gakk þú út, húsfreyja, því at ek vil þik fyrir engan mun inni brenna». Bergþóra mælti: «Ek var ung gefin Njáli, ok hefi ek því heitit honum, at eitt skyldi ganga yfir okkr bæði». Síðan gengu þau inn bæði).*

22 *Gís* 6: «... incisero nel terreno una lunga zolla erbosa, [la sollevarono] in modo che le due estremità rimanessero fisse e sotto [di essa nel mezzo] misero una lancia intarsiata, tanto lunga che un uomo con la mano [tesa] potesse arrivare [a toccare] il chiodo che tiene ferma la punta della lancia. Tutti e quattro dovevano ora passare lì sotto... poi essi si recisero una vena, fecero scorrere il loro sangue sul terreno da cui era stata tagliata via la zolla erbosa e mescolarono tutto insieme, terra e sangue. Infine caddero in ginocchio e pronunciarono il giuramento che ciascuno avrebbe vendicato l'altro come il proprio fratello, chiamando a testimoni tutti gli dèi...» (... *ok rísta þar upp ór jörðu jarðarmen, svá at báðir endar váru fastir í jörðu, ok settu þar undir málaspjót, þar er maðr mátti taka hendi sinni til geirnagla. Þeir skyldu þar fjórir undir ganga... ok nú vekja þeir sér blóð ok láta renna saman dreyra sinn í þeiri moldu, er upp var skorin undan jarðarmeninu, ok hræra saman allt, moldina ok blóðit; en síðan fellu þeir allir á kné ok sverja þann eið, at hverr skal annars hefna sem bróður síns, ok nefna öll goðin í vitni*). A proposito dell'uso di sollevare le zolle di terra e di passarvi sotto cfr. tuttavia la diversa opinione espressa da M. Scovazzi, *op. cit.*, I, pp. 247-50. Cfr. p. 638 (9).

23 Nelle lingue scandinave troviamo tuttora termini che conservano il ricordo di queste antiche concezioni. Infatti l'islandese *þing* e lo svedese, danese e norvegese *ting*, oltre al significato di «cosa», hanno quello di «parlamento» o «tribunale». Tutti sono corradicali dell'inglese *thing* e del tedesco *Ding*, «cosa». Un analogo sviluppo semantico è sottinteso dalla parola italiana *repubblica* (dal latino *res publica*), la «cosa» di interesse comune. Cfr. pp. 218-9.

24 Si noti in proposito il termine nordico *friðbönd* n.pl., che significa «legacci di pace» e indica le cinghie avvolte attorno al fodero della spada e fissate a un anello dell'impugnatura nei periodi in cui (come rigorosamente doveva avvenire durante l'assemblea) l'uso delle armi non era consentito.

25 La funzione del re nel mondo nordico antico presenta aspetti diversi e complessi; cfr. pp. 445-7. Solo in una fase tarda il titolo di re passò a designare persone eminenti, per lo più provenienti da famiglie notabili e agiate, legate a coloro che le avevano elette da un mutuo giuramento che impegnava gli uni alla fedeltà e al sostegno, l'altro alla guida e alla protezione. Ciò spiega il motivo per cui re di questo

tipo furono assai numerosi in Scandinavia. A rigore, da questo punto di vista, era «re» anche il capo di un gruppo di Vichinghi. All'inizio dell'epoca vichinga vi erano tuttavia già alcuni re che potevano vantare un potere più consolidato di altri. Tra tutti questi sovrani emersero in seguito personalità dotate di particolare intraprendenza e determinazione, come Araldo Bella chioma, che riuscirono a estendere il loro dominio e a imporre monarchie ricalcate sui modelli dell'Europa meridionale. Sull'argomento v. P.G. Foote-D.M. Wilson, *The Viking Achievement*, London 1970, pp. 136-44; C. Albani, *L'istituto monarchico nell'antica società nordica*, Firenze 1969; M. Scovazzi, *op. cit.*, I, pp. 301-7 e II, p. 334, e la bibliografia ivi riportata.

26 Non mancano tuttavia esempi di donne che riuscirono da sole a vivere un'esistenza indipendente e dignitosa.

27 Sotto la guida del loro capo Pálnatóki questo gruppo di guerrieri conduceva, come è riferito nella *Saga dei Vichinghi di Jómsborg* (*Jóm* 24), una vita regolata da una ferrea disciplina. Nella comunità erano ammessi solo uomini fra i diciotto e i cinquant'anni, di grande valore e votati all'aiuto e alla vendetta reciproci. Nessuno poteva condurre donne all'interno della fortezza, né allontanarsene per un periodo superiore a tre notti se non col permesso del capo. Inoltre tutto il bottino conquistato era diviso tra loro per sorte. Quanto narrato a proposito degli Jómsvichinghi rimane senza dubbio mirabile esempio di organizzazione e di disciplina guerriera.

28 V. sopra p. 13 e nota 14.

29 *Ger* 13-4.

30 Cfr. M. Scovazzi, *op. cit.*, I, pp. 211-22.

31 Sui vari aspetti della poesia scaldica v. il testo-antologia a cura di Ludovica Koch, *Gli scaldi. Poesia cortese d'epoca vichinga*, Torino 1984.

32 Questo tipo di reperti si trova a partire dal IV-V secolo d.C. (v. W. Kleen, *Våra gudar och deras folk*, Stockholm 1962, pp. 43-4). In questo periodo si colloca altresì, a parere dello Scovazzi, *op. cit.*, I, pp. 193-5, l'inizio di quel sincretismo religioso che doveva vedere una sorta di fusione tra le divinità della fecondità più propriamente legate alle strutture della *Sippe* e quelle come Odino in cui si incarnavano i nuovi ideali.

33 Cioè la donna (in genere la sposa) che veniva uccisa e bruciata sul medesimo rogo del defunto. V. in proposito M. Scovazzi, *op. cit.*, II, pp. 79-82. Cfr. p. 170, nota 7.

34 Cfr. H. Birkeland, *Nordens historie i middelalderen etter arabiske kilder (Skrifter utgitt av Det norske videnskapsakademi i Oslo*, 1954. II. *Hist.-Fil. Klasse)*, pp. 17-24, dove si tratta di Ibn Faḍlān e del suo famoso *Resoconto* (*Risāla*, lett. «Lettera» o «Breve libro»). La parte qui riportata è basata sulla traduzione norvegese del medesimo autore (cfr. § 92).

II. Mito, religione, magia

La religione nordica pagana così come ci appare dalle diverse testimonianze che ne abbiamo[1] è tutt'altro che un sistema organico e omogeneo. Non lo è, in primo luogo, per quanto riguarda le divinità. Il *pantheon* nordico infatti, che si presenta assai ricco e variato, è popolato da un gran numero di dèi diversi fra loro per origine, importanza e funzione.

La Scandinavia conserva testimonianze delle varie culture che un tempo vi furono diffuse, a partire dalle tracce, assai antiche ma altrettanto incerte, che si fanno risalire al paleolitico. Tuttavia è solo dal neolitico (4000-1500 a.C.) che i reperti si fanno più numerosi e omogenei e consentono di formulare ipotesi concrete. Ora, le diverse concezioni di vita che si manifestarono nel corso dei secoli e che a loro volta dovettero determinare le varie forme di religione, si formarono, si imposero, si incontrarono, si scontrarono, convissero e si influenzarono a vicenda. Il risultato, cioè la religione di quella Scandinavia che era al tempo dei Vichinghi ancora pagana, è pertanto assai difficile da definire con certezza.

Il breve *excursus* che segue non avrà dunque altro scopo se non quello di fornire, assieme alle notizie fondamentali, suggerimenti e spunti per più approfondite indagini.

La prima religione della Scandinavia dovette essere di tipo naturalistico. È quella che verosimilmente praticarono i popoli cacciatori primitivi, legati, per evidenti ragioni di sussistenza, ai cicli della natura e del mondo animale. Come in altre culture analoghe, essi dovettero conoscere diversi rituali di carattere magico il cui scopo consisteva nel guadagnarsi la benevolenza degli spiriti che a tale mondo erano ritenuti preposti. Testimonianze omogenee di queste concezioni sono diffuse in una vasta area che si estende dalle coste occidentali della Scandinavia fino alla fascia settentrionale della Russia, alla Siberia e allo stretto di Bering.[2]

La grande varietà di animali totemici e simbolici, specie quelli selvatici e/o pericolosi che troviamo nei rituali di culto o nei miti, potrebbe celare tracce di questi antichissimi rapporti uomo-natura.

Ma già a partire dal 3000 a.C. si diffondevano nell'area nordica i segni di un profondo mutamento: una cultura contadina, nella quale taluni hanno creduto di riconoscere strutture di tipo matriarcale[3] e destinata ad acquisire importanza sempre crescente, si affiancava a quella dei popoli cacciatori, finendo per sopraffarla. I mutamenti nella struttura sociale ebbero conseguenze inevitabili sulla religione. Questo tipo di civiltà privilegia, per ragioni evidenti, le divinità connesse con la fecondità, cui chiede di garantire non solo l'abbondanza dei raccolti, bensì anche la prosperità della famiglia.

Ma altri, decisivi avvenimenti avrebbero contribuito a provocare mutamenti profondi.

Fin dal 2000 a.C. erano giunte in Scandinavia provenienti da sud e da est ondate successive di invasori, quasi sicuramente indoeuropei: il popolo delle asce da combattimento. L'impatto tra le diverse culture dovette dapprima essere violento e, anche se la civiltà e la religione degli invasori finirono col prevalere, esse non poterono prescindere dall'apporto di contenuti della tradizione precedente. Già a proposito di questa fase della storia scandinava possiamo forse parlare di una manifestazione di quella tendenza al sincretismo religioso che sarà poi una costante della cultura nordica pagana. Ora, se esaminiamo le varie divinità del mondo vichingo così come le conosciamo e ne cerchiamo le origini o i possibili collegamenti con i dati religiosi relativi a questo periodo e a quello successivo dell'età del bronzo (1500-500 a.C.), che è particolarmente ricco di testimonianze archeologiche e rupestri, potremo senza dubbio stabilire delle connessioni, ma in moltissimi casi ci sarà impossibile discernere con chiarezza i singoli apporti e le reciproche influenze. Se a esempio esaminiamo figure come *Sumar* e *Vetr* «Estate» e «Inverno», o la coppia madre-figlio *Nótt* e *Dagr* «Notte» e «Giorno», o ancora *Jörð*, la «Terra», che ci viene indicata come madre di Thor, o *Sól*, il «Sole», o, infine (per passare a divinità con caratteristiche personali più definite), i componenti della stirpe divina dei Vani, incontreremo non poche difficoltà. I primi quattro infatti, che sono palesi personificazioni di fenomeni naturali, appaiono d'acchito (anche a motivo della forma del nome) semplici creazioni letterarie. Innegabile è tuttavia il collegamento sia con le esigenze di una società di tipo contadino sia con le concezioni di un popolo nomade che dovesse essere attento alle migrazioni e ai cicli di vita degli animali. E *Jörð*, la «Terra», è senza dubbio la divinità che nutre, la «madre» per eccellenza; ma come distinguere nella sua figura una precisa origine o piuttosto lo stratificarsi di diverse dee dalle analoghe caratteristiche? Tacito a esempio ci parla, a proposito dei Germani, del

Il carro solare di Trundholm. Sjælland, Danimarca, prima età del bronzo

culto di Nerthus, la dea-madre, diffuso nell'area nordoccidentale dell'Europa (Schleswig-Holstein e forse anche Jutland), alla quale si offrivano anche sacrifici umani.[4]

Tra i reperti dell'età del bronzo primeggiano le varie raffigurazioni del disco o carro solare.[5] È praticamente impossibile ritenere che Sól, dea di secondo piano ricordata nei miti, non avesse connessioni con l'antico culto del sole. Ma la questione è: fu un culto arcaico di tipo naturalistico perpetuatosi seppure con qualche variazione nel corso dei secoli, o si trattò piuttosto della venerazione di una divinità la cui funzione parve essenziale quando si formò la società contadina? O ancora: fu un culto importato dagli invasori?[6] Altrettanto complesso è il problema dei Vani. Dando per scontato (nonostante altri pareri in proposito)[7] che essi siano le divinità peculiari della fecondità, come pare suggerire anche l'etimologia del nome,[8] rimane irrisolto il quesito: sono essi l'espressione della cultura contadina di sostrato (la società che taluni vogliono di tipo matriarcale) sopraffatta da nuove strutture socio-religiose (la società patriarcale degli indoeuropei), oppure rappresentano la funzione della fecondità all'interno del sistema religioso degli invasori?[9] O forse, e più ragionevolmente, sono confluiti sotto questa denominazione i protettori numerosi e diversificati dei vari aspetti della fecondità?

E il mito della guerra tra gli Asi (dèi supremi) e i Vani è il riflesso di una guerra di popoli che fu anche guerra di religione[10] oppure la rappresentazione simbolica dell'instaurarsi di precisi rapporti sociali?[11]

Le divinità predominanti al tempo dei Vichinghi erano senza dubbio gli Asi. Dèi supremi che governano il mondo, essi ci appaiono come i veri potenti, i vincitori, i trionfanti signori del cielo. Le principali divinità dei Vani che hanno voluto mantenere una posizione di prestigio hanno dovuto sottoporsi a un rito di consacrazione, per essere accettate nel novero degli Asi. Snorri Sturluson – il più famoso scrittore nordico di miti –, che riferisce questo episodio, si premura di notare come il dio Njörðr, una volta entrato a far parte degli Asi, dovesse rinunciare alle nozze endogamiche con la sorella, tralasciando un costume proprio dei Vani.[12]

Ma nonostante la posizione privilegiata che occupano nel *pantheon* nordico, neppure gli dèi degli Asi sono definibili con assoluta certezza, poiché anche nel loro caso il quadro che abbiamo di fronte è un quadro in movimento. In esso figure come Ullr e Týr, che dovettero un tempo occupare una posizione di rilievo, restano ora sullo sfondo;[13] mentre dèi presumibilmente antichissimi come Heimdallr[14] convivono con figure come Baldr e Bragi, dei quali il primo deve forse la propria importanza a probabili strette affinità con Cristo[15] e il secondo – il dio della poesia – pare essere poco più della recente divinizzazione di uno scaldo norvegese vissuto nel IX secolo.[16]

D'altronde neppure la situazione di figure preminenti come Odino o Thor è del tutto definita: poiché se nel primo taluni riconoscono sicure origini indoeuropee, altri lo considerano invece un'apparizione recente[17] e, quanto al secondo, la sua figura assomma in sé una serie di caratteristiche, quali quella di dio della forza, dio del tuono (e quindi del cielo?), dio della fecondità, non sempre coerenti né omogenee.[18]

Enigmatica è anche la figura di Loki, sorta di Lucifero nordico il quale, sebbene appartenente alla stirpe degli Asi e spesso loro unico soccorritore, sarà tuttavia anche la causa delle peggiori sciagure degli dèi e degli uomini.[19]

Né, infine, sono del tutto lineari le figure di quelle divinità vaniche come Njörðr e i suoi figli Freyr e Freyja, accettati nel novero degli Asi e quindi divenuti dèi supremi. Njörðr, dio della ricchezza e dell'opulenza,[20] risulta etimologicamente identico alla dea Nerthus, citata da Tacito,[21] ma il suo cambiamento di sesso rimane un mistero irrisolto.[22] *Freyr*, il cui culto dovette gradualmente offuscare quello del padre, è da identificare verosimilmente con Fricco, la cui immagine, assieme a quelle di Odino e di Thor, era venerata, secondo Adamo da Brema,[23] nel grande tempio di Uppsala. Il suo nome è un appellativo che significa «Signore». «Signora» è invece *Freyja*, divinità lasciva che presiede alle faccende d'amore, maestra di magia presso gli Asi e divenuta così potente da oscurare Frigg, la sposa di Odino.[24]

In linea generale la religione dei Vichinghi pare essere la diretta discendente di quella dei Germani, di cui conserva le strutture generali, che possiamo riconoscere di origine indoeuropea, arricchite e modificate dal rapporto con altre popolazioni indoeuropee o no (quali a esempio i Celti, con cui i Germani vennero a contatto nell'età del ferro preromana, tra il 500 a.C. e la nascita di Cristo, o le popolazioni di sostrato). Ora però va considerato che i dati che abbiamo sulla religione dei Germani continentali sono, se non scarsi, quantomeno insufficienti, e per di più essi si riferiscono a un periodo storico di gran lunga anteriore a quello in cui compare il materiale relativo al mondo nordico,[25] che è al contrario assai ricco e variato e che appartiene a un'area rimasta, per ragioni storico-geografiche, assai conservativa. In effetti, quello che noi intendiamo per «cultura germanica» è il risultato di un'elaborazione non solo lenta e progressiva, ma diversificata nelle varie aree, che, partendo dal periodo delle invasioni indoeuropee, si protrae per tutta l'età del bronzo fino ad apparire, al momento del contatto con il mondo romano, come una cultura ben individuata, ma con forti tendenze alla suddivisione.[26]

Pertanto, anche se nello studio della religione e della mitologia nordica i dati relativi alla cultura germanica andranno costantemente tenuti in considerazione, si dovrà tuttavia evitare di cadere in facili generalizzazioni come quella di considerare «nordico» tutto ciò che è «germanico» e viceversa.

La religione dei Vichinghi, s'è detto, non è un sistema organico e omogeneo. Non lo è, in secondo luogo, per ciò che riguarda il rapporto dell'uomo con la divinità, dunque per quanto si riferisce in genere alle forme di culto. Un primo dato evidente che vi riscontriamo è, infatti, la mancanza di una casta sacerdotale definita e organizzata – come a esempio quella dei druidi celtici – alla quale sia affidato il compito di stabilire le diverse forme di culto e di presiedervi. Già Cesare l'aveva rilevato riguardo ai Germani,[27] ma le sue parole: *neque druides habent qui rebus divinis praesint, neque sacrificiis student*, dalle quali si dedurrebbe la mancanza totale e assoluta di questa figura, non vanno forse prese alla lettera, essendo probabilmente lo scrittore influenzato nel giudizio dal contrasto tra le forme di culto germaniche, riflesso di una mentalità ancora primitiva, e l'organizzazione dei Celti, all'interno della quale i sacerdoti formavano una vera e propria potentissima casta.

In effetti non mancano in Tacito riferimenti a ministri del culto fra i Germani.[28] Per quanto riguarda la Scandinavia, dobbiamo rilevare senz'altro non solo la notazione di Adamo da Brema,[29] che nella descrizione del grande tempio pagano di Uppsala parla esplicitamente di sacerdoti del tempio addetti ai sacrifici, ma anche tutta una serie di informazioni e di indizi che ci vengono tanto dalle pietre runiche[30] quanto soprattutto dalle fonti islandesi, dove si parla sia di *goðar* (sing. *goði* m. «sacerdote») e *gyðjur* (sing. *gyðja* f. «sacerdotessa»),[31] sia di vari personaggi che vivono presso templi o che comunque offrono sacrifici.[32] La funzione sacerdotale risulta però qui molto spesso strettamente legata a funzioni sociali e politiche (chi offre il sacrificio è il re o un personaggio eminente o il patriarca della casa), le quali paiono via via prendere il sopravvento su quelle più propriamente religiose. Ciò che appare evidente, soprattutto nella fase immediatamente precristiana, è una certa libertà nella scelta del culto e delle sue forme.

Momento culminante del rito era comunque il sacrificio,[33] le cui vittime dovevano per lo più essere animali: buoi, cinghiali, tori, cavalli, pecore. Tuttavia troviamo testimonianze relative a sacrifici umani non solo nelle fonti più generali relative ai Germani,[34] ma anche in Adamo da Brema[35] e nell'opera dello scrittore arabo Ibn Rustah.[36]

I luoghi di culto e di sacrificio erano svariati. Nell'epoca del tardo paganesimo troviamo, specie in Islanda, i cosiddetti *hof* n., veri e propri templi che, ispirati da modelli di costruzioni cristiane, dovettero probabilmente a loro volta suggerire le linee delle celebri *stavkirker*, chiese di legno di cui restano pregevolissimi esempi soprattutto in Norvegia.[37] Queste costruzioni, che raggiunsero dimensioni anche notevoli, furono certamente il risultato di un'evoluzione dovuta a influssi meridionali, se è vero, come è vero, che al tempo di Tacito i Germani non avevano templi, ma si limitavano a celebrare i loro

La «chiesa di legno» (stavkirke) *di Borgund. Sogn, Norvegia,*
XIII *secolo*

riti in particolari luoghi naturali come boschi sacri.[38] Lo studio dei toponimi cultuali in Scandinavia[39] così come le fonti relative mostrano un'intima connessione delle forme di culto con una particolare concezione della natura. Luoghi prediletti sono prati, alture (secondo la diffusa credenza che la terra, là dove s'innalza, vive), fonti e cascate, boschetti o cumuli di pietre.[40] Questi ultimi, designati in antico nordico col termine *hörgr* m., sono legati non solo alle concezioni magiche sulle pietre, ma anche alla sepoltura degli antenati e al recinto di pietra in cui si svolgeva l'assemblea. Il *hörgr* pare rappresentare rispetto al *hof* una fase più antica. Esso è inoltre legato di frequente alle divinità femminili.[41]

Quando il cristianesimo riuscì infine a prevalere in Scandinavia,[42] non fu eccessivamente difficile per i ministri del nuovo culto sbarazzarsi delle divinità maggiori. La natura stessa del politeismo scandinavo, che consentiva a ciascuno di adorare di preferenza un dio anziché un altro a seconda delle proprie esigenze, permise alla figura di Cristo di conquistarsi un posto fra gli altri dèi, prendendo a poco a poco il sopravvento. L'uomo del Nord che andava cercando un dio in cui riporre tutta la propria fiducia, un *fulltrúi* m.[43] cui chiedere protezione nelle diverse situazioni e aiuto nelle difficoltà, si domandò, semplicemente, se questo «bianco Cristo» che veniva dal Sud avesse più potere degli dèi antichi e quindi meritasse maggiore fiducia.[44] A titolo di esempio basterà citare il caso di Helgi il Magro, il quale era credente in Cristo, ma non aveva del tutto abbandonato la fede negli dèi dei suoi padri, sicché invocava Thor quando doveva mettersi per mare o quando doveva prendere decisioni importanti.[45]

Altrettanto significativo è il racconto di Widukind relativo alla conversione al cristianesimo del re danese Araldo Dente azzurro. Egli narra infatti di una discussione a corte sulla natura degli dèi e sul culto loro dovuto. Da una parte, i Danesi sostenevano che Cristo era certamente dio, tuttavia non così potente come gli Asi. Dall'altra, il vescovo Poppó affermava che v'era una sola fede, la cristiana, e che gli Asi erano solo un branco di demoni. Widukind aggiunge che Poppó, sfidato dal re a sottoporsi all'ordalia, accettò. E quando, il giorno seguente, dopo la prova del guanto di ferro rovente, egli poté mostrare la mano senza la benché minima bruciatura, re Araldo dichiarò che Cristo era l'unico vero dio che dovesse essere adorato in Danimarca.[46]

Pietra di Jelling II *sulla quale compare la più antica raffigurazione di Cristo nel Nord. Jutland, Danimarca,* X *secolo*

Ma accanto al culto degli dèi, i quali nei confronti di Cristo vennero gradatamente perdendo terreno fino a essere sopraffatti, vi erano nel paganesimo scandinavo altri elementi determinanti, destinati a resistere assai più a lungo. Se da un lato la concezione tipicamente germanica del destino, come potere ineluttabile cui non solo gli uomini ma anche gli dèi sono sottoposti, riuscì a lungo a prevalere sul concetto cristiano di provvidenza, d'altro canto estremamente radicata si mostrò anche la fede nella forza misteriosa e magica della natura e del cosmo. L'atteggiamento religioso dell'uomo del Nord, il cui credo si era evoluto da concezioni di tipo naturalistico, non si allontanò mai nella sostanza dalle proprie premesse. Nel suo rapporto col mondo circostante, che non considerava distinto da sé, egli avvertiva prima di tutto la presenza di quel potere da cui dipendono sia la prosperità e la vita sia l'indigenza e la morte. Fin dalle origini aveva dunque cercato di possederlo e di manipolarlo. Il legame religioso con questa forza sovrannaturale fu perciò sempre strettamente connesso alle pratiche magiche, mediante le quali si attuava il tentativo di entrare in contatto con essa. Da questo punto di vista fu importante senza dubbio il contatto con la vicina cultura dei Lapponi.

I Lapponi, come ci informano i resoconti del XVII e XVIII secolo, avevano conservato praticamente intatte strutture magico-religiose di tipo naturalistico. Adoravano Peive, il dio-sole,[47] Tiermes, il dio-tuono (noto anche come Horagalles), e sua moglie Akka. Ritenevano che gli dèi e gli spiriti dimorassero in quei luoghi dove la natura assume forme stravaganti e inconsuete, i quali erano perciò da loro ritenuti sacri. È qui evidente la connessione con la religione nordica, là dove essa si manifestava nella venerazione di luoghi particolari quali monti (si veda a esempio *Helgafell* «monte sacro», in Islanda), fonti, cascate, pietre o rocce dove si riteneva dimorassero gli spiriti della natura o degli antenati.[48] Molte testimonianze in questo senso sono rimaste.[49] Ma se queste analogie, pure evidenti, restano difficilmente valutabili e possono dar luogo a diverse interpretazioni,[50] innegabile resta invece il rapporto tra la pratica magica detta *seiðr* m.,[51] di cui è testimoniata l'amplissima diffusione nella Scandinavia pagana,[52] e la magia tipica dei Finni e dei Lapponi.[53]

Figura preminente tra loro era lo sciamano (*noai'de*), cui veniva affidato il compito di stabilire un legame fra gli uomini e le entità magiche. Nel corso di rituali di tipo estatico egli, mediante il suono ritmico e ossessivo del suo tamburo, strumento magico per eccellenza, raggiungeva uno stato di *trance*, durante il quale l'anima si staccava dal corpo. In Scandinavia il *seiðr* era esercitato sia da uomini che da donne, ma per i primi era ritenuto altamente sconveniente a motivo del suo legame con pratiche oscene.[54] Il mago (*seiðmaðr* m.), o la maga (*seiðkona* f.), si metteva seduto su una particolare impalcatura (*seiðhjallr* m.).[55] Tutto intorno stavano gli assistenti (il *raddlið* n.) che forse rullavano il tamburo, finché l'anima si staccava dal corpo. Scopi principali del *seiðr* erano quelli di mutare in senso positivo o nefasto la situazione di una persona,[56] di dominarne la volontà a proprio vantaggio[57] o di prevedere il futuro.[58]

Nella parte iniziale della *Saga degli Ynglingar*, Snorri Sturluson, in contrasto con quanto da lui stesso scritto nell'*Edda* (dove lo considera un dio vero e proprio), ci presenta Odino come un condottiero dotato di straordinarie virtù che, giunto dall'Asia[59] a stabilire il proprio dominio nel Nord, era riuscito per le sue qualità a guadagnarsi un'ammirazione divenuta ben presto vera e propria venerazione. Snorri aggiunge che al momento di morire Odino «si fece segnare con la punta della lancia e... disse che sarebbe andato in Goðheimr[60] per accogliervi i suoi amici. Così gli Svedesi pensarono che fosse tornato nell'antico Ásgarðr[61] per vivervi in eterno».[62] Secondo il concetto evemeristico l'uomo che eccelle per qualità sovraordinarie diventa dio. Ma quali sono le qualità che fanno dell'uomo-Odino il dio-Odino? Nella stessa saga leggiamo ancora: «... era così bello e nobile d'aspetto che, quando sedeva fra gli amici, a tutti rideva la gioia [nel petto]. Ma in guerra appariva tremendo ai nemici. Questo è dovuto al fatto che era esperto nell'arte di cambiare colore e forma a piacimento... Odino aveva in battaglia il potere di accecare, assordare o atterrire i nemici, e le loro armi non ferivano più di [semplici] ramoscelli».[63] E ancora: «Odino cambiava aspetto; mentre il suo corpo giaceva come morto o addormentato, egli diventava uccello o animale, pesce o serpe, portandosi in un batter d'occhio in terre lontane per [accudire alle] proprie o altrui faccende. Inoltre, con le sole parole, spegneva il fuoco, calmava i marosi, mutava il vento a volontà... A volte resuscitava dalla terra i morti o si sedeva sotto i corpi penzolanti dalle forche... Tutte queste arti egli insegnava con le rune[64] e quei canti che sono detti *galdrar*[65]... Odino possedeva l'arte, da cui scaturisce un grande potere... che si chiama magia (*seiðr*). Perciò aveva il potere di conoscere il destino degli uomini e le cose non [ancora] avvenute, oltre [a quello] di recare la morte o la sfortuna o la malattia agli uomini o anche di togliere il senno o la forza a uno per trasferirli ad altri... Odino sapeva dove erano nascosti tutti i tesori della terra, e conosceva i canti che gli aprivano la terra e le rocce, le pietre e i tumuli; legava con le sole parole quelli che vi abitavano, poi entrava e prendeva tutto quanto gli piaceva. Per questi suoi poteri divenne assai famoso... Egli comunicò la maggior parte delle sue facoltà ai sacerdoti sacrificatori, i quali gli erano vicini in tutta la saggezza e la magia».[66] È dunque evidente che le qualità che fanno dell'uomo-Odino il dio-Odino sono qualità di carattere magico. L'arte della magia, informa la stessa *Saga degli Ynglingar*, fu trasmessa agli Asi dai Vani: «La figlia di Njörðr era Freyja; ella fu sacerdotessa sacrificale. Per prima insegnò agli Asi la magia che era comune fra i Vani».[67]

Ora, prescindendo dall'esame dei diversi problemi che pone una corretta valutazione delle singole figure divine,[68] si può qui comunque affermare, anche sulla base di altre testimonianze,[69] che è indubbia la stretta relazione esistente nel mondo nordico tra la religione e la magia.[70] Odino è sacerdote, mago e dio e ciò che da sacerdote lo trasforma in dio è proprio la qualità magica del suo essere, cioè l'essersi impossessato, per manipolarla a proprio vantaggio, di quella forza divina e misteriosa che governa la vita del mondo. In questa prospettiva è altresì consentito superare l'angosciosa antitesi vita-morte: il dio-mago infatti non solo vivrà eternamente (quantomeno fino al crepuscolo degli dèi, quando un destino ineluttabile spazzerà via questo mondo per far posto a un altro), ma avrà anche accesso al regno dell'aldilà (valga per tutti il caso in cui Odino risveglia dal sonno della morte una veggente per interrogarla sul destino del figlio Baldr).[71] Analogamente molte pratiche magiche avranno lo scopo di stabilire un legame fruttuoso dei vivi con i defunti e molti dei rituali, durante i quali l'anima si stacca dal corpo per compiere azioni magiche, avranno altresì il significato di un viaggio spirituale nel regno dei morti.

Ora è innegabile che gli dèi del *pantheon* nordico, quali che siano state la loro origine e formazione, sono assai spesso strettamente legati a tutto ciò in cui si manifesta questa forza segreta della natura, e che essa sovente pare essere l'unico elemento sul quale misurare la potenza di un dio.[72] L'episodio riferito da Widukind a proposito della conversione del re danese Araldo Dente azzurro[73] dimostra che Cristo poté essere accettato come dio potente solo quando fu in grado di dimostrare di saper proteggere magicamente l'uomo che a lui si era affidato.

Due parole ricorrono in antico nordico a definire la forza magica: *máttr* e *megin*. *Máttr* m., usato tra l'altro da Snorri per definire il potere di Odino,[74] è corradicale dell'inglese *might* e del tedesco *Macht* e indica, come osserva il de Vries, «una forza che si manifesta in ogni essere in modo autonomo». La parola può perciò, da un certo punto di vista, indicare anche la forza fisica. *Megin* n., che pure si traduce con «forza», mostra tuttavia una più accentuata connotazione magica e sovrannaturale.[75]

Queste due parole si trovano inoltre unite in un'espressione di tipo allitterante (che pertanto ne testimonia l'antichità) in alcuni casi nei quali si fa riferimento ai cosiddetti *goðlausir menn*, letteralmente «uomini senza dio», i quali compaiono relativamente numerosi nelle fonti riguardanti l'ultima fase del periodo vichingo.[76] Di questi uomini che, forse avvertendo la progressiva disgregazione del paganesimo, avevano rigettato la fede negli dèi dei loro padri, si dice in diverse occasioni[77] che credevano «nella propria forza e nel [proprio] potere» (*á mátt sinn ok megin*). Eccessivo pare il giudizio di chi vuole vedere in questo atteggiamento una sorta di ateismo,[78] come pure quello di chi suggerisce che questi uomini fossero ritornati a un credo magico di tipo preteistico;[79] piuttosto si può forse affermare che, in un'era di profondi mutamenti quale fu la fase finale del periodo vichingo, costoro, non trovando nell'antica religione il sostegno di cui avevano bisogno e non conoscendo la nuova, riposero la loro fiducia in quell'unica forza della cui esistenza avevano certezza. Poiché il potere della magia sta accanto agli dèi ed è un qualcosa di cui anch'essi hanno bisogno quando debbano compiere azioni straordinarie.

Infine, in questo quadro in cui s'è cercato di delineare l'atteggiamento religioso dell'uomo del Nord, sarà opportuno considerare la funzione del mito.

I miti scandinavi sono costituiti, prevalentemente, da racconti incentrati sulle figure di dèi o eroi sovrumani e sulle loro imprese. A essi si aggiunge la narrazione di eventi collegati all'origine del cosmo, al suo ordinamento e alla sua distruzione. Qui come altrove non si tratta di un *corpus* fine a se stesso, quanto piuttosto di un patrimonio di conoscenze cui è affidata, all'interno della struttura sociale e religiosa, una precisa funzione.

Infatti il racconto mitologico, il cui oggetto è sempre la manifestazione di forze sovrannaturali, viene sentito come vero, nel senso che l'azione di queste forze è messa in relazione con la realtà oggettiva, che dunque ne subisce l'influsso. Il mito è pertanto materia impregnante la vita quotidiana. Le figure e le azioni mitiche vanno cioè a costituire una serie simbolica di figure e azioni «modello» sulla quale l'uomo può e deve commisurare, riconoscere e rinnovare la propria esistenza. Un esempio di questa costante relazione tra il quotidiano e l'universale, tra l'umano e il divino, tra il transitorio e l'eterno, pare riconoscibile in un passo della *Saga degli uomini di Eyr.*[80] Ivi si dice che nel corso di uno scontro fra due gruppi rivali, un tale Steinþórr, per attirarsi la fortuna, scagliò la lancia sulla schiera dei nemici «secondo l'antico costume» (*at fornum sið*). Questa espressione fa riferimento a una strofa della *Predizione dell'indovina*, riguardante la guerra fra gli Asi e i Vani, dove si legge:

Odino fece volare [la lancia] e la scagliò sulla turba [guerriera], quella fu la battaglia prima nel mondo...[81]

Proponendo il paragone con un'analoga situazione divina, la saga dà senso e giustificazione all'atto di Steinþórr, consacrandone l'intento.

Il mito svolge la sua funzione richiamando alla mente il mondo archetipico delle origini, narrando azioni divine le cui conseguenze hanno determinato gli equilibri del mondo, o prefigurando l'ineluttabile distruzione finale alla quale né uomini né dèi potranno sottrarsi.

Ma il panorama mitologico del mondo nordico è assai complesso e la sua complessità riflette, evidentemente, la differente origine, importanza e funzione delle singole figure e vicende. Inoltre esso rivela, ancora una volta, una diversità di atteggiamento dell'uomo nei confronti delle varie divinità che si ripercuote anche nel culto a esse tributato. Esemplare da questo punto di vista, anche perché particolarmente «attuale» nel periodo vichingo, è ancora una volta la situazione di Odino e Thor in cui di nuovo si riconosce il contrasto tra *comitatus* e *Sippe*. I miti che riguardano il primo suggeriscono l'immagine di un dio da venerare con timore ma altresì da imitare per il conseguimento di un'affermazione individuale, mentre il secondo appare per lo più come il garante dell'ordine cosmico, nemico mortale di chi attenti alla tranquillità e alla prosperità sociale.

Indice della complessità del panorama mitologico nordico sono inoltre le figure stereotipe in cui si incarna il relitto di un credo più antico (quali a esempio Fjörgyn e Forseti) o un elemento funzionale a un singolo racconto (come *Kör*, il «letto di malattia» che appartiene al corredo di Hel, guardiana del regno dei morti); le narrazioni in cui si rappresentano, per così dire, «drammaticamente» cicli o fenomeni della natura (tale è a esempio il mito delle nozze del dio Freyr con Gerðr, figlia del gigante Gymir, mito che rappresenta, verosimilmente, la feconda ierogamia del cielo con la terra risvegliata dal sole della primavera); quelle che danno conto dell'instaurarsi di rapporti sociali fondamentali (quale pare essere, in ultima analisi, il significato del racconto relativo alla guerra fra gli Asi e i Vani).

Ma al di là e al di sopra delle componenti storiche, sociali, giuridiche, religiose che hanno contribuito a formarlo, il patrimonio mitologico scandinavo offre, come ogni altro, una straordinaria ricchezza di immagini simboliche attraverso le quali è spesso possibile risalire alla concezione della vita e del mondo che fu propria degli uomini del Nord.

Note

1 Cfr. la sezione sulle fonti. Anche se essa riguarda più propriamente il materiale mitologico, va tuttavia osservato che assai spesso, data la strettissima connessione esistente nel mondo nordico tra mito e religione, i riferimenti sono da considerarsi validi per entrambi i settori. Per un'esposizione esauriente e ragionata sulla religione germanica e nordica si vedano comunque, tra gli altri: J. de Vries, *Altgermanische Religionsgeschichte*, cit., e E.O.G. Turville-Petre, *Myth and Religion of the North. The Religion of Ancient Scandinavia*, London 1964 (trad. it. *Religione e miti del Nord*, Milano 1964).

2 Gran parte di queste concezioni sono state conservate quasi intatte nel patrimonio culturale dei Lapponi. Ancora nel XVII secolo il prete svedese Niurenius descriveva rituali di questo tipo presso tale popolazione (cfr. F. Ström, *Nordisk hedendom*, Lund 1967[2], pp. 10-1).

3 V. a esempio F.R. Schröder, *Germanentum und Alteuropa*, in *Germanisch-Romanische Monatsschrift*, XXII (1934), pp. 157-212.

4 *Ger* 40.

5 Tra cui quello particolarmente pregevole e famoso di Trundholm in Danimarca. Si tratta del cosiddetto «carro solare», statuina in bronzo e oro che raffigura il disco del sole trainato da un cavallo (prima età del bronzo). V. figura.

6 Analoghi problemi offre l'interpretazione di altre immagini ricorrenti nelle incisioni rupestri, quale a esempio l'ascia, dai più ritenuta simbolo del dio supremo del cielo o del dio del tuono (cfr. F. Ström, *op. cit.*, p. 14, e W. Kleen, *op. cit.*, pp. 25-35).

7 Esposti e discussi in J. de Vries, *Altgermanische...*, cit., II, pp. 203-4.

8 Probabilmente dalla radice indoeuropea **WEN-*, da cui anche termini come il latino *Venus*, *venustas*, l'antico indiano *vánati* «ama», *vanas-* «piacere», il gotico *winja* «pascolo», l'antico inglese *wine*, e l'antico nordico *vinr* m. «amico». Cfr. comunque J. de Vries, *Altnordisches...*, cit., p. 644.

9 Come sostiene soprattutto G. Dumézil (cfr. nota 11).

10 Presupponendo, non senza un fondo di verità, una schematizzazione del tipo: Vani = dèi della società contadina (a struttura matriarcale) / Asi = dèi degli invasori indoeuropei (il popolo delle asce da combattimento e della ceramica a cordicella, con società di tipo patriarcale).

11 Accettando, in questo caso, la teoria sulla tripartizione della società indoeuropea formulata da G. Dumézil nei suoi numerosi lavori. V. in particolare, per il mondo nordico, *Les dieux des Germains. Essai sur la formation de la religion scandinave*, Paris 1959 (trad. it. *Gli dèi dei Germani*, Milano 1988[4]). Sulle diverse interpretazioni del mito della guerra fra gli Asi e i Vani cfr. J. de Vries, *Altgermanische...*, cit., II, pp. 208-14. Per il mito v. pp. 86-7.

12 *Yng* 4: «Quando Njörðr era tra i Vani egli aveva posseduto sua sorella, poiché tale era la legge laggiù... Ma fra gli Asi era proibito il matrimonio tra parenti così stretti» (*Þá er Njörðr var með Vönum, þá hafði hann átta systur sína, því at þat váru þar lög... En þat var bannat með Ásum at byggja svá náit at frændsemi*).

13 Un tempo essi dovettero probabilmente incarnare il dio supremo del cielo. Il culto di Ullr era diffuso, a giudicare dai toponimi, soprattutto in Norvegia e in Svezia, quello di Týr in Danimarca.

14 Su di lui si veda, in particolare, il lavoro di H. Pipping, *Eddastudier*, I-II, in *Stu-*

dier i nordisk filologi, XVI-XVII (1925-1926), e anche J. de Vries, *Heimdallr, dieu énigmatique*, in *Études Germaniques*, X (1956), pp. 257-68.

15 Rilevate particolarmente da S. Bugge, *Studier over de nordiske Gude- og Heltesagns Oprindelse*, I, Kristiania 1880, p. 45 sgg. (apparso in traduzione tedesca a München nel 1889: *Studien über die Entstehung der nordischen Götter- und Heldensagen*). Tra i numerosi studi su Baldr va segnalata l'interpretazione del mito della morte del dio di J.G. Frazer, *The Golden Bough*, VII, 1-2: *Balder the Beautiful*, London 1930 (trad. it. *Il ramo d'oro*, Torino, 1965[3]).

16 Cfr. soprattutto E.O.G. Turville-Petre, *op. cit.*, pp. 185-6.

17 La figura di Odino presenta problemi di varia natura. Infatti ogni tentativo di definire con certezza i contorni di questo dio, che mostra di avere diverse funzioni (tra le altre: dio della guerra, dio dei morti, dio della poesia, dio della magia e delle rune), deve innanzitutto tenere conto del quesito fondamentale posto per la prima volta nel 1876 da K.N.H. Petersen, il quale sostenne (*Om Nordboernes Gudedyrkelse og Gudetro i Hedenold*, pubblicato a København, pp. 85-100; trad. tedesca: *Über den Gottesdienst und den Götterglauben des Nordens während der Heldenzeit*, Gardelegen 1882) che Odino era un'apparizione tardiva nel *pantheon* nordico. Sulla complessa questione v. J. de Vries, *Altgermanische...*, cit., II, pp. 46-8 e 89-106.

18 Contrariamente a quello di Odino, il culto di Thor pare presente presso tutti i popoli scandinavi e anche in forme ben consolidate. È inoltre attestato che esso era diffuso anche tra i Finni e i Lapponi. V. J. de Vries, *Altgermanische...*, cit., II, pp. 107-53.

19 Figura misteriosa e ambigua, Loki è stato analizzato da diversi studiosi. In particolare si vedano, tra gli altri, J. de Vries, *The Problem of Loki*, in *Folklore Fellows Communications*, CX (1933), e Anna Birgitta Rooth, *Loki in Scandinavian Mythology*, Lund 1961, con i riferimenti ivi citati.

20 Nella *Saga dei valligiani di Vatnsdalr* (*Vat* 47), una persona particolarmente benestante viene definita con le parole *auðigr sem Njörðr*, «ricco come Njörðr». Egli è il dio dispensatore di beni che viene invocato soprattutto per i viaggi in mare e per la pesca. Scrive Snorri Sturluson: «Njörðr... governa l'andare del vento e quieta il mare e il fuoco; a lui ci si deve rivolgere per i viaggi in mare e per la pesca. È così ricco e dovizioso che può donare terre e abbondanza d'armenti a coloro che a tal fine lo invocano» (*Njörðr... ræðr fyrir göngu vinds ok stillir sjá ok eld; á hann skal heita til sæfara ok til veiða. Hann er svá auðigr ok fésæll at hann má gefa þeim auð landa eða lausafjár er á hann heita till þess*; *Gyl* 23).

21 *Ger* 40. V. sopra, pp. 26-7.

22 Cfr. J. de Vries, *Altgermanische...*, cit., II, pp. 163-5 e 203-4.

23 *AdB* IV, 26. Adamo da Brema notava, con le parole *cum ingenti priapo*, come l'effigie del dio mettesse in evidenza la sua funzione di divinità della fecondità.

24 Della quale tuttavia si pensa che avesse una posizione preminente solo presso i Germani continentali. Cfr. J. de Vries, *Altgermanische...*, cit., II, pp. 304-7.

25 Le notizie sui Germani continentali ci vengono soprattutto da scrittori latini quali Cesare (*De bello gallico*) e Tacito (*Germania*); quest'ultimo forse aveva attinto a un'opera di Plinio andata perduta. Per le fonti sulla religione nordica v. pp. 677-85.

26 Cfr., per un'introduzione all'argomento, P.G. Scardigli, *Manuale di Filologia Germanica*, Firenze 1989[9], pp. 51-80.

27 *De bello gallico*, cap. VI, 21, in *Opere di Caio Giulio Cesare*, a cura di R. Ciaffi e L. Griffa, Torino 1973[2].

28 *Ger* 7, 10, 11, 40, 43.

29 *AdB* IV, 27.

30 Già nella pietra di Nordhuglo (Hordaland, Norvegia, 400 ca.) troviamo una testimonianza in questo senso. È interessante notare come l'iscrizione, in cui si legge: «Io, il sacerdote, immune alla magia» (*ek gudija ungandiR*), mostri un legame tra l'ufficio sacerdotale e le pratiche magiche. Per altri esempi e la discussione relativa v. J. de Vries, *Altgermanische...*, cit., I, pp. 401-2.

31 Termini derivati da *goð* n. «dio», e quindi con significato originario di «divino». Cfr. J. de Vries, *Altnordisches...*, cit., pp. 181 e 195.

32 Tali riferimenti sono numerosi. Qui basterà citare, a esempio, uno dei primi coloni islandesi, proveniente dalla Norvegia, certo Þórhaddr il Vecchio, di cui si dice nel *Libro dell'insediamento* (*Ldn* s 297, H 258) che era «sacerdote del tempio in Trondheimen a Mæren» (*hofgoði í Þrandheimi á Mœrini*); o la fanciulla che, secondo il racconto della *Saga di Óláfr Tryggvason* (versione della *Flateyjarbók*, capp. 277-8), viveva in Svezia in un tempio dedicato al dio Freyr e veniva considerata la sua sposa (*Flat* I, pp. 337-8); v. anche *Váp* 5 e *Skj* I: A, p. 110; B, p. 105 (versi di Þorvaldr Koðránsson).

33 Una descrizione piuttosto dettagliata delle pratiche sacrificali si trova a esempio nella *Saga di Hákon il Buono*, di Snorri Sturluson (*HákG* 14). Qui occorre anche citare il termine *blótmaðr* m. «adoratore pagano», lett. «uomo [dedito ai] sacrifici», che ricorre, magari seguito dall'aggettivo *mikill* «grande», a designare determinate persone (v. a esempio *Ldn* s 149, H 120 e s 355, H 313). Per un'esposizione esauriente sull'argomento v. J. de Vries, *Altgermanische...*, cit., I, pp. 406-28.

34 Tra cui Strabone (*Geografia* [Γεωγραφικά], ed. H.L. Jones, London-Cambridge Mass.-Harvard University Press 1961, vol. III, VII, II, 3); Tacito (*Ger* 9, 39, cfr. 12); Paolo Orosio (*Historiarum adversos paganos libri septem*, ed. C. Zangemeister, Vindobonae 1882, V, 16 e VII, 37). Per l'esame di queste e altre testimonianze v. J. de Vries, *Altgermanische...*, cit., I, pp. 408-14. Cfr. p. 631.

35 *AdB* IV, 26-7.

36 Del suo *Libro degli ornamenti preziosi* (*Kitāb al-A'lāq an-nafīsa*) rimane solo la settima parte, di argomento geografico, in cui troviamo anche le notizie che ci interessano: cfr. H. Birkeland, *op. cit.*, pp. 14-7.
Altre fonti in cui si fa cenno ai sacrifici umani sono, per il Nord, alcune saghe come la *Saga degli Ynglingar* (*Yng*, specie ai capp. 15 e 43), la *Saga della cristianizzazione* (*Kri* 12), la *Saga dei Gotlandesi* (*Gut* p. 63), la *Saga degli uomini di Kjalarnes* (*Kja* 2), la *Saga dei valligiani di Vatnsdalr* (*Vat* 30) dove si trova il termine «fossa sacrificale» (*blótgröf* f.). Altre notizie troviamo a esempio in testi quali il *Libro dell'insediamento* (*Ldn* s 85, H 73) o in scrittori medievali come Thietmar di Merseburg, autore di una famosa cronaca (*Chronicon*, ed. R. Holtzmann, *MGH*, Berlin 1955, Script. rer. germ. n.s. tom. IX, I, 17) e Dudon di Saint Quentin nell'opera *De moribus et actis primorum Normandiae ducum* (ed. J. Lair, in *Mémoires de la Société des Antiquaires de Normandie*, XXIII [1865], I, 2). Anche i codici di leggi medievali vi fanno riferimento (v. a esempio le leggi più antiche del Gulaþing (cfr. *NGL* I, p. 65, § 173). Sull'argomento v. lo studio di E. Mogk, *Die Menschenopfer der Germanen*, in *Abhandl. der k. bayerischen Akad. der Wiss.*, XXVII (1909), pp. 601-43.

37 Tra gli esempi migliori vanno certamente annoverate le chiese di Borgund, Eidsborg, Heddal e Urnes.

38 V. *Ger* 9: *Ceterum nec cohibere parietibus deos neque in ullam humani oris speciem assimulare ex magnitudine caelestium arbitrantur: locus ac nemora conse-*

crant deorumque nominibus appellant secretum illud, quod sola reverentia vident.

39 Particolarmente importanti al riguardo sono le ricerche condotte da M. Olsen: cfr. soprattutto *Hedenske Kultminder i norske Stedsnavne*, I, Oslo 1915; *Norrøne Studier*, Oslo 1938. V. anche E. Wessén, *Minnen av forntida gudsdyrkan i Mellansveriges ortnamn*, in *Studier i nordisk filologi*, XIV (1923); e, del medesimo autore, *Schwedische Ortsnamen und altnordische Mythologie*, in *Acta Philologica Scandinavica*, IV (1929), pp. 97-115. Per la Danimarca cfr. K. Hald, *Vore stednavne*, København 1965, pp. 248-55.

40 Già nelle più antiche incisioni rupestri si nota la tendenza a rappresentare le figure di animali in luoghi particolari: ricorrenti sono, a esempio, le raffigurazioni di pesci (per lo più salmoni) presso i corsi d'acqua. Sul significato magico di tali usanze v. F. Ström, *op. cit.*, pp. 10-2.

41 Come appare anche nella strofa 10 del *Canto di Hyndla* (*Hyn*) recitata dalla dea Freyja: «Egli fece un *hörgr* per me, innalzato con pietre, / ora quella pietra è divenuta vetro; / di nuovo l'arrossò con sangue di buoi, / sempre ebbe fede Óttarr nelle dee» (*Hörg hann mér gerði, hlaðinn steinum, / nú er grjót þat at gleri orðit; / rauð hann í nýiu nauta blóði, / æ trúði Óttarr á ásynjur*). Su *hof* e *hörgr* v. la breve ma efficace esposizione di R. Cleasby-G. Vigfússon, *op. cit.*, p. 311; v. inoltre E.O.G. Turville-Petre, *op. cit.*, cap. 12 e bibliografia relativa; S. Vigfússon, *Um hof og blótsiðu í fornöld*, in *Árbók hins íslenzka fornleifafélags*, 1880-1881, pp. 79-98; 1882, pp. 3-46. Cfr. altresì *Gyl* 14.

42 Sull'argomento v., tra l'altro, F. Paasche, *Mötet mellom hedendom og Kristendom i Norden*, Oslo 1958.

43 Questa parola se riferita a un dio pagano indica appunto la divinità in cui l'uomo riponeva la sua totale fiducia. Tale concetto è rafforzato da esempi in cui essa viene usata per indicare una persona. Così troviamo la parola in connessione con termini quali *vinr* m. «amico» o *frændi* m. «parente». Cfr. R. Cleasby-G. Vigfússon, *op. cit.*, p. 178. V. anche gli episodi riferiti nella *Saga dei Vichinghi di Jómsborg* (*Jóm* 44) e nella *Saga di Víga-Glúmr* (*Víg* 9); nella *Saga degli Sturlungar* (*Stu* I, II, 138) questa parola è riferita a una corazza impenetrabile ai colpi. Nella *Saga di Dámusti* (*Dám* 9 e 13) Fulltrúi è il nome di un cavallo del quale è detto che beveva la birra.

44 P. Seidelin, *Norden og Hvide Krist*, in *Tro i fortid og nutid* (1962), sostiene (pp. 23-5) che Cristo penetrò nel Nord sotto le spoglie di un condottiero vittorioso che era in grado di sconfiggere anche la morte. «Bianco Cristo» (*Hvíta-Kristr*) è la ricorrente definizione del nuovo dio: cfr. a esempio gli scaldi Þorbjörn Poeta delle *dísir* (*Skj* I: A, p. 144; B, p. 135) e Sigvatr Þorðarson (*Skj* I: A, p. 273; B, p. 252); *ÓlH* 204, 215; *Flat* II, p. 138 e inoltre *Ská* 64.

45 Si legge di lui nel *Libro dell'insediamento* (*Ldn* H 184, cfr. S 218): «Egli era molto confuso nella fede; credeva in Cristo, tuttavia invocava Thor per i viaggi di mare e le decisioni difficili, e per tutto quello che gli pareva più importante» (*Hann var mjök blandinn í trúnni; hann trúði á Krist, en þó hét hann á Þór till sæfara ok harðræða ok alls þess er honum þótti mestu varða*); cfr. *Flat* I, p. 267.

46 *Rerum gestarum Saxonicarum libri tres*, ed. H.E. Lohman-P. Hirsch, *MGH*, Hannover 1935, Script. rer. germ... separatim editi, III, 65. Cfr. anche *ÓlT* 27; *ÓlTOS* 15; *Flat* I, p. 18; *AdB* II, 33.

47 Il culto del sole e la fede nel suo potere rigeneratore dovettero permanere assai a lungo anche nel mondo scandinavo. V. in proposito non solo le testimonianze in tal senso riportate in M. Scovazzi, *op. cit.*, I, pp. 187 e 196, ma anche il *Canto*

del sole (*Sól passim*) verosimilmente del XIII secolo, nel quale, pure filtrate attraverso l'ispirazione cristiana, si riconoscono immagini ed espressioni senza dubbio risalenti a queste antichissime concezioni. (Sul carme v., tra l'altro, M. Gabrieli, *Le letterature della Scandinavia*, Firenze 1969, pp. 79-85, dove se ne trova anche una traduzione parziale con testo a fronte.) Cfr. pp. 70-71.

48 In particolare le pietre e le rocce sono ritenute dimora dei nani, degli elfi e dei giganti, che escono solo di notte perché la luce del giorno li pietrifica uccidendoli. Questa credenza perdurò a lungo come testimoniano diverse fiabe; v. *J.Á.* I, pp. 123-4, 124-5, 208-9, 216, 270-5. Cfr. pp. 310, 325, 331-3, 482-90 (h, i, j, l, m) e 516.

49 V. a esempio il *Libro dell'insediamento*: «Þórir... viveva a Lundr; egli faceva sacrifici al boschetto» (*Þórir... bjó at Lundi; hann blótaði lundinn*); «Eyvindr... colonizzò Flateyjardalr fino a Gunnsteinar e sacrificava alle pietre» (*Eyvindr... nam Flateyjardal upp til Gunnsteina ok blótaði þá*); «Þorsteinn Naso rosso era un uomo molto dedito ai sacrifici; egli faceva sacrifici alla cascata e tutti gli avanzi di cibo doveva portare alla cascata» (*Þorsteinn rauðnefr var blótmaðr mikill; hann blótaði forsinn, ok skyldi bera leifar allar á forsinn*; *Ldn* S 237, H 202; S 241, H 206; S 355, H 313). Sull'interpretazione dei passi v. tuttavia J. Hnefill Aðalsteinsson, *Under the Cloak*, Uppsala 1978, pp. 28-9. Una disposizione di legge norvegese del Gulaþing prescrive a proposito dei sacrifici pagani: «non dobbiamo adorare dèi pagani, tumuli o altari» (*vér skulum eigi blóta heiðit guð, né hauga, né hörga*: *NGL* I, p. 18, § 29).

50 Furono i Lapponi a influenzare i Germani settentrionali o viceversa? O forse: rispetto agli Scandinavi, la cui religione mostra chiari segni di evoluzione, i Lapponi mantennero (anche a motivo della posizione marginale e della caratteristica di popolo nomade) una forma di credo più arretrata che un tempo era stata comune a tutta l'area? E quanto all'atteggiamento naturalistico di entrambe le religioni, è riconducibile a strutture universali presenti in tutte le religioni primitive e, se sì, in quale misura? Sui rapporti tra i Germani settentrionali e i Lapponi v. comunque J. de Vries, *Altgermanische...*, cit., I, pp. 128-33, e anche F.R. Schröder, *Quellenbuch zur germanischen Religionsgeschichte*, Berlin und Leipzig 1933, cap. 49 *Nordische Götter und Kulte bei den Lappen* (pp. 85-7).

51 Come possiamo rilevare dal racconto della *Saga di Erik il Rosso* (*Eir* 4) essa era considerata così intimamente legata al paganesimo che un cristiano si era allontanato dalla fattoria mentre veniva esercitata. Nello stesso capitolo, considerato un *locus classicus* per quanto riguarda il *seiðr*, si riferisce di tale Guðríðr che si era inizialmente rifiutata di aiutare una maga adducendo a motivo la propria fede: «Questa è un'azione per la quale non intendo essere di alcun aiuto, poiché sono una donna cristiana» (*Þetta er þat eitt atferli, er ek ætla í engum atbeina at vera, því at ek em kristin kona*).

52 Sull'argomento v. lo studio di D. Strömback, *Sejd. Textstudier i nordisk religionshistoria*, Stockholm 1935. V. anche la voce *Sejd* in *KLNM*. V. pp. 95-100.

53 L'uso da parte degli Scandinavi di ricorrere ai Lapponi per le pratiche e l'apprendimento della magia è largamente testimoniato. Cfr. D. Strömback, *op. cit.*, pp. 196-206, il quale tra l'altro sostiene che «I Lapponi sono i maestri di magia nella letteratura norrena» (p. 198). V. anche *KLNM* alla voce *Samisk trolldom*.

54 Di tipo verosimilmente omosessuale.

55 Analoga probabilmente al treppiede delfico.

56 Basti l'esempio che si trova nella *Saga di Gísli* (*Gís* 18), dove il mago Þorgrímr Nasone viene compensato con un bue di nove anni per una magia che aveva come

scopo che nulla fosse d'aiuto a colui che aveva commesso un certo delitto, anche se gli altri volevano soccorrerlo.

57 Nella *Saga degli Ynglingar* (*Yng* 13), a esempio, si racconta del re Vanlandi che recatosi nella Terra dei Finni aveva colà preso in sposa Drífa. Poiché una volta tornato in Svezia egli aveva dimenticato la sposa, costei aveva pagato una maga perché stregasse Vanlandi in modo da farlo tornare nella Terra dei Finni, o altrimenti farlo morire. La saga precisa anche che essendo stato Vanlandi preso da ardente smania di tornare da lei, i suoi amici e consiglieri volevano impedirlo poiché asserivano che la magia dei Finni era la causa del suo improvviso desiderio.

58 V. a esempio la *Saga di Oddr della Freccia* (*Örv I* e *Örv II* 2), dove la maga Heiðr pratica il *seiðr* allo scopo di prevedere il destino e rivela al protagonista il suo futuro nonostante il di lui deciso rifiuto; cfr. *Vat* 10. Su questi e altri scopi del *seiðr* cfr. anche R. Cleasby-G. Vigfússon, *op. cit.*, pp. 519-20.

59 Dal cui nome Snorri fa derivare, secondo un'etimologia popolare, quello degli Asi.

60 «Paese degli dèi.»

61 «Recinto degli Asi.»

62 *Yng* 9: *... lét hann marka sik geirsoddi ok... sagði hann sik mundu fara í Goðheim ok fagna þar vinum sínum. Nú hugðu Svíar, at hann væri kominn í inn forna Ásgarð ok myndi þar lifa at eilífu.*

63 *Yng* 6: *... hann var svá fagr ok göfugligr álitum, þá er hann sat með sínum vinum, at öllum hló hugr við. En þá er hann var í her, þá sýndisk grimligr sínum óvinum. En þat bar til þess, at hann kunni þær íþróttir, at hann skipti litum ok líkjum á hverja lund, er hann vildi... Óðinn kunni svá gera, at í orrostu urðu óvinir hans blindir eða daufir eða óttafullir, en vápn þeira bitu eigi heldr en vendir.*

64 Le rune, che costituiscono i diversi segni di una serie in uso in Scandinavia precedentemente all'introduzione dell'alfabeto latino, erano considerate anche entità magiche e spesso le iscrizioni runiche avevano lo scopo di esercitare un potere di questo tipo che l'incisore, mago e sacerdote – come paiono suggerire le iscrizioni più antiche –, affidava non solo al contenuto della frase, ma anche a ogni singolo segno (simbolo positivo o nefasto). Il possesso delle rune (attribuito qui a Odino) è dunque il possesso della conoscenza e la conseguente capacità di valersene a proprio vantaggio; cfr. pp. 100-104.

65 M.pl. «canti magici». Cfr. p. 104, nota 3.

66 *Yng* 7: *Óðinn skipti hömum; lá þá búkrinn sem sofinn eða dauðr, en hann var þá fugl eða dýr, fiskr eða ormr, ok fór á einni svipstund á fjarlæg lönd at sínum erendum eða annarra manna. Þat kunni hann enn at gera með orðum einum at sløkkva eld ok kyrra sjá ok snúa vindum, hverja leið er hann vildi... En stundum vakti hann upp dauða menn ór jörðu eða settisk undir hanga... Allar þessar íþróttir kendi hann með runum ok ljóðum þeim, er galdrar heita... Óðinn kunni þá íþrótt, er mestr máttr fylgði... er seiðr heitir, en af því mátti hann vita ørlög manna ok óorðna hluti, svá ok at gera mönnum bana eða óhamingju eða vanheilendi, svá ok at taka frá mönnum vit eða afl ok gefa öðrum... Óðinn vissi um allt jarðfé, hvar fólgit var, ok hann kunni þau ljóð, er upp lauksk fyrir honum jörðin ok björg ok steinar ok haugarnir, ok batt hann með orðum einum þá, er fyrir bjöggu, ok gekk inn ok tók þar slíkt, er hann vildi. Af þessum kröptum varð hann mjök frægr... hann kendi flestar íþróttir sínar blótgoðunum; váru þeir næst honum um allan fróðleik ok fjölkyngi.*

67 *Yng* 4: *Dóttir Njarðar var Freyja; hon var blótgyðja. Hon kendi fyrst með Ásum seið, sem Vönum var títt.*

68 Non va dimenticato infatti che Odino è il dio-mago per eccellenza ed è figura che per molti versi si discosta da quelle degli altri dèi, apparendo frequentemente più come modello per l'uomo che aspiri a divenire sovrumano che non come divinità.
69 Anche gli altri dèi infatti si servono di oggetti particolari dai quali spesso dipende il loro potere. Sono utensili magici per eccellenza, a esempio, il martello e la cintura di Thor (cfr. p. 59) così come la spada di Freyr da lui ceduta al servitore Skírnir (cfr. pp. 149-50). Un episodio come quello dell'incatenamento del lupo Fenrir (cfr. pp. 64-6) mostra come gli dèi poterono aver ragione del male solo ricorrendo al potere magico.
70 Va tuttavia rilevato che nella fase immediatamente precristiana le due sfere erano venute via via distinguendosi, probabilmente per un'evoluzione. Nella *Saga di Gísli* (*Gís* 19) si dice a esempio che la maga Auðbjörg e il mago Þorgrímr Nasone furono lapidati a morte a causa delle loro malefatte. Quanto tuttavia il loro potere fosse ancora ritenuto grande è dimostrato dalla notazione in cui l'autore della saga si premura di rilevare che «una borsa di pelle gli fu ficcata sulla testa» (*er dreginn belgr á höfuð honum*). Questa procedura aveva lo scopo di evitare che il mago potesse danneggiare con lo sguardo qualcuno degli esecutori della condanna.
71 Episodio narrato nel carme *I sogni di Baldr* (*Bal passim*); cfr. pp. 155-6.
72 Il mito del viaggio di Thor presso Útgarða-Loki (cfr. pp. 121-7) è assai significativo in proposito.
73 V. sopra, p. 32.
74 *Yng* 7: «Odino possedeva l'arte, da cui scaturisce un grande potere e che egli stesso esercitava, che si chiama magia» (*Óðinn kunni þá iþrótt, er mestr* máttr *fylgði, ok framði sjálfr, er seiðr heitir*).
75 *Altgermanische...*, cit., I, pp. 276-9. V. anche R. Cleasby-G. Vigfússon, *op. cit.*, pp. 419 e 421.
76 Il Turville-Petre dedica a queste figure un intero capitolo del suo lavoro: v. *op. cit.*, pp. 263-8 e bibliografia relativa, p. 328.
77 Gli esempi più significativi in Turville-Petre, *op. cit.*, pp. 264-6.
78 Lo stesso Turville-Petre, *op. cit.*, pp. 267-8.
79 A.G. van Hamel, *Óðinn hanging on the Tree*, in *Acta Philologica Scandinavica*, VII (1932), p. 265.
80 *Eyr* 44.
81 *Fleygði Óðinn ok í fólk um skaut, / þat var enn folkvíg fyrst í heimi* (*Vsp* 24).

I miti

I. Cosmogonia

1. *Origine del mondo e degli dèi*

L'origine del mondo è il nulla: il nulla come vuoto o baratro. In esso si manifesta la dualità, princìpi e polarità opposti che si incontrano e danno origine alla vita. All'inizio del mondo ci fu il gigante Ymir e fu sacrificato dagli dèi: il macroantropo è pari a un microcosmo.

Era l'inizio dei tempi,
quando nulla esisteva,
non c'era sabbia né mare
né fresche onde;
non c'era la terra
né il cielo lassù,
c'era il baratro degli abissi,
ma non c'era l'erba.[1]

Narrano le antiche storie che a nord di Ginnungagap – così si chiama il baratro immane degli abissi in cui il nulla era contenuto – fu creato un mondo che ebbe nome Niflheimr.[2] Niflheimr è la dimora del freddo, dell'umidità e del buio e in esso, proprio nel mezzo, si trova un pozzo gelido, detto Hvergelmir, da cui molti fiumi cosmici, impetuosi e scroscianti, hanno origine. Questi fiumi sono detti Elivágar.

Ma dalla parte opposta, a meridione, fu fatto prima un altro mondo detto Muspell;[3] è una regione lucente, asciutta e torrida: nessuno che non vi sia nato può resistervi. Surtr è il nome di colui che ne guarda i confini: è un gigante del fuoco e possiede una spada fiammeggiante.

Si narra dunque che gli Elivágar giunsero così lontano dalla loro sorgente che il lievito velenoso che li accompagnava in superficie si indurì come scoria e divenne ghiaccio. E là dove questo ghiaccio si era fermato si formò dal veleno una pioggerella che cadde su Ginnungagap e congelò stratificandosi in brina. Così il baratro degli abissi era, nella parte settentrionale, avvolto nell'oscurità, bagnato dalla pioggia e battuto dal vento gelido di Niflheimr; nella parte meridionale, invece, era caldo e illuminato dalle scintille provenienti da Muspell.

Ora avvenne che la brina gelida si incontrò col venticello caldo; essa si sciolse e prese a gocciolare: da quelle gocce ebbe origine la vita.

Il primo essere fu un gigante: si chiamava Ymir, ma i giganti del ghiaccio lo chiamano Aurgelmir. Ymir fu il progenitore di tutta la sua stirpe: di lui si dice che mentre dormiva stillò sudore e per questo gli crebbero sotto una mano un uomo e una donna; inoltre uno dei suoi piedi generò con l'altro un figlio dotato di sei teste.

Ymir era nutrito dalla mucca Auðhumla, nata come lui dalle gocce di brina: dalle sue mammelle scorrevano quattro fiumi di latte. Per sfamarsi, Auðhumla leccò delle pietre ghiacciate, che erano salate. Il primo giorno che leccò le pietre, verso sera, uscirono da esse i capelli d'un uomo, il secondo giorno la testa, il terzo giorno tutta la persona. Costui fu il primo uomo sulla terra e si chiamò Buri:[4] egli era bello, alto e forte. Buri ebbe un figlio che si chiamò Borr;[5] Borr si unì con Bestla, figlia del gigante Bölþorn, ed essi ebbero tre figli: Odino, Vili e Vé. Costoro furono i primi fra gli dèi.

Ora avvenne che i figli di Borr uccisero il gigante Ymir e affogarono nel suo sangue tutta la stirpe dei giganti del ghiaccio. Tuttavia uno di loro, Bergelmir, riuscì a fuggire con la sua famiglia allontanandosi su un'imbarcazione:[6] da lui è discesa una nuova stirpe di giganti.

Poi gli dèi presero il corpo di Ymir, lo portarono nel mezzo del baratro degli abissi e da lui trassero il mondo: la terra fu fatta dalla carne, il mare e l'acqua dal sangue, le montagne dalle ossa, le pietre e i massi dai denti anteriori, dai molari e dalle schegge di osso. Dal cranio di Ymir fu tratta la volta del cielo.

È detto anche che nella carne del gigante si erano venuti formando dei vermi: per volontà degli dèi essi ebbero l'aspetto e l'intelletto degli esseri umani e divennero così i nani che dimorano fra le pietre. Quattro di loro tuttavia furono posti agli angoli della terra dove sorreggono il cielo. Costoro hanno nome Austri, Vestri, Norðri e Suðri.[7]

Poi gli dèi avvinsero l'oceano attorno alla terra come un anello: esso è profondo e pericoloso, difficile da traversare per gli uomini.[8]

Alcune scintille provenienti da Muspell ebbero un posto nel cielo e da esse originarono gli astri. Ad alcuni fu assegnata una sede stabile, ad altri una rotta da percorrere; così ebbe inizio anche il calcolo del tempo.

Al limite della terra, sulle spiagge del mare, fu data dimora ai giganti, in quel Paese che è l'estremo recinto del mondo. Quel luogo, assai freddo e oscuro, è detto Útgarðr[9] o Jötunheimr.[10]

Con le sopracciglia del gigante Ymir fu fatto invece un possente recinto al centro del mondo, che fu detto Miðgarðr[11] e destinato ad accogliere la stirpe umana. Infine gli dèi presero il cervello di Ymir e lo gettarono in aria: da esso hanno avuto origine tutte le nubi del cielo. Così come qui si dice:

Dalla carne di Ymir fu fatta la terra,
dal suo sangue il mare,
dalle ossa le montagne, gli alberi dalla chioma,
dal cranio il cielo.

Dalle sue sopracciglia fecero gli dèi benedetti
Miðgarðr per i figli degli uomini;
dal suo cervello furono tutte le tempestose
nuvole create.[12]

Fonti principali: *Völuspá* str. 1-16; *Vafþrúðnismál* str. 20-1, 28-35; *Grímnismál* str. 40-1; *Gylfaginning* di Snorri Sturluson capp. 4-8.

2. *Origine degli uomini*

L'origine della stirpe umana è fatta risalire a due alberi: l'immagine del mito riflette il concetto dell'albero come entità nella quale la forza divina che dà vita al cosmo si esprime in tutta la sua potenza.

Dopo aver creato il mondo, Odino e i suoi fratelli andarono sulla riva del mare e là trovarono due tronchi d'albero: erano inerti e senza destino. Gli dèi fecero loro molti doni preziosi ed essi divennero un uomo e una donna. Odino diede spirito e vita, Vili saggezza e movimento, Vé forma, parola, udito e vista;[1] essi ebbero anche delle vesti e un nome. L'uomo si chiamò Askr, Embla la donna: da loro è discesa tutta la razza umana che ebbe in Miðgarðr la propria dimora.

Fonti principali: *Völuspá* str. 17-8; *Gylfaginning* di Snorri Sturluson cap. 9.

Appendice. Immagini simboliche della creazione

a. *Goccia (Lacrima)*
Il succedersi ritmico delle gocce che richiama il momento del disgelo è immagine stessa del sorgere della vita. Per questo il primo essere, Ymir, ebbe origine quando i due princìpi del freddo e del calore si incontrarono in forma di brina e di venticello caldo. La brina «si sciolse e gocciolò, e da quelle gocce viventi si formò la vita».[1] La simbologia della goccia e del gocciolio appare dunque come manifestazione del potere sulla vita e quindi sulla fecondità. Essa è conservata nell'immagine dell'anello d'oro Draupnir appartenente a Odino e poi a Baldr. Da questo oggetto, opera dei nani, ogni nove notti scaturiscono (lett. «gocciolano») otto anelli di ugual peso.[2] Lo stesso nome Draupnir è formato su *drjúpa* «gocciolare». Draupnir è simbolo del potere sulla fecondità. Similmente si dice che dalle corna del cervo Eikþyrnir, il quale bruca i rami dell'albero cosmico, cadono gocce così grandi che da esse originano i fiumi del mondo.[3]

Analoga alla simbologia delle gocce è quella delle lacrime, specie dove si dice che Freyja, dea della fecondità, piange lacrime d'oro.[4] Nelle lacrime inoltre ogni essere geme, attraverso il sacrificio del dolore, la propria essenza: esse sono perciò simbolo di rigenerazione. Così nel mito sulla morte di Baldr,[5] la condizione per il ritorno del dio dal regno dei morti era che egli fosse pianto da tutti gli esseri, intendendo con ciò che il mondo avrebbe dovuto sottoporsi a un processo di purificazione. Tutti gli esseri acconsentirono: uomini, animali, terra, pietre, alberi e metalli, questi ultimi come «quando passano dal freddo al caldo».[6] Soltanto la gigantessa Þökk (sotto le cui spoglie si celava il malvagio Loki) rifiutò: avrebbe pianto «lacrime asciutte»:[7] indicazione, questa, dell'intima sterilità degli esseri demoniaci.

b. *Traspirazione*
È un'azione provocata dal calore, dunque da una forza vivificante e creatrice; è perciò essa stessa un atto creativo: così si spiega la nascita delle stirpi dei giganti dal sudore di Ymir dormiente. L'atto del dormire sottolinea che ogni altra attività corporea dovette essere sospesa, perché nel sudore il gigante potesse emanare tutta la propria essenza.

c. *Soffio*
È il principio vitale e divino senza il quale la materia non è che una presenza inerte. Al soffio del dio che animò i primi esseri si allude nel racconto relativo ad Askr ed Embla, che ebbero vita attraverso il potere creatore del soffio. Il nome stesso del dio Odino (*Óðinn* in antico nordico) e quello di Óðr suo corrispettivo risalgono a una radice indoeuropea **WAT*, in cui è contenuta l'idea dell'essere eccitato, cioè posseduto dallo spirito. Anche il termine che indica gli dèi supremi, gli Asi (*Æsir* in antico nordico), è collegato a **ANSU, N̥SU*, che ha senso di «spirito», «demone».

Note

1. *Origine del mondo e degli dèi*

1 *Vsp* 3 (versione *SnE*; cfr. *Gyl* 4): ***Ár var alda / þat er ekki var; / vara sandr né sær / né svalar unnir, / jörð fannsk eigi / né upphiminn, / gap var Ginnunga, / en gras ekki.***

2 «Paese dell'oscurità», forse identificabile con Niflhel (v. p. 71, appendice 2). In Niflheimr si trova una delle tre radici dell'albero cosmico (v. pp. 61-2); ivi inoltre dimora Hel, guardiana del regno delle tenebre.

3 *Muspell* (detto anche *Múspell* o *Múspellsheimr*) è parola di difficile interpretazione. Indubbio è tuttavia il legame etimologico con taluni termini germanico-continentali (antico sassone *mut- mudspelli*, alto tedesco antico *muspilli* m. o n. «fine del mondo»; *Muspilli* è il titolo del frammento di un poemetto bavarese risalente al IX secolo che ha per argomento la fine del mondo).
I «figli (o le «genti») di Muspell» (*Muspells synir*, *Muspells megir* o *Muspells lýðir*), cui talora fa riferimento il mito (*Gyl* 13, 37, 51; *Vsp* 51; *Lok* 42), che nell'ultimo giorno cavalcheranno sul ponte dell'arcobaleno mandandolo in frantumi e invaderanno le dimore degli dèi, sono una sorta di cavalieri dell'apocalisse che incarnano il principio distruttivo dell'universo (v. p. 187).

4 Il nome (anche *Búri* o *Burri*) vale forse «[colui che] procrea» o «abitatore [del mondo]» o «[colui che] rumoreggia». La nascita di quest'uomo primordiale dall'atto del leccare le pietre indica di nuovo che la vita ha origine nell'incontro tra freddo e calore. Cfr. *Flat* I, pp. 26-7.

5 Il nome (anche *Burr*) significa «figlio» o forse «perforatore» (con riferimento all'unione coniugale). È da notare che nel *Carme di Rígr*, dove si narra il mito dell'origine delle stirpi sulla terra (cfr. pp. 66-8), tra i figli di Jarl ed Erna il maggiore ha nome Burr (*Ríg* 41). Cfr. anche *Flat* I, p. 26 e *SnEArn* II, p. 636.

6 Tale la più probabile interpretazione del termine *lúðr* m. (*Gyl* 7).

7 «Est», «Ovest», «Nord», «Sud».

8 Dalla str. 4 della *Predizione dell'indovina* pare piuttosto di poter intendere che i figli di Borr sollevarono la terra separandola dalle acque.

9 «Recinto esterno.»

10 «Paese dei giganti.» Il termine si ritrova nel toponimo norvegese *Jotunheimen*, nome dato a una grande regione montagnosa in buona parte coperta di ghiacci.

11 «Recinto di mezzo.» Nella visione del mondo della *Saga degli Ynglingar*, dove Snorri fa prevalere il concetto evemeristico, il «Paese degli uomini» è detto *Mannheimar* (o *Manheimar*) e fatto corrispondere alla Svezia, luogo in cui gli dèi si erano stabiliti. Esso è contrapposto a *Goðheimr* (o *Goðheimar*; *Yng* 8, 11-2), «Paese degli dèi», luogo lontano e nebuloso, appartenente alla geografia mitologica. La persistenza del termine Mannheimar è ancora testimoniata nel XVII secolo nel titolo dell'opera del famoso erudito svedese Olof Rudbeck (1630-1702), *Atland eller Manheim* (*Atlantide ovvero Manheim*, 1679-1702). Cfr anche *Kja* 14; *Hjá passim*.

12 *Grí* 40-1: *Úr Ymis holdi var jörð um sköpuð, / enn úr sveita sær, / björg úr beinum, baðmr úr hári, / enn úr hausi himinn. // Enn úr hans brám gerðu blíð regin / Miðgarð manna sonum; / enn úr hans heila vóru þau in harðmógðu / ský öll um sköpuð.*

2. *Origine degli uomini*

1 Nella versione del mito fornita dalla *Predizione dell'indovina* gli dèi hanno nome Odino, Hœnir e Lóðurr. Essi donano rispettivamente respiro, coscienza, calore e bell'aspetto.

Appendice. Immagini simboliche della creazione

1 *Gyl* 5: ... *svá at bráðnaði ok draup, ok af þeim kvikudropum kviknaði...*
2 *Ská* 44 [5]; v. p. 93; cfr. p. 659.
3 *Gyl* 39; cfr. pp. 63 e 558.
4 *Gyl* 35; *Ská* 29, 45 e *K*; cfr. p. 286.
5 *Gyl* 49; cfr. pp. 159-60.
6 ... *þá er þeir koma úr frosti ok í híta.*
7 ... *þurrum tárum...*

II. Ordinamento dell'universo

1. *Il governo del tempo e degli elementi*

Ogni elemento e ogni manifestazione della natura sono incarnati in una figura mitica che li governa: in ciò è espressa l'idea di un misterioso potere di controllo sulla vita del cosmo.

a. Un gigante di nome Narfi ebbe una figlia chiamata Nótt:[1] ella era scura e bruna come la sua stirpe. Nótt fu unita a tre mariti: col primo, Naglfari,[2] ha avuto un figlio detto Auðr;[3] col secondo, Annarr,[4] ha generato Jörð;[5] col terzo infine, di nome Dellingr,[6] ha generato Dagr.[7] Nótt e Dagr, madre e figlio, ebbero dagli dèi due destrieri e con essi cavalcano attorno al mondo. Il cavallo di Nótt si chiama Hrímfaxi:[8] la rugiada che ogni mattina cade sulla terra è la bava che gli bagna il morso. Il cavallo di Dagr invece ha nome *Skinfaxi*, poiché dalla sua «splendente criniera» sono illuminati il cielo e la terra.

Fonti principali: *Vafþrúðnismál* str. 11-4, 24-5; *Gylfaginning* di Snorri Sturluson cap. 10.

b. C'era un uomo di nome Mundilfœri[9] che aveva due figli. Essi erano talmente belli e splendenti che egli aveva dato loro il nome degli astri del cielo. Il fanciullo infatti si chiamava Máni[10] e la fanciulla Sól.[11] Ella[12] fu data in sposa a un uomo di nome Glenr.[13] Ora avvenne che gli dèi, colpiti da tanta arroganza, tolsero i fanciulli dalla terra e li posero nel firmamento. A Sól fu affidata la guida del carro solare trainato dai cavalli Árvakr[14] e Alsviðr.[15] Sotto le scapole di questi destrieri stanno due mantici che servono a rinfrescarle e sono detti mantici di ferro. Davanti al sole invece è posto uno scudo detto Svalinn:[16] esso impedisce che un calore eccessivo arda e distrugga la vita sulla terra.

Sól si affretta di continuo nella sua corsa attorno al mondo poiché un potente lupo la insegue: questi è un demone che si chiama Skoll e l'ultimo giorno la divorerà. Anche Máni è inseguito da un lupo: è Hati, figlio di Hróðvitnir, detto tuttavia anche Mánagarmr[17] poiché l'ultimo giorno distruggerà la luna.

Skoll e Hati appartengono a una stirpe malvagia che ha dimora nella «foresta di ferro» *Járnviðr*. In quel luogo una gigantessa ha generato i figli di Fenrir, mostro pernicioso e nefasto dall'aspetto di lupo.

Fino alla fine del tempo tuttavia Máni sfuggirà al suo inseguitore e governerà le fasi della luna. Con lui sono due fanciulli, Bil e Hjúki,[18] figli di Viðfinnr.[19] Gli dèi li tolsero dalla terra mentre si allontanavano da una fonte detta Byrgir portando sulle spalle il secchio Sœgr col bastone Símul. Costoro accompagnano sempre la luna, come si può vedere da quaggiù.

Fonti principali: *Völuspá* str. 40-1; *Vafþrúðnismál* str. 22-3, 47; *Grímnismál* str. 37-9; *Gylfaginning* di Snorri Sturluson capp. 11-2.[20]

c. I giganti, che sono sapientissimi poiché la loro stirpe risale alle origini del mondo, hanno potere sugli elementi della natura. Si narra che un gigante antico detto Fornjótr (forse Ymir stesso?) abbia avuto una progenie potente e famosa: i suoi figli furono infatti Hlér,[21] Logi[22] e Kari.[23]

Hlér, detto anche Ægir, è il signore del mare: la sua sposa ha nome Rán. Ella possiede una rete con la quale raccoglie i cadaveri degli annegati e li trasporta nella sua dimora. Le figlie di Hlér e Rán sono le onde del mare.

Logi invece è un gigante del fuoco come Surtr, guardiano di Muspell, che nell'ultimo giorno incendierà la terra.

Kari è il vento. Suo figlio Frosti (o Jökull)[24] ha potere sul freddo e sul ghiaccio: il figlio di quest'ultimo è detto Snær.[25]

Nella parte del cielo che volge a settentrione abita un gigante di nome Hræsvelgr: costui ha aspetto di aquila e genera il vento con il battito delle ali.

Fra i giganti è ricordato ancora Svásuðr, padre di Sumar:[26] egli vive una vita tanto felice che da lui prende il nome tutto ciò che è piacevole e ameno.

Il padre di Vetr[27] invece è Vindlóni (o Vindsvalr), figlio di Vásaðr. Costoro erano parenti severi e d'animo freddo e Vetr ha il medesimo carattere.

Fonti principali: *Vafþrúðnismál* str. 36-7; *Gylfaginning* di Snorri Sturluson capp. 18-9; *Fundinn Nóregr*; *Hversu Nóregr byggðisk*.

2. *Il cielo e le dimore degli dèi*

La dimora degli dèi è immaginata al centro del cosmo e nel cielo. Questa duplice contemporanea collocazione la contrappone, sul piano orizzontale e verticale dell'essere, all'estrema periferia dello spazio e all'infimo dei mondi dove sono confinate le forze del caos e dell'oscurità. Per questo essa è il santuario del mondo.

a. Si racconta che gli dèi costruirono per sé, nel centro del mondo, una grande fortezza che ebbe nome Ásgarðr.[1] Al centro di Ásgarðr si trova la pianura detta Iðavöllr, nella quale essi convennero alle origini per tenere consiglio: di là provengono tutte le decisioni riguardanti il destino e il governo del mondo. È detto anche che gli dèi erano fabbri e artigiani abilissimi, perciò costruirono una fucina e forgiarono per sé utensili e arnesi, creando così ogni sorta di materiale: metalli, pietre e legno. Fecero poi tale abbondanza di quel metallo che è detto oro, che tutti i loro strumenti erano d'oro e anche quell'età trasse dall'oro il proprio nome. In seguito tuttavia quell'era felice fu dispogliata dalle gigantesse. In Ásgarðr avevano anche costruito due templi, luoghi splendenti e sacri. Uno è Glaðsheimr,[2] che appartiene a Odino: dentro e fuori è tutto d'oro zecchino. Ivi si trovano i dodici scranni degli dèi supremi, così come il trono eccelso di Odino; là si trova anche la Valhalla, paradiso degli eroi caduti in combattimento. Il santuario delle dee ha nome Víngólf e anch'esso è una dimora tutta splendente, dove abitano talora gli eletti. Víngólf è detto a volte uguale a Gimlé,[3] luogo situato nella parte meridionale del cielo. Alla fine del mondo, quando il cielo e la terra saranno spazzati via, Gimlé resisterà al fuoco distruttore: qui abiteranno per sempre gli uomini buoni e giusti. Si dice che sopra il nostro cielo, a meridione, se ne trovi un altro di nome Andlangr e su di esso un terzo detto Víðbláinn, che è quello supremo. Gimlé si trova lassù, per questo è un luogo altamente santo. Ora in quel luogo dimorano solo gli elfi luminosi: costoro sono esseri splendenti ancor più del sole e la loro dimora Álfheimr appartiene al dio Freyr. Altri elfi tuttavia sono ricordati, i quali sono più scuri della pece: essi vivono coi nani nella terra e fra le pietre.

Fonti principali: *Völuspá* str. 7-8, 64; *Grímnismál* str. 5, 8; *Gylfaginning* di Snorri Sturluson capp. 3, 14, 17, 52.

b. Nel cielo vivono ora in concordia gli dèi della stirpe degli Asi e taluni provenienti da quella dei Vani, che furono accolti fra loro.

Odino è il dio supremo: padre di tutti, uomini e dèi. La sua sposa si chiama Frigg e da loro discende la stirpe degli Asi, che è potente e santa. Frigg possiede una dimora detta Fensalir. La dimora di Odino nel cielo si trova in Glaðsheimr e ha nome Valhalla.[4] Egli possiede anche il luogo detto Válaskjálf,[5] tutto rivestito d'argento puro: in quella sala sta il trono detto Hliðskjálf.[6] Quando il dio è seduto in quel luogo può osservare di là tutti i mondi così come il comportamento di ogni uomo.

Odino è il dio più venerato dai guerrieri. Di lui si dice che è assai bello e nobile d'aspetto, piacevole nel conversare e favorevole agli amici. Ai nemici invece appare tremendo e funesto. Odino è maestro di ogni magia guerriera: sa ottundere le lame, paralizzare con lo sguardo, fermare il volo dei dardi o sciogliere le membra dai lacci.[7] A lui spetta di concedere o negare la vittoria, perciò i suoi uomini ripongono in lui cieca fiducia.[8] A Odino sono consacrati taluni guerrieri detti, a motivo del loro vestire, «camicie d'orso» o «casacche di lupo»:[9] costoro combattono in preda a una furia incontrollabile e si dice che non temono né il ferro né il fuoco. Per i guerrieri la vittoria o la morte in battaglia sono doni del dio ugualmente desiderabili, perciò egli è detto Sigföðr e Valföðr.[10] Coloro che muoiono in combattimento vengono accolti nella dimora che ha nome Valhalla. Là essi si chiamano Einherjar. La Valhalla è un luogo assai maestoso e facile da riconoscere: i pilastri infatti sono aste di lancia, sul tetto, al posto delle tegole, vi sono scudi, le panche sono cosparse di corazze. Sopra vi è sospesa un'aquila, un lupo pende impiccato alla porta occidentale. È detto anche che le porte della Valhalla sono ben cinquecento e quaranta; tuttavia benché in quel luogo vi sia una grandissima folla, non è tanto difficile trovarvi posto quanto entrarvi. Il cancello della Valhalla si chiama Valgrind, ma ben pochi sanno come si apra il chiavistello; Goðvegr[11] è forse la strada che ivi conduce. Davanti all'ingresso della Valhalla c'è un bosco i cui alberi hanno foglie d'oro e che si chiama Glasir;[12] a occidente cresce il vischio sempreverde che causerà la morte di Baldr.[13] Colà vi sono delle divinità femminili che si chiamano valchirie: ogni giorno Odino le manda sul campo di battaglia per proteggere gli eroi o per recare loro il segno di morte. Le valchirie accompagnano i caduti nella Valhalla e servono loro da bere la birra e l'idromele occupandosi dei servizi da tavola e dei boccali. L'idromele che sazia i guerrieri di Odino scorre dalle mammelle della capra Heiðrún che insieme a un cervo che ha nome Eikþyrnir bruca le foglie dell'albero cosmico. Nella Valhalla si trova anche il cuoco Andhrímnir, che ha il compito di nutrire gli Einherjar. Ogni giorno egli cuoce nel calderone Eldhrímnir il maiale detto Sæhrímnir, e benché i guerrieri se ne cibino esso è di nuovo intero la sera. Odino siede nella Valhalla con gli eroi, ma il cibo preparato per lui egli lo dà a due lupi che si chiamano Geri e Freki: a lui infatti è sufficiente il vino. Egli possiede anche due corvi che si chiamano Huginn e Muninn.[14] All'alba egli li manda in giro per il mondo, ma all'ora del pasto tornano da lui, vanno ad appollaiarsi sulle sue spalle e gli rivelano tutto ciò che hanno visto e udito. Perciò Odino è detto anche Hrafnagoð.[15] Così recita un carme antico:

> Huginn e Muninn volano ogni giorno
> intorno alla terra;
> temo che Huginn non torni indietro,
> benché tema di più per Muninn.[16]

Gli Einherjar che stanno con Odino nella Valhalla si destano ogni giorno al canto di un gallo che ha nome Gullinkambi o Salgofnir. Poi essi escono all'aperto e combattono fra loro. Ripetendo l'esercizio della guerra, si uccidono a vicenda; tuttavia al momento del pasto tornano nella Valhalla e siedono a bere concordi e riconciliati. Così sarà, giorno dopo giorno, fino al crepuscolo degli dèi. Quando scoccherà quell'ora tutte le porte della Valhalla si apriranno ed essi ne usciranno per combattere al fianco di Odino la battaglia definitiva contro le forze del male. Per questo è detto che Odino vuole accanto a sé nella sua dimora tutti i più scelti fra gli eroi.

Fonti principali: *Völuspá* str. 43; *Hávamál* str. 148-50, 156, 158; *Vafþrúðnismál* str. 40-1; *Grímnismál* str. 8-10, 18-23, 25; *Helgakviða Hundingsbana* II str. 49; *Gylfaginning* di Snorri Sturluson capp. 9, 17, 20, 35-6, 38-41, 49; *Ynglinga saga* di Snorri Sturluson capp. 2, 6-7.

c. Altri dèi vivono nel cielo e hanno possenti dimore. Il primo figlio di Odino, nato da Jörð, è Thor: il più forte fra gli uomini e gli dèi. A lui è affidata la difesa del mondo contro i giganti, che ne sono i mortali nemici. Egli li combatte con un'arma straordinaria che è il magico martello Mjöllnir, forgiato dai nani. Per impugnarlo gli occorrono speciali guanti di ferro. Inoltre Thor possiede una cintura magica: quando se ne cinge è raddoppiata la potenza divina.

Thor possiede il regno detto Þrúðheimr o Þrúðvangar,[17] la sua casa ha nome Bilskírnir. Essa ha ben cinquecento e quaranta stanze e molte arcate, è la dimora più grande che si conosca tra gli uomini e gli dèi. Thor si sposta nel cielo su un carro trainato da due capri.

Baldr, figlio di Odino e di Frigg, è fra gli dèi il più bello: dal suo corpo irradia splendore. V'è un fiore tanto candido che è paragonato alle sopracciglia di Baldr. Egli è anche il più saggio e il più amato da tutte le creature. Vive a Breiðablik,[18] luogo altamente santo e puro. Figlio di Baldr e della sua sposa Nanna è Forseti, dio giusto ed equilibrato; la sua dimora d'oro e d'argento ha nome Glitnir: quel luogo è il miglior tribunale fra gli uomini e gli dèi.

Il guardiano del cielo è Heimdallr, detto il dio bianco. Ha i denti d'oro. Il suo cavallo dal «ciuffo d'oro» ha nome *Gulltoppr*. La dimora di Heimdallr, Himinbjörg,[19] si trova al limite del cielo, presso il ponte dell'arcobaleno. Egli è dotato di un udito finissimo tanto che sente l'erba crescere sulla terra e la lana sul corpo delle pecore. Dorme meno di un uccello e ha anche una vista acutissima: tanto di notte quanto di giorno vede fino a cento miglia di distanza. Heimdallr veglia sull'ordine del cosmo. Possiede un corno detto Gjallarhorn, il cui suono si sente in tutti i mondi.

Altri dèi del cielo sono Týr, coraggioso e ardito; Bragi, abilissimo in poesia ed eloquenza; Höðr, il dio cieco; Víðarr, il dio silenzioso che ha dimora a Viði; Váli, eccellente tiratore; Ullr, arciere abilissimo che vive in Ýdalir: egli è invocato nei duelli. Hœnir infine è un dio alto e bellissimo, ma è anche indeciso e pauroso.

Tra gli dèi supremi sono annoverati anche alcuni che un tempo appartenevano alla stirpe dei Vani. Njörðr, la cui dimora è Nóatún,[20] governa il vento, il mare e il fuoco. Egli ha preso in sposa Skaði, della stirpe dei giganti. Costei ha ereditato dal padre la dimora detta Þrymheimr.[21] Quando Njörðr viveva fra i Vani aveva colà in sposa sua sorella; loro figli furono Freyr e Freyja.[22] Freyr governa lo splendore del sole; la sua dimora è Álfheimr, la sua sposa Gerðr è della stirpe dei giganti.

Freyja è assai venerata fra le dee, la sua dimora si chiama Fólkvangr, la sua sala Sessrúmnir. Sposa di Óðr, è la dea della magia e dell'amore. Possiede un monile prezioso detto Brísingamen da cui non si separa mai. Si sposta su un carro trainato da due gatti. È detto che Freyja piange lacrime d'oro: spesso pianse quando Óðr si assentava per lungo tempo ed ella andava per il mondo a cercarlo.

Le dee non sono meno sante degli dèi, né meno potenti. Per questo gli uomini le hanno venerate con pari onore e hanno innalzato loro templi e sacrifici.

Gná e Fulla sono le ancelle di Frigg. Fulla è vergine, come Gefjun,[23] e porta un nastro d'oro attorno al capo; Gná possiede un destriero capace di cavalcare nell'aria e nell'acqua. Poi sono ricordate Sif, moglie di Thor, che ha una chioma tutta d'oro; Iðunn, sposa di Bragi, alla quale sono affidate le mele dell'eterna giovinezza; Jörð, madre di Thor, e Rindr, madre di Váli, e altre ancora che soccorrono gli uomini nelle diverse circostanze e alle quali essi sono devoti. Tali sono Sága, che abita a Søkkvabekkr; Eir, abilissima in medicina; Sjöfn, che fa nascere il sentimento d'amore; Lofn, che unisce gli amori impossibili; Vár, testimone dei giuramenti fra uomini e donne; Vör, saggia e prudente; Syn, guardiana e avvocata; Hlín, dea soccorrevole che si prende cura degli uomini che Frigg vuole salvare; Snotra, dea di saggezza. Fra le divinità femminili sono ricordate anche Sól e Bil e così le valchirie e le norne, dee del destino. Anche alle *dísir*, che sono spiriti protettori, gli uomini offrono sacrifici.

Alla stirpe degli dèi appartiene purtroppo anche Loki, figlio di un gigante. È un essere intelligente e di bell'aspetto, tuttavia è ingannevole, malvagio di animo e imprevedibile nel comportamento. È abile e spregiudicato, ma allo stesso tempo soccorre gli dèi togliendoli da qualche guaio oppure causa loro terribili sciagure.

Fonti principali: *Grímnismál* str. 4-17, 24; *Gylfaginning* di Snorri Sturluson capp. 9, 17, 21-33, 35-6; *Ynglinga saga* di Snorri Sturluson cap. 4; *Sögubrot af fornkonungum* cap. 3.

3. *L'albero cosmico*

Tutto l'universo, pur nelle diverse manifestazioni, simbolicamente espresse nell'immagine dei «nove mondi», partecipa di un'unica vita: esso è come un grande albero che spinge le radici negli strati infimi dell'essere, ma protende altresì i rami nelle regioni supreme del cielo.

Io conosco un frassino, che si chiama Yggdrasill,
alto albero irrorato bianco d'argilla;
di là provengono le gocce di rugiada, che cadono nelle valli,
sta sempre verde, sulla fonte di Urðr.[1]

È ricordato nelle antiche storie che la sede più santa degli dèi, il luogo in cui essi ogni giorno tengono consiglio, si trova presso il frassino Yggdrasill. Esso è il migliore e il più imponente fra gli alberi: i suoi rami si stendono su tutto il mondo e coprono il cielo. Yggdrasill è sorretto da tre radici possenti che si spingono in diverse direzioni: l'una è fra gli Asi,[2] l'altra fra i giganti, là dove un tempo c'era Ginnungagap, la terza si trova in Niflheimr; sotto quest'ultima c'è il pozzo Hvergelmir. Un'altra fonte, la fonte di Mímir, in cui è celata la scienza di tutte le cose, sta presso la radice che si protende nel mondo dei giganti.

Mímir, possessore della fonte, è sapientissimo poiché ogni giorno beve con il corno Gjallarhorn il liquido prezioso che di lì scaturisce. Anche Odino ottenne una volta un sorso di quella bevanda; in cambio tuttavia dovette cedere un occhio. Nella fonte di Mímir è celato, insieme all'occhio di Odino, il corno (o l'orecchio) di Heimdallr.

La terza radice del grande albero del mondo si trova nel cielo fra gli dèi; accanto a essa vi è la fonte detta di Urðr.[3] Qui si trova una splendida dimora donde vengono tre fanciulle che si chiamano norne. Insieme alle loro sorelle, esse hanno il compito di stabilire il destino, perciò si recano da ogni uomo che viene generato per assegnargli la sorte. Le norne tuttavia sono di diversa origine: talune sono buone, altre malvagie. Per questo toccano agli uomini destini tanto diversi.

Le tre norne che dimorano sotto il frassino hanno nome Urðr, Verðandi e Skuld. Costoro si prendono cura dell'albero perché non secchi né marcisca: ogni giorno perciò attingono l'acqua sacra e pura della fonte e con l'argilla che si trova lì vicino irrorano i rami di Yggdrasill.

In quel luogo altamente santo si recano ogni giorno gli dèi per tenere consiglio: là essi giungono cavalcando sul ponte, detto Bifröst, che gli uomini conoscono come arcobaleno. Bifröst è assai robusto e fatto con tre colori; presso di esso, al limite, siede costantemente di guardia il dio Heimdallr: egli deve evitare che i giganti del ghiaccio e delle montagne scalino il cielo e raggiungano le dimore degli dèi. Il rosso che si vede su Bifröst è fuoco che arde: anch'esso serve a tener lontani i dèmoni. È detto tuttavia che nell'ultimo giorno, quando nulla sarà più saldo né in cielo né in terra, anche Bifröst andrà in frantumi perché su di esso cavalcheranno allora i figli di Muspell verso la battaglia con gli dèi.

Molti animali vivono presso l'albero del mondo. Un'aquila sta appollaiata sui rami più alti; tra gli occhi ha un falco che si chiama Veðrfölnir. Le radici del frassino invece, specie quella che si trova in Niflheimr, sono tormentate da serpi. Uno scoiattolo, di nome

Ratatoskr, corre incessantemente su e giù lungo il tronco e riporta le cattive parole scambiate fra l'aquila e un serpe odioso di nome Níðhöggr.[4] Quattro cervi saltano fra i rami di Yggdrasill e ne brucano le foglie: essi sono Dáinn, Dvalinn, Duneyrr e Duraþrór.

Dell'albero cosmico, che è detto anche Léraðr, si nutrono altresì il cervo Eikþyrnir e la capra Heiðrún che stanno nella Valhalla. Dalle corna del cervo scendono gocce così grandi che vanno a formare il pozzo Hvergelmir, da cui hanno origine i fiumi del mondo; dalle mammelle della capra scorre invece un idromele prezioso che sazia gli eroi di Odino.

Nella fonte di Urðr vivono due cigni che lì trovano il loro nutrimento; da essi è discesa la razza di volatili che così si chiama.

La rugiada che da Yggdrasill cade sulla terra è detta dagli uomini stilla di miele e di essa si nutrono le api.

L'albero del mondo è detto infine anche Mímameiðr. Su di esso dimora il gallo Víðópnir,[5] nemico dei giganti, che attende di annunciare il crepuscolo degli dèi.

Fino a quel giorno tuttavia l'albero cosmico resterà saldo sulle possenti radici di cui nessuno conosce l'origine, produrrà frutti salutari e medicamentosi e non temerà né ferro né fuoco.[6]

Fonti principali: *Völuspá* str. 19-20, 27-8; *Grímnismál* str. 29-35; *Fáfnismál* str. 13; *Fjölsvinnsmál* str. 19-24; *Gylfaginning* di Snorri Sturluson capp. 13, 15-6, 39.

4. *I figli di Loki*

Le forze demoniache che appartengono al caos e all'oscurità partecipano dell'esistenza del cosmo e sono indispensabili al suo equilibrio. Esse perciò non possono essere annientate, ma soltantò confinate ai limiti dello spazio; il loro esilio avrà termine e i loro legami saranno spezzati solamente nell'ultimo giorno quando verrà esaurita la misura di tempo concessa al ciclo presente.

Vi era in Jötunheimr una gigantessa di nome Angrboða, la quale col malvagio dio Loki generò tre figli. Il primo di costoro era il lupo Fenrir, il secondo il serpe di Miðgarðr, la terza Hel. Quando gli dèi vennero a sapere che in Jötunheimr venivano allevati questi tre fratelli, consultarono le profezie e seppero così che da costoro non sarebbero venuti che sfortuna e gravi danni. Essi compresero allora, considerando anche di che razza erano i genitori, che un tremendo pericolo si preannunciava per il mondo. Perciò Alföðr[1] mandò a prelevare questi tre fratelli e li fece condurre al suo cospetto. Per prima cosa gettò il serpe nel profondo dell'oceano e da allora esso vive laggiù, dove è cresciuto al punto che ora con tutta la sua lunghezza è avvolto attorno alla terra come un anello e giunge quasi a mordersi la coda. Poi Odino mandò Hel nell'infimo dei mondi, in Niflheimr, le diede potere sui nove mondi e stabilì che dividesse il cibo con coloro che le vengono mandati, cioè i morti per vecchiaia o malattia. Laggiù ella possiede una grande dimora circondata da un muro possente e con cancelli assai robusti. Il palazzo si chiama Éljúðnir,[2] Hungr[3] il piatto, Sulltr[4] il coltello, Ganglati e Ganglöt[5] sono il servo e la serva, Fallanda forað[6] la soglia, Kör[7] il letto, Blíkjanda böl[8] gli ornamenti. Hel è facile da riconoscere poiché è per metà scura e per metà del colore della pelle; inoltre è piuttosto severa e feroce.

In seguito, gli dèi si portarono a casa il lupo Fenrir; tuttavia non sapevano che farne. Giorno dopo giorno cresceva sempre di più e Týr era l'unico che avesse il coraggio di avvicinarlo per dargli da mangiare. Infine gli dèi, vedendo che diveniva grosso oltremisura e considerando che tutte le profezie lo dicevano destinato a essere causa della loro sciagura, decisero di incatenarlo.

Prepararono perciò una catena robustissima di nome Lœðingr[9] e proposero al lupo di farsi legare per misurare la propria forza. Il lupo stimò che la cosa non fosse superiore alle sue possibilità e si lasciò legare. Infatti non appena si sforzò, la catena si ruppe. Gli dèi prepararono allora un'altra catena più robusta della prima di nome Drómi[10] e invitarono il lupo a cimentarsi con quella. Per invogliarlo dissero che gli sarebbe venuta grande fama se una catena fatta con tanta abilità non fosse bastata a tenerlo legato. Il lupo valutò la cosa: gli pareva che la catena fosse sì assai robusta, ma pensava che la sua forza fosse cresciuta da quando aveva spezzato Lœðingr. Considerò tanto la fama quanto il rischio e infine si lasciò incatenare. Questa volta dovette sforzarsi al massimo, tuttavia si scosse, batté la catena sul terreno e puntò le zampe, così alla fine essa andò in frantumi e i frammenti schizzarono lontano. Da allora è nata l'espressione «sciogliere da Lœðingr» o «liberare da Drómi», quando si impiegano tutte le forze per superare un ostacolo.

Gli Asi cominciarono a temere che non sarebbero riusciti a legare il lupo. Allora Skírnir, servitore di Freyr, fu mandato in

Il dio Týr stende la propria mano nelle fauci del lupo Fenrir perché gli dèi possano legare il mostro. Raffigurazione sulla croce di Gosforth. Cumberland, Inghilterra, età vichinga

Svartálfaheimr[11] alla ricerca di certi nani e fece preparare da loro una catena magica di nome Gleipnir.[12] Per essa furono usati questi ingredienti: rumore di gatto che cammina, barba di donna, radici di montagna, tendini di orso, respiro di pesce e sputo[13] di uccello. Gleipnir era liscia e soffice come un nastro di seta, e tuttavia straordinariamente robusta. Quando la ebbero tra le mani, gli dèi ringraziarono il messaggero, poi si recarono su un'isoletta di nome Lyngvi che si trova nel lago Ámsvartnir e convocarono il lupo. Gli mostrarono il nastro di seta e gli proposero di cimentarsi come le altre volte, aggiungendo tuttavia che era un po' più robusto di quanto sembrasse. Per convincerlo, se lo passavano di mano in mano provando a tirarlo con forza: esso però non si rompeva. Tuttavia affermavano che Fenrir avrebbe saputo strapparlo. Il lupo sospettava un inganno, perciò disse: «Mi pare che non otterrò grande fama a spezzare un nastro così fine. Ma se fosse fatto con inganno e astuzia, sebbene sembri sottile, allora non mi farò legare». Gli dèi ribatterono che dopo aver spezzato catene tanto possenti egli avrebbe immediatamente strappato un nastro simile, «tuttavia non devi temere alcun inganno», aggiunsero, «perché se non dovessi riuscire noi ti scioglieremmo». Il lupo rispose: «Se voi mi legate, così che io non possa liberarmi, e poi mi abbandonate, solo tardi o forse mai avrò aiuto da parte vostra. Non ho voglia di farmi legare. Tuttavia, piuttosto che mi accusiate di scarso coraggio, uno di voi ponga la sua mano nella mia bocca come garanzia del fatto che agite correttamente». Gli dèi si guardarono l'un l'altro pensando che ora davvero le difficoltà erano cresciute. Infine tuttavia Týr stese la mano destra e la pose nelle fauci del lupo.

Allora Fenrir fu legato, ma quando cercò di liberarsi il nastro si strinse e quanto più forte quello lottava tanto più saldo si faceva il legame. Allora risero tutti tranne Týr: egli infatti perse la mano e per questo da allora è detto dio monco. Quando il lupo fu legato ben bene, gli dèi presero la cima che spuntava dalla catena e che si chiama Gelgja[14] e la tirarono attraverso un grande masso detto Gjöll[15] che fu fissato sottoterra. Un'altra pietra detta Þviti[16] fu piantata ancor più profondamente nel terreno e fu usata come un picchetto. Il lupo spalancò le fauci tentando di azzannarli. Allora gli conficcarono una spada nella bocca: l'impugnatura è contro la mascella inferiore e la punta contro quella superiore, perciò è costretto a tenere le fauci spalancate. Ulula terribilmente e dalla bocca gli scorre una bava che forma il fiume detto Ván. Fenrir resterà incatenato così fino al crepuscolo degli dèi.[17]

Fonti principali: *Lokasenna* prosa iniziale, str. 38-9 e 41; *Gylfaginning* di Snorri Sturluson cap. 34.

5. *Origine delle classi sociali*

Il dio Heimdallr, guardiano del cielo, è detto padre di tutte le stirpi, maggiori e minori, degli uomini sulla terra. Da lui, venuto in questo mondo come dio e come civilizzatore, hanno origine le diverse classi sociali.

Si racconta, nelle antiche storie, di una volta in cui il dio Heimdallr approdò a una spiaggia e venne nel mondo degli uomini. Egli giunse in un villaggio e si diede nome Rígr,[1] poi si mise in cammino come un viandante.

Heimdallr arrivò a una casa: la porta era aperta e il fuoco acceso; era la casa di due vecchi sposi, Ái[2] ed Edda,[3] che lo accolsero sotto il loro tetto. Rígr entrò, sedette e si intrattenne con loro; parlò e diede loro dei buoni consigli. Poi Edda apparecchiò per l'ospite: offrì focaccia, minestra e carne di vitello. Quando fu il momento di andare a letto, Rígr si coricò con loro: ai suoi lati aveva i due sposi. In quella casa si trattenne tre notti, poi riprese il cammino sulla strada. Trascorsero nove mesi e avvenne che Edda diede alla luce un figlio: aveva la pelle scura e i tratti grossolani e fu chiamato Þræll.[4] Þræll crebbe, prosperò e apprese a lavorare: egli faceva molti lavori gravosi. Un giorno giunse da lui una schiava di nome

Þír[5] e divenne sua moglie. Essi furono felici ed ebbero molti figli e molte figlie e costoro furono Hreimr e Fjósnir, Klúrr e Kleggi, Kefsir, Fúlnir, Drumbr, Digraldi, Dröttr e Hösvir, Lútr e Leggjaldi; Drumba e Kumba, Økkvinkálfa e Arinnefja, Ysja e Ambátt, Eikintjasna, Tötrughypja e Trönubeina:[6] da loro derivano sulla terra le stirpi dei servi.

Rígr intanto proseguì il cammino e arrivò a una seconda casa; la porta era aperta e il fuoco acceso: era la casa di Afi[7] e Amma,[8] che stavano intenti al lavoro. Il marito digrossava la legna per il telaio e la donna preparava da tessere: avevano l'aspetto curato ed erano vestiti per bene. Rígr entrò, sedette e si intrattenne con loro; parlò e diede loro dei buoni consigli. Poi gli fu offerta la cena e quindi andò a coricarsi: ai suoi lati aveva i due sposi. In quella casa si trattenne tre notti, poi riprese il cammino sulla strada. Trascorsero nove mesi e avvenne che Amma diede alla luce un figlio; lo lavò e lo avvolse nelle fasce: era un bambino bianco e rosa dagli occhi vispi e gli diedero nome Karl.[9] Karl crebbe, prosperò e apprese a lavorare: era un bravo contadino e un abile falegname. Un giorno venne da lui una massaia di nome Snør[10] e divenne sua moglie. Essi furono felici ed ebbero molti figli e costoro furono Halr e Drengr, Hölðr, Þegn e Smiðr, Breiðr, Bóndi, Bundinskeggi, Búi e Boddi, Brattskeggr e Seggr, Snót, Brúðr, Svanni, Svarri, Sprakki, Fljóð, Sprund e Víf, Feima, Ristill:[11] da loro derivano sulla terra le stirpi dei liberi contadini.

Rígr intanto proseguì il cammino e arrivò a una terza casa; la porta volgeva a sud ed era appena accostata. Rígr entrò: il marito lavorava a un arco e preparava delle frecce, la donna era intenta a cucire. Era quella la casa di Faðir[12] e Móðir,[13] la donna era bella e candida come la neve. Essi accolsero l'ospite, egli sedette e si intrattenne con loro; parlò e diede loro dei buoni consigli. Poi Móðir prese una tovaglia candida e apparecchiò per desinare: aveva stoviglie eleganti e lavorate ed essi mangiarono focaccia e carne arrostita e bevvero vino. Così trascorsero il giorno in buona compagnia e in conversazione. Quando fu il momento di andare a letto, Rígr si coricò con loro: ai suoi lati aveva i due sposi. In quella casa si trattenne tre notti, poi riprese il cammino sulla strada. Trascorsero nove mesi e avvenne allora che Móðir diede alla luce un figlio; lo lavò e lo avvolse nella seta: era un bambino bianco coi capelli biondi e gli occhi acuti come quelli di un serpe e gli diedero nome Jarl.[14] Jarl crebbe, prosperò e apprese molte arti guerriere. Allora venne da lui Rígr e gli insegnò le rune, lo riconobbe come figlio e gli donò possedimenti. Jarl continuò dunque a prosperare in abilità e saggezza; poi mandò dei messi a chiedere in sposa Erna,[15] figlia di Hersir,[16] fanciulla candida e saggia. Erna divenne sua sposa ed essi furono felici; ebbero molti figli e costoro furono Burr, Barn, Jóð e Aðal, Arfi, Mögr, Niðr e Niðjungr, Sonr e Sveinn, Kundr[17] e Konr. Tutti erano abili guerrieri, giocavano alle tavole e si addestravano al nuoto: fra loro eccelleva tuttavia Konr,[18] il più giovane. Egli aveva la forza e la volontà di otto uomini, possedeva la sapienza delle rune, perciò comprendeva il linguaggio degli uccelli, sapeva comandare all'acqua e al fuoco, sanare i malati, ottundere le lame. Per questo ottenne per sempre il nome di Rígr. Dai figli di Jarl ed Erna sono derivate sulla terra le stirpi degli uomini nobili e dei guerrieri.

Fonti principali: *Rígsþula*.

Appendice 1. Significato mitico e religioso degli astri

a. *Luna*

È il lume della notte capace di catturare la luce e diffonderla sulla terra. Perciò è dotata di un potere magico e misterioso grazie al quale sa anche influenzare la vita del mondo e degli uomini determinandone i ritmi. Nasce, cresce, decresce e muore: tuttavia la sua morte non è mai definitiva. Perciò è un essere dotato di forza magica e contemporaneamente della capacità di imporre a questa forza un ciclo preciso che ne sfrutti l'efficacia al massimo grado. Alla forza magica (*megin* n.) della luna si allude nella *Predizione dell'indovina*, dove è descritto lo stato primordiale del cosmo: «Il sole non sapeva, dove avesse dimora, / le stelle non sapevano, quale fosse la loro sede, / la luna non sapeva, quanta potenza avesse».[1] Al potere risanatore della luna si fa riferimento invece quando si suggerisce di invocarla contro la rabbia:[2] in ciò l'indicazione che ogni «eccesso» può essere dominato imponendo un ritmo? Alla funzione della luna quale astro misuratore del tempo fa riferimento in un carme il nano Alvíss,[3] che tra le sue varie denominazioni annovera anche *ártali* m. «misuratore degli anni». Qui si ha forse l'allusione a un calendario di tipo lunare; il ricordo di un computo del tempo fatto sulle fasi lunari si ritrova nelle leggi norvegesi del Gulaþing;[4] nella *Saga del vescovo Giovanni*[5] si riferisce della proibizione di superstizioni legate alle fasi e ai giorni lunari. Del resto già Tacito[6] informava che i Germani convocavano l'assemblea in relazione al ciclo della luna. Il nome stesso della «luna», in antico nordico *máni* m., risale alla radice indoeuropea **MĒ* che ha senso di «misurare» (di qui anche *mánaðr* m. «mese»; cfr. greco *μήν*, latino *mensis*).[7]

Miniatura raffigurante il culto della luna e del sole. Da Olaus Magnus, Historia de gentibus septentrionalibus, *Romae 1555*

Il chiarore lunare, che illumina le tenebre, consente l'azione di esseri demoniaci, malvagi o comunque sovrannaturali. Per questo non soltanto il folclore conosce le figure dei lupi mannari legati alle notti di luna piena e la danza degli elfi al chiarore della luna, ma diverse fonti testimoniano questa connessione. Nella vicenda del fabbro Völundr è sottolineato che i guerrieri di Níðuðr, incaricati di un misfatto, lo compirono durante la notte: «... di notte andarono gli uomini... i loro scudi rilucevano alla luna calante».[8] Dell'eroe Helgi è precisato che le norne fissarono per lui i fili del destino «nel mezzo della sala della luna».[9]

Nella *Breve storia di Þiðrandi*[10] si narra di Þiðrandi assalito e ucciso dalle *dísir*[11] in una notte di luna. In una saga si racconta il duello del protagonista con il demone Glámr: esso avvenne in una notte illuminata da un bel chiarore lunare:[12] si noti qui che *glámr* m. (termine connesso all'idea di sguardo fisso e di pallido chiarore) è uno dei nomi con i quali può essere designata la luna.[13] In un altro testo è riferito che durante una notte di luna Skarpheðinn e Högni, trovandosi presso il tumulo di Gunnarr, videro che esso si apriva e che il morto si volgeva verso la luna. Quattro luci erano all'interno del tumulo ed essi scorsero Gunnarr col volto gioioso che recitava dei versi. Poi il tumulo si richiuse.[14] Il chiarore della luna è magico poiché permette di spingere lo sguardo nei più intimi segreti della notte.

Particolarmente interessante è anche il racconto di una saga in cui si parla di una luna del malaugurio (*urðarmáni* m.), la quale fu vista da tutte le persone di una fattoria: era una mezza luna che si muoveva attorno alla casa in senso contrario al corso del sole. Essa è presagio di sventura, come mostra il seguito del racconto che riferisce di ripetute apparizioni di spettri e di morti misteriose.[15] Qui si fa evidentemente riferimento a uno stato di squilibrio tra la situazione degli uomini e quella dell'universo.

Di un culto della luna presso i Germani riferisce Cesare,[16] il quale afferma che esso, assieme al culto del sole e del fuoco (*Vulcānus*), era l'unico da loro praticato.

Al nome della luna è legato il nome del «lunedì»: antico nordico *mánadagr* m. (danese, svedese e norvegese *måndag*): esso è rifatto tuttavia su modelli meridionali.

Al ricordo di un culto della luna è forse piuttosto da attribuire il soprannome *Máni* e anche *mánadagr*, attestato per alcuni personaggi nelle fonti islandesi. In particolare di uno di costoro, Þorkell Máni, è riferito che, sentendosi prossimo a morire, si fece portare fuori ai raggi del sole e «si consegnò nelle mani di quel dio che aveva creato il sole».[17] Nel suo soprannome e in questo suo gesto s'intravede una relazione dell'uomo con i due principali astri del cielo, della quale ci sfugge tuttavia il significato più profondo.

b. *Sole*

In Scandinavia le testimonianze sull'antichità del culto del sole, che risale assai indietro nel tempo, sono numerose. I reperti più significativi sono senza dubbio quelli dell'età del bronzo, cui appartengono le varie raffigurazioni del disco o ruota solare nelle incisioni rupestri e soprattutto la statuetta raffigurante il carro del sole rinvenuta a Trundholm (Danimarca). Questo culto, legato all'idea fondamentale che il sole promuova la fecondità della terra, dovette essere assai radicato. I Lapponi, fra i quali esso riveste grande importanza, lo appresero forse dagli Scandinavi. Esso, come si è detto, è riferito anche da Cesare.[18] In epoca già cristiana questo culto si manifesta ancora, sovrapponendosi e confondendosi con quello del dio creatore.[19] Snorri a esempio riferisce che il re Óláfr il Santo, per parlare di Dio a dei contadini pagani, li invitò a volgersi verso oriente poiché di là sarebbe venuto «il nostro dio, con grande splendore».[20] Molti componimenti scaldici di ispirazione cristiana manifestano ancora questa ambivalenza, e la fede nel nuovo dio, così come la sua immagine, perpetua quella nell'antica divinità: v. soprattutto il *Canto del sole* (*Sólarljóð*) anonimo,[21] ma anche *Raggio di sole* (*Geisli*) di Einarr Skúlason[22] e *Sole doloroso* (*Harmsól*) di Gamli Canonico.[23] Nell'*Edda* poetica il sole è definito «dio dal volto luminoso» e «dio splendente».[24]

Nella *Saga dei valligiani di Vatnsdalr*[25] si riferisce della fede nella divinità del sole di un tale Þorsteinn, che a lui si rivolge in due occasioni. Una prima volta egli si dice sicuro che in lui troverà conforto il padre che era stato assassinato; una seconda volta invece egli invoca l'intervento risanatore del dio per un fratello.

Secondo il mito il sole fu uno dei primi esseri creati.[26] Poi ebbe assegnata una rotta da percorrere.[27] La fanciulla di nome Sól (cioè la personificazione dell'astro) guida i cavalli che trainano il carro del sole: Árvakr e

Alsviðr. Sull'orecchio del primo e sullo zoccolo del secondo sono incise le rune.[28] Costei è madre di una fanciulla che percorrerà i medesimi sentieri, allorché alla fine del mondo Sól sarà stata ingoiata dal lupo Skoll, che costantemente la insegue. Sól è detta anche *Álfröðull*, «splendore degli elfi».[29] Snorri la annovera fra le dee.[30]

Il sole quale principio e incarnazione della luce è la forza più potente contro i demoni dell'oscurità. La sua luce a esempio uccide, pietrificandoli, i nani[31] e le streghe.[32] Di queste ultime inoltre si dice che spesso praticano la loro magia procedendo in senso inverso al corso del sole.[33] Il culmine della potenza del sole è al Sud, al Nord invece hanno dimora gli esseri demoniaci e i defunti.[34]

Per il «sole che inclina verso sud»[35] si prestano i sacri giuramenti. La costante equazione sole-luce, che spesso si ritrova nella descrizione delle fanciulle sovrannaturali annunciatrici della luce celeste come le valchirie,[36] è particolarmente evidente nella figura degli eroi solari ai quali è affidato il compito, ciascuno a suo modo, di sconfiggere le forze demoniache del buio. Tra loro in particolare *Svipdagr* rivela anche nel nome questa sua funzione; egli è infatti «il giorno [che] improvvisamente [irrompe]».[37]

Al potere eccessivo e folgorante della luce e del calore del sole si allude nel riferimento allo scudo detto *Svalinn* «fresco», che ne tempera la forza.[38]

Il sole come partecipe dei segreti celesti è ricordato in una saga[39] dove è detto che, in occasione di un inverno caratterizzato da prodigi particolari, due soli furono visti contemporaneamente nel cielo.[40]

Appendice 2. L'aldilà nel mondo nordico

Il regno dei morti va innanzitutto individuato in Hel, dove, secondo Snorri,[1] vengono accolti colori che muoiono di malattia o di vecchiaia; secondo altre fonti però vi si posso trovare anche coloro che cadono nel corso di scontri o combattimenti.[2]

Sempre secondo Snorri, influenzato probabilmente da una visione cristiana, vi saranno radunati i malvagi che di là andranno verso Niflhel,[3] che sta sotto nel nono mondo.[4] Hel è circondato da una cancellata detta ora Helgrind ora Nágrindr.[5] Vicino vi scorre il fiume Gjöll, sul quale passa il ponte Gjallarbrú custodito da una fanciulla detta *Móðguðr* («ira di battaglia», nome che parrebbe di valchiria).[6]

Altri fiumi cosmici vanno a cadere in Hel.[7] Alle porte di Hel sta un cane dall'aspetto spaventoso.[8] Hel è un regno infero, collegato ai giganti e collocato a settentrione;[9] pare inoltre essere luogo di piogge, freddo e umidità.[10] Verso nord e verso il basso corre il «sentiero di Hel» (*Helvegr* m.).[11] Questo luogo accoglie inoltre le veggenti defunte, quelle che possono essere ridestate dalla magia perché profeteggino.[12]

Un altro regno dei morti è la Valhalla (nordico *Valhöll* «aula dei prescelti») descritta, secondo quanto sopra riportato, in diverse fonti.[13] In effetti l'espressione «essere ospiti nella Valhalla» equivale a «morire».[14] Assai interessante è la notizia che si trova in una saga dove si parla delle «scarpe di Hel» (*helskór* m.pl.), che vengono infilate agli uomini allorché devono intraprendere il viaggio verso quel luogo.[15]

In un'altra saga[16] è riferito che, dopo la morte di Gunnarr di Hlíðarendi, suo figlio Högni aveva preso la lancia del padre nonostante Rannveig, madre di Gunnarr, avesse proibito a chiunque di toccarla. L'arma aveva emesso un forte suono. Al rimprovero della nonna, Högni aveva opposto la sua intenzione di portarla al padre perché potesse averla con sé nella Valhalla all'assemblea delle armi, cioè nei quotidiani combattimenti in cui sono impegnati anche dopo morti gli *Einherjar*, i guerrieri di Odino.

Costoro, il cui nome significa «[coloro che] combattono da soli» o forse «[coloro che] costituiscono un esercito», sono probabilmente il corrispettivo di quel *feralis exercitus* degli Harii di cui parla Tacito.[17] Essi sono verosimilmente la schiera dei morti che ritorna al seguito del suo capo e si manifesta ai vivi in determinati periodi dell'anno (in relazione a ciò Odino è detto *Herjan* «[signore dell']esercito» o anche *Herjaföðr* «padre dell'esercito»).[18]

Se i morti di malattia e di vecchiaia vanno in Hel e i guerrieri nella Valhalla, è la gigantessa Rán, moglie del gigante-dio del mare Ægir, che accoglie coloro che muoiono annegati. Di lei si dice che possiede una rete con la quale raccoglie i cadaveri.[19] Nella sua figura si esprime la simbologia del mare come regno infero, contrapposto alla terra e sede di forze oscure e pericolose. Di taluni uomini annegati è riferito che erano apparsi al proprio funerale: questo era considerato segno che essi erano stati bene accolti da Rán.[20] Lo scaldo Sneglu Halli usa l'espressione «dimorare presso Rán» (*sitja at Ránar*) con il senso di «essere morto».[21]

L'immagine del mare come dimora di forze oscure e di defunti dovette essere straordinariamente efficace per dei navigatori come i Vichinghi. La personificazione dei pericoli del mare si ha anche là dove si dice che coloro che incappano in una tempesta sono messi alla prova dalle figlie di Rán (le onde) che li invitano presso di sé.[22]

Un'immagine dell'aldilà pare essere anche *Glæsisvellir* (o *Glasisvellir*) «campi luminosi» o «campi di vetro», regno del mitico re Goðmundr.[23] Questa parola si ritrova nel toponimo *Glesaria*, nome antico di un'isola così chiamata a motivo dell'ambra e ricordata da Plinio.[24] Il collegamento è senza dubbio anche con Glasir, il bosco luminoso che sta davanti alle porte della Valhalla.[25] La parola è connessa al latino germanico *glesūm* «ambra», nordico *gler* n. «vetro». Il riferimento è dunque ai morti come abitatori di montagne o isole di vetro, concetto che è comune ad altre tradizioni (celtica, slava).

A una rappresentazione dell'aldilà influenzata da concezioni cristiane fanno verosimilmente riferimento altre immagini.

Snorri[26] parla di *Nástrandir* (o *Náströnd*) «spiaggia dei cadaveri», che descrive[27] come un luogo lontano dal sole. Ivi si trova una casa costruita con pelli di serpenti, con le porte rivolte a nord, dentro la quale le teste dei serpi saranno vive e sputeranno un veleno da cui originano i fiumi melmosi che nell'ultimo giorno saranno guadati dagli spergiuri e dagli assassini. Questa dimora è perciò intesa come luogo di punizione per i morti malvivi. A un tormento nell'aldilà fa riferimento anche la *Predizione dell'indovina*, dove si dice che Níðhöggr (un serpe) strazierà i cadaveri dei morti.[28] Qui va ricordato anche il nome *Násheimr* «mondo dei cadaveri»[29] che si richiama verosimilmente a questa concezione.

Una dimora di gioia per gli uomini buoni e giusti costruita con oro sarà, secondo Snorri, *Sindri*, forse «scintillante», che si trova su *Niðafjöll* (o *Niðafjall*) «montagne del [mondo] infero».[30] Qui, tuttavia, siamo di fronte a un fraintendimento poiché nella *Predizione dell'indovina*[31] Sindri è da intendere come un nano la cui stirpe possiede una sala dorata in *Niðavellir* «piana del [mondo] infero» (si ricordi che le sale sotterranee dei nani sono un'altra immagine dell'aldilà).

Nella stessa fonte[32] Niðafjöll è invece il luogo da cui proviene il serpe Niðhöggr, emblema delle forze demoniache.

Appendice 3. Strutture che reggono l'ordine del cosmo

a. *Recinto*

Condivide la simbologia del cerchio, ma vi aggiunge quella del muro che ha la funzione di separare nettamente e inesorabilmente. Il recinto consente al contempo il dominio su un luogo e la difesa dalle influenze malefiche provenienti dell'esterno.

Il mito ricorda dunque innanzitutto *Miðgarðr*, il «recinto di mezzo», la terra in cui abitano gli uomini.[1] Esso va difeso dai giganti, che ne sono esclusi: il loro Paese ha infatti anche nome *Útgarðr* «recinto esterno».

Il concetto del mondo degli uomini come recinto centrale del cosmo è comune alle popolazioni germaniche (gotico *midjungards*, alto tedesco antico *mittilagart, mitti-gart, mittingart*, sassone antico *middilgard*, inglese antico *middangeard*).

All'interno di Miðgarðr c'è *Ásgarðr* «recinto degli Asi», dove dimorano gli dèi; anch'esso deve rimanere inaccessibile ai giganti, poiché in caso contrario l'ordine cosmico sarebbe gravemente minacciato.[2] Un recinto celeste pare anche *Gastrópnir*, fatto con le membra di Leirbrimir (un gigante corrispettivo di Ymir?).[3] Esso è forse il «[recinto] possente costruito con negligenza» (dunque analogo ad Ásgarðr che dovette essere riparato?)[4] e sarà saldo fino alla fine degli dèi, cioè rimarrà quale barriera invalicabile fra due mondi obbedendo alla legge superiore dell'ordine cosmico.

Il recinto o muro quale simbolo inesorabile di separazione è ricordato anche da Saxo, il quale fa riferimento al muro possente che circonda il mondo dei morti.[5] In una saga[6] è narrato che, poiché un morto tormentava i vivi con le sue apparizioni, il suo cadavere fu riesumato e sepolto in un altro luogo; dopodiché attorno alla tomba fu eretto un recinto così alto che non poteva essere superato se non dagli uccelli in volo.

Il mito ricorda infine *Grjótúnagarðar*, i «recinti dei campi delle pietre», nei quali dimorano taluni giganti; essi racchiudono il mondo sterile, banale e infelice di questi esseri.

b. *Cancello*

Rappresenta il limite estremo di un mondo e non deve essere valicato se non in particolari circostanze. Il più famoso è certamente il cancello del regno dei morti che il cavaliere Hermóðr deve oltrepassare con un balzo poiché solo così a lui, ancora vivo, sarà concesso di entrare e poi di tornare indietro.[7] Chiunque entri per quella via, infatti, non potrà uscirne se non nell'ultimo giorno. Esso è detto *Helgrind* «cancello di Hel», termine che nella *Saga di Hervör*[8] è usato significativamente per indicare l'ingresso di un tumulo tombale. Con Helgrind va senza dubbio identificato *Nágrindr*, il «cancello dei cadaveri».[9] In un carme[10] si allude al fatto che al di là di esso dimorano i giganti.

Il concetto del cancello come limite estremo che non si può oltrepassare è rafforzato là dove la fanciulla Gerðr, figlia di un gigante, viene minacciata da Skírnir: «che tu resti a bocca aperta dal cancello!»[11]

A sottolineare la necessaria, radicale separazione fra il mondo dei vivi e quello dei defunti simboleggiata da Helgrind si aggiunge la notazione di Snorri che parla dei fiumi cosmici che vi scorrono vicino.[12]

Significato lievemente diverso, benché anche in questo caso si tratti dell'accesso a una dimora di morti, pare avere *Valgrind*, il «cancello dei morti in battaglia». Esso, sacro e antico, sta davanti alle «sacre porte»,[13] ed è da intendersi verosimilmente come l'ingresso alla Valhalla, dove Odino raccoglie i suoi eroi.

Il cancello di un mondo oltre il mondo pare essere anche *Þrymgjöll* «[quello che] risuona forte» (la cui seconda parte, *-gjöll*, è identica al nome del fiume infernale per eccellenza), porta d'ingresso alla dimora di Menglöð, guardata da due cani. Esso fu costruito dai nani figli di Sólblindi e ogni viandante che tenti di aprirlo sarà imprigionato con catene.[14]

Ultimo infine, ma non meno importante, è *Ásgrindr* «cancello degli Asi», attraverso il quale si accede ad Ásgarðr, dimora degli dèi: esso ha lo scopo fondamentale di difenderla dagli attacchi dei giganti.[15]

c. *Soglia*

Simbologia analoga a quella del cancello ha la soglia che, con la porta, rappresenta il limite tra un mondo e l'altro; è luogo di transito pericoloso ma necessario per accedere a una dimensione nuova e diversa. L'ingresso è consentito o negato da un volere superiore e imperscrutabile. La dea Syn è guardiana delle porte e impedisce l'entrata a coloro ai quali essa sia interdetta.[16]

Molti sono, nelle fonti, gli accenni a porte che aprono o sbarrano l'accesso a un'altra dimensione, da identificare generalmente col mondo dell'aldilà dove avviene ogni tradizionale percorso iniziatico.[17] In particolare, della Valhalla è detto che ha cinquecentoquaranta porte e che non è tanto difficile trovarvi posto quanto entrarvi.[18] Talora le porte d'accesso al mondo oltre il mondo sono sorvegliate da animali feroci o da nani guardiani.[19] Due di costoro si chiamano *Durinn* «portinaio» e *Forve* «guardiano dei luoghi sacri», nomi che si riconnettono a questa concezione.

La porta è aperta o chiusa all'uomo dal volere del fato che gli consente o gli vieta l'accesso a una diversa dimensione; nell'*Inganno di Gylfi*, che narra del viaggio di re Gylfi presso gli dèi, è detto che quando egli entrò nella dimora degli Asi la porta si chiuse immediatamente dietro di lui. Con ciò si intende che egli non poteva più sottrarsi a un itinerario di conoscenza cui era predestinato.[20] L'eroe Svipdagr, che dovrà unirsi alla fanciulla Menglöð, invita il guardiano della dimora a spalancargli le porte.[21]

L'oltrepassare la soglia è anche atto di penetrazione in uno spazio protetto e riservato; in questo senso vanno intese le parole di Odino che raccomanda di guardarsi attentamente intorno prima di entrare poiché nell'atrio potrebbe essere in agguato un nemico.[22]

Infatti la soglia dovette essere nella casa il luogo dove si riteneva dimorassero gli spiriti degli antenati protettori (ivi un tempo sepolti?). In una saga[23] è riferito di un tale, assai malvagio in vita, il quale prima di morire dispose che il suo cadavere fosse inumato in posizione eretta sotto la soglia per poter rimanere di guardia alla propria casa. Una tradizione assai antica vuole che la sposa fosse portata in braccio oltre la soglia per essere inserita nel cerchio magico riservato ai componenti della famiglia e venire accolta senza che gli spiriti dei morti protettori l'aggredissero ritenendola estranea.

Anche in taluni riti funerari è ricordato che a volte il morto non veniva fatto uscire dalla porta di casa, bensì da un'apertura nella parete fatta a bella posta.[24]

Di alcuni spiriti che tormentavano una fattoria si ricorda che furono cacciati con un «processo della porta» (*duradómr* m.), cioè un procedimento che aveva corso immediato davanti alla porta del difensore. Il racconto precisa che i fantasmi furono costretti a lasciare quel luogo, andandosene tuttavia per una porta diversa da quella presso la quale s'era svolto il procedimento a loro carico.[25] Qui è sottolineato una volta di più il concetto di porta e di soglia come limite sacro il cui accesso è riservato; per lo stesso motivo è ricordato l'uso di non toccare la soglia con il piede.

d. *Ponte*

È il punto di transito tra due mondi, la via d'accesso a una nuova dimensione, passaggio difficile e riservato.

Il mito nordico conosce innanzitutto Bifröst (o Bilröst), il ponte dell'arcobaleno che rappresenta la via fra terra e cielo. Esso ha tre colori (è dunque manifestazione perfetta di entità divina) ed è assai robusto. Ogni giorno gli dèi lo oltrepassano per recarsi a consiglio: è perciò la strada per la quale si accede a un luogo sacro.[26] *Bifröst*, il cui nome significa forse «via tremula» o «via dai [molti] colori», è detto il migliore tra i ponti. Esso è chiamato anche *Ásbrú* «ponte degli Asi».

Il rosso che si vede su Bifröst è fuoco che arde; l'accesso al cielo è infatti riservato agli dèi, perciò il passaggio sul ponte è difficile e pericoloso. Nel punto in cui esso raggiunge il cielo, forse quella «estremità del ponte» (*brúar sporðr*) sulla quale secondo una fonte[27] sono incise le rune, siede Heimdallr, dio guardiano. L'ultimo giorno, tuttavia, quando ogni equilibrio sarà sconvolto, anche il ponte dell'arcobaleno andrà in frantumi: su di esso cavalcheranno allora i figli di Muspell, sorta di cavalieri dell'apocalisse.[28]

Un altro ponte che collega due mondi è *Gjallarbrú* «ponte [sul fiume] Gjöll»,[29] ricoperto d'oro splendente. Esso conduce nel regno dei morti ed è guardato da una fanciulla di nome Móðguðr. Su questo ponte transita il cavaliere Hermóðr, allorché si reca nel regno dei morti per riscattare Baldr: sotto il suo peso il ponte risuona, perché egli è ancora vivo e perciò possiede la pesantezza del corpo.[30] Lo scaldo Sturla Þórðarson usa l'espressione «passare su Gjallarbrú» col senso di «morire».[31]

L'immagine di questo ponte verso gli inferi è presente anche in Saxo.[32]

A un ponte che conduce nell'aldilà (presumibilmente la Valhalla) si allude inoltre là dove si dice che l'eroe Helgi, morto, si dirige a cavallo «a ovest del ponte della volta celeste»[33] per tornare fra i guerrieri di Odino.

Il fatto che questi ponti che collegano i mondi siano percorsi da cavalieri suggerisce che l'uomo deve mostrare dignità e distinzione allorché si appresti a un passaggio che rappresenta un radicale mutamento della sua condizione.

e. *Tempio*

Fra le strutture del mondo quale è immaginato nella mitologia nordica, il tempio rappresenta il luogo altamente santo, la cerchia nella quale sono attirate e concentrate tutte le energie positive e ogni possibile manifestazione del bene: luce, calore e pace. Nel tempio abitano gli dèi cui sono affidati i princìpi vitali e fecondi: perciò esso deve essere nettamente separato dal resto del mondo e costantemente protetto contro qualsiasi possibile minaccia delle forze del male e dell'oscurità. Il luogo santo degli dèi è posto al centro del mondo e contemporaneamente al suo apice, contrapponendosi in tal modo, nelle due dimensioni dello spazio, alla dimora delle forze malvagie, confinate all'estrema periferia e nell'infimo strato dell'essere. Il tempio è luogo di sacrifici e di giudizi:[34] gli dèi medesimi sono sacerdoti[35] e giudici. Mediante il sacrificio essi rigenerano l'energia vivificante, con il giudizio tutelano l'ordine del cosmo. Queste concezioni appaiono evidenti nell'etimologia dei termini che più comunemente designano il luogo sacro.

Vé n. «luogo sacro» o «tribunale», che è legato a *vígja* «consacrare»,[36] risale a una radice indoeuropea **WEIK-* «separare», il che indica l'esigenza fondamentale di delimitare e proteggere l'area sacra.[37] Lo stesso concetto pare essere presente nell'etimologia del termine *hörgr* m., ove lo si riconnetta al latino *carcer* «recinzione», «barriera».[38] Anche il termine *stafgarðr* m.[39] contiene nella seconda parte *-garðr* (il cui significato è «recinto»), chiara allusione alla precisa delimitazione del luogo sacro. Altre designazioni quali *hof* n., probabilmente legato a un concetto di «tumulo»,[40] o quelle presenti nei toponimi cultuali si riferiscono a particolari luoghi della natura (cfr. *vangr* m. «campo», *vin* f. «prato», *akr* m. «campo», *lundr* m. «boschetto» e *haugr* m. «tumulo») e indicano comunque aree segnate da un perimetro ben preciso.

Il termine *griðastaðr* m., usato tra l'altro da Snorri,[41] vale letteralmente «luogo di pace» e sottolinea l'assoluta perfezione del luogo e il divieto a qualsiasi tipo di profanazione.[42]

Note

1. *Il governo del tempo e degli elementi*

1 «Notte.» Una gigantessa con questo nome si trova nella *Saga di Áli Neo* (*Ála flekks saga*, ed. Å. Lagerholm, *Drei Lygisögur*, Halle 1927, *ASB* vol. XVII), *passim*; cfr. *Ská* 79.

2 Il significato di questo personaggio rimane oscuro. Il nome può essere composto da *nagl* m. «unghia», «chiodo», e *fari* n. «[colui che] va», con quali allusioni è difficile dire. Cfr. tuttavia la nave Naglfar (v. p. 186, cfr. p. 662): forse Naglfari ne sarà il timoniere?

3 Significa «ricchezza». Il valore di questa figura, come di quella del padre, rimane oscuro. L'etimologia indica forse una divinità della fertilità.

4 O *Ánarr*: significa «secondo».

5 «Terra.» È la madre del dio Thor; cfr. p. 263, nota 2 (*Thor*).

6 Della stirpe degli Asi, trasmise al figlio le sue qualità di essere «luminoso» (tale è il significato del nome) e splendente.

7 «Giorno.» Coincide probabilmente con il Dagr il cui cavallo Drasill è citato in *Als*.

8 «Criniera brinata.»

9 Forse *Mundilfœri* (o *Mundilfari*) è «[colui che] si muove secondo tempi e ritmi precisi»; la sua figura indicherebbe dunque la scansione astronomica del tempo (originariamente la luna stessa?). Su queste parentele v. anche *Hve* 2.

10 «Luna.»

11 «Sole.»

12 Come è noto, fra le popolazioni germaniche il sole è considerato femminile e la luna maschile.

13 Il nome significa «apertura» (fra le nubi?).

14 «[Quello che] si desta presto.»

15 «Velocissimo.»

16 «Fresco.»

17 «Cane della luna.»

18 Una dea di nome Bil è ricordata da Snorri (*Gyl* 35), e pare identica alla fanciulla qui citata. Il nome significa forse «istante», «attimo» e va presumibilmente connesso alla scansione astrale del tempo o a una particolare forza sovrannaturale che si manifesta in momenti prestabiliti (come la forza ciclica della luna?). Bil rappresenta forse col fratello *Hjúki* («sano» o «[colui che] si prende cura») le macchie lunari? O il loro gesto di attingere acqua fa riferimento alle maree?
19 Nome alquanto oscuro. Forse «mago del bosco».
20 Cfr. anche *Her* p. 68 e *Ská* 33.
21 «Mare.»
22 «Fiamma.»
23 «Vento.»
24 «Ghiaccio.»
25 «Neve.»
26 «Estate.»
27 «Inverno.» Per le famiglie dei giganti e il loro rapporto con gli elementi della natura v. pp. 318-22.

2. *Il cielo e le dimore degli dèi*

1 «Recinto degli Asi.»
2 «Dimora di gioia.»
3 Il nome (anche *Vingólf*) può valere «stanza degli amici» o «dimora di gioia». *Gimlé* è il «[luogo al] riparo dal fuoco». Secondo Snorri anche Brimir è il nome di una dimora divina che perdurerà oltre la fine dei tempi (*Gyl* 52). Questo dato è tuttavia da ritenere un fraintendimento dello stesso Snorri dovuto a un'errata lettura della strofa 37 della *Vsp*: «ma un'altra si trova in Ókólnir, / la dimora del gigante, che si chiama Brimir» (*enn annarr stóð á Ókólni, / bjórsalr jötuns, enn sá Brimir heitir*). *Ókólnir* è da intendersi come «non freddo» (da taluni è tuttavia emendato in **Of-kólnir* «sempre freddo»). Un'altra sala mitica che dovrà tremare a lungo (nell'ultimo giorno?) è Lýr, circondata da un bastione di fuoco. Di essa, si dice, gli uomini hanno solo vaghe notizie (*Fjö* 31-2). Poiché *lýr* m. significa «merlano», questo nome viene emendato in *Hyrr* (o *Hýr*) «luminosa [per il fuoco]».
4 «Aula dei prescelti» (nordico *Valhöll*); v. pp. 71-2, appendice 2.
5 «Rocca dei prescelti»; cfr. p. 250, nota 27.
6 Così Snorri (*Gyl* 17), ma esso pare piuttosto essere una rocca (cfr. nota 5).
7 Tra le diverse magie guerriere attribuite al dio vi era senza dubbio la capacità di emettere il cosiddetto «grido di guerra». Nel grido l'energia dell'essere è concentrata e scaraventata sull'avversario. Dell'uso di tale «grido di guerra» (*barditus* o *baritus*) presso i Germani ci informa Tacito (*Ger* 3), precisando che era emesso sotto gli scudi perché risuonasse più forte (cfr. *Háv* 156). Esso era come un'arma scagliata contro il nemico e alla quale era legato un potere malefico e paralizzante. Il grido è anche espressione di forza eccessiva, esuberante, di calore (cioè ardore guerriero) e di collera. Di Odino è noto l'appellativo *Ómi* «[colui che ha la voce] risonante». All'uso del «grido di guerra» (*heróp* n.) si hanno diverse allusioni nelle fonti nordiche: a esempio in *ÓlH* 112, 224; *Gön* 30, 33, 36; *Egi* 19, 22; *Stu* I, II, 156; *Lax* 21; *ÞorV* 20; *Örv I* 17; *Örv II* 9; l'uso è ancora ricordato in una fonte tarda come *Þja* (cap. 11: la forma è *heropp*). Questo grido ha un potere magico così grande che può far diventare pazzi: in *Fun* 1 si dice che alcune

persone erano dotate di una forza e d'una magia tali che i loro nemici impazzirono dal terrore non appena udirono il grido di guerra e videro sguainate le armi. In *Egi* 54 è ricordato *sigróp*, il «grido di vittoria».

8 Nella *Yng* (cap. 2) si dice altresì che Odino aveva l'abitudine, quando mandava i suoi in battaglia o comunque in missione, di imporre loro le mani sul capo dando la benedizione (*bjának* n., parola di origine celtica così come, forse, il rito); essi credevano perciò di garantirsi il successo. Mediante questo atto venivano trasferite in loro forze di natura divina e si stabiliva un legame particolare col dio e per suo tramite con le forze cosmiche: essi dunque potevano invocare il suo nome nelle necessità ottenendone sollievo.

9 *Berserkir* (sing. *berserkr* m.) e *úlfheðnar* (sing. *úlfheðinn* m.). Cfr. pp. 577-8, 580-1.

10 «Padre della vittoria» e «padre dei caduti».

11 *Hyn* 5; significa «sentiero [verso le dimore degli] dèi»: è l'arcobaleno?

12 «Luminoso» o «di vetro». V. p. 72.

13 V. pp. 156-7.

14 «Pensiero» e «Memoria».

15 «Dio dei corvi.»

16 *Grí* 20: *Huginn ok Muninn fljúga hverjan dag / jörmungrund yfir; / óomk ek of Hugin, at hann aptr né komið, / þó sjámk meirr um Munin.*

17 «Paese della forza» o «campi della forza».

18 «Ampio splendore.»

19 «Rocca del cielo.»

20 «Cerchia delle navi.»

21 «Paese risonante.»

22 Così in *Yng* 4; secondo *Gyl* 24 però Njörðr ebbe questi due figli dopo la separazione da Skaði.

23 Così in *Gyl* 35; altrove però Gefjun è detta moglie di un gigante e poi di Skjöldr, figlio di Odino (*Yng* 5; cfr. *Gyl* 1 e *Rag* 13); cfr. p. 293.

3. *L'albero cosmico*

1 *Vsp* 19: *Ask veit ek standa, heitir Yggdrasill, / hár baðmr, ausinn hvítaauri; / þaðan koma döggvar, þærs í dala falla, / stendr æ yfir, grœnn Úrðar brunni.*

2 Così in *Gyl* 16; ma in *Grí* 31 essa è detta fra gli uomini.

3 «Destino.»

4 Allo scoiattolo *Ratatoskr*, «dente che perfora», più che un valore simbolico il mito attribuisce la funzione di incarnare l'immagine della velocità: alla sua figura è affidato il compito di far sì che l'antagonismo fra cielo e terra, fra spirituale e materiale, fra bene e male abbia corso ininterrotto.
Resti di scoiattolo sono stati ritrovati insieme ad altri oggetti in una sacca magica rinvenuta in una tomba a Lyngby in Sjælland (Danimarca, età del bronzo).

5 Probabilmente da identificare con Gullinkambi e Salgofnir: v. p. 59; cfr. p. 550.

6 La descrizione del grande tempio di Uppsala fatta da Adamo da Brema (*AdB* IV, 26, scolio 134), il quale parla dell'albero e della fonte sacrificale che vi si trovavano accanto, può ricollegarsi al luogo sacro degli dèi quale è descritto in questo mito.

4. *I figli di Loki*

1 «Padre di tutti», cioè Odino.
2 «Bagnato dalla pioggia.»
3 «Fame.»
4 «Carestia.»
5 Rispettivamente «pigro» e «pigra nell'andare».
6 «Luogo pericoloso per cadere.»
7 «Letto di malattia.»
8 «Barlumi di sventura.» Un frammento di manoscritto dell'*Edda* di Snorri (cfr. *SnEArn* II, p. 494) aggiunge taluni elementi al corredo di Hel o attribuisce altrimenti i nomi qui riportati. Ivi si trovano: *Æljuðnir*, il palazzo; *Gillingr* «risonante», la chiave; *Hungr*, il piatto; *Sulltr*, il coltello; *Affeldr* «diminutore», il cucchiaio (nome collegato all'espressione *fella hold af* «morir di fame così che la carne cada»); *Hnipinn* «curvato», «abbattuto», il campo; *Ganglati*, il servo; *Ganglöt*, la serva; *Viðopnir* «ampiamente aperto», il recinto; *Gjallandi* «risonante», il cancello; *Láti* «pigra [nell'aprirsi]», la serratura; *Blíkjanda böl*, la porta; *Brotaböl* «male di ciò che è rotto» (?), la soglia: *Forað* «pericolo», la tenda; *Fallanda forað*, gli arredi del letto; *Kør*, il letto; *Kørbœðr* «guanciale di malattia», il cuscino; *Frostopna* «apertura nel ghiaccio», la cassa; *Vaningi* «parente dei Vani», il cane; *Hryggr* «afflitto», il cavallo. Ivi si fa anche menzione di un gallo il cui nome tuttavia non è riportato a causa di una lacuna nel testo. In ultimo si parla di *yglöð ømd* «severo borbottio» (?), ove non si debba invece leggere *önd* f. «entrata», «passaggio» e quindi «triste ingresso». Un nome inserito sopra una riga, forse *Gerfœtr* «zampe [a forma di] lancia» (?), potrebbe essere riferito tanto al cavallo quanto al gallo.
9 «Lenza» o «[ciò che] lega con astuzia».
10 «Catena», propriamente «[ciò che] frena».
11 «Paese degli elfi neri.»
12 Verosimilmente legato a *gleipa* «spalancare la bocca» e quindi «beffeggiare», «deridere»; vale «che ingoia» o meglio «che beffeggia» Cfr. *SnEArn* II, p. 630.
13 Così in *Gyl* 34; altrove però (*Edda Kuhn* p. 321) si fa riferimento al «latte di uccello».
14 «Palo.» Cfr. *SnEArn* II, p. 431 dove è invece un piccolo pezzo di legno.
15 «Largo» (o «tagliente»?).
16 «Pietra conficcata nel terreno.»
17 La popolarità e la fortuna di questa storia sono testimoniate a esempio dal fatto che essa è ancora ricordata in *Þja* 3, che è una fonte assai tarda; inoltre il vocabolario nordico conosce il termine *úlfliðr* m., lett. «giuntura del lupo», con cui si intende «polso». Cfr. anche *SnEArn* II, p. 630.

5. *Origine delle classi sociali*

1 Con ogni probabilità «re» (dal celtico *righ*).
2 «Avo.»
3 «Ava.»
4 «Schiavo.»
5 «Schiava.»
6 Rispettivamente: «[bagnato di] rugiada»; «garzone di stalla»; «goffo»; «tafa-

no»; «schiavo»; «puzzolente»; «grossolano»; «corpulento»; «indolente»; «grigio [come un lupo]»; «curvo» (cfr. il gigante dallo stesso nome, v. p. 327); «[colui che] costruisce steccati»; «grossolana»; «goffa»; «polpacci grossi»; «[che ficca il] naso nel[la cenere del] focolare»; «fracassona»; «schiava»; «brontolona»; «stracciona» (cfr. *HH* I 43); «gambe da gru». Dröttr e Hösvir compaiono come cortigiani in un Paese di giganti in *Þþb* 6-7; una gigantessa di nome Arinnefja è ricordata in *Egil* 5, 15-7; diverse altre con nomi affini appaiono nelle saghe leggendarie (così *Nefja* «nasona» in *Hjá* 12; *Skellinefja* «naso risonante» in *ÞorV* 17, 19, 25; *Hornnefja* «naso adunco» in *Stur* 16). In *Hjá* 12 è ricordata anche *Trana* «gru», il cui nome richiama Trönubeina, qui citata. Nella *Saga di Illugi Uccisore di Tögld* (*IllT* 9-11) compare il gigante *Tjösnir* «chiacchierone», «brontolone», il cui nome ricorda la seconda parte di Eikintjasna. La presenza nelle saghe (in particolare in quelle leggendarie) di figure di giganti i cui nomi, come quelli dei figli di Þræll e Þír, alludono a un comportamento grossolano, rozzo e incivile (si vedano ancora a esempio la gigantessa *Hyrja* «sciattona» e *Kleima* «[piena di] macchie di sporco», entrambe in *Grím* 1), sottolinea uno stadio primitivo del processo di civilizzazione (com'è noto, i giganti sono esseri delle origini; cfr. pp. 318-9).

7 «Nonno.»

8 «Nonna.»

9 «Uomo libero», «contadino».

10 «Nuora.»

11 Rispettivamente: «uomo»; «giovanotto»; «libero contadino»; «uomo libero»; «fabbro»; «[dalle spalle] larghe»; «contadino»; «barba raccolta»; «colono»; «fattore»; «barba liscia»; «guerriero»; «donna spigliata»; «sposa»; «donna assennata»; «donna distinta»; «donna alacre»; «donna maritata»; «femmina» (significato suggerito dall'affinità con l'antico svedese *sprund* f. «*cunnus*»); «donna velata» (quindi «sposa»); «donna timida»; «donna eminente». Una gigantessa di nome Feima è ricordata in *Grím* 1; cfr. le denominazioni per «donna» nelle *þulur*.

12 «Padre.»

13 «Madre.»

14 «Uomo nobile», «guerriero».

15 «Attiva», «vigorosa».

16 Il nome indica un «dignitario», un «capo» (*hersir* m. era nella Norvegia medievale una carica politica di un certo rilievo).

17 Rispettivamente: «figlio»; «bambino»; «lattante»; «nobile»; «erede»; «ragazzo»; «parente»; «rampollo»; «figlio»; «giovinetto»; «congiunto». Sui nomi dei diversi congiunti di Heimdallr-Rígr cfr. *Ská* 83-6 e *Þul*.

18 È una figura di giovane destinato a essere iniziato ai segreti divini. Tale senso ha, a esempio, l'allusione alla sua conoscenza delle rune (v. pp. 100-4). Il nome significa «discendente», «figlio». Il testo del *Carme di Rígr* fa tuttavia una sorta di gioco di parole accostandolo all'aggettivo *ungr* «giovane», donde *Konr ungr* diviene simile a *konungr* m. «re».

Appendice 1. Significato mitico e religioso degli astri

1 *Vsp* 5: *sól þat né vissi, hvar hon sali átti, / stjörnur þat né vissu, hvar þær staði áttu, / máni þat né vissi, hvat hann megins átti.*

2 *Háv* 137.

3 *Alv* 13-4; cfr. *Ská* 70.
4 *NGL* I, p. 29, § 57.
5 *Jóns biskups saga* (in *Biskupa sögur*, gefnar út af hinu íslenzka bókmentafélagi, Kaupmannahöfn 1858-1878), I, cap. 24. È da notare che qui tale proibizione compare accanto a quella relativa alle pratiche magiche.
6 *Ger* 11.
7 Il compito della luna quale misuratrice del tempo, cui si allude ancora in *Vsp* 16 e *Vaf* 24-5, è ripetuto nel mito relativo a Máni e Sól (v. pp. 55-6). V. anche *Vaf* 22-3 (dove torna il termine *ártalí*); *Reg* 23; *Ská* 35 e *K*.
8 *Völ* 6: *nóttum fóru seggir... skildir blíku þeira við inn skarða mána*; v. pp. 439-40.
9 *HH* I 3: *und mána sal...*; v. p. 372.
10 *ÞþoÞ*.
11 Cfr. pp. 302-3.
12 *Gre* 35. V. anche *Lax* 38. Anche il racconto di *Gís* 12, che sottolinea il chiarore della luna nella notte in cui Vésteinn andò incontro al suo destino di morte (dunque verso le realtà sovrannaturali), va collegato a questi concetti (cfr. p. 305, appendice 1).
13 Cfr. *Ská* 70.
14 *Njá* 78.
15 *Eyr* 52.
16 *De bello gallico*, ed. cit., VI, 21.
17 *Ldn* S 9, H 10: *fal sik á hendi þeim goði er sólina hafði skapat*. Una gigantessa di nome *Mána* è ricordata in *HálfB* 6 e *SörS* 4-5.
18 V. sopra e nota 16.
19 Cfr. sopra l'episodio citato a proposito di Þorkell Máni.
20 *ÓlH* 113: *goð várr með ljósi miklu*.
21 In *Skj* I: A, pp. 631-40; B, pp. 639-48.
22 In *Skj* I: A, pp. 459-73; B, pp. 427-45.
23 In *Skj* I: A, pp. 562-72; B, pp. 548-65.
24 *Grí* 39: *it skírleita goð*; *Sig* 15: *skínanda goð*.
25 *Vat* 23 e 37.
26 *Vsp* 4-5.
27 *Gyl* 8; v. p. 50.
28 *Sig* 15; cfr. p. 559.
29 *Gyl* 11, 53; *Grí* 37, 39; *Vaf* 22-3, 47; *Skí* 4; *Ská* 69; *Þul*; *K*.
30 *Gyl* 35; v. anche *Þul*.
31 Cfr. *Alv* 35.
32 Cfr. *HHv* 30.
33 *Andsœlis o rangsœlis*: esempi in *Gís* 18; *Gre* 79; *Vat* 36; *Gön* 32.
34 Cfr. *Vsp* 38.
35 *Atk* 30: *...sól inni suðrhöllu*.
36 Cfr. *Háv* 97; *HH* II 45; *Sgk* 55; *Ghv* 15; *Fjö* 42.
37 V. pp. 401-7.
38 *Grí* 38.
39 *Stu* II, IV, 101. Cfr. *Drau* 4 a proposito della luna.
40 Alla simbologia del sole alludono anche diverse *kenningar* (cfr. inoltre *Alv* 15-6; *Ská* 35, 69, e *Þul*).

Appendice 2. L'aldilà nel mondo nordico

1 *Gyl* 34.
2 Cfr. *Atm* 51, 55.
3 «Hel nebbioso» e dunque «oscuro». Pare essere l'ultimo, l'infimo dei nove mondi. Lì, secondo Snorri, saranno radunati i morti malvivi i quali, dovendovi scendere da Hel, subiranno, per così dire, una seconda morte. Può forse essere identificato con Niflheimr, il mondo dell'oscurità (cfr. p. 53, nota 2).
4 *Gyl* 3; *Vaf* 43.
5 Cfr. p. 74.
6 *Gyl* 4, 49; v. p. 159.
7 *Grí* 28.
8 *Bal* 2; v. p. 155; cfr. p. 570.
9 *Hel* pr, 1.
10 *Bal* 5.
11 *Gyl* 49; *Vsp* 47, 52; *Hel* pr.
12 *Bal* 3-4; v. pp. 155-6 e p. 401. Su Hel v. anche *Gyl* 51, 53; *Grí* 31; *Skí* 27; *Lok* 63; *Alv passim*; scaldi e *K*). V. anche la descrizione di un «altro mondo» in *Saxo* VII, IX, 14, cfr. VIII, XIV, 6-7.
13 *Gyl* 2, 20, 36, 38-41, 49; *Grí* 8-10, 18-26, 36; *Vat* 40-1; *Edda Kuhn* p. 318; *Hák* 1, 9-18; *Eirm* 1-4, 7; *Yng* 8; cfr. *Ská* 10, 25 [3], 42-3 e p. 85, nota. La descrizione della reggia di Attila (*Atk* 2, 14) pare ricalcata su quella della Valhalla. Alla Valhalla si accenna anche in *Vsp* 33; *Hyn* 1; *HH II* pr. Inoltre vi allude la descrizione del regno dei morti in *Saxo* I, VIII, 14. V. pp. 58-9: cfr. *SnEArn* II, pp. 635-6.
14 Cfr. *Hról* 51: *í Valhöll gista*. Cfr. *Her* pp. 10-1; *Örv I* 29; *Örv II* 14; *Gau* 1-2.
15 *Gís* 14. In proposito pare probabile l'ipotesi di D. Strömback (*Att binda helskor. Anteckningar till Gisle Surssons saga*, in *Kungl. Vetenskapssamfundet i Uppsala*, Årsbok 1952, pp. 138-48), il quale ritiene che ai morti fossero messe scarpe pesanti e dalle suole spesse per compiere il lungo viaggio verso il regno degli inferi, impedendo al contempo che tornassero indietro come fantasmi.
In *Njá* 88 si riferisce che talune persone avevano profanato un tempio e gli dèi si vendicarono di tale delitto impedendo ai colpevoli l'ingresso nella Valhalla.
16 *Njá* 79.
17 *Ger* 43. La notazione di Snorri, secondo cui gli Einherjar ogni giorno indossano le armature, combattono fra loro uccidendosi a vicenda e rinascono poi per tornare nella Valhalla, è presumibilmente la versione più antica del mito dell'eterna battaglia (v. p. 173). Cfr. anche *Saxo* I, VIII, 14.
18 Cfr. p. 212.
19 *Reg* pr; *Ská* 42.
20 *Eyr* 54.
21 *Skj* I: A, p. 389; B, p. 359. In *Fri* 6, *fara til Ránar* «andare da Rán» ha il medesimo significato.
22 *Flat* II, p. 98.
23 *Her* pp. 1, 33, 89, 113; *Þþb* 5, 11-2, dove si precisa che quel luogo si trova in *Risaland* («terra dei giganti»); *HþÞ* 1-3; *Bós* 7 e *passim*; *Sam* 16-7, 19, 21-2; *NGþ* 1. Ivi si trova *Údáinsakr*, il «campo dei non morti» (cfr. l'identico toponimo in Islanda). La *Saga di Erik Gran Viaggiatore* (*EirV passim*) narra la storia di Erik, figlio di un re norvegese, il quale aveva fatto giuramento di viaggiare per tutto il mondo per vedere se gli fosse riuscito di trovare «il luogo che i pagani chiamano Údáinsakr e i cristiani terra dei viventi o Paradiso» (... *stað þann, er heiðnir*

menn kalla Údáinsakr, enn kristnir menn jörð lifandi manna eðr Paradísum; cap. 1; cfr. *HálfE* 1). Anche Saxo (VIII, XIV, 7-19) cita il sovrano Guthmundus e altrove (IV, II, 1) Undensakre, luogo in cui si ritira Fiallerus esiliato da Amlethus. Tale luogo viene definito «sconosciuto alle nostre genti» (*nostris ignotum populis*).

24 *Naturalis Historia*, ed. Einaudi, Torino 1982, IV, p. 97.

25 V. anche *Glasislundr* (dove *-lundr* m. «boschetto») in *HHv* 1.

26 *Gyl* 52; la forma *Náströnd* si trova in *Vsp* 38.

27 In analogia a *Vsp* 38.

28 *Vsp* 39; v. anche *Gyl* 52.

29 *Stu*, I, II, 190.

30 *Gyl* 52.

31 *Vsp* 37.

32 *Vsp* 66.

Appendice 3. Strutture che reggono l'ordine del cosmo

1 In *Hyn* 11, 16 questo termine ha il senso concreto di «terra».

2 *Ská* 3 [1], 25 [3]. V. p. 113; cfr. *Völs* 9.

3 *Fjö* 11-2; v. p. 403.

4 V. p. 113.

5 I, VIII, 14.

6 *Eyr* 34.

7 *Gyl* 34, 49; v. p. 159.

8 *Her* p. 25.

9 *Lok* 63; *Fjö* 26 e *Skí* 35; cfr. *Sól* 39, dove è citato *Heljar grind* «il cancello di Hel».

10 *Skí* 35.

11 *Skí* 28: *gapiðu grindum frá!* V. p. 151.

12 *Gyl* 4. Cfr. p. 479.

13 *Grí* 22: *fyr helgum durum*.

14 *Fjö* 9-10, 33; v. p. 403.

15 *Ská* 25 [3].

16 *Gyl* 35; cfr. pp. 294-5.

17 Cfr. *Vsp* 38; *Grí* 10, 22; *Sgk* 69; *Bal* 4; *Grg* 1, 15; *Fjö* 26.

18 *Gyl* 40; *Grí* 23; v. p. 58.

19 *Skí* pr; *Vsp* 48; *Ytal* 2; cfr. *Yng* 12.

20 *Gyl* 2; cfr. p. 249, nota 10.

21 *Fjö* 43; v. p. 406.

22 *Háv* 1; cfr. *Gyl* 2 e *Vaf* 9, 11, 13, 15, 17.

23 *Lax* 17.

24 Cfr. *Eyr* 33; *Egi* 58.

25 *Eyr* 55.

26 *Gyl* 13, 15; *Grí* 29.

27 *Sig* 16.

28 *Gyl* 13; cfr. *Vsp* 51; *Lok* 42; *Fáf* 15.

29 Cfr. *Grí* 28.

30 V. p. 159.

31 *Skj* II: A, p. 115; B, p. 123: *ganga of Gjallarbrú*.

32 *Saxo* I, VIII, 14; cfr. anche VIII, XIV, 7. Nel tardo *Canto del Sogno* (*Draumkvæde*) norvegese, dove si narra di visioni dell'aldilà che pure partono da concezioni cristiane, si ritrova ancora l'immagine di questo ponte (*Gjallarbru / Gjaddarbru / Jeddarbru*); cfr. l'ed. di M.B. Landstad, *Norske Folkeviser*, Christiania 1853, pp. 63-96; A: str. 24-30, 34, 36; B: str. 9, 11, 13-4.

33 *HH* II 49: *fyr vestan vindhjálms brúar.*

34 Cfr. *Yng* 2, 4, e anche *Gyl* 14 e 32. Cfr. altresì *Sör*, inizio.

35 *Goði* m. e *gyðja* f., rispettivamente «sacerdote» e «sacerdotessa», sono formati su *goð* n. «dio». Ciò indica con evidenza che il sacerdote è colui che partecipa della natura divina.

36 Il «consacratore» per eccellenza è senza dubbio il dio Thor, detto anche *Véurr* «protettore del luogo sacro» (cfr. *uiauari* sulla pietra runica di Rök, Svezia, IX secolo, e *wigiþonar* sulla fibula di Nordendorf, Baviera, Germania, inizio del VII secolo), il quale con il suo martello non solo protegge le dimore degli dèi dai giganti, ma consacra anche l'unione coniugale (cfr. *Þry* 30, v. p. 121) e quindi promuove la fecondità (cfr. altresì *Gyl* 44 e 49).

37 Cfr. J. de Vries, *Altnordisches...*, cit., p. 648. Cfr. anche il termine *vébönd* n.pl. con cui si designano le corde fissate con paletti che delimitano lo spazio dove si tiene un'assemblea giudiziaria (a esempio in *Egi* 56). V. in *Ytal* 11 la definizione «custode dell'altare del santuario» (*vörðr véstalls*).

38 Cfr. J. de Vries, *Altnordisches...*, cit., p. 281, dove si dà conto anche di altre interpretazioni.

39 Cfr. *Gutl* p. 63. V. in proposito J. de Vries, *Altgermanische...*, cit., I, pp. 374 e 384, dove si spiega che questo termine indica un luogo sacro che consisteva in un palo circondato da una recinzione (v. anche *skíðgarðr* m., in *Fær* 23, dove si parla del tempio di Þorgerðr Hölgabrúðr, e in *ÓlH* 33).

40 Si osservi però che in inglese antico il termine *hof* n. vale «recinzione», «dimora», «tempio».

41 Cfr. *Gyl* 34 e 49.

42 Sulla struttura dei templi nordici e la loro storia v. pp. 30, 32 e 42, nota 41.

III. Guerra divina

Un contrasto radicale divide le due stirpi divine degli Asi e dei Vani, nelle quali si incarnano aspetti dell'esistenza opposti ma ugualmente necessari. Per questo la guerra divina non potrà che concludersi con un patto nel quale siano integrate le diverse componenti.

Si RACCONTA che il popolo degli Asi e quello dei Vani ebbero una volta un conflitto e che quella fu la prima guerra nel mondo. Era avvenuto che una donna della stirpe dei Vani, una perfida strega di nome Gullveig,[1] si era introdotta nel Paese degli Asi allo scopo di portarvi cupidigia e corruzione. Costei era una maga e praticava quell'arte, detta *seiðr*,[2] ritenuta assai sconveniente per gli uomini, ma molto praticata dalle femmine malvagie.

Per porre fine al suo comportamento scellerato non restava agli Asi che una soluzione: ucciderla. Così Gullveig (o Heiðr, come altrimenti era chiamata) fu catturata, trafitta con la lancia e arsa nella sala di Odino. Ciononostante ella rinacque. Tre volte la strega fu arsa e tre volte tuttavia rinacque.

L'aggressione contro Gullveig, benché non avesse ottenuto l'effetto desiderato, scatenò la guerra fra le due stirpi divine. Odino mosse con l'esercito contro i Vani e scagliò la lancia sulla turba guerriera: quello fu il segnale della battaglia. Null'altro si sa del conflitto se non che ebbe andamento alterno; il recinto degli Asi fu distrutto e i Vani armati e minacciosi poterono calpestare il sacro terreno di Ásgarðr. Alla fine fu stabilita una tregua e le due parti si scambiarono degli ostaggi. I Vani mandarono presso gli Asi gli eminenti fra loro, Njörðr e i suoi figli Freyr e Freyja. Con loro partì anche il saggio Kvasir.[3] Costoro furono accettati fra gli Asi con pari dignità e divennero come loro sacerdoti sacrificatori. Freyja fu fatta sacerdotessa e per prima insegnò agli Asi la magia che era comune fra i Vani. Njörðr dal canto suo dovette rinunciare alle nozze con la sorella, poiché fra gli Asi era proibito il matrimonio fra parenti così stretti. Da parte loro gli Asi mandarono fra i Vani il dio di nome Hœnir, e con lui partì Mímir che era dotato di grandissima sapienza.[4] Non appena Hœnir giunse in Vanaheimr,[5] fu eletto dai Vani loro capo; Mímir però era sempre con lui e lo consigliava in ogni cosa. Tuttavia se Hœnir si trovava a dover prendere una decisione importante senza avere Mímir accanto, demandava sempre ad altri la scelta. Per questo i Vani sospettarono che gli Asi avessero barato nello scambio degli ostaggi; presero dunque Mímir, lo decapitarono e mandarono la testa agli Asi. Odino prese allora la testa, la spalmò con alcune erbe perché non putrefacesse, cantò degli incantesimi e la rese potente con la magia, così che essa parlava con lui e gli rivelava molte cose nascoste. È detto che Odino conserverà la testa di Mímir fino all'ultimo giorno, quando essa proferirà per lui parole di saggezza.

Fonti principali: *Völuspá* str. 21-6; *Vafþrúðnismál* str. 38-9; *Lokasenna* str. 34-5; *Gylfaginning* di Snorri Sturluson cap. 23; *Skáldskaparmál* di Snorri Sturluson cap. 4 [2]; *Ynglinga saga* di Snorri Sturluson cap. 4.

Appendice. Significato mitico e simbolico della guerra e della pace

a. *Guerra*

Simboleggia un'esplosione di forze le quali si manifestano nella forma eccessiva e incontrollata dell'ardore guerriero che è al contempo collera e calore. È considerata momento indispensabile di contrapposizione in cui si trovano i presupposti di una pace stabile che instauri armonia e giustizia sul piano cosmico e su quello sociale.

Tale senso ha la guerra fra le due stirpi divine degli Asi e dei Vani in seguito alla quale, anche mediante lo scambio di ostaggi, si stabilì tra loro una pacifica convivenza su solide basi, grazie a cui è anche garantita agli uomini protezione completa in ogni aspetto dell'esistenza.

b. *Pace*

Oltre alla pace come saggezza (incarnata in Kvasir)[1] che concilia le diverse componenti garantendo ordine al cosmo (quale si ritrova nella conclusione del mito della guerra divina), il mito nordico conosce la pace come stato di armonia e di abbondanza di beni. Tale è a esempio la situazione descritta riguardo al convito degli dèi preparato da Ægir: «Là l'oro luminoso fungeva da luce del fuoco. Da sola colà si mesceva la birra». Questo stato di equilibrio perfetto è tuttavia sempre minacciato dalle forze del male.[2]

Lo stato di armonia ed equilibrio in tutti gli strati dell'essere è spesso attribuito a dèi della fecondità. Il mito ricorda in particolare la «pace di Fróði»,[3] re danese corrispettivo di Freyr, il quale grazie a un mulino magico che macinava qualsiasi cosa gli si ordinasse[4] garantì ai suoi sudditi un regno di prosperità, tranquillità e abbondanza.

Note

1 *Gullveig*, il cui nome significa nella prima parte (*gull* n.) «oro» e nella seconda (*veig* f.) «bevanda inebriante», «forza», «oro», «donna», è descritta come una maga e detta altresì *Heiðr* «onore» (?) o «luminosa» (nome che si ritrova spesso a indicare donne dotate di poteri stregoneschi; v. a esempio *Örv I* e *Örv II* 2; *Hról* 3; *Fri* 5; *Ldn* S 179, H 145; cfr. la figura di Heiðr, una sorta di gigantessa, in *Flat* I, pp. 580-1). Nella sua persona sono incarnate le due principali funzioni dei Vani: la fecondità e la magia. Della prima, in particolare, ella rappresenta l'aspetto negativo e distorto, quell'ebbrezza dell'oro che è fonte di rovinosa cupidigia (è dunque un'«arma» dei Vani per indebolire gli avversari che reagiscono alle sue manovre mettendola a morte?).

2 «Magia.» V. pp. 95-100.

3 Detto qui della stirpe dei Vani, risulta invece altrove appartenere agli Asi, fra i quali è il più saggio (*Gyl* 50). Il mito relativo all'idromele della poesia inoltre riferisce i singolari particolari della sua nascita e della sua morte; v. p. 90.

4 Qui Mímir parrebbe appartenere agli dèi; egli è tuttavia più probabilmente un gigante; cfr. pp. 322-3.

5 «Paese dei Vani.»

Appendice. Significato mitico e simbolico della guerra e della pace

1 Nato dalla mescolanza dello sputo delle parti contraenti la tregua (*Ská* 4 [2]; v. p. 90).

2 *Lok* pr (cfr. *Ská* 1 [1]): *Þar var lýsigull haft fyrir eldsljós. Sjálft barsk þar öl.* V. p. 134.

3 *Fróða fríðr: Ská* 53 [7]; *Saxo* V, *passim*; *Skjö* 3; *Yng* 10-1; *HH I* 13; *Upp*; *Vel* 18.

4 V. p. 181.

IV. *Doni e qualità degli dèi*

1. *Odino signore della magia e delle rune*

La scienza magica, e le rune che ne sono l'espressione tangibile, garantiscono a chi le possieda, e sappia correttamente disporne, il potere su ogni entità del mondo. Esse infatti sono il tramite per cui si entra in contatto con la forza stessa della vita: la loro conquista sarà perciò frutto di un processo di iniziazione nel quale l'essere è sacrificato all'essere.

Io so che io pendetti dall'albero [spazzato dal] vento[1]
per nove notti intere,
dalla lancia ferito e sacrificato a Odino,
io stesso a me stesso,
su quell'albero che nessuno sa,
da quali radici cresca.

Pane [nessuno] mi diede né corno [per bere],
in basso guardavo;
raccolsi le rune, urlando le presi,
poi caddi di lassù.[2]

Così canta Odino e ricorda che il possesso delle rune lo rese saggio e lo fece prosperare. Ancora egli apprese nove possenti canti[3] dal gigante Bölþorn, padre di Bestla, e un sorso del nettare prezioso conservato nel bacile detto Óðrørir, che rende saggio e poeta chi lo beva. Così l'una saggezza seguì all'altra, l'una azione all'altra ed egli divenne sovrano di ogni conoscenza. Odino insegnò le rune agli uomini che gli parvero degni di avere un tale potere. Grazie a quello stesso potere egli era capace ugualmente di sciogliere e di legare qualsivoglia essere, poiché le rune sono straordinariamente potenti.[4] Egli le sapeva incidere, dipingere e interpretare. Ogni cosa egli divenne capace di fare: guarire i dolori o provocarli, placare l'odio o fomentarlo, comandare all'acqua, al vento e al fuoco, parlare con i morti, disorientare le streghe, indurre le fanciulle all'amore, distribuire saggezza, vittoria e fortuna. Divenne anche padrone di ogni magia guerriera, come sopra è stato detto.[5] Egli dunque poteva tutto e il contrario di tutto, poiché ogni essere ha duplice natura e chi ne possegga il segreto può avvalersi della sua qualità giovevole così come di quella nefasta.

Fonti principali: *Hávamál* str. 138-63; *Ynglinga saga* di Snorri Sturluson capp. 6-7.

2. *L'idromele della poesia*

L'arte della parola e del canto è legata al potere creatore,[1] *poiché in essa è contenuta la sapienza stessa del dio. Il sacro idromele preparato dai nani e posseduto poi dai giganti dovrà perciò essere sottratto al loro geloso dominio: solo il dio supremo infatti è capace di renderlo disponibile per gli uomini.*

È noto che la guerra fra gli Asi e i Vani si concluse con un convegno di pace. Entrambe le parti suggellarono l'accordo recandosi presso un grande bacile e sputandovi dentro. Quando questo rito fu compiuto, gli dèi presero quel simbolo di pace e non vollero lasciarlo perire: ne trassero dunque un essere che fu chiamato Kvasir.[2] Costui era straordinariamente saggio: è detto infatti che nessuno era capace di fargli domande alle quali non sapesse rispondere. Kvasir andò dunque in giro per il mondo a dispensare la propria saggezza. Un giorno giunse a una festa presso due nani che avevano nome Fjalarr e Galarr. Costoro lo invitarono presso di sé, lo intrattennero a conversare e infine lo uccisero. Quindi raccolsero il suo sangue in due coppe e in un vaso, lo mescolarono con miele e ne trassero un idromele prezioso che ha la virtù di rendere poeta chi lo beva. I recipienti che contengono questo idromele si chiamano Són, Boðn e Óðrørir.[3] I nani dissero agli dèi che Kvasir era morto soffocato dalla sua stessa sapienza. Poi invitarono il gigante Gillingr e sua moglie. Proposero a Gillingr di uscire in mare con loro ed egli acconsentì. Quando furono al largo, diressero l'imbarcazione contro i marosi, ed essa si capovolse: il gigante non era capace di nuotare e annegò. Essi invece raddrizzarono l'imbarcazione e tornarono a casa. Riferirono alla moglie di Gillingr che il marito era annegato ed ella cominciò a piangere lamentandosi forte. Allora Fjalarr le propose di recarsi sul mare a vedere il luogo in cui il marito era morto. La gigantessa acconsentì. Fjalarr si accordò segretamente con Galarr suo fratello, dicendo che era stufo di quei piagnistei: quello si appostò presso la porta da cui la donna sarebbe uscita e quando ella passò le fece cadere sulla testa una macina da mulino, uccidendola.

Ora accadde che Suttungr, nipote[4] di Gillingr, venne a sapere queste cose. Perciò si recò dai nani, li catturò e li portò al largo sul mare abbandonandoli su uno scoglio che sarebbe stato sommerso dall'alta marea. I nani implorarono per aver salva la vita e offrirono come ricompensa per la morte di Gillingr l'idromele prezioso della poesia. Suttungr accettò, li ricondusse a casa e se ne partì con l'idromele. Poi lo nascose in un luogo detto Hnitbjörg[5] e vi pose come custode sua figlia Gunnlöð.

Avvenne una volta che Odino, allontanandosi da casa, giunse in un luogo dove nove schiavi stavano falciando il fieno. Egli si offrì di affilare i loro attrezzi e li rese così taglienti che gli schiavi volevano acquistare la cote. Egli chiese loro di offrire un banchetto. Tutti erano disposti poiché ciascuno voleva impadronirsi della pietra. Odino allora la lanciò in aria ed essi si azzuffarono a tal punto che alla fine si erano vicendevolmente tagliati la gola con la falce.[6]

Il padrone degli schiavi era un gigante di nome Baugi, fratello di Suttungr. Odino cercò da lui asilo per la notte, ma disse di chiamarsi Bölverkr.[7] Baugi raccontò all'ospite che i suoi schiavi erano morti e che non sapeva come trovare altri operai. Bölverkr allora si offrì di lavorare per lui e chiese come ricompensa un sorso dell'idromele di Suttungr. Baugi rispose che non poteva disporne, perché il fratello lo custodiva gelosamente; tuttavia si disse disposto ad aiutarlo. Odino lavorò dunque per Baugi durante tutta l'estate e fece da solo il lavoro di nove uomini. Poi reclamò la ricompensa pattuita.

Baugi si recò da Suttungr e gli chiese l'idromele per Bölverkr, ma quello rifiutò di cederne anche una sola goccia. Allora Odino suggerì di usare qualche stratagemma e Baugi fu d'accordo. Il dio prese un trapano di nome Rati[8] e ordinò al gigante di perforare la roccia di Hnitbjörg. Quello eseguì, poi disse che il lavoro era finito. Odino soffiò nel foro, ma i trucioli gli volarono in viso. Allora capì che Baugi voleva ingannarlo e gli ordinò di continuare a forare. E la seconda volta che soffiò i trucioli volarono via. Egli si trasformò in un serpe e si insinuò nel foro. Baugi tentò di colpirlo col trapano, ma lo mancò. Odino si recò là dove si trovava Gunnlöð e giacque con lei per tre notti, poi ebbe da lei il permesso di bere tre sorsi di idromele. Con il primo sorso tracannò tutto il contenuto di Óðrørir, con il secondo quello di Són, con il terzo quello di Boðn.

Allora si trasformò in aquila e volò via quanto più velocemente poteva. Anche Suttungr prese forma di aquila e spiccò il volo per inseguirlo. Quando gli dèi videro l'aquila arrivare, si affrettarono a porre le loro coppe nel cortile. Così Odino, appena giunto in

Odino in aspetto di aquila sfugge all'ira del gigante Suttungr, al quale ha sottratto l'idromele della poesia. Raffigurazione sulla pietra di Hammars III. *Gotland, Svezia,* VIII-IX *secolo*

Ásgarðr, sputò l'idromele nella coppa. Tuttavia, poiché Suttungr era ormai assai vicino e stava per afferrarlo, dovette agire in tutta fretta e un po' del liquido prezioso si rovesciò. Odino fece dono dell'idromele agli Asi e a quegli uomini che lui vuole poeti. Ma la parte di liquido caduta fuori della coppa è a disposizione di chi se la prende: tuttavia è detta la parte dei poetastri.[9]

Fonti principali: *Hávamál* str. 13-4, 104-10; *Skáldskaparmál* di Snorri Sturluson capp. 4-6 [2].

3. *I doni dei nani*

Creature della notte e del mondo infero, i nani sono partecipi di molti segreti dell'esistenza; alla loro qualità di abili artigiani che trasfondono questa conoscenza nel lavoro sarà perciò affidato il compito di preparare per gli dèi i doni in cui è simboleggiata la virtù divina di ciascuno.

Loki, figlio di Laufey, aveva tagliato per scherzo tutti i capelli a Sif, sposa di Thor. Quando questi se ne accorse, prese Loki con l'intenzione di fracassargli le ossa; quello però implorò la grazia e promise che avrebbe convinto gli elfi scuri a fare per Sif una chioma tutta d'oro che crescesse come i capelli naturali. Così Loki andò da certi nani detti figli di Ívaldi ed essi prepararono la chioma per Sif. Fecero inoltre la nave Skíðblaðnir per Freyr e la lancia Gungnir per Odino.

Poi Loki scommise la testa con il nano Brokkr, affermando che Eitri suo fratello non sarebbe stato capace di fare tre oggetti preziosi di pari valore.

I nani andarono alla fucina, Eitri vi pose una pelle di maiale e ordinò al fratello di soffiare con il mantice senza interrompersi finché egli non avesse tolto quel che vi aveva messo. Eitri si allontanò dalla fucina. Allora venne una mosca, si posò sulla mano di Brokkr e lo punse. Egli tuttavia continuò a soffiare fino a quando Eitri tornò e tolse dalla fucina un verro dalle setole tutte d'oro.

Poi Eitri mise nella fornace dell'oro, ordinò a Brokkr di riprendere a soffiare e gli raccomandò di non interrompersi finché non fosse tornato. Di nuovo venne la mosca, si posò sul collo di Brokkr e lo punse più forte. Egli tuttavia continuò a far vento finché Eitri trasse dalla fucina l'anello d'oro che si chiama Draupnir.

Infine Eitri mise nella fucina del ferro e di nuovo ordinò a Brokkr di soffiare, raccomandandogli di non interrompersi, altrimenti il lavoro si sarebbe rovinato. Tuttavia la mosca venne di nuovo e questa volta si posò in mezzo agli occhi di Brokkr e punse ancor più dolorosamente. Così il sangue colò sugli occhi del nano e gli appannò la vista. Brokkr perciò dovette lasciare per un attimo il mantice cercando quanto più in fretta possibile di cacciare l'insetto. Quando tornò, Eitri disse che probabilmente ciò che stava nella fornace era rovinato. Tuttavia ne tirò fuori un martello e lo consegnò al fratello insieme agli altri oggetti preziosi, dicendo di andare a sciogliere la scommessa.

Gli dèi sedettero sui seggi del consiglio per decidere quali fossero gli oggetti migliori. Il giudizio spettava a Odino, Thor e Freyr.

Loki consegnò a Odino la lancia d'oro Gungnir, a Thor la chioma d'oro per Sif e a Freyr la nave Skíðblaðnir. Poi illustrò le qualità di quegli oggetti. La lancia aveva il potere di giungere sempre a segno, la chioma avrebbe aderito alla pelle e sarebbe cresciuta come i capelli naturali; infine sulla nave, non appena spiegate le vele, sarebbe sempre spirata una brezza che l'avrebbe spinta dovunque si decidesse di andare; tuttavia volendo si sarebbe potuto piegarla e riporla in una borsa come un pezzo di stoffa.

Anche Brokkr presentò i suoi doni: diede a Odino l'anello d'oro Draupnir, a Freyr il verro Gullinbursti[1] e a Thor il martello Mjöllnir. Dell'anello disse che ogni nove notti ne sarebbero scaturiti otto anelli di uguale peso; del verro spiegò che poteva correre più veloce di qualsiasi destriero tanto di giorno quanto di notte nell'aria come nell'acqua, poiché non vi era notte tanto profonda né luogo tanto

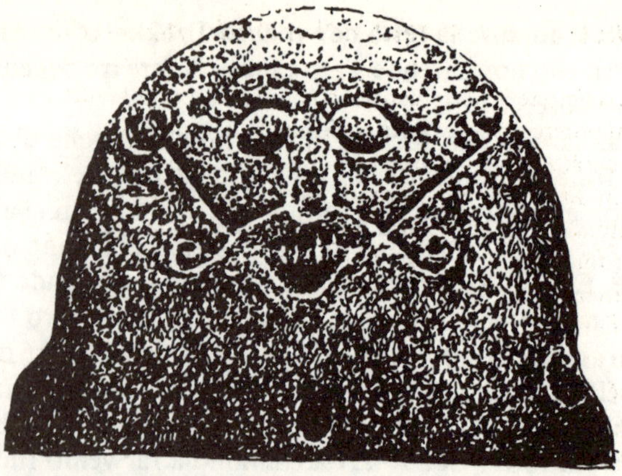

Pietra proveniente da una fornace di Snaptun sulla quale appare una figura che parrebbe Loki con la bocca cucita. Jutland, Danimarca, probabilmente di età vichinga

oscuro che non potesse essere illuminato dallo splendore delle sue setole; infine illustrò le qualità del martello: poteva colpire con quanta forza si volesse e senza rompersi qualsiasi cosa gli si fosse parata dinanzi; se poi lo si fosse gettato contro qualcosa non lo si sarebbe perduto né sarebbe finito così lontano da non tornare indietro; infine al bisogno poteva essere rimpicciolito e tenuto nella camicia. Un difetto però lo aveva: il manico era un po' corto.[2]

Gli dèi giudicarono unanimemente che il martello era il migliore fra gli oggetti, ottimo per difendersi dai giganti. Perciò fu deciso che il nano aveva vinto la scommessa.

Loki però si offrì di riscattare la testa, ma il nano non volle. «Prendimi, allora», disse Loki e fuggì via veloce: egli infatti aveva delle scarpe magiche grazie alle quali poteva correre nell'acqua e nell'aria. Il nano si rivolse a Thor, che catturò Loki per lui. Ma quando Brokkr stava per tagliargli la testa, Loki gli fece osservare di avere scommesso la testa, non il collo. Allora il nano prese una correggia e un coltello per fare dei buchi nelle labbra di Loki e cucirgli la bocca. Il coltello però non tagliava. Il nano disse che sarebbe stata più utile la lesina di suo fratello: non appena l'ebbe nominata quella apparve e così la bocca di Loki fu cucita. Egli tuttavia strappò i punti. La correggia con la quale fu cucita la bocca di Loki si chiama Vartari.[3]

Fonti principali: *Grímnismál* str. 43; *Gylfaginning* di Snorri Sturluson cap. 43; *Skáldskaparmál* di Snorri Sturluson cap. 44 [5].

Appendice 1. La magia nel mondo nordico

Mentre la religione riflette generalmente un atteggiamento passivo di abbandono al potere della divinità o di fiducia nel suo aiuto, la magia, al contrario, ha carattere attivo, poiché è una pratica mediante la quale si cerca di entrare in diretto contatto con la forza misteriosa che governa la vita del cosmo tentando di manipolarla a proprio vantaggio. Nel mondo nordico, l'uso della magia è attribuito tanto agli uomini quanto agli dèi.

La designazione della forza dalla quale dipende l'efficacia o l'inefficacia di un'azione, così come la vita o la morte di un essere, è in antico nordico *máttr* m. e soprattutto *megin* n., parola che oltre alla «forza» indica anche la «parte essenziale» di una cosa.[1] A quest'ultimo termine è correlato il verbo *magna*, che si trova di frequente a indicare l'atto di «rendere forte», cioè «efficace», mediante un rituale magico.

La diffusione della magia è documentata nel mondo nordico da numerose fonti. Nella *Saga degli Ynglingar*,[2] Snorri riferisce che quest'arte era nota alla stirpe divina dei Vani, dai quali, in particolare da Freyja, fu insegnata agli Asi. Odino ne divenne espertissimo; grazie a essa egli poteva lasciare il corpo in uno stato di *trance* simile al sonno o alla morte e assumere un altro aspetto; inoltre sapeva accecare, assordare e atterrire i nemici rendendo le loro armi inette a offendere; comandava agli elementi (acqua, fuoco, aria); parlava con i morti e conosceva le rune, oltre a quei canti magici definiti *galdrar* (sing. *galdr* m.). Egli insegnò tutte queste arti agli Asi, che erano con lui sacerdoti sacrificatori: essi gli erano vicini in tutta la saggezza e magia.[3] Snorri aggiunge tuttavia che questa pratica comporta una grande inverecondia (*ergi* f.), tanto che essa era assai sconveniente per i maschi: perciò fu insegnata alle sacerdotesse.

Questa descrizione riassume efficacemente le caratteristiche della magia nel mondo nordico.

Il vocabolario scandinavo conosce diverse designazioni per quest'arte, che è detta innanzitutto *seiðr* m. Etimologicamente questo termine può essere connesso a parole che hanno senso di «legare»: così antico inglese *sāða* «corda», alto tedesco antico *seita* «corda», «corda musicale», «laccio», «insidia» (cfr. lituano *saĩtas*, *siẽtas*, e lettone *saĩte* «nastro», «vincolo», «cordone»; antico indiano *setu* «legame», termini corradicali). Questa connessione sarebbe rafforzata dal concetto della magia come arte capace di stringere o sciogliere invisibili legami (in termini psicologici si potrebbe parlare di «complessi») o comunque di creare una situazione nuova che poi andrà mantenuta e rafforzata con «vincoli» (un'idea analoga spiega in italiano la genesi comune di parole quali *fascia* e *fascino*).

Il termine *seiðr* è stato tuttavia avvicinato anche a parole dell'area ugrofinnica che hanno senso di «suonare» (cfr. finnico *soida* «suonare uno strumento»). Questo secondo collegamento, nel quale si sottolinea l'importanza della musica e del ritmo come strumenti magici, potrebbe anche avvalorare l'ipotesi di una filiazione della magia nordica da quella, assai sviluppata, dei Finni e dei Lapponi. Nelle fonti si fanno ripetute allusioni a costoro come maghi abilissimi e maestri di quest'arte.[4]

Altre designazioni della magia sono nel vocabolario nordico *gørningar* f.pl. «azioni [magiche]» (cfr. la fonte in cui si dice che ci si esalta «con canti e azioni magiche» fino a che l'anima si stacca dal corpo[5]); *galdralist* f. «arte dei canti magici»; *fjölkungi* f. lett. «grande conoscenza» (cfr. il ricorrente agg. *fjölkunnigr* che designa gli esperti di magia); *trolldómr* m. che è «magia» ma anche «mostruosità».[6]

Coloro che praticano quest'arte vengono definiti con termini quali *seiðkona* f. «donna [che pratica] il *seiðr*»; *seiðmaðr* m. «uomo [che pratica] il *seiðr*»; *völva* f. o *spákona* f., entrambi «indovina» (il primo lett. «[donna provvista di] una bacchetta [magica]»); *fordæða* f. «strega»; *skratti* (o *seiðskratti* o *skrattakarl*) m. «stregone»; *vitki* m. «mago» (lett. «che sa») e anche *seiðberendr* (solo al pl.) «maghi» (questo termine parrebbe contenere un'allusione al comportamento osceno dei maghi). Il riferimento di Snorri alle perversioni sessuali legate alla pratica magica trova eco in altre fonti. Tacito[7] informa che coloro i quali erano ritenuti colpevoli di aberrazioni di tipo sessuale venivano giustiziati mediante affogamento in una palude. La morte per affogamento appare altrove[8] come punizione inflitta ai maghi. Inoltre va osservato che l'accusa di perversione sessuale costituiva nella Scandinavia pagana un affronto gravissimo cui l'offeso aveva diritto di rispondere con l'omicidio.[9] Di questa accusa legata a personaggi che praticano il *seiðr* si ha un esempio nell'*Invettiva di Loki*,[10] dove Loki viene accusato da Odino di aver partorito figli come le femmine, mentre a Odino viene imputato da Loki di aver assunto le sembianze di una maga: l'allusione è forse al mito nel quale il dio, sotto le spoglie della guaritrice Wecha, operò delle magie amorose e vinse la resistenza di Rinda che non voleva cedere ai suoi desideri;[11] l'allusione all'uso della magia in questo episodio è chiara in un verso dello scaldo Kormákr Ögmundarson: «Yggr (= Odino) fece una magia per [ottenere] Rindr» (*seið Yggr til Rindar*).[12] L'accusa infame (in antico nordico *níð* n.) con la quale si voleva recare all'avversario la massima ingiuria aveva spesso sfondo sessuale; si confronti il carme in cui appare la figura dell'uomo-strega Goðmundr:[13] accusare di oscenità dovette avere lo stesso significato di accusare di magia. Nella *Saga della cristianizzazione*[14] il missionario Þorvaldr Gran Viaggiatore e il vescovo Friðrekr vengono incolpati di avere avuto rapporti sessuali fra loro e di aver generato figli; un'accusa analoga viene formulata nella *Saga di Gísli* da Skeggi a carico di Gísli e Kolbjörn.[15] In entrambi i casi l'accusatore paga l'affronto con la vita. In un'altra saga Þormoðr Poeta di Kolbrún viene accusato di essersi comportato «come una puledra con i cavalli».[16] L'allusione al cavallo[17] è da mettere in relazione con la simbologia di questo animale, emblema di esuberante sessualità.

Qui va osservato che il giudizio sulla pratica magica e sui suoi adepti doveva avere assunto col tempo una connotazione prevalentemente negativa, anche a motivo dell'introduzione della nuova religione (cfr. a esempio la

Saga di Erik il Rosso,[18] dove una donna rifiuta in un primo tempo di aiutare una maga a motivo della propria fede cristiana). Nelle leggi emanate dopo la conversione sono frequentissimi i divieti contro le pratiche magiche di qualsiasi natura.[19]

Se tuttavia la magia finì per essere considerata pratica abominevole e sconveniente, alle origini dovette invece esistere accanto a una «magia nera» una «magia bianca» che fu probabilmente quella esercitata dai sacerdoti. L'idea della magia come raggiungimento di uno stato estatico nel quale si compiva uno sposalizio spirituale fra il sacerdote e il dio dovette essere all'origine della concezione del sacerdote come non-uomo e quindi della preferenza data alle sacerdotesse. A rituali di questo tipo fanno verosimilmente riferimento le parole di Tacito, il quale parla di un *sacerdos muliebri ornatu*.[20] Una distinzione molto antica tra rituali di magia bianca e magia nera si può forse anche riconoscere nell'iscrizione runica di Nordhuglo (Norvegia, inizio del V secolo), nella quale il sacerdote si dichiara immune alla magia.[21] La magia bianca dovette essere, oltre che l'arte del sacerdote, quella del medico conoscitore del segreto delle erbe presente in altre tradizioni. Alla figura di un *medicine-man* di questo tipo si allude forse dove[22] si parla di un sacchetto di erbe da appendere al collo; qui possono essere riferiti anche taluni ritrovamenti di borsette contenenti oggetti magici.[23]

In effetti, da quanto si deduce dalle fonti che ne descrivono il procedimento, la pratica del *seiðr* appare come una magia di carattere estatico, parallela ai rituali degli sciamani (specie quelli lapponi). Nell'*Invettiva di Loki*[24] si ha a esempio un riferimento all'uso di battere su un tamburo (o coperchio), oggetto magico per eccellenza presso i Lapponi. Esso è lo strumento che meglio di ogni altro cattura e riproduce un ritmo, e la percussione ripetuta e ossessiva stacca l'anima dal mondo circostante e la trasporta nell'universo degli archetipi richiamando il suono originario dal quale fu creato il mondo.

Al raggiungimento di uno stato di *trance* dovettero forse servire anche i funghi igniferi che secondo il racconto della *Saga di Erik il Rosso* si trovavano nella cintura di una maga.[25] Assai importanti erano anche i canti.[26] Descrizioni piuttosto dettagliate di sedute di *seiðr* si trovano nella *Saga di Erik il Rosso* (che è un *locus classicus*)[27] e nella *Saga di Oddr della Freccia*,[28] dove si riferisce del gruppo di assistenti della maga (il *raddlíð* n.), che erano in numero di trenta (quindici uomini e quindici donne). Al *seiðr* come pratica di gruppo allude verosimilmente anche la citazione di un'intera famiglia di maghi e di streghe.[29] Nella medesima fonte è detto che i canti magici che si udivano durante le sedute (*seiðlæti* n.pl.) erano piacevoli all'ascolto.[30]

Nella *Saga di Gísli*[31] si insiste sulla connessione tra la magia e l'oscenità (*ergi* f.) e si ricorda l'uso di un'impalcatura detta *seiðhjallr* m.,[32] necessaria al mago per separarsi simbolicamente dal mondo (essa è probabilmente analoga al treppiede delfico).

Lo stato di *trance* sciamanico[33] è simile a quello della morte. Si riteneva infatti che coloro che praticavano la magia traessero il loro potere da un costante rapporto con l'aldilà. È noto a esempio l'uso dell'*útiseta* (lett. «sedere di fuori»): era abitudine del mago o della strega sedere in determinati punti (specie presso i tumuli) in attesa che lo spirito di un morto si manifestasse per trasmettere i propri segreti.[34] Anche di Odino è detto che parlava con gli spiriti dei morti.[35]

Le fonti scandinave conservano il ricordo di casi di magia bianca. Così è ricordata una «magia risanatrice» (*líknargaldr* m.)[36] e altri incantesimi giovevoli.[37] Nel *Libro dell'insediamento* si riferisce invece di tale Þuríðr, la quale era capace di attirare i pesci verso la riva.[38]

Il numero dei casi di magia ostile e pericolosa è tuttavia di gran lunga preponderante. Ai maghi e alle streghe era attribuita la capacità di mutare la volontà delle persone e il corso degli eventi. Di Odino, come detto, è riferito che poté possedere Rindr solo grazie alla magia.[39] Nella *Saga di Gísli* è narrato che le sventure di Gísli erano dovute al fatto che un mago, tale Þorgrímr Nasone, aveva fatto una magia contro di lui; è tuttavia precisato che egli poté godere di un periodo di relativa tranquillità su un'isola poiché quando Þorgrímr Nasone aveva fatto la magia non gli era venuto in mente di comprendervi le isole esterne.[40] Nella *Saga di Kormákr* è riferito invece che il matrimonio tra Kormákr e Steingerðr andò a vuoto poiché egli a causa di una magia (che gli provoca impotenza?) si tirò inspiegabilmente indietro.[41] Nella *Saga di Egill*[42] è riferito che la regina Gunnhildr fece fare una magia affinché lo scaldo Egill non dovesse trovar pace in Islanda prima che lei lo avesse veduto.[43] Nella *Saga dei valligiani di Laxárdalr*[44] si narra di un giovane che fu attratto fuori casa con un canto magico e trovò immediatamente la morte.

Un'altra abilità attribuita ai maghi è quella di provocare un'improvvisa oscurità per difendersi dai nemici. Così è riferito a esempio a proposito del famoso stregone Eyvindr *kelda* («Fonte»?).[45] Un simile prodotto di magia è detto «elmo che nasconde» (*huliðshjálmr* m.): sorta di barriera che rende invisibile una persona.[46] Una magia collegata alla capacità di confondere la vista dei nemici mutando l'aspetto delle cose è quella denominata *sjónhverfing* f. «inganno della vista». Grazie a essa si muta agli occhi di una persona l'aspetto esteriore di un essere: così in una saga un tale Oddr viene fatto apparire dapprima come una conocchia, poi come un caprone, infine come un cinghiale.[47] Nella *Saga di Hörðr*[48] è detto del protagonista che non era soggetto a questo inganno.

Gli esseri stregoneschi sono inoltre capaci di provocare tempeste (*galdrahríð* o *gørningahríð* f.), alluvioni o frane: in una saga[49] è riferito a esempio che la maga Auðbjörg girò alcune volte attorno alla propria casa in senso contrario a quello del sole annusando in tutte le direzioni con le narici dilatate; in tal modo provocò una bufera di neve e una valanga che precipitò su una fattoria seppellendo dodici persone.[50] L'opposto potere (dunque una manifestazione di «magia bianca»?) è attribuito nell'*Edda* a

Odino[51] e alle valchirie.[52] Un'altra capacità ben nota degli esseri magici è quella di rendere inoffensive (specie con lo sguardo) le armi dei nemici. Di questa magia, parallela a una ben nota abilità di Odino,[53] si riferisce in molte saghe.[54] Le streghe sono inoltre ricordate in forma di *mara*, «incubo» notturno che uccide una persona cavalcandola.[55] Sotto questo aspetto sono esseri perversi, espressione di tutta la simbologia nefasta, come dimostrano anche altre connessioni. Nel *Canto di Hyndla* esse vengono fatte risalire a Loki, dio malvagio, il quale (evidentemente sotto forma di donna) le partorì dopo essersi cibato di un cuore mezzo cotto trovato per via e che lo aveva reso gravido.[56] Un altro collegamento, quello col lupo e col serpe,[57] sottolinea questa simbologia. Le streghe vengono così a incarnare il principio femminile pervertito, il potere sulla vita degenerato e stravolto nei suoi scopi. Per questo sono altresì l'immagine degradata della donna sovrannaturale.[58] Così nelle parole di Odino stesso che pure è mago è suggerito di guardarsi dalle parole gentili delle streghe[59] e dal dormire presso di loro. Una strega per eccellenza, Heiðr, appartenente alla stirpe dei Vani, è colei che fu mandata presso gli Asi per introdurre fra loro il principio della cupidigia e della lussuria. Di lei è detto che «sempre era la delizia della sposa malvagia».[60] Costei si presenta dunque come l'immagine del principio femminile pervertito. L'immagine della strega come creatura maligna è espressa anche nel termine *túnriða*, letteralmente «[colei che] cavalca sul recinto», in cui si allude alle figure delle streghe staccate dal corpo che cavalcano per aria.[61] Un atto di magia nera ben noto alla tradizione[62] è quello di mandare un «emissario» (*sendingr* m.), cioè un essere magico, che vada a danneggiare o a uccidere la persona alla quale viene inviato.[63] Ciò sottolinea la capacità dei maghi e delle streghe di agire da lontano e riconduce alla pratica magica fondamentale che è quella di staccare l'anima dal corpo e di inviarla in giro spesso in aspetto animale. È noto a esempio che una ferita inferta all'animale magico risulta poi nel corpo della strega.[64] La designazione della strega come *hamleypa* (f.) è riferita proprio alla sua capacità di assumere forma diversa (*hamr* m.).

Una caratteristica peculiare di coloro che praticano la magia (specie le donne) è la capacità di divinare il futuro, abilità detta anche tipica dei Vani, maestri di magia.[65] I termini *spámaðr* m. «indovino» e *spákona* «maga» (lett. «indovina») esprimono chiaramente questa funzione. Di un *seiðr* divinatorio si hanno numerosi esempi.[66]

Sulla pietra di Björketorp (Blekinge, Svezia, VII secolo) è incisa in rune una «profezia di male» (*uþArAbAsbA*).[67]

Le rune ebbero del resto un ruolo fondamentale in tutte le pratiche di magia.

La bacchetta magica

Oggetto magico per eccellenza che racchiude le forze vive della natura, la bacchetta è strumento indispensabile dell'indovina, che in antico nordico è detta fra l'altro *völva*, cioè «[colei che è provvista di] una bacchetta (*völr* m.)». Essa è collegata alla simbologia del ramo con cui è fatta poiché nei rami, specie in quelli più giovani, scorre la linfa vitale della terra. Nel *Dialogo di Skírnir*[68] questa connessione viene chiaramente evidenziata: «nel bosco andai e nell'umida foresta, / a prendere la bacchetta magica, / la bacchetta magica presi»;[69] così anche nel *Dialogo di Álviss*[70] dove si dice che i Vani[71] danno al bosco il nome di «bacchetta» (*vöndr* m.) poiché evidentemente ne traggono le verghe magiche.[72] *Gambanteinn* (m.), che dovrebbe significare «ramo [dotato di] potenza magica», è altresì strumento di Hárbarðr (= Odino) che lo ha ricevuto dal gigante Hlébarðr.[73]

La bacchetta magica è uno strumento divinatorio. Già Tacito[74] riferiva l'uso dei Germani di predire il futuro usando bastoncini sui quali venivano incisi segni particolari. In antico nordico il termine *stafr* m. «bastone» indica altresì i rametti usati a scopo divinatorio (esso passa poi a significare «lettera dell'alfabeto» per il fatto che su di essi venivano incise le rune). Le bacchette per i responsi, che talora venivano bagnate nel sangue sacrificale e usate per aspergere, sono denominate *hlautteinar* (sing. *hlautteinn* m.) «rami della sorte»[75] (così anche *hlautviðr* m);[76] *blótspánn* m. «bacchetta del sacrificio»,[77] o semplicemente *teinar* (sing. *teinn* m.) «ramoscelli».[78] Nella *Predizione dell'indovina* si parla della «verga della profezia» (*spágandr* m.).[79] A testimoniare l'importanza attribuita a tale oggetto, la *Saga dei valligiani di Vatnsdalr*[80] cita la bacchetta magica chiamata *Högnuðr* «[quella che] determina il successo [dell'azione]», mediante la quale una maga consente a un tale Þorkell di rallentare un procedimento penale toccando tre volte il suo avversario.[81] Connesse alla simbologia della bacchetta magica paiono anche talune *kenningar* per «spada» quali *unda teinn* «ramo delle ferite»;[82] *sárteinn* di uguale significato;[83] *valteinn* «ramo dei caduti in battaglia».[84] In particolare va qui citata la spada *Lævateinn* «ramo di male» forgiata da Loptr (= Loki) con le rune, oltre i cancelli del regno dei morti.[85] Essa, la sola che possa abbattere il gallo splendente che sta sull'albero cosmico,[86] è una bacchetta magica di simbologia nefasta, al servizio delle forze del male. In tal senso va inteso anche il rametto di vischio (che ha nome *mistilteinn* m.) con il quale, per istigazione di Loki, viene ucciso Baldr, dio della luce.[87]

Un legame fra la bacchetta magica e il fallo è forse stabilito nel termine tardo *göndull* m., che significa tanto «bacchetta magica» quanto «membro virile»;[88] così come in *völr* «bastone», «bacchetta della *völva* (indovina)», termine che pare legato a Völsi, nome di un fallo di cui è testimoniato il culto.[89]

Appendice 2. Le rune

Contengono il segreto stesso dell'esistenza, poiché in ciascuna di esse è concentrata e posseduta una delle essenze fondamentali della vita e del mondo, sia essa benefica o nefasta. Hanno perciò potere creatore o distruttore. Le

Divinazione per mezzo delle rune. Da Olaus Magnus, Historia de gentibus septentrionalibus, *Romae 1555*

rune sono, prima che segni alfabetici, entità magiche vere e proprie. Di esse è detto che hanno origine divina. Sulla pietra runica di Noleby (Värstergötland, Svezia, VII secolo) si legge: «rune dipingo, che derivano dagli dèi» (*runo fahi raginaku(n)do*); un'espressione analoga, «rune che derivano dagli dèi» (*rúnaR þaR raginukundu*), è segnata sulla pietra di Sparlösa (Västergötland, Svezia, IX secolo). Il medesimo aggettivo, *reginkunnr*, si trova dove[1] viene detto che le rune furono fatte dagli dèi e dipinte dal «cantore magicamente potente» (*fimbulþulr* m.), termine con cui si allude al sacerdote come mago (forse Odino stesso) conoscitore dei segreti della vita. A questo concetto si riferisce anche l'iscrizione runica di Nordhuglo (Hordaland, Norvegia, V secolo) che così suona: «io il sacerdote immune contro la magia» (*ek gudija ungandiR*).[2]

La stretta connessione delle rune con la magia appare anche nell'etimologia del nome: *rún* (f., pl. *rúnar*) è infatti «segreto», «mistero» (cfr. antico inglese *rūn*, alto tedesco antico *rūna*; la parola è connessa al verbo *rýna* «fare un discorso segreto»; v. antico inglese *rūnian*, inglese *to round*, alto tedesco antico *rūnen*, tedesco moderno *raunen* «sussurrare», «bisbigliare»; così anche in svedese medievale *runa*; cfr. il norvegese dialettale *runa* «vecchio formulario» e il verbo *runa* «fare stregonerie»). Essa suggerisce perciò l'idea della formula magica che veniva recitata a bassa voce. Ma il termine *rún* indica anche, forse in un momento successivo, il segno grafico, cioè l'entità visibile nella quale il potere della formula veniva concentrato. È significativo che nessuna lingua germanica abbia usato la parola «runa» per indicare le lettere latine o greche. Ciò indica che esse erano sentite di natura assai differente, prive cioè di carattere magico.

Un altro termine con cui venivano designate le rune è *stafr* (m., pl. *stafir*). La parola potrebbe derivare dall'uso divinatorio di questi segni. *Stafr* è infatti originariamente «palo», «bastone», «bacchetta». Esso poté dunque indicare dapprima la bacchetta magica sulla quale venivano incise le rune per trarre la sorte[3] e poi i segni stessi. Questo nome potrebbe tuttavia designare le rune anche come «[segni fatti ad] asta». Il termine composto con *bók-* passò a indicare le lettere dell'alfabeto.[4] Il concetto di segno grafico come segno magico è evidente a esempio dove[5] le «rune malvagie» vengono dette *feiknstafir*.

Le rune appaiono dunque come simbolo di conoscenza superiore e potere magico espressi nella capacità divina dello scrivere. Esse vengono incise (*rísta*) o dipinte (*fá*) dal mago-sacerdote, talora col sangue;[6] in esse egli possiede l'antica saggezza delle cose. Molti passi ricollegano le rune alla sapienza delle origini. In un carme[7] esse vengono fatte risalire a Odino, il quale le trasse dal cranio di Heiðdraupnir e dal corno di Hoddrofnir, entrambi probabili appellativi del sapientissimo gigante Mímir; nel *Dialogo di Vafþrúðnir*[8] appaiono come patrimonio antico di conoscenza di un altro saggio gigante; nel *Dialogo dell'Alto*[9] sono l'essenza stessa della sapienza che Odino conquistò grazie al sacrificio di carattere iniziatico in cui egli fu immolato a se stesso.[10] Nella *Predizione dell'indovina*[11] vengono riconnesse all'origine del tempo laddove si dice che all'inizio del prossimo ciclo di vita gli dèi sopravvissuti «si ricorderanno delle antiche rune».[12] Le rune sono l'essenza del dono di sapienza e di dominio delle cose che la valchiria Sigrdrífa (cioè Brunilde) fa all'eroe Sigurðr quando gli offre il calice colmo della «bevanda del ricordo» (*minnisveig* f.), secondo quanto apprendiamo dal *Dialogo di Sigrdrífa*.[13] Nelle sue parole all'eroe ella allude a diverse rune, benefiche e nefaste, nelle quali è trasmessa a chi le possieda la capacità di influenzare il corso degli eventi. Sono così elencate le «rune del sopore» (*blunnstafir*, str. 2), trasmesse mediante una spina (graficamente il segno ᚦ);[14] le «rune della gioia» (*gamanrúnar*, str. 5);[15] le «rune della vittoria» (*sigrúnar*, str. 6, legate al segno ᛏ simbolo del dio Týr); le «rune della birra» (o «della fortuna», *ölrúnar*, str. 7, legate al segno ᛅ); le «rune dei parti» (*bjargrúnar*, str. 9);[16] le «rune contro i marosi» (*brimrúnar*, str. 10, delle quali è detto che devono essere impresse a fuoco sulla prora, sul timone e sul remo); le «rune dei rami» (*limrúnar*, str. 11) indispensabili alla sapienza medica; le «rune dell'eloquio» (*málrúnar*, str. 12); le «rune della mente» (*hugrúnar*, str. 13, che danno la scienza segreta delle cose). Ancora sono ricordate le «rune del dolore» (*bölstafir*, str. 30); quelle «della seduzione» (*flærðarstafir*, str. 32) e, in altri carmi, le «rune di morte» (*helstafir*[17] e *valrúnar*[18]) e le «rune dell'alterco» (*sakrúnar*).[19]

Ogni manifestazione della vita è dunque legata alle rune: in esse è contenuto il segreto che ne determina l'essenza. Similmente è detto che il dio Heimdallr insegnò le rune al suo figlio prediletto.[20] Nella *Predizione dell'indovina*[21] è ricordato che le rune furono incise dalle norne, dee alle quali è demandato il potere sul destino.

Pietra runica di Torp. Södermanland, Svezia, XI *secolo*

Le rune sono potenti nel bene come nel male perché sono ricolme di forza sovrannaturale.[22] Di esse è precisato che sono incise su tutte le entità più sacre;[23] inoltre sono mescolate all'idromele e con esso trasmettono saggezza e potere: va sicuramente riferita qui anche l'allusione alla «bevanda magica»[24] che è distribuita al convito degli dèi. In un carme[25] è ricordato che le rune (*stafir*) tinte di rosso (dunque col sangue?) erano incise sulla coppa dell'oblio offerta a Goðrún.[26] I riferimenti alla pratica magica legata alle rune sono numerosissimi. Nel *Dialogo dell'Alto*[27] esse vengono specificamente indicate quale mezzo per contrastare la sfortuna, così come per parlare con i morti;[28] tuttavia è probabile che l'intero elenco degli incantesimi di Odino si riferisca all'uso magico di questi segni.[29]

Nel *Dialogo di Skírnir*[30] quest'ultimo, in possesso di una bacchetta magica (sulla quale erano verosimilmente incise le rune), minaccia di scaricare su Gerðr la potenza nefasta della sua magia.[31]

In una saga[32] è narrato l'episodio di un giovane che intagliò delle rune al probabile scopo di far innamorare una ragazza. Egli però non era esperto, perciò le causò una malattia dalla quale ella poté guarire solo quando lo scaldo Egill bruciò le rune malvagie.

La capacità di usare correttamente le rune è dunque estremamente importante, così come quella di interpretarle. Il verbo antico nordico ***ráða*** significa, prima che «leggere», «comprendere» o «interpretare le rune». In un carme[33] è ricordata la figura di Kostbera, moglie di Högni, la quale era capace di intendere le rune; ella tuttavia non riuscì a decifrare un messaggio che la preavvertiva di un grave pericolo per i Nibelunghi perché in esso le rune erano state alterate.[34] Qui si allude anche all'uso delle rune come strumento di un linguaggio segreto, uso che perdurò a lungo in Scandinavia.

Le iscrizioni runiche ebbero soprattutto un fondamentale carattere magico. Ciò è particolarmente evidente nei numerosi amuleti[35] sui quali questi segni venivano incisi (e a volte ripetuti sistematicamente per un numero di volte simbolico che ne rafforzasse il potere), così come nelle iscrizioni più antiche. Anche l'uso di incidere le rune sulle pietre sepolcrali dovette avere originariamente lo scopo di protezione contro gli spiriti malvagi.

L'origine dei segni runici è tuttora incerta. Essi potrebbero essere pervenuti al mondo germanico dall'area latina, greca o più probabilmente nordetrusca (con essi avrebbero potuto essere trasmessi anche rituali di carattere magico). Nel periodo di maggiore diffusione, questa serie conobbe ventiquattro segni principali, di seguito riportati (fra parentesi il loro valore).[36]

ᚠ (f); ᚢ (u); ᚦ (þ); ᚨ (a); ᚱ (r); ᚲ (k); ᚷ (g); ᚹ (w); ᚺ (h); ᚾ (n); ᛁ (i); ᛃ (j); ᛇ (è); ᛈ (p); ᛉ (R); ᛊ (s); ᛏ (t); ᛒ (b); ᛖ (e); ᛗ (m); ᛚ (l); ᛜ (η); ᛞ (d); ᛟ (o).

Note

1. *Odino signore della magia e delle rune*

1 Qui l'albero cosmico appare come forca: strumento di quel sacrificio mediante impiccagione con il quale il dio veniva particolarmente onorato dai suoi devoti. Di qui anche il nome dell'albero cosmico *Yggdrasill*, cioè «cavallo di Yggr», che è appellativo del dio (la metafora cavallo = forca è frequente nelle fonti nordiche; cfr. p. 212 e nota 177).

2 *Háv* 138-9: *Veit ek at ek hekk vindgameiði á / nætr allar níu, / geiri undaðr ok gefinn Óðni, / sjálfr sjálfum mér, / á þeim meiði, er mangi veit, / hvers hann af rótum renn. // Við hleifi mik sældu né við hornigi, / nýsta ek niðr; / nam ek upp rúnar, œpandi nam, / fell ek aptr þaðan.*

3 Così in *Háv* 140; tuttavia nel prosieguo del carme (*Háv* 146-63) Odino recita diciotto incantesimi.

Il canto è la forza magica della parola armonizzata con quella della musica: lo strumento «incantatorio» che agisce sull'essere adeguandolo al proprio ritmo. Il canto è momento essenziale di ogni magia, come mostra a esempio il termine *galdr* m., che significa appunto «canto», ma con la nozione di «incantesimo» (al pl. *galdrar* vale spesso «magia, stregoneria»). D'altronde *galdrabók* f. è «libro di magia»; *galdra-hrið* f. è «tempesta [provocata con] la magia»; *galdra-sögur* (*sögur* è pl. di *saga* f.) sono i «racconti di streghe» (per non citare che qualche esempio). A questo tipo di canti fa riferimento il racconto della *Saga degli Ynglingar* (cap. 7) quando dice che gli Asi sono «fabbri di canti magici» (*galdrasmíðir* m.pl.). La stessa fonte (*Yng* 6, 7) riferisce una volta di più le qualità straordinarie di Odino, il quale era esperto nel cambiare colore e forma a piacimento; sapeva accecare, assordare o atterrire i nemici, rendere le armi altrui inette a ferire come ramoscelli; poteva con le sole parole spegnere il fuoco, calmare i marosi, mutare il vento; sapeva parlare con i morti, prevedere il destino, togliere senno e forza a uno per trasferirli ad altri. Tutte queste capacità, e altre ancora, derivano dalla conoscenza di particolari canti: così specifica il *Dialogo dell'Alto* (str. 146-63), dove il termine usato per «incantesimo» è *ljóð* n. (la strofa 152 tuttavia precisa: «io so cantare quel canto», *þann kann ek galdr at gala*). Nei *Sogni di Baldr* (*Bal* 4) è specificato che il dio richiama dalla morte una veggente per mezzo di un «canto [evocatore] dei morti» (*valgaldr* m.; cfr. pp. 155-6 e anche p. 401). Il medesimo testo definisce il dio «padre del canto magico», *galdrs föður* (str. 3). Il fatto che questi canti a uso magico fossero composti con una tecnica precisa è rivelato dai termini *ljóðaháttr* m. e *galdralag* n. «metro dei canti magici» (v. *Hát* 100-1).

I canti sono eco delle origini, e possederli significa essere padrone dei ritmi che generarono ogni cosa: ciò consente perciò di dominare qualsiasi entità. Chiunque voglia esercitare la pratica magica dovrà conoscere i canti. Così la maga Gróa recita per il figlio degli incantesimi (*galdrar* m.pl.) assai simili a quelli altrove (*Hár* 146-63) attribuiti a Odino (e il carme in cui ciò è riferito si intitola *Canto magico di Gróa* [*Grógaldr*]; v. in particolare str. 5 e 15; cfr. pp. 401-2). Così Oddrún cura i mali di Borgný sua amica con incantesimi (*Odd* 7: «con forza cantò Oddrún, con vigore cantò Oddrún, / canti efficaci per Borgný»; *ríkt gól Oddrún, ramt gól Oddrún, / bitra galdra, at Borgnýju*). «Cantare» è in contesti di questo tipo *gala* (a esempio, *Háv* 149, 152, 156, 160; *Grg* 5-15; *Odd* 7), termine ben distinto nel significato da *syngva* (corradicale dell'inglese *to sing* e del tedesco *singen*). *Gala* è, appunto, il cantare un motivo incantatorio e mostra una precisa connotazione magica. È verbo usato spesso anche per il canto degli uccelli, specie quando esso sia portatore di un particolare messaggio (cfr. *Vsp* 42-3; *Háv* 85; *HHv* 6; *Ldn* s 168). La connotazione magica del verbo si conserva nelle lingue scandinave moderne soprattutto nella forma del participio passato (usato come aggettivo) che vale «pazzo», cioè uscito di senno a causa di un influsso magico (danese *gal*, svedese *galen*, norvegese *gal*, *galen*, islandese *galinn*).

La *Saga di Erik il Rosso* (*Eir* 4) conserva la più dettagliata descrizione della pratica magica (*seiðr* m.). Ivi si dice che la maga, per «operare la magia» (*fremja seiðinn*), chiese di avere con sé delle donne che conoscevano certi incantesimi detti *varðlokur* (f.pl.) e fu aiutata, seppure di malavoglia, da Guðríðr, ormai convertita al cristianesimo, che li aveva appresi dalla sua nutrice. *Varðlokur* significa forse «[ciò che] trattiene lo spirito custode» (*vörðr* m.), che è in grado di rivelare i segreti delle cose (la parola si ritrova nell'inglese arcaico *warlock* «mago»).

Le formule magiche (dette anche *seiðgaldr* m. o *seiðlæti* m.pl.) dovevano essere recitate a bassa voce perché non si disperdesse il loro potere segreto (cfr. il verbo islandese *rýna* che vale tanto «operare la magia» quanto «parlare in confidenza», «mormorare»; esso è corradicale dell'inglese antico *rūnian*, moderno *to round*, dell'alto tedesco antico *rūnēn*, moderno *raunen*, tutti col medesimo significato di «bisbigliare»).

4 I legami per chi li imponga sono simbolo di potere magico e regale, di dominio sui diversi aspetti dell'essere, della capacità di influire sullo svolgersi degli eventi. Per chi vi è soggetto significano invece impaccio, volontà frenata, sottomissione (cfr. *Völ* 11). L'efficacia della loro azione è determinata dalla qualità magica: ciò è probabilmente inteso nel termine stesso per «magia», il nordico *seiðr* m., se è corretta l'etimologia che lo riconnette a un altro *seiðr* m. che ha senso di «nastro», «cintura» (cfr. anche la connessione tra i nodi e la magia in *Saxo* VII, I,

5). Di Odino, dio-mago per eccellenza, è riferito appunto che era in grado «con le sole parole» (*með orðum einum, Yng* 7) di legare qualsiasi essere; egli sapeva inoltre liberare magicamente le proprie membra dalle catene (*Háv* 149; a un'analoga pratica magica fa riferimento anche *Grg* 10). Nelle fonti nordiche (a esempio in *Harð* 36; *Stu* I, II, 144) si allude altresì al cosiddetto *herfjöturr* m., lett. «catena dell'esercito», mediante il quale si potevano paralizzare magicamente i piedi dei combattenti. Herfjötur è anche il nome di una valchiria: qui va ricordata la funzione di queste divinità al servizio di Odino, dio della vita e della morte, così come quanto detto nella Prima Formula Magica di Merseburgo (ed. E. von Steinmeyer, *Die kleineren althochdeutschen Sprachdenkmäler*, Berlin-Zürich 1963[2], pp. 365-7) a proposito delle divinità femminili dette *idisi*, delle quali si dice che stringevano e scioglievano vincoli misteriosi.
Il concetto che solo i legami di natura magica sono in grado di imporre un potere reale e duraturo è evidente nell'episodio dell'incatenamento del lupo Fenrir, nemico mortale del mondo, da parte degli dèi (cfr. *Gyl* 25, 34; *Edda Kuhn* pp. 320-1; *SnEArn* II, p. 432; v. pp. 64-6). Essi tentarono dapprima di legarlo con Lœðingr, poi con Drómi, ma egli si liberò. Fenrir fu sopraffatto quando gli dèi poterono disporre di un nastro magico, detto Gleipnir, preparato dai nani.
Come Fenrir, anche altri mostri oscuri e perversi (il cane Garmr, il maligno dio Loki) dovranno attendere in catene la fine del mondo (*Vsp* 35, 44, 49, 58; *Gyl* 50-1; *Lok* 39, 49, 50, pr; *Bal* 14; v. p. 186), poiché solo allora ogni legame sarà spezzato (v. anche *Vsp* 45). Qui le catene rappresentano le forze invisibili e magiche del destino mediante le quali è mantenuto l'equilibrio del ciclo per la misura di tempo a esso concessa (v. anche in *Fjö* 10 l'allusione all'incatenamento di chi non rispetti l'ordine del cosmo).
I legami e le catene sono infine simbolo della sottomissione dell'uomo alla divinità; tale senso hanno verosimilmente le parole di Tacito (*Ger* 39), il quale, a proposito del bosco sacro dei Semnoni, afferma che nessuno vi poteva entrare se non legato (*nemo nisi vinculo ligatus ingreditur*). Qui va forse ricordata anche la grande catena d'oro che secondo Adamo da Brema era appesa ai frontoni (*fastigia*) tutto attorno al grande tempio di Uppsala (*AdB* IV, 26, scolio 135).
5 Cfr. p. 58.

2. *L'idromele della poesia*

1 La parola è un momento fondamentale del processo creativo poiché non solo il dono della parola fu fatto agli uomini dagli dèi (*Gyl* 9), ma la saggezza originaria, quella che diede vita al mondo, si manifestò attraverso di essa: «Allora la testa di Mímr pronunciò / con senno la prima parola, / e disse le rune veraci» (*Sig* 14: *þá mælti Míms höfuð / fróðlikt iþ fyrsta orð, / ok sagði sanna stafi*). Mímr (o Mímir) è il gigante possessore della fonte di ogni sapienza (cfr. pp. 62 e 322). La parola è dunque sacra, per questo sulla lingua di Bragi (dio della poesia) sono incise le rune (*Sig* 16). La parola inoltre è potente poiché è azione: di Odino è detto che con le sole parole comandava agli elementi (*Yng* 7; v. anche cap. 6). La stessa fonte (*Yng* 2) ricorda il valore della sua benedizione. Analogamente il *Dialogo di Fáfnir* (*Fáf* pr) riferisce del potere della parola maledicente di un moribondo, cioè di una persona che ha ormai un contatto con le potenze dell'aldilà (v. anche *Sgk* 48-71, dove Brunilde morente può profetizzare il futuro, e *Gön* 27, dove a un condannato viene bendata la bocca). Al potere magico della

parola allude anche Saxo (I, VIII, 3 e I, VIII, 9). Inoltre, come manifestazione udibile dell'interiorità dell'essere, la parola trasmette l'essenza delle sue qualità o ne rende palese la malizia. Per questo deve essere usata e ascoltata con saggezza e moderazione (cfr. *Háv* 29, 73, 118; *Lok* 31).

2 Il nome Kvasir pare potersi collegare al norvegese *kvase* (russo квас) con cui si indica una bevanda fermentata preparata con bacche masticate e poi sputate in una coppa. Tale nome può altresì essere connesso col danese *kvase*, inglese *to quash* «schiacciare». Cfr. p. 88, nota 3 e inoltre *Ská* 11 e *SnE* p. 81, nota.

3 Nel *Dialogo dell'Alto* Óðrørir sembra tuttavia essere piuttosto il nome dell'idromele (*Háv* 107).

4 Subito dopo però Snorri dice che Gillingr era padre di Suttungr (*Ská* 5 [2]).

5 Forse «[rocca al] riparo delle battaglie».

6 Questa storia, apparentemente incomprensibile, e che ha forse un'eco lontana in un episodio relativo a Vésteinn, un personaggio della *Saga di Gísli* (*Gís* 12), è verosimilmente da intendersi in relazione ai riti della fertilità collegati allo spirito del grano. La falce è infatti simbolicamente connessa al raccolto ed è altresì lo strumento che chiude definitivamente un ciclo (quello del grano) con un rito di morte da cui nascerà nuova vita. La falce è d'altronde simbolo di Freyr, dio della fecondità dei campi: egli è forse da riconoscere nella figura divina provvista di una falce raffigurata sulla stele di Sanda (Svezia, XI secolo). Non è improbabile tuttavia un'allusione a miti di carattere astronomico, dove la falce sarebbe da intendersi come falce di luna (legata a una fase del ciclo vitale) e la reciproca uccisione forse come il ricordo mitico di un mutamento (o sconvolgimento?) del ciclo celeste. Si tenga presente che il nove (numero degli schiavi) è il simbolo della compiutezza del ciclo (cfr. pp. 505-7).

Particolare della pietra tombale di Sanda in cui è raffigurata una triade divina; la figura a destra rappresenta verosimilmente Freyr con la falce. Gotland, Svezia, XI *secolo*

7 «[Colui che] agisce male.»

8 «Perforatore.» Il nome dato al trapano, benché abbia carattere puramente funzionale, rivela la concezione che vuole ogni entità animata e direttamente partecipe dello svolgersi degli eventi narrati.

9 A questo mito alludono anche le *kenningar* per «poesia» citate da Snorri (cfr. *Ská* 5 [2]; v. anche *Ská* 10-1 e *Vel* 1 ivi citata); cfr. inoltre quelle elencate da E.O.G. Turville-Petre, *op. cit.*, pp. 38-9.

3. *I doni dei nani*

1 «Setole d'oro.»

2 Cfr. la descrizione della clava di Thor in *Saxo* III, II, 10, dove si dice che a essa fu tagliata l'impugnatura. Questo particolare del racconto trova inoltre riscontro nell'iconografia (cfr. pp. 236-8). La descrizione delle qualità del martello di Thor può inoltre presentare allusioni di carattere sessuale, spiegabili con la caratteristica fecondante del dio del tuono (cfr. p. 226).

3 Significa, appunto, «correggia»; cfr. *SnEArn* II, p. 494. Il fatto che anche questo oggetto abbia un nome indica la qualità, per così dire, «animata» di ogni elemento del mito; cfr. sopra, nota 8. Nella figura rappresentata sulla pietra di Snaptun (Danimarca, il reperto risale probabilmente all'epoca vichinga) si può forse riconoscere il dio con la bocca cucita.

Appendice 1. La magia nel mondo nordico

1 I due termini si trovano nell'espressione *trúa á mátt sínn ok megin*: «credere nella propria forza e nel [proprio] potere», che appare spesso in relazione con i cosiddetti *goðlausir menn* «uomini senza dio» (su cui v. pp. 36-7); cfr. *ÓlH* 215; *Hról* 48; *Örv* I 1; *Örv* II 1, 17; *HákG* 17.

2 *Yng* 4.

3 *Yng* 6-7; cfr. *Háv* 146-64. V. p. 35.

4 Cfr. a esempio *Hálf* 8; *HarH* 33; *ÓlT* 78; *ÓlTOS* 69 e 92; *HistN* (*De Finnis*) pp. 82-7; *Vat* 10, 12; *Saxo* V, XIII, 1.

5 *Fri* 5: *...með göldrum ok gerningum...*, espressione allitterante che ritorna di frequente a indicare le pratiche magiche; cfr. a esempio *Grágás-Konungsbók*, I, Odense 1974 (repr. ed. V. Finsen, Kjøbenhavn 1852), p. 22; *Diplomatarium Islandicum* (*Íslenzkt fornbréfasafn gefið út af hinu íslenzka bókmentafélagi*, vol. II: 1253-1350), Kaupmannahöfn 1893, p. 224; *Orv* II 14.

6 Cfr. l'agg. *trollaukinn* «reso potente dalla magia» e *troll* n. «orco», «mostro».

7 *Ger* 12.

8 A esempio in *HistN* p. 109, a proposito di Rögnvaldr Gamba diritta, e *ÓlT* 63. Cfr. p. 490 (n).

9 Cfr. a esempio *NGL* I, p. 70, § 196. V. anche *Þry* 16-7, dove Thor teme questa accusa da parte degli Asi.

10 *Lok* 23-4.

11 *Saxo* III, IV, 5; v. p. 167.

12 *Ská* 10, 68; i versi sono tratti dal *Carme encomiastico per Sigurðr* (*Sigurðardrápa*), str. 3.

13 *HH* I 32-44; v. pp. 375-6. Gli episodi narrati da Saxo in cui appaiono uomini tra-

vestiti da donna vanno forse collegati a questi concetti. (Cfr. *Saxo* II, I, 8; VII, VII, 6; IX, IV, 18; v. anche VII, III, 2, dove il riferimento è a un gigante.)

14 *Kri* 4.

15 *Gís* 2; cfr. *Bjar* 17; in queste fonti si dice che era stata intagliata una figura di legno che raffigurava gli accusati in posa oscena.

16 *Fós* 24; *sem meri með hestum*.

17 Che ritorna in altri casi di accusa infamante e di maledizione come in *Vat* 34 e *Egi* 57.

18 *Eir* 4.

19 Esempi in *Grágás-Konungsbók*, I, cit., p. 22; *Grágás-Staðarhólsbók*, II, Odense 1974 (rist. ed. V. Finsen, Kjøbenhavn 1879), p. 27; leggi del Gulaþing (*NGL* I, p. 17, § 28; p. 56, § 133; p. 57, § 138); leggi del Frostaþing (*NGL* I, p. 152, § 15) e le leggi del Gulaþing più recenti (*NGL* II, pp. 307-8, § 3; appendice I, pp. 326-7, § 3). Cfr. *Diplomatarium Islandicum*, cit., II, pp. 223-4.

20 *Ger* 43.

21 Cfr. p. 41, nota 30.

22 *Kor* 12.

23 Cfr. i reperti della tomba di Lyngby in Sjælland (Danimarca, età del bronzo).

24 *Lok* 22.

25 *Eir* 4.

26 V. p. 104, nota 3.

27 *Eir* 4.

28 *Örv I* e *II*, cap. 2; v. anche *Hról* 3.

29 *Lax* 35; cfr. *Flat* I, pp. 43-4, e *HarH* 35, dove si fa riferimento a un gruppo di ottanta maghi uccisi insieme al famoso stregone Rögnvaldr Gamba diritta.

30 Cap. 37. In *Gön* 28 (che è tuttavia una fonte leggendaria) è detto che da un luogo in cui veniva praticata una magia provenivano dei «suoni cattivi» (*ill læti*).

31 *Gís* 18.

32 Cfr. *Fri* 8. Un rito di magia piuttosto singolare è quello descritto in *Vat* 26, dove è detto che una maga dopo essersi alzata le vesti sul capo camminava all'indietro con la testa piegata fra le gambe e lo sguardo truce; cfr. *Ldn* S 180, H 147; *Gul* 17; *Gun* 11.

33 Descritto anche a proposito di Odino in *Yng* 7.

34 Cfr. *Vsp* 28; *Hal* 6; *Hlö* 14; *Ork* 65; cfr. anche *J.Á.* I, p. 436, e *NGL* I, p. 19, § 32; II, p. 497. V. p. 488.

35 In *Bal* 4-6 è ricordato che egli richiamò in vita con un canto magico una veggente per interrogarla sul destino del figlio; v. pp. 155-6. Cfr. anche *Grg* 1-2 e *Saxo* I, VI, 14, dove un pezzo di legno con incisi sopra degli incantesimi viene inserito sotto la lingua di un cadavere per forzarlo a parlare (v. pp. 401 e 408).

36 *Háv* 120.

37 *Ibidem*, str. 146-7, 149, 152-6, 158.

38 *Ldn* S 145, H 116. Cfr. la medesima abilità attribuita ai Lapponi nella *HistN* (*De Finnis*) pp. 86-7; *AdB* IV, 31; e anche *Eir* 8.

39 Così lo scaldo Kormákr Ögmundarson cit. in *Ská* 10 e 68; cfr. *Háv* 161. V. sopra e nota 12. All'uso di magie amorose si fa allusione anche in *Saxo* V, I, 8 e V, III, 31, dove si parla di pozioni afrodisiache.

40 *Gís* 18, 26.

41 *Kor* 6. Cfr. il riferimento a una magia che influisce sulla capacità sessuale in *Njá* 6-7, dove è detto che un tale Hrútr non poteva per questo motivo avere rapporti con l'amata Unnr benché ciò non gli fosse impedito con le altre donne.

42 *Egi* 59.

43 Cfr. *Njá* 6 e *Fós* 11. V. anche nella medesima saga (*Egi* 60) l'episodio in cui Egill, dopo aver fatto naufragio sulle coste inglesi, si recò inspiegabilmente alla reggia di Erik Ascia sanguinosa pur sapendo che costui e la regina Gunnhildr volevano vederlo morto.

44 *Lax* 37.

45 *ÓlT* 63; *ÓlTOS* 44 (cfr. 36); e *Flat* I, p. 377; cfr. anche *Njá* 12; *Harð* 25; *Rey* 14; *Kja* 3.

46 Esempi in *Fós* 10; *Gul* 17; *Þþb* 5. Cfr. *Hról* 1 e *Saxo* I, V, 4.

47 *Eyr* 20. Altri esempi in *Hyn* 7; *Harð* 26; *Gul* 10; cfr. anche *Saxo* V, II, 4; V, XIII, 2 e V, XVI, 2.

48 *Harð* 11.

49 *Gís* 18.

50 Altri esempi in *Lax* 35, 38; *Eyr* 40; *Hal* 10; *Vat* 36, 43, 47; *Fri* 5; *Ldn* S 149, H 120; *Ldn* S 289, H 250; *Vígl* 12; *Fós* 10; *Njá* 101; *ÓlH* 9; *Saxo* I, VIII, 16; V, II, 4; IX, IV, 22. Talora le tempeste sono provocate dai giganti, considerati esseri stregoneschi (cfr. *HrólG* 19; *ÞorV* 19).

51 *Reg* pr, 18-9; cfr. *NGþ* 6; *Yng* 7 e *Háv* 154.

52 *HH* II pr. Nel suo *Liber contra insulsam vulgi opinionem de grandine et tonitruis* (ed. J.P. Migne, *Patrologia Latina*, CIV, Parisiis 1864), il vescovo Agobardo di Lione riferisce della credenza relativa a talune persone, definite *tempestarii*, ritenute capaci di provocare le tempeste (ed. cit., colonna 147; per altri riferimenti a questi *tempestarii* cfr. A. Blaise, *Lexicon Latinitatis Medii Aevi*, in *Corpus Christianorum Mediaevalis*, Turnholti 1975, p. 905). Saxo (IX, *passim*) ci parla di Ericus figlio di Regnerus «soprannominato cappello ventoso» (*Ventosi Pillei cognomen habentem*; IX, IV, 33): costui era evidentemente ritenuto capace (come altrove testimoniato chiaramente: *OlM* III, 14) di comandare l'andare del vento agitando la falda del proprio cappello. Cfr. *Saxo* I, VIII, 12; *Vat* 47; *Yng* 46.

53 *Háv* 148, 150; *Yng* 6; v. p. 58.

54 Cfr. *Gul* 17; *Vat* 39; *Egi* 65, a esempio. V. la medesima abilità attribuita ai *berserkir*, guerrieri di Odino, in *Gun* 7; cfr. anche *Saxo* VII, IX, 12.

55 Esempi in *Yng* 13; *Eyr* 16, 34 (dove si parla di taluni buoi che erano stati «cavalcati»).

56 *Hyn* 41, cfr. str. 33 (e *Gyl* 5), nella quale sono citati i progenitori degli esseri magici. Qui si dice che tutte le indovine discendono da *Viðólfr* (o *Vittólfr* «lupo del bosco»: cfr. *Vitolfus*, in *Saxo* VII, II, 2, detto conoscitore delle erbe e capace di confondere la vista dei nemici con arti magiche, e *Þið passim*), gli stregoni da *Vilmeiðr* (nome assai oscuro poiché la prima parte può valere «volontà» o «viscere», la seconda «albero» o «trave»), i maghi da *Svarthöfði* («testa nera»).

57 Cfr. *Gyl*, 12, 49; *Hár* 39; *HH* I 38-40; *HHv* pr, 35; *HH* II 25; *Inizio* [*della saga*] *di Araldo di Duro Consiglio* (v. p. 19, nota 2) capp. 80-1 (*Uphaf Haralds konungs harðráða*, in *Hei*, pp. 447-513).

58 In particolare la valchiria (cfr. l'opposizione delle due figure in *HHv* pr, 12-30), ma forse anche la sacerdotessa. Cfr. anche *Saxo* IX, IV, 1.

59 *Háv* 87, 113-4; cfr. *Sig* 26-7 e *Hár* 20.

60 *Vsp* 22: *æ var hon angan illar brúðar*; v. p. 86.

61 Cfr. *Háv* 155 e il termine *gandreið* f. «cavalcata magica» (su cui cfr. pp. 361 e 364, nota 7). Qui vanno ricordate anche definizioni quali *kveldríða*, *myrkríða*, *trollríða* (tutti f.), che collegano le streghe alla sera, all'oscurità e ai mostri.

62 Come appare dalla persistenza del tema nelle fiabe. Cfr. a esempio *J.Á.* I, pp. 321-3.
63 Cfr. a esempio *Þþj*; v. p. 296.
64 V. *Kor* 18; *Harð* 26; *Ldn* S 225, H 191; cfr. *Stur* 12.
65 *Þry* 15.
66 I più noti in *Bal passim*; *Örv I* e *II*, 2; *Vat* 10 e *Eir* 4. Cfr. anche *Ngþ* 11 e *OþS*.
67 Con *A* viene traslitterata la runa che corrispondeva alla *a* non nasalizzata (rispetto alla *a* nasalizzata traslitterata con la minuscola). Cfr. W. Krause, *Die Sprache der urnordischen Runeninschriften*, Heidelberg 1971, pp. 55-6. V. p. 452.
68 *Skí* 32.
69 *Til holts ek gekk ok til hrás viðar, / gambantein at geta, / gambantein ek gat.*
70 *Alv* 28.
71 Stirpe divina di grande abilità nella magia (*Yng* 4).
72 Cfr. *Skí* 26, dove tuttavia la bacchetta, che si dice abbia il potere di piegare al volere di chi la possieda, è chiamata *tamsvöndr*, la «verga che doma» (v. p. 151).
73 *Hár* 20.
74 *Ger* 10.
75 V. *HákG* 14.
76 V. *Vsp* 63.
77 Esempi in *Ldn* S 198, H 166 (cfr. *Yng* 38).
78 Si legge in *Hym* 1 che gli dèi «scossero i ramoscelli e videro la sorte» (*hristu teina ok á hlaut sá*).
79 *Vsp* 29.
80 *Vat* 44.
81 Una bacchetta magica è ricordata anche da Saxo (III, IV, 4).
82 Nello scaldo Gísl Illugason (*Skj* I: A, p. 444; B, p. 413).
83 Nello scaldo Hásteinn (*Skj* I: A, p. 97; B, p. 91); *Gís* 14.
84 *Ytal* 8.
85 *Fjö* 26-8; v. p. 405.
86 *Fjö* 24-5; v. pp. 404-5.
87 Cfr. p. 157. Il termine *mistilteinn* m. nelle *þulur* vale anche «spada».
88 J. Fritzner, *Ordbog over Det gamle norske sprog*, Oslo 1954 (rist. ed. 1883-1896), I, p. 671.
89 *Flat* II, pp. 331-6; cfr. pp. 610-1.

Appendice 2. Le rune

1 *Háv* 80.
2 Cfr. *Háv* 111, 140 (dove i canti magici legati alla conoscenza delle rune sono detti *fimbulljóð* n.pl.), 142, e *Vaf* 9.
3 Cfr. *Ger* 10 e Venanzio Fortunato, *Opera poetica*, ed. F. Leo, *MGH*, Berolini 1881, Auct. antiquissimi tom. IV, 1: *Carminum lib.* VII, XVIII, vv. 19-20.
4 Islandese *bókstafur*; danese *bogstav*; norvegese e svedese *bokstav*; cfr. tedesco *Buchstabe*.
5 *Grí* 12.
6 Cfr. *Gre* 79.
7 *Sig* 13-4.
8 *Vaf* 1, cfr. 43 e 55.
9 *Háv* 139.

10 Cfr. p. 89.

11 *Vsp* 60.

12 *...minnaz þar... fornar rúnar*; cfr. *Gyl* 53; v. p. 189.

13 *Sig passim*; cfr. *Völs* 21 e *Grp* 17. V. p. 391.

14 La spina è simbolo di regressione, angoscia e dolore, e strumento magico che arresta o inverte il processo evolutivo dell'essere. Tale senso ha la spina del sopore con la quale Odino punge la valchiria Brunilde poiché ella aveva dispensato la morte seguendo il proprio volere anziché quello del dio (*Fáf* 43; *Sig* pr; *Hel* 9; *Völs* 21; cfr. p. 391). In seguito a questo atto, insieme al quale il dio stabilisce che ella non debba sposarsi, la fanciulla cade in un sonno profondo, racchiusa nella sua armatura, in una dimora circondata da un bastione di fuoco. Tutto questo indica chiaramente una regressione a uno stadio infantile. Solo Sigurðr, che fenderà la corazza di Brunilde con la spada magica Gramr, saprà rompere l'incantesimo. La spina corrisponde alla runa ᚦ **þurisaz*, che ha valenza nefasta. Nei poemetti runici islandese e norvegese (v. p. 262, nota 17) essa è collegata al concetto di «gigante»: per cui qui va ricordato senz'altro il nome del gigante primordiale *Bölþorn* «spina di male». Una «spina del sopore» (*svefnþorn* n.) è ricordata anche in *Hról* 7 e *Gön* 24-5. In Saxo (I, IV, 9) si allude in un verso all'equazione spina = gigante.

15 Cfr. *Háv* 120.

16 Cfr. *Odd* 7, dove si allude agli incantesimi che aiutano una partoriente.

17 *HHv* 29.

18 *HH* II 12.

19 *Ibidem* 34.

20 *Ríg* 36, cfr. anche str. 43; v. p. 67.

21 *Vsp* 20.

22 *Háv* 142; *Sig* 19; cfr. *Fjö* 26.

23 *Sig* 15-9.

24 *Gambamsumbl* n., in *Lok* 8.

25 *Gðr* II 22.

26 Cfr. *Egi* 44 e anche nota 6.

27 *Háv* 137.

28 *Ibidem* 157. Cfr. p. 109, nota 35.

29 Str. 138-64; cfr. *Yng* 7, dove egli è detto maestro di rune e di canti magici.

30 *Skí* 26-36.

31 V. in particolare la str. 36, dove si allude specificamente alla runa ᚦ; v. p. 151.

32 *Egi* 72.

33 *Atm* 9.

34 Cfr. *Drá*; *Atm* 4-12; v. p. 396. Nell'episodio riferito dalla *Egi* (v. nota 32) sono citate le parole di Egill a commentare il fatto: «Nessuno deve incidere le rune / se non sappia correttamente interpretarle» (*Skalat maðr rúnar rísta / nema ráða vel kunni*), dove è sottolineata la pericolosità e la potenza di questi segni.

35 Cfr. *Sig* 19.

36 Il valore di ᛇ è presumibilmente intermedio fra *e* e *i*; ᛉ viene traslitterato con R poiché si tratta di un suono che ha origine dal rotacismo di *s* sonora. Per semplicità si sono tralasciate le varianti. La serie delle rune fu poi ridotta a sedici (con qualche mutamento di valore e di forma). Questi segni rimasero in uso in Scandinavia ben oltre la conversione al cristianesimo. È ricordato a esempio anche l'uso di questo alfabeto per inviare messaggi segreti (tale è la lettera affidata ad Amlethus contenente l'invito a uccidere il latore della stessa; cfr. *Saxo* III, VI, 16).

V. L'ordine cosmico è minacciato

1. *Il muro di Ásgarðr*

Creature del caos e dell'oscurità, i giganti rappresentano, con i loro ripetuti tentativi di impadronirsi dell'essenza stessa della vita, un pericolo gravissimo per l'ordine del cosmo. Qui la minaccia incombe su Freyja, dea e dunque simbolo della fecondità, e sugli astri del cielo, emblema della luce e della scansione del tempo.

DURANTE la guerra fra gli Asi e i Vani il possente muro di Ásgarðr, riparo e difesa degli dèi, era stato gravemente danneggiato. Quando la pace fu conclusa, gli Asi decisero dunque di costruire un nuovo recinto robusto e sicuro contro gli attacchi dei giganti, quand'anche essi fossero riusciti a penetrare nel mondo degli uomini avvicinandosi pericolosamente alle loro dimore.

In quell'occasione si presentò loro un fabbro e si offrì di costruire in diciotto mesi una fortezza salda e possente. In cambio del lavoro però pretendeva Freyja, il sole e la luna. Gli dèi si riunirono a consiglio e deliberarono che il fabbro avrebbe ottenuto quanto chiedeva se avesse saputo portare a termine il lavoro in un inverno; ma se il primo giorno d'estate qualche parte dell'opera fosse stata incompleta, egli avrebbe perduto la ricompensa. Stabilirono inoltre che non avrebbe dovuto ricevere aiuto alcuno nel lavoro. Il fabbro accettò le condizioni; grazie all'intercessione di Loki ottenne tuttavia di poter utilizzare il suo cavallo Svaðilfœri. Fissati i termini dell'accordo, egli cominciò a costruire la fortezza: di giorno lavorava e di notte trasportava le pietre con il cavallo. Agli dèi pareva straordinaria la quantità di pietre che questo cavallo riusciva a trasportare: a tutti sembrava che più della metà del lavoro venisse fatta dall'animale anziché dal fabbro. Ma il loro contratto era stato sancito con testimonianze e con solenni giuramenti, poiché il fabbro, che era della stirpe dei giganti, non si sentiva al sicuro fra gli dèi, specie nel caso che Thor – il quale si trovava in Oriente a combattere altri giganti – fosse tornato a casa. Il lavoro procedeva dunque spedito e la fortezza appariva così alta da essere giudicata inattaccabile. Quando mancavano solo tre giorni all'estate, essa era arrivata quasi al cancello.

Allora gli dèi si riunirono in assemblea e si consultarono domandandosi chi avesse suggerito di mandare Freyja in Jötunheimr e di spogliare la volta del cielo togliendone gli astri splendenti. Furono d'accordo nel giudicare che era stato Loki, colui che è sempre causa dei guai peggiori. Essi perciò lo aggredirono e lo minacciarono con le armi e gli promisero ogni sorta di male se non avesse fatto in modo che il fabbro perdesse il diritto alla ricompensa pattuita. Loki si spaventò e giurò che avrebbe posto rimedio a quella situazione.

La sera stessa, mentre il fabbro con l'aiuto di Svaðilfœri trainava le pietre per la costruzione del recinto, sbucò dal bosco una puledra e nitrì richiamando il cavallo. A quella vista Svaðilfœri strappò le corde che lo tenevano legato e corse dietro alla puledra. Essa si inoltrò nella foresta e il cavallo la seguì, così che il fabbro fu costretto a rincorrerli per recuperare la sua bestia. I cavalli galopparono tutta la notte, e di conseguenza il lavoro subì una pausa. Il giorno dopo, quando il fabbro si rese conto che la costruzione non sarebbe stata terminata nel tempo stabilito, fu preso dalla furia dei giganti. Gli dèi allora non ebbero più dubbi sulla sua origine: subito fu richiamato Thor, che immediatamente fece roteare in aria il martello Mjöllnir. Con un colpo possente frantumò il cranio del gigante in minutissimi pezzi e lo cacciò giù nell'infimo dei mondi, sotto Niflhel. Quella fu dunque la sua ricompensa.

Nel frattempo Loki si era comportato con Svaðilfœri in modo tale che dopo un po' partorì un puledro grigio dotato di ben otto zampe: questo destriero meraviglioso si chiama Sleipnir ed è il miglior cavallo fra gli uomini e gli dèi. Esso ora appartiene a Odino.

Fonti principali: *Völuspá* str. 25-6; *Gylfaginning* di Snorri Sturluson cap. 42.

2. *Il rapimento di Iðunn*

Le mele dell'eterna giovinezza custodite da Iðunn sono un altro simbolo del potere rigeneratore che è riservato agli dèi: la loro sottrazione da parte del gigante è causa di un grave squilibrio cui si potrà porre rimedio soltanto con l'uccisione del responsabile.

Si racconta che una volta Odino, Hœnir e Loki stavano viaggiando fra le montagne e in regioni desolate e avevano difficoltà a procurarsi il cibo. Scesi però in una valle, trovarono una mandria di buoi; perciò ne presero uno, lo uccisero e si apprestarono a cucinarlo. Quando giudicarono che fosse pronto, si prepararono a mangiarlo, ma lo trovarono ancora crudo. Lo cucinarono una seconda volta e si prepararono a mangiarlo, ma di nuovo trovarono che non era cotto. Allora cominciarono a domandarsi da che cosa potesse dipendere questo fatto. In quel mentre udirono una voce proveniente dai rami di una quercia, proprio sopra di loro: l'essere che stava lassù aveva il potere di impedire che il fuoco cuocesse. Guardarono verso l'alto e videro un'aquila assai grande. L'aquila disse: «Se mi darete la mia parte di bue, il fuoco cuocerà». Essi acconsentirono. L'aquila scese quindi dall'albero, si fermò accanto al fuoco e subito prese per sé le cosce e le spalle del bue. Allora Loki si adirò, afferrò un grosso bastone e colpì il corpo dell'aquila con tutte le forze. L'aquila reagì al colpo e si alzò in volo. Il bastone tuttavia le era rimasto conficcato nel corpo, all'altra estremità invece era attaccato alle mani di Loki. L'aquila prese a volare a mezz'altezza, così che i piedi di Loki sbattevano contro massi, pietre e cespugli, ed egli aveva la sensazione che le braccia gli si sarebbero staccate. Prese a urlare e a implorare perché l'aquila lo lasciasse andare, ma quella disse che lo avrebbe liberato a condizione che inducesse Iðunn a uscire da Ásgarðr con le sue mele. Loki promise. Così fu liberato e ritornò a casa con gli altri dèi. Null'altro è ricordato di quel loro viaggio.

Al momento stabilito Loki convinse Iðunn a recarsi in un bosco, dicendole di aver trovato delle mele preziose quanto le sue e proponendole di confrontarle. Allora venne il gigante Þjazi in aspetto d'aquila, ghermì Iðunn e volò via portandola nella sua dimora fra le montagne, nel luogo che si chiama Þrymheimr.

Gli dèi, costernati per la sparizione di Iðunn, presero a invecchiare e i loro capelli si fecero grigi. Allora si riunirono a consiglio e si ricordarono che Iðunn era scomparsa dopo essere stata vista uscire da Ásgarðr insieme a Loki. Egli fu dunque condotto davanti all'assemblea, assalito e minacciato di tortura e di morte, perciò si spaventò e promise che sarebbe andato a cercare Iðunn in Jötunheimr.

La dea Freyja possedeva un travestimento da falco. Loki lo prese a prestito, lo indossò e volò via verso settentrione, in direzione di Jötunheimr. Quando giunse a Þrymheimr, trovò Iðunn sola in casa perché Þjazi era uscito in mare. Loki la trasformò magicamente in una noce, la prese fra gli artigli e volò via quanto più velocemente poteva. Allorché il gigante tornò a casa e si avvide della scomparsa di Iðunn, si trasformò di nuovo in aquila e volò all'inseguimento di Loki. Tutta l'aria risuonava del battito possente delle sue ali. Intanto gli dèi, che attendevano ansiosamente il ritorno di Iðunn, videro giungere il falco con la noce fra gli artigli e l'aquila subito dietro. Essi uscirono dunque sotto il recinto di Ásgarðr portando una gran quantità di trucioli. Quando il falco giunse alla fortezza planò velocemente lungo il muro; allora gli dèi appiccarono il fuoco ai trucioli. L'aquila perse di vista il falco, ma non riuscì ad arrestarsi: perciò il fuoco le bruciò le piume e la fermò. Così gli dèi uccisero il gigante.

Skaði, figlia di Þjazi, si armò di tutto punto e si recò in Ásgarðr per vendicare il padre. Ella tuttavia accettò la pace quando gli dèi riuscirono a farla ridere e dopo che le ebbero concesso di scegliere uno sposo tra loro.[1] Inoltre Odino in riparazione di quella uccisione tolse gli occhi al gigante e li gettò nel cielo trasformandoli in due stelle splendenti.[2]

Fonti principali: *Lokasenna* str. 50-1; *Hárbarðsljóð* str. 19; *Haustlöng* di Þjóðólfr di Hvínir str. 1-13; *Skáldskaparmál* di Snorri Sturluson capp. 2-4 [1].

3. *Il furto del monile di Freyja*

Il monile di Freyja, Brísingamen, lavorato dai nani, è l'oggetto magico che simboleggia il potere della dea della fecondità: ancora una volta le forze del male, qui rappresentate da Loki, tentano di sottrarlo per sconvolgere l'equilibrio del cosmo. Tuttavia qui sono inseriti elementi diversi, perché il racconto viene utilizzato come antefatto al mito dell'eterna battaglia.[1]

Freyja, figlia di Njörðr, viveva un tempo con Odino, poiché era la sua amata. Presso la reggia, in una pietra abitavano quattro nani: Álfrigg, Dvalinn, Berlingr e Grérr. Costoro erano artigiani così abili che riuscivano in tutto ciò che si proponevano di fare. Odino amava moltissimo Freyja, poiché era la donna più attraente che ci fosse. Ella possedeva una dimora bella e robusta a un tempo: si dice infatti che quando le porte erano chiuse a chiave nessuno poteva entrarci contro la sua volontà.

Avvenne un giorno che Freyja si recò alla pietra in cui dimoravano i nani; la trovò aperta e vide che essi stavano terminando una collana d'oro che le parve bellissima. Ai nani parve invece bellissima la dea; per questo quando ella chiese di comprare la collana offrendo in cambio oro e argento e altre cose preziose, essi dichiararono di non aver bisogno di ricchezze, ma dissero che tutti erano disposti a cedere la propria parte solo se Freyja avesse accettato di giacere una notte con ciascuno di loro. Per ottenere il monile la dea dovette acconsentire al loro volere e quando le quattro notti furono trascorse ebbe la collana e tornò a casa; tuttavia non disse nulla a nessuno e si comportò come se niente fosse accaduto.

Si racconta però che Loki, che era un cortigiano di Odino e godeva della sua fiducia, venne a sapere che ella possedeva la collana, e per di più del modo in cui l'aveva avuta; perciò andò subito da Odino e gli riferì ogni cosa. Odino gli ordinò di impadronirsene per lui. Loki replicò che non era possibile: nessuno infatti poteva entrare nella dimora di Freyja contro la sua volontà. Odino tuttavia insistette: avrebbe dovuto andare immediatamente e non ripresentarsi se non con la collana. Così Loki se ne andò lamentandosi: a molti fece piacere che gli fosse andata male. Si recò dunque alla dimora di Freyja, ma la trovò chiusa. Provò a penetrarvi, ma invano. Fuori era freddo ed egli cominciava a rabbrividire. Allora si trasformò in una mosca e volò in giro attorno alle serrature e alle porte cercando un'apertura. Infine trovò sul tetto un buco così piccolo che non vi sarebbe potuto passare che un ago. Per quella via si introdusse nella casa. Quando fu entrato, fece bene attenzione: dentro tutti dormivano. Si avvicinò al letto di Freyja e vide che ella giaceva addormentata con il monile al collo. Il fermaglio però si trovava dalla parte di sotto. Loki si trasformò in una pulce e si posò sulla guancia della dea, pungendola; ella si destò e si rivoltò nel letto, poi si addormentò di nuovo. Loki si tolse il travestimento, le sfilò la collana, aprì la porta e uscì recandosi da Odino.

Il mattino dopo al risveglio, Freyja si accorse che la porta era aperta, sebbene non forzata, e la preziosa collana scomparsa. Comprese dunque quanto era accaduto, così appena fu vestita andò immediatamente da Odino, lamentandosi del suo comportamento. Inoltre voleva che le fosse resa la collana. Odino disse che non l'avrebbe riavuta – a causa del modo in cui ne era venuta in possesso – se non a una condizione: Freyja avrebbe dovuto far nascere inimicizia fra due re, ciascuno dei quali avesse sottomessi altri venti sovrani, sicché essi per magia e maledizione fossero costretti a combattersi e a uccidersi, rinascendo però immediatamente per ricominciare la lotta. Ciò fece Freyja e provocò con la magia l'eterna battaglia fra Högni e Heðinn:[2] grazie a questo ritornò in possesso del suo monile tanto prezioso.

Fonti principali: *Sörla þáttr* capp. 1-2.

4. *Il furto del martello di Thor*

Il martello di Thor è l'utensile divino grazie al quale sono garantite al mondo fecondità[1] *e protezione contro le forze distruttrici; ancora una volta perciò gli esseri malvagi tentano di sottrarlo al potere degli dèi; ancora una volta anche Freyja è in pericolo.*

Una notte, mentre dormiva, Thor fu derubato del prezioso martello. Il ladro era un gigante di nome Þrymr. Al risveglio, nell'accorgersi del furto, il dio fu scosso dall'ira e tormentato dalla preoccupazione: si confidò allora con Loki il quale, per l'intelligenza e l'astuzia, era l'unico in grado di aiutarlo. Loki non perse tempo: con Thor si recò da Freyja per chiederle in prestito il suo travestimento da falco. La dea lo cedette volentieri: «Te lo darei», disse, «anche se fosse d'oro, te lo darei anche se fosse d'argento». Volò dunque

Amuleto in argento raffigurante il martello di Thor (si noti il particolare degli occhi) proveniente dalla Scania, Svezia, inizio dell'XI secolo (luogo di ritrovamento ignoto)

Loki oltre il recinto degli Asi, volò finché raggiunse Jötunheimr. Þrymr sedeva su una collinetta, pettinava la criniera dei suoi cavalli e serrava un collare d'oro ai cani. Egli domandò a Loki: «Che cosa accade mai fra gli Asi e fra gli elfi perché tu venga in Jötunheimr?» «Un guaio c'è fra gli Asi, un guaio fra gli elfi», rispose Loki. «Sei tu che hai nascosto il martello di Thor?» Þrymr rispose che sì, era stato proprio lui: aveva sottratto il prezioso martello. «Io l'ho celato», disse, «otto miglia sotto la terra: nessuno potrà riaverlo se non mi portate Freyja in sposa.»

Volò dunque Loki e tornò nel recinto degli Asi. Thor gli si fece incontro tutto ansioso e lo invitò, prima che a sedersi, a riferire il risultato della missione. Andarono dunque Thor e Loki dalla dea Freyja e le proposero d'essere sposa del gigante. Freyja montò su tutte le furie e si adirò terribilmente, tanto che tutte le dimore degli dèi ne furono scosse; persino il prezioso monile Brísingamen le schizzò via dal petto. Ella disse: «Credi davvero che abbia una voglia così sfrenata di maschi da venire con te in Jötunheimr?»

Gli dèi si riunirono a consiglio: ora dovevano assolutamente trovare il modo di recuperare il prezioso martello di Thor. Il suggerimento migliore venne da Heimdallr, dio degli Asi assai luminoso, che tuttavia conosce il futuro come i Vani. Heimdallr dunque disse così: «Adorniamo invece Thor con la veste nuziale, mettiamogli al collo il monile Brísingamen! Appendiamo al suo fianco un mazzo di chiavi e facciamo che una veste da donna gli copra le ginocchia! Poi simuleremo il petto con grosse pietre e bene gli acconceremo la chioma». A Thor questo suggerimento piacque assai poco: «Gli dèi mi daranno dell'invertito», disse, «se mi lascio vestire da sposa». Loki rispose: «Ben presto i giganti abiteranno in Ásgarðr se tu non recuperi il martello!» Questa osservazione eliminò qualsiasi esitazione.

Thor venne dunque adornato con vesti nuziali ed ebbe al collo il monile Brísingamen di Freyja; un mazzo di chiavi gli fu appeso al fianco e una veste da donna gli coprì le ginocchia. Poi gli fu simulato il petto con grosse pietre e gli fu ben acconciata la chioma. Quando ciò fu fatto Loki disse: «Io sarò la tua ancella e ti accompagnerò in Jötunheimr».

Partirono dunque Loki e Thor sul carro del dio trainato dai capri. Essi correvano così velocemente che le montagne cadevano in pezzi e in fiamme bruciava la terra.

Þrymr, signore dei giganti, si preparava ad accogliere la sposa. Egli disse: «Presto, preparate le panche per ricevere Freyja figlia di Njörðr! Io posseggo vacche e buoi dalle corna d'oro e ho molti gioielli, collane e tesori, tuttavia lei sola mi manca».

Alla sera fu preparato un grandioso banchetto e ai giganti fu servita la birra. Thor era assai affamato e mangiò avidamente: da solo divorò un bue e otto salmoni, bocconi prelibati destinati alle donne; inoltre bevve ben tre barili di idromele. Þrymr ne fu meravigliato e insospettito; perciò disse: «Hai mai visto una sposa mangiare tanto avidamente e una donna bere tanto idromele?» L'ancella espertissima e astuta che stava seduta di fronte s'affrettò a spiegare: «Freyja non toccava cibo da otto giorni, tanto era il suo desiderio di venire in Jötunheimr». Þrymr parve convinto; di nuovo tuttavia si meravigliò e si insospettì quando si chinò sulla sposa per baciarla: lo sguardo era così infuocato che egli fece un balzo all'indietro nella sala del banchetto. Allora domandò: «Perché sono tanto terribili gli occhi di Freyja? Sembra proprio che in essi vi sia fuoco che arde». L'ancella espertissima e astuta che stava seduta di fronte s'affrettò a spiegare: «Freyja non chiudeva occhio da otto notti, tanto era il suo desiderio di venire in Jötunheimr».

In quel momento entrò nella sala la sorella del gigante e volle chiedere un dono nuziale; ella disse a Thor: «Togli dalle tue mani gli anelli d'oro se vuoi conquistarti la mia benevolenza e il mio amore!» Allora parlò Þrymr, signore dei giganti: «Portate il martello per consacrare la sposa, ponete Mjöllnir sul suo grembo e consacrateci insieme per la mano di Vár!»[2] Gioì Thor nel profondo del cuore, quando riconobbe il martello: subito lo afferrò e colpì a morte Þrymr per primo e subito dopo tutti i suoi. Né risparmiò la vita alla sorella del gigante: lei, che aveva osato chiedere i doni nuziali, ebbe una martellata al posto dell'oro, botte sonanti invece che anelli.

Così il figlio di Odino recuperò il martello prezioso.

Fonti principali: *Þrymskviða*.[3]

5. *Il dio deriso*

Il potere della magia è tale che può, seppure temporaneamente, confondere e sopraffare persino un dio. Nella storia del viaggio di Thor presso il gigante Útgarða-Loki, questo concetto viene espresso in forma grottesca.

Ci si domanda talvolta se a Thor, che pure è il più forte fra gli uomini e gli dèi, sia mai capitato di trovarsi in difficoltà: pochi possono dire di essere a conoscenza di qualcosa di simile, tuttavia occorre narrare una storia che, per quanto possa sembrare incredibile, è invece assolutamente vera.

Avvenne una volta che Thor partì sul suo carro trainato dai capri per uno dei consueti viaggi in Oriente: con lui si trovava anche Loki. Egli giunse da un contadino presso il quale lasciò i capri;[1] i figli del contadino, Þjálfi[2] e Röskva,[3] andarono invece con lui. Essi giunsero così al mare profondo, lo traversarono e approdarono a una riva. Fecero un po' di strada e arrivarono a una grande foresta: là camminarono tutto il giorno fino al calar delle tenebre. Þjálfi recava il sacco delle provviste che per la verità non erano molte; egli aveva un passo molto veloce. Quando fu buio cercarono un riparo per la notte. Allora videro una grande capanna: aveva una porta larga quanto la parete. Lì dentro si prepararono a dormire. Ma nel cuor della notte venne un possente terremoto, il terreno tremò e la capanna fu scossa. Thor si alzò e chiamò i suoi compagni. Brancolando nel buio trovarono nel centro della capanna un locale secondario. Lì si diressero e Thor si sistemò presso l'entrata, mentre gli altri si coricarono all'interno. Tutti erano spaventati tranne Thor: egli teneva le mani serrate attorno all'impugnatura del martello ed era pronto a difendersi. Si udiva un forte rumore e frastuono. Quando cominciò ad albeggiare, Thor uscì e vide un uomo che giaceva nella foresta poco distante: non era certo un nano! Costui dormiva ancora e russava sonoramente. Al dio parve di comprendere quale fosse stato il rumore che aveva udito durante la notte; si cinse la cintura di forza e sentì crescere la potenza divina; in quel momento l'uomo si destò e si alzò lesto. Si dice che quella volta Thor non trovò il coraggio di colpire con il martello, ma domandò a quell'uomo come si chiamava. Egli rispose di chiamarsi Skrýmir, «ma non ho bisogno», aggiunse, «di domandare il tuo nome: so che sei Ásaþórr.[4] Ma perché hai spostato il mio guanto?» Così dicendo si chinò e raccolse il guanto: allora Thor capì che quell'oggetto egli aveva scambiato per un rifugio e che il locale secondario non era che il pollice.

Skrýmir domandò se Thor volesse stare in sua compagnia e il dio accettò. Skrýmir prese il sacco delle sue provviste e lo aprì apprestandosi a mangiare. Lo stesso fecero Thor e i suoi in un altro luogo. Allora Skrýmir propose di mettere insieme le loro provviste e Thor fu d'accordo. Skrýmir perciò le riunì tutte in un unico sacco e se lo gettò sulle spalle. Per tutto il giorno camminò davanti a tutti e faceva passi poderosi. Quando fu sera inoltrata cercò rifugio per la notte sotto una grande quercia, poi disse a Thor di volersi coricare per dormire invitandolo però a cenare con i suoi. Subito dopo si addormentò e russava forte; Thor invece prese il sacco delle provviste per aprirlo. Ma per quanto possa sembrare strano egli non fu capace di sciogliere il nodo in nessun modo e neppure di allentarlo un po'. Allora, vedendo che non riusciva, si infuriò, afferrò il martello Mjöllnir con ambedue le mani, si avvicinò al luogo in cui Skrýmir dormiva e lo colpì sulla testa. Skrýmir si destò e domandò se gli fosse caduta sul capo una foglia e anche se avessero mangiato e si preparassero a coricarsi. Thor rispose che stavano per andare a dormire, così infatti fecero sistemandosi sotto un'altra quercia. Di certo si può dire che non ebbero un sonno tranquillo. A metà della notte Thor sentì che Skrýmir russava forte, tanto che la foresta ne rintronava, e capì che dormiva profondamente. Allora si alzò e andò da lui, brandì il martello, poi colpì rapidamente e con forza nel mezzo del cranio: egli sentì che l'arma penetrava a fondo. In quel momento Skrýmir si destò e disse: «Che cosa c'è? Mi è caduta in testa una ghianda? Che ti succede, Thor?» Thor si affrettò ad arretrare, rispose che si era appena svegliato, che si era a metà della notte e bisognava dormire ancora. Tra sé tuttavia pensava che se gli fosse capitata l'opportunità di sferrare un terzo colpo questo sarebbe stato così potente che il gigante non si sarebbe più rialzato: perciò si mise a giacere stando attento se Skrýmir ancora una volta si addormentasse profondamente. Un po' prima dell'alba, capì che il gigante doveva essersi riaddormentato, si alzò, balzò verso di lui, fece roteare il martello con tutta la forza e lo colpì sulla tempia rivolta verso l'alto: il martello si conficcò fino al manico. Skrýmir però si alzò, si sfregò la guancia e disse: «Ci sono degli uccelli sull'albero sopra di me? Nello svegliarmi mi è parso che mi cadesse in testa un ramoscello». Poi domandò se Thor fosse desto e disse che era tempo di alzarsi e vestirsi poiché non mancava molta strada alla fortezza di nome Útgarðr.[5] E aggiunse: «Vi ho udito mormorare fra voi che io non sono di corporatura tanto piccola, ma se entrerete in Útgarðr vedrete uomini ancora più grossi. Ora vi darò un buon consiglio: non siate troppo presuntuosi, poiché i cortigiani di Útgarða-Loki[6] non sopportano facilmente le millanterie di certi piccoletti. Altrimenti potete tornare indietro e io credo che questa sia per voi la cosa migliore. Tuttavia se proprio volete proseguire, dirigetevi a oriente; io invece andrò verso settentrione, verso quelle montagne che potete vedere laggiù». Così dicendo Skrýmir prese il sacco delle provviste, se lo gettò sulle spalle e si allontanò nella foresta: è probabile che gli Asi non gli abbiano detto arrivederci.

Thor e i suoi compagni proseguirono il cammino fino a mezzogiorno. Allora videro una fortezza nel mezzo di una pianura: era tanto alta che dovettero piegare la testa all'indietro per riuscire a vederne la cima. All'ingresso c'era un cancello chiuso a chiave e là si diressero. Thor andò al cancello, ma non riuscì ad aprirlo. Tuttavia, poiché volevano assolutamente entrare, si introdussero tra le sbarre. In quel luogo c'era una grande sala e la porta era aperta. Essi entrarono e videro parecchie persone sulle panche: la maggior parte era di corporatura straordinariamente grossa. Essi si fecero avanti fino al re Útgarða-Loki e lo salutarono; quello si volse lentamente verso di loro, sogghignò e disse: «Tardi si domandano notizie di luoghi lontani. Ma mi inganno se penso che questo ragazzo sia Ökuþórr?[7] Certamente devi essere migliore di quanto sembri». Poi continuò e domandò in quali arti Thor e i suoi compagni si ritenessero versati; disse infatti che presso di loro non era ammesso nessuno che non eccellesse in qualche cosa in modo da essere superiore alla maggior parte degli uomini.

Allora Loki che era l'ultimo del gruppo disse così: «Io conosco un'arte nella quale mi ritengo prontissimo a cimentarmi: infatti qui dentro non c'è nessuno che mangi il suo cibo più velocemente di me». Útgarða-Loki rispose che di certo quella era un'arte, se egli davvero ne era capace, e disse che voleva metterlo alla prova. Perciò chiamò uno di nome Logi che sedeva sulla panca in fondo: doveva farsi avanti e misurarsi con Loki. Venne portato un vassoio sul pavimento della sala e fu riempito di carne. Loki si sedette da una parte e Logi dall'altra e ciascuno mangiò quanto più velocemente poteva. Essi si incontrarono nel mezzo del vassoio e Loki aveva mangiato tutta la carne tranne gli ossi, Logi invece aveva mangiato la carne, gli ossi e anche il vassoio: così tutti giudicarono che Loki aveva perso la gara. Allora Útgarða-Loki domandò di nuovo che cosa il giovane sapesse fare. Þjálfi rispose che voleva misurarsi nella corsa con chiunque Útgarða-Loki decidesse. Útgarða-Loki rispose che questa era una buona abilità, che probabilmente era bravo e che intendeva metterlo subito alla prova. Così si alzò e uscì su un pianoro dove c'era un terreno adatto per la corsa. Chiamò un ragazzo di nome Hugi e gli ordinò di gareggiare con Þjálfi. Essi corsero una prima volta e Hugi fu talmente veloce che giunto al traguardo si volse incontro all'avversario. Allora Útgarða-Loki disse che Þjálfi doveva impegnarsi di più se voleva vincere la gara. Tuttavia aggiunse che da loro non era mai giunto nessuno che gli paresse più veloce di lui. Essi corsero una seconda volta, ma quando Hugi giunse al traguardo e si voltò, un buon tiro d'arco lo separava da Þjálfi. Útgarða-Loki disse: «Mi pare che Þjálfi corra bene, ma non credo che vincerà la prova; ora comunque lo si vedrà quando faranno la terza corsa». Così fecero la terza gara, ma quando Hugi giunse al traguardo e si voltò, Þjálfi non era ancora a metà del percorso. Tutti allora giudicarono che questa capacità era stata messa alla prova.

Poi Útgarða-Loki domandò a Thor di quale abilità egli volesse dare dimostrazione, dal momento che sul suo conto si narravano grandi storie. Thor rispose che per prima cosa voleva gareggiare con qualcuno nel bere. Útgarða-Loki disse che andava bene, rientrò nella sala e chiamò il coppiere, dicendogli di portare il corno[8] da cui erano soliti bere i suoi cortigiani. Il coppiere venne con il corno e lo porse in mano a Thor. Útgarða-Loki disse: «Da questo corno ci pare ben bevuto se con un sorso lo si vuota, ma alcuni lo bevono in due sorsi, tuttavia nessuno è un bevitore così meschino che non ne veda il fondo in tre volte». Thor considerò il corno: non gli pareva grande, tuttavia lo trovò piuttosto lungo. Era molto assetato, così prese a bere tracannando possenti sorsate e pensò che non avrebbe avuto bisogno di chinarsi sul corno una seconda volta. Ma quando gli mancò il respiro e guardò il corno per verificare quanto aveva bevuto, gli parve che rispetto a prima non ci fosse che una differenza assai piccola. Útgarða-Loki disse: «Bene è bevuto, ma non troppo. Non ci avrei creduto se mi fosse stato detto che Ása-þórr non sa bere sorsi più grandi di questo. Tuttavia so che berrai tutto con il secondo sorso». Thor non rispose, si portò il corno alla bocca e pensò che questa volta doveva bere una sorsata più grande, si sforzò fino a che gli mancò il respiro, ma si accorse che la punta del corno non si sollevava come avrebbe voluto. E quando allontanò il corno dalla bocca gli parve che vi fosse ancor meno differenza di prima: solo quel margine che si lascia per non rovesciare la bevanda. Útgarða-Loki disse: «Che c'è, Thor? Non ti sei lasciato per un solo sorso più di quanto tu possa bere? Credo che se ora berrai dal corno il terzo sorso esso dovrà essere il più grande. Ma tu non potrai fra noi essere considerato potente come presso gli Asi se non ti dimostri migliore in altri cimenti di quanto mi pare tu debba essere in questo». Allora Thor si adirò, portò il corno alla bocca e bevve quanto più avidamente poté e si sforzò il più a lungo possibile. E quando guardò il corno vide che c'era una certa differenza. Però gettò il corno e non volle più bere. Allora Útgarða-Loki osservò che la forza di Thor non pareva grande quanto ci si aspettava e domandò se il dio volesse cimentarsi in altre gare poiché da quella non aveva certo tratto risultato. Thor rispose che quelle bevute fra gli Asi non sarebbero state considerate tanto modeste, tuttavia aggiunse che avrebbe accettato di affrontare altre prove. Allora Útgarða-Loki gli propose un gioco che, disse, era proprio un gioco da ragazzi: si trattava di sollevare da terra il suo gatto. Disse anche che non avrebbe proposto quella cosa a Thor se egli non si fosse dimostrato meno valente del previsto. In quel momento balzò sul pavimento della sala un gatto grigio dall'aspetto piuttosto grosso. Thor gli mise la mano sotto il ventre e fece per sollevarlo: il gatto però inarcava la schiena quanto Thor alzava la mano e il dio pur distendendosi per tutta la sua altezza non riuscì a fargli sollevare che una zampa. Così Thor dovette tralasciare anche questa prova.

Útgarða-Loki commentò che ancora una volta era andata secondo le previsioni; che, sì, il gatto era piuttosto grosso, ma Thor era mingherlino rispetto alla gente di lì. Thor si infuriò e disse che, per quanto essi lo considerassero dappoco, egli sfidava chiunque fra loro a battersi con lui. Útgarða-Loki si guardò attorno e rispose che tutti quelli che si trovavano nella sala avrebbero considerato una cosa di poco conto il duello con Thor. E aggiunse: «Vediamo. Fate venire qui la vecchia, la mia matrigna Elli, e Thor, se vuole, combatta con lei. Ma lei ha abbattuto uomini che non mi parevano meno forti di Thor». Subito dopo entrò nella sala una vecchia e Útgarða-Loki disse che doveva battersi con Thor. Come andò è presto detto: quanto più fortemente Thor attaccava, tanto più saldamente lei resisteva; poi ella cominciò a caricare, così Thor perse l'equilibrio, ci furono alcuni violenti scossoni e in breve Thor cadde su un ginocchio. Allora Útgarða-Loki ordinò di interrompere la lotta, dicendo che Thor non aveva bisogno di sfidare altri uomini nella sua casa.

Intanto s'era fatta notte; Útgarða-Loki mostrò a Thor e compagni dove accomodarsi ed essi trascorsero la notte in buona ospitalità.

Il mattino dopo, non appena cominciò a far giorno, Thor e i suoi compagni si vestirono e si prepararono a partire. Allora venne Útgarða-Loki e fece apparecchiare per loro e non fece mancare buona ospitalità, cibo e bevande. Quando ebbero mangiato si misero in cammino. Útgarða-Loki li accompagnò fuori e con loro si allontanò dalla fortezza. Al momento di separarsi domandò a Thor come gli pareva fosse andato il viaggio e se avesse incontrato qualcuno più potente di lui. Thor rispose di non poter negare d'aver avuto gran disonore dal loro incontro: «So che mi considererete un uomo dappoco, il che non mi piace». Allora Útgarða-Loki disse: «Ora ti rivelerò la verità, poiché sei fuori della fortezza; ché se io vivo e avrò potere tu non vi entrerai mai più. E so in fede mia che tu non vi saresti mai entrato se io avessi saputo prima quanta potenza c'è in te, poiché tu ci hai messi in grave pericolo. Ma io ti avevo preparato degli incantesimi.[9] La prima volta che ti incontrai nella foresta, io ero venuto a cercarvi. E quando dovevi sciogliere il sacco delle provviste, io lo avevo legato con filo magico[10] e tu non trovasti come disfarlo. Poi tu mi colpisti tre volte con il martello: il primo colpo che pure era il più debole mi avrebbe ucciso se lo avessi ricevuto. Ma là, presso la mia sala, tu hai visto un monte con tre valli squadrate, di cui una più profonda: quelli erano i segni del tuo martello. Quel monte ho usato a riparo dei colpi, ma tu non lo vedesti. Ugualmente è stato per le gare che avete fatto con i miei cortigiani. La prima la fece Loki: egli era molto affamato e divorò il cibo velocemente, ma quello che si chiama Logi era il fuoco violento,[11] perciò bruciò la carne e il vassoio. E quando Þjálfi corse in gara con Hugi, costui era il mio pensiero[12] e non ci si poteva aspettare che Þjálfi gareggiasse con lui. E quando bevesti dal corno e ti pareva che esso si vuotasse lentamente, io so in fede mia che ciò fu un tale portento che non credevo potesse essere: l'altro capo del corno infatti era nell'oceano, ma tu non lo vedesti. Quando arriverai al mare potrai vedere come lo hai fatto calare bevendo. Questo ora si chiama marea». E ancora aggiunse: «Né mi parve meno straordinario quando tu sollevasti il gatto e, per dire il vero, tutti quanti videro che gli alzasti una zampa da terra furono spaventati: quel gatto infatti non era ciò che ti sembrava, bensì il serpe di Miðgarðr[13] che giace attorno al mondo, e a malapena gli fu sufficiente la sua lunghezza perché la testa e la coda restassero a terra: tu ti protendesti tanto in alto che poco mancava al cielo. E un altro grande portento fu la lotta che combattesti con Elli,[14] in cui tu resistesti così a lungo che non cadesti che su un ginocchio: infatti non c'è mai stato e non ci sarà mai nessuno che la vecchiaia non faccia cadere, sempre che diventi così vecchio da poter combattere con lei. Ora in verità ci dobbiamo separare e sarà meglio per entrambi che voi non veniate spesso a trovarmi. La prossima volta difenderò la mia fortezza con queste e altre magie, cosicché non avrete potere sopra di me». Quando Thor udì queste parole afferrò il martello e lo brandì per aria, ma quando fu pronto a colpire non vide più Útgarða-Loki. Allora si volse verso la fortezza pensando di distruggerla: vide però soltanto un pianoro vasto e bello, ma della fortezza non v'era più traccia. Perciò si voltò indietro e riprese il cammino finché giunse in Þrúðvangar.[15] Occorre dire in verità che egli aveva deciso di cercare ancora il serpe di Miðgarðr, come in seguito avvenne.[16]

Fonti principali: *Hárbarðsljóð* str. 26;[17] *Lokasenna* str. 60, 62; *Gylfaginning* di Snorri Sturluson capp. 44-7.[18]

6. *Il viaggio di Thor presso il gigante Hymir*

In un unico racconto sono qui riuniti tre miti diversi. Il primo riguarda la sottrazione ai giganti del calderone per la birra: il potere sulla fermentazione, che è immagine delle forze vive e vivificanti, deve essere posto sotto il controllo degli dèi. Nel secondo si riferisce del tentativo di Thor di uccidere il serpe di Miðgarðr,[1] *uno dei mostri cosmici. Esso tuttavia vivrà perché così dev'essere fino alla fine del mondo. Il terzo racconto, relativo all'azzoppamento di uno dei capri del dio, sottolinea il potere ambivalente di dispensare vita o morte attribuito al martello Mjöllnir.*

Si racconta che una volta gli dèi catturarono della selvaggina e si prepararono a mangiarla. Ma prima di essere sazi ebbero una gran voglia di bere. Allora interrogarono la sorte con i rametti sacrificali e vennero a sapere che presso il gigante Ægir c'era abbondanza di ogni bene.

Thor si recò dunque da lui e lo trovò seduto, allegro come un fanciullo: con fare minaccioso il dio gli ordinò di preparare la bevanda per il banchetto divino. Ægir, irritato da quel tono prepotente, disse a Thor di procurargli un calderone adatto allo scopo. Thor ritornò fra gli dèi con la risposta del gigante, però essi non sapevano dove trovare un calderone sufficientemente grande. Týr allora prese Thor in disparte e gli disse: «A oriente degli Elivágar, al limite del cielo, abita mio padre, il saggio gigante Hymir; egli possiede un recipiente profondo addirittura un miglio». Rispose Thor: «Sai se potremo ottenere il calderone?» «Certo, amico», replicò Týr, «se agiremo con astuzia.»

Così i due dèi si misero in viaggio sul carro di Thor trainato dai capri. Procedettero per un giorno intero allontanandosi da Ásgarðr, e infine giunsero da un contadino di nome Egill. Thor lasciò i capri da lui.

Proseguendo il cammino giunsero infine dal gigante Hymir, che però non era in casa. La nonna di Týr si fece loro incontro: aveva l'aria ostile e l'aspetto spaventoso; infatti era dotata di ben novecento teste. Subito tuttavia un'altra donna avanzò ed era la madre di Týr: costei aveva sopracciglia chiare e ricchi ornamenti d'oro. Offrì al figlio una coppa di birra e disse: «Voi due avete di certo l'animo coraggioso, tuttavia voglio nascondervi sotto i paioli; molte volte infatti il mio sposo si è mostrato avaro e ostile nei confronti degli ospiti». Sul tardi tornò Hymir dalla caccia; aveva tutta la barba gelata e quando entrò nella sala si udì il tintinnio dei ghiaccioli sulle gote. La moglie gli si fece incontro: «Salute, Hymir», disse, «rallégrati nell'animo! Tuo figlio che noi aspettavamo è giunto alla tua casa dopo un lungo cammino. Con lui è venuto il più temuto fra i nemici, il difensore degli uomini che si chiama Véurr.[2] Guarda come costoro stanno al fondo della sala riparati dietro la colonna!» Il gigante lanciò in quella direzione uno sguardo così potente che la colonna andò in frantumi e la trave maestra fu divisa in due; otto calderoni caddero giù spezzandosi, ma uno, fatto con grande maestria, rimase assolutamente intatto.

Allora si fecero avanti gli dèi e Hymir li seguiva con lo sguardo. La presenza nella sua casa di Thor, dio sterminatore di giganti, non prometteva niente di buono. Egli tuttavia per dovere di ospitalità ordinò che si preparasse la cena e fece tagliare la testa a tre buoi perché fossero cucinati. Thor divorò da solo due buoi, e al gigante parve quello un pasto davvero abbondante. Hymir disse così: «Per la prossima sera dovremo procurarci il cibo con la caccia o con la pesca». Thor e Týr trascorsero la notte in quella casa come ospiti.

Il mattino dopo, quando fu il momento di uscire in mare, Thor disse che sarebbe andato volentieri col gigante; Hymir però ribatté che non s'aspettava grande aiuto da parte sua: «Credo che avrai freddo se io remo tanto al largo e così a lungo come è mia abitudine», disse. Thor rispose di potersi spingere così lontano dalla riva che non era certo chi fra loro avrebbe per primo proposto di tornare indietro. Dentro di sé ribolliva d'ira e avrebbe voluto colpire il gigante col martello. Tuttavia si trattenne pensando che altrove avrebbe messo alla prova la sua forza. Così chiese a Hymir di dargli le esche, ma quello rispose che, data la sua fama di sterminatore di giganti, avrebbe dovuto avere il coraggio di volgersi alle mandrie e procurarsele da solo. Il dio dunque uscì nel bosco, staccò la testa al bue più grosso di Hymir che era tutto nero e si chiamava Himinhrjótr; poi si disse pronto a mettersi in mare. Il gigante, che intanto aveva spinto la barca in acqua, osservò che le azioni di Thor erano ancora più impressionanti del suo comportamento a tavola. Presero dunque il mare, Thor si sistemò a poppa ed essi cominciarono a remare; l'imbarcazione procedeva veloce. Quando ebbero vogato per un po', Hymir disse che potevano fermarsi perché erano arrivati nella zona in cui era solito pescare le sogliole; Thor tuttavia volle procedere ancora e così fece nonostante Hymir fosse restio: egli infatti aveva paura di spingersi troppo al largo perché – disse – poteva essere pericoloso per via del serpe di Miðgarðr. In realtà, ciò che Thor voleva, dopo la sfortunata spedizione presso Útgarða-

La «pesca di Thor» su un frammento di una pietra di Gosforth. Cumberland, Inghilterra, età vichinga

Loki, era proprio prendersi la rivincita contro quel mostro: perciò incurante dei timori di Hymir spinse l'imbarcazione fino al punto che ritenne più opportuno. Quando furono giunti, Hymir si mise a pescare e tirò su due balene. Thor invece si preparò la lenza: la testa del bue fu appesa all'amo ed egli la gettò fuori bordo lasciandola scendere negli abissi marini. Il serpe di Miðgarðr abboccò e ingoiò l'esca: subito però si accorse d'essere stato ingannato. Allora tirò con tale violenza che le mani del dio sbatterono sul bordo esterno dello scafo; Thor raccolse tutta la potenza divina, fece forza con i piedi e sfondò l'imbarcazione, puntandosi contro il

Un'altra raffigurazione del celebre mito della «pesca di Thor». Pietra runica di Altuna. Uppland, Svezia, XI *secolo*

fondo dell'oceano. Così poté tirare su il serpe. Era uno spettacolo terrificante vedere gli occhi con cui Thor fissava il mostro e lo sguardo dell'altro che dal basso gli sputava addosso veleno. Hymir, in preda al terrore, era sbiancato in volto. Allora nel momento in cui Thor si preparava a colpire il serpe col martello, il gigante afferrò un coltello e recise la lenza, perciò il mostro si inabissò nel mare. È detto che Thor gli scagliò dietro il martello, e colpendolo gli staccò la testa, ma è probabile invece che il serpe di Miðgarðr ancora sia vivo e giaccia in fondo all'oceano dove rimarrà fino al crepuscolo degli dèi.[3]

Thor era terribilmente adirato e sferrò un pugno sull'orecchio di Hymir scaraventandolo in mare. Essi remarono poi verso casa ed erano entrambi di malumore.[4] Hymir disse che Thor avrebbe dovuto aiutarlo nel lavoro: o portare a casa le balene che aveva pescato oppure trarre a riva l'imbarcazione. Thor non disse una parola, sollevò la barca con tutto il suo contenuto e, senza neppure preoccuparsi di gottare l'acqua che vi era entrata, la portò fino alla fattoria del gigante.

Hymir tuttavia si ostinava a negare che Thor, seppure eccellente vogatore, fosse dotato di forza straordinaria. Egli disse che il dio avrebbe davvero dimostrato la sua potenza se fosse stato capace di infrangere il suo calice. Thor allora lo afferrò e lo scagliò contro una colonna che subito andò in frantumi. Restando seduto lo lanciò poi attraverso diverse colonne, e tuttavia esso rimaneva intero. Allora la madre di Týr gli suggerì segretamente ciò che avrebbe dovuto fare: solo se lanciato contro il cranio di Hymir il calice si sarebbe spezzato. Così Thor si alzò in piedi e raccolse tutta la potenza divina: gettò il calice contro la testa del gigante ed esso andò in pezzi, mentre quella rimase completamente intatta. Hymir disse: «Ho perduto un oggetto di grande valore, ora che non ho più il mio calice preferito. Non potrò più dire: eccoti pronta, o birra!» Tuttavia volle porre agli dèi ancora una condizione: per andarsene di lì essi avrebbero dovuto dimostrare di poter portare via il grande calderone. Týr provò a smuoverlo per ben due volte, ma vani furono i suoi sforzi. Thor invece lo afferrò per il bordo e s'avviò all'uscita. Poi se lo pose sul capo: esso era così grande che i manici gli tintinnavano ai calcagni. Si allontanarono dunque da quella casa; dopo un po' però voltandosi s'avvidero che Hymir e molti altri giganti, mostri dalle tante teste, venivano fuori dalle dimore di pietra e li inseguivano armati. Thor allora si fermò, appoggiò il calderone e colpì a morte tutti quegli esseri malvagi.

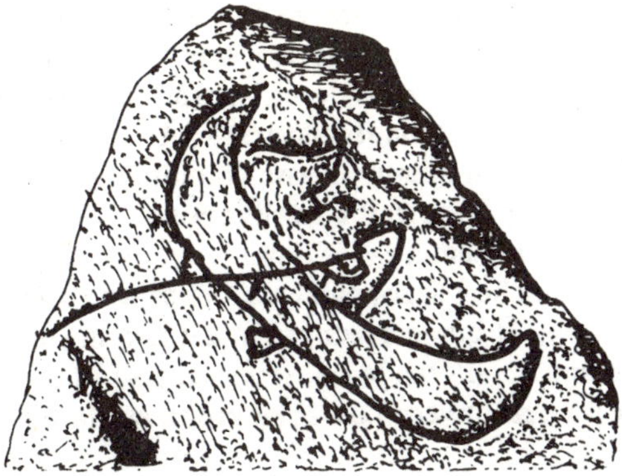

Thor e Týr giunsero di nuovo da Egill. Quando fu sera Thor si apprestò a preparare la cena: prese i capri, li uccise, li scuoiò e li mise in pentola. Poi invitò il contadino e la sua famiglia a dividere il cibo con lui. I figli del fattore si chiamavano Þjálfi e Röskva. Thor prese la pelle che aveva tolto ai capri e la distese sul pavimento. Poi disse che i convitati avrebbero dovuto gettarvi sopra gli ossi. Così tutti fecero. Þjálfi però prese un osso della coscia e lo incise per estrarne il midollo.[5] Il giorno dopo, prima dell'alba, Thor si alzò, prese il martello Mjöllnir e lo fece roteare consacrando le pelli con gli ossi: allora gli animali tornarono in vita e si rialzarono in piedi. Così furono preparati per il viaggio. Essi però non avevano fatto che poca strada quando uno dei capri cadde a terra mezzo tra-

Ancora due raffigurazioni del mito relativo alla «pesca di Thor». In alto: la pietra di Hørdum. Jutland, Danimarca, età vichinga. In basso: un particolare della pietra di Ardre VIII. Gotland, Svezia, VIII-IX secolo

mortito: era zoppo a una delle zampe posteriori. Thor si infuriò terribilmente e minacciò di uccidere i suoi ospiti: essi erano spaventati a morte dal suo sguardo e quando egli serrò il martello fra le mani con tanta forza che le nocche sbiancarono, per aver salva la vita offrirono in cambio tutto quanto avesse voluto. Così il dio prese con sé il fanciullo Þjálfi e la fanciulla Röskva come suoi servitori ed essi da allora lo seguono sempre.

È detto tuttavia che l'azzoppamento del capro di Thor avvenne per opera di Loki, il quale è sempre maestro d'inganni.[6]

Thor portò agli dèi il grande calderone ed esso fu ceduto a Ægir, che in tal modo ogni inverno avrebbe preparato la birra per loro.

Fonti principali: *Hymiskviða*; *Ragnarsdrápa* di Bragi Boddason str. 14-20; *Húsdrápa* di Ulfr Uggason str. 3-6; versi di Eysteinn Valdason (*Skj* I: A, p. 140; B, p. 131); *Gylfaginning* di Snorri Sturluson capp. 44, 48.

7. *Le invettive di Loki*

Il male cosmico è presente anche fra gli dèi incarnato nella figura del malvagio Loki, l'artefice di tutti i mali peggiori, il seminatore di discordia, il principio divino pervertito. Tuttavia anch'egli non può essere soppresso, ma soltanto dominato e solamente fino al crepuscolo degli dèi.

Quando Ægir ebbe ottenuto finalmente il grande calderone, egli preparò la birra per il banchetto degli dèi. Tutti si recarono a quel convito: Odino con la sua sposa Frigg, Bragi con Iðunn, Njörðr con Skaði. C'erano Freyr e Freyja, figli di Njörðr, poi Týr, il dio monco, e Víðarr, figlio di Odino. Sif, moglie di Thor, era venuta da sola, poiché il suo sposo si trovava nelle regioni orientali. Molti altri Asi erano presenti, e così molti elfi. C'erano anche Byggvir e Beyla, servi di Freyr, e – purtroppo – anche il malvagio Loki. In quel luogo tutto era perfetto e una pace meravigliosa vi regnava: lo splendore dell'oro fungeva da luce del fuoco, la birra si mesceva da sé. Molti elogi furono dunque rivolti ai servitori di Ægir: costoro si chiamavano Fimafengr[1] ed Eldir.[2] A sentire quelle lodi Loki fu preso da grande invidia; per questo colpì Fimafengr e lo uccise. Gli dèi allora scossero gli scudi e inveirono contro di lui cacciandolo fuori nella boscaglia, poi di nuovo si sedettero a bere. Loki tuttavia volle tornare, ma incontrò Eldir sulla soglia. Allora domandò di che cosa stessero discorrendo gli dèi. Eldir rispose: «Essi parlano di armi e di guerra; nessuno di loro tuttavia ha pronunciato una sola parola in tuo favore». Loki disse di voler entrare per vedere la festa e seminare discordia, mescolando del male al loro idromele: inutilmente Eldir cercò di dissuaderlo. Entrò dunque Loki nella sala, e alla sua vista il silenzio calò gradatamente tra i convitati. Loki si fece avanti e chiese che gli fosse servito da bere; Bragi però rispose che a lui non sarebbe toccato un posto a quel banchetto. Di nuovo Loki non desistette e si rivolse a Odino ricordandogli un'antica promessa; Odino invitò dunque suo figlio Víðarr ad alzarsi e a mescergli da bere. Nello stesso tempo però pregò Loki di astenersi dalle ingiurie.

Quando ebbe da bere Loki brindò alla salute degli dèi: di tutti tranne uno – disse –, e alludeva a Bragi. Bragi comprese l'insulto, ma non voleva rovinare la pace degli dèi: per questo offrì a Loki doni preziosi purché tacesse. L'altro rispose con una nuova ingiuria, accusò Bragi di essere codardo in battaglia e lo sfidò a battersi. Bragi dunque s'accalorò contro di lui. Allora Iðunn intervenne e inutilmente cercò di riportare la calma. Loki aveva in serbo ingiurie per tutti: rivolgendosi a lei con parole oltraggiose la tacciò d'essere una sgualdrina e d'avere giaciuto – addirittura – con l'uccisore di suo fratello. Ugualmente fece con Gefjun che voleva sedare la lite: anche lei – disse – aveva venduto il suo corpo per un gioiello.

Odino ordinò a Loki di tacere. Invano: l'ira aveva ormai infiammato gli animi ed essi si scambiarono gli insulti più pesanti. Loki imputò a Odino di avere mal giudicato nelle battaglie concedendo la vittoria a dei codardi; il peggio però fu quando essi a vicenda si accusarono di oscenità e di comportamento da invertiti. Frigg tentò di calmarli, ma non le furono risparmiate le ingiurie: Loki dapprima le rinfacciò d'aver giaciuto con i cognati Vili e Vé, poi addirittura giunse a vantarsi d'essere causa della morte di Baldr, il suo figlio adorato.[3] A queste parole il furore degli Asi salì alle stelle e tutti si scagliarono contro quell'essere tanto malvagio. Ma egli a tutti continuò a muovere accuse pesanti e vergognose. A Freyja rimproverò la pratica della magia e la lussuria: ella – disse – aveva addirittura giaciuto con suo fratello. Né valsero a zittirlo nuove accuse di oscenità da parte di Njörðr: a lui Loki ricordò le nozze incestuose con la sorella; per di più lo tacciò d'esser stato un tempo zimbello delle figlie dei giganti, le quali – così disse – gli avevano persino urinato in bocca. Poi fu la volta di Týr: egli si sentì rinfacciare la propria mutilazione; questa per Loki era un vanto, poiché il lupo Fenrir che aveva mozzato la mano del dio era per l'appunto suo figlio.[4] Ma un altro figlio Loki affermò di avere, e disse di averlo generato proprio con la sposa di Týr.

Allora Freyr s'adirò e proferì minacce: se non avesse taciuto, Loki avrebbe fatto la stessa fine di Fenrir, incatenato fino alla fine del mondo. Quello tuttavia continuò, ed era sempre più perfido e perverso. Disse che Freyr aveva comprato l'amore di Gerðr con l'oro e che da stolto, pur di ottenere che Skírnir la corteggiasse per lui, aveva ceduto la sua spada magica.[5] Byggvir, servitore di Freyr, minacciò ora di fargli fare una brutta fine, ma, come c'era da attendersi, non fece altro che attirarsi una serie di oltraggi: fu tacciato d'essere meschino, scroccone e vile; di restare sempre attaccato alle orecchie di Freyr e di pigolare sotto la macina. E quando ribatté d'esser fiero d'occuparsi della birra degli dèi, non ebbe per risposta che un insulto di più: era persino incapace - così disse Loki - di suddividere il cibo fra gli uomini.[6] A questo punto Heimdallr disse che Loki parlava in quel modo perché era del tutto ubriaco, ma l'altro ancora una volta fu pronto all'insulto: che tacesse, il guardiano degli dèi, e pensasse piuttosto al suo compito gravoso e detestabile. Una volta di più allora Loki fu minacciato: presto avrebbe fatto una brutta fine, legato dagli dèi su una roccia. Questo disse Skaði, sposa di Njörðr, ma per risposta Loki si vantò con lei d'aver per primo colpito a morte Þjazi, suo padre.[7] Aggiunse anche che ella, benché ora mostrasse di detestarlo, lo aveva un tempo invitato nel suo letto.

Sif, moglie di Thor, voleva evitare la sua dose di ingiurie. Ella perciò si fece avanti, versò da bere a Loki e porgendogli il calice chiese di essere risparmiata dalle offese. Inutilmente: ella fu svergognata insieme alle altre dee. Loki le ricordò di essere stato il suo amante: persino a Thor dunque egli aveva messo le corna!

In quel momento Beyla,[8] moglie di Byggvir, annunciò che proprio Thor stava finalmente ritornando: egli avrebbe davvero saputo ridurre al silenzio quell'essere immondo, commentò. Loki la zittì adirato, definendola senza ritegno, intrisa di disgrazia e per di più una garzona di stalla sporca di sterco. Subito dopo però dovette affrontare l'ira di Thor: nella sua ribalderia e ostinazione trovò ancora il coraggio di rinfacciargli la storia non proprio encomiabile del suo incontro con Skrýmir,[9] ma dinanzi alle minacce del dio che brandiva il possente martello preferì battere in ritirata. Prima di andarsene però si vantò con Ægir di avergli rovinato la festa. Poi si rifugiò nella cascata di Fránangr in forma di salmone. Là gli dèi lo catturarono e lo punirono gravemente per tutti i suoi misfatti, mettendolo in catene fino alla fine del mondo.[10]

Fonti principali: *Lokasenna*; *Skáldskaparmál* di Snorri Sturluson cap. 42.[11]

8. *Il duello di Thor contro il gigante Hrungnir*

Con stolta ripetitività i giganti si ostinano a misurarsi con gli dèi, inseguendo il sogno impossibile della loro rovina: tale dev'essere il loro comportamento fino al momento dello scontro cosmico dell'ultimo giorno. Anche questo mito riferisce del loro desiderio di impadronirsi di figure e simboli in cui è contenuta la forza vivificante e rinnovatrice. Qui, oltre a Freyja, si trovano in pericolo Sif, sposa e dunque ricettacolo della fecondità del dio del tuono, e la Valhalla, luogo di eterno rinnovamento e splendore.

Avvenne una volta che, mentre Thor si trovava in Oriente a combattere i giganti, Odino cavalcò su Sleipnir fino in Jötunheimr e giunse alla dimora di un gigante di nome Hrungnir. Costui lo vide e fu ammirato del destriero del dio. Allora domandò: «Chi è quest'uomo dall'elmo d'oro che cavalca nell'aria e nell'acqua?» E aggiunse: «Tu possiedi un cavallo veramente straordinario». Odino si disse pronto a scommettere la testa che, in tutto Jötunheimr, non c'era un destriero altrettanto veloce, ma Hrungnir ribatté che, sì, quello era un buon cavallo, tuttavia egli stesso ne possedeva uno di nome Gullfaxi[1] che era senz'altro migliore. Così il gigante s'infuriò e salì in groppa al cavallo pensando di ripagare Odino della sua vanteria. Odino cavalcava veloce e scomparve dietro una collinetta. Hrungnir era così preso dalla furia dei giganti che si rese conto di dove era giunto soltanto dopo aver oltrepassato il cancello ed essere entrato nel sacro recinto di Ásgarðr. Allora gli Asi lo invitarono a bere, ed egli fu servito nelle coppe dalle quali era solito bere Thor. Hrungnir le vuotò e quando fu ubriaco non fece mancare le parole grosse: disse che voleva prendersi la Valhalla e portarla in Jötunheimr, sprofondare Ásgarðr e uccidere tutti gli dèi, tranne Freyja e Sif: esse sarebbero dovute andare con lui. Mentre Freyja gli serviva da bere egli aggiunse che avrebbe bevuto tutta la birra degli Asi. Quando gli dèi ne ebbero abbastanza delle sue sbruffonate, mandarono a chiamare Thor. Subito egli tornò ed era assai adirato e pronto a colpire col martello: domandò chi avesse permesso che i giganti bevessero nelle dimore degli dèi e perché Hrungnir potesse stare nella Valhalla e ancora perché Freyja dovesse servirlo come al convito degli Asi. Hrungnir guardò Thor con aria ostile e rispose che egli era stato invitato lì da Odino e che si trovava nella dimora degli dèi sotto la di lui protezione. Thor disse che prima di andarsene si sarebbe pentito di aver accettato quell'invito. Hrungnir ribatté che sarebbe stata un'azione vile e disonorevole ucciderlo ora, mentre era disarmato. Ben più coraggio sarebbe servito – disse – per battersi a duello presso il confine nel luogo detto Grjótúnagarðar. Aggiunse anche che, se avesse avuto con sé il suo scudo e la sua cote, non avrebbe esitato a misurarsi col dio. «Tuttavia ti chiamerò vigliacco, se mi uccidi quando sono disarmato.» Thor fu subito disposto ad accettare quel duello anche perché era la prima volta che qualcuno lo sfidava. Hrungnir partì e ritornò in Jötunheimr. Presto la notizia del duello imminente si diffuse fra i giganti: sapevano che la posta in gioco era assai alta e che se Hrungnir avesse dovuto soccombere sarebbe stato per loro un guaio gravissimo, poiché egli era il più forte fra loro.

Così i giganti costruirono un uomo di fango alto nove miglia e largo tre sotto le ascelle. Tuttavia non trovarono un cuore abbastanza grande finché non lo presero a una cavalla. Quel cuore non era certo saldo quando giunse Thor. Di Hrungnir è detto che aveva un cuore fatto di pietra, appuntito e con tre corna.[2] Egli inoltre aveva anche la testa di pietra. Di pietra poi era lo scudo: esso era largo e spesso, e Hrungnir lo reggeva davanti a sé quando ritto presso Grjótúnagarðar attendeva Thor. Sulla spalla teneva la sua arma, che era una cote e aveva davvero un aspetto terrificante. Il gigante di fango, di nome Mökkurkálfi, era al suo fianco: era così impaurito che a quanto pare alla vista di Thor se la fece sotto.

Thor giunse dunque sul luogo del duello e con lui Þjálfi. Questi corse avanti veloce là dove stava Hrungnir e gli disse: «Sei incauto o gigante a restare ritto con lo scudo davanti, Thor ti ha visto e viene da te sottoterra e dal basso ti attaccherà». Allora Hrungnir si gettò lo scudo sotto i piedi[3] e rimase fermo con la cote fra le mani. Subito dopo vide dei lampi di luce e udì un tuono possente. Era Thor, invaso dal furore divino, che avanzava brandendo il martello. E da lontano il dio scagliò la sua arma contro Hrungnir. Hrungnir alzò la cote con entrambe le mani e a sua volta la scagliò contro Thor. Le due armi si scontrarono in volo e la cote si spezzò: una parte andò a conficcarsi nel terreno – di lì hanno origine sulla terra le cave di queste pietre. Una scheggia invece si infilò nella testa di Thor ed egli cadde in avanti. Il martello Mjöllnir colpì Hrungnir nel mezzo della fronte e gli frantumò il cranio in minutissimi pezzi:[4] anch'egli crollò in avanti addosso a Thor cosicché uno dei suoi piedi finì sul collo del dio.

Þjálfi sconfisse Mökkurkálfi, che cadde con poco onore.[5] Dopo di ciò si avvicinò a Thor sforzandosi di togliergli di dosso il piede del gigante, ma non ce la fece. Tutti gli Asi, saputo che Thor era caduto, andarono da lui per liberarlo dal piede, ma non vi riuscirono. Venne allora Magni, figlio di Thor e di Járnsaxa, che aveva appena tre notti di vita. Tolse il piede di Hrungnir dal collo di Thor e disse: «È un peccato, padre, che io sia arrivato così tardi. Penso che se avessi incontrato questo gigante lo avrei spedito all'altro mondo con un pugno». Thor si alzò e si congratulò col figlio, il quale – disse – sarebbe divenuto assai potente. Così decise che voleva regalargli il cavallo Gullfaxi, che Hrungnir aveva posseduto. Odino protestò, affermando che egli aveva agito male donando quel prezioso destriero a suo figlio anziché a suo padre.

Poi Thor ritornò alla sua dimora a Þrúðvangar, ma aveva sempre la cote conficcata nella testa. Allora venne una maga che si chiamava Gróa,[6] moglie di Aurvandill il Coraggioso. Ella cantò per lui degli incantesimi e la cote cominciò a smuoversi. Quando Thor si accorse che poteva essere liberato dalla cote volle ricompensare Gróa. Per renderla felice le raccontò di una volta in cui aveva guadato da nord a sud gli Elivágar, portando Aurvandill fuori da Jötunheimr sulle spalle in una gerla. Come prova le disse che uno degli alluci del gigante era rimasto fuori ed era gelato; perciò egli lo aveva spezzato e gettandolo nel cielo ne aveva fatto una stella di nome Aurvandilstá.[7] Thor aggiunse anche che entro poco tempo Aurvandill sarebbe tornato a casa. Allora Gróa fu così felice che dimenticò l'incantesimo, e la cote rimase conficcata nella testa di Thor. È detto che non si deve gettare una cote di traverso sul pavimento, altrimenti quella conficcata nella testa di Thor si muove.[8]

Fonti principali: *Haustlöng* di Þjóðólfr di Hvínir str. 14-20;[9] *Skáldskaparmál* di Snorri Sturluson capp. 25-6 [3], *Hárbarðsljóð* str. 14-15.

9. *Il viaggio di Thor presso il gigante Geirrøðr*

La potenza divina di Thor è contenuta e concentrata negli utensili magici da lui posseduti: il martello Mjöllnir, i guanti di ferro, la cintura. Per questo il gigante Geirrøðr vuole affrontare il dio solo quando questi ne sia sprovvisto. Un soccorso magico fornirà tuttavia a Thor altri guanti e un'altra cintura. L'arma infuocata, corrispettiva nel mito al martello celeste, verrà a Thor dal gigante medesimo: solo nelle mani del dio del tuono e del fulmine, però, essa diverrà micidiale strumento di morte.

Una volta Loki aveva preso il travestimento da falco di Frigg e se ne volava in giro per divertimento. Così volando qua e là era finito a curiosare nel recinto di un gigante di nome Geirrøðr. In quel luogo vide una grande sala, perciò si appollaiò su una finestra a sbirciare nell'interno. Ma il gigante voltandosi da quella parte lo vide e ordinò che fosse catturato e condotto da lui. Il servitore che doveva prenderlo però faticava ad arrivare sino a lui perché la parete era assai ripida e il falco si trovava molto in alto. Loki gongolava nel vedere che quello stentava tanto, perciò decise di farlo arrivare sino in cima e di volare via solo all'ultimo momento. Quando dunque il servitore di Geirrøðr tese le mani verso di lui, egli sbatté le ali per spiccare il volo e si diede lo slancio con le zampe: queste però gli erano ormai state afferrate.

L'uccello fu dunque portato dal gigante Geirrøðr. Costui lo guardò negli occhi e sospettò che non si trattasse di un animale quanto piuttosto di un essere umano; allora gli domandò chi fosse, ma Loki se ne rimase zitto. Geirrøðr lo chiuse a chiave in una cassa e lo lasciò tre mesi senza cibo; alla fine lo tirò fuori e questa volta Loki rivelò la propria identità. Per aver salva la vita tuttavia dovette promettere che avrebbe persuaso Thor a entrare nel recinto del gigante senza il martello né la cintura di forza.

Thor fu dunque indotto da Loki a questa pericolosa avventura e intraprese il viaggio. Lungo la strada fece sosta presso una gigantessa di nome Gríðr e ottenne da lei asilo per la notte. Gríðr era la madre del dio Víðarr detto il Silenzioso. Ella avvertì Thor e gli disse la verità riguardo a Geirrøðr: era un gigante assai sapiente e piuttosto difficile da trattare. Perciò Gríðr prestò a Thor la propria cintura di forza e i guanti di ferro; inoltre gli diede anche il suo bastone magico che si chiamava Gríðarvölr.[1]

Thor si diresse dunque verso il recinto del gigante Geirrøðr. Lungo la strada giunse al fiume Vimur e si apprestò a guadarlo. Si cinse perciò la cintura, si appoggiò sul bastone e avanzò nella corrente impetuosa con Loki avvinghiato alla cintura. Quando fu giunto in mezzo al fiume, questo si ingrossò e si gonfiò, tanto che le onde si frangevano sulle spalle del dio. Allora Thor disse così:

«Non ti ingrossare ora Vimur,
poiché io desidero guadarti
verso i recinti dei giganti;
tu sai che se tu cresci,
allora si eleva la mia forza divina
fino all'altezza del cielo!»

Poi Thor alzò lo sguardo verso certe pareti rocciose e s'avvide che Gjálp, figlia di Geirrøðr, stava a cavalcioni sulle sponde del fiume e lo faceva ingrossare.[2] Egli tirò su un grande masso e lo scagliò contro di lei esclamando: «Un fiume deve essere arginato alla sorgente!» né mancò il bersaglio a cui aveva mirato. In quel momento fu trascinato verso riva, si aggrappò a un sorbo selvatico e uscì dall'acqua. Per questo un proverbio definisce «il sorbo selvatico salvezza di Thor».[3]

Quando Thor e con lui Loki giunsero dal gigante Geirrøðr, fu mostrata loro una stalla per capre che avrebbe dovuto essere il loro ricovero. Là c'era una sedia e Thor vi si accomodò. Subito però s'accorse che la sedia si sollevava sotto di lui, alzandosi verso il tetto. Egli allora puntò il bastone di Gríðr contro le travi e si spinse giù. Ci fu un grande frastuono e un urlo violento. Le due figlie di Geirrøðr, Gjálp e Greip, erano finite sotto la sedia ed egli aveva spezzato loro la schiena.[4]

Thor disse:

«Tutta la potenza ho usato una volta
nei recinti dei giganti
allorché Gjálp e Greip, figlie di Geirrøðr
volevano innalzarmi al cielo».

Geirrøðr invitò Thor nella sala per fare dei giochi. Lungo le pareti v'erano grandi fuochi. Quando Thor entrò e si fece incontro a Geirrøðr, questi con le tenaglie prese un pezzo di ferro rovente e glielo gettò addosso. Thor però lo afferrò con i guanti di ferro e lo sollevò. Il gigante balzò dietro una colonna di ferro per ripararsi, ma Thor gettò il ferro rovente che passò attraverso la colonna, attraverso Geirrøðr e attraverso la parete e si conficcò nel terreno.

Quella fu la fine del gigante e delle sue figlie.

Fonti principali: *Þórsdrápa* di Eilífr Goðrúnarson;[5] *Edda Kuhn* pp. 317-8; *Skáldskaparmál* di Snorri Sturluson cap. 27 [4].

Note

2. *Il rapimento di Iðunn*

1 Su questa storia v. p. 278.
2 In *Hár* 19, tuttavia, Thor attribuisce questo gesto a se stesso.

3. *Il furto del monile di Freyja*

1 Una versione più antica di questo mito, che tuttavia non ci è pervenuta, pare testimoniata dall'allusione al duello sostenuto su un isolotto dal dio Loki e dal dio Heimdallr, in aspetto di foca, per il possesso del sacro monile (v. *Ská* 16; *Hús* 2; cfr. *Ská* 24; *Hau* 9).
2 Per il mito dell'eterna battaglia v. pp. 173-80.

4. *Il furto del martello di Thor*

1 Come mostra anche l'allusione del mito al suo uso nei riti nuziali per consacrare l'unione.
2 Cfr. pp. 237 e 294.
3 La persistenza di questo mito nella tradizione nordica è attestata dalla sua presenza in fonti tarde quali la *Canzone di Thor (Torsvisa)* nota in Danimarca (XVI secolo) e in Svezia (XVII secolo); cfr. S. Bugge-M. Moe, *Torsvisen i sin norske form*, Christiania 1897. In Islanda conosciamo le *Þrymlur* (*Rímnasafn. Samling af de ældste islandske rimer*, ed. F. Jónsson, København, I, 1905-1912, pp. 278-88).

5. *Il dio deriso*

1 Nella versione di questo mito fornita da Snorri è qui inserito l'episodio dell'azzoppamento di uno dei capri del dio (v. pp. 133-4).
2 Il suo nome significa forse «elfo servitore». Cfr. la figura di Þjelvar in *Gut* p. 62. V. anche i miti narrati alle pp. 133-4; 137-9; 147, nota 5.
3 Il nome (anche *Vröskva*) è forse legato a un concetto di «crescita» (cfr. *roskinn* «maturo», «cresciuto», e *rosknask* «crescere»); ella pare dunque una divinità della fecondità. V. il mito alle pp. 133-4.
4 «Thor degli Asi», appellativo del dio (cfr. p. 228).
5 «Recinto esterno.» È la dimora dei giganti (v. pp. 50-1).
6 La figura di questo Útgarða-Loki, certamente un gigante, si ritrova anche in Saxo (VIII, XIV, 19 e VIII, XV), dove Utgarthilocus è descritto come un mago dotato

di molta scienza che dimora incatenato in una lugubre caverna: nel motivo dell'incatenamento un'evidente connessione con Loki (v. p. 162), cui allude anche il nome: «Loki del recinto esterno». In Saxo, Utgarthilocus è senza dubbio un demone appartenente al mondo dei morti, come mostra la descrizione del luogo in cui vive, verso il quale l'eroe Thorkillus, che è una rielaborazione leggendaria della figura del dio Thor (cfr. p. 147, nota 5), si reca per incarico di un sovrano.

7 «Thor del carro»; cfr. p. 226.

8 Il testo di Snorri parla di *vítishorn* n. «corno della punizione»: si tratta del corno che doveva essere vuotato come ammenda in caso di assenza ingiustificata alla bevuta comune.

9 *Sjónhverfingar* (pl. di *sjónhverfing* f.), lett. «inganni della vista»; cfr. p. 98.

10 *Gresjárn* n. Cfr. L. Heggestad-F. Hødnebo-E. Simensen, *Norrøn Ordbok*, Oslo 1975, p. 155, e Snorri Sturluson, *Edda*, a cura di G. Dolfini, Milano 1982[2], p. 106 e nota 1.

11 Il nome vale infatti «fiamma». Probabilmente è da identificare con il gigante che ha il medesimo nome (cfr. p. 321).

12 Hugi infatti è nome formato su *hugr* m. «pensiero» (cfr. pp. 358-60).

13 V. p. 64.

14 Il nome (f.) significa «vecchiaia».

15 Dimora del dio. V. pp. 60 e 225.

16 V. il mito successivo.

17 Ivi è contenuta solo un'allusione al mito; tuttavia si fa riferimento alla figura di Fjalarr che altrove appare come un nano (*Ská* 4[2]; *Vsp* 16; v. pp. 90-1 e 336), ma anche come un gigante (*Háv* 14; *Þul*; cfr. p. 332).

18 Anche questo mito è ricordato nelle antiche rime islandesi; v. le *Lokrur* (*Rímnasafn*, cit., I, pp. 290-309).

6. *Il viaggio di Thor presso il gigante Hymir*

1 V. p. 128.

2 Appellativo di Thor (cfr. p. 85, nota 36).

3 Dalla str. 6 della *Húsdrápa* di Ulfr Uggason (citata solo nella *SnE*, v. *Ská* 12, e quindi nota a Snorri) si potrebbe desumere che Thor staccò la testa al serpe e la sprofondò nelle onde. Così inoltre parrebbe anche da alcuni versi di Gamli *gnævaðarskáld* («Poeta eminente»?); v. *Skj* I: A, p. 140; B, p. 132.

4 La versione del mito in Snorri si conclude qui, precisando tuttavia che Thor tornò indietro a guado. Essa inoltre comprende solo l'episodio della pesca del serpe cosmico.

5 Questo racconto ha sorprendenti analogie con taluni rituali dei Lapponi. Infatti, quando costoro sacrificavano un animale (specie una renna o un orso), avevano cura che oltre a un pezzetto di ogni parte del corpo ci fossero anche *tutti* gli ossi, poiché solo così l'animale avrebbe potuto rinascere e garantire loro una caccia proficua. Spesso gli orsi sacrificati (i cui ossi dovevano essere sistemati nella stessa posizione in cui si trovavano nel corpo dell'animale) venivano protetti da eventuali predatori ponendoli in una grotta o ricoprendoli con un mucchio di pietre. Le tradizioni magiche di questo popolo cacciatore (e di altri nel Nord dell'America e dell'Asia) esigevano che gli ossi fossero intatti e messi in ordine preciso. Molto interessanti sono tuttavia i reperti (due nella zona di Storuman, uno presso

Vilhelmina, Svezia) dove lo scheletro dell'animale risultava completo, ma gli ossi erano stati aperti per estrarne il midollo. H. Celander (*Julen som äringsfest*. III *Julgrisen*, in *Folkminnen och folktankar* XII [1925], 4, p. 5) riferisce che gli abitanti della Carelia nel giorno della festa di sant'Olaf uccidono un agnello senza usare il coltello: gli ossi non devono essere spezzati. Una parte della carne viene posta in un angolo della stanza a uso degli spiriti della casa, un'altra nei campi, una terza sotto le betulle che serviranno come alberi della festa di maggio. Anche questa antica usanza pare poter essere collegata qui.

6 Il racconto dell'azzoppamento del capro di Thor, cui nella parte finale del *Carme di Hymir* si fa solo una breve allusione (*Hym* 37-8), è presente in forma dettagliata in Snorri (*Gyl* 44): ivi tuttavia esso è posto come antefatto al mito del «dio deriso» (v. il mito precedente).

7. *Le invettive di Loki*

1 «[Colui che fa] velocemente provvista.»

2 «[Colui che] accende il fuoco.»

3 V. pp. 156-7.

4 V. pp. 63-6.

5 V. pp. 149-50.

6 Il personaggio di Byggvir compare solo in questo mito. Le poche notazioni qui riferite, insieme alla più probabile etimologia del nome (anche *Beyggvir*) che lo riconnette a *bygg* n. «orzo», fanno di lui, con ogni probabilità, uno spirito che presiede alla crescita dei cereali. Ciò inoltre si adatta ottimamente alla sua funzione di servitore di Freyr, dio che «governa la crescita della terra» (*hann ræðr... með ávexti jarðar*; *Gyl* 24). L'affermazione di Byggvir che si dice fiero di occuparsi della birra (*Lok* 45) fa perciò riferimento al suo potere di spirito dei campi che governa la crescita dell'orzo.

7 V. p. 116.

8 Come il marito compare solo in questo mito. Di lei perciò non si conosce che l'accusa qui rivoltale da Loki. Il nome è stato interpretato come «mucca» o «piccola ape» o «donna fagiolo».

9 V. pp. 121-7.

10 V. il racconto dettagliato della sua punizione come è riferito da Snorri al termine del mito del «dio sacrificato» (v. pp. 160-2).

11 Qui il mito è narrato in forma molto ridotta, tuttavia vi si dice che Ægir, dopo essere stato ospite in Ásgarðr, aveva promesso di ricambiare il banchetto in capo a tre mesi e così dunque aveva fatto, ma la sua festa era stata rovinata da Loki. In questa fonte si racconta inoltre della moglie di Ægir, Rán, che raccoglie con una rete i cadaveri degli annegati (cfr. p. 72), e delle loro nove figlie. Snorri riferisce questo mito per spiegare il perché delle *kenningar* che definiscono l'oro «fuoco», «luce» o «splendore» di Ægir, di Rán o delle figlie di Ægir, o comunque «fuoco del mare» (Ægir è infatti il gigante re del mare; cfr. pp. 319-20).

Diverse raffigurazioni nordiche della trischele: a *e* b *pietra di Lillbjärs* III. *Gotland, Svezia,* VIII-IX *secolo;* c *pietra di Fride. Gotland, Svezia,* VIII-IX *secolo;* d *pietra runica di Snoldelev. Sjælland, Danimarca,* VIII-IX *secolo*

8. *Il duello di Thor contro il gigante Hrungnir*

1 «Criniera d'oro.»

2 Il racconto di Snorri (*Ská* 25 [3]) precisa che un segno simile viene da allora inciso e che si chiama appunto «cuore di Hrungnir» (*Hrungnis hjarta*). Si tratta verosimilmente della trischele che appare raffigurata su diverse pietre (v. soprattutto le incisioni ritrovate nell'isola di Gotland). Essa appare anche nel corredo della nave funeraria di Oseberg (IX secolo) in Norvegia. Qui questo segno ha nome *valknut(e)* «nodo dei caduti», il che lo mette in relazione con i morti in battaglia e quindi con Odino, patrono delle loro anime (cfr. pp. 211-2).

3 Qui vanno ricordate le *kenningar* di Bragi (*Rag* 1) e di Kormákr Ögmundarson (v. *Kor* 5) che definiscono lo scudo rispettivamente «foglia dei calcagni del ladro di Þrúðr [= Hrungnir]» (*blað ilja þjófs Þrúðar*; cfr. p. 264, nota 3) e «piattaforma dei piedi di Hrungnir» (*Hrungnis fóta stallr*); entrambe citate in *Ská* 62.

4 Cfr. *Lok* str. 61, 63, dove il martello Mjöllnir viene definito «uccisore di Hrungnir» (*Hrungnis bani*).

5 Cfr. *Saxo* VI, IV, 6.

6 Il nome significa forse «[colei che fa] crescere» (cfr. il verbo *gróa* «crescere») e pare perciò alludere a una figura legata alla fertilità. In *Grg* (*passim*) ella è detta madre di Svipdagr e da lui viene richiamata dalla tomba per avere un viatico di saggezza (v. p. 401). Figure di maghe di nome Gróa sono ricordate anche in *Gön* 2 e *Vat* 36. Cfr. anche la figura di Gro in *Saxo* I, IV, 2.

7 «Alluce di Aurvandill.» È la stella nota alla tradizione anglosassone come *Earendel*. In Cynewulf questo termine viene usato per indicare Cristo (cfr. *Exeter Book*, ed. G.P. Krapp-E. van Kirk Dobbie, London-New York 1936, p. 6, verso 104). Cfr. anche pp. 278 e 327-8. Cfr. *Saxo* III, VI, 1-5 e IV, I, 2, 5 e 10, dove si cita Horwendillus padre di Amlethus.

Figura di lappone che venera un'immagine del dio del tuono. Da Johannis Schefferi, Lappland, *Franckfurt am Main und Leipzig 1675*

8 Alla cote conficcata nella testa di Thor si fa forse riferimento là dove si parla dei cosiddetti *reginnaglar* (m.pl. «chiodi divini») che secondo la *Eyr* (cap. 4) erano conficcati in un'immagine di Thor che si trovava in Islanda nel grande tempio, dedicato a questo dio, che Þórólfr Mostrarskegg aveva innalzato a Hofstaðir. (Cfr. anche la citazione di questi «chiodi divini» in una *kenning* di Þórarinn Lingua che loda nel componimento dal titolo *Glælognskviða* («Carme del mare calmo»?), in *Skj* I: A, pp. 324-7; B, pp. 300-1). Anche l'immagine del dio del tuono lappone Horagalles nella cui testa era conficcato un chiodo e un pezzo di selce va riferita qui (cfr. Johannis Schefferi, *Lappland*, Franckfurt am Main und Leipzig 1675, pp. 116-8: *In das Haupt stecken sie einen eisernen Nagel / und ein Stück Kieselstein*, cit. da p. 117); cfr. p. 229.

9 Dove tuttavia parrebbe che gli incantesimi di Gróa riuscissero a far uscire la cote dalla testa di Thor.

9. *Il viaggio di Thor presso il gigante Geirrøðr*

1 «Bastone [magico] di Gríðr» (cfr. pp. 99-100).

2 Nella tradizione delle saghe leggendarie sono ricordati esseri chiamati *brunnmigi* (m.) che insozzano le fonti orinandovi dentro (cfr. a esempio *Hálf* 5).

3 ... *reynir er björg Þórs*. Cfr. *Gre* 52, dove in un verso a una donna di nome Þorbjörg si fa allusione con il termine *reynirunnr* «sorbo». Il sorbo selvatico è una pianta ritenuta dotata di particolari qualità magiche quali la capacità di allontanare gli spiriti malvagi o di aumentare la fecondità; per questo è legata al dio del tuono, il quale presenta queste stesse caratteristiche. Qui va ricordato anche che il dio del tuono lappone, Horagalles, ripreso dalla figura di Thor, ha una sposa

il cui nome *Raudna* significa appunto «sorbo selvatico». Delle qualità magiche attribuite a questo albero (dovute forse alle bacche rosse) testimonia anche un episodio narrato in *Stu* II, I, 6 dove è riferito che Geirmundr Pelle d'Inferno picchiò un servo il quale aveva sospinto il bestiame con un ramo di sorbo selvatico e gettò via il latte di quella giornata. Egli riteneva questo albero dotato di particolari qualità poiché sopra di esso vedeva splendere una luce sovrannaturale.
Un pezzo di ramo di sorbo selvatico è stato rinvenuto in un recipiente di bronzo insieme ad altri resti di oggetti magici in una tomba danese risalente all'età del bronzo (Maglehøj presso Frederikssund, Sjælland).

4 Cfr. l'allusione a questo episodio in *Saxo* VIII, XIV, 15 (v. nota 5); cfr. anche *Örv II* 29, dove l'eroe Oddr uccide una gigantessa rompendole la schiena con una pietra.

5 Questa fonte, il cui testo resta difficile da interpretare con assoluta certezza, fornisce una versione del mito che differisce per taluni aspetti da quella di Snorri, sopra riportata. Secondo lo scaldo Eilífr Goðrúnarson infatti fu Þjálfi e non Loki a seguire Thor in questo viaggio. Fu dunque lui ad attraversare il fiume tempestoso avvinghiato alla cintura (o alla cinghia dello scudo) del dio. Eilífr riferisce che quando Thor giunse alla dimora del gigante spezzò la schiena alle figlie di Geirrøðr e che questi lanciò un bastone di ferro rovente verso la bocca del dio. Thor lo afferrò al volo, e allora il gigante cercò rifugio dietro una colonna, ma il dio gli conficcò il bastone nella cintola e gli sferrò un colpo col martello (elemento assolutamente assente dal racconto di Snorri). Þjálfi cui, come d'altronde a Thor, non venne mai meno il coraggio, aiutò il suo padrone in questa impresa.
La storia del viaggio di Thor presso il gigante Geirrøðr dovette essere assai nota e popolare. Essa riappare in due rielaborazioni più tarde. Una è la vicenda di Thorkillus narrata da Saxo, secondo il quale costui andò a visitare il Paese di Geruthus, fratello di Guthmuntus (Goðmundr di Glæsisvellir; cfr. p. 72). Saxo parla di un viaggio assai pericoloso in regioni desolate e abitate da mostri e di tutta una serie di situazioni difficili in cui Thorkillus e i suoi compagni di viaggio si vennero a trovare. Molti degli elementi presenti in questo racconto richiamano la descrizione del regno dei morti, luogo assai pericoloso per i mortali, i quali, se non prendono le dovute precauzioni, non potranno tornarne. Così oltre alla descrizione di un itinerario in luoghi freddi e bui, si insiste sulla pericolosità degli abitanti, sulla necessità di non accettare alcunché da costoro (in particolare il cibo o l'offerta di rapporti amorosi) e di non lasciarsi attrarre dai tesori custoditi in quei luoghi. Altri elementi, quali la presenza di un fiume infernale, quella di un ponte d'oro che vi è gettato sopra e che non può essere attraversato dai mortali (che in caso contrario avrebbero interdetto il ritorno), quella di feroci cani guardiani, confermano senza dubbio che siamo di fronte a una descrizione del regno dei morti. In questo racconto è altresì fatto cenno al mito come narrato da Snorri, in quanto si riferisce che Geruthus e tre donne con lui ancora portavano i segni della lotta con Thor, il quale un tempo, tormentato dall'insolenza dei giganti, aveva conficcato un pezzo di metallo rovente negli organi vitali di Geruthus che combatteva contro di lui e aveva colpito le donne con la potenza dei fulmini (*Saxo* VIII, XIV, 15).
In un'altra fonte (*Þpb*) il ruolo di Thor viene affidato a Þorsteinn, cortigiano del re cristiano Óláfr Tryggvason. Costui, dopo diverse avventure che non hanno relazione con quanto narrato in questo mito, giunge nel Paese dei giganti e lì incontra Goðmundr di Glæsisvellir, in compagnia del quale, dopo aver attraversato un fiume tempestoso, entra nel regno di Geirrøðr. Ivi assiste a diversi giochi tra i

giganti, infine uccide Geirrøðr provocando delle scintille e gettandogli negli occhi una pietra magica e un punzone.
La popolarità della storia di Thor e Geirrøðr è testimoniata anche nella cosiddetta *Breve storia di Sneglu-Halli* (*Sneglu-Halla þáttr*, ed. J. Kristjánsson, *Eyfirðinga sögur*, Reykjavík 1956, *ÍF* vol. IX, pp. 261-95) dove (cap. 3) si riferisce che lo scaldo Þjóðólfr Arnórsson, per commentare in versi un litigio tra un conciatore e un fabbro, immaginò, su suggerimento di re Araldo di duro consiglio, che i protagonisti fossero Thor e il gigante Geirrøðr anziché due persone comuni.

VI. Il dio innamorato

La feconda ierogamia del cielo e della terra, tema consueto a tutte le tradizioni mitologiche, si ritrova nel mondo nordico soprattutto nella storia dell'innamoramento del dio della fecondità, Freyr, il quale si unirà con Gerðr, fanciulla della stirpe dei giganti, appartenente perciò al mondo infero. Nella figura del servitore del dio, Skírnir,[1] è verosimilmente incarnato il potere fecondante dei raggi del sole.

Avvenne una volta che Freyr si recò a Hliðskjálf e lì se ne stava a guardare tutti i mondi. Quando si volse verso settentrione vide colà in una fattoria una casa grande e bella, e verso quella casa andava una fanciulla. Quando ella alzò le mani per aprire la porta, tutta l'aria e l'acqua furono illuminate dallo splendore che irradiava da lei. Questa fanciulla aveva nome Gerðr: era figlia del gigante Gymir e di Aurboða, sua moglie. Costoro erano della stirpe dei giganti delle montagne.

Freyr fu punito per la presunzione di essersi seduto in quel luogo santo,[2] perché fu preso da una tale passione per quella donna che da quel momento non ebbe più pace. Egli infatti tornò a casa ed era pieno di dolore: non parlava, non dormiva né beveva e nessuno aveva il coraggio di rivolgergli la parola. Allora Njörðr e Skaði mandarono a chiamare Skírnir, servitore di Freyr, e gli chiesero di andare da lui e domandare perché fosse così afflitto. Skírnir disse che sarebbe andato, tuttavia malvolentieri: pensava infatti che avrebbe ricevuto solo una rispostaccia. Comunque si recò da Freyr e domandò perché fosse tanto abbattuto da non parlare più con nessuno: con lui poteva confidarsi – disse – e gli ricordò che erano cresciuti insieme e perciò potevano avere reciproca fiducia. Il dio allora confidò la sua pena; aveva visto una donna tanto bella che per colpa sua era così pieno di dolore: non poteva più vivere senza di lei. Aggiunse però di temere che nessuno, fra gli Asi e gli elfi, avrebbe dato il consenso a quella unione. «Tuttavia ora tu devi andare a chiedere la sua mano per me e portarmela qui, che suo padre lo voglia o no: di ciò saprò ben ricompensarti!» Skírnir acconsentì; tuttavia per recarsi nelle terre dei giganti volle avere il destriero di Freyr; inoltre chiese di essere ricompensato con la spada preziosa del dio: essa aveva la virtù di combattere da sola. Freyr non si fece pregare: prestò il cavallo e regalò la spada. È noto però che quella fu un'azione stolta: è detto infatti che quando combatté col gigante Beli, Freyr si trovò disarmato e dovette ucciderlo con un corno di cervo. Peggio ancora tuttavia sarà per lui nell'ultimo giorno quando le forze del male si scateneranno: egli allora non avendo una buona arma si pentirà di quel dono avventato.

Skírnir si preparò dunque a partire verso le terre dei giganti: là avrebbe dovuto attraversare un bastione di fuoco. Allora si rivolse al cavallo e disse così:

«Fuori fa buio, dico che è ora per noi di viaggiare
fra umidi monti,
e terre di giganti;
entrambi arriveremo, oppure entrambi ghermirà
il gigante oltremodo possente».

Così Skírnir cavalcò verso Jötunheimr, fino al luogo in cui abitava Gymir. Quando giunse trovò dei cani mordaci legati all'ingresso del recinto che stava attorno alla dimora di Gerðr. Su un'altura sedeva un pastore. Skírnir cavalcò fino a lui e domandò come si potesse entrare da Gerðr. Il pastore a sua volta domandò se Skírnir fosse morto o comunque votato a morire: era una cosa impossibile – disse – avere un colloquio con quella fanciulla. Skírnir non si lasciò impressionare: la sua vita – ribatté – era stata fissata dalle norne: dunque non era il caso di mettersi a piagnucolare al momento di compiere una missione. Intanto, nella casa, Gerðr udì il frastuono che proveniva dall'esterno: ella domandò a una serva che cosa stesse succedendo. Quella rispose: «Qui fuori c'è un uomo sceso da cavallo che fa pascolare il suo destriero». Gerðr ordinò che Skírnir fosse fatto entrare e che gli fosse offerto da bere: «Temo tuttavia», disse, «che qui fuori ci sia l'uccisore di mio fratello».[3]

Quando Skírnir fu entrato, Gerðr domandò di che stirpe fosse: era degli Asi, degli elfi o dei saggi Vani? Perché da solo era venuto fino alle dimore dei giganti attraversando il bastione di fuoco? Skírnir rispose: «Non sono degli elfi, né dei figli degli Asi, né dei saggi Vani; tuttavia da solo sono venuto oltre il bastione di fuoco a vedere le vostre dimore». Subito dopo cominciò a corteggiarla offrendole doni preziosi.

«Qui con me ho undici mele tutte d'oro»,[4] disse, «a te le darò, Gerðr, per comprare l'amore, purché tu dica che Freyr è per te il più caro degli esseri.» Gerðr rifiutò le mele e con esse l'amore del dio: mai nella sua vita – disse – avrebbe vissuto con lui. Skírnir allora provò a offrirle l'anello d'oro Draupnir,[5] oggetto magico e prezioso: era quello che Odino aveva posto sulla pira di Baldr[6] e da esso – le ricordò – scaturivano ogni nove notti otto anelli di ugual

Lamina d'oro, ritrovata nell'isola di Helgö nel Mälaren, in cui appare rappresentato il dio della fecondità con la sua sposa. Svezia, VI secolo

peso. Come le mele, Gerðr rifiutò l'anello: nei recinti di suo padre – affermò – non le mancava certo l'oro. Vista inutile ogni lusinga, Skírnir passò alle minacce: trasse la spada tutta incisa di rune, la mostrò alla fanciulla e disse che se non avesse acconsentito al suo volere le avrebbe mozzato la testa. Gerðr ostinata rispose che non avrebbe tollerato violenza di sorta per compiacere chicchessia; aggiunse anzi che se Skírnir avesse incontrato Gymir, tra loro ci sarebbe stata una lotta furibonda. Viste inutili anche le minacce Skírnir ricorse al potere della magia e disse così:

«Con la bacchetta magica ti colpirò, io ti domerò,
fanciulla, al mio comando;
là te ne andrai dove i figli degli uomini
mai più ti vedranno».

E ancora le preannunciò ogni sorta di male: ella avrebbe sempre vissuto con lo sguardo rivolto al mondo dei morti, avrebbe avuto cibo disgustoso, sarebbe divenuta orribile alla vista, sempre sarebbe rimasta presso il calcello dell'aldilà. E pure avrebbe patito nell'animo: frenesia, gemito, pena, tormento, angoscia e lacrime sarebbero riservati per lei. Perseguitata da esseri demoniaci, sarebbe stata sposa dei giganti, costretta a vivere con uno di loro, mostro dotato di tre teste. L'odio degli dèi benedetti le sarebbe riservato, e tolta ogni gioia d'amore. Confinata nel mondo dei morti, non avrebbe avuto bevanda migliore del piscio di capra.

Tutto questo Skírnir minacciò, e incise tre rune possenti che avrebbero dato forza ed efficacia alla sua maledizione. Disse però che avrebbe potuto cancellarle, se ella solo avesse voluto.

Al potere della magia Gerðr dovette arrendersi. Ella prese il calice, offrì da bere a Skírnir e si disse disposta ad amare Freyr. Skírnir allora si preparò a partire; prima tuttavia volle compiere appieno la missione e sapere da lei quando Freyr avrebbe potuto incontrarla. Gerðr rispose che il dio l'avrebbe potuta vedere allo scadere di nove notti, in un bosco dai sentieri silenziosi di nome Barri, che entrambi conoscevano. Con questa risposta Skírnir tornò a casa. Freyr lo attendeva ansioso e subito domandò notizie. E quando il servitore riferì l'esito del viaggio, egli disse così:

«Lunga è una notte, lunghe sono due,
come potrò languire per tre?
Spesso un mese mi parve più breve
di metà di questa notte d'attesa».[7]

Fonti principali: *Skírnismál*; *Lokasenna* str. 42; *Gylfaginning* di Snorri Sturluson cap. 37.

Note

1 «Splendente.»
2 Come altrove precisato (v. p. 58), Hliðskjálf appartiene a Odino.
3 Probabilmente nel testo del *Dialogo di Skírnir* manca una parte in cui si descrive l'uccisione del pastore guardiano da parte di Skírnir.
4 Sono verosimilmente le mele di Iðunn che garantiscono l'eterna giovinezza. V. pp. 115-6, 244 e 537 (g).
5 V. p. 93.
6 V. pp. 159 e 659.
7 Versione del *Dialogo di Skírnir* (str. 42), lievemente diversa da quella riportata nell'*Edda* di Snorri (*Gyl* 37).

VII. Il dio torturato

Odino, appeso tra due fuochi dall'infido ospite Geirrøðr, rivela la propria scienza del mondo e i segreti degli dèi.*[1] *Egli lo fa tuttavia solo al momento stabilito: al nono giorno, cioè quando un ciclo è compiuto. Inoltre lo fa solo per Agnarr, al quale tale conoscenza iniziatica è destinata dopo che Geirrøðr se ne è mostrato indegno.

Un re di nome Hrauðungr[2] aveva due figli. Il maggiore che si chiamava Agnarr[3] aveva dieci anni, il minore che si chiamava Geirrøðr[4] ne aveva otto. Un giorno i due fratelli erano usciti a pescare. Il vento li aveva spinti al largo e quando fu buio essi presero terra in un luogo sconosciuto. Accolti e allevati da un contadino e da sua moglie, dimorarono da loro per l'inverno. La donna si occupò di Agnarr, l'uomo invece dedicò le sue cure a Geirrøðr. A primavera essi ebbero dall'uomo un'imbarcazione per tornare a casa; mentre li accompagnava alla spiaggia con la moglie, l'uomo parlò in disparte con Geirrøðr. I due fratelli ebbero vento favorevole e giunsero alle terre del padre. Quando furono in prossimità della riva, Geirrøðr, che stava a prua, balzò a terra e risospinse il fratello verso il largo, affidandolo agli spiriti maligni. Poi tornò a casa, fu ben accolto e poiché il padre era morto egli divenne re al suo posto.

Odino e Frigg, dalla loro dimora in Hliðskjálf, videro Agnarr che viveva in una caverna con una gigantessa dalla quale aveva avuto dei figli; Geirrøðr invece era un re potente sulla terra. Frigg scommise con Odino che Geirrøðr era tuttavia spilorcio e inospitale, perciò Odino decise di recarsi da lui sotto il falso nome di Grímnir[5] per metterlo alla prova.

Geirrøðr era stato messo sull'avviso da Fulla, ancella inviata da Frigg, la quale lo aveva avvertito di stare attento a un uomo pratico di magia. Egli lo avrebbe riconosciuto dal fatto che nessun cane, per quanto feroce, lo avrebbe assalito. Era una menzogna che Geirrøðr fosse inospitale. Tuttavia quando egli vide quello straniero avvolto in un mantello blu scuro, contro il quale i cani non si volevano slanciare, lo fece catturare e lo interrogò. Quello però taceva, allora Geirrøðr lo appese tra due fuochi perché parlasse. Colà egli rimase otto notti.

Geirrøðr aveva un figlio di nome Agnarr come lo zio, che aveva dieci anni; questi si recò da Odino e gli offrì da bere, dicendo che suo padre faceva male a torturare un innocente. Grímnir allora bevve e parlò: il fuoco ormai gli bruciava il mantello. Egli rivelò la scienza del mondo degli uomini e degli dèi. Disse delle dimore divine nel cielo, della Valhalla e dei suoi eroi, parlò dell'albero cosmico e dei fiumi del mondo, delle valchirie e degli astri splendenti. Disse di come l'universo era stato creato e di ogni bene prezioso che vi si trova. Infine rivelò i nomi sotto i quali egli si presentava di volta in volta al mondo. In ultimo svelò la sua vera identità, preannunciando a Geirrøðr un'imminente morte per spada. Geirrøðr stava seduto e aveva la spada mezzo sfoderata sulle ginocchia. Quando capì che da lui era giunto Odino, volle toglierlo dai fuochi; tuttavia inciampò, cadde sulla spada e ne fu trafitto. Allora Odino scomparve e Agnarr regnò in quel luogo per lungo tempo.

Fonti principali: *Grímnismál.*

Note

1 Talora nelle fonti nordiche appare la tortura col fuoco come sorta di prova iniziatica per il guerriero. Tale pare a esempio essere il significato delle varie «prove del fuoco» cui è sottoposto l'eroe Hrólfr [Magro come un] palo (cfr. *Ská* 55 [8]; *Hról* 39, 43; *Skjö* 12; *Saxo* II, VI, 5). Cfr. anche l'episodio simile riferito in *Hálf* 8. Dei guerrieri sacri a Odino, i *berserkir*, è detto che «né il ferro né il fuoco li potevano fermare» (*Yng* 6: *en hvártki eldr né járn orti á þá*). Sull'argomento v. J. Fleck, *The Knowledge-criterion in the «Grímnismál»*, in *Arkiv för Nordisk Filologi*, LXXXVI (1971), pp. 49-65.

2 «Distruttore.»

3 Probabilmente «guerriero che incute paura».

4 Forse «protettore con la lancia».

5 «Mascherato»; cfr. p. 205.

VIII. Il dio sacrificato

Solo attraverso il sacrificio e la morte è mediato e fatto certo il rinnovarsi della vita. Il figlio di Odino, Baldr, dio buono e luminoso, è la vittima innocente: egli deve essere sottratto a questo mondo per prepararsi a regnare nel ciclo futuro. Nel mito, famosissimo, che riferisce della sua morte possono tuttavia al contempo essere riconosciute – accanto a influssi cristiani non improbabili – le strutture consuete nei miti relativi alle divinità della vegetazione, la descrizione di un itinerario iniziatico, la trasposizione drammatica del perenne, cosmico conflitto tra le forze dell'oscurità e quelle della luce (qui, in particolare, il sole).

a. La più dolorosa delle storie che riguardano gli dèi è senza dubbio quella che riferisce della morte di Baldr.

L'inizio fu che Baldr il Buono venne visitato da sogni spaventosi che preannunciavano gravi pericoli per la sua vita.[1] Quando egli lo riferì agli dèi, essi tennero consiglio ed erano molto preoccupati. Odino decise allora di recarsi in Niflhel, nell'infimo dei mondi: lì avrebbe potuto interrogare una veggente sulla sorte del figlio. Egli dunque sellò il destriero Sleipnir e cavalcò alla volta del regno infero. Sulla strada gli si fece incontro un cane: aveva il petto insanguinato e a lungo abbaiò al padre degli incantesimi.[2] Questi tuttavia procedette – il sentiero risonava sotto di lui – e infine giunse all'alta dimora di Hel.

Odino si recò alla porta orientale presso la quale giaceva l'indovina: subito prese a recitare i canti che ridestano i morti ed ella fu costretta a rialzarsi e a parlare. «Che uomo è costui, a me sconosciuto, che mi costringe al faticoso viaggio? Io ero coperta di neve, battuta dalla pioggia, intrisa di rugiada: da tanto ero morta.» Odino rispose dicendo di chiamarsi Vegtamr,[3] figlio di Valtamr,[4] e la invitò a parlare dal mondo dei morti a lui che proveniva dal regno dei viventi. Voleva sapere quale fosse l'ospite che Hel attendeva; lì infatti vedeva i sedili della sala cosparsi di anelli e le panche ricoperte d'oro. L'indovina rispose: «L'idromele, bevanda che risplende, è stato preparato per Baldr, sopra vi è posto uno scudo. I figli degli Asi sono nell'angoscia. Costretta ho parlato, ora devo tacere». Odino insistette e ancora la invitò a parlare: voleva sapere chi sarebbe stato l'assassino di Baldr, chi avrebbe tolto la vita a suo figlio. Ella rispose: «Höðr alzerà il rametto fatale, egli toglierà la vita al discendente di Odino. Costretta ho parlato, ora devo tacere». Ma Odino insistette una volta di più, e ancora volle sapere chi avrebbe vendicato la morte di Baldr. Ella rispose: «Rindr genererà Váli nelle sale dell'Ovest; egli, figlio di Odino, combatterà e avrà solo una notte di vita. Non si laverà le mani né si pettinerà il capo prima di aver mandato al rogo il nemico di Baldr. Costretta ho parlato, ora devo tacere». Odino insistette ancora per conoscere tutta la verità, e ancora domandò chi fossero le fanciulle piangenti e affrante dal lutto che avrebbero gettato al cielo i loro veli. Questa volta però l'indovina rispose così: «Tu non sei Vegtamr, come io credevo, piuttosto sei Odino, antico Gautr!»[5] Egli ribatté: «Tu non sei un'indovina, né una donna sapiente, piuttosto sei la madre di tre giganti!» Ed ella ancora: «Torna a casa, Odino, e sii fiero! Nessuno fra gli uomini da me più verrà prima che Loki sia libero dai legami e giunga il crepuscolo degli dèi distruttore».

Odino dunque cavalcò verso casa e riferì ciò che l'indovina gli aveva rivelato. Questa profezia parve agli Asi preannunzio di una grave disgrazia ed essi vollero cercare protezione per Baldr contro ogni pericolo. Allora Frigg sua madre raccolse da tutti gli esseri la promessa che non avrebbero fatto del male a Baldr. Tutti giurarono: il fuoco e l'acqua, il ferro e tutti i metalli, le pietre, la terra, gli alberi, le malattie, gli animali, gli uccelli, il veleno, i serpi. Tutti promisero che avrebbero risparmiato Baldr. Quando ciò fu compiuto, Baldr e gli altri dèi presero a divertirsi così: nelle assemblee egli si metteva ritto nel mezzo e tutti gli gettavano contro qualcosa; alcuni lo colpivano, altri gli gettavano pietre. Infatti, qualunque cosa fosse fatta, a lui non ne veniva alcun male, e tutti giudicavano che ciò fosse un grande onore per lui.

Quando Loki vide queste cose, fu molto dispiaciuto che nulla facesse del male a Baldr. Egli perciò si travestì da donna e andò a Fensalir da Frigg. Frigg domandò a quella donna se sapesse che cosa facevano gli Asi nell'assemblea. Ella rispose che tutti gettavano qualcosa contro Baldr senza che egli ne venisse danneggiato. Allora Frigg disse: «Né le armi né le piante possono fare del male a Baldr: ho raccolto giuramenti da ciascuno di loro». La donna domandò: «Tutte le cose hanno giurato di risparmiare Baldr?» Frigg rispose: «Una piantina cresce a occidente della Valhalla, che si chiama vischio: mi parve troppo giovane per chiederle di giurare». Subito la donna si dileguò.

Loki staccò la piantina di vischio e si recò all'assemblea. Gli dèi stavano in cerchio attorno a Baldr; là c'era anche Höðr, ma se ne stava in disparte perché era cieco. Loki andò da lui e domandò: «Perché non getti qualcosa contro Baldr?» Quello rispose: «Perché non vedo dove si trova e per di più non ho un'arma». «Fai anche tu come gli altri», suggerì Loki, «e rendigli onore come tutti. Io ti indicherò dove sta. Gettagli questo rametto!» Höðr prese il rametto di vischio e lo gettò contro Baldr secondo le indicazioni di Loki: esso volò come una freccia, Baldr fu trafitto e cadde a terra morto. Mai vi è stata una disgrazia peggiore fra gli uomini e gli dèi.

Quando gli Asi videro che Baldr era morto furono annichiliti e ammutolirono dal dolore. Si guardavano l'un l'altro e tutti avevano il medesimo pensiero contro colui che aveva compiuto questo misfatto. Tuttavia non potevano vendicarsi a motivo della santità del luogo. Quando fecero per parlare proruppero in pianto e nessuno era capace di esprimere con le parole il proprio dolore. Odino soffriva più degli altri perché ben sapeva quale tremenda disgrazia fosse per gli Asi la morte di Baldr.

Quando gli dèi si riebbero, Frigg parlò per prima e domandò se ci fosse qualcuno che volesse guadagnarsi tutto il suo amore e la sua devozione andando nel regno infero a cercare Baldr e a chiedere che Hel gli permettesse di tornare in Ásgarðr. Si offrì per quel viaggio uno degli Asi, Hermóðr il Gagliardo, figlio di Odino.[6] Allora fu condotto il cavallo di Odino, Sleipnir; Hermóðr montò in sella e cavalcò via. Gli Asi presero il cadavere di Baldr e si apprestarono a tributargli gli onori funebri. Così lo trasportarono al mare. Là c'era la nave di Baldr che si chiamava Hringhorni: era la nave più grande che ci fosse. Gli dèi volevano allestirvi la pira di Baldr.[7] La nave era posta su dei rulli, ma non riuscirono a smuoverla. Perciò fu mandata a chiamare da Jötunheimr una gigantessa che aveva nome Hyrrokkin: ella giunse a cavallo di un lupo e aveva per briglie dei serpi. Quando smontò, Odino chiamò quattro *berserkir*[8] che facessero la guardia al lupo; essi però non riuscirono a tenerlo fermo finché non lo abbatterono.

Hyrrokkin andò alla prua della nave e al primo scossone la spinse così forte che i cilindri su cui era posta presero fuoco e tutta la terra tremò. Allora Thor si infuriò e voleva spaccarle la testa col martello: gli altri dèi tuttavia intercedettero per lei.

Poi il cadavere di Baldr fu posto sulla nave[9] e quando Nanna sua sposa lo vide, schiantò dal dolore e morì: anche lei dunque fu posta sulla pira alla quale venne dato fuoco.[10] Thor si avvicinò e consacrò il rogo col martello Mjöllnir; in quel momento davanti ai suoi piedi passò correndo un nano di nome Litr. Il dio gli diede un calcio gettandolo nel fuoco, dove bruciò. A questa cremazione assistette una folla di vario genere. Per primo naturalmente Odino e

La gigantessa Hyrrokkin al funerale di Baldr. Raffigurazione sulla pietra runica di Hunnestad III. *Scania, Svezia,* X-XI *secolo. La pietra, facente parte di un complesso di monumenti in parte perduti, è qui riprodotta secondo un disegno del 1634*

con lui Frigg, i corvi e le valchirie. Poi Freyr sul carro trainato dal verro Gullinbursti, poi Heimdallr a cavallo di Gulltoppr e Freyja sul carro trainato dai gatti. Anche molti giganti del ghiaccio e delle montagne si recarono a rendere omaggio a Baldr. Odino gettò sulla pira l'anello Draupnir, perché Baldr lo avesse nel regno dei morti; da allora esso ebbe la caratteristica che ogni nove notti ne scaturivano otto anelli di eguale peso.

Anche il cavallo di Baldr con tutti i finimenti fu bruciato con lui perché seguisse agli inferi il suo padrone.

Ora bisogna dire che nel frattempo Hermóðr aveva cavalcato per ben nove notti in valli oscure e profonde dove non si vedeva nulla; infine giunse al fiume Gjöll e cavalcò sul ponte Gjallarbrú che lo attraversa: esso è coperto d'oro splendente. A guardia di quel ponte sta una fanciulla di nome Móðguðr: costei gli domandò il nome e la stirpe e osservò che egli non sembrava appartenere al mondo dei morti. Il ponte infatti rintronava ben più forte al passaggio di lui solo di quanto non avesse fatto il giorno prima quando era stato attraversato da cinque schiere di morti. «Inoltre», ella disse, «tu non hai il colore dei cadaveri.» Ma perché dunque si recava da Hel? Hermóðr rispose che stava andando a cercare Baldr. Le domandò anzi se lo avesse visto passare per quella via. Ella rispose di sì, che Baldr era transitato sul ponte e aggiunse che il sentiero di Hel correva verso il basso e in direzione nord. Hermóðr proseguì dunque finché giunse ai cancelli di Hel. Allora scese da cavallo, assicurò i finimenti, rimontò e diede di sprone; così il cavallo saltò tanto in alto al di sopra del cancello che giunse lontano. Hermóðr si recò alla sala, scese da cavallo ed entrò: là vide suo fratello Baldr seduto sul trono e con lui si trattenne per la notte. Il mattino dopo Hermóðr chiese a Hel che Baldr potesse tornare a casa con lui e disse quanto era grande il lutto fra gli dèi. Hel rispose che doveva essere provato quanto grande fosse l'amore per Baldr, perciò aggiunse che se tutti gli esseri della terra, vivi e morti, lo avessero pianto, ella avrebbe acconsentito che Baldr tornasse fra gli Asi, ma se qualcuno si fosse rifiutato egli avrebbe dovuto rimanere da lei. Allora Hermóðr si preparò a partire: Baldr lo accompagnò fuori della sala e gli consegnò l'anello Draupnir per Odino come ricordo; Nanna invece mandò a Frigg un telo e altri doni e a Fulla un anello d'oro. Hermóðr tornò indietro, giunse in Ásgarðr e riferì tutto ciò che aveva visto e udito. Subito gli Asi inviarono messaggeri per il mondo per chiedere a ogni essere di piangere Baldr acciocché egli potesse tornare indietro da Hel. Tutti acconsentirono e piansero per

Baldr: gli uomini, gli animali, la terra, le pietre, gli alberi e i metalli – questi ultimi come fanno quando passano dal freddo al caldo. Quando i messaggeri tornarono a casa dopo aver ben compiuto la loro missione, trovarono una gigantessa che viveva in una caverna. Ella si chiamava Þökk. Anche a lei fu chiesto di piangere perché Baldr potesse tornare indietro dal regno dei morti. Quella però rispose così:

«Þökk piangerà
lacrime asciutte
per il funerale di Baldr;
né da vivo né da morto
ebbi vantaggio dal figlio dell'uomo,
si tenga Hel ciò che ha».

Si sospetta che si trattasse di Loki, figlio di Laufey, il quale ha provocato la maggior parte del male fra gli dèi.

Ma la morte di Baldr non rimase impunita. Höðr, sebbene incolpevole, era l'esecutore materiale del delitto: perciò dovette seguire Baldr nel regno dei morti. Secondo quanto aveva predetto l'indovina, egli fu ucciso da Váli. Váli era figlio di Odino, nato per vendicare l'assassinio di Baldr. Sua madre era Rindr, ma è detto che per ottenere il suo amore Odino dovette ricorrere alla magia e all'astuzia, perché ella non era disposta a concedersi.

Höðr dunque raggiunse Baldr nel regno dei morti e lì resterà con lui, per tornarne nell'ultimo giorno.

Ma il vero colpevole della morte di Baldr, il mandante maligno di questo delitto era, come si è detto, il perfido Loki. Immaginando che gli dèi lo avrebbero punito per il suo misfatto, egli era fuggito da Ásgarðr e si era nascosto su una montagna; ivi aveva costruito una casa con quattro porte in modo da poter guardare in tutte le direzioni. Durante il giorno spesso si trasformava in salmone e si nascondeva nella cascata di Fránangr. Là pensava fra sé agli stratagemmi che gli dèi avrebbero dovuto escogitare per catturarlo. Quando rimaneva in casa se ne stava davanti al fuoco e annodava del lino al modo in cui da allora si fa una rete.[11] Una volta s'avvide che gli Asi erano arrivati vicino a lui, poiché da Hliðskjálf Odino aveva visto dove si trovava. Allora gettò la rete nel fuoco e andò a nascondersi nel fiume. Quando gli dèi giunsero alla sua casa, entrò per primo il più saggio che si chiamava Kvasir: egli vide la rete carbonizzata, comprese che era un arnese per pescare e lo disse agli Asi. Sul modello di quella essi prepararono un'altra rete e quando

Loki incatenato e Sigyn che raccoglie il veleno del serpe nel catino. Particolare della croce di Gosforth. Cumberland, Inghilterra, età vichinga

fu pronta andarono al fiume e la gettarono nella cascata. Thor la teneva da una parte e tutti gli altri dèi dall'altra e così tirarono la rete. Loki però le nuotò davanti e si nascose tra due pietre, perciò essa passò sopra di lui. Ma gli dèi avvertirono che c'era qualcosa di vivo e tornarono indietro; assicurarono alla rete dei pesi acciocché nulla potesse passarle di sotto e di nuovo la gettarono. Loki nuotava davanti, ma quando si accorse di essere vicino al mare, saltò all'indietro oltre il bordo della rete e risalì verso la cascata. Ora però gli dèi sapevano dov'era; ancora tornarono alla cascata e divisero le forze: Thor guadava nel mezzo del fiume mentre gli altri andavano verso il mare. Loki valutò due possibilità: o saltare in mare – e questo era un pericolo mortale – o di nuovo saltare indietro oltre la rete. Questo fece, quanto più agilmente poté, ma Thor lo afferrò. E poiché Loki gli scivolava fra le mani, egli lo trattenne stringendolo alla coda: questa è la ragione per cui il corpo del salmone si assottiglia verso la coda.

Loki era dunque catturato senza scampo e fu condotto in una grotta. Gli dèi presero tre massi piatti, li rizzarono sul bordo e fecero un foro in ciascuno. Poi catturarono i figli di Loki Váli e Narfi: il primo fu trasformato in lupo e sbranò Narfi suo fratello. Con le budella gli dèi legarono Loki sopra le tre pietre aguzze: una sotto le scapole, l'altra sotto i lombi, la terza sotto l'incavo delle ginocchia, e quei legami divennero di ferro. Skaði prese un serpe velenoso e lo appese sopra di lui in modo che il veleno sempre gli goccioli sul viso. Ma Sigyn, moglie di Loki, sta accanto a lui e regge un catino sotto il gocciolio del veleno. Quando il catino è colmo ella va a vuotarlo e così il veleno gocciola sul volto di Loki; egli allora si scuote terribilmente e in tal modo provoca i terremoti sulla terra. Loki rimarrà in catene fino al crepuscolo degli dèi.

Fonti principali: *Völuspá* str. 31-5; *Skírnismál* str. 21-2; *Lokasenna* str. 27-8, 49-50 e prosa finale; *Baldrs draumar*; *Edda Kuhn* pp. 316-7; *Sigurðardrápa* di Kormákr Ögmundarson str. 3; *Húsdrápa* di Ulfr Uggason str. 7-11; *Gylfaginning* di Snorri Sturluson capp. 49-50.[12]

b. *La storia di Balderus, così come è narrata da Saxo, presenta i tratti dell'avventura eroica piuttosto che quelli del mito. Il contenuto e la forma sono profondamente mutati, tuttavia numerosi particolari rivelano la filiazione di questo racconto da quello, certamente più antico, conservato nelle fonti nordoccidentali. Il dio Baldr è divenuto un semidio, Höðr (qui Høtherus) è un comune mortale che agisce in questa vicenda come protagonista in prima persona. Di Loki non v'è menzione né traccia e il comportamento degli dèi assume le forme delle azioni quotidiane degli uomini. Questo racconto, seppur affascinante, rappresenta una fase della trasformazione del mito in romanzo.*

Høtherus era il giovane figlio di un re svedese. Fin dall'infanzia il padre aveva affidato la sua educazione a un tutore di nome Gevarus.[13] Costui, dopo la morte del re, tenne Høtherus presso di sé in Norvegia e lo allevò come un figlio. Høtherus era dotato di un fisico possente e di molte straordinarie qualità: era un bravo nuotatore, un arciere e un lottatore, soprattutto però era un abilissimo musicista. Con la sua musica sapeva destare tutte le diverse emozioni dell'animo umano e deliziando o rattristando le orecchie delle persone riusciva a catturare anche le loro menti. Fu così che Nanna, figlia di Gevarus, si innamorò di lui. Costei era una fanciulla bellissima. Ora avvenne che una volta, mentre stava al bagno, un semidio di nome Balderus la vide e fu colto da irrefrenabile passione. Immaginando che Høtherus avrebbe costituito l'ostacolo maggiore al compimento dei suoi desideri, egli decise di ucciderlo con la spada.

Un giorno Høtherus, mentre si trovava a caccia, perse la strada nella nebbia e giunse a un casolare dove c'erano delle fanciulle del bosco. Esse lo salutarono chiamandolo per nome, ed egli domandò chi fossero. Le fanciulle dissero di essere quelle che, seppure non viste, presenziavano alle battaglie decidendo la sorte dei combattenti. Inoltre informarono Høtherus dei sentimenti di Balderus, ma lo consigliarono di non sfidarlo – per quanto egli meritasse l'odio più profondo – dal momento che possedeva la natura di semidio. Non appena Høtherus ebbe udito queste parole, il casolare scomparve e con esso le fanciulle, ed egli si ritrovò solo nel mezzo di un pianoro sotto il cielo aperto.

Quando tornò a casa riferì a Gevarus quanto gli era accaduto e insieme gli chiese la mano di Nanna. Gevarus rispose che aveva timore di incorrere nelle ire di Balderus che già aveva avanzato una richiesta analoga; disse però che sebbene quello avesse una forza sovrannaturale che lo rendeva insensibile alle armi, esisteva tuttavia una spada magica che avrebbe potuto procurargli la morte. Essa apparteneva a Mimingus,[14] un satiro delle selve, il quale inoltre possedeva un bracciale dotato del potere misterioso di aumentare la ricchezza di chi lo possedesse.[15] La regione in cui questo satiro abitava era difficile da raggiungere, poiché non vi era sentiero che vi conducesse. Molti ostacoli erano frapposti a chiunque fra gli umani avesse voluto recarsi laggiù; inoltre la strada verso la dimora di Mimingus era per la maggior parte battuta da un freddo pungente.[16]

Seguendo le istruzioni di Gevarus, Høtherus aggiogò al suo carro delle renne, raggiunse il luogo dove il satiro abitava e innalzò la tenda lontana dal sole in modo che potesse catturare l'ombra della grotta in cui viveva Mimingus. L'ombra di ritorno della tenda tuttavia non doveva arrivare alla grotta, altrimenti avrebbe potuto tenere Mimingus lontano dall'entrata. In tal modo non fu difficile sorprendere il satiro, legarlo e farsi consegnare la spada e il bracciale.

Al suo ritorno Høtherus dovette dapprima sconfiggere un re di Sassonia che aspirava a impadronirsi dei suoi tesori, poi fece un viaggio per ottenere da una fanciulla e da suo padre, re dei Finni e della gente di Biarmia, il consenso alle nozze per conto di un amico di nome Helgo.[17] Grazie alla sua straordinaria eloquenza riuscì nell'intento.

Nel frattempo Balderus, approfittando dell'assenza del rivale, prese le armi ed entrò nel territorio di Gevarus per chiedere Nanna in sposa. Non sapendo che cosa fare il re demandò la decisione alla figlia. La ragazza intelligente e astuta rispose alle proposte e alle insistenze di Balderus con un rifiuto. Ella motivò la propria decisione affermando che l'unione tra un semidio e una comune mortale sarebbe senza dubbio destinata all'insuccesso, a causa della differente natura degli sposi.

Quando Høtherus venne a sapere queste cose fu colpito dall'ardire di Balderus, perciò con l'aiuto di Helgo decise di muovergli battaglia sul mare. Era uno spettacolo incredibile vedere gli uomini combattere con gli dèi. Dalla parte di Balderus c'era naturalmente Odino suo padre e tutto un esercito di dèi; a costoro il sostegno più grande veniva da Thor. Egli da solo con la sua clava menava colpi possenti e chiamava a un tempo i nemici alla sfida e i compagni all'attacco. La vittoria sarebbe pertanto andata agli dèi, se non fosse che Høtherus, potendo penetrare nelle file nemiche grazie a una tunica magica che lo proteggeva dai colpi, riuscì a rendere inutilizzabile la clava di Thor mozzandone l'impugnatura.[18] Privati del loro più consistente sostegno, gli dèi furono sopraffatti, dovettero cercare scampo nella fuga ed ebbero la flotta distrutta dal nemico.

Così finalmente Høtherus poté sposare Nanna e la condusse con sé in Svezia: là egli fu grandemente onorato per la sua vittoria, mentre Balderus fu fatto oggetto di derisione.

Ma la fortuna cambia rapidamente il suo corso: così avvenne che Balderus, che era appena stato battuto, sconfisse Høtherus in una nuova battaglia, sicché questi fu costretto a rifugiarsi presso Gevarus.

Balderus tuttavia trasse da quella vittoria ben poco vantaggio; anzi, dopo quell'evento, cominciò a essere perseguitato durante la notte da visioni di spiriti che assumevano le sembianze di Nanna: questo fatto provocò un tale peggioramento delle sue condizioni di salute che egli non riusciva più neppure a camminare e doveva essere portato in giro su un carro. La passione irrefrenabile dominava il suo cuore ed egli decise che la vittoria non avrebbe avuto alcun valore se non gli avesse fatto possedere Nanna.

Una nuova occasione di scontro venne dal fatto che in Danimarca mancava un vero principe e governatore, sicché tanto Høtherus quando Balderus ebbero modo di proporsi per quella carica. Ci fu dunque tra loro una guerra feroce e una lotta aspra che terminò con la fuga di Høtherus, il quale andò a rifugiarsi nello Jutland. Dopo l'inverno, Høtherus tornò di nuovo in Svezia: era molto abbattuto per le due sconfitte subite, al punto che – disse – detestava la vita e la luce del sole. Perciò diede l'addio a tutti e si inoltrò per sentieri remoti verso terre desolate, rifugiandosi su una collina, dalla quale proferiva sentenze a coloro che venivano a consultarlo.

Ora avvenne che una volta in queste regioni lontane, Høtherus giunse a una grotta dove abitavano misteriose fanciulle: in loro riconobbe quelle che già un tempo aveva incontrato e che gli avevano donato la tunica magica. Egli riferì le sue sventure lamentandosi del loro mancato aiuto; esse allora gli rivelarono che avrebbe potuto conseguire una facile vittoria se fosse riuscito a ottenere un cibo straordinario e delizioso studiato per aumentare la forza del suo nemico.

In queste parole Høtherus ritrovò lo stimolo per riprendere la lotta contro l'antico rivale. Fu così che di nuovo ebbe luogo una battaglia tra le due parti e dopo aspri combattimenti gli eserciti si ritirarono per la notte. Quando l'oscurità fu profonda, Høtherus si introdusse nel campo nemico e poté spiare tre fanciulle che recavano il cibo magico per Balderus. Le seguì fino alla loro dimora e affermando di essere un cantore le intrattenne con la sua musica. Esse preparavano il cibo per Balderus e vi aggiungevano il veleno di tre serpi. Una di loro voleva offrirgliene un po'; la più anziana però osservò che Balderus sarebbe stato danneggiato se al suo avversario fosse stato incrementato il vigore. Høtherus protestò e fingendosi un'altra persona chiese di poterne avere una parte.[19] Le fanciulle gli donarono anche una cintura scintillante che garantiva la vittoria al suo possessore.

Sulla strada del ritorno Høtherus si trovò a faccia a faccia con il rivale, subito gli affondò la spada nel fianco e lo abbandonò mezzo morto sul terreno. Nonostante la gravità delle ferite gli lasciasse ormai poco da vivere, il giorno dopo Balderus volle rinnovare la battaglia e con una lettiga si fece portare in prima linea. La notte seguente egli vide in sogno la dea dei morti,[20] la quale gli rivelò che entro tre giorni lo avrebbe cinto nel suo abbraccio. Così infatti avvenne e allo scadere dei tre giorni Balderus morì; a lui fu eretto un tumulo dove fu inumato.

Si racconta anche che alcuni ladri tentarono di profanare la tomba pensando di trarne preziosi tesori, ma furono respinti dagli spiriti guardiani del luogo che fecero scaturire dalla sommità del tumulo un fiume fragoroso di acque torrenziali e impetuose che tutto travolsero nel loro procedere.

Intanto Odino meditava di vendicare la morte del figlio. Pur essendo un dio, in questa circostanza dovette ricorrere all'aiuto dei mortali. Si rivolse dunque a maghi e a indovini per avere consiglio. Rostiophus,[21] un mago finnico, gli predisse che Rinda, figlia del re di Rutenia,[22] gli avrebbe generato un figlio dal quale sarebbe venuta la vendetta per la morte di Balderus.

Odino si nascose il volto sotto un cappello in modo da non essere riconosciuto e si recò da questo re offrendogli i propri servigi militari. Là fu fatto generale e ottenne una gloriosa vittoria contro i nemici. Perciò entrò in confidenza col sovrano ed era molto onorato. Poi Odino conseguì un nuovo brillante successo contro un gran numero di nemici e grazie al prestigio che gli derivò da questa impresa poté rivelare al re il segreto del suo amore. Questi lo incoraggiò senz'altro, ma quando Odino provò a dare un bacio alla fanciulla ella lo ricambiò con un ceffone.

Nonostante l'insuccesso, il dio non desistette. L'anno seguente infatti di nuovo si camuffò e tornò dal suo patrono sotto le mentite spoglie di uno straniero. Era difficile riconoscerlo perché questa volta aveva alterato i suoi tratti con schizzi di fango. Disse di chiamarsi Roftarus[23] e affermò di essere un fabbro esperto nell'arte di lavorare i metalli. Egli dimostrò una tale abilità che il re gli affidò molto oro perché ne traesse degli oggetti preziosi per le donne. Odino preparò così molti gioielli e regalò a Rinda un bracciale accuratamente rifinito e numerosi anelli. Tuttavia non riusciva a piegare il suo dispregio. Quando desiderava offrirle un bacio, lei lo schiaffeggiava sulle orecchie.

Anche questa volta dunque la fanciulla lo respinse e quando il padre cercò di intimidirla perché rifiutava quell'unione ella replicò di sentirsi immatura: in realtà ella riteneva che per una donna in giovane età l'unione con un uomo anziano fosse una cosa disgustosa.

Odino tuttavia sapeva che nulla è più utile in amore della perseveranza, perciò una terza volta si camuffò e si recò dal re proclamandosi insuperabile nelle arti militari. Ma nonostante le sue dimostrazioni di valore e di coraggio, la giovane rimaneva inflessibile. Un giorno mentre stava per partire egli volle strapparle un bacio: ella gli diede una tale spinta che lo fece volare e sbattere col mento a terra. Allora Odino la toccò con un pezzo di corteccia su cui erano incisi degli incantesimi,[24] facendola diventare come pazza.

Tuttavia egli continuò ancora a perseguire il suo scopo. Tornò così dal re per una quarta volta camuffato da giovane donna. Accolto a corte, disse di chiamarsi Wecha[25] e di essere una guaritrice. Dimostrandosi abile in quell'arte, riuscì a essere ammesso fra le dame della regina, divenendo damigella della principessa. Alla sera le lavava i piedi e quando li sciacquava gli era concesso di toccarle i polpacci e le cosce.

Ora avvenne che la principessa si ammalò e per avere una cura efficace ella si rivolse proprio a quelle mani che un tempo aveva maledetto. Odino la esaminò accuratamente, poi disse che avrebbe dovuto, al più presto possibile, prendere una certa medicina: sfortunatamente però essa era così amara che per sopportare la potenza del medicamento ella avrebbe dovuto acconsentire a farsi legare. Così per ordine del padre ella fu legata al letto e dovette sottoporsi passivamente a tutto quanto la guaritrice eseguiva. Il re fu ingannato dal travestimento femminile di Odino, il quale, appena ne ebbe l'opportunità, si affrettò a congiungersi con la fanciulla dando così finalmente sfogo al suo desiderio.

Secondo quanto dicono alcuni, il re aveva in realtà compreso la passione di Odino e in cambio dei suoi servigi gli aveva concesso segretamente la figlia. Comunque sia, avvenne poi che Rinda partorì un figlio maschio.

Ora gli dèi, reputando che il comportamento di Odino fosse stato indegno del suo rango, lo privarono del suo titolo e lo bandirono, nominando in sua vece un tale Ollerus:[26] costui occupò la carica per un periodo di circa dieci anni. Alla fine gli dèi provarono compassione per Odino e lo richiamarono, mentre Ollerus si ritirava in Svezia dove veniva ucciso dai Danesi.

Non appena reintegrato nelle antiche funzioni, Odino si preoccupò di ottenere vendetta della morte di Balderus.

Quando vide che Bous, figlio di Rinda, mostrava di amare le asprezze della vita guerriera, lo invitò a tenere a mente l'uccisione del fratello e a prendersi la dovuta vendetta.

Nel frattempo Gevarus era stato ucciso a tradimento da uno *jarl*.[27] Høtherus si affrettò a vendicarlo. Poi insediò sul trono i figli di lui. Quindi chiamò a raccolta i suoi capitani e disse loro che doveva scontrarsi con Bous e anche che aveva saputo dalle profezie che ciò gli sarebbe costato la vita. Li pregò dunque di accettare suo figlio come successore. Ottenuto questo, si scontrò in battaglia con Bous e fu ucciso. Bous stesso tuttavia non ebbe sorte migliore: ferito gravemente, fu trasportato a casa sugli scudi e spirò il giorno seguente. In sua memoria venne eretto un tumulo.[28]

Fonti principali: Saxo Grammaticus, *Gesta Danorum* III, I-IV.

Appendice. Funzione e significato del sogno nella tradizione nordica

Il sogno è la condizione in cui è concesso a chi non sia dotato di particolari qualità magiche di entrare in contatto con il mondo dell'aldilà. Si manifesta infatti durante il sonno, che è una situazione simile a quella della morte. Nel mondo nordico il sogno ha lo scopo fondamentale di trasmettere un messaggio dell'aldilà; generalmente ha il carattere di una profezia o di una richiesta del morto al vivo.

I sogni di natura profetica sono frequentissimi nelle fonti. Famosi fra tutti sono appunto i sogni angosciosi di Baldr, nei quali gli era trasmesso un presagio della sua morte imminente.[1] I sogni profetici riferiti dalle fonti hanno prevalentemente carattere di presagio di disgrazia o di morte. Così a esempio è detto che Attila vide prefigurato il suo crudele destino;[2] così è riferito anche come Kostbera e Glaumvör, spose rispettivamente dei nibelunghi Högni e Gunnarr, ebbero in sogno chiara visione delle loro sciagure[3] e per questa ragione tentarono invano di dissuadere i mariti da un viaggio in cui avrebbero trovato la morte.[4]

La tradizione ricorda tuttavia anche sogni in cui era preannunziato un felice destino: della regina Ragnhildr, madre di Araldo Bella chioma, è detto che in sogno le venne prefigurata la grandezza del figlio. Ella infatti sognò di togliere una spina dalla propria camicia; questa crebbe in fretta e si trasformò in un ramo che subito mise radici e protese alti rami nel cielo divenendo un albero tanto grande che pareva coprisse tutta la Norvegia: in ciò era figurato il destino del sovrano che avrebbe unificato l'intero Paese sotto il proprio dominio.[5]

Il sogno è altresì la situazione in cui appaiono gli spiriti protettori od ostili in forma animale o in aspetto di donna;[6] nel *Libro dell'insediamento* è riferito di un tale che durante un sogno aveva stretto un patto con un gigante.[7] Esemplare è anche la vicenda del bandito Gísli Súrsson, del quale si dice che «era un uomo saggio che sognava molto e aveva sogni profetici».[8] Durante il sonno gli apparivano alternamente due donne, l'una fausta, l'altra infausta, che gli preannunciavano il destino.[9] Di Víga-Glúmr

Eyjólfsson è detto che vide in sogno una donna gigantesca venire verso la sua casa; da ciò egli dedusse che suo nonno era morto e che il suo spirito protettore veniva a prendere dimora presso di lui.[10]

Al sogno come momento di comunicazione di una richiesta del morto fa riferimento a esempio la *Saga dei valligiani di Laxárdalr*,[11] dove dice che una maga, sepolta in un luogo nel quale era poi sorta una chiesa, apparve in sogno a una fanciulla che sempre si recava in chiesa a pregare con una donna di nome Goðrún. Ella si lamentò che le lacrime versate da costei cadevano nella sua tomba procurandole un notevole fastidio. Perciò fu riesumata e sepolta altrove.

Il sogno era considerato potente e veritiero; frequenti sono gli episodi in cui una persona determina il proprio comportamento in conseguenza di un sogno. Nel *Libro dell'insediamento* è riferito a esempio che un tale Hrafnkell Hrafnsson fu visitato in sogno da un uomo il quale gli ordinò di lasciare la sua casa; ciò egli fece immediatamente, dopodiché una valanga precipitò dalla montagna seppellendo tutta la fattoria e gli animali che egli possedeva.[12] Nella saga che gli è dedicata si riferisce invece che Björn Arngeirsson non si curava del significato dei suoi sogni; in essi tuttavia era contenuto il presagio della sua morte.[13]

Dell'importanza attribuita al sogno testimonia il lessico relativo. Il vocabolario nordico infatti conosce termini quali *draumamaðr* m. «uomo che sogna molto» (con allusione alla saggezza e conoscenza delle cose); *draumaráðning* f. «interpretazione dei sogni», *draumspeki* f. «abilità nell'interpretazione dei sogni» (a questo termine sono correlati l'aggettivo *draumspakr* e il sostantivo *draumspekingr* m.); *draumheill* n. «presagio» o «divinazione per mezzo del sogno». *Draumkona* f. «donna del sogno», *draummaðr* m. «uomo del sogno», *draumaskrimsl* n. «spettro (o «mostro») del sogno», e *draumskrök* n. «fantasma del sogno» sono designazioni degli esseri che visitano l'uomo durante il sonno.

All'importanza del sogno per la vita di una persona fa riferimento anche ciò che viene narrato a proposito della famosa regina danese Þyre, della quale è detto che accettò di sposare il re Gormr solo dopo che costui, come da lei richiesto, ebbe costruito una casa, e dopo avervi dormito nelle prime tre notti d'inverno, le fece avere un resoconto dei suoi sogni.[14]

La mancanza di sogni era considerata condizione contro natura: l'aggettivo *draumstoli*, lett. «derubato dei sogni», ricorda *hugstolinn* e *hamstolinn* (lett. «derubato dello spirito» o «della figura») che hanno senso di «pazzo». Del re Hálfdan Nero è ricordato che non sognava mai. Ciò lo preoccupava molto, al punto che dovette fare ricorso a un mago per risolvere questa innaturale situazione.[15]

Il sogno è comunque inteso come una situazione in cui il sognatore è per lo più soggetto passivo, cioè un uomo liberato temporaneamente dal corpo che si apre alla manifestazione di un mondo diverso da quello quotidiano.[16]

Note

1 Cfr. pp. 168-9 (appendice).

2 Odino.

3 «Abituato alla via»; cfr. p. 207.

4 «Abituato [alla scelta] dei caduti»; cfr. p. 211.

5 Gautr, appellativo di Odino, è termine pressoché intraducibile, di etimo e significato incerti (cfr. p. 202).

6 Questo dio di cui si sa molto poco è ricordato in *Mál* 9, dove si allude alla morte di Baldr. Lo scaldo Eyvindr Plagiatore afferma che con Bragi è invitato da Odino ad accogliere un eroe nella Valhalla (*Hák* 14, cit. in *Ská* 10). V. altresì *SnE* prologo, cap. 3; *Ská* 57; *Þul* e *SnEArn* II, p. 636. In *Hyn* 2 è detto che Odino gli fece dono di elmo e corazza (se il personaggio ivi citato è da identificare col dio). Il nome *Hermóðr* significa «coraggioso nell'esercito» ed è probabilmente derivato dall'alto tedesco antico *Herimot*; esso è vicino anche a *Heremod*, citato in fonti inglesi antiche, come nel *Beowulf* (ed. C.L. Wrenn-W.F. Bolton, London 1973, vv. 901-15), dove si allude a un suo viaggio, forse a un esilio. V. anche *Sög* 3, dove è definito assai coraggioso.

7 Il funerale di Baldr è uno dei più noti nelle fonti nordiche. L'uso di rendere onore al defunto collocando il cadavere su una pira posta su una nave è testimoniato da diverse altre fonti. Qui va ricordata a esempio la *Yng* 23 (cfr. *Ská* 77) dove si parla del funerale del re vichingo Haki. L'uso della nave funeraria è ricordato anche da Saxo (III, II, 11; V, VIII, 1; VIII, V, 1, dove si dice che le navi furono usate per alimentare le fiamme di un rogo funebre). Nell'area germanica il collegamento è immediato con il resoconto del funerale di Beowulf e con quello di Scyld Scefing (*Beowulf*, ed. cit., vv. 3137-82 e 26-52 rispettivamente) messi in relazione con i ritrovamenti archeologici di Sutton Hoo (risalenti al VII secolo). Inoltre vanno rammentati i famosi reperti archeologici delle navi funerarie di Gokstad e di Oseberg (Vestfold, Norvegia, IX secolo); cfr. Ibn Faḍlān, *Risāla*, cit., §§ 89-92.

8 V. pp. 58 e 79, nota 9.

9 Due fonti non direttamente in relazione col mito (*Vaf* 54; *Her* pp. 83, 140) alludono al fatto che quando Baldr fu posto sulla pira Odino gli sussurrò all'orecchio un misterioso messaggio.

10 L'episodio della morte di Nanna che viene cremata sulla stessa pira dello sposo ricorda analoghi racconti dell'area nordica (*Sgk* 47, a proposito di Brunilde e Sigurðr; cfr. *Völs* 33; *NGþ* 9, e *HH II* 46, a proposito di Sigrún e Helgi) e va altresì messo in connessione con il famoso racconto del funerale vichingo fatto da Ibn Faḍlān (cfr. sopra, nota 7). Anche Saxo ricorda due episodi di morte volontaria da parte di donne che non volevano sopravvivere al proprio uomo (I, VIII, 4; VII, VII, 11-16: qui si tratta di Signe [Signý] che incapace di vivere senza Hagbarthus [Hagbarðr] si uccide con le sue ancelle; cfr. p. 259, nota 177). L'uso doveva essere ben noto, come appare anche dal racconto relativo a Sigríðr l'Ardita, la quale abbandonò il re Erik il Vittorioso suo sposo, perché non voleva morire con lui: *ÓlTOS* cap. 5; cfr. *Flat* I, p. 88, e la *Saga di Yngvarr Gran Viaggiatore* (*Yngvars saga víðförla*, ed. G. Jónsson, Reykjavík 1959, *FSN* vol. II, cap. 1). Il caso di un uomo che volle seguire l'amata nel regno infero è quello di Sigurðr Anello, il quale alla morte di Álfsól fece allestire un solenne funerale su una nave, poi ordinò che fosse incendiata e vi salì sopra poiché preferiva andare a trovare Odino piuttosto che sopportare la malattia e la vecchiaia. Egli stesso guidò la nave

verso la dimora del dio. Taluni tuttavia dicono che egli si trafisse con la spada prima di prendere il mare (*Enumerazione dei re svedesi* di Arngrímur il Saggio: *Svíakonungatal* Árngríms Lærða, ed. B. Guðnason, in *Danakonunga sögur*, Reykjavík 1982, *ÍF* vol. xxxv, pp. 74-5).

11 La rete è considerata oggetto di origine divina poiché simboleggia contemporaneamente la manifestazione dell'intelligenza creatrice e il potere di dare la morte. Esprime la capacità sovrannaturale di dare ordine ai fili della vita, di dominarli e condurli al loro principio. Tale significato ha senza dubbio la tela del ragno che fa di questo insetto un'immagine del dio creatore. Nel folclore scandinavo esso è connesso a Loki, il quale ha senza dubbio parte nei miti delle origini (cfr. Anna Birgitta Rooth, *Loki in Scandinavian Mythology*, cit., specie alle pp. 189-210). Non è casuale dunque che di questo dio si dica che fu l'inventore della rete (*Gyl* 50). La rete come simbolo di morte è presente nel mito là dove si dice di Rán, moglie del gigante-dio del mare Ægir, la quale possiede una rete con cui pesca gli annegati e li trasporta nel regno dei morti (*Reg* pr; *Ská* 42; cfr. p. 72, p. 144, nota 11 e p. 319).

12 La grande diffusione di questo mito è testimoniata anche dalle diverse allusioni sparse in molte fonti (cfr. p. 271, nota 14).

13 Forse legato al sassone *Gebaheri*, può valere «donatore nell'esercito». Di questo personaggio si sa poco, tuttavia è interessante la notazione di Saxo che lo definisce «molto abile nella divinazione» (*divinandi doctissimus*: *Saxo* III, II, 7).

14 Cfr. la spada Mimmungr nella *Þið* (*passim*) forgiata dal fabbro Velent (cfr. Völundr alle pp. 439-42) il cui maestro era Mímir; Mimming è il nome dato alla spada nel frammento anglosassone del *Waldere* (cfr. *The Anglo-Saxon Minor Poems*, ed. E. van Kirk Dobbie, New York-London 1968[3], p. 4). V. inoltre la figura del saggio gigante Mímir (pp. 62 e 322-3).

15 Cfr. la storia dell'anello magico Draupnir donato dai nani a Odino (*Ská* 44 [5]; v. p. 93).

16 La descrizione ricorda per i suoi vari aspetti il mondo dell'aldilà cui sempre appaiono connessi i luoghi dove dimorano i giganti.

17 «Sacro» o «consacrato». Cfr. il racconto di un viaggio analogo a proposito dell'eroe Ketill (*Ket 3*) che si reca da un re dei Finni (*Finnar*, nome che designa anche i Lapponi) detto Gusir (in Saxo il sovrano appare come Guso). Biarmia (Bjrmaland) indica una regione nord-occidentale della Russia. Cfr. p. 320.

18 Cfr. pp. 94 e 108, nota 2 (*I doni dei nani*).

19 In questo punto il testo di Saxo presenta una lacuna, ma pare probabile che Hø-therus riuscisse a farsi dare una porzione del cibo magico.

20 Saxo allude verosimilmente a Hel (cfr. p. 64), che chiama Proserpina.

21 Cfr. Hrossþjófr fra i giganti (cfr. p. 321).

22 È la regione della Transcarpazia.

23 Cfr. Hroptr e Hroptatýr fra gli appellativi di Odino (cfr. p. 202).

24 Verosimilmente incisi in rune; cfr. p. 103.

25 Probabilmente legato al nordico *vitki* m. «mago»; cfr. p. 96.

26 Cfr. p. 220 e anche p. 208.

27 Titolo che indica un notabile. V. p. 67 e p. 81, nota 14.

28 Bovbjerg nello Jutland?

Appendice. Funzione e significato del sogno nella tradizione nordica

1 *Bal* 1, *Gyl* 49; v. p. 155.
2 *Gðr II* 38-44; cfr. *Völs* 36; v. p. 396.
3 *Atm* 10-36; v. p. 396.
4 Altri esempi in *Ljó* 11 (21) dove si riferisce tra l'altro di una persona che rifiutò recisamente di ascoltare il racconto di un sogno; *Váp* 13; *Gun* 2; *Sör* 7; *Gís* 13-4, dove si allude al fatto che un sogno angoscioso non venne rivelato per tentare di impedire che il presagio di morte si avverasse; *Flat* II, pp. 6-9; *Hálf* 15; *Ísl* 4; *ÓlTOS* 21; *Þórð* 12.
5 *HálfS* 6, cfr. *HarH* 43; v. anche *ÓlH* 188.
6 Fra gli esempi numerosissimi, *Njá* 23 e 26; *HróG* 7, 12; *Örv I* 5; *Örv II* 4; *Þórð* 3; *Ljó* 16 (26); *Her* p. 8; *Drau*.
7 *Ldn* S 329, H 284. Cfr. *Gön* 27.
8 *Gís* 22: *var vitr maðr ok draumamaðr mikill ok berdreymr.*
9 *Gís* 22, 24, 30, 33-4. A tre «donne del sogno» (*draumkonur* f. pl.) ci si riferisce anche in *Drau*; v. anche *Ásm* 9; *Lax* 48-9.
10 *Víg* 9.
11 *Lax* 76; cfr. anche *Þors* 5.
12 *Ldn* S 283, H 244; un episodio simile è riferito anche in *Hraf* 1 (cfr. *Bkþ* 1).
13 *Bjar* 32.
14 *Jóm* 2; cfr. *Saxo* IX, XI, 2-4 (qui ella è conosciuta come Thira). Saxo allude in molte occasioni al valore attribuito ai sogni e al loro potere di condizionare la vita delle persone (cfr. I, VIII, 23; I, VIII, 26; VI, II, 9; VIII, VII, 4; VIII, XV, 11). Altri esempi nelle saghe del valore attribuito ai sogni: *Fós* 23; *Örv I* 5 e *Örv II* 4, dove si parla di «usufruire del proprio sogno» (*njóta draums síns*; così anche in *Gun* 2); *ÓlH* 188, 214; *Lax* 33; *Þors* 4-5.
15 *HálfS* 7.
16 Ciò appare evidente anche dall'uso del verbo *dreyma* «sognare», verbo impersonale che si costruisce con il doppio accusativo della cosa sognata e del sognatore.

IX. Il mito dell'eterna battaglia

La dualità rende possibile l'esistenza del mondo. Il contrasto vita-morte, bene-male, luce-buio deve perpetuarsi, rinnovandosi. L'eterna battaglia, che per la magia e la maledizione di Odino e Freyja è combattuta senza possibilità di soluzione dagli eserciti opposti di Högni e di Heðinn, raffigura lo scontro permanente dei due princìpi che reggono il cosmo, mantenuto per divina volontà in perenne equilibrio. Solo il crepuscolo degli dèi segnerà la fine di questa come di ogni altra opposizione: allora avrà termine anche la maledizione della vita apparente cui questi combattenti paiono condannati senza speranza.

PER rientrare in possesso del suo prezioso monile, Freyja, come sopra si è narrato, aveva dovuto promettere a Odino che avrebbe provocato un'eterna inimicizia tra due potenti sovrani.[1] Qui si narra del modo in cui ella seppe mantenere la parola data.

Högni[2] era un re delle terre del Nord; egli era così potente e famoso che venti sovrani gli pagavano il tributo, il suo nome inoltre era conosciuto in molti luoghi: dal Paese dei Finni lassù nel Nord addirittura fino a Parigi e in tutti i territori compresi fra questi.[3] Re Högni possedeva una nave da guerra veramente magnifica, che un tempo era appartenuta a suo padre: essa era sénza dubbio una delle più belle navi che ci fossero in quel tempo nelle terre del Nord.

C'era un altro re che si chiamava Heðinn Hjarrandason:[4] era un uomo di grandi qualità fisiche e dotato di molte abilità. Fin da giovane era stato un vichingo: aveva compiuto scorrerie in Spagna e in Grecia ed era divenuto così potente che a lui erano sottomessi venti sovrani. D'inverno se ne rimaneva nella sua casa nella Terra dei Saraceni.

Si racconta che una volta Heðinn era andato nella foresta con i suoi uomini; là s'era trovato da solo in una radura. Allora vide una donna di grande corporatura e di bell'aspetto che se ne stava seduta su uno scranno: costei lo salutò gentilmente. Il re le domandò il nome: si chiamava Göndul.[5] Poi si misero a conversare: ella volle sapere delle sue imprese ed egli le raccontò ogni cosa; poi le domandò se conoscesse qualche re che gli fosse pari per valore, determinazione, fama e successo. Ella disse di sì, che ce n'era uno di nome Högni che abitava nel Nord, in Danimarca: non meno di venti sovrani lo servivano. «Io so», disse allora Heðinn, «che noi dovremo metterci alla prova e stabilire chi sia il migliore.» Göndul rispose: «È ora che tu torni dai tuoi uomini, probabilmente ti staranno cercando». Così si separarono: egli tornò dai suoi e lei rimase seduta laggiù.

In primavera Heðinn si preparò a partire, equipaggiò una nave da guerra con trecento uomini e fece vela verso le terre del Nord. Viaggiò tutta l'estate e tutto l'inverno e la primavera seguente giunse in Danimarca. Högni si trovava allora nella propria reggia: quando venne a sapere che era giunto un sovrano famoso, lo invitò presso di sé con una festa sontuosa e Heðinn accettò. Mentre stavano seduti a bere, Högni domandò a Heðinn quale ragione lo avesse spinto lassù nel Nord. Heðinn rispose che voleva mettere a confronto con lui coraggio, valore, abilità e ogni altra dote. Högni si disse pronto. Così il giorno dopo di buon'ora si misurarono nel nuoto e nel tiro al bersaglio, poi si cimentarono anche nella corsa a cavallo e nell'abilità con le armi e in ogni altra capacità. Essi erano talmente alla pari in tutte le cose che nessuno avrebbe potuto dire chi fosse il migliore. Dopo di ciò strinsero un patto di fratellanza di sangue[6] e stabilirono che avrebbero posseduto ogni cosa in comune. Heðinn era giovane e celibe, Högni invece era più anziano: aveva in moglie una donna di nome Hervör[7] e una figlia di nome Hildr.[8]

Si racconta che qualche tempo dopo re Högni partì per una spedizione,[9] Heðinn invece rimase nelle terre: egli doveva prendersi cura del regno. Si dice anche che Heðinn e Hildr fossero profondamente innamorati l'uno dell'altra.[10]

Un giorno in cui il tempo era bello, Heðinn andò in un bosco per passatempo. Di nuovo si allontanò dai suoi e così giunse in una radura; là ritrovò seduta sullo scranno la medesima donna che un tempo aveva incontrato nel suo Paese: ella gli parve allora ancor più bella di prima. La donna gli rivolse la parola per prima con fare gentile. In mano teneva un corno con un coperchio: il re si sentì attratto da lei. La donna allora gli offrì da bere: era caldo ed egli aveva sete, così accettò e bevve. Quando ebbe bevuto, tutto cambiò per lui in modo straordinario, poiché non ricordava più nulla di ciò che era stato. Così si sedette a chiacchierare. La donna domandò se avesse messo alla prova le proprie capacità e il proprio ardimento con quelli di Högni. Egli rispose di sì e il risultato era stato che in ogni cosa essi erano assolutamente alla pari. La donna allora ribatté che non era vero: essi non erano alla pari poiché Högni aveva in moglie una regina di nobili origini, mentre lui non aveva una donna. Heðinn rispose: «Högni mi darà in sposa Hildr sua figlia quando la chiederò e allora non avrò una donna da meno della sua». Ella disse: «Il tuo valore diminuirà se tu chiedi di imparentarti con Högni; meglio sarebbe, se non ti manca - così come pare - né coraggio né valore, rapire Hildr e uccidere la regina mettendola sotto il rostro della nave da guerra in modo che esso la faccia a pezzi quando la nave viene varata». Per la birra bevuta Heðinn era tanto preso da malvagità e oblio che non considerò nessun'altra idea se non questa e neppure si ricordò che Högni era suo fratello di sangue. Così si separarono e Heðinn tornò dai suoi uomini: questo avvenne alla fine dell'estate.

Heðinn ordinò ai suoi di equipaggiare la nave da guerra, poiché - disse - voleva tornare a casa. Poi andò nell'abitazione delle donne e con le proprie mani catturò la regina e Hildr e le trascinò fuori. Gli uomini si impadronirono degli abiti e delle cose preziose di Hildr. Erano gli stessi uomini del regno che nulla osarono fare contro Heðinn e i suoi poiché egli era molto minaccioso. Hildr domandò a Heðinn che intenzioni avesse, e quando egli lo rivelò ella lo supplicò di non farlo; disse che suo padre l'avrebbe concessa in sposa se lui lo avesse chiesto. Ma Heðinn era irremovibile. Hildr ancora lo pregò che risparmiasse sua madre e non la uccidesse. Disse che Högni avrebbe potuto perdonarlo del rapimento della figlia, non certo dell'assassinio della moglie, poiché quella era un'azione crudele e disumana. Ella riferì anche di aver avuto dei sogni che le prefiguravano combattimenti, morti e sciagure ancora peggiori. Per lei sarebbe stato un grande dolore veder suo padre patire offese e tribolazioni, ma di certo non le avrebbe procurato gioia neppure vedere Heðinn nell'odio e nelle difficoltà. Heðinn disse che non gliene importava delle conseguenze e che avrebbe fatto come deciso. «Non puoi farlo», rispose Hildr, «perché non lo fai di tua volontà.» Heðinn però andò alla spiaggia, la nave da guerra fu varata, la regina fu messa sotto il rostro e così morì. Heðinn salì sulla nave: quando tutto fu pronto insistette per scendere a terra da solo e tornò in quella stessa foresta dove era andato prima. Quando giunse nella radura vide Göndul seduta sullo scranno: essi chiacchierarono con familiarità. Heðinn le riferì delle sue imprese e lei approvò. Ella aveva il medesimo corno della volta precedente e lo invitò a bere. Egli lo prese fra le mani e bevve. Quando ebbe bevuto, calò su di lui il sonno ed egli si appoggiò alle ginocchia di lei. Quando fu addormentato, ella scivolò via da sotto il suo capo e disse così: «Ora io ti segno con gli incantesimi e le condizioni che Odino ha pronunciato per te e Högni insieme, e per tutti i vostri uomini». Poi Heðinn si svegliò; Göndul era scomparsa e gli fu manifesta

Scena raffigurata sulla pietra di Smiss I dove pare rappresentata Hildr che va incontro al padre Högni per tentare la riappacificazione con Heðinn. Gotland, Svezia, VIII-IX secolo

una grande sciagura: ora ricordava tutto e gli parve grande il male commesso. Allora pensò di andare lontano per non dover udire ogni giorno il biasimo delle sue azioni scellerate; tornò dunque alla nave, svelto sciolse gli ormeggi e, grazie al vento favorevole che spirava da terra, veleggiò via con Hildr.

Högni intanto era tornato a casa: così venne a sapere che Heðinn era fuggito con la nave da guerra che era appartenuta a suo padre portando Hildr con sé, e anche che la regina giaceva morta. Högni s'infuriò e ordinò agli uomini di prepararsi immediatamente a inseguire Heðinn. Così essi fecero ed ebbero il vento più favorevole. Lo inseguirono in Norvegia e poi nelle isole britanniche, tuttavia sempre arrivavano la sera nei porti dai quali Heðinn era partito la mattina. Un giorno però, mentre Högni si dirigeva all'approdo, scorse sul mare le vele di Heðinn: subito gli tenne dietro. Occorre dire in verità che mentre Heðinn aveva un forte vento contrario, Högni fruiva sempre del medesimo vento favorevole. Infine Heðinn giunse nell'isola che ha nome Hoy, nelle Orcadi,[11] e là si diresse all'ancoraggio. Rapidamente Högni lo raggiunse. Hildr andò incontro a suo padre e gli offrì un collare prezioso da parte di Heðinn in segno di riconciliazione. Tuttavia disse che Heðinn era anche pronto a battersi, nel quel caso Högni non avrebbe dovuto attendersi da lui alcuna clemenza. Högni rispose a sua figlia severamente e quando ella tornò da Heðinn riferì che il padre rifiutava la riconciliazione e lo invitò a prepararsi alla battaglia. Così entrambi andarono sull'isola e raccolsero le truppe. Poi Heðinn chiamò Högni, suo suocero, gli offrì molto oro come compensazione e gli parlò così: «Devo dirti, fratello,[12] che mi è capitata una tale sciagura cui nessuno tranne te potrà porre rimedio: io ho catturato tua figlia e la tua nave da guerra e ho provocato la morte della regina, ma ciò tuttavia non per mia personale cattiveria, bensì piuttosto a causa di profezie maledette e malvagie magie; ora io voglio che tu solo giudichi e decida fra di noi: e questo io voglio proporti, che rinuncio a Hildr e alla nave da guerra, agli uomini e alle ricchezze e che me ne andrò tanto lontano per il mondo che mai tornerò nelle terre del Nord, né mai dovrai rivedermi finché io viva». Högni rispose: «Io ti avrei dato in sposa Hildr, se tu me l'avessi chiesta; ciononostante, ora che tu l'hai rapita, avrei comunque potuto riconciliarmi; ma tu agendo scelleratamente con la regina e uccidendola hai compiuto un'azione tanto indegna che non ti puoi aspettare che io voglia riconciliarmi. Perciò subito dobbiamo vedere chi dei due sappia colpire con più potenza. È tardi per parlare di riappacificazione. Ormai ho tratto la spada Dáinsleif[13] che fu forgiata dai nani. Essa provoca la morte di un uomo ogni volta che viene sguainata, inoltre non fallisce mai il colpo e le ferite che infligge non guariscono». Heðinn rispose: «Tu puoi vantarti della spada, non della vittoria. Per me è buona ogni spada che serva il suo padrone. Ora non c'è altro da fare – dal momento che vuoi solo combattere – se non che ci mettiamo alla prova tra noi due, poiché tu non hai cause contro nessuno se non con me, e non è sufficiente che persone non adatte paghino per la mia malvagità e le mie male azioni». Gli uomini dei due sovrani però giurarono di essere tutti per uno, e che tutti sarebbero caduti, l'uno ai piedi dell'altro, piuttosto che rinunciare a seguire i re nella battaglia.

Quando Heðinn comprese che Högni non voleva altro che battersi, ordinò ai suoi di prepararsi: ora non voleva più indugiare né sottrarsi al combattimento. Ormai a ciascuno doveva bastare il pro-

Scena raffigurata sulla pietra di Hammars I. Vi si può forse riconoscere Hildr che si frappone tra la schiera del padre e quella dello sposo. Gotland, Svezia, VIII-IX secolo

prio coraggio. Così si disposero sul terreno e cominciarono a combattere. Högni era furioso; Heðinn, abile con le armi, distribuiva colpi possenti. In quel modo ebbe inizio la battaglia dei Hjaðningar.[14] Hildr stava seduta in un boschetto e osservava questo gioco al massacro.[15] Essi combatterono tutto il giorno e alla sera tornarono alle navi. Nella notte Hildr andò sul campo di battaglia e con la magia resuscitò tutti i morti.[16] Così il giorno dopo i re tornarono a combattere e con loro combattevano anche quelli che erano morti il giorno prima. In tal modo la battaglia proseguì un giorno dopo l'altro, così che tutti i caduti, le armi sul campo di battaglia e anche gli scudi diventarono di pietra. All'alba tuttavia i morti si rialzavano per combattere e le loro armi tornavano nuove. È detto che i Hjaðningar aspetteranno così il crepuscolo degli dèi.[17]

Fonti principali: *Ragnarsdrápa* di Bragi Boddason str. 7-12; *Háttalykill* di Rögnvaldr *jarl Kali* e Hallr Þórarinsson str. 23a-23b; *Skáldskaparmál* di Snorri Sturluson cap. 62 [9]; *Sörla þáttr* capp. 4-9; *Gesta Danorum* di Saxo Grammaticus V, VII, 8-13 e V, VIII-IX.

Note

1 V. p. 118. Il coinvolgimento di Odino e Freyja in questo mito non è casuale, poiché la tradizione ricorda (*Gyl* 24; *Grí* 14) che Freyja ha diritto a scegliere metà dei caduti in battaglia, mentre l'altra metà spetta a Odino.

2 Nome che proviene verosimilmente dall'area germanica continentale. Forse legato al verbo *hagna* «riuscire», «aver vantaggio». Cfr. J. de Vries, *Altnordisches...*, cit., p. 280 e anche p. 203.

3 Il racconto del mito segue qui principalmente la narrazione della *Breve storia di Sörli* che è la più dettagliata. Questa fonte tuttavia è di epoca tarda, come mostrano tra l'altro anche le allusioni a Parigi, alla Spagna, alla Grecia e alla Terra dei Saraceni (definizione con la quale si fa riferimento alla zona settentrionale dell'Africa e a quella meridionale della Spagna).

4 Heðinn è nome proprio che si ricollega a *heðinn* m. «corto capo di vestiario senza maniche ma con un cappuccio di pelliccia». Ciò permetterebbe di riconoscere in questa figura un guerriero coperto con una pelle animale e di ricollegarla all'uso di taluni guerrieri votati a Odino di combattere mascherati da orso o da lupo: i *berserkir* (m.pl.) e gli *úlfheðnar* (m.pl.), cfr. p. 58. I Hjaðningar, guerrieri di Heðinn, sarebbero perciò un gruppo di persone consacrate al dio della guerra. Hjarrandi, nome del padre di Heðinn, si ritrova anche fra gli epiteti di Odino (cfr. p. 208; v. J. de Vries, *Altnordisches...*, cit., pp. 215, 229-30 e 232).

5 È quindi certamente una valchiria. Cfr. p. 309. Il nome appare anche legato a *göndull* m. «bacchetta magica» o «fallo», cfr. p. 100.

6 Cfr. pp. 15 e 23, nota 22 e anche p. 638.

7 Nome di valchiria. Cfr. p. 308.
8 Anche questo è nome di valchiria. Qui il nome appare perfettamente adeguato al personaggio, come apparirà dal suo comportamento nel prosieguo della narrazione; cfr. p. 308.
9 Così la *Breve storia di Sörli*. Secondo Snorri invece Högni si era recato a un'assemblea di sovrani (*Ská* 62 [9]).
10 Questa notizia ci è riferita da Saxo (v, vii, 8), il quale precisa che entrambi, ancor prima di incontrarsi, erano stati colti da reciproca passione a motivo delle cose che udivano narrare l'uno dell'altra. Saxo inoltre precisa che Hildr era stata promessa a Heðinn prima che costui la rapisse. La versione del mito fornita da Saxo è molto più breve e riporta solo tracce dell'antico mito. Infatti vi si riferisce dell'inimicizia dei due sovrani (qui detti Høginus e Hithinus), nata in seguito al fatto che taluni avevano informato Høginus che il promesso sposo della figlia Hilda aveva disonorato la fanciulla prima della cerimonia nuziale. Per questo motivo essi combatterono tra loro una battaglia, nella quale, sebbene vittorioso, Høginus aveva risparmiato Hithinus, mosso a compassione della sua giovane età. Dopo sette anni tuttavia essi combatterono di nuovo sull'isola detta Hithinsø («isola di Hithinus», che, collocata da Saxo nei pressi della costa di Rügen, andrebbe identificata con Hiddensee) uccidendosi a vicenda. Il tema dell'eterna battaglia è qui accennato solo in una frase di commento: «Si racconta della credenza che Hilda fosse così infiammata dal desiderio del marito che di notte risvegliava gli spiriti dei morti perché potessero ricominciare a combattere» (*Ferunt Hildam tanta mariti cupiditate flagrasse, ut noctu interfectorum manes redintegrandi bella gratia carminibus excitasse credatur*: *Saxo* v, ix).
11 Háey. Il nome significa «isola alta».
12 Cioè «fratello di sangue» (*fóstbróðir* m.). Cfr. nota 6.
13 «Eredità del [nano] Dáinn (= morto).» Il nome di questa spada presa dal corredo di un defunto fa riferimento alle qualità magiche che a essa sono conferite dall'essere stata per un certo periodo nel regno dei morti. Cfr. p. 649.
14 Conosciuta nel mito come Hjaðningavíg (*víg* n. «battaglia»).
15 Tra le *kenningar* degli scaldi una definisce la battaglia proprio come «gioco di Hildr» (*Hildar leikr*): cfr. S. Egilsson, *Lexicon Poeticum Antiquae Linguae Septentrionalis - Ordbog over det Norsk-Islandske Skjaldesprog*, 2ª ed., a cura di F. Jónsson, København 1966 (repr. dell'ed. 1931), p. 367. Il mito dell'eterna battaglia era ben noto agli scaldi, i quali vi alludono anche con altre *kenningar* quali «vento dei Hjaðningar» (*Hjaðninga veðr*) o «burrasca dei Hjaðningar» (*Hjaðninga él*): cfr. *Ská* 61, 62 [9], 63, dove Snorri dà conto di queste definizioni poetiche e di altre sempre relative a questo mito. Cfr. *HH* ii 29.
16 Nella *Hról* (cap. 51) è riferito un episodio analogo, là dove si dice di Skuld (nome di valchiria, cfr. p. 308) la quale, durante l'ultima battaglia dell'eroe Hrólfr [Magro come un] palo, resuscitava i morti che tornavano a combattere contro Hrólfr e i suoi.
17 Nella *Breve storia di Sörli* (*Sör* 9) che è, come si è detto, un testo tardo, al mito viene aggiunta una conclusione ispirata da temi cristiani. Secondo questo testo la battaglia fra Heðinn e Högni poté avere termine grazie all'intervento di un soldato cristiano del re Óláfr Tryggvason. È detto dunque in questa fonte che nel primo anno del suo regno il sovrano giunse una sera presso Hoy e lì si fermò all'approdo. Ora, presso quell'isola avveniva un fatto strano: ogni notte scomparivano gli uomini di guardia e nessuno era in grado di dire che cosa avvenisse di loro. Quella sera era di guardia un soldato di nome Ívarr Radioso. Quando tut-

ti furono addormentati, costui prese la spada e tutta l'armatura e salì sull'isola. Là vide un uomo che gli veniva incontro: era di grande corporatura e coperto di sangue, e dall'aspetto pareva assai turbato. Ívarr gli domandò il nome. L'uomo rispose di chiamarsi Heðinn Hjarrandason e di essere originario della Terra dei Saraceni. Aggiunse anche che, in verità, la scomparsa delle guardie era da imputare a lui e anche a Högni. Entrambi infatti, con i loro uomini, erano colpiti da incantesimi tanto potenti e da una costrizione che li obbligava a combattersi giorno e notte, mentre Hildr, figlia di Högni, stava a osservarli. Questo avveniva per volontà di Odino e non c'era altra via d'uscita se non che un cristiano combattesse accanto a loro. Infatti quelli che costui avesse colpito a morte non si sarebbero rialzati e in tal modo sarebbero stati liberati da quella schiavitù. Heðinn pregò poi Ívarr di combattere con loro perché – disse – era un buon cristiano, così come il re che serviva. Ívarr accettò di andare con lui. Heðinn ne fu felice, e aggiunse: «Tu devi stare attento a non assalire Högni di fronte e anche a non uccidermi prima di lui. Questo perché nessuno fra gli esseri umani può – se io sono già morto – affrontare Högni e ucciderlo. Egli infatti ha negli occhi l'elmo del terrore (cfr. pp. 650-1) e non c'è difesa. Perciò l'unica cosa da fare è che io gli vada incontro e mentre combatto con lui tu lo attacchi alle spalle e gli infliggi il colpo mortale. A te non sarà poi difficile uccidermi anche se io vivo più a lungo di tutti». Poi andarono alla battaglia e Ívarr constatò che tutto quanto Heðinn aveva detto era vero; egli assalì Högni alle spalle e lo colpì sulla testa, fendendolo fino alle spalle: allora Högni cadde morto e non si rialzò più. Poi Ívarr uccise tutti gli uomini che prendevano parte a quella battaglia e per ultimo Heðinn, il che fu una cosa da poco. Infine tornò alle navi e già faceva giorno; andò dal re e gli riferì quanto era accaduto. Il re approvò le sue azioni e disse che aveva agito con fortuna. Poi durante il giorno scesero a terra e andarono là dove aveva avuto luogo la battaglia, ma non trovarono traccia di quanto era avvenuto. Tuttavia c'era il sangue sulla spada di Ívarr come prova; inoltre non scomparvero più gli uomini di guardia. Dopo quel fatto il re tornò nel suo regno.

La diffusione del mito della battaglia fra Heðinn e Högni è testimoniata altresì da tracce di questo racconto che troviamo nelle altre aree germaniche. Nell'area anglosassone sono ricordate le figure di Hagena e di Heoden nel *Widsith* (ed. R.W. Chambers, New York 1965, verso 21, p. 193) e i Heodeningas (corrispettivi dei Hjaðningar) nel *Deor* (ed. K. Malone, London 1961³, v. 36, p. 27); nella *Kudrun*, opera epica in alto tedesco medio, è ricordata una storia simile a quella del mito la quale ha come protagonisti i personaggi di Hagene, Hetel e Hilde (ed. B. Symons, Tübingen 1954³, a cura di B. Bœsch, str. 1-562). Il motivo del mito è presente anche in talune fiabe islandesi, cfr. *J.Á* I, pp. 270-5. Cfr. anche le antiche rime islandesi *Hjálmþérsrímur* I, str. 12 (*Rímnasafn, Samling af de ældste islandske rimer*, ed. F. Jónsson, vol. II, København 1913-1922, p. 2). Un racconto che in qualche modo può riecheggiare il «mito dell'eterna battaglia» si ha nel *Libro di Flatey*, nella cosiddetta *Breve storia di Þorsteinn Piede di bue* (*Þþu*): ivi si narra che Þorsteinn aveva sognato di entrare in un tumulo dove aveva visto due schiere di dodici uomini ciascuna: gli uni vestiti di rosso, gli altri di scuro. Nel tumulo aveva avuto luogo un combattimento durante il quale i feriti venivano misteriosamente risanati all'istante ed egli solo, essendo cristiano, era in grado di colpirli definitivamente a morte in modo che poi essi potessero riposare in pace nel tumulo (*Flat* I, pp. 254-5). V. anche l'allusione al mito in *Hát* 49.

X. Il mulino dell'abbondanza

Il re (dio) della fecondità possiede il magico mulino da cui vengono macinati bene, abbondanza e ricchezza. Ma l'avidità corrompe l'età dell'oro e dalla pace si passa alla guerra, dalla prosperità alla distruzione. Il mulino macina dapprima benessere, poi guerra, poi sale: ecco il progressivo scadimento delle ere. Solo una distruzione totale potrà portare a un totale rinnovamento.

Si racconta che fra i tanti figli di Odino ve n'era uno di nome Skjöldr,[1] il quale aveva dimora in Danimarca. Da lui è discesa la stirpe degli Skjöldungar,[2] sovrani di quel Paese. Skjöldr ebbe un figlio di nome Friðleifr[3] e costui a sua volta fu padre di Fróði.[4] Di questo Fróði è detto che visse al tempo dell'imperatore Augusto, quando in tutto il mondo regnava la pace e fu generato il Cristo. Fróði era un re potente e per questo nei Paesi nordici questo stato di pace fu attribuito a lui.[5]

Al tempo di Fróði, dunque, nelle terre da lui governate non c'erano né furti né assassinii e nessuno faceva del male a un altro anche se si trovasse dinanzi l'uccisore del padre o del fratello. Si dice inoltre che un anello d'oro rimase a lungo esposto nella landa di Jelling.[6]

A quel tempo c'era in Danimarca un mulino provvisto di due macine tanto grandi che nessuno era capace di smuoverle. Il mulino si chiamava Grotti[7] e re Fróði lo aveva avuto da un uomo di nome Hengikjöptr.[8] Questo mulino possedeva la virtù di macinare qualsiasi cosa gli fosse ordinata. Una volta in cui Fróði era stato ospite in Svezia, aveva comperato due schiave: erano grosse e robuste e si chiamavano Fenja e Menja. Fróði fece condurre le schiave al mulino e ordinò loro di macinare oro, pace e prosperità. Esse avevano l'incarico di macinare di continuo, senza pausa, senza tregua, senza riposo. E mentre macinavano le schiave canticchiavano piano, proprio come cigola il mulino: «Togliamo il sostegno, alziamo la mola!» Il re ordinò che macinassero ancora. Esse dunque continuarono a cantare e a girare la mola, sicché la maggior parte delle schiave di Fróði si addormentò. Allora Menja disse: «Oro maciniamo per Fróði, fortuna maciniamogli e ricchezza al mulino della gioia! Sieda nell'abbondanza, dorma sulle piume, si svegli con piacere! Così è ben macinato. Qui nessuno recherà danno e ad altri farà del male, non ucciderà né colpirà con la spada affilata, anche se veda in catene l'uccisore del fratello!» Fróði però disse soltanto queste parole:

«Non dormite più a lungo del tempo in cui il cuculo tace, del tempo che mi occorre per dire una breve canzone!»

Menja allora riprese con forza a girare la mola e rispose così: «Saggio non fosti, Fróði, né cortese, quando comprasti le schiave! Guardasti all'aspetto e alla robustezza, ma non domandasti della stirpe. Forte era Hrungnir[9] e così suo padre, ma più forte ancora era Þjazi:[10] Iði e Aurnir sono i nostri parenti, noi siamo nate dai fratelli dei giganti delle montagne. Grotti non sarebbe venuto da grigio monte, né la dura pietra dalla terra: non macineremmo così se non fossimo della stirpe dei giganti, se non ci fosse ben noto il mulino. Nove inverni insieme fummo compagne di giochi, robuste e cresciute nelle viscere della terra, noi fanciulle facevamo lavori gravosi, da sole spostavamo montagne. Rotolammo il masso attraverso la terra dei giganti, il suolo tremava davanti a noi, così scaraventammo la pietra rotante, la roccia che gli uomini presero».

E ancora Menja, sempre girando la mola, cantò della sua vita passata, di lei e di Fenja, donne guerriere forti e combattive cui ora toccava il gravoso compito delle schiave. Infine disse: «Ora siamo giunte alla casa del re, senza riguardi tenute come schiave; il fango ci divora le piante dei piedi, il freddo ci prende e giriamo la mola: duro è stare con Fróði! Le mani devono riposare, la mola fermarsi, io per mia parte ho macinato abbastanza».

Allora parlò Fenja e disse così: «Le mie mani non avranno riposo prima che per Fróði tutto sia macinato! Le mani afferrano dure stanghe, armi bagnate di sangue: destati, Fróði, se vuoi udire i nostri canti del tempo che fu!» Ed ella ancora, sempre girando la mola, cantò per Fróði una profezia di rovina: presto il fuoco avrebbe divorato la reggia, presto un esercito sarebbe venuto recando distruzione per il re. Poi invitò Menja a macinare con tutta la forza. E tanta infatti fu la loro forza che i pilastri del mulino furono spezzati, sebbene rinforzati col ferro. Esse tuttavia continuarono a macinare. E prima di terminare il loro canto, Fenja e Menja macinarono contro Fróði un esercito, sicché nella notte venne un re del mare di nome Mýsingr[11] e uccise il re conquistando un grande bottino. Così ebbe fine la pace di Fróði.

Poi Mýsingr prese con sé Fenja e Menja e anche il mulino e se li portò sulla nave. Ordinò che macinassero sale. A mezzanotte Fenja e Menja domandarono se Mýsingr non avesse sale a sufficienza. Egli disse di macinare ancora. Esse dunque ripresero a girare la mola, sicché la nave sovraccarica sprofondò, l'acqua entrò nel foro della macina e si creò un vortice. Così il mare divenne salato.

Fonti principali: *Grottasöngr*; *Skáldskaparmál* di Snorri Sturluson cap. 53 [7]; *Skjöldunga saga* cap. 3.

Appendice. Il mulino del cielo

È immagine stessa del tempo che macina incessantemente le ere portando a compimento la misura loro assegnata. È perciò collegato ai giganti, esseri che appartengono alle origini e alla fine del mondo, figura del tempo che inesorabilmente divora ogni cosa. A questa simbologia vanno dunque riferite le diverse allusioni alle schiave che girano incessantemente la mola.[1] Nella modestia e nella fatica del lavoro si allude a un compito gravoso compiuto nella cieca e impotente sottomissione al volere del fato. Tale senso ha anche il riferimento all'uccisione di una gigantessa che fu schiacciata dalla mola di un mulino.[2] Qui il mito allude verosimilmente al gigante come incarnazione del cosmo (macroantropo = microcosmo).

Ma il mulino del cielo è posseduto anche da Amlóði «Amleto»[3] e la macina è girata da nove fanciulle: così informa lo scaldo Snæbjörn,[4] il quale paragona il mare a un mulino che macina tutto nei suoi vortici.[5] Amlóði è la stessa figura che compare in Saxo come Amlethus. Un particolare della sua storia,[6] in cui la sabbia del mare è paragonata alla farina macinata dai marosi spumeggianti, conserva traccia dell'antico mito. Nel *Carme di Hlöðr*[7] i mulini sono annoverati fra i possessi preziosi di un re. Ma il mulino per eccellenza del mito nordico è appunto Grotti, che macina la prosperità e l'abbondanza del dio della fecondità.[8] Dopo il progressivo scadimento delle ere esso sarà ingoiato dalle profondità dell'oceano. In questo racconto va riconosciuta non solo la simbologia del vortice[9] che è immagine dell'origine e della fine del mondo, bensì anche quella del perenne movimento del cielo dal quale viene generato il tempo che riempie le misure di ogni era fino al punto in cui essa deve lasciare il posto a quella successiva (il nove, numero delle fanciulle che girano la mola, è simbolo della completezza di un ciclo). In esse si allude forse alle nove madri di Heimdallr, dio che sta al limite tra un ciclo e il successivo.[10] La maniglia che fa girare la macina pare essere immagine dell'asse terrestre che nel suo movimento disegna un cono (o vortice). La natura stessa dei movimenti celesti, il passaggio del sole da un segno zodiacale a un altro e il fenomeno della precessione degli equinozi sono legati all'idea della successione dei cicli. Colui che gira la maniglia ha perciò potere sulla scansione astrale del tempo (forse è nel mito Mundilfœri, padre del sole e della luna?).[11] Il mulino del cielo scompare nelle profondità dell'oceano celeste quando il ciclo vecchio debba essere sostituito dal nuovo.

Note

1 «Scudo.» Cfr. pp. 200 e 250, nota 25.
2 «Discendenti di Skjöldr», il che verosimilmente intende «[guerrieri armati di] scudo».
3 «Figlio della pace» o «forte per la pace».
4 «Saggio» o meglio «colmo di vigore».
5 Cfr. p. 87 (b) e p. 280. Il collegamento tra il periodo aureo dell'imperatore Augusto, la nascita di Cristo e la «pace di Fróði» è tipico degli scrittori medievali come Saxo e Snorri. Questo mitico re noto appunto come Fríð-Fróði, cioè «Froði della pace», è ricordato in molte fonti. Cfr. (oltre a quelle citate nelle sezioni di cui ai rimandi) *Sör* 3; *Stur* 28; *Flat* I, p. 26; *Yng* 25; *Ísl* genealogia finale; *Skjö* 3, 7; *Ytal* 1, 20; *Hát* 18, 43; *Rún* 20; *Þul*; *K*.
6 Nello Jutland. L'uso di lasciare dei beni preziosi a disposizione di tutti senza che alcuno osi profanarli col furto è testimoniato da diverse fonti. Cfr. quelle elencate in Hilda Ellis Davidson-P. Fisher (Saxo Grammaticus, *History of the Danes*, Cambridge 1979-1980, II, *Commentary*, p. 92, nota 155).
7 «Frantumatore.»
8 Da identificare presumibilmente con un gigante (cfr. la gigantessa Hengikepta). Tuttavia potrebbe anche trattarsi di Odino, del quale Hengikjöptr è uno degli appellativi (cfr. p. 205 e p. 327). Il nome significa «gota cadente».
9 V. p. 326.
10 V. p. 328.
11 Mýsingr è un nome verosimilmente formato su *mús* f. «topo», con l'aggiunta del suffisso *-ingr* con cui vengono formati i nomi dei capostipiti e delle dinastie. Come osserva G. Dumézil (*Mythe et épopée*, Paris 1968, p. 540), il riferimento al topo si spiega col fatto che talune specie animali hanno spesso colpito l'immaginazione per la subitaneità delle loro apparizioni in masse enormi: in questo modo si indicherebbe dunque l'improvvisa comparsa di un esercito sterminato.

Appendice. Il mulino del cielo

1 *HH* I 35; *HH* II pr, 2-4; cfr. *Saxo* VI, VII, 13.
2 *Ská* 5 [2]; v. p. 90. V. anche l'episodio narrato in *Saxo* VIII, XVI, 4, dove si riferisce di un tale Refo che fu giustiziato con una macina di mulino.
3 Questo nome è assai discusso ed è stato variamente interpretato. È stato collegato al norvegese *amlod* «stupido». Tra le altre proposte: «il furioso Áli» (o Analo) con riferimento a Onela, personaggio del poema inglese antico *Beowulf* (ed. cit., versi 61-3, 2381-4, 2397-8, 2616-20, 2932); «[colui che] all'improvviso si dà a cose inutili»; «[colui che] ha una pelliccia scura»; «persona inattiva che provoca irritazione»; un collegamento col verbo inglese antico *hamelian* «mutilare»; infine un'etimologia che lo intenderebbe come una sorta di spirito del focolare. Cfr. J. de Vries, *Altnordisches...*, cit., p. 8.
4 Cit. da Snorri in *Ská* 34. Ivi il mare è detto *eylúðr*, che è anche appellativo di Odino (cfr. p. 209).
5 V. anche *Hát* 44.
6 *Saxo* III, IV, 10.
7 *Hlö* 8.

8 Al mulino come strumento che dispensa fecondità si allude anche in *Lok* 44, dove si fa riferimento a Byggvir, servitore di Freyr, nel quale è incarnato lo spirito dei cereali (v. pp. 136 e 144).

9 Cfr. p. 465.

10 Cfr. pp. 505-6.

11 Ciò potrebbe essere suggerito anche da una certa analogia della prima parte del nome di questo personaggio con *möndull* m., parola che indica l'impugnatura della macina. Möndull appare curiosamente in una saga (*Gön* 23, *passim*) come nome di un nano.

XI. Il crepuscolo degli dèi[1]

L'eternità non è che il perenne rinnovarsi dei cicli della vita. Il mondo presente, nel quale l'insanabile conflitto dei contrari è sospeso in un difficile equilibrio, dovrà avere termine quando sarà colmata la misura di tempo che gli è concessa: allora le opposte potenze si affronteranno in una lotta definitiva che non potrà concludersi se non col reciproco annientamento. Solo dalla dualità ricomposta nell'unità rigeneratrice avrà origine una nuova separazione e, con essa, un nuovo ciclo.

E VERRÀ un giorno la fine del mondo e allora si compirà il fato degli dèi. L'annuncerà un inverno terribile e spaventoso di nome Fimbulvetr:[2] da ogni parte cadrà la neve vorticando, il freddo sarà intenso e i venti pungenti. Non si godrà più del sole. Tre inverni si susseguiranno e non ci saranno estati di mezzo. Poi verranno altri tre inverni durante i quali in tutto il mondo si scateneranno inimicizie e ovunque si combatteranno grandi battaglie: i fratelli si uccideranno fra loro per cupidigia e non ci sarà rispetto né per il padre né per il figlio nell'assassinio e nell'adulterio. Segni potenti si manifesteranno nel cielo e sulla terra: il lupo Skoll ingoierà il sole – grave sciagura per gli uomini –; l'altro lupo, Hati, divorerà la luna e sarà grande rovina. Le stelle splendenti saranno cancellate dal firmamento. Tutta la terra si scuoterà e così Jötunheimr, Paese dei giganti; gli uomini percorreranno il sentiero di Hel, l'aquila emetterà il suo grido divorando i cadaveri, s'accasceranno le streghe, gemeranno i nani davanti alle dimore di pietra. I monti crolleranno, gli alberi saranno sradicati: allora ogni legame sarà spezzato. Così saranno liberi i mostri cosmici: il lupo Fenrir e suo fratello, il serpe di Miðgarðr, che abbandonerà l'oceano e assalirà la terra facendo dilagare il mare sulle coste. Allora sarà sciolta anche la nave Naglfar che sta in Muspell:[3] essa è stata costruita in tutte le epoche con le unghie dei morti.[4] Su quella nave tutte le potenze del male verranno alla battaglia con gli dèi: il gigante Hrymr starà al timone.[5] Fenrir avanzerà con le fauci spalancate: la mascella superiore toccherà il cielo, quella inferiore la terra; ma le spalancherebbe di più se ci fosse spazio. Dagli occhi e dalle narici gli usciranno fiamme. Suo fratello, il serpe di Miðgarðr, gli sarà al fianco: soffierà tanto veleno che il cielo e la terra ne saranno contaminati. Garmr, il cane infernale, abbaierà davanti a Gnipahellir:[6] anch'esso allora sarà libero.

In quel frastuono il cielo si fenderà e all'orizzonte comparirà

Il lupo Fenrir ingoia Odino; raffigurazione che si trova sulla croce di Thorwald. Kirk Andreas, Isola di Man, Inghilterra, età vichinga

Surtr, guardiano di Muspell, e con lui i figli di Muspell[7] verranno. Surtr sarà il primo: davanti e dietro a lui divamperà il fuoco. Ottima è la sua spada e più luminosa del sole. Quando i figli di Muspell passeranno a cavallo su Bifröst,[8] esso andrà in frantumi. Allora tutte le forze del male si raccoglieranno sulla piana che ha nome Vígríðr: essa misura cento miglia in tutte le direzioni. Là avverrà la battaglia definitiva. Ci saranno Fenrir, il serpe di Miðgarðr, Loki e Hrymr e con loro tutti i giganti del ghiaccio e tutti i compagni di Hel. La compagine formata dai figli di Muspell sarà sfolgorante.

E quando accadranno questi eventi Heimdallr si ergerà e soffierà con potenza nel corno Gjallarhorn: così desterà tutti gli dèi ed essi si recheranno a consiglio. Odino chiederà responsi oracolari alla testa di Mímir presso la fonte. Il frassino Yggdrasill si scuoterà e nulla sarà allora senza terrore né in cielo né in terra. Gli Asi indosseranno l'armatura; un gallo di nome Fjalarr canterà per i giganti, un

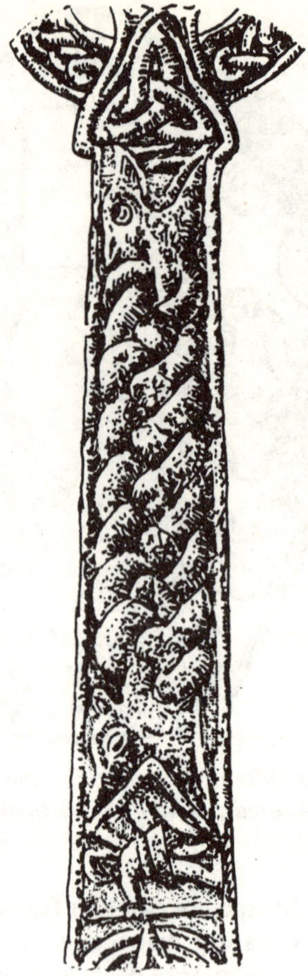

Il dio Víðarr uccide il serpe cosmico; raffigurazione che si trova sulla croce di Gosforth. Cumberland, Inghilterra, età vichinga

altro rosso fuliggine per le genti di Hel, un terzo detto Gullinkambi desterà gli Einherjar nella Valhalla:[9] essi si uniranno agli dèi avanzando sul campo di battaglia. Per primo cavalcherà Odino: sul capo avrà l'elmo d'oro, nella mano impugnerà la lancia Gungnir. Egli avanzerà contro il lupo Fenrir e si batterà con lui, il lupo però lo ingoierà e tale sarà la sua morte. Odino sarà tuttavia subito vendicato da Víðarr suo figlio. Costui avanzerà e con un piede schiaccerà la mascella inferiore del lupo: in quel piede avrà la calzatura che tutte le epoche hanno contribuito a preparare: essa infatti è stata fatta con gli avanzi di cuoio che gli uomini tagliano via dall'alluce o dal calcagno.[10] Con una mano afferrerà la mascella superiore di Fenrir e gli spezzerà le fauci; poi gli conficcherà una spada fino al cuore: in tal modo il mostro morirà. Thor, giunto alla battaglia al fianco di Odino, non potrà soccorrerlo: egli infatti dovrà combattere un duello senza quartiere con il serpe di Miðgarðr. Questa volta Thor riuscirà a ucciderlo; subito dopo però farà appena nove passi e crollerà a terra morto a causa del veleno che il serpe gli avrà soffiato addosso. Freyr combatterà contro Surtr e sarà lotta dura prima che egli cada; mancandogli la buona spada che aveva donato a Skírnir,[11] morirà. Il cane infernale Garmr, sciolto dai legami che lo trattenevano davanti a Gnipahellir, affronterà il dio Týr in un duello per entrambi mortale.[12] Anche Loki e Heimdallr combatteranno e si daranno reciproca morte. Alla fine Surtr appiccherà il fuoco alla terra e tutto il mondo brucerà. Tutto sarà distrutto tranne talune dimore nelle quali saranno radunati i morti, da una parte i buoni, dall'altra i malvagi.[13] Il luogo migliore sarà Gimlé[14] nel cielo; ottima per buone bevute sarà la sala che si chiama Brimir e si trova in Ókólnir, e anche Sindri tutta d'oro rosso che si trova in Niðafjöll. Questi sono i luoghi dove dimoreranno i giusti. Lontano dal sole invece, a Náströnd, c'è una dimora assai grande e pessima. Ha le porte rivolte verso nord ed è fatta di dorsi di serpenti come una capanna intrecciata. Tutte le teste dei serpi sono rivolte all'interno e soffiano veleno, sicché lungo la sala scorrono fiumi di veleno che saranno guadati dagli spergiuri e dagli assassini. Peggio ancora tuttavia sarà in Hvergelmir: là Níðhöggr tormenterà i cadaveri dei morti.[15]

Ma quando il fuoco di Surtr, dopo aver consumato ogni cosa, sarà spento, una nuova era avrà inizio.

Allora la terra riaffiorerà dalle acque del mare e tornerà a essere verde e bella e cresceranno messi non seminate. Gli dèi sopravvissuti si raduneranno in Iðavöllr, là dove un tempo c'era Ásgarðr. Ci saranno Víðarr e Váli, figli di Odino, e con loro Móði e Magni, figli di Thor, che avranno ereditato il martello Mjöllnir. Baldr e Höðr torneranno da Hel e tutti insieme questi dèi siederanno a conversare ricordando le rune e gli eventi passati, il serpe di Miðgarðr e il lupo Fenrir. Tra l'erba troveranno le tavole d'oro appartenute agli Asi. A Hœnir toccherà l'incarico di trarre la sorte. Allora avrà inizio anche una nuova generazione umana. Mentre brucerà il fuoco di Surtr, infatti, due esseri umani troveranno rifugio nel bosco che è

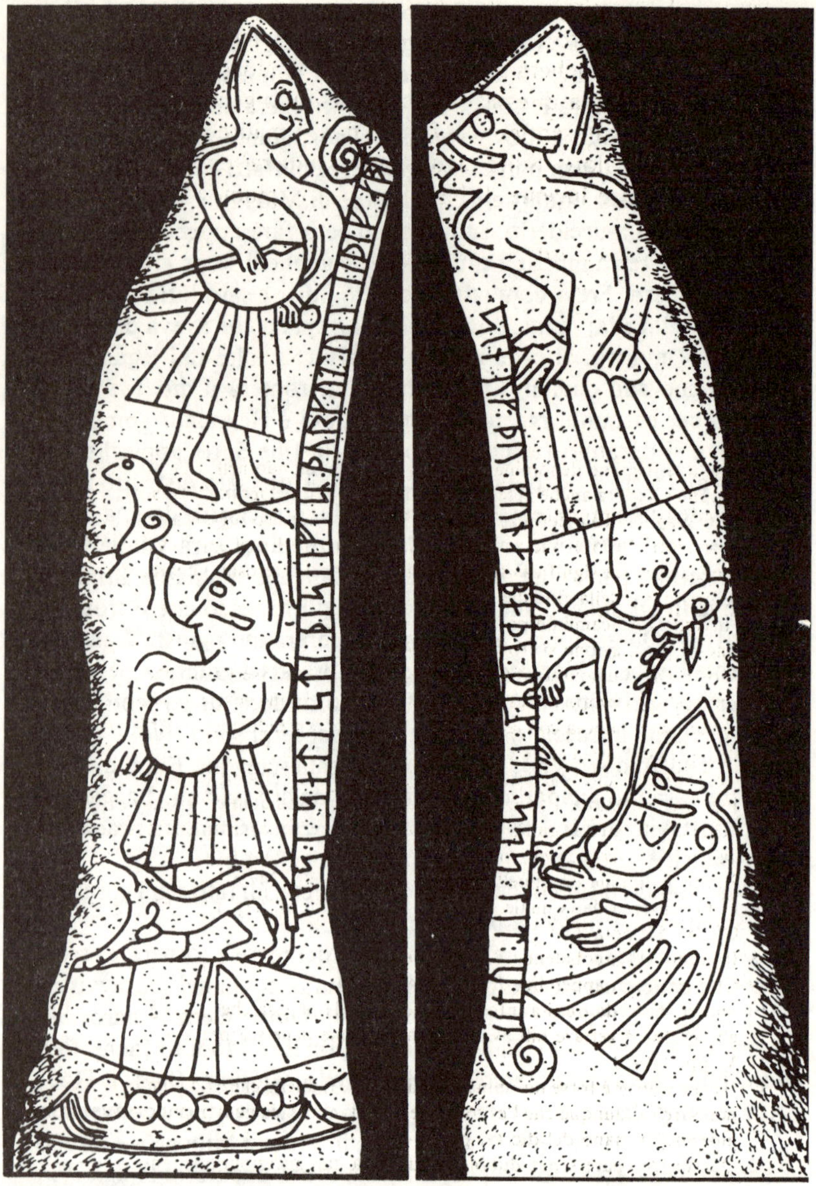

Pietra runica di Ledberg in cui forse si possono riconoscere elementi relativi al racconto sul crepuscolo degli dèi: la nave (Naglfar?) e il lupo che divora Odino. Östergötland, Svezia, XI *secolo*

detto di Hoddmímir, nutrendosi di rugiada: costoro sono Líf e Lífþrasir[16] e da loro nascerà una stirpe così potente che ripopolerà il mondo. Né mancherà al nuovo mondo un nuovo sole; è detto infatti che Sól prima di essere divorata dal lupo genererà una figlia: costei percorrerà i sentieri che furono di sua madre donando nuova luce e nuovo calore. Sulla piana tuttavia volerà tenebroso il drago Níðhöggr, serpe lucente di Niðafjöll, fra le piume i cadaveri.[17]

Fonti principali: *Völuspá* str. 37-66; *Vafþrúðnismál* str. 17-8, 44-53; *Gylfaginning* di Snorri Sturluson capp. 51-3.

Note

1 Tale è la comune denominazione della fine del mondo nell'area nordica, la cui fortuna è dovuta anche al termine tedesco *Götterdämmerung* diffusosi con l'opera di Wagner. Tale definizione rende il termine nordico *ragnarøkkr* n., usato da Snorri (cfr. *Gyl* 51). Vicino a esso è tuttavia *ragnarök* n.pl., parola probabilmente più antica che significa «fato degli dèi». È questa, verosimilmente, la definizione originaria della fine del mondo.

2 «Inverno magicamente potente.»

3 Questa precisazione si trova in *Gyl* 43.

4 Snorri, che ci dà questa informazione, la commenta osservando che chi vuole allontanare nel tempo il giorno terribile della distruzione deve avere cura di evitare che un uomo muoia con le unghie non tagliate portando così materiale per la costruzione di questa nave (*Gyl* 51).

5 Così appare tanto dal racconto di Snorri (*Gyl* 51) quanto dalla strofa 50 della *Vsp*. La medesima *Vsp* tuttavia, alla strofa immediatamente seguente, suona: «Una chiglia giunge dall'Est, verranno di Muspell / i figli, sul mare, Loki la guida...» (*Kjóll ferr austan, koma munu Muspells / um lög lýðir, en Loki stýrir...*). Hrymr è dunque un appellativo di Loki? Cfr. pp. 247 e 324.

6 È una caverna dalla quale si accede al regno infero. Cfr. nota 12 e pp. 489-90.

7 Cfr. p. 53, nota 3.

8 Il ponte dell'arcobaleno. V. pp. 62 e 75-6 (d).

9 Cfr. pp. 71-2, appendice 2, e pp. 549-50 (b).

10 Snorri che ci dà questa informazione (*Gyl* 51) precisa che chi voglia soccorrere gli dèi dovrà gettare tali avanzi di lavorazione delle scarpe.

11 V. pp. 149-50.

12 Il cane Garmr è forse un'immagine di Fenrir. Il duello che esso combatte con Týr non sarebbe dunque che l'esito finale di una inimicizia nata quando il lupo aveva mozzato la mano del dio (v. pp. 65-6).

13 Questa idea pare senza dubbio influenzata da concezioni cristiane.

14 V. pp. 57 e 78, nota 3.

15 Cfr. pp. 72-3.

16 *Líf* n. è «vita»; *Lífþrasir* (anche *Leifþrasir*) m. è «[colui che] aspira alla vita» o «[colui che] lotta per la vita»; cfr. pp. 406 e 434, nota 26.

17 La diffusione del mito sulla fine del mondo nella mentalità nordica è testimoniata dalle diverse allusioni che si trovano in molte fonti. Cfr. a esempio *Vaf* 39, 55; *Grí* 4, 17, 23; *Lok* 39, 41-2; *HH* II 40; *Fáf* 14-5, dove in luogo della pianura Vígríðr la battaglia escatologica viene immaginata sull'isolotto *Úskópnir* «non [ancora] creato» (cfr. p. 474 [b]); *Atm* 22; *Bal* 14; *Hyn* 42, 44; *Fjö* 14; *Eirm* 7; *Hák* 20; *Ská* 9. Anche in Saxo, dove apparentemente non c'è traccia del mito, si possono forse riconoscere talune allusioni (cfr. v, VII, 5 e VII, IV, 4). Cfr. anche *Kor* 19, dove lo scaldo per lodare la bellezza dell'amata afferma che gli scogli dovranno andare alla deriva sulle acque e le montagne precipitare negli abissi marini (come nel giorno del crepuscolo degli dèi) prima che venga al mondo una donna altrettanto bella e famosa quanto Steingerðr. Cfr. inoltre: Arnórr Þórðarson, *Carme encomiastico per Þorfinnr (Þorfinnsdrápa)*, str. 24 (*Skj* I: A, p. 348; B, p. 321).

Gli dèi

Gli dèi principali del *pantheon* nordico sono suddivisi nelle due grandi categorie degli Asi e dei Vani.[1] Tale distinzione non è tuttavia sufficiente a delineare l'idea di «divinità» nel mondo nordico: essa è piuttosto da intendersi come caratterizzazione di tipo funzionale.

Nel dizionario nordico diverse parole indicano gli «dèi»: in esse il concetto della potenza divina appare per lo più come entità per certi versi indistinta, insieme di forze sovrannaturali nelle quali si avvertiva quella nozione di trascendenza e di ignoto che viene identificandosi con il concetto di divinità.

Il termine generale per «dio» (rimasto anche in epoca cristiana) è *goð* (forma più recente *guð*), originariamente di genere neutro, poi maschile (per influsso della nuova dottrina?). *Goð*, secondo l'etimologia più probabile, è «[l'entità] cui si sacrifica», l'«invocato». Ciò non ne fa necessariamente un essere ben distinto: infatti il genere neutro della parola[2] esprime l'indefinitezza del concetto. È nota d'altronde l'usanza assai diffusa di fare sacrifici anche alle pietre, ai boschi, alle fonti e alle cascate.[3]

Il termine *tívar* m.pl.[4] (corradicale del lat. *deus*, greco Ζεύς) è collegato etimologicamente all'antico concetto del dio del cielo. Indica dunque negli dèi gli abitatori celesti d'un empireo supremo e luminoso ed è legato alle concezioni religiose degli indoeuropei. Accanto a *tívar* si trovano in poesia i composti *sigtívar* «dèi della vittoria»;[5] *sœkitívar* «dèi che assalgono»[6] e *valtívar* «dèi dei morti in battaglia»[7] (dunque «dèi guerrieri»). Essi sono certamente formazioni poetiche assai più recenti.

Corradicale di *tívar*, ma mediato attraverso il celtico, è invece il termine *díar* con il quale Snorri indica i dodici sacerdoti supremi che nell'antico Ásgarðr presiedevano al sacrificio e al giudizio.[8] Costoro, secondo la versione evemeristica, vennero poi considerati dèi.

Nello stesso luogo[9] Snorri dà ai dodici sacerdoti anche il nome di *drótnar* che è pl. di *dróttin* «signore», «principe».

Attestato solo al plurale è anche *regin* n.pl.,[10] che compare a esempio nel famoso composto *ragnarøkkr* «crepuscolo degli dèi». Connesso etimologicamente al gotico *ragin* n. «decisione», indica negli dèi le potenze che determinano gli eventi (dunque il destino?).[11] Anche per questo termine i composti quali *ginnregin* «dèi potenti»,[12] *uppregin* «dèi eccelsi»[13] e *þrymregin* «dèi del frastuono [della battaglia]»[14] non sono nient'altro che creazioni poetiche.

Il concetto della divinità come «legame», come forza che possiede e vincola l'uomo e il mondo, è espresso nei termini *bönd*[15] e *höpt*,[16] che in poesia perdono di norma il senso di «vincolo», «catena» per assumere quello di «divinità».[17]

Altre denominazioni degli dèi sono più rare e talvolta non ben definibili nel loro senso preciso. Così *fjörg* n.pl. «dèi» legato a *fjör* n. «vita»; così anche *jóln*,[18] che ha forse senso di «divinità di *jól*» (n.pl., festa che cadeva verso la fine dell'anno, periodo di sacrifici, di matrimoni e di morti che tornano sulla terra); così infine *véar* m.pl., legato presumibilmente a *vé* n. «luogo sacro»,[19] «sede del giudizio», dunque col senso di «santi» e «giudici».[20]

Note

1 Sulle quali v. pp. 197-9 e 276.
2 Che in epoca pagana si trova solo al plurale.
3 Esempi in *Ldn* S 237, H 202; S 241, H 206, S 355, H 313; cfr. pp. 482-3, 485, 486-7, 516.
4 Solo plurale, ché al singolare, fatta eccezione per un caso in *Hau* 8 e nei composti, è il nome di un dio ben preciso, Týr.
5 *Vsp* 44, 49, 58; *Grí* 45; *Lok* 1-2; *Fáf* 24; *Atk* 29.
6 In due *kenningar* per «guerriero» nello scaldo Hásteinn (*Skj* I: A, p. 97; B, p. 91) e in Þórmóðr Poeta di Kolbrún (*Skj* I: A, p. 285; B, p. 263).
7 *Vsp* 52, 62.
8 *Yng* 2, 4, 6. La parola si trova anche in una *kenning* dello scaldo Kormákr Ögmundarson (cit. da Snorri in *Ská* 10 e 68) che era forse di origine celtica.
9 *Yng* 2.
10 O *rögn*.
11 Cfr. *Vsp* 6.
12 *Háv* 80, 142; *Hym* 4; *Alv* 20, 30; *Hau* 13.
13 *Alv* 10.
14 *Rag* 10.
15 Pl. di *band* n.
16 Pl. di *hapt* n.
17 Cfr. *Ská* 68.
18 Attestato in tale forma solo in *Hál* 16, n. pl.
19 *Hym* 39; cfr. p. 76 (e).
20 Sulle diverse denominazioni degli dèi v. *Ská* 68.

I. Asi

NEL mondo nordico, gli Asi sono gli dèi sovrani, i signori assoluti del cielo. La loro supremazia fu stabilita tuttavia dopo che essi ebbero mosso guerra alla stirpe divina dei Vani, con i quali conclusero un patto sacro che portò a una sorta di integrazione.[1] Secondo la versione evemeristica di Snorri,[2] essi vivevano originariamente in Asia (*Asíá* in antico nordico, donde con etimologia popolare il loro nome!) e di lì s'erano mossi al seguito del loro capo Odino verso le terre del Nord, stabilendosi in Svezia (*Svíþjóð*). Loro patria d'origine era *Ásaland* «terra degli Asi» detta altrimenti *Ásaheimr* «Paese degli Asi», luogo dove si trovava la fortezza di *Ásgarðr* «recinto degli Asi» che Snorri identifica curiosamente con Troia.[3] Secondo il racconto della *Saga degli Ynglingar*, Ásgarðr era luogo di solenni sacrifici cui presiedevano dodici sacerdoti (detti *díar* o *drótnar*) che erano al contempo i capi preminenti cui spettavano le decisioni e i giudizi. Essi sarebbero poi stati divinizzati dai loro sudditi; di Odino in particolare si dice che, sentendosi prossimo a morire, lasciò la Svezia affermando che sarebbe tornato alla sua antica patria (detta anche *Goðheimr*[4] «Paese degli dèi») e i suoi seguaci credettero da allora che egli fosse tornato all'antico Ásgarðr per vivere in eterno.[5] Nel racconto dell'*Edda* prosastica, dove l'evemerismo è assai meno marcato, Ásgarðr è invece una fortezza celeste, al centro del mondo, che gli dèi hanno costruito per dimorarvi con le proprie famiglie[6] restando al riparo dagli attacchi dei giganti, loro mortali nemici. In Ásgarðr, cui si accede transitando sul ponte dell'arcobaleno Bifröst, si trova il tempio d'oro detto Glaðsheimr così come tutte le dimore degli dèi e delle dee. Ivi si trova anche Hliðskjálf, trono di Odino; nel suo centro c'è Iðavöllr, dove vivranno gli dèi del ciclo che sostituirà quello presente.[7] Ásgarðr, il cui muro fu abbattuto durante il conflitto fra gli Asi e i Vani,[8] rimane sotto la continua minaccia dei giganti.[9] Esso è stato perciò costruito lontano dal loro Paese[10] e deve avere un recinto possente e sicuro.[11] *Ásgrindr* è il nome del «cancello degli Asi», limite che i giganti non devono valicare.[12]

Il sovrapporsi degli Asi ai Vani (ché, nonostante il patto con cui la guerra si conclude, la supremazia dei primi risulta poi chiaramente sottolineata)[13] è forse l'indizio del sovrapporsi d'una cultura e d'una religione nuova sull'antica (quella degli indoeuropei su quella della popolazione di sostrato?).

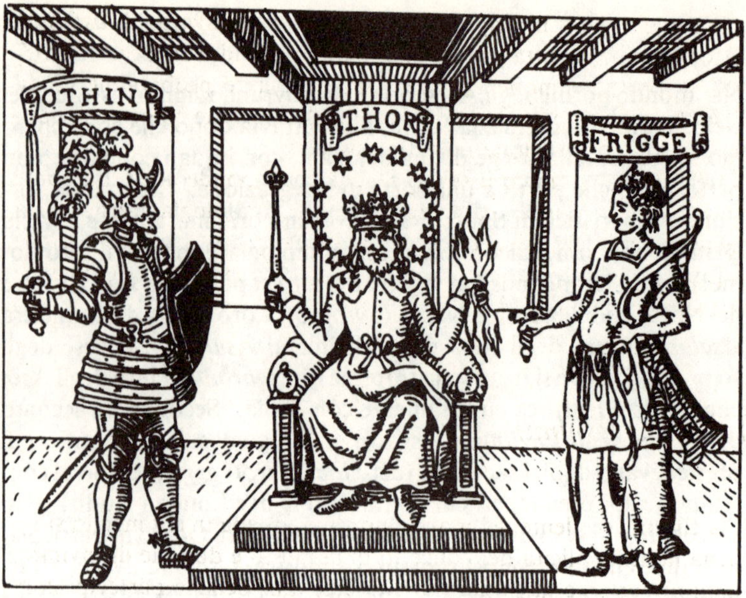

Ancora in epoca tarda troviamo nel Nord raffigurazioni degli dèi antichi. Qui un'immagine tratta dal celebre testo Atland eller Manheim *del dotto svedese Olov Rudbeck (1630-1702)*

Dell'importanza degli Asi, ormai acquisita e consolidata in epoca vichinga, testimoniano non solo taluni toponimi quali *Åsaka*, *Åslunda*, *Aspberg* (Svezia), *Aaseral* (<*Ásarall*) e, presumibilmente, soprattutto *Oslo* (*Ósló*) (forse «bosco sacro agli Asi», Norvegia), ma anche numerosi nomi di persona quali *Ásbjörn*, *Ásgautr*, *Ásgrímr*, *Ásketill*, *Áslákr*, *Ásmundr*, *Ásúlfr*, *Ásvaldr* maschili o *Ása*, *Ásbjörg*, *Ásgerðr*, *Áshildr*, *Áslaug*, *Ásleif* femminili.

Già nelle iscrizioni runiche antiche appaiono accenni al culto degli Asi. Così sulla fibula di Vimose (Fionia, Danimarca, inizio del III secolo), dove si leggono tra le altre le parole *aasau wija* che significano presumibilmente «all'Ase consacro»; così anche sulla pietra di Mycklebostad (Møre e Romsdal, Norvegia, IV-V secolo), dove è incisa la parola (un nome?) *asugas*, di significato oscuro, forse «di [colui che] appartiene agli Asi (?)» o *asugasdiR*, dunque **Ásgestr* «ospite degli Asi»; così infine nell'incisione su un'asta di lancia di Kragehul (Fionia, Danimarca, inizio del VI secolo), su cui tra l'altro si legge *asugisalas* «dell'ostaggio degli Asi (?)».

Il nome «Asi» (m. sing. *áss*, pl. *æsir*; f. sing. *ásynja*, pl. *ásynjur*) si riconnette con tutta probabilità alla radice indoeuropea **ANSU-* *N̥SU* «spirito, demone» (a sua volta derivante probabilmente da **AN(ə)* «respirare») e intende dunque gli dèi come coloro che hanno infuso alla creazione il soffio vitale.[14]

Nell'alfabeto runico il segno ᚨ, che corrisponde ad *a*, ha nome **ansuz* «dio», «ase», ed è legato a una simbologia fausta (v. a esempio l'amuleto di Lindholm, Scania, Svezia, IV secolo, nel quale la ripetizione sistematica di questo segno ha una funzione magica benefica).[15]

1. *Odino (Óðinn)*

È la figura eccellente del mondo nordico, quella in cui meglio si incarna la molteplicità del concetto di assoluto e dunque di divinità. A lui appartiene la totalità dell'essere, ma, benché partecipi contemporaneamente di ogni manifestazione della vita, egli stesso non è imprigionato in nessuna. Il suo nome, *Óðinn*, è connesso alla radice indoeuropea * *WAT-* nella quale è espresso il concetto di ispirazione e furore.[1] Notava Adamo da Brema: *Wodan, id est furor.*[2] Nucleo del suo essere è perciò una condizione di perenne possibilità, piuttosto che una manifestazione materiale. Egli può con facilità trascorrere dall'uno all'altro livello dell'esistenza, è dio dei vivi e contemporaneamente dei defunti, è piacevole e terribile, soccorrevole o letale. Per questo è per eccellenza dio della magia.[3] Sebbene paia probabile che il suo culto si sia diffuso in epoca relativamente tarda,[4] egli si guadagnò tuttavia ben presto la posizione di dio supremo e come tale sopraffece altre divinità del cielo un tempo assai importanti come Týr e Ullr.[5] La diffusione dei toponimi che contengono il nome di questo dio (del cui culto si hanno presso i Germani continentali ampie ed esaurienti testimonianze)[6] mostra una concentrazione maggiore nelle zone meridionali e orientali della Scandinavia. Esempi si hanno in Danimarca: *Oddense*, *Odense*, *Vojens*; Svezia: *Onslunda*, *Odenslunda*, *Odenslanda*, *Onsala*, *Odensala*, *Odensåker*, *Odensvi*, *Odensharg*; Norvegia centromeridionale: *Onsøy*, *Onsøien*, *Onsaaker*, *Oðinssalir* (nome antico), *Osland*, *Onsrud*.[7] Essi sono invece totalmente assenti nella Norvegia settentrionale e in Islanda, dove al contrario il culto di Thor era particolarmente diffuso. Il culto di Odino si sarebbe propagato a partire dall'area continentale, progredendo – non senza resistenze – verso le zone periferiche della Scandinavia.

La figura di Odino ha per molti aspetti un carattere innovatore e talvolta sconvolgente. Egli è dotato di un'individualità prepotente e spregiudicata, di un temperamento ingannatore e imprevedibile. Odino ha moltissimi appellativi i quali non solo alludono alle sue diverse qualità e manifestazioni, ma altresì servono spesso a celare l'identità terribile, misteriosa e inafferrabile del dio.[8]

Di Odino è ricordato che ha triplice aspetto. Nell'*Inganno di Gylfi*[9] Snorri racconta di un mitico re svedese, Gylfi appunto, il quale camuffatosi da vecchio era entrato nel Paese degli Asi e qui era stato ammesso al cospetto di una triade divina che lo aveva istruito sulle antiche storie del mondo e degli dèi. Nelle figure di questi tre dèi è celato Odino.[10] Costoro erano *Hár* (o *Hárr* o *Háarr* o *Hǫ́r* o *Hávi*) «alto» cioè «eccelso» (forse però anche «grigio di capelli» o «monocolo»);[11] *Jafnhár* (o *Jafnhárr*) «proprio come alto» e *Þriði* «terzo». In relazione al triplice aspetto (il tre è numero nel quale è espressa la forma completa dell'esistenza) Odino è ricordato anche come *Þriggi* «triplice».[12]

La figura di Odino è legata a una triplice manifestazione della divinità nei miti sull'origine del mondo, dove egli appare come dio creatore insieme ai fratelli Vili e Vé[13] o ad altri dèi quali Hœnir e Lóðurr.[14] Una triade Odino, Hœnir e Loki si ritrova in altri miti[15] nei quali questi dèi si muovono in una situazione ai limiti dello spazio e del tempo.

Nei miti della creazione è detto che Odino diede agli uomini «spirito e vita».[16] Egli è perciò considerato padre di tutti, uomini e dèi.[17] Nel mito gli sono attribuiti come figli non solo divinità importanti quali Thor,[18] Baldr, Heimdallr, Týr, Yngvi (da identificare con Freyr), Víðarr, Váli, Höðr, Hermóðr e Bragi; o minori come Nepr, Skjöldr, Sæmingr,[19] ma anche figure di cui non è noto che il nome e che appaiono come incarnazione delle diverse qualità del dio. Tali sono *Hildólfr* «lupo della battaglia»;[20] *Meili* forse «amichevole»;[21] *Sigi* (o *Siggi*) «vittorioso»;[22] *Veggdegg* forse «luminoso in battaglia».[23]

La natura di Odino come progenitore appare anche là dove si dice che i suoi figli furono capostipiti di grandi dinastie.[24] Così oltre a Yngvi-Freyr, progenitore degli Svedesi, è ricordato Skjöldr, capostipite della stirpe danese degli Skjöldungar.[25] Un altro mitico progenitore, Skelfir, antenato degli Skilfingar,[26] va ricollegato al dio

Re Gylfi, giunto nel Paese degli Asi in aspetto di mendicante, interroga una triade divina sotto la quale si cela Odino. Da un manoscritto dell'Edda di Snorri Sturluson risalente al 1300 circa conservato a Uppsala

anche se non è specificato che fosse suo figlio.[27] Ancora alla funzione di sacro progenitore di tutti vanno riferite le figure dei figli *Sæmingr*, il cui nome vale «figlio del [dio] progenitore» (forse però «scuro»),[28] e *Ölnir*, «figlio».[29]

Come sacro progenitore, Odino ha molti appellativi. Si chiama *Aldaföðr* (o *Aldafaðir*) «padre degli uomini»; *Aldagautr* (o *Aldinngautr*), forse «progenitore degli uomini»; *Alföðr* (o *Allföðr* o *Allfaðir* o *Alfaðir*) «padre di tutti»; *Gautr* (o *Gauti*) probabilmente «[progenitore dei] Gautar».[30] A Gautr è parallelo *Gautatýr* «dio dei Gautar». Odino è poi conosciuto come *Hléföðr* (o *Hlæföðr*)[31] «padre famoso»; *Hroptatýr*, forse «dio degli Asi»:[32] a quest'ultimo è legato *Hroptr*[33] che dovrebbe essere «ase», nel senso di «divinità suprema».[34] «[Signore degli] dèi» è verosimilmente anche *Jólnir*.[35] *Jörmunr* (con la variante *Jörundr*[36] che tuttavia potrebbe valere «guerriero») è il «potente»; *Rögnir* (o *Rögni*) «signore»; *Veratýr* «dio degli uomini»; *Ítrekr*[37] «principe eccellente». Alla maestà e alla divinità suprema di Odino si riferiscono *Ása-Óðinn* «Odino degli Asi»; *Bragi* «principe» e *Auðunn* «ricco».[38] Il simbolo della potenza regale del dio è l'anello magico Draupnir a lui donato dai nani.[39]

Snorri riferisce che Odino era figlio di Bestla, donna della stirpe dei giganti, e di un essere primordiale di nome Borr.[40] In questa origine è inteso, verosimilmente, che nel suo essere si combinarono il patrimonio di saggezza e di ricchezza dei giganti e la capacità di avvalersene a fini proficui: Odino è cioè la materia affidata all'intelligenza.[41] Per questo il mito ricorda che egli sottrasse ai giganti il sacro idromele che rende poeta chi lo beva:[42] solo nelle sue mani infatti esso sarà reso giovevole per gli uomini.[43]

Di Odino, la *Saga degli Ynglingar*[44] ricorda che parlava sempre in versi. È riferito inoltre che lui e i suoi sacerdoti erano detti «fabbri di canti»[45] poiché diedero inizio nel Nord all'arte della poesia. Ma i canti attribuiti a Odino hanno carattere magico poiché il possesso dell'arte di poetare è un dono sovrannaturale e potente. Tra le qualità di mago e di poeta non vi è sostanziale differenza. Odino medesimo enumera gli incantesimi che possiede e che ha acquisito insieme alle rune dopo un sacrificio di carattere iniziatico in cui fu immolato a se stesso.[46]

In relazione alla condizione di iniziato il dio è chiamato *Gizurr* e *Sanngetall* «[colui che] intuisce il vero»; *Saðr* (o *Sannr*) «veritiero». Nella *Saga degli Ynglingar* è detto che «a coloro che lo ascoltavano sembrava vero solo ciò [che diceva lui].[47] Conseguente alla conoscenza del segreto delle cose è anche la sua natura di maestro.

Nel *Dialogo dell'Alto* egli istruisce un misterioso personaggio di nome Loddfáfnir.[48] Ma, come maestro, in una saga egli misura anche la sapienza altrui: è riferito che sotto le mentite spoglie di Gestumblindi Odino sfidò un re di nome Heiðrekr in una gara di indovinelli. Dopo una serie di quesiti ai quali il sovrano rispose senza difficoltà, Gestumblindi domandò che cosa avesse sussurrato Odino all'orecchio di Baldr prima che questi fosse posto sulla pira:[49] a quella domanda il re riconobbe Odino e tentò di ucciderlo, ma il dio fuggì volando via sotto forma di falco.[50] Il maestro è dunque dispensatore di saggezza: tuttavia quella medesima saggezza egli può mettere a disposizione e al contempo sottrarre.

La qualità magica di Odino è intimamente connessa alla natura mutevole del suo essere: egli è esperto di quella magia detta *seiðr*, legata a rituali di carattere estatico,[51] che rende capaci di mutare aspetto a volontà e di influire sul corso degli eventi.[52] A seconda delle circostanze Odino sa essere piacevole o tremendo, soccorrevole o funesto. Tra i suoi appellativi sono ricordati *Hagverkr* «[colui che] agisce benevolmente»; *Óske* (o *Óski*) «[colui che] appaga i desideri»; *Þekkr* «piacevole» e *Þrór* «proficuo». Allo stesso tempo però il dio è ricordato come *Hrjótr* (o *Hrjóðr*) e *Yggr* «terribile».[53] All'aspetto malizioso e ingannatore allude *Bölverkr* «[colui che] agisce male».[54] Il riferimento alle qualità magiche appare evidente nei nomi *Fimbultýr* «dio magicamente potente»;[55] *Fjölnir*[56] e *Fjölsviðr*, entrambi «assai sapiente»; *Forni* «antico» (cioè possessore dell'antica sapienza);[57] *Fornölvir*, forse «antico sacerdote» (cioè colui che praticava la magia bianca? Forse però anche «antico essere invasato»); *Gapþrosnir* «mago»;[58] *Ginnarr* «ingannatore»; *Glapsviðr* «abile negli incantesimi» o «seduttore»;[59] *Göndlir* «mago»;[60] *Haptagoð* «dio dei legami» (capace cioè di stringerli o scioglierli magicamente);[61] *Skollvaldr* «potente nell'inganno»; *Svipall* «mutevole»; *Tveggi* «doppio».[62] Sotto le mentite spoglie di una donna egli si diede nome *Wecha* «mago». In quest'ultimo caso è presente una chiara allusione alle pratiche oscene e omosessuali legate alla magia.[63] Odino, che grazie a quest'arte comandava gli elementi, mutava il volere, ottundeva le armi e parlava coi morti,[64] non poté probabilmente sottrarvisi.[65] Qui va perciò verosimilmente connesso l'appellativo *Jálg* (o *Jálkr*) «[cavallo] castrato».[66] Nel *Dialogo di Grímnir* si allude a un mito andato perduto, nel quale si racconta del viaggio di Odino, sotto il nome di Jálg, presso un misterioso personaggio di nome Ásmundr con cui il dio si era intrattenuto.[67]

Gran parte della saggezza fu acquisita da Odino quando poté be-

*Una tarda raffigurazione di Odino monocolo a cavallo di Sleipnir. Dal manoscritto dell'*Edda *detto di Ólafur Brynjólfsson, scritto e illustrato in Islanda nel* XVIII *secolo*

re un sorso del liquido prezioso che scaturisce dalla fonte del gigante Mímir.[68] In cambio tuttavia egli dovette cedere un occhio. La mutilazione di Odino è parallela a quella del dio Týr, che è monco, e ricorda inoltre figure analoghe in altre tradizioni (Lug fra i Celti, Orazio Coclite fra i Romani).[69] Essa è il marchio del suo sapere sovrannaturale. L'essere monocolo significa aver concentrato in un solo occhio il potere magico della fascinazione e l'essenza terrificante dell'essere; tale mutilazione elimina inoltre il rischio di una vista sdoppiata e perciò falsata. Nell'occhio restante sono armonizzate e concentrate le qualità dei due organi.

In relazione al suo aspetto di monocolo, che è uno dei tratti più caratteristici del dio, come mostra anche la tarda iconografia,[70] Odino è detto *Báleygr* (o *Böleygr*) «occhio fiammeggiante» e *Bileygr* «guercio».[71] Vanno ricordati qui anche *Brúni* e *Brúnn*[72] «folte sopracciglia»[73] e *Tvíblindi* «cieco da entrambi [gli occhi]». L'ultimo potrebbe alludere alla figura di Höðr, dio cieco, incolpevole assassino di Baldr, che è detto figlio di Odino (è forse una manifestazione del padre?).[74] Il potere magico e paralizzante dello sguardo di Odino è ricordato nelle fonti,[75] perciò sono suoi appellativi anche *Gunnblindi* «[colui che] acceca nella battaglia», *Helblindi* «[colui che] acceca fino a far morire (o «con la morte»)» e *Herblindi* «[colui che] acceca l'esercito».[76] Ma lo sguardo che turba e confonde chi tenti di fissarlo è altresì un mezzo per stravolgere i tratti del volto e impedire all'occhio profano di cogliere l'immagine della divinità. Altri accorgimenti il dio usa per celare la sua reale identità. Odino è infatti il «mascherato»: *Grímr* o *Grímnir*.[77] La sua figura è celata da un cappuccio: si chiama perciò *Höttr* e *Síðhöttr* «lungo cappuccio».[78] Egli inoltre è «[colui che porta] il mantello»: *Lóðungr* (o *Löndungr*), oggetto cui è attribuita una grande virtù magica.[79] Il viso del dio è coperto per buona parte da una lunga e folta barba, perciò egli si chiama anche *Hárbarðr* «barba grigia»;[80] *Hengikjöptr* (o *Hengikeptr*) «gota cadente»;[81] *Hrosshárs-Grani* «[il cui] labbro [è coperto] di peli di cavallo»;[82] *Langbarðr* «barba lunga»;[83] *Rauðgrani* «barba rossa»;[84] *Síðgrani* e *Síðskeggr* «barba cadente».[85]

Così travestito, egli si mostra agli uomini con l'aspetto di un viandante misterioso che dispensa saggezza. Oltre alla vicenda ricordata nel *Dialogo di Grímnir*, dove si presenta a re Geirrøðr mostratosi indegno dei consigli da lui un tempo ricevuti,[86] egli è ricordato in diversi episodi. Le apparizioni di Odino infatti sono un tema assai caro alla tradizione nordica. Nella *Saga degli Skjöldungar* è ricordato che il dio si era manifestato durante una battaglia e aveva resuscitato i caduti provocando una grande strage di Danesi.[87] Nella *Saga di Hákon Guttormr e Ingi* è riferito che quattro giorni prima

Raffigurazione di Odino che cavalca su Sleipnir, destriero a otto zampe. Pietra di Tjängvide I. Gotland, Svezia, VIII-IX secolo

della battaglia di Lena (1208) un fabbro ricevette la visita del dio che voleva far ferrare il suo cavallo. Costui, resosi conto di avere a che fare con una persona particolare, gli rivolse molte domande, ma il dio, dopo aver lasciato intendere la propria identità, balzò via al galoppo saltando col cavallo oltre un recinto altissimo.[88] Nella *Saga di Bárðr*[89] si racconta che Odino apparve all'equipaggio di una nave con l'aspetto di un uomo guercio con un mantello chiazzato di blu e che aveva nome Rauðgrani. Costui insegnava agli uomini il credo pagano e li invitava a innalzare sacrifici. Ciò fece fino a quando un prete cristiano si infuriò e lo colpì in testa con un crocifisso: egli finì fuori bordo e non tornò più. Un'altra saga riferisce che Odino sotto il falso nome di Höttr aiutò una regina a preparare una birra eccellente per una gara; egli tuttavia volle in compenso «ciò che c'era fra lei e il recipiente», cioè il figlio che la donna attendeva.[90] Questo figlio era Víkarr, che dunque nacque col destino segnato, cioè già consacrato a Odino. La morte di Víkarr, durante un sacrificio simulato in onore del dio, è narrata da Saxo[91] e nella *Saga di Gautrekr*, in cui il dio compare con il nome di Hrosshárs-Grani.[92] Nella *Saga di Oddr della Freccia* Odino, sotto il falso nome di Jólfr, dona all'eroe protagonista tre frecce magiche di pietra che serviranno per uccidere un demone.[93] Nella *Saga di Hrólfr* si racconta che il danese re Hrólfr [Magro come un] palo fu ospitato da Odino – che qui aveva assunto l'aspetto di un contadino di nome Hrani – durante il suo viaggio in Svezia. Quando al ritorno il re rifiutò taluni doni che Hrani gli offriva, il suo destino fu segnato.[94] Ricorrenti sono inoltre gli interventi del dio nelle vicende della famosa stirpe dei Völsungar.[95] Un'apparizione di Odino è ricordata anche a proposito del famoso re norvegese Óláfr il Santo.[96] Si narra infatti che una volta il dio si era presentato al re travestito e con l'inganno attribuendosi il nome di Gestr.[97] Egli viene descritto come scortese, mordace e anche assai borioso; vestito in abiti corti con un cappello a coprire il volto, sicché non si poteva distinguerne l'aspetto; aveva inoltre la barba. Durante un colloquio Odino descrisse a Óláfr, senza tuttavia rivelarsi, la figura di un sovrano ideale del passato: era colui che otteneva la vittoria in ogni battaglia ed era così dotato di abilità che nessuno gli era pari nelle terre del Nord; era il medesimo che poteva concedere agli altri la vittoria in battaglia come a se stesso; per lui inoltre la poesia era cosa altrettanto facile che per gli altri uomini il parlare. Costui poteva dunque essere invocato. Da queste parole re Óláfr riconobbe il dio. Con il medesimo nome di Gestr Odino aveva visitato anche re Óláfr

Tryggvason.[98] In proposito Snorri racconta che il dio si presentò in aspetto di un vecchio guercio, dotato di grande saggezza che portava un cappuccio: egli sapeva parlare di tutti i Paesi. Ebbe un lungo colloquio col re, poi al momento di dormire se ne andò. Quando il sovrano il mattino dopo lo fece cercare, costui era scomparso. Tuttavia prima di andarsene aveva lasciato della carne per il banchetto del re, che era stata cucinata con l'altra. Óláfr, che era un sovrano cristiano, vietò di mangiare quella carne poiché aveva riconosciuto Odino nelle vesti dell'ospite misterioso. Il dio sotto le spoglie di un vecchio con un solo occhio appare nella storia dell'eroe Hadingus, al quale fa stringere un patto di «fratellanza di sangue» col vichingo Liserus, che diviene maestro dell'eroe. *Liserus* è verosimilmente Odino stesso; il nome può forse valere «che allevia», ove si tenga anche conto delle parole di Saxo il quale riferendo questa storia ci informa che il vecchio monocolo aveva «avuto pietà» (*miseratus*) del giovane.[99] A Hadingus Odino apparve una seconda volta come un vecchio avvolto in un mantello e lo aiutò con consigli sulle tattiche di guerra; inoltre con la potenza della sua magia sopraffece i nemici del suo protetto, al quale, prima di lasciarlo, predisse il futuro.[100]

A Odino come viandante, cioè come essere che si sposta continuamente da un luogo all'altro (quindi anche dall'aldiquà all'aldilà), si riferiscono molti appellativi. Essi sono *Gangleri* «stanco del cammino»;[101] *Gangráðr* (o *Gagnráðr*) «[colui che] conosce la via»;[102] *Gestr* «straniero»;[103] *Gestumblindi* «ospite guercio»;[104] *Hrani* «persona dall'aspetto trasandato», ma anche «sbruffone»;[105] *Kjalarr* «[colui che va sulla] slitta»;[106] *Vegtamr* «abituato alla via».[107]

All'abitudine di Odino di assentarsi dal regno fa riferimento l'aggettivo *víðförull* «che viaggia lontano» che gli è attribuito.[108] Alle assenze del dio è legato inoltre il mito dell'usurpatore del trono, riferito in diverse fonti. Snorri[109] ci informa che Odino durante le assenze era sostituito sul trono dai fratelli Vé e Vili.[110] Egli racconta che una volta il dio era rimasto lontano così a lungo che agli Asi era parso improbabile un suo ritorno, perciò non solo i fratelli avevano occupato il trono, ma avevano anche posseduto Frigg, sua sposa.[111] Anche Saxo fa riferimento al mito dell'assenza del dio. Una prima volta racconta che Odino, umiliato dal comportamento lussurioso di Frigg, era partito per un esilio volontario. Egli era stato sostituito da un tale Mithothyn, personaggio che viene definito un famoso illusionista (*praestigiis celeber*), il quale pretese di essere considerato un dio e venerato come tale. Al ritorno di Odino costui si rifugiò in Fionia e lì fu ucciso dagli abitanti del luogo.[112] In un'altra occasione Saxo narra invece dell'esilio di Odino voluto dagli dèi e della sua sostituzione con Ollerus.[113] L'esilio o l'assenza del dio che appaiono nel mito corrispondono verosimilmente a periodi trascorsi nel regno infero, luogo in cui le energie vitali vengono rinvigorite e ristabilite. Così pare suggerire anche l'episodio narrato da Saxo a proposito di un tale Fiallerus, governatore della Scania, esiliato da Amlethus, il quale si era rifugiato a Undensakre, località da identificare col regno dei morti.[114] L'esilio e l'assenza assumono dunque il carattere iniziatico di un viaggio nell'aldilà.

L'attitudine di Odino ai viaggi può anche essere messa in relazione con il carattere «commerciale» del dio, che pare suggerito dall'equazione Odino = *Mercurius* secondo la *interpretatio romana.*[115] Da non trascurare è anche il fatto che questo dio conosciuto e adorato come capo carismatico dei suoi guerrieri e dei suoi seguaci dovette essere assai venerato da coloro che seguivano un ideale di vita vichingo e per i quali, durante i viaggi, l'aspetto commerciale non fu mai nettamente distinto da quello piratesco e guerriero. A Odino come dio del commercio si riferiscono probabilmente gli appellativi *Fengr*,[116] letteralmente «preda» o «provvista»; *Farmagoð* e *Farmatýr*, entrambi «dio del fardello».[117] Anche *Farmögnuðr* «[colui che] rende possibile il viaggio» (facendo dono del vento per le vele?) può essere collegato qui.

L'interpretazione di Odino come Mercurio è rispecchiata nella denominazione germanica del «mercoledì», che diviene il «giorno di Odino» (antico nordico *óðinsdagr* m.).[118] Anche la figura del dio immaginato avvolto nel mantello col cappello calato sul volto e la lancia in mano poteva ricordare quella di Mercurius/'Eρμῆς (Ermete). Ma altre caratteristiche dovevano contribuire all'identificazione. 'Eρμῆς, dio greco che si era venuto confondendo con il Mercurio romano, era il dio della parola. Ora Odino è signore della parola, del canto e della poesia: gli scaldi lo considerano loro patrono. La sua voce è profetica e incantatoria,[119] egli è ispirato e proferisce parole di saggezza.[120] Perciò il dio è conosciuto come *Ómi* «[colui che ha la voce] risonante» e *Viðhrímnir* (o *Viðrímnir*) «risonante», «[colui che] grida di rimando». Qui va probabilmente ricordato anche l'appellativo *Hjarrandi* «colui che suona», propriamente «che stride».[121] Il collegamento è evidente non solo col grido di guerra,[122] ma anche col vento di cui Odino è signore.[123] Nella natura stessa del dio è concentrata l'essenza del vento, la potenza, l'imprevedibilità, il furore tempestoso. Ancora una volta tutta una serie di appellativi sottolinea questa qualità e il dominio che egli esercita su tale elemento.[124] Odino è detto *Hveðrungr* «vento mormorante»;[125] *Olgr* (o *Ölgr*) «che rumoreggia» (con riferimento al mare in tempesta); *Váfuðr* (o *Vöfuðr*) «[signore del] vento» o «ondeggiante»; *Viðrir* (o *Viðurr*) «[signore del] vento» o «[signore del] tempo atmosferico»:[126] simile a questo pare *Sviðarr* (o *Sviðrir*, *Sviðurr*, *Sviðuðr*) «[colui che sa] calmare [le tempeste]»;[127] *Þundr*, infine, «[dio del] mare in tempesta».[128] Anche *Eylúðr*, forse «sempre risonante»,[129] va ricordato qui.

La tempesta che nella sua furia ben si adatta al carattere di Odino è d'altra parte simbolicamente corrispettiva della battaglia;[130] dunque il dio della furia per eccellenza[131] sarà divinità della furia guerriera. Egli è perciò «[colui che] aizza alla lotta»: *Ýrungr* (con la variante *Ýjungr*);[132] «[colui che] eccita [alla battaglia]»: *Hvatmóðr*, *Ófnir*, *Ófr*; e «[colui che] istiga [alla battaglia]»: *Hnikuðr* (o *Nikuz*, *Hnikarr* o *Nikarr*). Il dio provoca contrasti e inimicizie, incita l'uomo al furore e al sacrificio. Talvolta protegge i guerrieri, tal altra li abbandona anche senza apparente motivo.[133] Il suo culto è dunque tipico di cerchie di uomini votati all'autoaffermazione e alla guerra, i quali ripongono in lui cieca fiducia. Egli li rende invulnerabili o li chiama presso di sé nella Valhalla, dove sono accolti dalle valchirie, sue figlie adottive.

Legate al culto di Odino erano certamente le congregazioni degli uomini-lupo (*úlfheðnar*) e degli uomini-orso (*berserkir*).[134] Il lupo, come animale che si nutre di cadaveri, è connesso al dio soprattutto nelle figure dei due lupi Geri e Freki che stanno con lui nella Valhalla; è detto inoltre che un altro lupo pende impiccato alla porta della dimora divina.[135] Il collegamento con l'orso è rafforzato in taluni appellativi del dio che a questo animale si riferiscono. Tali sono *Björn* «orso», nome del mitico cavaliere di *Blakkr* («scuro») che è verosimilmente da collegare col dio;[136] *Bjarki* «piccolo orso»;[137] *Hrami* (o *Hrammi*) «artiglio d'orso»;[138] *Jólfr* «orso», lett. «lupo del cavallo»;[139] *Jalfaðr* (o *Jölfuðr*) «[colui che] barrisce».[140] Anche *Elgr* «alce» può alludere al travestimento del dio con una maschera di animale possente.

Odino è il guerriero per eccellenza: egli combatte magicamente[141] e si compiace nella lotta. È perciò detto anche *Atríðr* «[colui che] cavalca verso [la battaglia]»; *Fráríðr* «[colui che] avanza cavalcando» o «veloce nel cavalcare»;[142] *Gunnarr* «signore della battaglia»;[143] *Göllnir* (o *Göllorr* o *Göllungr*) «[colui che è] nel frastuono [della battaglia]»;[144] *Hléfreyr*, forse il «famoso combattente» e *Þróttr* «forte».

Anche le sue armi sono magiche e splendenti. Famosa fra tutte è la lancia Gungnir che gli fu donata dai nani;[145] con quell'arma diede il via alla prima guerra nel mondo.[146] Egli è detto perciò *Bifliði* (o *Biflindi*) «[colui che] scuote [la lancia]»;[147] *Dresvarpr* «[colui che] scaglia [la lancia] nella battaglia» o «[colui che] eccitato scaglia [la lancia]»; *Dörruðr* «[colui che combatte] con la lancia»;[148] *Geirloðnir* (o *Geirlöðnir*) «[colui che] invita [alla battaglia] delle lance»; *Geirtýr* «dio della lancia»; *Geirvaldr* «signore della lancia»; *Geirölnir* «[colui che] avanza [armato di] lancia»; *Vingnir* «[colui che] scuote [la lancia]». Odino possiede anche un elmo d'oro,[149] perciò è detto *Hjálmberi* «[colui che] porta l'elmo»; e uno scudo, perciò ha nome *Svölnir* «[colui che porta] lo scudo».[150] Al suo equipaggiamento guerriero fa forse riferimento anche *Bíldr* che pare essere «[colui che scocca le] frecce».[151]

Il dio è evidentemente un dio vittorioso ed elargisce la vittoria in dono ai suoi devoti.[152] È perciò invocato anche come *Sigðir* (o *Sigþér*) «servitore della vittoria»; *Sigföðr* (o *Sigfaðir*) «padre della vittoria»; *Siggautr* «Gautr della vittoria»; *Sigrhöfundr* «giudice della vittoria»; *Sigmundr* «[dio] protettore vittorioso»; *Sigtryggr* «fedele nella vittoria» o «[colui che] con fedeltà [concede] la vittoria»; *Sigrunnr* «albero della vittoria»;[153] *Sigtýr* «dio della vittoria»; *Sigþrór* «proficuo nella vittoria». Molti sono gli esempi di guerrieri che gli innalzavano sacrifici e invocazioni per ottenere il successo in battaglia.[154] Del re svedese Erik il Vittorioso (*inn sigrsæli*, lett. «benedetto dalla vittoria»), a esempio, è riferito che dovendo affrontare Styrbjörn, guerriero devoto al dio Thor, si era recato nel tempio di Odino e si era affidato a lui per ottenere la vittoria, offrendo in cambio di non avere più di dieci anni di vita. Allora gli apparve un uomo di grande corporatura con un cappuccio cadente che gli mise in mano una canna e gli disse di lanciarla sulla truppa di Styrbjörn pronunciando queste parole: «Odino vi possiede tutti» (*Oðinn á yðr alla*). Quando egli l'ebbe scagliata apparve nell'aria una lancia che volava sulla truppa di Styrbjörn: subito la cecità colpì gli uomini di Styrbjörn e poi lui medesimo. Quindi si staccò una frana dalla montagna e travolse Styrbjörn e i suoi.[155] Esemplare è anche la storia di re Araldo Dente di battaglia[156] come è narrata da Saxo. Araldo era un sovrano di Danimarca tanto protetto e amato da Odino che nessuna arma poteva fargli del male. Egli aveva promesso al dio le anime di tutti coloro che la sua spada avesse trafitto, e, nonostante avesse sostenuto diverse battaglie, egli non veniva ferito: è detto a esempio che le armi scagliate contro di lui perdevano il loro potere offensivo. Una volta in cui il re aveva consultato l'oracolo, gli era apparso Odino medesimo in aspetto di un vecchio alto con un occhio solo, avvolto in un mantello ispido, che lo aveva istruito sulle migliori tattiche di guerra.[157] Araldo fu così un re potente, sconfisse quattro sovrani e unificò la Danimarca sotto di sé. Saxo riferisce anche che quando il re fu vecchio, Odino, sotto le mentite spoglie di un tale Bruno, suo consigliere, brigò per creargli inimicizia nei confronti del nipote Ringo. È detto anche che Araldo, preferendo morire di spada piuttosto che di malattia, fomentò le ostilità e coinvolse nella sua decisione un gran numero di sovrani e di guerrieri. La battaglia in cui egli morì è la famosa battaglia di Brávellir. Saxo racconta che durante il combattimento il re si accorse che il nemico aveva adottato una particolare tattica di guerra nella quale solo Odino poteva averlo istruito. Allora riconobbe il dio sotto le spoglie di Bruno e lo pregò come un tempo, promettendogli una volta di più di consacrare a lui le anime dei nemici uccisi. Il dio però, che stava alla guida del carro del re, fece cadere il sovrano, poi lo sopraffece e lo uccise.[158]

Per gli eletti del dio ottenere la vittoria o morire gloriosamente sono due cose ugualmente desiderabili. Infatti Odino accoglie i caduti nella Valhalla,[159] dove offre loro un trattamento sontuoso. Odino è detto perciò *Valfǫðr* «padre dei prescelti (i caduti)»; *Valgautr* «Gautr dei prescelti»; *Valtýr* «dio dei prescelti»;[160] *Valkjósandi* «[colui che] sceglie i caduti»; *Valþǫgnir* «[colui che] accoglie i prescelti». A una veggente risvegliata dal regno dei morti Odino si presenta come figlio di *Valtamr*[161] «abituato [alla scelta] dei caduti»: anche questo è in realtà un suo appellativo.

La connessione di Odino con i lupi e i corvi, animali che si nutrono di cadaveri, sta nella sua funzione di dio che incita alla battaglia. Se uomini-lupo sono i suoi guerrieri, egli è ricordato come dio dei corvi dove si dice che due corvi, Huginn e Muninn, sono suoi amici e consiglieri.[162] Odino è noto perciò anche come *Hrafnagoð* e *Hrafnáss* «dio (ase) dei corvi», così come *Hrafnstýrandi* «signore dei corvi» e *Hrafnfreistuðr* «tentatore dei corvi». Lo scaldo Alfredo Poeta turbolento parla di lui come «sacerdote del sacrificio ai corvi (la battaglia)».[163]

Odino è padrone della vita e della morte: il dio cui occorre affidarsi con cieca fiducia e disponibilità.[164] Come dio che ha potere di dare la morte, egli è detto anche *Sváfnir* «[colui che] addormenta (cioè uccide)».[165] I suoi guerrieri, radunati nella Valhalla, sono detti *Einherjar*.[166] Essi formano l'esercito infernale di anime di cui il dio è guida. In questo aspetto s'intravede un ulteriore legame con Mercurio psicopompo. Come capo di questo esercito Odino è detto *Heráss* «ase dell'esercito»;[167] *Herföðr* e *Herjaföðr* «padre dell'esercito»; *Hergautr* «Gautr dell'esercito»; *Hertýr* «dio dell'esercito»; *Herjan* (o *Herjann*) «[signore dell']esercito»[168] e *Herteitr* «felice nell'esercito». Qui si ricollegano anche *Uðr* (o *Unnr*), verosimilmente connesso a *vinr* m. «amico»,[169] e *Verliði* «uomo della schiera». Il folclore germanico conosce la tradizione della schiera dei cavalieri selvaggi, il seguito degli invasati, quella banda di anime che in Norvegia prende il nome di *oskorei*,[170] i cui componenti, talora camuffati con maschere animali, rappresentano i morti che in certi periodi dell'anno riappaiono sulla terra.[171]

Il fulcro della figura di Odino è nel suo costante rapporto con il regno dei morti. Da quel luogo che egli visita periodicamente ripetendo un itinerario iniziatico, il dio trae ogni potere e abilità: dunque l'uomo che lo veneri e a lui si consacri non dovrà temere né il sacrificio né la morte. Ora il sacrificio in cui Odino fu immolato a se stesso prevede il rito della trafittura con una lancia e quello dell'impiccagione;[172] tale sarà perciò un'offerta assai gradita al dio. Così è detto che Njörðr, prima di morire, si fece segnare con la punta della lancia;[173] così soprattutto è riferito di Víkarr, trafitto con una lancia e impiccato.[174] L'impiccagione è segno di schiavitù psichica, di magico asservimento, di sottomissione totale nell'anima e nel corpo. È la fine di un ciclo di vita, la condizione che precede il risveglio iniziatico.[175] L'impiccato rappresenta l'uomo messo a totale disposizione del dio. L'impiccagione corrisponde nel mito e nella simbologia relativa alla bevuta rituale del liquido inebriante che dà la conoscenza,[176] alla cavalcata selvaggia attraverso le diverse dimensioni dell'essere. Per questo l'albero cosmico è il cavallo e al contempo la forca di Odino: l'equazione cavallo = forca è comune nella poesia nordica.[177] Il mito conosce l'immagine del dio che seduto sotto i corpi penzolanti dalle forche parla con gli impiccati.[178] Odino è noto perciò non solo come *Hangi* «impiccato», *Sveigðir* e *Geiguðr* «penzolante [dalla forca]»,[179] ma anche come *Hangatýr* e *Hangagoð* «dio degli impiccati». Le allusioni a sacrifici a lui offerti, nel corso dei quali la vittima veniva impiccata, sono assai numerose.[180] Solo in questa luce può essere inoltre spiegato un episodio nel quale si riferisce di un morto che venne innalzato sulla forca.[181]

Odino è dunque signore assoluto, esige una devozione totale e incondizionata. I suoi fedeli gli affidano la propria vita e gli sacrificano quella degli altri per potergli essere accanto nella morte. Dell'importanza del culto a lui tributato dai Germani già testimoniava Tacito, dalle cui parole appare evidente una supremazia rispetto agli altri dèi: solo a Odino infatti, secondo lo scrittore latino, venivano offerte vittime umane.[182] Tale consuetudine è ben testimoniata anche in Scandinavia e ne sono stati riferiti diversi esempi. Qui ancora si può ricordare il caso di Erik Ascia sanguinosa, il quale era figlio di Araldo Bella chioma.[183] Erik è il seguace di Odino per eccellenza: nominato dal padre signore della Norvegia, egli perseguì senza scrupolo alcuno i propri scopi di potere; ignorando ogni vincolo di sangue e uccidendo persino i fratelli,[184] si guadagnò il soprannome che ne ricorda la crudele determinazione. Quando Odino fu evidentemente soddisfatto delle numerose vittime che da Erik gli erano venute,[185] gli negò la vittoria, ma lo accolse con grandi onori fra gli eroi nella Valhalla.[186]

Un'altra vittima illustre di Odino fu il sovrano svedese Óláfr Diboscatore: di lui si narra che, essendo il suo regno segnato da fame e carestia, fu dai sudditi sacrificato a Odino per ottenere la fecondità della terra.[187]

Ma la vicenda che più d'ogni altra è esemplare del legame strettissimo e della fiducia totale e incondizionata che i fedeli del dio riponevano nel loro patrono è quella del re svedese Aun.[188] È riportato che costui, giunto all'età di sessant'anni, si recò a Uppsala e là innalzò un grande sacrificio a Odino per ottenere lunga vita, immolando addirittura il proprio figlio. Odino gli diede allora questo responso: sarebbe vissuto altri sessant'anni. Dopo questo tempo, egli offrì ancora un sacrificio, immolando questa volta il secondogenito. Allora Odino gli disse che sarebbe vissuto per sempre se gli avesse sacrificato un figlio ogni dieci anni. Egli avrebbe inoltre dovuto dar nome ai distretti del Paese (la Svezia) secondo il numero di quelli che sacrificava. Aun eseguì puntualmente il volere del dio. Dopo il sacrificio del settimo figlio, visse ancora dieci anni; è detto però che era così debole che non riusciva a camminare, perciò veniva trasportato su una sedia. Sacrificò poi l'ottavo figlio ed ebbe altri dieci anni di vita; ormai però doveva bere dal corno come un neonato. Infine non gli rimase che un unico figlio: egli voleva immolarlo come gli altri e dedicare a Odino insieme a lui la città di Uppsala e i territori che a essa appartengono. Questa volta però gli Svedesi impedirono il sacrificio, così re Aun morì e fu tumulato. Una volta di più questo dio appare come il terribile e potente signore della vita e della morte.

Appendice. *Il nome come simbolo essenziale dell'essere*

Il nome è l'essenza stessa dell'essere, ciò che ne determina l'individualità e consente un rapporto col mondo. Dare un nome significa introdurre alla vita, ammettere al consorzio degli uomini, accettare l'entità di una persona o di una cosa.[1]

Nel mito nordico è detto che il nome fu uno dei primi doni fatti dagli dèi agli uomini.[2] Per questo il bambino viene spesso accolto nella famiglia ricevendo il nome di un parente defunto: con ciò egli viene inserito nella continuità della stirpe e riceve dall'antenato forza vivificante. Questo concetto è presente nelle saghe nordiche, là dove si fa riferimento a personaggi che assieme al nome tramandano la propria qualità magica.[3] L'atto di dare un nome è detto in nordico *nafnfestr* f. ed è di regola accompagnato dall'offerta di un dono.[4]

Conoscere il nome consente di avere potere sull'essere; per questo Sigurðr, dopo aver colpito a morte il serpe Fáfnir, si rifiutò di rivelargli il proprio nome: «Sigurðr nascose il proprio nome, perché si credeva nel tempo antico che la parola di un uomo morente avesse grande potere, se egli avesse maledetto il nome del suo nemico».[5] Per lo stesso motivo Odino, presentatosi a Thor sotto il falso nome di Hárbarðr, viene da lui apostrofato così: «Perché devi nascondere il nome, se non hai commesso qualche colpa?»[6]

Nell'elevatissimo numero di appellativi che celano la vera identità di Odino si ritrova il concetto, comune ad altre tradizioni, del potere segreto del nome della divinità. I diversi nomi di Odino sono le maschere sotto le quali è celata l'identità possente e terribile del dio.[7]

Anche nella tradizione nordica si ritrova inoltre la credenza che gli esseri demoniaci non sopportino di udire pronunciato il proprio nome.[8]

2. *Frigg*

È la sposa di Odino, figlia (o amata?) di Fjörgynn,[1] madre di Baldr. È definita da Snorri dea suprema e di lei è detto che prende parte alle decisioni del marito e ne condivide il trono.[2] Risiede in *Fensalir* «dimora paludosa» o «sala delle profondità marine».[3] Possiede uno scrigno e preziosi calzari dei quali ha cura l'ancella Fulla.[4]

Al suo rango è forse dovuta la conoscenza del destino: è detto tuttavia che ella non profeteggia.[5] All'essere sposa del dio della guerra è dovuto invece verosimilmente il fatto che ella possiede un travestimento da falco.[6]

Nonostante sia la suprema fra le dee, poco ci è narrato di lei. Certa è la sua infedeltà al marito. Narra infatti il mito che Odino spesso si allontanava dal regno per compiere lunghi viaggi. Ora avvenne una volta che durante una prolungata assenza del marito Frigg andò in sposa ai cognati Vili e Vé.[7]

Frigg è probabilmente una dea dell'amore di origine germanico-continentale.[8] Sul suo nome, che significa «amata», «sposa», è rifatto quello del venerdì (antico nordico *frjádagr* m., su modelli continentali; danese, svedese, norvegese *fredag*). Di lei è detto anche che soccorre le partorienti.[9]

Tracce della venerazione per Frigg restano forse in toponimi quali *Friggjarakr*, *Friggeråker*, *Fristad* (Svezia); di un culto specifico a lei tributato non si ha notizia.[10] La sua figura, che nella tradizione popolare venne poi sostituita da quella di Maria, resta tuttavia legata a nomi quali l'islandese *Friggjargras* (lett. «erba di Frigg»), con cui si designa la pianta *Orchis maculata* («concordia» o «erba d'Adamo»); lo svedese *Frigge rock*, nome della cintura di Orione, e l'islandese *Friggjarstjarna*, lett. «stella di Frigg», il pianeta Venere.[11]

3. *Sága*

È una dea della stirpe degli Asi, apparentemente dotata di una propria personalità. Di lei abbiamo scarse notizie, le quali tuttavia parrebbero suggerire una sua identità con Frigg.

Snorri ci informa che Sága abita a *Søkkvabekkr* «[sala dalla] panca sprofondata» (con riferimento a una nave?). Una simile allusione si ha nel nome della dimora di Frigg, Fensalir.[1] In lei si potrebbe riconoscere anche una divinità marina, come confermerebbe un verso del *Dialogo di Grímnir*[2] in cui si dice che intorno alla sua dimora mormorano gelide le acque. Tuttavia nella stessa fonte si precisa che ella ogni giorno beve felice con Odino in coppe d'oro: Sága cioè condivide l'esistenza del dio. Anche il nome, probabilmente «[colei che] vede» (con allusione alla conoscenza del destino che, come altrove specificato,[3] è prerogativa di Frigg), rafforzerebbe l'ipotesi dell'identità con la sposa del dio supremo. Meno probabile è per *Sága* il significato di «annunciatrice».[4]

4. *Fulla, Gná e Hlín*

Tre sono le ancelle di Frigg ricordate nel mito.

La prima è Fulla, compresa da Snorri nel novero delle dee supreme.[1] Fulla si occupa dello scrigno e dei calzari di Frigg e prende parte ai suoi segreti consigli. Porta i capelli sciolti con un nastro d'oro intorno al capo; per questo l'oro è detto «nastro di Fulla».[2] Un altro legame con l'oro le viene dal fatto che Nanna, sposa di Baldr, le inviò dal regno dei morti un anello d'oro.[3] Il suo nome va senza dubbio collegato all'aggettivo *fullr*, «pieno»; dunque ella incarna la pienezza e l'abbondanza, come mostra appunto il suo rapporto con l'oro. Fulla è verosimilmente identica a Volla, dea citata nella *Seconda formula magica di Merseburgo*.[4]

La seconda ancella di Frigg è Gná. È una delle divinità femminili di secondo piano di cui ci dà notizia Snorri.[5] Di lei sappiamo che è la quattordicesima fra le dee e Frigg la manda in giro per il mondo ad accudire alle sue faccende. Gná possiede un destriero capace di cavalcare nell'aria e nell'acqua, di nome Hófvarpnir. Snorri osserva che, dal suo nome, di chi sta in alto si dice che «torreggia» (*gnæfar*, 3ª pers. sing. pres. del verbo *gnæfa*). Questa etimologia non è certa, forse il nome è da collegare piuttosto a parole che esprimono un concetto di «abbondanza».

Una divinità femminile di secondo piano ricordata da Snorri[6] è anche *Hlín*, «protettrice». Ella ha il compito, affidatole da Frigg, di proteggere gli uomini. Nella *Predizione dell'indovina*[7] pare si possa identificare con la stessa sposa di Odino.[8]

5. *Týr*

Dio della stirpe degli Asi, è detto da Snorri figlio di Odino,[1] altrove invece del gigante Hymir.[2] Di lui non si conosce altra parentela: Loki tuttavia allude alla moglie del dio vantandosi di avere avuto un figlio da lei.[3] Egli è definito coraggioso, ardito e sapiente. In molte battaglie decide la vittoria. Un verso precisa che se i guerrieri vogliono ottenere il trionfo devono invocare due volte questo dio e incidere le rune sulla spada.[4] L'allusione è verosimilmente alla runa ↑ *tīwaz che ha lo stesso nome del dio e raffigura una lancia

Incisione rupestre di Lökeberg in cui appare una figura priva di una mano: il dio Týr? Bohuslän, Svezia, età del bronzo

(la quale pare dunque essere la sua arma). Il segno ↑ si ritrova con una certa frequenza nell'iconografia (bratteate, armi; sulle prime compare anche il nome del dio). Nella *interpretatio romana* Týr viene inteso come *Mars*: così mostra a esempio il nome del «martedì», in antico nordico *týsdagr*.[5] Anche il nome della pianta conosciuta come *Viola martis* è reso in nordico con *Týsfjóla* (o *Tyrihem*). Oltre che dio della guerra, Týr dovette essere anche la divinità che presiedeva all'assemblea: così paiono quantomeno indicare taluni fatti relativi anche ai Germani continentali. Due iscrizioni, presso Housesteads sul vallo di Adriano in Gran Bretagna, sono dedicate al dio Mars Thingsus (III secolo). Questo appellativo va senza dubbio collegato al termine nordico *þing* n. «assemblea». Inoltre va ricordato il toponimo danese *Tislund* «bosco di Týr», che indicava il luogo dove si svolgeva l'assemblea; il nome del martedì in olandese è *dinsdag* m. (< *dinsendach*), che significa propriamente «giorno dell'assemblea» o forse «giorno [del dio] dell'assemblea», e in tedesco *Dienstag*.[6]

A questa funzione di Týr va forse collegata anche la sottolineatura della sua saggezza fatta da Snorri accanto a quella del suo valore: egli cita le espressioni «valoroso come Týr» e «saggio come Týr».[7]

Questo dio è ricordato come figura di secondo piano nel mito del viaggio di Thor presso il gigante Hymir;[8] appare invece protagonista in prima persona dell'incatenamento del lupo Fenrir,[9] quando questo gli mozzò la mano destra. Di Týr è detto anche che era l'unico che osasse avvicinare il mostro. La mutilazione del dio, con la mano sacrificata in garanzia di una promessa, è un sacrificio grazie al quale è reso possibile il mantenimento dell'ordine cosmico; essa allude altresì a una funzione di garante.[10] Una simile mutilazione è ricordata in personaggi di altre tradizioni indoeuropee:[11] Nuada nel mondo celtico, Sûrya in quello indiano e anche Muzio Scevola nel mondo romano.

Nell'ultimo giorno Týr combatterà un duello mortale contro il cane infernale Garmr, figura per molti versi analoga al lupo Fenrir.[12]

Týr è senza dubbio uno degli dèi supremi.[13] Il suo nome, che come nome comune significa «dio»,[14] risale all'indoeuropeo **DÉIWOS* «dio».[15] Presso i Germani continentali egli non appare venerato con questo nome; forse la sua figura è celata da appellativi quali *Irmin o Saxnôt.[16] Egli fu probabilmente, come Ullr, l'aspetto luminoso e giuridico della divinità suprema del cielo. E allo stesso modo di Ullr vide forse decadere la propria importanza per il contrasto con la figura di Odino che della divinità suprema incarna il lato oscuro, magico e terribile. È da notare che i toponimi scandinavi indicano una separazione per aree del culto di Týr e di quello di Ullr.

Il nome di Týr è attestato infatti prevalentemente in Danimarca (a esempio *Tislund*, *Tiset*, *Tisbjerg*, *Tissø*); assai meno frequenti sono invece le testimonianze in Svezia e in Norvegia.

Nei poemetti runici norvegese e islandese la runa ↑ è intesa come simbolo del dio monco. Nel secondo inoltre egli è glossato *Mars* e detto «signore dei templi» (*hofa hilmir*),[17] il che ricorda l'importanza del suo culto.[18]

Appendice. Significato simbolico dell'assemblea

È una sorta di battaglia pacifica durante la quale le diverse posizioni si incontrano e si scontrano per poi trovare una soluzione che garantisca la prosecuzione di una pacifica convivenza. Questa funzione di «guerra verbale», durante la quale tuttavia le tensioni vengono fatte esplodere per essere ricondotte all'armonia, si rileva a esempio dal fatto che il protettore dell'assemblea era il dio Týr, altrimenti noto per le sue qualità guerriere.

Il racconto di Snorri, che riferisce della quotidiana assemblea degli dèi,[1] allude al loro compito di mantenere l'ordine del cosmo.

L'assemblea come istituto di democrazia diretta (anche se in realtà vi partecipavano solo i notabili) ebbe grande sviluppo in Islanda. Accanto all'assemblea generale, detta *alþingi*, che fu istituita ufficialmente nel 930 e si teneva ogni anno, sono ricordate assemblee minori a carattere regionale.

La sacralità del luogo in cui si svolgevano queste riunioni è testimoniata a esempio nel *Libro dell'insediamento*,[2] dove esso è indicato altresì come sede di sacrifici umani. Il collegamento è stabilito nel fatto che coloro che erano destinati al sacrificio erano in origine probabilmente i condannati: nell'assemblea il carattere legislativo non fu mai disgiunto da quello giudiziario e religioso.

6. *Ullr*

Dio della stirpe degli Asi, figlio di Sif, figliastro di Thor, è un arciere abilissimo e un provetto sciatore; perciò è dio cacciatore in inverno. Per queste ragioni è detto *Bogaáss* «dio dell'arco», *Veiðiáss* «dio cacciatore» e *Öndurάss* «dio sciatore». È il dio che bisogna in-

Dettaglio della pietra runica Balingsta-Böksta che pare raffigurare il dio Ullr. Uppland, Svezia, XI secolo

vocare nei duelli.[1] Ullr ha dimora in *Ýdalir* «valli del tasso»[2] (si osservi che di tasso erano fatti gli archi più pregiati).

Di questo dio, citato solo da fonti scandinave, si hanno scarsissime notizie. Egli dovette un tempo essere una divinità assai importante; in tal senso pare testimoniare il passo in cui si allude a un giuramento fatto sul suo anello,[3] così come un verso del *Dialogo di Grímnir* in cui si parla del «favore di Ullr... e di tutti gli dèi».[4] Un'attestazione dell'antichità del suo culto si può trovare nell'iscrizione runica di Thorsberg (Angeln, Germania, III secolo), dove si legge *wulþutewar*, cioè «servitore di Ullr».

Molti toponimi in Svezia e Norvegia contengono il nome di questo dio e quello a lui vicino di **Ullinn*, del quale non si hanno tuttavia notizie di alcun genere dalle fonti scritte. Così si hanno a esempio *Ullarøy*, *Ullinsakr*, *Ullarland*, *Ullinsyn* in Norvegia; *Ullunda Ullevi*, *Ul(l)tuna*, *Ulleråker* in Svezia. Il fatto che nessuno dei toponimi in cui è presente il nome di Ullr sia divenuto sede di una parrocchia dimostra che all'epoca dell'introduzione del cristianesimo questo dio non era più adorato. Anche fra i coloni norvegesi, che negli anni fra l'874 e il 930 si trasferirono in Islanda, non c'è traccia del suo culto.

La coppia divina *Ullinn-Ullr appare analoga a quella Odino (=Óðinn)-Óðr. Anche l'unico mito relativo a Ullr che sia testimoniato lo mette in relazione col dio principale degli Asi. Secondo Saxo infatti quando Odino (Othinus) fu cacciato dal trono,[5] un certo Ollerus (cioè Ullr) prese il suo posto per un periodo di dieci anni. Al ritorno di Odino, Ollerus fuggì in Svezia e là venne ucciso dai Danesi. Di questo Ollerus si dice che era un mago così abile che sapeva attraversare l'oceano su un osso magico (una slitta sul ghiaccio?).[6]

Il nome Ullr va presumibilmente connesso col gotico *wulþus* «splendore», anglosassone *wuldor* «gloria»; latino *vultus*. Se ciò è esatto, egli rappresenterebbe, rispetto a Odino, l'aspetto luminoso del dio supremo, il carattere benevolo e ordinatore rispetto al lato cosmico, oscuro, magico e a volte terribile, incarnato nell'altra divinità. La sua relazione col tasso sarebbe perciò da riferire alla funzione di questo albero come albero cosmico. Si può forse pensare che il suo culto sia andato decadendo perché in conflitto con quello di Odino.

A un mito andato perduto si riferiscono le numerose *kenningar* scaldiche che definiscono lo scudo «nave di Ullr».[7] Per questo stesso motivo il dio è detto anche *Skjaldaráss* «dio dello scudo».[8]

7. *Hœnir*

Dio della famiglia degli Asi, è descritto come alto, bellissimo, con gambe lunghe e veloci, ma anche come il più pauroso degli dèi.[1] Di lui si dice che alla conclusione del conflitto fra gli Asi e i Vani fu mandato a questi ultimi come ostaggio.[2] Hœnir appare in questo mito come figura piuttosto passiva, il che è confermato anche là dove con Loki (Lóðurr nella *Predizione dell'indovina*) e Odino forma una triade divina.[3] Di lui si dice che alle origini del mondo diede in dono alla prima coppia umana l'intelletto.[4]

Hœnir è un dio che rimane in secondo piano; la sua figura appare sempre connessa a situazioni collocate ai margini del tempo, così come si rileva anche dal fatto che egli è destinato a sopravvivere oltre il crepuscolo degli dèi; nel nuovo mondo egli «sceglierà il ramo della sorte»,[5] avrà cioè funzione di augure.

Hœnir è detto *Aurkonungr*.[6] Questo appellativo significa forse «re della sabbia umida», per cui il dio (anche a motivo delle sue gambe lunghe e veloci) è stato inteso come un uccello, forse la *Ciconia nigra*. Questo animale nel folclore è connesso a Odino come testimonia il nome: svedese antico *odhinsvala*, moderno *odens(s)vala* (forse anche *Ardea nigra*). In danese abbiamo *Odinshane* (*Odenshane*, *Odinsfugl*) che è il *Phalaropus hyperboreus*. La prima parte di questo appellativo *aur-* richiama anche il nome del gigante primordiale Aurgelmir: tale connessione parrebbe confermata dal fatto che Hœnir compare nel mito sempre in situazioni ai limiti del tempo.

La difficoltà di interpretazione etimologica del nome Hœnir ha dato luogo a svariate ipotesi: «elevato»; «cigno» (da un concetto di «bianco», «luminoso»); «dio gallo»; «protettore» o «custode»; «dio delle nubi»; «guida delle anime»; «forte»; «dio che affila» o «dio dall'utensile affilato»; «[colui che] attira a sé».

8. *Heimdallr*

È descritto nelle fonti come il guardiano degli dèi, dio bianco che siede al limite del cielo, dotato di vista acutissima e di finissimo udito. Di lui è detto infatti che vede tanto di giorno quanto di notte fino a cento miglia di distanza; inoltre è capace di sentire l'erba crescere sulla terra o la lana sul dorso delle pecore. Gli basta meno sonno che a un uccello.[1] Heimdallr è detto figlio di Odino;[2] di lui è noto soprattutto che fu generato da nove madri (identificate comunemente con le nove gigantesse-onde del mare, figlie a loro volta di Ægir e di Rán): egli nacque all'alba dei tempi, presso il limite della terra. È forte e sano poiché il suo essere venne fortificato con la forza della terra, acqua di mare gelata, sangue sacrificale.[3]

Egli abita in *Himinbjörg* «fortezza del cielo», luogo che si trova presso il ponte dell'arcobaleno Bifröst, cioè nel punto in cui si accede alle dimore degli dèi. Là beve felice il buon idromele.[4] Heimdallr sorveglia il ponte e previene così gli attacchi dei giganti del ghiaccio e delle montagne.[5]

Ogni suo atto e ogni suo attributo sono connessi alla funzione di guardiano dei cicli cui è affidato il compito di vegliare sulla loro corretta successione, impedendo alle forze del male di irrompere nel mondo degli uomini e degli dèi. Per questo è figura solare bianca e luminosa; di lui è detto che ha «denti d'oro»: *Gullintanni* è uno dei suoi appellativi;[6] il suo cavallo si chiama *Gulltoppr* «ciuffo d'oro».[7] Il bianco è il colore degli inizi, e l'attributo luminoso si riferisce al dio nella sua qualità di nemico dei demoni dell'oscurità.

Il nome Heimdallr, piuttosto oscuro, potrebbe forse significare «splendore della terra» (da contrapporre a quello della dea *Mardöll* «splendore del mare»?)[8] o «forza germogliante della terra». Ma il dio ha anche altri appellativi. Egli è detto *Hallinskiði*[9] e *Vindhlér* (o *Vindlér*).[10] Il primo appellativo è anche nome poetico dell'ariete,[11] per questo più convincente d'altre interpretazioni (che lo spiegano come «palo inclinato», dunque «asse del mondo», o «raggio di sole») pare quella che lo intende come «[quello dalle] corna piegate». Un altro nome poetico dell'ariete è *heimdali*,[12] palesemente simile al nome del dio. Allusioni al sacrificio di un ariete potrebbero dunque essere collegate al culto di Heimdallr. Egli sarebbe come l'ariete celeste che sorge nel cielo di primavera.[13] Il secondo appellativo è *Vindhlér* «[colui che] protegge contro il vento». Anch'esso pare possa essere messo in relazione con la funzione di custode del ciclo. Il vento infatti è considerato un elemento che sconvolge la pace del cielo, suscitando quelle tempeste in cui sono scatenate le forze del caos. *Vindr* e *Kari* «vento» sono d'altronde nomi di giganti, esseri appartenenti a quella stessa stirpe che costantemente cerca di impadronirsi del cielo. Nota Snorri: «I giganti del ghiaccio e delle montagne scalerebbero il cielo se chiunque lo vuole potesse transitare su Bifröst».[14] Ora Bifröst è il ponte dell'arcobaleno, quel ponte presso il quale sta constantemente di guardia il dio. Questa è anche la ragione per cui Heimdallr concede al sonno pochissimo tempo.

Il ciclo presente è come ogni altro circoscritto da una cornice di tempo: il suo inizio e la sua fine sono segnati da un imperscrutabile destino. Esso potrà svolgersi per la misura di tempo che gli è stata assegnata solo se il suo equilibrio sarà garantito. Il divino garante dell'equilibrio del mondo è Heimdallr. Ciò spiega perché sia lui, allorché i giganti riescono a impadronirsi del martello di Thor, simbolo di fecondità e di ordine cosmico, a suggerire una strategia che consentirà di recuperarlo.[15] E anche perché egli sia nemico mortale di Loki, figura che incarna la costante minaccia del male all'ordinamento del mondo.[16] Con Loki egli si batterà nel duello conclusivo dell'ultimo giorno.[17] Tuttavia essi già si affrontarono sotto forma di foca,[18] verosimilmente per il possesso di Brísingamen, oggetto prezioso di Freyja che Loki, secondo quanto altrove riferito,[19] aveva rubato. Brísingamen è simbolo della fecondità cui Freyja presiede.

Heimdallr sorveglia sull'ordinato svolgersi del ciclo perché ne conosce l'inizio e la fine (in un verso è detto che conosce il futuro),[20] a lui è affidata la sapienza dell'evoluzione dall'uno all'altro stato, del trapasso dall'uno all'altro mondo.

Come dio degli inizi egli è ricordato nella *Predizione dell'indovina* laddove ella, prima di recitare la sua scienza dell'universo, chiama all'ascolto (*hljóð*) «tutte le stirpi sacre, / maggiori e minori, discendenza di Heimdallr».[21] Qui egli appare come padre degli esseri viventi. Stessa funzione, ma sul piano sociale, gli è attribuita nel *Carme di Rígr*, dove si racconta come il dio, disceso sulla terra sotto le mentite spoglie di *Rígr* «re» (termine entrato nel nordico dall'area celtica), generasse tre figli, *Þræll* «schiavo», *Karl* «uomo libero», «contadino», e *Jarl* «uomo nobile», «guerriero», da cui sono discese le stirpi del mondo.[22] In particolare il più giovane dei figli di Jarl, Konr, è presentato come un iniziato, quasi una reincarnazione del dio.

A Heimdallr come dio delle origini allude anche la definizione di dio bianco, colore alla cui simbologia accenna ampiamente il *Carme di Rígr*.[23] Anche le parole di Loki, che lo dice destinato fin dal principio del tempo al compito odioso di vegliare sugli dèi sempre restando con la schiena umida di rugiada,[24] vanno riferite a questo concetto. L'allusione alla schiena bagnata si spiega con la posizione destinata al dio nello spazio cosmico; egli sta infatti esattamente al

Figura incisa su una croce in pietra nella quale pare rappresentato Heimdallr che suona il corno. Ritrovata presso la chiesa di Jurby. Isola di Man, Inghilterra, età vichinga

confine fra il mondo e il non-mondo: alle sue spalle c'è un universo oscuro umido e freddo simile al caos delle origini.

Heimdallr conosce con esattezza lo scoccare dell'ora fatale per il ciclo presente. Allora egli si ergerà e soffierà nel corno Gjallarhorn, il cui suono si sente in tutti i mondi.[25] Il corno di Heimdallr è forse quello stesso oggetto, detto *hljóð* n., che è sepolto presso l'albero cosmico, nella fonte del saggio gigante Mímir, lo stesso luogo in cui Odino ha lasciato in pegno uno degli occhi.[26] *Hljóð* è in nordico «silenzio», ma anche «ascolto» (v. il passo della *Predizione dell'indovina* citato in precedenza), «suono» e forse «corno». La varietà dei significati, apparentemente discordanti, allude in realtà a uno stesso concetto, cui va inoltre collegata la notazione sull'udito finissimo del dio. Nella simbologia del mondo delle origini il silenzio primordiale fu la situazione che precedette il primo suono, il quale a sua volta fu una delle prime manifestazioni della vita. E l'immagine di ciò che è udito si confonde con ciò che serve a udire: l'orecchio di Heimdallr è così sensibile poiché egli, quale dio degli inizi, è l'unico in grado di percepire quel primo suono. Simbolicamente legato a questi concetti è anche il corno nel quale il suono nasce ed echeggia. L'atto di Heimdallr che suonerà il corno alla fine dei tempi richiama dunque un'immagine del mondo primordiale. La vita finisce nel modo in cui ebbe inizio. Qui non pare inutile osservare che tanto l'orecchio quanto il corno ricordano nella forma l'immagine del vortice simbolicamente legata ai concetti di inizio e fine del mondo.[27]

Alcune *kenningar* scaldiche alludono alla «testa» definendola «spada di Heimdallr». Questa connessione è confermata da Snorri, il quale riferisce che il dio fu ucciso da una testa umana.[28] Essendo andato perduto il mito relativo a questo fatto, il suo significato resta inspiegabile. In una fonte, Heimdallr è singolarmente definito «il più stupido degli dèi».[29]

Nessun testo allude specificamente al culto di Heimdallr, né vi sono toponimi che conservino il suo nome.

9. *Thor (Þórr)*

È un dio della stirpe degli Asi assai amato e venerato, tanto che la sua figura, che in epoca pagana rivaleggiava per la supremazia con Odino, fu in seguito tenacemente opposta al «bianco Cristo», il nuovo dio proveniente dal Sud.

Thor è detto fratello di Meili,[1] figlio di Odino e di Jörð,[2] sposo di Sif, padre della fanciulla Þrúðr[3] e di Móði.[4] Un altro figlio, Magni, ha avuto con la gigantessa Járnsaxa.[5] Thor è anche patrigno di Ullr[6] e figliastro di Vingnir e Hlóra.[7] Egli ha inoltre due servitori, Þjálfi e Röskva, che gli furono affidati dal padre (un gigante?).[8]

La dimora di Thor ha nome *Þrúðheimr* «Paese della forza»[9] o anche *Þrúðvangar* (o *Þrúðvangr*) «campi della forza».[10] Là egli possiede la sala *Bilskírnir*, forse «[luogo] sereno [solo] per brevi attimi» (o «indistruttibilmente forte»). Essa ha cinquecento e quaranta stanze con arcate ed è la più grande fra le dimore degli dèi.[11] Thor possiede un'arma eccellente, che è il martello Mjöllnir donatogli dai nani:[12] per impugnarlo ha bisogno di speciali guanti di ferro. Inoltre ha una cintura di forza: quando se ne cinge, la sua potenza divina raddoppia.[13]

Thor è il dio del tuono e come tale è molto antico; la sua figura è parallela ad altre simili della tradizione indoeuropea: Indra, Taranis, Giove. Come *Juppiter* è infatti inteso nella *interpretatio romana*, il che appare soprattutto dal nome del «giovedì», che è in antico nordico *þórsdagr* m.[14] Parallelo a Thor è anche il dio Horagalles della tradizione lappone, che probabilmente da lui deriva (il nome è tratto verosimilmente da Þórrkarl).

I tuoni e i fulmini che scuotono il cielo durante le tempeste sono manifestazione della sua potenza divina. Del tuono si dice che viene provocato dal passaggio nel cielo del carro del dio. Il nome stesso del dio significa «tuono».[15] Alla sua abitudine di spostarsi nel cielo sul carro trainato da due capri[16] fa riferimento l'appellativo che gli viene attribuito di *Ökuþórr* «Thor del carro». Nel lessico e nel folclore scandinavo restano tracce di questa antica concezione. In Svezia, ancora nel XVII secolo la parola per «tuono», *åska* f., si scriveva *åsekia*, cioè «il procedere del dio (ase) su un veicolo». Nel folclore della Svezia orientale restano espressioni quali *åsen kör* «il dio (ase) guida il carro», per intendere «tuona», e *åsaregn* n. «pioggia del dio (ase)», per indicare la pioggia che cade quando tuona, ritenuta particolarmente efficace per la fertilità dei campi.[17] Sempre in svedese si ha il termine *Thoråk* (o *Toråk*) che significa «tuono» ed è composto dal nome del dio più *åka* «andare su un veicolo». In norvegese sono presenti *toredønn* e *toreslått*, entrambi «colpo di tuono», che tuttavia letteralmente significano l'uno «fracasso di Thor» e l'altro «colpo di Thor». In islandese sono ricordati i termini *reiðarduna* f., *reiðarslag* n., *reiðarþruma* f. «scoppio di tuono» e *reiðartýr* m. «dio del carro». Certamente da collegare qui è un altro appellativo di Thor, *Rymr* «rumore». Thor quale dio del tuono seduto sul carro trainato dai capri era rappresentato in un tempio in Trondheimen in Norvegia[18] e in un altro in Gudbrandsdalen:[19] ivi è descritto anche col martello in pugno. Il nome del dio *Hlórriði* (o *Hloriði*), che significa «cavaliere fortemente risonante», va certamente collegato a questi concetti.[20]

Il lampo, simbolo visibile del dio (accanto al tuono che, come si è detto, ne è la manifestazione udibile), concentra il potere sovrano creatore o distruttore dell'energia celeste: è fuoco dal quale scaturisce l'acqua feconda della pioggia. L'arma da cui è prodotto è il martello magico del dio, che rappresenta l'utensile nel quale è concentrata e posseduta la potenza del dio del cielo.[21] Sotto forma di croce uncinata, ascia o martello (che viene sempre più assumendo forma simile alla croce cristiana), quest'arma è raffigurata con molta frequenza nell'iconografia. Della diffusione e dell'importanza di tale simbolo anche in epoca cristiana testimonia fra l'altro Saxo, il quale riferisce che il re Magnus Nilsson sottrasse agli Svedesi come bottino di guerra alcuni martelli di grosse dimensioni ritenuti sacri perché simbolo del dio Thor.[22]

Il martello di Thor ha funzione consacratrice, cioè di trasmissione dell'energia divina potente contro i demoni: così appare da diverse iscrizioni runiche nelle quali si trova una formula che invoca

Raffigurazione di Thor col martello; pietra runica di Åby. Södermanland, Svezia, XI *secolo*

il dio[23] e anche presumibilmente sulla fibula I di Nordendorf (Baviera, Germania, inizio del VII secolo), su cui si legge *wigiþonar* «Thor consacratore». Talvolta sulle pietre runiche è raffigurato il martello stesso.[24] Con il suo martello Thor consacra anche l'unione coniugale.[25] Il potere antidemoniaco dell'arma di Thor ne fa strumento eccellente della lotta contro i giganti, demoni dell'oscurità e del caos, dei quali il dio è il massimo antagonista. Famose sono le imprese contro Hrungnir[26] e Geirrøðr.[27] Thor è altresì l'uccisore del gigante che, essendosi offerto di costruire un nuovo recinto per gli dèi, pretendeva in cambio Freyja, il sole e la luna.[28] Gli scaldi Vetrliði Sumarliðason e Þórbjörn Poeta delle *dísir* enumerano molti giganti uccisi dal dio.[29] Nel mito che ricorda il tentativo fallito di Thor di uccidere il serpe di Miðgarðr,[30] è riferito che il dio sterminò un'intera famiglia di giganti, impresa da lui ripetuta anche quando il gigante Þrymr gli sottrasse il prezioso martello.[31] Della lotta contro il gigante Starkaðr Áludrengr riferiscono due saghe.[32] Il mito ricorda anche una sfortunata spedizione di Thor presso il gigante Útgarða-Loki.[33] Thor è inoltre nemico di Loki – figura strettamente legata ai giganti – e artefice del suo imprigionamento;[34] un tempo tuttavia egli era stato suo compagno di viaggio.[35] Il dio appare altresì come nemico dei nani, che al pari dei giganti appartengono a un «altro mondo»: nel *Dialogo di Alvíss*, egli interroga uno di loro per una notte intera, finché costui resta pietrificato dalla luce del sole nascente. All'impegno nella lotta contro i demoni Thor sacrificherà la vita: è scritto infatti nelle profezie che egli nell'ultimo giorno combatterà con il serpe di Miðgarðr un duello per entrambi mortale.[36]

Thor è senza dubbio uno degli dèi supremi del Nord. Una testimonianza in tal senso ci viene a esempio da Adamo da Brema,[37] il quale riferisce che con Odino e Fricco (cioè Freyr) egli era venerato nel grande tempio di Uppsala. A Thor, cui Adamo attribuisce potere sul vento, la pioggia, il tuono, i fulmini e la fecondità, è assegnato nel tempio il posto d'onore. Snorri Sturluson, riferendo di un tempio in Trondheimen, informa che ivi Thor era «il più adorato fra gli dèi, adornato con oro e argento».[38] Il culto di Thor, testimoniato da un gran numero di fonti, ha lasciato tracce copiose anche nei toponimi,[39] dai quali appare anche evidente l'antichità del culto del dio.[40] A Thor come principe degli Asi fanno riferimento appellativi quali *Ásaþórr* «Thor degli Asi» e *Ásabragr* «principe degli Asi»: essi indicano in lui il dio per eccellenza, come mostra anche il fatto che la sua potenza è definita «divina» e così la sua ira.[41] Anche l'appellativo *Sönnungr* «veritiero» allude alla venerazione per un dio che ispira nell'uomo fiducia e confidenza.

Alla funzione protettrice e difensiva di Thor, che da solo difende uomini e dèi contro i giganti, si riferiscono altri appellativi che gli sono attribuiti. Tali sono: *Atli* «[colui che] aspira [alla lotta]»; *Einheri* «[colui che] combatte da solo»; *Harðvéurr* «potente protettore»; *Veuðr* e *Véurr* «protettore del luogo sacro» e forse *Véþormr*, probabilmente «protettore del tempio», che parrebbe alludere al dio. Anche *Ennilangr* «fronte alta» fa probabile riferimento al suo aspetto di possente lottatore.

Il culto di Thor rispecchia per molti versi la mentalità e le tradizioni della *Sippe*.[42] A esso pare infatti opporsi il culto di Odino, figura che incarna il modello dei componenti del *comitatus*.[43] L'antagonismo fra i due dèi trova un riflesso mitologico nel *Canto di Hárbarðr* in cui essi si affrontano in un duello verbale.[44]

Thor è infatti protettore dell'ordine stabilito e promotore della fertilità. È significativo che egli sia stato senza dubbio il dio più venerato in Islanda, Paese dove si erano rifugiati coloro che volevano salvaguardare l'antica tradizione in contrasto con le crescenti istanze di rinnovamento. La storia della colonizzazione di questo Paese appare infatti strettamente collegata alla venerazione per

Statuetta in bronzo del dio Thor. Eyrarland, Eyjafjörður, Islanda, inizio dell'XI secolo

Thor, come mostrano molti passi del *Libro dell'insediamento*. Di uno dei coloni più famosi, tale Þórólfr Mostrarskegg, è ricordato che portò sulla nave che lo conduceva nella nuova patria le colonne del trono della sua vecchia casa sulle quali era effigiato il dio; giunto in prossimità della costa, egli le gettò fuori bordo, andando a stabilirsi là dove esse avevano toccato terra. Questo punto fu da lui battezzato *Þórsnes* «promontorio di Thor». Di costui è detto anche che innalzò al dio un grande tempio (*hof* n.) nel luogo detto Hofstaðir: «Là egli fece innalzare un tempio, ed era una grande costruzione; c'erano porte alla parete laterale e vicino a entrambe le estremità; là dentro c'erano le colonne del trono e in esse dei chiodi; essi erano detti chiodi divini.[45] All'interno era tutta zona sacra.[46] Nella parte più interna del tempio c'era una costruzione simile alle sacrestie che sono ora nelle chiese, e nel mezzo del pavimento c'era un piedistallo come un altare, e ivi c'era un anello aperto di venti once: là si dovevano prestare tutti i giuramenti; il sacerdote doveva portare quell'anello alla mano durante le riunioni. Sull'altare ci doveva essere anche un catino sacrificale, e in esso un rametto sacrificale che fungesse da aspersorio, con cui si doveva aspergere dal catino quel sangue che era detto sangue sacrificale; era il sangue versato da quegli animali che erano offerti agli dèi. Attorno all'altare in [quella] costruzione era fatto posto alle effigi degli dèi. Tutti gli uomini dovevano pagare il tributo al tempio e avevano l'obbligo di aiutare il sacerdote nelle sue incombenze... ma il sacerdote doveva mantenere il tempio a sue spese affinché non decadesse e celebrarvi i riti sacrificali».[47]

Þórólfr definiva Thor suo «amico fidato» (*ástvinr* m.).[48] Dei primi coloni islandesi è ricordato che innalzavano sacrifici umani, probabilmente in onore del dio.[49] Anche il figlio di Þórólfr, Hallsteinn, aveva grande fede in Thor: si dice che innalzò un sacrificio perché il dio gli mandasse del legno per ricavarne le colonne del trono.[50]

Di tale Kráku-Hreiðarr è narrato che, giunto in prossimità delle coste dell'Islanda, disse che non avrebbe gettato fuori bordo le colonne del trono, poiché preferiva invocare direttamente Thor per sapere dove avrebbe dovuto stabilirsi, e aggiunse anche che se quella terra fosse già stata colonizzata da altri egli avrebbe combattuto per averla.[51] Anche il colono Ásbjörn Reyrketilsson era un devoto di Thor: egli infatti consacrò la propria terra al dio e le diede nome *Þórsmörk* «foresta di Thor».[52]

In una saga è riferito che l'equipaggio di una nave fece voto di offrire molte ricchezze a Freyr se fosse arrivato in Svezia; esse sarebbero invece andate a Thor e a Odino se fosse approdato in Islanda.[53] La predilezione per Thor in questo Paese è testimoniata dai frequentissimi toponimi (quali *Þórsá*, *Þórshöfn*, *Þórsmörk*, *Þórsnes*), così come dagli antroponimi (a esempio *Þorkell*, *Þórir*, *Þormóðr*, *Þórólfr*, *Þorsteinn* m. e *Þórdís*, *Þorgerðr* f.) composti col nome del dio.[54]

In una formula di giuramento che doveva essere pronunciata nelle assemblee vengono chiamati a testimoni tre dèi: Freyr, Njörðr e «il dio onnipotente» (*inn almáttki áss*):[55] in questa figura va con ogni probabilità riconosciuto Thor, come suggerisce anche un verso[56] che pare riecheggiare la formula e nel quale accanto a Freyr e Njörðr viene nominato il «dio del Paese» (*land-áss*) cioè il protettore prediletto dai coloni.

Ma la venerazione per Thor fu comunque assai diffusa in tutto il Nord e perdurò a lungo. Sono ricordati molti templi nei quali egli era venerato. Il più famoso è probabilmente il tempio innalzato a Mæren in Trondheimen (Norvegia), cui sopra si è fatta allusione e che è citato in diverse fonti.[57] Là si recò re Óláfr Tryggvason e i pagani lo invitarono a innalzare il sacrificio secondo l'uso antico. Egli invece, dopo essere entrato nel tempio, colpì la statua del dio con un'ascia (o un bastone) e la fece cadere dal carro mandandola in frantumi. Poi convinse i pagani a farsi battezzare. La venerazione per Thor tuttavia continuò. Infatti è ricordato ancora che in seguito re Óláfr il Santo distrusse un'altra immagine di Thor che si trovava nel tempio in Gudbrandsdalen.[58] Essa era di legno e cava e ogni giorno i fedeli vi introducevano pane e cibo: è riferito che quando fu fatta a pezzi ne uscirono topi grossi come gatti, vipere e serpi.[59] Un tempio di Thor è descritto nella *Saga degli uomini di Kjalarnes*,[60] così come nella *Saga di Sturlaugr il Laborioso*.[61] La venerazione per Thor è ampiamente testimoniata nei riferimenti delle fonti. Dello scaldo Alfredo Poeta turbolento è ricordato a esempio che fu accusato di portare con sé un'immagine di Thor e di venerarla di nascosto.[62] Un idolo del dio adorato pubblicamente è ricordato invece da Adamo da Brema.[63] In una saga[64] si dice che il dio venne invocato in occasione di un combattimento; altrove è riferito della maga Gríma la quale per una pratica magica usò un sedile con l'effigie di Thor.[65] Di un tale Rauðr è detto che era molto devoto del dio. Egli si recava in un grande tempio a lui dedicato e con la magia e il sacrificio riusciva a infondere vita all'effigie di Thor, sicché questa gli parlava e lo accompagnava in giro durante il giorno. È detto però che in seguito il re cristiano Óláfr Tryggvason bruciò l'immagine del dio e convertì il suo fedele.[66]

Tra i reperti archeologici molti amuleti raffigurano il dio o hanno forma di martello.[67]

Tre personaggi che compaiono in Saxo paiono avere le caratteristiche di eroi consacrati a Thor. Il primo è Gram, il quale oltre a essere paragonato a Ercole[68] è un uccisore di giganti; di lui inoltre è detto che in un'occasione impersonò uno di loro coprendosi con una pelle di capra e tenendo in mano un randello; inoltre costui uccise un re svedese usando una mazza di legno di quercia.[69] Il secondo è Regnerus, del quale è detto che non temeva nessuna potenza sovrannaturale se non il dio Thor.[70] Il terzo è Haldanus, che talvolta usava un randello di legno di quercia rinforzato con metallo al posto delle armi comuni; egli inoltre, salutato dagli Svedesi come figlio del dio Thor, uccise un nemico con un martello gigantesco.[71]

Nelle fonti tarde Thor viene degradato al rango di un demone. Nel racconto sulla vita del re cristiano Óláfr Tryggvason è ricordato a esempio un incontro tra il re e il dio. Thor apparve come un uomo di bell'aspetto con la barba rossa che chiedeva un passaggio sulla nave del sovrano; fatto salire a bordo, egli raccontò al re come il Nord fosse mantenuto libero dai giganti e dai demoni grazie alla sua opera, poi si tuffò in mare e scomparve. Óláfr lo considerò un'incarnazione del demonio.[72]

L'accanimento dei cristiani contro la figura di Thor fu causato dal permanere del suo culto che più d'ogni altro si contrappose a quello di Cristo. Numerosi sono gli esempi in tal senso. Nella *Saga di Erik il Rosso* è riferito che talune persone, trovandosi a corto di cibo, avevano invocato il dio cristiano per ottenerne l'aiuto. Tuttavia ciò non aveva sortito gli effetti sperati. Allora un tale Þórhallr, un cacciatore, compose un canto e invocò il dio: essi dunque catturarono una balena e poterono sfamarsi, tuttavia la carne era cattiva e nessuno sapeva dire di che tipo di balena si trattasse. Ciò nonostante Þórhallr si vantò del soccorso ricevuto dal suo patrono. Gli altri allora gettarono tutta la balena in mare, poi di nuovo innalzarono preghiere a Dio e ottennero infine cibo in abbondanza.[73] In un'altra fonte[74] si racconta di un tale Ørlygr Hrappsson, che era stato allevato nelle Ebridi dal santo vescovo Patrizio. Ørlygr aveva un «fratello di sangue»[75] di nome Kollr e con lui intraprese il viaggio verso l'Islanda: ciascuno era al comando di una nave. Prima di partire Ørlygr ebbe dal vescovo del legname per costruire una chiesa, un *plenarium* (un libro contenente i Vangeli e brani della Bibbia) e una campana, una moneta d'oro e della terra consacrata. Durante il viaggio le due navi incapparono in una tempesta. Allora Ørlygr invocò san Patrizio e giunse sano e salvo a riva; Kollr invece invocò Thor e la sua nave fece naufragio.

Dello *jarl* Erik è riferito che sulla prua della nave aveva intagliata l'effigie di Thor: secondo i cristiani, non avrebbe perciò mai potuto ottenere la vittoria. Ma egli fece distruggere l'idolo pagano e lo sostituì con la croce, dopodiché ottenne il successo.[76] Nella *Saga della cristianizzazione* si racconta che la nave di un missionario cristiano di nome Þangbrandr aveva fatto naufragio: questo disastro, attribuito al potere del dio Thor, venne cantato dalla poetessa Steinunn Refsdóttir, vivace avvocata dell'antica religione in versi rimasti famosi.[77] La *Saga di Njáll*, che riferisce lo stesso episodio, aggiunge i particolari di un dialogo tra Steinunn e Þangbrandr, nel quale ella, affermando che Thor aveva sfidato Cristo a duello, si domandava come il nuovo dio osasse misurarsi con l'antico, mentre il missionario dal canto suo ribatteva che Thor, senza il volere di Dio, non sarebbe esistito e non sarebbe stato nulla di più che polvere e cenere.[78] Nella *Saga dei valligiani di Laxárdalr*[79] si dice che uno dei protagonisti, tale Kjartan, era stato invitato a convertirsi con i suoi compagni dal re Óláfr Tryggvason; egli rispose osservando che avrebbe accettato la nuova fede in Norvegia solo nella misura in cui l'inverno seguente, quando fosse tornato in Islanda, avesse avuto poco rispetto per Thor. In un'altra saga[80] è narrato di un uomo che si era convertito al cristianesimo: allora Thor gli appariva in sogno di notte e si vendicava facendogli morire il bestiame. In seguito inoltre, persistendo egli nella nuova fede, il dio gli apparve ripetutamente, minacciando di mandare in rovina un viaggio che costui aveva programmato. Alla fine l'uomo, per pacificare il dio, portò sulla nave e poi gettò fuori bordo un bue che in passato aveva consacrato a Thor, garantendosi così la tranquillità. Anche di tale Sveinn, assai devoto del dio, si ricorda che fu visitato in sogno dal suo patrono, preoccupato per l'arrivo del di lui fratello che era un seguace della nuova religione.[81]

Thor come arcinemico della nuova religione appare anche nella vicenda dello *jarl* Hákon. Costui era stato in Danimarca e ivi battezzato; tornando in patria in Norvegia era passato in Gautland e là aveva distrutto un tempio in cui Thor era adorato insieme ad altre divinità (in numero di cento!), per impadronirsi delle ricchezze che vi erano contenute.

In seguito però, vedendo l'opera di quelli che stavano cristianizzando la Norvegia, si era riconvertito al paganesimo e, per opporsi alla nuova religione che si stava diffondendo, aveva fatto ricostruire tanti templi quanti erano stati distrutti.[82] Del celebre re Óláfr Tryggvason si narra anche che vide in sogno il santo vescovo Martino, il quale gli disse che si dovevano tralasciare i riti in onore di Odino, di Thor e degli Asi per dedicarsi al culto del nuovo dio.[83]

Nelle fonti (specie se riferite a un periodo relativamente antico) è testimoniata talvolta una certa confusione nel culto. Precedentemente è stato riferito di Helgi il Magro che credeva contemporaneamente in Cristo e in Thor;[84] Snorri ci informa di un re che prima di bere aveva fatto il segno della croce sulla bevanda; esso però era stato interpretato come il segno del martello di Thor (*hamarsmark* n.) e quindi come se la bevuta fosse fatta in onore del dio.[85]

La grande importanza e diffusione del culto di Thor in epoca vichinga risulta anche dalle fonti che testimoniano come egli fosse venerato nelle colonie fondate dagli uomini del Nord fuori dalla madrepatria. Così noi sappiamo con certezza che i progenitori dei Normanni adoravano Thor e gli innalzavano dei sacrifici umani[86] e da un'omelia del vescovo anglosassone Ælfric, riscritta da Wulfstan dal titolo *De falsis deis*,[87] che Thor era il dio principale per i Danesi;[88] inoltre possiamo con buona probabilità riconoscere la figura del dio nel celtico Tomar, così come nello slavo Perun. Anche la derivazione da Thor del dio del tuono lappone e finnico appare sicura.[89]

La trasformazione di Thor in una figura leggendaria si ritrova invece in talune saghe,[90] così come in un testo di Snorri[91] nel quale, influenzato da una visione evemeristica, l'autore lo identifica con Trór, detto figlio di Priamo, ed elenca inoltre i suoi discendenti, i cui nomi rivelano che si tratta in realtà di appellativi del dio. Tali sono: *Lóriði*, che corrisponde a *Hlórriði* (o *Hloriði*) «cavaliere fortemente risonante», parola che allude all'abitudine del dio di spostarsi nel cielo provocando grande fragore,[92] ma forse anche al fatto che Thor ogni giorno cavalca verso l'assemblea degli dèi guadando fiumi tempestosi;[93] *Einridi*, che corrisponde a *Eindriði* «[colui che] cavalca da solo» (con le medesime allusioni); *Vingeþórr*, che corrisponde a *Vingþórr* «Thor della battaglia» (o «Thor che lega», o «Thor che scuote [l'arma]»); *Vingener*, che corrisponde a *Vingnir* «[colui che] scuote [l'arma]».

Di antichissima origine, come appare dalla sua funzione di dio del tuono, Thor mantenne inalterata la sua importanza fino all'avvento della nuova religione, e il suo culto fu estirpato solo con grande difficoltà.[94]

Appendice. Simboli della potenza del dio del cielo

a. *Croce uncinata*

Segnata su taluni reperti archeologici dei Germani continentali così come su diversi oggetti sui quali si trovano anche iscrizioni runiche (tra gli altri: molte bratteate; la fibula di Værløse, Sjælland, Danimarca, III secolo; la parete di pietra di Kårstad, Sogn e Fjordane, Norvegia, V secolo), la croce uncinata appare nel folclore islandese medievale come oggetto dotato di qualità particolari. Si dice infatti che essa sia uno strumento – preparato con un procedimento stregonesco – mediante il quale, usando una formula magica che chiama in causa Odino e Thor, i ladri possono essere facilmente smascherati.[1]

Bratteata di Sjælland I *in cui compare il simbolo della croce uncinata. Danimarca,* V-VI *secolo*

Il nome con cui viene designata, *þórshamarr* «martello di Thor», la mette in evidente relazione con questo dio (il quale sarebbe dunque da riconoscere nella figura incisa sulle bratteate). Essa è perciò suo strumento, come il martello. È significativo anche il fatto che il dio lappone del tuono - verosimilmente ripreso da Thor, come mostra il nome *Horagalles*, derivato da Þórrkarl - abbia come strumenti il martello e la croce uncinata. Il significato originario del simbolo della croce uncinata, che la intende come una variazione dell'immagine della ruota del carro solare, farebbe pensare a Thor come all'antico dio del cielo.

b. *Ascia*
Frequente nelle raffigurazioni dell'età del bronzo e ritrovata anche fra gli amuleti e gli oggetti sacrificali dell'età del ferro, l'ascia, simbolo presumibilmente dell'antico dio del cielo e suo strumento nel dominio degli elemen-

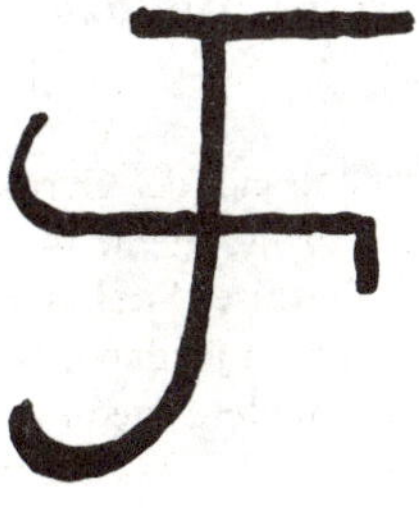

Il simbolo magico del «martello di Thor». Da J. de Vries, Altgermanische Religionsgeschichte, *Berlin 1970*[3]*,* II*, p. 128*

ti della natura, viene confondendosi col martello del dio del tuono Thor, arma a funzione bivalente per il suo potere ora fruttificante ora letale.

Nel *Libro dell'insediamento*[2] si narra del colono islandese Einarr Þorgeirsson, il quale prese possesso di un fiordo da lui battezzato *Øxarfjörðr* «fiordo dell'ascia», ponendo un'ascia in un punto, un'aquila in un altro e una croce in un terzo. Il testo specifica che «in tal modo essi consacrarono a sé tutto l'Øxarfjörðr».[3]

c. *Martello*

È l'arma bivalente del dio del tuono Thor; ha potere ora fruttificante ora letale. In realtà, così come è raffigurata nell'iconografia, essa si presenta spesso in forma simile a quella di una croce,[4] figura alla quale tende ad avvicinarsi sempre di più per il crescente influsso cristiano: con essa pare in effetti confondersi in un crocifisso d'argento dell'XI secolo ritrovato a Birka (Svezia). Nella lotta fra il paganesimo e il cristianesimo, il martello diviene simbolo eccellente del potere di Thor: è opposto e al contempo analogo alla croce di quel «bianco Cristo»[5] di cui il dio pagano è il principale antagonista.[6]

Il martello è un simbolo che nell'incrocio fra i due bracci congiunge il piano verticale e il piano orizzontale del cosmo e di entrambi cattura l'energia. Quando Thor lo fa roteare,[7] questa energia assume forza dinamica e manifesta la potenza benefica o distruttrice del dio.

Il martello di Thor (che è arma tanto potente da non poter essere impugnata se non con speciali guanti di ferro)[8] è detto *Mjöllnir* «stritolatore»

Crocifisso in filigrana d'argento la cui lavorazione risente palesemente dello stile dei «martelli di Thor». Rinvenuto a Birka, celebre città vichinga nel Mälaren. Svezia, XI secolo

Incisione rupestre di Hvitlycke che raffigura verosimilmente la consacrazione con un'ascia dell'unione coniugale. Bohuslän, Svezia, età del bronzo

o «[arma] luminosa [che lampeggia]». Esso è lo strumento che provoca il tuono e fabbrica il fulmine: uccide o porta pioggia feconda. Mjöllnir è un'arma magica poiché fu costruita dai nani.[9]

La funzione benefica e fruttificante di quest'arma appare con tutta evidenza là dove si riferisce che essa veniva posta in grembo alla sposa per consacrare l'unione coniugale.[10] A tale rituale è riferibile probabilmente la scena raffigurata nell'incisione rupestre di Hvitlycke (Svezia), risalente all'età del bronzo. Ivi si possono riconoscere un uomo e una donna nell'atto di essere benedetti da una figura (una divinità?) che tiene sollevata un'ascia (arma corrispettiva del martello). Alla funzione consacratrice e benefica del martello di Thor si riferiscono verosimilmente anche le diverse iscrizioni runiche su pietre sepolcrali nelle quali si invoca il dio perché consacri quel luogo.[11] Ma il martello Mjöllnir è altresì dotato del potere vero e proprio di resuscitare: è ricordato infatti nel mito che con esso il dio richiamò in vita i suoi capri uccisi e cucinati la sera precedente.[12]

Mjöllnir è arma eccellente, indispensabile contro i giganti. Consentendo a Thor di annientarli, esso garantisce l'ordine del cosmo costantemente minacciato: è dunque arma creatrice, ma anche ordinatrice.[13] Del furto di questo prezioso strumento e di come il dio poté recuperarlo riferisce un mito particolare.[14] Tuttavia è noto anche l'episodio in cui Thor, privo del martello, uccise il gigante Geirrøðr con una palla di ferro rovente (simbolo comunque corrispettivo del fulmine). L'immagine del martello Mjöllnir che frantuma il cranio del gigante[15] non è casuale: essa richiama il mito relativo al gigante primordiale Ymir, sacrificato dagli dèi e dal cui corpo fu tratto il cosmo; il cielo in particolare fu fatto dal cranio, le nuvole dal cervello.[16] L'immagine è verosimilmente quella del fulmine che scuote la volta celeste e ne fa scendere la pioggia fruttificante.

Arma indispensabile all'equilibrio del mondo, il martello Mjöllnir sarà ereditato dai figli di Thor, Móði e Magni, che lo possiederanno nel prossimo ciclo.[17]

La tradizione islandese ricorda l'uso del martello di Thor come segno di confine fra due proprietà[18] o come strumento magico per smascherare i ladri.[19]

d. *Aeroliti*

Simbolo di comunicazione fra il cielo e la terra, gli aeroliti portano agli uomini un messaggio celeste del dio del tuono. Questo concetto si conserva nel folclore scandinavo, come mostra a esempio il termine svedese *tor(s)viggar* (nella prima parte del quale è facilmente riconoscibile il nome del dio Thor), con cui si designano le pietre a forma di ascia trovate sul terreno e che si ritiene siano piovute dal cielo durante i temporali. Tali oggetti sono considerati dotati di ogni possibile qualità magica.

10. *Sif*

È la sposa del dio Thor, madre di Þrúðr e di Ullr, il quale tuttavia è stato da lei concepito con un altro.[1] Nel prologo dell'*Edda*, di carattere marcatamente evemeristico, Snorri ne fa un'indovina, di nome Síbíl, «che noi chiamiamo Sif».[2] Ella, aggiunge, era una donna bellissima, dalla chioma dorata. Il mito narra che i nani fecero per lei una chioma d'oro che cresceva come i capelli naturali.[3] Di lei inoltre si dice che il gigante Hrungnir voleva portarla con sé in Jötunheimr.[4] Nell'*Invettiva di Loki* questi l'accusa di avere tradito Thor con lui.[5]

Il nome di *Sif* significa semplicemente «parente».[6]

11. *Baldr*

Figlio di Odino[1] e di Frigg,[2] sposo di Nanna[3] e padre di Forseti,[4] Baldr è presentato da Snorri come il migliore fra gli dèi, bello d'aspetto e luminoso, saggio ed eloquentissimo. Egli è così splendente che vi è un fiore, candidissimo, che prende nome dalle sue sopracciglia: si chiama infatti *Baldrsbrá* f. «sopracciglio di Baldr», il *Pyrethrum inodorum* (o *Matricaria inodora*).[5]

Questo dio, si deduce da altre fonti, è anche molto coraggioso.[6]

Egli dimora in *Breiðablik* «ampio splendore»,[7] in quella terra dove, si dice, esistono «pochissime rune malvagie».[8]

Nel prologo dell'*Edda*, Snorri cita Beldegg, figlio di Odino «che noi chiamiamo Baldr».[9] Beldegg è forma nordica dell'anglosassone Bældæg, nome mitico che compare nelle genealogie come figlio di Odino.[10] La seconda parte di questo nome, *dæg*, significa «giorno» e ciò sottolinea una volta di più il carattere luminoso del dio. Lo stesso nome Baldr, per il quale pare verosimile il significato di «signore»,[11] potrebbe avere un valore più riposto di «luminoso». L'essenza di questa figura è, senza dubbio, quella di un principe della luce, perfetto in tutte le sue manifestazioni.[12] Egli è amato dagli dèi e dagli uomini ed è per loro fonte di saggezza e di soccorso costante.[13] Le sue qualità ne fanno un nemico mortale delle forze del caos e dell'oscurità e sulla sua morte, provocata dal maligno Loki, è incentrato il mito principale che lo riguarda.[14]

Colpito a morte da un rametto di vischio scagliato dal cieco incolpevole Höðr su istigazione di Loki, egli dovrà scendere in Hel, regno degli inferi. Di là potrà tornare solo dopo la fine del mondo per regnare sul nuovo ciclo.[15]

Racconti analoghi, più o meno corrispondenti a quello della morte di Baldr, si trovano in diverse tradizioni (vedi la storia di Lemmenkäien nella tradizione finnica, Rustem in quella persiana, Toledoth Jeshua in quella ebraica, Tammuz in quella babilonese, Ἄδωνις [Adone] in quella greca) e un parallelo all'interno del mondo germanico nella breve allusione alla vicenda di Hæðcyn che uccise con una freccia il fratello Herebeald.[16] Essa è stata variamente interpretata. La si è vista soprattutto come lotta delle tenebre contro il dio sole o rito legato ai culti della vegetazione, ma anche quale procedura iniziatica fondata sul motivo dell'antagonismo padre-figlio o versione nordica della morte di Cristo. Essa è comunque senza dubbio un sacrificio, come mostrano le circostanze in cui avvenne.[17]

Un culto di Baldr è testimoniato forse in diversi toponimi, a esempio *Balleshol* (<*Baldrshóll*), *Basberg* (<*Baldrsberg*) e *Balsness* (< **Baldrsnes*) in Norvegia; *Ballersberg* in Svezia, *Bollesager* (< **Baldrsákr?*) e *Baldersbœk* in Danimarca. Altri nomi di luogo quali *Baldursheimr* e *Baldurshagi* in Islanda o *Baldrsheimr*, *Baldreshagi* in Norvegia[18] paiono formazioni piuttosto recenti e non ricordo di un antico luogo di culto.

Al culto di Baldr fanno altresì allusione due fonti, una piuttosto antica, l'altra tarda. La prima è il nome Baldruus (di lettura tuttavia incerta), presumibilmente riferito a un dio, che si trova su un'iscrizione risalente al III secolo ritrovata a Utrecht nei Paesi Bassi; la seconda è una testimonianza della *Saga di Friðþjófr* che è tuttavia più probabilmente da riferire a Freyr.[19]

12. *Nanna*

Figlia di Nepr,[1] è la sposa del dio Baldr e la madre di Forseti. Di lei si sa che morì di dolore presso il rogo dello sposo: fu perciò posta sulla medesima pira e lo seguì nel regno degli inferi, donde inviò doni a Frigg e a Fulla.[2]

In Saxo è detta invece figlia di Gevarus e promessa sposa di Høtherus (= Höðr). Di lei, dopo averla vista al bagno, si invaghisce Balderus che per possederla decide di uccidere il rivale.[3]

Il suo nome vale forse «madre» o «coraggiosa».[4]

13. *Forseti*

È un dio di cui si sa assai poco. Appartiene alla stirpe degli Asi[1] ed è figlio di Baldr e di Nanna. È detto giudice pacificatore nelle dispute.[2] Ciò sarebbe conforme con l'interpretazione del suo nome che ne fa «[colui che] presiede». La sua dimora, *Glitnir* «splendente», è il «miglior tribunale per gli uomini e per gli dèi».[3] Essa ha pareti, pilastri e colonne d'oro e tetto d'argento.[4] Là Forseti trascorre la maggior parte dei giorni e appiana le contese.[5]

Forseti dovrebbe essere un dio piuttosto antico; la sua figura però venne perdendo importanza. Lo si avvicina solitamente al dio che secondo Alcuino[6] veniva venerato nell'isola frisone detta Fositeland, che da lui prendeva nome.[7] Il nome del dio Forseti resta nel toponimo norvegese *Forsetlund* sull'isola di Onsøy (Østfold).

14. *Höðr*

Dio cieco, figlio di Odino, è, secondo la versione di Snorri, l'incolpevole esecutore materiale dell'assassinio di Baldr.[1] Ucciso per vendetta da Váli,[2] egli rimarrà con Baldr nel regno dei morti, donde farà ritorno con lui nell'ultimo giorno per vivere nel nuovo ciclo.[3]

La caratteristica predominante di Höðr, nella versione nord-occidentale del mito, è senz'altro la cecità. Senza dubbio essa non ha il solo scopo funzionale di permettere a Loki di portare a termine il suo piano criminoso; invece pare piuttosto indicare nel dio uno strumento delle forze del buio che vogliono sopraffare Baldr, dio della luce. Il nome comune *höð* f. significa «battaglia», quello del dio parrebbe dunque da intendersi «guerriero». Tale interpretazione si adatta maggiormente alla descrizione di questo personaggio fatta da Saxo (che lo conosce come Høtherus).[4]

15. *Rindr*

Dea della stirpe degli Asi, conquistata con la magia da Odino, è colei che diede alla luce Váli, destinato a compiere la vendetta per l'assassinio di Baldr.[1] Le fonti scandinave occidentali dicono poco di lei, se non che Odino fece ricorso alla magia per possederla.[2] Nella versione del mito di Baldr narrata da Saxo è detto invece che ella (qui detta Rinda) era una principessa rutena, cioè russa. Odino seppe da un veggente che solo lei avrebbe potuto dare alla luce il vendicatore di Balderus, perciò si recò nel suo Paese e dopo diversi travestimenti, l'ultimo dei quali sotto le spoglie di una guaritrice di nome Wecha, riuscì a possederla. Ella gli partorì il figlio Bous.[3]

La forma più antica del nome di questa dea dovette essere

* *Vrindr*, riconoscibile forse nel toponimo svedese *Vrinnevi*. Esso significherebbe «edera», il che farebbe di lei una dea della vegetazione. Il nome potrebbe tuttavia essere connesso anche alla radice indoeuropea * *WER* «coprire», «chiudere»; al serbo *rudina* «prato»; alla radice indoeuropea * *WREN* «spruzzare». La prima interpretazione resta tuttavia la più probabile.[4]

16. *Váli*

Figlio di Odino e di Rindr, è un dio assai coraggioso in battaglia e gran tiratore.[1] Si dice che fu generato perché vendicasse la morte di Baldr. Egli non si lavò le mani né si pettinò prima d'aver portato a termine questo compito, il che fece quando aveva una sola notte di vita.

Váli fu generato nelle «sale d'occidente».[2] Di lui è detto anche che sopravviverà oltre la fine del mondo.[3] Il suo nome (anche *Áli*)[4] significa forse «il piccolo [dio] dei Vani» o «piccolo combattente». A esso potrebbe essere connesso *Válaskjálf*, che è una dimora divina,[5] equivalente dunque a «rocca di Váli». A un suo culto è legato probabilmente il toponimo norvegese *Valaskioll*.

In Saxo il vendicatore di Baldr è detto *Bous*, forse «contadino», probabilmente da collegare con Váli poiché è detto figlio di Rinda. Egli tuttavia compare come un guerriero adulto.[6]

17. *Víðarr*

È un dio della stirpe degli Asi, figlio di Odino e della gigantessa Gríðr. È detto il dio «silenzioso» e il più forte dopo Thor.[1] Vive in una dimora detta *Viði* «[terra di] boschi», nella quale crescono cespugli e alta erba; di là, sul dorso di un cavallo, verrà per vendicare il padre.[2] Il compito di Víðarr nel mito è infatti quello di vendicare Odino, dopo che costui sarà stato ingoiato dal lupo Fenrir nell'ultimo giorno.[3]

Il nome del dio pare connesso all'aggettivo *víðr* «ampio» e dunque in relazione al mito: egli infatti sarà capace di espandersi fino a spezzare le mascelle del mostro, una delle quali tocca la terra, l'altra il cielo.[4] Víðarr è tra coloro che sopravviveranno al crepuscolo degli dèi, e dunque vivrà anche nel prossimo ciclo.[5]

Un culto di Víðarr, sebbene piuttosto recente, è forse testimoniato nei toponimi *Vidarshof* e *Viskjøl* (< **Víðarskjálf*), entrambi in Norvegia.

18. *Bragi*

Dio della poesia, figlio di Odino e sposo di Iðunn.[1] Dal suo nome, afferma Snorri, è detta *bragr* (m.) l'arte poetica, perché egli «è sommo per saggezza e ottimo per eloquenza e abilità nel parlare» e «abilissimo nella poesia».[2]

Egli è un dio degli Asi,[3] quello che nel *Dialogo sull'arte poetica*[4] istruisce Ægir sulle diverse espressioni poetiche.[5] Tale funzione, testimoniata anche dove si dice che sulla sua lingua sono incise le rune,[6] così come l'assenza di notizie relative a un suo culto indicherebbero in lui un dio di recente apparizione, forse niente più che la divinizzazione dello scaldo Bragi Boddason (IX secolo), «l'antico poeta».[7] In tal senso andrebbe letta l'indicazione che lo definisce il migliore fra i poeti.[8] Su Bragi si hanno tuttavia anche altre notizie. Nell'*Invettiva di Loki*[9] egli offre doni a Loki perché costui non mostri livore agli dèi, ciononostante viene accusato di essere vile in battaglia e d'avere ucciso il fratello di Iðunn, sua sposa.[10] Due componimenti scaldici insegnano che Bragi dimora nella Valhalla, dove accoglie gli eroi.[11] Né si può sottovalutare l'affinità del suo nome con il termine *bragr* m., nel suo significato di «guerriero, principe, signore». A tale termine è altresì connessa la parola *bragafull* (o *bragarfull* n.), che indica la coppa usata nella bevuta rituale, specie nei festini funerari, e sulla quale veniva prestato un solenne giuramento.[12] Tali indicazioni, oltre al fatto che la sposa di Bragi, Iðunn,[13] possiede le mele che garantiscono agli dèi l'eterna giovinezza, potrebbero far pensare a una funzione di divinità legata a quella fertilità che deriva da un fecondo rapporto con gli antenati defunti. In ciò Bragi diverrebbe simile a Odino, il che sarebbe anche confermato da un verso dello scaldo Egill Skallagrímsson, altrimenti oscuro, in cui Bragi pare indicare Odino privo di un occhio.[14] Una tale identificazione non parrebbe poi così lontana dal vero essendo in realtà proprio Odino il vero dio della poesia, come mostra soprattutto il mito relativo al furto dell'idromele che rende poeta chi lo beva.[15]

La notazione di Snorri secondo cui Bragi ha una barba così folta che dal suo nome viene detto *skeggbragi* (in cui *skegg* n. «barba») chi abbia molta barba, fa forse riferimento alla sua saggezza. Anche qui però si riscontra una singolare affinità con Odino, specie là dove Snorri definisce Bragi «il dio dalla barba cadente»: *inn síðskeggja áss*, poiché *Síðskeggr* è anche appellativo di Odino.[16]

19. *Iðunn*

Appartenente al novero delle dee supreme,[1] Iðunn è la sposa di Bragi, dio della poesia.[2] A lei sono affidate le mele dell'eterna giovinezza, di cui gli dèi debbono nutrirsi per non invecchiare: ella ha perciò nelle mani il potere sulle forze vivificanti e rigeneratrici. Evidente appare perciò il significato del mito principale che la riguarda, secondo il quale il gigante Þjazi volle un tempo rapirla.[3] Tale racconto ripropone l'attacco dei demoni del buio e del caos contro le forze della luce e della vita, così come allude a un periodo trascorso da una divinità della fecondità nel mondo infero. Alle preziose mele di Iðunn si fa verosimilmente riferimento anche là dove[4] Skírnir, per indurre Gerðr (figlia di un gigante) a cedere all'amore di Freyr (dio della fecondità), le offre «undici mele» (*epli ellifu*: meglio tuttavia senza dubbio la lettura *epli*, *ellilyf* «le mele, medicina contro la vecchiaia»). Di tali mele è detto che sono «tutte d'oro» (*algullin*), il che ne sottolinea la natura di simbolo di fecondità.

Nell'*Invettiva di Loki* Iðunn è accusata da Loki di essere lussuriosa al punto di essersi concessa all'uccisore di suo fratello;[5] il motivo può forse riferirsi alla sua qualità di dea feconda o più semplicemente ripetere analoghe accuse fatte alle altre dee a scopo calunnioso e distruttivo. Dallo stesso testo[6] ella appare piuttosto un'operatrice di pace.

Il nome di Iðunn è riconoscibile forse nel toponimo danese *Enø* (<*Jthœnø*) e in altri, di origine scandinava, nel Lancashire.[7]

20. *Loki*

Seppure appartenente alla stirpe degli Asi,[1] Loki è una figura divina del tutto singolare, il cui carattere è segnato da una profonda ambivalenza apparentemente insanabile. Egli è infatti compagno di Odino e di Thor (col primo anzi pare addirittura aver stretto un legame di fratellanza di sangue)[2] ed è colui che soccorre gli dèi in diverse situazioni difficili; tuttavia è anche un demone nemico dell'ordine cosmico, un buffone ridicolo e funesto, un impostore maligno e pericoloso. Appartiene alla stirpe degli dèi, tuttavia la sua famiglia e la sua progenie sono legate ai demoni del male e hanno pessima natura. Loki è figlio di Laufey o Nál[3] e del gigante Fárbauti,[4] fratello di Býleiptr[5] e di Helblindi.[6] Con la gigantessa Angrboða ha generato tre figli: Hel, guardiana del regno delle tenebre; Fenrir, il lupo cosmico nemico degli dèi; e il serpe di Miðgarðr, che giace nell'oceano avvolto attorno alla terra.[7] Con Sigyn[8] ha avuto invece il figlio Narfi[9] e probabilmente anche Váli, che di questi è detto fratello.[10]

Ma Loki è anche il padre delle streghe: egli ha infatti trovato un cuore di donna mezzo cotto fra i carboni e se ne è cibato rimanendo ingravidato per quella via: di lì sono nate le streghe.[11]

Un altro figlio di Loki è Sleipnir, cavallo di Odino, che il dio generò dopo essersi trasformato in puledra.[12] Le metamorfosi di Loki, che può anche apparire come mosca,[13] pulce,[14] falco,[15] salmone,[16] o foca,[17] sono dovute alla sua conoscenza e pratica di quella magia, detta *seiðr* m., che comporta per i maschi inverecondia e comportamento omosessuale.[18]

Loki fa parte, insieme a Odino e a Hœnir, di una triade divina citata in due miti,[19] e con loro si muove in un mondo fuori del tempo, sullo sfondo di una situazione primordiale. Nella *Predizione dell'indovina*[20] è citata una triade di dèi, Odino, Hœnir e Lóðurr, i quali crearono gli uomini da due tronchi d'albero e infusero loro spirito e vita. Se Loki, come suggerirebbe questo parallelo, è da identificare con Lóðurr, il quale in particolare donò agli uomini «calore... e bell'aspetto»,[21] egli avrebbe qui funzione di dio creatore o quantomeno di eroe civilizzatore. In questo mito (nel dono del calore, in particolare)[22] sta forse la ragione più plausibile per intenderlo come una divinità del fuoco (interpretazione assai antica, suggerita tra l'altro dall'analogia del nome del dio col termine *logi* m. «fiamma» e dal mito in cui egli gareggia con il gigante Logi).[23]

Ma l'appartenenza di Loki al mondo delle origini è suggerità soprattutto dalla funzione che egli pare avere nei diversi miti dove appare al contempo ausilio e nemico degli dèi. Loki incarna in realtà il principio del male che ha origine nelle origini stesse del mondo, ed è tuttavia necessario all'esistenza del cosmo, incentrata su un dualismo fondamentale e sull'equilibrio di opposti princìpi. Loki conosce e possiede il principio del male, egli è il «veleno» dell'esistenza:[24] talora però per assurdo deve difendere e preservare il principio del bene perché la sua lotta contro di esso dovrà concludersi solamente al tempo stabilito nell'ultimo giorno. Per questo Loki appare come soccorritore degli dèi quando aiuta Thor a recuperare il martello Mjöllnir, strumento che garantisce l'ordine cosmico, sottratto dai giganti;[25] quando impedisce a un gigante di impadronirsi di Freyja, del sole e della luna;[26] o quando riconcilia gli dèi con Skaði, figlia del gigante Þjazi.[27] Per questo accompagna e aiuta Thor nel suo viaggio presso il gigante Utgarða-Loki.[28]

La sua natura demoniaca di nemico dell'ordine cosmico risalta tuttavia in molte circostanze. Così nell'*Invettiva di Loki* egli scarica sugli dèi riuniti a banchetto una lunga serie di pesanti ingiurie con le quali si propone di distruggere la pace e l'armonia del loro convito;[29] così aiuta il gigante Þjazi a rapire Iðunn, dea cui sono affidate le mele dell'eterna giovinezza;[30] così induce Thor, difensore dell'ordine cosmico, ad avventurarsi disarmato nel recinto del gigante Geirrøðr,[31] o azzoppa uno dei suoi capri sacri.[32] Per questo, inoltre, in un mito nel quale vengono sottolineate le sue qualità buffonesche, egli si contrappone a Thor, dapprima tagliando i capelli della sua sposa, Sif, poi disturbando il nano Brokkr intento a forgiare nella fucina il martello Mjöllnir, arma preziosa del dio.[33]

Loki è l'incarnazione del male cosmico come veleno o come buffone: è cioè la copia degradata del dio, la sua versione maligna e ridicola, profanatoria e dissacratrice. Perciò è definito da Snorri «fabbro di mali»:[34] perché, pur possedendo la conoscenza della forza creatrice e ordinatrice del mondo, ne perverte l'uso e lo scopo. Loki diviene anche e soprattutto nemico mortale di Heimdallr – garante dell'ordine cosmico –, col quale combatte un duello sotto forma di foca per il possesso del monile di Freyja, Brísingamen, da lui rubato e dal quale dipende il potere sulla vita e sulla fecondità.[35]

Ma il crimine più efferato commesso da Loki, e per il quale gli dèi lo hanno catturato e incatenato, è senza dubbio l'assassinio di Baldr a cui egli ha spinto il cieco incolpevole Höðr.[36] Non solo Loki è colpevole della morte di Baldr, ma anche del suo mancato ritorno sulla terra, poiché sotto le false spoglie della gigantessa Þökk egli si è rifiutato di piangerne la morte insieme alle altre creature. Catturato dagli dèi, egli dovrà attendere la fine del mondo incatenato a tre massi: un serpe velenoso è legato sopra di lui e quando il veleno gli gocciola sul volto egli si scuote con tale violenza che tutta la terra trema.[37]

Alla fine del mondo Loki guiderà le forze del male alla battaglia contro gli dèi.[38]

L'etimologia del nome Loki è tuttora incerta, ove si rifiuti l'analogia con *logi* m. «fiamma». Loki potrebbe essere forse anche «distruttore» o un'abbreviazione di Lóðurr (se tale figura è da identificarsi con lui) o di Loptr (o Loftr),[39] che è un suo appellativo. Questo nome dal canto suo è legato a *lopt* n. «aria» e si riferisce verosimilmente al fatto che Loki possiede un paio di scarpe magiche grazie alle quali può camminare tanto nell'acqua quanto nell'aria,[40] se non anche alla sua qualità volatile di dio-fuoco o al suo apparire come la personificazione dell'intelligenza intuitiva e spregiudicata (che dunque sa trascorrere con facilità nelle diverse situazioni).

Taluni dati del folclore scandinavo hanno suggerito un parallelo tra la figura di Loki e quella del ragno. Questa vicinanza risulta non soltanto nell'affinità tra il nome del dio (che in fonti tarde appare talora come *Locke*) con *locke*, che in alcune espressioni dialettali indica il ragno (così anche nello svedese medievale); bensì anche dall'identità della funzione simbolica, poiché il ragno è inteso sia come dio creatore (è capace di tessere la rete) sia come ingannatore malizioso. Anche l'episodio in cui è attribuita a Loki l'invenzione della rete per pescare[41] può essere ricondotto a questa simbologia.

Per la sua natura malvagia Loki fu evidentemente escluso dal culto. Nessuna fonte infatti ne fa menzione e non ci sono toponimi che conservino il suo nome. Egli pare inoltre essere una figura appartenente esclusivamente all'area scandinava, ove si escluda la connessione (tuttavia non dimostrata con assoluta certezza) della sua figura col nome *Logaþore* inciso in caratteri runici assieme a quello di Odino e di Thor su una fibula ritrovata a Nordendorf.[42]

Note

1 *Vsp* 21-6; *Yng* 4; v. pp. 86-7.
2 *Yng* 2; cfr. *Saxo* I, VII, 1.
3 *Trójá*: *Gyl* 3, 9; v. anche *SnE* prologo capp. 2-3, 5 (cfr. *SnE* p. 77); *Ská* 8, 9; *Sör* 1 (dove si parla di *Ásiaheimr* e *Ásialand* «Paese» e «terra d'Asia» che presentano evidente omofonia con *Ásaheimr* e *Ásaland*); *Bos* 1; *Hve* 4; *Her* pp. 89, 91; *Stur* 1 (dove si parla degli «uomini dell'Asia»: *Ásiamenn*). Cfr. *SnEArn* I, pp. 12-3, 20; II, pp. 94, 636 e le antiche rime islandesi *Völsungsrímur* I, in *Rímnasafn* I, cit., pp. 311-9 che riprendono la *Saga degli Ynglingar* e l'*Edda* di Snorri.
4 O *Goðheimar*: *Yng* 8-9, 11-2; cfr. *Flat* I, p. 26. *Goðvegr* «sentiero [verso le dimore degli] dèi» potrebbe essere la strada che ivi conduce (*Hyn* 5); v. p. 58.
5 La tradizione che colloca gli Asi in questa *Asíá* immaginosa è ampiamente testimoniata nelle fonti. Cfr. quelle raccolte e analizzate da A. Heusler, *Die gelehrte Urgeschichte im altisländischen Schrifttum*, in *Abhandlungen der königlich-preussischen Akademie der Wissenschaften*, Phil.-Hist. Klasse, Berlin 1908.
6 *Gyl* 2-3, 9.
7 *Gyl* 14, 53.
8 *Vsp* 24.
9 *Þry* 18; *Gyl* 15; *Ská* 2-3 [1]; 6 [2]; 25 [3].
10 *Hym* 7.
11 *Gyl* 42; v. p. 113.
12 *Ská* 25 [3]; cfr. pp. 73-4 (a, b). Su Ásgarðr v. anche *Gyl* 49; *Ská* 1 [1], 9, 12, 42-3, 44 [5]; *SnE* p. 85, nota; *Yng* 5 e Þórbjörn Poeta delle *dísir* (*Skj* I: A, p. 144; B, p. 135); *Edda Kuhn* p. 318.
13 *Yng* 4.
14 Cfr. *Gyl* 9; *Vsp* 18; v. p. 51 (2). Corradicali sono il sanscrito *ásu* «soffio vitale», «mondo»; *ásura* e avestico *ahura* «governatore»; gotico latinizzato *ansis* (acc. pl. < **anses*, in Giordane, *Getica*, ed. Th. Mommsen, *MGH*, Berolini 1882, Auct. antiquissimi, tom. V, cap. 13) «semidei». Cfr. p. 52 (c).
15 Sugli Asi v. anche *Gyl passim*; *Ská passim*; *Vsp passim*; *Háv* 143, 159; *Vaf* 2, 28, 38, 50; *Grí passim*; *Skí* 7, 17, 33; *Hár* 25; *Hym* 3; *Lok passim*; *Þry passim*; *Alv passim*; *Reg* pr; *Fáf* 13; *Sig* 4, 18 (cfr. *Völs* 14, 18, 20); *Bal* 1, 7; *Ríg* pr, 1; *Hyn* 10, 29; *Fjö* 33; *Yng* 3-5, 7-8; *Ldn* S 207, H 174 (qui si dice che talune persone recatesi a un'assemblea erano così ben acconciate che pareva che là fossero giunti gli Asi); *Sög* 3; *Bós* 12; *Hve* 4-5; *Sör* 1; *SörS* 1, dove è ricordata la regina Dagný, detta discendente degli Asi; *ÓlH* 107; *ÓlTOS* 27; *Flat* I, p. 283 e II, p. 184 (cfr. *HákG* 16-7), dove è ricordato un festino sacrificale in loro onore.

1. *Odino* (*Óðinn*)

1 Cfr. latino *vates*, antico irlandese *faith* «veggente», «profetessa»; gotico agg. **woþs* «furente», «posseduto».
2 *AdB* IV, 26.
3 Tra le sue qualità magiche, quella di trasformarsi in qualsiasi specie di «uccello, animale, pesce o serpe» (*Yng* 7: *fugl eða dýr, fiskr eða ormr*), sottolinea la contemporanea appartenenza ai diversi mondi in cui si manifesta la vita.

4 Cfr. J. de Vries, *Altgermanische...*, cit., II, pp. 46-8 e 89-94. Diversa opinione sull'antichità di Odino manifesta tuttavia nei suoi lavori soprattutto G. Dumézil: v. in particolare: *Les dieux des Germains*, cit., pp. 41-57; cfr. p. 40, nota 17.

5 Un antico dio del cielo dei Germani dovette essere anche quello detto *Irmin; cfr. tra l'altro J. de Vries, *Altgermanische...*, cit., II, p. 14, che lo identifica con Týr. In effetti l'unico dio nordico che in epoca relativamente tarda rivaleggia con Odino è Thor. Ma nelle due figure sono incarnati verosimilmente due diversi atteggiamenti nei riguardi della vita e quindi della religione. Thor è il dio della comunità contadina, il garante protettore della stabilità sociale e della fecondità della stirpe; Odino si pone invece come il dio dell'individuo, colui al quale rivolgono il proprio culto e la propria venerazione cerchie particolari di uomini e di guerrieri iniziati. Cfr. l'allusione alla venerazione contrapposta dei due dèi in *Flat* I, p. 567; II, p. 72; *ÓlTOS* 27. I due dèi sono senza dubbio in epoca vichinga le figure dominanti del *pantheon* nordico (cfr. *Flat* I, p. 385 e pp. 388-9; *Hyn* 2-4; *Örv* II 17; *Lax* 40; *Þþb* 9). Il contrasto tra Odino e Thor appare in toni accesi e talora grotteschi nel *Canto di Hárbarðr* (cfr. p. 629, nota 10 e anche *Gau* 7; v. pp. 418-9).

6 Cfr. J. de Vries, *Altgermanische...*, cit., II, pp. 27-45.

7 Il toponimo *Onsøien* in particolare parrebbe tuttavia molto antico (dovrebbe risalire all'età del bronzo): esso testimonierebbe dunque a favore dell'antichità del culto del dio (cfr. E.O.G. Turville-Petre, *op.cit.*, p. 66 e note 14, 15). Qui vanno ricordati anche i nomi propri *Óðinsdís* f., testimoniato nella forma *Uþintisa* sulla pietra runica di Fläckebo in Västmanland, Svezia (XI secolo), e *Óðinkár* che appare come *Uþinka(ur)* sulle pietre runiche danesi di Gørlev (Sjælland, IX secolo), Haddeby IV (Schleswig), Skivum e Skern (Jutland, X secolo). Non condivido l'opinione di N.Å. Nielsen (*Danske runeindskrifter*, København 1983, p. 71), il quale ritiene che la prima parte di questa parola non contenga il nome del dio.

8 Sul significato simbolico del nome v. l'appendice a p. 214.

9 È la prima parte dell'*Edda* di Snorri Sturluson e costituisce una delle fonti principali per la conoscenza del mondo mitologico nordico (cfr. la sezione *Le fonti*).

10 La capacità magica e ingannatrice di Odino è sottolineata non solo dal triplice aspetto qui assunto, ma anche dall'intero svolgimento della storia. Riferisce Snorri che Gylfi si presentò agli dèi sotto il falso nome di *Gangleri* «stanco del cammino». L'autore inoltre sottolinea che egli era un uomo pratico di magie e che tuttavia fu a sua volta ingannato dagli Asi. Essi, dopo averlo ammesso alla presenza della triade divina che lo istruì, alla fine del colloquio provocarono un forte tuono e fecero svanire ogni traccia della sala nella quale il re pensava di essere entrato. Così Gylfi si trovò solo nel mezzo di un vasto pianoro da dove tornò al mondo degli uomini per riferire tutto ciò che aveva visto e udito (*Gyl* 1-2, 54 e *passim*). Qui occorre notare che Gangleri è anche appellativo di Odino. Questa storia ha perciò l'aspetto magico e ingannatore di un gioco di specchi in cui l'essere inganna se stesso e Odino istruisce se medesimo per poi diffondere al mondo la propria sapienza. Nel titolo *L'inganno di Gylfi* (*Gylfaginning*) è dunque palese l'allusione a uno stratagemma che si riflette su chi lo mette in opera. Il senso magico e illusorio di questo racconto è infine sottolineato anche là dove si riferisce che re Gylfi, entrato in Ásgarðr, trovò sulla porta della sala un giocoliere che faceva un gioco di destrezza con dei pugnali, tenendone sette per aria contemporaneamente (*Gyl* 2). Questa figura simboleggia l'abilità di creare un mondo illusorio, una situazione paradossale nella quale è confuso lo sciocco, ma che al contrario è per il saggio un palese invito ad andare oltre le apparenze. La visita di Gylfi presso gli dèi avrà dunque il carattere di una visione irreale, per quanto ri-

velatrice di conoscenza. Il nome Gylfi resta di significato incerto; esso pare legato a termini per «mare», «onda»; tuttavia potrebbe anche valere «splendente». Su Gylfi cfr. anche *SnE* prologo, cap. 5, dove è detto che questo re accolse Odino in Svezia.

11 Cfr. *Ágr* 1 e *Flat* I, p. 564, dove questo nome è citato accanto ad altri fra cui Þriði. Il componimento eddico *Hávamál* è, appunto, il *Dialogo dell'Alto*.

12 Cfr. pp. 501-2 (b). A una triplice manifestazione di Odino allude verosimilmente anche l'iscrizione runica di Ribe (Jutland, Danimarca, inizio del IX secolo) che si trova su un osso appartenente a un cranio umano, sulla quale si legge tra l'altro: *ulfuR Auk uþin Auk hutiuR* «Il lupo (animale sacro al dio) e Odino e il dio supremo».

13 *Gyl* 6-9, cfr. *Vsp* 4; v. p. 51; cfr. p. 54, nota 1 (2).

14 *Vsp* 18.

15 Cfr. p. 262, nota 3 (7); v. pp. 115, 386.

16 *Önd ok líf* (*Gyl* 9; nella *Vsp* 18 solo *önd*).

17 Cfr. *Gyl* 9 e *Ská* p. 85, nota.

18 Nello *Upp* si dice tuttavia che Odino era figlio di Thor. Nel prologo della *SnE* egli appare come un suo discendente (cap. 3); cfr. anche *Flat* I, p. 27.

19 Molti dei figli di Odino sono elencati nelle *þulur* (cfr. *Skj* I: A, p. 657; B, p. 660).

20 Dunque un guerriero sacro al dio. Egli è detto figlio di Odino nelle *þulur*. V. sotto e anche pp. 580-1.

21 *Hár* 9; *Hau* 14 (cit. in *Ská* 26, 32); *Þul*.

22 *SnE* prologo, cap. 4; *Þul*; cfr. *Völs* 1. Costui è progenitore della leggendaria stirpe dei Völsungar cui appartiene Sigurðr (v. p. 379). Un figlio di Odino dal nome simile a questo è anche *Sigrlami* «mutilato vittorioso» (?) o forse «mano di vittoria» (*Her* pp. 1-2, 4, 22, 91, 93), antenato di un'altra famosa famiglia.

23 *SnE* prologo, cap. 4.

24 Cfr. a esempio *Yng* 5, *Upp* e anche *Ská* 81. Anche il nome di Hörðr, un personaggio che compare in *Sög* 3 come patrigno di re Ívarr che arriva lontano, può essere collegato qui. Di costui si dice che era dotato di grande sapienza e vecchissimo e che in un contrasto verbale con il sovrano ne provocò la morte facendolo annegare; costui presenta perciò molte caratteristiche che lo fanno apparire come una manifestazione del dio. *Hörðr* è il nome legato a Hörðar, gli abitanti della regione norvegese del Hardangerfjord; dunque suggerirebbe che il dio era il sacro progenitore di costoro.

25 Nel prologo dell'*Edda* (cap. 3) tuttavia Snorri cita Skjaldun come antenato di Odino. Di Skjöldr è detto che fu sposo di Gefjun (cfr. p. 293), con la quale visse a Lejre (Hleiðr), importante centro religioso e commerciale danese. Egli fu dunque il primo re di Danimarca, famoso per le sue imprese fin dalla gioventù. Cfr. *SnE* prologo, cap. 4; *Ská* 53 [7], 81; *Þul*; *Saxo* I, III, 1-2, I, IV, 1 e 14, dove appare come Skyoldus; *Yng* 5; *Upp*; *Skjö* 1-2, dove è detto Scioldus; *Flat* I, pp. 26-7. V. la figura di Scyld Scefing progenitore degli Scyldingas nel poema anglosassone *Beowulf*, ed. cit., vv. 4-31; v. anche il mito narrato a p. 181.

26 Noti alla tradizione anglosassone come Scylfingas (o Scilfingas); v. *Beowulf*, ed. cit., vv. 63, 2488, 2967 (sing.) e 2205, 2381, 2603, 2938 (pl.).

27 Questo nome infatti si collega alla seconda parte di *Hliðskjálf*, sala del trono di Odino dalla quale si possono osservare tutti i mondi (v. pp. 58, 149, 153, 160). Essa è probabilmente «rocca con un'apertura [da cui si guarda]» o «torre di guardia». La tradizione longobarda suggerisce che Odino guardava il mondo da una finestra: v. Paolo Diacono, *Historia Langobardorum* (ed. G. Waitz, *MGH*, Hannoverae 1878, Script. rer. Lang. et Ital.), libro I, cap. 8 e anche *Origo*

gentis Langobardorum (ed. nello stesso volume), *incipit*, cap. 1. Anche *Válaskjálf* (o *Valaskjalf*) è collegabile qui. Esso è la «rocca dei prescelti», dimora che secondo Snorri (*Gyl* 17; cfr. *Grí* 6 e *Ská* p. 85, nota) appartiene a Odino. Il nome resta nel toponimo norvegese *Valaskioll*. Esso può anche essere inteso «rocca di Váli», figlio di Odino (cfr. p. 242). Tra gli appellativi del dio è ricordato non a caso *Skilfingr* (o *Skilvingr*) «[colui che dimora in] una rocca». Tutti questi nomi paiono formati su *skjálf* f. «rocca montuosa». V. anche la dea Skjálf che pare essere identica a Freyja (cfr. p. 285).

28 *SnE* prologo, cap. 6; *Þul*; *Yng* 8, prologo; *Hál* 3-4; *HálfE* 1. Snorri precisa che la madre di Sæmingr era Skaði (cfr. p. 278), che in precedenza era stata sposa di Njörðr (*Yng* 8). Tuttavia nel prologo della medesima saga, facendo riferimento al carme *Enumerazione dei Háleýgjar* di Eyvindr Plagiatore, dice che il padre di Sæmingr era Yngvi-Freyr. Il nome Sæmingr potrebbe essere inteso anche come «grigio».

29 *Þulur*. Il nome è legato verosimilmente ad *ala* «generare». Non è da escludere tuttavia il collegamento con *öl* n. «birra» (o, più alla lontana, con la parola-formula *alu* (ᚨᛚᚢ) delle iscrizioni runiche. Questa parola secondo il Krause significa «magia» (cfr. W. Krause, *Die Sprache der urnordischen Runeninschriften*, cit., pp. 57, 118 e, per gli esempi, pp. 143, 145, 147-8, 151-2, 154-5, 161-3, 175-6). Sui figli attribuiti a Odino dalla tradizione cfr. *SnEArn* II, p. 636.

30 Questo nome è parallelo all'antico inglese Geat, e probabilmente è anche da identificare con Gausus dei Longobardi (Editto di Rotari, ed. F. Bluhme, *MGH*, Hannoverae 1868, Legum tom. IV, *incipit*; *Origo gentis Langobardorum* e *Historia Langobardorum codicis gothani*, ed. cit., cap. 7 e cap. 5) e con il Gapt citato da Giordane (*Getica*, ed. cit., XIV, 79) quale mitico progenitore dei Goti che secondo quanto affermato dal medesimo autore erano originari della Scandinavia. Cfr. anche *Flat* III, p. 120 e *Ská* 82.

31 Lettura emendata di *Hleifruðr*, altrimenti inspiegabile.

32 O «[colui che] presta giuramento», o «[colui che] parla», o «[colui che] cela».

33 Che in Saxo (III, IV, 2 e IX, IV, 12) compare come *Roftarus/Rofterus* (o *Rostarus/Rosterus*), del quale è detto che operò la guarigione di un guerriero facendosi promettere in cambio le anime di coloro che costui avrebbe ucciso.

34 V. anche la forma *Þroptr*, che non dovrebbe essere altro che una variante errata di questo appellativo.

35 Cfr. *Flat* I, p. 564 e *Ágr* 1, dove questo appellativo è messo in connessione con la festa invernale detta *jól* (n.pl.); cfr. p. 196.

36 Cfr. *Flat* I, p. 26. Cfr. anche il dio *Irmin dei Germani continentali (v. nota 5).

37 Anche questo pare essere un appellativo di Odino come suggerisce S. Egilsson, *op. cit.*, p. 324; cfr. *Her* pp. 68 e 79.

38 Cfr. *Yng* 6-7. In *Gre* 28 a un tale di nome Auðunn si allude con il nome Jalfaðr che è epiteto di Odino.

39 V. p. 93; cfr. pp. 658-60. Qui si collega anche l'appellativo *Reginn* «potente» che pare designare Odino in talune *kenningar* scaldiche.

40 *Gyl* 6; v. p. 50.

41 L'appellativo del dio *Njótr*, lett. «[colui che] usufruisce (beneficia)», di difficile interpretazione, può forse essere connesso qui e indicare nel dio colui che solo è in grado di usufruire in modo corretto delle forze segrete e pericolose della vita.

42 *Háv* 13-4; 104-10; *Ská* 4-6 [2]; v. pp. 91-2.

43 Conseguentemente Odino è un dio assai amato e frequentemente citato dagli scaldi, i quali in particolare fanno copiosi riferimenti a questo mito (cfr. le *kenn-*

ingar e i riferimenti citati in E.O.G. Turville-Petre, *op. cit.*, pp. 37-9). Tra gli appellativi di Odino due ricordano che in questo episodio il dio assunse l'aspetto di un'aquila: *Arnhöfði* «testa di aquila» e *Örn* «aquila».

44 *Yng* 6.

45 *Ljóðasmiðir* (*Yng* 6) e *galdrasmiðir* (*Yng* 7). Odino è detto «padre del canto magico» (*galdrs föður*) in *Bal* 3. Cfr. *SnEArn* II, p. 94.

46 *Háv* 138-9, v. p. 89. Nel sacrificio di Odino impiccato all'albero cosmico e immolato a se medesimo si è vista anche una similitudine con la morte di Cristo. Sul significato del rituale dell'impiccagione v. sotto e note 177-180.

47 *Yng* 6: *at öllum, er á heyrðu, þótti þat eina satt.*

48 Nome oscuro. Forse «[colui che] fatica a seguire» o «[colui che] avviluppa in un gioco di prestigio». È immagine di chi deve essere iniziato.

49 Cioè il segreto dell'esistenza che Baldr dovrà portare con sé e conservare per il prossimo ciclo in cui sarà signore al posto del padre.

50 *Her* pp. 54-83 e 129-40. Cfr. il precedente in *Vaf passim* e 54-5, dove Odino pone la stessa domanda al gigante Vafþrúðnir. La figura di Odino come maestro iniziatore compare anche nel mito del «dio torturato» (v. pp. 153-4).

51 Cfr. *Lok* 24.

52 Cfr. pp. 95-9.

53 Cfr. *Saxo* II, VII, 27: *horrendum Friggae... maritum*. Il nome *Yggr* ritorna in Saxo, là dove si parla (V, VII, 7) di *Uggerus vates*: a esso fa riferimento inoltre il nome dell'albero cosmico che è detto *Yggdrasill* «cavallo (cioè metaforicamente «forca») di Yggr». Anche l'appellativo di Odino *Yggjungr* ha il medesimo significato.

54 V. p. 91; cfr. *HH II* 34.

55 Cfr. i canti magici detti *fimbulljóð* n.pl. (*Háv* 140) e il sacerdote detto *fimbulþulr* m. «cantore magicamente potente» (*Háv* 80 e 142): è Odino medesimo?

56 Cfr. *Völs* 17, *NGþ* 6, dove sotto tale nome Odino si presenta a Sigurðr. Cfr. la figura di Fjölnir, mitico figlio di Freyr (v. pp. 525 e 530, nota 39).

57 Cfr. *Flat* I, pp. 433-4, dove Odino con questo nome si presenta sotto l'aspetto di un uomo di grossa corporatura e con un occhio solo che aiuta a costruire una nave.

58 Cfr. *SnEArn* II, p. 496.

59 Benché sposo di Frigg, Odino è noto nel mito per i suoi successi amorosi con molte donne. Cfr. non solo il suo legame con Skaði, Jörð, Gríðr o Rindr, ma anche le allusioni a sue avventure amorose che si trovano in *Hár* 16-8, 30-2; *Háv* 96-102, dove il dio cerca di sedurre la figlia di Billingr (un gigante? Tale episodio ha forse un'eco in *Saxo* IX, IV, 3); *Háv* 105 e *Ská* 6 [2]; v. p. 91 (dove si parla della seduzione di Gunnlöð custode del sacro idromele); *Háv* 130 e 161-2. V. anche l'episodio in *Saxo* VII, IX, 9.

60 La connessione è con *göndull* m. «bacchetta magica», «membro virile»; cfr. p. 100.

61 Cfr. *Yng* 7; *Háv* 149 e il termine *leysigaldr* m. «incantesimo che scioglie [dalle catene]» in *Grg* 10. Questo appellativo potrebbe tuttavia valere «dio dei prigionieri» o «dio supremo». Cfr. p. 105, nota 4.

62 Cfr. anche *Vsp* 63.

63 Come precisato da Snorri (*Yng* 4). Cfr. pp. 95-6. Come è noto Odino travestendosi da donna riuscì in una magia amorosa (v. p. 167). In Saxo (III, IV, 11) è detto che in seguito a questo episodio il dio era stato esiliato e quando dopo dieci anni era stato reintegrato nel suo rango non tutti gli dèi si erano trovati d'accordo

poiché, avendo «fatto ricorso ai trucchi di un attore e agli uffici di una donna» (*scaenicis artibus et muliebris officii susceptione*), egli aveva recato la più grave ingiuria alla loro reputazione.

64 Cfr. *Yng* 4, 6-7; *Háv* 146-63; *Reg* pr; *Bal* 4-5.

65 Cfr. *Lok* 24; v. p. 135, dove si fa riferimento a tali accuse di oscenità.

66 Cfr. *HH* I 40; *HHv* 20 e *Vel* 24.

67 Cfr. *Grí* 49; *Mál* 8; *Þul*. *Ásmundr* significa forse «protetto dagli dèi».

68 *Gyl* 15; *Vsp* 27-8; v. p. 62.

69 Cfr. p. 262, nota 11.

70 Cfr. *Hra* 12; *Saxo* I, VI, 7; II, VII, 25; VII, X, 6; *Völs* 3, 11; *Egil* 13.

71 Saxo (VII, VII, 5 e 11) ricorda due personaggi, *Bolwisus* e *Bilwisus*, che sono forse da identificare con questi due appellativi del dio.

72 Brúni appare identico a Bruno, nome sotto il quale secondo Saxo (VII, XII, 1 e VIII, IV, 3-9) si celava Odino come patrigno e consigliere di Araldo Dente di battaglia; cfr. *Sög* 8-9; v. sotto e nota 158). Cfr. *Ket* 3-4; *Örv* II, 1.

73 Forse però anche «scuro».

74 V. pp. 156-7 e 241. Uno scaldo anonimo definisce Odino «oscuro padre di Baldr» (*Baldrs föður óljósan*, v. *Skj* I: A, p. 176; B, p. 186).

75 V. a esempio *Háv* 150.

76 Cfr. *Flat* II, p. 72. Secondo Falk (H. Falk, *Odensheite*, Kristiania 1924, pp. 28-9) qui va ricollegata anche la figura misteriosa di *Svipdagr* («il giorno [che] improvvisamente [irrompe]») *blindi* («cieco»). Di costui si narra nella *Saga degli Ynglingar* (capp. 34, 36, 38) che aveva dato da mangiare al figlio di re Braut-Önundr, Ingjaldr, un cuore di lupo arrostito, dopodiché il giovane aveva acquisito un'indole pessima e crudele. Si confronti qui anche la figura di Blindr il Maligno (*inn bölvisi*) in *HH* II pr; così come quella di Blindr il Malvagio (*inn illi*) che appare come uomo di re Haldingr (nome affine a quello dell'eroe odinico Hadingus, v. pp. 407-15) in *Hró* 8-10. Costui è detto anche *Bavis* (forma corrotta di *bölviss*?).

77 V. pp. 153-4.

78 Cfr. *Hálf* 1. V. sotto, p. 206. Saxo informa che Odino si recò la prima volta da Rinda nascondendo il volto sotto un cappello (III, IV, 1; v. p. 166). Cfr. anche *Örv* II 19; *Flat* II, p. 134.

79 Cfr. pp. 611-3. Il mantello ispido (l'aggettivo *loðinn* «ispido» è corradicale di questo appellativo) suggerisce il travestimento del dio come lupo e orso, al modo dei guerrieri che a lui erano votati.

80 Con tale nome il dio appare sotto le mentite spoglie di un battelliere nel *Canto di Hárbarðr*, in cui egli si misura con Thor in un dialogo dai toni accesi e minacciosi (*Hár passim*; cfr. pp. 621 e 629, nota 10).

81 Cfr. la figura di Hengikjöptr nel mito relativo al mulino dell'abbondanza (v. p. 181).

82 Cfr. *Gau* 4, 7; v. pp. 417-9.

83 Cfr. *Gðr* II 19.

84 Cfr. *Bár* 18; *Örv* II 19.

85 In *Völs* 18 è detto che Odino apparve a Sigurðr in aspetto di un vecchio con la barba cadente. All'aspetto di Odino fa riferimento anche l'appellativo *Ennibrattr* «fronte ampia», che però non trova riscontro nelle descrizioni del dio nelle fonti (cfr. l'appellativo di Thor *Ennilangr* «fronte alta», v. p. 228).

86 V. pp. 153-4.

87 *Skjö* 12; cfr. la versione latina del *Dialogo di Bjarki* (*Bjarkamál*), in *Saxo* II, VII, 21-8.

88 *Saga Hákonar Guttorms ok Inga*, in *Fornmanna sögur norðurlanda*, Kaupmannahöfn 1825-1837, vol. IX, cap. 20. In *Yng* 9 Snorri ricorda che spesso gli Svedesi credevano di veder apparire il dio prima dell'infuriare di grandi battaglie. Un'apparizione di Odino durante una battaglia è ricordata in *Saxo* VIII, X, 14.
89 *Bár* 18.
90 *Hálf* 1: *þat, er var milli kersins ok hennar.*
91 *Saxo* VI, V, 6-8.
92 Cfr. nota 82 e il racconto sull'eroe Starkaðr alle pp. 418-20.
93 *Örv I* 36-7, 43; *Örv II* 24, 29. Cfr. *Ket* 3, dove l'eroe riceve delle frecce e un puntale da un tale Brúni (appellativo di Odino, v. sopra p. 204 e nota 72).
94 Cfr. *Hról* 39, 46 e *Skjö* 12. Anche l'appellativo di Odino *Karl* «contadino», «uomo», può probabilmente essere collegato a queste immagini del dio e al suo aspetto apparentemente insignificante dietro al quale si cela un'insospettata saggezza (su Karl cfr. i versi in *Gyl* 49 con *Reg* 18 e anche, per il significato, p. 81, nota 9).
95 V. pp. 379-400.
96 *Flat* II, pp. 134-5.
97 V. sotto, nota 103.
98 *ÓlT* 64; cfr. *ÓlTOS* 43 e *Flat* I, p. 376.
99 *Saxo* I, VI, 7-9; v. p. 409.
100 *Saxo* I, VIII, 16; v. p. 413. Un'apparizione di Odino, come un sinistro cavaliere dalla barba grigia, è ricordata anche in una fonte tarda come il *Canto del sogno* (*Draumkvæde*, ed. cit.) norvegese (probabilmente del XV secolo; A: str. 52-3; B: str. 23). Anche la figura alquanto misteriosa di Tóki (*Flat* II, pp. 135-8) apparso al re Óláfr il Santo presenta molti dei caratteri di Odino. *Tóki* (che è anche nome di nano; cfr. p. 344, nota 32) significa qui probabilmente «pazzo» o «burlone».
101 V. sopra, nota 10.
102 Forse tuttavia «di opposto consiglio»; cfr. *Vaf passim*.
103 V. sopra e note 97 e 98. Cfr. *Háv* 2, 7 e *Vaf* 9.
104 *Her* pp. 54-83 e 129-40. V. sopra. Con questo è da identificarsi *Gestiblindus*, ricordato da Saxo (V, X, 1).
105 V. sopra, p. 206 e nota 94.
106 Forse però «[colui che] nutre gli animali [che si pascono di cadaveri]»; cfr. *Grí* 49.
107 Questo nome è assunto dal dio allorché si reca nel regno dei morti per interrogare una veggente sul destino di Baldr (*Bal* 6, 13; v. pp. 155-6).
108 *Yng* 2. Saxo (III, IV, 5) lo definisce *viator indefessus*. Anche la parte iniziale del *Dialogo dell'Alto*, in cui il dio espone la propria saggezza, è dedicata a questo tema (v. soprattutto *Háv* 1-7, 10-1, 18).
109 *Yng* 3, 5.
110 Costoro (detti anche *Véi* e *Vilir*) compaiono con Odino nei miti sull'origine del mondo, secondo la versione di Snorri (*Gyl* 6-9; v. pp. 50-1). È detto che Vé donò agli uomini «forma, parola, udito e vista» (*ásjónu, málit ok hreyrn ok sjón*), Vili «saggezza e movimento» (*vit ok hrœring*). Il nome *Vili* significa «volontà» (su di lui cfr. *Son* 23 cit. in *Ská* 10 e *Ytal* 3 cit. in *Yng* 13). *Vé* è probabilmente «[sacerdote del] tempio» (cfr. p. 76 [e]) o «santo». Un plurale *véar* col significato di «dèi», cioè «santi», si trova a esempio in *Hym* 39 (cfr. p. 196).
111 Cfr. *Lok* 24-6; v. p. 135, dove Loki rimprovera a Frigg questo fatto.
112 *Saxo* I, VII, 1-2. Il nome *Mithothyn* è stato interpretato come «misuratore», «ordinatore».

113 *Saxo* III, IV, 9-13; v. p. 167.
114 *Saxo* IV, II, 1. Cfr. p. 83, nota 23.
115 Gli esempi più noti della quale sono Tacito (*Ger* 9) e Cesare, *De bello gallico*, ed. cit., VI, 17. Sono da ricordare in proposito le numerose lapidi votive innalzate al dio Mercurio in territorio germanico (cfr. J. de Vries, *Altgermanische...*, cit., II, pp. 27-32). Tra gli autori latini medievali, si sofferma su questa equazione soprattutto Geoffrey di Monmouth (*Historia regum Britanniae*, ed. A. Griscom-R.E. Jones, London-New York-Toronto 1929, VI, 10). Cfr. *Saxo* VI, V, 4.
116 Cfr. in Saxo (III, VI e IV, e IV, 1-15) il personaggio di Fengo, consigliere di Amlethus.
117 Un'allusione allo scambio di merci può forse essere vista anche nelle parole del dio: «Un dono attende sempre una ricompensa» (*Háv* 145: *ey sér til gildis gjöf*).
118 Danese, norvegese e svedese *onsdag*.
119 L'abilità incantatoria di Odino appare anche nei consigli che egli dà a Hadingus (*Saxo* I, VI, 8).
120 La connessione tra Odino e gli oracoli appare a esempio in *Saxo* VII, IX, 3. L'abilità nella profezia e nell'eloquenza è dunque dono del dio (cfr. *Hyn* 3). In Saxo (V, II, 2 - VI, II, 1) è ricordata la figura di Erik il Facondo (Ericus *disertus*, detto Eiríkr *inn málspaki* nelle fonti nordiche: cfr. a esempio *Ská* 81; *Hve* 2). Costui, benché nella sua vicenda non venga mai fatta diretta menzione del dio, è un tipico eroe odinico. Infatti si dice che era figlioccio di *Craca* («corvo» o «cornacchia», animale sacro a Odino). Inoltre aveva avuto dal padre molti tesori a lungo rimasti nelle viscere della terra (cfr. *Yng* 7, dove è detto che Odino poteva disporre di tutti i tesori nascosti). Egli era divenuto saggio, eloquente e capace di intendere il linguaggio degli animali dopo aver mangiato un cibo magico destinato a un altro (cfr. l'episodio analogo relativo a Sigurðr alle pp. 390-1). Egli ebbe dunque successo in molte azioni contro i nemici grazie alla sua intelligenza, più che al valore guerriero. Si dice anche che superò re Frotho in una gara di indovinelli. Inoltre in un'occasione, interrogato sulla sua identità, Erik si definisce «colui che era stato dappertutto ma non era conosciuto in nessun luogo» (V, VII, 3: *ubique adventantem nec usquam compertum*), cioè un viandante misterioso proprio come Odino, dal quale senza dubbio aveva avuto in dono tutte le sue qualità. Questo personaggio è ricordato anche in *OlM* III, 15.
121 Meno probabilmente «[colui che] stride». Cfr. i diversi personaggi con questo nome ricordati in H. Falk, *op. cit.*, p. 17 e qui, a p. 173, dove Hjarrandi è il padre di Heðinn.
122 Cfr. p. 78, nota 7.
123 Cfr. p. 461.
124 A parte i noti riferimenti in *Yng* 7 e *Háv* 154, è ricordato a esempio che Odino sotto le mentite spoglie di Hnikarr calmò una tempesta sul mare per aiutare Sigurðr (*Reg* pr, 16-8; *Völs* 17; *NGþ* 6; v. p. 389). Cfr. *Hyn* 3 e *Saxo* VIII, XV, 10.
125 Questo nome pare però essere elencato fra gli appellativi di Odino per l'errata interpretazione di un verso (*Ytal* 32) dove ci si riferisce piuttosto a Loki (cfr. Hveðrungr fra i giganti: cfr. p. 324).
126 Forse però «uccisore». Cfr. *Flat* I, p. 564; *Ágr* 1. Le due forme di questo appellativo sono distinte da Snorri (*Gyl* 3,20); nelle *þulur* compare solo Viðurr.
127 Esso però potrebbe valere anche «dio della lancia»; Snorri (*Gyl* 3,20) tuttavia distingue *Sviðarr* da *Sviðrir* e *Sviðurr*; nelle *þulur* compaiono le forme *Sviðurr*, *Sviðrir* e *Sviðuðr*. Cfr. H. Falk, *op. cit.*, p. 28.

128 Questa pare l'interpretazione più probabile, dato il carattere del dio. Da scartare «dio del tuono» che meglio si adatterebbe a Thor. Legati a questo appellativo sono anche *Þrundr*, che è probabilmente solo una forma errata; *Þuðr* (o *Þunnr*), anch'esso verosimilmente forma errata poiché il suo significato letterale di «sottile», «debole», «chiaro» mal si adatta alla figura del dio. Cfr. in *Grí* 21 il fiume *Þund*.

129 Questa è anche una denominazione del mare. Cfr. lo scaldo Snæbjorn (*Skj* I: A, p. 211; B, p. 201) e p. 184, nota 4.

130 Come insegna Snorri medesimo (*Ská* 62-3) che dà conto delle *kenningar* che come tale la definiscono (v. p. 179, nota 15).

131 Egli mostra questa qualità non solo nell'etimo del nome Óðinn, ma anche nell'appellativo *Þrasarr* «furente».

132 Secondo H. Falk, *op. cit.*, p. 34, questo appellativo è connesso a un personaggio leggendario di nome *Iring* noto nell'area germanica continentale e collegato alla via lattea (cfr. *Rerum gestarum Saxonicarum* di Widukind, cit., I, 13 e *passim*, e *De origine gentis Swevorum* edita nello stesso volume, pp. 158-9).

133 Talvolta nei componimenti scaldici ci si lamenta del comportamento del dio che abbandona gli eroi ed elargisce la vittoria a taluni guerrieri anziché ad altri (cfr. a esempio *Eirm* 7; *Hák* 12-3, 15; *Son* 22-3; e anche *Saxo* II, VII, 24-7, cfr. *Hról* 51; *Saxo* V, VII, 7, dove Odino appare come Uggerus, e nota 53; *Saxo* VIII, VIII, 6, dove Odino è detto *Gradivus* «dio grigio?»). In *Yng* 9, Snorri afferma che Odino nelle battaglie «ad alcuni dispensava la vittoria, altri chiamava presso di sé, e ambedue le cose parevano desiderabili» (*gaf hann þá sumum sigr, en sumum bauð hann til sín; þótti hvártveggi kostr góðr*). V. anche *Lok* 22-3; *HH* II 34; *Hár* 24; *Hálf* 11, 13. La figura di Gizurr che compare in una saga (*Her* pp. 151-3, dove è detto patrigno del re Heiðrekr: pp. 34, 115, 145) a provocare inimicizia fra i Goti e gli Unni può forse essere identificata con Odino, di cui Gizurr è un appellativo (v. sopra, p. 202).

134 Cfr. pp. 577-8 e 580-1.

135 V. pp. 58-9.

136 Che assume questo nome in una saga (*Harð* 15), dove in aspetto di un uomo avvolto in un mantello blu consegna al protagonista che vuole entrare nel tumulo di un morto una spada magica. Qui può essere interessante ricordare anche la figura del *berserkr* Björn *hinn blakki* («lo Scuro») che si trova nella *Saga di Gísli* (*Gís* 1).

137 Cfr. La figura del *berserkr* Böðvarr Piccolo orso (*bjarki*: *Hról passim* e *Saxo* II, VI, 9 - VII dove compare come Biarco). Cfr. la simbologia dell'orso a p. 577.

138 Forse però «laceratore».

139 Cfr. *Örv I* 36-7, 43; *Örv II* 24, 29.

140 Cfr. *Gre* 28 e *SnEArn* II, p. 494. Il nome può essere altrimenti inteso come «padre della battaglia».

141 V. p. 58. V. anche la sottolineatura della superiore magia guerriera di Odino in *Saxo* I, VIII, 16 e VIII, X, 14.

142 Si ricordi che Odino possiede il famoso cavallo Sleipnir (cfr. p. 560) capace di cavalcare nell'aria e sull'acqua.

143 Se non è una forma errata per *Ginnarr*.

144 O «[colui che ha la voce] risonante». Le forme sono tuttavia distinte nelle *þulur*.

145 V. p. 92. Odino è definito «signore della lancia» (*geirs dróttinn*) in *Son* 22.

146 *Vsp.* 24; v. p. 86.

147 Forse però «colui che fa tremare [i nemici]» o «[colui che ha lo scudo] dipinto». Cfr. H. Falk, *op. cit.*, p. 4.

148 Cfr. *SnEArn* II, p. 494. Nella *Njá* (cap. 157) è conservato il *Canto di Dörruðr* (*Darraðarljóð*) nel quale le valchirie cantando tessono una tela di sangue e di battaglia; cfr. pp. 631-2.

149 *Gyl* 51; *Ská* 25 [3]; *Sig* 14; *Hau* 3.

150 Si tratta verosimilmente di uno scudo dipinto con formule magiche e scene mitiche. Cfr. sull'argomento Ludovica Koch, *op. cit.*, pp. 319-27. Svölnir ricorda Svalinn, nome dello scudo che sta davanti al sole (v. p. 55 [b]). Anche Saxo (VI, I, 9) fa riferimento all'uso di dipingere gli scudi. Cfr. altresì *Ger* 6.

151 A frecce magiche possedute da Odino e donate a un eroe si fa riferimento in *Örv* I 36, 43 e *Örv* II 24, 29 (cfr. *Ket* 3). V. anche Saxo (I, VIII, 16), dove si precisa che Odino sotto l'aspetto di un vecchio aiutò Hadingus scagliando contemporaneamente molte frecce contro i nemici (cfr. p. 413).

152 Cfr. *Hyn* 3.

153 «Albero» è qui metafora per «guerriero».

154 Cfr. *Yng* 2, 8, 9; *Hálf* 13; *Flat* I, p. 387-8; *Egil* 8; e diversi passi in cui si allude a sacrifici in onore del dio innalzati per ottenere la vittoria (*til sigrs*: esempi in *Flat* I, pp. 88 e 223; II, p. 72; *Ork* 8; cfr. *HákG* 14). Anche Adamo da Brema (*AdB* IV, 27) informa che al dio venivano offerti sacrifici dagli Svedesi in caso di guerra.

155 *Flat* II, pp. 72-3. Cfr. anche *ÓlTOS* 32, dove si precisa che re Erik si guadagnò il soprannome proprio in questa occasione (cfr. *Saxo* X, X, 1). La canna che magicamente si trasforma in lancia ritorna in *Gau* 7; v. p. 420.

156 Hilditönn, Hyldetan in Saxo (cfr. VII, X, 4).

157 Cfr. le istruzioni date a Sigurðr in *Reg* 19-25 (cfr. *NGþ* 6; v. p. 389) e a Hadingus in *Saxo* I, VIII, 16 (v. p. 413).

158 *Saxo* VII, X, 1-10; XII, 1-2 e VIII, I-IV. Una versione lievemente diversa di questa storia si trova in *Sög* 8-9. Tra gli altri numerosi casi di eroi protetti dal dio e in seguito abbandonati si ricordino quelli di Sigurðr (v. pp. 385-94), Hadingus (v. pp. 409-15), Hrólfr [Magro come un] palo (*Hról* 39, 46). Cfr. anche in *Her passim* la vicenda di re Heiðrekr. V. nota 133. All'ira di Odino come segno inconfondibile di condanna si fa riferimento anche in *Hlö* 27.
Nell'episodio sopra riferito riguardante Araldo Dente di battaglia, Odino appare alla guida di un carro. A ciò è forse riferito l'appellativo *Reiðartýr* «dio del carro», che parrebbe assai più confacente a Thor (cfr. p. 226) anche se una *kenning* di Egill Skallagrímsson (*Son* 22), che definisce Odino «principe del carro» (*vagna rúni*), e un verso (*Sig* 15), che parla delle rune incise sulla ruota del carro di Rungnir (o Hrungnir, nome che è un probabile errore per Rögnir appellativo del dio, cfr. *Völs* 21), potrebbero confermare che un signore del carro era anche Odino. Ringo è l'eroe noto in antico nordico come Sigurðr Anello (*hringr*); cfr. p. 170, nota 10.

159 V. p. 58.

160 Il plurale *valtívar* indica gli dèi guerrieri: cfr. p. 195.

161 *Bal* 6; v. p. 155.

162 *Gyl* 38; *Grí* 20; v. p. 59.

163 *Hrafnblóts goði* (*Skj* I: A, p. 168; B, p. 158); cfr. pp. 551-4 (e).

164 Il nome *Fundinn* «trovato» va collegato qui? Intende che Odino è il punto di arrivo di una ricerca spirituale? Non lo saprei spiegare altrimenti.

165 Significato assai più probabile di «dormiente», sebbene questa seconda inter-

pretazione possa ricordare lo stato di *trance* sciamanico descritto appunto come uno stato di sonno (*Yng* 7; cfr. pp. 618-9). Il mito ricorda anche (*Sig* pr; *Völs* 21; v. p. 391) che Odino addormentò con la spina del sopore la valchiria Brunilde (cfr. p. 112, nota 14). A Odino come dio dei morti che si compiace di far preda dei guerrieri potrebbe riferirsi il nome *Rani*, qualora esso fosse da intendere come appellativo del dio - e non come una gigantessa - dato che il verso in cui questo appellativo compare (*Grg* 6) allude forse a un incantesimo fatto da questo Rani a Rindr; v. pp. 160, 166-7 e 241-2. Se la quantità della vocale fosse lunga, **Ráni* potrebbe valere «predatore». Con la vocale breve, *Rani* vale invece «muso»: qui il collegamento con il dio si potrebbe avere nel fatto che *rani* m. indica anche il «muso» (cioè la linea avanzata) di un tipo di disposizione dell'esercito in battaglia detto *svínfylking* f., che aveva grosso modo la forma di un verro e che si assottigliava verso il muso. Come è noto, Odino è colui che aveva istruito molti eroi sulle migliori tattiche di battaglia (v. *Reg* 23; *Saxo* I, VIII, 16; VII, X, 6; VIII, IV, 8). Cfr. sopra, nota 157 e l'espressione *hamalt fylkja* sinonima e parallela a *svínfylkja* «disporre [le forze per la battaglia]».

166 Cfr. p. 72. Morire per gli eroi significa andare a visitare Odino; così a esempio nella descrizione del solenne funerale di Álfsól è detto che la nave funeraria doveva veleggiare verso la dimora di Odino (per la fonte cfr. p. 170, nota 10). V. anche *Vel* 11, dove è detto che Hákon uccidendo i nemici aveva ingrossato le file dell'esercito del dio. Odino come dio dei morti è verosimilmente da riconoscere là dove Saxo parla di Plutone (II, VII, 21 e VIII, V, 1).

167 Nella pietra runica di Eggjum (Sogn, Norvegia, VII secolo).

168 *Herran* è forse una variante di questo, altrimenti «signore».

169 Forse però «[colui che] compie [molte imprese]» o «amato» o anche «[tempestoso come le] onde [del mare]».

170 Verosimilmente da intendere come «schiera spaventosa». La tradizione vuole che questi cavalieri, capaci di cavalcare nell'aria, sulla terra o sull'acqua, provochino terrore al loro apparire. In Germania questa compagine è conosciuta col nome di *Wuotes* (o *Wuotanes*) *her*. L'antichità della tradizione appare a esempio da un passo di un carme eddico (*HH* II pr) in cui si riferisce che un'ancella, passando vicino al tumulo dell'eroe Helgi, vide il morto a cavallo che si dirigeva verso il sepolcro, seguito da una schiera di uomini (v. p. 378). La sua diffusione è testimoniata dalla presenza, nel folclore francese, della cosiddetta *Maisnie Hellequin* (o *Hennequin*): il nome del condottiero pare corradicale a quello degli Harii il cui *feralis exercitus* è ricordato da Tacito (*Ger* 43). Cfr. J. de Vries, *Altgermanische...*, cit., I, pp. 233-4 e 449-50.

171 Il legame è con la festa del Natale, o per meglio dire con la festa pagana detta *jol* n.pl., che cadeva verso la fine dell'anno e alla quale il Natale cristiano si è sovrapposto, assumendone anche il nome. Così appare a esempio da taluni nomi con cui viene indicata la «schiera selvaggia» in diverse zone della Norvegia: *juleskreia* o *jolesveinane* (altre denominazioni sono *trettanreia*, *våsedrifta*, *gangfala* e la più antica *Aasgardsreien*; in Svezia abbiamo *Odens* [*vilda*] *jakt* e in Danimarca *Odins jagt*).

172 *Háv* 138-41; v. p. 89.

173 *Yng* 9; così secondo la stessa fonte aveva fatto Odino medesimo prima di morire. In *HH* II pr è detto che Dagr con una lancia avuta da Odino trafisse Helgi suo cognato (offrendolo probabilmente al dio), v. p. 377; cfr. anche *Egil* 18.

174 *Gau* 7; v. pp. 419-20.

175 Da collegare qui perciò l'appellativo di Odino *Vakr* «desto».

176 Cfr. *Saxo* VII, VII, 12 e forse anche VIII, XII, 2.

177 Cfr. *Yng* 23-4; *Hál* 6-7; *Ytal* 10, 14; *Erfi* 1; *Gre* 52. Nei componimenti poetici l'allusione alla forca come «cavallo di Sigarr» fa riferimento a una famosa impiccagione narrata da Saxo (VI, VII, 1-15), il quale ricorda la storia dell'amore infelice di Hagbarðr (Hagbarthus) e di Signý (Sygne) figlia di Sigarr (Sigarus). Costui, per le trame di Bolwisus (Odino stesso, v. sopra, nota 71), fu indotto a considerare Hagbarðr come un nemico e lo fece impiccare dopo che costui si era introdotto di nascosto nella dimora della giovane. È detto che Signý non volle sopravvivere all'amato e quando lo credette morto si uccise con le fedeli ancelle. Allora Hagbarðr si lasciò impiccare con il cuore sereno. Cfr. *Ská* 81.

178 *Háv* 157; *Yng* 7. A Odino come dio degli impiccati fanno riferimento numerose *kenningar*; cfr. quelle elencate in E.O.G. Turville-Petre, *op. cit.*, pp. 43-4; cfr. anche *Skj* II: A, p. 1; B, p. 1 e anche *Ská* 10-1.

179 Nella *Yng* 22 è citata la coppia di guerrieri Svipdagr e Geigaðr (paralleli a Svibdavus e Gegathus in *Saxo* VI, V, 11-2, e a Svipdagr, monocolo, e Beigaðr in *Hról* 18, *passim*; cfr. Svipdagr e Beiguðr in *Ská* 55 [8] e forse anche Beigaðr in *Sög* 8). Un appellativo di Odino legato a Geiguðr è *Fjall-geiguðr* «che oscilla sulle montagne» (il vento?).

180 Così fa in Saxo (I, VIII, 6) l'eroe odinico Hadingus, il quale morirà poi di morte volontaria per impiccagione (I, VIII, 27; v. p. 415). Così, sempre in Saxo (III, VI, 21), avvengono delle impiccagioni su consiglio di Fengo (Odino medesimo? V. sopra, nota 116) e il dio stesso uccide impiccando (I, VII, 1; cfr. anche I, IV, 5). Anche Víkarr, vittima predestinata del dio, fu trafitto con la lancia e impiccato (cfr. note 82, 91, 92 e p. 420). Qui va forse ricordato l'episodio in cui è riferito della morte volontaria per impiccagione di una tale Sígríðr Þorarinsdóttir che, abbandonata dal marito per un'altra donna, s'impiccò in un tempio (*Ldn* S 41, H 29). Adamo da Brema (*AdB* IV, 27) ricordava che, durante la grande festa sacrificale che si teneva presso il tempio di Uppsala ogni nove anni, venivano offerte anche vittime umane: egli parla di nove uomini impiccati agli alberi che stavano accanto al tempio; è probabile che tali vittime fossero sacrificate a Odino, che in quel luogo era venerato con Thor e Freyr. Inoltre va ricordato che già Procopio (*La guerra gotica*, Γοτθικὸς πόλεμος, ed. D. Comparetti, Fonti per la storia d'Italia: II, Roma 1896, lib. II, 15) riferiva dell'uso degli uomini del Nord di offrire una vittima al dio della guerra impiccandola a un albero.

181 *Hálf* 8; si tratta tuttavia di una fonte leggendaria.

182 *Ger* 9: *Deorum maxime Mercurium colunt, cui certis diebus humanis quoque hostiis litare fas habent* (cfr. tuttavia *Ger* 40 dove si riferisce del culto della dea Nerthus; il racconto di *Ger* 39 a proposito dei riti sacrificali dei Semnoni va, a mio parere, riferito a Odino).

183 Questo re pare essere un devoto di Odino, come suggerisce anche un passo che allude a una visita al dio da lui fatta in giovane età (*Flat* I, pp. 563-4).

184 Si ricordi che in *HH II* 34 Odino è accusato di creare inimicizia fra i congiunti.

185 Come indicano tra l'altro esplicitamente i versi di *Hra* 12, coloro che muoiono nelle battaglie sono vittime offerte al dio nelle quali egli si compiace (cfr. anche *Ldn* S 377, H 332).

186 Sulla vicenda di Erik cfr. in particolare *Egi passim*; *Flat* I, pp. 563-4; *HarH* 33-6; 42-4; *HákG* 1-4; *Eirm passim*.

187 *Yng* 43. Un episodio simile è narrato in *Yng* 15 a proposito del re svedese

Dómaldi, nella cui vicenda tuttavia non si fa menzione diretta di Odino. Qui va collegata anche la vicenda del personaggio di nome *Höfundr* («giudice») ricordato in una saga leggendaria. Costui è descritto come molto saggio e abile nell'emettere giudizi. Höfundr era padre del re Heiðrekr, ma lo aveva cacciato dal regno per le sue male azioni, condizionando anche il suo destino con taluni pronunciamenti. In seguito avvenne che, a causa di una grave carestia, Heiðrekr dovesse, per il giudizio del padre, sacrificare il proprio figlio; egli tuttavia attaccò e uccise un re, suo figlio e tutti i suoi uomini e fece irrorare gli altari con il sangue, asserendo che offriva tale sacrificio a Odino in cambio di suo figlio (*Her* pp. 1, 34-43, 89, 114-21).

188 *Yng* 25; cfr. *Ská* 81.

Appendice. Il nome come simbolo essenziale dell'essere

1 Nel Nord è dato un nome non soltanto agli uomini o agli animali, ma anche a tutto ciò che abbia vita propria, a volte demoniaca, e partecipi così al divenire del mondo: per questo hanno spesso un nome le piante o le armi, le navi o gli oggetti quotidiani.

2 *Gyl* 9; v. p. 51 (2).

3 Esempi in *Vat* 3; *Mor* pp. 142-3; *Þþu*; *Lax* 13 e soprattutto *Sva* 5. Da ricordare è anche l'episodio in *Stu* I, II, 22, dove ci si rifiuta di dare a un bambino il nome di una persona deceduta per morte improvvisa; nel cap. 82 è riferito che un bambino, cui era stato dato il nome di un parente ucciso, visse solo poco tempo.

4 È noto fra tutti l'episodio narrato a proposito del famoso re danese Hrólfr [Magro come un] palo. Un ragazzo di nome Vöggr si era recato alla reggia e avendo sentito decantare le qualità del sovrano immaginava di trovare sul trono un uomo dall'aspetto maestoso. Il re al contrario era noto per la sua magrezza. Quando lo ebbe visto il ragazzo esclamò: «Quando ero a casa avevo sentito dire che re Hrólfr di Lejre era il più grande uomo delle terre del Nord, ma ora qui sul trono siede un piccolo palo (*kraki*), e voi lo chiamate vostro re!» *(Þá er ek var heima, heyrðak sagt at Hrólfr konungr at Hleiðru var mestr maðr á Norðrlöndum, en nú sitr hér í hásæti kraki einn lítill, ok kallit þér hann konung sinn*!) Allora il sovrano accettò quel soprannome sorridendo e gli fece dono di un anello accompagnandolo con queste parole: «È uso che quando si dà un nome si faccia un dono. Ora io vedo che in questa occasione tu non hai da offrirmi un dono che mi paia accettabile. Perciò chi ha farà doni a chi non ha» (*þat et títt at gjöf skal fylgja nafnfesti. Nú sé ek þik enga gjöf hafa til at gefa mér at nafnfesti þá er mér sé þægilig. Nú skal sá gefa öðrum er til hefir*: *Ská* 54 [8]; cfr. *Hról* 42; *Saxo* II, VI, 12; *Skjö* 12). Cfr. anche *HHv* 7, pr; *Saxo* V, II, 3; *Þþb* 5; *Þþu*; *ÓlT* 83 e *Finn* 9.

5 *Fáf* pr: *Sigurðr dulði nafns síns, fyr því at þat var trúa þeira í forneskju, at orð feigs manns mætti mikit, ef hann bölvaði óvin sínum með nafni*; v. p. 390.

6 *Hár* 11: *Hvat skaltu of nafn hylja nema þú sakar eigir?* Cfr. p. 621.

7 In *Yng* 2 è ricordato il potere benefico dell'invocazione del nome del dio.

8 Cfr. *J.Á.* I, pp. 135-8, e anche I, p. 58; I, pp. 181-2; II, pp. 20-2. Saxo (V, II, 9 e V, III, 34) ricorda il potere dell'invocazione del nome di una maga. In una fonte è riferito che un mago proibì espressamente di pronunciare il suo nome mentre in stato di *trance* stava compiendo una magia (*Ldn* S 289, H 250; cfr. *Hjá* 20).

2. *Frigg*

1 Appena ricordato nel mito questo dio (il cui nome presenta anche la variante *Fjörgvinn*), pare essere il padre di Frigg (secondo l'*Invettiva di Loki* potrebbe però esserne l'amato). Fjörgynn parrebbe un dio molto antico, se la relazione col dio lituano del tuono Perkúnas fosse provata; forse dunque un precursore di Thor. Etimologicamente va collegato alla dea Fjörgyn, della quale tuttavia potrebbe anche essere il corrispondente maschile assai recente creato ad arte (*Gyl* 9; *Ská* 28; *Lok* 26); cfr. p. 263, nota 2 (*Thor*).

2 *Gyl* 9, 35, 49, 51; *Ská* 1 [1], 13, 28; *Vsp*, 33, 53, *Vaf* 1-4; *Grí* pr; *Lok* pr, 25-8; *Hra* 12; cfr. anche *SnE* prologo, cap. 3, dove ha nome Frígida.

3 *Gyl* 35, 49; *Vsp* 33; *Ská* 28.

4 *Gyl* 35.

5 *Gyl* 20; *Lok* 21, 29.

6 *Ská* 27 [4], 28; *Völs* 1. V. p. 140.

7 Cfr. pp. 207 e 254 e note 110-1; v. *Yng* 3; *Saxo* (che la chiama Frig) I, VII, 1-3 (dove è detto che Odino si autoesiliò umiliato dal comportamento licenzioso della moglie) e II, VII, 27 (l'episodio è qui collegato all'assenza di Odino esiliato dagli dèi, v. pp. 409-10 e 167). Anche Loki (*Lok* 26) accusa la dea di essere libidinosa e d'aver giaciuto con i cognati (v. p. 135).

8 V. Frea fra i Longobardi: Paolo Diacono, *Historia Langobardorum*, ed. cit., I, *incipit*, I, 8 e *Origo gentis Langobardorum*, ed. cit., cap. 1; v. anche *Saxo* VIII, XIII, 2 e la figura di Friia nella *Seconda Formula Magica di Merseburgo*, ed. cit., dove ella è detta sorella di Volla (cioè Fulla, v. sotto).

9 *Odd* 9. Cfr. *Völs* 1, dove si dice che ella ascoltò la preghiera di una regina che non poteva aver figli; v. p. 380.

10 Ella è però ricordata nella descrizione di un tempio in *Fljó* 26 e in *Stur* 17.

11 Su Frigg v. anche le allusioni in *Ská* 1 [1], 13, 33, 42 e p. 85, nota.

3. *Sága*

1 *Gyl* 35; *Grí* 7; cfr. p. 214.

2 *Grí* 7.

3 Cfr. *Lok* 21, 29; *Gyl* 20.

4 Il nome della dea si trova anche nelle *þulur* e in diverse *kenningar*, specie per «donna».

4. *Fulla, Gná e Hlín*

1 *Gyl* 35; *Ská* 1 [1], cfr. 28, 44.

2 *Gyl* 35; *Ská* 41.

3 *Gyl* 49; v. p. 159.

4 Ed. cit. Il nome di Fulla si trova anche nelle *þulur* e nelle *kenningar*.

5 *Gyl* 35; *Edda Kuhn* p. 316. Cfr. *Þul*; *K* e la *kenning* oscura in *Ytal* 7.

6 *Gyl* 35.

7 *Vsp* 53; *Gyl* 51.

8 Il suo nome si trova anche nelle *þulur* ed è frequente nelle *kenningar* per «donna».

5. *Týr*

1 *Ská* 17.
2 *Hym* 4-11.
3 *Lok* 40; v. p. 136.
4 *Sig* 6.
5 Danese *tirsdag*; norvegese *tirsdag* e *tysdag*; svedese *tisdag*.
6 Cfr. basso tedesco medio *dingesdach* m. V. appendice alle pp. 218-9.
7 *Týhraustr* e *týspakr*; *Gyl* 25.
8 *Hym passim*; v. pp. 128-34.
9 *Gyl* 34; *Lok* pr, 38-9; *Ská* 17; v. pp. 64-6.
10 Cfr. *Lok* 38, dove il maligno Loki irride a tale funzione di Týr.
11 Queste relazioni sono sottolineate da G. Dumézil; v. a esempio *Mitra-Varuna. Essai sur deux représentations indo-européennes de la souveraineté*, Paris 1948.
12 *Gyl* 51; v. pp. 189 e 191, nota 12.
13 Cfr. *Lok* pr; *Ská* 1 [1], 7, 42. Egli è ricordato anche nelle *þulur*.
14 Il plurale *tívar* ricorre a indicare gli dèi supremi (cfr. p. 196, nota 4).
15 Cfr. antico indiano *dēva-ḥ* «dio»; latino *deus*, *dīvus*; greco Ζεύς; connesso a una radice vicina è il latino *dies*, irlandese antico *die*, *dia* «giorno».
16 Cfr. J. de Vries, *Altgermanische...*, cit., II, pp. 14-6 e 18.
17 Cfr. R. Solari, *Contenuto e forma nel poemetto runico anglosassone*, in *Problemi germanistici* n. 4, Perugia 1988, pp. 18 e 24. V. l'edizione critica dei poemetti in B. Dickins, *Runic and Heroic Poems of the Teutonic Peoples*, Cambridge 1915.
18 Týr è ricordato anche dagli scaldi (*Ytal* 17, *Hal* 12) e nelle *kenningar*.

Appendice. Significato simbolico dell'assemblea

1 *Gyl* 15.
2 *Ldn* S 85, H 73.

6. *Ullr*

1 *Gyl* 30; *Ská* 1 [1], 12, 22, 30; *Þul*.
2 *Grí* 5.
3 *Atk* 30.
4 *Grí* 42: *Ullar hylli... ok allra goða*.
5 *Saxo* III, IV, 9-13, cfr. p. 167.
6 Ciò ne rafforzerebbe la somiglianza con il dio «invernale» Ullr; cfr. *OlM* III, 18. Diversi reperti archeologici indicano che di osso erano fatti i pattini per il ghiaccio.
7 Cfr. *Ská* 62.
8 Cfr. *Ská* 22. Il nome di Ullr ricorre anche in altre *kenningar* a esempio per «guerriero».

7. *Hœnir*

1 *Ská* 1 [1], 23; *Sög* 3.
2 *Gyl* 23; *Yng* 4; v. p. 86.
3 *Vsp* 18; *Reg* pr; *Ská* 2 [1], 47 [6]; *Völs* 14. Cfr. *Hau* 3 dove Odino è detto «amico

di Hœnir» (*Hœnis vinr*). La triade divina Óðinn-Hønir-Lokki si trova ancora nel tardo componimento faroese detto *Breve storia di Loki* (*Lokka táttur*) in versi (ed. A.C. Evensen, *Kvæðabók*, Torshavn 1910, I, pp. 19-22).

4 *Vsp* 18: *óð gaf Hœnir.*

5 *Vsp* 63: *þá kná Hœnir hlautvið kjósa*; v. p. 189.

6 *Ská* 23.

8. *Heimdallr*

1 *Gyl* 27; *Ská* 16.

2 *Ská* 16; *Þul.*

3 *Gyl* 27; *Ská* 16; *Hús* 2; cfr. *Ská* 24; *Hyn* 35-8; *Edda Kuhn* p. 316. Cfr. pp. 323-4.

4 *Grí* 13; *Gyl* 19, 27.

5 *Gyl* 17, 27; *Grí* 13.

6 *Gyl* 27; v. anche *Carme encomiastico per [Araldo] Manto grigio* (*Gráfeldardrápa*) di Glumr Geirason str. 13, dove l'oro è detto «denti di Hallinskíði» (che è epiteto di Heimdallr) nella *kenning: tenn Hallinskíða* (*Skj* I: A, p. 78; B, p. 68); v. sotto.

7 *Gyl* 27, 49; *Ská* 16.

8 Cfr. p. 285.

9 *Gyl* 27 e in una *kenning*; v. nota 6.

10 *Ská* 16 e una *kenning* in *Hát* 7.

11 Nelle *þulur.*

12 Nelle *þulur.*

13 Cfr. *Ljó* 4 e p. 564 (c).

14 *Gyl* 15: *upp á himinn myndu ganga hrímþursar ok bergrísar ef öllum væri fœrt á Bifröst þeim er fara vilja.*

15 *Þry* 15-6; v. pp. 119-20.

16 Cfr. pp. 245-7.

17 *Gyl* 51; v. p. 189.

18 *Ská* 16; *Hús* 2, cit. in *Ská* 24.

19 V. pp. 117-8; le fonti sono *Sör* 1-2; *Hau* 9; *Ská* 24.

20 *Þry* 15.

21 Str. 1: *helgar kindir, / meiri ok minni, mögu Heimdalar.*

22 *Ríg passim*; v. pp. 66-8.

23 *Ríg passim*; cfr. pp. 468-70.

24 *Lok* 47-8; v. p. 136.

25 *Vsp* 46; *Gyl* 51; v. p. 187.

26 *Vsp* 27-8.

27 Cfr. p. 465 (a).

28 *Gyl* 27; *Ská* 16, 87.

29 *Sög* 3: *heimskastr ása.* Su Heimdallr v. anche *Ská* 1 [1]; *Þul*; *Hús* 10, cit. in *Ská* 10; *Skí* 28.

9. *Thor (Þórr)*

1 *Hár* 9; *Hau* 14. Per Meili cfr. pp. 200 e 250, nota 21.

2 *Jörð* è la «terra», figlia di Nótt e di Annarr (*Gyl* 10; v. p. 55 [a]). È detta sposa di Odino e madre di Thor in diverse fonti (*Gyl* 9, 36; *Ská* 10, 12, 28, 32-3; *Lok* 58; *Þry* 1; *K* e *Þul*). Il suo culto, praticamente scomparso nel periodo precristiano,

doveva essere stato assai importante fra i Germani, come testimonia Tacito (*Ger* 40) a proposito di *Nerthus* «*Terra mater*». Jörð è considerata a volte della stirpe degli Asi (*Gyl* 36) a volte di quella dei giganti (*Gyl* 10). Con Jörð è da identificare *Fold* «terra», che è una delle denominazioni con cui a lei alludono gli scaldi (*Þul* e *K*), così come *Grund* «campo», «terra», termine che appare personificato in talune espressioni poetiche (*Hau* 19; *Þul* e *K*). Identica a Jörð è verosimilmente anche *Hlóðyn* (o *Hlöðyn*), forse «[colei che] ha potere sulla società», che è detta talora madre di Thor (*Vsp* 56; *Þul* e *K*; cfr. *Vel* 27). Questa figura va forse connessa con la dea Hludana che compare in talune iscrizioni votive germaniche della zona renana. La madre di Thor è detta infine anche *Fjörgyn*, nome che è stato variamente inteso: come «terra» (collegandolo a termini con senso di «monte»), come «dea dei solchi», come «dea della quercia», come divinità collegata al dio lituano del tuono *Perkúnas* (cui la quercia è simbolicamente connessa). Con Fjörgynn (cfr. p. 261, nota 1 [*Frigg*]) costituiva forse una coppia sacra come quella dei Vani Freyr e Freyja. Fjörgyn è ricordata in *Vsp* 56; *Hár* 56 e *Þul*; cfr. *Ská* p. 85, nota, 26-7, 71.

3 «Forza.» Di costei (ricordata in *Ská* 12, 27 [=*Þór* 17], 30; *Þul* e *K*) non si conosce che la parentela, ma da una *kenning* di Bragi Boddason (*Rag* 1) si deduce l'esistenza di un mito andato perduto secondo cui ella sarebbe stata rapita dal gigante Hrungnir.

4 «Coraggioso» o «irato». Di lui è ricordato solo che sopravviverà al crepuscolo degli dèi e insieme al fratello Magni erediterà il martello di Thor (*Gyl* 53; *Vaf* 51; *Hym* 34; *Ská* 9, 12; *Hát* 85; *K*; v. p. 189). Cfr. *SnE* prologo, cap. 3, dove un discendente di Trór (= Thor) è detto Móda (cfr. anche *Flat* I, p. 27; II, prologo).

5 Magni significa «potente». Egli è ricordato nel mito del duello di Thor contro Hrungnir (*Ská* 25 [3]; v. p. 139). Con Móði suo fratello sopravviverà oltre la fine del mondo (v. nota precedente). Nelle figure di questi due figli di Thor va riconosciuta la personificazione delle qualità del dio. Magni è ricordato anche in *Gyl* 53; *Vaf* 51; *Hár* 9, 53; *Ská* 9, 12; *Þór* 21, e in uno scaldo anonimo (*Skj* I: A, p. 182; B, p. 171). Con Magni va identificato Magi, citato fra i discendenti di Trór (=Thor) nel prologo della *SnE* (cap. 3; cfr. anche *Flat* I, p. 27; II, prologo).

6 *Þór* 18; *Gyl* 31; *Ská* 12.

7 *Ská* 12. *Hlóra*, la matrigna di Thor ricordata soltanto da Snorri, ha un nome che significa «fortemente risonante». Questa parola ricorda l'appellativo del dio, Hlorriði, da cui forse è tratta (v. sotto). Nel prologo della *SnE* (cap. 3) è ricordata Lóra o Glóra, matrigna di Trór (=Thor), che è senza dubbio la stessa figura. Hlóra è forse la sposa del gigante Vingnir, che pare essere patrigno del dio (cfr. p. 329; v. tuttavia sotto, p. 234 e nota 91).

8 *Gyl* 44; cfr. *Hym* 7. V. il mito alle pp. 133-4 e anche p. 142, note 2, 3 (5).

9 *Grí* 4; *SnE* prologo, cap. 3, dove è identificato con la regione della Tracia (*Trákja*).

10 *Gyl* 21, 47; *Ská* 26 [3]; *Yng* 5.

11 *Gyl* 21; *Grí* 24; *Ská* 12 e una *kenning* di Gamli *gnævaðarskáld* («Poeta eminente»?) ivi citata.

12 *Ská* 44 [5]; v. pp. 93-4 e 108, nota 2 (3). V. anche *Vaf* 51; *Hym* 23, 36; *Lok* 57, 59, 61-3; *Rag* 15; *Þór* 19; *Hau* 18. Cfr. *Ská* 12.

13 *Gyl* 21; v. p. 59. V. anche *Ská* 27 [4]; *Þór* 7 e p. 140.

14 Svedese, danese, norvegese *torsdag*; cfr. *AdB* IV, 26; Saxo ritiene questo paragone irragionevole (VI, V, 4) tuttavia in un luogo (I, VI, 3) usa l'appellativo *tonans*, tipico di Giove con probabile riferimento a Thor. Un'altra *interpretatio* della fi-

Pietra runica di Stenkvista in cui appare raffigurato il martello di Thor. Södermanland, Svezia, XI *secolo*

gura di Thor è quella con *Hercules* a motivo delle comuni doti di forza sovrumana: cfr. *Ger* 9; *Ská* 9 e varie allusioni in Saxo riferite a eroi consacrati a questo dio (come Gram e Haldanus; v. sotto, p. 231 e note 68-9, 71) o a Thorkillus, figura che appare come una rielaborazione eroica di quella del dio (v. p. 147, nota 5, e *Saxo* VIII, XIV, 10).

15 Cfr. inglese antico *Þunor*; sassone antico *Thunar*; alto tedesco antico *Donar*; tutti risalenti a un germanico comune **Þunraz* e a una forma indoeuropea **TṆROS* (cfr. latino *tono -are, tonitrus*; gallico *Taranis*, forma secondaria, «dio del tuono»).

16 *Gyl* 21; cfr. pp. 568-70 (h). Le *kenningar*: *hafra dróttin* «signore dei capri» (*Hym* 31) e *hafra njótr* «[colui che] si serve dei capri» (*Hús* 3) vanno riferite qui.

17 Non si dimentichi che Thor ha anche aspetti di dio della fecondità: v. *Þry* 30, dove si dice che il suo martello posto in grembo alla sposa consacra (cioè rende feconda) l'unione coniugale. V. pp. 121 e 237.

18 *Flat* I, p. 320. V. sotto, p. 228 e nota 57.

19 *Njá* 88, qui è specificato che il dio era adorato insieme a Þorgerðr Hölgabrúðr (cfr. pp. 295-6) e Irpa (cfr. p. 296). Per le altre fonti cfr. nota 59. Al legame del dio col carro fanno riferimento le *kenningar*: *karms týr* «dio del carro» (*Þór* 19) e *vagna verr* «uomo del carro» (*Alv* 3). A testimoniare la diffusione di questa idea nel mondo germanico restano anche i termini inglese antico *þunorrād* e *þunorrādlig* «tuono» e «tonante», dove *rād* è l'«andare a cavallo» o «in un carro».

20 V. tuttavia anche sotto, p. 234. Cfr. *Gau* 7 (in un verso).
21 *Gyl* 21. V. appendice a pp. 234-8 (a, b, c).
22 *Saxo* III, v, 5. V. una notizia analoga ripresa in *OlM* III, 7.
23 Si vedano le pietre di Virring (Jutland), Glavendrup e Sønder Kirkeby (Fionia, Danimarca, x secolo) e la pietra di Velanda (Västergötland, Svezia, inizio dell'XI secolo). Cfr. anche la pietra di Rök (Östergötland, Svezia, IX secolo).
24 Esempi sulle pietre di Læborg (Jutland, Danimarca, x secolo); N. Åby, Stenkvista (Södermanland, Svezia, XI secolo). *Wigiþonar* potrebbe tuttavia anche essere inteso come «Thor combattente».
25 Vedi sopra, nota 17. Il mito ricorda anche che Thor consacrò con il martello il rogo funerario di Baldr (*Gyl* 49; v. p. 157).
26 *Ská 25* [3]; *Hau passim*; v. pp. 137-9.
27 *Ská* 27 [4]; *Þór passim*; *Edda Kuhn* pp. 317-8; cfr. *Saxo* VIII, XIV-XV e *Þþb passim*; v. pp. 140-1.
28 *Gyl* 42; cfr. *Vsp* 26; v. pp. 113-4.
29 Cfr. *Ská* 12, dove sono riportate le strofe.
30 *Hym* 18-25; *Gyl* 48; *Ská* 9, 12; *Rag* 14-20; *Hús* 3-6 (dove tuttavia è detto che il dio riuscì nell'impresa); cfr. gli scaldi Eysteinn Valdason e Gamli *gnævaðarskáld* («Poeta eminente»?) cit. in *Ská* 12. V. pp. 129-32.
31 *Þry passim*; v. p. 121.
32 *Gau* 3; *Her* pp. 2, 90-1; cfr. *Saxo* VI, v, 2; v. p. 416. Thor come figura leggendaria compare anche in *Egil* 12, dove procrea figli con diciotto sorelle della stirpe dei giganti; in *HálfE* 26 è detto padre di un gigante; cfr. anche pp. 506 e 511, nota 24.
33 *Gyl* 45-7; cfr. *Hár* 26 e *Lok* 60, 62; v. pp. 121-7.
34 *Lok* 55-65, pr; *Gyl* 50; v. pp. 136 e 160-2. V. anche *Ská* 44 [5] e p. 94.
35 *Þry passim*; *Hym* 32; *Gyl* 44-8; *Ská* 27 [4]; v. pp. 118-21, 121-7, 134, 140-1.
36 *Gyl* 51; *Vsp* 56; v. p. 189.
37 *AdB* IV, 26.
38 *...mest tígnaðr af öllum goðum, búinn með gulli ok silfri*; *ÓlT* 69; cfr. *Flat* I, p. 320 (v. sotto, p. 231 e nota 57).
39 Qui non elencati a causa del numero davvero consistente. Cfr. in proposito J. de Vries, *Altgermanische...*, cit., II, pp. 118-20 (tuttavia v. sotto, p. 230, la citazione di taluni toponimi che testimoniano del culto particolare di Thor in Islanda).
40 In essi infatti il nome del dio è spesso composto con parole che designano antichi luoghi di culto.
41 *Ásmegin* n. è la potenza del dio (cfr. *Gyl* 21); *ásmoðr* m. la sua ira (cfr. *Ská* 25 [3]). Per Ásaþórr cfr. *Gau* 6.
42 V. p. 21, nota 19.
43 V. nota precedente; cfr. p. 17.
44 *Hár passim*; cfr. p. 249, nota 5.
45 Cfr. p. 146, nota 8.
46 La tradizione ricorda che i templi e l'area loro appartenente erano considerati come zona-tabu, nella quale non si potevano portare armi o commettere azioni profanatrici (cfr. *Gyl* 49).
47 *Eyr* 4: *Þar lét hann reisa hof, ok var þat mikit hús; váru dyrr á hliðvegginum ok nær öðrum endanum; þar fyrir innan stóðu öndvegissúlurnar, ok váru þar í naglar; þeir hétu reginnaglar; þar var allt friðarstaðr fyrir innan. Innar af hofinu var hús í þá líking, sem nú er sönghús í kirkjum, ok stóð þar stalli á miðju gólfinu sem altari, ok lá þar á hringr einn mótlauss, tvítøgeyringr, ok skyldi þar at sverja eiða alla; þann hring skyldi hofgoði hafa á hendi sér til allra mann-*

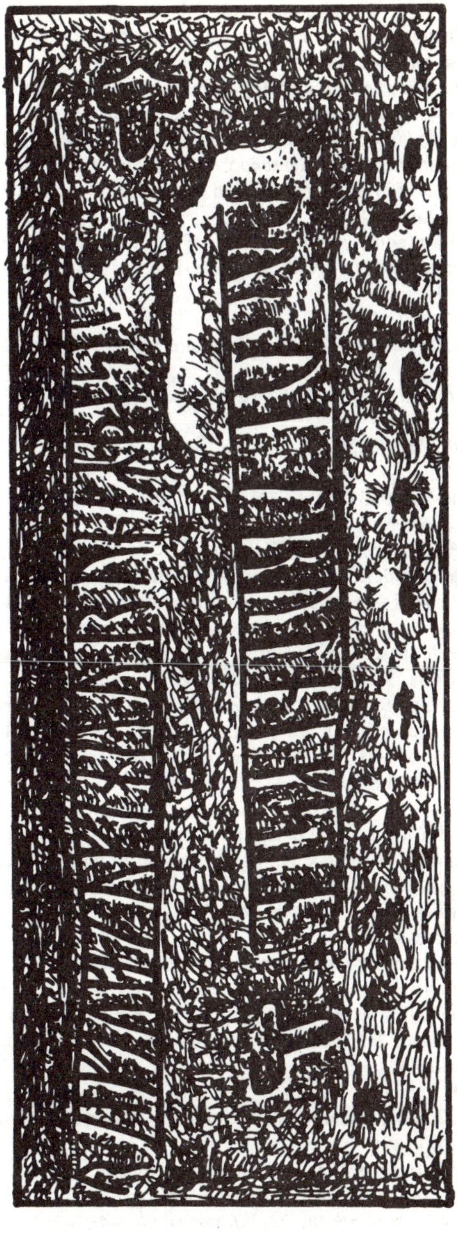

Pietra runica di Læborg. Qui il martello di Thor compare due volte. Jutland, Danimarca, x secolo

funda. Á stallanum skyldi ok standa hlautbolli, ok þar í hlautteinn sem stökkull væri, ok skyldi þar støkkva með ór bollanum blóði því, er hlaut var kallat; þat var þess konar blóð, er svæfð váru þau kvikendi, er goðunum var fórnat. Umhverfis stallan var goðunum skipat í afhúsinu. Til hofsins skyldu allir menn tolla gjalda ok vera skyldir hofgoðanum til allra ferða... en goði skyldi hofi upp halda af sjálfs síns kostnaði, svá at eigi rénaði, ok hafa inni blótveizlur. Cfr. *HákG* 14.

48 *Eyr* 3-4, 9-10; *Ldn* s 85, H 73. Per l'uso di gettare fuori bordo le colonne del trono cfr. *Lax* 3, 5 e *Kor* 2.

49 È ricordata infatti come «pietra di Thor» (*Þórs steinn*) la pietra sulla quale venivano uccise le vittime (*Ldn* s 85, H 73).

50 *Ldn* s 123, H 95.

51 *Ldn* s 197, H 164.

52 *Ldn* s 343, H 301; cfr. p. 346 (cap. 8 versione della *Melabók*).

53 *Hal* 5.

54 Cfr. in particolare *Eyr* 7, 11; *Ldn passim*. Ivi sono per contro assenti i riferimenti a Odino.

55 *Ldn* H 268; *ÞorðB* 1; *Þþu*.

56 *Egi* 56.

57 *Flat* I, pp. 319-21; *ÓlT* 68-9; *ÓlTOS* 54. V. sopra, p. 226.

58 V. sopra, p. 226 e nota 19.

59 *ÓlH* 112-3; *Flat* II, pp. 189-91; *Helg* 33, 36.

60 *Kja* 2, 4-5. Esso, è detto, fu fatto innalzare dal sacerdote (*goði*) Þorgrímr. Era un tempio di grandi dimensioni e riccamente adornato, nel quale Thor era il dio principale. Sull'altare c'era un fuoco sacro che doveva ardere di continuo. Ma la descrizione di questo tempio parrebbe risentire di quella del grande tempio di Uppsala in Svezia, secondo Adamo da Brema (*AdB* IV, 26 e scolio 135).

61 *Stur* 18-9. Qui è detto che sull'altare davanti al dio c'era un corno di uro colmo di veleno. Un tempio in cui era venerato Thor è ricordato anche in *Fljó* 26. V. anche *Flat* I, pp. 387-93. Va tuttavia precisato che non sempre queste fonti sono da considerare attendibili.

62 *Hal* 6.

63 *AdB* II, 60. È detto qui che un missionario cristiano distrusse questo idolo, ragion per cui i pagani lo uccisero e poi lo affogarono in una palude.

64 *Gun* 10.

65 *Fós* 23; la saga precisa che un tale Þormóðr, dopo essersi seduto su quella sedia, divenne invisibile ai suoi nemici.

66 *Flat* I, pp. 291-2 e 296-9. Altri esempi di venerazione per il dio e di sacrifici a lui innalzati in *Flat* I, p. 567; II, pp. 72, 184-5 (cfr. *HákG* 16-7).

67 V. R. Skovmand, *De danske skattefund fra vikingetiden og den ældste middelalder indtil omkring 1150*, in *Aarbøger for nordisk Oldkyndighed og Historie* (1942), pp. 63-5.

68 *Saxo* I, IV, 2.

69 *Saxo* I, IV-V. Il nome vale «fiero», «feroce». La quercia è albero sacro al dio del tuono; v. p. 537 (f).

70 *Saxo* II, II, 1-10; II, III, 3; II, V, 5; v. in particolare II, II, 6. Il nome *Regnerus* (nordico *Ragnarr*) vale forse «dell'esercito degli dèi».

71 *Saxo* VII, I, 4-13; VII, II; VII, III, 1-2. Il nome *Haldanus* (nordico *Hálfdan*) significa «semidanese».

72 *Flat* I, pp. 397-8; *ÓlTOS* 59. A Thor come essere demoniaco si allude anche in *Bár* 8.

73 *Eir* 8.
74 *Ldn* H 15, cfr. S 15; *Flat* I, p. 264; *Kja* 1.
75 Cfr. pp. 15 e 638.
76 *Flat* I, pp. 488-92; *ÓITOS* 73.
77 *Kri* 9.
78 *Njá* 102.
79 *Lax* 40.
80 *Fló* 20-1.
81 *Flat* I, pp. 392-3.
82 *ÓITOS* 15.
83 *ÓITOS* 27.
84 Cfr. pp. 32 e 42, nota 45. Costui era nato e cresciuto in Irlanda, e per questo presumibilmente era venuto in contatto con la fede cristiana. La sua confusione nella fede è testimoniata a esempio anche dal fatto che quando si recò in Islanda egli innalzò un sacrificio a Thor perché gli indicasse dove stabilirsi; in seguito però spostò la propria residenza in un luogo da lui chiamato *Kristnes* «promontorio di Cristo» (*Ldn* S 217-8, H 184).
85 *HákG* 17; cfr. *Flat* I, p. 323.
86 Dudon di Saint Quentin, *op. cit.*, cap. 2.
87 *Homilies of Ælfric*, ed. J.C. Pope, II, Oxford 1968, p. 684; cfr. anche Dorothy Bethurum, *The Homilies of Wulfstan*, Oxford 1971, p. 223.
88 I quali, come è stato rilevato (v. pp. 12 e 20, nota 11), si erano stabilmente insediati in Inghilterra.
89 Per l'evidenza e la giustificazione di questi paralleli si rimanda a E.O.G. Turville-Petre, *op. cit.*, pp. 94-8, in cui si dà conto dei riferimenti alle fonti.
90 V. sopra, p. 227 e nota 32, a esempio.
91 *SnE* prologo, cap. 3; cfr. *Ská* 9 e *Flat* I, p. 27; II, prologo; *SnEArn* II, p. 636.
92 V. sopra, p. 226 e nota 7.
93 *Gyl* 15; *Grí* 29. Cfr. *Gau* 7. Tra gli appellativi di Thor le *þulur* annoverano anche *Björn* «orso», che tuttavia parrebbe più adatto a Odino (cfr. pp. 209 e 256, note 136-40). Per taluni appellativi del dio cfr. *SnEArn* II, p. 636.
94 Thor è ricordato in moltissime fonti. Tra le più antiche v. anche *Gyl* 31, 53; *Ská* 1 [1], 7, 42, 44; *SnE* p. 77; *Lok* pr iniziale.

Appendice. Simboli della potenza del dio del cielo

1 V. *J.Á.* I, pp. 445-6.
2 *Ldn* S 257, H 221.
3 *...svá helguðu þeir sér allan Øxarfjörð.*
4 V. a esempio l'amuleto d'argento di Ödeshög (Östergötland, Svezia, XI secolo), il martello-croce di Foss (Hrunamannahreppur, Islanda, X secolo); la statuetta di Thor con il martello di Eyrarland in Eyjafjörður (Islanda, inizio dell'XI secolo). Cfr. p. 268, nota 67. Tra i numerosi amuleti in forma di martello, quasi sempre di ferro, talora d'argento, il più antico è quello ritrovato nella tomba in forma di nave di Valsgärde (n. 6) in Uppland (Svezia), che risale alla metà dell'VIII secolo; il più grande quello di Rissne nel territorio di Spånga (Uppland, Svezia), che risale agli inizi del X secolo.
5 *Hvíta-Kristr*: tale è la ricorrente definizione del nuovo dio nelle fonti nordiche (cfr. p. 42, nota 44).

6 Cfr. pp. 232-4, e in particolare sopra, nota 85.
7 *Gyl* 42-4; *Ská* 25 [3].
8 *Gyl* 21.
9 *Ská* 44 [5]; v. pp. 93-4.
10 *Þry* 30; v. p. 121.
11 Cfr. p. 266, note 23 e 24. La funzione consacratrice del martello di Thor è ricordata anche nel racconto della morte di Baldr, dove si dice che Thor consacrò il rogo funerario (*Gyl* 49; v. p. 157). Questa consacrazione, così come quella delle pietre innalzate in memoria dei defunti e sulle quali compaiono le invocazioni al dio, dovette avere lo scopo di liberare il morto dal potere degli spiriti malvagi.
12 *Gyl* 44; v. p. 133.
13 Per i miti che narrano le imprese del dio contro i giganti nelle quali egli si serve del martello, cfr. pp. 227 e 266, note 26-31, 33. V. anche le numerose allusioni al potere di quest'arma contro le forze del male (*Hár* 47; *Hym* 23, 36; *Lok* 57, 59, 61-3).
14 *Þry passim*; v. pp. 118-21.
15 *Gyl* 49; *Ská* 25 [3], a esempio.
16 *Gyl* 8; *Grí* 40-1; v. pp. 50-1.
17 *Gyl* 53; *Vaf* 51; v. p. 189.
18 Cfr. p. 269 (b). V. anche i diversi toponimi islandesi formati su *hamarr* m. «martello» (*Ldn passim*).
19 *J.Á.* I, pp. 445-6; cfr. p. 234 (a).

10. *Sif*

1 *Gyl* 31; *Ská* 12, 22, 24-5 [3], 30, 33, 42, 44 [5]; *Hym* 3, 16, 34; *Lok* pr; *Þry* 24.
2 *SnE* prologo, cap. 3: *er vér köllum Sif.*
3 *Ská* 44 [5]; cfr. *Ská* 41 e *Bja* 5, cit. in *Ská* 57 (dove si dà conto delle *kenningar* per «oro»); v. il mito a p. 92.
4 *Ská* 25 [3]; v. p. 137.
5 *Lok* pr, 53-4; ciò parrebbe confermato in *Hár* 48; v. p. 136.
6 Esso si ritrova nelle *kenningar*, specie per «donna» (cfr. *Ská* 59 e anche *þulur*).

11. *Baldr*

1 E dunque fratello di Thor; cfr. *Hau* 16 e *Ská* p. 85, nota.
2 *Gyl* 22, 49; *Ská* 13, 28; *Vsp* 31; *Bal* 8-9; *Hyn* 30; *K.*
3 *Gyl* 32, 49; *Ská* 13.
4 *Gyl* 32; *Ská* 13.
5 Cfr. C.J. Hartman, *Handbok Skandinaviens flora*, Stockholm 1870, p. 2.
6 *Lok* 27; *baldr* come aggettivo significa «coraggioso», «temerario»; il nome del dio si trova frequentemente nelle *kenningar* per «guerriero», v. a esempio *Hát* 43.
7 *Gyl* 17, 22; *Grí* 12; *Yng* 5.
8 *Grí* 12: *fæstir feiknstafir.*
9 *SnE* prologo, cap. 4: *er vér köllum Baldr*; cfr. *SnEArn* II, p. 636.
10 La forma anglosassone è tuttavia Balder nella *Cronaca di Æthelweard* (cfr. *The Anglo-Saxon Chronicle*, a revised translation, ed. by Dorothy Whitelock, London 1961, p. 44, nota 10.
11 Cfr. l'anglosassone *bealdor* m. «principe», «signore».

12 «Poco vi è di brutto in Baldr!» (*fátt mun ljótt á Baldri!*), esclama Skaði che lo vorrebbe come sposo; *Ská* 3 [1] (cfr. p. 278).
13 *Gyl* 22.
14 V. pp. 155-60; cfr. anche *Gyl* 15; *Edda Kuhn* pp. 316-7; *Vsp* 31-3; *Bal passim*; *Hyn* 29; *Vaf* 54-5; *Lok* 27-8; *Hús* 7-11; *Eirm* 3; *Mál* 9; scaldo anonimo (*Skj* I: A, p. 595; B, p. 596); *Bja* 6; *Sög* 3; *Her* pp. 83 e 140. Alludono al mito le *kenningar* che lo definiscono «possessore di Hringhorni» (la sua nave funeraria) «e di Draupnir» (l'anello magico che Odino pose sul suo rogo), «nemico di Höðr», «compagno di Hel», «il dio che è pianto» (*Ská* 13: *eigandi Hringhorna ok Draupnis, dolgr Haðar, Heljar sinni, gráta guð*); cfr. anche *Ská* 20-1.
15 *Gyl* 53; *Vsp* 62; v. p. 189.
16 *Beowulf*, ed. cit., vv. 2435-40: qui si riconosce anche una certa analogia fra i nomi.
17 Si veda a paragone l'episodio della morte di Víkarr, il quale durante un sacrificio simulato in onore di Odino fu ucciso da una canna misteriosamente trasformatasi in lancia (cfr. *Gau* 7; v. p. 420).
18 Cui allude la *Fri* 9 e *passim*.
19 *Fri* 9 (cfr. cap. 5): «Là c'era un grande tempio e luogo di pace con attorno un grande recinto. C'erano molti dèi, tuttavia Baldr era il più venerato. I pagani avevano gran cura che là non fosse fatto alcun male né ai beni né alle persone. Là gli uomini non potevano avere rapporti con le donne...» (*Þar var griðastaðr ok hof mikit ok skíðgarðr mikill um. Þar váru mörg goð, þó var af Baldr mest haldit. Þar var svá mikit vandlæti gert af heiðnum mönnum, at þar skyldi engu grand gera, hvártki fé né mönnum. Engi viðskipti skyldu karlar við konur eiga þar...*)

12. *Nanna*

1 *Gyl* 32, 49. Il nome del padre di Nanna (anche *Nefr*) è oscuro, forse potrebbe significare «parente». Mentre in Saxo il padre di Nanna è detto Gevarus (v. pp. 163 e 171, nota 13), un'altra fonte scandinava orientale fa riferimento a *Nökkvi* (*Hyn* 20; supponendo che la Nanna ivi citata sia la medesima che compare in Snorri come sposa di Baldr). Questo nome, che lett. significa «barca», potrebbe forse essere appellativo di Nepr. Nepr compare nelle *þulur*, dove risulta figlio di Odino; Nökkvi in una *kenning* in *Hra* 9, dove pare essere un re del mare (così anche nelle *þulur*).
2 *Gyl* 38, 49; *Ská* 1 [1], 13, 28; v. pp. 157, 159 e 170, nota 10.
3 *Saxo* III, II, 2; v. pp. 163-5.
4 Ella compare anche nelle *þulur*, nelle *kenningar* e, forse, in *Hyn* 20 (cfr. nota 1).

13. *Forseti*

1 *Ská* 1 [1].
2 *Gyl* 32; *Ská* 13.
3 *Gyl* 32: *sá er domstaðr beztr með goðum ok mönnum*.
4 *Gyl* 17; v. p. 60.
5 *Grí* 15; cfr. *Ytal* 7 (?); *Skj* II: A, p. 211; B, p. 227.
6 *Vita S. Willibrordi archiepiscopi Traiectensis*, ed. W. Levison, *MGH*, Hannove-

rae et Lipsiae 1920, Script. rer. Meroving. tom. VII, cap. 10: *...pervenit in confinio Frisonum et Danorum ad quadam insulam quae a quodam deo suo Fosite, ab accolis terrae Fositeland dicebatur: quia in ea ejusdem dei fana fuere constructa.*

7 V. anche *AdB* IV, 3, dove essa è identificata con Helgoland (ivi detta Heligland).

14. *Höðr*

1 *Gyl* 28, 49; *Ská* 13, 20, 21; *Vsp* 32; *Bal* 8-11; v. pp. 155-7.

2 Su ciò si hanno solo allusioni in *Vsp* 32-3 e *Bal* 10-1, confermate tuttavia dalla versione del mito fornita da Saxo, dove la vendetta viene compiuta da Bous (III, I-IV); v. pp. 167-8.

3 *Gyl* 53; *Vsp* 62; v. p. 189.

4 V. pp. 162-8. Il nome di questo dio si ritrova anche nelle *þulur* e in diverse *kenningar* per «guerriero». È da notare anche che Snorri definisce Höðr «abbastanza forte» (*Œrit er hann styrk*; *Gyl* 28). Cfr. anche *SnEArn* II, p. 636.

15. *Rindr*

1 *Gyl* 30, 36; *Ská* 20, 28, 33 e p. 85, nota; *Bal* 11; *Grg* 6.

2 Così lo scaldo Kormákr Ögmundarson nel componimento *Carme encomiastico per Sigurðr* (*Sigurðardrápa*) str. 3 cit. in *Ská* 10 e 68.

3 *Saxo* III, IV, 1-13; v. pp. 166-7.

4 Rindr è ricordata nelle *þulur* e nelle *kenningar*, specie per «donna».

16. *Váli*

1 *Gyl* 30, 36; *Ská* 1 [1], 20; cfr. *Ská* 9, 21.

2 *Bal* 11: *i vestrsölum*; v. anche *Vsp* 32; *Hyn* 29; cfr. p. 475.

3 *Gyl* 53; *Vaf* 51; v. p. 189.

4 Annoverato nelle *þulur*, dove tuttavia Váli e Áli paiono essere due figure distinte. Cfr. anche *SnEArn* II, p. 636.

5 Citata in *Grí* 6 e che pare appartenere a Odino; cfr. p. 250, nota 27.

6 *Saxo* III, IV, 13-5; v. pp. 167-8. Su Bous v. F.R. Schröder, *Der Ursprung der Hamletsage*, in *Germanisch-romanische Monatsschrift* XXVI (1938), p. 86, che lo mette in relazione con uno spirito protettore della fertilità noto come *Boui*, la cui immagine in paglia veniva invocata durante i parti.

17. *Víðarr*

1 *Gyl* 29: *inn þögli áss*; *Ská* 1 [1], 19, 27 [4], 42; *Lok* pr, 10. Cfr. pp. 619-20.

2 *Grí* 17.

3 *Gyl* 51; *Vsp* 55; *Vaf* 53; v. pp. 188-9.

4 Esso si trova anche nelle *þulur*. V. anche *Ská* 9 e *SnEArn* II, p. 636.

5 *Gyl* 53; *Vaf* 51; v. p. 189.

18. *Bragi*

1 *Gyl* 26; *Ská* 18, 31.
2 *Gyl* 26: *hann er ágœtr at speki ok mest at málsnild ok orðfimi; hann kann mest á skáldskap.*
3 *Ská* 1 [1]; 42; *Lok* pr.
4 *Skáldskaparmál*, seconda parte dell'*Edda* di Snorri; cfr. p. 679.
5 *Ská* 1 [1], 4 [1], 5 [2], 25 [3], 27 [4]; cfr. p. 636 (6).
6 *Sig* 16.
7 *Gyl* 1: *skáld gamli.*
8 *Grí* 44; *Gyl* 41.
9 *Lok* 8, 12-6.
10 *Lok* 11-17; v. p. 135.
11 *Hák* 14; *Eirm* 3.
12 Cfr. *Yng* 36; *HákG* 14; *HHv* pr, 32.
13 Alla loro unione fanno riferimento anche due *kenningar*: in *Gre* 66 e *Ská* 18; v. sotto p. 244 e 19. *Iðunn*, nota 2.
14 *Höf* 21.
15 *Ská* 4-6 [2]; v. pp. 91-2.
16 *Ská* 18; cfr. pp. 205 e 605-6.

19. *Iðunn*

1 *Ská* 1 [1]; 42; *Lok* pr.
2 *Gyl* 26; *Ská* 18, 31; *Lok* pr; cfr. sopra, nota 13.
3 *Hau passim*; *Ská* 2-3 [1], 24, 31; v. pp. 115-6.
4 *Skí* 19-20; v. p. 150.
5 *Lok* 17; v. p. 135.
6 *Lok* 16 e 18.
7 Esso si trova anche nelle *þulur*, mentre non compare nelle *kenningar*.

20. *Loki*

1 *Gyl* 33; *Ská* 1 [1], 42; *Þul.*
2 *Lok* 9; v. anche *Hau* 8.
3 Come figlio di Laufey (e di Fárbauti), Loki è ricordato in diverse fonti (*Gyl* 33, 42, 49; *Ská* 24, [44] 5; *Lok* 52; *Þry* 18, 20; *Þul*; *Sör* 2; *Edda Kuhn* p. 317). Il nome *Laufey* può essere interpretato come «ricca di fogliame» o «isola di fogliame» (?), comunque con riferimento a una divinità arborea; un'altra interpretazione potrebbe essere «[colei che] dà fiducia». Talora la madre di Loki è detta *Nál* (*Gyl* 33; *Ská* 24 e *Sör* 2, dove è specificato: «ella era magra e gracile perciò era chiamata Nál» [«ago»]: *hun var bæði mjó ok auðþriflig, því var [hun] Nál kölluð*). Questo nome parrebbe dunque da intendere «[sottile come un] ago». Non si può tuttavia escludere un'interpretazione di «[dea dei] cadaveri». Una gigantessa di nome Nál è ricordata in *Hjá* 12.
4 Per le figure dei giganti e la loro relazione con Loki v. pp. 63 e 324.
5 Di costui non si conosce che la parentela. Il nome è assai difficile da interpretare anche a motivo della forma non ben attestata: infatti si presenta altresì come

Býleiftr o *Býleistr*. Significa forse «[colui che] scatena la tempesta» (*Býleistr*) o «[colui che] lampeggia nella tempesta» (*Býleiptr*) o «lampo di tuono» (*Vsp* 51; *Hyn* 40; *Gyl* 33, 51; *Ská* 24; *Ytal* 31; *Skj* I: A, p. 309; B, p. 287).

6 È figura connessa con le forze dell'oscurità e con il regno dei morti, come indica il nome che vale: «[colui che] acceca con la morte» (*Gyl* 33; *Ská* 24).

7 *Gyl* 34; *Hyn* 40; v. p. 63.

8 Della stirpe degli Asi, costei è ricordata per la straordinaria devozione al marito (cfr. il racconto sulla punizione di Loki a p. 162). Sigyn, il cui nome significa «amica della vittoria», è ricordata in *Gyl* 33, 50; *Ská* 1 [1], 24; *Vsp* 35; *Lok* pr; *Þul*, e in una *kenning* in *Hau* 7.

9 Detto anche *Nari*, significa forse «sottile» (*Gyl* 33, 50; *Ská* 24; *Lok* pr e *K*); v. p. 162.

10 Ricordato in *Gyl* 50; *Ská* 24; *Vsp* 34; *Lok* pr. Il nome (anche *Áli*) potrebbe valere «piccolo combattente».

11 *Hyn* 41.

12 *Gyl* 42; v. p. 114. Loki afferma di avere avuto un altro figlio, di cui peraltro non si sa nulla, dalla moglie di Týr (*Lok* 40); v. p. 136.

13 *Ská* 44 [5]; *Sör* 2; v. p. 117.

14 *Sör* 2; v. p. 118.

15 *Þry* 9, 18, 20; *Ská* 27 [4]; v. pp. 118-9 e 140.

16 *Lok* pr; *Gyl* 50; v. p. 160.

17 *Ská* 16, dove è riferito che in aspetto di foca Loki combatté contro Heimdallr, probabilmente per il possesso del monile Brísingamen.

18 Cfr. *Lok* 23 e pp. 95-9.

19 *Ská* 2 [1], 47 [6]; *Reg* pr; *Völs* 14; v. pp. 115 e 386.

20 *Vsp* 17-8.

21 ... *lá* ... *ok lítu góða*.

22 *Lá* f. è tuttavia una parola di dubbia interpretazione!

23 *Gyl* 46-7; v. p. 124. Il nome di *Lóðurr*, la cui funzione di dio creatore è altrove (*Gyl* 9) attribuita a Vé, è stato inteso come «[colui che] divampa» (dunque il fuoco) o riconnesso all'indiano Vṛta, nemico di Indra. Talvolta esso è stato avvicinato a *logaþore*, parola che si trova incisa in caratteri runici sulla fibula di Nordendorf I (Baviera, Germania, inizio del VII secolo), dove compaiono anche i nomi di Odino e di Thor. Questa parola si ritrova in glosse anglosassoni (*logeþer*, *logþor*, *logþer*, agg.), per tradurre termini quali *marsius* «intrigante» e *cacomicanus* «mago». Tale interpretazione attribuirebbe a Lóðurr alcuni caratteri di Loki. Un'etimologia alquanto improbabile collega Lóðurr al verbo gotico *liudan* «crescere»: dunque un dio di fecondità. Altre lo intendono come «seduttore» o «[colui che] nasconde». Egli è stato visto infine come corrispondente maschile di una dea **Loðkona* la cui esistenza sarebbe deducibile da taluni toponimi. Il nome Lóðurr si ritrova in una *kenning* in cui Odino è detto suo «amico» (*Lóðurs vinr*: *Carme encomiastico degli Islandesi* [*Íslendingadrápa*] di Haukr Valdísarson str. 1 [*Skj* I: A, p. 556; B, p. 539] e *Hál* 10).

24 *Lok* 3; cfr. pp. 514-5.

25 *Þry passim*; v. pp. 118-21.

26 *Gyl* 42; v. pp. 113-4.

27 *Ská* 2 [1]; cfr. p. 278.

28 *Gyl* 44-7; v. pp. 121-7.

29 *Lok passim*; v. pp. 134-7.

30 *Ská* 2 [1]; *Hau passim*; v. pp. 115-6.

31 *Ská* 27 [4]; *Þór passim*; v. pp. 140-1.
32 *Hym* 37; v. p. 134.
33 *Ská* 44 [5]; v. pp. 92-4.
34 *Ská* 24: *bölva smiðr*. Cfr. *Sör* 2, dove è definito *lævíss* «ingannevole».
35 *Ská* 16; *Hau* 9; *Hús* 2, cit. in *Ská* 24; *Sör* 1-2; v. pp. 117-8 e sopra, nota 17.
36 *Gyl* 49, 50; *Vsp* 35; *Lok* 28, 41; v. pp. 156-7.
37 Qui un'evidente analogia col mito greco di Προμηθεύς (Prometeo); *Gyl* 50; *Lok* 49-50, pr; v. p. 162.
38 *Vsp* 51; *Gyl* 51; v. pp. 187, 189.
39 Del quale in *Fjö* 26 è detto che preparò con le rune un'arma magica detta *Lævateinn* «ramo di male», l'unica in grado di uccidere il gallo Víðopnir (v. pp. 404-5).
40 *Ská* 44 [5]; v. p. 94.
41 *Gyl* 50; cfr. *Reg* pr; v. p. 160.
42 Cfr. nota 23. Su Loki v. anche *Gyl* 20; *Bal* 14; *Fjö* 34 (?); *Hús* 2, cit. in *Ská* 24 (dove si elencano le varie definizioni poetiche di Loki); *Ská* 49 [6]; *Ytal* 7 e anche *SnE* p. 77, dove è detto che i Troiani davano a Ulisse il nome di Loki perché erano i suoi peggiori nemici.

II. Vani

COSTITUISCONO una stirpe divina ben precisa, distinta dagli Asi, con i quali anzi sostennero un conflitto alle origini del mondo.[1] La loro patria è *Vanaheimr* «Paese dei Vani»,[2] detto altrimenti *Vanaland* «terra dei Vani».[3] Nella geografia mitologica di Snorri il «delta del Don» è detto *Tanakvísl* o *Vanakvísl* e messo in relazione con la loro regione.[4]

Eminenti fra loro sono Njörðr e i suoi figli Freyr e Freyja; costoro furono accolti con pari dignità fra gli Asi, tuttavia di Njörðr è specificato che alla fine del mondo tornerà fra i saggi Vani.[5]

La società dei Vani è distinta da quella degli Asi per struttura e funzione. Essi sono senza dubbio divinità della fecondità, come pare testimoniare anche il loro nome (nordico *Vanir*, sing. *Vanr*), connesso alla radice indoeuropea **WEN-* che ha senso di «tendere», «aspirare», poi «desiderare», «amare».[6] Dei Vani è nota la profonda conoscenza delle pratiche magiche; è detto anzi che quando Freyja venne accolta fra gli Asi essa insegnò loro quest'arte che era nota soprattutto alle sacerdotesse.[7] Grazie alla loro scienza magica i Vani conoscono il futuro.[8]

Inoltre tra loro è comune la pratica dell'incesto; è detto infatti che Njörðr aveva posseduto sua sorella[9] e anche che Freyr e Freyja avevano rapporti sessuali fra loro.[10] Questo dato allude a una società chiusa verso l'esterno, gelosa delle proprie caratteristiche, incapace in un certo senso di svilupparsi e di migliorarsi (in contrasto con gli Asi, i quali appaiono dotati di una più forte individualità).

La distinzione fra i due gruppi divini, nonché il conflitto che li oppose, potrebbe essere il riflesso del contrasto tra due popoli e due concezioni di vita o anche tra diverse componenti di una medesima società. I Vani rappresentano comunque senza dubbio le divinità che presiedono alla fecondità e alla prosperità. L'opposizione agli Asi appare soprattutto là dove essi vengono caratterizzati come appartenenti alla terra, mentre gli Asi sono più propriamente i signori del cielo. Questa distinzione risulta evidente nell'episodio[11] in cui si dice che taluni Vani osservarono dal basso Gná (dea degli Asi) che cavalcava nell'aria.[12]

1. *Njörðr*

È un dio della famiglia dei Vani del quale si riferisce che al termine del conflitto fra gli dèi fu mandato in ostaggio presso gli Asi, divenendo tra loro una figura di primo piano assai venerata e importante al punto che, secondo la *Saga degli Ynglingar*, a lui toccò la successione al trono dopo la morte di Odino.[1]

È padre di Freyr e di Freyja, che ha concepiti con la sorella, secondo un costume frequente tra i Vani.[2] Essi sono con lui le divinità eccellenti fra costoro, assunte con pari dignità negli Asi, protettori della fecondità e della vita.[3] Dopo il crepuscolo degli dèi Njörðr è destinato a tornare fra i Vani.[4]

Njörðr governa il vento, il mare e il fuoco: è il dio che si deve invocare per i viaggi per mare e per la pesca abbondante; è ricco e dovizioso.[5] La sua dimora ha nome *Nóatún* «cerchia delle navi».[6] Il suo rapporto col mare è così stretto che per questa causa fallì il matrimonio del dio con Skaði, figlia del gigante Þjazi.[7] Skaði era abituata a vivere nelle montagne, perciò col marito aveva stabilito di rimanere nove notti a Nóatún e altre nove a Þrymheimr, sua dimora: lui però non sopportava l'ululato dei lupi, lei al contrario aveva a noia il verso dei gabbiani, perciò si separarono.[8]

Il culto di Njörðr è testimoniato da molti toponimi quali *Nærem, Nereim, Nørland, Nærland* e soprattutto il nome antico di Tysnesøen, *Njarðarlög* (probabilmente l'intera isola era a lui consacrata) in Norvegia; *Nærum* in Danimarca; *Närlunda*, *Närtuna*, *Närby*, *Mjärdevi* (<*Niardhawi*) in Svezia. Egli era invocato nei giuramenti[9] e a lui si facevano sacrifici.[10] Egli stesso era detto sacerdote sacrificatore.[11] L'antichità del culto di Njörðr quale dio della fecondità è attestata da Tacito, il quale[12] riferisce della venerazione tributata alla dea *Nerthus* (a Njörðr etimologicamente identica) che egli intende come *Terra mater*. Questo culto prevedeva il rito della processione, attestato più tardi a proposito di Freyr, figlio di Njörðr. La somiglianza se non l'identità tra Freyr e il padre è attestata, oltre che dalla uguale funzione di protettori e promotori della fertilità, anche dal fatto che Snorri assegna loro i medesimi attributi e appellativi (oltre a *Fégjafi*, *Vanagoð* «dio dei Vani», *Vananiðr* «parente dei Vani» e *Vanr*).[13]

Il nome *Njörðr* risale verosimilmente a una radice **NERTU-* in cui è inteso un concetto di forza vivificante e procreatrice.[14]

2. *Skaði*

Figlia di Þjazi di *Þrymheimr* «dimora risonante», Skaði appartiene alla famiglia dei giganti delle montagne. Tuttavia divenne sposa del dio Njörðr. Nel mito principale che la riguarda è narrato infatti che dopo la morte di suo padre Þjazi, che gli dèi avevano ucciso in seguito al rapimento di Iðunn,[1] Skaði, armata di tutto punto, era andata in Ásgarðr per vendicarlo. Ella tuttavia aveva concordato la riconciliazione sulla base di due condizioni: per prima cosa gli dèi le avrebbero concesso di scegliersi un marito fra loro, inoltre essi avrebbero dovuto riuscire a farla ridere. Skaði si scelse uno sposo tra gli dèi, ma dovette farlo giudicando solo dai piedi: ella vide un uomo dai piedi straordinariamente belli e lo preferì ritenendo che si trattasse di Baldr; era invece Njörðr di Nóatún.[2] Per farla ridere, cosa che ella reputava impossibile, gli Asi ricorsero a Loki. Egli legò l'estremità di una fune alla barba di una capretta e l'altro capo al proprio scroto; poi lui e la capretta presero a tirare un po' da una parte e un po' dall'altra, urlando entrambi. Infine Loki si lasciò cadere ai piedi di Skaði ed ella rise. Così fu siglata la pace e per suggellarla Odino gettò nel cielo gli occhi di Þjazi facendone due astri.[3]

Con il marito Skaði ebbe vita difficile, poiché egli voleva abitare presso il mare; ella, al contrario, amava le montagne, così andò a finire che si separarono.[4] Skaði fu successivamente presa in moglie da Odino, con cui ebbe molti figli.[5]

Benché proveniente da una famiglia di giganti, ella è annoverata tra le dee: una fonte la definisce «luminosa sposa degli dèi».[6] Fra di loro dovette avere una certa autorità, come mostra il fatto che quando Loki venne incatenato fu lei a legargli sul capo il serpe velenoso il cui veleno gli gocciola sul volto.[7] L'inimicizia fra Skaði e Loki è palese là dove egli si vanta di averle ucciso il padre e la accusa ciononostante di avere giaciuto con lui.[8]

Skaði è una dea «invernale», come mostra la notazione di Snorri secondo cui ella scia per lunghi tratti nelle montagne e va con l'arco a caccia di animali selvatici. È detta infatti *Öndurgoð* o *Öndurdís* «dea degli sci»: è dunque una sorta di Diana nordica.[9]

Il nome di questa gigantessa divenuta dea (come Gerðr, sposa di Freyr figlio di Njörðr) significa «danno», ma tale interpretazione mal si accorda alla sua funzione. Ella è forse piuttosto una «[dea del] mondo sotterraneo».[10]

Di un culto a lei tributato testimoniano diversi toponimi (a esempio *Skedevi(d)*, *Skedvi*, *Skärlunda* in Svezia; *Skea*, *Skee*, *Skadeland*, *Skaland* in Norvegia).

3. *Freyr*

È una delle principali divinità dei Vani, figlio di Njörðr, fratello di Freyja[1] e sposo di Gerðr, figlia del gigante Gymir. Il suo nome significa «signore». Come insegna Snorri e come risulta evidente dalla sua appartenenza alla stirpe dei Vani – donde gli appellativi *Vananiðr* e *Vaningi* «parente dei Vani»,[2] *Vanagoð* «dio dei Vani», e *Vanr* –, egli è dio della fecondità che governa la pioggia e lo splendore del sole, nonché la crescita della terra e le ricchezze degli uomini.[3] Egli è detto perciò anche *Árgoð* «dio di abbondanza» e *Fégjafi* «dispensatore di ricchezza».[4]

La sua dimora si chiama *Álfheimr* «Paese degli elfi»; di essa è detto che il dio la ebbe in «dono per il primo dente» (*tannfé* n.).[5]

La qualità di Freyr come dio della fecondità risulta evidente da tutte le fonti. Nella descrizione del grande tempio pagano di Uppsala, Adamo da Brema riferisce di un dio assai venerato di nome *Fricco*. Sebbene tale parola paia piuttosto richiamare il nome della dea Frigg, sposa di Odino, la notazione dell'autore che lo descrive *cum ingenti priapo*[6] ne fa, evidentemente, una divinità maschile della fecondità. Che si tratti di Freyr pare ovvio sia perché egli era il dio più venerato sotto questo aspetto, sia perché molte testimonianze indicano in lui la divinità principale degli Svedesi. Nella *Saga degli Ynglingar*[7] è infatti precisato che egli aveva dimora a Uppsalir (= Uppsala), centro politico e religioso svedese. Inoltre egli è detto *Yngvi* o *Yngvi-Freyr*, forse «Freyr progenitore»:[8] **ingwaz* è il nome della runa ᛝ o ᛜ che indica l'antenato primordiale. Dalla stessa radice traggono verosimilmente nome quei Germani che Tacito[9] chiama *Ingaevones*. Da questo suo nome, precisa Snorri, deriva quello della stirpe dei re svedesi detta degli *Ynglingar* («discendenti di Yngvi o Yngi»), di cui egli è il mitico antenato.[10]

Snorri informa anche che Freyr era così ricco e fecondo di pace che quando morì i suoi uomini fecero credere agli Svedesi che si era ritirato a vivere in un tumulo; essi perciò gli offrivano il tributo versandolo in tre feritoie: nella prima l'oro, nella seconda l'argento, nella terza le monete di rame.[11]

Alla diffusione del culto del dio Freyr in Svezia allude anche il racconto relativo a un tale Gunnarr Helmingr.[12] Costui, fuggito dalla Norvegia per ragioni politiche, era riparato in Svezia dove aveva trovato asilo presso una sacerdotessa-sposa del dio addetta al suo tempio. Con lei aveva intrapreso la processione rituale durante la quale il carro con l'effigie di Freyr veniva portato in giro per il Paese per dispensare pace e fecondità. In seguito a una serie di avventurose circostanze aveva poi preso il posto del dio venendo venerato come lui. Questo racconto interessa non soltanto quale testimonianza della diffusione del culto di Freyr fra gli Svedesi, ma anche per il riferimento al rito della processione, già testimoniato da Tacito a proposito della dea della terra Nerthus (etimologicamente identica a Njörðr, padre di Freyr).[13] Esso resta nella tradizione svedese della processione medievale di Sankt Erik a Uppsala, così come nella cosiddetta *Eriksgata*, cioè il percorso che il re neoeletto doveva fare attraverso il regno per prestare il giuramento ed essere accolto dal popolo. Lo scopo era evidentemente quello di dispensare pace e abbondanza. Per gli Svedesi, Freyr incarnava soprattutto il re sacro che deve garantire la prosperità della stirpe.[14]

Le caratteristiche e la funzione di Freyr si riconoscono in molte figure. Di un dio di nome Frø fa menzione Saxo,[15] il quale ci informa del culto a lui tributato nella città di Uppsala dove gli venivano offerte anche vittime umane. Questo dio è indubbiamente identico a Freyr. Da identificare con Freyr, come suggeriscono diverse fonti, è anche Fróði,[16] del quale si dice che ebbe un regno caratterizzato da vera pace.[17] Nell'opera di Saxo costui è noto come Frotho. Assai interessante appare in questa fonte il racconto relativo alla sua morte, laddove si dice che essa fu tenuta nascosta al popolo (evidente è l'analogia con la morte di Freyr narrata da Snorri) e che il cadavere imbalsamato del re veniva portato in giro su una portantina.[18] Anche diversi sovrani della stirpe svedese degli Ynglingar che da lui discende incarnano caratteristiche del dio. In particolare vanno qui ricordate le vicende di Dómaldi e di Egill. Si narra che durante il regno del primo vi furono fame e carestia. Per questo gli Svedesi, ritenendo che ciò dipendesse da lui, lo sacrificarono e aspersero gli altari del suo sangue:[19] è qui evidente la funzione del re cui è chiesto di essere simile all'antenato, cioè di garantire la fecondità della stirpe. Del secondo si dice che dopo un regno nel quale aveva dovuto combattere contro Tunni, uno schia-

Statuetta di evidente carattere fallico raffigurante verosimilmente il dio Freyr. Rällinge, Södermanland, Svezia, probabilmente di età vichinga

vo che si era ribellato (personaggio il cui nome è connesso a *tönn* f. «dente», «zanna»), fu ucciso da un toro infuriato che lo trafisse con le corna.[20] Tale morte presenta innegabile affinità con quella del re danese Frotho (o Frodo), di cui si è osservata l'identità con Freyr. Egli, infatti, secondo Saxo era stato ucciso da una strega trasformatasi in «mucca marina» (*maritima bos*);[21] secondo la *Saga degli Skjöldungar* invece era stato trafitto da un cervo.[22] Questi episodi rappresentano certamente la morte rituale del dio della vegetazione.

Il culto di Freyr è ampiamente testimoniato anche dalle fonti occidentali,[23] benché in esse si abbia l'impressione di un culto di carattere più personale, di un rapporto stretto fra uomo e dio: l'esempio più famoso è certamente quello di Hrafnkell detto *Freysgoði* «sacerdote di Freyr»;[24] interessante è inoltre la descrizione della figura di Þorgrímr nella *Saga di Gísli*, specie là dove si dice che, dopo la sua morte, gli uomini avevano notato che nella parte meridionale del suo tumulo non si fermava mai la neve, né vi ghiacciava; da ciò si dedusse che Freyr doveva tanto prediligerlo per i suoi sacrifici da non volere che ci fosse del gelo fra loro.[25] Un «sacerdote di Freyr» (*Freysgoði*) è anche Þórðr Özurarson.[26] Nella *Saga di Víga-Glúmr* è riferito che il protagonista aveva ripetutamente recato offesa al dio, assai venerato nella sua terra. Dapprima aveva profanato il campo detto Vitazgjafi, sacro al dio, uccidendovi un nemico; in seguito aveva nascosto un fuorilegge nei sacri recinti del tempio; infine aveva pronunciato un ambiguo giuramento in tre templi, uno dei quali dedicato a Freyr. Il padre dell'ucciso, innalzando al dio il sacrificio di un bue, lo aveva invocato perché Víga-Glúmr fosse cacciato. È detto che il bue offerto a Freyr aveva muggito, poi era caduto a terra morto, segno che il dio aveva accolto la preghiera.[27] In seguito Víga-Glúmr vide in sogno i suoi congiunti defunti che intercedevano per lui presso il dio; ciò tuttavia non gli valse il perdono: egli infatti fu costretto ad abbandonare il Paese.

Nella *Saga dei valligiani di Vatnsdalr* è riferito di un tale Ingimundr che possedeva un amuleto d'argento con l'immagine del dio.[28]

Il sacrificio più gradito a Freyr, che nella *Saga degli Ynglingar*[29] è detto egli stesso sacerdote sacrificatore, doveva essere quello di un cavallo o di un verro, animali a lui sacri. Entrambi sono simboli di fecondità. Come divino cavaliere Freyr ha il soprannome *Atriði* «[colui che] cavalca».[30] Il suo cavallo è Blóðughófi.[31] La *Saga di Hrafnkell*[32] parla specificamente di un cavallo consacrato a Freyr che fu fatto precipitare da un'altura dai nemici del suo padrone. Al sacrificio di cavalli gettati da dirupi alludono verosimilmente taluni toponimi islandesi: *Freysnes* «promontorio di Freyr», *Freyfaxahamarr* «scoglio di Freyfaxi (cavallo consacrato a Freyr)». Anche nella *Saga di Óláfr Tryggvason*[33] è ricordato che presso un tempio dedicato al dio c'era un cavallo a lui consacrato. In quel tempio era venerata un'effigie di legno nella quale si riteneva dimorasse lo spirito del dio. Questo idolo era uno dei due intagliati dagli Svedesi e posti nel tumulo di Freyr a Uppsala, che successivamente erano stati sottratti e poi recuperati.[34] È detto che il re cristiano Óláfr Tryggvason dimostrò ai pagani che questa effigie non era altro che un pezzo di legno, dopodiché la distrusse.[35]

Del verro di Freyr dalle setole d'oro detto Gullinbursti riferisce Snorri, il quale racconta che esso era stato donato al dio dai nani.[36] Questo verro traina il carro del dio.[37] Nella *Saga di Hervör*[38] è riferito di un verro sacrificato al dio.

Di Freyr è detto inoltre che possiede la magica nave Skíðblaðnir[39] che può ospitare tutti gli dèi in assetto di guerra, ma anche essere ripiegata come una tovaglia e riposta in una borsa. Tale oggetto, che egli ha avuto in dono dai nani, fa verosimilmente riferimento a una sua qualità di dio della navigazione.[40]

Il mito più noto relativo al dio Freyr è quello del suo innamoramento e delle nozze con Gerðr. Freyr, che prima era stato marito di sua sorella[41] secondo un uso comune fra i Vani,[42] manda il servitore Skírnir a corteggiare per lui Gerðr, fanciulla della stirpe dei giganti. Nel loro matrimonio è da vedere la feconda ierogamia tra il cielo e la terra.[43]

Nell'ultimo giorno Freyr lotterà contro Surtr, il gigante del fuoco, e soccomberà.[44]

Alla diffusione della figura di Freyr nel mondo nordico, testimoniata da molti toponimi (quali *Frøslev* in Danimarca *Frøysin*, *Frøisaker*, *Frøishov* in Norvegia; *Fröslunda*, *Frösvi* e *Frösåker* in Svezia; *Freyshólar* e *Freysnes* in Islanda), assai poco corrisponde nel mondo germanico continentale, se non forse alcuni toponimi quali *Vroonloo* («bosco di Froo»?) nei Paesi Bassi (ora St. Pancras) o *Franeker* in Frisia. Un luogo consacrato a Freyr, poiché qui il dio effondeva la propria potenza fruttificante, doveva essere anche *Vitazgjafi* «quello che produce (lett. «dà») con certezza». Esso era un campo miracoloso che si trovava vicino a un tempio dedicato a Freyr[45] e che non cessava mai di produrre raccolto. Toponimi che alludono allo stesso concetto sono, a esempio, *Vitazgjöf*, ora Ödsmål, e *Vitdallsgeff*, nome ormai scomparso, in Norvegia.

Freyr fu senza dubbio un dio molto amato. La predilezione per lui è riflessa nell'*Invettiva di Loki*, là dove[46] è detto che egli è di conforto alle creature. Nel *Dialogo di Skírnir* viene definito «condottiero degli dèi»,[47] il che sottolinea anche le sue qualità guerriere.[48]

4. *Lýtir*

È una divinità svedese di cui non si hanno che le scarse notizie riportate da una sola fonte.[1] Ivi si racconta che il re Erik, dopo aver organizzato una festa estiva a Uppsala, fece condurre due carri in un luogo in cui era solito innalzare sacrifici al dio. Era costume che il carro dovesse rimanervi per la notte, in attesa che il dio si manifestasse. Il mattino dopo il re si recava laggiù. Nell'occasione di cui si riferisce, tuttavia, per due notti se ne attese inutilmente la venuta. Allora il re fece aumentare i sacrifici, sicché il terzo mattino ci si accorse che il dio era giunto. Segno sicuro della presenza di Lýtir era il fatto che il carro diventava pesante, così pesante che in quella occasione gli animali da tiro schiantarono prima di giungere alla sala del re. Inoltre il re andava incontro al dio, lo accoglieva brindando in suo onore e gli poneva dei quesiti, offrendogli dei doni.

Il nome Lýtir compare in taluni antichi toponimi svedesi (*Lytislund(a)*, *Lytisbergh*). Il suo significato resta incerto dal momento che il verbo *lýta* significa «biasimare», «violare» o «contaminare» (dunque un nome dato dall'autore cristiano del testo che voleva screditare la divinità?). Esso potrebbe tuttavia essere connesso a *lítill*, aggettivo che vale «piccolo» e inteso come un «pollicino», con ironica (?) allusione al carattere fallico del dio Freyr del quale Lýtir non sarebbe che una copia.

5. *Gerðr*

Fanciulla della stirpe dei giganti, figlia di Gymir e di Aurboða. Per lo splendore della sua bellezza rilucevano tutta l'aria e l'acqua, e di lei si innamorò perdutamente il dio Freyr. Gerðr fu corteggiata per lui da Skírnir.[1] Figlio di Gerðr e di Freyr fu Fjölnir.[2]

Il nome Gerðr è forse connesso a *garðr* m. «recinto»: ciò farebbe di lei una divinità del campo coltivato. Il suo matrimonio col dio sarebbe d'altronde la rappresentazione della feconda ierogamia fra il cielo e la terra. Tuttavia è stata intesa anche come «[colei che è protetta da] un recinto». Gerðr presenta affinità con altre dee, quali Freyja, dea della fecondità, e Iðunn.[3] Ella presenta anche affinità con le valchirie: tale appare a esempio nel *Sogno di Þorsteinn Síðu-Hallsson*;[4] inoltre vive in una dimora circondata da un bastione di fuoco[5] e il nome di sua madre *Aurboða*, se letto **Örboða*, varrebbe «[colei che] offre la freccia» (dunque una valchiria lei stessa).[6]

6. *Freyja*

Appartenente alla stirpe dei Vani, fu assunta con pari dignità fra gli Asi ai quali per prima insegnò la magia.[1] Freyja è figlia di Njörðr, sorella di Freyr,[2] moglie di Óðr, madre di due fanciulle, Hnoss e Gersimi.[3] La sua dimora si chiama *Fólkvangr* (o *Folkvangr* o *Fólkvangar*) «campo del popolo» o «campo di battaglia».[4] Là ella sceglie ogni giorno la metà dei caduti in battaglia (ché l'altra metà spetta a Odino).[5] Alla connessione con la battaglia è dovuto, verosimilmente, il fatto che ella possiede un travestimento da falco.[6] La sua sala è detta *Sessrúmnir* «spazio per i sedili» (con allusione a una nave?).[7] Il suo nome significa «signora». Ma Freyja ha molti appellativi. È detta *Vanadís* e *Vanagoð* «dea dei Vani»; *Vanabrúðr* «sposa dei Vani»; *Mardöll* «splendore del mare» o «[colei che fa] gonfiare il mare» (?);[8] *Hörn* (o *Hørn*) forse «[dea del] lino», probabilmente una divinità distinta – come mostrerebbe il toponimo *Härnevi* in Svezia – venuta poi confondendosi con Freyja; *Gefn* «donatrice»; *Sýr* «scrofa»; *Skjálf* (o *Skjölf*), forse «buccia della frutta», «involucro» (Skjálf è altrove[9] la figlia di un re che uccide il marito impiccandolo con una collana d'oro: un'allusione al monile Brísingamen posseduto da Freyja?); *Þrungva* «stretta» (?).

Il culto di Freyja, che è senza dubbio una delle divinità supreme del Nord,[10] è testimoniato da numerosi toponimi che alludono a luoghi in cui ella era venerata (a esempio *Frøiland* e *Frøihov* in Norvegia; *Frølund(e)* in Danimarca; *Frölunda*, *Frötuna*, *Frövi* in Svezia). Anche una strofa nel *Canto di Hyndla* allude ad altari e templi innalzati per la dea.[11]

La sua funzione è senza alcun dubbio quella della fecondità. Non solo ella proviene dalla stirpe dei Vani, che di questa sfera sono i tipici rappresentanti, ma è anche detta dea dell'amore,[12] della fertilità[13] e della lussuria (vedi soprattutto l'episodio in cui Loki l'accusa di aver giaciuto con tutti gli dèi e persino con il suo stesso fratello).[14] Per questo è connessa ad animali prolifici o sensuali come le capre,[15] il cinghiale,[16] le cagne.[17] Ma i suoi animali sono soprattutto i gatti: ella infatti possiede un carro trainato da due di essi.[18] La sua connessione con i gatti è dovuta anche alla qualità magica di questi animali,[19] poiché Freyja è maestra di magia, arte cui sono legate anche pratiche oscene.[20]

Significato di oggetto magico legato alla fecondità ha anche il suo prezioso monile detto Brísingamen (collana o cintura che sia), di cui le forze del male tentano di impadronirsi.[21] Freyja stessa è preda ambita dai giganti, demoni dell'oscurità e del caos, dei quali pare un tempo essere stata prigioniera.[22]

La sua qualità di dea della fecondità è sottolineata anche là dove si dice che ella piangeva lacrime d'oro allorché andava in giro per il mondo alla ricerca del marito Óðr.[23]

7. *Óðr*

È lo sposo della dea Freyja, padre di Hnoss e di Gersimi. Di lui si dice soltanto che faceva lunghi viaggi e Freyja ne piangeva: ella si recava tra popoli sconosciuti alla sua ricerca.[1]

Il nome *Óðr*, che come aggettivo significa «furioso», «invasato», risale alla stessa radice di *Óðinn* (Odino) ed esprime un concetto di invasamento, eccitazione e furore divino.[2]

La vicinanza tra i due dèi (che formerebbero dunque una coppia come Ullr e *Ullinn) è rafforzata dal racconto relativo all'assenza del dio che trova un riscontro nell'esilio di Odino riferito da Snorri e da Saxo.[3] Anche fra le rispettive spose Freyja e Frigg non esiste grande differenza, come mostra la comune funzione di dee preposte alla fecondità. Se i due dèi non sono da identificare, essi restano tuttavia assai vicini: sono due diversi aspetti di una medesima figura o piuttosto due incarnazioni successive di un'unica divinità? Va rilevato tra l'altro che le fonti non fanno menzione di un culto di Óðr.

Note

1 *Vsp* 21-6; *Gyl* 23; *Ská* 4 [2]; *Yng* 4, 11; v. pp. 86-7.
2 *Gyl* 23; *Vaf* 39; *Yng* 1, 4, 11.
3 *Yng* 1.
4 *Yng* 1-2; cfr. *Sör* 1.
5 *Vaf* 38-9.
6 Da cui anche il latino *Venus*, *venustas*; antico indiano *vánati* «ama»; gotico *winja* «pascolo»; inglese antico *wine*, antico nordico *vinr* m. «amico».
7 *Yng* 4.
8 *Þry* 15. Alla loro saggezza si allude anche in *Skí* 17-8 e in *Sig* 18.

9 *Yng* 4; *Lok* 36; v. p. 135, dove Loki esprime tale accusa.
10 *Lok* 32; v. p. 135, dove ciò traspare dalle parole di Loki.
11 *Gyl* 35. Cfr. *Edda Kuhn*, p. 316.
12 Sui Vani v. anche: *Skí* 37, *Alv passim* (dove è chiara la distinzione della loro stirpe rispetto alle altre). Il loro nome compare anche nello scaldo Þórðr Sjáreksson (*Skj* I: A, p. 330; B, p. 304, cit. in *Ská* 14) e in una *kenning* di Einarr Skúlason (*Skj* I: A, p. 478; B, p. 450, cit. in *Ská* 45); v. anche in *Ská* 15 i riferimenti a Freyr.

1. *Njörðr*

1 *Gyl* 23; *Yng* 4, 9-10; *Lok* 34; *Ísl* appendice; *HistN* p. 97.
2 *Yng* 4; *Lok* 36. Qui un'evidente allusione a un matrimonio di tipo endogamico in una fase della società nordica più antica.
3 *Gyl* 23-4, 37; *Ská* 14-5, 29; *Grí* 43; *Skí* pr, 38-9, 41; *Þry* 22; *Edda Kuhn* p. 315; *Lok* pr, 35.
4 *Vaf* 38-9.
5 *Gyl* 23; *Ská* 14, dove è detto *Fégjafi* «dispensatore di ricchezza»; cfr. *Vat* 47 (cfr. p. 40, nota 20).
6 *Gyl* 23-4; *Ská* 3 [1]; *Grí* 16; *Þry* 22; *Edda Kuhn* p. 315; *Yng* 5, 9.
7 Cfr. p. 278.
8 *Gyl* 23; *Ská* 3 [1]; *Yng* 8; *Edda Kuhn* p. 315. Una storia analoga è narrata anche da Saxo (I, VIII, 13 e 18-9), il quale tuttavia la riferisce a proposito di Hadingus e Regnilda (cfr. sotto, nota 2).
9 *Ldn* H 268; *ÞórðB* 1; *Þþu*; cfr. *Egi* 56.
10 *HákG* 14.
11 *Yng* 4.
12 *Ger* 40.
13 *Ská* 14-5.
14 Cfr. irlandese antico *náer* «forza», indiano antico *nár-*, armeno *air*, greco *ἀνήρ* «uomo», latino *neriosus* «forte». Su Njörðr v. anche *Ská* 1 [1], 42, 45; *SnE* p. 6, nota 21; *SnEArn* I, p. 18; *Lok* pr, 33-4; *Flat* I, p. 26 e II, prologo; *Sör* 1; *Saga di Óláfr il Santo* (*Óláfs saga helga inni sérstöku* eptir Snorra Sturlusonar; ed. B. Aðalbjarnarson, Reykjavík 1979[2], *ÍF* vol. XXVII), prologo; *Sól* 79; *Þul*; egli è ricordato anche dagli scaldi (specie *Egi* 78 e *Hal* 6) e nelle *kenningar*.

2. *Skaði*

1 V. p. 116.
2 Una variante di questo racconto si trova in Saxo (I, VIII, 13) nella storia di Hadingus e Regnilda, figure la cui affinità con Njörðr e Skaði è già stata sottolineata (cfr. sopra, nota 8); v. pp. 411-2.
3 *Ská* 3-4 [1]; *Hár* 19; *Grí* 11; *Hyn* 30. Anche l'alluce del gigante Aurvandill, secondo un altro mito (v. pp. 139 e 145, nota 7), fu gettato nel cielo, dove divenne una stella. La nascita di questi astri si ricollega al mito secondo il quale le diverse parti del cosmo furono tratte dal corpo di un gigante (v. p. 50).
4 Cfr. p. 277.
5 *Yng* 8 e *Hál* 3 ivi citato.
6 *Grí* 11: *skír brúðr goða*; cfr. *Ská* 42; *Lok* pr.

7 *Lok* pr; *Gyl* 50; v. p. 162.
8 *Lok* 49-52; v. p. 136.
9 *Gyl* 23; cfr. *Hál* 4; *Rag* 20 e *Hau* 7.
10 Cfr. gotico *skadus*, inglese antico *sceadu*, alto tedesco antico *schate*, «ombra». La parola tuttavia non è attestata in area nordica se non nel norvegese *skodd(e)* «nebbia». Skaði è ricordata anche in *Ská* 14, 24; *Skí* pr; *Edda Kuhn* p. 315.

3. *Freyr*

1 *Gyl* 24, 37; *Ská* 15; *Lok* 35-6; *Yng* 4; *Hyn* 30; *Sör* 1; *Ísl* genealogia finale; in *Flat* I, p. 26 tuttavia è citato un Freyr figlio di Odino e padre di Njörðr a sua volta padre di Freyr (è probabile che si tratti semplicemente di errore).
2 Quest'ultimo nelle *þulur* vale «cinghiale», animale sacro al dio.
3 *Gyl* 24. Cfr. fra le numerose allusioni a questa sua caratteristica il *Carme per Arinbjörn* (*Arinbjarnarkviða*) di Egill Skallagrímsson (str. 17 in *Egi* 78), dove con lui è ricordato Njörðr, suo padre.
4 *Ská* 15.
5 *Grí* 5; *Gyl* 17; *Þór* 20; cfr. p. 311.
6 *AdB* IV, 26.
7 *Yng* 5, 10. Cfr. *Flat* I, p. 339, dove è detto *blótgoð Svía* «dio adorato dagli Svedesi» e III, p. 246; *Hal* 5.
8 *Yng*, prologo, 10-1, 16-7; *Ytal* 6-7; *SnE* prologo, cap. 6; cfr. *Ská* 81; *Upp*; *Þul* e *K* (v. in particolare *Hál* 13; *Hák* 1; *Reg* 14; *HH* I 55). Cfr. Ingo in *Skjö* 1. Cfr. anche *Flat* I, p. 26 e II, prologo.
9 *Ger* 2.
10 Simile a questo appellativo è *Ingunar-Freyr* o *Ingi-Freyr*: *Lok* 43; *Óláfs Saga helga inni sérstöku*, ed. cit., prologo; in *Ísl* (genealogia finale) Yngvi, detto re dei Turchi, pare essere un appellativo di Odino (qui Freyr è un suo discendente).
11 *Yng* 10; v. anche il racconto relativo a due idoli sottratti da questo tumulo in *Flat* I, p. 403 (v. p. 282).
12 *Flat* I, pp. 337-8; cfr. *Gön* 1.
13 *Ger* 40. Qui va collegata verosimilmente la strofa 22 del poemetto runico anglosassone relativa alla runa *ing* (v. sopra e note 8-10): «Ing fu dapprima / tra i Danesi orientali / visto dagli uomini / finché in seguito di nuovo / partì sulle onde; / il carro seguiva...» (*Ing wæs ærest / mid East Denum / gewesen secgun / oþ he siððan eft / ofer wæg gewāt; / wæn æfter ran...*); cfr. R. Solari, *op. cit.*, pp. 13, 18, 21.
14 Cfr. pp. 445-6.
15 I, VIII, 12; III, II, 13; IV, V, 10; VIII, III, 11 (dove Frø è indicato come divino progenitore). Saxo riferisce anche che a questo dio venivano immolate «vittime scure» (*furvae hostiae*); cfr. anche IX, IV, 1.
16 *Yng* 10-1; *Ská* 45, 53 [7]; *Saxo* V, *passim*, in cui appare come re Frotho III; *Skjö* 3-7, dove è detto Frodo *pacificus*. Per l'identità delle due figure cfr. *Flat* I, p. 404 e *Skí* 2, dove Freyr è definito *fróði* «saggio».
17 Cfr. pp. 87 e 181.
18 *Saxo* V, XVI, 2-3.
19 *Yng* 15.
20 *Yng* 26.
21 V, XVI, 1-2. L'episodio è ripreso da Olao Magno (*OlM* III, 15).

22 *Skjö* 7: *hic cum cervum venatu assecutus hasta transfoderet, cervi conversi cornibus ventrem et viscera confixus occubuit*... Qui va forse riconnesso l'episodio relativo a Freyr, che uccise il gigante Beli con un corno di cervo (*Gyl* 37).
23 *HákG* 14; *Gís* 15; *Víg* 5, 9, 19, 26.
24 *Hraf*, *passim* (v. in particolare capp. 2-3).
25 *Gís* 18.
26 *ÓlT* 81; *Njá passim*; *Fló* 18; *Ldn* S 316, H 276; S 325, H 286; S 330, H 289-90; S 398, H 355. È detto che i discendenti di costui erano chiamati *Freysgyðlingar* «stirpe dei sacerdoti di Freyr» (*Ldn* S 335; S 399, H 355). Cfr. anche il personaggio di Freydís, figlia di Erik il Rosso (*Eir* 8, 11 e *Flat* I, pp. 431 e 546-8).
27 *Víg* 9. Il sacrificio di un bue in onore del dio è ricordato anche in *Bkþ* 1.
28 *Vat* 10, 12, 15. Cfr. *Ldn* S 179, H 145.
29 *Yng* 4; cfr. *Sör* 1.
30 *Þgþ* e *Lok* 37.
31 Cfr. p. 560.
32 *Hraf* 1; cfr. *Vat* 34. V. sopra e nota 24.
33 *Flat* I, p. 401.
34 Cfr. sopra, pp. 279-80 e nota 11.
35 Cfr. *ÓlTOS* 47.
36 *Ská* 15, 44 [5]; v. pp. 93-4.
37 *Gyl* 49.
38 *Her* pp. 54, 129. V. anche pp. 564-5 (d).
39 *Gyl* 43; *Ská* 44 [5]; *Grí* 43; v. pp. 92-3.
40 In *Yng* 7, tuttavia, si dice che questa nave appartiene a Odino.
41 *Lok* 32.
42 *Yng* 4.
43 *Gyl* 37; *Skí passim*; *Yng* 10; v. pp. 149-51.
44 *Gyl* 51; *Vsp* 53; v. p. 189.
45 *Víg* 7-8; cfr. *Ket* 2 e *Ldn* S 255, H 219, pp. 282-3 e nota 10. V. sopra, alle pp. 281-2, la vicenda di Víga-Glúmr.
46 *Lok* 35-7. In varie fonti (cfr. p. 287, nota 9 [*Njörðr*]) egli è chiamato a testimone di un giuramento.
47 *Skí* 3: *folkvaldi goða*.
48 Che parrebbero confermate in *Hús* 7. Su Freyr v. anche: *Gyl* 34; *Ská* 1 [1], 45; *Lok* pr, 44; *Sgk* 24; scaldi, specie *Vel* 18, *Hal* 6 e *kenningar*. Un'allusione al suo culto si trova all'inizio del *Þþu*. Di un tempio in cui egli era venerato fa menzione la *Saga dei valligiani di Fljótsdalr* (*Fljó* 26). All'«ira di Freyr» (*Freys reiði*) fa riferimento la *Örvar-Odds saga*, dove riferisce che Oddr aveva distrutto, incendiandoli, dei templi pagani in cui venivano venerati Odino e Freyr (*Örv I* 44; *Örv II* 29).

4. *Lýtir*

1 *Flat* I, pp. 579-80.

5. *Gerðr*

1 *Gyl* 37; *Skí passim*; *Lok* 42; *Yng* 10; v. pp. 149-51.
2 *Yng* 10; cfr. pp. 525 e 530, nota 39.
3 Cfr. *Skí* 16-9 con *Lok* 17.
4 *Drau* p. 323.
5 *Skí* 9, 17-8; così la valchiria Brunilde, v. soprattutto *Ská* 49 [6] (v. p. 393), ma anche Menglöð, corrispettiva di Freyja: cfr. *Fjö* 1, 31 (v. p. 402).
6 Su Gerðr v. anche *Hyn* 30; *Ská* 1 [1], dove è annoverata fra le dee, 28; *Þul*; le frequenti *kenningar* per «oro» e «donna» e *Skj* II: A, p. 79; B, p. 90 (versi di Snorri).

6. *Freyja*

1 *Yng* 4.
2 *Gyl* 24; *Ská* 29, 45; *Yng* 4.
3 *Gyl* 35; *Ská* 29, 45; *Vsp* 25; *Yng* 10. Entrambi i nomi delle figlie di Freyja significano «gioiello». Da Hnoss prendono nome (*hnossir* f.pl.) secondo Snorri tutte le «cose belle e preziose»; ella è ricordata anche nelle *þulur* e in una *kenning* dello scaldo Kormákr Ögmundarson (*Kor* 19); Gersimi (il cui nome ha anche le forme *Görsimi* o *Gørsemi*) è ricordata solo in *Yng* 10 e nelle *þulur*.
4 *Gyl* 24; *Grí* 14; v. p. 60.
5 Cfr. *Egi* 78, dove pare che ella accolga le donne morte.
6 *Ská* 3 [1], 29; *Þry* 3, 5, 9; v. pp. 116 e 118.
7 *Gyl* 24; *Ská* 29; cfr. *Þul*; v. p. 60.
8 Opposta forse a *Heimdallr* «splendore della terra»; cfr. p. 222.
9 *Yng* 19; cfr. *Yng* 14.
10 *Gyl* 24; *Ská* 1 [1], 42; *Lok* pr; v. anche *Hal* 6.
11 *Hyn* 10. Un tempio in cui Freyja pare venerata è ricordato in *Fljó* 26; così anche in *Stur* 17. In *Hálf* 1 ella viene invocata da una regina che deve preparare la birra; in *Bós* 12 si parla di un brindisi in suo onore.
12 *Gyl* 24; *Ská* 29, dove è chiamata *Ástagoð* «dea dell'amore».
13 *Odd* 9.
14 *Lok* 30-2; v. p. 135.
15 *Hyn* 46-7, dove è detta lasciva come la capra Heiðrún (cfr. p. 569).
16 *Hyn* 7, *passim*. Qui ella è accusata di far apparire il suo protetto Óttarr in aspetto di un cinghiale, detto Hildisvíni, simile al verro sacro di Freyr (cfr. pp. 564-5 [d]).
17 Famoso è il distico con cui un tale Hjalti Skeggjason, durante un'assemblea generale (*alþingi*) nella quale si dibatteva il problema della nuova religione cristiana, apostrofava la dea: «Io non voglio che gli dèi latrino (o «io non voglio latrare agli dèi»), / ma Freyja mi sembra una cagna» (*Vilkat goð geyja, / grey þykkjumk Freyja*: *Skj* I: A, p. 139; B, p. 131); cfr. p. 571. È da notare inoltre che nel *Canto di Hyndla* la dea si rivolge a una gigantessa di nome *Hyndla* «cagnolina», alla quale chiede di rendere nota la discendenza del suo protetto Óttarr, chiamandola «amica» (*vina*) e «sorella» (*systir*): *Hyn* 1.
18 *Gyl* 24, 49; cfr. *Ská* 29.
19 Cfr. p. 571 (j).
20 *Yng* 4, 7; *Lok* 32; cfr. *Hyn* 6, dove si allude alla potenza magica del suo sguardo; cfr. anche in *Stur passim* la figura di una maga di nome *Véfreyja* «Freyja del luogo sacro» (ricordata anche in *ÞorV* 25 e *Gön* 4).

21 *Gyl* 35; *Þry* 13-4, 19; *Sör* 1-2; v. pp. 117-8; cfr. p. 659.
22 *Vsp* 25; *Gyl* 42; *Ská* 25 [3]; *Þry passim* (v. pp. 113, 119 e 137). Gli episodi riferiti in Saxo in cui si allude a giganti che cercano di possedere delle principesse hanno verosimilmente la propria matrice in questi miti relativi alla dea (*Saxo* I, VIII, 13; VII, IV, 2).
23 *Gyl* 35; *Ská* 29, 45; *K*.

7. *Óðr*

1 *Gyl* 35, 42; *Ská* 29, 45; *Vsp* 25; *Hyn* 46(?)-7; *Yng* 10 e in una *kenning* dello scaldo Einarr Skúlason (*Skj* I: A, p. 477; B, p. 449; cit. in *Ská* 45).
2 Cfr. p. 248, nota 1 (*Odino*).
3 Cfr. pp. 207-8.

III. Divinità minori

1. *Eir*

È UNA dea della quale si sa soltanto che appartiene alla stirpe degli Asi ed è abilissima nella medicina.[1] Il nome, in accordo con la sua funzione, significa «aiuto», «grazia». Eir potrebbe forse trovare una connessione con le divinità femminili dette *Alaisiagae*, citate su due iscrizioni sacre (risalenti agli inizi del III secolo) che si trovano sul vallo di Adriano presso Housesteads in Gran Bretagna. La seconda parte di questo nome, che può significare «dee soccorrevoli» o «degne di venerazione», risalirebbe a un verbo germanico **aizjan* corrispondente al nordico *eira* «essere di vantaggio», «aver cura».[2]

Appendice. La medicina, scienza sacra

È l'arte di riconoscere e utilizzare gli elementi nei quali agisce la potenza vivificante e risanatrice del dio. È la scienza del mondo come capacità di discernere in ogni cosa i due princìpi della vita – bene e male – e il loro equilibrio-contrapposizione indispensabile all'esistenza. Sa perciò richiamare e concentrare le forze vivificanti e indirizza la loro azione verso il ristabilimento dell'equilibrio del corpo. È scienza del corpo ma anche dello spirito, poiché la globalità della conoscenza dell'essere è necessaria alla sua azione.

Nel mito nordico è ricordata la dea Eir, abilissima in medicina,[1] alla cui figura si ispirano forse talune donne-medico ricordate nelle saghe.[2]

La qualità sovrannaturale dell'arte medica risalta soprattutto là dove essa viene messa in relazione con la conoscenza di canti magici particolari o delle rune, nelle quali è racchiusa e simboleggiata l'essenza segreta delle diverse entità del mondo.[3]

2. *Gefjun*

È una dea della stirpe degli Asi[1] la cui figura è connessa al mito sull'origine del lago svedese Mälaren (*Lögrinn*). Ella infatti, travestita da mendicante, aveva intrattenuto il re Gylfi[2] che, come ricompensa, le aveva concesso tanta terra quanta ne potessero arare quattro buoi in un giorno e in una notte. Gefjun, aggiogati all'aratro quattro buoi (nei quali aveva trasformato i figli da lei avuti con un gigante), aveva scavato con tanta forza e così profondamente da portar via una parte del territorio svedese: quella che riempita dall'acqua del mare forma ora il lago Mälaren (presso Stoccolma). La terra, trascinata verso ovest, andò a formare l'isola di Sjælland (*Selund* in Danimarca). Per questo, osserva il mito, vi sono tante baie nel Mälaren quanti sono i promontori in Sjælland.[3]

Gefjun fu successivamente presa in moglie da Skjöldr, figlio di Odino, col quale visse a Lejre (*Hleiðr*).[4] Nell'*Invettiva di Loki*,[5] Gefjun viene accusata da Loki di avere giaciuto con un «bianco giovane» (*sveinn inn hvíti*) in cambio di un gioiello. Contrastante è invece la notazione di Snorri secondo il quale Gefjun è vergine, e a lei fanno omaggio quelle che muoiono vergini.[6]

Il nome Gefjun va presumibilmente collegato al verbo *gęfa* «dare», «donare», quindi significherebbe «donatrice». L'analogia con Gefn, appellativo di Freyja, è evidente; si tratta dunque di una dea della fecondità.[7] Ella può altresì essere connessa con talune *matronae* (divinità femminili adorate nella Germania continentale, cui sono dedicate molte iscrizioni lungo il Reno) quali le *Gabiae* «donatrici» o *Alagabiae* «riccamente donatrici» o anche col toponimo danese *Gevnø*.[8]

3. *Sjöfn*

Dea della stirpe degli Asi, è descritta da Snorri come divinità dell'amore poiché volge verso tale sentimento le menti degli uomini e delle donne. Egli aggiunge che dal suo nome l'amore è detto *sjafni* m.[1] In realtà il nome della dea[2] può più propriamente essere riconnesso a *safi* m. «linfa delle piante» o a *sefi* m. «mente» o meglio «parente».

4. *Lofn*

È una divinità femminile appartenente alla stirpe degli Asi. Di lei Snorri dice che è dolce e buona; inoltre ha il permesso di Odino e di Frigg di unire in matrimonio anche coloro cui ciò fosse vietato o negato. Per questo dal suo nome è detto *lof* n. il «permesso» ed ella è molto lodata dagli uomini.[1] Il nome di questa dea[2] significa la «dolce», la «consolatrice».

5. *Vár*

È una dea appartenente alla stirpe degli Asi che ascolta i giuramenti e gli accordi stretti fra uomini e donne, vendicandosi di coloro che li spezzano. Dal suo nome, secondo Snorri, i giuramenti sono detti *várar*.[1] Questa «etimologia rovesciata» appare piuttosto improbabile; più plausibile è invece che il nome della dea significhi «benevolente» (che dà fiducia e dunque gioia). Ella è propriamente la dea dei patti d'amore, come appare anche quando viene invocata quale testimone alle nozze.[2]

6. *Vör*

Come le precedenti, appartiene agli Asi. Di lei Snorri dice che è assai saggia e attenta, sicché nulla può sfuggirle. Dal suo nome egli deriva l'aggettivo *varr* (al f. *vör*) «accorto», «consapevole».[1] Tale etimologia, sebbene rovesciata, non pare improbabile.[2]

7. *Syn*

Anch'ella appartiene alla stirpe degli Asi. A lei Snorri attribuisce il compito di guardiana, inoltre dice di lei che ha funzione di avvocata nelle assemblee e viene invocata quando si debba respingere un'accusa.[1] Il suo nome[2] significa «ricusa», «negazione».

8. *Snotra*

«Assennata» o «elegante»; è una divinità femminile degli Asi. Di lei Snorri dice che è saggia e di nobile tratto. Dal suo nome, secondo lo stesso autore, deriva l'aggettivo *snotr* «assennato».[1]

9. *Njörun*

Dea della quale si conosce praticamente solo il nome, che si trova nelle *kenningar*, specie per «oro», dove parrebbe avere la medesima funzione di Jörð, la dea terra.[1] Ciò sarebbe confermato dall'interpretazione del nome che la avvicina a Njörðr, dio della fecondità, a sua volta linguisticamente identico a *Nerthus*, della quale Tacito propone la *interpretatio romana* di *Terra mater*.[2] Nelle *þulur* Njörun è elencata fra le dee, ma forse anche fra le gigantesse.[3]

10. *Þorgerðr Hölgabrúðr*

È una divinità femminile di secondo piano citata in diverse fonti.[1] A lei era dedicato, nella regione norvegese di Gudbrandsdalen, un tempio in cui veniva adorata insieme a un'altra dea di nome Irpa.[2] Il nome indica che era la sposa (*brúðr* f.) di Hölgi, mitico personaggio a cui la tradizione faceva risalire il nome della regione norvegese di Hálogaland: in Snorri tuttavia è detta sua figlia;[3] ivi si precisa anche che a lei e al padre venivano offerti sacrifici. Altrove si dice che lo *jarl* Hákon le sacrificò il figlioletto di sette anni per avere la vittoria contro gli Jómsvichinghi. Ella appare piuttosto un demone che una dea: non solo infatti provocò una tempesta di grandine contro gli Jómsvichinghi, ma fu vista anche sulla nave dello *jarl* insieme a Irpa: dalle loro dita volavano frecce.[4] Con Irpa inoltre aiutò lo *jarl* in un'azione di magia nera: infatti intagliarono una figura di legno e la dotarono di un cuore umano; questo essere, reso potente con la magia, si recò in Islanda dove uccise Þorleifr, nemico dello *jarl*, poi sprofondò nella terra. Anche le fonti paiono indicarne la natura di demone: infatti il suo nome appare talvolta come *hölgatröll* (o *hörgatröll*), dove *tröll* n. significa «mostro», «essere malvagio» (è parola che nella tradizione tarda indica anche i giganti). In una saga[5] è detto che ella partecipò a un'assemblea di giganti. Una fonte inoltre fa menzione di un suo fratello chiamato *Sóti*, il cui nome, che vale probabilmente «[nero come la] fuliggine», lo indicherebbe come gigante.[6]

11. *Irpa*

È una divinità femminile della quale non si hanno che le scarse notizie fornite da talune fonti.[1] Di lei è ricordato che veniva venerata assieme a Þorgerðr Hölgabrúðr[2] e a Thor in un tempio nella regione norvegese di Gudbrandsdalen. Il suo nome va forse collegato all'aggettivo *jarpr* «marrone scuro», il che parrebbe riconnetterla alle divinità della fecondità legate al mondo ctonio. Il racconto secondo il quale queste due dee aiutarono Hákon *jarl* a praticare una stregoneria[3] ne sottolinea altresì la qualità di dea-maga.

Note

1. *Eir*

1 V. l'appendice.
2 Eir è ricordata in *Gyl* 35; *Þul* e *K*.

Appendice. La medicina, scienza sacra

1 Cfr. sopra.
2 Esempi in *Fós* 23 e *Þórð* 6-8.
3 *Háv* 146-7; *Sig* 11.

2. *Gefjun*

1 *Gyl* 35.
2 È lo stesso re mitico che camuffato da vecchio visitò il Paese degli Asi (cfr. p. 249, nota 10).
3 *Rag* 13; *Gyl* 1; *Yng* 5. Questo mito presenta qualche analogia con quello di Didone (una versione nordica del quale può essere vista in *Ragn* 17; cfr. *Saxo* IX, V, 4). Strumento che consente di penetrare il terreno per stimolarne mediante la semina la qualità produttiva, l'aratro è immagine presente nelle incisioni rupestri dell'età del bronzo. Esso consente all'uomo di fecondare la terra, dunque lo mette in grado di ripetere un atto sacro, prerogativa del dio del cielo. L'aratura sarà perciò azione che dà origine a nuova vita o, se si vuole, a un nuovo mondo. In tal senso va interpretato, verosimilmente, il mito di Gefjun.
4 *Yng* 5; cfr. p. 250, nota 25 e anche le *Völsungsrímur* I, cit.
5 *Lok* 19-21; v. p. 135.
6 *Gyl* 35.
7 Un'analogia con Frigg, sposa di Odino, potrebbe invece riscontrarsi in *Lok* 21, dove Odino afferma che ella conosce la sorte: tale è anche una precisa caratteristica di Frigg (*Lok* 29; *Gyl* 20).
8 Su Gefjun v. anche *Þul*; una *kenning* in *Hau* 20; *Ská* 1 [1], 42, dove è annoverata fra le dee, e la *Breve storia di Völsi* (*Völsa þáttr*: *Flat* II, pp. 331-5), dove è chiamata a testimone di un giuramento.

3. *Sjöfn*

1 *Gyl* 35.
2 Che compare anche in *Þul* e *K*.

4. *Lofn*

1 *Gyl* 35.
2 Che si trova anche nelle *Þul* ed è frequente nelle *K* per «donna»; cfr. *Ská* 77.

5. *Vár*

1 *Gyl* 35; cfr. p. 19, nota 3.
2 *Þry* 30. *Vár* (o *Vǫ́r*) si trova anche in *Hel* 2; *Þul* e *K* (cfr. *Ská* 31).

6. *Vör*

1 *Gyl* 35.
2 Ella è citata anche nelle *þulur* e in due *kenningar* (cfr. *Gís* 22 e *Canzoni di Maria* [*Máríuvísur*] II, 15, in *Skj* II: A, p. 494; B, p. 536).

7. *Syn*

1 *Gyl* 35.
2 Che compare anche nelle *þulur* e nelle *kenningar* (cfr. *Ská* 59).

8. *Snotra*

1 Gyl 35. In realtà si tratta del contrario. Snotra è ricordata anche nelle *þulur*.

9. *Njörun*

1 Che è madre di Thor. Cfr. p. 263, nota 2 (9).
2 La radice sarebbe quella di termini per «forza». Cfr. pp. 277 e 287, nota 14.
3 Ivi però il nome compare nella forma *Njörn*.

10. *Þorgerðr Hölgabrúðr*

1 *Njá* 88; *Harð* 19; *Fær* 23; *Flat* I, pp. 407-9; *Þþj*; *Jóm* 44; *Carme encomiastico per gli Jómsvichingi* (*Jómsvíkingadrápa*) di Bjarni Kolbeinsson str. 32 (*Skj* II: A, p. 7; B, p. 7); *Ská* 56. Cfr. la figura di Thora sposa di Helgo in *Saxo* III, II, 8 e III, II, 11.
2 E a Thor (cfr. *Njá* 88); v. sotto.
3 *Ská* 56. La relazione con questo Hölgi fa presupporre che la forma più corretta del nome della dea, detta talora anche *Höldabrúðr*, *Hörgabrúðr* o *Hörðabrúðr*, sia, appunto, *Hölgabrúðr*.
4 Cfr. il *Carme encomiastico per Búi* (*Búadrápa*) di Þorkell Gíslason str. 10 (*Skj* I: A, p. 555; B, p. 538) e *Saxo* X, IV, 2-3; II, VII, 11.
5 *Ket* 5.
6 *Harð* 19; cfr. *ibidem* 14-5, 39. Costui è un *draugr* (cfr. pp. 362-3). La figura di Þorgerðr Hölgabrúðr appare anche in talune rime islandesi dette *Þorgeirsrímur stjakarhöfða* contenute nel manoscritto AM 569 a, 4 to: cfr. B. Kahle, *Aus isländischer Volksüberlieferung*, in *Germania. Vierteljahrschrift für deutsche Altertumskunde* XXXVI (1891), pp. 377-8. Cfr. anche *SnEArn* II, p. 42.

11. *Irpa*

1 *Njá* 88; *Jóm* 44; *Þþj*.
2 Detta talora sua sorella; v. sopra.
3 *Þþj*; cfr. sopra.

Gli esseri sovrannaturali

I. Figure divine di secondo piano

1. *Dísir*

Con questo nome vengono designate talune divinità femminili non sempre ben definite e che presentano caratteri diversi: possono apparire come dee della fecondità, spiriti protettori, o anche norne o valchirie.

Il nome *dísir* al singolare (*dís* f.) significa «dea»,[1] «donna di nobile rango» o anche «sorella».[2]

Diverse fonti testimoniano dell'uso di fare un sacrificio alle *dísir*[3] e parlano di un vero e proprio tempio (*dísarsalr* m.), a loro dedicato,[4] che nella *Historia Norvegiae* viene definito come *aedes Dianae*.[5] Nella *Saga di Hervör* è detto che il rito era officiato durante la notte da una donna, la quale aspergeva di sangue l'altare.[6] In un'altra saga si parla di un sacrificio preparato in occasione della visita di un re.[7] Altrove[8] si allude a un culto celebrato privatamente in una casa: un tipo di rituale, quest'ultimo, che probabilmente era prevalente nelle zone orientali. Così pare indicare anche il termine svedese *disting* (antico nordico *dísaþing*) con cui si designava una sorta di grande mercato – occasione al contempo di compravendita e di accordi giuridici – che aveva luogo a Uppsala alla fine di febbraio.[9] Senza dubbio il nome – letteralmente «assemblea delle *dísir*» – lo lega a qualche festa in onore di queste dee. Il culto delle *dísir* è testimoniato altresì da diversi toponimi[10] (taluni di tipo piuttosto antico) che spesso si trovano nelle vicinanze di nomi di luogo riferiti ad altre divinità (Ullr e Thor in particolare); in Islanda sono note le cosiddette «pietre delle *dísir* del Paese» (*landdísasteinar*), per le quali è testimoniata nel folclore una certa venerazione (fino a non molto tempo fa era proibito falciare l'erba che vi cresceva attorno e lasciarvi giocare i bambini).

Sebbene nelle fonti manchi un'indicazione precisa sulla funzione delle *dísir*, il significato di queste divinità va cercato nell'ambito del concetto di *Sippe*, delle sue necessità e del suo funzionamento.[11] Le *dísir* sono infatti legate alla fecondità: in una fonte (di area nord-occidentale) si allude al fatto che i riti in loro onore avevano luogo alle «notti d'inverno» (*vetrnætr* f.pl.), a metà ottobre circa, periodo in cui cadevano di regola i sacrifici alle divinità della fecondità;[12] altrove[13] si afferma che esse soccorrono le partorienti. Da questo punto di vista può avere un suo significato anche il probabile rapporto del loro nome con l'antico indiano *dhišáṇaḥ*, che indica talune divinità della fecondità. In ciò le *dísir* mostrano carattere strettamente femminile. Ma la funzione della donna nel mondo germanico, oltre a quella di contribuire alla crescita della stirpe, era di proteggere, anche magicamente, coloro che vi appartenevano, danneggiando perciò i nemici. Ciò spiega le diverse allusioni alle *dísir* come spiriti protettori,[14] ma anche la citazione di *dísir* avverse o perfide, perché legate evidentemente al nemico di colui che soccombe.[15] Il collegamento fra le *dísir* e il concetto di *Sippe* appare anche nella vicenda di tre re della stirpe svedese degli Ynglingar, il primo dei quali, Dyggvi, morì perché una «*dís* del cavallo» (*jódís* f.) lo scelse;[16] il secondo, Agni, morì per opera di una donna detta *logadís*[17] «*dís* del fuoco»; il terzo, Aðils, cadde da cavallo mentre caracollava attorno al tempio di queste divinità.[18] Se le *dísir*, come appare probabile, sono spiriti tutelari della fecondità della stirpe, esse incarnano forse le anime delle donne morte della famiglia e costituiscono dunque una sorta di confraternita femminile (passi il bisticcio semantico) di spiriti tutelari (qui forse la spiegazione del significato di *dís* come «sorella»). Ciò spiegherebbe bene anche il loro legame con le pietre dette *landdísasteinar* (per la credenza che i morti dimorano nelle rocce e nei tumuli), così come il loro manifestarsi come valchirie che invitano l'eroe nel regno dei morti.[19]

Nella *Breve storia di Þiðrandi*[20] si riferisce della morte del protagonista provocata dalle *dísir*. Þiðrandi era un giovane di diciotto anni, dotato di molte qualità. Tutti lo lodavano, ma a quelle lodi un tale Þórhallr, noto per la capacità di divinare il futuro, rispondeva con il silenzio. Egli infatti già prevedeva la morte del giovane, che si verificò in occasione della festa delle «notti d'inverno». Per quella occasione era stato preparato un banchetto al quale, a causa del tempo inclemente, non erano presenti molte persone. Þórhallr, il veggente, aveva raccomandato che nessuno uscisse quella notte di casa. Quando tutti furono andati a dormire, si udì bussare alla porta, ma nessuno pareva accorgersene. Così avvenne tre volte. Allora Þiðrandi si alzò per andare ad aprire, poiché gli pareva una grande scortesia lasciare fuori degli ospiti. Prese la spada e uscì, tuttavia fuori non c'era nessuno. Il giovane pensò che qualcuno potesse essere tornato incontro a chi era rimasto indietro. Andò perciò a guardare: allora udì un rumore di cavalli sui campi. Là vide nove donne in abiti scuri e con le spade sguainate. Da sud udì arrivare altre nove donne su cavalli bianchi e in abiti chiari. Þiðrandi si volse verso la casa per avvertire gli altri, ma le donne vestite di scuro lo assalirono e nonostante la sua coraggiosa difesa lo ferirono a morte. Uscirono gli uomini nel chiarore lunare[21] e nel freddo ed egli prima di spirare rivelò loro quanto era accaduto.

Una funzione collegata tanto alle norne quanto alle valchirie paiono avere anche le figure delle «*dísir* profetiche» (*spádísir*) che compaiono in talune saghe ad annunciare il destino.[22] Le *idisi* citate nella *Prima formula magica di Merseburgo*,[23] che sono donne dedite alla magia, così come le *matronae* (il cui culto è testimoniato soprattutto nella Germania renana) che hanno chiari riferimenti al culto della fecondità, condividono taluni aspetti delle *dísir*, per le quali va infine aggiunto che la loro funzione può anche essere legata all'ipotesi dell'esistenza di una società di tipo matriarcale nella Scandinavia pre-indoeuropea. In una strofa del *Canto del sole*[24] (componimento di prevalente ispirazione cristiana) le *dísir* paiono intese come figure di sante che parlano con il Signore.

Infine va qui ricordato il soprannome dello scaldo Þorbjörn, detto Poeta delle *dísir* (*dísarskáld*; x secolo), il che forse allude a una particolare devozione del poeta per una di queste divinità (lett. il soprannome vale infatti «poeta della *dís*») o al fatto che egli aveva probabilmente scritto un componimento in suo onore.

2. *Norne*

Sono le dee del destino, incarnazione di un fato superiore e ineluttabile che tutto sovrasta. Nelle *þulur* è detto di loro: «Norne si chiamano coloro che determinano la necessità».[1]

Rappresentano il legame tra l'uomo e il cosmo nelle diverse manifestazioni dell'esistenza. Il mito conosce perciò norne buone e norne cattive, dal cui volere imperscrutabile e inappellabile dipende la sorte degli uomini.[2] Questo concetto, espresso chiaramente da Snorri,[3] si ritrova in Saxo.[4] Alle norne alludono diversi passi della poesia eddica e scaldica, nei quali ci si riferisce prevalentemente a norne ostili che stabiliscono un destino di sfortuna e di morte;[5] tuttavia è ricordato anche che le norne accorrono alla culla di un eroe per preparargli una sorte felice.[6] L'iscrizione runica nella chiesa di legno (*stavkirke*) di Borgund (Sogn, Norvegia, XIII secolo) recita tra l'altro: «le norne fecero il buono e il cattivo, a me hanno recato un grande dolore».[7]

Un passo del *Dialogo di Fáfnir*[8] precisa che le norne sono di diversa origine: talune appartengono alla stirpe degli Asi, altre a quella degli elfi, e altre ancora a quella dei Vani.

Al loro potere sul destino è dovuta la ragione per cui sull'unghia della norna sono incise le rune.[9]

Le norne appaiono dunque come un gruppo numeroso di divinità dal carattere indistinto (così le *dísir* e le valchirie con cui esse hanno diversi punti in comune). Snorri tuttavia,[10] come del resto già la *Predizione dell'indovina*,[11] parla in particolare di tre di loro che hanno dimora presso l'albero cosmico, accanto alla «fonte del destino»: *Urðarbrunnr*. Esse hanno il compito quotidiano di irrorare i rami dell'albero con acqua e argilla, affinché non secchino né marciscano. Le tre norne che dimorano presso l'albero cosmico (la cui immagine ricorda le parche della tradizione greca e le moire di quella celtica) hanno nome Urðr, Verðandi e Skuld. *Urðr* è il «destino» stesso.[12] *Verðandi*, la cui figura pare essere assai più tarda, trae il nome dal verbo *verða* «divenire» (dalla stessa radice anche Urðr). È dunque «ciò che diviene». *Skuld*, definita da Snorri «la norna più giovane»,[13] significa «debito», «colpa»; rappresenta perciò il compito che a ciascuno è affidato nella vita. Ella compare altrove come valchiria.[14] L'interpretazione di queste figure come immagine del passato, del presente e del futuro non pare molto lontana dal vero. Delle norne è detto anche che si recano presso ogni uomo che nasce per deciderne la sorte.[15] Il passo del *Dialogo di Fáfnir* secondo cui esse soccorrono le partorienti va forse connesso a questa loro funzione. In esso è tuttavia stabilito anche un legame con le *dísir*.[16] Il legame con le valchirie si ritrova invece non solo nella figura di Skuld, bensì anche là dove si dice che i lupi, animali che si nutrono di cadaveri (legati perciò alla simbologia della battaglia, momento in cui le valchirie stabiliscono un destino di vita o di morte), sono i «cani delle norne».[17] Il passo nel quale[18] si allude alle norne che compaiono in un sogno pauroso recando un presagio di morte ripete la simbologia della figura femminile mediatrice del destino, e ricorda altresì a esempio la «donna del sogno» (*draumkona* f.) infausta che appariva durante la notte al famoso fuorilegge Gísli Súrsson e lo tormentava con angosciose visioni[19] (qui anche il più probabile significato del passo[20] in cui si dice che le norne piangono sui cadaveri).

La credenza nelle norne, nata dalla fede fondamentale nel destino, fu certamente assai radicata. In una saga[21] la venerazione per queste figure è indicata fra le consuetudini cui deve rinunciare chi si converta al cristianesimo. Dai sostenitori della nuova religione esse furono senza dubbio relegate fra gli esseri demoniaci e stregoneschi.[22] Nella *Breve storia di Norna-Gestr* esse sono intese come maghe e indovine (*spákonur* f.pl.).[23]

Il termine norna (antico nordico *norn* f., pl. *nornir*) significa probabilmente «[colei che] bisbiglia [un segreto]».[24]

Appendice 1. Il destino nella mentalità nordica

Nella mentalità germanica il destino è la forza che tutto sovrasta e alla quale neppure gli dèi sono capaci di sottrarsi. In particolare di Frigg, sposa di Odino, si dice che conosce tutto il destino, ma che tuttavia non profeteggia.[1] (Il silenzio della dea è forse dovuto alla conoscenza della triste sorte del mondo?) L'esistenza inesorabile del fato è ripetuta quasi con ostinazione.[2]

Il destino è detto in antico nordico *ørlög*, *auðna*, *urðr*, *mjötuðr* e *sköp*. *Ørlög* n.pl. (al sing. «fine») vale «destino», ma anche «morte», «battaglia» (occasione in cui spesso si compie un destino di morte); *auðna* f. è legato ad *auðr* f. «destino», «morte», «norna», o «donna» con riferimento all'immagine della donna sovrannaturale che tesse la trama della vita;[3] *urðr* f., che è altresì il nome di una delle tre norne, è connesso al verbo *verða* «divenire»; *mjötuðr* m. è corradicale di *meta* «misurare»; *sköp* n. è connesso a *skapa* «creare», «ordinare», «disporre», ed esprime dunque l'idea che la sorte dell'essere origini nel momento stesso della creazione.

Il destino si dice è affidato alle norne,[4] che abitano presso la fonte sacra detta *Urðarbrunnr* («fonte del destino») ai piedi dell'albero cosmico.[5] Esse hanno il compito di stabilire la sorte degli uomini. Le norne tuttavia, e con loro le valchirie che similmente intervengono a determinare gli eventi, appaiono come un'evoluzione del concetto, figure più recenti rispetto all'idea antichissima del fato come sorte ineluttabile che non solo non si può sfidare, ma alla cui volontà si deve anzi acconsentire perché giunga al dovuto compimento. Di questo atteggiamento di sottomissione cosciente, ma mai meschina, si hanno numerosi esempi. Valga per tutti l'episodio, narrato nella *Saga di Gísli*, relativo a un tale Vésteinn il quale, mentre si recava a cavallo nel luogo in cui sarebbe poi stato ucciso, fu raggiunto dopo lunghe ricerche da messi che lo invitavano a tornare indietro. Alle loro parole egli così rispose: «Voi dite il vero... e io sarei tornato indietro se mi aveste incontrato prima, ma ora tutte le acque scorrono verso il Dýrafjörðr e io devo cavalcare in quella direzione; e tuttavia lo desidero».[6]

Il destino è indispensabile alla vita stessa, che senza di esso non può esistere; così mostra la notazione della *Predizione dell'indovina* quando riferendosi alla coppia umana primordiale, formata da Askr ed Embla ancora privi di vita prima dell'intervento degli dèi, la definisce «senza destino».[7]

La certezza di un destino segnato cui non ci si può sottrarre è testimoniata anche dalla pratica assai diffusa della divinazione. Indicazioni sulla propria sorte venivano richieste per lo più alle persone dotate di qualità magiche o agli dèi durante i sacrifici. Talora si ha anche notizia di esseri sovrannaturali che intervengono nella vita dell'uomo e gli preannunciano il destino.[8]

Appendice 2. Il concetto di «fortuna» nel mondo nordico

La fortuna non è considerata un frutto casuale del destino, quanto piuttosto una condizione conseguente a un intervento divino. È detta in antico nordico *gœfa* f.; *gipta* f.; *heill* n. o f. Il primo termine è corradicale di *gefa* «dare», «donare», il secondo è connesso con *gipt*, *gift* «dono»: ciò sottolinea il carattere di dono che viene dall'alto. Il possesso di tale qualità è la condizione del re divino al quale spetta dunque il compito di trasmettere questo stato felice ai sudditi promuovendo la fecondità della stirpe.[1] Il terzo termine, corradicale di *heilagr* «sacro», indica nella fortuna benevola uno stato felice, conseguente a un contatto fruttuoso con la divinità. L'espressione *at heilla* «come buon augurio» si trova a esempio quando si dice che un tale Ingólfr, in navigazione verso l'Islanda, gettò fuori bordo le colonne del trono della sua vecchia casa perché intendeva stabilirsi là dove esse fossero giunte a riva.[2] Similmente è detto che un tale Steinþórr scagliò la sua lancia contro i nemici, ripetendo un gesto compiuto da Odino nella guerra fra gli Asi e i Vani e cercando in tal modo di assicurarsi il successo.[3] *Heill* è il buon auspicio o la condizione fortunata che si lega a un oggetto o a una famiglia. Nella *Saga dei valligiani di Vatnsdalr*[4] è detto che Jökull, vedendo che la spada di famiglia non feriva i nemici, domandò se fosse stata abbandonata dal *heill* della stirpe. *Heill* è dunque la forza divina di cui è dotata un'entità: quando questa forza viene a mancare o si indebolisce si parla di «cattiva fortuna».[5]

Appendice 3. Significato simbolico del filo

Il filo è immagine della vita stessa. Così si insegna nel *Dialogo di Reginn*[1] dove si parla dei «fili del destino» (*ørlogsímu*) di Sigurðr e nella *Enumerazione degli Ynglingar* là dove si fa riferimento al [capo] estremo della vita di re Eysteinn che fu fissato a Lófund (luogo in cui morì).[2] Così soprattutto mostra uno dei carmi eddici dedicati all'eroe Helgi; ivi è detto che alla sua nascita convennero le norne a predisporne il destino: «con forza torcevano i fili del fato, / ... là dipanarono i fili d'oro...».[3] Come le parche greche, loro corrispettive, le norne stabiliscono il destino degli uomini tessendone la trama. L'atto del filare, tessere, cucire o ricamare, sempre riferito a donne di nobile rango o alle valchirie (che come le norne hanno potere sul destino degli uomini), rappresenta perciò un atto creativo che si manifesta come intervento del sovrannaturale nella vita dell'uomo, richiamo a un disegno superiore cui egli deve adeguarsi. Il filo è dunque ciò che unisce i diversi momenti della vita e li riconduce al loro principio.

Il rapporto donna sovrannaturale-filo-destino si deduce non solo dalle diverse allusioni dei carmi dell'*Edda* poetica,[4] ma anche da numerose *kenningar*.[5]

Il filo è inoltre legato alla simbologia del legame come strumento invisibile di magia. Anch'essa è pratica di carattere prevalentemente femminile.[6]

3. *Valchirie*

Sono le dee che stabiliscono il destino degli eroi nella battaglia, situazione estrema in cui è messo alla prova tutto il significato dell'esistenza. In nordico *valkyrja* f. è «[colei che] sceglie i caduti» (*-kyrja* su *kjósa* «scegliere»; *valr* m. «caduti»). Le valchirie, si suggerisce in un verso,[1] sono le «figlie adottive» (*óskmeyjar* f.pl.) di Odino, le spose spirituali dell'eroe che dischiudono le porte della Valhalla. Esse possiedono e trasmettono i segreti celesti, sono simbolo dell'epifania del divino; per questo sono dette bianche e luminose, fanciulle del Sud che appaiono talora in aspetto di cigno.[2] Per la loro qualità di divinità guerriere appaiono anche armate di tutto punto;[3] è detto inoltre che spesso compaiono in schiere misurate da numeri simbolici.[4] La loro qualità divina risalta inoltre nel fatto che esse sanno cavalcare nell'aria e sull'acqua.[5]

Talune valchirie sono ricordate quali protettrici particolari di un eroe, come a esempio *Sigrún* «runa della vittoria», la valchiria che protegge l'eroe Helgi:[6] in lei era reincarnata *Sváva* (o *Sváfa*), probabilmente «[colei che] addormenta» (cioè «uccide»). Di lei e dell'eroe amato è detto che nacquero una terza volta ed ella ebbe nome *Kára* «[tempestosa come] il vento» (o «riccioluta»?).

Nel mito del fabbro Völundr[7] e dei suoi fratelli è ricordato che essi furono sposi di tre valchirie. Esse erano *Hlaðguðr* «valchiria (lett. «battaglia») [col capo cinto da] un nastro», detta *Svanhvít* «bianca [come un] cigno»; *Hervör* «protettrice dell'esercito» detta *Alvitr* «assai sapiente»;[8] *Ölrún* «runa della birra». Esse rimasero con i loro sposi sette inverni, ma nell'ottavo soffrirono di nostalgia e nel nono volarono via per non tornare: in questo racconto è presente un tema consueto al motivo della sposa celeste. Una valchiria che trasmette all'eroe la sapienza divina è senza dubbio anche Brunilde (*Brynhildr o Brynhilldr*) «valchiria (lett. «battaglia») con la corazza», la quale, con l'appellativo di *Sigrdrífa* (o *Sigrdríf*) «[colei che] spinge alla vittoria», dona a Sigurðr la coppa colma dell'idromele della sapienza,[9] con cui gli trasmette le rune che simboleggiano il possesso del segreto della vita. Brunilde è colei che Sigurðr ha liberato dall'incantesimo che la teneva addormentata in un bastione di scudi:[10] a ciò ella era costretta dal volere di Odino per avere largito la vittoria a un guerriero anziché a un altro.[11]

Alle valchirie come dispensatrici della bevanda sacra per gli eroi fa riferimento anche Snorri, che nella descrizione della Valhalla[12] ricorda questa loro funzione e citando il *Dialogo di Grímnir*[13] riporta taluni dei loro nomi. Esse sono *Hrist*, forse «[colei che] scuote [lo scudo]» o «[colei che] fa tremare»; *Mist*, forse la «nebbiosa»; *Skeggjöld* (o *Skeggöld*) «tempo delle asce» (cioè «battaglia»); *Skögul* e *Hildr* (o *Hildi* o *Hilldr*) «battaglia». Hildr è forse la stessa valchiria, detta figlia di Högni e sposa di Heðinn, che compare nel mito dell'eterna battaglia, dove è detto che durante la notte resuscitava con la magia tutti i caduti.[14] Inoltre sono ricordate *Þrúðr* (o *Þrúði*) «forza», «donna»; *Hlökk* e *Göll* (o *Gjöll*), entrambe «fragore [della battaglia]»; *Herfjötur* «incatenatrice dell'esercito»: questo nome fa riferimento alla capacità magica di paralizzare i guerrieri impedendo la fuga;[15] *Geirahöð* «battaglia delle lance»; *Randgríðr* (o *Randgrid*) «gigantessa dello scudo» o «[colei che] distrugge lo scudo»; *Ráðgríðr* «di violento consiglio»; *Reginleif* «figlia (lett. «eredità») degli dèi». Fra le valchirie Snorri ricorda anche *Guðr* (o *Gunnr*) «battaglia», *Róta* «[colei che] provoca la mischia» (cfr. *Geir-Róta* «Róta della lancia»)[16] e *Skuld* (o *Skulld*) «debito», «colpa», da lui definita la più giovane delle norne.[17]

La stragrande maggioranza dei nomi delle valchirie allude al loro rapporto (che talora è una vera e propria identità) con la battaglia e alla simbologia connessa. Così *Geiravör* «dea delle lance»; *Geirdriful* «[colei che] scaglia la lancia»; *Geirfljóð* e *Geirvíf* «donna della lancia»; *Geirhríð* «tempesta di lance»; *Geirskögul* «battaglia delle lance»; *Geirþriful* «[colei che] afferra la lancia»; *Geirþrúðr* «donna (o «forza») della lancia»; *Geirölul* (o *Geirrömul* o *Geirönul*) «[colei che] avanza [armata di] lancia»; *Herja* «guerriera»; *Herþögn* «[colei che] accoglie l'esercito»; *Hjalmþrimul* «[colei che ha l']elmo risonante» o «[che fa] risonare gli elmi» (cioè provoca la battaglia); *Hjörþrimul* «[colei che ha la] spada risonante» o «[colei che fa] risonare le spade»; *Hrund* «[colei che] colpisce»; *Sigrlöð* «[colei che] invita alla vittoria»; *Skalmöld* «tempo di spade» (cioè battaglia); *Sveið* forse «fragore [della battaglia]»; *Valþögn* «[colei che] accoglie i prescelti»; *Þrima* «battaglia». La valchiria è perciò dea del destino, tuttavia solo per il guerriero e per l'eroe, per questo si manifesta come incarnazione della battaglia. Ella tesse la trama della vita, d'una vita però sempre messa a confronto con quella morte attraverso la quale è conquistata l'immortalità della conoscenza. Questa immagine è resa efficacemente nel *Canto di Dörruðr*, dove le valchirie sono figurate come tessitrici che tessono la grigia tela della battaglia grondante di sangue.[18] Nel *Dialogo per Hákon* è detto di loro che decidono l'andamento degli scontri; nel *Dialogo del corvo* la valchiria interroga il corvo sulle imprese di un eroe giunto nella Valhalla.[19]

In realtà, tranne quando sono legate a un mito particolare, le valchirie appaiono prive di una distinta individualità; così mostrano i nomi che sono sinonimi di «battaglia» e anche *Nipt* «sorella», designazione di una di loro che compare nelle *þulur* (dove potrebbe apparire anche come una dea). Anche gli altri nomi di valchirie ricordati nelle fonti alludono, più che a singole figure, a caratteristiche di questo gruppo di divinità. Tali sono *Göndul* «maga»;[20] *Leikn* «stregata» o «[compagna di] giochi»;[21] *Sangríðr* (o *Sanngríðr*) «molto crudele» e *Tanngnidr* «che digrigna i denti». Questi nomi mostrano una corruzione dell'immagine delle valchirie, che vengono confondendosi con figure considerate demoniache come le gigantesse e le streghe.[22] Tra le valchirie sono infine ricordate *Ilmr*, che altrove appare come dea,[23] *Svipul* «mutevole» (come il destino) e *Þögn* «taciturna».

4. *Elfi*

Detti in nordico *álfar* (sing. *álfr*), formano un gruppo distinto di esseri sovrannaturali[1] ai quali è attribuita natura divina. Così mostra non solo la loro ricorrente citazione assieme agli Asi[2] (nella quale l'elemento allitterante testimonia l'antichità della tradizione) o il loro apparire accanto alle due stirpi divine degli Asi e dei Vani,[3] ma anche e soprattutto le fonti che riferiscono di un sacrificio loro tributato. La testimonianza dello scaldo Sigvatr Þórðarson[4] e quella della *Saga di Kormákr*[5] alludono a un sacrificio di carattere privato, officiato da donne, che cadeva nel periodo autunnale, lo stesso in cui avevano luogo i riti della fertilità. In particolare l'uso di cospargere con il sangue di un bue il tumulo in cui abitavano gli elfi[6] ricorda l'offerta di burro o grassi (ma anche monete e spilli) nelle cosiddette *älvkvarnar* (*älv* è in svedese «elfo») che si trovano in Svezia. Esse sono una sorta di ciotole o scodelle scavate su lastroni di pietra e risalenti all'ultima fase dell'età della pietra; la credenza popolare le considerava pietre sacrificali.

Il carattere del culto degli elfi richiama per certi versi quello delle divinità femminili dette *dísir* e suggerisce, insieme ad altri indizi, di interpretare queste figure come gli spiriti dei morti della famiglia che garantiscono la fecondità della stirpe. Degli elfi è detto infatti che dimorano nei tumuli come i morti,[7] concetto che resta vivo nel folclore. In proposito è interessante la vicenda del re norvegese Óláfr Guðrøðarson.[8] Dopo una vita in cui aveva garantito ai suoi sudditi prosperità e pace, egli ebbe in sogno preannunzio di una pestilenza che avrebbe colpito il suo Paese provocando la morte di molte persone. Capì allora che non sarebbe vissuto a lungo e fece preparare un tumulo, ma raccomandò ai suoi di non innalzargli sacrifici. In seguito però, nel corso di una grave carestia, a lui furono offerti sacrifici per ottenere la prosperità. Questo re che, secondo quanto si suggerisce altrove, si sarebbe poi reincarnato in un suo discendente, il famoso Óláfr il Santo,[9] abitava a Geirstaðir ed era soprannominato *Geirstaðaálfr* «elfo di Geirstaðir». Óláfr morì di podagra: qui non pare inutile osservare che nel folclore scandinavo e germanico (anglosassone in particolare) talune malattie, quali infiammazioni, podagra, ascessi, coliche, malattie della pelle e diarree, sono ritenute provocate dagli elfi.[10] Ciò parrebbe alludere, nel caso di Óláfr, a un intervento degli elfi per chiamarlo fra loro nel regno dei morti (similmente è detto che le *dísir* richiamano gli uomini da questo mondo). Come le *dísir* paiono legate alla stirpe dei re svedesi detti Ynglingar, così pare essere degli elfi nei confronti dei sovrani norvegesi: nelle fonti è riferito di una stirpe i cui componenti, discendenti di Álfr il Vecchio, avevano tutti nomi formati su *-álfr*. Da loro ebbero nome, secondo la leggenda, anche i fiumi Gautelfr e Raumelfr.[11] Di costoro è detto che erano i più belli tra gli uomini: ciò va messo in connessione con quanto riferito da Snorri a proposito degli elfi luminosi, i quali sono definiti «più belli del sole».[12] Il sole stesso è del resto detto *Álfröðull* m. «splendore degli elfi». Anche il fabbro Völundr,[13] conoscitore dei misteri divini, è detto «re degli elfi» (*álfa ljóði*). Un altro re norvegese congiunto di Óláfr era Hálfdan Gamba bianca, il quale fu tumulato a Skíringssalr e là venerato: in una fonte egli è detto *brynjalfr* «elfo della corazza».[14]

Un'altra analogia fra gli elfi e le *dísir* appare là dove si parla di un sacrificio alle *dísir* officiato nella località detta *Álfheimr* «Paese degli elfi» da una fanciulla di nome Álfhildr.[15] Álfheimr è anche il nome della regione di cui era sovrano Alfarinn, la cui figlia Álfhildr andò sposa al re norvegese Guðrøðr, padre di Óláfr Geirstaðaálfr.[16] La venerazione per gli elfi è testimoniata inoltre dalla proibizione di «fare i propri bisogni»[17] in luoghi considerati sacri, perché si riteneva che ciò facesse fuggire gli elfi.

Nella sua descrizione degli elfi, Snorri distingue tra «elfi chiari» (*ljósálfar*) ed «elfi scuri» (*døkkálfar*)[18] o «elfi neri» (*svartálfar*).[19] Dei primi si dice che d'aspetto sono più belli del sole: abitano in *Álfheimr* «Paese degli elfi», luogo che altrove[20] è detto appartenere al dio Freyr (divinità della fecondità), il quale lo ebbe come regalo per il primo dente (*tannfé* n.). Un'altra dimora bella e luminosa più del sole abitata dagli elfi chiari è Gimlé.[21] Gli elfi scuri, che sono «più scuri della pece»,[22] abitano invece sottoterra: questa è una delle caratteristiche che li avvicinano ai nani. Infatti non soltanto è detto che taluni nani abitano in *Svartálfaheimr*, lett. «Paese degli elfi neri»,[23] ma l'unico nome di elfo che si conosca, *Dáinn*,[24] è anche il nome di un nano. Questa parola significa «morto» ed è perciò in evidente relazione con le concezioni sopra esposte. Un altro collegamento con i nani si può vedere nella relazione tra gli elfi e il fabbro Völundr:[25] è noto infatti che i nani sono fabbri abilissimi. La distinzione fra elfi luminosi ed elfi scuri rispecchia la dualità dell'esistenza fra potenze benevole e nefaste. La tradizione ricorda tra l'altro nel termine danese *ellevild*, lett. «pazzo [a causa d'un] elfo», che essi possono togliere il senno alle persone.

Similmente vengono suddivise in buone e cattive le norne che stabiliscono il destino:[26] esse non solo hanno molti aspetti in comune con le *dísir*, ma di alcune di loro è detto che sono della stirpe degli elfi.[27]

Il nome «elfi» (sing. *álfr*, pl. *álfar*) è collegato etimologicamente alla radice indoeuropea **ALBH-* «risplendere», «essere bianco» (cfr. latino *albus*).

Note

1. *Dísir*

1 V. l'appellativo di Freyja *Vanadís* e quello di Skaði *Öndurdís*.

2 Esso è generalmente accostato, seppure vi sia qualche difficoltà linguistica, al sassone antico *idis*, alto tedesco antico *itis*, inglese antico *ides* «nobile signora». Inoltre si ritrova di frequente nelle *kenningar* per «donna». Significato generico di «donna» ha, a esempio, in *Hra* 13.

3 *Yng* 29; *Her* p. 91; *Fri* 5, 9.

4 Anche se la parola che lo designa allude a una singola divinità.

5 *HistN* p. 101. In questa fonte è riferito il medesimo episodio di *Yng* 29. Si tratta della morte del re svedese Aðils, il quale nel corso di un sacrificio in onore delle *dísir* cavalcava attorno al loro tempio: il cavallo inciampò ed egli cadde battendo la testa su un masso e trovando così la morte. Questo episodio è stato interpretato come un sacrificio del sovrano voluto da queste divinità. V. p. 302 e nota 18.

6 *Her* p. 91; in *Fri* 9 si dice che durante il sacrificio i re sedevano a bere; c'era un fuoco sul pavimento e le loro donne stavano sedute presso il fuoco e scaldavano gli dèi (cioè, verosimilmente, le loro effigi), alcune li ungevano e li asciugavano con teli.

7 *Egi* 44. In *Her* pp. 44 e 122 si riferisce di una regina che si era impiccata nel tempio delle *dísir*.

8 *Víg* 6.

9 Questo mercato originariamente aveva luogo in coincidenza con la prima luna piena alla fine di febbraio o all'inizio di marzo, ma in seguito fu spostato all'inizio di febbraio. Esso aveva la durata di otto giorni. Anche il toponimo norvegese *Dystingbo* potrebbe rivelare una simile tradizione. Cfr. *OlM* IV, 6.

10 In Svezia sono noti i toponimi *Diseberg* e *Disevi* nella regione dell'Östergötland e *Diseröd*, *Disåsen* nel Bohuslän, mentre in Scania è ricordata una fonte sacrificale (*Dise offerkälla*) in onore di queste divinità. In Norvegia troviamo il toponimo *Disin* (presente in diverse regioni). Cfr. anche *Idistaviso* (probabilmente *Idisiaviso* in Tacito, *Annales* II, 16; ed. a cura di F. Semi-F. Serra, «Scriptorum romanorum quae extant omnia», CCXXXVIII-CCXLI, Pisa 1975).

11 Cfr. p. 21, nota 19.

12 *Víg* 6; cfr. p. 634 (5).

13 *Sig* 9; v. anche *Völs* 21.

14 *Atm* 28; *Hálf* 15 in due strofe, a esempio.

15 Cfr. *Grí* 53; *Reg* 24; *Ham* 28.

16 *Yng* 17; *Ytal* 7 ivi citato.

17 *Yng* 19; *Ytal* 10 ivi citato.

18 *Yng* 29; *Ytal* 21-2 ivi citato. Cfr. nota 5.

19 V. non solo *Gðr I* 19, dove le valchirie sono dette «*dísir* di Herjan», cioè di Odino, bensì anche *HH I* 16; *Krá* 29, dove è detto «le *dísir* mi invitano da loro» (*heim bjóða mér dísir*); cfr. anche *Bjar* 32; *Völs* 37; *Sól* 1.

20 *ÞþoÞ*; cfr. *Njá* 96: in questa fonte esse vengono definite anche *fylgjur* (cfr. p. 355).

21 Cfr. pp. 68-9, appendice 1a.

22 Esempi in *Ásm* 8; *Völs* 11.

23 Ed. cit.

24 *Sól* 25.

2. *Norne*

1 *Nornir heita þærs nauð skapa* (*Skj* I: A, p. 659; B, p. 661).
2 *Ytal* 32; *Krá* 24.
3 *Gyl* 15.
4 VI, IV, 12, dove si parla di Fridlevus, il quale si recò in un tempio dedicato a divinità femminili a consultare gli oracoli per il figlio; là vide tre donne che fecero al ragazzo doni diversi: le prime due favorendolo, la terza danneggiandolo. Per indicare queste figure Saxo usa il termine *parcae* (cfr. VII, IX, 15 e anche VI, IX, 15).
5 *HH* II 26; *Reg* 2; *Fáf* 11, 44; *Sgk* 5, 7; *Ghv* 13; *Ham* 30; *Hlö* 34 e in un verso di Kveldúlfr (cfr. *Egi* 24).
6 *HH* I 2-4 (v. p. 372); v. anche un verso dello scaldo Torf-Einarr *jarl* (*Skj* I: A, p. 32; B, p. 28).
7 ... *gerþo norner uæl ok illa mikla møþe skapaþu þær mer*. Sulle «chiese di legno» (*stavkirker*) v. p. 30.
8 *Fáf* 13; cfr. *Gyl* 15.
9 *Sig* 17; cfr. *Völs* 21.
10 *Gyl* 15-6.
11 *Vsp* 19-20.
12 Nelle *Canzoni dei sogni* (*Draumvísur*; *Skj* I: A, p. 430; B, p. 400) questo nome indica un essere che ha potere di morte.
13 *Gyl* 35: *norn in yngzta*.
14 Cfr. p. 308.
15 *Gyl* 15; *HH* I 2.
16 *Fáf* 12; cfr. pp. 302 e 312, nota 13.
17 *Ham* 29: *grey norna*.
18 *Gðr* II 38.
19 *Gís* 22, *passim*; cfr. p. 168, appendice.
20 *Atk* 16.
21 *Hal* 6.
22 V. a esempio una *kenning* in *Sól* 51, dove appaiono come streghe.
23 Ivi (*NGþ* 11) si spiega perché Gestr fosse detto Norna-Gestr. Egli stesso narra che alla sua nascita il padre aveva invitato alcune donne dotate di capacità divinatorie, le quali in cambio di doni e banchetti predicevano il futuro delle persone. Da lui, ancora nella culla, erano venute tre di queste indovine. Le prime due gli avevano preannunciato un futuro felice, poiché egli sarebbe stato dotato di molte qualità e potente. La terza, che era la più giovane, tenuta in poca considerazione e perciò assai irritata, aveva invece predetto che il bambino non sarebbe vissuto a lungo: la sua vita si sarebbe consumata rapidamente proprio come una candela che ardeva in quel momento accanto a lui. Una delle altre norne aveva perciò spento quella candela e consegnandola alla madre di Gestr le aveva ingiunto di non riaccenderla. Egli teneva con sé tale candela, sapendo che il giorno in cui l'avesse riaccesa sarebbe stato quello della sua morte.
24 Le norne compaiono anche nelle *kenningar*.

Appendice 1. Il destino nella mentalità nordica

1 *Gyl* 20; *Lok* 29; cfr. *Lok* 21 a proposito di Gefjun.
2 Esempi in *Vsp* 20, 31, 44, 48; *Háv* 56, 75; *Vaf* 38; *Grí* 53; *Lok* 29; *HH* II 26, 28-9; *Grp* 53; *Atk* 39; *Atm* 48; *Ham* 30; *Hlö* 34; *Fjö* 47; *Vat* 10, 15; *Gís* 9, 12; *Lax* 49; *Gau* 7.

3 Cfr. lituano *áudzu, áusti* «tessere»; lettone *audi* «tessuto», termini corradicali. V. anche il termine *auðnorn* f., nella poesia scaldica (cfr. a esempio *Gre* 17), che mi pare da intendere come «norna del destino» piuttosto che come «norna della ricchezza» (come proposto da S. Egilsson, *op. cit.*, p. 21).
4 *Vsp* 20; *Gyl* 15; *Ytal* 32.
5 *Gyl* 15; v. p. 62.
6 *Gís* 12: *Satt eitt segi þit... ok munda ek aptr hafa horfit, ef þit hefðið hitt mik fyrr, en nú falla vötn öll til Dýrafjarðar ok mun ek þangat ríða, enda em ek þess fúss.*
7 *Ørlöglausar*: *Vsp* 17; v. p. 51 (2).
8 Esempi in *Hálf* 5-7; *Gís* 30; cfr. p. 168, appendice.

Appendice 2. Il concetto di «fortuna» nel mondo nordico

1 La felice condizione del re come «portatore di fortuna» è sottolineata in molti luoghi. V. a esempio *Flat* II, p. 74; *ÓlH* 69; *Hal* 6; *Vat* 16 e taluni scaldi quali Þorleifr Poeta dello *jarl*; Þórbjörn Poeta delle *dísir* (che la riferisce a Cristo!); Einarr Skúlason; Haldórr Sbraitone; Kolli il Forte; su costoro cfr. rispettivamente: *Skj* I: A, p. 141; B, p. 133; *Skj* I: A, p. 144; B, p. 135; *Skj* I: A, p. 470; B, p. 441 (str. 57 del componimento *Raggio di sole: Geisli*); *Skj* I: A, p. 489; B, p. 461; *Skj* I: A, p. 503; B, p. 476; in *Lax* 40 il famoso re Óláfr Tryggvason viene definito con gli aggettivi *giptudrjúgr* «fortunato» e *hamingjumikill* «molto fortunato» (cfr. *Lax* 21); in *Egi* 12 Araldo Bella chioma viene definito *hamingjumestr* «straordinariamente fortunato» (*mestr* è superlativo di *mikill* «grande»). V. anche *Egi* 19, 21. La «fortuna» del re viene talora definita *hamingja* f., termine che altrove pare indicare la fortuna personificata in uno spirito protettore (cfr. pp. 355-6). Una connessione fra il «destino» del re e la sua «fortuna» si ha in *ÓlH* 36: «... questo è il mio presentimento a riguardo di quest'uomo, Óláfr, che il suo destino e la sua fortuna debbano prevalere...» (... *þat er mitt hugboð um þenna mann, Óláf, at auðna hans ok hamingja myni ráða...*).
2 *Ldn* S 8-9, H 8.
3 *Eyr* 44, dove l'espressione norrena è *till heilla*. V. anche un ulteriore esempio in *Bár* 3, dove si sacrifica per ottenere fortuna.
4 *Vat* 29; cfr anche *Ban* 4; *Völ* 14.
5 *Illu heilli*: esempi in *Hæn* 6; *ÓlH* 112; *Vat* 10. In una saga leggendaria (*Hró* 7) è detto che avendo Helgi ucciso accidentalmente il suo spirito protettore – una donna che volteggiava sopra di lui in aspetto di cigno –, la sua fortuna se n'era andata con lei («Ora la mia fortuna se n'è andata...»: *Nú er mín heill farin...*); cfr. anche *Völs* 11 e *Lax* 26, dove è detto che un tale consegnò al figlio, insieme a dei doni, la sua «fortuna» (qui *gipta*) e quella dei suoi congiunti. Cfr. pp. 379 e 431, nota 83.

Appendice 3. Significato simbolico del filo

1 *Reg* 14.
2 *Ytal* 23; v. *Yng* 31.
3 *HH* I str. 3 (v. p. 372): *Sneru þær at afli ørlög þáttu,... þær um greiddu gullin símu...*; v. anche str. 4 e *Völs* 8; cfr. *Sgk* 7.

4 *Gðr* II 15, 26; *Hel* 1; *Odd* 17; *Völ* pr.

5 A esempio «Sjöfn del cucito»: *Sjöfn sauma*, in *Gís* 24; «Syn dei fili»: *Syn tvinna*, in *Gís* 33; «portatrice del cucito»: *saumskorð*, in *Gre* 75; «Nauma degli aghi»: *nála Nauma*, in *Gre* 83; «sostegno dei fili»: *tvinna skorð*, in *Harð* 9; «Bil dei fili»: *Bil tvinna*, in *Vígl* 22; «Sága del cucito»: *Sága saums*, in *Hal* 10 e *Gís* 33; «Nauma del cucito»: *Nauma saums*, in *Gís* 30; «Röskva dei fili»: *Röskva tvinna*, in Einarr Gilsson (*Skj* II: A, p. 408; B, p. 434; *Canzoni per Selkolla, Selkollu vísur*, str. 1). V. anche il carme *Darraðarljóð* (*Njá* 157) nel quale misteriose tessitrici, nelle cui figure sono da riconoscere le valchirie, tessono una trama di battaglia e di sangue recitando dei versi. Cfr. pp. 631-2 (2).

6 Cfr. pp. 95 e 105, nota 4.

3. *Valchirie*

1 *Odd* 16.

2 *Völ* pr, 1; *HH* I 16; *HHv* 7, 28; *HH* II 45; *Odd* 16; cfr. *Gðr* II 14, *Atk* 39 e pp. 555-7 (g).

3 *HH* I 54; *HHv* 28. Qui vanno forse connessi i diversi riferimenti a donne guerriere in Saxo (cfr. II, I, 8; V, X, 2; VII, VI, 4; VII, VI, 6; VII, VII, 8; VII, VIII, 5; VIII, II, 4-5; VIII, IV, 3 e VIII, V, 5: qui si fa riferimento a *Hetha* («[abitatrice della] landa») e a Wisna; la seconda è la donna-guerriero *Visina* «saggia» [?] ricordata con *Vébjörg* «protettrice del luogo sacro» in *Sög* 8-9).

4 *HHv* pr, 28; *HH* II pr; *ÞþoÞ*; *Njá* 157. Cfr. p. 506.

5 *HH* I 54; *HHv* pr; *HH* II pr; cfr. anche *Saxo* III, II, 4.

6 V. pp. 369-79.

7 V. p. 439.

8 Cfr. la regina Hervör, madre della valchiria Hildr, a p. 174.

9 *Sig* pr: *minnisveig* f. «bevanda del ricordo» (cfr. *Völs* 21); v. p. 391.

10 Cfr. *Hel* 9; *Völs* 21; *Ská* 49 [6]; v. p. 391.

11 V. p. 391. Le valchirie come esseri capaci di intervenire magicamente determinando un diverso esito dei conflitti sono ricordate anche là dove Saxo parla di tre fanciulle del bosco nel racconto relativo a Høtherus e Balderus (cfr. III, II, 4 e III, III, 4; v. pp. 163, 165).

12 *Gyl* 36; v. p. 58.

13 *Grí* 36.

14 *Ská* 62 [9]; *Hát* 49; *Sör* 6-9 e scaldi; v. p. 178.

15 Cfr. p. 105, nota 4.

16 Cfr. in *Saxo* VI, IX, 19 la figura di Rotho (che forse potrebbe anche essere Odino) e in II, VI, 9-11 e II, VII, 10 e 25-6 quella di Ruta.

17 Cfr. la figura di Skuld Helgadóttir nella *Hról* (*passim*), la quale viene descritta come una maga legata agli elfi, alle norne e a ogni altra sorta di stirpi malvagie (si noti che si tratta qui di una fonte tarda) alla quale la natura umana non poteva opporsi. Cfr. p. 179, nota 16 e p. 304.

18 Il carme è riportato in *Njá* 157 (cfr. pp. 631-2 [2]).

19 *Hák passim*; *Hra passim*. Sulle valchirie si vedano anche altri componimenti scaldici, quali il *Dialogo di Kráka* (*Krákumál*) e il *Dialogo per Erik* (*Eiríksmál*).

20 Cfr. la figura di Göndul nel mito dell'eterna battaglia così come è narrato nel *Sör* 5, 7 (v. pp. 173-5).

21 Si ricordi che una *kenning* definisce la battaglia «gioco di Hildr» (*Hildar leik*); cfr. p. 179, nota 15.

22 Così appare a esempio anche nelle figure di *Hildigunnr* (*Örv* II 18, 21), che è detta figlia di un gigante ma che porta nome di valchiria (*Hildr* f. + *Gunnr* f., entrambi «battaglia»); di *Hergunnr*, lett. «battaglia dell'esercito» (*Hjá* 12); di *Hildr* «battaglia» (*Stur* 16; cfr. *Hús* 11); di *Grímhildr* «Hildr mascherata» (*Örv* II 19) e di *Skjaldvör* «protettrice con lo scudo» (*Þþu*), tutte gigantesse. Anche *Gunnlöð*, figlia del gigante Suttungr (cfr. pp. 91 e 328), ha nome di valchiria: «schiuma della battaglia», cioè «sangue».

23 Cfr. pp. 460 (4) e 463, nota 14 (*Aria*).

4. *Elfi*

1 Cfr. soprattutto l'*Alv* (*passim*). La forma è talora *alfr* (pl. *alfar*).

2 Esempi: *Háv* 159; *Grí* 4; *Skí* 7; *Lok* pr, 2, 30; *Þry* 7; *Ská* 7.

3 *Skí* 17; *Sig* 18.

4 *Canzoni del viaggio in Oriente* (*Austrfaravísur*), str. 4-8 (*Skj* I: A, pp. 234-5; B, pp. 221-2).

5 *Kor* 22.

6 *Ibidem*.

7 *Ibidem*; cfr. anche la *Breve storia di Þorvaldr Gran Viaggiatore* (*Þorvalds þáttr viðförla*, ed. G. Jónsson, Reykjavík 1947; *ÍS* vol. VII), pp. 437-63. Nel *NGþ* uno spirito che appare di notte viene definito «elfo» (*álfr*: cap. 1).

8 *Flat* II, pp. 6-9; cfr. *Yng* 48-9 e *Ytal* 35-6.

9 *Flat* II, p. 135. Un altro personaggio al quale una volta morto furono innalzati sacrifici è Grímr *kamban* («pettine»?); cfr. *Ldn* H 19.

10 V. i termini norvegesi *alvskott*, *elvblest*; danese *elveskud*; svedese *älvablåst*; islandese *álfabruni*.

11 *Sög* 6, 8, 10; cfr. *Flat* I, p. 26; v. anche *Gau* 3, 7; *Völs* 9; *Hve* 1, 3; *ÞorV* 1 e la [*Genealogia*] *dei re di Uppland* (*Af Upplendinga konungum*, ed. G. Jónsson, Reykjavík 1959; *FSN* vol. II), cap. 2; *Saga di Illugi Figlioccio di Gríðr* (*Illuga saga Gríðarfóstra*, ed. G. Jónsson, Reykjavík 1959; *FSN* vol. III), cap. 5.

12 *Gyl* 17: *fegri en sól sýnum*. Cfr. anche il nome di donna *Álfsól*, lett. «sole degli elfi». Cfr. anche nota 15.

13 Cfr. pp. 439-42 e sotto, nota 25.

14 *Ytal* 30, cit. in *Yng* 44.

15 *Her* pp. 2, 91.

16 Cfr. *Yng* 48 e *Flat* III, p. 6. Cfr. *Fri* 8: il nome indicava una regione svedese.

17 *Eyr* 4: *at ganga álfrek*.

18 *Gyl* 17.

19 Cfr. nota 23.

20 *Grí* 5; v. anche il passo oscuro in *Þór* 20 e *Gyl* 17.

21 V. p. 57.

22 *Gyl* 17: *svartari en bik*.

23 *Gyl* 34; *Ská* 47 [6]; cfr. *Ská* 44 [5].

24 Cit. in *Háv* 143.

25 *Völ* 10, 32; cfr. nota 13.

26 *Gyl* 15.

27 *Gyl* 15; *Fáf* 13.

II. Esseri deformi

Di significato distinto dalla mutilazione, che è conseguenza di un evento particolare, la deformità esprime, nella diversa forma dell'essere in cui si manifesta, l'appartenenza a un «altro mondo» e quindi una differente relazione con la realtà.

1. *Giganti*

Sono gli esseri delle origini, i primi abitatori del mondo, le forze del caos e dell'oscurità, i nemici degli dèi e al contempo i loro progenitori, i possessori d'una saggezza antica e profonda. Rappresentano le forze potenti e difficili da dominare della natura e dell'inconscio: il rapporto con loro è indispensabile ma pericoloso; la lotta continua che con loro è combattuta è lo sforzo necessario e costante per porre un freno al loro potere. I giganti simboleggiano infatti la manifestazione e l'esuberanza delle forze della terra e della materia, le quali, se prive della potenza ordinatrice dello spirito, sconfinano in eccesso e travolgono anche se stesse. Per questo i giganti sono al contempo gli esseri dai quali origina il cosmo e i demoni che lo divorano: non a caso una delle loro denominazioni (e nelle *þulur* il nome di un gigante) è in nordico *jötunn* m., pl. *jötnar*, termine connesso a *eta* «mangiare»; per questo sono anche simboli del tempo che trascorre e distrugge: la loro presenza alle origini del mondo e la loro attesa della fine, momento in cui combatteranno gli dèi, è emblema del divenire inesorabile.

Le storie cosmogoniche narrano che il primo essere fu il gigante Ymir, nato agli inizi dall'incontro di due polarità: freddo e calore. Dal suo corpo sacrificato gli dèi trassero il cosmo,[1] la terra su cui ebbero dimora gli uomini. Egli è il padre di tutti i giganti; il suo nome significa forse «mormorio» (con allusione al suono primordiale) o «doppio», «gemello» (con allusione alla duplicità della sua natura). Con Ymir vanno presumibilmente identificate altre figure: così, per l'evidente analogia del nome, *Ymsi*; e *Aurgelmir* «[colui che] rumoreggia, [generato dalla] sabbia umida» (con allusione all'umidità e al suono quali essenze delle origini), se dobbiamo credere a ciò che dice Snorri, il quale afferma che tale è il nome che i giganti del ghiaccio danno a Ymir;[2] così pure *Bláinn* «scuro» (con allusione alla dimora dei giganti che si trova in luogo freddo e oscuro), o forse «blu» (con allusione al mito secondo cui la volta del cielo fu tratta dal cranio di Ymir);[3] e *Brimir* (il cui nome è collegato a *brim* n. «onda», «mare» e fa riferimento al mito che vuole l'oceano tratto dal sangue del gigante primordiale). Bláinn e Brimir paiono identici a Ymir nella *Predizione dell'indovina*. Qui va nominato anche *Leirbrimir* «Brimir d'argilla» (nel caso si tratti di un nome proprio) con le cui membra fu costruito un potente recinto.[4]

Tra i giganti delle origini vanno ricordati *Þrúðgelmir* «[colui che] rumoreggia con potenza», generato dai piedi di Aurgelmir (= Ymir) e dotato di sei teste. Þrúðgelmir è a sua volta padre di *Bergelmir* «[colui che] rumoreggia [come] un orso» o «[colui che] rumoreggia [generato dalle] montagne».[5] Di Bergelmir è detto che, quando gli dèi affogarono nel sangue di Ymir tutti i giganti del ghiaccio, fu l'unico a salvarsi con la sua famiglia fuggendo su un'imbarcazione.[6] Da lui è discesa una nuova stirpe di giganti del ghiaccio.

Questo primo tentativo di annientare i giganti fu compiuto dagli dèi Odino, Vili e Vé nonostante essi stessi fossero loro figli: loro madre infatti era *Bestla* (il suo nome, assai oscuro, potrebbe significare «sposa» o contenere un riferimento alla fibra della parte interna della corteccia, il che ne farebbe una divinità arborea), figlia del gigante *Bölþorn* (o *Bölþórr*) «spina di male» o forse «persona pesante e brutale». Da un altro figlio di Bölþorn, Odino avrebbe appreso grande conoscenza.[7]

Alludono al rapporto dei giganti con le origini del mondo anche nomi quali *Fyrnir* «antico» e soprattutto *Fornjótr* «antico gigante» o «primo possessore [della terra]».[8] Fornjótr è nelle genealogie mitiche l'antenato di una stirpe di giganti in cui si incarnano i diversi elementi della natura.[9]

La tendenza a identificare gli elementi pericolosi e potenti della natura nelle figure dei giganti è testimoniata da moltissimi dei loro nomi. Infatti, quando Snorri riferisce che il vento si forma per il battito delle ali di un gigante in forma d'aquila di nome *Hræsvelgr* «vortice veloce» o forse «divoratore di cadaveri»[10] si rifà a un'antica tradizione, come mostrano altri nomi di questi esseri quali *Kari* (o *Kári*) «vento», «raffica», detto figlio di Fornjótr,[11] e *Vindr* «vento». Similmente è personificato l'inverno, *Vetr*, che è detto figlio di *Vindsvalr* «fresco per il vento» o di *Vindlóni* (*vindr* m. «vento» e *lóni* m. «persona pigra», con riferimento alle qualità negative dei giganti). Costui è a sua volta figlio di *Vásaðr*, il cui è nome ricollegabile a *vás* n. «fatica», «strapazzo» (con particolare riferimento alle fatiche di un viaggio reso difficile dal maltempo). Dell'eroe Svipdagr è ricordato che per farsi credere un gigante si dà il nome di *Vindkaldr* «freddo [come il] vento» e si dice figlio di *Várkaldr* «freddo [come la] primavera», a sua volta figlio di *Fjölkaldr* «assai freddo».[12] Per analogia e contrasto Snorri cita anche *Sumar* (o *Sumarr*) «estate», dicendolo figlio di *Svásuðr* (o *Svǿsuðr*) «amabile», «piacevole».[13]

La simbologia dei giganti è legata al concetto di molteplicità poiché numerose e talora difficili da distinguere sono le forze irrazionali che aggrediscono l'uomo. Per questo è costante il riferimento alla loro famiglia o alla loro stirpe anche quando il mito sia incentrato su uno solo di essi.[14] A tale concetto vanno riferiti nomi quali *Leifi* «figlio», *Verr* «uomo» e forse anche *Fitjungr* «uomo ricco»[15] e *Rýgr* «signora», «donna potente».

Una stirpe di giganti del mare è quella che ha origine da *Hlér* (o *Hlœr*) «mare», il quale abita nell'isola di *Hlésey* «isola di Hlér».[16] Con Hlér, che è figlio di Fornjótr,[17] sono da identificare anche *Lerus*[18] e *Lœ*, dal cui nome è forse derivato quello della città danese di Lejre.[19] Egli è sposo di *Rán* «predatrice», che accoglie nel suo regno gli annegati.[20] A Rán, dal cui nome il mare è detto *Ránheimr*[21] «Paese di Rán», sono consacrati coloro che muoiono fra le onde.[22] Ella possiede una rete con cui raccoglie i cadaveri. Ma Hlér è detto anche *Ægir* o *Gymir*, entrambi termini per «mare».[23] Ægir è colui che alla pari di Gylfi compie un viaggio presso gli Asi e viene istruito dal dio Bragi sulle antiche storie; a sua volta egli offre un banchetto agli dèi e prepara per loro la birra.[24] Al compito dei giganti di preparare la birra per gli dèi si fa forse riferimento anche nei nomi *Ölvaldi* «[colui che] ha potere sulla birra» e *Miskorblindi* «[colui che] prepara (lett. «rimescola») la birra» (lett. «il mosto»), così come nell'appellativo *ölsmiðr* «fabbro della birra» riferito a Ægir medesimo,[25] da collegarsi all'immagine dei giganti come esseri del mondo ctonio cui appartengono le forze vegetative che provocano la fermentazione della bevanda sacra: questa tuttavia dovrà poi essere ceduta agli dèi (proprio come il sacro idromele della poesia preparato dai nani).

Figlie di Ægir e di Rán sono le onde del mare, che così si chiamano: *Himinglœva* (o *Himinglefa* o *Himinglœfa*) «[in cui] si riflette il cielo»; *Blóðughadda* «[con la] chioma insanguinata» (cioè valchi-

Dettaglio della pietra runica di Århus III. *Jutland, Danimarca,* XI *secolo*

ria del mare?); *Hefring* «onda» (lett. «[colei che] si gonfia»); *Uðr* (o *Unnr*), *Dröfn*; *Hrönn*, *Bara* (o *Bára*) e *Bylgja* «onda»; *Dúfa* «[colei che] si immerge»; *Kolga* «onda» (lett. «fresca»). Le onde simboleggiano la pulsione delle forze oscure e irrazionali immaginate nel mare, il loro potere distruttivo, ma anche la matrice da cui viene modellato l'essere.[26] Ma il gigante re del mare è detto, come s'è visto, anche *Gymir* «mare», sposo di *Aurboða* della stirpe dei giganti delle montagne: il nome di costei è oscuro, forse «[colei che] offre l'oro» (con *aur-* connesso al latino *aurum*) o «[colei che] dispensa l'umidità» (?). Gymir è il padre di Gerðr, moglie del dio Freyr.[27] Alla stessa figlia del gigante del mare, Gerðr, si riferiscono forse i nomi di gigantesse *Margerðr* «Gerðr del mare»[28] e *Unngerðr* «Gerðr dell'onda» (se non è piuttosto un errore per Ímgerðr). Qui vanno altresì collegati *Guma* «donna del mare»[29] e *Gusir* «tempestoso», presumibilmente identico al re Gusir possessore delle magiche frecce poi avute dal leggendario eroe Oddr.[30]

Altre famiglie di giganti incarnano e posseggono la materia delle origini. Così i giganti del ghiaccio e del fuoco. I primi: *hrímþursar* (da *hrím* n. «ghiaccio» e *þurs* m. «gigante»),[31] risalgono direttamente a Ymir, «l'antico gigante ghiacciato».[32] Tra loro innanzitutto *Frosti* «ghiaccio»,[33] forse identico a un mitico re di Finlandia;[34] poi *Jökull* «ghiaccio» o «ghiacciolo», che talora gli è sostituito.[35] Costui è detto padre di *Snær* (o *Snjór*) «neve»,[36] a sua volta noto a Saxo come *Snio*.[37] Snær è padre di *Þorri* «mese invernale da metà gennaio a metà febbraio»[38] e delle gigantesse *Fönn* «cumulo di neve», *Mjöll* «neve farinosa» e *Drífa* «tempesta di neve».[39] Figli di Þorri sono a loro volta *Nórr*, forse «sottile», dal quale si dice abbia tratto nome la Norvegia (in realtà il nome deriva dal nordico *Nóregr* < **Norð-vegr* «via del Nord»); *Górr* «primo mese d'inverno fra ottobre e novembre» e la fanciulla *Gói* «mese invernale dalla metà di febbraio alla metà di marzo».[40] Ai giganti del freddo appartengono anche *Hrímgrímnir* «Grímnir del ghiaccio», il quale dimora nel regno dei morti; *Hrímgerðr*[41] «Gerðr del ghiaccio», figlia di *Hati* «odioso», e *Hrímnir* «ghiacciato»[42] (meno probabilmente «fuligginoso»), detto padre di *Heiðr* e di *Hrossþjófr*: il primo, qui singolarmente considerato maschile, vale «onore» o «luminoso» (?), il secondo «ladro di cavalli».[43] Il nome *Kaldgrani* «dai baffi freddi»[44] fa invece piuttosto riferimento al fatto che il «Paese dei giganti» detto *Jötunheimr* si trova in direzione est e nord ed è dominato dal buio e dal freddo.[45]

I giganti del fuoco, che incarnano uno dei princìpi da cui fu generato il mondo,[46] posseggono un elemento che lo distruggerà.[47] Essi sono *Logi* «fiamma», figlio di Fornjótr;[48] *Eldr* «fuoco», detto fratello di Ægir e di Vindr;[49] e *Surtr* (o *Surti*) «nero». Questi è guardiano di Muspell, possiede una spada fiammeggiante e nell'ultimo giorno brucerà il mondo con il fuoco.[50] Egli combatterà contro Freyr. Di lui è detto anche che è tormentato da un gallo che sta sull'albero Mímameiðr (corrispettivo dell'albero cosmico). Originariamente Surtr doveva essere un gigante che dimorava nel ventre della terra; il suo nome si ritrova in due toponimi islandesi: *Surtshellir*, nome di una caverna in Mýrasyssel dove la tradizione vuole che egli abitasse,[51] e *Surtsey* «isola di Surtr», nome dato all'isola vulcanica apparsa nel 1963 fra le Vestmannaeyjar. Con Surtr vanno probabilmente identificati anche *Brandingi* «colui che appicca il fuoco», e *Hjörvarðr* «custode della spada», padre di *Hveðna*, forse «[abitatrice delle] rocce», a sua volta madre di *Haki* «uncino». Con Surtr è ricordata *Sinmara* «incubo [che tortura] con crampi» o «tarda distruttrice», che è tormentata dal gallo Víðópnir: lei sola tuttavia possiede uno scrigno chiuso da nove serrature in cui è conservata l'unica arma capace di uccidere quel gallo.[52] Giganti connessi col fuoco sono altresì *Eisurfála* «strega della cenere», *Ösgrúi* «mucchio di cenere» e soprattutto *Hyrrokkin* «raggrinzita per il fuoco», la gigantessa che sola riuscì a smuovere la nave funeraria del dio Baldr.[53]

Legati al concetto dei giganti come manifestazione delle forze della natura sono forse anche i nomi che li definiscono «risonanti» o «rumoreggianti» (con allusione al rumore del tuono che pare provenire dalle montagne?). Così *Galarr* «urlante»; *Glaumarr* (o *Glaumvarr*) «rumoroso» (forse però anche «senza gioia»); *Glumra* f. «rumorosa»; *Gyllir* «[colui che] urla»; *Herkir* m. «rumoroso» (o anche «distruttore») e *Herkja* f. «rumorosa» (forse però «tormentata»); *Hlói* «[colui che] urla»; *Hveðra* «risonante» (forse però «[abitatrice delle] rocce»); *Skerkir* «[colui che] fa rumore»; *Skrikja* f. e *Öskruðr* m., entrambi «urlante».[54]

Dal momento che la loro stirpe risale alle origini stesse del mondo e del tempo, i giganti sono estremamente saggi. Nella *Predizione dell'indovina*[55] costei, che conosce tutto dei nove mondi (cioè di ogni diversa manifestazione dell'essere), si dice nata dai giganti. Soggiornare presso di loro e apprendere la loro scienza è momento indispensabile del percorso iniziatico.[56] Saggi sono perciò *Alfarinn* «[colui che ha] molto viaggiato», nome che probabilmente allude a Vafþrúðnir, gigante sapientissimo che afferma di aver tratto la propria sapienza dall'aver percorso i nove mondi;[57] *Ásviðr* (o *Alsviðr* o *Ösviðr*) «assai sapiente», detto conoscitore di rune; *Fjalarr* e *Fjölsviðr* «assai sapiente», il guardiano della dimora di Menglöð che istruisce l'eroe Svipdagr;[58] *Fjölvarr* «molto accorto», gigante presso il quale Odino ha trascorso cinque anni (di apprendistato?);[59] *Fjölvör* «assai accorta»; *Sívör* «sempre accorta» (forse però «labbro pendente»); *Varðrún* «runa (sapienza) che veglia» (?);[60] *Vörnir* «[colui che] sta attento» e *Vafþrúðnir* «abile negli indovinelli». Da costui prende nome il *Dialogo di Vafþrúðnir* (*Vafþrúðnismál*), componimento eddico in cui si narra che Odino, sotto il falso nome di Gangráðr, si recò da questo gigante e sostenne con lui una gara di sapienza nella quale Vafþrúðnir dovette soccombere allorché gli fu chiesto quali parole Odino avesse sussurrato all'orecchio di Baldr quando questi fu posto sulla pira funeraria.[61]

Estremamente saggio è tuttavia soprattutto *Mímir* (o *Mímr* o *Mími*) «[colui che] ricorda» (dunque «sa»). Questo gigante possiede la fonte detta Mímisbrunnr in cui è celata ogni sapienza. In cambio di un sorso di quell'acqua, Odino stesso ha dovuto cedergli un occhio.[62] Nel racconto della *Saga degli Ynglingar*[63] è detto che Mímir (che qui pare appartenere agli Asi) fu decapitato dai Vani e Odino, presa la sua testa, la spalmò con unguenti affinché non putrefacesse, poiché essa era per lui fonte di sapienza. Alla testa di Mímir Odino si rivolgerà per chiedere consiglio anche nell'ultimo giorno. Mímir è inoltre colui che possiede l'albero *Mímameiðr* «albero di Mími», che è senza dubbio l'albero cosmico. Con lui vanno identificati e comunque ricordati giganti quali *Hoddmímir* «Mímir dell'oro», che è detto proprietario di un bosco nel quale troveranno rifugio alla fine del mondo Líf e Lífþrasir, progenitori di coloro che ripopoleranno la terra;[64] *Hringmímir* «Mímir dell'anello» e *Søkkmímir* (o *Sökmímir*) «Mímir delle profondità (= viscere della terra?)» o «Mímir dell'oro».[65] Qui va ricordato anche *Mimingus*, il satiro che compare in Saxo nel mito di Balderus.[66] A Mímir vanno accostati anche (quando non addirittura identificati con lui) *Heiðdraupnir* (o *Heiddraupnir*) «il luminoso gocciolante» (?) e *Hoddrofnir* (o *Hoddropnir*) «distruttore dell'oro» (?). Essi sono menzionati là dove si dice che dal teschio del primo e dal corno del secondo gocciolò una linfa dalla quale Odino (ivi detto Hroptr) trasse le rune, simbolo di sapienza.[67]

Ricorrenti sono nei carmi eddici l'espressione «savio gigante» (*hundvíss jötunn*) e l'allusione alla loro sapienza e vecchiaia.[68]

La simbologia del gigante come espressione del tempo che macina e divora spiega bene perché due gigantesse, *Fenja* «grondante di sudore» o «[colei che] lavora duramente» o «[abitatrice della] palude» o «[colei che allontana] la pula» e *Menja* «schiava» o «[colei che porta] il collare», abbiano l'incarico di girare incessantemente la mola del mulino di re Fróði, simbolo del tempo che macina le ere fino al loro compimento.[69] Qui sono forse da citare anche *Gnissa* «[colei che] macina» (o forse «che urla») e *Grisla* che dovrebbe essere una sua variante (altrimenti «maialetta»).

Quali simboli delle forme primordiali dell'esistenza i giganti hanno dato origine agli altri esseri. Sono perciò progenitori degli dèi stessi; così Odino è figlio di Bestla;[70] Týr forse è figlio di Hymir;[71] Víðarr è figlio di Gríðr;[72] Heimdallr è figlio di nove gigantesse[73] (da identificare verosimilmente con le onde del mare) elencate nel *Canto di Hyndla*:[74] *Gjálp* (o *Gjölp*) «onda» o «rumoreggiante» (costei è detta figlia di Geirrøðr e compare nel mito relativo al viaggio di Thor presso questo gigante);[75] sua sorella *Greip* «[colei che] afferra»;[76] *Eistla* «burrascosa» o «che si gonfia»; *Eyrgjafa* (o *Ørgjafa*) «dispensatrice di sabbia umida» (forse identica ad *Aurboða*); *Úlfrún* «runa del lupo» (cioè «malvagia»?); *Angeyja* «isola stretta» (? meglio «[colei che] opprime» o «[colei che] latra»); *Imð* (o *Imðr*) «[scura o grigia come] un lupo»; *Atla* «[colei che] aspira [alla lotta]» e *Járnsaxa* «col coltello di ferro» (di lei si dice altresì che fu sposa del dio Thor e madre di Magni).[77] Altri dèi hanno come spose figlie di giganti: così Freyr è marito di Gerðr[78] e Njörðr marito di Skaði.[79]

I giganti sono anche progenitori dei nani;[80] inoltre da loro, in particolare da *Mögþrasir* «[colui che] desidera figli» e da *Neri* «[uomo] forte», discendono le norne.[81]

Dai giganti hanno origine tuttavia soprattutto esseri che ne perpetuano le qualità demoniache e che saranno loro alleati nella lotta contro le forze della luce. Il mito conosce così *Angrboða* «presagio di male», la gigantessa madre del lupo Fenrir,[82] del serpe di Miðgarðr e di Hel guardiana del regno delle tenebre: questi tre figli furono da lei generati col malvagio dio Loki; *Fárbauti* «[colui che] colpisce pericolosamente», padre di Loki, e *Hveðrungr* «risonante» (?) o «[abitatore delle] rocce», che pare essere padre del lupo Fenrir (dunque Loki stesso?). In un verso[83] si allude al fatto che le streghe sono figlie dei giganti.[84] Legato alle forze demoniache è senza dubbio anche *Hrymr* (o *Hrymir*), forse «gelato» o «risonante», il quale nell'ultimo giorno guiderà la nave Naglfar che condurrà le forze del male alla battaglia contro gli dèi.[85] Alla sua parentela con i giganti nel loro aspetto demoniaco è dovuta la ragione per cui Loki si presenta sotto le spoglie di una gigantessa allorché deve impedire che Baldr torni dal regno degli inferi.[86] Qui egli si chiama *Þökk* «ringraziamento» o «benevolenza».[87]

Per la loro qualità demoniaca e pericolosa che ne fa l'incarnazione del principio distruttore e della minaccia sempre incombente, i giganti vanno confinati fuori del mondo degli uomini e degli dèi. Forse un tempo essi lo abitarono: se ne trova il ricordo in nomi quali *Miði* «mediano» e *Miðjungr* «essere [del mondo] di mezzo».

All'idea che i giganti siano stati i primi abitatori del mondo è legato ancora il racconto che riferisce come il dio Thor, apparso a re Óláfr Tryggvason nell'aspetto di un uomo con la barba rossa che il sovrano aveva preso a bordo della propria nave, gli rivelasse che un tempo la Norvegia era stata abitata prima dai giganti che dagli uomini. Costoro erano stati presto sterminati, ma due donne erano sopravvissute fino a quando egli stesso, venuto in soccorso della stirpe umana che lo aveva invocato contro quel flagello, non le aveva uccise.[88] Anche Saxo riferisce che alle origini la Danimarca era abitata dai giganti, rifugiatisi poi in una regione inaccessibile.[89]

Una rigorosa separazione dei giganti dagli uomini è indispensabile all'equilibrio del mondo. Per questo si chiama *Útgarðr* «recinto esterno» il luogo su cui ha potere *Útgarða-Loki* «Loki del recinto esterno», altrimenti detto *Skrýmir* «[colui che] si vanta», il gigante che si prende gioco di Thor loro nemico mortale nel mito del «dio deriso».[90] Anche Saxo conosce un *Utgarthilocus* e una regione detta *Utgarthia*.[91]

Il concetto del «Paese dei giganti» come «aldilà» è rafforzato dove si dice che Jötunheimr[92] si raggiunge guadando fiumi[93] o volando.[94] Esso si trova in direzione est e nord:[95] quest'ultima è anche la direzione del regno dei morti.[96] Jötunheimr confina con la «foresta di ferro» *Járnviðr*, dove vivono le gigantesse dette *Járnviðjur* «[Abitatrici della] foresta di ferro». Tra loro sono ricordate *Járnviðja*, *Járnsaxa* e *Járnglumra* «rumoreggiante per il ferro».[97] In quel bosco una gigantessa (forse *Íviðja* «[colei che abita] nel bosco»?)[98] ha generato i mostri figli del lupo Fenrir.[99] La connessione del mondo dei giganti con il regno dei morti, dimora oscura, si ritrova in molti dei loro nomi: *Alsvartr* «tutto nero»; *Áma* (o *Amma*) «oscura»; *Ámgerðr* e *Ímgerðr* «Gerðr oscura»; *Ámr* e *Ímr* «scuro»; *Helreginn* «signore di Hel» (regno dei morti); *Íma* «scura» (anche nome di lupa); *Kráka* «[scura come una] cornacchia»; *Myrkriða* «colei che cavalca nel buio»;[100] *Sámendill* «oscuro nemico»; *Svartr* «nero»;[101] *Víðblindi* «ampiamente cieco».[102] Un gigante dell'oscurità è senza dubbio anche *Narfi* (o *Nörfi* o *Nörr*) padre di *Nótt* la «notte». Di lui si sa solo che vive in Jötunheimr; il suo nome vale apparentemente «sottile» (è un nome ironico?).[103] Qui occorre ricordare anche che i giganti vivono nelle rocce e nei tumuli dove hanno dimora i defunti:[104] uno dei nomi che li definisce è infatti *bergrísar* «giganti delle montagne».[105] A tale concetto fanno riferimento *Björgólfr* «lupo delle montagne»; *Gneip*[106] e *Gnepja* «[colei che dimora] nella roccia». Al rapporto fra i giganti e il regno dei morti sono riferibili anche *Dúrnir*, forse «[colui che] dorme»; *Hala* (o *Hála*) «[colei che] cela» (connesso a Hel, nome della guardiana del regno infero); *Glámr* «pallido [come il chiarore lunare]»;[107] *Nati*, legato forse a *nár* m. «cadavere». Vanno inoltre ricordati *Litr*, che è anche nome di nano e vale «colorato» (forse con riferimento ai metalli) e *Salfangr* «[colui che] accoglie nella sala», cioè nelle viscere della montagna. A un orco in forma di montagna fa riferimento a esempio la *Saga di Hálfr*.[108]

Altri nomi di giganti sottolineano la qualità negativa e pericolosa di questi esseri sempre pronti a dar battaglia alle forze della luce.[109] Tali sono non soltanto *Forað* f. «essere pericoloso»[110] o *Svára* «difficile [da trattare]», ma anche nomi di giganti aggressivi come *Gripnir* «[colui che] afferra» o «saccheggiatore»; *Harðgreip* «[colei che] afferra con forza» che in Saxo compare come *Harthgrepa*, figlia di *Wagnhoftus* (= *Vagnhöfði* «testa di balena»), presso il quale soggiorna l'eroe Hadingus cui ella offre il proprio amore;[111] *Harðgreipr* «[colui che] afferra con forza»; *Víðgrípr* «[colui che] afferra ampiamente». Come nomi di esseri pericolosi e aggressivi vanno intesi anche *Beitr* «che morsica»;[112] *Geysa* «impetuosa»; *Hildr* f. «battaglia»;[113] *Hrökkvir* (o *Hrøkkvir*) «impetuoso» (forse però anche «ricurvo»); *Kyrmir* «oppressore»; *Mörn* «distruttrice»; *Vígglöð* f. «felice per la battaglia». A vere e proprie battaglie scatenate dai giganti alludono nomi quali *Hrauðnir* «annientatore»; *Hrauðungr* «armato» o «distruttore»;[114] *Hringvölnir* «[quello armato di] bastone con anelli»; *Hripstöðr* (o *Hripstútr*) «saldo nell'afferrare» (molto dubbio); *Hróðr* «famoso [per le battaglie?]»; *Hróarr* «lancia famosa»; *Skorir* (o *Skœrir*) forse «[colui che] taglia [con le armi]»; *Vandill* forse «[colui che è armato] di giavellotto».[115]

Il costante tentativo dei giganti di attaccare gli dèi e di impadronirsi dei simboli della luce e della fecondità – il potere sulle quali è a essi inesorabilmente negato – è testimoniato in diversi miti.[116] Snorri avverte del loro desiderio di scalare il cielo:[117] a ciò si riferiscono verosimilmente nomi quali *Hástigi* «[colui che] sale in alto» e *Stígandi* «colui che fa [grandi] passi». Qui va ricordato anche il nome *Víðgymnir* «[colui che] guada», che fa riferimento al tentativo di superare i fiumi impetuosi che separano il mondo dei giganti da quello degli uomini e degli dèi.

Al mito del gigante che lavorava notte e giorno per costruire un nuovo recinto agli dèi e guadagnarsi così Freyja, il sole e la luna[118] sono collegati i nomi *Fjölverkr* «[colui che] lavora molto»; *Harðverkr* «[colui che] lavora duramente» e *Stórverkr* «[colui che compie] grandi lavori».[119]

Un altro gigante borioso che minaccia di sprofondare Ásgarðr è *Hrungnir* «risonante», ucciso da Thor in un duello famoso, quando cadde con lui il gigante di fango *Mökkurkálfi* «gamba (lett. «polpaccio») di nebbia» costruito per contrastare il servitore di Thor e perito miseramente.[120] Il duello fra Thor e Hrungnir è combattuto a *Grjótúnagarðar* «recinto di Grjótún»: *Grjótún* sono i «campi delle pietre», nome che sottolinea una volta di più la connessione dei giganti con le rocce e le montagne.

Al possesso di uno strumento che ha potere sulla fecondità aspira anche il gigante *Þrymr* «risonante», ladro del martello del dio Thor. Per questo lui e la sua famiglia vengono sterminati dal dio.[121]

Alle famose imprese di Thor contro i giganti allude lo scaldo Þorbjörn Poeta delle *dísir*,[122] il quale elenca otto di questi mostri uccisi dal dio: *Keila* f. «fiordo stretto» (?) o «gallina»; *Kjallandi* f., nome assai oscuro, forse «[colei che] dimora negli inferi»; *Lútr* «curvo»; *Leiði* «odioso»; *Búseyra* «[colei che ha] grandi orecchie» o «[colei che] distrugge la fattoria»; *Hengjankjapta* «con la gota cadente» (a cui è verosimilmente identica *Hengikepta*);[123] *Hyrrokkin* (già ricordata fra i giganti del fuoco) e *Svívör* «muso infame» (qualora non identica alla già citata *Sívör*). Anche una strofa dello scaldo Vetrliði[124] elenca taluni giganti uccisi da Thor. Sono *Leikn* «stregata» o «[compagna di] giochi»; *Þrívaldi* «tre [volte] potente»; *Starkaðr* «forte combattente»[125] e *Gjalp*.

Gjalp è con Greip la figlia di *Geirrøðr* «protettore con la lancia», il gigante che dimora in *Geirrøðargarðar* «recinto di Geirrøðr» e contro il quale Thor porta a compimento una delle sue più famose imprese.[126] Con Geirrøðr va identificato Geruthus, di cui riferisce Saxo, gigante nel cui regno si reca Thorkillus.[127] Questo personaggio è verosimilmente lo stesso Geirrøðr che nella *Breve storia di Þorsteinn Potente nella fattoria*[128] è descritto come un sovrano mitico che regna su esseri oscuri e malvagi.

Un altro gigante legato al ricordo delle imprese di Thor è *Hymir* (o *Hýmir*), forse «[colui che] ronza» o «assonnato». Costui fu compagno di pesca di Thor allorché il dio tentò di catturare il serpe cosmico che giace nell'oceano, ma venne poi ucciso dal dio.[129] Fra i giganti va forse annoverato anche Egill (ricordato nello stesso mito), che come tale è inteso dagli scaldi. Di lui si narra che Thor, nel suo viaggio verso la dimora di Hymir, gli lasciò in custodia le proprie capre. Con *Egill*, forse «[colui che incute] paura», va probabilmente identificato il padre di Þjálfi e di Röskva, servitori del dio.[130]

Ma i rapporti di Thor con i giganti non sono sempre ostili. Il mito infatti riferisce non solo che egli aveva avuto in sposa la gigantessa Járnsaxa, ma che un'altra gigantessa *Gríðr* «ira» lo aveva soccorso nel suo viaggio verso il recinto di Geirrøðr prestandogli il proprio bastone magico *Gríðarvölr* «bastone magico di Gríðr», la propria cintura di forza e i guanti di ferro.[131]

Del gigante *Aurvandill*, «vandalo luminoso» (?) o «raggio di luce» o «[colui che è armato di] giavellotto [generato dalla] sabbia umida», soprannominato il Coraggioso, si narra che Thor lo aveva portato fuori del paese dei giganti in una gerla che teneva sulle spalle. Del suo alluce ghiacciato – gettandolo nel cielo – il dio aveva fatto una stella,[132] che si chiamò *Aurvandilstá* «alluce di Aurvandill». Questo nome si riconosce nell'anglosassone *Earendel*, alto tedesco medio *Orendel*, e compare in Saxo come *Horwendillus*, padre di Amlethus.[133]

Nel mito, i giganti sono connessi anche con altri dèi. Nel *Canto di Hárbarðr*[134] Odino si vanta di aver sottratto il senno a *Hlébarðr*, forse «leopardo» (cioè simbolicamente «lupo», «orso»), dal quale aveva avuto in dono una bacchetta magica; nel *Dialogo di Grímnir*[135] il dio allude all'uccisione di Søkkmímir figlio di *Miðvitnir* «lupo del mare» (o «lupo dell'idromele»); nel *Dialogo dell'Alto* riferisce il proprio tentativo di sedurre la figlia di *Billingr* «gemello»,[136] tentativo fallito per la presenza, in difesa della donna, di uomini armati e di una cagna.[137] Una famiglia di giganti ingannata da Odino è anche quella di coloro cui il dio sottrae l'idromele che rende poeta chi lo beva.[138] Questi sono *Gillingr* «risonante»; *Suttungr* (o *Suttungi*) «appesantito [dalla bevuta]» o «[colui che si muove] velocemente»; *Gunnlöð* «schiuma della battaglia» (cioè «sangue», dunque nome di una valchiria) e *Baugi* «ricurvo». Suttungr e Gunnlöð dimorano in *Hnitbjörg* «riparo dalla battaglia», luogo dove era anche conservato il prezioso idromele della poesia (il nome si ritrova in un toponimo islandese).

Un altro gigante famoso per aver minacciato la pace degli dèi è *Þjazi* «demone della tempesta» o «padre», che abitava in *Þrymheimr* «dimora risonante». Di lui si racconta che aveva rapito Iðunn e per questo fu ucciso dagli dèi.[139] Tuttavia Odino, per ripagare sua figlia Skaði (divenuta poi sposa del dio Njörðr), ne aveva gettato gli occhi in cielo traendone due stelle.[140] Þjazi era figlio di *Ölvaldi* (o *Allvaldi*) «[colui che ha] potere sulla birra» o «[colui che ha] tutto il potere» e assieme ai fratelli *Iði* «agile» o «attivo» e *Gangr* «movimento» (?) si divise l'oro lasciato in eredità dal padre in questo modo: ciascuno ne avrebbe preso per sé delle boccate e tutti altrettante.[141]

Contro Freyr combatte invece *Beli* «[colui che] rumoreggia»: il dio lo ucciderà con un corno di cervo (simbolo della forza dei raggi del sole usata contro un demone dell'oscurità).[142]

Poiché rappresentano le forze della natura che sfuggono al controllo della ragione, i giganti appaiono talora legati agli animali che condividono in parte tale simbologia. Così sono ricordati nomi quali *Hyndla* «cagnolina»; *Hundalfr* (o *Hundólfr*) «lupo cane»; *Hvalr* «balena»; *Köttr* «gatto» (si ricordi che Thor combatté con un gatto sotto le cui spoglie è celato il serpe di Miðgarðr, suo nemico mortale);[143] *Simul* forse «renna femmina»;[144] *Vagnhöfði* «testa di balena»: questo gigante è conosciuto da Saxo come *Wagnhoftus*.[145] Di lui e del fratello *Haphlius* (*Hafli* «[colui che] tiene» o «avido») è detto che furono i precettori di Guthormus e Hadingus.[146] Ma l'animale più comunemente connesso ai giganti è la capra,[147] verosimilmente a motivo della natura ribelle e demoniaca. Molti giganti rivelano questo nesso nel nome o nella funzione. *Eggþér* «[colui che] ha servitori [armati di] punte» è un pastore di capre che allegro seduto su di un tumulo suona l'arpa;[148] *Eimgeitir* è per la prima parte (*Eim-*) «fumante» o «bruciante», per la seconda (*-geitir*) «[pastore di] capre» o «[rivestito di pelle di] capra» o «[colui che si comporta come una] capra»; *Geitla* «capretta»; *Geitir* «capro»;[149] *Gullnir* «urlante», del quale è detto che possiede delle capre;[150] *Þrígeitir* «tre [volte] Geitir». Forse vanno collegati qui *Vingnir* «bestia sessualmente forte» (ma forse «[colui che] scuote [l'arma]»), che pare essere patrigno di Thor,[151] e *Víparr* «irsuto» (o forse «[colui che] si muove»).

I giganti rappresentano dunque l'opposto dell'eroe civilizzatore: al suo divino compito di dare ordine al mondo contrappongono la forza bruta e il caos che deriva dall'irrazionalità. Essi incarnano tuttavia anche la banalità magnificata, essendo la loro mente desolatamente priva della luce dell'intelletto. Perciò appaiono assai spesso in famiglie o si dicono dotati di tre, sei o anche più teste:[152] l'unità e la molteplicità in loro non fanno differenza, poiché le diverse teste di uno stesso gigante o i diversi giganti di una stessa stirpe ripetono passivamente una monotona immagine cui mancano intelletto, fantasia creativa o intuizione divina.

Per questo i giganti sono brutti d'aspetto, di dimensioni sproporzionate e dunque infelici. Tra i nomi che li designano si ricordano *troll* (o *tröll*) n. «mostro», «essere grande e grosso»,[153] e *flagð* f. «mostro femmina», i quali in epoca cristiana vengono spesso usati per indicare esseri demoniaci nemici degli uomini e pericolosi. Anche *skrímsl* n. «mostro» può essere usato per designare un gigante.[154] Termini per «gigantessa» sono invece *gýgr*, che ha senso di «[essere del] mondo ctonio», e *skessa* (o *skersa*, termine tardo, cfr. *skass*, *skars* n.), che ha senso di «mostro». Correlati a questi concetti sono nomi quali *Bakrauf* «natiche spaccate»; *Blapþvari* «palo che blatera»; *Brýja* forse «gonfia» (o correlata a *brý* n. «gigante»); *Dofri* «pigro»;[155] *Dumbr* «scemo» o «muto»;[156] *Fála* «strega», «persona goffa»;[157] *Fleggr* «mostro» (legato a *flagð* f. «strega», «gigantessa»; meno probabilmente a *flag* n. «roccia» con riferimento alla dimora di questi esseri); *Ganglati* «pigro nell'andare»;[158] *Gestilja* «mostro» o «straniera»; *Aurgrímnir* «[colui che è] mascherato, [generato dalla] sabbia umida»; *Gríma* «mascherata»; *Grímnir* «mascherato»;[159] *Grimlingr* (o *Grímlingr*) il «piccolo mascherato» (con allusione ironica);[160] *Grottintanna* «con i denti radi» o «con i denti che macinano»;[161] *Grýla* «mostro»; *Hadda* forse «pelosa»;[162] *Hrúga* (o *Hryga*) «mucchio»; *Hrygða* (o *Hryggða*) «afflitta»; *Hœra* «grigia [di capelli]»; *Hörn* forse «merdosa»; *Leirvör* «dal labbro sudicio» o «dea di argilla»; *Ljóta* «odiosa» o «turpe»; *Loðinfingra* «con le dita irsute»; *Loðinn* «irsuto»; *Miskorblindi* «odioso» o «colui che prepara la birra» (è il padre di Ægir, dunque uguale a Fornjótr?); *Munnharpa* «muso grinzoso»; *Munnriða* «colei che blatera (muove la bocca)»;[163] *Nauma* «sottile» (in senso ironico); *Rangbeinn* «gamba storta»; *Rani* «grugno» (o forse variante di *Rán*?); *Rifingafla* forse «fronte spaccata»; *Skalli* «testa pelata»; *Skrati* «mostro», «diavolo»; *Sómr* «curvo» (lett. «arco»; meno probabilmente «onore»); *Stúmi* forse «che inciampa»; *Svaði* «sciatto» (meno probabilmente «abitatore delle montagne»);[164] *Svárangr* «lento», «maldestro» (è detto che Thor combatté contro i suoi figli); *Sveipinfalda* «nascosta da un cappuccio»;[165] *Sækarlsmúli* «grugno da marinaio»; *Úfoti* «senza piede»;[166] *Úglaðnir* «senza gioia»; *Viddi* «grosso»; *Þistilbarði* «barba di cardo»; *Þurbörd* f. «barba rinsecchita»; *Öflugbarða* f. e *Öflugbarði* m. «barba robusta»; *Önduðr* (o *Öndöttr*) «spaventoso».[167] Difficilmente spiegabili restano *Beinviðr* «agrifoglio» (?) e *Sprettingr* «[colui che] schiude (o spezza)» (?). Le *þulur* elencano fra le gigantesse anche Njörn e Hölgabrúðr che altrove paiono essere dee.[168]

Nelle saghe e nelle fiabe popolari scandinave compaiono numerose figure di giganti i cui rapporti con gli uomini sono spesso ostili; essi appaiono tuttavia talvolta anche con funzione soccorrevole e fausta. Dal rapporto fra i giganti e gli esseri umani nascono talora dei figli, che sono definiti *blendingr* m. «[sangue] misto» e *hálftroll* (o *hálftröll*) n. «semigigante».[169] Nella tradizione più tarda i giganti tendono a perdere la connotazione di esseri sapienti delle origini e acquisiscono sempre più l'aspetto di orchi (tale pare essere la più appropriata interpretazione del termine *troll* (o *tröll* n.), attestato con frequenza crescente), talvolta confusi con altre figure sovrannaturali anche a motivo dell'affermarsi della cultura cristiana.

2. *Nani*

Sono detti in antico nordico *dvergar*,[1] da intendersi forse come «esseri demoniaci»[2] o come «rattrappiti».[3]

Secondo il mito, la loro stirpe risale alle origini del mondo allorché spuntarono nel fango e nella terra come vermi nella carne. E poiché la terra era stata tratta dalla carne del gigante primordiale Ymir, essi ebbero origine dal corpo di costui. Per decisione degli dèi ebbero tuttavia aspetto e intelligenza umani.[4]

A questa origine da un principio di umidità fa riferimento il nome di una regione da cui provengono alcuni fra loro: *Aurvangar* «campi di sabbia umida» che si trova in *Jöruvellir* «pianure sabbiose».[5] Qui vanno ricordati i nani di nome *Aurvangr*[6] «[proveniente da] Aurvangar» e *Aurekr* «uomo [generato] dalla sabbia umida».

A una relazione dei nani con le origini e l'ordinamento del cosmo fa riferimento anche il mito che riferisce come quattro di loro, *Austri* «Est», *Vestri* «Ovest», *Norðri* «Nord» e *Suðri* «Sud», stiano agli angoli del mondo e sorreggano il cielo.[7]

I nani dimorano sottoterra e nelle rocce; sono dunque esseri del mondo ctonio. A questa loro caratteristica si fanno ripetuti riferimenti nei miti.[8] Anche un toponimo quale *Dvergasteinn* «pietra dei nani» (in Islanda e in Norvegia) allude a questa concezione. La *Saga degli Ynglingar*[9] narra la vicenda del re svedese Sveigðir che appena salito al trono aveva fatto giuramento di cercare l'antico «Paese degli dèi», *Goðheimr*, e Odino suo antenato. Una sera, dopo il tramonto, mentre tornava a casa dopo un brindisi, Sveigðir passò accanto a una grossa pietra presso la quale stava seduto un nano. Questi lo invitò a entrare nella roccia, se voleva vedere Odino. Il re balzò dentro la pietra ed essa si chiuse immediatamente dietro di lui; egli non tornò indietro mai più.[10]

La connessione dei nani con le pietre e le rocce[11] li mette in relazione con il mondo dei morti che si ritiene dimorino nelle pietre e nei tumuli.[12] Nel *Dialogo di Alvíss* questo collegamento è reso evidente nelle parole che il dio Thor rivolge al nano Alvíss: «... perché sei così pallido attorno alle narici? / Sei stato questa notte tra i cadaveri?»[13] Tale relazione è inoltre rivelata in molti dei nomi di nani ricordati nel mito. Così *Dúfr* «assonnato»;[14] *Dúrnir* «[colui che] dorme»; *Fullangr* «cattivo odore» (con riferimento ai cadaveri);[15] *Haugspori* «che va sui tumuli»;[16] *Nár* e *Náli* «cadavere».[17] Qui si possono forse collegare anche nomi quali *Sjárr* (o *Svíarr* o *Svíurr*) «[colui che] scompare», così come *Móðsognir* (o *Mótsognir*), detto il più nobile fra i nani, che è «[colui che] succhia la forza [dai corpi]» (dunque una sorta di vampiro?) o «[colui che] è senza forza».

I nani quali abitatori dei tumuli sarebbero perciò l'incarnazione degli spiriti dei morti; tale interpretazione parrebbe avvalorata dal racconto sopra riferito a proposito di Sveigðir; nella tradizione nordica è frequente l'idea che gli esseri dell'altro mondo chiamino gli uomini presso di sé: vedi a esempio le *dísir*.[18] Inoltre i nani sono talora confusi o identificati con gli elfi scuri:[19] gli elfi sono esseri sovrannaturali che mostrano di avere relazione con i defunti della stirpe.[20] Qui va osservato che l'unico nome di elfo attestato, *Dáinn* «morto», è anche il nome di un nano; inoltre alcuni nomi di nani sono connessi alla parola «elfo»: così *Álfr* (o *Alfr*) «elfo»; *Álfrigg* «elfo potente»; *Gandálfr* (o *Ganndálfr*) «elfo ingannatore» o «elfo conoscitore di magie»; *Vindalfr* (o *Vinndálfr*) «elfo del vento» o «elfo ricurvo». Anche il nome *Ginnarr* (o *Ginarr*) «ingannatore» o «[colui che è] accattivante» (dunque attira nel regno dei morti?) potrebbe essere qui riferito.

La connessione dei nani con i morti e con i cadaveri risale all'origine stessa del mondo, poiché essi, come narra il mito, si formarono come vermi nel cadavere del gigante primordiale Ymir.[21]

Altri nomi di nani potrebbero confermare questa ipotesi. Così *Ái* «antenato»; *Billingr* «gemello»; *Burinn* (o *Búrinn*) e *Búri* «figlio»; *Ingi* e *Yngvi* forse «progenitore»; *Náinn* «parente stretto»;[22] *Nefi* «nipote», «parente»; *Ölnir* «figlio». Essi sarebbero perciò spiriti tutelari della stirpe, soccorrevoli verso i suoi componenti. Tale senso hanno probabilmente anche nomi quali *Án* (o *Ánn* od *Ónn*) «ottimo amico»; *Þekkr* «piacevole»; *Þrór* (o *Þrár*),[23] *Þróinn* (o *Þráinn*),[24] entrambi «proficuo».

Si dice che i nani temono la luce del giorno poiché essa li pietrifica, uccidendoli.[25] A tale concetto si riferiscono nomi quali *Dulinn* «nascosto»[26] o *Dagfinnr* «[colui che] trova il giorno»[27] e *Sólblindi* «[colui che viene] accecato (ucciso) dal sole».[28]

L'appartenenza al mondo ctonio è tramandata in nomi quali *Bláinn* «scuro»; *Blindviðr* «ampiamente cieco»; *Brúni* «scuro»; *Nípingr* «oscuro»;[29] *Niði* (o *Níði*) forse «[oscuri come] la luna nuova»; *Nýi* e *Nýr* entrambi «nuovo» (cioè «[oscuri come] la luna nuova»?).[30]

La relazione dei nani con l'aldilà li accomuna talora ai giganti. Ciò spiega forse il nome di una località da cui taluni di loro pro-

Dettaglio della pietra di Västerljung. Södermanland, Svezia, XI secolo

vengono, che è detta *Svarinshaugr*, forse «tumulo del [gigante] Svárangr».[31] Anche nomi quali *Jaki* «ghiacciolo»[32] e *Frosti* «ghiacciato» ricordano quelli della stirpe dei «giganti del ghiaccio» (*hrímþursar*). Qui va anche riferito che in un'occasione Thor si rivolge al nano Alvíss con queste parole: «l'aspetto dei giganti mi pare che tu abbia».[33] La vicinanza fra i nani e i giganti quali esseri dell'aldilà è confermata anche nei versi relativi alla vicenda di Sveigðir: lì infatti la dimora di pietra del nano è detta «sala luminosa di Søkkmímir e dei suoi», e Søkkmímir secondo quanto risulta da altre fonti è indubbiamente un gigante.[34]

Il carattere ctonio dei nani li rende depositari dei segreti della terra simboleggiati dai tesori in essa contenuti. Essi sono perciò i guardiani di quei tesori. Il mito ricorda così un nano famoso *Durinn* (o *Dyrinn*), il cui nome vale probabilmente «portinaio»,[35] e un altro di nome *Forve*, forse «guardiano dei luoghi sacri.[36]

Ma il mito ricorda soprattutto *Andvari* «vigilante» o «protettore», figlio di *Óinn* «timoroso». Costui viveva sotto forma di luccio[37] nella cascata detta Andvarafors e possedeva molto oro. Il tesoro gli fu sottratto da Loki assieme a un magico anello, detto Andvaranautr, grazie al quale la ricchezza poteva essere continuamente rinnovata. Quell'oro e quell'anello furono perciò maledetti dal nano. Con Andvari è da identificare secondo il *Dialogo di Reginn* il nano *Gustr* «raffica di vento» (?).

L'oro sottratto ad Andvari da Loki venne ceduto dagli dèi a Hreiðmarr e ai suoi figli, il nano Reginn e il serpe Fáfnir. *Reginn* significa forse «potente».[38]

L'immagine del nano come guardiano pericoloso, difensore di un tesoro, è forse la ragione per cui taluni dei loro nomi li qualificano come ostili o nemici; qui va verosimilmente collegato il concetto del morto come essere che sta di guardia sulla soglia per prevenire gli attacchi dei nemici della stirpe. Vanno dunque ricordati nomi quali *Dóri* «[colui che] nuoce»;[39] *Dólgþvari* «lancia nemica»; *Dólgþrasir* «[colui che] combatte con inimicizia» o «avido di battaglia»; *Dolgr* «nemico»; *Eggmóinn* «ucciso da [punta di spada]» o «serpe (lett. «[colui che] dimora nella piana») della spada» (l'allusione è al serpe Fáfnir ucciso da Sigurðr?); *Eikinskjaldi* «[colui che ha lo] scudo [di legno] di quercia»; *Hildingr* «guerriero»; *Hlévargr* «lupo dei luoghi protetti» o «lupo famoso»;[40] *Hleðjólfr* forse «lupo protettore»; *Jari* «[ansioso di] battaglia»; *Móðvitnir* «lupo irato»; *Níðhöggr* «[colui che] colpisce con odio»;[41] *Rekkr* «guerriero»; *Váli* (o *Vali* o *Áli*) «piccolo combattente», *Þorinn* «coraggioso»; *Þrasir* «minaccioso».

I tesori della terra di cui i nani sono depositari sono simboleggiati dai metalli; la conoscenza del loro segreto e di quello del fuoco primordiale che li ha plasmati è perciò prerogativa di questi esseri. I nani sono dunque fabbri abilissimi che hanno forgiato gli oggetti più preziosi degli dèi e degli eroi. Oltre a Reginn, fabbro e precettore di Sigurðr,[42] sono ricordati altri nani-fabbri: i figli di *Ívaldi*, forse «[colui che] ha potere sull'arco» o «assai potente» o «divinità della terra», i quali costruirono per Freyr la nave magica Skíðblaðnir, per Odino la lancia Gungnir e per Sif, moglie di Thor, una chioma tutta d'oro che cresceva come i capelli naturali;[43] *Eitri* «velenoso» o «infuriato» e suo fratello *Brokkr* «frammento» o «trottatore», i quali donarono agli dèi l'anello magico di Odino, Draupnir,[44] il martello di Thor, Mjöllnir, e il verro di Freyr, Gullinbursti.

Del cinghiale di Freyja, Hildisvíni, forse identico a Gullinbursti, è detto in un'altra fonte[45] che fu fatto per la dea da due nani: *Dáinn* «morto»[46] e *Nabbi* «punta» o «gobba».

Anche il bene prezioso di Freyja, *Brísingamen*, cui è affidato il potere sulla fecondità, fu preparato dai nani. Esso è infatti il «monile dei Brísingar», cioè dei «[nani] della stirpe del fuoco». Nella *Breve storia di Sörli*[47] è ulteriormente specificato che costoro erano: *Álfrigg* «elfo potente» o «[colui che ha] molte esperienze»;

Berlingr «piccola trave»; *Dvalinn* «[colui che] indugia»;[48] *Grérr* «rumoroso» o «piccolo».

Altri nani sono ricordati quali costruttori di una dimora celeste detta Lýr, della quale gli uomini non hanno che scarse notizie.[49] Essi sono: *Uni* «contento»; *Íri* «irlandese» (dunque esperto di magia?); *Óri* (o *Órinn*) «eccitato»;[50] *Bári* (o *Barri*) «ruvido» o «pazzo» (?); *Varr* «attento», «accorto»; *Vegdrasill* «cavallo della via» o «cavallo famoso»; *Dóri* (o *Darri*);[51] *Úri* «fabbro»; *Dellingr* «luminoso» o «famoso»; *Aţvarðr* forse «guardiano [delle dimore di pietra]»; *Liðskjálfr* forse «ciondolante nelle articolazioni». In questo elenco di nani è curiosamente citato anche il dio Loki. Il mito ricorda inoltre che solo i nani seppero preparare una catena magica capace di tenere legato il lupo Fenrir, mostro cosmico nemico degli dèi.[52]

Al lavoro dei nani come fabbri alludono singoli nomi quali *Hanarr* (o *Hánarr* o *Hannarr*) «abile»; *Heptifili* «[colui che spiana] i manici con la lima»: il nome di questo nano è composto da quello di altri due, *Hepti* «presa», «maniglia», «manico» e *Fili* (o *Fíli*) «lima»; *Kíli* (o *Kili*) forse «cuneo»;[53] *Næfi* e *Næfr* entrambi «capace»; *Sindri* «scintilla» (alla stirpe di questo nano è attribuita una dimora tutta d'oro nella parte settentrionale del mondo, a Niðavellir);[54] *Skáfiðr* (o *Skáviðr*) «[colui che] raschia»;[55] *Skirfir* (o *Skirpir* o *Skirvir*) «abile artigiano»;[56] *Veggr* «cuneo». Qui vanno forse ricordati anche nomi quali *Frár* (o *Frór*) «lesto» e *Frægr* «famoso».

Inoltre, taluni nomi di nani, che li indicano come esseri colorati o luminosi, potrebbero forse essere interpretati in relazione alle qualità dei metalli, il cui bagliore illumina le viscere della terra. Tali sono: *Blávorr* «luminoso»;[57] *Fáinn* e *Fár* (o *Fárr*) entrambi «variopinto»;[58] *Glói* (o *Glóinn* o *Glóni*) «luminoso»; *Litr* «colorato» (costui è il nano che durante il funerale di Baldr passò correndo davanti ai piedi di Thor mentre questi stava consacrando il rogo col martello; per questo il dio lo gettò con un calcio sulla pira, dove morì bruciato);[59] *Ljómi* «splendente»; *Mjöklituðr* «molto colorato».

L'abilità dei nani come fabbri è ricordata nella tradizione: a loro a esempio è attribuita la costruzione di spade quali Gramr, arma di Sigurðr;[60] *Dáinsleif* («eredità del [nano] Dáinn»);[61] e Tyrfingr.[62]

I nani posseggono la scienza della terra, dunque sono maghi e sapienti. A ciò si allude dove[63] è detto che essi, in particolare Dvalinn, conoscono le rune, simbolo di magia; inoltre a due di loro,

Þjóðrœrir «[colui che] eccita il popolo» e *Dellingr*, è attribuita la conoscenza di un incantesimo. Anche il nome *Fiðr* (o *Finnr*), che vale forse «lappone», si riferisce a questo concetto, poiché è verosimilmente da mettere in relazione con la grande abilità di maghi e stregoni attribuita ai Finni e ai Lapponi.[64]

Un nano certamente assai saggio è *Alvíss* «[colui che] sa tutto», protagonista del carme eddico che da lui prende il nome, il *Dialogo di Alvíss* (*Alvíssmál*). In esso il nano, che chiede in sposa la figlia di Thor, viene interrogato dal dio per una notte intera sulle diverse denominazioni date alle singole entità del mondo (terra, cielo, luna, sole, nubi, vento, bonaccia, mare, fuoco, bosco, notte, grano, birra) tra i diversi esseri (uomini, Asi, Vani, nani, giganti, elfi, esseri del mondo infero). Nel rispondere alle domande del dio, il nano non si accorge che il sole sta sorgendo: per questo rimarrà pietrificato.

Altri nani saggi sono *Fjölsviðr* «assai sapiente»; *Muninn* «memoria»; *Nýraðr* «di nuovo consiglio»; *Ráðspakr* «di acuto consiglio»; *Ráðsviðr* «di intelligente consiglio» o «di veloce consiglio»; *Vitr* «saggio». Anche il nome *Farli* «[colui che] viaggia» allude a un'esperienza di saggezza. Qui forse vanno ricordati anche *Hugstari* «di fisso (ostinato) pensiero», cui equivale forse *Högstari* (altrimenti «resistente ai colpi»?) e *Búinn* «pronto».[65]

Nel mito sull'origine della poesia, simboleggiata dal sacro idromele che rende poeta chi lo beva, è detto che questo liquido prezioso fu preparato da due nani, i quali uccisero il saggio dio Kvasir e mescolarono il suo sangue con il miele.[66] Costoro erano *Fjalarr* «molto sapiente»[67] e *Galarr* «[colui che] canta magicamente».[68] A questo mito vanno connessi forse nomi quali *Ónarr* (o *Ánarr*) «eccitato» (per la bevuta di idromele) e *Falr* forse uguale a Fjalarr.[69] Anche *Mjöðvitnir* «lupo (o ladro) dell'idromele» e *Alþjófr* «[colui che] depreda» sono da collegare qui.

Tra altri nomi di nani ricordati, taluni fanno riferimento al loro aspetto o alle loro qualità: *Báfurr* (o *Böfurr* o *Bávorr* o *Bavörr*) «[piccolo come una] fava»;[70] *Bömburr* (o *Bömbörr*) «persona massiccia»; *Grímr* «mascherato»; *Lóinn* «pigro» o «[colui che] urla»; *Lóni* «pigro»;[71] *Miðviðr* «di media ampiezza»; *Nóri* (o *Nori*) «pezzettino» (lett. «ritaglio»); *Skávœrr* «sghembo» o «bonario»; *Vigr* (o *Veigr*) «[colui che] ha l'andatura traballante»;[72] *Tigr* (o *Tigvœ*) forse «sospettoso»; *Víli* forse «misero»;[73] *Þulinn* «borbottante». Qui va ricordato anche *Lofarr* «[colui che] loda», il quale appartiene senza dubbio all'antica stirpe di nani detti *Lovarr* ricordata da Snorri.[74]

L'immagine dei nani quali spiriti che dimorano nel mondo che circonda gli esseri umani e lo animano con la loro presenza è rimasta assai viva nel folclore. Questo tipo di spiritello si viene talvolta identificando col genio tutelare della casa, tal altra invece è ritenuto che si nasconda in determinate piante o animali. Il vocabolario scandinavo definisce questo essere con il termine svedese *pyssling*, danese e norvegese *pusling*, che ha senso di «omiciattolo».

La tradizione ricorda altresì nani con nomi di piante o di animali (nei quali dunque questi «geni» della natura paiono incarnarsi). Abbiamo così *Bífurr* (o *Bívorr* o *Bívörr*) «castoro»;[75] *Gullmævill* «gabbiano dorato»; *Heri* «lepre»; *Hœnbúi* «spigo», «lavanda»;[76] *Viðr* (o *Víðr*) «albero»;[77] *Virfir* (o *Virvir* o *Virpir*) forse «cavallo» (con connessioni falliche?). Anche *Hljóðolfr* «lupo ululante» (o «lupo silenzioso»?) va forse collegato qui.

Nel folclore i nani vengono talora confusi con gli elfi o intesi come incarnazione di alcune manifestazioni della natura. Nomi quali *Bíldr* «freccia»,[78] *Fornbogi* «arco antico»[79] e *Vífir* «[colui che] scaglia [la freccia o la lancia]» sono forse da collegare all'idea che i nani (come gli elfi) possano gettare addosso le malattie.[80] Il nome *Hornbori* «[colui che] soffia nel corno» ricorda invece la credenza che l'eco sia la voce dei nani.[81] Tra i nani sono ricordati anche *Fundinn* «trovato» e *Hár* (o *Haurr* o *Hárr*) «grigio [di capelli]». La relazione di questi nomi con i dati mitologici resta difficile da spiegare.

Note

1. *Giganti*

1 *Gyl* 5-8; v. p. 50. Cfr. *Ská* 9 dove Ymir è confuso con Hymir.
2 *Gyl* 5. Dalla lettura delle strofe 21 e 30 del *Vaf* tuttavia Ymir e Aurgelmir potrebbero anche essere intesi come due esseri distinti. Una gigantessa di nome Ýma è ricordata in *Hjá* 12-3; Ymir e *Ymisland* «Terra di Ymir» in *Her* pp. 1, 89-90.
3 In neonorvegese *blå* è «orizzonte blu».
4 *Fjö* 12; v. p. 403.
5 O forse «nelle montagne».
6 Tale è il più probabile significato del termine nordico *lúðr* m. in questo contesto (*Gyl* 7; *Vaf* 35); v. p. 50.
7 *Háv* 140. Per Bölþorn cfr. p. 112, nota 14. Il nome Bestla è ricordato fra le denominazioni per «donna» (*Þul*).
8 Meno probabilmente «annientatore».

9 Cfr. *Supplementum Historiae Norvagicae*, in *Bibliotheca Arnamagnœana*, Hafniae 1950, vol. IX, p. 158, dove è detto *Ferniotus rex Finlandiae*; *Fun* 1; *Hve* 1; v. p. 56.

10 Nelle *þulur* questo nome è anche denominazione dell'aquila. Il nome del gigante *Aurnir* (*Örnir*), formato verosimilmente su *örn* m. «aquila», così come probabilmente *Arngrímr* (*Her* 90), ricorda verosimilmente questo concetto. V. anche il mito alle pp. 115-6; cfr. inoltre *Saxo* VIII, XV, 4 e VIII, 6.

11 Cfr. *Hve* 1; *Fun* 1; *Suppl. Hist. Norv.*, cit.: *Káre: Ventus creditus idem à caecis ethnicis in Divorum numero ut Æolus quidam ventis prœesse*, p. 158. In *Stur* 16 sono ricordate le gigantesse *Hildr* «battaglia» e *Torfa* «zolla erbosa» (dunque «pelosa»?) che avevano potere sul vento. In *Egil* 12 è citata *Kúla*, regina di *Öskruðr* (v. p. 322 e nota 54), il cui nome può forse essere riconnesso a *kul* n. «brezza» (altrimenti «[abitatrice di un] tumulo»). Cfr. p. 461. V. anche la figura del gigante *Gustr* «raffica» in *Þþb* 6.

12 *Fjö* 6; v. p. 402.

13 Snorri (*HárH* 25) ricorda la figura del gigante Svási. Di sua figlia Snæfríðr «bella come la neve» si era perdutamente innamorato (probabilmente per via di una pozione magica che aveva bevuto) il re Araldo Bella chioma che l'aveva sposata e ne aveva avuto quattro figli (dei quali uno era Rögnvaldr Gamba diritta, famoso stregone). Poi Snæfríðr era morta; tuttavia il suo corpo appariva incorrotto ed ella aveva mantenuto l'aspetto che aveva da viva. Snæfríðr era rimasta per tre anni distesa sul suo letto e il re l'aveva molto pianta. Ciò fino a quando un saggio suggerì di cambiare le stoffe nel letto sotto di lei: difatti, non appena fu spostata, il corpo apparve putrefatto e fetido, così fu posto in fretta sul rogo e bruciato. Dal cadavere divenuto scuro uscirono a frotte serpi, vipere, rane e rospi. Allorché ella fu incenerita, il re riacquistò il senno e si dedicò al governo del regno con soddisfazione dei sudditi (cfr. *Flat* I, p. 567, e *Ágr* 3).

14 Esempi in *Þry passim*; *Gyl* 45-7; *Ská* 25 [3], 27 [4].

15 Se costui è da intendersi come un gigante (*Háv* 78).

16 Læssø in Danimarca. Cfr. *Fun* 1 e *Hár* 37; *HH* II 6; *Odd* 30.

17 *Suppl. Hist. Norv.*, cit., p. 158: ... *Creditus post fata ut alter Neptunus maris dominium habere*; *Hve* 1; *Fun* 1.

18 *Saxo* VIII, VIII, 9.

19 *Chronicon Lethrense*, in *Scriptores Minores Historiae Danicae Medii Aevi*, a cura di M. Gertz, vol. I, København 1917-1918, capp. 5-6. V. anche sotto, nota 37.

20 Ella è infatti una sorta di dea degli inferi; cfr. *Fri* 6 e p. 72. Nelle *þulur* Rán è annoverata fra le dee. Cfr. anche *Reg* pr; *Ská* 42; *Völs* 14.

21 In una *kenning* dello scaldo Rögnvaldr *jarl Kali* (*Skj* I: A, p. 508; B, p. 482).

22 *HH* I 28-30; *HHv* 18; *Eyr* 54; *Rag* 8; *Son* 7.

23 *Ská* 34; *Þul*. Cfr. *Her* pp. 72-3, 77, 132; *Fun* 1; *Fri* 6; *Ytal* 25; e il personaggio di Grímr-Ægir in *Gön passim*.

24 V. pp. 128 e 134; cfr. p. 249, nota 10.

25 *Son* 8.

26 Cfr. *Her* pp. 72-3, 76-7, 132.

27 V. pp. 149-51; cfr. p. 284 (5).

28 Cfr. *Hjá* 12.

29 Femminile di Gymir; significato più probabile di «[colei che] si vanta».

30 *Örv* I *passim*; *Örv* II 4; *Ket* 3; *Þul* e *K*. Cfr. p. 171, nota 17. V. *Saxo* III, II, 8.

31 Cfr. *Skí* 36; v. anche le *þulur*, dove è ricordato il gigante Hrímþurs.

32 *Gyl* 5: ... *inn gamli hrímþurs*. V. anche *Vaf* 32-3.
33 *Fun* 1; cfr. *Suppl. Hist. Norv.*, cit., p. 158 (ivi detto Froste).
34 Cfr. *Yng* 19.
35 *Hve* 1; cfr. *Suppl. Hist. Norv.*, cit. p. 158: *Froste alias Jøcull à gelu sic dictus*.
36 *Hve* 1-2; *Fun* 1; cfr. *Suppl. Hist. Norv.*, cit., p. 159; *Yng* 13; *Stur* 22; *Egil* 13.
37 *Saxo* VIII, XI-XII; cfr. *Chronicon Lethrense*, ed. cit., capp. 5-7, e *Annales Ryenses*, in *Annales Danici medii aevi*, a cura di Ellen Jørgensen, vol. I, København 1920, capp. 13-4. V. anche *Petri Olai Chronica Regum Danorum*, in *Scriptores rerum Danicarum medii aevi*, ed. J. Langebek, vol. I, Hafniae 1772, p. 80 (dove è ricordato anche Læ, v. sopra p. 319 e nota 19).
38 *Hve* 1; *Fun* 1. Nella prima fonte è specificato che costui era un re famoso. A lui gli abitanti di *Kvenland* («Terra delle donne»: pare essere una regione dei Finni o dei Lapponi; v. *Egi* 14, p. 35 e nota 3; *Ork* 1) innalzavano sacrifici perché mandasse la neve e si potesse sciare bene: per loro questo significava abbondanza. Tale sacrificio doveva aver luogo a metà dell'inverno e da allora il mese di Þorri prese il nome dal re. Nella seconda fonte si dice invece che Þorri era egli stesso assai dedito ai sacrifici e che ogni anno a metà inverno ne innalzava uno detto *þorrablót*. Da ciò prese nome il mese. V. anche *Suppl. Hist. Norv.*, cit., p. 159 (dove è detto Þorre). L'inizio di questo mese è legato alla prima luna nuova dopo il 6 gennaio; esso è dunque con ogni probabilità, come anche Gói (v. sotto), ancora connesso a un calendario di tipo lunare. Cfr. *Ská* 79.
39 *Hve* 1; cfr. *Suppl. Hist. Norv.*, cit., p. 159 (le forme sono *Faunn*, *Miøll* e *Driifa*). Mjöll compare anche in *Stur* 22, Drífa è probabilmente da riconoscere nella figlia di Snjár il Vecchio ricordata da Snorri in *Yng* 13.
40 Rispettivamente: *Hve* 1; *Fun* 1-3; *Suppl. Hist. Norv.*, cit., p. 159 (*Norus sive Nor*); *Hve* 1; *Fun* 1-3; *Suppl. Hist. Norv.*, cit., p. 159 (*Gorus sive Gor*); *Hve* 1; *Fun* 1-2; *Suppl. Hist. Norv.*, cit., p. 159 (*Goe filia*). Di costei è narrato che era scomparsa in occasione di un *þorrablót* (v. nota 38) e che i suoi fratelli la ritrovarono in Norvegia e allora presero possesso di quel Paese (*Fun* 1-2). Cfr. *Ská* 79.
41 Di costei è detto (*HHv* 12-30) che aveva una coda di cavallo (v. p. 370); ugualmente è descritta *Vargeisa* «impetuosa [come una] lupa» (?) in *Hjá* 10-11, 20.
42 È verosimilmente lo stesso che compare in *Völs* 1-2 e *Grím* 1; v. p. 380.
43 Cfr. la figura del mago finnico Rostiophus in *Saxo* III, IV, 1; v. p. 166.
44 Cfr. il gigante Kaldrani in *Ket* 2, 4.
45 Cfr. a esempio *Ská* 26 [3]; *Hyn* 10. La «Terra dei giganti» è detta anche *Risaland* (*Örv I* 10; *Örv II* 18, 21; *Þþb* 5-6) e descritta con le medesime caratteristiche.
46 *Gyl* 4-5; v. pp. 49-50.
47 *Gyl* 4, 51; *Vsp* 52; v. pp. 187, 189.
48 *Hve* 1; *Fun* 1; *Suppl. Hist. Norv.*, cit., p. 158: *Logie: Flamma, creditus in ignem imperium gerere*. Cfr. la figura di Logi cortigiano di Útgarða-Loki nel mito del «dio deriso» (p. 124) e *Yng* 19, *Ytal* 10, ivi citato.
49 *Ská* 37.
50 *Gyl* 51; *Vsp* 52; cfr. *Völs* 18; cfr. *Ská* 9; v. p. 189.
51 *Ldn* s 208; cfr. *Hell* 1, 7-8, 13, 26. Un contadino-gigante detto Surtr *bóndi* appare anche in *Ket* 2; cfr. inoltre *Bár* 13. Surtr il Nero è ricordato nella *Breve storia di Bergbúi* (*Bergbúa þáttr*), ed. G. Jónsson, Reykjavík 1946 (*ÍS* vol. IV), p. 398, str. 10.
52 V. pp. 404-5; cfr. pp. 549-50 (b).
53 *Gyl* 49; v. p. 157.
54 Cfr. *Egil* 12, 14.

55 *Vsp* 2.

56 *Háv* 140; *Grí* pr; *Vaf* 1, *passim*; *Fjö passim*. V. anche *Saxo* I, V-VI, dove si parla di una gigantessa nutrice, motivo che poi torna con frequenza nelle saghe leggendarie; v. a esempio la gigantessa *Brana* «[colei che] si allontana in fretta» in *HálfB passim* e la gigantessa *Geirnefja* «naso [appuntito come] una lancia» nella *Saga di Þorsteinn Figlioccio di Geirnefja* (*Þorsteins saga Geirnefjufóstra*, ed. G. Jónsson, Reykjavík 1946-1947; *ÍS* vol. VIII).

57 *Vaf* 43.

58 *Fjö passim*; v. pp. 402-7.

59 *Hár* 16; Odino afferma di aver trascorso un periodo di cinque anni insieme a questo gigante in un'isola di nome *Algrœn* «Tuttaverde», dove trascorreva il tempo combattendo, godendo dell'amore e facendo diverse esperienze; cfr. p. 629, nota 10.

60 Ella è ricordata anche nel poemetto runico islandese (cfr. p. 262, nota 17) alla strofa 3. Una gigantessa di nome Runa compare in *Hjá* 12. Alle rune come possesso dei giganti fa riferimento *Vaf* 43.

61 Cfr. l'episodio analogo in cui Odino sotto le false spoglie di Gestumblindi pone una serie di quesiti al re Heiðrekr (*Her* pp. 54-83, 129-40).

62 *Vsp* 28; *Gyl* 15; v. p. 62.

63 *Yng* 4, 7.

64 *Gyl* 53; *Vaf* 45; v. pp. 189, 191.

65 In *Vsp* 46 si accenna a «figli di Mímr» (*Míms synir*), per altro ignoti.

66 III, II, 5-6; v. pp. 163-4. Cfr. anche *Þið* I, pp. 74, 303-15, 317.

67 *Sig* 13.

68 *Vaf passim*; *Grí* 50; *Skí* 25; *Hym* 13; *Fáf* 29. V. anche *Ská* 27 [4].

69 *Gro passim*; *Ská* 53 [7]; v. pp. 181-2.

70 *Gyl* 6; v. p. 50.

71 *Hym* 1, *passim*; v. pp. 128-9.

72 *Ská* 27 [4].

73 *Gyl* 27; *Ská* 16, 24; *Edda Kuhn* p. 316.

74 *Hyn* 37.

75 *Ská* 27 [4]; v. p. 141.

76 Ricordata anche in *Hjá* 12.

77 Járnsaxa è forse una delle gigantesse che abitano nella «foresta di ferro» *Járnviðr*, e perciò sono dette *Járnviðjur* (*Gyl* 12). A questa stirpe appartengono non solo la gigantessa madre dei lupi che divoreranno il sole e la luna (v. pp. 55-6), ma anche probabilmente altri giganti, ricordati nelle saghe leggendarie, quali *Járnhauss* «cranio di ferro» (*HálfB* 6, 7); *Járnnefr* «naso di ferro» (*ibidem* capp. 4-5); *Járnskjöldr* «scudo di ferro» (che dovrebbe essere un gigante; *Sör* 9 e *HróG passim*); *Járngrímr* «mascherato con ferro» (*Njá* 133; costui è descritto avvolto in un mantello di pelle di capra e con un bastone di ferro in mano). In una saga leggendaria (*Hjá* 20) si parla di taluni giganti in aspetto di avvoltoi con il becco e le unghie di ferro (cfr. anche *Hjá* 12, dove tra l'altro compare la gigantessa *Hremsa* «artiglio»).

78 *Gyl* 37; *Skí passim*; v. pp. 149-51.

79 *Gyl* 23; *Ská* 3 [1]; cfr. p. 278.

80 *Gyl* 14; *Vsp* 9-16; v. p. 50.

81 *Vaf* 49; *HH I* 4.

82 Il nome di Fenrir, mostro cosmico per eccellenza, è elencato nelle *þulur* fra le denominazioni per «gigante». Inoltre sono ricordati i giganti di nome *Úlfr* «lupo» e *Ylfingr* «progenie del lupo» (*Örv II* 18).

83 *HHv* 16-7.
84 La connessione fra i maghi e i giganti è presente anche in *Saxo* prologo, III e I, IV, 2-3 e appare talora nelle saghe leggendarie (cfr. p. 110, nota 50). D'altronde i convegni fra giganti avvengono di notte (esempi in *ÓlH* 179, *Ket* 5) così come quelli fra streghe (cfr. p. 453, nota 17).
85 *Gyl* 51; *Vsp* 50-1; v. p. 186.
86 *Gyl* 49; v. p. 160.
87 Verosimilmente in senso ironico.
88 Cfr. p. 268, nota 72; cfr. anche *SnE* prologo, cap. 2.
89 *Saxo* prologo, III.
90 *Gyl* 45-7; v. pp. 121-7.
91 VIII, XIV, 17; VIII, XV e IX, IV, 32.
92 Spesso ricordato anche nelle saghe leggendarie; cfr. *Hve* 1; *ÞorV* 1; *Gön* 3, 14, 19, 30, 38; *Egil* 5, 12, 14-7; *Þþb* 5, 8; cfr. anche *Yng* 5, dove è detto Jötunheimar.
93 Cfr. *Hár passim*; *Gyl* 15; *Ská* 27 [4]; *Edda Kuhn* p. 317; v. pp. 140-1.
94 Cfr. *Þry* 5, 9, 21; *Ská* 3 [1] e 27 [4]; v. pp. 118-9 e 140.
95 Cfr. a esempio *Ská* 25 [3].
96 *Gyl* 49; cfr. *Saxo* VIII, XIV-XV.
97 V. sopra, nota 77.
98 Cfr. *Hyn* 48 e *Hál* 3.
99 *Vsp* 40; *Gyl* 12; v. p. 56.
100 Cfr. *Hár* 20 e p. 111, nota 61.
101 Qui va ricordato anche *Svarthöfði* «testa nera», citato in *Hyn* 33 (cfr. *Gyl* 5) quale progenitore degli stregoni. Anche la figura di *Sóti* «[nero come la] fuliggine», detto fratello della gigantessa-dea Þorgerðr Hölgabrúðr (cfr. p. 296) va collegata qui.
102 Qui possono essere riconnessi episodi delle saghe in cui si riferisce di orchi accecati (esempio in *Hálf* 5; *Þþb* 10-1; *Egil* 10).
103 V. p. 55.
104 Cfr. *Skí* 12 e *Hel* pr, 1, 3.
105 Cfr. *Gyl* 15; v. anche il termine *bergbúi* m., lett. «abitatore delle montagne» (esempio in *Hym* 2). In *Hve* 1 sono ricordati *Bergdís* «dea della montagna» e *Bergfinnr* «mago della montagna», figli di Þrymr; uno scaldo anonimo (*Skj* II: A, p. 142; B, p. 151) ricorda *Bergþórr* «Thor del monte»; un altro (*Skj* I: A, p. 183; B, p. 173) *Bergjarl* «*jarl* del monte».
106 Cfr. *Örv* I 11-2.
107 Cfr. *Gre* 35 e pp. 68-9, appendice 1a.
108 *Hálf* 6. Per la connessione fra i giganti e le caverne, cfr. innanzitutto *Hym* 2, 36, *Hyn* 1, *Hel* pr 1-3 (cfr. *NGþ* 9); tra le saghe leggendarie v. tra l'altro *Hálf* 5.
109 Cfr. *Grg* 14.
110 Ricordata anche in *Ket* 5.
111 *Saxo* I, VI, 2-6; v. pp. 407-9.
112 Beitr è un nome di gigante, peraltro assai probabile, che compare in una sola versione delle *þulur* (cfr. *SnEArn* I, p. 551, nota 4) insieme a *Harðverkr* (v. sotto); *Bjálfi* «[coperto di una] giacca di pelliccia» (forse di foca); *Njáli* (dal celtico *Niall*?); Skrýmnir, verosimilmente identico a Skrýmir (v. p. 325); *Ruði*, da *ruð* n. «dissodamento» (il gigante è dunque colui che fa un lavoro gravoso) e Nori, che è anche nome di nano (cfr. p. 336). In Saxo (VI, V, 15) compare un gigante di nome *Tanna* (legato a *tönn* f. «dente», «zanna»). Qui è inoltre da collegare

l'immagine, presente nella tradizione, del gigante come mostro che si nutre anche di carne umana: a esempio in *Ket* 2 e in *SörS* 3 si dice che nelle grotte abitate dai giganti era conservata carne umana che doveva servire come cibo; in *ÓlH* 141 si riferisce di una gigantessa che uccideva gli uomini, ne arrostiva i cadaveri sul fuoco e li divorava; e in *Bár* 15 il gigante *Kolbjörn* «orso del carbone» (?) offre a un banchetto carne umana insieme a carne di cavallo (cfr. anche la *Saga di Yngvarr Gran Viaggiatore*, ed. cit., cap. 6).

113 Cfr. il gigante *Hildir* ricordato con sua moglie *Hildiríðr* «bella nella battaglia» in *Örv* II 18. Un altro gigante con lo stesso nome, detto fratello di Gautr (nome di difficile interpretazione, che è tra l'altro appellativo di Odino, cfr. p. 202), compare in *Egil* 12, 14, 15-7. Cfr. anche pp. 309 e 316, nota 22.

114 Cfr. *Hjá* 10, 12. Costui è forse da identificare col personaggio omonimo che compare nel mito del «dio torturato»: *Grí passim*; cfr. *Hyn* 26; v. p. 153.

115 Una gigantessa «[che colpisce con una] mazza» è anche *Sleggia* (*HálfB* 4-6).

116 V. in particolare pp. 113, 115, 118-9 e 137.

117 *Gyl* 15.

118 *Gyl* 42; v. p. 113.

119 Forse sono da riconnettere qui i giganti *Allsterkr* «totalmente forte» e *Fullsterkr* «completamente forte» (*Þþb* 5, 7, 9); cfr. nota 112.

120 *Ská* 25-6 [3]; *Hau passim*; v. pp. 137-9. Cfr. *SnEArn* II, p. 636.

121 *Þry passim*; v. pp. 118-21. Un gigante di nome Þrymr è ricordato in *Hve* 1. V. anche le *Þrymlur*, cit.

122 Citato in *Ská* 12.

123 Cfr. la figura di Hengikjöptr: v. pp. 181 e 205.

124 Citato in *Ská* 12.

125 Un gigante di nome Starkarðr Áludrengr è ricordato in *Gau* 3 e *Her* pp. 2, 90-1; v. p. 416.

126 *Ská* 27 [4]; *Þór passim*; v. pp. 140-1 e 147, nota 5; cfr. *Örv* II 23.

127 *Saxo*, VIII, XIV, 1-14.

128 *Þþb* 5 e *passim*.

129 *Hym passim*; v. pp. 128-30 e 132.

130 *Gyl* 44.

131 Cfr. p. 140 e, sopra, nota 126.

132 V. pp. 139 e 145, nota 7.

133 *Saxo* III, VI, 1-5; IV, I, 2, 5, 10. Tra Aurvandill e Horwendillus non pare esserci nulla in comune se non il nome; tuttavia il racconto di Saxo, secondo il quale Horwendillus uccide in duello Collerus, potrebbe recare traccia del mito relativo all'alluce ghiacciato di Aurvandill, laddove il nome *Collerus* sarebbe da interpretare come «freddo».

134 *Hár* 20.

135 *Grí* 50.

136 *Háv* 96-102. V. anche la *kenning* di uno scaldo anonimo (*Skj* I: A, p. 593; B, p. 594, str. 11).

137 Nella figura della misteriosa figlia di Billingr si potrebbe anche riconoscere Rindr, madre di Váli; cfr. pp. 241-2 (15).

138 *Ská* 4-6 [2]; v. pp. 90-2.

139 *Ská* 2-4 [1]; *Hau passim*; v. pp. 115-6.

140 Cfr. p. 278.

141 Questo frammento di mito è riferito da Snorri: *Ská* 4 [1]. Cfr. *Mál* 8 e per Gangr *Gre* 66 (in un verso).

142 *Gyl* 37; *Vsp* 53; *Hál* 5; *Hau* 18; v. pp. 149-50.

143 *Gyl* 46-7; v. pp. 125 e 127. Cfr. *HH I* 18, dove forse vi si allude. In *Hjá* 12 è ricordata la gigantessa *Glyrna*, il cui nome vale «occhio», specie di gatto.

144 Cfr. *HH I* 42.

145 I, V, 1; I, VI, 2; I, VIII, 2-3. V. sopra, p. 326. Cfr. pp. 585-6 (e).

146 V. pp. 407-8.

147 Cfr. *Skí* 35 e pp. 568-9 (h).

148 Cfr. in Saxo due figure di nome Egtherus (V, XIII, 1-2 e VII, II, 12), entrambi dimoranti in terre molto settentrionali (e quindi in probabile relazione con il mondo dei giganti). Cfr. anche *Skí* pr, 11.

149 Cfr. la gigantessa *Geit* «capra» nella *Breve storia di Jökull Búason* (*Jökuls þáttr Búasonar*, ed. J. Halldórsson, Reykjavík 1959; *ÍF* vol. XIV), capp. 1-2; Geitir è anche il nome di uno dei figli di Górr (*Hve* 1); in *OþS* compare il gigante *Brúsi* «caprone».

150 Cfr. *Völs* 9; v. p. 376, dove si fa riferimento a un gigante di nome Gullnir e al suo gregge di capre; una gigantessa guardiana di capre di nome *Skinnefja* «naso spellato» o «naso di pelle [conciata]» è ricordata in *Egil* 5.

151 Cfr. pp. 225 e 264, nota 7 e anche *Örv II* 6.

152 V. *Skí* 31; *Hym* 8, 35; *Vaf* 33; *Ská* 12. Cfr. p. 80, nota 6 (5).

153 Cfr. *Vsp* 40, dove la parola è usata a proposito del lupo Fenrir.

154 Cfr. la figura del gigante Skrímnir in *SörS* 3-4, quella di *Skelkingr* «[essere che incute] paura» in *Ket* 5 e quella di *Skröggr* «spettro» in *IllT* 15.

155 Cfr. il *Breve racconto di Hálfdan Nero* (*Hálfdanar þáttr svarta*); e il *Breve racconto di Araldo Bella chioma* (*Haralds þáttr hárfagra*) in *Flat* I, pp. 561-7 e 67-76 (particolarmente alle pp. 564-6 e 571); *Bár* 1.

156 Cfr. *Bár* 1.

157 Cfr. *HHv* 13, 16; *Gís* 18.

158 Cfr. il servo di Hel, guardiana del regno delle tenebre (v. p. 64).

159 Cfr. *HróG* 19.

160 Cfr. la figura di Grímhildr in *Örv II* 19 e quella di Hildr detta Grímhildr in *Stur* 16, 18. I messaggeri del mitico re-gigante Goðmundr di Glæsisvellir vengono detti Grímar in due fonti: *NGþ* 1 e *HþÞ* 2-3.

161 Nella *Saga di Illugi Uccisore di Tögld* (*IllT* 4, *passim*) è ricordata la gigantessa *Tögld* «che rosicchia».

162 Tale è il nome della moglie di Nórr (della famiglia dei giganti del freddo; v. sopra, p. 321). Costei è detta figlia del gigante Svaði (v. sotto); *Hve* 1; *Fun* 1. Un gigante di nome Svaði appare anche in *HálfE* 26, dove è curiosamente definito figlio di Ásaþórr (cioè di «Thor degli Asi»; v. anche *Bár* 2; *IllT* 4; *Hell* 13, in un verso).

163 Forse però forma errata per Myrkriða.

164 V. sopra, nota 162.

165 Questa figura come quella di *Skinnhúfa* «col berretto di pelle» (*Hjá* 9-10, 20) paiono alludere a delle maghe.

166 Cfr. *Ket* 5; *Saxo* VI, II, 5, dove è considerato un pastore (di capre?), e *OþS*.

167 Cfr. *Skj* I: A, p. 655; B, p. 659, e *Her* p. 68.

168 Cfr. pp. 295-6 (9 e 10).

169 V. a esempio la figura di *Hallbjörn* «orso delle rocce» in *Ket passim* (cfr. anche *Egi* 1; *Njá* 105, 119) o quella di *Hergrímr* «mascherato nell'esercito» in *Her* pp. 1-2, 90-1. In *Egi* 7 si trova la definizione *hálfbergrisi* m. «semigigante delle montagne» per tale *Björgólfr* («lupo delle montagne»).

2. *Nani*

1 Sing. *dvergr*, f. *dyrgja* termine tardo; Saxo (IX, IV, 16) fa riferimento a una nana (*muliercula*) veggente.
2 Cfr. antico indiano *dhvarás*, sorta di demoni femminili.
3 Cfr. antico persiano *drva-* «deforme» o «minuscolo»; lettone *drugt* «ridursi», «crollare».
4 *Gyl* 14; *Vsp* 9; v. p. 50.
5 Meno probabilmente «pianure di battaglia»; il nome di questo luogo resta forse nel toponimo svedese *Järavall*.
6 Forma da ritenere corretta rispetto alla variante *Aurvargr*, il cui significato di «lupo della sabbia umida» pare assai improbabile.
7 V. p. 50.
8 *Gyl* 14; *Vsp* 48; *Alv* 3, a esempio. V. in una saga leggendaria il nano Möndull, del quale si dice che andava e veniva da sottoterra (*Gön* 25, 33, *passim*; cfr. con questo la figura di Mundilfœri: pp. 55, 183 e 185, nota 11).
9 *Yng* 11-2.
10 Cfr. *HistN* p. 97 e *Ytal* 2, su cui è basato il racconto di Snorri.
11 Cfr. *Vsp* 48; fra i numerosi esempi nella tradizione più tarda cfr. *Þþb* 3; *Egil* 11.
12 Cfr. a questo proposito il toponimo danese *Dværghøj* «tumulo dei nani».
13 *Alv* 2: *hví ertu svá fölr um nasar / vartu í nótt með ná?*
14 Meno probabilmente «curvo».
15 Forse tuttavia «del tutto alto», in senso ironico.
16 Ove non sia solo una variante di Hugstari.
17 Il secondo potrebbe valere anche «[fabbro di] aghi» o essere una variante di Váli.
18 Cfr. pp. 302 e 312, nota 19.
19 *Gyl* 34; *Ská* 44 [5]; 47 [6]. Del famoso nano Möndull (cfr. nota 8) è specificato (*Gön* 25) che era «nero e brutto» (*svartr ok ljótr*).
20 Cfr. pp. 310-1.
21 *Gyl* 14; v. p. 50.
22 Forse però anche «cadavere».
23 Forse però «ostinato». Nelle *Þul* le due forme sono distinte.
24 O forse «minaccioso».
25 Cfr. a esempio *Alv* 35. In *Ytal* 2 un nano viene definito «schivo del giorno » (*dagskjarr*).
26 Cfr. *Her* p. 3 e anche p. 92 dove si ha la variante Durinn.
27 Meno probabilmente «mago del giorno ».
28 Costui è il nano i cui tre figli hanno costruito Þrymgjöll, il cancello della dimora di Menglöð; v. p. 403.
29 O «bisbetico». A questi dovrebbe essere uguale *Nifengr*, altrimenti «acquisito di recente» (?).
30 Tuttavia l'allusione può più probabilmente essere riferita alla «luna piena» e alla «luna nuova», come suggerirebbe l'espressione di tipo allitterante (e quindi certamente antica) *ný ok nið* «luna piena e luna nuova» (cfr. *Gyl* 11), v. R. Cleasby-G. Vigfússon, *op. cit.*, p. 454.
31 Assai meno probabilmente legato a *svarr* m., che nelle *þulur* è nome di uccello.
32 Ove non sia una variante di *Tóki* che vale «pazzo», «stolto».
33 *Alv* 2; *þursa líki þikki mér á þér vera*; v. sotto, p. 336.
34 *Ytal* 2 (cit. in *Yng* 12): *salr bjartr þeira Søkkmímis*; cfr. p. 323.

35 Meno probabilmente «essere demoniaco» o «sonnacchioso»; cfr. sopra, p. 332 e nota 26.
36 Presupponendo la forma **Forvé*; meno probabilmente «[colui che vive] nei luoghi non consacrati»; cfr. pp. 74-5 (c) e 76-7 (e).
37 Si noti che nelle *þulur andvari* m. significa anche «pesce».
38 Su tutto questo cfr. *Reg* pr, 1-4; *Ská* 47 [6]; *Völs* 14; v. pp. 386 e 388. Un nano di nome Reginn compare anche in *Egil* 17.
39 Meno probabilmente «pazzo» o «piolo».
40 Entrambi significati ben più probabili di quello suggerito dalla variante *Hlévangr* «campo riparato».
41 Cfr. anche la variante Níðöttr, altrimenti inspiegabile.
42 *Reg passim*; Völs 13-20, 25, 29, 31; *NGþ* 4-6; v. pp. 385-6 e 388-91; cfr. nota 38.
43 *Ská* 44 [5]; v. pp. 92-3.
44 Un'allusione a questo mito è anche nel nome del nano *Draupnir* «gocciolante», in relazione alla virtù dell'anello dal quale ogni nove notti gocciolavano otto anelli di egual peso; v. pp. 93 e 159.
45 *Hyn* 7.
46 In *Háv* 143 è detto della stirpe degli elfi; v. sopra, p. 332.
47 *Sör* 1. Un verso (*Hau* 9) fa riferimento a uno solo dei nani di questa stirpe (detto Brísingr) come artigiano che aveva preparato l'oggetto prezioso di Freyja.
48 Costui è un nano piuttosto famoso, detto conoscitore di rune e padre di alcune fra le norne. In *Her* pp. 3, 24, 92, 108 è ricordato, assieme a Dulinn, quale artigiano che aveva forgiato la spada magica Tyrfingr (cfr. p. 649).
49 *Fjö* 31-4; v. pp. 405 e 78, nota 3.
50 O forse «[colui che] seduce»?
51 V. sopra, p. 334 e nota 39.
52 *Gyl* 34; *Edda Kuhn* pp. 320-1; v. pp. 64-6.
53 Assai meno probabilmente «insenatura lunga e sottile».
54 Cfr. p. 73. Un nano di nome Sindri compare anche in *ÞorV* 22, *passim*. Ivi sono citati anche i suoi figli *Herrauðr* m. «rosso nell'esercito» (cfr. pp. 470-71) e *Herríðr* f. «bella nell'esercito» (cap. 22). Questi nomi testimoniano una corruzione del significato delle figure mitologiche e una confusione fra di esse.
55 Meno probabilmente «lappone» (cioè «mago») curvo».
56 O «[colui che] sputa»?
57 Ove non sia soltanto una variante di Báfurr.
58 Il secondo tuttavia forse anche «pericolo».
59 V. p. 157. Il nome potrebbe tuttavia valere «piccolo». Cfr. *Áns* 1, dove si dice che l'eroe Án costrinse un nano di nome Litr a preparargli un arco e cinque frecce magiche: se non avesse acconsentito, gli avrebbe impedito di rientrare nella sua dimora di pietra condannandolo in tal modo a morire per la luce del sole.
60 *Reg* pr; *Ská* 48 [6]; v. pp. 388-9.
61 *Ská* 62 [8]; v. p. 177.
62 *Her* pp. 2-3, 93 e *passim*. Cfr. nota 48 e p. 649.
63 *Háv* 143 e 160.
64 Cfr. pp. 95-6 e 108, nota 4.
65 Che però è forse soltanto una variante di Burinn.
66 *Ská* 4 [2]; v. p. 90.
67 O «colui che cela [l'idromele]».
68 Meno probabilmente «[colui che] risuona» o «[colui che] urla».

69 *Falr* m. è tuttavia parola che significa «incavo della lancia in cui si inserisce l'asta»; il nome potrebbe perciò alludere ai nani come fabbri.
70 Ove non sia soltanto una variante di Bífurr.
71 O forse «luminoso».
72 Oppure «[sottile come una] lancia» o «[fabbro di] lance».
73 Ove non identico a Fíli.
74 *Gyl* 14.
75 O «[colui che] trema».
76 Più probabilmente però solo variante di Hornbori.
77 Meno probabilmente «ampio».
78 Se non però «vomere».
79 Se non è errore per Hornbori.
80 V. il norvegese *dvergskot* «epizoozia», lett. «colpo di nano». Cfr. p. 310.
81 V. il norvegese *dvergmål*, termine poetico per «eco», lett. «lingua dei nani».

III. *Spiriti legati a un luogo particolare*

1. *Landvœttir*

Sono gli «spiriti del Paese» che sotto diverse forme dimorano in un luogo prima che vi giungano gli uomini; hanno in un certo senso potere sulla natura del luogo e possono dunque soccorrere chi vi si stabilisca senza dare loro disturbo. Nel *Libro dell'insediamento*, che dà conto della colonizzazione dell'Islanda, essi sono nominati diverse volte. A proposito della legislazione del Paese dettata da Úlfljótr si dice a esempio che essa conteneva una disposizione secondo la quale chi si recava là non dovesse avere una polena sulla nave; ma se l'avesse avuta, avrebbe dovuto toglierla prima di giungere in vista della costa e non veleggiare verso terra con la bocca della polena spalancata in atteggiamento aggressivo per non spaventare le *landvœttir*.[1] La stessa fonte[2] riferisce di un tale Ölvir che andò ad abitare a oriente di Grimsá, in un luogo «in cui nessuno aveva avuto il coraggio di stabilirsi a motivo delle *landvœttir*, dopo che Hjörleifr era stato ucciso».[3]

Un'altra fonte[4] riferisce che un mago si era recato in Islanda in aspetto di balena per conto del re Araldo Dente azzurro e aveva visto che tutte le montagne e le colline erano piene di *landvœttir*, alcune grandi, altre piccole.

Un atteggiamento benevolo delle *landvœttir* verso l'uomo è testimoniato dove si narra di un tale Björn, il quale aveva sognato un gigante e aveva stretto un patto con lui: in seguito a ciò il suo gregge di capre si era accresciuto assai rapidamente e a lui era stato dato il nome Hafr-Björn. Gli uomini dotati di una seconda vista avevano anche notato che le *landvœttir* lo seguivano all'assemblea e accompagnavano i suoi fratelli Þorsteinn e Þórðr a caccia e a pesca.[5]

La tradizione ricorda l'uso di porre del cibo in determinati luoghi (caverne o cumuli di pietre) per le *landvœttir* affinché esse siano favorevoli.[6] Per questo il codice cristiano più recente del Gulaþing[7] proibisce espressamente di credere nelle *landvœttir* che abitano nei boschi, nei tumuli e nelle cascate.

Anche la *Saga di Egill* allude a una fede nel potere di questi spiriti là dove riferisce di un «palo d'infamia» (*níðstöng* f.) innalzato dallo scaldo Egill affinché le *landvœttir* non trovassero pace finché

Decorazione per prua in legno con testa animale trovata nel corso inferiore della Schelda. Dall'aspetto si direbbe appartenuta a una nave vichinga, tuttavia all'analisi parrebbe di epoca più antica. Simili a questa dovevano essere le polene che spaventavano le landvættir non avessero cacciato Erik Ascia sanguinosa e la regina Gunnhildr dalla Norvegia.[8]

Sebbene il riferimento alle *landvættir* si trovi esclusivamente in fonti nordoccidentali, il dizionario danese e quello svedese conservano il ricordo di questa credenza (danese *vætte*, svedese *vätte*, norvegese *vette*), alla quale forse allude anche Saxo là dove parla di «divinità del luogo» (*dii loci*).[9]

2. *Spiriti domestici*

L'idea che gli spiriti dei morti dimorino nella casa dove abitarono da vivi (e nella quale presso il focolare o la soglia dovettero un tempo essere sepolti) è all'origine della credenza che essi si manifestino talora come folletti o come nani che garantiscono protezione alla famiglia.

Questa concezione assai antica è perdurata molto a lungo nella tradizione e nel folclore scandinavi, come dimostra il grande numero di denominazioni di questi esseri.[1] Tali parole (molte delle quali hanno tarda attestazione) testimoniano anche la funzione attribuita a questi spiriti di protettori della casa e della fattoria,[2] di cui accrescono la ricchezza e il benessere.

L'antichità della tradizione è attestata altresì dalla presenza di analoghe figure in altre aree del mondo indoeuropeo (cfr. i *lares* latini).[3]

Per l'Islanda abbiamo la testimonianza della *Saga della cristianizzazione*, dove è riferito di un tale Koðrán di Giljá il quale venerava uno spirito (*ármaðr* m.) che viveva in una pietra. Questi gli prediceva il futuro e lo consigliava in ogni cosa. La saga racconta che il vescovo Friðrekr, giunto nella fattoria, distrusse la pietra con preghiere, salmi e acqua santa.[4] Qui si ritrova un'idea insistentemente propagata dai fautori della nuova dottrina: quella cioè che ogni essere o divinità venerato nel periodo pagano non fosse altro che una manifestazione del demonio.

3. *Spiriti acquatici e marini*

La concezione che intende le acque, specie quelle dell'oceano, come mondo oscuro, sconosciuto e pericoloso è all'origine della credenza che esse siano dimora di spiriti sovrannaturali, spesso malvagi, i quali si manifestano sotto diverse forme.

Un demone acquatico comune a tutta la tradizione germanica è certamente quello che va sotto il nome di *nykr* m.[1] Esso è considerato un essere pericoloso e demoniaco che assume forma animale, specie di cavallo (in tal senso testimoniano altri termini con i quali viene designato nel folclore, quali l'islandese *vatnahestur*, lo svedese *vattenhäst* «cavallo delle acque» o *dammhäst* «cavallo dello stagno» glossato *hippopotamus*).

Di esso è detto tuttavia che è capace (come del resto tutti gli esseri stregoneschi) di cambiare aspetto. Nel terzo trattato grammaticale islandese[2] si parla di una figura poetica di nome *nykrat* (part. pass. n.) che «cambia aspetto in molti modi come il *nykr*».[3] Essa prende altresì nome *finngálknat* (part. pass. n.),[4] termine connesso a *finngálkn* n. «mostro» (per metà uomo e per metà animale), «centauro». Nella tradizione delle fiabe islandesi[5] è detto che questo essere non sopporta di sentir pronunciare il proprio nome. Nel *Libro dell'insediamento*[6] si racconta di un tale Auðun il quale vide un cavallo color grigio pomellato uscire dal lago di Hjarðarvatn e unirsi alla sua mandria. Egli lo aggiogò a una grande slitta e quello lavorò per lui. Durante il giorno il cavallo si mostrò buono e docile, poi però dette segni di impazienza e infine dopo il tramonto si liberò e scomparve nell'acqua. Esso non fu più ritrovato.

Il concetto delle acque come dimora di demoni ritorna nel racconto della *Saga dei valligiani di Vatnsdalr*,[7] dove è riferito di un tale Hrolleifr, uomo malvagio e demoniaco, che viveva costantemente presso un fiume.

Una simbologia prevalentemente nefasta caratterizza anche gli spiriti che dimorano nell'oceano. Il mostro per eccellenza che vive qui è noto al mito come *Miðgarðsormr*, «serpe di Miðgarðr», il nemico cosmico che nell'ultimo giorno assalirà la terra.[8] La figura di questo serpe spaventoso ha senza dubbio suggerito l'immagine di altri serpi o draghi giganteschi, dei quali è detto che rovesciano le navi e fanno annegare gli equipaggi.[9] Questi mostri sono altresì collegati ai giganti, alcuni dei quali, come Ægir e sua moglie Rán, hanno dimora nel mare.[10]

Il serpe dell'oceano che divora gli equipaggi delle navi. Da Olaus Magnus, Historia de gentibus septentrionalibus, *Romae 1555*

Mostro marino che inghiotte le navi. Da Olaus Magnus, Historia de gentibus septentrionalibus, *Romae 1555*

I mostri marini hanno un aspetto in parte umano (nella zona superiore del corpo) e in parte animale (in quella inferiore). Nel lessico nordico sono ricordati con nomi quali *hafstrambr* m.,[11] *hafskrimsl* n., *sjóskrimsl* n. «mostro marino» e *lyngbakr* m. lett. «dorso di erica».[12] Fra i mostri femminili si ricordano *márgygr*, *sjógygr* e *hafgufa* «orca marina».[13] Questi esseri sono ricordati in diverse fonti.[14] La loro descrizione risente per certi versi della tradizione meridionale (così a esempio quando si fa riferimento al canto melodioso); per buona parte tuttavia essa è da collegare all'immagine di altri esseri marini ritenuti pericolosi e stregoneschi (così la balena e il tricheco).

La tradizione medievale cristiana tende a identificarli col demonio: per questo in talune fonti essi vengono uccisi da paladini della nuova religione.[15]

Nella *Saga di Oddr della Freccia* è riferito che due di questi esseri apparvero sotto forma di scogli e di un'isola. Quando i compagni di Oddr scesero su quest'isola, essa (e così gli scogli) sprofondò nel mare facendoli annegare.[16]

Un altro spirito che dimora nel mare ma ha caratteristiche diverse è il *marmennill* (m.), al quale si allude in due fonti.[17] Esso ha aspetto umano benché grottesco e corpo di foca dalla cintola in giù. È noto per la sua conoscenza del destino e quindi per le capacità profetiche, tuttavia parla soltanto quando gli aggrada.[18]

Note

1. *Landvættir*

1 *Ldn* H 268; *ÞórðB* 1.
2 *Ldn* S 330, H 289-90.
3 ... *þar hafði engi maðr þorat at nema fyrir landvættum síðan Hjörleifr var drepinn*.
4 *ÓlT* 33.
5 *Ldn* S 329, H 284. *Hafr-Björn* significa «Björn («orso») delle capre».
6 *Hauksbók*, ed. F. Jónsson, København 1892-1896, p. 167.
7 *NGL* II, pp. 307-8, § 3.
8 *Egi* 57.
9 VIII, XIV, 4; cfr. anche I, VIII, 5; II, II, 2 e VIII, XIV, 5.

Re Óláfr il Santo uccide il mostro marino detto margýgr. *Dal libro medievale islandese noto come* Flateyjarbók *risalente alla fine del* XIV *secolo*

2. *Spiriti domestici*

1 Cfr. svedese: *tomte, hustomte, tomtebisse, tomtenisse, tomtegubbe, nisse*; norvegese *tufte, tuftebonde, tuftekall, gårdvord, gårdbo, gårdbonde, nissi, tunkall, tunvord*; danese *gårdbuk, gårdbo, gårdbonde, nisse, husbuk*.

2 *Hus, gård, tun* significano appunto «casa», «fattoria», «cortile».

3 Si noti che questo è il termine usato da Saxo (V, III, 2) a proposito di spiriti protettori (... *domesticus est lar qui proprias numquam desuere domos*).

4 *Kri* 2; cfr. la *Breve storia di Þorvaldr Gran Viaggiatore*, ed. cit.

3. *Spiriti acquatici e marini*

1 Cfr. alto tedesco antico *nihhus*, inglese antico *nicor*.

2 In *Grammatiske Litteratur i Middelalderen*, ed. B.M. Olsen, København 1884-1886, II, p. 80; cfr. *SnEArn* II, pp. 122-3.

3 ... *sæm nykrin skiptiz á margar lœiðir*. Cfr. *SnE* p. 217 (*Hát* 6).

4 Cfr. *ibidem*, p. 131.

5 *J.Á.* I, pp. 135-6; v. anche il mostro per metà uomo e per metà animale in *J.Á.* I, pp. 138-41. Cfr. pp. 361 e 363, nota 3.

6 *Ldn* S 83, H 71.

7 *Vat* 22.

8 Cfr. in particolare pp. 63-4 (4) e 186 e anche p. 573.

9 Cfr. *OlM* XXI, 5-7. V. anche fonti più antiche quali il *Carme encomiastico per gli Jómsvichinghi* (*Jómsvíkingadrápa*) di Bjarni Kolbeinsson, str. 37 (*Skj* II: A, p. 8; B, p. 8); il *Carme encomiastico per Goðmundr* (*Goðmundardrápa*) di Árni Jónsson, str. 58 (*Skj* II: A, p. 424; B, p. 455) e la *Saga di Goðmundr* (*Goðmundar saga*, ed. in *Biskupa sögur* II, København 1878, p. 129). Alla figura di un serpe che vive in un lago fanno riferimento le fiabe islandesi: cfr. *J.Á.* I, pp. 638-41.

10 Cfr. pp. 72 e 319-20.

11 Che nelle *þulur* è una delle denominazioni per «balena».

12 Così suggerisce la *Örv* (*II* 21, v. sotto), dove è detto che uno di questi mostri affiorante dalla superficie dell'oceano fu scambiato per un'isola ricoperta di erica. Il nome tuttavia potrebbe valere anche «dorso di molva» (pesce somigliante al merluzzo).

13 Che è un'altra delle denominazioni per «balena» nelle *þulur*.

14 Vedi soprattutto *HistN*, pp. 79-80 (*De tripartito incolatu Norvegiae*) e lo *Specchio del re* (*Konungs skuggsjá*, ed. O. Bremer, München 1881) cap. 16, ms. B, pp. 46-7. Un mostro marino ucciso da Hadingus è ricordato in *Saxo* I, VIII, 11; v. p. 411.

15 Tale è a esempio il caso del famoso re cristiano Óláfr il Santo, del quale è riferito che uccise uno di questi mostri (in particolare una *margýgr*). Si dice che costei cantasse tanto soavemente da addormentare gli equipaggi, dopodiché rovesciava le navi. Talvolta tuttavia urlava in modo tale che faceva impazzire le persone. Essa viene descritta con corpo simile a quello di un serpe e la testa come quella di un cavallo; verdi gli occhi, il corpo peloso e di colore grigio come una foca (*Flat* II, pp. 25-6). Lo stesso episodio è riferito in *Helg* 14: qui però il mostro marino è descritto come «pesce o balena nella parte inferiore, ma donna dalla vita in su» (*fiskr niðr eða hvalr, en kona upp á frá lindastað*). V. figura a p. 353.

16 *Örv II* 21; v. sopra e nota 12.

17 *Hálf* 7 e *Ldn* S 68, H 56.

18 Cfr. *J.Á.* I, pp. 132-4 e qui p. 584 (c).

IV. Spiriti protettori

Lo SPIRITO protettore o custode che accompagna l'uomo e lo protegge è noto alla tradizione nordica come *fylgja*, *hamingja*, o *vörðr*.

Il concetto di *fylgja* f., il cui nome è verosimilmente connesso al verbo *fylgja* «seguire», potrebbe originariamente essere legato all'immagine della placenta come veste dello spirito di una persona.[1] Esso si sviluppa da quello del *hugr*, che è il nocciolo spirituale dell'essere, capace di staccarsi dal corpo e di manifestarsi con altro aspetto (per lo più come animale, ma anche come nebbia, vapore, fumo o vento).[2] Questo tipo di *fylgja* agisce attivamente nei confronti di altre persone (la forma animale assunta dipende evidentemente dall'atteggiamento verso colui cui è diretta l'azione). In questo caso il termine *fylgja* viene a essere in realtà un'espressione per *hugr*.[3]

Talora la *fylgja* appare in forma animale al di fuori del corpo anche quando debba trasmettere un messaggio o fungere da presagio. Nella *Saga di Njáll* è riferito a esempio che un tale Þórðr vide la propria *fylgja* in aspetto di una capra tutta coperta di sangue, e Njáll ne dedusse che sarebbe morto entro breve tempo.[4]

Uno sviluppo del concetto di *fylgja* come spirito protettore vero e proprio distinto dalla persona si ha quando essa si manifesta in aspetto di donna (è detta allora anche *fylgjukona* «donna che accompagna»). In questo caso è talora confusa con il concetto della *hamingja* o immaginata anche come una delle *dísir*.[5]

La *fylgja* in aspetto di donna si manifesta generalmente come uno spirito protettore che accompagna l'uomo nel corso della vita: è il suo «custode» e al momento della morte si trasferisce presso un'altra persona della medesima famiglia. Nella *Saga di Alfredo Poeta turbolento* è narrato che il protagonista prima di morire vide la sua *fylgja* camminare sul mare dietro la nave su cui si trovava. Egli si separò da lei lasciandole in custodia il figlio, poi morì.[6]

Il concetto di *hamingja* come spirito di fortuna che segue una stirpe è efficacemente espresso nella *Saga dei valligiani di Vatnsdalr*, dove essa accompagna tutti i componenti di una famiglia. Tuttavia la parola, se è corretta l'etimologia che la fa derivare da **ham -gengja* «che va con un diverso aspetto», è riconnessa al motivo dello spirito dell'uomo che esce dal corpo e assume altra forma; essa si sovrappone a volte anche all'immagine della *fylgja* (che è a sua volta designata talora come *œttarfylgja* «*fylgja* della stirpe»).[7]

Nella *Saga di Víga-Glúmr* è detto che il protagonista vide in sogno una donna (*hamingja*) che si dirigeva verso la sua fattoria; ne dedusse che suo nonno era morto poiché lo spirito protettore della famiglia veniva a prendere dimora presso di lui.[8] Nel termine *hamingja* è espresso anche il concetto di «fortuna» (il che sottolinea una connotazione meno individuale rispetto alla *fylgja*): ciò appare anche nel termine *úhamingja*,[9] che ha senso di «sfortuna».[10]

L'idea dello spirito protettore come nucleo centrale della persona che partecipa della vita del mondo oltre il mondo è espresso nel termine *vörðr* m. lett. «guardiano». Anch'esso vive nel corpo, ma può uscirne per compiere azioni magiche. Nella *Saga di Erik il Rosso* è ricordato che per compiere una seduta di magia era indispensabile recitare dei canti detti *varðlokur* (f.pl.). Questa parola significa probabilmente «[canti che sanno] attrarre il *vörðr* [fuori del corpo]».[11]

L'immagine del *vörðr* come spirito della persona che talora la precede (come suono o come segno) preannunciandone la venuta è conservata nel vocabolario norvegese in termini quali *vardyvle*, *vardøger*; in svedese *vård* ha anche senso di *alter ego* o spirito della persona che si manifesta come preannuncio della sua presenza; cfr. anche il danese *vare*, *var(e)dyr* «spirito custode» e lo scozzese di derivazione nordica *warth* «spettro».

Il concetto di spirito protettore, le cui diverse denominazioni e manifestazioni risultano spesso fra loro confuse e sovrapposte, è dunque legato tanto all'apparizione dello spirito in forma animale quanto all'idea di «fortuna». Tutte queste immagini sono a loro volta considerate come emanazione e manifestazione del nucleo spirituale dell'essere, immagine dell'anima cui è assegnato il compito di vegliare sul corpo.

Note

1 Cfr. anche antico nordico *fulga* f., norvegese dialettale *folga* f. «pelle», «coperta», «copertura». Sull'argomento v. E. Mundal, *Fylgjemotiva i norrøn litteratur*, Oslo 1974 (*Skrifter fra Instituttene for nordisk språk og litteratur ved Universitetene i Bergen, Oslo, Trondheim og Tromsø*). Si tenga presente che nel folclore più recente la *fylgja* è sempre considerata uno spirito dannoso.

2 Cfr. pp. 358-9.

3 Esempi in *Ljó* 16 (26); *HróG* 7, 12; *Kor* 18; *Dro* 10; *Örv* I 5; *Örv* II 4; *Gun* 2. In *Ljó* 20 (30) si allude a un confronto tra il potere degli spiriti protettori di una persona rispetto a quelli dei suoi nemici: «Credi tu che le loro *fylgjur* siano più potenti delle mie e di quelle dei miei parenti?» (*Ætlar þú at þeira fylgjur sé meiri fyrir sér, en mínar ok minna frænda?*).

4 *Njá* 41; cfr. anche *Váp* 13 e *Ljó* 11 (21).
5 Cfr. pp. 301-3.
6 *Hal* 11; altri esempi in *Njá* 12, 41; *Gul* 6; *Ljó* 17 (27); *Hról* 2. Da notare anche un episodio narrato in *Njá* 100, dove una persona al momento di farsi battezzare volle assumere l'arcangelo Michele come *fylgjuengill* (m.) «angelo custode».
7 V. a esempio *Þórð* 7.
8 *Víg* 9.
9 Composto con *ú*-: prefisso che serve a esprimere il contrario di un concetto (cfr. inglese e tedesco *un*-, corradicali).
10 Cfr. *Yng* 7. Sulla *hamingja* v. altri esempi in *Völs* 31; *Fri* 6; *Fós* 23; *Ork* 36; *Þórð* 5; *Sör* 9; *OþS*; *Saga di Sigurðr il Silenzioso* (*Sigurðar saga þøgla*, ed. in *Riddarasögur*, a cura di B. Vilhjálmsson, Reykjavík 1949), cap. 4; *Ljó* 17 (27), dove è messa in connessione con il *hugr*. In *ÓlH* 138 la sfortuna (*úhamingja* f.) è messa in relazione con l'aver provocato l'ira di un re. Cfr. p. 306, appendice 2.
11 *Eir* 4; v. M. Olsen, *Varðlokur*, «Maal og Minne», 1916, 1 hefte.

V. Hugr: l'emanazione spirituale dell'essere

Il termine *hugr* m. designa in antico nordico l'insieme degli aspetti spirituali di un essere: animo, mente, cuore, sentimento, desiderio. In esso è espresso il carattere interiore, la vera natura. *Hugr* è il nucleo essenziale dell'essere, ciò che determina la qualità della vita. Etimologicamente la parola può forse essere connessa all'indoeuropeo **KEUG-* «essere curvato o inarcato» (da cui anche il latino *cumulus* < **cug-molos*; il lettone *kàudze* < **kauge* «mucchio»). Esso sarebbe perciò il nocciolo e il cuore di un'entità: con un'immagine analoga si definisce in italiano «anima», la parte interna di una cosa, sostegno indispensabile alla sua esistenza.[1]

Il *hugr* può manifestarsi rispetto alla realtà circostante con diversi atteggiamenti: spesso perciò un aggettivo accompagna la parola per definire la sua natura.[2]

Hugr è altresì il «cuore» e il «coraggio» di una persona,[3] così come la «mente».[4] Quando una persona è dubbiosa si dice che il suo *hugr* vacilla o che due diversi *hugir* combattono in lui.[5]

Poiché il *hugr* è l'essenza stessa della persona,[6] possederlo o manipolarlo significa aver potere sulla medesima.[7] Del *hugr* è detto talvolta che ha presentimento degli eventi.[8]

In particolare è detto *hugstolinn*, lett. «derubato del *hugr*», colui che è «pazzo». La *Saga degli Ynglingar* riferisce a esempio che Odino sapeva, con la sua magia, togliere il senno o la forza a uno per trasferirli ad altri.[9]

Ora il *hugr*, se appartenente a un essere dotato di particolari qualità, può agire magicamente. Esso è capace cioè di staccarsi dal corpo e assumere un'altra forma.[10] In tal modo può andarsene in giro a compiere azioni magiche. Di Odino è riferito ancora[11] che, mentre il suo corpo giaceva come morto o addormentato, egli diventava uccello o animale, pesce o serpe, e si recava in un batter d'occhio in terre lontane per accudire alle proprie o altrui faccende.

Nel folclore scandinavo è perdurata a lungo la credenza che talune manifestazioni del corpo quali lo starnuto, lo sbadiglio, il prurito fossero reazioni al tentativo di un *hugr* altrui di influire su una persona.

La forma che il *hugr* assume per operare le magie è detta in nordico *hamr* m. Il riferimento più classico a questa pratica è nelle parole di Odino: «Un decimo [canto magico] io conosco, se vedo cavalcatrici dei recinti (= spiriti di streghe) / giocare nell'aria: / così io opero, che esse sperdute ritornino / a casa le loro figure (*hamir*) /, a casa i loro spiriti (*hugir*)».[12]

Un lessico ben preciso fa riferimento a questi concetti. «Cambiar aspetto», cioè rivestire il *hugr* di una forma diversa, è detto *hamask* o *skipta hömum* o *víxla hömum*;[13] *hamfar* n. è «viaggio sotto un altro aspetto»; *fara hamfari* o *fara í hamförum* «viaggiare sotto un altro aspetto»; *hamhleypa* f., *hamrammr* agg., o anche *eigi einhamr* «che non ha solo un aspetto» sono le designazioni di chi può apparire sotto diversa forma.[14] «Pazzo» si dice anche *hamstolinn*, lett. «derubato del *hamr*».

L'aggettivo *hamrammr* (e il termine femminile *hamremmi* che indica la condizione) si usa anche in riferimento ai *berserkir* e agli *úlfheðnar*, «uomini-orso» o «uomini-lupo», guerrieri consacrati a Odino che combattevano rivestiti delle pelli di questi animali. La parola *hamr* è in effetti riconducibile alla radice indoeuropea **ḰEM-* «coprire».[15] Ciò parrebbe indicare che all'origine di questa credenza ci fosse l'uso cultuale di talune maschere animali. A maschere di tipo animale si allude forse quando si riferisce del «travestimento da falco» (*valshamr* m.) di Freyja e a quello di Frigg, presi in prestito da Loki.[16] Altrove si parla di tre valchirie che sedevano sulla riva di un lago con accanto i loro «manti di cigno» (*álptarhamir*).[17] Si ricordi qui anche l'aspetto di aquila di taluni giganti[18] o dello *jarl* Fránmarr.[19] *Úlfhamr* «involucro di lupo» è un soprannome che va certamente riferito a questi concetti.[20]

In una saga è detto di una persona che aveva visto in sogno diversi lupi nei quali aveva riconosciuto gli «spiriti degli uomini» (*manna hugir*) che gli erano ostili.[21]

Diffusa era anche la credenza che i danni o le ferite sofferti dal *hugr* quando rivestiva forma animale si ripercuotessero sul corpo che esso abitava abitualmente. In una fonte[22] si narra a esempio di due uomini, entrambi conoscitori di magia e nemici fra loro, che si erano affrontati in una lotta furibonda sotto forma l'uno di toro, l'altro di orso. Il giorno dopo entrambi apparivano gravemente feriti.

I casi in cui il *hugr* assume aspetto animale sono senz'altro prevalenti; tuttavia due persone possono talora cambiare l'aspetto fra loro.[23] Il *hugr* può infine apparire sotto forma di vento, nebbia, fumo o vapore (a ciò alludono a esempio le *kenningar*: *trollkvenna vindr* «vento delle gigantesse» o *vindr bergjarls brúðar* «vento della sposa del gigante» che lo designano).[24]

Note

1 Cfr. *Ská* 88, dove l'analogia fra il cuore e il *hugr* viene espressa con una varietà lessicale di termini.

2 Gli esempi sono numerosissimi: basti qui citare *Háv* 117; *Hym* 11, dove si parla di *hugr* «buono» (*góðr*); *Háv* 105; *Reg* 7; *Sgk* 42; *Atm* 20, 96, dove l'aggettivo è «integro», «sincero» (*heill*); *HHv* 6; *Fáf* 19; *Ghv* 3, dove si fa riferimento a un *hugr* «duro», «inflessibile» (*harðr*); *Hym* 9; *HH* II 18; *Mál* 12; *Örv* II 11, dove esso è detto «cattivo» (*illr*) o «grigio» (*grár*), cioè ostile o portatore di morte; *Egi* 36 dove si trova *þungr* «pesante» cioè «ostile».

3 *HH* I 46; *HH* II 15, 24; *Grp* 47; *Sgk* 30; *Bro* 10; *Ham* 27 a esempio.

4 «Venire in mente» è *koma í hug*; v. a esempio *Atm* 89; *Gís* 26; *Ork* 36.

5 *Sgk* 13, 37; *Gðr* II 6; cfr. *Lax* 22, dove si allude ai *hugir* (pl. di *hugr*) di una sola persona.

6 *Háv* 95. In *ÓlH* 69 si parla di mettere il *hugr* a disposizione di un sovrano, cioè di dedicarsi totalmente alla sua causa; cfr. *Egi* 35.

7 *Vsp* 22; *Háv* 91 e 161. Cfr. *Sör* 7: «il re (la sua essenza) fu attratto da lei»: *konungi rann hugr til hennar.*

8 Esempi in *Flat* I, p. 360; *Ljó* 14 (24); *Þórð* 2-4; *Sör* 7; *Ork* 6; *Egi* 6, 38.

9 *Yng* 7.

10 Cfr. *J.Á.* I, pp. 356-7; II, pp. 39-40.

11 *Yng* 7; cfr. p. 35.

12 *Háv* 155: *þat kann ek it tíunda, ef ek sé túnriður / leika lopti á: / ek svá vinnk, at þéir villir fara/ sinna heim hama,/ sinna heim huga.*

13 V. appunto Odino in *Yng* 6-7 e anche *Egi* 27.

14 Esempi in *Egi* 1; *Vat* 42; *Ldn* S 76, H 64; S 196, H 162; S 259, H 223; S 377, H 332.

15 V. anglosassone *ham* «sottoveste», «camicia»; medio basso tedesco *ham* «coperta», «involucro», «placenta»; medio alto tedesco *ham* «involucro», «pelle», «rete».

16 *Þry* 2-5, 9; v. pp. 118-9; *Ská* 3 [1], 27 [4]; v. pp. 116 e 140 e anche *Völs* 1; v. p. 380.

17 *Völ* pr.; v. p. 439.

18 *Gyl* 18; *Ská* 3 [1]; v. pp. 56 (c) e 115-6.

19 *HHv* pr; v. p. 369.

20 V. anche *Vsp* 40.

21 *Þórð* 3, 8. Un episodio assai simile è narrato in *Hávl* 20 e in *Harð* 31.

22 *Ldn* S 350, H 309.

23 Così Sigurðr e Gunnarr (v. *Ská* 49 [6]; *Völs* 29; *Grp* 42); cfr. anche *Völs* 7, dove si dice che Signý aveva cambiato il proprio aspetto con una maga. V. pp. 393 e 382.

24 V. *Ská* 88 e *Skj* I: A, p. 183; B, p. 173 (versi di uno scaldo anonimo).

VI. Esseri malvagi e pericolosi

1. *Demoni*

Assumono forme diverse, tutte di carattere orrendo e tormentoso. Sono legati alle forze che dimorano nell'oscurità. In aspetto di demoni si manifestano talvolta gli spiriti dei morti malvivi che lasciano le loro tombe dopo il tramonto (*draugr* m., pl. *draugar*),[1] tal altra i maghi e le streghe. È un «incubo» (*mara* f.) la strega che approfitta dell'uomo durante il sonno e lo usa come cavalcatura tormentandolo sino a farlo morire.[2]

Demoni dell'oscurità e del caos sono anche i giganti, i nemici degli uomini e degli dèi in forma animale (il serpe di Miðgarðr, il lupo Fenrir, il cane Garmr) o taluni mostri metà uomini e metà animali (antico nordico *finngálkn* n.), che appaiono talora nelle saghe.[3] Anche le acque sono considerate dimora di esseri pericolosi e perversi.[4]

Nel dizionario nordico la parola in cui meglio è espresso il concetto di «demone» pare essere *gandr* m., termine che può indicare «bacchetta magica», «magia», «oggetto magico usato dalle streghe», «lupo» o «mostro». Nella varietà dei significati è espresso il concetto fondamentale del demone come essenza magica che determina la qualità nefasta di un oggetto o di un animale. Ciò pare confermato nella *Historia Norvegiae*, dove[5] si dice che i maghi predicono il futuro «per mezzo di uno spirito immondo che chiamano *gandr*».[6]

Si noti che il serpe cosmico e il lupo Fenrir, nemici mortali degli dèi, sono detti rispettivamente *Jörmungandr* «demone cosmicamente potente» e *Vánargandr* «demone del Ván» (il fiume di bava che scorre dalla sua bocca).

Vale infine la pena di notare che *gandreið* f. è la «cavalcata magica» (spesso di una strega in sella a un lupo),[7] visione da intendere come presagio di sciagura certa.[8]

2. *Draugr: lo spettro*

È lo spettro del morto che abita nel tumulo e può talora tornare sulla terra con grave pericolo per gli uomini. L'ordinamento del cosmo esige che ciascuno dei mondi sia separato dagli altri: così, in particolare la dimora dei morti, governata da Hel, ha muri straordinariamente alti e robusti cancelli.[1] Al medesimo scopo di impedire ai morti di tornare indietro si ha cura di fissare ai loro piedi le «scarpe di Hel» (*helskór*),[2] li si fornisce nelle tombe di cibo e d'ogni oggetto necessario, o si provvede addirittura a staccar loro la testa mettendola all'altezza delle cosce[3] o a conficcare un palo nel corpo perché esso rimanga fermo.[4]

Nonostante queste precauzioni, i morti ritornano talvolta in questo mondo. È nota nel folclore la credenza che nel cuore dell'inverno, nel periodo della festa detta *jól* (n.pl.), gruppi di anime morte ritornino sulla terra. Queste schiere di morti che assumono talora aspetto animale sono note nel folclore scandinavo e germanico continentale: in Norvegia a esempio vanno sotto il nome di *oskorei* o *juleskreia*;[5] singole figure di demoni che talora hanno assunto caratteri benevoli sopravvivono nello svedese *julbock*, norvegese *julebukk*, danese *julebuk*, lett. «caprone di Natale», che ripropone l'immagine del demone dei boschi abitatore di un tumulo. Tale credenza è già testimoniata a esempio dove si dice che l'eroe Helgi dopo la sua morte fu visto cavalcare vicino al tumulo insieme ai suoi guerrieri.[6] Alla credenza del morto che si risveglia e vuole tornare nel mondo fa riferimento anche Saxo, che narra di due fratelli di sangue, Asmundus e Asuithus. Asuithus era morto di malattia e dunque sepolto in una grotta con il suo cavallo e il cane. A motivo del legame che li univa, Asmundus si era fatto tumulare vivo con l'amico e nella tomba era stato messo cibo per lui. Ora, durante la notte avvenne che Asuithus tornò in vita, si scontrò in combattimento con Asmundus e gli strappò un orecchio.[7]

Più spesso il morto che torna a tormentare i vivi è lo spirito di una persona che fu malvagia in vita: a esempio nella *Saga degli uomini di Eyr* si racconta del fantasma di un tale Þorólfr Gamba storta che perseguitava i vivi con le sue apparizioni;[8] nella stessa fonte si dice di Þorgunna, donna che in vita era dotata di poteri magici, la quale si manifestava da morta sotto forma di foca;[9] nella *Saga dei valligiani di Laxárdalr* è narrata la vicenda di Hrappr Sumarliðason, il quale tormentava i vivi con le sue apparizioni e per questo fu riesumato, cremato e sparse le ceneri sul mare;[10] nel *Breve racconto di Þorsteinn Spavento* si parla di uno spettro definendolo *púki* m. «spirito maligno», «diavolo»;[11] inoltre, in un celebre episodio si racconta del duello combattuto dal bandito Grettir Ásmundarson con lo spettro Glámr.[12]

La concezione negativa dello spettro si perpetua nella tradizione delle fiabe scandinave, dove talvolta si dice che questi spiriti vengono inviati da persone malvagie a danneggiare qualcuno.[13]

La capacità di coloro che praticano la magia di risvegliare i morti dalle tombe e parlare con loro è testimoniata già a proposito di Odino, dio e mago supremo, che «a volte resuscitava i morti dalla terra o si sedeva sotto i corpi penzolanti dalle forche».[14] Di lui è detto anche che richiamò dall'aldilà una veggente per interrogarla sul destino di Baldr.[15] La *Saga di Hervör* racconta che Hervör evocò dalla tomba suo padre per ottenere la spada Tyrfingr[16] (qui lo spettro è detto *haugbúi* m. «abitatore del tumulo»).

Il contatto del vivo col defunto richiamato in questo mondo con la magia è efficace ma altamente pericoloso. Le leggi norvegesi del Gulaþing, redatte in epoca cristiana, proibiscono espressamente il tentativo di far tornare gli spiriti dalle tombe.[17]

Note

1. *Demoni*

1 Cfr. pp. 362-3.
2 Esempi in *Yng* 11; *Ytal* 3 (ivi citato); *Eyr* 16 e 34 (dove si parla di buoi che erano stati cavalcati). Una lotta notturna con dei mostri è riferita da Saxo (II, II, 9).
3 *Njá* 119; *Ldn* H 347; *Hjá* 10; *Flat* II, p. 71; cfr. *Drei Lygisögur*, ed. cit., p. 5, nota. Cfr. anche *Phisiologus i to islandske bearbejdelser*, a cura di V. Dahlerup, in *Aarbøger for nordisk Oldkyndighed og Historie*, 1889, pp. 240, 261-2. V. soprattutto *Örv II* 19-20, dove è detto che l'eroe Oddr uccise uno di questi mostri sotto le cui spoglie si celava una gigantessa. Esso viene descritto con «aspetto umano nella parte superiore del corpo fino alla testa, ma animale nella parte inferiore, con artigli straordinariamente grandi e coda enorme, tanto che con quella uccideva uomini e bestiame, animali selvatici e draghi» (... *maðr at sjá upp til höfuðsins, en dýr niðr ok hefir furðuliga stórar klœr ok geysiligan hala, svá at þar með drepr hún bæði menn ok fénað, dýr ok dreka*).
4 Cfr. pp. 350, 352.
5 *HistN* pp. 82-7 (*De Finnis*).
6 ... *per immundum spiritum quem gandum vocitant...*

7 Esempi in *Gyl* 49; *HHv* pr; v. anche *Ket* 5; *Njá* 125; *Fós* 23; *Þþb* 2 e *J.Á.* I, p. 440; cfr. pp. 99 e 110, nota 57.
8 Un tale Hárekr definito *gandr* (un mago?) è ricordato nel *Breve racconto dei figli di Ragnarr* (*Þáttr af Ragnars sonum*, ed. G. Jónsson, Reykjavík 1959, *FSN* vol. I), cap. 5.

2. *Draugr: lo spettro*

1 *Gyl* 34; v. p. 64, cfr. pp. 73-4 (a, b).
2 *Gís* 14; cfr. pp. 72 e 83, nota 15.
3 *Gre* 18, 35; *Sva* 18. Cfr. *Flat* III, p. 8. In Saxo (I, VII, 2) si riferisce che Mithothyn (su cui v. pp. 207-8) era così malvagio che anche dopo morto costituiva un pericolo. Infatti chiunque si avvicinasse alla sua tomba veniva immediatamente sterminato; inoltre il suo cadavere emetteva un tale fetore che esso fu riesumato, decapitato e gli fu conficcato un palo nel petto. Cfr. altresì *Saxo* V, XI, 4; VIII, VIII, 12; VIII, X, 3, e *Þið* I, p. 37.
4 Cfr. l'allusione in *HHv* 16 riferita a una strega: «nove miglia dovresti stare sottoterra, / e ti cresca un albero nel petto!» (*níu röstum er þú skyldir neðarr vera, / ok vaxi þér á baðmi barr!*); v. p. 370. Sulle cure che venivano prestate ai cadaveri (*nábjargir* f. pl.) cfr. *Njá* 98; *Eyr* 33; *Egi* 58; *Sig* 34.
5 V. la figura di Odino come guida di queste schiere di morti. Cfr. pp. 211-2 e 258, note 170, 171.
6 *HH II* pr, 40-51; v. p. 378.
7 *Saxo* V, XI, 1-4; cfr. anche *Egil* 7, dove è narrata la medesima storia (con qualche variante) a proposito di Ásmundr e Árán.
8 *Eyr* 34 e 63.
9 *Ibidem* 53, cfr. 54.
10 *Lax* 10, 17, 24.
11 *Þorsteins þáttr skelki* (*Flat* I, pp. 416-8).
12 *Gre* 35; cfr. p. 69. Si veda anche la vicenda narrata in *Hró* 3-4, dove è ricordato un episodio in cui un eroe entrato dentro un tumulo sostenne una lotta con il morto che vi dimorava. Questo *draugr* è definito assai grande, scuro e corpulento, tutto rivestito d'oro tanto che riluceva. È detto inoltre che ruggiva molto e sputava fuoco. Hrómundr, dopo averlo ucciso, ebbe cura di tagliargli la testa e di bruciarlo completamente prima di uscire dal tumulo (cfr. *Gre* 18).
13 Cfr. *J.Á.* I, pp. 317-21, 334-5, 378-88.
14 *Yng* 7: ... *stundum vakði hann upp dauða menn úr jörðu eða settisk undir hanga*. In Saxo (I, VI, 5) si riferisce di un morto che si lamenta per essere stato richiamato dal regno dell'aldilà.
15 *Bal passim*; v. p. 155; cfr. *Grg* 1-2; v. p. 401.
16 *Her* pp. 17-33 e 104-13; cfr. p. 649.
17 *NGL* II, p. 323, § 33.

Eroi, fabbri, re

I. Eroi

NEL mondo degli uomini, gli eroi sono coloro che per disegno imperscrutabile del fato sono destinati a farsi simili agli dèi. Sono dunque figure di mediatori tra le forze terrene e quelle divine che in loro sono contemporaneamente presenti; rappresentano inoltre l'incarnazione del processo di evoluzione spirituale. Segno dell'«elezione» sono le loro qualità straordinarie. Sigurðr, il più celebre fra tutti, è detto capace di intendere il linguaggio degli uccelli e proviene da una stirpe i cui componenti sono insensibili al veleno.[1] Un altro eroe famoso, Starkaðr – Starcatherus in Saxo –, discendente dei giganti, era di dimensioni eccezionali, destinato a vivere tre misure di vita umana e dotato, secondo il mito, di molte braccia.[2] Dell'eroe Helgi è ricordato che dopo la morte resuscitò per ben due volte a nuova vita.[3]

Segno della predilezione del destino è per gli eroi anche la discendenza da esseri sovrannaturali o da dèi: Sigurðr vanta tra i suoi antenati Odino,[4] Starkaðr proviene da una stirpe di giganti.[5] Nel *Canto di Hyndla* sono elencati gli antenati dell'eroe Óttarr, prediletto dalla dea Freyja, appartenenti alle stirpi più famose di origine celeste.[6]

Per questa ragione l'intervento del sovrannaturale è motivo ricorrente nella vita degli eroi, che si tratti di un apparente «caso» (in cui è però rivelata l'esistenza di un preciso disegno del destino) oppure della manifestazione vera e propria della divinità.

Poiché la vita degli eroi ha il significato fondamentale di un'esperienza iniziatica, è indispensabile al loro fianco la presenza di esseri sovrannaturali che sappiano trasmettere i segreti del cosmo: i nani-fabbri, le valchirie, i giganti o gli esseri dotati di poteri magici.

Gli eroi sono legati a un destino talvolta crudele, cui tuttavia non possono sfuggire;[7] nella loro vicenda è altresì spesso sottolineata la funzione di «prìncipi della luce», allorché tutta una simbologia sottolinea la loro natura di nemici delle forze dell'oscurità.[8]

Ma gli eroi sono talvolta destinati, loro malgrado, anche a incarnare forze negative, o meglio a essere lo strumento involontario del sacrificio di altri eroi.[9]

A metà fra la condizione umana e quella divina, e comunque soggetti al fato al pari e forse più degli uomini e degli dèi, essi concentrano e ripropongono nella propria persona le qualità divine, ma soprattutto sono direttamente partecipi dell'eterno conflitto tra le forze della luce e quelle dell'oscurità.

1. *Helgi*

*Helgi, il «consacrato», è una figura mitica la cui storia ci è tramandata nei carmi antichi dell'*Edda.[1] *Due figure forse in origine distinte vengono accomunate nell'unica vicenda esemplare di un eroe amato e protetto da una valchiria, ucciso come vittima offerta a Odino e da questi accolto nella Valhalla. Ma il tema dominante della storia è la straordinaria forza dell'amore, grazie al quale l'eroe e la sua donna sovrannaturale torneranno in vita per ben due volte.*

C'era un re che si chiamava Hjörvarðr[2] ed ebbe quattro mogli. Una era Álfhildr[3] e aveva un figlio di nome Heðinn;[4] la seconda era Særeiðr,[5] madre di Humlungr;[6] la terza era Sinrjóð,[7] madre di Hymlingr.[8]

Re Hjörvarðr aveva deciso di prendere in moglie la donna più attraente che ci fosse. Egli aveva sentito dire che re Sváfnir[9] aveva una figlia di nome Sigrlinn[10] che era fra tutte le donne la più bella.

Lo *jarl* di Hjörvarðr si chiamava Iðmundr[11] e aveva un figlio di nome Attila.[12] Costui partì per andare a chiedere la mano di Sigrlinn per il re e rimase da Sváfnir per un inverno. Là c'era anche lo *jarl* Fránmarr,[13] padre della fanciulla Álof[14] e padrino di Sigrlinn. Alla fine lo *jarl* rifiutò la mano di Sigrlinn e Attila si rimise in viaggio per tornare a casa.

Un giorno Attila si trovava in un bosco: un uccello stava in alto sui rami sopra di lui e aveva sentito che gli uomini discorrevano fra loro dicendo che le donne di re Hjörvarðr erano le più desiderabili. L'uccello parlò e Attila si mise in ascolto di quel che diceva: «Hai visto Sigrlinn, figlia di Sváfnir? Ella è la più bella fra tutte le fanciulle nel Paese dell'amore, sebbene le spose di Hjörvarðr paiano colme di ogni grazia in Glasislundr».[15] Attila chiese all'uccello sapiente di parlare ancora per lui. L'uccello rispose così: «Lo farò, se il principe vorrà innalzarmi un sacrificio e se potrò scegliere ciò che voglio dalla dimora del re». Attila lo pregò che non scegliesse il re né i suoi figli né le spose; meglio sarebbe stato accordarsi da amici. L'uccello rispose: «Sceglierò un tempio e molti altari, mucche dalle corna d'oro dalle stalle del re. Allora Sigrlinn dormirà fra le sue braccia e di buon grado seguirà il signore».

Questo avvenne prima che Attila partisse. Quando giunse a casa, re Hjörvarðr gli chiese notizie. Egli riferì l'esito negativo della missione: aveva faticato tanto ma senza risultato, invano aveva donato anelli d'oro alla fanciulla e i cavalli s'erano inutilmente sfiancati sulle alture e nel guado di un fiume.

Re Hjörvarðr decise che si sarebbero messi in viaggio una seconda volta. Giunti su una montagna, videro in Svevia incendi e nugoli di polvere alzati dai cavalli. Cavalcò allora il re giù dalla montagna, giunsero presso un fiume e si accamparono per la notte. Attila montava di guardia. Allora attraversò il fiume e trovò una casa: sul tetto c'era un grosso uccello che faceva la guardia, ma era addormentato. Attila lo trapassò con la lancia, uccidendolo. Nella casa trovò Sigrlinn, figlia del re, e Álof, figlia dello *jarl*, e le portò via con sé. Lo *jarl* Fránmarr aveva assunto aspetto d'aquila per proteggerle mediante la magia. Era accaduto infatti che un re di nome Hróðmarr,[16] pretendente di Sigrlinn, aveva messo a ferro e a fuoco la terra e aveva ucciso il re degli Svevi.

Il re Hjörvarðr prese in sposa Sigrlinn e Attila Álof.

Hjörvarðr e Sigrlinn ebbero un figlio, robusto e bello. Tuttavia era taciturno e non aveva un nome. Una volta che sedeva su un'altura vide cavalcare nove valchirie; una fra loro era la più bella. Ella disse: «Ha cantato l'aquila nel mattino: passerà del tempo, Helgi, prima che tu, benché guerriero di animo coraggioso, disponga degli anelli o regga Röðulsvellir,[17] se te ne resti silenzioso». Helgi rispose: «Che cosa farai seguire al nome di Helgi, donna splendente, dacché me lo hai dato? Rifletti bene su ogni parola: io non accetterò altro che possedere te». La valchiria rispose che in un luogo detto Sigarshólmr[18] c'erano delle spade, in numero di cinquanta meno quattro. Una fra tutte era la migliore, spada di rovina, in fodero d'oro. Sull'elsa c'era un anello, il coraggio nel mezzo, il terrore sulla punta, per chi la possedesse; sul filo un serpe rossosangue con la coda ritorta sul dorso.

La valchiria che aveva dato il nome a Helgi era Sváva, figlia di Eylimi:[19] ella cavalcava nell'aria e sull'acqua. In seguito protesse spesso l'eroe nelle battaglie.

Helgi rimproverò a suo padre Hjörvarðr di non essere saggio, sebbene condottiero famoso: aveva appiccato il fuoco alle dimore di sovrani che non gli avevano arrecato offesa alcuna, mentre non aveva preso vendetta di Hróðmarr. A costui, principe impavido che pensava di amministrare un'eredità senza eredi, sarebbero rimasti i beni del padre di Sigrlinn. Hjörvarðr rispose al figlio che lo avrebbe aiutato a vendicare il nonno. Helgi allora cercò la spada che Sváva gli aveva descritto, poi partì insieme ad Attila: uccisero Hróðmarr e compirono molte imprese eroiche. Helgi uccise il gigante Hati che viveva su un monte. Poi gettarono l'ancora nel fiordo di Hati. Attila rimase di guardia per la prima parte della notte. Venne allora Hrímgerðr[20] figlia di Hati e domandò chi fossero gli eroi impavidi che si erano ancorati nel fiordo innalzando gli scudi a riparo della nave e chi fosse il loro re. Attila rispose che Helgi era il nome del re: egli era un principe potente, le sue navi erano rinforzate col ferro, nulla avrebbero potuto le streghe contro di loro. Hrímgerðr domandò ancora chi fosse colui al quale il principe aveva affidato la guardia delle navi. Attila rispose con piglio minaccioso e senza tema rivelò il proprio nome; aggiunse, anzi, che molte volte aveva ucciso delle streghe.[21] Poi, domandandole il nome suo e quello di suo padre, la insultò con queste parole: «Nove miglia dovresti stare sottoterra, e ti cresca un albero nel petto!»[22] Hrímgerðr disse il suo nome e che Hati era quello di suo padre: egli era stato un gigante possente, e aveva strappato molte fanciulle alle loro case, prima che Helgi lo uccidesse. Attila e Hrímgerðr presero a insultarsi a vicenda: egli la accusò d'essere stata all'imboccatura del fiordo tentando di far naufragare le navi di Helgi e, se una lancia non l'avesse fermata, di inviare a Rán i suoi guerrieri.[23] Ella ribatté che Attila era in preda al sonno e si sbagliava: sua madre era stata dinanzi alle navi di Helgi, mentre lei faceva annegare in mare i figli di Hlöðvarðr.[24] Poi disse: «Nitrire dovresti tu, Attila, se non fossi castrato, Hrímgerðr rizza la coda; ben più indietro io credo che sia il tuo cuore, sebbene tu abbia il nitrito da stallone». E Attila di rimando: «Ti sembrerei uno stallone, se tu potessi provare e io venissi a terra dal mare; a morte saresti colpita se io facessi sul serio; allora abbasseresti la coda, Hrímgerðr».

Hrímgerðr sfidò Attila a battersi, perché di certo ella lo avrebbe dilaniato e ucciso. Attila disse che sarebbe andato, ma solo dopo che gli altri si fossero destati per montare la guardia al signore: sospettava infatti che una strega sarebbe venuta dal mare presso la nave.

Hrímgerðr si rivolse allora a Helgi, lo destò e chiese un compenso per la morte del padre: perché l'offesa fosse cancellata ella voleva giacere almeno una notte accanto all'eroe. Helgi per tutta risposta la apostrofò dicendola schifosa per gli esseri umani, solo destinata a Loðinn, gigante detestabile che aveva dimora fra le pietre: quello era l'uomo adatto per lei! Hrímgerðr rispose: «Quella vorresti piuttosto, Helgi, che perlustrò il porto, la notte scorsa, coi tuoi uomini; fanciulla riccamente ornata d'oro che a me parve superiore per forza; qui ella venne a terra dal mare e in tal modo rese sicura la vostra flotta. Lei sola ha potere acciocché io non possa uccidere gli uomini del sovrano». Helgi domandò: era una sola o più che avevano salvato le navi del principe? Questo Hrímgerðr doveva dire se voleva che egli facesse ammenda del male arrecato. Hrímgerðr rispose: «Tre volte nove fanciulle, tuttavia una sola cavalcava innanzi, bianca fanciulla con l'elmo; s'agitavano i cavalli, dalle criniere scendeva rugiada nella valle profonda, grandine in alto nel bosco: di là viene nei mondi l'abbondanza; tutto era per me odioso, ciò che vidi». Queste furono le sue ultime parole; il sole infatti stava sorgendo in quell'istante: ora, come disse Attila, ella sarebbe morta con lo sguardo rivolto a oriente; con rune di morte Helgi l'aveva sopraffatta, trattenendola fino all'arrivo del giorno; immagine di pietra, ella sarebbe rimasta oggetto di scherno, insegna del porto.

Re Helgi, guerriero potente, si recò da re Eylimi e chiese in sposa Sváva, sua figlia. Helgi e Sváva si amavano moltissimo e si giurarono fedeltà. Quando Helgi partecipava a una spedizione militare, ella restava a casa con suo padre. Come si è detto, Sváva era una valchiria.

Heðinn, fratellastro di Helgi, si trovava in Norvegia nella casa di Hjörvarðr suo padre. Avvenne una volta, la sera della vigilia degli *jól*,[25] che Heðinn tornando a casa dalla foresta si imbatté in una strega che cavalcava un lupo e aveva per briglie dei serpi. Ella gli offerse la sua compagnia, ma Heðinn rifiutò. Ella allora lo minacciò così: «Me la pagherai», disse, «alla coppa del giuramento». La sera venne portato il cinghiale sacrificale e tutti dovevano formulare i voti. Essi stesero le mani e pronunciarono i voti sulla coppa del giuramento: fu allora che Heðinn giurò di possedere Sváva, figlia di Eylimi, amata da Helgi suo fratello; subito però se ne pentì molto.[26] Così si incamminò per un sentiero selvaggio in direzione sud e incontrò Helgi suo fratello. Helgi lo accolse con calore: che notizie portava dalla Norvegia? Perché era venuto a trovarli? Heðinn riferì quale sciagura gli era accaduta: egli aveva giurato di possedere Sváva sua sposa. Helgi rispose al fratellastro che non doveva angustiarsi: un principe lo aveva sfidato a duello in capo a tre notti su un banco ghiaioso[27] ed egli sentiva vicina la sua ora; perciò tutto sarebbe andato secondo il destino. Heðinn pensava che il fratello avrebbe dovuto arrossare su di lui la spada;[28] Helgi tuttavia aveva parlato così perché sentiva giungere la sua ora; aggiunse anche che dovevano essere stati i suoi spiriti protettori a visitare Heðinn quando questi aveva visto la donna che cavalcava il lupo.[29]

Il re che aveva sfidato Helgi era Álfr,[30] figlio di Hróðmarr: essi dovevano battersi in capo a tre notti nel campo di Sigarr. Là infatti si batterono e Helgi fu ferito a morte. Egli allora mandò Sigarr a cavallo a cercare Sváva sua sposa, dicendole di venire in fretta se voleva trovarlo ancora in vita. Quando Sigarr fece la sua ambasciata, Sváva con angoscia domandò che cosa fosse accaduto: era egli stato ghermito dal mare o morso da una spada? Ella disse che si sarebbe vendicata. Sigarr rispose rivelandole quanto era successo: Helgi era caduto presso Frekasteinn[31] per mano di Álfr; questi, sebbene non meritevole, aveva conseguito la vittoria. Accorse dunque Sváva e Helgi ferito a morte la invitò a vincere l'angoscia di quell'ultimo incontro: non avrebbe dovuto piangere, ma piuttosto prepararsi ad accogliere Heðinn come sposo. Sváva tuttavia rifiutò: fin da quando Helgi le aveva donato l'anello nel Paese dell'amore ella aveva giurato che non avrebbe avuto altro uomo. Così Helgi morì e Heðinn si congedò da Sváva chiedendole un unico bacio; inoltre giurò che non sarebbe tornato se non dopo aver vendicato l'eroe.

Sigmundr,[32] della stirpe dei Völsungar o Ylfingar,[33] sposò Borghildr[34] di Brálundr[35] ed ebbe da lei un figlio che fu chiamato Helgi in memoria di Helgi figlio di Hjörvarðr. Segni grandi e possenti accompagnarono la nascita di questo principe generoso. Nacque, l'eroe, all'inizio dei tempi, quando le aquile davano in strida e le acque sacre scorrevano da Himinfjöll.[36] Attorno a Brálundr infuriava la battaglia. Venne la notte e alla culla del principe accorsero le norne a fissare per lui il destino, decretandogli la sorte migliore. Per lui torsero i fili del fato, fili d'oro che furono fissati nel mezzo della sala della luna. Un'estremità fu fissata a oriente, a occidente l'altra; il principe ebbe dunque la terra che è nel mezzo.[37] Poi una di loro, congiunta di Neri, gettò l'ultimo filo a settentrione e gli ordinò di durare in eterno. Tuttavia Sigmundr ascoltò con dolore le parole di un corvo che con gioia annunciava a un altro la nascita del principe guerriero. Sigmundr medesimo – aveva lasciato la schiera nella lotta – diede al figlio un nome e insieme doni augurali. Helgi fu il nome e diversi i doni: ricchi possedimenti, un porro e una spada. Helgi aveva un padrino di nome Hagall;[38] egli crebbe in vigore, generosità e coraggio per la gioia degli amici, e ben presto si dedicò alla guerra. All'età di quindici anni partì per una spedizione militare. Con lui c'era Sinfjötli,[39] suo fratellastro.[40] C'erano state delle discordie fra Sigmundr e un re potente che si chiamava Hundingr:[41] costui era quello da cui aveva preso nome Hundland;[42] egli aveva molti figli che partecipavano a spedizioni guerriere. Da entrambe le parti c'erano state gravi perdite.

Helgi si mise in viaggio per spiare fra le genti del seguito di Hundingr; si travestì fingendosi Hamall[43] figlio di Hagall e si recò alla corte di Hundingr. Là c'era il figlio di costui, Hæmingr,[44] il quale non lo riconobbe. Quando Helgi tornò a casa incontrò per la via un pastore e gli disse così: «Di' a Hæmingr che Helgi ricorda l'uomo che i guerrieri abbatterono, coperto dalla corazza; un lupo grigio avevate là dentro, là dove Hundingr immaginava Hamall». Così re Hundingr comprese che da lui c'era stato Helgi sotto le false spoglie di Hamall, perciò mandò degli uomini da Hagall a cercarlo. Non potendo fuggire, Helgi indossò le vesti di una serva e si mise alla mola a macinare. Gli uomini lo cercarono dappertutto, ma non lo trovarono. Fra loro c'era tuttavia un tale Blindr, detto il Maligno;[45] costui osservò che la serva che stava alla macina aveva gli occhi particolarmente acuti ed era dotata di forza straordinaria, tanto che l'asse della mola si spezzava e le pietre andavano in frantumi. Era un triste destino per un principe – osservò – macinare l'orzo. Ben più adatta a quella mano sarebbe stata l'elsa di una spada piuttosto che il manico della macina. Hagall tuttavia rispose e disse che la serva era in realtà la figlia di un re, fanciulla della stirpe degli Ylfingar che Helgi aveva catturato, ma che un tempo era stata una donna guerriera.

Helgi poté dunque fuggire su una nave da guerra; egli uccise re Hundingr e da allora fu chiamato Helgi Hundingsbani.[46] In seguito Helgi fece sosta a Brunavágar[47] e compì una razzia sulla spiaggia;[48] essi uccisero molti capi di bestiame e ne mangiarono la carne cruda.

C'era un re che si chiamava Högni[49] e aveva una figlia di nome Sigrún; costei era una valchiria che cavalcava nell'aria e sull'acqua: era Sváva rinata.

Sigrún cavalcò verso le navi di Helgi e domandò chi fossero i guerrieri, donde venissero e dove volessero andare. Helgi rispose che Hamall era quello che spingeva a riva le navi e Hlésey[50] il loro Paese; essi attendevano venti propizi perché volevano dirigersi a oriente. Sigrún ancora domandò: dove avevano combattuto? Perché la corazza era macchiata di sangue? Perché egli con l'elmo ancora sul capo si nutriva di carne cruda? Helgi rispose e rivelò d'essere della stirpe degli Ylfingar, disse d'aver catturato orsi in Bragalundr[51] e d'aver saziato le giovani aquile. Così erano andate le cose, perché sul mare aveva mangiato poca carne cotta. Sigrún però sapeva che Hundingr era stato ucciso da Helgi e dello scontro che c'era stato fra loro per vendicare i congiunti; sapeva che il sangue era corso sul filo delle spade. Helgi domandò: come sapeva di che si trattava? Molti infatti erano i guerrieri come loro. Allora Sigrún rivelò che ella non era lontana dalla battaglia quando Hundingr era stato ucciso:[52] egli non doveva dunque negare di essere Helgi, poiché per certo lo aveva riconosciuto.

Per la morte del padre e per le ruberie[53] che ne erano seguite i figli di Hundingr chiesero a Helgi un compenso; non l'ebbero tuttavia, anzi dovettero battersi con lui. Lo scontro fu fissato presso Logafjöll:[54] là Helgi uccise Álfr ed Eyjólfr, Hjörvarðr e Hervarðr,[55] figli di Hundingr, e i loro guerrieri.

C'era un re potente che si chiamava Granmarr[56] e viveva a Svarinshaugr.[57] Costui aveva molti figli. Uno di loro di nome Höðbroddr[58] andò a un convegno di sovrani e lì gli fu promessa in sposa Sigrún, figlia di Högni. Quando lo seppe, la fanciulla cavalcò per cielo e per mare insieme alle valchirie alla ricerca di Helgi.

Helgi si trovava a Logafjöll, dove aveva sconfitto i figli di Hundingr. Stanco per le molte battaglie, stava seduto sotto Arasteinn.[59] Vide allora una luce da Logafjöll e da essa venivano dei lampi: erano le valchirie con gli elmi e le corazze macchiate di sangue. Il principe diede loro il benvenuto e domandò se quella notte volessero andare alla loro dimora. Sigrún rispose: «Io credo che ci tocchino altri compiti piuttosto che bere la birra con colui che spezza gli anelli».[60] Ella lo aveva trovato e, gettategli le braccia al collo, lo prese per mano, lo baciò e gli riferì le notizie. Il re fu attratto da quella donna. Sigrún gli rivelò che lo aveva amato ancora prima di vederlo; tuttavia aggiunse che suo padre l'aveva promessa a Höðbroddr contro il suo volere e che ella temeva l'ira dei congiunti poiché aveva rovinato i piani di suo padre. Pregò perciò l'eroe di sfidare il suo pretendente: se non l'avesse fatto, questi dopo poche notti sarebbe venuto, a meno che la fanciulla non gli venisse sottratta. Helgi la rincuorò: non doveva temere poiché egli piuttosto sarebbe morto. E poiché avrebbe vissuto con lui non doveva neppure aver paura dell'ira di suo padre.

Quindi Helgi mandò dei messaggeri per terra e per mare a chiedere uomini e navi e raccolse una grande flotta, offrendo ricchezze: solo da una parte gli vennero ben milleduecento uomini fidati e altrettanti se ne contavano da altri luoghi. Le navi erano maestose, i guerrieri intrepidi: partirono dunque da Varinsfjörðr[61] e si diressero verso Frekasteinn. Ci fu fragore di remi, stridio di metalli, gli scudi cozzavano l'uno contro l'altro, remavano i vichinghi, avanzò impetuosa lontano da terra la flotta al comando dei prìncipi. Allora si alzò contro di loro una violenta tempesta, le onde si frangevano sulle fiancate delle navi, e tuttavia essi avanzavano impavidi. Videro nel cielo cavalcare nove valchirie e riconobbero Sigrún. Allora la tempesta si acquietò presso Gnipalundr[62] ed essi giunsero sani e salvi a terra.

I figli di Granmarr stavano su un monte mentre le navi veleggiavano all'approdo; preoccupati, spiavano l'esercito. Goðmundr[63] balzò a cavallo e cavalcò in perlustrazione sul monte presso il porto: i Völsungar stavano calando le vele. Goðmundr domandò: «Chi è il signore che guida la truppa e porta i guerrieri minacciosi alla riva?» Sinfjötli gli rispose agitando lo scudo rosso bordato d'oro. Egli era di guardia e poteva scambiare parole con i prìncipi: «Di' questo stasera, quando dài cibo ai maiali e alletti con la brodaglia le cagne: che gli Ylfingar sono giunti da oriente, avidi di battaglia in Gnipalundr. Là Höðbroddr troverà Helgi, principe alieno alla fuga, fra le navi. Quello che spesso ha saziato le aquile mentre tu, presso le mole, baciavi le schiave». Goðmundr ribatté che Sinfjötli mentiva, rimproverandogli cose false. Egli piuttosto aveva mangiato ghiottonerie da lupi ed era divenuto assassino di suo fratello, aveva succhiato le ferite con gelida bocca e ovunque odiato aveva strisciato su cumuli di detriti. Ci fu tra i due uno scambio di insulti. Sinfjötli disse che Goðmundr era stato un'indovina in Varinsey,[64] donna intrigante e menzognera, che diceva di non volere come sposo alcun guerriero se non Sinfjötli medesimo. Era stato una strega perversa, una valchiria terribile e potente presso Alföðr,[65] gli Einherjar tutti[66] si erano battuti per lei, donna caparbia. Nove lupi essi avevano insieme generato ed egli ricordava di esserne stato il padre. Goðmundr rispose che Sinfjötli non poteva essere stato il padre di quei lupi: sapeva infatti che le donne dei giganti lo avevano castrato davanti a Gnipalundr su Þórsnes.[67] Era figliastro di Siggeir[68] e aveva giaciuto all'aperto, abituato all'ululare dei lupi: tutte le disgrazie gli erano venute da quando aveva trapassato il petto del fratello. La sua fama era legata a quelle infamie! Era stato sposa di Grani,[69] pronta alla corsa con un morso d'oro: egli stesso aveva cavalcato per molti tratti su di lei – proprio una vacca! – stanca ed estenuata giù per il monte.

Sinfjötli ancora ribatté che Goðmundr era parso un giovane depravato, quando un tempo mungeva le capre del gigante Gullnir,[70] un'altra volta poi era stato figlia di Imðr,[71] una stracciona: volevano ancora continuare? Goðmundr rispose che avrebbe voluto saziare i corvi col suo cadavere piuttosto che allettare le cagne con la brodaglia o dare cibo ai maiali; che gli spiriti malvagi lo portassero!

Allora intervenne Helgi e disse che sarebbe stato meglio per entrambi dare battaglia e rallegrare le aquile anziché altercare con inutili parole, sebbene l'odio li dividesse. I figli di Granmarr non gli parevano prodi, tuttavia i prìncipi dovevano dire solo la verità; essi avevano dato prova d'avere coraggio nel maneggiare le spade.[72]

Goðmundr e i suoi tornarono al galoppo dal sovrano che li attendeva sulla porta della corte e gli annunciarono che il nemico s'avvicinava in armi; Höðbroddr stava fuori con l'elmo sul capo e osservava i cavalieri della sua stirpe: perché era preoccupato l'aspetto dei Hniflungar?[73]

Goðmundr riferì che molte navi erano giunte a riva, e con esse molti guerrieri, truppa cospicua di prìncipi, Ylfingar felici. Quindici erano le schiere che scendevano a terra, ma di uomini ve n'erano altri settemila: nel porto stavano ancorate le navi neroazzurre adorne d'oro. Là il loro numero era ancora più grande: Helgi non avrebbe ritardato l'assemblea delle spade. Accorressero con i destrieri tutti gli uomini capaci di combattere per resistere ai Völsungar!

Divampò dunque la battaglia in Frekasteinn e Helgi era sempre in prima fila, bramoso di lotta, alieno alla fuga: forte era il cuore del principe. Vennero allora dal cielo le donne con l'elmo – crebbe il frastuono delle lance – quelle che proteggevano il guerriero. Allora Sigrún parlò – volavano le valchirie feritrici –: disse che Helgi, salvo, avrebbe gioito insieme agli uomini e sarebbe vissuto felice; aveva abbattuto un principe alieno alla fuga che aveva provocato la morte di un pericoloso avversario. Ora insieme gli spettavano anelli d'oro rosso e la potente fanciulla: salvo, avrebbe gioito, con la figlia di Högni, di Hringstaðir,[74] della vittoria e delle terre; ormai la battaglia era conclusa.

In quello scontro morirono re Granmarr e tutti i suoi figli, eccetto uno di nome Dagr. Egli ebbe salva la vita e prestò giuramento ai Völsungar.

Sigrún si recò fra i caduti e incontrò Höðbroddr morente. Gli disse che non sarebbe stata fra le sue braccia, passata era la vita; di nuovo i lupi, grigie cavalcature delle streghe, avevano avuto cadaveri: erano i figli di Granmarr.

Poi incontrò Helgi ed era tutta contenta. Egli disse che le cose non erano andate del tutto bene per lei – tale era la decisione delle norne –: in quella battaglia erano caduti suo padre e i suoi fratelli: lui stesso li aveva uccisi. Molti erano morti, sebbene valorosi; uno addirittura aveva combattuto col tronco, essendogli stata mozzata la testa.[75] Giaceva ormai cadavere la maggior parte dei suoi congiunti, ella non aveva potuto impedire la strage; per lei era stabilito che fosse motivo di contesa fra i potenti. Allora Sigrún pianse. Helgi disse tuttavia che doveva consolarsi, ella per loro aveva significato battaglia,[76] ai prìncipi non era dato di opporsi al destino. Egli avrebbe voluto ridar vita ai caduti prima di rifugiarsi fra le sue braccia.

Helgi sposò Sigrún ed ebbero dei figli. Helgi non era vecchio. Il figlio di Högni, Dagr, innalzò un sacrificio a Odino per vendicare il padre. Odino prestò a Dagr la sua lancia. Dagr trovò Helgi, suo cognato, nel luogo che si chiama Fjöturlundr[77] e lo trapassò con la lancia. Là Helgi morì; Dagr invece cavalcò verso le montagne e riferì la notizia a Sigrún. Disse di essere triste nel doverle riferire cose dolorose, costretto aveva fatto piangere una della sua stirpe: quella mattina era caduto sotto Fjöturlundr il re migliore che ci fosse, che in forza sovrastava gli altri guerrieri. Sigrún gli rispose con parole di odio: lo lacerassero i giuramenti che aveva pronunciato; non potesse navigare la nave da lui comandata, anche se avesse vento propizio; non corresse il destriero che sotto di lui galoppava, anche se dovesse sfuggire ai nemici; non mordesse la spada che egli brandiva, a meno che non cantasse sulla sua testa. Allora sarebbe vendicata la morte di Helgi, se egli come un lupo fosse cacciato nella foresta, senza beni, senza gioia; se non gli restasse altro cibo che i cadaveri. Dagr disse: «Pazza sei tu, sorella, e fuor di senno, ché al fratello auguri sventura: Odino solo ha potere su tutto il male, poiché tra i congiunti pose rune d'alterco». Egli le offrì in compenso anelli d'oro rosso e terre e la metà del regno, che ne disponesse lei con i suoi figli. Ma Sigrún rispose che per lei ormai non c'era più diletto: ora non c'era più luce sui soldati del principe, ora non correva il destriero del principe dal morso d'oro, ora ella non poteva con gioia salutare il guerriero. Helgi – ella ricordava – aveva intimorito tutti i nemici e i loro uomini: essi fuggivano come le capre dalla montagna, in fretta e in preda al terrore davanti al lupo. Helgi sovrastava tutti i guerrieri come un frassino splendidamente cresciuto fra i rovi, o come un cervo bagnato di rugiada, che sopravanza ogni altro animale e le cui corna risplendono contro il cielo stesso.

In memoria di Helgi fu eretto un tumulo. E quando egli giunse nella Valhalla, Odino lo invitò a decidere su ogni cosa insieme con lui. Helgi decise allora che Hundingr doveva lavare i piedi a ogni uomo, accendere il fuoco, legare i cani, guardare i cavalli, dare la brodaglia ai maiali, prima di andare a dormire.

L'ancella di Sigrún passò di sera presso il tumulo di Helgi e vide Helgi cavalcare verso il tumulo con molti uomini. Ella domandò se si trattasse di un inganno, quel che le pareva di vedere, o se fosse la fine del mondo; gli uomini morti cavalcano, incitando i destrieri con gli sproni: era concesso agli eroi il ritorno a casa? Helgi rispose che non si trattava di un inganno, quel che le pareva di vedere, né della fine del mondo, anche se ella li vedeva incitare i cavalli con gli sproni: né era concesso il ritorno ai guerrieri. L'ancella tornò indietro e disse a Sigrún di uscire e lasciare la casa, se voleva trovare il principe: il tumulo era aperto, Helgi era venuto, sanguinavano le ferite e il signore chiedeva che ella placasse il sangue che ne sgorgava.

Andò allora Sigrún al tumulo di Helgi e disse che era assai felice per il loro incontro: come i corvi di Odino, avidi di cibo, quando sanno di morti, tiepidi bocconi, o quando lucidi di rugiada vedono l'alba. Voleva baciare il re ormai senza vita, prima che egli togliesse la corazza macchiata di sangue; i suoi capelli erano intrisi di brina, il principe era tutto coperto della rugiada della morte, le mani ghiacciate: come avrebbe potuto trovare un rimedio? Solo lei – rispose Helgi – era la causa per cui era coperto della rugiada della sventura; ella allora adorna d'oro, splendida come il sole, creatura del Sud, pianse lacrime amare prima di andare a dormire; ciascuna cadeva sul petto del principe, ghiacciata, cocente, gravata di dolore. Insieme avrebbero bevuto sorsi preziosi di buon vino, anche se ormai avevano perduto i possedimenti e il potere. Nessuno più avrebbe cantato canti di morte, pur vedendo sul petto le ferite; le spose avrebbero giaciuto nel tumulo accanto a loro, le donne dei guerrieri accanto ai loro morti.

Sigrún preparò un giaciglio nel tumulo e disse a Helgi che ora ella desiderava addormentarsi fra le sue braccia, come nell'abbraccio del re quando ancora era in vita. Helgi rispose che non presto, ma neppure tardi, ella, bianca figlia di Högni, avrebbe preso sonno nel tumulo sebbene ancor viva. Ora era tempo per lui di cavalcare per sentieri arrossati di sangue,[78] guidare il cavallo pallido per le vie del cielo; passare a occidente i ponti della volta celeste, prima che Salgofnir destasse il popolo dei vittoriosi.[79]

Cavalcarono dunque Helgi e i suoi per i loro sentieri, mentre le donne tornarono alla fattoria. La sera dopo Sigrún mandò l'ancella a fare la guardia al tumulo. E al calar della sera, quando Sigrún venne al tumulo,[80]... disse: «Ora sarebbe venuto, se avesse inteso venire, il figlio di Sigmundr dalle sale di Odino; io dico che si offusca la speranza che il sovrano giunga, quando le aquile siedono sui rami dei frassini e tutta la schiera si volge all'assemblea dei sogni». L'ancella disse che ella non doveva agire da pazza e recarsi da sola nella dimora degli spettri: di notte, più che alla luce del giorno, si fanno potenti gli spiriti dei morti che ritornano.

Sigrún ebbe vita breve per il dolore e per l'angoscia.

Nei tempi antichi si credeva che gli uomini rinascessero, ma questa è ora considerata una stupidaggine da vecchie. Si dice che Helgi e Sigrún siano rinati. Helgi ebbe allora nome Helgi, nemico dei Haddingjar,[81] ed ella Kára, figlia di Hálfdan,[82] così come è detto nel *Canto di Kára*, ed era una valchiria.[83]

Fonti principali: *Helgakviða Hundingsbana in fyrri*; *Helgakviða Hjörvarðssonar*; *Helgakviða Hundingsbana önnur*; *Völsunga saga* capp. 8-9; *Norna-Gests þáttr* capp. 4-5.

2. *Sigurðr e i Nibelunghi*

Sigurðr «custode della vittoria» è l'eroe nordico per eccellenza, noto alla tradizione continentale come Sigfrido.[1] *La sua vicenda, esemplare del destino di un eroe, propone la figura di un principe della luce, nemico eccellente delle forze dell'oscurità e del caos. Per questo la sua morte prematura provocata dai Nibelunghi, da intendere, verosimilmente, come «esseri della nebbia», va considerata come una morte sacrificale che esalta la sua qualità luminosa e lo rende simile agli dèi.*

C'era un uomo che si chiamava Sigi ed era figlio di Odino.[2] Egli aveva compiuto un misfatto uccidendo uno schiavo per invidia: per questo venne dichiarato un infame[3] e cacciato. Odino allora lo accompagnò fuori dal Paese e non lo lasciò finché non gli ebbe procurato una nave da guerra. Egli divenne un guerriero vittorioso e un re potente; tuttavia fu infine ucciso dai nemici. Il figlio di Sigi si chiamava Rerir.[4] Egli non era col padre quando questi venne ucciso, perciò ne ereditò i possedimenti e il titolo di re e lo vendicò, dando la morte ai suoi assassini. Così divenne ancor più eminente di suo padre. Rerir prese in sposa una fanciulla, essi però non avevano figli. Allora si rivolsero agli dèi con preghiere per avere un erede. È narrato che Frigg ascoltò le loro suppliche e disse a Odino il motivo per cui essi pregavano. Subito Odino chiamò una delle sue valchirie, figlia del gigante Hrímnir,[5] le consegnò una mela e le disse che avrebbe dovuto darla al re. Ella prese l'aspetto di una cornacchia e volò là dove il re si trovava. Egli stava seduto su un tumulo e la valchiria gli lasciò cadere la mela in grembo. Il re si alzò e tornò dalla regina ed ella mangiò un po' di quella mela. Avvenne allora che la regina rimase incinta. Ella tuttavia rimase gravida a lungo e non poteva partorire il bambino. Durante questo periodo Rerir morì nel corso di una spedizione. Trascorsero sei inverni, e la regina non poteva partorire. Allora capì che non avrebbe potuto vivere più a lungo e si fece estrarre il figlio dall'utero. Così fu fatto secondo il suo volere. Questo figlio era un maschio e si dice che quando nacque baciò sua madre prima che ella morisse. Egli ebbe poi un nome e fu chiamato Völsungr.[6] Quando fu cresciuto, il gigante Hrímnir mandò da lui sua figlia, di cui prima si è detto, ed egli la prese in moglie. Essi furono felici ed ebbero dieci figli e una figlia. Il maggiore dei maschi si chiamava Sigmundr,[7] la figlia Signý.[8] Erano gemelli e in ogni cosa erano i migliori tra i figli di re Völsungr. È detto che re Völsungr fece costruire una splendida casa e che nell'atrio vi era un grande melo: i rami che portavano bei fiori si protendevano sul tetto, ma il tronco era dentro la casa. Questo albero era detto «tronco dei bambini».

C'era un re di nome Siggeir,[9] egli chiese in moglie Signý; la cosa parve buona al re e ai suoi figli, ella invece non era ben disposta verso di lui. Ciò nonostante gli fu promessa ed ebbe luogo la cerimonia delle nozze. E la sera in cui si celebrò il matrimonio, avvenne che mentre la gente stava accanto al fuoco arrivò uno sconosciuto coperto da un mantello chiazzato, a piedi nudi e con calzoni di lino. Costui teneva in mano una spada e avanzò fino al «tronco dei bambini». Sul capo aveva un cappello, era piuttosto alto, vecchio e con un occhio solo. Egli conficcò la spada nel tronco, sicché essa penetrò fino all'impugnatura. Poi disse: «Colui che sarà capace di estrarre questa spada dal tronco l'avrà in dono da me ed egli stesso affermerà di non aver mai avuto tra le mani una spada migliore di questa».[10] Poi uscì dalla corte e nessuno seppe chi fosse o dove andasse.

Ora tutti volevano prendere quella spada: molti provarono, ma solo Sigmundr seppe estrarla. Era una spada di cui non se n'era vista una migliore, perciò Siggeir offrì il triplo del suo peso in oro per averla. Ma Sigmundr rifiutò, poiché - disse - avrebbe potuto prenderla se avesse voluto. Siggeir ne fu molto dispiaciuto, ma essendo un ipocrita fece come se nulla fosse. La sera stessa però meditò fra sé come rifarsi, come in seguito si vide. Andò dunque a letto con la sua sposa.

Il giorno dopo, poiché il tempo era favorevole, egli chiese il permesso di tornare a casa con la moglie; tuttavia invitò Völsungr e i suoi alla sua corte in capo a tre mesi. Signý disse a suo padre che non voleva partire con il marito, poiché non le veniva da lui alcuna gioia e inoltre presagiva che da quel matrimonio sarebbe derivata a lei e a tutta la famiglia una grande sventura. Il padre ribatté che ciò sarebbe stato una grande vergogna, perciò ella dovette partire col marito.

Or dunque, al tempo stabilito, re Völsungr e i suoi figli si recarono da Siggeir. Venne loro incontro Signý e parlò in confidenza e disse che re Siggeir aveva raccolto un grande esercito e voleva tradirli. Perciò li pregava di tornare indietro immediatamente. Tuttavia Völsungr rispose che non sarebbe stato opportuno ritirarsi, quanto piuttosto opporsi nel modo migliore. Signý si mise a piangere e disse che doveva tornare dal marito: era giusto così - rispose Völsungr - ed ella avrebbe dovuto rimanere con lui qualsiasi cosa fosse loro accaduta.

Il mattino seguente Völsungr e i suoi figli si prepararono a combattere, si armarono di tutto punto e scesero a terra. Non dovettero attendere molto, prima che Siggeir giungesse con il suo esercito. Ci fu un'aspra battaglia e alla fine re Völsungr dovette soccombere alle forze preponderanti dell'avversario. Così Signý venne a sapere che suo padre era stato ucciso e i suoi fratelli fatti prigionieri e condannati a morte. Su consiglio di lei essi non furono uccisi immediatamente, ma incatenati nella foresta. Là rimasero tutto il giorno fino al calar della notte. Verso mezzanotte venne una vecchia lupa e morse uno di loro sino a farlo morire. Poi se ne andò. Il giorno dopo Signý mandò un uomo di sua fiducia dai fratelli per vedere come stavano le cose. Quando egli tornò disse che uno di loro era morto. A lei parve una cosa grave che essi dovessero tutti finire così, ma non poteva farci nulla. Quel che avvenne è presto detto: per nove notti di seguito venne la medesima lupa e li divorò uno dopo l'altro, finché tutti furono morti, eccetto Sigmundr. Prima che giungesse la decima notte Signý mandò da Sigmundr il suo uomo di fiducia: su sua istruzione egli lo spalmò di miele sul viso e gli mise anche del miele in bocca. Così quando la lupa arrivò, leccò il volto di Sigmundr, poi gli introdusse la lingua in bocca. Egli le morse la lingua con tutte le forze. Allora la lupa puntò le zampe contro il ceppo ed esso andò in pezzi; Sigmundr però le strappò la lingua alla radice ed essa morì. È detto che quella lupa era la madre del re Siggeir che aveva assunto tale aspetto per mezzo di magia.

Quando Signý venne a sapere che suo fratello era libero andò nella foresta a incontrarlo. Egli si costruì un rifugio sotterraneo nella foresta ed ella gli diede ciò di cui aveva bisogno. Siggeir tuttavia credeva che tutti i Völsungar[11] fossero morti.

Signý aveva avuto dal marito due figli. Un giorno mandò il maggiore, che aveva allora dieci anni, da Sigmundr per vedere se poteva aiutarlo a vendicare suo padre. Sigmundr ne provò il coraggio dicendogli di impastare della farina nella quale era nascosto un serpe. Ma poiché il ragazzo non ebbe il coraggio di farlo, egli venne ucciso su consiglio della madre. L'anno seguente Signý mandò da Sigmundr il figlio minore, ma anche a lui toccò la medesima sorte.

Ora accadde che mentre Signý si trovava nella sua casa, venne da lei una maga. Signý disse alla maga che voleva cambiare aspetto con lei. Così fecero e quella sera la maga si coricò accanto a Siggeir, mentre Signý andò nella foresta e chiese asilo per la notte a Sigmundr suo fratello. Egli la trovò bella e attraente, perciò le chiese di coricarsi accanto a lui. Così fu per tre notti di seguito. Poi ella tornò a casa e riprese il suo aspetto. Dopo qualche tempo diede alla luce un figlio maschio che ebbe nome Sinfjötli.[12] Sinfjötli crebbe robusto e forte. Aveva cinque anni quando fu mandato da Sigmundr. Prima di mandarlo, Signý fece per lui come aveva fatto per i precedenti: ella gli cucì addosso una camicia, prendendo insieme pelle e carne; poi gliela tirò via e la pelle rimase attaccata alle maniche. Egli tuttavia osservò che quella era una cosa da poco per i Völsungar. Questa volta, allorché il ragazzo dovette impastare la farina per il pane, non si lasciò impressionare dal fatto che vi fosse mescolato qualcosa di vivo. Sigmundr però gli disse che non avrebbe mangiato quel pane poiché vi era stato impastato insieme un serpe velenosissimo. Si ricorda che Sigmundr poteva assumere il veleno senza subirne danno. Sinfjötli tollerava il veleno esteriormente, ma non poteva mangiarne né berne.

Ora va detto che Sigmundr e Sinfjötli vissero insieme nella foresta e conquistarono ricchezze uccidendo delle persone. Accadde una volta che essi giunsero a una casa e là trovarono due uomini addormentati. Costoro erano preda di un incantesimo e sopra di loro erano appese delle pelli di lupo. Ogni nove giorni venivano liberati dalla magia e potevano riprendere l'aspetto umano. Sigmundr e Sinfjötli indossarono le pelli di lupo e non poterono più liberarsene. Presero la natura di lupi e parlavano il linguaggio dei lupi. Andarono nella foresta, ma ciascuno doveva stare per conto proprio. Essi però si accordarono, perché in caso di pericolo l'uno chiamasse l'altro. In seguito Sigmundr chiamò in aiuto il figlio per uccidere sette persone, ma altrettanto non fece Sinfjötli quando fu assalito da undici uomini. Egli li uccise tutti e ne rimase gravemente ferito. Si racconta che fu risanato miracolosamente dopo che Sigmundr ebbe messo sulla ferita la foglia di una pianta portentosa datagli da un corvo,[13] i cui benèfici effetti aveva potuto osservare su un gatto selvatico. Infine i due tornarono alla casa dove avevano trovato le pelli di lupo: ora potevano togliersele. Subito le gettarono nel fuoco e le bruciarono così che nessuno più ne fosse danneggiato. In aspetto di lupi essi avevano compiuto grandi imprese.

Dopo un po' di tempo Sigmundr decise di cercare vendetta per il padre. Si recarono allora alla reggia di re Siggeir e là si nascosero. Il re e Signý avevano due figli piccoli. Essi si trastullavano gettando dell'oro sul pavimento e correndo a prenderlo. Ora un anello rotolò via, finendo nel luogo in cui si trovava Sigmundr. Allora il bambino corse a cercarlo e vide due uomini robusti e feroci con le armi. Egli corse nella sala e disse a suo padre quello che aveva visto. Il re sospettò che si ordisse un inganno contro di lui. Signý rivelò a Sigmundr e a Sinfjötli che i ragazzi li avevano traditi e li sollecitò a ucciderli. Sigmundr non voleva farlo, ma Sinfjötli non si lasciò intimidire, li uccise entrambi e li gettò nella sala davanti al re. Siggeir chiamò i suoi ed essi furono assaliti; si difesero con coraggio, ma alla fine vennero sopraffatti e incatenati. Il re li lasciò così tutta la notte, pensando quale morte avrebbe potuto dar loro, che fosse la più lenta possibile. Perciò il giorno dopo fece costruire un grosso tumulo di pietra e zolle. Poi fece innalzare dentro al tumulo una pietra piatta, così grande da occupare tutta l'altezza del tumulo e che non potesse essere superata. Infine fece rinchiudere nel tumulo Sigmundr e Sinfjötli, ciascuno da una parte, perché pensava che fosse peggio per loro non essere insieme, ma tuttavia potersi sentire. Mentre stavano ricoprendo il tumulo di zolle, venne Signý e gettò della paglia nel tumulo a Sinfjötli, dicendo ai servi di tenere nascosta questa cosa al re. Essi acconsentirono e il tumulo fu chiuso.

Quando si fece notte, Sinfjötli disse a Sigmundr che pensava che Signý avesse portato loro della carne da mangiare, nascondendola nella paglia. Cercò la carne, ma trovò invece che nella paglia era nascosta la spada di Sigmundr; egli la riconobbe dall'impugnatura, perché nel tumulo era buio. Allora lo disse a Sigmundr ed entrambi se ne rallegrarono. Con quella spada, capace di tagliare anche la pietra, essi poterono fendere la roccia che li separava, aprire il tumulo e uscirne. Poi andarono alla reggia. Là tutti dormivano. Essi portarono della legna e appiccarono il fuoco.

Quando il re domandò chi avesse appiccato il fuoco, Sigmundr rispose e disse i loro nomi, e anche che non tutti i Völsungar erano morti. Egli invitò sua sorella a uscire per mettersi in salvo: ella gli rispose rivelando tutto quel che aveva fatto perché suo padre fosse vendicato e anche che Sinfjötli era suo figlio. Ora aveva ottenuto vendetta e dunque non voleva vivere più a lungo. Disse infine: «Ora morirò con re Siggeir tanto volentieri quanto malvolentieri ho vissuto con lui». Poi baciò Sigmundr e Sinfjötli, diede loro l'addio e tornò nella casa, dove trovò la morte con re Siggeir e tutti i suoi.

È narrato che in seguito padre e figlio si procurarono navi e guerrieri e Sigmundr cacciò il re che si era insediato al posto di Völsungr. Inoltre egli sposò Borghildr ed ebbe da lei un figlio di nome Helgi, che fu un famoso eroe.[14]

Avvenne in seguito che Sinfjötli, figlio di Sigmundr, e un altro re, fratello di Borghildr moglie di Sigmundr, si invaghirono della medesima donna ed entrambi volevano prenderla in moglie. Essi risolsero la questione combattendo e Sinfjötli uccise il rivale. Poi si diede alla guerra e alle scorrerie, sempre ottenendo la vittoria. In autunno tornò a casa dal padre, ma subito Borghildr gli ordinò di andarsene; Sigmundr allora le offerse un guidrigildo per il fratello, poiché – disse – non serviva a nulla litigare con le donne, ed ella accettò. Poi fu fatto il banchetto in memoria del morto e Borghildr serviva la birra. Ella prese del veleno, lo versò in un corno e lo offrì a Sinfjötli. Ma quando egli guardò nel corno capì che conteneva del veleno, allora disse a Sigmundr che la bevanda era torbida. Sigmundr prese il corno e bevve: come è noto il veleno non gli faceva alcun male. Allora Borghildr venne con un altro corno e tutto andò come prima. La terza volta in cui gli porse il corno, ella gli rivolse parole di biasimo, se non avesse bevuto. Egli parlò con Sigmundr come prima. Quello rispose: «Filtralo con i baffi, figlio!» Sinfjötli bevve e subito morì.

Sigmundr allora lo portò fra le braccia per un lungo cammino e giunse a un fiordo stretto e allungato; là c'era un'imbarcazione con un uomo. Questi disse che lo avrebbe traghettato, ma quando il cadavere fu messo sull'imbarcazione, essa fu del tutto carica. Allora il battelliere disse che Sigmundr avrebbe dovuto andare via terra. Poi spinse l'imbarcazione al largo e scomparve.[15]

Sigmundr tornò a casa e cacciò la regina, che poco tempo dopo morì. Egli rimase a governare il regno ed era il miglior guerriero e il miglior re.

In seguito Sigmundr si recò a sud verso il Paese dei Franchi[16] e là giunse presso il re Eylimi[17] e ne ebbe in sposa la figlia Hjördís.[18] Avvenne però che un altro re, figlio di Hundingr,[19] desiderava la stessa fanciulla e per questo, essendo ella stata maritata a Sigmundr, raccolse un esercito e mosse contro il rivale. Sigmundr non si sottrasse allo scontro e benché fosse ormai vecchio combatteva valorosamente. Durante la battaglia tuttavia venne un uomo con un cappello cadente e un mantello scuro; aveva anche un occhio solo e teneva in mano una lancia. Costui avanzò verso Sigmundr e brandì la lancia davanti a lui. Quando re Sigmundr colpì forte, la spada urtò contro la lancia e si spezzò in due. Da quel momento la fortuna abbandonò Sigmundr, il quale cadde in quella battaglia con Eylimi e molti dei suoi.

Il figlio di Hundingr tuttavia non poté trovare la fanciulla, poiché era stata mandata nella foresta con una schiava. Perciò ritenne di avere sterminato tutta la stirpe dei Völsungar e di non dover temere più nulla da quella parte.

Durante la notte però Hjördís andò sul campo di battaglia e là incontrò Sigmundr morente. Egli le disse che Odino aveva voluto la sua morte. Le consigliò anche di raccogliere i pezzi della sua spada, perché da essi ne sarebbe stata forgiata una nuova, arma eccellente, per il figlio maschio che ella attendeva da lui. Poi morì.

Hjördís scambiò gli abiti con la schiava. In seguito giunse in quel luogo un vichingo di nome Álfr,[20] figlio di re Hjálprekr;[21] egli trovò le due donne, le interrogò e non ebbe difficoltà a riconoscere quale di loro fosse la vera figlia di Eylimi. Allora la condusse con sé e la prese in moglie. Hjördís diede alla luce il figlio di Sigmundr, che ebbe nome Sigurðr.[22] Era un bambino dagli occhi acuti e superiore agli altri in ogni cosa. Sigurðr venne allevato presso la corte di re Hjálprekr. Il padrino di Sigurðr si chiamava Reginn, figlio di Hreiðmarr.[23] Egli era un nano sapiente, feroce e conoscitore di magie: allevò Sigurðr, lo istruì e lo amò molto. Gli suggerì anche di farsi donare un cavallo dal re. Hjálprekr disse che Sigurðr poteva scegliere il cavallo che preferiva. Il giorno seguente Sigurðr andò nella foresta e incontrò un vecchio con una lunga barba che gli era sconosciuto. Quello gli domandò dove andasse. Rispose che doveva scegliersi un cavallo e chiese un buon consiglio. Il vecchio allora gli fece condurre i cavalli a un fiume; essi spinsero gli animali dove l'acqua era più profonda e tutti nuotarono verso la riva, tranne uno. Sigurðr scelse quello. Il vecchio disse che quel cavallo era figlio di Sleipnir[24] e che egli avrebbe dovuto allevarlo con cura perché sarebbe diventato il migliore. Poi scomparve. Sigurðr chiamò il cavallo col nome di Grani. L'uomo che aveva incontrato era Odino.

Reginn istigava Sigurðr a cercare di arricchirsi: per questo gli disse che sapeva dove avrebbe potuto trovare un grande tesoro e che c'era una storia in proposito. Sigurðr volle che gli fosse narrata.

Una volta Odino, Hœnir e Loki se ne andavano in giro per il mondo; giunsero a una cascata che aveva nome Andvarafors.[25] Un nano di nome Andvari viveva nella cascata in forma di luccio e in quel luogo si procurava il cibo. Avvenne ora che Otr, fratello di Reginn, che stava presso la cascata in forma di lontra,[26] avesse catturato un salmone e lo mangiasse a occhi chiusi. Loki lo colpì a morte con una pietra, e gli dèi si rallegrarono della preda: con un colpo solo avevano catturato lontra e salmone; poi scuoiarono la lontra. Giunsero in seguito a una fattoria il cui padrone aveva nome Hreiðmarr: era un uomo molto potente e un grande conoscitore di magie. Essi gli chiesero asilo per la notte, ma dissero di non aver bisogno di cibo e mostrarono le loro prede. Quando Hreiðmarr vide la lontra chiamò i suoi figli, che erano Reginn e Fáfnir, fratelli di Otr: egli disse che il loro congiunto era stato ucciso e anche chi aveva commesso il delitto. Allora gli dèi furono fatti prigionieri e per aver salva la vita dovettero promettere un guidrigildo: avrebbero dovuto riempire la pelle della lontra con oro e ricoprirla tutta esternamente con oro rosso. Gli dèi mandarono Loki a procurarsi l'oro. Loki si recò da Rán e prese la sua rete,[27] poi tornò ad Andvarafors, gettò la rete davanti al luccio e quello vi saltò dentro. Per aver salva la vita, il nano Andvari dovette promettere di consegnare tutto l'oro che teneva nella sua dimora di pietra. Quando il nano ebbe dato a Loki tutto l'oro, trattenne per sé un anello, ma Loki gli ingiunse di consegnare anche quello. Il nano pregò che glielo lasciasse, perché – disse – grazie a quell'anello avrebbe di nuovo potuto accrescere le sue ricchezze. Loki però rispose che da quel momento in poi egli non avrebbe dovuto possedere più neppure un

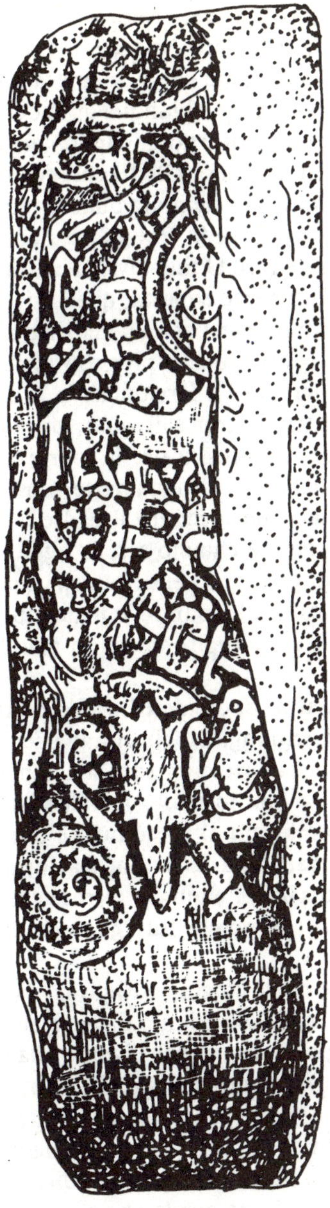

Il dio Loki che ha catturato lontra e salmone; raffigurazione su una pietra ritrovata a Ramsey. Isola di Man, Inghilterra, età vichinga

soldo, così prese l'anello e uscì. Allora Andvari maledisse l'oro e proclamò che quell'anello sarebbe stato la rovina di chiunque l'avesse posseduto. Loki rispose che lo riteneva giusto e che avrebbe comunicato quella profezia a chiunque avesse avuto a che fare con l'anello. Così se ne andò, ritornò da Hreiðmarr e mostrò l'anello a Odino che lo tolse dal mucchio. Gli dèi consegnarono l'oro a Hreiðmarr, la pelle della lontra fu riempita quanto più possibile e quando fu colma venne rizzata in piedi. Poi gli dèi ricoprirono la pelle con l'oro, disponendolo a strati. Odino invitò Hreiðmarr a verificare che la pelle fosse completamente coperta; quello si avvicinò, guardò attentamente e vide spuntare un baffo, perciò ingiunse di coprire anche quello. Odino tirò fuori l'anello prezioso di Andvari[28] e nascose quel pelo. Loki allora riferì a Hreiðmarr la profezia di Andvari.

I figli di Hreiðmarr, Fáfnir e Reginn, pretesero dal padre una parte dell'oro come ricompensa per la morte del fratello, ma egli rifiutò di cederne anche una minima parte. Così i due fratelli presero una decisione malvagia: uccisero il padre per impadronirsi dell'oro. Hreiðmarr morente chiamò a sé le figlie, Lyngheiðr e Lofnheiðr,[29] e le pregò di prendere vendetta della sua morte. Lyngheiðr rispose che non toccava a lei punire le malefatte del fratello; allora Hreiðmarr la invitò a concepire un figlio maschio che potesse un giorno vendicarlo.

Reginn chiese a Fáfnir di dividere l'oro in parti uguali, ma Fáfnir rifiutò decisamente ingiungendogli di andarsene e minacciandolo, in caso contrario, di spedirlo dal padre. Reginn chiese consiglio alla sorella Lyngheiðr, ed ella lo invitò a tralasciare l'inimicizia. Così Reginn se ne andò e Fáfnir si prese tutto l'oro, poi salì su Gnitaheiðr,[30] dove si preparò una tana. Là, trasformatosi in serpe, giaceva sul tesoro; egli aveva l'elmo del terrore che era stato di Hreiðmarr: esso si chiama così perché tutti gli esseri umani che lo vedono si spaventano.[31]

Tutte queste cose narrò Reginn a Sigurðr, dicendogli come in seguito a questo fatto egli fosse giunto da re Hjálprekr e fosse divenuto suo fabbro. Reginn preparò per Sigurðr una spada, perché voleva che uccidesse Fáfnir. Tuttavia Sigurðr rifiutò le prime due spade che Reginn aveva forgiato per lui perché si erano infrante quando le aveva provate contro la pietra. Sigurðr chiese a sua madre i pezzi della spada che era stata di suo padre Sigmundr e questa volta Reginn ne trasse per lui una spada che ebbe nome Gramr: era così affilata che una volta in cui Sigurðr la tuffò nell'acqua tagliò di netto in due un ciuffo di lana da lui gettato nella corrente;[32] con quella spada Sigurðr fendette l'incudine di Reginn fino al ceppo. In seguito egli andò a trovare un uomo di nome Grípir,[33] che era il fratellastro di sua madre: costui era saggio e conoscitore del futuro. Sigurðr lo interrogò per sapere quale sarebbe stato il suo destino; seppur malvolentieri, Grípir gli rivelò ogni cosa come si sarebbe svolta.

Reginn incitava insistentemente Sigurðr a uccidere Fáfnir. Sigurðr tuttavia volle prima vendicare suo padre, perché – disse – sarebbe stato motivo di scherno per i figli di Hundingr se avessero saputo che egli si preoccupava prima di guadagnarsi dell'oro che di vendicare Sigmundr. A quello scopo re Hjálprekr procurò a Sigurðr delle navi. Avvenne ora che, quando furono in mare, essi incapparono in una violenta tempesta e passarono sopravvento davanti a un promontorio, trovandosi in difficoltà. Sul monte videro un uomo che faceva loro cenno e domandava chi comandasse le navi. Reginn gli rispose che si trattava di Sigurðr e a sua volta gli domandò il nome. Quello rispose di essere conosciuto con diversi appellativi, quindi disse che voleva un passaggio. Essi lo fecero salire a bordo ed egli calmò la tempesta. Poi Sigurðr lo interrogò su molte cose ed egli rivelò quali fossero i segni propizi ai guerrieri in procinto di dar battaglia.

Essi giunsero alla terra dei figli di Hundingr e l'uomo scomparve.[34] Sigurðr e i suoi presero a saccheggiare e a uccidere nelle terre dei figli di Hundingr, poi ingaggiarono con loro una violenta battaglia e li sterminarono tutti. Così tornarono da re Hjálprekr con molte ricchezze. Reginn ricordò a Sigurðr che gli aveva promesso di uccidere Fáfnir.

Sigurðr e Reginn si recarono dunque a Gnitaheiðr e trovarono le tracce di Fáfnir, là dove egli strisciava verso l'acqua. Reginn consigliò a Sigurðr di scavare una buca e di nascondervisi per colpire il drago da sotto, trafiggergli il cuore e ucciderlo. Tuttavia non volle rispondere quando Sigurðr gli domandò come avrebbe potuto difendersi dal sangue del serpe; anzi lo accusò di non essere coraggioso come i suoi congiunti e se ne andò. Sigurðr prese a scavare una buca. Venne allora un vecchio con la barba cadente e gli domandò che cosa stesse facendo. Sigurðr glielo disse. Il vecchio rispose: «Questo è un cattivo consiglio. Fa' diverse buche e lascia che il sangue vi scorra dentro. Tu mettiti in una e colpisci il serpe al cuore». Poi scomparve. Sigurðr fece come quello aveva detto.

Il serpe venne strisciando verso l'acqua e sputando veleno, che cadde sulla testa di Sigurðr: questi allora gli vibrò da sotto un col-

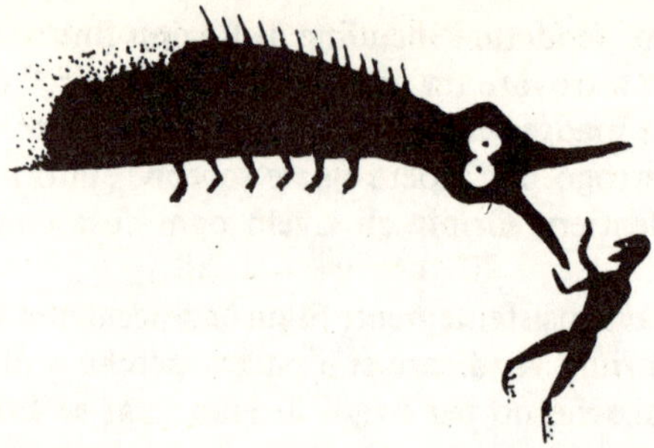

Particolare della pietra di Austers I. Gotland, Svezia, V-VII secolo

po con la spada e gli inferse una ferita mortale.[35] Allora Fáfnir si scosse muovendo la testa e la coda. Sigurðr uscì dalla buca ed essi si videro. Fáfnir domandò chi fosse colui che lo aveva colpito a morte. Dapprima Sigurðr tenne nascosto il proprio nome per timore della maledizione di un moribondo; poi tuttavia rivelò il nome e la stirpe e pose a Fáfnir molte domande sul mondo e sugli dèi. Prima di morire Fáfnir suggerì a Sigurðr di tornare a casa e di non prendersi l'oro, perché lo avrebbe portato alla rovina; gli disse anche che Reginn lo avrebbe tradito.

Intanto Reginn, che mentre Sigurðr uccideva il serpe se n'era rimasto in disparte, tornò nel momento in cui Sigurðr stava ripulendo la spada nell'erba. Egli prese a lodare l'impresa di Sigurðr, poi tagliò il cuore di Fáfnir e bevve il sangue che sgorgava dalla ferita. Reginn disse che Sigurðr doveva prendere il cuore di Fáfnir e arrostirlo per lui, mentre lui si sarebbe messo a dormire. Sigurðr gli rinfacciò di essere rimasto in disparte mentre egli uccideva Fáfnir e disse che a nulla sarebbe valsa la spada che Reginn aveva forgiato per lui se l'animo non fosse stato valoroso.

Poi Sigurðr prese il cuore di Fáfnir e lo arrostì su uno spiedo. Quando ritenne che fosse pronto e il sangue schiumò dalla ferita, lo toccò con un dito per capire se fosse cotto del tutto. Allora si scottò, così si mise il dito in bocca. E quando il sangue del cuore di Fáfnir gli toccò la lingua egli divenne capace di comprendere il linguaggio degli uccelli. Allora udì due cinciallegre che cinguettavano su un ramo. Esse parlavano di lui e suggerivano che mangiasse il cuore del serpe; dicevano anche che Reginn meditava di ucciderlo per vendicare il fratello. Sarebbe stato saggio da parte sua liberarsi di Reginn e restare unico padrone dell'oro. Sigurðr allora mozzò la testa a Reginn, mangiò il cuore di Fáfnir e bevve il sangue di entrambi. Ancora udì le cinciallegre che gli suggerivano di raccogliere l'oro e discorrevano del suo destino. Poi egli si recò a cavallo alla tana di Fáfnir e la trovò aperta. Le porte, i battenti e gli stipiti così come le pareti erano di ferro. Sigurðr prese l'oro, lo sistemò sul dorso di Grani e cavalcò via.

Sigurðr si allontanò da quel luogo e salì verso Hindarfjall,[36] dirigendosi a sud verso il Paese dei Franchi. Sul monte vide una gran luce, come fuoco che ardesse, splendente fino al cielo. Quando giunse là, trovò un bastione di scudi. Entrò nel bastione e vide che là dentro giaceva un uomo addormentato con tutta l'armatura. Per prima cosa gli tolse l'elmo dal capo. Allora capì che era una donna. La corazza era aderente come se fosse cresciuta assieme alla carne. Con la spada Gramr fendette la corazza e gliela tolse; ella allora si destò, si mise a sedere, vide Sigurðr e domandò chi avesse sciolto i vincoli che la tenevano prigioniera di quel sonno. Sigurðr disse il suo nome e le domandò il proprio. Ella prese un corno colmo di idromele e gli offrì la bevanda del ricordo. Poi rivelò di chiamarsi Sigrdrífa.[37] Era una valchiria. In una battaglia aveva protetto un guerriero anziché un altro contro il volere di Odino e il dio l'aveva punita pungendola con la spina del sopore; inoltre aveva stabilito che ella non avrebbe più ottenuto la vittoria e che non si sarebbe sposata. «Ma», aggiunse, «io gli risposi che facevo voto di non sposare alcun uomo che conoscesse la paura.» Poiché ella conosceva notizie di tutti i mondi, Sigurðr le chiese di insegnargli la saggezza. Ella allora gli porse un calice di birra e gli donò le rune: erano le rune della gioia, le rune della vittoria, le rune della birra, le rune dei parti, le rune contro i marosi, le rune dei rami, le rune dell'eloquio, le rune della mente. Poi ancora lo istruì con saggi e preziosi consigli. Predisse infine che egli non avrebbe avuto lunga vita a causa di lotte spietate. Poi Sigurðr e Sigrdrífa si scambiarono promessa d'amore.

Sigurðr cavalcò via. È detto che egli possedeva armi splendide tutte adorne d'oro; inoltre voleva sempre primeggiare fra i guerrieri e gli eroi. Era bello d'aspetto, con lo sguardo acutissimo, forte, robusto, saggio e dotato di abilità nel parlare.[38]

Sigurðr cavalcò finché giunse alla dimora di un re potente che si chiamava Heimir.[39] Costui era sposato con la sorella di Brunilde che aveva nome Bekkhildr, dal momento che se ne rimaneva a casa e aveva imparato i lavori femminili.[40] Brunilde invece con elmo e corazza prendeva parte alle battaglie. Là Sigurðr incontrò Brunilde, ella gli parve bellissima e desiderò possederla. Era una fanciulla

Pietra runica di Ramsundberget raffigurante scene della vita di Sigurðr. Södermanland, Svezia, XI *secolo*

orgogliosa e fiera, tuttavia Sigurðr riuscì ad avere un colloquio con lei e, benché ella già sapesse che il destino dell'eroe sarebbe stato quello di sposare un'altra donna, egli le giurò che non voleva avere nessun'altra e le diede l'anello dono di Andvari. Così essi rinnovarono i loro giuramenti.

C'era un re che si chiamava Gjúki[41] e aveva in moglie una donna di nome Crimilde.[42] Ella era una conoscitrice di magia. Gjúki aveva tre figli maschi di nome Gunnarr,[43] Högni[44] e Gothormr[45] e una figlia che si chiamava Goðrún.[46] Essi erano detti Nibelunghi.[47] Goðrún fece sogni angosciosi e si recò da Brunilde perché li interpretasse. Brunilde allora prese a parlare con lei dei re più potenti che ci fossero e le disse di Sigurðr che di gran lunga li sopravanzava tutti. Goðrún capì che Brunilde sapeva ogni cosa di Sigurðr a motivo del suo amore per lui. Poi Brunilde interpretò i sogni di Goðrún e disse di tutte le cose come sarebbero andate per lei, per Goðrún, per Sigurðr e per i loro congiunti. Goðrún assai rattristata tornò alla casa paterna.

Ora avvenne che Sigurðr partì con tutto l'oro e cavalcò via con Grani, finché giunse alla casa di Gjúki. Aveva un aspetto così maestoso che pareva un dio piuttosto che un essere umano. Crimilde si accorse di quanto egli parlasse di Brunilde e di quanto amore avesse per lei; ella però pensava che sarebbe stata una grande fortuna se avesse sposato la figlia di Gjúki. Perciò una sera, mentre stavano a bere, si avvicinò a Sigurðr e gli offrì da bere. Sigurðr prese il corno e bevve. Allora ella gli disse: «Re Gjúki sarà tuo padre, e io tua madre, Gunnarr e Högni i tuoi fratelli. Tutti pronuncerete dei giuramenti e nessuno sarà pari a voi». Sigurðr accettò volentieri e dopo aver bevuto quella bevanda non pensò più a Brunilde. Si trattenne là per qualche tempo, prese in sposa Goðrún e si legò con giuramenti con i suoi fratelli. Con loro fece numerose spedizioni ed essi compirono grandi imprese, uccidendo molti figli di re.

In seguito Crimilde suggerì a suo figlio Gunnarr di chiedere in sposa Brunilde, dicendo che Sigurðr avrebbe potuto accompagnarlo. Si prepararono dunque per quel viaggio e giunsero dal padre della fanciulla. Egli disse che ella stessa avrebbe dovuto decidere. Allora si recarono da Heimir, ma egli diede loro la medesima risposta. Disse anche che la dimora della fanciulla non era lontana, e ancora che ella avrebbe accettato soltanto l'uomo che si fosse mostrato capace di cavalcare attraverso il bastione di fuoco che circondava la sua casa.

Essi trovarono la casa e videro il bastione di fuoco tutto intorno. Gunnarr allora spronò il cavallo verso le fiamme, ma quello si tirò indietro. Egli allora chiese a Sigurðr di poter montare Grani e Sigurðr acconsentì. Gunnarr spinse Grani verso le fiamme, ma Grani non volle muoversi. Gunnarr perciò non poteva oltrepassare il bastione di fuoco. Allora Gunnarr e Sigurðr cambiarono aspetto fra loro e Sigurðr montò a cavallo con la spada Gramr in mano e gli speroni d'oro ai piedi. Quando Grani riconobbe gli speroni del padrone cavalcò attraverso il bastione di fuoco. Oltrepassate le fiamme, Sigurðr trovò una bella casa e là dentro c'era Brunilde. Ella domandò chi fosse quell'uomo. Egli disse di essere Gunnarr, figlio di Gjúki, e le offerse di diventare sua moglie. Ella accettò poiché era stato capace di attraversare il bastione di fuoco. Sigurðr rimase da lei tre notti e si coricarono nel medesimo letto. Quando andarono a dormire, egli prese la spada Gramr, la tolse dal fodero e le mise in mezzo a loro. Inoltre le tolse l'anello dono di Andvari che in precedenza le aveva dato e le donò un altro anello dal tesoro di Fáfnir. Quindi tornò attraverso il fuoco dai suoi congiunti. Brunilde allora andò dal suo padrino e gli disse che aveva deciso di seguire Gunnarr, poiché era stato capace di attraversare il bastione di fuoco. Ella aveva creduto che Sigurðr fosse l'unico in grado di farlo, e con lui aveva scambiato giuramenti sul monte: quello era stato il suo primo uomo. Heimir rispose che ora doveva essere com'era. Brunilde disse che Áslaug,[48] figlia sua e di Sigurðr, doveva essere allevata da Heimir. Quindi divenne la sposa di Gunnarr.

Un giorno Brunilde e Goðrún andarono al fiume a lavarsi i capelli. Brunilde guadò dalla riva verso il centro del fiume, dicendo che non voleva bagnarsi i capelli con l'acqua in cui Goðrún aveva sciacquato i suoi poiché aveva un marito più coraggioso. Goðrún ribatté che Sigurðr era il più coraggioso di tutti, poiché aveva ucciso Fáfnir e Reginn e si era impadronito della loro eredità. A sua volta Brunilde ribatté che Gunnarr aveva cavalcato attraverso il bastione di fuoco, cosa che Sigurðr non aveva osato fare. Goðrún allora rise e le rivelò la verità: come prova le mostrò l'anello dono di Andvari che Sigurðr le aveva tolto. Quando Brunilde riconobbe l'anello si fece pallida come una morta. Tornò a casa e quella sera non disse più una sola parola.

In seguito ella divenne triste e taciturna, meditando continuamente su come era stata ingannata, e decise di vendicarsi. Inutilmente Goðrún cercò di consolarla; il suo dolore crebbe smisuratamente, tanto che si mise a letto e vi rimase a giacere come se fosse morta. Il dispiacere maggiore le veniva dal fatto che non aveva potuto avere Sigurðr. Nessuno riusciva a distoglierla dai suoi pensieri. Sigurðr andò da lei e le disse che avrebbe desiderato che fosse sua moglie, che non si era ricordato dei giuramenti fatti e che non l'aveva riconosciuta finché ella non aveva sposato Gunnarr. Quello era per lui il più grande dolore. Ella rispose che aveva giurato di sposare l'uomo che avesse osato cavalcare attraverso il bastione di fuoco. «Voglio mantenere questo giuramento», disse, «oppure morire.» Sigurðr le disse che, piuttosto che ella morisse, avrebbe lasciato Goðrún. Brunilde rispose: «Io non voglio avere te, né nessun altro».

In seguito Brunilde istigò Gunnarr a uccidere Sigurðr e suo figlio. Altrimenti, affermò, egli avrebbe perso il regno, le ricchezze, la vita e anche lei. Gunnarr amava Brunilde sopra ogni cosa. Egli dunque chiamò suo fratello Högni e gli disse che voleva uccidere Sigurðr; tuttavia, poiché erano vincolati a lui da un giuramento, fecero compiere il misfatto a Gothormr loro fratellastro, che era ancora giovane e non legato da alcuna parola. Presero della carne di serpe e di lupo, la cucinarono e gliela diedero da mangiare. Gothormr andò da Sigurðr di mattina, mentre quello giaceva a letto. Dapprima fu spaventato dall'acutezza dello sguardo dell'eroe e per due volte dovette tornare indietro. Ma la terza volta trovò Sigurðr addormentato e lo trapassò con la spada sicché la punta si conficcò nel letto. Sigurðr si destò per la ferita, prese la spada Gramr e gliela scagliò contro: essa raggiunse Gothormr e lo fendette in due, i piedi caddero da una parte, la testa e le mani da un'altra.[49] È detto che alla morte di Sigurðr vibrarono le coppe nella sala e starnazzarono le oche nel cortile.

Goðrún si risvegliò e fu colta da un tremendo dolore per la morte dell'eroe; allora prese a piangere e a lamentarsi forte. Invano uomini e donne cercavano di consolarla. Brunilde si rallegrò della sua angoscia. Poi però cominciò a piangere e a recriminare e disse che voleva morire. Quando vide il cadavere dell'eroe vomitò veleno. Nessuno riusciva a comprendere perché ridendo avesse ordinato quello su cui ora piangeva amaramente.

Brunilde prese a distribuire le proprie ricchezze a tutti coloro che ne volevano; poi parlò a Gunnarr e gli profetizzò come sarebbero andate le cose, dandogli infine disposizioni per il proprio funerale. Aveva deciso di morire e nessuno fu capace di dissuaderla. Voleva che un unico rogo bruciasse per Sigurðr, per lei e per quelli come Gothormr e Sigmundr – il figlioletto di Sigurðr e di Goðrún – che erano morti con lui. Attorno alla pira voleva arazzi e scudi, su di essa con loro gli schiavi, due alla testa dell'eroe, due ai piedi. E ancora voleva che vi fossero posti due falchi e la spada Gramr, sguainata, come una volta, fra loro. Poi Brunilde, fatti uccidere otto schiavi e cinque ancelle, indossò la corazza, si trapassò con la spada e morì.[50]

In seguito a questo fatto Goðrún fu sconvolta dal dolore. Ricordava Sigurðr, ciò che era stato per lei e come i suoi fratelli lo avessero ucciso. Di lei è detto che aveva mangiato un po' del cuore di Fáfnir e che comprendeva il linguaggio degli uccelli. Ella se ne andò nella foresta e d'ogni parte sentiva attorno a sé solo l'ululare dei lupi e pensava che per lei sarebbe stato meglio morire. Girovagò finché giunse in Danimarca dalla regina Þóra[51] e rimase con lei per un periodo di sette volte sei mesi. Per lei la regina ricamava, disegnandole, le antiche storie e questo le procurava un po' di consolazione nel suo dolore.

Crimilde venne a sapere dove si trovava. Allora i suoi congiunti andarono da lei e volevano offrirle doni preziosi e buone parole. Ella però non volle ascoltarli. Crimilde le diede da bere la coppa dell'oblio nella quale erano mescolate molte sostanze. Era una bevanda gelida e di sapore disgustoso, un miscuglio potente che le fece dimenticare le offese. C'era la forza della terra, acqua di mare ghiacciata, sangue di verro sacrificale, serpe[52] e una spiga. C'erano erbe (o radici) dei boschi, ghiande tostate, fuliggine, interiora d'animali sacrificali, fegato di porco cotto. Sulla coppa erano incise rune di ogni tipo, tinte di rosso, difficili da comprendere.

Dopo di ciò a Goðrún fu offerto di andare in sposa a re Attila,[53] fratello di Brunilde, ma ella non lo voleva. Infine dovette accettarlo perché, come disse Crimilde, così era stabilito nel destino. Attila e Goðrún ebbero dei figli.

Avvenne in seguito che Attila fece un sogno nel quale gli erano prefigurate le sciagure che si sarebbero abbattute su di lui. Allora lo raccontò a Goðrún, ma la donna volle fingere che diverso fosse il significato. Re Attila voleva impadronirsi del tesoro dei Nibelunghi, quell'oro di cui essi disponevano dopo aver assassinato Sigurðr. Per questo invitò Gunnarr e Högni e i loro uomini presso di sé, pensando di tradirli. Goðrún tuttavia aveva sentito i suoi discorsi, mentre egli si accordava con i suoi uomini, e comprese che si ordiva un inganno contro i suoi fratelli. Allora incise delle rune, poi prese un anello d'oro, vi legò un pelo di lupo e lo diede ai messaggeri, che lo consegnassero ai suoi fratelli. Fra costoro c'era un tale di nome Vingnir;[54] egli vide le rune e le alterò, poiché in esse sembrasse che Goðrún li invitava a venire.

Quando i Nibelunghi ricevettero l'invito recato da Vingnir, si consultarono per decidere se fosse opportuno accettarlo: temevano che ci fosse un inganno e il pelo di lupo che Goðrún aveva legato all'anello generava in loro il sospetto che Attila celasse un animo ostile nei loro confronti. Vingnir mostrò loro le rune che Goðrún aveva mandato e tentò di convincerli a recarsi da Attila. La sera, quando gli uomini furono andati a dormire, Kostbera,[55] moglie di Högni, esaminò le rune e capì che erano state falsificate. Poi andò a letto. Quando si svegliarono disse al marito ciò che aveva scoperto e che in quel viaggio era in gioco la loro vita, e anche che aveva avuto sogni premonitori di gravi sciagure. Anche Glaumvör,[56] moglie di Gunnarr, aveva avuto sogni premonitori e cercò di dissuadere il marito dall'intraprendere quel viaggio. Högni e Gunnarr tuttavia decisero di partire, perché – dissero – sarebbe stato inutile opporsi al volere del fato.

Partirono dunque i Nibelunghi e, quando giunsero alla corte di Attila, Vingnir rivelò loro di averli ingannati; allora essi lo uccisero.

Poi entrarono nella reggia. Re Attila preparò i suoi uomini per combattere. Disse ai Nibelunghi che voleva ucciderli e prendersi il loro oro, in compenso del fatto che essi avevano assassinato Sigurðr. Cominciò così un'aspra battaglia e quando Goðrún ebbe queste notizie venne da loro e baciò i fratelli, poi prese le armi e combatté al loro fianco. La battaglia proseguì a lungo, dura e con gravi perdite; gli uomini di Attila attaccarono Högni e poiché le loro forze erano preponderanti riuscirono a catturarlo. Attila allora diede ordine che gli fosse strappato il cuore e che tale fosse la sua

Goðrún presso la fossa dei serpenti in cui è stato gettato Gunnarr. Scena raffigurata sulla pietra di Hunninge I. Gotland, Svezia, VIII-IX secolo

morte. Come lui fu ucciso un cuoco di nome Hjalli:[57] è detto che il cuore di Högni rimase saldo anche dopo il supplizio, mentre quello del vile Hjalli continuò a tremare.

Anche Gunnarr venne catturato. Rivelò ad Attila che il tesoro dei Nibelunghi era stato da loro nascosto sotto il Reno prima di partire; perciò egli non ne avrebbe tratto alcun vantaggio. Attila fece gettare Gunnarr in una fossa di serpenti. Goðrún gli procurò di nascosto un'arpa, egli però aveva le mani legate, così la suonò con gli alluci: tutti i serpenti si addormentarono, tranne una vipera che strisciò fino a lui, gli maciullò la cartilagine dello sterno, entrò con la testa nell'incavo e si avvinghiò al fegato sino a farlo morire.

Attila voleva ora compensare Goðrún per l'uccisione dei suoi fratelli, ma ella disse che non avrebbe mai potuto darle soddisfazione. Poi chiese di fare un banchetto funerario in onore di Gunnarr e di Högni, come pure dei congiunti di Attila. Così dunque fu fatto. Goðrún pensava al proprio dolore e voleva recare grave oltraggio al marito. Quella sera prese i suoi due figli, che aveva avuto da Attila, mentre stavano giocando. I fanciulli spaventati le domandarono che cosa sarebbe loro accaduto. Ella rispose: «Non domandate. Io vi ucciderò entrambi». Essi dissero: «Tu hai potere sui tuoi figli come vuoi. Nessuno te lo negherà. Tuttavia è un'infamia far questo». Poi ella li uccise e con i loro crani fece fare delle coppe lavorate con oro e argento. Inoltre prese i loro cuori, li cucinò e li diede da mangiare ad Attila. Il re domandò dove fossero i suoi figli. Allora Goðrún gli rivolse parole ingiuriose e gli rivelò quel che aveva fatto: gli aveva dato da bere il loro sangue mescolato a vino e i loro cuori arrostiti, asserendo che erano di vitello. Attila le rispose che era una donna malvagia ed essi si scambiarono le parole più ostili.

Högni aveva un figlio di nome Hniflungr[58] che nutriva un odio feroce per Attila e voleva vendicare il padre. La sera, quando Attila fu andato a dormire, Hniflungr e Goðrún si avvicinarono e lo trafissero con la spada. Attila si risvegliò, domandò chi lo avesse colpito a morte e ancora scambiò con Goðrún parole d'odio prima di morire. Ella tuttavia gli promise un degno funerale.

Goðrún fece appiccare il fuoco alla reggia, e tutti gli uomini che si trovavano là morirono.

In seguito Goðrún si recò alla spiaggia e cercò di uccidersi gettandosi tra i flutti. Invece fu trascinata verso un fiordo e giunse alle terre del re Jónakr,[59] un re potente che aveva molti sudditi. Jónakr prese Goðrún come sua sposa ed essi ebbero tre figli, Hamðir,[60] Sörli[61] ed Erpr;[62] costoro erano scuri di capelli come corvi a somiglianza dei Nibelunghi. Là fu allevata anche Svanhildr,[63] figlia di Sigurðr e di Goðrún: era la più bella fra tutte le fanciulle e aveva lo sguardo acuto come suo padre.

C'era un re che si chiamava Ermanarico.[64] Era un re potente e aveva un figlio di nome Randvér.[65] Egli inviò questo suo figlio a chiedere Svanhildr in sposa per lui. Randvér partì con Bikki,[66] consigliere del re, e la fanciulla fu loro concessa e affidata. Allora Bikki osservò che sarebbe stato più opportuno che Svanhildr sposasse Randvér, poiché egli era giovane come lei, mentre Ermanarico era un vecchio. Questo piacque ai due ed essi si scambiarono parole gentili. Ma quando giunsero da Ermanarico, Bikki gli disse che suo figlio lo aveva tradito, che era l'amante di Svanhildr e che questa cosa non doveva rimanere impunita.

Allora il re fece catturare il figlio e lo fece condurre alla forca. Randvér prese un falco, lo spennò e disse che dovevano portarlo a suo padre. Quando il re lo vide capì che come il falco era incapace di volare perché senza piume, così il suo regno era senza eredi perché egli era vecchio e non aveva figli maschi. Allora ordinò che Randvér fosse liberato, ma Bikki aveva già eseguito la condanna. Poi Bikki consigliò che Svanhildr dovesse morire con disonore. Perciò stabilirono che fosse calpestata a morte dai cavalli. È detto che quando ciò avvenne gli animali arretrarono davanti alla potenza dello sguardo della fanciulla. Allora Bikki le fece coprire la testa e così ella morì.

Quando Goðrún venne a sapere che Svanhildr era stata uccisa,

Particolari del portale della chiesa di Hylestad in cui sono raffigurate scene del mito di Sigurðr e dei Nibelunghi. Setesdal, Norvegia, XII *secolo*

incitò i suoi figli a vendicarla. Diede loro elmi e corazze così forti che nessun'arma poteva fenderli. Poi essi partirono ed ella prese a lamentarsi di tutti i suoi dolori, ricordando i lutti e le sventure che l'avevano colpita.

Intanto i suoi figli erano in cammino verso la dimora di Ermanarico. Goðrún aveva consigliato loro di agire così: Sörli e Hamðir avrebbero dovuto tagliargli le mani e i piedi, Erpr la testa. Mentre erano per via, Sörli e Hamðir domandarono a Erpr, loro fratellastro, quale aiuto avrebbe potuto dar loro in quell'impresa. Egli rispose che li avrebbe aiutati come un piede aiuta l'altro o una mano l'altra. Ma essi pensarono che non valesse nulla, perciò lo uccisero. Poco dopo Sörli, mentre camminava, scivolò su un piede e si appoggiò sull'altro. Allora capirono che sarebbe stato meglio che il fratello fosse vivo.

Poi giunsero da re Ermanarico: era notte ed egli dormiva. Essi lo assalirono, gli tagliarono le mani e i piedi, ma egli si destò e chiamò i suoi. Hamðir esclamò: «Gli sarebbe stata tagliata la testa, se Erpr fosse vivo!» Poi gli uomini di Ermanarico li attaccarono, ma non potevano sopraffarli con le armi. Allora venne un vecchio con un occhio solo e consigliò che fossero lapidati. Così fu fatto ed essi trovarono la morte.

A Sigurðr sopravvisse la figlia che si chiamava Áslaug, allevata presso Heimir: da lei sono discese grandi stirpi.

Fonti principali: *Frá dauða Sinfjötla*; *Gripisspá*; *Reginsmál*; *Fáfnismál*; *Sigrdrífumál*; *Brot af Sigurðarkviðu*; *Goðrúnarkviða in fyrsta*; *Sigurðarkviða in skamma*; *Helreið Brynhildar*; *Dráp Niflunga*; *Goðrúnarkviða önnur*; *Goðrúnarkviða in þriðja*; *Oddrúnargrátr*; *Atlakviða in grœnlenzka*; *Atlamál in grœnlenzku*; *Goðrúnarhvöt*; *Hamðismál*; *Ragnarsdrápa* di Bragi Boddason str. 2-7; *Háttalykill* di Rögnvaldr *jarl Kali* e Hallr Þórarinsson str. 2a-4b, 10a; *Skáldskaparmál* di Snorri Sturluson capp. 47-52 [6]; *Gesta Danorum* di Saxo Grammaticus VIII, X, 10; *Völsunga saga*; *Norna-Gests þáttr* capp. 4-10; *Þiðriks saga af Bern* vol. I, p. 297, *passim*; vol. II, *passim*.[67]

3. *Svipdagr*

Svipdagr, il «giorno [che] improvvisamente [irrompe]», figlio di Sólbjartr, «luminoso come il sole», è l'eroe solare per eccellenza che percorre l'itinerario verso la dimora della fanciulla sovrannaturale, immagine della sposa celeste. In questo cammino, cui è spinto dal volere di un fato apparentemente avverso, non mancheranno insidie e dolore: egli tuttavia riuscirà a portarlo a perfetto compimento grazie anche al dono di un viatico di saggezza.

Svipdagr era il nome di un giovane, Gróa[1] quello di sua madre. Costei era morta da tempo, ma in vita era stata una maga. Il padre di Svipdagr aveva sposato un'altra donna.

Un giorno Svipdagr si recò al tumulo di Gróa e recitò un canto evocatore, ricordandole che proprio lei lo aveva ammonito a cercarla in caso di bisogno. Si ridestò dunque Gróa dal sonno dei morti e domandò che cosa preoccupasse il suo unico figlio e quale sciagura fosse mai accaduta perché egli cercasse la madre ormai sepolta, lontana dal mondo degli umani.

Svipdagr rispose che la perfida matrigna gli aveva affidato un compito assai gravoso, ingiungendogli di mettersi in viaggio verso la dimora di Menglöð,[2] luogo che nessuno fra gli uomini era mai stato in grado di raggiungere. Lungo era il viaggio – disse Gróa – e lunghi i sentieri: lunga altrettanto l'attesa degli uomini, sempreché egli compisse il suo volere e Skuld[3] guidasse il corso del fato. Svipdagr la pregò di cantare degli incantesimi propizi; era sua madre: aiutasse dunque il figlio! Altrimenti temeva di non completare il cammino: gli pareva d'essere ancor giovane per questo!

In piedi su un masso ben fisso nel terreno, sulla porta del regno dei morti, Gróa cantò per il figlio nove incantesimi possenti. Col primo[4] gli tolse ogni gravame dalle spalle e lo aiutò a trovare da sé la strada; col secondo gli trasmise i canti[5] capaci di infondere coraggio lungo il cammino; col terzo recitò una magia potente sulle acque: fiumi impetuosi quali Horn e Ruðr,[6] capaci di metterlo in pericolo di vita, avrebbero deviato il corso verso il regno dei morti scomparendo davanti a lui; col quarto – disse – sarebbe mutato l'animo dei nemici incontrati per via ed essi sarebbero divenuti disposti all'amicizia e alla pace; il quinto avrebbe sciolto le catene che potessero legare le membra; il sesto avrebbe acquietato il mare tempestoso e reso gli elementi della natura propizi a un viaggio tranquillo; il settimo lo avrebbe protetto dal freddo e dal gelo sulle montagne; l'ottavo dai fantasmi delle notti nebbiose;[7] il nono infine gli avrebbe trasmesso saggezza ed eloquenza quando fosse giunto a colloquio col gigante, glorioso per la lancia, guardiano della dimora di Menglöð. In ultimo Gróa augurò al figlio buona fortuna nel viaggio:

«Le parole della madre
portati via, figliolo, di qui
e fa' che vivano nel tuo petto;
una buona fortuna
tu avrai nella vita
finché ricorderai le mie parole».

Protetto dagli incantesimi della madre, Svipdagr percorse dunque il sentiero verso la corte di Menglöð e giunse infine alla dimora del popolo dei giganti: essa si ergeva circondata da un bastione di fuoco. Un gigante-guardiano lo vide arrivare: con parole ingiuriose cercò di respingerlo per gli umidi sentieri donde era venuto, subito negandogli ospitalità. Che razza di essere era mai quello che stava lì fuori vagando attorno al fuoco periglioso? Che cosa voleva? Di che andava in cerca? Che voleva sapere l'infelice?

Svipdagr ribatté: che razza di essere era quello che stava lì fuori e non offriva ospitalità ai viandanti? Di certo era vissuto senza guadagnarsi fama alcuna; che fosse lui dunque a tornare a casa sua![8]

Il guardiano allora rispose e disse di chiamarsi Fjölsviðr, d'essere saggio, ma niente affatto ospitale; poi aggiunse che quel viandante non sarebbe mai entrato nel recinto: se ne andasse dunque come un lupo per la via! Svipdagr replicò che non se ne sarebbe andato, poiché la vista di quella dimora dorata, circondata da recinti splendenti, era una gioia per gli occhi: anzi pensava che avrebbe potuto trovarcisi bene. Fjölsviðr dunque domandò da chi fosse nato e di quali genitori fosse figlio. Per celare la sua vera identità il giovane affermò di chiamarsi Vindkaldr e d'essere figlio di Várkaldr, figlio di Fjölkaldr;[9] poi a sua volta domandò chi governasse in quel luogo e avesse possesso del regno, dei beni e delle sale splendenti. Fjölsviðr rispose:

«Menglöð si chiama,
la madre la generò
col figlio di Svafrþorinn;[10]
ella qui governa
e ha possesso del regno,
dei beni e delle sale splendenti».

Vindkaldr ancora domandò: come si chiamava il cancello[11] del quale non s'era mai visto nulla di più terribile fra gli dèi? Fjölsviðr rispose:

«Þrymgjöll si chiama,
ed esso fu fatto dai tre
figli di Sólblindi,[12]
una salda catena
terrà qualsiasi viandante
che voglia aprirlo».

Vindkaldr ancora domandò: come si chiamava il recinto[13] del quale non s'era mai visto nulla di più terribile fra gli dèi? Fjölsviðr rispose:

«Gastrópnir si chiama,
e io lo ho costruito
dalle membra di Leirbrimir:[14]
in tal modo lo ho fissato,
che saldo starà,
sempre finché il tempo duri».

Vindkaldr ancora domandò: come si chiamavano i cani guardiani[15] dei quali nulla di più mostruoso aveva mai visto al mondo? Fjölsviðr rispose:

«Gífr si chiama l'uno,
ma l'altro Geri,
se tu lo vuoi sapere
essi sempre
qui faranno la guardia,
fino a che crollino gli dèi».

Vindkaldr ancora domandò: c'era qualcuno che potesse entrare nella dimora mentre le bestie aggressive dormivano? Fjölsviðr rispose:

«L'alternanza del sonno e della veglia
fu loro assegnata,
da quando fu loro affidata la guardia;
l'uno di notte dorme,
l'altro di giorno,
nessuno entra, se là giunse».

Vindkaldr ancora domandò: non c'era qualche cibo da dar loro per entrare mentre stavano mangiando? Fjölsviðr rispose:

«Due ali arrostite[16]
stanno nel corpo di Víðópnir,[17]
se tu lo vuoi sapere;
è quello l'unico cibo
che si possa dar loro
per entrare mentre mangiano».

Vindkaldr ancora domandò: come si chiamava quell'albero che tutta ricopriva la terra coi rami? Fjölsviðr rispose:

«Mímameiðr si chiama,
ma nessuno sa
da quali radici cresca;
con che si abbatte
ben pochi sanno,
non lo consuma né il fuoco né il ferro».[18]

Vindkaldr ancora domandò: quali frutti dava quell'albero famoso che non consuma il fuoco né il ferro? Fjölsviðr rispose:

«Il suo frutto
si metterà sul fuoco
per le donne malate;[19]
fuori spremeranno
ciò che abbiano dentro,
questo gli è assegnato fra gli uomini».

Vindkaldr ancora domandò: come si chiamava quel gallo che stava appollaiato in alto sull'albero, tutto splendente d'oro? Fjölsviðr rispose:

«Víðópnir si chiama,
e sta luminoso nell'aria[20]
sui rami di Mímameiðr;
con un dolore
immenso opprime,
di Surtr, Sinmara».[21]

Vindkaldr ancora domandò: c'era qualche arma che potesse sprofondare Víðópnir nella dimora di Hel? Fjölsviðr rispose:

«Lævateinn si chiama,
Loptr la fece con le rune
giù oltre Nágrindr;
nello scrigno di ferro
sta presso Sinmara,
nove serrature possenti la tengono».

Vindkaldr ancora domandò: avrebbe potuto tornare a casa chi fosse partito in cerca di quella bacchetta? Fjölsviðr rispose:

«Indietro tornerà
colui che andrà in cerca
e vorrà prendere quella bacchetta,
se porterà ciò
che pochi posseggono
alla dea dell'oro».[22]

Vindkaldr ancora domandò: avevano gli uomini qualche oggetto prezioso che potesse far felice la pallida gigantessa? Fjölsviðr rispose:

«La falce lucente[23]
dovrai portare in uno scrigno,
che si trova nel corpo di Víðópnir,
per darla a Sinmara,
prima che ella si dica disposta
a concedere l'arma per la lotta».

Vindkaldr ancora domandò: come si chiamava quella sala che era circondata dal saldo bastione di fuoco? Fjölsviðr rispose:

«Lýr[24] si chiama,
ed essa a lungo dovrà
all'apice della punta tremare;
di quella dimora splendente
durante il tempo avranno
notizie, pochi fra gli uomini».

Vindkaldr ancora domandò: chi fra i figli degli Asi aveva costruito quella sala che egli vedeva oltre il recinto? Fjölsviðr rispose:

«Uni e Íri,
Óri e Bári,
Varr e Vegdrasill,
Dóri e Úri,
Dellingr, Atvarðr,
Líðskjálfr, Loki».

Vindkaldr ancora domandò: come si chiamava quel monte sul quale vedeva sedere la gloriosa fanciulla? Fjölsviðr rispose:

«Lyfjaberg[25] si chiama,
e a lungo esso è stato
una gioia ai malati e ai feriti;
sana ritorna,
sebbene gravemente malata,
qualsiasi donna se a esso salga».

Vindkaldr ancora domandò: come si chiamavano le fanciulle che concordi sedevano ai piedi di Menglöð? Fjölsviðr rispose:

«Hlíf si chiama la prima,
la seconda Hlílfþrasa,
Þjóðvarta la terza,
Björt e Bleik,
Blíð, Fríð,
Eir e Aurboða».[26]

Vindkaldr ancora domandò: erano costoro soccorrevoli a chi offrisse loro sacrifici in caso di bisogno? Fjölsviðr rispose:

«Solerti soccorrono
dovunque gli uomini sacrifichino loro
nel luogo sacro per l'altare;
mai un così grave pericolo
verrà ai figli degli uomini
che esse non li traggano d'impaccio».

Vindkaldr ancora domandò: c'era qualcuno fra gli uomini che potesse dormire fra le dolci braccia di Menglöð? Fjölsviðr rispose:

«Non c'è fra gli uomini
chi possa dormire
fra le dolci braccia di Menglöð,
se non Svipdagr solo;
a lui la fanciulla
luminosa come il sole, in sposa fu promessa».

Vindkaldr allora esclamò:

«Spingi la porta,
spalanca il cancello,
qui puoi vedere Svipdagr;
ma tuttavia va' a vedere,

se voglia accogliere
Menglöð il mio amore!»

Fjölsviðr allora si rivolse a Menglöð e le disse dell'arrivo di quell'uomo, che ella andasse a vedere l'ospite per il quale i cani facevano festa e la casa era aperta: egli pensava che si trattasse di Svipdagr. Menglöð tuttavia dapprima minacciò: se mentiva sarebbe finito su un'alta forca e corvi sapienti gli avrebbero strappato gli occhi; chi era dunque in realtà quello straniero venuto alla sua dimora da tanto lontano? Da dove giungeva? Da dove aveva iniziato il cammino? Di chi era figlio? Ella voleva sapere la stirpe e il nome come conferma che proprio a lui era stata promessa. Svipdagr rispose:

«Svipdagr mi chiamo,
Sólbjartr[27] mio padre si chiamava,
di là fui spinto per sentieri freddi di vento;
alla parola di Urðr
nessun uomo può opporsi,
quand'anche ciò gli comportasse colpa».

Allora Menglöð accolse Svipdagr senza altre esitazioni: poiché il suo volere si era compiuto, fece seguire al saluto un bacio. Ora la rallegrava la vista dell'amato bene, dopo che a lungo, giorno dopo giorno, sola in Lyfjaberg aveva atteso che il giovane giungesse alla sua dimora. Il desiderio reciproco dell'amore e del piacere era esaudito ed essi sarebbero da allora vissuti insieme per sempre.

Fonti principali: *Grógaldr*; *Fjölsvinnsmál*.

4. *Hadingus*

Nota solo attraverso il racconto «storicizzato» di Saxo, la storia di Hadingus ci presenta una figura di eroe tra i più misteriosi e affascinanti del mondo nordico. Egli, totalmente ignorato dalle fonti di area nord-occidentale, presenta molti tratti individualistici e spregiudicati caratteristici dell'eroe odinico; tuttavia taluni aspetti della sua vicenda hanno suggerito che in lui possa celarsi una rielaborazione eroica dell'immagine del dio Njörðr.

Hadingus[1] e Guthormus[2] erano i due figli del re danese Gram.[3] Il padre era stato ucciso da Svibdagerus,[4] re di Norvegia. Ora avvenne che, mentre costui reggeva la Danimarca, i due giovani furono condotti in Svezia dal loro custode per essere allevati e protetti dai giganti Wagnhoftus e Haphlius.[5] Dal momento che Gram era stato ucciso, Svibdagerus possedeva ora anche i regni di Danimarca e di Svezia. Poiché sua moglie, che era sorella di Guthormus, lo pregava insistentemente, egli richiamò Guthormus dall'esilio e, fattosi promettere il tributo, gli conferì autorità sui Danesi. Hadingus invece preferì la vendetta per il padre alla benevolenza del nemico. Egli dunque, favorito dalle doti che gli venivano dalla natura, si dedicò fin dalla prima giovinezza all'esercizio delle armi, reputando che per il figlio di un guerriero fosse un dovere raggiungere l'eccellenza nelle arti militari. Ma Harthgrepa,[6] figlia di Wagnhoftus, che lo aveva allevato,[7] cercò di indebolire il suo spirito risoluto con le lusinghe dell'amore, ripetendogli che egli aveva il dovere di ricompensarla per le sue cure. Per indurlo all'amore per lei, ella ricorse altresì al potere del canto e cantò per lui delle rime, paragonando la vita solitaria di uno scapolo guerriero a quella di un uomo allietato dai piaceri dell'amore. Quando Hadingus obiettò che le dimensioni del suo corpo di gigantessa rendevano impossibile l'unione con un mortale, ella replicò dicendo d'essere dotata del potere magico di mutare il proprio aspetto, estendendosi ora al punto di toccare il cielo, ora rimpicciolendosi fino alla misura di un essere umano. E riconfermò questa sua capacità decantandola in versi. Grazie a tali argomentazioni Harthgrepa convinse Hadingus a giacere con lei; ella era accesa da un amore così ardente per il giovane che, quando scoprì che egli desiderava rivedere il proprio Paese, non ebbe esitazioni nell'accompagnarlo e si travestì da uomo, considerando una gioia dividere con lui fatiche e pericoli. Partirono dunque insieme, Hadingus e Harthgrepa, e quando fu il momento di cercare un ricovero per la notte giunsero a una casa dove si stava tristemente celebrando il rito funebre per il padrone morto da poco. Per mostrare attraverso la magia il volere degli dèi, ella incise su un pezzo di legno degli incantesimi spaventosi e volle che Hadingus lo inserisse sotto la lingua del morto: questi allora, con voce terrificante, recitò dei versi. Il morto malediceva colei che lo aveva forzato a parlare, richiamandolo dall'aldilà, e su di lei invocava ogni male: fosse ella posseduta dai demoni, maledetta e destinata a morte miserabile; fosse perseguitata e lacerata da un turbine di vento creato da mostri. Hadingus solo avrebbe potuto salvarsi, ma lei morisse di morte miserabile placando in tal modo l'offesa arrecata!

In seguito, quando essi si furono costruiti un riparo di cespugli e si disposero a trascorrere la notte nella boscaglia, videro una mano di dimensioni enormi introdursi nella capanna. Hadingus atterrito invocò l'aiuto della sua nutrice. Allora Harthgrepa distese le membra e si gonfiò, ritornando alle dimensioni dei giganti, afferrò la mano e la trattenne e consentì al figlioccio di fuggire. Subito dopo però dovette scontare la sua azione poiché fu lacerata dai componenti della sua stessa razza e nulla valse a liberarla dalle unghie feroci degli assalitori.

Hadingus rimase dunque abbandonato a se stesso. Ora avvenne che un vecchio con un occhio solo[8] provasse compassione per il giovane e gli facesse stringere un patto di amicizia con un pirata di nome Liserus. Quando ciò fu fatto, essi, legati dalla più stretta alleanza,[9] dichiararono guerra a un sovrano di Curlandia, dal quale vennero tuttavia sconfitti. Nella fuga Hadingus venne soccorso dal vecchio, che lo fece montare sulla sua cavalcatura e lo ricondusse a casa propria. Là lo ristorò con una pozione calmante, dicendo che il suo fisico ne sarebbe stato rafforzato e rinvigorito. Inoltre gli cantò dei versi nei quali gli trasmise degli incantesimi per liberarsi dalle catene,[10] lo istruì su come dovesse affrontare un mostro – suggerendogli tra l'altro di berne il sangue – e garantì infine che gli avrebbe spianato la via, inducendo al sonno i guardiani e prolungando l'oscurità.

Con queste parole lo fece montare a cavallo e lo riportò nel luogo in cui lo aveva trovato. Hadingus tremante si nascose sotto il mantello; tuttavia gettando occhiate furtive attraverso le fessure vide con grande stupore che sotto di loro si spiegava l'ampia distesa dell'oceano. Essendogli vietato di guardare, distolse gli occhi dalla vista di quel terribile viaggio.

Dopo essere stato catturato dal sovrano e aver constatato che ogni cosa si svolgeva esattamente come gli era stato profetizzato, egli portò un attacco militare contro un re dell'Ellesponto. Costui era difeso da un bastione robustissimo, ma Hadingus riuscì a sopraffarlo con l'astuzia:[11] tuttavia gli concesse la possibilità di riscattarsi pagando il proprio peso in oro, e in tal modo gli risparmiò la vita. In seguito, dopo aver sconfitto un grande esercito che proveniva dai Paesi dell'Est, Hadingus ritornò in Svezia, dove assalì e sconfisse Svibdagerus, prendendo vendetta del padre e del fratello e ritornando in possesso del regno.

Era quello il tempo in cui Odino, che gli Svedesi consideravano un dio, era andato volontariamente in esilio a causa del comportamento lussurioso della moglie Frigg,[12] la quale non aveva esitato a concedersi a uno dei suoi servi e a utilizzare per il proprio piacere l'oro che i devoti avevano offerto al marito. Era stato allora che un tale Mithothyn, famoso mago, si era sostituito a lui, stabilendo anche nuove regole per il sacrificio.[13] Morta tuttavia la moglie, Odino era ritornato e Mithothyn si era rifugiato in Fionia, dove era stato ucciso dagli abitanti del luogo.[14]

Nel frattempo Asmundus,[15] figlio di Svibdagerus, mosse guerra a Hadingus per vendicare il padre. Avvenne però che suo figlio morì in combattimento; allora Asmundus prese a desiderare la morte e, odiando la luce del sole, compose dei versi per esprimere il suo dolore. Poi, con la spada fra le mani, si gettò alle spalle lo scudo e senza curarsi del pericolo uccise molti nemici. Hadingus fu sollecitamente soccorso da Wagnhoftus, del quale aveva invocato l'aiuto. Asmundus vide il gigante avanzare con la spada curva,[16] lo insultò e lo accusò di magia; ma Hadingus gli scagliò contro la lancia e lo trafisse. Tuttavia, in un ultimo guizzo di vita, Asmundus riuscì a ferire al piede il suo uccisore, mutilandolo e causandogli un'incurabile zoppia. Quando il cadavere di Asmundus fu portato solennemente a Uppsala per ricevere gli onori funebri regali, sua moglie non volle sopravvivergli e si pugnalò per seguirlo nella morte. Essi dunque furono tumulati l'uno nelle braccia dell'altro.[17]

In seguito Hadingus prese a fare delle scorrerie in Svezia, mentre Uffo,[18] figlio di Asmundus, che non aveva il coraggio di affrontarlo in battaglia, entrava in Danimarca, parendogli meglio fare una rappresaglia contro gli spiriti protettori del nemico[19] piuttosto che rimanere di guardia a ciò che era suo; egli riteneva che fosse giusto respingere un'ingiustizia infliggendo al nemico il medesimo danno da lui subito. I Danesi furono dunque costretti a rientrare in patria per difendere i loro beni, il figlio di Asmundus invece tornò nel proprio Paese.

Quando Hadingus giunse a casa scoprì che il frutto delle sue campagne di guerra era stato depredato. Fece impiccare il guardiano, poi con la promessa di nominare per quell'incarico chi avesse restituito il maltolto indusse uno dei ladri ad autoaccusarsi. Ciò portò anche gli altri alla confessione, che dapprima fu accolta con benevolenza, in seguito punita con la tortura.

Ancora una volta Hadingus si preparò alla guerra e non appena l'inverno fu terminato si recò in Svezia e trascorse in quella campagna cinque anni. Fu una campagna lunga e difficile e i soldati danesi si ridussero alle condizioni più disperate: finite le provviste, furono costretti a cibarsi della carne dei cavalli, poi dei cani, infine, addirittura, di carne umana.

Avvenne una notte, quando ormai erano arrivati alla più cupa disperazione, che nel campo si udì una voce: recitava dei versi e parlava per loro di cattivo augurio, preannunciando una grave disfatta. E quel che la voce aveva profetizzato si verificò all'alba quando una grande moltitudine di Danesi fu annientata sul campo di battaglia.

La notte seguente tuttavia una voce simile di misteriosa provenienza fu udita nel campo degli Svedesi: preannunciava la morte del re. La notte stessa, quando gli eserciti si scontrarono, due figure di vecchi, più spaventose di qualsiasi altro essere umano, con la testa pelata e orribili alla vista, apparvero fra le stelle splendenti. Essi esaudirono le opposte preghiere dei due rivali, poiché dividendo i loro sforzi mostruosi combatterono l'uno dalla parte dei Danesi, l'altro da quella degli Svedesi.

Hadingus, sconfitto, fuggì in Hälsingland[20] e là, mentre una volta accaldato per il sole bruciante si stava immergendo nell'acqua fresca del mare, inseguì a nuoto un mostro, lo uccise con diversi colpi e ne portò la carcassa all'accampamento. Mentre si vantava di quell'impresa, si avvicinò a lui una donna e gli parlò in versi preannunciandogli l'ostilità degli dèi. Essa si sarebbe manifestata con l'opposizione della natura a ogni suo progetto. Vortici, bonaccia, tempeste e freddo lo avrebbero tormentato, poiché egli aveva ucciso con mani sacrileghe un essere celeste che aveva assunto un altro corpo: egli era infatti l'uccisore di una divinità benigna. Perciò sarebbe stato perseguitato da venti e da uragani, se non avesse placato la divinità con preghiere e sacrifici.

Fu così che durante il viaggio di ritorno Hadingus dovette sopportare incessanti disastri, poiché qualsiasi luogo, sebbene tranquillo, veniva investito dal caos al suo arrivo. Tempeste e crolli lo perseguitavano. Infine, tuttavia, per placare gli dèi egli offrì vittime scure al dio Frø[21] e questo sacrificio fu poi ripetuto annualmente dai suoi discendenti: è quello che gli Svedesi conoscono con il nome di *frøblot*.[22]

Hadingus venne a sapere che Regnilda, figlia di un re, era stata promessa a un gigante; allora detestando il patto disdicevole che tale unione odiosa avrebbe comportato, impedì il matrimonio con una nobile impresa. Viaggiando verso la Norvegia combatté il pretendente abominevole della fanciulla e lo sopraffece. Tanto egli stimava il valore più degli agi che, sebbene potesse godere lussi regali, non trovava piacere maggiore che quello di allontanare il pericolo da se stesso e dagli altri.

Benché non sapesse chi fosse il suo benefattore, dal momento che egli era ricoperto di ferite, la fanciulla si prese cura di lui e lo risanò. Tuttavia, per poterlo poi riconoscere in un secondo tempo, ella lasciò un segno, inserendo un anello dentro una ferita in una gamba.

In seguito, quando il padre le concesse la libertà di scegliersi da sé il marito, ella passò in rivista i giovani che si erano radunati al banchetto e tastò attentamente le loro membra alla ricerca del segno di riconoscimento che un tempo vi aveva lasciato. Avendo ritrovato traccia dell'anello nascosto, ella disdegnò gli altri e abbracciò Hadingus, sposando così l'uomo che non aveva permesso che un gigante la prendesse in moglie.[23]

Quando Hadingus si trovava in quel luogo come ospite, avvenne un fatto straordinario. Mentre stava cenando fu vista, accanto a un braciere, una donna recante steli di cicuta, che alzava la testa dal suolo come per domandare in quale parte della terra quelle pianticelle fresche potessero crescere durante la stagione invernale. Il re era ansioso di trovare una risposta; allora, dopo averlo avvolto nel suo mantello, ella scomparve sottoterra con lui. Erano probabilmente gli dèi dell'oltretomba a volere che ella conducesse un vivente nelle regioni che avrebbe dovuto visitare da morto.

Dapprima essi passarono attraverso un velo fumoso di oscurità, poi camminarono lungo un sentiero consumato dal corso ininterrotto di viaggiatori e intravidero uomini in abiti preziosi e nobili vestiti di porpora; oltrepassati questi arrivarono in un luogo soleggiato dove crescevano le piante che la donna aveva colto. Procedendo oltre si imbatterono in un fiume dall'acqua blu-nerastra, che correva vorticoso lungo un ripido pendio e faceva roteare turbini di armi di vario genere. Essi lo attraversarono su un ponte e videro due eserciti di pari forza che si affrontavano. Hadingus domandò alla donna chi fossero. «Sono gli uomini che hanno trovato la morte con la spada», ella rispose, «e offrono un saggio perenne della loro distruzione; nello spettacolo che hai dinanzi cercano di eguagliare l'attività della loro vita passata.»

Proseguendo, trovarono un muro che sbarrava il cammino, difficile da raggiungere e da superare. La donna tentò di saltarlo senza tuttavia riuscirci, poiché neppure la snellezza del suo corpo esile e grinzoso glielo permise. Allora torse il collo a un gallo che casualmente aveva con sé e lo gettò oltre il muro di recinzione; immediatamente l'uccello resuscitò e con un alto grido diede prova di aver veramente recuperato il respiro.

Al ritorno, Hadingus, accompagnato dalla moglie, ripartì per il suo Paese e si liberò da una temuta imboscata di pirati grazie alla velocità con cui veleggiava. Sebbene essi avessero tante vele quante lui e fossero favoriti dai medesimi venti, non poterono raggiungerlo poiché egli fendeva le acque davanti a loro.

Nel frattempo Uffo, che aveva una figlia straordinariamente bella, emanò un proclama dicendo che l'avrebbe concessa a chiunque avesse ucciso Hadingus. Questa opportunità allettò grandemente un tale che raccolse una truppa di gente di Biarmia[24] e si impegnò nel raggiungimento di questo scopo. Mentre costeggiava la Norvegia con la sua flotta, nell'intento di intercettarlo, Hadingus vide un vecchio sulla riva che agitava il mantello avanti e indietro invitandolo a dirigersi a terra. Sebbene i suoi compagni di viaggio protestassero sostenendo che questa deviazione dalla rotta sarebbe stata rovinosa, egli lo fece salire a bordo e trovò in lui la persona adatta per sovrintendere alla disposizione delle sue truppe.[25] Dopo aver dislocato i soldati in una formazione a cuneo, questi prese posto dietro ai guerrieri; quindi, estratta da una piccola borsa appesa al collo una balestra che era sottile da un lato ma poi si apriva in un arco assai ampio, pose dieci frecce sulla corda e scagliandole rapidamente tutte insieme inferse altrettante ferite al nemico. Allora gli uomini di Biarmia tramutarono le loro armi con la magia e con incantesimi provocarono la pioggia dal cielo, rovinando con un infausto scroscio d'acqua la gradevole atmosfera. Il vecchio da parte sua affrontò e disperse la massa della burrasca che si era levata con una nuvola procurata da lui, e con questo ostacolo fermò quel rovescio.

Alla sua partenza, dopo la vittoria di Hadingus, il vecchio predisse che egli non sarebbe stato vinto dalla violenza dei nemici, bensì da un tipo di morte scelto volontariamente, e nello stesso tempo gli disse che avrebbe affrontato gloriose campagne di guerra, non combattimenti insignificanti, che avrebbe preferito condurre in regioni remote piuttosto che vicine ai suoi confini.

Dopo averlo lasciato, Hadingus fu convocato a Uppsala da Uffo per una falsa trattativa; i suoi uomini vennero tutti uccisi con l'inganno ed egli solo si salvò col favore delle tenebre. Accadde che cercando l'uscita di una sala in cui si erano riuniti, verosimilmente per far festa, essi vennero decapitati da qualcuno che stava appostato presso la porta. Ricambiando questo oltraggio in battaglia Hadingus sopraffece Uffo; tuttavia, lasciato da parte l'odio, gli concesse poi una solenne sepoltura, mostrando grande rispetto per un nemico che in vita aveva combattuto furiosamente. Poi consegnò il regno al fratello di lui Hundingus.[26]

Morto il rivale, tutto fu tranquillo ed egli cessò l'attività militare per molti anni, dedicandosi alla coltivazione dei campi. Tuttavia, ebbe infine nostalgia della vita guerriera e prese a biasimare se stesso per averla trascurata. Allora recitò dei versi in cui paragonava la vita sul mare, che ora tornava a desiderare, a quella della campagna, che gli era ormai insopportabile. Sua moglie, al contrario, amava la vita agreste, stanca delle grida degli uccelli marini: anche lei espresse i suoi sentimenti recitando dei versi.[27]

In quello stesso periodo, nello Jutland un uomo di umili origini venne emergendo a motivo della sua ferocia. Costui costrinse un condottiero di Sassonia a combattere con lui contro Hadingus. Hadingus fu sconfitto in uno scontro a terra, ma quando si trovarono sul mare riuscì a sopraffarlo, ricorrendo anche all'astuzia di farsi credere morto.

Il pirata, depredato del suo bottino, fu costretto a fuggire, ma meditò vendetta. Egli infatti riuscì a ricostituire con l'inganno le sue ricchezze e, alleatosi con un altro pirata come lui, ritornò al suo Paese. Questa volta però Hadingus lo affrontò in duello e lo uccise.

Dopo questi fatti, a Hadingus apparve in sogno la moglie morta: ella gli recitò dei versi in cui gli preannunciava che un lupo avrebbe domato la furia degli animali selvaggi, ma al contempo lo avvertiva che un cigno, nato da lui, gli sarebbe stato di danno. Hadingus riferì il sogno a un veggente e questi individuò nel lupo il figlio del re destinato a diventare un fiero combattente; nel cigno invece riconobbe la figlia. Uno avrebbe annientato i suoi nemici, l'altra avrebbe complottato contro suo padre.

Ciò infatti si avverò quando Ulvilda,[28] figlia di Hadingus, maritata a un uomo di condizione inferiore alla sua, ne sostenne le ambizioni disoneste incoraggiandolo a uccidere suo padre. Il marito promise che avrebbe preparato un agguato.

Ma nel frattempo Hadingus veniva avvertito in sogno di stare in guardia per un complotto del genero. Egli dunque si recò al banchetto – che la figlia aveva preparato come falsa testimonianza di affetto – solo dopo aver disposto nelle vicinanze una guardia del corpo armata, che potesse essere usata se necessario, qualora fosse stato preso in trappola. Mentre egli mangiava, uno schiavo entrato per compiere il tradimento attendeva tranquillamente il momento opportuno con un coltello nascosto sotto il mantello. Il re lo osservava e con una tromba lo segnalò ai soldati appostati nelle vicinanze. In un attimo essi vennero in suo aiuto e l'inganno si rivolse così contro il suo autore.

Morte di Hundingus soffocato in una tinozza. Da Olaus Magnus, Historia de gentibus septentrionalibus, *Romae 1555*

Hundingus, re di Svezia, aveva ricevuto il falso annuncio della morte di Hadingus e pensando di onorare il morto riunì i nobili. Fatta riempire di birra fino all'orlo un'enorme tinozza, ordinò che fosse posta tra gli ospiti per il loro piacere; inoltre, perché nulla mancasse alla solennità non esitò ad assumersi l'incarico dei servitori fungendo da dispensiere. Mentre stava attraversando la sala, nel compimento di questo incarico, inciampò, cadde nella tinozza e, soffocato dal liquore, morì.[29] Forse in tal modo ricambiò l'oltretomba per averlo placato con finte esequie, o Hadingus per aver falsamente presunto la sua morte. Quando venne a sapere queste cose, Hadingus ricambiò la sua devozione con un uguale riguardo, poiché, non volendo sopravvivere al morto, si impiccò sotto gli occhi della plebe.

Fonti principali: Saxo Grammaticus, *Gesta Danorum* I, V, 1; I, VIII.[30]

5. *Starkaðr*

Starkaðr, il «forte combattente»,[1] *è certamente uno dei più celebri eroi del Nord. Nella sua figura vennero confluendo, attorno al nucleo di una figura di guerriero, tratti leggendari ed egli fu detto parente dell'omonimo gigante ricordato nel mito. Molte fonti (talora in contrasto fra loro) raccontano di questo eroe segnato contemporaneamente da un destino di grandezza e di infamia.*

C'era un gigante che si chiamava Starkaðr Áludrengr; egli viveva in Norvegia presso la cascata detta Ulefoss[2] ed era dotato di otto braccia. A questo Starkaðr era stata promessa una fanciulla di nome Ögn.[3] Una volta in cui il gigante si era recato a nord, oltre gli Elivágar,[4] ella era stata rapita da Hergrímr semigigante[5] e da lui aveva avuto un figlio. Quando il gigante tornò, sfidò Hergrímr a duello: grazie al numero straordinario delle sue braccia, egli poteva usare quattro spade contemporaneamente contro una soltanto dell'avversario; perciò lo sopraffece e lo uccise; Ögn tuttavia rifiutò di unirsi a Starkaðr e si tolse la vita.

In seguito il gigante rapì una fanciulla di nome Álfhildr, figlia di Álfr di Álfheimar:[6] egli la catturò una notte mentre stava offrendo un sacrificio alle *dísir*. Allora il padre della fanciulla invocò l'aiuto del dio Thor; questi venne, uccise Starkaðr e ricondusse a casa la fanciulla.[7] In seguito però ella diede alla luce un figlio che ebbe nome Stórverkr;[8] costui era bello, scuro di capelli, robusto e forte più degli altri. Egli entrò dunque a far parte della guardia del corpo del re Araldo e divenne suo *landvarnarmaðr*.[9] Dal sovrano ebbe in dono un'isola. Là viveva e di là partiva ogni tanto per le spedizioni vichinghe.

Durante uno di questi viaggi Stórverkr rapì una fanciulla di nome Unni,[10] figlia di uno *jarl*, e la prese in moglie. Essi ebbero un figlio che si chiamò Starkaðr come il padre di suo padre.

I fratelli di Unni si vendicarono dell'oltraggio subito appiccando il fuoco alla casa di Stórverkr e procurando la morte a lui e a tutti i suoi: essi stessi tuttavia durante il viaggio di ritorno perirono naufragando miseramente.

Starkaðr però, che era ancora un bambino, si era salvato e fu allevato alla corte di re Araldo. Araldo aveva un figlio di nome Víkarr[11] che era un poco più grande di Starkaðr.

Avvenne ora che un re di nome Herþjófr[12] mosse guerra al re Araldo e lo uccise impadronendosi del suo regno; Víkarr tuttavia fu risparmiato e fu condotto via come ostaggio. Nella truppa di re Herþjófr c'era un uomo di nome Grani che era detto Hrosshárs-Grani.[13] Costui viveva nell'isola detta Fenhring, nella fattoria di Askøy.[14] Egli ottenne come bottino di guerra Starkaðr, figlio di Stórverkr, e lo condusse a Fenhring. Starkaðr aveva allora tre anni e rimase a Fenhring con Hrosshárs-Grani per nove anni.

Il re Herþjófr era un grande guerriero e faceva spesso delle spedizioni, perciò il suo regno era assai soggetto alle scorrerie. Allora egli fece erigere dei segnali di legno sulle montagne e vi mise degli uomini di guardia perché, in caso di guerra, vi appiccassero il fuoco. Víkarr ebbe il compito di stare di guardia a Fenhring insieme a tre uomini.

Quando Víkarr ebbe fatto la guardia per un po', andò una mattina ad Askøy e trovò Starkaðr suo fratellastro. Era molto robusto e aveva già la barba; era indolente, si trastullava nel carbone e stava in un giaciglio vicino al focolare. Aveva dodici anni. Víkarr lo tirò su dal giaciglio, gli diede armi e vestiti e misurò quanto fosse cresciuto poiché gli pareva che ciò fosse avvenuto in modo straordinario dopo che era venuto ad Askøy. Víkarr e Starkaðr si procurarono una nave e se ne partirono di là.

In seguito Víkarr raccolse una truppa, ed erano dodici uomini. Víkarr e i suoi andarono alla ricerca di re Herþjófr e quando questi seppe della loro inimicizia fece preparare i suoi uomini. Herþjófr aveva una dimora grande quasi come un castello o una fortezza. C'erano settanta uomini in grado di combattere e innumerevoli operai e servitori. Quando i Vichinghi giunsero vi fu un duro attacco ed essi riuscirono a entrare nella fortezza. Re Herþjófr si difese a lungo con la sua truppa poiché aveva molti uomini valorosi, ma dal momento che Víkarr aveva una truppa scelta e campioni eccellenti, la truppa di re Herþjófr pareva al confronto poca cosa. Víkarr era sempre il primo fra i suoi. Starkaðr attaccò duramente il re Herþjófr insieme a Víkarr ed essi lo colpirono a morte. Tutti gli uomini di Víkarr attaccarono duramente. Là morirono molti uomini e alcuni furono feriti. Víkarr ottenne la vittoria e re Herþjófr morì, come si è detto, e con lui trenta uomini; altri furono feriti a morte. Nessuno cadde fra gli uomini di Víkarr.

Quindi Víkarr si impadronì di tutte le navi che Herþjófr aveva posseduto e con tutti coloro che vollero seguirlo si recò in Agder.[15] Là si unirono a lui tutti quelli che erano stati amici di suo padre; così egli ebbe molti seguaci ed estese il suo dominio su molti territori, divenendo in breve tempo assai potente e grande guerriero.

In seguito egli compì molte imprese gloriose e Starkaðr era sempre con lui. Re Víkarr regalò a Starkaðr un anello d'oro che pesava tre *merkr*[16] poiché egli era il più stimato di tutti e il più caro al re; inoltre era il suo *öndvegismaðr*,[17] il suo consigliere e il suo *landvarnarmaðr*. Starkaðr donò al re l'isola detta Tromøy[18] che re Araldo aveva dato a Stórverkr suo padre. Egli rimase quindici estati con re Víkarr.

Re Víkarr fece vela da Agder in direzione nord verso Hordaland[19] e aveva con sé una grande truppa. Egli rimase ancorato a lungo fra certi isolotti per via del vento contrario. Allora fecero un rito divinatorio per il vento favorevole e ne risultò che Odino voleva che un uomo dell'esercito, estratto a sorte, fosse impiccato in suo onore. Fu dunque tratta la sorte e toccò al re Víkarr.[20] Tutti rimasero senza parole e fu deciso che il giorno dopo i consiglieri dovessero tenere una riunione su tale questione.

Durante la notte, verso la mezzanotte, Hrosshárs-Grani destò il suo figlioccio Starkaðr e lo invitò ad andare con lui. Essi presero una piccola imbarcazione e remarono fino a un'isola interna. Poi salirono verso la foresta e nel bosco trovarono una radura. Nella radura c'era molta gente ed era in corso un'assemblea. Sugli scranni sedevano undici uomini, ma il dodicesimo posto era vuoto. Essi si avvicinarono all'assemblea e Hrosshárs-Grani sedette sul dodicesimo scranno. Tutti diedero il benvenuto a Odino. Egli disse che i giudici dovevano decidere il destino di Starkaðr.

Allora Thor prese la parola e disse: «Álfhildr, nonna paterna di Starkaðr, scelse come padre per suo figlio un saggio gigante anziché Ásaþórr,[21] e io decido questo per Starkaðr: che egli non abbia mai né figli né figlie e si estingua in tal modo la sua stirpe».

Odino rispose: «Questo io decido per lui: che egli debba vivere tre vite umane».

Thor disse: «Egli compirà un'azione infame in ciascuna vita».[22]

Odino rispose: «Questo io decido per lui: che egli abbia le migliori armi e i migliori abiti».

Thor disse: «Questo io decido per lui: che egli non possieda mai né terre né tenute».

Odino disse: «Io gli do il possesso di molti beni mobili».

Thor rispose: «Questo io gli impongo: che non gli sembri mai di possedere abbastanza».

Odino disse: «Io gli do vittoria e abilità in ogni competizione».

Thor rispose: «Questo io gli impongo: che in ogni battaglia abbia inferte gravi ferite».

Scena di un sacrificio (con allusione alla storia di re Víkarr?) raffigurata sulla pietra di Hammars I. *Gotland, Svezia,* VIII-IX *secolo*

Odino disse: «Io gli do la poesia così che egli componga versi con la stessa velocità con cui parla».

Thor rispose: «Egli non ricorderà ciò che ha composto».

Odino disse: «Questo io decido per lui: che egli parrà eccelso agli uomini eccellenti e migliori».

Thor rispose: «Odioso egli parrà a tutta l'altra gente».

Allora i giudici fissarono per Starkaðr tutto quanto era stato detto e così si concluse l'assemblea. Hrosshárs-Grani e Starkaðr tornarono all'imbarcazione.

Hrosshárs-Grani disse a Starkaðr: «Ora tu, figlioccio, devi ben ricompensarmi per quel che ti ho concesso».

«Sicuro», rispose Starkaðr.

Allora Hrosshárs-Grani disse: «Tu mi devi inviare il re Víkarr, e io ti consiglierò come fare».

Starkaðr acconsentì e Hrosshárs-Grani gli mise in mano una lancia dicendo che essa doveva sembrare una canna. Poi tornarono dalla truppa e si era ormai fatto giorno.

La mattina i consiglieri del re si riunirono per consultarsi. Essi furono d'accordo che dovevano simulare un sacrificio e Starkaðr spiegò tutto il piano. Là vicino a loro si ergeva un abete e accanto a esso un tronco abbattuto. Nella parte bassa dell'abete c'era un ramo sottile che arrivava al fogliame. In quel momento i servitori stavano preparando il cibo per gli uomini e c'era un vitello scuoiato e sventrato. Starkaðr fece prendere gli intestini del vitello, poi salì sul tronco, piegò il ramo sottile e vi legò gli intestini del vitello. Quindi disse al re: «Ora è preparata la forca, sovrano, e non pare molto pericolosa. Vai là ora e io ti legherò la corda al collo».

Il re disse: «Se questo congegno non è più pericoloso di quanto pare, mi aspetto che non mi faccia del male; ma se è altrimenti, allora sarà il destino a stabilire quello che sarà». E salì sul tronco. Starkaðr gli mise il cappio al collo, scese dal tronco e trafisse il re con la canna dicendo: «Ora io ti offro a Odino». Poi sciolse il ramo di abete. La canna si trasformò in lancia e trapassò il re, il tronco cadde sotto ai suoi piedi e gli intestini del vitello divennero forte vimine, il ramo si innalzò sollevando il re fra le foglie ed egli morì. Da allora quel luogo si chiama Víkarshólmar.[23]

Per questa azione Starkaðr fu molto disprezzato da tutti e dovette fuggire da Hordaland.[24] Egli si allontanò dunque dalla Norvegia dove pare non tornò mai più e si recò a oriente in Svezia, rimanendo per lungo tempo con i sovrani di Uppsala Alrekr ed Erik[25] e partecipando con loro alle spedizioni guerriere. Egli stesso riteneva che quella azione fosse stata la peggiore che aveva commesso. Dodici *berserkir* che si trovavano a Uppsala erano molto mordaci nei suoi confronti e lo rimproveravano di essere un infame e un gigante reincarnato; egli stesso in alcuni versi ricordava che sul suo corpo erano visibili i segni lasciati dalle ferite che gli aveva provocato il dio Thor quando, per ridurlo all'aspetto degli esseri umani, gli aveva strappato le braccia in sovrappiù con le quali era nato, e il cui numero[26] rivelava la sua parentela con i giganti.

Una volta Alrekr ed Erik rimasero in patria a riposo e Starkaðr partì per una spedizione con una nave che re Erik gli aveva dato e che aveva equipaggiato con Danesi e Norvegesi. Egli viaggiò in giro per il mondo e ingaggiò battaglie e duelli, sempre ottenendo la vittoria. Quindi combatté al fianco del re vichingo Haki,[27] il quale aveva attaccato il re svedese Hugleikr,[28] nipote di Alrekr. Costui non era un guerriero, ma preferiva rimanere nelle terre.[29] Era molto ricco e avido di beni. Nella sua corte aveva ogni genere di buffoni, arpisti, violinisti e suonatori; aveva con sé anche dei maghi e ogni genere di esperti in quest'arte. Per Hugleikr combatterono due famosi campioni, Svipdagr e Geigaðr,[30] valorosissimi guerrieri; essi però furono sopraffatti dagli uomini di Haki. In quella battaglia

Geigaðr inferse a Starkaðr una ferita al capo dalla quale egli non si riprese mai. Starkaðr fustigò tutti i buffoni che gli capitarono sotto mano. Re Haki sottomise i territori di Hugleikr e si proclamò sovrano degli Svedesi; rimase nelle terre per tre inverni. In questo periodo i suoi guerrieri se ne andarono a far scorrerie e così si procurarono ricchezze.

Starkaðr ebbe una nuova serie di avventure. Egli ottenne molte vittorie su diversi fronti, poi sconfisse il brigante russo Vísinn,[31] essere malvagio e dotato di qualità magiche. Costui era capace di ottundere le armi con lo sguardo e, unendo forza a insolenza, compiva le azioni più scellerate. Spinto dalle notizie sulla malvagità di quel furfante, Starkaðr si diresse in Russia per combatterlo. Dal momento che non vi era nulla che ritenesse difficile da conquistare, egli sfidò Vísinn a duello, neutralizzò il potere della sua magia e lo uccise. Per evitare che la sua spada fosse visibile al mago, egli l'avvolse in una pelle molto sottile, in modo che né il potere magico di Vísinn né la sua grande forza potessero essergli d'aiuto.

In seguito Starkaðr sconfisse a Bisanzio un gigante invincibile di nome Tanna[32] e lo costrinse all'esilio. Infine, entrato nel territorio polacco, affrontò un guerriero in duello e lo sopraffece.

Dopo questi fatti avvenne che Starkaðr fu coinvolto in un naufragio sulle coste danesi e perse tutti i suoi compagni. Da solo giunse alla corte del re danese Fróði e fu accolto con grande onore.[33] Per Fróði, Starkaðr affrontò in duello un guerriero sassone, il quale, vedendo che il suo avversario era ormai avanti negli anni, volle sopraffarlo in una gara di lotta senza ricorrere alle armi: dapprima egli riuscì a far perdere l'equilibrio a Starkaðr, ma subito dopo il vecchio campione poté afferrare la spada e fendette in due il nemico. Quale compenso per la vittoria egli ebbe un vasto territorio e sessanta schiavi.

Il re Fróði fu tradito e ucciso da un sovrano tedesco. Dopo di lui fu dunque fatto re Ingjaldr,[34] figlioccio di Starkaðr. Costui, anziché emulare le virtù del padre e dedicarsi alla vita guerriera, mostrò subito un'indole viziosa e lasciva: preferiva ogni sorta di stravaganza, lusso e dissolutezza. Amava le raffinatezze della cucina e ogni genere di voluttà e, trascurando i doveri di un sovrano, non si preoccupava di vendicare il padre.

Disgustato da questo comportamento, Starkaðr lasciò la corte e cercò servizio presso un re svedese di nome Hálfdan:[35] egli infatti non poteva tollerare alcun tipo di sregolatezza.

C'era un fabbro di bassa condizione sociale che aveva messo gli occhi su Helga,[36] figlia di Fróði e sorella di Ingjaldr, inducendola con regali e adulazione a corrispondere alla sua passione. Questa fanciulla dopo la morte del padre era rimasta abbandonata a se stessa senza alcuno che si occupasse di lei.

Quando Starkaðr venne a sapere questo fatto, riportato dai viaggiatori, decise che non poteva permettere che quello restasse impunito per il suo desiderio arrogante; perciò ritornò in Danimarca, entrò nella casa del fabbro e, calando il cappello sul volto per non essere riconosciuto, prese posto vicino alla soglia. Il padrone di casa lo trattò duramente invitandolo a lasciare la casa se voleva che gli fosse dato qualche avanzo da mangiare. Starkaðr desiderava dare sfogo alla sua rabbia, tuttavia si dominò e attese il momento opportuno per ripagarlo.

Allora il fabbro con malcelata lascivia si avvicinò alla ragazza per indurla a concedersi a lui e prese a dar sfogo alla propria libidine; ella però, avvertendo la presenza di quel vecchio che una volta aveva conosciuto, provò vergogna e gli intimò di cessare quei giochi lussuriosi: le armi erano ciò di cui più aveva bisogno.

Fu allora che Starkaðr, il quale era rimasto seduto presso la porta, non poté trattenere oltre la sua rabbia e gettato il travestimento afferrò la spada con la mano destra. Il fabbro, che non aveva altra abilità se non la lascivia, fu preso dal panico, quando capì che avrebbe dovuto battersi. Si diede perciò alla fuga, ma non appena giunse sulla soglia fu colpito nel mezzo delle natiche e cadde mezzo morto a terra. Starkaðr non lo finì, ma volle piuttosto accrescerne il disonore recitando per lui dei versi di scherno. La fanciulla, salvata appena in tempo, divenne, in seguito a questo fatto, un'esperta custode di se stessa.

Starkaðr ritornò nuovamente in Svezia. Ora Helga, sorella di Ingjaldr, venne chiesta in sposa da un re norvegese di nome Helgi, il quale si recò a tale scopo in Danimarca con una nave adornata con grande magnificenza. Ingjaldr gli promise che avrebbe ottenuto quanto desiderava se avesse avuto il coraggio di affrontare in battaglia i campioni che gli fossero stati opposti. Helgi acconsentì e fu stipulato il contratto di nozze. Poi fu sfidato da un guerriero di nome Angantýr,[37] il maggiore di un famoso gruppo di nove fratelli. Costui aspirava alla mano della ragazza e vedendosi preferito Helgi aveva deciso di risolvere la situazione con la spada. Helgi accettò la sfida e venne fissata la data del combattimento. In realtà Helgi aveva accettato per non incorrere nel disonore, ma era assai spaventato dall'idea di quell'incontro, anche perché non aveva posto un limite al numero degli avversari. Per questo, su consiglio della promessa sposa, decise di rivolgersi a Starkaðr per ottenere il suo aiuto, e a tale scopo si recò in Svezia. Starkaðr, invitato dapprima a partecipare alla festa nuziale, rifiutò, ma quando venne a sapere da Helgi il reale motivo della sua venuta non esitò ad acconsentire. Tornò dunque Helgi in Danimarca seguito poi da Starkaðr e benché questi fosse partito qualche giorno dopo di lui essi raggiunsero la reggia di Ingjaldr contemporaneamente. Starkaðr infatti era stato capace di percorrere in un giorno il cammino che gli altri avevano fatto in dodici. Quando entrò nella sala di Ingjaldr, Angantýr e i suoi fratelli lo accolsero con gestacci e ululati.[38]

Venne dunque celebrato il matrimonio tra Helgi e Helga. Allorché gli sposi raggiunsero la camera nuziale, Starkaðr si assunse l'incarico di stare di guardia e sbarrò l'ingresso con la spada anziché con una trave.

Il giorno dopo avrebbe dovuto aver luogo il duello. Helgi si destò presto, ma poiché non si era ancora fatto giorno del tutto si rimise a giacere e si riaddormentò. Alle prime luci dell'alba Starkaðr entrò e vide che quello dormiva ancora, avvinto nell'abbraccio della sposa. Decise perciò che sarebbe stato meglio affrontare il combattimento da solo. Uscì dunque e si recò su un pianoro. Poi si mise a sedere sotto il pendio di una montagna e lì rimase esponendo il corpo al vento e alla neve. Come se si trattasse di una leggera brezza primaverile, egli si tolse la tunica e prese a cacciare le pulci. Inoltre si levò anche un mantello di porpora, che da poco aveva avuto in dono da Helga, e lo gettò sopra un rovo perché qualcuno non credesse che lo aveva usato come un ombrello contro la furia della grandine.

Giunsero allora i nove fratelli, avvicinandosi alla montagna da un'altra direzione; essi cercavano un posto al riparo dal vento e accesero un fuoco per vincere il freddo. Non videro Starkaðr, perciò mandarono un uomo sulla vetta in ricognizione. Questi vide di lassù il vecchio seduto sul pendio e coperto dalla neve che gli arrivava fino alle spalle.[39] Gli domandò se fosse lui quello che aveva promesso di prendere parte alla battaglia. Starkaðr rispose affermativamente e, quando i guerrieri arrivarono, domandarono se volesse affrontarli singolarmente o tutti insieme.[40] Egli volle combatterli contemporaneamente e allorché li affrontò ne uccise subito sei, prima ancora che essi potessero infliggergli la benché minima ferita; gli altri tre invece gli procurarono diciassette squarci così profondi che gran parte delle budella gli fuoriuscì dall'addome; egli tuttavia ebbe ragione anche di questi. Gravemente ferito, debole e assetato, si trascinò fino a un vicino ruscello; tuttavia preferì non bere quando s'avvide che l'acqua era contaminata dal sangue di Angantýr che era caduto nella corrente. Starkaðr, allo stremo delle forze, arrivò a stento a una roccia vicina e vi si appoggiò per un poco: il segno lasciato dal suo corpo si può ancora vedere nella pietra.

Mentre Starkaðr rimaneva in quel luogo in gravissime condizioni, passarono lì vicino diverse persone e si offrirono di aiutarlo. Egli tuttavia le allontanò tutte per diversi motivi. Il primo lavorava come amministratore[41] e viveva rovinando i poveri; il secondo aveva preso in moglie una serva e stava lavorando dal padrone di lei per riscattarla; la terza era una donna e avrebbe dovuto starsene a casa e prendersi cura della figlia. Arrivò infine un giovane che guidava un carro. Interrogato sulla sua identità, disse di essere il figlio di un contadino: questa volta Starkaðr accettò il suo aiuto e lo ricompensò donandogli il mantello che aveva gettato sul rovo. Il giovane gli fasciò le ferite e lo trasportò sul suo carro fino al palazzo del re. Starkaðr andò alla camera nuziale di Helgi facendovi irruzione. Ma Helgi, messo sull'avviso dalla moglie che sosteneva che il vecchio guerriero avrebbe voluto una giusta ricompensa, non ebbe ritegno per le ferite di chi lo aveva soccorso e gli vibrò un colpo con la spada. Un secondo colpo andò tuttavia a vuoto, poiché Helga intervenne frapponendo uno scudo. In questo modo la donna aveva salvato il marito mettendolo sull'avviso e il vecchio con un gesto. Starkaðr infatti considerò l'azione di Helgi una dimostrazione di coraggio e risolutezza virile e ne apprezzò il valore. Starkaðr ritornò nuovamente in Svezia, ma non vi rimase che poco tempo. Gli giunsero infatti voci che Ingjaldr, figlio di Fróði, anziché preoccuparsi di punire gli assassini di suo padre aveva offerto loro la sua amicizia.

Egli si recò dunque alla corte di Ingjaldr travestito e con un grande fagotto di carbone sulla schiena. Quando i passanti gli domandavano la ragione di quel carico tanto strano egli rispondeva che con quei carboni avrebbe forgiato una lama acuminata per il cervello ottuso di Ingjaldr.

Giunto alla reggia di Ingjaldr, ne ricevette la dovuta ospitalità e andò a sedere nel posto riservato agli anziani. Ma la regina, figlia del re che aveva ucciso Fróði, lo trattò con il più grande disprezzo, giudicandolo dagli abiti che portava e intimandogli di lasciare quel posto. Sebbene provasse dolore per quel rifiuto, il vecchio obbedì e si alzò per allontanarsi: egli frenava la propria indignazione, tut-

L'eroe Starkaðr. Da Olaus Magnus, Historia de gentibus septentrionalibus, *Romae 1555*

tavia andò a urtare contro le possenti pareti del palazzo e le fece tremare al punto che esso quasi cadde in rovina.

Quando Ingjaldr ritornò dalla caccia, riconobbe Starkaðr, perciò rimproverò la regina dicendole che quello era l'uomo cui suo padre aveva affidato la sua educazione. Ella allora mutò il proprio comportamento nei confronti del vecchio, dedicandogli ora la più servile adulazione.

Ciò tuttavia non fu di alcun vantaggio. Starkaðr, disgustato dal lusso della corte, dall'eccessiva cura per i cibi e dal vedere come l'antica moderazione fosse ormai sopraffatta da dissolutezza e corruzione, non nascondeva il suo fastidio. La regina, credendo di scacciare la sua ira con doni, gli offrì una coroncina che pose nel suo grembo mentre egli stava cenando. Starkaðr considerò questo gesto piuttosto un'offesa che un omaggio e reagì scagliandogliela in faccia. Infine, non sopportando i suoi tentativi di cattivarsi l'approvazione e non potendo più trattenersi, diede sfogo all'indignazione recitando dei versi di rimprovero e incitando Ingjaldr a prendere vendetta degli assassini del padre.[42]

È narrato anche che in seguito Starkaðr combatté al fianco di un re di nome Rögnvaldr[43] in una battaglia in Sjælland: qui per la prima volta nella sua vita egli si diede alla fuga.

Poi divenne guerriero del re vichingo Haki, ma lo abbandonò quando questi, volendo vendicare il fratello Hagbarðr, mosse contro re Sigarr suo uccisore; Starkaðr infatti un tempo aveva da lui ottenuto ospitalità.[44]

Infine Starkaðr è ricordato come guerriero del re norvegese Áli il Prode che era alleato con Sigurðr Anello.[45] È noto che costui combatté contro Araldo Dente di battaglia nella famosa battaglia di Brávellir,[46] alla quale parteciparono moltissimi fra i più celebri re e campioni nórdici e per la quale i due eserciti si prepararono per un periodo di ben sette anni. Starkaðr, come si è detto, combatteva dalla parte di Sigurðr Anello. Incitato da questo condottiero, egli combatté audacemente, venendo gravemente ferito. Si dice tra l'altro che la fanciulla guerriera Vébjörg[47] gli inferse un colpo al mento così che esso gli penzolava; Starkaðr allora lo sorresse stringendo la barba fra i denti. Starkaðr uccise molti guerrieri danesi, poi incontrò la donna-guerriera Visina[48] che portava lo stendardo. Egli la attaccò duramente ed ella gli disse: «Ora tu mostri l'avidità che preannuncia la morte, e tu devi morire, gigante!» Egli le mozzò la mano. Poi affrontò altri guerrieri e li uccise, tuttavia aveva ricevuto ferite assai gravi: una al collo, sicché si poteva vedere nel foro; una al petto, sicché i polmoni fuoriuscivano; inoltre aveva perduto un dito della mano destra. L'esercito di Sigurðr Anello ebbe la meglio in questa battaglia. In seguito Sigurðr Anello si scontrò con i Gjúkungar,[49] e in questo combattimento Starkaðr incontrò Sigurðr, l'uccisore di Fáfnir, che gli assestò un colpo con l'impugnatura della spada facendogli cadere due denti e costringendolo alla fuga.[50]

Contro il re Áli il Prode Starkaðr portò a compimento l'ultimo dei suoi crimini.[51] Infatti, poiché Áli si era segnalato per crudeltà e tirannia, dodici capi danesi complottarono contro di lui e corruppero Starkaðr perché si unisse a loro. Per questo egli ebbe centoventi marchi d'argento.[52] Egli decise di compiere quell'assassinio mentre il re stava facendo il bagno. Dapprima fu colpito dall'acutezza dello sguardo del re, che lo impaurì e lo trattenne; Áli allora, non sospettando alcun inganno per la loro lunga consuetudine e amicizia, si coprì gli occhi e lo invitò ad avvicinarsi. Ma Starkaðr avanzò con la lama sguainata, affondandola nella gola del re mentre questi cercava di alzarsi. Áli morì ridendo, poiché – disse – aveva capito chi era il mandante di quel delitto.[53] Starkaðr fu preso dal rimorso e dalla vergogna, e il dolore per quello che aveva fatto era così amaro che non poteva trattenere le lacrime.[54] Allora per vendicarsi di coloro che lo avevano spinto a quel crimine, ne uccise diversi prendendosi soddisfazione dell'azione per la quale aveva prestato la propria mano.

Ormai Starkaðr era consumato da una vita troppo prolungata. Tuttavia, ritiratosi dai combattimenti e dalle campagne di guerra, voleva andare incontro a una fine volontaria e affrettare la morte per propria decisione. Non poteva accettare di morire di una morte che non fosse di spada; solo con una fine gloriosa avrebbe accresciuto lo splendore della vita passata. Detestando a causa del suo corpo ormai debole e della vista annebbiata il protrarsi della vita, egli prese l'abitudine di portare appeso al collo l'oro che gli era stato dato per la morte di Áli; in tal modo poteva pagarsi un uccisore, ritenendo che la ricompensa per la sua morte dovesse essere la medesima che egli aveva avuto per quella di Áli.

Starkaðr trovò il suo uccisore in Höðr,[55] figlio di uno di coloro che egli aveva punito con la morte per averlo spinto all'assassinio. Avvenne infatti che mentre Starkaðr colpiva con una delle due spade che portava con sé un contadino che aveva osato chiederla in dono, Höðr lo vide. Egli volle dapprima intimorire il vecchio, inducendo taluni suoi compagni a spaventarlo, ma quando vide che quello ripagava il loro affronto facendoli morire, gli si avvicinò e lo riconobbe. Allora Starkaðr gli offrì l'oro e al contempo la possibilità di vendicare il padre. Costui dunque accettò di dargli la morte e lo colpì sulla nuca con la spada che Starkaðr stesso gli aveva consegnato a quello scopo.[56] È ricordato che quando la testa dell'eroe fu mozzata e cadde a terra morse furiosamente l'erba.[57] Inoltre, prima di morire Starkaðr, come sempre aveva fatto nelle occasioni importanti della sua vita, recitò dei versi nei quali lasciava memoria dei suoi sentimenti e delle sue imprese.[58] È detto infine che il suo uccisore lo fece seppellire nella piana vicina, non volendo che un eroe tanto glorioso rimanesse privo di sepoltura.

Fonti principali: *Ynglinga saga* di Snorri Sturluson cap. 22; *Gesta Danorum* di Saxo Grammaticus VI: V-IX; VII: V, VIII e XI, 12; VIII: I-IV, VI, 24 e VIII; *Sögubrot af fornkonungum* capp. 8-9; *Hervarar saga* pp. 1-2, 90-1; *Gautreks saga* capp. 3-5, 7; *Norna-Gests þáttr* capp. 7-8; *Skjöldunga saga* (versione latina di Arngrímur Jónsson) capp. 8-9.[59]

Note

1 *Fáf* pr; *Frá*; *Ská* 48, 52 [6]; *Völs* 7, 19-20; v. pp. 382, 384.
2 *Saxo* VI, V, 1-2; *Gau* 7 (versi); cfr. *Skjö* 8; v. pp. 416, 418, 420.
3 *HHv* pr; *HH II* pr; v. pp. 372, 379. Anche l'eroe *Oddr* («punta») della Freccia era destinato, secondo la saga omonima, a vivere trecento anni (*Örv I* 2; *Örv II* 2).
4 *Völs* 1; v. pp. 379-80.
5 *Saxo* VI, V, 2; *Gau* 3; v. p. 416.
6 *Hyn passim*; il nome *Óttarr* vale «lancia [che incute] paura».
7 Questo concetto è assai evidente nella *Profezia di Grípir* (*Grípisspá*), dove a Sigurðr è annunciato l'intero corso della vita cui non dovrà né potrà sottrarsi (*Grp passim*; *Völs* 16). Anche al momento della nascita dell'eroe Helgi è ricordato che vennero le norne e stabilirono per lui il destino (*HH I* 2-4; *Völs* 8); v. rispettivamente pp. 389 e 372.
8 Per questa ragione le figure degli «eroi solari» sono legate a una simbologia distinta da elementi ben determinati: il cervo, la luce, il Sud (cfr. pp. 557-8 [a], 451 [a] e 475-6 [γ]). Inoltre agli eroi viene attribuita una dimensione «cosmica» che li mette in relazione con forze particolari. Si veda l'attribuzione a Helgi della zona meridionale del cosmo (v. p. 372), così come le diverse allusioni alla posizione di Sigurðr rispetto al cielo (*Grp* 10, 52; *Odd* 17; cfr. anche *Hyn* 14).
9 Valga qui l'episodio esemplare dell'uccisione di Víkarr da parte di Starkaðr (*Gau* 7; *Saxo* VI, V, 6-7; v. pp. 419-20).

1. *Helgi*

1 Egli compare anche nella *Saga dei Völsungar* (*Völs* 8-9), dove una parte della sua storia (quella relativa a Helgi Hundingsbani) è riassunta con qualche variante di scarsa importanza (il racconto tuttavia termina col matrimonio di Helgi e Sigrún).
2 «Custode della spada.»
3 «Valchiria (lett. «battaglia») degli elfi.»
4 Cfr. p. 178, nota 4.
5 «Irata [come il] mare» (?).
6 Nome di difficile interpretazione: collegato a *humli* m. «luppolo»?
7 «Color rosso lucente» (?); cfr. J. de Vries, *Altnordisches...*, cit., p. 477.
8 V. nota 6: il nome pare solo una variante di *Humlungr*.
9 Cfr. pp. 211 e 258, nota 165.
10 Probabilmente «scudo della vittoria».
11 Da *ið* f. «lavoro», «dovere», e *mundr* m. «dote» (?) o forse «mano» o «protezione».
12 In nordico *Atli* «[colui che] aspira [alla lotta]» o «[incute] spavento»; cfr. p. 228.
13 «Famoso per il coraggio» o «famoso per la saggezza» (in tal caso *Fraðmarr* < *Fróðmarr*).
14 «Discendente dell'antenato primordiale» (cfr. al maschile *Óláfr*).
15 Cfr. pp. 483 e 485, nota 108. Il «Paese dell'amore» pare la più opportuna traduzione del termine nordico *Munarheimr* m. (*HHv* 1, 42).
16 «Famoso per le lodi.»
17 «Campi di Röðull»: *röðull* m. è «corona di raggi», «sole» (si ricordi che la dea *Sól* «sole» è detta *Álfröðull* «splendore degli elfi»): *Vaf* 47; *Gyl* 53; *Skí* 4; *Skj* I: A, p. 73; B, p. 64; *Skj* II: A, p. 414; B, p. 443. Cfr. p. 311.

18 «Isolotto di Sigarr.» *Sigarr* vale «depredatore vittorioso».
19 «Sempre ramoso», cioè «sempreverde» (è una divinità arborea?).
20 È una gigantessa-strega; cfr. p. 321.
21 Lett. «cavalcatrici della sera» (*kveldríður* f.pl., sing. *kveldríða*; *HHv* 15); cfr. p. 111, nota 61.
22 Cfr. p. 362.
23 Cfr. pp. 72 e 319.
24 Questo personaggio, il cui nome vale probabilmente «custode della schiera», compare solo in questo luogo ed è peraltro assolutamente sconosciuto nel mito.
25 *Jól* n. pl. era un periodo di festa che cadeva alla fine dell'anno e aveva la durata di tredici giorni e dodici notti, periodo di matrimoni, sacrifici, giuramenti, morti che ritornano sulla terra. Il Natale cristiano, che vi si è sovrapposto, nelle lingue scandinave ne conserva il nome.
26 Durante il festino rituale veniva sacrificato il verro più grosso, si prestavano i giuramenti sull'animale e si beveva dalla coppa sacra detta *bragarfull* (n.). Tali giuramenti avevano valore sacro (cfr. *Her* pp. 54 e 129). Il testo sottintende che Heðinn giurando di commettere un'azione contro il fratello si era macchiato di una grave colpa, un «sacrilegio» contro i doveri che gli venivano dall'appartenere alla medesima stirpe.
27 Un banco di sabbia o di ghiaia era considerato luogo opportuno per lo svolgimento di un duello (nel testo il termine è *eyrr* f.: *HHv* 33).
28 La strofa relativa (*HHv* 34) non è del tutto chiara in relazione al contesto.
29 Gli «spiriti protettori» sono nel testo *fylgjur* (f. pl. di *fylgja*); cfr. p. 355.
30 «Elfo.»
31 «Pietra dei lupi» (meno probabilmente «pietra delle navi» o «pietra dei guerrieri»).
32 Cfr. p. 210.
33 «Discendenti dei lupi.» Per i Völsungar cfr. pp. 610-1 (o).
34 «Valchiria (lett. «battaglia») protettrice.»
35 «Bosco di confine»?
36 «Montagne del cielo.»
37 Cioè la terra a meridione, che gli spetta in quanto eroe «solare».
38 «Grandine» (dunque «distruttore»?) o forse «abile».
39 Nome fittizio per «lupo».
40 Questa precisazione si trova in *Völs* 8.
41 Verosimilmente formato col suffisso *-ingr*, che indica l'appartenenza a una stirpe, su *hundr* m. «cane».
42 «Terra dei cani.»
43 «Montone castrato.»
44 «Della stirpe dei divoratori» (i lupi?).
45 Costui pare essere Odino; cfr. pp. 204-5 e 253, nota 76.
46 *Hundingsbani* significa appunto «uccisore di Hundingr». In Saxo compare un Helgo detto uccisore di Hundingus (II, V, 3): costui tuttavia nient'altro ha in comune con l'eroe.
47 «Onde costiere»?
48 *Strandhögg* n.: consuetudine vichinga di compiere razzie sui territori costieri (cfr. *Yng* 28 e 46 a esempio).
49 Cfr. p. 178, nota 2.
50 «Isola di Hlér»; cfr. pp. 319 e 338, nota 16.
51 Forse «bosco luminoso».

52 Qui è sottinteso forse che ella aveva protetto l'eroe nella battaglia.
53 La razzia sulla spiaggia cui si allude sopra?
54 «Montagna delle fiamme.»
55 In *Völs* 9, al posto di *Hervarðr* «custode dell'esercito», troviamo *Hagbarðr* «mascherato (cioè «camuffato») con la barba»?; cfr. J. de Vries, *Altnordisches...*, cit., p. 202.
56 «Famoso per il cavallo» o «cavallo famoso»?
57 Cfr. pp. 332-3.
58 «Giavellotto di battaglia.»
59 «Pietra dell'aquila.»
60 *Kenning* per «principe».
61 «Fiordo di Varinn»: quest'ultimo è nome attestato solo nelle fonti mitiche; dovrebbe valere «attento», «accorto», dunque «sentinella»? V. sotto e nota 64.
62 «Bosco delle vette rocciose.»
63 Probabilmente «dono (dote) degli dèi». Per *mundr* m., cfr. nota 11.
64 «Isola di Varinn»; cfr. nota 61 e anche *HHv* 22.
65 Cioè Odino; cfr. p. 202.
66 Cfr. pp. 58 e 72.
67 «Promontorio di Thor.»
68 V. p. 431, nota 9.
69 È il celebre cavallo di Sigurðr; v. p. 386. Qui l'allusione è alla simbologia del cavallo, emblema di esuberanza sessuale e di potenza magica; cfr. p. 96 e inoltre p. 562.
70 Cfr. p. 329.
71 È una gigantessa; cfr. p. 324. La connessione con i giganti vuole sottolineare un'accusa di bassezza.
72 Il dialogo ingiurioso tra Goðmundr e Sinfjötli, che compare nella forma più completa in *HH I* 32-46, riappare in forma assai ridotta in *HH II* 19-24, in un punto del carme che certo non dovette essere l'originaria collocazione, dal momento che manca una connessione logica con quanto precede. Da segnalare in questa fonte un'esortazione di Goðmundr a Höðbroddr affinché prenda vendetta e una strofa attribuita a Sinfjötli nella quale egli sostiene che a Goðmundr si addice maggiormente custodire le capre che non dedicarsi all'attività di guerriero. In *Völs* 9 l'andamento del dialogo segue con lievi variazioni e in forma un poco ridotta quello qui riportato.
73 Forse identici ai *Niflungar*, cioè ai «Nibelunghi».
74 «Luogo dell'anello.»
75 Cfr. p. 438, nota 57.
76 Qui (*HH II* 29) il testo nordico gioca sull'ambiguità del termine *hildr* f., che significa lett. «battaglia», ma è anche nome tipico di valchiria.
77 «Bosco delle catene»; cfr. pp. 483 e 495, nota 101.
78 Questa pare la più probabile interpretazione, poiché si tratta dei sentieri che conducono nella Valhalla, dimora di coloro che sono caduti in battaglia. Il testo ha tuttavia soltanto «sentieri arrossati» (*roðnar brautir*: *HH II* 49), il che potrebbe anche far pensare al colore rosso del cielo al tramonto: si veda il riferimento all'Occidente poco oltre.
79 Salgofnir è il gallo che canta per gli eroi di Odino nella Valhalla; cfr. p. 550.
80 In questo punto pare esserci una lacuna nel manoscritto.
81 Cfr. p. 434, nota 1.
82 «Semidanese.»

83 La loro vicenda è riferita in *Hró* 3, 6-7, dove egli è noto come Helgi il Prode ed ella come Lára. Ivi si narra che durante una battaglia in cui Helgi era impegnato ella volteggiava sui contendenti in aspetto di cigno, aiutando il suo amato con la magia. Egli tuttavia l'aveva uccisa accidentalmente, perciò erano cambiate a suo sfavore le sorti della battaglia nella quale aveva dunque trovato la morte. Cfr. anche *Gön* 38. Un Helgi Haddingjaskati è ricordato in *Hve* 2. Cfr. p. 314, appendice 2, nota 5. Il *Canto di Kára* (*Káruljóð*) non ci è pervenuto, ma su di esso sono basate verosimilmente le cosiddette *Griplur*, antiche rime islandesi risalenti al 1400 circa; v. per l'ed.: *Rímnasafn*, cit., I, pp. 351-408.

2. *Sigurðr e i Nibelunghi*

1 La vicenda dell'eroe doveva essere ben nota in tutto il mondo germanico come mostra con evidenza il racconto del *Nibelungenlied* che appartiene alla tradizione tedesca (cfr. l'ed. di W. Hoffmann, *Das Nibelungenlied-Kudrun*, Darmstadt 1972).
2 Cfr. p. 200.
3 L'espressione nordica è *vargr í véum*, lett. «lupo nei luoghi sacri»; cfr. p. 580.
4 «Chiacchierone» (?).
5 Cfr. p. 321 e p. 339, nota 42.
6 Cfr. pp. 610-1 (o).
7 È anche appellativo di Odino. Cfr. p. 210.
8 «Nuova (rinnovata?) nella vittoria.»
9 «Lancia vittoriosa.»
10 Appare evidente che si tratta di Odino, i cui interventi saranno numerosi nel prosieguo della storia.
11 Cioè i discendenti di Völsungr.
12 Cfr. p. 429, nota 39. È il medesimo personaggio che appare nella storia di Helgi.
13 Il corvo è, come noto, uccello sacro a Odino; cfr. pp. 552-3.
14 La storia di Helgi è narrata alle pp. 372-9.
15 Si tratta, verosimilmente, ancora una volta di Odino.
16 *Frakland*.
17 Cfr. pp. 369, 371 e 429, nota 19. Si tratta del medesimo personaggio.
18 «Dea della spada.»
19 È lo stesso di cui si riferisce nella storia di Helgi; v. pp. 373-4.
20 V. p. 429, nota 30.
21 «Potente nell'aiutare», nome proveniente dall'area germanica continentale.
22 Qui ha inizio la vicenda del più famoso eroe del mondo nordico. In *Þið* I, pp. 302-3 è detto che Sigurðr era un trovatello che vagava sul mare su un'imbarcazione di vetro e che in seguito fu allevato da una cerva.
23 È una figura che compare solo in questo mito. Il nome vale forse «illustre per la fama» (*Reg* pr, 6-11; *Ská* 47-8 [6]; *Völs* 14).
24 Che è, come noto, il cavallo di Odino; v. in particolare il mito a p. 114 e anche p. 560.
25 «Cascata di Andvari», cioè del nano che vi abitava.
26 Il nome *Otr* m. vale, appunto, «lontra».
27 Cfr. pp. 72 e 319.
28 *Andvaranautr* m., lett. «dono di Andvari».

29 «Brughiera [coperta] di erica» (?) la prima; forse «splendore di lode» la seconda (*Reg* 10). Per *Hreiðmarr* «famoso» (?), cfr. J. de Vries, *Altnordisches...*, cit., pp. 253 e 379-80.
30 Forse «piana di detriti».
31 Cfr. pp. 650-1 (e).
32 Cfr. *Þið* I, pp. 100-1.
33 «[Colui che] afferra.»
34 Si tratta ancora una volta di Odino, come precisato in *NGþ* 6.
35 Cfr. *Saxo* II, I, 2 e VI, IV, 10. In *Þið* I, p. 313 è precisato che Sigurðr fece il bagno nel sangue del drago, il che lo rese invulnerabile tranne che nel mezzo delle spalle dove il liquido non era arrivato a coprirlo.
36 «Monte della Cerva.»
37 In *Völs* 21 ella viene subito indicata come Brunilde (*Brynhildr*). È evidente anche dal prosieguo del racconto che Sigrdrífa e Brunilde sono la stessa persona (cfr. anche *Hel* 5-9).
38 La descrizione di Sigurðr in *Völs* 24 ricorda per certi aspetti quella di Odino in *Yng* 6.
39 *Heimir* vale forse «contadino».
40 Il nome appare infatti composto da *bekkr* m. «panca» + *hildr* f. (che è altresì la seconda parte di Brynhildr) e vale «battaglia» (è nome attributo con molta frequenza alle valchirie). Esso indica perciò in questa donna una persona che rimaneva in casa, seduta sulla panca a dedicarsi a lavori femminili.
41 *Gjúki* è forse «[colui che] accresce con doni».
42 *Grímhildr* in nordico, cioè «valchiria (lett. «battaglia») mascherata».
43 «Signore della battaglia» o «[Signore dell']esercito nella battaglia».
44 Cfr. p. 178, nota 2.
45 Verosimilmente «[colui che] onora un dio»; oppure «serpe del dio».
46 «Runa di battaglia» o «runa del dio».
47 *Niflungar*, cioè, verosimilmente, «esseri della nebbia».
48 «Fiamma degli dèi» o «bagno [sacro] degli dèi».
49 In una fonte è precisato che esisteva un'altra versione della morte di Sigurðr secondo la quale egli sarebbe stato assassinato all'aperto (*Edda Kuhn* p. 201, cfr. *NGþ* 9). In *Þið* II, p. 266 è detto che fu Högni a uccidere l'eroe.
50 Una fonte, il *Viaggio di Brunilde verso gli inferi* (*Helreið Brynhildar*, cfr. *NGþ* 9), precisa che in realtà due pire diverse arsero per Sigurðr e per la donna. Ivi inoltre è narrato che quando Brunilde intraprese il cammino verso il regno dei morti su di un carro, incontrò per via una gigantessa che le sbarrò la strada e alla quale Brunilde raccontò brevemente la propria vicenda, lanciandole infine una maledizione perché le liberasse il cammino (*Hel passim*).
51 Diminutivo di *Þorbjörg* «protetta (o «protettrice») di Thor». Cfr. p. 146, nota 3.
52 Probabilmente il veleno, forse però anche la carne. Cfr. in Saxo la bevanda intossicante data a chi doveva morire (VII, VII, 12); v. anche il racconto di Ibn Faḍlān (*Risāla*, ed. cit., § 90).
53 Come altre figure, è un personaggio realmente esistito. Per i fondamenti storici della vicenda di Sigurðr, cfr. E.O.G. Turville-Petre, *op. cit.*, pp. 196-204. Per il nome v. p. 428, nota 12.
54 Cfr. pp. 234 e 329.
55 «Orsa preziosa» (?).
56 «Attenta al fragore [della battaglia].»
57 «[Quello che ha il proprio giaciglio] sul soppalco nella stalla»?

58 «Nibelungo.»
59 Nome oscuro. Cfr. J. de Vries, *Altnordisches...*, cit., p. 293.
60 «Sparviero.»
61 Significa probabilmente «piccolo [guerriero nell']armatura».
62 Legato all'aggettivo *jarpr* «marrone scuro». Secondo *Ham* 13 Erpr era di madre diversa rispetto a Sörli e Hamðir.
63 «Valchiria (lett. «battaglia») [in aspetto di] cigno».
64 In nordico *Jörmunrekr* (o *Jörmunrekkr*) «eroe potente».
65 «Guerriero (lett. «uomo») con lo scudo».
66 «Cane» in senso spregiativo.
67 Il grande numero e la varietà delle fonti che riferiscono della storia di Sigurðr dimostrano la sua notorietà e fortuna nel mondo nordico. In proposito cfr. l'episodio in cui lo scaldo Þjóðolfr Arnórsson fu invitato a commentare in versi una lite, e gli fu suggerito di fingere che i due contendenti fossero Sigurðr e Fáfnir (e subito dopo Thor e il gigante Geirrøðr; per la fonte v. p. 148). Cfr. anche *Völsungsrímur* II-VI, in *Rímnasafn*, cit., I, pp. 320-47; *Ská* 81; *Hát* 41 e 94; *Bjá* 4, cit. in *Ská* 57. A causa dell'ampiezza delle fonti non si sono segnalate qui se non le varianti di grande rilevanza; per le altre, spesso ininfluenti sullo svolgersi degli eventi, si rimanda all'esame diretto delle fonti.

3. *Svipdagr*

1 Cfr. p. 145, nota 6.
2 «[Colei che è] felice per il gioiello.» Il nome, così come la descrizione del monte su cui costei vive - che è detto dotato di poteri risanatori per le donne (v. sotto) -, possono far pensare a un'identificazione con Freyja, dea della fecondità, che possiede il prezioso monile Brísingamen, in cui è forse da riconoscere uno strumento magico per soccorrere le partorienti (cfr. pp. 285-6 e 657-8 [5]). Tuttavia la descrizione della dimora di Menglöð, circondata da un bastione di fuoco e da un recinto, guardata da due cani e da un guardiano, e nella quale ella vive attorniata dalle sue ancelle, richiama il motivo consueto ai miti (cfr. pp. 150 e 393) e alle fiabe della conquista da parte dell'eroe di una donna che rappresenta per lui il tramite del dono celeste della conoscenza.
3 È una delle norne che stabiliscono il destino (cfr. pp. 62 e 304).
4 Di questo incantesimo è detto (*Grg* 6) che fu il medesimo cantato un tempo da Rani (Odino o un gigante? cfr. p. 258, nota 165, cfr. p. 319) a Rindr (cfr. p. 241 [15]).
5 Detti qui (*Grg* 7) di Urðr, che è una delle norne (cfr. nota 3).
6 Cfr. p. 480.
7 Lett.: «... se fuori ti sorprende / la notte su un sentiero nebbioso / niente affatto possa / farti del male / una donna cristiana morta» (*... ef þik úti nemr / nótt á niflvegi, / at því firr megi / þér til meins gera / kristin dauð kona*); *Grg* 13.
8 Si segue qui l'andamento del dialogo come dall'edizione di G. Jónsson (cfr. indice delle abbreviazioni: *Grg*; *Fjö*). Altre edizioni tuttavia attribuiscono diversamente le battute (cfr. *Edda. Die Lieder des Codex Regius nebst verwandten Denkmälern*, herausgegeben von G. Neckel, Heidelberg 1914, p. 301).
9 Rispettivamente «freddo [come il] vento», «freddo [come la] primavera», «assai freddo». Sono nomi che alludono a figure di giganti (cfr. p. 319).
10 Nome oscuro. Forse «audace nel trambusto della battaglia» o «coraggioso nell'addormentare» (cioè nell'uccidere?). Una spiegazione linguisticamente un po'

forzata, ma che potrebbe accordarsi al contesto del mito, lo intende come «spina del sonno». Menglöð infatti, che attende l'amato in una dimora circondata da un bastione di fuoco, ricorda la figura di Brunilde che in un simile luogo attende, in preda a un sonno magico e profondo provocato da Odino con una spina, l'arrivo di Sigurðr (v. pp. 391 e 112, nota 14).

11 Cfr. p. 74 (b).

12 Il quale è, verosimilmente, un nano (cfr. p. 332).

13 Cfr. p. 73, appendice 3a.

14 Un gigante corrispettivo di Ymir, l'essere primordiale dalle cui membra fu tratto il cosmo (cfr. pp. 318 e 50).

15 Sono evidentemente i cani guardiani del regno dell'aldilà; cfr. p. 570 (i).

16 *Vegnbráðir* f. pl. resta tuttavia parola di difficile interpretazione, che compare solo in questo testo (*Fjö* 18).

17 È il gallo che sta appollaiato sui rami dell'albero cosmico (v. sotto e pp. 549-50 [b]).

18 È l'albero cosmico. Cfr. pp. 532-3.

19 Forse le partorienti o le donne colpite da una malattia da raffreddamento; cfr. S. Egilsson, *op. cit.*, p. 336.

20 Il testo ha l'aggettivo *veðrglasir*, che resta di incerto significato (*Fjö* 24).

21 Sono verosimilmente due giganti: Sinmara è la sposa di Surtr? (cfr. p. 321).

22 *Kenning* con la quale si indica Sinmara. Le parole *Eiri örglasis* sono tuttavia di difficile interpretazione per l'incerto significato della seconda: forse **aurglasir* cioè «splendente nella sabbia umida» o «per l'umidità» (cfr. S. Egilsson, *op. cit.*, pp. 663 e 24).

23 Cioè la coda a forma di falce?

24 Cfr. p. 78, nota 3.

25 «Monte dei medicamenti.»

26 *Hlíf* è presumibilmente «protettrice» (forse da avvicinare a Líf, una delle creature che sopravviveranno oltre il crepuscolo degli dèi: cfr. pp. 189 e 191); *Hlífþrasa* «[colei che] aspira alla protezione» (il nome ricorda quello di Lífþrasir, che con Líf sopravviverà oltre il crepuscolo degli dèi; v. la precedente); *Þjóðvarta* (ma la forma corretta è forse *Þjóðvara*) è nome oscuro, forse «[colei che] custodisce il popolo»; *Björt* è «luminosa»; *Bleik* è «pallida»; *Blíð* «amichevole»; *Fríð* (anche *Fríðr*) «graziosa» (il nome appare anche in talune *kenningar*); *Eir* è «aiuto», «grazia» (identica alla dea Eir? cfr. p. 292 [1]); *Aurboða* è forse «[colei che] offre l'oro» (meno probabilmente «[colei che] offre l'umidità»); questo nome tuttavia, se letto **Örboða*, varrebbe «[colei che] offre la freccia» (dunque una valchiria); cfr. p. 284 (5). Nell'elencare i nomi delle ancelle di Menglöð si è qui seguita l'edizione di Neckel (cfr. nota 8) in quanto pare improbabile che tra le ancelle di Menglöð vi siano Blíð e Blíðr (come appare nel testo di G. Jónsson) anziché Blíð e Bleik come proposto da Neckel.

27 «Luminoso come il sole.»

4. *Hadingus*

1 Il nome Hadingus va riconnesso secondo l'ipotesi più verosimile a quello dei due guerrieri Haddingjar ricordati, senza che di loro si dica nulla di più, in diverse fonti nordiche (*Hyn* 23; *Als*; *Hró* 6; *Her* pp. 4 e 93; *Örv I* 29-30; *Örv II* 14; in *Gðr II* 22 e *Völs* 34 si parla di una «terra dei Haddingjar»: *land Haddingja*; in

Hve 2 di una «valle dei Haddingjar»: *Haddingjadalr*; ivi inoltre si fa riferimento a tre Haddingjar; l'eroe Helgi è definito *Haddingjaskaði* «danno o morte - cioè uccisore - dei Haddingjar» in *HH* II pr; cfr. *Edda Kuhn* p. 320 e *Hve* 2; anche Saxo: V, XIII, 4, ricorda questi leggendari eroi). Al nome Haddingjar sono collegati i nomi propri Haddingr e Haddr. *Haddr* m. come nome comune significa «chioma femminile»: su tale nome è verosimilmente formato quello degli eroi, con il suffisso *-ingr* che indica discendenza. Perciò si può pensare al legame di questa stirpe con culti che prevedevano un abbigliamento femminile (il *sacerdos muliebri ornatu* cui si riferisce Tacito in *Ger* 43?) o anche alla criniera dei cavalli (i Haddingjar sarebbero dunque una coppia sacra in aspetto equino? Cfr. p. 458, nota 20, e anche *Hál* 11, cit. in *Ská* 10).

2 Corrisponde al nordico Gothormr; v. p. 432, nota 45.

3 V. p. 268, nota 69.

4 È la forma latinizzata di Svipdagr; v. p. 401.

5 Corrispondono ai giganti nordici Vagnhöfði e Hafli; cfr. pp. 326 e 329.

6 Corrisponde alla gigantessa nordica Harðgreip; cfr. p. 326.

7 Cfr. p. 340, nota 56.

8 Si tratta di Odino; cfr. p. 204.

9 Si tratta di un patto di «fratellanza di sangue», come appare anche dal commento di Saxo che precisa come gli antichi suggellassero tali patti mescolando il sangue e spargendolo sull'impronta dei loro piedi; cfr. p. 638 (9).

10 Cfr. p. 105, nota 4.

11 È precisato nel racconto che Hadingus riuscì a vincere la resistenza dell'avversario, che si era trincerato dietro robuste fortificazioni, facendo catturare degli uccelli che avevano il loro nido in quel luogo. Poi aveva legato alle loro ali dei funghi igniferi: in tal modo, quando gli animali erano tornati ai nidi, avevano appiccato il fuoco alla fortezza e ciò aveva consentito a Hadingus di avere ragione del nemico (*Saxo* I, VI, 10).

12 Che in Saxo ha nome Frig. Sul motivo del «dio esiliato» cfr. pp. 207-8.

13 Il testo precisa che Mithothyn aveva stabilito che gli dèi non dovessero essere venerati in gruppo, ma che ogni divinità dovesse ricevere offerte separate (*Saxo* I, II, 2).

14 Cfr. p. 364, nota 3.

15 Corrisponde al nordico Ásmundr; cfr. p. 253, nota 67.

16 Una falce? Cioè un'arma non «nobile» come quelle degli eroi?

17 Sulla sposa che segue il marito nella morte cfr. p. 170, nota 10.

18 Uffo è verosimilmente diminutivo di *Úlfr* «lupo».

19 Sono a quanto pare gli «spiriti del luogo» che proteggono il Paese di Hadingus; cfr. pp. 347 e 349.

20 Regione della Svezia orientale.

21 È da identificare con Freyr; cfr. p. 280.

22 «Sacrificio di Frø»; v. nota precedente.

23 Questo episodio, così come quello successivo in cui si riferisce che Hadingus aveva a noia la vita della campagna, mentre sua moglie non poteva sopportare di restare accanto al mare, mostra evidenti paralleli con la vicenda di Njörðr e Skaði (cfr. pp. 277-8). Su di esso in particolare si basa la presunta identificazione di Hadingus con Njörðr, sulla quale v. soprattutto: G. Dumézil, *Du Mythe au Roman. La Saga de Hadingus* (*Saxo Grammaticus* I, V-VIII) *et autres essais*, Paris 1970.

24 Questo nome allude a una regione, abitata da popolazioni di ceppo ugro-finnico, che pare da collocare in prossimità del Mar Bianco, presso la Dvina settentrionale.

25 Si tratta ancora una volta di Odino; cfr. p. 211. La disposizione delle truppe ordinata dal dio prevedeva una formazione a cuneo o meglio a «muso di verro» (cfr. p. 258, nota 165); il testo precisa che due uomini erano nella prima fila, quattro nella seconda, otto nella terza e così di seguito (*Saxo* I, VIII, 16).
26 Corrisponde al nordico Hundingr; cfr. p. 429, nota 41.
27 Cfr. nota 23.
28 «Valchiria (lett. «battaglia») del lupo.»
29 Cfr. p. 525.
30 Alla vicenda di Hadingus allude anche Olao Magno (*OlM* III, 4; III, 15; III, 19; V, 20; XIII, 33).

5. *Starkaðr*

1 Il nome presenta anche la forma Störkuðr e appare come Starcatherus in Saxo, Starcardus in *Skjö* 8-12.
2 Nordico Áluforsar, nella regione di Telemark. Il soprannome del gigante, Áludrengr, è riferito al nome della cascata, dove *-drengr* m. vale «uomo», «garzone», «eroe». Esso tuttavia potrebbe più correttamente essere letto **Áladrengr*, cioè «eroe di Áli» (cfr. sotto, nota 45).
3 Legato alle forme maschili Agni e Agnarr e dunque «[colei che incute] timore»?
4 Sono i fiumi cosmici; v. pp. 49 e 479.
5 Cfr. pp. 330 e 343, nota 169. *Hergrímr* vale «mascherato nell'esercito».
6 Sono tutti nomi collegati al culto degli elfi; cfr. pp. 310-1 e 316, note 11, 15-6.
7 All'uccisione di Starkaðr da parte di Thor allude anche lo scaldo Vetrliði Sumarliðason (*Skj* I: A, p. 135; B, p. 127, cit. in *Ská* 12).
8 «[Colui che] compie grandi azioni.» In Saxo ha nome *Storwerkus*.
9 Uomo cui è affidata la difesa di un territorio contro gli invasori.
10 Probabilmente «amata».
11 «Guerriero della baia» o «lancia della baia» (?).
12 «Ladro nell'esercito.»
13 Si tratta di Odino, come si vedrà dal prosieguo della narrazione. Cfr. p. 205.
14 Nordico Askr, in Norvegia.
15 Nordico Agðir, in Norvegia: è la regione di cui era re suo padre Araldo.
16 *Merkr* è pl. di *mörk* f., unità di peso corrispondente a circa 204/215 grammi. L'anello di cui si parla doveva dunque essere un bracciale o un collare.
17 La persona che aveva diritto a sedere al «posto d'onore» di fronte al sedile del padrone di casa.
18 Nordico Þruma, davanti alle coste di Agder.
19 Nordico Hörðaland, è una regione norvegese.
20 È noto da un'altra fonte (*Hálf* 1) che costui era stato consacrato a Odino ancor prima di venire al mondo. Cfr. p. 206.
21 Appellativo di Thor; cfr. p. 228.
22 Secondo il racconto della *Saga di Gautrekr* (*Gau* 7), questa maledizione è attribuita a Thor; in Saxo tuttavia (VI, V, 6) essa viene piuttosto indicata come volontà di Odino.
23 «Isolotti di Víkarr.» Il resoconto della morte sacrificale di Víkarr, qui riferito secondo il racconto della *Saga di Gautrekr* (*Gau* 7), appare lievemente diverso in Saxo (VI, V, 6-7), dove è detto che il rito divinatorio fu fatto in conseguenza di violente tempeste che avevano investito le navi; ivi inoltre non si fa menzione de-

gli intestini di vitello. Saxo riferisce due versioni, una da lui condivisa, l'altra respinta. Secondo la prima, Starkaðr aveva avvolto attorno al collo di Víkarr (qui detto Wicarus) un laccio fatto con vimini, fingendo che ciò servisse per un sacrificio simulato: tuttavia il nodo era così stretto che strangolò il re. Secondo l'altra versione il vimine si era indurito diventando come il ferro. Saxo inoltre riferisce che Víkarr fu trafitto con una spada.

24 Nel racconto di Saxo è riferito (VI, V, 8-9) che in seguito a questo fatto Starkaðr, presa la nave di Víkarr, si unì a un pirata vichingo con il quale condivise una vita austera e ricca di conquiste. Di loro si dice che invasero anche i territori russi e sopraffecero gli abitanti, i quali, nel vano tentativo di fermare la loro avanzata, avevano disseminato il loro cammino di chiodi aguzzi.

25 *Alrekr* vale «totalmente potente», Erik (*Eiríkr*) «potente da solo». Su queste figure cfr. p. 463, nota 26. In *Saxo* VI, V, 10, è specificato che Starkaðr rimase in Svezia per sette anni.

26 Il numero delle braccia è di otto (pari a quelle del gigante suo antenato) in *Gau* 7 e di sei in *Saxo* VI, V, 2.

27 «Uncino»?

28 «Coraggioso nell'animo» (*hugr* m. + *leikr*) o formato su nomi continentali? Cfr. J. de Vries, *Altnordisches...*, cit., pp. 265 e 351.

29 Le fonti di questa parte del racconto sono la *Saga degli Ynglingar* (*Yng* 22) e Saxo (VI, V, 11-13), che tuttavia non concordano del tutto nella narrazione. Infatti nella versione della saga è detto che Hugleikr era un re svedese, descritto appunto come amante della vita comoda e del divertimento. Ciò parrebbe confermato proprio da un'osservazione di Saxo, il quale nota come Starkaðr fosse partito dalla Svezia disgustato dai riti lascivi e dalle danze che vi si svolgevano nel periodo dei sacrifici. Saxo però sostiene che Hugleikr era un sovrano d'Irlanda.

30 Cfr. p. 259, nota 179.

31 Probabilmente dallo slavo *Veś* (cfr. J. de Vries, *Altnordisches...*, cit., p. 668).

32 Cfr. p. 341, nota 112.

33 A questo punto ha inizio la vicenda dell'eroe come narrata da Saxo. Va osservato che secondo questo autore Starkaðr, benché imparentato coi giganti, proveniva da un Paese a oriente della Svezia (*Saxo* VI, V, 2). Fróði compare in Saxo come Frotho e in *Skjö* (8-10) come Frodo; ivi è detto che Starkaðr era giunto in Danimarca di ritorno da un viaggio (*ex peregrinatione*) in Italia, Russia e Ungheria; cap. 8.

34 Costui ha nome *Ingellus* in Saxo (VI, VI-IX), *Ingialldus* in *Skjö* (9-10). Significa «re potente».

35 «Semidanese» (*Haldanus* in Saxo).

36 «Sacra» o «consacrata».

37 È un personaggio famoso ricordato nelle saghe leggendarie. Con i suoi fratelli costituiva una banda di *berserkir* (qui nove, altrove dodici). Il nome potrebbe valere «dio adirato»; in Saxo compare come *Angantir* (cfr. *Hve* 2; *Her passim*; *Örv I* 28-30; *Örv II* 14; *Hátt* 22a).

38 Il riferimento è alla loro qualità di *berserkir* (v. nota precedente).

39 Cfr. *Ket* 5.

40 In *Skjö* 12 si fa riferimento alla capacità di Starkaðr di combattere contemporaneamente più di un avversario, là dove, riferendo della grande abilità di Witsercus (*Hvítserkr*, cioè «camicia bianca»; di orso bianco?) si dice: ... *qui rerum gestarum gloria non minus claruit quam famosus ille Starcardus. Witsercus enim 6 solus et una confecit gigantes, cum duodecim simul confligens; Starcardus nunquam tot simul et semel*. Cfr. anche *Mál* 7.

41 Il testo (*Saxo* VI, VII, 11) ha: *praeconis partibus fungi.*

42 In questi versi si fa anche allusione a una profezia di Hálfdan riguardo al comportamento di Ingjaldr, indegno figlio di suo padre, profezia che non è menzionata altrove (*Saxo* VI, IX, 7).

43 *Regnaldus* in Saxo (VII, III-VIII); significa «potente [come gli] dèi».

44 La storia di Sigarr e Hagbarðr è riferita a p. 259, nota 177.

45 È lo stesso che Saxo conosce come Ringo; cfr. p. 170, nota 10, e p. 211. *Áli* (o *Óli*, *Olo* in Saxo) vale probabilmente «progenitore».

46 Forse «campi luminosi».

47 Cfr. p. 315, nota 3.

48 V. nota precedente.

49 Cioè i discendenti di Gjúki; v. p. 392.

50 La fonte di questa parte del racconto (*NGþ* 7) precisa che uno di questi denti, del peso di sette *aurar* (pl. di *eyrir* m., unità di peso che vale un ottavo di *mörk*; cfr. nota 16), era stato portato in Danimarca, dove lo si poteva vedere attaccato alla corda di una campana. Nel suo peso sono sottolineate ancora una volta le dimensioni straordinarie del corpo dell'eroe «più simile ai giganti che agli uomini» (*NGþ* 7: *... líkari jötnum en mönnum*). Cfr. *Islandske annaler*, ed. G. Storm, Christiania 1888, p. 288, dove si dice che uno di questi «denti» era conservato ad Aquisgrana insieme alla spada di Sigurðr. Starkaðr è ricordato insieme a Sigurðr anche in *Flat* I, p. 416, dove è detto che essi si trovano insieme nell'inferno.

51 Le fonti non specificano quale fosse stato il secondo dei crimini che Starkaðr, secondo la maledizione di Thor, avrebbe dovuto compiere; ciò pare assai difficile da determinare nonostante i diversi tentativi degli studiosi: cfr. E.O.G. Turville-Petre, *op. cit.*, pp. 209-10.

52 Così in *Skjö* 9; in seguito però si allude al fatto che Starkaðr era stato compensato con oro (cfr. *Saxo* VIII, VIII, 1). Nella *Saga degli Skjöldungar* inoltre il committente del delitto è indicato nella persona di Fróði fratellastro di Áli (qui Alo), quel medesimo Fróði, padre di Ingjaldr, di cui si è detto prima. Il delitto sarebbe dunque da ascrivere a un periodo precedente. Il motivo dei dodici capi danesi ispiratori del misfatto è presente anche in questa fonte (*Skjö* 9).

53 All'uccisione di Áli da parte di Starkaðr alludono diverse altre fonti: *Yng* 25; *Egil* 18 (dove Áli il Prode è detto Ármóðr); *NGþ* 8.

54 In *Skjö* 9 è detto che dopo questo fatto l'eroe, non volendo restare con Fróði, fu per un certo periodo in Russia e poi per sette anni in Svezia, donde infine partì disgustato dai riti che là si svolgevano.

55 Il nome ha verosimilmente questa forma poiché in Saxo troviamo Hatherus (VIII, VIII, 2-12). Cfr. G. Knudsen-M. Kristensen-R. Hornby, *Danmarks gamle personnavne*, vol. I, København 1936-1948 (repr. 1979-1980), p. 488; K. Hald, *Personnavne i Danmark. Oldtiden*, København 1971, pp. 14 e 105; v. tuttavia anche *SnEArn* III, p. 298.

56 Cfr. *Annales Ryenses*, ed. cit., capp. 58-9.

57 In *HH* II 27 è detto che Starkaðr morì in battaglia contro Helgi: sebbene la testa gli fosse stata mozzata, egli continuava a combattere col tronco; v. p. 377.

58 Snorri ricorda un metro poetico che dall'eroe aveva nome *starkaðarlag* n. (*Hát* 98-9); cfr. *Ldn* H 184 e l'*Enumerazione dei poeti* (*Skáldatal*, in *SnEArn* III, p. 270).

59 Un ricordo delle vicende di questo eroe in area anglosassone è forse da vedere nel *Beowulf* (ed. cit., vv. 2024-69), dove è narrata la storia di Ingjaldr. Anche Olao Magno ripropone la vicenda (*OlM* III, 17; V, 2-4; V, 6-9).

II. Fabbro

CONOSCITORE del segreto dei metalli e del fuoco, nel quale è contenuto il principio della loro trasformazione, il fabbro è artigiano dotato di poteri divini: può elargire vita o morte per mezzo degli strumenti che forgia. Dal suo lavoro sono infatti prodotte le armi, così come i regali gioielli o le coppe e i calderoni nei quali sarà contenuto il liquido sacro.

Nella narrazione sull'origine del mondo si dice che gli dèi agli inizi del tempo lavorarono come fabbri[1] e crearono (lett. «forgiarono»: *smíðuðu*) metalli, pietre e legno, producendo in tale abbondanza il metallo detto oro che quell'età fu detta «dell'oro». Ciò intende che la loro opera fu creativa e feconda. Ma gli dèi, si aggiunge altrove, furono anche «fabbri di canti»:[2] ciò ne sottolinea la natura di possessori del segreto della vita. Per la stessa ragione Bragi, dio della poesia, è definito da Snorri «primo fabbro della poesia».[3] Il fabbro diviene così nel mondo nordico, come del resto in molte tradizioni, un demiurgo che possiede i princìpi divini del bene e del male e per questa ragione è considerato con rispetto e timore: la sua fucina è immagine della matrice donde ogni forma origina.[4]

Nella mitologia scandinava è esemplare la vicenda di Völundr. Di lui è narrato che era figlio del re dei Finni e aveva due fratelli. Con loro si era costruito una casa in Úlfdalir.[5] Essi sciavano e andavano a caccia di animali selvatici. Un giorno, la mattina presto, trovarono sulla riva del mare tre fanciulle che sedevano e filavano del lino. Accanto avevano i loro abiti da cigno, poiché erano valchirie. Erano Hlaðguðr detta Svanhvít, Hervör detta Alvitr e Ölrún.[6] Esse provenivano dal Sud. I tre fratelli le condussero alla loro dimora e le presero in spose. Völundr ebbe Alvitr. Queste fanciulle rimasero con loro sette inverni; nell'ottavo però sentirono nostalgia e nel nono volarono via a suscitare battaglie.[7] I due fratelli di Völundr partirono dunque alla ricerca delle loro spose, uno verso est, verso sud l'altro: Völundr invece rimase in Úlfdalir e là prese a lavorare come fabbro. Egli era dotato di grandissima abilità. Così restava in attesa della sposa.

C'era un re che si chiamava Níðuðr;[8] era re di Svezia e aveva due figli e una figlia di nome Böðvildr.[9] Níðuðr venne a sapere di Völundr che viveva da solo in Úlfdalir. Mandò dunque i suoi guerrieri da lui; essi si misero in cammino nottetempo: le armi scintilla-

Particolare del cosiddetto «Franks Casket»; cofanetto in osso di balena raffigurante una scena del mito di Völundr. Proveniente dalla Northumbria, Inghilterra, VIII-IX secolo

vano al chiarore lunare. Quando giunsero da Völundr, il fabbro non era in casa. Essi allora entrarono e videro appesi in una filza gli anelli, in numero di settecento, che egli possedeva. Li sfilarono, li presero in mano e li rimisero a posto tutti, tranne uno che tennero per sé. In quel mentre Völundr ritornava dalla caccia, sedette su una pelle d'orso davanti al fuoco e arrostì carne di orsa. Poi si mise a contare gli anelli: s'avvide allora che ne mancava uno. Völundr pensò che lo avesse la sua sposa e che ella fosse perciò tornata da lui. Così pensando rimase seduto e si addormentò, ma il suo risveglio fu privo di gioia: i guerrieri di Níðuðr lo avevano incatenato e Níðuðr davanti a lui lo accusava di avergli sottratto il suo oro. Völundr però rispose che quell'oro gli apparteneva legittimamente. Il fabbro venne condotto alla corte di Níðuðr; il re si prese la spada che era stata sua e donò a sua figlia Böðvildr l'anello che era stato rubato. Una donna[10] tuttavia avvertì che Völundr era un essere assai pericoloso. La regina suggerì allora di tagliargli i tendini e di esiliarlo, poiché l'espressione del volto non prometteva niente di buono.

Völundr venne dunque mutilato, gli vennero recisi i tendini del ginocchio e fu condotto su un isolotto. Là egli preparava gioielli di ogni genere per il re. Nessuno osava avvicinarsi a lui, se non il re solo.

Völundr lavorava e meditava vendetta: la sua spada splendeva ora al fianco di Níðuðr; i suoi anelli, preparati per la sposa, erano stati dati a Böðvildr. Con questi pensieri lavorava giorno e notte alla fucina.

Un giorno vennero da lui i due figli del re Níðuðr: essi volevano vedere i tesori che si trovavano là. Vollero le chiavi, lo scrigno fu aperto e i giovinetti poterono vedere l'oro. Poi Völundr li invitò a tornare ancora: disse che avrebbe loro donato il tesoro; essi però avrebbero dovuto andare da soli e non parlare a nessuno del loro viaggio. Di mattino presto dunque un fratello chiamò l'altro e disse che dovevano andare. Di nuovo lo scrigno fu aperto e quando i giovinetti vi guardarono dentro fu palese la malizia: Völundr tagliò loro la testa e gettò i piedi nella fornace; con i crani invece fece delle coppe preziose, le rifinì d'argento e le consegnò a Níðuðr. Poi ancora trasse pietre e collane preziose dai loro occhi e dai denti e mandò questi monili alla regina e a Böðvildr.

Una volta Böðvildr si recò da Völundr: era accaduto che le si era rotto l'anello ed ella non osava dirlo se non a lui. Völundr la rassicurò dicendo che l'avrebbe riparato in modo tale che a sua madre e a suo padre sarebbe parso migliore di prima. Poi le diede da bere[11] e con la birra vinse la sua resistenza: ella fu presa dal sonno nella sua dimora ed egli ebbe modo di abusare di lei. Völundr

Scena raffigurante la crudele vendetta di Völundr. Pietra di Ardre VIII. *Gotland, Svezia,* VIII-IX *secolo*

disse a se stesso: «Ora mi sono vendicato dei miei dolori, di tutti tranne uno, perfidamente».

Si rammaricò di non potersi più reggere sulle gambe, tuttavia si librò in volo; Böðvildr piangente lasciò l'isola: soffriva per la partenza dell'amante e per l'ira del padre.

La saggia sposa di Níðuðr, che stava fuori della corte, entrò nella sala dove il re sedeva a riposarsi: gli domandò se dormisse. No, non dormiva: era anzi angosciato per la perdita dei figli; voleva al più presto avere un colloquio con Völundr. E fu in quel colloquio che Völundr svelò a Níðuðr in quale orrendo modo si era vendicato dell'offesa subìta: rivelò ogni cosa, di come aveva ucciso i due figli del re e di come aveva tratto coppe e monili dai loro crani, dai loro occhi e dai loro denti; poi rivelò anche d'aver posseduto Böðvildr e che ella ora attendeva un figlio da lui: questo però disse solo dopo che Níðuðr ebbe pronunciato ogni sacro giuramento che non si sarebbe vendicato sulla fanciulla. Níðuðr augurò a Völundr ogni male; capiva tuttavia, dolorosamente, che non avrebbe potuto vendicarsi poiché l'altro si librava irraggiungibile nell'aria, ridendo per la vendetta compiuta. Níðuðr rimase seduto tristemente; allora mandò un servitore a chiamare Böðvildr per parlarle. Poi la interrogò volendo da lei conferma di quanto Völundr aveva detto e la fanciulla non poté far altro che ripetere la loro sciagura; contro di lui ella davvero non aveva potuto far nulla![12]

In questa storia vanno sottolineati la mutilazione e l'esilio di Völundr. La prima, corrispettiva delle mutilazioni subite da analoghe figure di fabbri in altre tradizioni (῞Ηφαιστος [Efesto] in quella greca, Giacobbe in quella ebraica, Nommo in quella Dogon), ha il significato di un marchio che testimonia un contatto folgorante con la divinità da cui deriva la conoscenza dei segreti celesti.[13] Il secondo rappresenta una consuetudine, nota a diversi popoli, che voleva il fabbro relegato ai margini della società, perché il suo potere lo rende misterioso e temibile.[14]

Nel mondo nordico anche i nani, che abitano le dimore sotterranee dove si trovano i metalli, sono fabbri famosi, artefici di oggetti magici per gli dèi. Essi hanno forgiato la chioma d'oro di Sif, moglie del dio Thor, l'anello Draupnir e la lancia Gungnir per Odino, il martello di Thor, la nave Skiðblaðnir e il verro Gullinbursti dalle setole d'oro per Freyr[15] e anche il monile Brísingamen per Freyja.[16]

Per la loro relazione con i metalli che si trovano, come talora il fuoco, nelle viscere della terra, essi sono anche guardiani di tesori nascosti,[17] cioè custodi di un bene che può essere fonte di saggezza e fecondità o di egoismo e distruzione. Il possesso di tali segreti li rende esseri iniziatici per eccellenza; per questo un fabbro, il nano Reginn (fratello del drago Fáfnir, custode di un tesoro), sarà precettore ideale per l'eroe Sigurðr.[18] L'atto di Sigurðr, che avuta dal suo precettore la spada Gramr fendette in due l'incudine di Reginn,[19] sottolinea che l'apprendistato è compiuto ed è esaurita la funzione del fabbro.

La spada donata dal fabbro magico è pertanto oggetto altamente potente e difficile da maneggiare perché in essa è contenuto il segreto della vita.

In una saga sono ricordati due fabbri misteriosi, Alíus e Olíus, che forgiarono due spade per un re: la prima tuttavia si spezzò durante una prova, mentre della seconda è detto che fu indicata da colui che l'aveva forgiata, adirato per il trattamento ricevuto dal re, come strumento che avrebbe recato morte a molti componenti della sua stirpe. Questo in seguito si verificò puntualmente, nonostante la spada fosse stata gettata in un lago per evitare l'avverarsi della profezia.[20]

La funzione bivalente del fabbro è parte della sua stessa natura. Così è nota l'espressione «fabbro di mali» (*bölvasmiðr*) riferita al maligno Loki.[21]

La funzione sociale del fabbro è testimoniata dalla citazione di *Smiðr* «fabbro», «artigiano» tra i figli di Karl, colui dal quale sono derivate sulla terra le stirpi dei contadini e degli artigiani.[22]

Note

1 *Gyl* 14; *Vsp* 7; v. p. 57.
2 *Yng* 7: *galdrasmiðir* (o *ljóðasmiðir*: *ibidem* 6); cfr. p. 104, nota 3.
3 *Ská* 18: *frumsmiðr bragar*.
4 Cfr. *Vsp* 7.
5 «Valli del lupo.»
6 Cfr. pp. 307-8.
7 Il testo nordico (*Völ* 3) ha *ørlög drygja* che è «suscitar battaglie» quanto «stabilir destini»; cfr. pp. 631-2 (2).
8 «Guerriero terribile.»
9 «Battaglia» (lett. «battaglia-battaglia» perché composto con *böð* f. [< **baðwa*] e *hildr* f., entrambi «battaglia»). È dunque un nome di valchiria.
10 Essendoci in questo punto (*Völ* 16) una lacuna nel testo, non è chiaro di chi si tratti; dal prosieguo della narrazione pare però probabile che ci si riferisca alla

regina, anche se la strofa precedente (*Völ* 15), che tuttavia probabilmente all'interno del testo va collocata altrove, fa allusione alle valchirie spose dei tre fratelli.

11 Si tratta verosimilmente di una coppa in cui era stata mescolata qualche sostanza ritenuta magicamente efficace. Cfr. pp. 523-5.

12 Questa vicenda è narrata nel *Carme di Völundr* (*Völ passim*; cfr. *Þið* I, *passim*, dove la forma è Velent; II pp. 230, 395-8). La figura di questo celebre fabbro si ritrova in altre aree del mondo germanico e no (cfr. per le fonti P. Maurus, *Die Wielandsage*, in *Münchener Beiträge zur romanischen und englischen Philologie* XXV, Erlangen 1902. In nordico il termine *völundr* come nome comune vale «maestro fabbro», «artigiano abilissimo» (cfr. *Hról* 4-5). L'etimologia del nome è peraltro assai incerta: forse legato a *vél* f. «inganno», «astuzia»?

13 La mutilazione è marchio di iniziazione, segno di possesso dei segreti celesti, di sacrificio di un attributo materiale in cambio di una conoscenza superiore o di un beneficio cosmico. Similmente nel mito è ricordato che Odino è privo di un occhio, lasciato nella fonte di Mímir in cambio di un sorso del liquido prezioso che dà la conoscenza (*Vsp* 27-8; *Gyl* 15; v. pp. 62 e 203-4); così come Týr è privo di una mano poiché solo grazie a questo sacrificio gli dèi hanno potuto imprigionare il lupo Fenrir, nemico dell'ordine cosmico (*Gyl* 34; v. pp. 65-6 e 218).

14 Di Völundr è detto appunto: «Nessuno osava avvicinarsi a lui, se non il re solo» (*engi maðr þorði at fara til hans nema konungr einn*: *Völ* pr).

15 *Ská* 44 [5]; v. pp. 92-4.

16 *Sör* 1; v. p. 117.

17 Così i nani come Andvari (*Ská* 47 [6]; *Reg* pr, 1-5; *Völs* 14; v. pp. 386, 388; cfr. pp. 333-4) e Völundr (*Völ* 17, 20-1).

18 *Reg passim*; v. p. 385.

19 *Reg* pr; v. pp. 388-9.

20 *Ásm* 1. I nomi dei due fabbri appaiono qui chiaramente come imitazioni di nomi latini, laddove ad *Alíus* «Altro» è accostato *Olíus*, che pare essere solo una forma allitterante per soddisfare un gusto letterario.

21 *Ská* 24; v. anche *Fáf* 33.

22 *Ríg* 24; v. p. 67.

III. Re

Due figure di significato assai differente e per molti versi contrastante rispondono nel Nord al medesimo nome di re (*konungr* m.). In esse si incarnano due modelli di vita divisi da un'insanabile contrapposizione: quello della *Sippe* e quello del *comitatus*.[1]

Secondo l'antica tradizione dei Germani, il re era una figura sacra, direttamente partecipe della natura divina e incarnante la fortuna della stirpe. Il suo compito coincideva con quello del sacerdote,[2] al quale si chiedeva di mantenere attraverso la sua persona un contatto con le potenze celesti per garantire la prosperità e la vittoria.[3] Al re era chiesto di concentrare le energie vegetative e vivificanti e di rifletterle sul popolo. Modello ideale di questo sovrano fu tra gli Svedesi il dio Freyr, del quale si dice che durante il suo regno vi fu tale prosperità e pace che quando egli cessò di vivere la sua morte venne tenuta nascosta al popolo perché quello stato di benessere potesse perdurare.[4] Di Freyr, come degli altri sovrani svedesi, è ricordato che usava compiere una processione rituale tra il popolo allo scopo di dispensare prosperità e pace.[5]

Il carattere sacrale del sovrano appare forse anche in talune iscrizioni runiche.[6]

Al re era richiesto di invocare su di sé i benefici del cielo mediante il sacrificio e di diffonderli fra i sudditi.[7] La tradizione ricorda re divinizzati cui si innalzavano sacrifici: così Óláfr detto Geirstaðaálfr[8] e Hölgi.[9] Del re Hálfdan Nero è ricordato che quando morì il suo corpo venne sezionato in quattro parti e sepolto in quattro diverse province poiché gli abitanti di ciascuna di esse lo reclamavano per aver garantite la prosperità e la pace.[10]

La stessa concezione evemeristica di Snorri, secondo il quale gli dèi erano degli antichi sovrani divinizzati dai sudditi dopo la morte, trova qui una giustificazione. Gli antichi re, sacerdoti sacrificatori[11] che avevano garantito al popolo prosperità e vittoria, vengono sentiti non più come il tramite del potere divino, ma come la fonte stessa da cui esso emana.[12]

Ma la tradizione ricorda altresì taluni re i quali, non avendo saputo garantire il benessere dei sudditi, furono da essi sacrificati: così Dómaldi, del cui sangue vennero aspersi gli altari;[13] così anche Óláfr Diboscatore, bruciato vivo in casa, immolato a Odino per ottenere la fecondità.[14]

Anche la morte di altri sovrani della medesima stirpe svedese degli Ynglingar discendenti degli dèi ricorda probabilmente riti sacrificali.[15] Queste figure sono dunque i re del popolo, della terra, del buon raccolto, della vittoria e della prosperità. Nella loro persona sono rappresentati e concentrati gli ideali di vita della *Sippe*.

In epoca vichinga, un'altra figura di re venne distinguendosi nel mondo nordico e si contrappose a quella dell'antico sovrano. Le fonti alludono infatti con frequenza sempre crescente ai cosiddetti «re del mare», *sækonungar* (sing. *sækonungr* m.), a coloro cioè che, abbandonata la terra e con essa le tradizioni della stirpe che volevano tutti soggetti a un medesimo destino, si imbarcavano alla volta di terre lontane in cerca di avventura. I «re del mare» (definizione che, nell'opposizione mare-terra, esprime il loro contrasto rispetto alla figura tradizionale del sovrano) erano individui attivi al servizio di se stessi e del proprio ideale e non soggetti che subivano quasi passivamente la condizione di intermediari fra la terra e il cielo. Per scelta essi rinunciavano ai benefici di una vita comunitaria, nella quale a tutti era garantito un sostegno, ma che esigeva al contempo la rinuncia a ogni velleità individualistica. Affrontando una vita dura, legata a regole di severa disciplina, essi cercavano insieme ai propri compagni un'autoaffermazione e al contempo il conseguimento di un ideale di vita che voleva ciascuno arbitro del proprio destino. Il dio da costoro prediletto dovette essere Odino, nel quale si incarnava la figura di un individuo intraprendente, abile e spregiudicato, capo carismatico dei suoi guerrieri.

È significativo che soprattutto fra costoro siano ricordati i cosiddetti *goðlausir menn* «uomini senza dio», coloro cioè che, rigettato un antico credo, riponevano una totale fiducia solo in se medesimi e nella propria forza magica.[16]

Note

1 Cfr. pp. 15, 17 e 21, nota 19.

2 Cfr. *Ger* 10, dove queste due figure vengono accomunate nella funzione di trarre gli auspici.

3 Cfr. *Yng* 8; *ÓlH* 77.

4 Cfr. p. 279.

5 Cfr. pp. 279-80 e anche *Yng* 35 e 48. Nella *Vita Anskarii* di Rimbert (ed. D.F.C. Dahlman, *MGH*, Hannoverae 1828, Script. tom. II, cap. 26) si allude alla divinizzazione di un sovrano svedese. Cfr. anche *AdB* IV, 26 e *Saxo* VII, II, 3.

6 V. la pietra di Stentoften (Blekinge, Svezia, VII secolo) e la pietra di Sparlösa (Västergötland, Svezia, inizio del IX secolo).

7 Cfr. *AdB* IV, scolio 136; per il concetto di fortuna e il suo legame con il re sacro cfr. p. 306, appendice 2 e p. 314, nota 1.

8 Cfr. pp. 310 e 316, nota 9.

9 *Ská* 56; cfr. p. 295.

10 *HálfS* 9; cfr. *Flat* I, pp. 566-7 e *La bella pergamena* (*Fagrskinna*, ed. F. Jónsson, København 1902-1903), pp. 383-4.

11 A questa loro funzione si allude specificamente in *Yng* 4-5, 9; cfr. nota 2.

12 Cfr. *Saxo* III, IV, 10, dove si allude ironicamente al fatto che la creazione di dèi e di re potesse essere nei tempi antichi paragonabile.

13 *Yng* 15 e *Ytal* 5, ivi citato; *HistN* p. 98.

14 *Yng* 43 e *Ytal* 29 ivi citato; cfr. pp. 213 e 259, nota 187.

15 Cfr. *Yng* 11, 19, 23-4, 26-7, 29. Come è noto, gli Ynglingar sono i discendenti di antenati divini quali Odino e soprattutto Freyr detto Yngvi-Freyr, che è il re sacro per eccellenza; cfr. il passo in cui si dice «ogni re è detto Yngvi» (*Grammatiske Litteratur i Middelalderen*, cit., II, p. 103: *hverr konungr er kallaðr Yngvi*). Cfr. anche *Her* pp. 41-4 e 120-2.

16 Cfr. pp. 36-7.

I simboli

I. Stati dell'essere

1. *I princìpi da cui fu generato il mondo*

a. *Luce - Calore - Secco*

Corrispettivi prevalentemente delle entità fauste, costituiscono uno dei due princìpi da cui fu generato il mondo e uno dei due poli sui quali si regge l'esistenza. Hanno dimora a meridione, in Muspell.[1]

Forze della luce sono gli dèi - soprattutto Baldr[2] -, gli eroi solari,[3] gli elfi chiari,[4] gli astri.[5] Una costante minaccia viene loro dai demoni del caos e dell'oscurità che tentano di sopraffarli.[6] Nelle figure che combattono questa perenne battaglia, la luce incarna il principio ordinatore della materia, l'impulso civilizzatore, la coscienza e l'intelletto delle realtà divine, il possesso di se stessi e del mondo.

Il calore partecipò dell'atto creativo quando con la sua forza sciolse il ghiaccio primordiale e diede in tal modo origine alle gocce viventi da cui si formò il primo essere.[7] Esso è pertanto energia creativa e generatrice, che tuttavia sempre abbisogna d'essere temperata dal suo opposto.

Un eccesso di calore è segno di squilibrio per la vita del cosmo e dell'uomo: non è dunque casuale il racconto della *Saga degli uomini di Eyr*, là dove riferisce che taluni *berserkir*, guerrieri sinistri che combattevano in preda a particolare eccitazione[8] - che cioè possedevano questa qualità sotto forma di potenza psicofisica e di furore -, vengono uccisi mediante un eccesso di calore.[9]

Altrettanto indispensabile è un giusto equilibrio fra il secco e l'umidità. A ciò fa senza dubbio riferimento la notazione di Snorri, il quale informa che le tre norne che dimorano presso l'albero cosmico Yggdrasill hanno il compito quotidiano di irrorarne i rami con acqua e argilla affinché non secchino né marciscano.[10]

b. *Buio - Freddo - Umidità*

Opposti e complementari a luce, calore e secco, sono con quelli la base e il sostegno dell'esistenza. Sono immaginati a settentrione e appartengono al mondo di Niflheimr, una delle regioni primordiali del cosmo.[11]

All'interno dell'attuale ciclo della vita il buio (e così i suoi corrispettivi) caratterizza il mondo dell'oltretomba, Hel o Niflhel, dimora di quegli spiriti dei defunti che possono tornare sulla terra solo col favore delle tenebre.[12] Abitatori del buio sono non soltanto i morti, bensì anche i giganti (costante è il loro tentativo di impadronirsi degli astri, simboli della luce)[13] e soprattutto i nani (incarnanti gli spiriti dei morti?), i quali devono perennemente sfuggire alla luce del sole poiché essa li pietrifica uccidendoli.[14] Così anche gli esseri malefici come le streghe,[15] una delle cui magie prevede a esempio di procedere in senso contrario a quello del sole,[16] e che comunque si dedicano alle loro pratiche preferibilmente di notte.[17] Di molti maghi si ricorda che erano capaci di provocare l'oscurità mediante la magia.[18]

La contrapposizione tra buio e luce si riflette anche sulla funzione magica delle rune, come dimostra a esempio l'iscrizione di Björketorp (Blekinge, Svezia, VII secolo) che così suona: «Profezia di male. Io qui nascosi la serie delle rune luminose, le rune della potenza magica. Con animo malvagio (= comportamento perverso) senza pace, fuori (= estraneo) è (?) di una morte maligna chi distrugge questo monumento».[19]

La simbologia del freddo come principio prevalentemente negativo è sottolineata in particolare nelle diverse allusioni ai «giganti del ghiaccio» (***hrímþursar***), dei quali è nota una vera e propria genealogia e che abitano una regione che la geografia mitologica colloca nella parte settentrionale del mondo.[20]

Il concetto di umidità come stato primordiale da cui origina la vita è espresso verosimilmente nel termine *aurr* m. «sabbia (o terra) umida», il quale ricorre in diversi nomi di esseri collegati ai miti sull'origine del mondo, quali i giganti,[21] i nani,[22] o il dio Hœnir detto Aurkonungr.[23]

2. *Caos*

È la minaccia perenne all'ordine e all'armonia del cosmo. Nel mondo nordico si incarna in forze demoniache quali i giganti, che costantemente cercano di impadronirsi di ciò che garantisce la fecondità e l'armonioso fluire del tempo.[1] Altri nemici dell'ordine, pericolosi e oscuri, attendono la fine del mondo che li libererà dai legami che li paralizzano: il serpe di Miðgarðr, che giace nell'oceano stretto come un anello attorno alla terra;[2] Garmr, il cane infernale, legato davanti alla caverna Gnipahellir;[3] il lupo Fenrir, incatenato su un'isola,[4] e Loki, il malvagio fra gli dèi.[5] Tutti costoro saranno liberi nell'ultimo giorno e combatteranno la battaglia finale contro le forze della luce, con le quali si annienteranno a vicenda.[6] Quando tutto sarà finito, un nuovo ciclo avrà inizio e le forze del caos saranno ricacciate ai confini del cosmo, tornando a essere un'incombente minaccia.

Note

1. *I princìpi da cui fu generato il mondo*

1 *Gyl* 4-5; v. p. 49.
2 Cfr. pp. 239-40.
3 V. p. 367.
4 Cfr. p. 311.
5 Cfr. pp. 68-71, appendice 1.
6 Riuscendo talora nell'intento, come avviene a esempio nel caso della morte di Baldr (*Gyl* 49; v. pp. 155-62).
7 V. nota 1.
8 Cfr. pp. 577-8.
9 *Eyr* 28; v. anche *Vat* 46 e *Saxo* II, IV, 3.
10 *Gyl* 16; v. p. 62.
11 *Gyl* 4-5; v. p. 49.
12 Cfr. pp. 362-3.
13 Cfr. p. 342, nota 116.
14 Cfr. pp. 332, 344, nota 25 e p. 345, nota 59.
15 Cfr. alle pp. 370-1 la figura di Hrímgerðr (*HHv* 30).
16 V. a esempio *Gís* 18; *Vat* 36; *Gre* 79. Cfr. pp. 71 (appendice 1), 82, nota 33 e p. 98.
17 Cfr. *Lax* 37; *Eyr* 51; *Örv* I e *Örv* II 2.
18 Cfr. a esempio *ÓlT* 63; *Njá* 12; *Harð* 25; *Rey* 14.
19 *uþArAbAsbA hAidRuno ronu fAlAhAk hAiderA g inArunAR ArAgeu hAerAmalAusR uti AR welAdAude sAR þAt bArutR*. Qui tradotta secondo l'interpretazione di W. Krause, *op. cit.*, pp. 140-1.
20 V. pp. 56 e 320-1.
21 Come Aurboða, Aurgelmir, Aurgrímnir, Aurvandill; cfr. pp. 320, 317, 330 e 327-8.
22 Come Aurekr, Aurvangr; cfr. p. 331.
23 Cfr. p. 221.

2. *Caos*

1 *Gyl* 42; *Ská* 2-3 [1]; *Þry passim*; *Ská* 25 [3]; v. pp. 113, 115, 118-9 e 137.
2 *Gyl* 34, 51; *Vsp* 50, 56; cfr. pp. 64 e 573.
3 *Gyl* 51; *Vsp* 44, 49, 58; cfr. p. 570 (i).
4 *Gyl* 34, 51; *Vsp* 58; v. pp. 66 e 578-9 (m).
5 *Gyl* 50-1; *Lok* pr; v. p. 162.
6 *Gyl* 51; *Vsp* 44-58; v. pp. 186 e 188-9.

II. Elementi fondamentali

1. *Acqua*

L'ACQUA è scaturigine di vita. Insieme al suo opposto, il fuoco, è uno dei due poli da cui ebbe origine il mondo. Contenuta insieme al veleno nel ghiaccio primordiale, essa si sciolse e gocciolò dando vita al primo essere vivente, che fu il gigante Ymir.[1]

Le allusioni al significato primordiale dell'acqua sono numerose. Esso è sottinteso nell'immagine dei fiumi cosmici, gli *Elivágar*; nel ricordo delle «acque sacre» (*heilög vötn*) il cui scorrere viene evocato a sottolineare il momento della nascita di un eroe;[2] nel giuramento prestato «sulla limpida acqua»;[3] nell'uso di «battezzare» i neonati aspergendoli con acqua,[4] un rituale cui fa riferimento Odino stesso.[5]

Connesso a questo concetto è ovviamente quello dell'acqua come elemento purificatore e rigeneratore, il che spiega tra l'altro la ragione del quotidiano lavoro delle norne che attingono acqua da una fonte sacra e, con quell'argilla che è vicina alla fonte, la versano sull'albero cosmico affinché i suoi rami non secchino o marciscano[6] (nel mito l'argilla sta verosimilmente a simboleggiare il fuoco).

Ma l'acqua, che è anche, per ragioni evidenti, forza vitale e fecondante o, al contrario, distruttrice e letale, rappresenta uno degli elementi fondamentali, una delle manifestazioni materiali dell'essere, un «mondo». Il dominio su di essa sarà perciò prerogativa magica.[7] In tale senso vanno anche interpretati i diversi episodi dove si allude a tempeste provocate da maghi o da streghe.[8] Il *Libro dell'insediamento*[9] riferisce di persone capaci di mutare con la magia il corso dei fiumi.

Un altro simbolo del dominio sul mondo dell'acqua (e su quelli degli altri elementi) è rappresentato da diversi animali (come il cinghiale di Freyr, Gullinbursti,[10] il destriero di Gná, Hófvarpnir,[11] e quello di Odino, Sleipnir[12]) o da oggetti (come le scarpe di Loki)[13] dotati della prerogativa straordinaria di poter trasportare chi li possieda attraverso qualsiasi elemento.[14]

2. *Fuoco*

La complessa simbologia del fuoco presenta aspetti di varia natura, che tuttavia possono essere ricondotti alla sua funzione di elemento fondamentale della vita il quale (così come l'acqua, l'aria e la terra) è capace con la propria azione di determinare i mutamenti dell'essere.

Il fuoco è innanzitutto (e in questo è detto corrispettivo del calore, del secco e del Sud) uno degli elementi da cui ebbe origine il mondo.[1] La sua dimora è in Muspell, luogo dove abita Surtr, gigante del fuoco per eccellenza: egli nell'ultimo giorno incendierà la terra.[2] Nella cornice del tempo, il fuoco si trova dunque all'inizio e alla fine, il che ne sottolinea la qualità di elemento primordiale indispensabile alla vita (anche la distruzione del mondo per mezzo del fuoco sarà presupposto per l'inizio di un nuovo ciclo). Il legame del fuoco con il mondo delle origini è rafforzato anche dalle figure dei «giganti del fuoco» (oltre a Surtr, *Logi* «fiamma» e *Eldr* «fuoco»): i giganti infatti sono le creature primordiali, la cui razza ebbe principio agli inizi del tempo.[3] Il potere creativo del fuoco appare anche nel racconto della *Saga dei Gotlandesi*, dove è detto che l'isola di Gotland, che emergeva di notte e sprofondava nel mare di giorno, poté rimanere fissa al proprio posto solo quando su di essa venne portato il fuoco.[4]

La concezione del fuoco come elemento capace di determinare i mutamenti dell'essere appare anche allorquando si allude al potere magico di Odino, il quale è in grado di comandarlo secondo il proprio volere.[5]

La potenza vitale, purificatrice e rigeneratrice del fuoco, collegata al concetto di inizio, spiega l'uso, ampiamente testimoniato, di prendere possesso di una terra consacrandola col fuoco, il che avveniva sia procedendo a una vera e propria circumambulazione, sia accendendo fuochi nei punti cruciali del suo perimetro, sia scagliando una frecca infuocata (*tundrör* f.) a sorvolare il terreno di cui ci si voleva appropriare.[6]

Il fuoco nel suo carattere di elemento purificatore e rigeneratore diviene anche strumento iniziatico: in tal senso va inteso il supplizio di Odino, appeso tra due fuochi,[7] e l'uso del fuoco nell'ordalia.[8]

Il fuoco che per natura sale verso il cielo è anche veicolo di sublimazione: tale senso ha l'uso di cremare i cadaveri.[9] Esso ha comunque funzione di legare la terra al cielo anche là dove, sotto forma di fulmine, sia scagliato dall'alto. Il fuoco è qui la potenza del dio del tuono Thor (del quale si dice che aveva uno sguardo di fuoco).[10] L'unione del cielo e della terra mediata dal fuoco esprime inoltre una simbologia sessuale che ritorna anche là dove si osservi come esso fosse per lo più prodotto mediante un atto di sfregamento.

Il fuoco è dunque calore vitale, purificazione, rigenerazione, sublimazione, amore: è perciò fonte di fecondità e di conoscenza illuminante. Nelle parole di Odino è detto:

il fuoco è la cosa migliore per i figli degli uomini
e la vista del sole,
la propria salute se la si abbia,
vivere senza macchia.[11]

In questi versi è evidente l'equazione simbolica fuoco = luce = purificazione = integrità.

Al fuoco sono anche attribuiti poteri medicinali, protettivi e difensivi.[12]

Un fuoco che arde è riparo sicuro dai nemici. Così si dice che il rosso che si vede sul ponte dell'arcobaleno è «fuoco che arde».[13] Esso ha lo scopo di impedire ai giganti di scalare il cielo. Un bastione di fuoco è messo a difesa della dimora di talune fanciulle: Gerðr che diverrà sposa di Freyr;[14] Brunilde, la valchiria che solo l'eroe Sigurðr potrà avvicinare;[15] e anche Menglöð, che dovrà unirsi all'eroe Svipdagr.[16] Per l'eroe che lo deve oltrepassare il bastione di fuoco ha funzione purificatrice. È uno strumento di trasmutazione spirituale, la barriera tra l'imperfezione e la perfezione.

In un verso è accennata la funzione protettrice del fuoco contro i marosi, là dove si suggerisce di imprimere le rune sui remi per mezzo del fuoco.[17] Tale uso è testimoniato anche nel folclore.

Un cerchio di fuoco che non può essere oltrepassato dall'interno paralizza le forze di una strega.[18] In quest'ultimo caso compare la simbologia del fuoco infernale che brucia ma non consuma, perché è qui esclusa ogni possibilità di rigenerazione.

Il fuoco è anche uno dei pochi mezzi veramente efficaci contro gli spettri: riesumando il cadavere e bruciandolo ci si libera delle sue apparizioni.[19]

La ricchezza della simbologia legata al fuoco spiega l'importanza del focolare nella casa, al quale non è evidentemente legata soltanto una funzione familiare e sociale, bensì anche la concezione religiosa della vita. Il focolare è il centro della casa, il simbolo della sua stessa esistenza, il santuario domestico.[20] Lì dimorano spesso gli spiriti dei morti che proteggono la casa, ed esso è legato ai momenti importanti della vita della famiglia, come mostra buona parte del folclore scandinavo. Il focolare è inoltre legato all'immagine della fucina del fabbro,[21] luogo di creazione e di distruzione, in comunicazione al contempo con le viscere della terra così come col cielo.

Nella casa il fuoco «vive»;[22] non è forse azzardato dunque pensare al focolare come al luogo in cui si celebrò un tempo un culto del fuoco, il cui dio, se un dio del fuoco esisteva nel Nord, avrebbe forse potuto essere Loki (così suggerirebbe il nome, vicino a *logi* m. «fiamma», e altri indizi).[23] Un fuoco sacro che doveva restare sempre acceso è ricordato nella descrizione di un tempio.[24]

Il fuoco come immagine della luce e della forza vivificante e maschile del cielo ebbe certamente parte nelle feste di fine d'anno (*jól* n.pl.), durante le quali si procedeva all'accensione rituale di un nuovo fuoco (simboleggiante un nuovo ciclo astronomico), così come in quelle di mezza estate, nelle quali i riti connessi al fuoco ne sottolineavano la simbologia legata al calore del sole che si trova in quel momento al solstizio.

Un fuoco acceso col metodo dello sfregamento del legno era anche, come rivela la parola stessa, il *bragðalseldr* m.: *bragðalr* m. è «bastoncino per il fuoco» (*eldr* m.). Esso veniva usato come rimedio in caso di epidemie o di malattie del bestiame. Questo fuoco era sacro perché la sua accensione era pari a un rito nel quale si ripeteva l'atto dei gemelli celesti in aspetto equino che accendono il fuoco del cielo (il sole). Di queste figure, comuni alla mitologia indoeuropea, si conservano in Scandinavia poche tracce (forse i due eroi Haddingjar[25] o Alrekr ed Erik, figli del re svedese Agni).[26] Essi sono forse stilizzati nella forma della runa ᛖ **ehwaz* «cavallo», nella quale potrebbero essere viste due teste equine che si fronteggiano.

Infine va segnalata la connessione tra «ferro e fuoco» (*járn ok eldr*) in contesti nei quali se ne sottolinea la qualità pericolosa e distruttrice.[27] Qui il riferimento è verosimilmente ai metalli e al fuoco che si trovano nelle viscere della terra, dove abitano anche demoni pericolosi, nemici degli uomini e degli dèi. Il fuoco e il ferro sono gli strumenti infernali di cui essi potrebbero servirsi: tale senso ha anche l'equazione fuoco = ferro nel verso: «significa fuoco quando si sogna il ferro».[28]

3. *Terra*

È il principio femminile per eccellenza, la grande madre aperta all'intervento fecondo del cielo che nelle sue viscere trasforma il seme del dio e gli dà potenza.

Già Tacito,[1] riferendo del culto della dea *Nerthus*, la definisce *Terra Mater* e indica in essa una delle fondamentali divinità germaniche. La «dea terra» è per i nordici Jörð, madre di Thor, o anche Fjörgyn.[2] Dell'antico e fondamentale culto a lei tributato (sostituito poi probabilmente da quello delle divinità dei Vani) si trova traccia in un verso in cui assieme agli Asi viene invocata la «terra feconda».[3]

La terra tutto raccoglie nelle proprie viscere e tutto trasforma; essa è perciò dotata di potenza magica. A questa sua qualità, *jarðar megin*, «forza della terra» appunto, alludono diverse fonti. In un verso[4] è detto che essa è contenuta nella bevanda sacra ed è capace di neutralizzare gli eccessi pericolosi della bevuta; la terra infatti viene contrapposta ai liquidi. Alla potenza della terra si allude anche là dove essa viene mescolata nella coppa dell'oblio che acquieta ogni dolore;[5] in un'altra fonte la «forza della terra» dà vigore divino agli eroi o agli dèi.[6]

Secondo i miti cosmogonici, la terra fu creata dalla carne del gigante primordiale Ymir sacrificato da tre dèi.[7] Essa è separata dal mare e vi è contrapposta; è il mondo degli uomini, luminoso e protetto, circondato dalla massa informe dell'oceano.[8] Rappresenta uno spazio di luce e di sicurezza circondato dalle forze del caos e dell'oscurità.[9] Attorno alla terra, serrato come un anello, è l'oceano nelle cui profondità giace il serpe cosmico.[10]

La terra è altresì contrapposta al cielo,[11] è materia rispetto allo spirito, senza il cui intervento non può produrre frutto. È tuttavia parte indispensabile all'equilibrio e alla vita dell'universo, poiché in essa affondano le radici dell'albero cosmico.[12] Inoltre partecipa pienamente della vita del mondo in ogni sua manifestazione: il mito relativo all'uccisione del dio Baldr precisa che la terra, con gli altri esseri, ne pianse la morte.[13]

Oltre al culto della *Terra Mater* testimoniato da Tacito, diverse consuetudini sono da collegare al profondo legame che è stabilito fra la terra e gli uomini suoi figli. In particolare il rito del giuramento della fratellanza di sangue prevedeva che i contraenti passassero sotto delle zolle sollevate dal terreno (*ganga undir jarðarmen*), atto nel quale si esprimeva una sorta di rinascita come fratelli attraverso il fecondo rapporto con la madre terra.[14] Un rituale simile era previsto fra le varie forme di ordalia.[15]

4. *Aria*

Con acqua, fuoco e terra, l'aria è uno dei quattro elementi fondamentali del cosmo. Essa è un «regno», un «mondo» cui possono attingere soltanto esseri sovrannaturali: a esempio le valchirie, i cui destrieri sanno cavalcare altrettanto bene in tutti i mondi;[1] e gli dèi, come Thor che vi trascorre col suo carro provocando il tuono;[2] Gná, che si libra in alto;[3] Loki, talora detto Loptr[4] (termine connesso presumibilmente a *lopt* n. «aria»), del quale si dice che possedeva scarpe magiche con cui poteva camminare in qualsiasi luogo.[5] Anche gli esseri umani che abbiano conseguito particolari qualità possono attingere a questo mondo: il fabbro Völundr[6] o le streghe dotate di poteri sovrannaturali seppure malefici.[7]

Come il fuoco, l'aria è un elemento attivo, maschile (e l'equazione Loki-Loptr potrebbe qui trovare una spiegazione ove si accettasse l'interpretazione di Loki come dio del fuoco; *logi* m. d'altronde è «fiamma»); ciò spiega la costante contrapposizione all'acqua considerata come la terra, passiva e femminile: *lögr ok lopt* «acqua (forse «mare») e aria» è espressione ricorrente per indicare l'opposizione e insieme l'indispensabile unione di questi due elementi.[8]

Quando Snorri afferma che l'aria può essere definita *ginnunga gap*, «baratro degli abissi»,[9] con riferimento al vuoto primordiale,[10] egli ripete verosimilmente il concetto espresso in precedenza secondo cui *Ginnungagap* era mite «come aria senza vento».[11] In ciò è intesa una distinzione tra due successivi momenti della creazione. All'aria come stato di calma del cielo e assenza di vento si allude anche dove si elencano le diverse denominazioni poetiche della bonaccia.[12]

Legata alla simbologia dell'aria è forse anche la figura di *Ilmr*, che è nominata quale dea della stirpe degli Asi, ma anche come valchiria.[13] Il suo nome, che compare anche in diverse *kenningar*, significa forse «profumo». Questo nome può forse trovare una connessione col finnico *ilma* con cui si designa lo spirito dell'aria.[14]

Appendice. Il vento

È la forza che anima e turba la quiete immobile del cielo e vi si contrappone. Ha natura primitiva, elementare e in un certo senso demoniaca. Il mito precisa che il vento è generato dal battito delle ali di un gigante in forma d'aquila che ha nome Hræsvelgr e dimora a nord al limite del cielo.[1] Esso stesso è in realtà un gigante, cioè un demone potente e difficile da dominare, che ha nome *Kari* o *Vindr* «vento». Suoi congiunti sono il fuoco, il mare, il ghiaccio.[2]

Il potere sul vento è prerogativa magica. Esso è attribuito a Odino,[3] che sa calmare le tempeste ma anche far dono di vento propizio.[4] Anche gli esseri dotati di qualità magiche sono capaci di suscitarlo, sia per danneggiare qualcuno scatenando una tempesta, sia per permettere alle navi di prendere il largo. Olaus Magnus[5] riferisce di maghi lapponi che vendevano il vento all'equipaggio delle navi. Tale pratica era nota a Bartholomeus Anglicus.[6]

La capacità di produrre un vento favorevole alla nave è ricordata a proposito della nave di Freyr, Skíðblaðnir.[7] Anche di Njörðr, dio dei Vani (che sono assai esperti in magia), è detto che governa l'andare del vento.[8] Esso è tuttavia un elemento difficile da dominare, poiché una possente forza lo anima. Talora appare anche come strumento del destino o tramite di conoscenza.[9] Al vento cosmico, quello stesso che soffierà l'ultimo giorno,[10] Odino affidò il proprio essere quando rimase appeso per nove notti all'albero cosmico spazzato dal vento per apprendere la scienza delle cose.[11]

In una saga è narrato di un tale Þorsteinn che tentò inutilmente di dissuadere Þorkell da un viaggio per mare poiché presagiva che gli sarebbe occorsa una disgrazia. Quando quello fu partito, egli si ritirò in casa assai addolorato: un colpo di vento gli annunciò che Þorkell sarebbe morto in una tempesta.[12]

Note

1. *Acqua*

1 *Gyl* 4-5; v. p. 50.
2 *HH* I 1.
3 *HH* II 31: *at inu ljósa... vatni.*
4 *Ausa vatni*: fra gli esempi: *Ríg* 7, 21, 34; *HarH* 43; *Örv* I 1; *Örv* II 1; *Njá* 14; *Eyr* 11; *Egi* 31, 35; *Ldn* H 314. In tale occasione al bambino veniva anche dato il nome.
5 *Háv* 158, dove tuttavia l'espressione è *verpa vatni* ed è riferita a un rituale magico, una sorta di «battesimo» per il guerriero che lo rende invulnerabile.
6 *Gyl* 16; v. p. 62.

7 Così si suggerisce in *Grg* 8, 11, in *HH* II pr e in *Háv* 154, là dove si elencano le qualità sovrannaturali di Odino (cfr. *Yng* 7).
8 V. a esempio *Gís* 18; *Eyr* 40; *Vat* 47; *Hal* 10. Cfr. pp. 98 e 110, nota 50.
9 *Ldn* s 289, H 250.
10 *Ská* 44 [5]; cfr. p. 93.
11 *Gyl* 35; cfr. pp. 216 e 560.
12 *Ská* 25 [3]; cfr. pp. 137 e 560.
13 *Ská* 44 [5]; v. p. 94.
14 V. anche *Hal* 11.

2. *Fuoco*

1 *Gyl* 4-5; v. pp. 49-50.
2 *Vsp* 52; *Gyl* 51; v. pp. 187 e 189. V. anche *Gro* 19, dove l'apparire del fuoco all'orizzonte è segno di imminente catastrofe.
3 V. pp. 56 (c) e 321-2.
4 *Gut* p. 62. Nella *Saga di Illugi Figlioccio di Gríðr*, ed. cit., cap. 4, è detto che il protagonista per ottenere il fuoco doveva saper dire tre verità.
5 *Háv* 152; *Yng* 7; v. pp. 35 e 89. Lo stesso è detto di Konr, discendente prediletto di Heimdallr: *Ríg* 44; v. p. 68.
6 Esempi in *Ldn* s 196, H 162; s 198, H 166; s 218, H 184; H 294; s 346, H 305 (v. p. 467). *Eyr* 4; *Víg* 26; *Hœn* 8; *Vat* 10; cfr. le leggi del Gulaþing, § 108 (*NGL* I, p. 50).
7 *Grí* pr, 1-2; v. pp. 153-4 e ivi, nota 1.
8 *Grí* 42; *Gðr III passim*.
9 L'esempio più significativo nel funerale di Baldr; cfr. pp. 157 e 170, nota 7.
10 *Þry* 27.
11 *Háv* 68; *eldr er beztr með ýta sonum / ok sólar sýn, / heilyndi sitt, ef maðr hafa náir, / án við löst at lífa.*
12 Già in *Háv* 137 esso è menzionato come rimedio contro le malattie (v. anche *Fjö* 22 e *Gðr* II 39). In *Gðr* II 23 la fuliggine è ricordata fra gli ingredienti della coppa dell'oblio (v. p. 395).
13 *Gyl* 15: *er eldr brennandi.*
14 *Skí* 17-8; v. p. 150.
15 *Fáf* 42-3; *Sig* pr; *Hel* 10; *Ská* 49 [6]; *Völs* 21, 29; *Edda Kuhn* p. 322; v. p. 393.
16 *Fjö* 1; v. p. 402.
17 *Sig* 10.
18 *Hyn* 48-9. Cfr. anche in *Njá* 125 l'uso del fuoco nella «cavalcata magica» (*gandreið* f.), dove un cerchio di fuoco concentra un potere devastante.
19 *Eyr* 55, 63; *Lax* 24; cfr. pp. 362-3 e *Saxo* II, II, 9.
20 *Háv* 2-3, 35; *Ghv* 10; *Ríg* 2, 14.
21 *Vsp* 7; *Völ* 24 e 34.
22 Così ci si esprime in *Örv I* 10: «cosicché là potesse vivere il fuoco» (*svá at þar mátti lífa eldr*); cfr. anche *Ket* 2: «nella stanza viveva il fuoco» (*lifði þar eldr í skála*).
23 Cfr. il racconto della sua gara con Logi, servitore di Útgarða-Loki (*Gyl* 46-7; v. pp. 124, 126 e 245). Un culto del fuoco (*Vulcānus*) presso i Germani è testimoniato da Cesare (*De bello gallico*, ed. cit., VI, 21).
24 *Kja* 2.

25 Cfr. p. 434, nota 1.
26 *Yng* 20. Di costoro è narrato che erano abilissimi cavalieri e che addestravano i migliori palafreni. Una volta essi cavalcarono insieme, dopodiché non furono visti tornare. Allora gli uomini andarono a cercarli e li trovarono entrambi morti, colpiti alla testa. Essi non avevano armi, ma si erano uccisi a vicenda con i morsi delle briglie delle loro cavalcature. In *Gau* 7 è detto tuttavia che Erik uccise il fratello e gli sopravvisse per lunghi anni. Costoro sono i medesimi che compaiono nel mito di Starkaðr (v. p. 420).
27 Esempi in *Yng* 6; *Fjö* 21; *Hról* 50. Cfr. p. 518.
28 *Gðr* II 39: *þat er fyr eldi er járn dreyma*. Sulle diverse denominazioni del fuoco v. *Alv* 25-6 e *Ská* 37, 78.

3. *Terra*

1 *Ger* 40.
2 Cfr. p. 263, nota 2 (9).
3 *Sig* 4: *in fjölnýta fold*.
4 *Háv* 137.
5 *Gðr* II 21-2; cfr. *Edda Kuhn* p. 227 nota; v. p. 395.
6 *Hyn* 38 e 43.
7 *Gyl* 8; *Vaf* 20-1; v. p. 50.
8 *Vsp* 21, 56, 59; *Vaf* 43; *Fjö* 19.
9 Cfr. *Gyl* 8 e *Hyn* 35, dove si parla dell'orlo della terra.
10 *Gyl* 8, 34; *Hym* 22; v. p. 64.
11 *Vsp* 3; *Vaf* 20-1.
12 *Vsp* 2.
13 *Gyl* 49; *Edda Kuhn* pp. 316-7; v. p. 160.
14 Cfr. in particolare *Gís* 6; cfr. pp. 15 e 23, nota 22 e anche p. 638 (9).
15 Cfr. anche *Fós* 2; *Lax* 18; *Vat* 33; *Njá* 119. Sulle diverse denominazioni della terra v. *Ská* 33, 71, *Alv* 9-10 e *Þul*.

4. *Aria*

1 Esempi in *HHv* pr; *HH* II pr, 49; v. pp. 373-4.
2 *Gyl* 21; v. p. 226.
3 *Gyl* 35; v. p. 216 (4).
4 *Fjö* 26; *Hyn* 41; *Lok* 6; *Þór* 1; *Hau* 8; *Vel* 12; *Gyl* 33.
5 *Ská* 44 [5]; v. p. 94.
6 *Völ* 29, 38; v. p. 442.
7 *Háv* 155; cfr. p. 99.
8 *Grg* 11; *HH* I 21; *HHv* pr; *HH* II pr; *Skí* 6; *Hyn* 24; *Gyl* 37; *Ská* 44 [5].
9 *Ská* 75.
10 *Vsp* 3; *Gyl* 4-5; v. p. 49.
11 *Gyl* 5: *hlœtt sem lopt vindlaust*.
12 *Alv* 21-2.
13 Nelle *þulur*.
14 Cfr. E. Lönnrot, *Finskt-Svenskt Lexikon* I, Helsingfors 1874, p. 318. La parola

può valere «aria», «tempo atmosferico», «clima», «atmosfera», «spazio», «vuoto», e indicare in generale tutto ciò che si trova fra il cielo e la terra. La figura di questa Ilmr è peraltro assolutamente sconosciuta.

Appendice. Il vento

1 *Gyl* 18; *Vaf* 36-7; v. p. 56.
2 V. pp. 56 e 318; cfr. *Ská* 36.
3 *Yng* 7; *Háv* 154; cfr. *Sig* pr, 16-8; v. pp. 35 e 89.
4 *Hyn* 3; cfr. *HH* II 6 e 32.
5 *OlM* III, 16.
6 *De genuinis rerum coelestium, terrestrium et inferarum Proprietatibus, libri* XVIII, ed. Francofurti 1601, XV, 172. In *Yng* 46 è detto di un tale che suscitò il vento facendo ondeggiare il proprio mantello: in tal modo provocò la morte di un re colpito alla testa dal boma della sua nave. Cfr. pp. 98-9 e 110, nota 52.
7 *Gyl* 43; *Ská* 44 [5]; v. p. 93; *Yng* 7; cfr. anche *Grím* 2; *Örv* I 4; *ÓlT* 78-80.
8 *Gyl* 23.
9 *Grí* pr; *Gðr* I 7.
10 *Gyl* 51; *Vsp* 45; *Hyn* 42; v. p. 186.
11 *Háv* 138: *vindgameiði á*; v. p. 89.
12 *Lax* 76. Sulle diverse denominazioni del vento v. anche *Alv* 19-20; *Ská* 36 (cfr. *Ská* 75).

III. Spazio

1. *Forme*

a. *Cono - Vortice*

La forma del cono si esprime simbolicamente nel vortice, immagine di un evento straordinario rispetto al corso degli eventi, di una forza incontrollabile e distruttrice. Nel mito relativo al magico mulino di re Fróði, che macinò dapprima oro e prosperità, poi sale, è riferito che infine esso sprofondò in un vortice nell'oceano.[1]

L'immagine del vortice è qui simbolo della forza distruttrice della fine del mondo che avviene quando l'età dell'oro è degradata in quella del sale. Il vortice tutto ingoia e tutto riduce a un ammasso informe che si perde nell'oceano celeste. Esso poi tutto restituirà quando dal medesimo vortice o baratro (immagine chiaramente legata ai miti cosmogonici) riaffiorerà la vita in un nuovo ciclo.[2]

La tradizione nordica conosce l'immagine di vortici pericolosi nell'oceano, la cui denominazione, danese e norvegese *malstrøm*, neonorvegese *malstraum*, svedese *malström*, è connessa nella prima parte al verbo *mala* «macinare».[3]

b. *Cerchio*

È simbolo inequivocabile di possesso certo e di stabilità, di armonia e protezione. Tale dimensione spaziale si presenta dunque ideale per i luoghi sacri, siano essi le tombe degli antenati, i luoghi di sacrificio o le sedi del giudizio. Il vocabolario svedese indica con il termine *domarring* (pl. *domarringar*) taluni cerchi di pietre (risalenti al V-VI secolo) che si trovano con una certa frequenza nella parte sud-occidentale del Paese. Tale parola trova un corrispettivo nell'islandese *dómhringr* m., lett. «cerchio del giudizio». Nel *Libro dell'insediamento* si legge a proposito di uno di questi luoghi: «c'era là allora un luogo altamente santo, e là c'è ancora la pietra di Thor sulla quale erano uccisi gli uomini durante i sacrifici, e là vicino c'è quel cerchio del giudizio dove gli uomini dovevano decidere a riguardo del sacrificio».[4]

Il vortice marino che inghiotte le navi. Da Olaus Magnus, Historia de gentibus septentrionalibus, *Romae 1555*

Nella forma circolare del luogo sacro sono convogliate e trattenute le energie divine, così come la potenza vivificante degli antenati: esse rendono sacro l'atto giuridico del giudizio. La precisa delimitazione dello spazio sacro in forma circolare aveva il duplice scopo di separarlo dal mondo profano e di raccogliere la potenza divina nella sua più completa manifestazione; in una saga è ricordato il termine *vebönd* (n.pl.), che indica una corda che veniva tesa tutt'attorno al luogo in cui si tenevano i giudizi.[5]

Della simbologia del cerchio partecipa anche il rituale della circumambulazione, che è usato a scopi sia positivi sia nefasti. L'atto di girare attorno a un luogo particolare, seguendo la direzione del sole (*réttsœlis*), serve non soltanto a far sì che fra sé e quel luogo si stabilisca un rapporto in armonia con i movimenti dell'universo, bensì anche a tracciare un'immaginaria linea di netta separazione da possibili influssi negativi provenienti dall'esterno. Il cerchio segna così un limite magico impossibile da oltrepassare, dove l'essere è racchiuso nella sua stessa perfezione. Ciò richiama l'immagine cosmica della terra che è circondata tutt'intorno dall'oceano, legato in forma di anello.[6] L'oceano, per la sua natura di materia informe e disordinata, è sede di forze oscure e incontrollabili: la forma ad anello che gli è stata data dagli dèi serve perciò a impedire a queste forze di dilagare sulla terra.

Nella *Saga di Óláfr il Santo* si racconta di un contadino che si era lamentato col re perché gli uomini del sovrano avevano distrutto i suoi campi. Il re aveva allora compiuto una circumambulazione del terreno dicendo: «Questo mi aspetto, contadino, che Dio ponga rimedio al tuo danno, e questo campo diventi migliore nel giro di una settimana».[7] E quello divenne il campo migliore, come il re aveva detto. Qui va anche ricordata l'usanza testimoniata dalle saghe di «consacrare a sé la terra» (*helga sér land*), cioè prenderne possesso mediante un rito di circumambulazione, durante il quale si accendevano fuochi attorno al territorio che si voleva occupare.[8]

Il procedere con moto circolare in senso contrario a quello del sole (*rangsœlis* o *andsœlis*) ha evidentemente una simbologia nefasta. È atto tipico delle streghe e dei maghi[9] o di esseri abitatori del buio.[10] Con ciò ci si prefigge uno sconvolgimento dell'armonia cosmica sia spaziale sia temporale. In una saga la circumambulazione in senso inverso viene fatta con il fuoco per impadronirsi di una casa bruciata.[11] Forma circolare ha altresì la «cavalcata magica» (*gandreið* f.) degli esseri demoniaci e delle streghe.[12]

Il senso del cerchio come zona in cui si concentra un potere è testimoniato anche a proposito delle sedute di magia, là dove si dice che le assistenti della maga avevano fatto un cerchio attorno al suo sedile.[13]

c. *Quadrato – Scacchiera*

Il gioco delle tavole, sorta di dama o di scacchi, fu molto diffuso nel Nord, come testimoniano i ritrovamenti di pedine a partire dall'età del ferro. Esso doveva avere anche un significato simbolico, come appare dalla citazione delle tavole d'oro con cui gli dèi giocavano alle origini del mondo, e che saranno rinvenute fra l'erba all'inizio del prossimo ciclo.[14]

La scacchiera, con la sua forma quadrata, è immagine del mondo; su di essa si gioca la partita fra le potenze del bene e quelle del male per il predominio. Con questo gioco sacro gli dèi stabiliscono la propria supremazia e impongono ordine al cosmo. Dei figli di Jarl, a sua volta figlio prediletto del dio Heimdallr, è detto che fra le attività con cui compivano la loro formazione vi era il gioco delle tavole.[15]

2. *Colori*

Rappresentano le diverse qualità dell'essere. La distinzione fondamentale è tra colori chiari e luminosi, simbolo di manifestazione del divino, e colori scuri, legati alle forze del caos e dell'oscurità, ma anche al passaggio dal mondo visibile a quello invisibile. Questa dualità fondamentale, fuori della quale si collocano con un proprio significato solo il rosso e il grigio, si manifesta spesso là dove sia sottinteso un concetto di duplicità. Così a esempio si dice che Hel, guardiana del regno dei morti, è per metà scura e per l'altra metà del colore della pelle.[1] Di due gemelli, figli di un re, Geirmundr e Hámundr, è detto che erano «molto neri» (*svartir mjök*)[2] e che furono scambiati dalla madre con il figlio di una serva che era bianco (*hvítr*) di carnagione.[3]

Nella *Breve storia di Þiðrandi* si narra che il protagonista fu assalito e ucciso da nove donne sovrannaturali (*dísir*) vestite in abiti scuri, nonostante in suo soccorso fossero intervenute nove donne luminose e avvolte in abiti chiari.[4] Similmente è ricordato che Svanhildr, figlia di Sigurðr, fu calpestata a morte da cavalli bianchi e neri.[5]

La simbologia prevalente affidata ai colori è dunque quella di rappresentare l'antitesi fondamentale su cui si basa l'esistenza.

È possibile tuttavia riconoscere anche connessioni col tempo (bianco = alba, inizio) o con lo spazio (blu = mondo dell'invisibile, nero = mondo infero).

a. *Bianco*

Colore cui corrisponde uno stato di attesa, di disponibilità, di grazia. È emblema dei luoghi e dei momenti in cui si è pronti al mutamento o al sacrificio (*hvítingar* m. pl., sing. *hvítingr*, connesso a *hvítr* «bianco», è il nome dato alle «vittime sacrificali»);[6] simbolo tanto di chi sta per subire il cambiamento di condizione (che deve condurre a un livello superiore di vita) quanto di chi compie dall'esterno l'opera iniziatica. È quindi altresì il colore dell'epifania, del momento cioè in cui l'essere umano riconosce e recepisce il messaggio divino che muterà la sua vita. Questa simbologia è chiaramente riconoscibile nel racconto del *Carme di Völundr*, dove si narra di Völundr dal «candido collo»,[7] sposo di una valchiria di nome

Pietra di Lasarve II. *Gotland, Svezia,* VII-VIII *secolo*

Alvitr con la quale vive sette anni. Le valchirie, che rappresentano nel mondo nordico l'epifania del divino, sono le dee bianche e luminose per eccellenza: frequenti sono infatti le espressioni che sottolineano il loro candore e la connessione col colore bianco: *Svanhvít* «bianca [come un] cigno» è appellativo di una di loro;[8] di un'altra si dice che ha «il petto chiaro»;[9] la valchiria Sváva è detta «bianca fanciulla»;[10] la valchiria Sigrún è «bianca figlia di Högni»;[11] altrove la valchiria è definita «fanciulla... bianca dai capelli chiari».[12] Similmente altre donne sovrannaturali, seppure non esplicitamente definite valchirie, sono legate alla simbologia del bianco.[13] Tutte paiono riconnettersi alla funzione di mediatrici di segreti divini.

Bianco è altresì il colore dell'alba, sia essa l'alba quotidiana (e infatti la valchiria sposa di Völundr gli appare in quell'ora)[14] oppure l'alba dei tempi. Per questo il dio Heimdallr, che resta al limite dello spazio e del tempo per vegliare su di essi, è detto «il dio bianco».[15] Di lui si racconta che, disceso sulla terra sotto le mentite spoglie di Rígr, fu progenitore delle tre stirpi degli uomini, originate dai suoi figli: *Þrœll* «schiavo»; *Karl* «uomo libero», «contadino»; e *Jarl* «uomo nobile», «guerriero».[16] La vicenda di Jarl, che sarà capostipite di coloro che sono destinati a una vita di conoscenza (così soprattutto suo figlio Konr, che sarà un iniziato), è tutta legata alla simbologia del colore bianco. Di sua madre Móðir si descrivono «il sopracciglio più luminoso, il petto più lucente, il collo più bianco di pura fresca neve»,[17] così come l'accoglienza che fa al dio con una «tovaglia, / di bianco lino»,[18] «pagnotte sottili, / di bianco grano»[19] e «colme scodelle argentate».[20] Di Jarl appena nato si sottolineano «la chioma chiara, gli zigomi luminosi»;[21] per questa sua qualità egli è riconosciuto dal dio come suo vero figlio. Egli poi si unisce a Erna, fanciulla «bianca e saggia».[22] Il giovane Konr, il minore dei loro numerosi figli, sarà una sorta di reincarnazione del dio Heimdallr.[23]

Messaggero di una dimensione in cui è possibile la manifestazione del divino, il bianco è colore sovrannaturale che allontana dalla quotidianità. In ciò esso è parallelo al blu, il quale parimenti distacca dal mondo del reale. La connessione di questi due colori ritorna nei testi nordici con una frequenza non casuale.[24]

Il bianco è talora simbolo corrispettivo della luce; si veda a esempio la descrizione di Baldr, dio luminoso per eccellenza.[25]

Il bianco presenta, quando lo si intenda come pallore, anche una connotazione nefasta: diviene allora il colore della morte, degli spiriti privi di colore perché negati alla luce: così forse gli elfi (il loro nome, probabilmente indoeuropeo, da **ALBH* «risplendere», «essere bianco», latino *albus* «bianco»); così similmente i nani, abitatori delle rocce dalle quali possono uscire solo durante la notte, ché la luce del giorno li pietrifica, uccidendoli.[26] Anche il nome del nano *Móðsognir*, da interpretare forse come «[colui che] succhia la forza [dai corpi]» (una sorta di vampiro) o «[colui che] è senza forza», va inquadrato nella simbologia del bianco come pallore, stato di morte privato (da parte di esseri demoniaci?) delle energie vitali e tuttavia condizione precedente a una rinascita a vita nuova.

b. *Rosso*

È il colore del fuoco impetuoso e del sangue che sgorga da una ferita; rappresenta quindi la manifestazione improvvisa e prorompente di una forza precedentemente contenuta e dominata. Esprime un'azione veloce e violenta quanto incisiva e di breve durata.

L'analogia simbolica rosso = sangue[27] è confermata là dove si allude a una veste rossa definendola «veste sacrificale».[28]

Il rosso è altresì il colore dell'eccitazione e dell'ardore guerriero, del furore eccessivo e incontrollato. Esso è perciò il colore dei *berserkir*, i guerrieri-orso, e degli *úlfheðnar*, i guerrieri-lupo sacri a Odino, combattenti noti per la loro «furia» (*berserksgangr* m.). Costoro posseggono «rosse pellicce»,[29] delle quali si coprono in battaglia operando una magica trasformazione grazie alla quale sono loro trasmesse le virtù dell'animale.

Gli scudi rossi, che assieme a quelli bianchi circondano la valchiria Brunilde addormentata, rappresentano perciò la sua qualità guerriera accanto a quella di donna sovrannaturale.[30]

La qualità di rosso terrigno o fulvo accentua nella simbologia di questo colore l'aspetto nefasto ed eccessivo, facendone un simbolo legato al mondo infernale. Per questo è detto di color «rosso fuliggine» (*sótrauðr*) il gallo che canta nel regno dei morti;[31] così come ha simile colore, abbinato col nero (che è proprio del mondo infero), il lago in mezzo al quale, su un'isoletta, è imprigionato il lupo Fenrir.[32]

L'aggettivo *rauðr* «rosso», insieme a nomi con esso composti, si ritrova di frequente tra i soprannomi.

c. *Blu*

Per la sua simbologia, che esprime il passaggio dal reale all'immaginario, dall'apparente all'archetipico, il blu – colore della notte e dunque del sogno – si riconnette nel mondo nordico alla simbologia del mantello, che è appunto spesso di questo colore.[33]

Il mantello blu è come il manto della notte: copre l'uomo separandolo dal mondo reale, così come la notte cala sulle immagini della quotidianità consentendo l'ingresso in una diversa dimensione. Il blu è esso stesso un mantello di colore che rende l'uomo invisibile, separato e inattaccabile dalle forze vive e manifeste della natura, per questo la cappa o il mantello blu sono oggetti magici che proteggono proprio perché collocano chi li indossi in una dimensione inaccessibile.[34] La simbologia del blu è inoltre connessa di frequente con quella del bianco, che ugualmente è colore legato a una dimensione sovrannaturale, lontana dalla quotidianità.[35]

Una simbologia del blu come corrispettivo dell'oscurità, e dunque delle forze del male, si rileva dal racconto della *Saga dei valligiani di Laxárdalr*, dove si menziona la tomba di una strega nella quale furono rinvenute ossa di colore blu e di aspetto ripugnante insieme a una spilla e a una bacchetta magica.[36]

d. *Grigio*

È manifestazione di una condizione di indeterminatezza tra due opposti (nero-bianco); esprime un invito al raccoglimento e alla riflessione per disporsi a un cambiamento imminente o a un trapasso. È via di mezzo tra il colore e il non colore, cioè tra la vita e la morte.

Il senso di un presagio di morte hanno perciò le apparizioni di donne su cavalli grigi.[37] Nel folclore svedese il cosiddetto *helhäst* «cavallo di morte» è un destriero grigio che preannuncia la fine a chi lo incontri.[38]

Poiché questo colore nel Nord è legato prevalentemente alla simbologia della morte,[39] a esso è spesso affidata la manifestazione delle entità del mondo infero. In una saga si lascia intendere a esempio che lo spirito di un morto si era reincarnato in un toro di colore grigio, il quale aveva fecondato una mucca che era solita leccare le pietre su cui era sparsa la cenere del cadavere. Da questa mucca era nato a sua volta un vitello grigio, nei cui muggiti una vecchia sapiente aveva riconosciuto i suoni di un essere infernale.[40]

Il grigio è pertanto il colore dell'altro mondo, o quello degli esseri che possono accedervi. Così è grigio Sleipnir, il cavallo di Odino, capace di cavalcare nei diversi elementi;[41] così sono grigi i lupi, emblemi delle forze oscure e pericolose[42] e corrispettivi delle streghe.[43] Queste ultime sono in grado di praticare la magia grazie a un contatto con il regno dell'aldilà.

A un «altro mondo» appartengono anche i giganti: non è perciò casuale la citazione del colore grigio in riferimento a uno di loro[44] o a un monte in cui abitano alcuni di questi esseri.[45]

Il riferimento al colore grigio di talune armi[46] – tra le quali l'esempio migliore è certamente *Grásiða* «fianco grigio», una spada assai famosa ricordata nelle saghe –[47] non allude soltanto al metallo con cui erano forgiate. Esso è da intendere piuttosto in relazione al fatto che le armi sono mediatrici di morte.

e. *Nero*

Indica innanzitutto l'assorbimento totale di ogni luce, la sua scomparsa, l'assenza di vita. È perciò il colore della morte nel suo aspetto assoluto e definitivo. Tale senso pare avere l'allusione a questo colore in taluni carmi del ciclo dei Nibelunghi, dove a esempio Goðrún definisce scura come la pece la notte in cui ella piange sul cadavere di Sigurðr suo sposo[48] o spera di veder comparire il suo cavallo nero perché la conduca da lui nel regno dei morti.[49]

Nella mentalità nordica il nero partecipa del fondamentale dualismo nella simbologia dei colori che si riflette nell'antitesi luce-buio. Il nero è perciò collegato, come il blu, al concetto di scuro e di aldilà.[50] Tuttavia, mentre il blu è piuttosto uno strumento magico per accedere all'altro mondo, il nero simboleggia, di quel mondo, la condizione. In esso si allude alla materia informe ricondotta a uno stato primordiale e a una dimensione nella quale essa ritorna a possedere l'energia delle origini.

Per questo, come il buio è immagine di uno dei princìpi del cosmo,[51] il nero è l'essenza stessa del mondo ctonio nel quale abitano i defunti, ma dal quale provengono poi, rigenerate, le energie vegetative. Così è nero il corvo che è presagio di morte,[52] ma sono neri altresì i nani che incarnano gli spiriti dei morti.[53] Così sono neri anche i buoi di taluni giganti,[54] i quali sono esseri dell'aldilà possessori di una ricchezza e di una fecondità primordiali.

Da qui la ragione, verosimilmente, delle «vittime scure» (*furvae hostiae*) offerte al dio della fecondità Frø (= Freyr):[55] i rituali della fecondità avevano infatti anche un carattere ctonio.

Come colore del mondo infero, o per meglio dire infernale, il nero ha una particolare relazione col rosso, insieme al quale esprime la qualità diabolica del fuoco che sta nelle viscere della terra. Questa simbologia è incarnata, nel mondo nordico, nella figura del gigante *Surtr* «nero», il quale è il demone possessore del fuoco distruttore.[56]

Il termine «nero» (soprattutto *svarti*, ma anche *sorti*, *surtr* e altri) si ritrova di frequente tra i soprannomi.

3. *Geografia mitologica*

a. *Abisso*

L'abisso rappresenta nel mondo nordico la realtà precedente alla creazione e nella quale l'esistente è contenuto in uno stato informe e potenziale: il baratro primordiale è detto *Ginnungagap*, forse «spazio [cosmico colmo di] forze magiche».[1] Il gigante Ymir, dal cui corpo fu tratto il mondo, fu sacrificato nel mezzo di questo baratro.[2] In ciò è indicata una prima distinzione del cosmo in senso orizzontale, mentre la citazione di *Ginnungahiminn*,[3] il «cielo degli abissi», suggerisce un ordinamento in senso verticale. Secondo Snorri, in Ginnungagap si trova una delle tre radici dell'albero cosmico.[4] La diffusione di questa immagine del baratro primordiale è testimoniata anche in Adamo da Brema, il quale parla di un *inmane abyssi baratrum.*[5]

b. *Pianura*

È una dimensione spaziale di indeterminatezza, di apertura a tutte le possibilità, di disponibilità.

Una pianura è verosimilmente *Iðavöllr* «campo di creazione» o forse «campo di [incessante] attività», o forse infine «contrada splendente»: luogo che si trova nel mezzo di Ásgarðr e nel quale gli dèi alle origini presero le prime decisioni e dove si ritroveranno gli dèi sopravvissuti alla fine del mondo.[6]

Una pianura è certamente anche *Vígríðr* «[luogo in cui] la battaglia ondeggia», che è il campo (*völlr* m.) su cui alla fine del mondo si batteranno le forze del bene contro quelle del male; esso misura cento miglia in ogni direzione.[7] Con Vígríðr va senza dubbio identificato *Úskópnir*, probabilmente «non [ancora] creato».[8]

Questi luoghi, nei quali si svolgono eventi determinanti che hanno luogo all'inizio o alla fine di un ciclo, rappresentano la molteplicità delle possibilità evolutive che si manifesta in ogni momento di cambiamento e di trapasso.

c. *Punti cardinali*

α. Est

Nella geografia mitologica è uno dei quattro angoli del mondo, presso il quale si trova il nano di nome *Austri* «Est».[9]

È il luogo in cui si svolge la lotta perenne tra il buio e la luce, la quale, una volta sconfitte le potenze oscure, ricompare a ogni alba sul mondo. Ivi abitano talora le valchirie, annunciatrici della luce celeste.[10]

Ma l'Oriente è soprattutto il luogo in cui sono confinate le forze del caos e dell'oscurità che costantemente cercano di dilagare sul mondo. Per questo si dice che il cavallo della notte giunge da est[11] e soprattutto che in quella direzione si reca Thor per combattere i giganti.[12] Da est giungerà perciò nell'ultimo giorno la nave dei malvagi.[13]

Questa simbologia spiega inoltre il motivo per cui Odino, recatosi nel regno dei morti per interrogare un'indovina, si diriga alla «porta orientale»;[14] soltanto da quella direzione infatti essa potrà ritornare momentaneamente in vita.

Gli esseri delle tenebre, che possono vagare di notte sulla terra, devono rientrare nelle loro dimore prima dell'alba; è detto infatti che, qualora volgano il loro sguardo verso l'Est dopo tale momento, essi rimarranno uccisi dalla luce del sole, che li pietrifica.[15]

β. Ovest

Diversamente dagli altri tre punti cardinali, non pare avere una simbologia ben definita e sviluppata. Tuttavia, in quanto luogo nel quale la luce viene sopraffatta e il sole inizia il suo viaggio nel regno delle tenebre, esso rappresenta verosimilmente la porta verso il regno infero[16] così come il luogo in cui intraprendere un faticoso itinerario iniziatico nel contatto con le origini stesse del buio.[17] A un pericolo di morte si allude verosimilmente là dove Hnikarr (= Odino) avverte il guerriero di non combattere nell'ora del tramonto con il viso rivolto verso il sole.[18]

Il mito ricorda anche che Váli, nato per vendicare l'assassinio di Baldr, dio della luce, fu generato nelle «sale d'Occidente»:[19] egli conosce perciò fin dal principio ogni segreto delle forze del buio di cui è nemico. Váli combatterà pur avendo una sola notte di vita, poiché in essa avrà compiuto perfettamente il suo itinerario di iniziazione.[20]

γ. Sud

È la dimora stessa della luce che qui, insieme al calore e al secco, fu concentrata alle origini del mondo.[21] Rispetto al Nord, in cui ebbero sede il buio, il freddo e l'umidità, è uno dei due poli dai quali fu generato il cosmo.[22]

Al Sud appartengono dunque tutti gli esseri cui è affidato il compito di combattere le forze demoniache del buio. Tali sono soprattutto gli eroi solari, come appare con ogni evidenza per Sigurðr. Di lui si narra che, dopo aver concluso il suo apprendistato e aver ucciso il serpe Fáfnir, si recò all'incontro con la valchiria Brunilde dirigendosi a sud.[23] Egli è detto «uomo del Sud»[24] e a sud sarà ucciso dai suoi nemici.[25] Verso sud procede anche l'eroe Helgi, perché questa è l'unica direzione verso cui lo sospinge il volere delle norne.[26]

A sud hanno dimora le valchirie mediatrici per gli eroi della luce della conoscenza:[27] in tale luogo è immaginata infatti la luce potente dell'intelletto e della verità divina. Similmente è detto[28] che la casa di Faðir e Móðir aveva le porte rivolte a meridione. Móðir è colei che unendosi al dio Heimdallr darà alla luce Jarl, progenitore degli uomini liberi, dei guerrieri e degli eroi.

Nel giuramento fatto per il «sole che inclina verso sud»[29] si intende invocare la forza del sole nel suo culmine e nella sua essenza.[30]

Dal Sud verrà nell'ultimo giorno il gigante Surtr che appiccherà il fuoco a tutto il mondo.[31]

δ. Nord

È la patria del buio, del freddo e dell'umidità, e ha sede in Niflheimr, uno dei due poli da cui fu generato il mondo.[32] È connesso al regno degli inferi, come si deduce dal passo in cui è detto che *helvegr*, il sentiero che conduce alla dimora dei morti, «corre verso il basso e verso settentrione».[33] Questo legame è confermato non solo dall'etimologia di «Nord» (nordico *norðr* n.) corradicale del greco *ἔνερθε(ν)* «da sotto» ed *(ἐ)νερτεροι* «inferi» (che rivela come questa concezione fosse assai antica), bensì anche dall'osservazione che le tombe megalitiche e le sepolture dell'età del bronzo sono orientate in senso sud-nord: in esse la dimora del defunto è a settentrione. Anche in Náströnd, luogo abitato dai morti, vi è una casa con le porte rivolte a nord.[34] A nord abitano inoltre i giganti, confinati in una patria fredda e oscura,[35] che ha molto in comune con l'altro mondo.

Anche la notazione in cui si dice che le norne accorse alla nascita dell'eroe Helgi filarono i fili del suo destino e ne fissarono uno a nord, ordinandogli di durare in eterno, significa che esse allontanarono da lui le forze oscure e demoniache della morte.[36]

L'usanza processuale secondo cui l'accusatore doveva procedere col viso rivolto a nord e l'accusato in senso contrario è da riferirsi al tentativo del primo di cacciare il secondo nel mondo dei demoni, al quale costui deve invece dimostrarsi estraneo esponendo il proprio operato al potere delle forze della luce.

La notazione secondo cui la divinità Þorgerðr Hölgabrúðr doveva essere invocata col viso rivolto a settentrione indica in lei una figura appartenente al mondo dei demoni, piuttosto che a quello degli dèi.[37]

d. *Cielo*

È innanzitutto, con la terra, una delle due entità fondamentali del mondo.[38] Infatti il cielo, creato dal cranio del gigante Ymir,[39] è principio attivo, maschile, fecondante, e la pioggia benefica che ne scende farà germogliare il ventre della terra. La sua compattezza garantisce alla terra vita e protezione: quando il cielo si fenderà sarà infatti segno della imminente fine del mondo.[40]

La fruttuosa ierogamia fra terra e cielo è figurata nel mito dal racconto dello sposalizio del dio Freyr con Gerðr, figlia dei giganti.[41]

Ma il cielo si contrappone alla terra e soprattutto al mondo infero perché in esso hanno dimora gli dèi. Solo il ponte dell'arcobaleno sale dalla terra al cielo,[42] ma a ben pochi è consentito il transito.

In tale prospettiva e forse anche a motivo di un influsso cristiano, il mito conosce una successione verticale di cieli. Snorri cita in particolare un secondo e un terzo cielo: *Andlangr* «che si espande totalmente» e *Víðbláinn* «ampio blu», che è il più alto e inaccessibile, luogo in cui si trova Gimlé, dimora splendente dove abitano solo gli elfi luminosi e che resisterà oltre la fine del mondo. Tale suddivisione vuole forse far corrispondere ai diversi strati le differenti manifestazioni del divino.[43] Essa inoltre è legata al concetto di cosmo come serie verticale di mondi sovrapposti, alla quale allude a esempio anche la citazione del nono mondo che sta giù in basso.[44] A una distinzione del cielo in senso orizzontale si accenna là dove si parla della parte del cielo volta a settentrione,[45] di quella a mezzodì[46] o anche dell'orlo o confine del cielo.[47]

e. *Mare*

Rispetto alla terra, nella quale ogni cosa ha assunto forma fissa e ordinata, il mare conserva la materia in uno stato informe, sfuggente a ogni controllo e soggetto a cambiamenti. Esso è un anello di forze oscure, difficili da dominare e pericolose, serrato magicamente attorno al mondo degli uomini.[48] Una forza potente e divina lo trattiene, ma nell'ultimo giorno dilagherà sulla terra e su di esso, all'orizzonte, apparirà una nave possente, carica di dèmoni pronti per la battaglia finale con gli dèi.[49]

Il mare fu creato alle origini dal sangue del gigante primordiale

Ymir:[50] subito esso si separò dalla terra (la carne del gigante) e vi si contrappose; in questa contrapposizione sta uno degli equilibri che reggono il cosmo. I racconti cosmologici si premurano di sottolineare come dopo il crepuscolo degli dèi il mare di nuovo si separerà dalla terra poiché un nuovo ciclo avrà inizio.[51] Qui va ricordata anche l'espressione «per terra e per mare» che intende verosimilmente alludere alla totalità del cosmo.[52]

La contrapposizione terra-mare corrisponde nel dualismo fondamentale dell'esistenza alla suddivisione aldiquà-aldilà. Per la sua natura il mare è infatti regno abitato da esseri sovrannaturali e da defunti. È dimora del gigante-dio del mare Ægir e di sua moglie Rán; tuttavia il mostro per eccellenza che vive nelle profondità dell'oceano è il serpe di Miðgarðr, mostro cosmico anch'esso serrato come un anello attorno al mondo.[53]

Gli esseri che appartengono al mare vivono dunque nell'aldilà, perciò hanno qualità magiche e profetiche. Nella *Saga di Hálfr e dei guerrieri di Hálfr*[54] si racconta a esempio di una montagna in forma d'uomo, sorta dal mare, la quale profetizzò sciagure a re Hjörleifr. Numerosi sono nelle saghe i riferimenti a spiriti e a geni del mare.[55]

Il dominio di questo mondo sconosciuto e pericoloso sarà possibile soltanto per mezzo della magia: Odino stesso si vanta di conoscere un canto magico capace di calmare i marosi;[56] moltissime sono le allusioni a una magia di questo tipo.[57] A un uso magico-medicinale dell'acqua di mare gelata si fa riferimento in due fonti.[58]

Il mare è dunque un «mondo»,[59] o meglio un «altro mondo»;[60] per questo un viaggio su di esso avrà significato di un itinerario di conoscenza. Un'allusione al mare come dimensione attraverso la quale si raggiunge un luogo iniziatico si ha a esempio nel mito del dio torturato.[61]

Il mare infine è anche fonte di nutrimento e di ricchezza; per questo è legato a Njörðr, dio della fecondità: a lui, insegna Snorri, ci si deve rivolgere per i viaggi in mare e per la pesca. Questo dio ha la sua dimora presso il mare, in un luogo detto *Nóatún* «cerchia delle navi».[62]

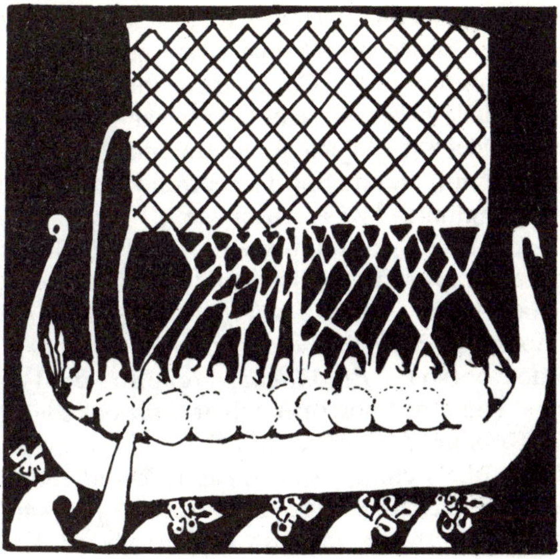

Nave con guerrieri vichinghi sul mare. Raffigurazione sulla pietra di Riddare. Gotland, Svezia, VIII-IX *secolo*

f. *Fiume*

Ha la funzione fondamentale di separare i mondi per impedire che l'ordine cosmico sia minacciato e che le potenze del male invadano il mondo degli uomini e quello degli dèi. I fiumi delle origini nei quali si ripartiscono le acque sacre nascono in Niflheimr dal pozzo detto Hvergelmir. Essi hanno nome *Elivágar* (o *Élivágar*) «onde tempestose».[63] Nel mito sulle origini del cosmo[64] Snorri ne elenca undici: *Svöl* «fresco»; *Gunnþrá* (o *Gunnþró*) «desideroso di battaglia», «impetuoso»; *Fjörm* «frettoloso»; *Fimbulþul* «vento magicamente potente» o «cantore magicamente potente»; *Slíð* (o *Slíðr*) «spaventoso»;[65] *Hríð* «tempestoso»; *Sylgr* «sorso»? o forse meglio «[quello che] inghiotte»; *Ylgr* «[ululante come una] lupa»; *Víð* «ampio»; *Leiptr* «[rapido come il] fulmine»;[66] *Gjöll* «risonante».[67] Questi fiumi, è precisato, scorrono vicino al cancello del regno dei morti. Nella descrizione della Valhalla, Snorri dice che il pozzo Hvergelmir si forma dalle gocce che cadono dalle corna del cervo Eikþyrnir, il quale bruca le foglie dell'albero cosmico.[68] Qui egli elenca di nuovo i nomi dei fiumi mitici, ripetendo alcuni di quelli citati in precedenza[69] e aggiungendone di nuovi: *Síð* «lento»; *Sekin* «[quello che] avanza con impeto»; *Ekin* (o *Ækin*) «[quello che] va» dunque «scorre» (forse però forma errata per *Eikin* «violento»); *Gipul* forse «mormorante»; *Göpul* «risonante»; *Gömul* «antico» (cioè «fiume delle origini»); *Geirvimul* «zampillante con lance»: è dunque uno dei corsi d'acqua che trascinano armi, identico a Slíð? Questi fiumi, annota Snorri, scorrono nei Paesi degli Asi. A essi sono aggiunti: *Þyn* «scrosciante»;[70] *Vin* (o *Vín*) «prato» (?), *Þöll* «quieto» (?) o «ingrossato», *Höll* «inclinato»; *Gráð* «[increspato per le] raffiche di vento»; *Gunnþráin* «minaccioso di battaglia»;[71] *Nýt* «utile»; *Nöt* (o *Naut*) forse «bagnato»; *Nönn* «impetuoso»; *Hrönn* «onda»; *Vína* «Dvina»; *Vegsvinn* «di rapido corso»; *Þjóðnuma* «[quello che] inghiotte gli uomini». Fonte di Snorri per queste citazioni sono i versi del *Dialogo di Grímnir*, dove è indicato un gran numero di fiumi cosmici. Oltre a quelli citati,[72] sono elencati *Rín* «Reno» (che dalla geografia reale è passato a quella mitologica);[73] *Rennandi* «[quello che] scorre»; *Gunnþorin* «ansioso di battaglia»;[74] *Ván* (o *Vǫ́n*) «attesa»: questo è il fiume di cui altrove è detto che origina dalla bava del malvagio lupo Fenrir incatenato dagli dèi, il quale dovrà attendere l'ultimo giorno per essere libero;[75] *Vönd* «difficile [da attraversare]»; e infine *Strönd* «spiaggia». La stessa fonte[76] riferisce che il dio Thor ogni giorno deve guadare i fiumi per recarsi al consiglio degli dèi; essi così si chiamano: *Körmt* «[quello che protegge, separa come una] parete»;[77] *Örmt* «[quello che si divide in] bracci» (?); e i due *Kerlaugar* «bagni nella vasca» (?). Il rapporto del dio con i fiumi torrenziali è dovuto alla sua funzione di difensore degli uomini e degli dèi: per combattere i giganti egli deve oltrepassare a guado i fiumi che separano le regioni del mondo. Nel mito che narra del viaggio presso il gigante Geirrøðr si dice che egli ebbe grande difficoltà nell'attraversare il fiume *Vimur* «zampillante»[78] perché una gigantessa lo faceva ingrossare orinandovi dentro. Così è anche precisato che il dio sta a difesa dei fiumi che si trovano a oriente, cioè presso le dimore dei giganti.[79]

Altri fiumi cosmici sono ricordati in diversi luoghi. In una fonte si allude al potere magico di deviare il corso dei fiumi[80] e si citano *Horn* «corno» (?) e *Ruðr* verosimilmente «arrossato» che paiono essere corsi d'acqua infernali; in un'altra[81] è citato *Vaðgelmir* «ululante al guado», che è attraversato da coloro che sono destinati a pene nell'aldilà (i litigiosi e i bugiardi; qui è presente probabilmente l'influsso di concetti cristiani).[82] Il guado, che per il dio Thor indica una fase della sua difficile lotta contro i giganti, simboleggia qui invece il passaggio dall'uno all'altro mondo, il trapasso a un diverso stato dell'essere.

Il concetto di fiume come limite che separa dall'aldilà si ripete dove[83] si allude a *Þund* «rumoreggiante», subito dopo detto *Valglaumnir* o *Valglaumr* «[quello che] rumoreggia per i prescelti»: esso scorre davanti alle porte della Valhalla. Questa idea si ritrova anche nel *Canto del sole*, componimento nel quale pure è evidente l'ispirazione cristiana.[84]

Ogni fiume ha il compito preciso di mantenere l'ordine cosmico separando le regioni del mondo e proteggendole dai nemici.[85] Per questo, a proposito del fiume *Ífing* «impetuoso», che scorre tra il mondo dei giganti e quello degli dèi, è precisato che «non gelerà mai»:[86] in tal modo sarà impedito ai giganti di attraversarlo.

Segno della fine del mondo e dello sconvolgimento del ciclo sarà il momento in cui le forze dell'oscurità, fino ad allora confinate e trattenute, guaderanno i fiumi cosmici che, per il gioco misterioso della necessità, non sapranno più opporre resistenza.[87]

Il fluire incessante del fiume, all'interno della cornice di un ciclo, rappresenta infatti sia la vita che si rinnova (in un fiume non scorre mai la stessa acqua) sia il ritmico computo del tempo che al ciclo è assegnato. I fiumi cosmici conoscono dunque la durata del ciclo perché essi stessi hanno il compito di misurarla: cesseranno di opporsi al disordine cosmico solo quando sarà giunta l'ora. A tale simbologia infine va forse collegata l'allusione di una fonte,[88] in cui la visione di un fiume torrenziale dal corso irrefrenabile e disordinato è intesa quale presagio di sciagura.

g. *Lago – Isola*

Il lago condivide il simbolismo dell'acqua e del mare in quanto dimora di esseri sovrannaturali e di demoni. Tuttavia, per le ridotte dimensioni e per il fatto di essere totalmente circondato dalla terra, permette agli uomini un avvicinamento e un contatto con questi esseri (in cui non dovranno comunque mancare le dovute cautele). Il suo simbolismo è affine a quello della caverna, poiché è porta aperta sull'aldilà: concentra il senso del mistero.

Simbologia uguale e contraria è quella dell'isola. Piccolo spazio di terra circondato dalle acque, essa è dunque un rifugio sicuro per l'uomo nel cuore di un mondo per lui pericoloso. Ma, poiché per tornare alla terraferma egli dovrà comunque attraversare il mare, l'isola diviene anche un luogo iniziatico per eccellenza, dove saranno appresi tutti i segreti che consentiranno un viaggio di ritorno senza difficoltà. Tale significato ha senza dubbio l'isola di nome *Algrœn* «tutta verde», su cui Hárbarðr (cioè Odino) afferma di avere avuto combattimenti, avventure amorose e varie esperienze durante un periodo di cinque anni trascorso presso Fjölvarr (un gigante?).[89] A un periodo di apprendistato come mago compiuto da Odino nell'isola di Samsey (Samsø, in Danimarca) allude chiaramente Loki nelle sue accuse contro il dio.[90]

Ma l'isola è anche luogo difficilmente accessibile e quindi ideale per un esilio. Questa sua simbologia, combinata con quella del lago, appare là dove si parla dell'incatenamento del lupo Fenrir, nemico mortale degli dèi,[91] legato ed esiliato su un'isoletta di nome *Lyngvi* «[coperta di] erica» situata nel lago *Ámsvartnir* «rosso ruggine e nero» o forse «rosso e nero». Il nome del lago allude alla simbologia di un luogo infernale.[92] Su un isolotto è relegato anche il fabbro Völundr;[93] egli è un demiurgo possessore dei segreti celesti, e il contatto con lui può perciò essere pericoloso.[94]

L'isola rappresenta infine un piccolo cosmo, uno spazio di ordine che come la terra è circondato dalle forze disordinate e pericolose dell'ignoto. Essa è dunque il luogo ideale per lo svolgimento di un duello, nel quale va vista una sorta di ordalia. Il duello più famoso nel mito, prima dei mortali corpo a corpo che segneranno la fine del mondo, è certamente quello combattuto fra Heimdallr e Loki per il possesso del monile di Freyja, Brísingamen. Gli dèi, in forma di foca, si affrontarono a *Singasteinn* «pietra antica» o «pietra magica», isolotto detto anche *Vagasker*, forse «scoglio fra le onde».[95]

Su un'isola si affrontano anche gli opposti eserciti di Högni e di Heðinn, impegnati nella battaglia senza fine:[96] relegati in un angolo del cosmo, essi propongono quotidianamente lo scontro fra gli opposti princìpi in attesa del reciproco annientamento alla fine del mondo.

h. *Bosco*

Secondo una credenza diffusa fra tutte le tribù germaniche[97] il bosco è luogo sacro in cui dimorano e si manifestano le potenze sovrannaturali. Per questo i rituali dei Germani ebbero luogo innanzi tutto nei boschi sacri. Talune fonti scandinave paiono alludere a un vero e proprio culto del bosco: così a esempio il *Libro dell'insediamento* riferisce di un certo Þórir Pezzettino, colono della vallata Hnjóskadalr, che «viveva a *Lundr*» («bosco») e «faceva sacrifici al bosco».[98] Nelle leggi cristiane dell'Uppland svedese è espressa chiaramente la proibizione di credere nei boschi.[99] La diffusione del concetto del bosco come luogo sacro e sede di sacrificio è testimoniata inoltre dai numerosi toponimi in cui compare il termine per «bosco»: soprattutto *lundr* (m.), ma talora anche *viðr* (m.). In molti di essi è facilmente riconoscibile il nome d'una divinità che in quel luogo doveva essere adorata.[100]

Anche la citazione del bosco di nome *Fjöturlundr*, il «bosco delle catene», nel quale Dagr uccide il cognato Helgi trapassandolo con una lancia avuta da Odino[101] (e dunque attuando un sacrificio in onore del dio), richiama riti sacrificali nei boschi; non solo, ma il nome «bosco delle catene» ricorda una notazione di Tacito a proposito di un bosco sacro ai Semnoni, nel quale si poteva entrare solo legati (*nemo nisi vinculo ligatus ingreditur*) e in cui si facevano sacrifici umani al dio supremo (*regnator omnium deus*) da identificare con ogni probabilità con Odino.[102] Anche *Hveralundr*, il «bosco delle fonti» in cui è incatenato Loki, pare essere un bosco sacrificale.

Per la natura di luogo sacro, abitato dalle potenze sovrannaturali, il bosco diviene altresì il luogo iniziatico per eccellenza; lì si va, a esempio, per trovare la bacchetta magica;[103] esso è anche spazio protetto dove appartarsi per un periodo di rigenerazione in attesa di entrare in un nuovo ciclo di vita.[104] Tale è a esempio il bosco detto di Hoddmímir («Mímir» – cioè gigante – «dell'oro»), nel quale troveranno riparo alla fine del mondo, nutrendosi di rugiada, Líf e Lífþrasir, che dovranno dare origine alla stirpe che ripopolerà la terra.[105] Tale è anche Barri (o Barrey), il «bosco dai sentieri silenziosi» (*lundr lognfara*) nel quale devono avvenire le nozze del dio Freyr e di Gerðr, ovvero la feconda ierogamia tra il cielo e la terra che infonderà nuova forza alla natura.[106] *Barri* può essere interpretato come «[campo di] grano» o «[bosco di] conifere».[107]

Un altro bosco «divino» è *Glasir* «splendente», del quale si dice che sta in Ásgarðr davanti alle porte della Valhalla e ha foglie di oro rosso. Tale bosco è «il più bello tra gli uomini e gli dèi».[108]

Il concetto di bosco come mondo separato dal quotidiano, come «aldilà», è confermato nel *Canto di Hárbarðr*, dove i tumuli sepolcrali abitati dai vecchi (gli antenati) vengono definiti «selve del mondo».[109] Chi vi ha abitato è a conoscenza dei segreti divini della natura e può essere benevolo[110] o nocivo.[111]

Luogo spesso impenetrabile e pericoloso, il bosco può assumere anche un'altra simbologia. Talora è infatti una regione malsicura da attraversare e un limite invalicabile tra due mondi. Tale è a esempio *Járnviðr*, la «foresta di ferro» (parola da collegare senza dubbio con *Jarnwith*, nome di un bosco che si trovava nella regione tedesca di Holstein), di cui si ha notizia in Snorri e nell'*Edda* poetica.[112] La «foresta di ferro», cioè la foresta metallica e dunque incapace di dare frutti di conoscenza e di rigenerazione, è abitata dalle gigantesse dette *Járnviðjur*. Essa si trova a est, cioè costituisce un confine presso il quale si trovano i giganti. Là una gigantessa procreò figli in forma di lupi, da cui tutti i lupi sono venuti, specie quello assai nefasto destinato a distruggere la luna. Esso tuttavia è costretto fino alla fine del ciclo a rincorrerla non oltre il limite della foresta, limite che potrà valicare solo al momento stabilito, cioè quando avverrà la catastrofe finale.[113] La connessione del lupo, emblema dell'oscurità e del pericolo, con la simbologia infausta del bosco (specie della foresta) è costante: il bandito, l'uomo abietto, escluso dalla cerchia della stirpe ed estraneo alla sua pace, è spesso paragonato a un lupo dei boschi.[114]

Un altro mitico bosco oscuro simboleggiante un limite invalicabile[115] è *Myrkviðr*, la «foresta oscura», al quale si fanno numerose allusioni nell'*Edda* poetica.[116]

i. *Fonte*

La simbologia universale della fonte come sorgente di vita in perenne rinnovamento è presente anche nella mitologia e nella tradizione nordica. Nel racconto di Snorri, tre sono le fonti in cui è contenuto il mistero della vita; esse stanno presso le tre radici dell'albero cosmico e così si chiamano: Hvergelmir, Mímisbrunnr e Urðarbrunnr.[117]

Hvergelmir «bacile (o meglio «pozzo») risonante» è il pozzo delle origini che si trova in Niflheimr, il mondo infero.[118] Secondo il mito, ha origine dalle gocce che cadono dalle corna del cervo Eikþyrnir, il quale bruca le foglie di Léraðr (da identificare con l'albero della vita). Da Hvergelmir originano gli Elivágar, i fiumi cosmici.[119] Il luogo in cui si trova Hvergelmir è nel mondo infero, perciò, si dice, è popolato di serpenti:[120] questi alla fine del mondo tormenteranno i cadaveri dei morti.[121] In Hvergelmir dunque sono contenuti i segreti del mondo infero così come quelli celesti (è detto infatti che origina dall'albero cosmico). Ivi è contenuta anche la scienza dei mondi e delle origini, poiché esso fu creato all'inizio del ciclo.[122] Per questo i fiumi che ne nascono separano i mondi e scandiscono con il loro scorrere la misura del tempo.

Un'altra fonte in cui è celata la sapienza antica è *Mímisbrunnr* «fonte di Mímir», situata presso quella radice dell'albero cosmico che si stende nel mondo dei giganti.[123] Costoro sono esseri sapientissimi perché la loro stirpe conserva il ricordo del mondo delle origini di cui furono i primi abitatori. Mímir, in particolare, è fra loro uno dei più sapienti: egli rinnova la propria scienza bevendo alla fonte. Odino stesso per poter avere un sorso di quell'acqua preziosa ha dovuto lasciare in pegno un occhio.[124] Nella fonte di Mímir è parimenti nascosto il corno o l'orecchio (o l'udito) di Heimdallr, dio che veglia al limite dello spazio e del tempo.[125] È detto nei miti che nell'ultimo giorno, quando cielo e terra tremeranno, Odino cavalcherà verso la fonte di Mímir per chiedere consiglio.[126]

Una terza fonte, collocata da Snorri presso la terza radice dell'albero cosmico, quella che si protende nel cielo, ha nome *Urðarbrunnr* «fonte di Urðr (=destino)». Presso di essa gli dèi tengono consiglio. Ivi abitano anche le tre norne, che stabiliscono la sorte degli uomini. Due cigni, dai quali è discesa la razza di volatili che così si chiama, vivono presso Urðarbrunnr e lì si nutrono.[127] Qui va forse collegato il nome mitico *Brunnakr* «campo della fonte»,[128] che è forse in relazione con la fonte di Urðr: esso è tuttavia riferito a Iðunn, dea che custodisce le mele dell'eterna giovinezza.

Il concetto della fonte come dispensatrice di vita in perpetuo rinnovamento (dunque di immortalità), di sapienza, purificazione e salute, si intreccia con l'idea che essa rappresenti un luogo in cui si è vicini alla divinità. Un culto delle fonti fu senz'altro presente nel paganesimo scandinavo, come mostra il fatto che esso è testimoniato anche dopo la cristianizzazione nonostante l'avversione dell'autorità ecclesiastica, che dovette infine accettarlo collegandolo alla venerazione dei santi. La più famosa delle numerose fonti oggetto di culto fu senza dubbio quella citata da Adamo da Brema, situata sotto l'albero sacro presso il famoso tempio di Uppsala e nella quale venivano immerse le vittime.[129] D'una «fonte sacrificale» (*blótkelda* f.) si parla in una saga, in cui si riferisce di sacrifici umani.[130]

Il mito nordico conosce anche un'altra fonte, citata nel racconto relativo a Bil e Hjúki, la fanciulla e il fanciullo che furono tolti dalla terra da Odino e seguono ora la luna, come si vede di quaggiù. Di loro è detto[131] che furono presi dal dio mentre si allontanavano da una fonte detta *Byrgir* «[luogo] recintato» o forse «[ciò che] rinchiude» o «cela» portando sulle spalle un secchio detto *Sœgr* «rumore», «pioggia» o «mare» con il bastone *Símul* «nastro», «corda» (dunque «barra di sostegno»?). Questo mito piuttosto oscuro, che è inteso generalmente come riferimento alle macchie lunari, trova forse una più soddisfacente spiegazione se lo si mette in relazione col fenomeno delle maree (di cui potrebbe essere immagine l'atto di attingere acqua da una fonte).

j. *Cascata*

Immagine delle acque primordiali che scendono dalle montagne del cielo, la cascata è simbolo della potenza divina che, immutabile sebbene in continuo rinnovamento, è effusa nel mondo degli uomini. Essa è legata al concetto dell'acqua come forza prorompente e vitale che richiama il momento delle origini. Il suo scroscio è eco del suono primordiale che generò il cosmo. Questo concetto è espresso compiutamente sia là dove si descrive lo scenario della nascita di un eroe,[132] sia dove è preannunciata la nascita di un nuovo mondo oltre il crepuscolo degli dèi.[133] Nella cascata v'è abbondanza di pesci e in essa, sotto questa o altra forma, dimorano o si nascondono taluni esseri: il nano Andvari, che sotto forma di luccio vive in *Andvarafors* «cascata di Andvari», dove Loki lo raggiunge e gli sottrae tutto l'oro e il magico anello che il nano maledirà;[134] Loki stesso che, per sfuggire alla vendetta degli dèi, assume aspetto di salmone e si cela nella cascata detta *Fránangsfors* «cascata di Fránangr» (dove Fránangr «fiordo del serpe» o «acqua splendente»?);[135] e infine *Otr* «lontra», fratello di Reginn,[136] ivi ucciso dagli dèi.

Essendo la cascata simbolicamente connessa alle origini del tempo, cercare rifugio in tale luogo equivale a un tentativo di sottrarsi al pericolo estraniandosi dal momento presente. Ciò vale in particolare nel caso di Loki: sotto forma di salmone infatti egli potrà risalire la cascata raggiungendo le origini, cioè il confine estremo del ciclo in cui vive.

Un culto delle cascate pare attestato dal racconto del *Libro dell'insediamento* a proposito del colono Þorsteinn Naso rosso il quale «era un uomo molto dedito ai sacrifici; egli faceva sacrifici alla cascata e tutti gli avanzi di cibo dovevano essere portati alla cascata».[137]

Di lui si dice anche che la notte in cui morì tutte le sue pecore finirono nella cascata.

Un'allusione, peraltro piuttosto oscura, a un culto magico delle cascate si trova ancora nel XIII secolo nei versi del poeta Bjarni Kolbeinsson, il quale afferma: «Io non divenni saggio sotto le cascate, / non mi sono mai dedicato ai canti magici...»[138]

k. *Valle*

È immagine femminile che richiama l'utero della terra, ricettacolo della forza del cielo, luogo di fecondità e di trasformazione. Per questo è ricordata assai spesso in connessione con la rugiada, che rappresenta il principio maschile e fecondante.[139]

La valle è il luogo in cui l'interiorità della terra si apre verso il cielo per dare e ricevere. È punto di passaggio fra le montagne, recesso riparato o pericoloso; in essa cavalcano le valchirie che vanno a stabilire il destino dei guerrieri,[140] o scorrono fiumi infernali che trascinano armi percorrendo un paesaggio avvelenato.[141]

La valle è da intendere anche come una sorta di ferita della terra; così appare dal racconto del *Libro dell'insediamento* dove si dice che una valle si era formata nel luogo in cui due uomini, noti per le loro qualità magiche, avevano combattuto furiosamente sotto forma l'uno di toro, l'altro di orso.[142] I versi piuttosto oscuri che nel *Canto di Hárbarðr* alludono a fanciulle che scavavano il fondo di una valle sono forse da mettere in relazione con questi concetti.[143]

l. *Alture*

Una concezione simbolica comune a molti popoli è quella che la terra, là dove si innalza, viva. Simbolo d'una primitiva differenziazione nelle forme della materia, la collina o la montagna non solo conservano il ricordo del potere divino che le distinse dalla piana sconfinata delle origini, ma vivono per la presenza di esseri sovrannaturali, nani e giganti,[144] che trovano in esse la loro dimora. I «giganti delle montagne» (*bergrisar*) così come i nani abitatori delle rocce sono esseri, talvolta demoniaci, appartenenti a un mondo distinto da quello quotidiano degli uomini e che ha indubbie connessioni con il regno dei morti. Per questa ragione ai morti vengono innalza-

I tumuli di Gamla Uppsala (verosimilmente risalenti al VI-VII sec. d.C.), imponente monumento tombale a tre potenti sovrani. Sullo sfondo la chiesa che sorge nel medesimo luogo in cui si innalzava il celebre tempio pagano descritto da Adamo da Brema.
Uppland, Svezia, VI secolo

ti tumuli che ripetono la forma della collina e in cui essi abbiano dimora ideale. Di tale uso si ha un esempio superbo nei tumuli regali di Gamla Uppsala in Svezia.[145]

In un carme[146] si racconta di Gróa, che in vita era stata maga (dunque legata agli esseri demoniaci), il cui figlio si reca presso il tumulo per evocarla dal regno dei morti e avere da lei un viatico di saggezza. L'uso dei maghi e delle streghe di sedere all'aperto presso i tumuli (*útiseta* f.) per venire a conoscenza dei segreti dell'aldilà trasmessi dagli spiriti dei morti è testimoniato a esempio nella *Saga di Alfredo Poeta turbolento.*[147] Questa concezione si rileva inoltre con tutta evidenza non solo nel toponimo svedese *Valhal* (che indica taluni monti e deriva senza dubbio il proprio nome da quello della Valhalla, luogo in cui Odino accoglie gli eroi morti in battaglia), ma anche dalle allusioni contenute in testi islandesi dove si sottolinea che alcuni personaggi muoiono in prossimità di montagne, colline o rocce. Si legga: «Era convinzione di Þórólfr e dei suoi congiunti che essi sarebbero morti tutti nella montagna».[148] La «montagna» a cui qui si fa riferimento è *Helgafell* «Montesacro», così chiamata dal colono islandese Þórólfr Mostrarskegg, altrove ricordato come grande devoto del dio Thor.[149] Costui aveva per questo monte una grande venerazione.[150] Si narra anche che una volta il pastore di un altro colono di nome Þorsteinn salì sul monte, nella parte settentrionale: allora si accorse che il monte si apriva. Nelle viscere della montagna vide dei fuochi accesi e udì suoni e voci gaie (presumibilmente di morti) provenire di là.[151] Anche di altri personaggi islandesi è ricordato che ritenevano che da morti sarebbero vissuti nel cuore delle montagne; così Kráku-Hreiðarr che «... scelse di morire a Mælifell».[152] Così i congiunti di tale Auðr, i quali avevano grande venerazione per una collina sulla quale ella, che era battezzata, aveva fatto erigere una croce: «... essi credevano che sarebbero morti nelle colline».[153] Per questa ragione, forse, è detto in una fonte che il dio Baldr morì su una collinetta.[154]

m. *Caverna*

Luogo che consente l'accesso alle viscere della terra (quindi a un mondo oltre il mondo), la caverna, irraggiungibile dalla luce del sole, è dimora ideale di esseri demoniaci e infernali. Essa è dunque porta aperta sull'aldilà e al contempo luogo pericoloso e oscuro dal cui ventre possono improvvisamente erompere le forze del male che ivi concentrano le loro energie.

La caverna infernale per eccellenza è *Gnipahellir* «caverna della roccia sporgente», davanti alla quale è legato il cane Garmr che sarà libero nell'ultimo giorno per la battaglia finale contro gli dèi.

Una caverna è evidentemente la dimora più congeniale per la gigantessa Þökk (sotto le cui spoglie si cela Loki), la quale impedisce, col suo rifiuto di piangerne la morte, il ritorno di Baldr, dio luminoso per eccellenza, dal regno dei morti.[155] In una caverna dimora anche la gigantessa Hyndla, come risulta dalle parole di Freyja: «Svegliati fanciulla fra le fanciulle, svegliati amica mia, / Hyndla sorella, che abiti nella caverna!»[156] L'allusione al risveglio ha qui il significato di un invito a uscire dal regno dei morti.

Il toponimo islandese *Surtshellir* «caverna di Surtr» allude al gigante del fuoco, nemico mortale degli dèi, che nell'ultimo giorno incendierà il mondo.[157] Nel *Libro dell'insediamento* si narra la storia di un tale Þorvaldr ***holbarki*** («Gola vanitosa»?) il quale «salì a Surtshellir e recitò la poesia che aveva composto sul gigante nella caverna».[158]

La caverna o sala di pietra (spesso illuminata dai bagliori dei metalli) è altresì abitata dai nani (che hanno un legame evidente con gli spiriti dei morti).[159]

n. *Palude*

È luogo in cui la terra è commista all'acqua e resa insidiosa. È sede sacrificale, come mostrano i reperti assai numerosi ritrovati in questi luoghi. In essa, mediante affogamento, si eseguivano anche le condanne a morte degli esseri malvagi e stregoneschi.[160] Si veda anche l'episodio in cui un uomo perverso affoga in una palude;[161] in una saga finisce in una palude un toro nel quale era incarnato uno spirito demoniaco.[162] Qui va ricordato che le vittime dei sacrifici[163] erano spesso persone condannate. Per questo motivo è anche ritenuto che le paludi siano dimora di demoni o di mostri (l'esempio più noto nel *Beowulf*, che tuttavia, sebbene di ambiente nordico, appartiene alla tradizione anglosassone).

Note

1. *Forme*

1 *Ská* 53 [7]; *Gro passim*; v. p. 182.
2 Cfr. p. 49.
3 Cfr., tra l'altro, *OlM* II, 7 e anche *Saxo* VII, XI, 3.
4 *Ldn* S 87, H 73: *var þar þá helgistaðr mikill, ok þar stendr enn þórs steinn, er þeir brutu þá menn um, er þeir blótuðu ok þar hjá er sá dómhringr er menn skyldu til blóts dœma*; cfr. pp. 76-7 (e).
5 *Egi* 56; *vé* n. è «luogo sacro», *bönd* (pl. di *band* n.) «legami».
6 *Gyl* 8; v. p. 50.
7 *ÓlH* 203: *þess vænti ek, bóandi, at goð mun leiðrétta skaða þinn, ok mun akr þessi betri á viku fresti.*
8 Cfr. p. 462, nota 6.
9 Esempi in *Vat* 36; *Gre* 79; *Gís* 18.
10 A esempio un nano in *Gön* 32.

11 *Hœn* 10.
12 Così appare dalla descrizione che se ne ha in *Njá* 125, dove si parla di un cavaliere scuro come la pece che cavalcava su un cavallo grigio in un cerchio di fuoco e al cui apparire pareva tremassero il cielo e la terra. Cfr. p. 361.
13 *Eir* 4.
14 *Vsp* 8, 61; *Gyl* 52; v. p. 189.
15 *Ríg* 41; v. p. 68.

2. *Colori*

1 *Gyl* 34.
2 *Ldn* S 112, H 86.
3 V. anche *Hálf* 17. Questa simbologia si ritrova anche in altre figure, quali i fratelli Hálfdan Nero (*svarti*) e Hálfdan Bianco (*hvíti*), gemelli, figli del re Araldo Bella chioma (*HarH* 17), o i due Hrókr, figli di Hámundr, anch'essi detti Bianco e Nero (*Hálf* 10, *passim*). V. altresì l'opposta descrizione di Agði e di Goðmundr in *Þþb* 7. Cfr. pp. 500-1.
4 *ÞþoÞ*; cfr. *Njá* 96 e pp. 69 e 302-3.
5 *Ghv* 2; *Ham* 3; v. p. 398.
6 *Gðr* II 43.
7 *Völ* 2: *hvítr hals*; v. p. 439.
8 *Völ* pr.
9 *Völ* 2: *faðmr ljóss*.
10 *HHv* 28: *hvít... mær*.
11 *HHv* 48: *hvít... Högna dóttir*.
12 *Hra* 1: *mey... hvít haddbjört*; v. anche str. 2.
13 Così in *Hár* 30: «ero in oriente e con una conversavo, / giocavo con una bianca come il lino» (*ek var austr ok við einhverja dœmðak, / lék ek við ena línhvítu*); o in *Alv* 7: «voglio possedere piuttosto che esserne privo, / la fanciulla candida come neve» (*eiga vilja, heldr enn án vera, / þat it mjallhvíta man*); o in *Atk* 39: «luminosa come un'oca» (*gaglbjart*), detto di Goðrún; o in *Sgk* 49, dove la valchiria Brunilde distribuisce «luminosi tessuti» (*bjartar váðir*).
14 *Völ* pr; v. p. 439.
15 *Gyl* 27: *hvíti áss*; cfr. pp. 221-2.
16 *Ríg passim*; v. pp. 66-8.
17 *Ríg* 29: *brún bjartari, brjóst ljósara, / háls hvítari hreinni mjöllu*.
18 *Ríg* 31: *...dúk, / hvítan af hörvi*.
19 *Ríg* 31: *...hleifa þunna, / hvíta at hveiti*.
20 *Ríg* 32: *...skutla fulla, / silfri varða*. L'argento è simbolo corrispettivo del bianco; cfr. p. 520 (b).
21 *Ríg* 34: *...bleikt var hár, / bjartir vangar*.
22 *Ríg* 39: *...hvítri ok horskri*.
23 *Ríg* 45.
24 È blu la camicia di Móðir, madre di Jarl (*Ríg* 29); sono bianche e blu le coperte sulle quali scorre il sangue di Sigurðr ucciso a tradimento (*Ham* 7; *Ghv* 4).
25 *Gyl* 22; v. pp. 60 e 239.
26 Cfr. *Alv* 2, dove si allude al pallore cadaverico del nano Alvíss.
27 Cfr. *Vsp* 41; *HH* II 19, *Reg* 26; *Fáf* 28; *Gís* 33; *Njá* 112; *Hœn* 9; *Hról* 25; *Vat* 42; *Flat* I, p. 369; II, p. 136. V. l'aggettivo *dreyrrauðr* «rosso come il sangue».

28 *Vat* 26. Il termine è *blótklæði* n. Il rosso come colore della magia appare in *Gðr* *II* 22.
29 *Gðr* *II* 19: *loðar rauðir.*
30 *Hel* 9.
31 *Vsp* 43; cfr. p. 550.
32 *Gyl* 34; v. p. 482.
33 O comunque «scuro»; fra gli esempi assai numerosi: *Grí* pr; *Gís* 16; *Eyr* 13, 18, 20; *Eir* 4; *Vat* 22, 44; *Ldn* S 348, H 307. Cfr. pp. 611-2 (a).
34 Cfr. *Grí* pr; v. p. 153.
35 *Ghv* 4; *Ham* 7; *Ríg* 29. Cfr. p. 470.
36 *Lax* 76; v. anche *Eyr* 63.
37 Esempi in *Gís* 30; *Stu* I, II, 190; v. anche *Ham* 3 ed *Edda Kuhn* p. 320, dove i cavalli grigi sono strumento di morte.
38 Cfr. *Örv* I 2 e *Örv* II 2, dove è detto grigio il cavallo predestinato a causare la morte dell'eroe Oddr.
39 In *Hra* 4 è sottolineato il colore grigio del piumaggio del corvo, che è messaggero di morte; in *Dar* 1 la battaglia, in cui gli eroi andranno incontro al destino, è metaforicamente figurata in una tela grigia tessuta dalle valchirie (cfr. pp. 631-2).
40 *Eyr* 63.
41 *Gyl* 42, 49; *Skå* 25 [3]; cfr. p. 560.
42 *HH* *II* 25; *Atk* 11; cfr. pp. 579-80.
43 *HHv* pr, 35, a esempio.
44 *Hym* 10.
45 *Gro* 10.
46 *HH* *I* 12.
47 È la spada appartenuta al celebre bandito Gíslí Súrsson e poi riforgiata in lancia (*Gís* 1, 11, 16; *Gre* 49; *Stu* *I*, II, 39).
48 *Gðr* *II* 12.
49 *Ghv* 18.
50 V. l'associazione di questi due colori in *HH* *I* 50.
51 *Gyl* 5; cfr. pp. 451-2.
52 A esempio in *Reg* 20.
53 In *Gyl* 34, *Skå* 44 [5] e 47 [6], essi vengono definiti lett. «elfi neri» (*svartálfar*).
54 *Þry* 23.
55 *Saxo* I, VIII, 12.
56 Cfr. pp. 187, 189 e 321.

3. *Geografia mitologica*

1 *Vsp* 3; *Gyl* 4-5; v. p. 49.
2 *Gyl* 8; v. p. 50.
3 *Gyl* 8. In un codice è precisato che esso era detto *Gimmendegop*.
4 *Gyl* 15; v. p. 62.
5 *AdB* IV, 3.
6 V. pp. 57 e 189.
7 *Vaf* 18; *Gyl* 51; v. p. 187.
8 Questo, secondo *Fáf* 14-5, è il nome del luogo in cui avverrà lo scontro finale

nel giorno del crepuscolo degli dèi; in tale fonte però si allude a un isolotto e non a una piana (cfr. p. 192, nota 17).

9 *Gyl* 8.

10 *Hár* 30; *Völ* 4.

11 *Vaf* 13.

12 *Vsp* 40; *Hár* pr, 23, 29; *Hym* 5, 35; *Lok* pr, 34 (dove si allude a un periodo trascorso dal dio Njörðr presso i giganti), 59 (dove Loki viene minacciato da Thor di essere spedito in Oriente), 60; *Gyl* 45; *Ská* 25 [3]; v. p. 134, a esempio.

13 *Gyl* 51; *Vsp* 51; v. p. 191, nota 5. V. anche *Gro* 19, dove si dice che la minaccia per re Fróði, patrono della pace, proverrà da quella direzione.

14 *Bal* 4: *fyr austan dyrr*; v. p. 155.

15 *Alv* 35; *HHv* 29-30.

16 Cfr. *HH II* 49 a proposito di Helgi che per quella direzione deve tornare nel regno dei morti; v. pp. 378-9.

17 Cfr. *HH* II 8, dove si allude a un degrado dell'eroe, a un suo ritorno alla non-civiltà; v. *Grí* 10 (dove si allude alla porta occidentale della Valhalla).

18 *Reg* 23.

19 *Bal* 11: *í vestrsölum*.

20 V. anche *Vsp* 32.

21 *Gyl* 4-5; v. p. 49.

22 Cfr. *Vsp* 6.

23 *Sig* pr: *stefndi suðr*; v. p. 391.

24 *Sgk* 4: *seggr inn suðrœni*.

25 *Gðr II* 8.

26 *HH I* 4; cfr. *HHv* pr, dove Heðinn per trovare Helgi si reca a sud; v. pp. 372 e 371.

27 Così Brunilde: *Sig* pr; *Hel* 10 e le sue «sorelle»; *Völ* 1, 4; *HH I* 16; cfr. anche *Gðr II* 14.

28 *Ríg* 26; v. p. 67.

29 *Atk* 30: *at sól inni suðrhöllu*.

30 Cfr. *Vsp* 5.

31 *Gyl* 51; *Vsp* 52; v. pp. 187 e 189.

32 *Gyl* 4-5; v. p. 49.

33 *Gyl* 49: *...niðr ok norðr liggr helvegr*.

34 *Gyl* 52; *Vsp* 38; cfr. p. 72.

35 Cfr. *Ská* 26 [3] e p. 321.

36 *HH I* 4; v. p. 372.

37 *Jóm* 44; *Flat* I, p. 191; cfr. pp. 295-6 (10). Dal Nord proviene anche la tempesta magica, provocata da questa divinità, che colpisce gli Jómsvichinghi (*ibidem*).

38 In *Vsp* 3 la situazione delle origini è infatti descritta così: «non c'era la terra né il cielo lassù» (*jörð fanns æva né upphiminn*); in tal modo è indicata la loro contrapposizione complementare che è uno dei presupposti della vita. V. anche *Vaf* 20; *Þry* 2; *Grp* 52; *Odd* 17.

39 *Gyl* 8; *Grí* 40; v. p. 50.

40 *Vsp* 52; *Gyl* 51; v. p. 186.

41 *Skí passim*; *Gyl* 37; v. pp. 149-51.

42 *Gyl* 13, 15.

43 Essa è ulteriormente specificata nelle *þulur*, dove sono elencati nove cieli (*Skj* I: A, pp. 683-78; B, pp. 671-74; v. anche *Ská* 32, 69). Sulle diverse denominazioni poetiche del cielo e delle nubi v. *Alv* 11-2, 17-18.

44 *Gyl* 3; *Vaf* 43.

45 *Gyl* 18.
46 *Gyl* 17.
47 *Vsp* 5; *Vaf* 37; *Hym* 5; *Gyl* 17.
48 *Gyl* 8.
49 *Gyl* 51; *Vsp* 51, 57; *Hyn* 42; v. p. 186.
50 *Gyl* 8; *Vaf* 21; *Grí* 40; v. p. 50.
51 *Gyl* 53; *Vsp* 59; v. p. 189.
52 *HHv* 29: *á landi ok á vatni* (lett. «per terra e per acqua»).
53 *Gyl* 34; v. p. 64. Esso, nonostante il tentativo di Thor di ucciderlo (*Gyl* 48; *Hym passim*; v. pp. 129-32), sopravviverà fino all'ultimo giorno per cadere poi in un duello mortale col dio (*Gyl* 51; *Vsp* 56; v. p. 189).
54 *Hálf* 6.
55 V. anche *HHv* 23.
56 *Háv* 154; cfr. anche *Yng* 7; cfr. p. 35 e anche p. 89.
57 Cfr. *HHv* 26; *HH* II pr; *Reg* 16-8, pr; *Sig* 10; *Ríg* 43; *Grg* 11.
58 *Gðr* II 21 e *Hyn* 38.
59 Cfr. *Gðr* II 35.
60 Cfr. pp. 72 e 319-20 e anche un verso in *Hálf* 11, dove la morte è intesa come discesa nelle profondità marine.
61 V. p. 153. Un'allusione all'idea del mare come luogo iniziatico si ha forse anche in *HH* II 7-9.
62 *Gyl* 23; cfr. p. 277. Sulle diverse denominazioni del mare v. *Ská* 34, 77; *Alv* 23-4 e *Þul*.
63 In *Ská* 26 [3] si precisa che essi fanno da confine col mondo dei giganti; cfr. *Saxo* VIII, XIV, 7 e *ÞorV* 1.
64 *Gyl* 4.
65 Di questo fiume si dice in *Vsp* 36 che scorre da oriente attraverso valli avvelenate trascinando spade e pugnali. Simili allusioni si hanno in *Saxo* I, VIII, 14 e *Hák* 8; cfr. p. 514 (3).
66 In *HH* II 31 è detto che sulle sue acque si fanno giuramenti.
67 Su di esso passa Gjallarbrú, il ponte che conduce nel regno dei morti (*Gyl* 49); cfr. p. 76.
68 *Gyl* 39; v. p. 63.
69 Gunnþrá tuttavia presenta la variante Gunnþró.
70 Cfr. *Njá* p. 473, str. 17 (*Viðbætir*).
71 Probabilmente identico a Gunnþrá/Gunnþró.
72 *Grí* 27-8; ma Sekin ha la forma Sœkin; Ekin quella probabilmente più corretta Eikin; Slíðr quella Slíð.
73 Come Vína, v. sopra.
74 Forse identico a Gunnþráin qui non citato.
75 *Gyl* 34; v. p. 66.
76 *Grí* 29, citato in *Gyl* 15.
77 Il nome appare forse nel toponimo *Karmøy*, un'isola norvegese.
78 *Ská* 27 [4]; v. pp. 140-1 e anche *Ská* 12.
79 *Hár* 29. Cfr. anche il fiume che separa il mondo degli umani da quello dei giganti in *Þþb* 5, 12 e *Saxo* VIII, XV, 7.
80 *Grg* 8; v. p. 401; cfr. *Ldn* S 289, H 250.
81 *Reg* 3-4.
82 Così anche in *Vsp* 39, dove si allude agli spergiuri e agli assassini.
83 *Grí* 21.

84 *Sól* 42.
85 In tal senso le allusioni in *HHv* pr e *Yng* 1, dove questo concetto è trasposto dalla geografia mitologica a quella reale.
86 *Vaf* 15-6: *verðrat íss á á*.
87 *Gyl* 13; *Fáf* 15; v. anche *Lok* 41.
88 *Atm* 26.
89 *Hár* 16; si tratta verosimilmente del frammento di un mito andato perduto; cfr. p. 629, nota 10.
90 *Lok* 24.
91 *Gyl* 34; v. pp. 65-6.
92 Cfr. p. 471.
93 *Völ* pr, 29, 40; v. pp. 440-1.
94 Similmente si allude in Saxo (II, I, 2-3) a un mostro che viveva su un'isola e vi custodiva un tesoro.
95 *Ská* 16, 24.
96 V. pp. 176-8.
97 Cfr. *Ger* 9.
98 *Ldn* S 237, H 202: ... *bjó at Lundi; hann blótaði lundinn*.
99 Cfr. *Fornsvenska texter*, ed. E. Wessén, Stockholm-København-Oslo 1969, p. 11.
100 Esempi: *Lund* (Svezia, dove tali toponimi sono particolarmente diffusi), *Onsved* (Danimarca), *Onslunda*, *Odenslund* (Svezia), *Torslund(e)* (Danimarca), *Torslunda* (Svezia), *Tislund*, *Tiset* (< **Týsviðr*, Danimarca), *Ullunda* (Svezia), *Frølund(e)* (Danimarca), *Fröslunda*, *Frösvi* (Svezia), *Skärlunda* (Svezia). In Norvegia questi toponimi riferiti a «bosco» parrebbero assenti; si veda tuttavia la probabile origine del nome di *Oslo* (cfr. p. 198).
101 *HH II* pr; v. p. 377; cfr. p. 105, nota 4.
102 *Ger* 39.
103 *Skí* 32. Cfr. pp. 99-100.
104 Cfr. *Örv II* 24-6, dove l'eroe si traveste da «uomo corteccia» (*næframaðr*); v. anche *Vat* 2-3.
105 *Gyl* 53; *Vaf* 45; v. pp. 189-90.
106 V. p. 152.
107 La forma dell'*Edda* di Snorri, Barrey, potrebbe tuttavia far pensare a un'isola (*ey* f.) Anche in questo caso non muterebbe tuttavia l'interpretazione simbolica: cfr. in proposito il toponimo *Barrey* nelle Ebridi (attualmente *Barra*).
108 *Ská* 43: *fegrstr með goðum ok mönnum*; v. anche *HHv* 1, dove è citato *Glasislundr* «bosco di Glasir» e Glæsisvellir, sorta di paradiso ricordato nelle saghe (cfr. p. 72).
109 *Hár* 44-5: *heimis skógar*.
110 *Ríg* 36.
111 V. a esempio *Völ* 16: «non è amichevole, chi viene dalla foresta» (*era sá nú hýrr, er úr holti ferr*).
112 *Gyl* 12 e *Vsp* 40; cfr. *Hál* 3.
113 *Grí* 39; v. pp. 55-6 e 71.
114 Si legge a esempio in un verso in *Víg* 16: «le foreste spesso hanno dato riparo al lupo» (*hafa... skógar vargi opt of borgit*); «lupo» sta qui significativamente per «fuorilegge».
115 Di esso infatti si dice che i figli di Muspell, cioè i nemici degli dèi, vi cavalcheranno alla fine del mondo (*Lok* 42).

116 *HH* I 51; *Atk* 3, 5, 13, dove viene definito «l'ignoto Myrkviðr» (*Mýrkviðr inn ókunni*); *Völ* 1, dove si dice che le valchirie l'attraversarono volando via dal mondo degli uomini; e, infine , *Hlö* 9, pr, dove viene indicato come limite fra il Paese dei Goti e quello degli Unni (cfr. *Her* pp. 88, 143, 148-9; il carme è tramandato in questa saga). Cfr. anche *Saga di Áli Neo*, ed. cit., cap. 17, e *Ragn* 8. Sulle diverse denominazioni poetiche del bosco v. *Alv* 27-8.
117 *Gyl* 15; v. pp. 62-3.
118 V. p. 49.
119 *Gyl* 4, 39; *Grí* 26; cfr. p. 479.
120 *Gyl* 16.
121 *Gyl* 52.
122 *Gyl* 4.
123 *Gyl* 15.
124 *Gyl* 15; *Vsp* 28; v. p. 62.
125 *Vsp* 27; cfr. p. 224.
126 *Gyl* 51; *Vsp* 46; v. p. 187.
127 *Gyl* 15-6. Questa fonte è citata dallo scaldo Eilífr Goðrúnarson, il quale usa l'espressione «star seduto a sud presso Urðarbrunnr» (*sitja suðr at Urðarbrunni*) a proposito di Cristo: *Ski* I: A, p. 152; B, p. 144, cit. in *Ská* 65.
128 In una *kenning* in *Hau* 9, cit. in *Ská* 31.
129 *AdB* IV, 26, scolio 134.
130 *Kja* 2 (essa è connessa a una palude); cfr. anche *ÓlH* 80.
131 *Gyl* 11; cfr. p. 56 e anche *Ská* 77.
132 *HH* I 1: «Era l'inizio dei tempi, quando stridevano le aquile, / scendevano le acque sacre dalle Montagne del cielo» (*Ár var alda þat er arar gullu, / hnigu heilög vötn af Himinfjöllum*); v. p. 372.
133 *Vsp* 59: «Ella vede riemergere un'altra volta, / la terra dal mare, nuovamente verde; / scendono le cascate, le sorvola l'aquila, / lei che sulla roccia va a caccia di pesci» (*Sér hon upp koma öðru sinni / jörð úr ægi, iðjagræna; / falla forsar, flýgr örn yfir, / sá er á fjalli fiska veiðir*).
134 *Ská* 47 [6]; *Reg* pr; *Völs* 14; v. pp. 386 e 388.
135 *Gyl* 50; v. pp. 160-2.
136 *Ská* 47 [6]; *Reg* pr; *Völs* 14; v. p. 386.
137 *Ldn* S 355, H 313: *Þorsteinn rauðnefr var blótmaðr mikill; hann blótaði forsinn, ok skyldi bera leifar allar á forsinn*; cfr. p. 568 (g).
138 *Carme encomiastico degli Jómsvichinghi* (*Jómsvíkingadrápa*), str. 1 (*Skj* II: A, p. 1; B, p. 1: *Varkak fróðr und forsum, / fork aldrigi at göldrum...*).
139 *Vsp* 19; *Vaf* 14; *HH* I 47; *HHv* 28.
140 *Vsp* 30.
141 *Vsp* 36.
142 *Ldn* S 350, H 309; cfr. *Gyl* 47; v. p. 126 (dove si parla delle valli formate dai colpi del martello di Thor su un monte).
143 *Hár* 18.
144 Esempi in *Ytal* 2, *Yng* 12; *Vsp* 42; *Vaf* 49; *Skí* 11; *Þry* 6.
145 Si veda anche il racconto della *HH* II pr, 39-51, nel quale si parla del tumulo abitato dall'eroe Helgi dopo la morte; v. pp. 378-9.
146 *Grg* 1-2; v. p. 401.
147 *Hal* 6; cfr. pp. 98 e 109, nota 34.
148 *Ldn* S 85, H 73: *þat var trúa þeira Þórólfs frænda at þeir dœir allir í fjallit* (cfr. *Eyr* 4).

149 Cfr. pp. 229-30.
150 *Ldn* s 85, H 73; *Eyr* 4. Cfr. *Ket* 5, dove si parla di sacrifici a un tumulo.
151 *Eyr* 11. Riferimenti a voci di morti provenienti dai tumuli si hanno anche in *Njá* 78 e *Hálf* 2, a esempio.
152 *Ldn* s 197, H 164: *...hann kaus at deyja í Mœlifell* (*fell* n. vale «monte isolato», «collina»).
153 *Ldn* s 97, H 84: *...trúðu þeir því, at þeir dœi í hólana*; cfr. anche *Njá* 14.
154 *Hyn* 29: *við banaþúfu.*
155 *Gyl* 49; v. p. 160.
156 *Hyn* 1: *Vaki mær meyja, vaki mín vina, / Hyndla systir, er í helli býr*!
157 Il concetto di caverna abitata da esseri demoniaci o comunque sovrannaturali si ritrova in Saxo; cfr. III, II, 5; III, III, 4; VIII, XV, 6.
158 *Ldn* s 208: *...fór hann upp til hellsins Surts ok fœrði þar drápu þá er hann hafði ort um jötuninn í hellinum.* A una gigantessa che vive in una caverna si allude anche in *Grí* pr; v. p. 153. Cfr. p. 325.
159 Cfr. pp. 331-2 e in particolare la storia ivi riferita del re svedese Sveigðir che aveva seguito un nano nella sua sala nella roccia.
160 *Jóm* 7; *Gðr III*, 11; cfr. *Örv II* 26; *Hálf* 8 e *Ger* 12.
161 *Vat* 28.
162 *Eyr* 43; cfr. *Ldn* s 202, H 169.
163 In *Kja* 2 si ha la connessione tra una fonte sacrificale e una palude; cfr. p. 496, nota 130.

IV. Tempo

I momenti chiave: alba – crepuscolo

Il passaggio dal buio della notte alla luce del giorno è la quotidiana evocazione del momento primordiale della creazione, quando il potere divino proruppe in tutta la sua efficacia, sconfiggendo le forze del buio e del caos. Per questo l'alba è cornice ideale alla manifestazione delle forze divine[1] e al contempo situazione carica di tutte le migliori potenzialità e piena di promesse.

L'alba cosmica si identifica così col «principio dei tempi», espressione che ricorre a sottolineare il momento della creazione[2] o la nascita di un eroe,[3] mentre il dio Heimdallr, destinato a restare ai limiti del tempo e dello spazio per vegliare su di essi, è generato da nove madri «all'alba dei tempi».[4]

Simbologia opposta è quella del crepuscolo, quando le forze del buio riprendono minacciose il sopravvento. È il crepuscolo una situazione di pericolo,[5] poiché il ritorno del buio libera e favorisce i demoni nemici della luce. Allora escono i nani dalle loro dimore di pietra[6] o gli spiriti dei morti dai tumuli[7] e l'uomo può venire sopraffatto dalle forze del male. Per questa ragione è definito «crepuscolo degli dèi» (*ragnarøkkr* n.) il momento in cui le forze demoniache del caos e dell'oscurità assaliranno gli dèi alla fine del mondo.[8]

Note

1 Così appare a esempio dalla prosa in *Völ*: «di mattino presto trovarono sulla riva del lago tre donne che filavano lino… erano valchirie» (*snemma of morgin fundo þeir á vazströndu konur þriár, ok spunnu lín… þat vóru valkyrjur*).

2 *Vsp* 3: *ár alda.*

3 *HH* I 1.

4 *Hyn* 35: *í árdaga.*

5 *Sig* 26.

6 Si veda l'episodio narrato in *Yng* 12 a proposito di re Sveigðir (v. p. 331).

7 Come appare a esempio in *HH* II pr, 40; v. p. 378.

8 *Gyl* 51; v. tuttavia p. 191, nota 1.

V. Numeri

ESPRIMONO la qualità più che la quantità di un essere o manifestano la sua relazione con l'universo nel tempo e nello spazio. Sono regola e misura delle cose.

Nel mondo nordico, accanto ai numeri che hanno una simbologia propria, per così dire tradizionale, altri se ne riconoscono i quali hanno un significato secondario. Tali sono da un lato i multipli dei simboli-base, che di quelli accentuano il valore; d'altro canto si trovano invece numeri che possono essere definiti di completamento o difetto perché la loro funzione si spiega soltanto in base a quella di un numero-simbolo tradizionale rispetto al quale sono mancanti di un'unità.

1. *Numeri che simboleggiano le qualità dell'essere*

a. *Due*

È numero di contrapposizione e complementarità.

Due sono i princìpi da cui fu generato il cosmo: calore e freddo, luce e buio, secco e umido, Sud e Nord. Essi hanno dimora in due regioni opposte del cosmo.[1] La prima distinzione dell'essere fu dunque una scissione in due elementi che resteranno complementari e indispensabili l'uno all'altro. Già Tacito[2] insegnava che il progenitore divino dei Germani era *Tuisto*, il cui nome è connesso alla radice di «due».

Tutte le forme dell'esistenza si presentano in antitesi e complementarità. Così le coppie sacre: il cielo e la terra, la prima coppia umana Askr ed Embla, e l'ultima Líf e Lífþrasir cui sarà affidato il compito di ripopolare il mondo dopo il crepuscolo degli dèi. Così ancora Freyr e Freyja, divinità dei Vani, che presiedono alla fecondità; Heimdallr (che governa il mondo?) e Mardöll (che governa il mare?), e poi Fjörgyn e Fjörgynn (dei quali il secondo, seppure forse creato ad arte in epoca tarda, pare tuttavia rispondere all'esigenza di dare alla prima, comunemente identificata nella *Terra Mater*, l'indispensabile compagno). Il potere sulle diverse entità deve perciò, per essere completo e bilanciato, manifestarsi in duplice forma: ciò spiega il perché siano due i corvi e i lupi di Odino,[3] due le capre di Thor,[4] due i gatti di Freyja.[5] Tale è presumibilmente la ragione per cui molti reperti votivi appaiono in numero di due (vedi anche le incisioni rupestri). Forse l'offerta di una coppia di oggetti identici era destinata alle divinità che formavano una coppia sacra.[6]

Il due garantisce certezza di possesso ed equilibrio. Per questo stesso motivo sono due, Fenja e Menja, le schiave che girano la mola del mulino del cielo dal cui ruotare costante dipende l'armonia del cosmo.[7] L'antitesi fondamentale sulla quale è imperniata la vita è a essa indispensabile: perciò uno degli eventi determinanti che avverranno nell'ultimo giorno sarà l'incontro e lo scontro definitivo di ogni entità col suo opposto (Odino e il lupo Fenrir, Thor e il serpe cosmico, Heimdallr e Loki, Týr e il cane Garmr). Il loro vicendevole annientarsi segnerà la fine. Un nuovo ciclo potrà avere inizio soltanto con una nuova scissione degli elementi.[8]

Il contrasto fondamentale nel ciclo presente è fondato sull'antitesi luce-buio, manifesta sotto diverse forme (giorno-notte; elfi luminosi-elfi scuri; colori chiari-colori scuri). Una lotta perenne si combatte all'interno della cornice temporale di ogni ciclo tra le forze che incarnano questi due diversi aspetti.

La simbologia del due come concentrazione di qualità contrastanti in due diverse manifestazioni di uno stesso essere ritorna talora nelle saghe per sottolineare le qualità di un personaggio nel paragone con una figura (spesso un fratello) debole, incapace o addirittura vile: si veda a esempio la vicenda dell'eroe vichingo Hálfr, il cui fratello Hjörólfr si mostra assolutamente inetto.[9]

Nella *Saga degli Ynglingar* si narra del contrasto e della gelosia fra due fratelli, Álfr e Yngvi, nei quali paiono incarnarsi le opposte qualità dell'inverno e dell'estate.[10]

Quando le qualità di due esseri restano invece indistinte e su un piano di assoluta parità e uguaglianza, si determinerà una situazione insostenibile: dei mitici fratelli Alrekr ed Erik, accomunati dall'identità delle caratteristiche, è detto che si uccisero a vicenda con i morsi delle briglie dei loro cavalli.[11] Nella storia di questi due sovrani svedesi si può forse riconoscere traccia dei miti relativi ai gemelli divini in aspetto equino (dioscuri).

Alla simbologia del due e della gemellarità come necessità insopprimibile di contrasto è legata anche la vicenda di Hámundr e Geirmundr, gemelli, figli di re Hjörr.[12] Di costoro è detto che erano scuri di pelle e assai brutti (*svartir mjök* «molto neri» e *heljarskinn* «pelle d'inferno») e che perciò, essendo venuti al mondo durante un'assenza del padre, furono dalla madre scambiati col figlio di una serva che era «bianco» (*hvítr*) e «bellissimo» (*inn friðasti*). La madre fu tuttavia costretta a scambiarli di nuovo con la schiava quando essi mostrarono, in contrasto con l'altro fanciullo, un atteggiamento regale che rivelava la loro origine. Questo racconto, relativo a uomini famosi e dai quali derivarono grandi stirpi, sottolinea la necessità di un elemento di contrasto ai due fratelli nel quale siano concentrate qualità opposte alle loro e che consenta di evitare una vicendevole distruzione.

Il due si presenta talora anche come numero necessario affinché un essere si manifesti nella completezza del tre: vedi a esempio il carme in cui è precisato che il dio Thor divorò da solo due tori per prepararsi ad affrontare il serpe cosmico.[13]

b. *Tre*

Rappresenta la totalità dello spazio (inferi, terra e cielo) e quella del tempo (passato, presente e futuro). Indica perciò la perfetta manifestazione di un'entità e la completezza di un'azione.

I miti della creazione raccontano che il primo uomo, Buri, nacque nello spazio di tre giorni,[14] così come tre furono gli dèi che fecero all'uomo il dono della vita.[15] Tacito[16] informa che l'antenato primordiale dei Germani, Mannus, figlio di Tuisto, ebbe tre figli, dai quali originarono le tre principali stirpi di questo popolo.[17] La triplice epifania del divino si ritrova dove Odino si manifesta al re Gylfi sotto le spoglie di Hár, Jafnhár e Þriði.[18] La luce, incarnata nella figura di *Dagr* «giorno», nacque da *Nótt* «notte» dopo che costei si fu unita in matrimonio col suo terzo marito.[19]

Anche l'ordine del cosmo è fondato sul numero tre. Esso è figurato nell'albero cosmico Yggdrasill, che ha tre radici, ciascuna delle quali si trova presso una delle tre sacre fonti. Presso di esso dimorano le tre norne, dee del destino, che stabiliscono la vita degli uomini nel tempo passato, presente e futuro.[20] Dell'arcobaleno, ponte fra la terra e il cielo, è detto che ha tre colori.[21]

Ogni atto e ogni rito per essere completo ed efficace dovrà essere ripetuto tre volte. Per questo fu triplice la tortura inferta a Gullveig durante la guerra fra gli Asi e i Vani;[22] per questo sono tre le gigantesse che dispogliarono i beni dell'età dell'oro.[23] Analogamente è detto che gli dèi quando incatenarono il lupo Fenrir riuscirono nell'impresa solo al terzo tentativo.[24] Fenrir è uno dei tre figli del malvagio Loki e della gigantessa Angrboða: in essi è espressa la totalità delle forze del male e dell'oscurità.[25]

Una triplice manifestazione esprime la totalità nello spazio; a essa corrisponde la totalità nel tempo che è data da una triplice azione. A questa fondamentale simbologia del tre vanno ricondotti i numerosissimi riferimenti a questo numero che si ritrovano nelle fonti.[26]

c. *Quattro*

Insieme al quadrato, suo corrispettivo geometrico, è il simbolo della manifestazione spaziale e dell'ordinamento della materia. Rappresenta la direzione orizzontale del cosmo.

Alle origini del mondo è detto che gli dèi diedero ordine a ogni cosa. Per questo fissarono il cielo sopra la terra ed esso ebbe quattro angoli: sotto ogni canto fu posto un nano. Essi così si chiamano: *Austri* «Est», *Vestri* «Ovest», *Norðri* «Nord» e *Suðri* «Sud».[27]

Alla terra come una tavola sulla quale gli dèi stabiliscono le «regole del gioco» alludono anche i racconti relativi alle origini dei cicli, poiché si narra che gli dèi al principio dei tempi giocavano a scacchi con pedine d'oro.[28]

Il quattro simboleggia la creazione della materia, il suo ordinamento e il dominio su di essa: perciò quattro sono i fiumi di latte che scorrono dalle mammelle della mucca primordiale Auðhumla[29] e quattro anche i cervi che brucano le foglie dell'albero cosmico,[30] così come i nani-fabbri artefici del monile di Freyja, Brísingamen, nel quale è espresso il potere sulla fecondità.[31]

Il quattro rappresenta la manifestazione ordinata di ciò che è terreno rispetto a ciò che è celeste, il pieno possesso della vita e del mondo.[32]

d. *Cinque*

Poiché in esso si assommano il due, nel quale attraverso la duplicità è espressa la forma concreta dell'esistenza, e il tre, che è generalmente simbolo divino e di compiutezza dell'azione, il cinque è numero di totalità, di unione della terra col cielo, di armonia. Tale numero compare dunque quando si voglia indicare una situazione di equilibrio: così a esempio è detto del re Gjúki che aveva allevato cinque figli perché governassero i popoli.[33]

Quando il numero cinque è legato a un concetto di tempo, esso indica un periodo conchiuso in se stesso e completo: per cinque anni Odino resta presso il gigante Fjölvarr[34] e per cinque giorni Goðrún vaga per dare sfogo al proprio dolore per la morte di Sigurðr suo marito.[35]

Questa simbologia del cinque è condivisa dal quindici, che ne ripete tre volte il valore: così si parla a esempio di quindici schiere di eroi.[36] Assai importante è perciò nella vita l'età di quindici anni, nella quale sono state compiute tre misure di perfezione.[37]

Il cinque presenta talora anche diversa simbologia. Ciò avviene quando questo numero sia inteso come quantità necessaria all'uno per farsi sei (multiplo di tre) e dunque per manifestarsi come unità dotata di molteplicità nella perfezione. Si veda a esempio il passo in cui è detto che Brunilde, prima di trafiggersi con la spada, fece uccidere otto dei suoi servi e cinque delle sue schiave (qui l'otto ha, rispetto al nove, la stessa simbologia del cinque rispetto al sei).[38] Tale simbologia il cinque ha anche là dove[39] si dice che la falsa amicizia dura solo cinque giorni e muore nel sesto. Stesso significato è da attribuire alle parole di Brunilde quando sottolinea che Sigurðr fu capace di uccidere cinque re.[40]

In una fonte la partenza di cinque guerrieri, anziché sei, preannuncia, nell'incompletezza del numero, il destino di sciagura cui essi vanno incontro.[41]

e. *Sei*

È legato alla simbologia del tre, di cui duplica il valore. Sei sono talora le valchirie[42] o le teste di un gigante;[43] sei sono anche i serpi dei quali si ricorda il nome, tra quelli che rodono le radici dell'albero cosmico.[44]

Poiché il sei assomma due misure di completezza (ciascuna rappresentata dal tre), delle quali l'una pare essere fausta e l'altra infausta, esso può simboleggiare una situazione di equilibrio irrigidito o di stallo, o anche uno spazio di tempo conchiuso in se stesso che dovrà trovare una soluzione e uno sbocco nella simbologia del numero sette. Tale senso paiono avere le allusioni a periodi di sei mesi o di sei anni.[45] Völsungr, capostipite di una famosa dinastia mitica, fu generato dopo che sua madre, rimasta gravida per sei anni, capì che non sarebbe vissuta più a lungo e perciò si fece estrarre il bambino dall'utero. Quando egli nacque, baciò la madre prima che ella morisse.[46]

Talora il sei può apparire anche come numero mancante di un'unità per il raggiungimento del sette e quindi di difetto o di completamento rispetto alla simbologia relativa.[47]

f. *Dodici*

Numero che combina il tre, emblema della potenza divina, con il quattro, nel quale è simboleggiata la terra. Rappresenta la perfezione e il divenire del mondo, ma anche il terreno che si fa celeste, dunque tutte le entità che sono «scelte» per andare incontro a un processo di elevazione. Dodici è il numero degli Asi di stirpe divina,[48] detti altrove[49] sacerdoti e giudici supremi e dunque divenuti dèi. Essi posseggono i dodici destrieri[50] e abitano le dodici dimore celesti elencate da Odino:[51] sono esse l'immagine mitica di altrettante «case» planetarie? Sul modello del gruppo degli Asi, talvolta sono dodici i guerrieri che compongono una schiera.[52]

Legato ai mesi dell'anno e dunque al divenire, il dodici esprime anche un ciclo completo di vita: per questo è importante l'età di dodici anni nelle vicende degli eroi.[53] Anche Brunilde, la valchiria innamorata di Sigurðr, esclama: «avevo dodici anni, ...quando al giovane guerriero prestai giuramento».[54] Ciò significa che questi personaggi hanno completato un ciclo di vita e devono passare a uno stadio successivo per progredire nel processo di elevazione.

Il dodici rappresenta una completezza, tuttavia dinamica, la conclusione di una fase e la proiezione verso quella successiva, un risultato che è base per un futuro impegno.

Dodici erano, nella tradizione antica, le notti del periodo di feste invernali dette *jól* n.pl., momento di passaggio dall'uno all'altro anno, di contatto fruttificante con i defunti, di accensione del fuoco nuovo, di matrimoni e di sacrifici.

In antico nordico la parola per «cento» *hundrað* n. pare significare nella fase più antica «centoventi» recando così testimonianza dell'esistenza di un sistema duodecimale.[55]

Legato alla simbologia del dodici è probabilmente anche il numero dei segni dell'alfabeto runico che, nella sua fase più antica, ne conta ventiquattro. Una progressione di dodici coppie di questi segni, legata al loro fondamentale valore magico, accompagna forse il ciclo completo di un anno solare.

2. *Numeri legati ai cicli dell'esistenza*

a. *Sette*

Assomma il quattro, in cui è espressa la simbologia del terreno, al tre, che manifesta il divino; è perciò numero di totalità. Indica una prima completezza del ciclo, il quale dovrà poi decadere nel numero otto e rinnovarsi nel nove.[1] Nella vicenda di Völundr sono ricordate tre valchirie che si unirono in matrimonio con degli eroi: esse rimasero con loro sette anni, ma nell'ottavo soffrirono di nostalgia e nel nono «necessità li separò».[2] Diverse sono le allusioni a periodi di tempo misurati nel numero sette.[3]

Costantemente il sette, così come i suoi multipli, mostra di essere inteso come numero che simboleggia completezza ed equilibrio.[4]

b. *Nove*

È il numero in cui si esprime la compiutezza di un ciclo e il dominio su di esso poiché è il prodotto delle tre dimensioni dello spazio (inferi, terra, cielo) per le tre dimensioni del tempo (passato, presente, futuro).

Tutto ciò che allude a un periodo completo, dunque anche alla sua conclusione e al suo rinnovamento, sarà espresso nel numero nove. Esso è altamente magico poiché contiene la molteplicità che riconduce all'unità, è il risultato perfetto di ogni sforzo, la totalità racchiusa in se stessa.

Il mito nordico conosce innanzitutto i «nove mondi» (cioè le tre dimensioni di ogni singolo mondo)[5] e le «nove radici»[6] su cui l'albero cosmico, cioè l'universo stesso, si sostiene.[7] Questa immagine combina al concetto della progressione dei cicli la visione della contemporanea esistenza, sul piano verticale quanto su quello orizzontale dell'essere, di mondi differenti sovrapposti e concentrici in cui trovano spazio le diverse entità. Un viaggio attraverso i nove mondi sarà dunque un itinerario che rende estremamente saggi:[8] esso infatti garantisce la visione totale del mondo nella sua simmetrica opposizione celeste e infernale, oltre che terrena. Si ricordi che in alcune fonti sono citati anche nove cieli.[9] Da nove madri, informa il mito, è generato Heimdallr, guardiano dell'universo, dio che veglia al limite dello spazio e del tempo.[10] Esse sono forse le nove fanciulle che girano la mola del mulino del cielo dal quale vengono macinate le ere.[11]

Ogni ciclo completo che debba produrre un frutto, nel bene come nel male, sarà misurato nel numero nove: nove notti Odino resta impiccato all'albero cosmico, in un sacrificio iniziatico immolato a se stesso: da ciò trarrà la conoscenza dei segreti del mondo riassunta in nove canti magici;[12] nove notti Freyr, dio della fecondità, dovrà attendere prima di unirsi in matrimonio con Gerðr.[13] Anche il dio Njörðr e Skaði sua sposa, per il loro disaccordo sul luogo in cui abitare, decideranno di rimanere nove notti a Nóatún, dimora di lui, e altre nove a Þrymheimr, dimora di lei.[14]

Un ciclo completo di male rappresentano certamente i nove lupi generati da una strega,[15] così come un'immagine del potere infernale dei giganti sono le novecento teste di cui è dotata una di loro.[16] In una fonte è detto di una strega che dovrebbe giacere nove miglia sotto la terra, cioè nel luogo in cui i demoni del male esprimono nello spazio il loro massimo potere.[17]

Il simbolo del nove come compimento del ciclo ritorna anche nel racconto relativo al crepuscolo degli dèi, dove si dice che, al termine del duello mortale col serpe cosmico, Thor farà ancora nove passi prima di cadere, ucciso dal veleno che il serpe gli avrà sputato addosso.[18] D'una arma magica che sola potrà uccidere il gallo che sta sull'albero cosmico (uccisione che avverrà secondo l'ordine delle cose solo nell'ultimo giorno) è detto che è conservata in uno scrigno chiuso da nove serrature.[19]

Il nove, come numero del ciclo compiuto e pronto al rinnovamento, è legato particolarmente alla figura delle valchirie: sono loro infatti che segnano il compimento della vita dell'eroe e talora lo fanno rinascere.[20] Per questo appaiono spesso in schiere di nove.[21] Questa idea delle fanciulle sovrannaturali che devono apparire in numero di nove si ritrova a esempio nell'elenco delle nove ancelle che stanno accanto a Menglöð,[22] così come nella citazione delle nove figlie di Njörðr,[23] o di Thor.[24]

Nel suo racconto sulla grande festa sacrificale di Uppsala, Adamo da Brema riferisce che essa si teneva ogni nove anni e aveva la durata di nove giorni, durante i quali venivano sacrificati nove individui per ogni tipo di vittima.[25]

Il numero diciotto ripete generalmente la simbologia del nove del quale raddoppia il valore.[26]

3. *Numeri di completamento e di difetto*

a. *Otto*

È un numero la cui simbologia va messa in relazione a quella del nove, rispetto al quale ha un significato di completamento o di difetto. Poiché il nove manifesta la compiutezza del ciclo e il dominio su di esso, otto sarà il numero che consente all'unità, dio o eroe, di farsi nove e dunque di manifestarsi in perfetta armonia nel tempo e nello spazio. Per questo il dato riferito da Snorri a proposito del dio Heimdallr, guardiano dei cicli, che è detto figlio di nove sorelle,[1] è specificato dallo scaldo Ulfr Uggason, il quale ci informa che egli fu generato da otto e una madre.[2] Tale senso ha probabilmente anche la notazione relativa al gigante Starkaðr Áludrengr, del quale è detto che aveva otto braccia: aggiunte all'individualità della sua persona esse definiscono la completezza del suo essere.[3]

Ricorrente è nelle fonti l'allusione a eroi che uccidono otto nemici[4] o hanno otto fratelli.[5] Di Konr, erede prediletto di Heimdallr, è detto che aveva il vigore di otto uomini.[6] Tale senso ha anche l'uccisione di otto schiavi che debbono accompagnare Brunilde nel regno dei morti.[7] Del dio Thor si precisa che a un banchetto divorò da solo otto salmoni.[8]

Anche gli oggetti magici sono legati a questa simbologia. In una fonte si dice che un gigante tentò di infrangere con lo sguardo nove caldaie; tuttavia solo otto si ruppero e quella intatta fu utilizzata dagli dèi per preparare la birra.[9] Dell'anello d'oro di Odino, Draupnir, è detto che esso era dotato di straordinaria virtù magica, per cui ogni nove notti ne gocciolavano otto anelli di uguale peso.[10]

L'otto è il numero che indica un ciclo che sta per compiersi o che si è spezzato, un completamento imminente oppure impossibile.[11] Così ha otto anni il giovane Geirrøðr che dovrà andare incontro a un processo di iniziazione;[12] così Odino resta otto notti appeso tra due fuochi prima di rivelare la propria sapienza;[13] così Loki rassicura il gigante Þrymr che Freyja (sotto le cui spoglie si cela in realtà Thor) ha compiuto la giusta attesa per divenire sua sposa dicendo che ella non ha toccato cibo né dormito per otto notti;[14] così infine il medesimo Loki, dio malvagio, compie un percorso completo di perversione rimanendo otto inverni sotto terra e comportandosi in modo abominevole.[15]

Quando non trovi il suo necessario completamento nel nove, l'otto è numero di incompletezza che genera angoscia. Perciò quando il gigante Þrymr ruba il martello di Thor, lo nasconde otto miglia sotto terra per porlo fuori della giusta dimensione e renderlo dunque inaccessibile.[16] Così l'apparire di Brunilde in una schiera di otto valchirie (anziché nove come di consueto) indica per lei l'impossibilità segnata nei numeri del destino di divenire sposa di Sigurðr e condurre una vita felice e armoniosa.[17]

L'osservazione che il cavallo di Odino, Sleipnir, ha otto zampe, vuole forse semplicemente alludere alla velocità del destriero moltiplicandone gli attributi.[18]

b. *Undici*

La sua funzione simbolica è intimamente legata a quella del numero dodici. Rappresenta infatti il completamento indispensabile perché l'unità possa manifestarsi in quel numero nel quale l'essenza della terra (quattro) è combinata con quella del cielo (tre).

Tale senso hanno perciò le diverse allusioni a eroi che da soli affrontano e uccidono undici nemici. Con questo gesto essi assorbono in sé la loro virtù portando a compimento la propria natura.[19]

Note

1. *Numeri che simboleggiano le qualità dell'essere*

1 *Gyl* 4-5; v. p. 49. Cfr. *Yng* 1, dove la contrapposizione tra le terre calde di *Blá-land* – l'Etiopia – e quelle fredde di *Svíþjóð* – qui la Scizia – ancora risente di questo concetto.
2 *Ger* 2.
3 *Gyl* 38.
4 *Gyl* 21.
5 *Gyl* 24.

6 L'immagine della coppia sacra pare da riconoscere anche nelle figure di Sigmundr e Signý, gemelli, figli di Völsungr e di una valchiria, dai quali, uniti in nozze endogamiche, discese la stirpe dei Völsungar (*Völs* 2; v. pp. 380-4).

7 *Ská* 53 [7]; *Gro passim*; v. pp. 181-2.

8 *Gyl* 51; *Vsp* 44-9; v. p. 189.

9 *Hálf* 9. In questa saga leggendaria sono diverse le coppie di fratelli nelle quali è indicata l'opposizione di due princìpi (v. cap. 10 in particolare). Cfr. anche l'elogio costante delle qualità di Gísli in confronto al fratello Þorkell (*Gís* 9, *passim*). V. anche *Saxo* VII, I, 1-2.

10 *Yng* 21.

11 *Yng* 20; cfr. p. 463, nota 26.

12 *Hálf* 17 (cfr. *Ldn* S 112, H 86) e pp. 468 e 491, nota 3.

13 *Hym* 15; v. p. 129.

14 *Gyl* 6; v. p. 50.

15 Odino, Vili e Vé in Snorri (*Gyl* 6, 9; cfr. *Yng* 3); Odino, Hœnir e Lóðurr in *Vsp* 17 (questa triade si ritrova altrove come Odino, Hœnir e Loki; cfr. p. 262, nota 3 [7]).

16 *Ger* 2.

17 Anche le classi sociali nate dal dio Heimdallr-Rígr venuto sulla terra sono tre (*Ríg passim*; v. pp. 66-8). Ciascuna ebbe origine da un figlio generato dal dio dopo tre notti trascorse con la madre.

18 *Gyl passim*; v. pp. 200 e 249, nota 10.

19 *Gyl* 10; v. p. 55.

20 *Gyl* 15; *Grí* 31; *Vsp* 20; v. pp. 61-2; cfr. p. 304.

21 *Gyl* 13; v. p. 75 (d).

22 *Vsp* 21; v. p. 86.

23 *Vsp* 8.

24 *Gyl* 34; v. pp. 64-6.

25 *Ibidem*; v. p. 63.

26 V. in particolare: *Vsp* 42-3, dove si fa riferimento a tre galli che dimorano in tre mondi diversi; *Hym* 14-6; *Þry* 24; *HHv* 28, 33, pr; *Frá*; *Grp* 43; *Gðr II* 24, 35; *Atm* 98; *Ghv* 10, 14; *Bal* 13; *Ríg* 6, 20, 33; *Fjö* 10; *Saxo* II, V, 1, dove si allude a tre fratelli tutti dotati delle medesime qualità; *Saxo* III, III, 7, dove si dice che Balderus morì tre giorni dopo essere stato ferito (v. pp. 165-6); *Saxo* III, VI, 4 e V, I, 3, dove si parla di dodici fratelli, tre dei quali avevano lo stesso nome (cioè erano le tre diverse manifestazioni di una medesima realtà); *Saxo* V, III, 20 e VI, VII, 9. La simbologia del numero tre è ricorrente nel mito del «dio deriso» (*Gyl* 45-7; v. pp. 121-7); infine va ricordato che l'idromele della poesia era contenuto in tre recipienti e che Odino giacque tre notti con Gunnlöð per ottenerlo (*Ská* 4, 6 [2]; v. pp. 90-1).

27 *Gyl* 8; v. p. 50.

28 *Vsp* 8, 61; *Gyl* 53; cfr. p. 467 (c).

29 *Gyl* 6; v. p. 50.

30 *Gyl* 16; *Grí* 33; v. p. 63.

31 *Sör* 1; v. p. 117.

32 Tale senso ha forse l'allusione alle quattro mogli di re Hjörvarðr (*HHv* pr; v. p. 368).

33 *Bro* 9, e anche *Atm* 55.

34 *Hár* 16.

35 *Gðr II* 13; cfr. anche *Háv* 74; *Odd* 6, 14; *Saxo* I, VIII, 7; IX, IV, 22; *Yng* 11.

36 *HH I* 50.
37 *HH I* 10; *Örv I* 1; *Víg* 5; *Saxo* I, III, 1; VII, XI, 1.
38 *Gðr I*, pr finale; v. p. 395; cfr. anche *Eirm* 9.
39 *Háv* 51.
40 *Völs* 31.
41 *Atm* 30.
42 *Vsp* 30.
43 *Vaf* 33; v. p. 50.
44 *Gyl* 16; *Grí* 34.
45 *Gðr I* 8, pr; *Gðr II* 14.
46 *Völs* 14; v. p. 380.
47 *Yng* 22 a esempio.
48 *Gyl* 20; *Ská* 1 [1].
49 *Yng* 2.
50 *Gyl* 15.
51 *Grí* 4-17.
52 Esempi in *Hálf* 10; *Örv I* 39; *Örv II* 14; *Her* pp. 4 e 93; *Saxo* V, XIII, 4; *Hról* 13, 39; *Yng* 22; *Saxo* V, XIV, 2; VIII, XIV, 9; VIII, VI, 2 (dodici capitani); IX, IV, 14 (dodici giudici); VI, II, 1 (dodici fratelli infernali); VII, II, 11; IX, IV, 29; cfr. anche *Saxo* VIII, XIV, 9; *Þþb* 5; *HþÞ* 1; *HH I* 25.
53 Esempi in *Hlö* 16; *Egi* 40; *Hálf* 10; *Örv I* 1; *Ldn* S 80, H 68; *Saxo* VI, IV, 13. In Saxo il concetto è rafforzato là dove si parla di dodici vite in un corpo (I, VII, 22); v. anche i luoghi in cui si allude all'uccisione di dodici nemici da parte di una persona sola (*Saxo* V, XIII, 4; VII, IX, 11).
54 *Hel* 6: *var ek vetra tólf... er ek ungum gram eiða seldak.*
55 Cfr. *KLNM*, vol. XVIII (1974), alla voce *Talsystem*; cfr. anche *Saxo* V, VII, 4 e 6, dove appare traccia evidente di questa concezione.

2. *Numeri legati ai cicli dell'esistenza*

1 Cfr. *Völ* pr, 3.
2 *Völ* 3: *nauðr um skilði* (v. p. 439). Per la simbologia del passaggio dal sette al nove v. anche in *Yng* 25 la vicenda del re svedese Aun (cfr. p. 213); cfr. *Saxo* I, IV, 13.
3 Esempi in *Gðr I* pr e *Gðr II* 14: «sette volte sei mesi» (*siau misseri*); *Gðr II* 35: tre settimane; *Saxo* V, VII, 12; V, XIII, 1.
4 Esempi in *Hár* 18; *Völ* 7; *HH I* 50; *Gðr I* 24; *Gðr III* 7; *Atk* 7; *Gyl* 2; *Yng* 36; *Saxo* V, I, 1; VIII, III, 12; VIII, VIII, 9; IX, IV, 10.
5 *Vsp* 2: *níu heimar.*
6 *Níu iviði*, acc. pl. attestato solo in *Vsp* 2.
7 *Vaf* 43; *Gyl* 3, 34. V. anche il ricordo di questa concezione in *Hálf* 16, dove si parla di «nove patrie»: *fostrlönd níu.* Di Hermóðr che andò a cercare il fratello Baldr nel regno dei morti è ricordato che viaggiò per nove notti, cioè attraverso tutti i nove mondi (*Gyl* 49; v. p. 159).
8 *Vaf* 43.
9 *Þul*; cfr. *Ská* 69; cfr. p. 477 (d).
10 *Gyl* 27; *Ská* 16; *Hyn* 35-7; *Edda Kuhn* p. 316; *Hús* 2, cit. in *Ská* 24.
11 *Ská* 34.
12 *Háv* 138, 140; v. p. 89.

13 *Gyl* 37; *Skí* 39, 41; v. p. 151.
14 *Gyl* 23; cfr. p. 277.
15 *HH* I 39.
16 *Hym* 8; v. p. 128.
17 *HHv* 16; v. p. 370.
18 *Gyl* 51; *Vsp* 56; v. p. 189.
19 *Fjö* 26; v. p. 405.
20 Cfr. *HHv* pr.
21 Esempi in *HHv* 10, 16, 28; *HH* II pr.
22 *Fjö* 38; v. p. 406.
23 *Sól* 79.
24 *Saga di Baarlam e Josafat* (*Baarlams saga ok Josafats*), ed. R. Keyser-C.R. Unger, Kristiana 1851, cap. 138.
25 *AdB* IV, 27 e scolio 137; cfr. il racconto di Thietmar di Merseburg relativo alla festa sacrificale di Lejre in Danimarca, *Chronicon*, ed. cit., I, 17.
26 V. a esempio: *Gyl* 42; *Ríg* 38; *Hyn* 15; cfr. p. 104, nota 3.

3. *Numeri di completamento e di difetto*

1 Cfr. p. 510, nota 10.
2 *Hús* 2.
3 *Her* pp. 2, 90-1; v. p. 416. Altrove (*Saxo* VI, V, 2) il numero delle braccia (riferite tuttavia all'eroe Starkaðr) è di sei, ma anche in questo caso il numero ha senso difettivo rispetto al sette.
4 Esempi in *Atk* 19; *Hálf* 15; *Þórð* p. 250 (*Viðbœtir*); ma si vedano in particolare *Saxo* VII, IX, 13 e *Ásm* 10.
5 *Hák* 16. Cfr. *Fri* 2-3, dove si parla delle otto ancelle di Ingibjörg.
6 *Ríg* 44; v. p. 68.
7 *Gðr* I pr; *Sgk* 70; v. p. 395.
8 *Þry* 24; v. p. 120.
9 *Hym* 12-3; v. pp. 129, 132, 134.
10 Che con esso esprimevano dunque un ciclo completo: *Gyl* 49; *Ská* 44 [5]; *Skí* 21; v. pp. 93 e 159; cfr. p. 659.
11 Cfr. *Völ* 7-9 e anche *Yng* 26, dove si riferisce di otto battaglie che precedettero quella definitiva.
12 *Grí* pr; v. p. 153.
13 *Grí* 2; v. p. 153.
14 *Þry* 26, 28; v. p. 120.
15 *Lok* 23.
16 *Þry* 8; v. p. 119.
17 *Hel* 6; v. anche str. 8 dove è sottolineato che, seppure ella condividesse il talamo con l'eroe, non ne fu sposa poiché rimase con lui solo otto notti. Una simbologia infausta del numero otto si ha anche là dove è precisato che l'oro maledetto dei Nibelunghi sarebbe stato causa di contrasto per otto prìncipi (*Reg* 5).
18 *Gyl* 15, 42.
19 Esempi in *Völs* 8; *Hálf* 15 in un verso; *Ldn* s 328; *Saxo* VI, IX, 12 e VII, IX, 13; in *Yng* 31 si precisa che una battaglia «non terminò in undici giorni» (*... eigi sleit á xi dœgrum*). Cfr. anche *Ásm* 10.

VI. Sostanze

1. *Sostanze che richiamano le origini*

a. *Ghiaccio*

È MATERIA primordiale risalente al mondo delle origini. In esso è contenuta e trattenuta l'acqua, elemento indispensabile alla vita.[1] L'appartenenza del ghiaccio ai simboli del mondo primordiale è rafforzata nell'immagine dei «giganti del ghiaccio».[2] In particolare, il primo essere vivente Ymir, dal quale la stirpe proviene, è definito «antico gigante ghiacciato».[3]

I giganti sono immagine del mondo delle origini perché furono i primi esseri a popolarlo. Spesso si allude al fatto che essi hanno dimora a settentrione, in un mondo di buio e di ghiacci.[4]

La simbologia del ghiaccio è conservata anche nella coppia di rune ᛁ **īsaz* «ghiaccio» e ᚺ **hag(a)laz* «grandine», simboleggianti l'una la materia primordiale del cosmo, l'altra la sua qualità fecondante o distruttrice.

b. *Sale*

È la forza e la quintessenza dell'acqua, il principio che trasmette vita e saggezza. Nel mito sulle origini del mondo è ricordato che la mucca primordiale Auðhumla leccò delle pietre ghiacciate che erano salate. In tre giorni da esse scaturì un essere vivente.[5] Il sale contenuto nel ghiaccio rappresenta la qualità che permise a quell'acqua di dare origine a una vita (è simbolicamente il suo «fuoco»).

Un eccesso di sale rappresenta tuttavia un principio di opposizione alla fertilità, come mostra il mito relativo al magico mulino di re Fróði, che macinò dapprima pace e prosperità, poi un esercito (cioè un'era di guerra), infine un eccesso di sale.[6]

Il sale (specificamente l'allume, *beiti* n.) è indicato in una fonte come rimedio alle malattie da morso.[7]

c. *Rugiada*

È acqua pura e vivificante che appartiene all'alba: preannuncia e accompagna la nascita della luce e della vita. Secondo il mito, la rugiada che cade sulla terra è la bava che bagna il morso di Hrímfaxi, cavallo della notte.[8] Ma la rugiada scende sulla terra anche dall'albero cosmico Yggdrasill;[9] è perciò nutrimento prezioso e vivificante, simbolo di fecondità e di rigenerazione. Di Líf e Lífþrasir, cui sarà affidato il compito di ripopolare il mondo dopo il crepuscolo degli dèi, è detto che si nutriranno della rugiada del mattino.[10] La rugiada è acqua divina in cui si condensano le forze più pure e rigeneratrici. Essa è perciò messa in connessione col cervo, annunciatore della luce solare.[11]

La rugiada tuttavia condivide anche la simbologia dell'umidità e quella a essa legata del freddo e dell'oscurità. Così talvolta appartiene a un mondo buio e pericoloso in cui dimorano gli spiriti del morti[12] o è principio del caos respinto ai confini dello spazio di luce.[13]

d. *Saliva*

Corrispettiva della parola e del liquido seminale maschile, è considerata dotata di poteri creatori e vivificanti. Il mito relativo all'idromele che rende poeta chi lo beva racconta che tale bevanda portentosa fu creata mescolando con miele il sangue del saggissimo Kvasir nato dall'unione dello sputo dei contraenti.[14]

Nella *Saga di Hálfr*[15] è raccontato un episodio in cui Odino fece fermentare la birra di una donna che lo aveva invocato sputandovi dentro.

Lo sputo (o la saliva) è considerato una secrezione che caratterizza gli esseri terrestri: si veda la citazione dello sputo di un uccello fra gli ingredienti impossibili con cui fu fatta la catena magica Gleipnir, che servì a legare il lupo Fenrir.[16]

2. *La sostanza inerte: il fango*

Simboleggia la terra come materia inerte quando sia priva della forza fecondante del cielo. Per questo nella figura del gigante di fango Mökkurkálfi, opposto in duello al servitore di Thor[1] e al quale viene messo un cuore di cavalla, è sottolineata l'impossibilità dei giganti di infondere vera vita alla materia.[2]

3. *La sostanza maligna: il veleno*

È la manifestazione del male come aspetto insopprimibile dell'esistenza del mondo. Risale infatti alle origini stesse del cosmo: nel momento in cui l'energia divenne materia, comparve il veleno del male. I miti cosmogonici narrano che il veleno fu presente fra le sostanze da cui originò la vita.[1] In questi racconti è detto che il veleno si trasformò in ghiaccio: esso è dunque inteso come entità corrispettiva del freddo. Tale concetto si ritrova anche nell'allusione a un fiume del mondo dei giganti (che abitano in una patria fredda e oscura) nel quale scorre del veleno.[2] Nel vocabolario nordico l'aggettivo *eitrkaldr* «freddo come il ghiaccio» vale lett. «freddo come il veleno»;[3] stesso significato è da attribuire a *eitrsvalr*, lett. «fresco come il veleno».[4] Del fiume infernale Slíðr è detto che scorre attraverso valli avvelenate trascinando pugnali e spade. Questi corsi d'acqua continuano dunque a riversare nel mondo l'inestinguibile principio del male.[5]

Il veleno è il principio e lo strumento del male, ciò che può inquinare ogni essere. Appartiene perciò ai demoni straordinariamente nefasti quale è il serpe di Miðgarðr, nemico del mondo,[6] o ai luoghi nei quali dimorano gli spiriti maligni.[7] Il suo potere è tale che esso tormenta anche gli esseri malvagi; così Loki, incatenato dagli dèi che hanno appeso sul suo capo un serpe velenoso perché lo stillicidio gli coli sul volto.[8] Esso è il vero e proprio male del mondo: quando il potere degli dèi è minacciato si dice che l'aria è «mescolata a veleno»;[9] similmente, quando Loki per distruggere la pace e l'armonia del banchetto degli dèi afferma di voler mescolare il male al loro idromele,[10] allude senza dubbio all'intenzione di contaminarlo con veleno. Ciò si deduce da passi paralleli nei quali si parla esplicitamente di «idromele avvelenato».[11]

Il veleno come strumento di morte inesorabile si ritrova anche là dove si allude a spade intinte nel veleno.[12] Una spada avvelenata è indubbiamente Lævateinn, arma costruita da Loptr (= Loki) con le rune oltre Nágrindr (il cancello dei cadaveri).[13] A proposito del fuoco della spada di Surtr, che nell'ultimo giorno incendierà tutto il mondo, la *Predizione dell'indovina* usa la *kenning* «veleno dei virgulti».[14]

Il veleno è perciò male e morte come contaminazione. Di Fáfnir è detto che quando si impadronì dell'oro maledetto del nano Andvari, quello che generava egoismo e cupidigia, si trasformò in serpe e vomitava veleno.[15] Anche di Brunilde che aveva istigato gli assassini di Sigurðr è detto che quando vide il cadavere dell'eroe vomitò veleno.[16]

La lotta dell'eroe contro il male è perciò lotta contro gli esseri che «avvelenano» il mondo: così Thor che lotta contro il serpe di Miðgarðr[17] o Sigurðr che uccide il serpe Fáfnir.[18]

Il dominio sul veleno, cioè l'insensibilità al suo potere, è prerogativa di certi eroi. Sigmundr e Sinfjötli, appartenenti alla stirpe dei Völsungar, non potevano esserne danneggiati: è precisato tuttavia che mentre Sigmundr non poteva subirne alcun male né esteriormente né interiormente, Sinfjötli (e come lui Sigurðr) sopportava il veleno solo sulla pelle.[19] Di Balderus, Saxo riferisce che traeva la sua forza sovrannaturale da un cibo magico che conteneva anche il veleno di tre serpi.[20] In ciò è forse indicato il dominio totale sui diversi aspetti dell'esistenza.[21]

4. *Sostanze legate a un concetto di eternità*

a. *Pietra*

Possiede la forza e il segreto della terra, ha perciò qualità magiche e divine; inoltre è ritenuta dimora degli esseri dell'aldilà, demoni e spiriti dei morti.

I miti cosmogonici narrano che il primo uomo, Buri, ebbe origine da pietre ghiacciate e salate, che furono leccate dalla mucca primordiale Auðhumla.[1] In ciò l'indicazione che la pietra contiene un principio vitale e creativo, idea connessa alla credenza che le pietre crescano nelle viscere della terra.

Le pietre sono una delle prime materie del mondo: esse infatti furono create dagli dèi alle origini.[2] Inoltre hanno parte nella vita del cosmo: è ricordato infatti che con gli altri esseri piansero la morte di Baldr.[3]

La tradizione nordica conosce il potere magico e risanatore di talune pietre.[4] Esse sono dette *lyfsteinar* «pietre medicinali», *náttúrusteinar* «pietre [dotate di] virtù [sovrannaturale]»,[5] e *sigrsteinar* «pietre [che danno la] vittoria».

Al valore sacro delle pietre allude la citazione del giuramento fatto «per la sacra pietra splendente»;[6] altrove[7] si dice che per pronunziare un giuramento si doveva salire su una pietra. La tradizione ricorda inoltre che il re neoeletto doveva salire su un masso sacro.[8]

Di un culto tributato alle pietre testimoniano per il Nord talune saghe.[9] Ciò è confermato dalle disposizioni delle leggi medievali dell'Uppland svedese, nelle quali si legge: «Nessuno deve sacrificare agli dèi pagani e nessuno [deve] aver fede nel bosco o nelle pietre».[10] Anche i primi altari innalzati agli dèi erano cumuli di pietre (*hörgar*, sing. *hörgr* m.) nelle quali si riteneva evidentemente che prendesse dimora la divinità.

La venerazione delle pietre è strettamente connessa all'idea che esse siano abitate da spiriti della cui protezione si ha bisogno, perciò le pietre erette alla memoria (*bautasteinar* pl., sing. *bautasteinn*), sulle quali spesso sono incise frasi in caratteri runici e segni magici, sono collegate a questa concezione.

L'Islanda ricordava fino a poco tempo fa la venerazione per le «pietre delle *dísir* del Paese» (*landdísasteinar*), nelle quali si riteneva dimorassero gli spiriti protettori.[11]

Ma nelle pietre abitano soprattutto i nani, esperti di rocce, i quali sono forse perciò da intendere come immagine degli spiriti dei defunti.[12] Nelle dimore di pietra, di cui sono i guardiani, essi custodiscono tesori preziosi.

Nelle pietre abitano altresì i giganti.[13] Di uno di loro, Hrungnir, che combatté contro Thor, è detto che aveva la testa e il cuore di pietra. Di pietra era anche il suo scudo ed egli inoltre combatteva con una cote. La sua dimora aveva nome *Grjótúnagarðar*, «recinti dei campi delle pietre».[14] Qui la pietra è presente nell'aspetto negativo, simbolo di intima sterilità.[15]

La pietra contiene infine un concetto di eternità poiché è materia che dura immutabile nel tempo. Il mito ricorda a esempio che le armi dei Hjaðningar, che combattono la battaglia che non ha mai fine, si erano fatte di pietra.[16]

Anche un essere altamente pericoloso, il lupo Fenrir, che resterà incatenato fino all'ultimo giorno, è prigioniero della pietra. I massi piantati sottoterra dagli dèi e che lo tratterranno fino alla fine sono detti *Gjöll* «largo» (o «tagliente»?) e *Þviti* «pietra conficcata nel terreno».[17]

b. *Vetro*

È un materiale che ha la qualità di separare dal contatto, ma non dalla vista; inoltre è simile alle gemme della terra. Ha perciò significato magico e sacro. Sul vetro, si precisa in un carme,[18] sono incise le rune. In una saga[19] è detto che delle perle di vetro appartenevano al corredo di una maga.

A una simbologia divina del vetro paiono alludere talune parole della dea Freyja: «Egli fece per me un altare, con un cumulo di pietre, / ora quella pietra è divenuta vetro».[20] La trasformazione simboleggia verosimilmente il passaggio dall'umano al divino.

Il vetro, che separa ma non allontana, è anche legato al concetto dell'aldilà. Non soltanto infatti è detto[21] che davanti alle porte della Valhalla vi è un bosco di nome *Glasir* «luminoso» o «di vetro»,[22] ma fra le immagini dell'aldilà è ricordato in diverse fonti anche *Glæsisvellir* «campi luminosi» o «campi di vetro».[23] Il concetto dei morti come abitatori di montagne o isole di vetro è presente nella tradizione celtica.

5. *Metalli*

Appartengono alle viscere della terra, dunque partecipano dei segreti del mondo sotterraneo. Di quella dimensione essi sono luce e ricchezza; inoltre conservano il ricordo del fuoco delle origini che per primo li plasmò: perciò simboleggiano la conoscenza dei segreti divini. Il loro possesso è privilegio regale, la loro manipolazione riservata a chi come il fabbro è venuto in contatto col mistero della vita. Essi sono guardati da mostri pericolosi come il drago Fáfnir[1] o da esseri del mondo ctonio come i nani, che ne conoscono ogni segreto. Di costoro è detto infatti che sono fabbri abilissimi. Alle diverse qualità dei metalli corrispondono diversi gradi dell'essere, della cui vita essi partecipano direttamente.[2]

I metalli, cui è indispensabile una forza esterna che conferisca loro una forma, sono anche simbolo di passività: tale idea accentuata in senso negativo si ha là dove si cita *Jarnvíðr*, la «foresta di ferro» nella quale abitano talune gigantesse.[3] L'accenno al ferro pare qui da intendere come allusione alla sterilità di un bosco abitato dai giganti, nel quale cioè non trovano spazio le energie vitali degli dèi. La simbologia del ferro è per il resto sovrapponibile a quella del metallo in generale,[4] laddove non si debba far risaltare la particolare qualità o distinzione di alcuni di essi. Anche nei guanti di ferro del dio Thor[5] è forse soltanto sottolineato che essi concentrano la forza del dio, il quale è, tra l'altro, figlio di Jörð, la «terra».

Il ferro simboleggia le qualità negative del metallo anche là dove si dice che il serpe Fáfnir custodiva l'oro maledetto in una dimora con strutture di ferro.[6] In ciò è inteso che la natura benefica dell'oro era imprigionata e il suo valore di fonte della sapienza e della prosperità stravolto in principio di cupidigia.

a. *Oro*

Metallo prezioso e perfetto per eccellenza, l'oro rappresenta la materia incorrotta. Esso appartiene contemporaneamente alla terra e al cielo. Della prima possiede l'intimo segreto, è la sua luce minerale, la sua ricchezza e fecondità. Del secondo rappresenta la saggezza più pura (l'oro è infatti un metallo che non teme il fuoco poiché è già stato purificato nel fuoco primordiale), il dominio sull'essere. I due princìpi della vita, cielo e terra, trovano nell'oro la sintesi delle loro migliori qualità.

Come simbolo del cielo l'oro è metallo eccellente degli dèi. D'oro sono talune dimore divine: Glaðsheimr, che appartiene a Odino;[7] Glitnir, che ha colonne d'oro e tetto d'argento e nella quale dimora Forseti, dio della saggezza.[8] D'oro sono le foglie del bosco Glasir che si trova dinanzi alla Valhalla, paradiso degli eroi,[9] come pure molti dei più preziosi possessi degli dèi: l'anello Draupnir di Odino,[10] il verro Gullinbursti di Freyr,[11] le coppe in cui essi bevono il prezioso idromele,[12] e le mele, conservate da Iðunn, che garantiscono l'eterna giovinezza.[13] D'oro sono altresì taluni dei loro attributi: Sif, moglie di Thor, ha una chioma tutta d'oro preparata per lei dai nani,[14] d'oro sono i denti di Heimdallr[15] e le lacrime di Freyja.[16]

L'oro è la saggezza degli dèi,[17] il loro dono prezioso,[18] il fuoco che illumina il loro mondo.[19]

L'oro è anche il metallo della valchiria, o comunque della donna nobile e sovrannaturale mediatrice dei segreti celesti.[20] Su di esso sono incise le rune, simbolo di ogni conoscenza.[21]

Ma l'oro, in quanto corrispettivo della luce, è materia ostile alle forze dell'oscurità, che ne pervertono la funzione trasformandolo in oggetto di cupidigia. Per questo l'eroe è paragonato all'oro[22] e d'oro sono i fili nei quali è intrecciata la trama del suo destino.[23] Per lo stesso motivo sono d'oro le armi più preziose degli dèi e degli eroi, strumento di lotta contro le forze del male.[24]

Ogni potere viene all'oro dalla sua appartenenza al mondo delle origini di cui esso ha imprigionato la sapienza e la forza feconda. Le fonti riferiscono che agli inizi del mondo gli dèi lavorarono come fabbri e produssero una quantità tale di questo metallo che tutto ciò che essi avevano era d'oro. D'oro fu dunque quell'era prima che fosse dispogliata dalle gigantesse.[25]

Quali esseri delle origini e del mondo ctonio, i giganti e i nani sono essi stessi possessori dell'oro:[26] tuttavia lo devono custodire e rendere disponibile per i prescelti. Per questo i nani sono fabbri abilissimi che dell'oro conoscono ogni segreto e forgiano gli oggetti preziosi degli dèi e degli eroi, dei quali ultimi sono altresì i precettori.[27]

Di un'«età dell'oro» riferisce anche il mito concernente la figura del mitico re danese Fróði detto «della pace» (*Frið-Fróði*).[28] Costui è certamente da identificare con il dio della fecondità Freyr, signore degli Svedesi. Di quest'ultimo Snorri narra[29] che, dopo un regno straordinariamente fecondo, morì e fu posto in un tumulo dentro al quale i suoi fedeli, ritenendo che egli ancora vivesse, lasciavano cadere le offerte: da una feritoia l'oro, da una seconda l'argento, da una terza le monete di rame. Ciò permise alla sua «età dell'oro» di protrarsi a lungo.[30] Una storia simile è riferita sempre da Snorri[31] a proposito di re Hölgi (dal quale, egli dice, prende nome la regione norvegese di Hálogaland). Costui era adorato insieme a sua figlia;[32] a lui fu eretto un tumulo uno strato del quale era di terra e di pietre, un altro d'oro e d'argento. La citazione dell'oro assieme all'argento[33] allude ai due metalli divini per eccellenza. La successione di oro, argento e rame nel mito di Freyr rispecchia il concetto dell'inevitabile decadimento delle ere.

L'oro come materia pura degli inizi ritorna nei racconti mitici relativi alla fine di questo ciclo e alla nascita del successivo. È detto infatti che allora resisteranno al fuoco distruttore due dimore tutte d'oro, Gimlé[34] e Lýr, che fu costruita dai nani.[35] Quando la distruzione sarà compiuta, il mare si ritirerà dalla terra ed essa sarà di nuovo verde e bella: allora alcuni dèi torneranno dal regno degli inferi. Tra loro Baldr, che in quel regno aveva goduto di tesori d'oro[36] e del possesso dell'anello d'oro Draupnir da cui dipende il potere sui cicli e sulla fecondità.[37] Costoro raccoglieranno fra l'erba gli scacchi d'oro che gli dèi antichi avevano posseduto.[38]

Alla simbologia fausta dell'oro una infausta se ne accompagna. Essa nasce dal rovesciamento del simbolo e dal pervertimento della sua funzione. È l'idea dell'oro come fonte di bramosia e di ricchezza sfrenata che trova la sua incarnazione nella figura della strega *Gullveig* «bevanda dell'oro», «forza dell'oro» o «donna dell'oro», ricordata nel mito della guerra fra gli Asi e i Vani.[39] Gullveig incarna verosimilmente la pienezza della ricchezza e del potere come strumento di corruzione.

L'oro quale causa di cupidigia e rovina compare inoltre nel mito dell'oro del Reno narrato da Snorri e frammentato in diversi carmi eddici che ruotano attorno a questo tema.[40]

Alla bramosia e alla cupidigia causata dal desiderio dell'oro si riferisce anche la storia narrata da Snorri nella quale è spiegato il perché della *kenning* «seme di Kraki» (*sáð Kraka*) con il senso di «oro». È detto infatti che il famoso re danese Hrólfr [Magro come un] palo (*kraki*) seminò delle monete d'oro dietro di sé per liberarsi dei suoi inseguitori. Poiché tuttavia il re svedese Aðils, suo nemico, continuava a galoppare alle sue spalle, egli gettò l'anello prezioso detto *Svíagríss* «maiale degli Svedesi». Quando costui si chinò a raccoglierlo, Hrólfr esclamò: «Ho fatto abbassare come un maiale il più potente fra gli Svedesi».[41]

b. *Argento*

L'argento, metallo puro e prezioso, simboleggia la quieta saggezza divina ordinatrice del mondo, laddove l'oro è piuttosto emblema dell'impulso creatore e fecondante. D'argento è rivestita Válaskjálf, dimora costruita dagli dèi dentro la quale si trova il trono di Odino.[42] Corrispettivo del colore bianco,[43] l'argento ricopre Glitnir, dimora del dio Forseti, tribunale supremo fra gli uomini e gli dèi, luogo di pace in cui ogni contesa è appianata per l'intermediazione di una sapienza superiore.[44]

c. *Rame*

È ricordato nel mito relativo al tumulo del dio Freyr, sovrano degli Svedesi, nel quale secondo Snorri venivano gettate anche monete di rame.[45] La sua presenza accanto all'oro e all'argento indica verosimilmente un progressivo degrado.

Le frequentissime allusioni delle fonti all'«oro rosso» (*rautt gull*) accanto a quelle dell'«oro luminoso» (*lýsigull*) potrebbero riferirsi all'oro lavorato con rame, se non addirittura al rame stesso. In quest'ultima ipotesi, peraltro difficilmente verificabile, si potrebbe forse stabilire un nesso fra la dea Freyja, le cui lacrime «sono oro rosso»,[46] e questo metallo. Tale parallelo sarebbe analogo a quello relativo alla dea greca 'Αφροδίτη (Afrodite), cui Freyja è corrispettiva, venerata particolarmente a Cipro (isola del rame).

6. *Sostanze per l'uomo*

a. *Cibo*

Il bisogno di cibo è ciò che distingue i vivi dai defunti. Ciò si manifesta innanzitutto nei racconti relativi all'origine del mondo che parlano del gigante primordiale Ymir, dal cui corpo fu tratto il cosmo. «Gigante» è in antico nordico *jötunn* m. (connesso etimologicamente a *eta* «mangiare»), dunque «divoratore». Il primo manifestarsi della vita fu dunque il bisogno di cibo.

Il risveglio alla vita come sensazione di fame è anche sintomo dell'avvenuto compimento d'un itinerario iniziatico o magico, durante il quale il corpo è stato privato del necessario sostentamento perché lo spirito potesse più facilmente staccarsene e compiere correttamente il proprio percorso. Così si dice che quando Odino mandava il suo spirito a compiere azioni magiche «il suo corpo giaceva come morto o addormentato»,[1] cioè in condizioni nelle quali è eliminato il bisogno di cibo. Similmente il *Dialogo dell'Alto*, là dove racconta il sacrificio iniziatico del dio, appeso per nove notti all'albero cosmico, specifica: «Pane [nessuno] mi diede, né corno [per bere]».[2] Un rituale analogo, sempre riguardante Odino, è ricordato nel mito del «dio torturato»; «Otto notti sedetti qui tra i fuochi, / sicché nessuno mi offrì da mangiare...»[3] Stesso significato ha l'episodio in cui si narra che il gigante Geirrøðr aveva imprigionato un falco (che in realtà era Loki) e lo aveva tenuto rinchiuso per tre mesi in una cassa senza dargli da mangiare.[4] Questo trattamento aveva costretto Loki a rivelare la sua vera identità, poiché l'assenza di cibo aveva in un certo senso «denudato» lo spirito separandolo dal corpo che aveva assunto, svelandone la reale essenza.

Ma la mitologia nordica conosce anche la simbologia del cibo come fonte di immortalità: si tratta del maiale detto Sæhrímnir, il quale è cotto ogni giorno nella Valhalla per i guerrieri di Odino ed è di nuovo intero la sera.[5] In questo racconto tuttavia l'accento cade piuttosto sul concetto di immortalità come perenne capacità di rinnovamento.[6] A un cibo di qualità magica (da cui proveniva la forza di Balderus) fa riferimento anche Saxo.[7]

La presenza di cibo fra i reperti tombali (vedi a esempio le tombe danesi dell'età del ferro), comune del resto a molte culture, pare avere non tanto lo scopo di provvedere genericamente di cibo il defunto, quanto piuttosto quello di fornirlo di tutto ciò che gli possa servire dal mondo dell'aldiquà, affinché in caso di risveglio la sua necessità più immediata sia soddisfatta ed egli non cerchi di tornare indietro, con estremo pericolo per i vivi.

Il cibo è inoltre considerato un elemento che agisce sulla qualità dell'essere, come mostra non soltanto l'episodio in cui i nibelunghi Gunnar e Högni fecero cuocere carne di serpe e di lupo (entrambi animali di simbologia nefasta) e li diedero da mangiare a Gothormr, il quale avrebbe poi ucciso Sigurðr,[8] ma anche la storia di Ingjaldr di Cattivo Consiglio, di cui si è già riferito.[9]

b. *Bevande sacre*

α. *Birra*

Bevanda sacra al guerriero, la birra, come ogni liquido fermentato, ha subìto un processo vitale di purificazione e può trasmettere all'uomo le energie della terra nella loro migliore essenza. Essa va assorbita e al contempo dominata come raccomanda Odino: «poiché eccellente è la birra, purché dopo riacquisti / ciascun uomo il suo senno».[10]

La birra è legata alla forza feconda della terra, trasmessa attraverso il cereale fermentato: è perciò dono prezioso come si suggerisce in questi versi:

Ti porgo la birra, o melo dell'assemblea delle corazze
(=guerriero),
mescolata con forza e grande fama;
colma di canti e di rune salutari,
di buoni incantesimi e rune di gioia.[11]

Qui la parola per «forza» è *magn* n.,[12] che indica la qualità magica delle cose mediante la quale esse esprimono nel modo migliore le proprie virtù peculiari; «birra» è reso con *bjórr* m. «birra forte», termine con cui, secondo quanto si insegna altrove, essa è nominata fra gli dèi:

«Dimmi questo, Alvíss – tutte le cose degli uomini
io credo, o nano, che tu sappia –
come si chiama la birra, che bevono i figli degli uomini
in ciascun mondo».

«Birra si chiama fra gli uomini, ma birra forte fra gli Asi,
i Vani la chiamano liquore,
liquido puro i giganti, nettare nel regno dei morti,
festino i figli di Suttungr (=giganti).»[13]

La birra diviene dunque per il guerriero che la riceve dono prezioso, corrispettivo dell'idromele, bevanda divina. Il mito ricorda come la valchiria Brunilde, detta Sigrdrífa, risvegliata da Sigurðr, prese un corno pieno di idromele e diede all'eroe la «bevanda del ricordo» (*minnisveig*).[14] Tale bevuta ha scopo propiziatorio e iniziatico, perché l'eroe possa apprendere la saggezza che gli sarà trasmessa nelle rune tra le quali, appunto, le «rune della birra» *ölrúnar*, da segnare sul corno per ottenere felicità e protezione.[15]

Ma la bevuta di birra può anche essere funesta a causa del fatto che l'uomo spesso non conosce la moderatezza nel bere.[16] Inoltre essa, che infonde le forze buone della terra e che comunque nei suoi eccessi può dalla terra essere efficacemente assorbita,[17] diviene nelle mani di un nemico strumento ideale per trasmettere un veleno che agisca in modo nefasto sulla qualità dell'essere di chi assume il liquido: in proposito è noto fra tutti l'episodio narrato nella *Saga di Egill*, dove si dice che un tale Bárðr mescolò del veleno nella birra destinata a Egill, il quale, uomo esperto in magia, recitò una rima prima di bere, al che il corno andò in pezzi da sé.[18]

La birra è bevanda indispensabile nelle celebrazioni e nelle feste. È bevuta nei sacrifici, nelle cerimonie nuziali, nei festini in onore dei defunti.[19]

La sua importanza è riflessa nel vocabolario, là dove si distingue fra *öl* n. «birra», *bjórr* m. «birra forte» (spesso di importazione), *mungát* n. «birra fatta in casa», *virtr* n. «birra che fermenta». Il suo legame con i rituali religiosi perdurò nel tempo, come mostra a esempio una disposizione religiosa cristiana del codice di leggi norvegesi del Gulaþing: «E quella birra sarà benedetta in ringraziamento a Cristo e Santa Maria, per la prosperità e la pace».[20]

La parola-formula beneaugurante *alu*, che si trova in diverse iscrizioni runiche (a esempio: amuleto di Lindholm, Scania, Svezia, inizio del VI secolo; pietra di Elgesem, Vestfold, Norvegia, V secolo; lamina in bronzo di Fosse, Rogaland, Norvegia, inizio del VI secolo; frammento di pietra di Kinneve, Västergötland, Svezia, fine del VI secolo; bratteate di Darum, Jutland, Danimarca; Slangerup, Sjælland, Danimarca; Kläggeröd, Scania, Svezia, tutte attorno al V secolo) ed è linguisticamente identica al più tardo *öl* «birra»,[21] rafforza forse con la testimonianza dell'antichità la simbologia fausta della birra.[22]

β. Idromele

Detto in antico nordico *mjöðr* m., l'idromele è la bevanda divina per eccellenza, dalla quale si trae conoscenza e ispirazione. Esso ha conseguito il suo potere per mezzo di un processo di fermentazione durante il quale hanno agito le forze vive della natura. I suoi ingredienti sono l'acqua e il miele (corrispettivo del fuoco), per cui esso assomma in sé i due princìpi della vita. L'idromele è perciò detto «prezioso»,[23] «antico»,[24] «eccellente»,[25] «chiaro»,[26] cioè «puro» e «luminoso», liberato d'ogni qualità negativa. È bevanda scelta degli dèi[27] e dei prìncipi.[28] Trasmette saggezza, poiché in esso sono mescolate le rune che la simboleggiano.[29] Mímir, il saggio gigante che possiede la fonte di ogni conoscenza, beve ogni mattina l'idromele;[30] il testo parrebbe suggerire che esso sgorga dalla sua stessa fonte. Così Heimdallr, dio guardiano dei cicli, il cui corno (o l'orecchio) è celato nella fonte di Mímir, «beve... felice il buon idromele».[31]

Come simbolo di saggezza, il mito conosce altresì l'idromele che rende poeta chi lo beva, preparato dai nani mescolando col miele il sangue del sapientissimo Kvasir.[32]

Come bevanda d'immortalità l'idromele ritorna nel mito relativo alla Valhalla: ivi sta un albero, corrispettivo dell'albero cosmico, e la capra Heiðrún ne bruca le foglie; dalle sue mammelle scorre quell'idromele che sazia tutti i guerrieri di Odino.[33] In un carme esso è detto «il liquido che non può venir meno».[34]

L'idromele è dunque bevanda eccellente per l'eroe che debba andare incontro a un processo di iniziazione.[35] Tuttavia, proprio perché veicolo di conoscenza, deve essere assunto con cautela; bisogna infatti guardarsi dall'idromele avvelenato.[36] All'idromele avvelenato, cioè simbolicamente alla contaminazione della potenza e della saggezza mediante il principio del male, allude anche Loki quando, volendo distruggere l'armonia e la pace al banchetto degli dèi, esclama: «mescolo del male al loro idromele».[37] Sul piano pratico tale operazione avveniva forse con l'uso di erbe velenose; all'abitudine di aromatizzare la bevanda con erbe si riferisce infatti a esempio la *Saga di Óláfr il Santo* quando parla di «idromele [aromatizzato] con erbe» (*grasaðr mjöðr*).[38]

In un uso rituale dell'idromele (come bevanda che metteva in relazione col mondo ctonio) sta forse la spiegazione della morte del mitico re svedese Fjölnir, figlio di Yngvi-Freyr, del quale Snorri dice che morì annegato in una tinozza colma di idromele.[39] Un racconto analogo si trova in Saxo a proposito del re svedese Hundingus, il quale, avendo raccolto molti nobili a un festino funerario per Hadingus, che egli credeva morto, serviva personalmente gli ospiti: senonché essendo inciampato cadde nella tinozza colma di birra e morì annegato.[40]

Come liquido vitale e rigeneratore, l'idromele pare inoltre essere simbolicamente connesso al sangue. Tale legame è suggerito non soltanto dal mito relativo a Kvasir,[41] ma anche dalla *kenning* «idromele delle ferite» (*unda miöðr*), che intende appunto «sangue».[42]

γ. *Vino*

Seppure non originario del mondo nordico, vi è accolto come bevanda nobile, rara e preziosa e simbolicamente assimilato alla birra e all'idromele. È perciò considerato liquido capace di trasmettere saggezza e conoscenza. In esso, è detto, sono mescolate le rune.[43] Snorri, rifacendosi al *Dialogo di Grímnir*,[44] riferisce che Odino non ha bisogno di altro alimento poiché il vino è per lui sia cibo che bevanda.[45] L'attribuzione al dio di questa bevanda (che probabilmente sostituisce la birra e l'idromele di tradizione più antica) è dovuta verosimilmente alla sua rarità, che indica la distinzione di chi la possieda. Al pari della birra e dell'idromele, il vino può rivelarsi pericoloso per il bevitore incauto e impreparato.[46]

Appendice. La fermentazione

Nella produzione della birra, dell'idromele e del vino si esplica l'azione delle forze vive della natura nelle quali è concentrata la potenza divina fruttificante. In una saga[1] si narra di un re che, dovendo scegliere tra due mogli, decise che avrebbe tenuto con sé quella che si fosse dimostrata capace di preparare la birra migliore. Delle due donne, una invocò Freyja, dea della fecondità, l'altra Odino, dio mago, il quale fece cadere il suo sputo nel recipiente come lievito: quest'ultima fu scelta.[2] Qui l'allusione è non soltanto alle forze vegetative della natura, bensì anche alla bevanda fermentata come «bevanda sacra», strumento di esaltazione e di conoscenza superiore. Per questo il potere di Odino, dio dell'invasamento e del furore da cui nasce il sapere iniziatico, supera quello di Freyja, dea della fecondità.

Note

1. *Sostanze che richiamano le origini*

1 *Gyl* 5.
2 *Hrímþursar*: v. *Háv* 109; *Grí* 31; *Skí* 30, 34; *Gyl* 5, 7, 15, 51; *Vaf* 33. Di costoro esiste una vera e propria genealogia; si vedano *Frosti*, detto anche *Jökull* «ghiaccio»; *Snær* «neve»; *Hrímnir*, *Hrímgerðr* e *Hrímgrímnir*, tutti composti con *hrím* n. «ghiaccio», «brina». V. p. 56 (c); cfr. pp. 320-1.
3 *Gyl* 5: *inn gamli hrímþurs*. Dal corpo di Ymir sacrificato gli dèi trassero il cosmo (*Gyl*, 8; v. p. 50).
4 *Ská* 26 [3]; *Hym* 10, a esempio.
5 *Gyl* 6; v. p. 50.
6 *Ská* 53 [7]; v. p. 182.
7 *Háv* 137.
8 *Gyl* 10; *Vaf* 14; v. p. 55; cfr. *HHv* 28, dove una simile immagine è riferita ai destrieri delle valchirie.
9 *Vsp* 19; cfr. *Gyl* 16; v. p. 63.
10 *Gyl* 53; *Vaf* 45; v. pp. 189, 191.
11 *HH* II 38; v. anche *Ríg* 37, dove si parla di un cammino del dio Heimdallr per monti coperti di brina (e forse anche *Fáf* 26 in relazione a Sigurðr).
12 *Bal* 5.
13 Cfr. *Lok* 48.
14 *Ská* 4 [2]; v. pp. 90 e 107, nota 2.
15 *Hálf* 1; cfr. p. 206 e sopra: *Appendice. La fermentazione*.
16 *Gyl* 34; v. p. 65.

2. *La sostanza inerte: il fango*

1 *Ská* 25 [3]; v. pp. 138-9. Una connessione tra il fango e i giganti si ha in Saxo (I, IV, 9) dove a quello essi sono paragonati, e forse anche nel nome della gigantessa *Molda*, verosimilmente connesso a *mold* f. «terra», la quale è ricordata in *HálfB* 6.
2 Non così per gli dèi che donano spirito e vita (*Vsp* 17-8; *Gyl* 9; v. p. 51 [2]).

3. *La sostanza maligna: il veleno*

1 *Gyl* 5; *Vaf* 31; v. p. 49.
2 *Þór* 5 (nel carme è narrato il viaggio di Thor presso il gigante Geirrøðr; v. pp. 140-2).
3 Nello scaldo Einarr Skúlason: v. *Skj* I: A, p. 477; B, p. 449.
4 Nello scaldo Hallvarðr *háreksblesi* (?): v. *Skj* I: A, p. 317; B, p. 294.
5 *Vsp* 36; cfr. in *Þþb* 5 la descrizione del fiume Hemra che scorre in un Paese abitato da giganti.
6 *Hym* 23; *Gyl* 51.
7 *Gyl* 52; *Vsp* 38; v. pp. 72-3.
8 *Gyl* 50; *Lok* pr; v. p. 162.
9 *Vsp* 25: *lævi blandit*.
10 *Lok* 3; v. p. 135.
11 *Sig* 8; *Hyn* 49: *meinblandinn mjöðr* della prima fonte equivale senza dubbio a *eitri blandinn mjöðr* della seconda; cfr. anche *Frá*.
12 V. l'aggettivo *eitreggjaðr* «con la punta avvelenata»; cfr. *Bro* 19; *Gðr II* 38.
13 *Fjö* 26; v. p. 405.
14 *Vsp* 52: *sviga lævi*.
15 *Reg* pr; *Faf* pr, 18; *Völs* 14; v. p. 575.
16 *Gðr I* 27; v. p. 395.
17 *Hym* 20-4; *Gyl* 48; v. pp. 125, 127, 129-30 e 132.
18 *Grp* 11; *Fáf passim*; *Ská* 48 [6]; *Völs* 18; v. pp. 388-90.
19 *Frá*; *Völs* 7; *Ská* 52 [6]; v. p. 382.
20 *Saxo* III, III, 4 e 6; v. p. 165.
21 Cfr. anche V, II, 6-9.

4. *Sostanze legate a un concetto di eternità*

1 *Gyl* 6; v. p. 50.
2 *Gyl* 14. Al concetto di pietra come sostanza nobile si allude là dove si paragona l'eroe Sigurðr a una pietra splendente (*Gðr I* 18).
3 *Gyl* 49; *Edda Kuhn* pp. 316-7; v. p. 160.
4 Cfr. *Lax* 57; *Gön* 3; *Kor* 9, 12-3; in *Heið* 23, 25, 30 si allude a una collana di pietre dotata del potere di rendere invulnerabili.
5 Cfr. K. Kålund, *Alfræði Íslenzk* (*Islandsk Encyclopædisk Litteratur*), København 1908, pp. 77-83, e *Hauksbók* (ed. dai manoscritti arnamagnæani nn. 371, 544, 675), vol. VI a cura di «Det kongelige Oldskriftselskab», København 1892-1896, pp. 227-8.
6 *Gðr III* 8: *at inum hvíta helga steini*; cfr. *Atm* 30.
7 *Hœn* 13.

8 Cfr. *Chronicon lethrense*, ed. cit., cap. 2; *Saxo* I, II, 1 e *OlM* I, 18. Qui va ricordata anche la figura della veggente morta Gróa che recita degli incantesimi in piedi su un masso (*Grg* 15; v. p. 401).
9 *Kri* 2; *Harð* 38; v. anche *Ldn* S 241, H 206.
10 E. Wessén, *op. cit.*, p. 11: *Ængin skal affguþum blotæ ok ængin a lundi ællr stenæ troæ.*
11 Cfr. p. 302.
12 Cfr. *Vsp* 14, 48; *Alv* 3; *Reg* pr, 5; *Ytal* 2 e *Yng* 12; cfr. pp. 331-2.
13 Cfr. *Hel* 1, 3; *Hyn* 36; v. anche *Gro* 10-3 e *Saxo* prologo, III; cfr. pp. 325-6.
14 *Hár* 15; *Ská* 25 [3]; v. p. 138.
15 Tale senso ha anche la credenza che i nani o gli esseri malvagi vengano pietrificati dalla luce del sole (cfr. *Alv* 35; *HHv* 30). In *Örv I* 36 e 43, *Örv II* 24 e 29 si parla di talune frecce di pietra, le sole in grado di uccidere un essere demoniaco.
16 *Ská* 62 [9]; v. p. 178. Qui la pietra condivide la simbologia del ferro, come appare là dove si dice che i legami con cui fu imprigionato Loki divennero di ferro (*Gyl* 49; v. p. 162; cfr. p. 518).
17 *Gyl* 34; v. p. 66.
18 *Sig* 17.
19 *Eir* 4.
20 *Hyn* 10: *Hörg hann mér gerði, hlaðinn steinum, / nú er grjót þat at gleri orðit.*
21 *Ská* 43; *Edda Kuhn* p. 318; v. p. 58.
22 Cfr. il bosco Glasislundr in *HHv* 1.
23 V. p. 72.

5. *Metalli*

1 *Reg* pr; *Fáf* pr; *Völs* 14; v. p. 388.
2 A esempio in *Gyl* 49 si allude al loro pianto per la morte del dio Baldr (v. p. 160).
3 *Gyl* 12; *Vsp* 40; cfr. pp. 325 e 340, nota 77.
4 V. le allusioni «al ferro e al fuoco» (*járn ok eldr*): esempi in *Fjö* 20-1; *Yng* 6; *Hról* 50; cfr. p. 458.
5 *Gyl* 21; cfr. p. 59.
6 *Fáf* pr finale.
7 *Gyl* 14; *Grí* 8; v. p. 57.
8 *Gyl* 17, 32; *Grí* 15; v. p. 60.
9 *Ská* 41; *Edda Kuhn* p. 318; v. p. 58.
10 *Ská* 44 [5]; v. pp. 93-4.
11 V. nota precedente.
12 *Grí* 7.
13 *Skí* 19; v. pp. 61 e 150.
14 *Ská* 44 [5]; v. pp. 92-3.
15 *Gyl* 27; v. p. 60.
16 *Gyl* 35; *Ská* 29; v. p. 60.
17 *Háv* 10.
18 *Hyn* 2.
19 Nell'*Invettiva di Loki* (*Lok* pr; v. p. 135) è detto della sala del banchetto degli dèi: «là l'oro splendente fungeva da luce del fuoco» (*þar var lýsigull haft fyr eldsljós*). L'equazione oro = fiamma o luce è ricorrente nelle *kenningar*, specie dove esso viene definito «fiamma (o luce) delle fonti»; cfr. *Ská* 41-59 e anche *Atm* 13.

20 *HH* I 56; *HH* II 35, 45; *Sgk* 34; *Gðr* II 14; *Atk* 39.
21 *Sig* 16.
22 Cfr. *Gðr* I 18 e *Gðr* II 2.
23 *HH* I 3; v. p. 372.
24 Cfr. a esempio *Gyl* 51; *Sgk* 47; *Atk* 4, 7; *Völs* 23. In *Saxo* II, IV, 2 l'oro appare come antidoto al veleno.
25 *Gyl* 14; *Vsp* 7-8; v. p. 57.
26 *Vsp* 37; *Háv* 105; *Þry* 6; *Skí* 22; *Ytal* 2.
27 V. anche *Völ* 5, pr, 19, 27.
28 *Ská* 53 [7]; *Gro passim*; v. p. 181.
29 *Yng* 10.
30 Cfr. pp. 279-80.
31 *Ská* 56; cfr. *Ská* 41.
32 La divinità Þorgerðr Hölgabrúðr; cfr. pp. 295-6 (10).
33 V. anche *Gyl* 17; *Grí* 15; *Þry* 4.
34 *Vsp* 64; *Gyl* 17, 51.
35 *Fjö* 31-2; v. p. 78, nota 3.
36 *Bal* 6.
37 *Gyl* 49, anche se poi egli rimandò l'anello a Odino (v. p. 159).
38 *Vsp* 61; *Gyl* 53; v. p. 189.
39 V. pp. 86-7.
40 V. pp. 386-400 e le fonti ivi elencate. Cfr in *Ská* 57 (e *Bja* 4, ivi citato) le espressioni poetiche per «oro».
41 *Ská* 55 [8]: *Svínbeygt hefi ek nú þann er ríkaztr er með Svíum*; cfr. *Hról* 45 e *Hát* 94.
42 *Gyl* 17; v. p. 58.
43 Come mostrano con tutta evidenza le parole «argento candido come neve» (*silfr snæhvítr*, in *Atm* 70) e la connessione con le donne sovrannaturali legate alla simbologia del colore bianco (cfr. p. 469): si veda a esempio in *Gís* 33 la *kenning* «Sjöfn del nastro d'argento» (*silfrbands Sjöfn*).
44 *Grí* 15; *Gyl* 17, 32; v. p. 60; cfr. p. 240 (13).
45 Cfr. p. 519 e sopra, note 29-30.
46 *Gyl* 35: *er gull rautt*; cfr. pp. 285-6.

6. *Sostanze per l'uomo*

1 *Yng* 7: *lá þá bukrinn sem sofinn eða dauðr*; cfr. p. 35.
2 *Háv* 139: *Við hleifi mik seldu, né við hornigi*; v. p. 89.
3 *Grí* 2: *Átta nætr sat ek milli elda hér, / svá at mér mangi mat né bauð...*; v. p. 153.
4 *Ská* 27 [4]; v. p. 140.
5 *Gyl* 38; *Grí* 18; v. p. 59.
6 Stesso concetto è inteso là dove si parla della capacità di Thor di ridare vita alle capre di cui si ciba la sera (*Gyl* 44; v. p. 133).
7 *Saxo* III, III, 6; cfr. anche V, II, 7-8; v. p. 165. Un cibo magico è evidentemente anche il cuore del drago Fáfnir di cui si nutre Sigurðr (cfr. pp. 598-600 [a, b]; v. pp. 390-1).
8 *Bro* 4; v. anche *Völs* 32 e la variante in *Edda Kuhn* p. 323.
9 Cfr. p. 253, nota 76. In Saxo (VIII, XIV, 8) è posto l'accento sul pericolo di consu-

mare il cibo preparato nell'aldilà (qui il Paese di taluni giganti), poiché se lo si fa non si potrà tornare nel mondo degli uomini.

10 *Háv* 14: *því er ölðr bazt, at aptr uf heimtir / hverr sitt geð gumi*. V. anche str. 131: «sii prudentissimo con la birra» (*ver þú við öl varastr*).

11 *Sig* 5: *Bjór fœri ek þér, brynþings apaldr, / magni blandinn ok megintíri; / fullr er hann ljóða ok líknstafa, / goða galdra ok gamanrúna*. Sono parole rivolte da Sigrdrífa a Sigurðr (v. p. 391).

12 Forma più recente di *megin* n.

13 *Alv* 33-4: *Segðu mér þat, Alvíss - öll of rök fira / voromk, dvergr, at vitir -, / hvé þat öl heitir, er drekka alda synir / heimi hverjum í. // Öl heitir með mönnum, enn með ásum bjórr, / kalla veig vanir, / hreinalög jötnar, enn í helju mjöð, / kalla sumbl Suttungs synir*.

14 *Sig* pr; v. sopra e nota 11. V. anche *Hyn* 45, dove si parla di «birra del ricordo»: *minnisöl*. In questo mito è palese la comunanza simbolica dell'idromele e della birra.

15 *Sig* 7-8, 19; la stessa fonte, str. 17, allude a rune segnate nella birra (qui *virtr* n. «birra che fermenta»).

16 *Háv* 11-3; *Sig* 29-30; *Völ* 28; v. anche *Jóm* 37, dove è ricordato il proverbio «la birra è un altro uomo» (*öl er annarr maðr*) per giustificare chi, sotto l'effetto dell'alcool, abbia ecceduto nelle parole.

17 V. *Háv* 137: «dovunque tu beva la birra, accogli la forza della terra! / poiché la terra porta via la birra...» (*hvars þú öl drekkir, kjós þú þér jarðar megin! / þvíat jörð tekr við ölðri...*

18 *Egi* 44; v. anche *Hyn* 49; *Frá*. Analogo pericolo corre chi beve l'idromele: cfr. *Lok* 3; *Sig* 8.

19 V. a esempio *HákG* 14 (cfr. *Flat* I, p. 283) e *ÓlT* 35. Cfr. pp. 636-7 (7).

20 Leggi del Gulaþing (*NGL* I, p. 6, § 6): *En þat öl skal signa til Krists þakka ok sankta Maríu, til árs ok til fríðar*. Si noti che l'espressione *til árs ok fríðar* è ricorrente a proposito dei riti pagani in onore delle divinità della fecondità (esempi in *Gyl* 24; *Yng* 15, 43; *HákG* 14). Cfr. *NGL* I, p. 1, § 1.

21 *Ö*<*a* per influsso metafonico della *u* finale successivamente caduta.

22 Per altre interpretazioni cfr. tuttavia J. de Vries, *Altnordisches*..., cit., p. 7.

23 *Háv* 105, 140: *inn dýri mjöðr*.

24 *Skí* 37; *Lok* 53: *forn mjöðr*.

25 *Skí* 16: *inn mæri mjöðr*.

26 *Grí* 25: *inn skíri mjöðr*; cfr. *Bal* 7: «idromele chiara bevanda» (*mjöðr skírar veigar*).

27 *Þry* 24.

28 *Atm* 8; *Hlö* 6.

29 *Sig* 18.

30 *Vsp* 28.

31 *Grí* 13: *drekkr... glaðr, inn góða mjöð*.

32 *Ská* 4-6 [2]; v. p. 90.

33 *Gyl* 39; v. p. 63.

34 *Grí* 25: *knáat sú veig vanaz*.

35 Così Sigurðr: *Sig* pr.

36 *Sig* 8.

37 *Lok* 3: *ok blend ek þeim svá meini mjöð*; v. p. 135.

38 *ÓlH* 83; v. anche la *Saga di Baarlam e Josafat*, ed. cit., cap. 138 dove si parla di «bevanda [aromatizzata] con erbe» (*grasaðr drykkr*). Cfr. *Völs* 27, dove si

parla di *meinblandinn mjöðr*, e *Völs* 30, dove si fa riferimento a una «birra feroce» (*grimmt öl*).

39 *Yng* 11 e *Ytal* 1 ivi citato; v. anche *HistN*, p. 97. Fjölnir, mitico figlio di Freyr, è ricordato anche in *Yng* prologo, 10, 16; *Ská* 53 [7]; *Flat* I, p. 26; *Ísl* appendice. A una relazione simbolica fra l'idromele e il mondo infero si allude anche in *Alv* 34.

40 *Saxo* I, VIII, 27; v. p. 415; cfr. *OlM* XIII, 33, dove si dice che il re scelse questo tipo di morte volontariamente. Cfr. anche *Saxo* III, III, 1.

41 V. sopra e nota 32. A questa relazione si allude forse in *Sig* 18.

42 *Skj* I: A, p. 96; B, p. 90. Lo scaldo (della cui opera non ci restano che pochissimi versi) è Þorbjörn Magro.

43 *Sig* 17.

44 *Grí* 19.

45 *Gyl* 38; v. p. 59; cfr. *Atk* 14.

46 *Sig* 29-30.

Appendice. La fermentazione

1 *Hálf* 1; cfr. pp. 513 e 526, nota 15.

2 In una saga di carattere religioso imperniata sulla figura del vescovo Þorlákr viene riferito che una donna non vedendo fermentare la birra che stava preparando rivolse a lui la propria preghiera e subito ottenne l'effetto sperato: *Libro dei miracoli di Þorlákr del 1199* (*Jarteinabók Þorláks frá 1199*, in *Biskupa sögur* I, ed. cit.), cap. 13 e cap. 17. Cfr. la saga riferita allo stesso vescovo (*Þorláks saga*, stessa ed.), cap. 45, e anche la *Saga del vescovo Giovanni* (*Jóns biskups saga*, stessa ed.), cap. 42.

VII. Piante

1. Alberi

a. *L'albero come sostegno del mondo*

L'ALBERO, che per la sua natura partecipa dei tre diversi strati dell'essere (poiché le radici attingono al regno sotterraneo, il tronco appartiene alla vita del mondo di superficie e i rami si innalzano verso il cielo), costituisce nel mondo nordico, come in tutte le altre tradizioni, un simbolo fondamentale intimamente legato alla concezione del cosmo. È infatti esso stesso un cosmo vivente in perpetua rigenerazione, come rivela l'immagine dell'albero cosmico, il frassino Yggdrasill, che sta al centro dell'universo e lo sorregge: i suoi rami sempreverdi (simboleggianti cioè l'eternità) si stendono su tutto il mondo e coprono il cielo. Le tre radici si spingono in differenti direzioni: una è fra gli Asi (altrove è detta fra gli uomini), l'altra fra i giganti la terza nel mondo infero.[1]

Taluni reperti archeologici, quali il reperto mesolitico di Stellmoor (Ahrensburg, Schleswig-Holstein, Germania), dove si è trovato un tronco di quercia su un cumulo di pietre, ma soprattutto testimonianze più recenti quali le incisioni rupestri dell'età del bronzo (presenti in gran parte nella Svezia meridionale e nella Norvegia sudorientale), che spesso raffigurano alberi (posti a volte su navi), alludono verosimilmente al concetto dell'albero come «entità sacra», mentre i riferimenti a una colonna cosmica presso altre popolazioni germaniche (*Irminsūl* presso i Sassoni) o prossime ai Germani (quali gli Slavi e i Lapponi) vanno a rafforzarne la simbologia di «asse del mondo».

Ma l'albero cosmico, l'eccelsa fra le piante,[2] rappresenta anche la verticalità, cioè l'elevazione dalla terra al cielo, e, al contempo, il costante esasperato antagonismo tra il terreno e il celeste, tra il materiale e lo spirituale. Così uno scoiattolo, Ratatoskr, corre su e giù per il tronco di Yggdrasill e ha il compito di riportare le cattive parole scambiate fra un'aquila appollaiata sui rami con un falco fra gli occhi (emblema di una straordinaria percezione visiva) e un serpe che con altri ne rode le radici.[3] Altri animali simbolici circondano l'albero e si nutrono delle sue foglie.[4]

Con Yggdrasill va identificato l'albero detto Léraðr (o Læráðr), che si erge davanti alle porte della Valhalla. *Léraðr* infatti – il cui nome è assai discusso e può valere «dispensatore di umidità», «quieto dispensatore», «[quello che] domina sulla casa» (=il mondo?) o forse «consigliere di danno» (?) – coincide con Yggdrasill per l'identità della funzione simbolica.[5] Con Yggdrasill va altresì identificato *Mímameiðr*, che non si sa da quali radici cresca, pianta inattaccabile dal ferro e dal fuoco, produttrice di frutti medicamentosi e sulla quale è appollaiato un gallo d'oro.[6] Esso è l'«albero di Mími», gigante cui appartiene anche la fonte detta Mímisbrunnr, da cui sgorga un liquido di sapienza per attingere al quale Odino ha dovuto lasciare in pegno uno degli occhi. Ai piedi dell'albero cosmico è inoltre sepolto il corno (o forse l'orecchio) di Heimdallr, dio che veglia sui cicli al limite dello spazio e del tempo.[7] Sotto l'albero, presso la sacra «fonte del destino», *Urðarbrunnr*, dimorano le norne e stabiliscono la sorte degli uomini. All'ombra di Yggdrasill, ogni giorno, gli dèi tengono consiglio.[8]

L'albero cosmico riassume in sé i concetti di potenza, di sapienza divina e di sacralità: le sue origini sono misteriose, poiché nessun uomo sa da quali radici cresca.[9] La sua possanza è la forza vitale del cosmo: quando esso vacillerà, si avrà indizio sicuro dell'imminente fine del mondo.[10]

Simbolo dei tre strati spaziali dell'essere (inferi, terra e cielo) e della loro interrelazione, l'albero cosmico assomma in sé anche i tre momenti fondamentali del tempo: passato, presente, futuro.

L'albero diviene dunque emblema e fonte della saggezza cosmica: per questo Odino, dio e mago supremo, ha appreso i misteri della vita universale (simboleggiati dalle rune) mediante un rito iniziatico, restando appeso per nove notti senza cibo né bevanda su Yggdrasill, spazzato dal vento.[11]

Qui sta anche la più probabile spiegazione del nome dell'albero cosmico (sebbene ivi esso non sia nominato): *Yggdrasill* è infatti il «cavallo (cioè metaforicamente la «forca») di Yggr» (=Odino).

Il potere vitale e rigeneratore dell'albero è sottolineato anche nei miti sull'origine del mondo: infatti non solo la prima coppia umana *Askr* («frassino») ed *Embla* («olmo»?) fu creata dagli dèi infondendo spirito e vita a due tronchi d'albero,[12] ma la stessa madre di Odino, Bestla,[13] è forse una divinità-albero, qualora sia giusta l'interpretazione del nome che lo riconnette a *bast* n. «fibra della parte interna della corteccia» (specie del tiglio), e intende «dispensatrice di fibra vegetale».

Un culto dell'albero è presumibile dalla testimonianza di Adamo da Brema, là dove si parla di un albero sempreverde che cresceva presso il grande tempio di Uppsala e ai cui piedi era una fonte sacrificale da cui si traevano oracoli.[14] Questa notizia va evidentemente collegata a quanto affermato dallo stesso autore[15] a proposito di un bosco sacro, in cui ciascun albero è considerato divino poiché è stato santificato mediante la morte e il sangue degli uomini e degli animali sacrificati e ivi appesi. La connessione dell'albero con i riti sacrificali resta nel termine *blóttré* n. «albero sacrificale», che indica a esempio nella *Saga di Hervör*[16] un albero irrorato col sangue di un cavallo.

Altre allusioni apparentemente sparse e divergenti confluiscono a delineare l'importanza simbolica e sacrale dell'albero. Sulla corteccia, così come sui rami rivolti a oriente, vanno incise, secondo un rituale magico insegnato dalla valchiria Sigrdrífa, le «rune dei rami» (*límrúnar*), quelle che garantiscono la sapienza medica;[17] «acero delle armi affilate»,[18] «melo dell'assemblea delle corazze (= battaglia)»;[19] «albero della battaglia»[20] sono solo alcuni esempi delle numerose *kenningar* che paragonando il guerriero o l'eroe a un albero gli trasmettono simbolicamente la sua possanza universale; uomo-albero, cioè uomo rivestito di corteccia, sarà il leggendario eroe Oddr della Freccia quando resterà lontano per un po' di tempo dal consorzio degli uomini per un periodo di rigenerazione.[21]

Ma la partecipazione alla vita e alle virtù dell'albero consente anche di sfruttarne il potere a scopo distruttivo: quel potere nefasto e tormentoso contenuto nelle radici[22] che sono, come s'è detto, in relazione con i serpi.

La simbologia benefica dell'albero è tuttavia prevalente: infatti il folclore scandinavo conosce l'immagine dell'albero che cresce presso una fattoria e la cui vita è legata alla prosperità di chi vi abita.[23]

Appendice. Il palo o colonna cosmica

Condivide la simbologia dell'albero cosmico che sorregge il mondo. Tale significato hanno senza dubbio le «colonne del trono» (*öndvegissúlur*, sing. f. *öndvegissúla*), i pilastri che sostenevano i sedili d'onore – l'uno di fronte all'altro – nella sala principale dell'abitazione o nel tempio, sui quali dovevano prendere posto il padrone di casa e l'ospite più eminente. Su questo trono sedeva altresì l'erede durante la cerimonia nella quale il defunto veniva commemorato ed egli gli succedeva nel governo della casa.

Le «colonne del trono» dovettero avere un'importante funzione sacrale, come mostra il racconto della *Saga degli uomini di Eyr* là dove si dice che Þórólfr Mostrarskegg, partito dalla Norvegia per stabilirsi in Islanda, s'era portato sulla nave le *öndvegissúlur* del suo vecchio tempio sulle quali era intagliata l'effigie di Thor e, giunto in prossimità della costa, le aveva gettate fuori bordo andando a stabilirsi là dove esse avevano toccato terra. Lì egli aveva costruito un nuovo tempio in onore del dio e in esso le aveva nuovamente innalzate.[24]

La venerazione per le colonne ricorda la citazione presso altre popolazioni germaniche di simulacri - quali a esempio *Irminsūl*, la *universalis columna, quasi sustinens omnia*[25] che hanno funzione corrispettiva a quella dell'albero cosmico.

Taluni toponimi nordici in *-stafr* (come *Harestad* < *Harundarstafr* o *Nälsta* < *Njarðarstafr*, entrambi in Svezia), dove *stafr* n. è «palo», potrebbero alludere a colonne sacre innalzate in quei luoghi. Nelle leggi emanate dopo la conversione al cristianesimo è fatta precisa menzione del divieto di adorare tali simulacri.[26]

Il palo è noto alla tradizione nordica anche come «palo d'infamia» (*níðstöng* f.), sul quale venivano incise nel legno figure oscene, rune infauste e forse anche versi di carattere magico e ingiurioso (così come pare indicare la denominazione *skáldstöng*, f. lett. «palo del poeta»). Di questa pratica si hanno esempi nelle saghe.[27] Nella *Saga di Egill* essa viene collegata alla simbologia del cavallo, là dove si dice che una testa di tale animale veniva conficcata sul palo.[28] Il collegamento col cavallo, animale che simboleggia la potenza sessuale, allude altresì al significato fallico di questo palo, definito anche *flannstöng* f. (dove *flann-* è da mettere in relazione con l'islandese moderno *flanni* «*membrum virile*» e il norvegese *flans* «membro di un cavallo»).

b. *Ramo*

Possiede la forza vitale dell'albero. Un ramo sarà dunque la bacchetta magica nella quale è contenuta la scienza della terra e del cielo. Anch'esso infatti, nutrito dalla linfa che sale dalle radici, si protende verso l'alto.[29]

Ai rami è altresì connessa la scienza medica basata sui segreti delle piante. A ciò alludono le parole della valchiria Sigrdrífa che istruisce Sigurðr sui misteri della vita:

> «Devi conoscere le rune dei rami, se vuoi essere medico
> e saper riconoscere le ferite;
> le devi incidere sulla corteccia e sul legno dell'albero,
> i cui rami siano rivolti a oriente».[30]

c. *Frassino*

È fra gli alberi l'eccelso. È infatti un frassino l'albero cosmico Yggdrasill che sostiene il mondo e le cui fronde si stendono a coprire il cielo.[31] Esso è perciò connesso con animali simbolici quali l'aquila,[32] emblema dell'elevazione e della conoscenza diretta dei segreti celesti, o il lupo, che incarna la minaccia oscura e incombente all'ordine cosmico.[33] Perciò è immagine di possanza e di vitalità sulle quali commisurare le virtù dell'eroe,[34] anche in ragione del fatto che il frassino possiede la forza stessa dalla quale fu popolato il mondo, la potenza dell'antenato primordiale. Ha infatti nome *Askr* «frassino» il primo uomo creato sulla terra dagli dèi.[35] La tradizione del folclore scandinavo ricorda diversi usi medicinali del frassino.[36]

d. *Tasso*

Albero ritenuto dotato della virtù di scacciare i demoni, è sacro al dio del cielo Ullr, il quale abita in *Ýdalir* «valli del tasso».[37] Costui è un dio arciere che dardeggia le forze dell'oscurità e del caos: la sua arma è un arco di tasso. Di questo legno erano infatti costruiti gli archi migliori: *ýr*, che è anche il nome della runa ᛉ o ᛦ, significa tanto «tasso» quanto «arco di tasso».[38]

Un tasso è forse Mímameiðr, l'albero dotato di poteri risanatori corrispettivo dell'albero cosmico.[39] Quest'ultimo sarebbe perciò un tasso e non un frassino. Da qui la spiegazione dell'uso del termine *barr* n. «foglia aghiforme» a proposito delle sue foglie,[40] che non sarebbe dovuto a un errore di Snorri, bensì alla diversa natura dell'albero.

e. *Olmo*

Condivide la simbologia dell'albero e come tale si ritrova nelle *kenningar* per «guerriero» (dove costui è inteso come forza e asse del mondo). Dell'eroe Helgi ancora fanciullo è detto che era come un «olmo di alta discendenza».[41]

Un olmo pare essere anche Embla (o Emla) che con *Askr* («frassino») formò la prima coppia umana.[42] Embla, il cui nome potrebbe tuttavia essere interpretato anche come «pianta rampicante», è citata forse anche in un passo dello scaldo Egill Skallagrímsson.[43]

f. *Quercia*

È albero noto per possanza e longevità; è ritenuto inoltre capace di attirare il fulmine. Per questo in molte tradizioni è connesso col dio del cielo e della folgore.

Il rapporto fra questo albero e il dio Thor è testimoniato per i Germani da Willibald, il quale nella sua *Vita S. Bonifacii*[44] riferisce di grandi alberi di quercia – fatti abbattere dal missionario perché oggetto di culto pagano – che s'innalzavano in una regione centrale della Germania. Questi alberi vengono da lui definiti secondo «l'antica espressione pagana» (*prisco Paganorum vocabulo*), *robur Jovis*, cioè «quercia di Giove» (il dio che corrisponde a Thor nella *interpretatio romana*). Nella colonia vichinga irlandese dove Thor era particolarmente venerato, è ricordata l'esistenza di un bosco di querce a lui sacro (*Coill Tomair*). I diversi toponimi nordici nei quali il nome del dio è connesso alla parola *lundr* m. «bosco» potrebbero perciò alludere a boschi di querce a lui sacre.[45]

Una relazione con la quercia potrebbe forse avere anche il dio Fjörgynn, padre di Frigg. L'etimologia del nome infatti potrebbe connetterlo al termine latino *quercus*, antico nordico *fura* f. «pino» (il significato originario sarebbe però quello di «quercia» o di «albero»). Esso sarebbe anche corrispettivo del lituano *Perkúnas*, lettone *Pē'rkûns*, dio della folgore (e dunque parallelo a Thor).[46]

La quercia condivide la generale simbologia dell'albero, sottolineando in particolare la sua possanza e saldezza. È perciò corrispettiva dell'eroe.[47]

Una pira funeraria di legno di quercia[48] simboleggia l'elevazione dello spirito del morto verso il cielo.

Infine va ricordato che la quercia è ritenuta dotata di qualità medicinali: in un carme[49] si dice che neutralizza il tenesmo.

g. *Melo – Mela*

È simbolo di energia vitale e di fecondità. Tale senso hanno senza dubbio le mele dell'eterna giovinezza custodite dalla dea Iðunn e delle quali cercano di impadronirsi i giganti.[50] Esse sono probabilmente da riconoscere anche negli «undici pomi... tutti d'oro» (*epli ellifu... algullin*) offerti da Skírnir a Gerðr perché acconsenta all'amore del dio Freyr.[51]

Legato a questa simbologia è senza dubbio anche il racconto della *Saga dei Völsungar*, dove si narra che Völsungr, discendente di Odino, venne generato dopo che sua madre, la quale non poteva avere figli, si fu cibata di una mela magica inviatale da Odino e da Frigg. La stessa fonte riferisce che la famiglia dei Völsungar aveva nell'atrio della casa un grande albero di mele che era detto *barnstokkr* m. «tronco dei bambini» (con evidente allusione alle partorienti). In quell'albero Odino conficcò la spada che solo Sigmundr avrebbe saputo estrarre.[52] Sigurðr, discendente di questa stirpe, è definito in un carme «melo dell'assemblea delle corazze (= battaglia)».[53]

Qui, oltre al paragone, piuttosto frequente nelle *kenningar*, fra il guerriero e l'albero, l'allusione al melo fa riferimento alle qualità di questa pianta che dispensa frutti eccellenti di conoscenza e di prosperità.

Inspiegabile resta (se non forse nell'allusione al melo come albero che dà frutti di conoscenza) la *kenning* che si trova nello scaldo Þórbjörn Brúnason, il quale definisce la morte come «mela di Hel» (guardiana del regno delle tenebre).[54]

La mela si ritrova anche come simbolo del potere regale (strettamente legato alla fecondità della stirpe) nell'iconografia del tardo medioevo.

Resti di mele selvatiche sono stati ritrovati anche nella nave funeraria di Oseberg (Vestfold, Norvegia, IX secolo).

h. *Noce*

È un albero i cui frutti sono legati al concetto di fecondità, dunque a figure femminili. Il mito relativo al rapimento di Iðunn, dea che conserva le mele della giovinezza, ricorda che ella fu magicamente trasformata in noce.[55] Lo stesso senso ha l'allusione di una saga là dove dice che, mentre tutti gli uomini di una corte erano andati a caccia (attività ritenuta particolarmente legata alle figure maschili), le donne si erano recate in un bosco di noci.[56] In un'altra saga[57] è proposta la metafora delle noci e delle nocciole come immagine delle lacrime di una donna.

i. *Nocciolo*

Ha un significato particolare in connessione con il rituale legato allo svolgimento di un duello. Il terreno su cui esso doveva svolgersi veniva infatti contrassegnato con paletti di nocciolo (tale operazione era detta *hasla völl* «segnare il campo con il nocciolo»).[58] Nella *Saga di Egill*[59] è riferito che attorno alla corte per un giudizio furono piantati paletti di nocciolo collegati fra loro da una fune che aveva valore di legame sacro (*vébönd* n.pl.). Questi paletti (*tjösnur* f.pl.) avevano probabilmente forma fallica.[60] Il riferimento è tuttavia anche al nocciolo inteso come albero cosmico: tale esso appare a esempio in una *kenning* dello scaldo Hallvarðr *háreksblesi*.[61]

j. *Vischio: il parassita degli alberi*

È pianta sempreverde, dunque simbolo di immortalità. Cresce, come è noto, su diversi alberi (tra cui talora la quercia, sulla quale se ne sviluppa una qualità particolare) nutrendosi della loro linfa. È dunque capace di conservare perennemente la forza vitale della natura, e per questo è sacra presso molti popoli (soprattutto i Celti) e ritenuta dotata di virtù apotropaiche.

Nel mito nordico è detto che un rametto di questa pianta, apparentemente inoffensiva, scagliato dal dio cieco Höðr su istigazione del malvagio Loki, si trasformò in un'arma micidiale che trafisse Baldr uccidendolo.[62] Poiché Baldr è il dio che dovrà tornare dal regno dei morti nell'ultimo giorno per governare sul ciclo che verrà, la sua morte ha senza dubbio carattere rituale. Essa è forse affidata al vischio, poiché solo questa pianta che possiede il segreto dell'eternità può trasmettere una morte nella quale siano contenuti i germi della rinascita.[63]

2. *Erbe e piante magiche*

a. *Erba*

La sua crescita esprime l'attività delle forze vegetative della terra. L'immagine dell'erba è perciò una delle prime manifestazioni dell'esistenza del mondo.[1] Del dio Heimdallr che veglia al limite dei cicli si dice che ha un udito così fine che sente l'erba crescere sulla terra.[2] Nell'erba le energie della terra sono raccolte e rese disponibili; per questo le erbe e le piante in genere hanno proprietà terapeutiche e medicinali. In un carme si specifica che nella coppa dell'oblio offerta a Goðrún perché dimenticasse i suoi dolori era contenuta la «forza della terra» (*jarðar magn*).[3] In essa, tra gli altri ingredienti, erano mescolate alla birra erbe (o forse radici) dei boschi.

Il concetto di scienza medica intesa come magico possesso del potere segreto di ogni pianta traspare dove si parla delle rune dei rami la cui conoscenza permette di sanare le ferite.[4] Nell'allusione alle rune è contenuto un riferimento alla sapienza divina che insegna a riconoscere i poteri salutari delle erbe e fa della guarigione un dono superiore. Nelle erbe è perciò racchiusa la potenza vivificante, feconda e risanatrice del dio.

All'uso magico e medicinale delle erbe da parte di maghi guaritori si riferisce senza dubbio là dove si legge: «non mi sono mai legato al collo un sacchetto di pelle pieno di erbe».[5]

b. *Spiga*

È frutto della divina ierogamia del cielo e della terra, seme pronto al sacrificio per nutrire gli uomini e dar vita ad altre piante. Rappresenta perciò la forza del cielo unita a quella della terra e resa disponibile.

Nel mito nordico la spiga è ricordata per il suo potere contro i sortilegi, cioè contro l'opera delle forze oscure,[6] così come ingrediente per la coppa dell'oblio nella quale è acquietato ogni dolore.[7]

c. *Lino*

È pianta legata al colore bianco[8] e soprattutto alle valchirie. Si collega perciò all'epifania del divino in aspetto di sposa celeste. Nella storia di Völundr[9] è riferito dell'apparizione di tre valchirie sedute sulla riva di un lago nell'atto di filare del lino. Esso è simbolo della sposa,[10] o più in generale della donna;[11] rappresenta dunque il principio femminile. Tale interpretazione simbolica pare avvalorata dalla figura di *Hörn*, da intendere quasi certamente come «[dea del] lino», la quale con ogni probabilità va identificata con Freyja, divinità della fecondità.[12] In taluni casi il lino, come simbolo del principio femminile, pare essere accostato e contrapposto al porro, come emblema del principio maschile.[13]

Nel folclore scandinavo era diffusa la credenza che il lino avesse il potere di favorire la fecondità e di difendere dalla magia. In una saga è riferito che sul cadavere del re danese Canuto fu posto del lino che venne arso con fuoco consacrato: il corpo rimase tuttavia intatto.[14]

d. *Porro*

Per le sue membrane che sempre si rinnovano è immagine di eternità e di fecondità. È simbolo chiaramente maschile, come mostrano diversi carmi eddici nei quali questa pianta viene messa in relazione con la figura di taluni giovani eroi.[15]

Nell'iscrizione runica sul raschiatoio di Fløksand (Hordaland, Norvegia, IV secolo) è suggerita la sua unione e contrapposizione con il lino nella formula *linalaukaR* «lino e porro». Similmente la *Breve storia di Völsi*, che riferisce del culto tributato a un fallo di cavallo, informa che esso era conservato nel lino e nel porro.[16] Mentre il porro pare alludere alla potenza fecondante e vitale del giovane eroe, l'immagine del lino gli accosta quella della sposa cui egli deve essere unito.

e. *Aglio*

La simbologia dell'aglio si intreccia e si sovrappone con quella del porro dal momento che in antico nordico un unico termine, *laukr* m., copre entrambi i significati. Il riferimento all'aglio pare evidente là dove si vuole sottolineare la funzione protettrice della pianta, ritenuta capace, come in altre tradizioni, di allontanare gli spiriti malvagi. Così, a prevenire la sventura, la valchiria Sigrdrífa suggerisce a Sigurðr di consacrare la coppa e di gettare dell'aglio nel liquido.[17]

Nelle iscrizioni runiche più antiche la parola-formula *laukaR* ricorre con notevole frequenza. È probabile il significato di «aglio» là dove, come per l'amuleto-bratteata di Års (Jutland, Danimarca, IV secolo), appare indiscutibile la funzione protettrice.

Note

1. *Alberi*

1 *Gyl* 15; *Vsp* 2, 19; *Grí* 31; cfr. pp. 61-2.
2 *Grí* 44; *Gyl* 41.
3 *Gyl* 16; *Grí* 32, 34-5; v. pp. 63 e 79, nota 4.
4 Per la descrizione dello scenario mitico immaginato attorno all'albero cosmico v. pp. 61-3.
5 *Gyl* 39; *Grí* 25-6; v. pp. 58-9.
6 *Fjö* 19-24; v. p. 404.
7 *Vsp* 27-8; cfr. pp. 603-5 (g, h).
8 *Gyl* 15; cfr. p. 304.
9 *Háv* 138; *Fjö* 20.
10 *Vsp* 47; *Gyl* 51; v. p. 187.
11 *Háv* 138-9; v. p. 89.
12 *Gyl* 9; *Vsp* 17-8; v. p. 51 (2).
13 *Gyl* 6.
14 *AdB* IV, scolio 134.
15 *AdB* IV, 27.
16 *Her* p. 160.
17 *Sig* 11; v. p. 391.
18 *Sig* 20: *hvassa vapna hlynr.*
19 *Sig* 5: *brynþings apaldr*; cfr. *HHv* 6.
20 *Gís* 17: *fólkrunnr.*
21 *Örv* II 24-6; cfr. anche *Ská* 40.
22 *Háv* 151; *Skí* 35; cfr. *Gre* 79 e 81.
23 V. a esempio il grande albero di melo dei Völsungar: v. p. 380 e cfr. pp. 537-8 (g).
24 *Eyr* 4; *Ldn* S 85, H 73; cfr. anche *Ldn* S 7-9, H 7-9; S 123, H 95; S 297, H 258; S 310, H 270; *Lax* 3, 5; *Kor* 2. In *Ldn* H 21 un simile gesto viene fatto da un tale Illugi alla ricerca del luogo ideale per costruire una chiesa. Sui «chiodi divini» (*reginnaglar* m. pl.) conficcati nelle «colonne del trono» di Þórólfr, cfr. pp. 229-30 e 146, nota 8.

25 Rodolfo di Fulda e Meginardo, *Translatio Alexandri*, ed. G.H. Pertz, *MGH*, Hannoverae 1828, Script. tom. II, cap. 3; cfr. *Annales Fuldenses* di Eginardo, ed. G.H. Pertz-F. Kurze, *MGH*, Hannoverae 1891, repr. Hannover 1978, Script. rer. germ. [7], p. 8; *Annales Laurissenses et Einhardi*, ed. G.H. Pertz, *MGH*, Hannoverae 1826, Script. tom. I, cap. 772, p. 150 e cap. 772, p. 151; *Annales Laurissenses Minores* (stessa ed.), p. 117, § 4; *MGH*, Script. tom. I, ed. G.H. Pertz (v. sopra), pp. 16, 30, 88, 92, 295. Cfr. altresì Thietmar di Merseburg, *Chronicon*, ed. cit., II, 2; Poeta Saxo, *Vita Caroli Magni*, ed. P. de Winterfeld, *MGH*, Berolini 1899, Poetae latini tom. IV, I, verso 65; Ebbone, *Vita Ottonis*, ed. R. Köpke, *MGH*, Hannoverae 1861, Script. tom. XII, III, 1. La notizia ritorna in diverse cronache relative a Carlo Magno: v. *Rerum Gallicarum et Francicarum scriptores*, ed. Dom M. Bouquet-L. Delisle, tom. V, Paris 1899, pp. 26, 70, 363, 367. Sul dio *Irmin v. p. 249, nota 5.

26 *NGL* I, p. 383, § 24 (cfr. *Gutl* p. 7 e *Gut* p. 63). Ibn Faḍlān riferisce del culto che i Vichinghi riservavano a un palo di legno su cui era raffigurata una sorta di volto umano (*Risāla*, ed. cit., § 85).

27 Cfr. *Gís* 2; *Bjar* 17.

28 *Egi* 57; cfr. *Vat* 33-4, dove si parla di una cavalla intera, e anche *Finn* 34; *Saxo* V, III, 6-7.

29 Cfr. pp. 99-100.

30 *Sig* 11: *Limrúnar skaltu kunna, ef þú vilt læknir vera/ ok kunna sár at sjá; / á berki skal þær rísta ok á baðmi viðar, / þeim er lúta austr limar.*

31 V. p. 61.

32 *Gyl* 16; v. p. 62.

33 *Reg* 22.

34 *HH* II 38; v. pp. 377-8.

35 *Gyl* 9; *Vsp* 17-8; v. p. 51. Una citazione di Askr, il primo uomo, si ha forse in una *kenning* di Egill Skallagrímsson (v. *Egi* 78, str. 50); cfr. anche *Ská* 40.

36 Il succo delle foglie, a esempio, era ritenuto efficace contro il morso dei serpi. Al frassino inoltre erano attribuite, tra le altre, qualità antifebbrili, diuretiche, lassative, cicatrizzanti.

37 *Grí* 5; v. pp. 60 e 220.

38 Cfr. *Gðr* II 18. La runa *ýr* ᚣ «arco» compare solo nella serie allargata delle rune anglosassoni.

39 *Fjö* 19-24; v. p. 404.

40 *Gyl* 16.

41 *HH* I 9: *álmr ítrborinn*.

42 *Gyl* 9; *Vsp* 17-8; v. p. 51.

43 Cfr. sopra, nota 35.

44 Ed. G.H. Pertz, *MGH*, Hannoverae 1829, Script. tom. II, cap. VIII, 22.

45 Una relazione di Thor con la quercia si ha anche in *Gyl* 45 (v. p. 122), dove si dice che il dio trovò riparo sotto una grande quercia; in Saxo (III, II, 10) è precisato che l'arma del dio era un randello di legno di quercia (cfr. anche a p. 231 le armi degli eroi che paiono consacrati a Thor).

46 Cfr. p. 261, nota 1 (2) e p. 263, nota 2 (9).

47 Cfr. *Hálf* 16 e forse anche *Hel* 6.

48 *Ghv* 20.

49 *Háv* 137.

50 *Gyl* 26; *Ská* 2-3 [1]; *Hau* 9-11; v. pp. 115-6.

51 *Skí* 19-20; v. p. 150.

52 *Völs* 1-3; v. pp. 380-1.
53 *Sig* 5: *brynþings apaldr.*
54 *Skj* I: A, p. 208; B, p. 198: *epli Heljar.*
55 *Ská* 3 [1]; v. p. 116.
56 *Hálf* 15; cfr. *Njá* 87; *Egil* 1. Per i riferimenti a credenze popolari relative alla capacità dell'albero di noce (e di nocciolo) di promuovere la fecondità, v. Å. Lagerholm, *op. cit.*, pp. 3-4, nota 4.
57 *Gís* 14.
58 V. *HHv* pr; *NGþ* 7; *Kor* 10; *Gön* 36; *Gun* 11; *Gís* 2; *ÓlT* 18; *HákG* 24; *Sög* 7; *Flat* I, p. 88; in *Egi* 52 questo rituale precede una battaglia.
59 *Egi* 56; cfr. *Kor* 10.
60 V. M. Olsen, *Tjösnur og tjösnublót*, in *Arkiv for Nordisk Filologi* XXVI (1910), pp. 342-6. In *Egi* 57 è riferito che un «palo d'infamia» (*níðstöng* f.) fu fatto con legno di nocciolo.
61 *Skj* I: A, p. 318; B, p. 294. Il soprannome del poeta ha significato oscuro.
62 *Gyl* 49; *Vsp* 31-2; v. pp. 156-7.
63 Nelle *þulur* e in alcune saghe (*Her* pp. 5, 94; *Hró* 4, 7) *mistilteinn* m., che in nordico significa appunto «vischio», è il nome dato a una spada. Ciò dipende probabilmente dal valore magico attribuito alle armi. Tuttavia va ricordato che nella versione del mito di Baldr riferita da Saxo (III, III, 7) il dio viene ucciso da una spada (cfr. anche le *Griplur*, ed. cit., III, str. 57.

2. *Erbe e piante magiche*

1 *Vsp* 3-4, 61.
2 *Gyl* 27; v. pp. 60 e 222.
3 *Gðr II* 21-3, nota; v. p. 395.
4 *Sig* 11.
5 *Kor* 12: *battk aldri mér belg at hálsi urtafullan.* All'uso medicinale delle erbe si fa riferimento tra l'altro anche in *ÓlH* 234. I versi in cui (*Háv* 137) si afferma che il sambuco è pianta capace di allontanare le liti rivelano la concezione che le piante medicinali fossero ritenute efficaci contro i malanni del corpo e altresì contro gli stati di disagio dell'animo; in tal modo si sottolinea ancora una volta lo stretto legame tra medicina e magia. Cfr. p. 292, appendice.
6 *Háv* 137.
7 *Gðr II* 22; v. p. 395. Sulle diverse denominazioni dei cereali v. *Alv* 31-2.
8 V. *Hár* 30-2; *Ríg* 31.
9 *Völ* pr; v. p. 439.
10 *Þry* 12, 15, 17; *Ríg* 40 e anche, verosimilmente, *Gðr I* 13; *Gðr III* 2.
11 Cfr. *Sgk* 51; *Gís* 14.
12 Cfr. p. 285.
13 V. sotto.
14 *Knýʹ* 77.
15 *HH I* 7; v. p. 372; *Gðr I* 18; *Gðr II* 2.
16 *Völsa þáttr* (*Flat* II, pp. 331-6); cfr. pp. 610-1.
17 *Sig* 8: *verpa lauki í lög.*

VIII. Animali

Gli animali che partecipano con immediatezza alla vita della natura si distribuiscono nelle diverse specie fra i suoi tre regni, acquatico, terrestre e aereo, toccando così i tre diversi livelli dell'universo: inferi, terra, cielo. Del mondo cui appartengono essi posseggono istintivamente ogni segreto, incarnando al contempo l'insieme delle forze che emanano da tale sfera. Il rapporto privilegiato di ciascun animale con un diverso aspetto o qualità dell'essere spiega pertanto la loro diversa funzione nei riti sacrificali: una grande varietà di animali (pecore, mucche, cavalli, cani, maiali, capre, buoi, cinghiaìi, volpi, cervi e altri) è stata ritrovata fra i reperti cultuali dell'età del bronzo.

La partecipazione al mondo della natura e il conseguente possesso delle sue forze misteriose sarà dunque necessariamente mediata dalla trasformazione in animale. Odino, che è capace di assumere qualsiasi aspetto animale, sarà signore di tutti i domini dell'essere.[1] Come lui, altri dèi particolarmente esperti in magia sanno celarsi sotto varie forme animali: si veda Loki che assume forma di salmone,[2] di puledra,[3] di mosca o di pulce;[4] Freyja e Frigg che possiedono un travestimento da falco;[5] i giganti che appaiono preferibilmente in forma d'aquila;[6] i nani, come Andvari che si cela sotto le sembianze di un luccio;[7] le valchirie che hanno aspetto di cigno[8] e, infine, i maghi e le streghe che assumono la forma di animali dalla simbologia malefica e nefasta.[9]

Ma gli animali rappresentano altresì le forze incontrollabili della natura e dell'inconscio, la minaccia del prevalere del caos sull'ordine: per questo i nemici mortali degli dèi, che con essi combatteranno la battaglia finale, hanno aspetto di animali nefasti quali il serpe e il lupo.[10]

L'apparizione di un animale (spesso durante un sogno) sarà pertanto da interpretare come un presagio (favorevole o nefasto a seconda del tipo di animale), o comunque come un messaggio dal mondo sovrannaturale. Infatti non soltanto gli spiriti protettori o malvagi spesso si manifestano sotto tale veste, ma l'apparizione di un animale è da intendere come annuncio di un evento determinante della vita dell'uomo, al quale egli è invitato a prepararsi.[11] Così è detto *úfreskr*, cioè dotato di una seconda vista, colui che sa riconoscere tali animali. Se ne veda un esempio nel *Libro dell'insedia-*

mento: «Ciò videro le persone dotate di una seconda vista che tutti gli spiriti del luogo [in forma animale] seguivano Hafr-Björn all'assemblea, ma Þorsteinn e Þórðr a caccia e a pesca».[12]

Gli animali sono pertanto gli intermediari ideali fra il mondo quotidiano e quello sovrannaturale.

1. *Animali che appartengono al mondo aereo: gli uccelli*

Appartengono al mondo aereo assai più che a quello terrestre; sono perciò simbolo di liberazione dalla pesantezza della materialità e di elevazione. Col loro volo trascorrono nel cielo là dove hanno dimora gli dèi, e conoscono perciò i segreti divini di cui sono messaggeri per gli uomini.

Il linguaggio degli uccelli è il tramite per il quale è comunicato un presagio[1] o un divino consiglio.[2] Solo a pochi «prescelti» è consentito di intenderlo,[3] poiché tale dote è un dono del cielo. Dell'eroe per eccellenza, Sigurðr, è detto che divenne capace di intendere il linguaggio degli uccelli;[4] anche Goðrún sua sposa possedeva la medesima virtù.[5]

Nella *Saga degli Ynglingar* è riferito che il re svedese Dagr figlio di Dyggvi era soprannominato Saggio poiché era capace di intendere il linguaggio degli uccelli. Egli aveva un passero che gli rivelava molte notizie, poiché viaggiava qua e là per il mondo. Una volta il passero era volato nel campo di un uomo per procurarsi del cibo; questi sopraggiunse, raccolse una pietra e lo colpì a morte. Allora re Dagr innalzò un sacrificio per sapere che cosa fosse avvenuto del passero e perché non fosse tornato indietro: quando ebbe il responso che era stato ucciso, radunò un esercito e mosse verso la regione in cui il passero era morto per vendicarlo dandosi al saccheggio. In quella spedizione egli trovò la morte, ucciso da uno schiavo che gli aveva scagliato contro un forcone.[6]

Gli uccelli sono inoltre gli animali che si posano sui rami più alti dell'albero cosmico: così l'aquila[7] o il gallo.[8]

Gli uccelli che appaiono nei sogni sono per lo più immagine delle qualità delle persone che essi simboleggiano.[9] Tuttavia possono incarnare anche spiriti dell'aldilà, come appare in una saga[10] dove il protagonista sogna due pernici di montagna che lottano furiosamente: esse rappresentano due donne sovrannaturali, l'una fausta e l'altra infausta, ricorrenti nei suoi sogni.

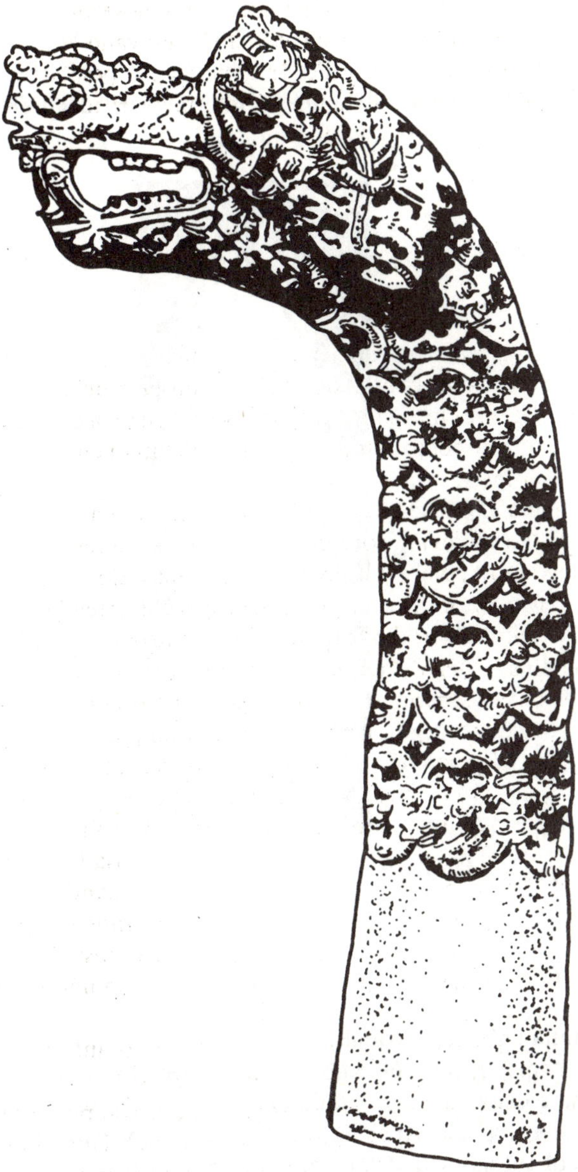

Testa di animale in legno appartenente alla nave funeraria di Oseberg.
Vestfold, Norvegia, IX *secolo*

La citazione dello sputo (o del latte) di uccello tra gli ingredienti impossibili con cui fu fatta la catena Gleipnir, che sola poté legare il lupo Fenrir, si riferisce probabilmente allo sputo, ma soprattutto al latte come secrezione tipica degli esseri che vivono legati alla terra.[11]

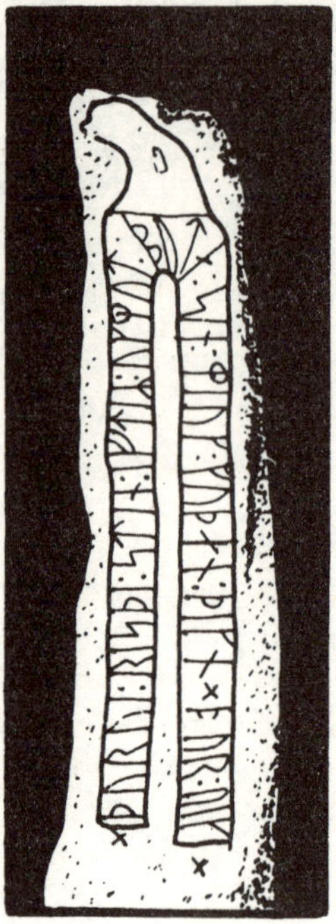

Pietra runica di Velanda. Västergötland, Svezia, x-xi *secolo*

a. *Aquila*

L'aquila è l'eccelso fra gli uccelli: sa volare molto in alto e può fissare il sole. È dunque emblema della percezione diretta della luce divina e della suprema sublimazione. È altresì animale rapace, nemico dei serpi che strisciano sul terreno, e ciò ne accentua la simbologia di antagonista della materialità. Un'aquila con un falco tra gli occhi (immagine che simboleggia una straordinaria percezione visiva) è appollaiata sui rami dell'albero cosmico e scambia continuamente cattive parole con il serpe Níðhöggr che con altri ne rode le radici.[12] La connessione dell'aquila con l'albero cosmico appare confermata non solo da un verso che recita: «sui rami dei frassini si posano le aquile»,[13] bensì anche là dove[14] si parla di un'aquila che si trova sopra la Valhalla, dimora di Odino, nello stesso luogo in cui cresce, come altrove specificato, l'albero Léraðr, da identificare con l'albero cosmico.[15]

L'aquila è dunque uccello sacro, iniziatico, dotato di grande sapienza[16] e sul suo becco sono incise le rune.[17] È estremamente sapiente perché è uccello delle origini, il primo che vola sul mondo ogni volta che un nuovo ciclo ha inizio.[18] Dall'alto dello spazio e dall'alto del tempo essa ha chiara percezione del mondo.

L'aquila è altresì uccello di Odino. Sotto forma d'aquila egli compie il furto dell'idromele che rende poeta chi lo beva.[19] A tale mito alludono verosimilmente i suoi appellativi *Arnhöfði* «testa di aquila» e *Örn* «aquila». Come un sacrificio al dio dev'essere presumibilmente intesa anche la pratica crudele di mettere a morte i nemici incidendo la cosiddetta «aquila di sangue» (*rísta blóðörn*): ciò consisteva nello staccare le costole dalla spina dorsale, aprirle come ali d'aquila ed estrarre i polmoni della vittima.[20]

Alla definizione dell'aquila quale uccello di Odino non è estranea la qualità rapace dell'uccello, che si nutre di cadaveri (la metafora «rallegrare le aquile», «dar cibo all'aquila» vale «uccidere molti nemici»).[21] In onore di Odino dovettero altresì essere innalzati i vessilli con immagine di aquila che, secondo Saxo,[22] furono sventolati dai Danesi nella famosa battaglia di Brávellir.

La trasformazione magica in aquila non è tuttavia prerogativa esclusiva del dio. Così infatti è detto dello *jarl* Fránmarr che vuole proteggere due donne dall'assalto di un esercito;[23] così soprattutto è detto di taluni giganti quali Þjazi, il rapitore di Iðunn,[24] Suttungr derubato da Odino del sacro idromele[25] o Hræsvelgr che col battito delle sue ali possenti genera il vento sulla terra.[26]

La parola *örn* m. «aquila» si trova anche fra i soprannomi.

b. *Gallo*

Per la sua abitudine di segnalare tempestivamente l'arrivo dell'alba è considerato annunciatore della luce e messaggero della vittoria sui pericoli della notte. Nella sua funzione di animale che percepisce con immediatezza la luce solare e divina è perciò corrispettivo dell'aquila, come mostra la figura del gallo splendente d'oro di nome *Víðópnir* (o *Víðófnir*) «[quello il cui] canto [si sente per] ampi [tratti]» o «luminoso sull'albero» o «[quello che] si muove sull'albero» appollaiato sull'albero detto Mímameiðr, corrispettivo dell'albero cosmico. Ai cani guardiani della dimora di Menglöð, per potervi accedere, può essere data unicamente la carne di questo gallo, del quale è detto inoltre che tormenta con un dolore interminabile Surtr e Sinmara (la seconda presumibilmente appartenente come il primo ai giganti del fuoco). Soltanto una penna (lett. «falce») della sua coda sarà dono sufficiente per ottenere un'arma da questa gigantessa.[27] Le fonti ricordano altresì un gallo dorato di nome *Gullinkambi* (ma si tratta verosimilmente dello stesso) che canta vicino alle dimore degli Asi. Di esso è detto che desterà i morti di Odino perché combattano nell'ultimo giorno contro le forze del male.[28] Con esso va identificato anche *Salgofnir* «[quello che] canta nella sala», gallo che sta nella Valhalla dove dà la sveglia ai guerrieri di Odino.[29] Presso i giganti si trova invece *Fjalarr*, forse «[quello che] scruta» o «assai sapiente».[30] Un altro gallo color rosso fuliggine canta sottoterra nel regno dei morti.[31]

Il gallo si presenta dunque non solo come simbolo di vigilanza guerriera e di annuncio dello scoccare dei momenti cruciali, bensì anche come animale collegato al regno dei morti, cioè alle tenebre di cui è dominatore perché ne conosce i segreti. Collegato a questa simbologia è senza dubbio l'episodio narrato da Saxo, il quale riferisce che la donna che guidava Hadingus gettò oltre un muro nell'aldilà la testa di un gallo che aveva con sé, dopodiché esso immediatamente rinacque.[32]

Al sacrificio di un gallo e di una gallina alla quale era tagliata la testa fa riferimento Ibn Faḍlān nel suo resoconto di un funerale vichingo.[33]

Un'interpretazione del nome del dio Hœnir, del quale è noto pochissimo, lo intende come dio-gallo.[34]

c. *Civetta*

Sul suo becco, secondo le parole della valchiria Sigrdrífa, sono incise le rune.[35] L'allusione alla civetta va probabilmente interpretata tenendo conto della qualità preminente di questo uccello, che è quella di vedere al buio; ciò ne fa un essere capace di dominare le tenebre, simbolo al contempo di preveggenza e di conoscenza intuitiva.

d. *Cuculo*

La simbologia del cuculo nel mondo nordico è legata alla sua caratteristica di uccello il cui canto annuncia l'arrivo della buona stagione. Tale funzione si rileva a esempio dalla parola *gaukmánuðr* m. «mese del cuculo»,[36] appunto, con cui si designa il primo mese del periodo estivo (approssimativamente dalla metà di aprile alla metà di maggio). Così il termine *gaukmessa* f. «messa del cuculo» indica il primo maggio. Il primo giorno in cui il cuculo torna a cantare viene considerato un punto fisso nel calendario. L'iconografia dei calendari scandinavi associa spesso l'immagine del cuculo al 25 aprile.

Il canto del cuculo all'inizio della buona stagione è inoltre legato a un'altra credenza popolare: nessuno, che non voglia trovarsi in qualche guaio, deve essere sorpreso di buon mattino dal canto del cuculo (o di altro uccello) senza avere qualcosa nello stomaco (di qui l'usanza in primavera di dormire con un boccone, spesso di pane, sotto il cuscino). Ma se in ciò la simbologia del cuculo si sovrappone a quella di altri uccelli, la sua funzione specifica di annunciatore di un nuovo ciclo di vita appare a esempio nel mito del mulino magico di Fróði (corrispettivo del mulino del cielo che macina le ere): alle due gigantesse che giravano la mola il re non concesse «riposo né sonno per un tempo più lungo di quello in cui il cuculo tace».[37]

L'abitudine del cuculo di deporre le uova nei nidi degli altri uccelli, e quindi il suo confondersi con altre specie, è forse la ragione d'una credenza assai diffusa secondo la quale il cuculo in piena estate si trasforma in falco. Il termine *gaukr* m. «cuculo» viene talvolta usato nelle *kenningar* per «corvo», così come assai più spesso avviene per *haukr* m. «falco».

Benché tale uccello non viva in Islanda, la presenza della parola nel lessico di quel Paese rafforza il valore simbolico di ogni sua citazione.

e. *Corvo – Cornacchia*

Noto per la sua intelligenza, perspicacia e capacità di adattamento, il corvo (e con esso la cornacchia, che ne condivide la simbologia) occupa una posizione privilegiata nella mitologia nordica.

Esso è innanzitutto un uccello annunziatore di messaggi,[38] che comunque l'uomo deve sapere correttamente interpretare.[39] Tuttavia la sua preveggenza induce spesso l'uomo a seguirne le indicazioni. Nel *Libro dell'insediamento*[40] si dice che uno dei primi a giungere in Islanda, tale Flóki Vilgerðarson, era un vichingo il quale teneva sulla propria nave tre corvi. Egli ne aveva dapprima liberato uno, poi un secondo, ma entrambi, dopo un breve volo, erano tornati indietro. Il terzo invece era volato via nella direzione in cui fu poi avvistata la terra. Questo Flóki era detto *Hrafna-Flóki* «Flóki dei corvi». La stessa fonte[41] allude a un corvo che di primo mattino cantò a voce alta per preavvertire gli uomini di un evento. Del re Valdemaro di Danimarca è detto che la notte precedente un'importante battaglia vide in sogno suo padre Canuto, il quale gli disse che un corvo col suo volo gli avrebbe indicato il luogo in cui dislocare la truppa: ciò gli garantì la vittoria.[42] Un significato augurale in questo senso dovettero avere anche le bandiere con immagine del corvo, il cui sventolio doveva dare l'impressione del battito delle ali dell'uccello.[43]

Il corvo che segue il guerriero va perciò interpretato come segno di buon auspicio: così è specificato nelle parole di Odino stesso.[44]

Ma il corvo e la cornacchia sono anche «uccelli del malaugurio».[45] Il colore nero, che è una delle loro caratteristiche più evidenti, li mette in immediata relazione con il regno dei morti.[46] Nelle figure dei due fratelli Hrókr *inn hvíti* e Hrókr *inn svarti*[47] «cornacchia bianca» e «cornacchia nera» è forse conservato il ricordo della duplice simbologia dell'animale.[48] La simbologia nefasta del corvo è rafforzata dall'abitudine a nutrirsi di cadaveri. I corvi sono perciò abituali frequentatori dei luoghi di sacrificio e dei campi di battaglia.[49]

Numerosissime *kenningar* testimoniano il rapporto privilegiato di questi animali con la battaglia. Il carme dello scaldo Þorbjörn *hornklofi* scritto in onore di Araldo Bella chioma è noto come *Carme di Araldo* (*Haraldskvæði*) o come *Dialogo del corvo* (*Hrafnsmál*): ivi l'uccello accompagna l'eroe nella Valhalla, illustrandone alla valchiria le qualità guerriere. Questa caratteristica mette i corvi in diretta relazione con Odino, dio dei morti in battaglia: fra i suoi numerosi appellativi sono annoverati *Hrafnagoð*, *Hrafnáss*, *Hrafnstýrandi* «dio», «ase» o «signore dei corvi». Egli è detto anche *Hrafnfreistuðr* «tentatore (cioè amico) dei corvi». Come tale è spesso raffigurato nell'iconografia (bratteate, elmo di Vendel, Uppland, Svezia, VII secolo). Una *kenning* definisce i corvi «falchi di Odino».[50] Inoltre l'aspetto del corvo è forse una delle forme as-

Particolare di un elmo ritrovato a Vendel raffigurante Odino con i suoi due corvi. Uppland, Svezia, VII secolo

sunte dal dio: ciò pare evidente là dove l'uccello accanto al guerriero ha significato di spirito protettore beneaugurante. L'identificazione parrebbe anche confermata dove si dice che Hákon *jarl* aveva fatto un sacrificio a Odino: «allora vennero lì in volo due corvi e gracchiarono forte; lo *jarl* credette allora di sapere che Odino aveva accettato il sacrificio»[51] Di Odino si sa in particolare che possiede due corvi, *Huginn* «pensiero» e *Muninn* «memoria»: all'alba egli li manda a volare intorno al mondo e alla sera gli riportano le notizie di tutto ciò che hanno visto e udito.[52] I nomi *huginn* m. e *muninn* m. stanno semplicemente a indicare «corvo» sia nella poesia eddica[53] sia nei versi degli scaldi.

Un culto del corvo è forse desumibile dal testo del *Libro dell'insediamento*,[54] così come da taluni versi che riferiscono d'un'uccisione intesa come sacrificio a Odino con il corpo del morto offerto al corvo.[55] Nella *Saga degli Ynglingar* è riferito che il re svedese

Óttarr cadde in battaglia contro i Danesi. Dopo la sua morte i nemici ne lasciarono il cadavere in pasto agli animali e agli uccelli. Poi intagliarono un corvo di legno e lo mandarono in Svezia dicendo che aveva più valore di Óttarr loro re.[56] Anche questo racconto è probabilmente da mettere in relazione all'offerta del nemico morto al dio-corvo. Odino stesso è chiamato *hrafnblœtr* «adoratore dei corvi».[57] Qui va anche ricordato che resti di cornacchie, presumibilmente sacrificate, sono stati ritrovati a esempio a Borre (nello Jutland, Danimarca) in reperti risalenti all'età del ferro.

Per la sua acutezza visiva il corvo ha infine una speciale relazione con gli occhi. Oltre alla credenza, diffusa nel tardo medioevo, secondo cui i suoi occhi hanno un grande potere quale medicamento oftalmico, va fatto riferimento a un verso in cui Fjölsviðr è minacciato, nel caso che egli menta, di essere mutilato da due corvi che gli strapperanno gli occhi.[58] Ciò pare da mettere in relazione con la qualità di questi uccelli collegati al regno dei morti e quindi alle tenebre; non va tuttavia dimenticato che Odino, il dio dei corvi, è privo di un occhio.

In una saga è detto di un corvo che conosceva una pianta che aveva portentose qualità medicinali.[59]

Il nome del corvo è frequentemente usato nei nomi di persona (a esempio *Hrafn*, *Hrafnkell*, *Hrafnsteinn*, *Hrafngeirr*, *Hrafnsvartr*, maschili; *Hrefna*, *Hrafnhildr*, femminili) e nei soprannomi (*hrafn* e *korpr*, entrambi m.).

f. *Falco*

È innanzitutto simbolo di acutezza visiva e rappresenta dunque l'intelligenza dei segreti celesti. Tale significato ha il falco di nome *Veðrfölnir* «[quello che] impallidisce per la tempesta» (?), che si trova tra gli occhi di un'aquila a sua volta appollaiata sui rami dell'albero cosmico.[60]

Il falco, per le sue qualità predatorie, è altresì connesso alla battaglia: per questo esso (*haukr* m. e *valr* m.) compare in molte *kenningar* scaldiche soprattutto per «corvo» (animale che si nutre di cadaveri).[61] Un tale legame con i morti in battaglia spiega forse la ragione per cui Freyja, alla quale spetta la scelta di metà dei caduti (ché l'altra metà spetta a Odino),[62] possieda un travestimento da falco.[63] Ciò, del resto, è detto anche di Frigg, sposa di Odino.[64] Nella *Saga di Hervör* è detto che Gestumblindi (=Odino) sfuggì a re Heiðrekr sotto forma di falco.[65]

Connesso inoltre alla caccia, attività di carattere iniziatico,[66] questo uccello viene a essere legato all'immagine di giovani coraggiosi che si aprono all'esperienza della vita: ciò è rivelato dal lessico, specie da quello poetico, dove *haukr* m. vale «falco», ma altresì «giovane audace»; *haukmaðr* m., lett. «uomo-falco», significa «uomo coraggioso»; *haukligr* agg. vale «audace, franco, veloce». L'immagine è quella del giovane appena uscito dalla pubertà che vive un indispensabile periodo iniziatico attraverso il quale diventerà uomo. Il falco simboleggia perciò la volontà di elevazione, il superamento, sui diversi piani dell'essere (fisico, intellettuale e morale), di uno stato quasi esclusivamente vegetativo, la conquista della coscienza di sé. Così nella *Saga di Hálfr*, che narra le vicende di un gruppo di vichinghi scelti, per lo più giovanissimi, soggetti a una ferrea disciplina e che conducevano una vita dura e austera, questa simbologia è presente non solo nei nomi di due dei guerrieri di Hálfr, che si chiamano appunto Haukr e Valr, ma anche in diverse allusioni ai guerrieri come «falchi».[67] Significative a questo proposito sono anche le disposizioni di Brunilde per il funerale di Sigurðr, nelle quali si precisa che insieme a lui dovranno bruciare due falchi.[68]

In taluni casi, in particolare, il falco rappresenta l'erede della famiglia, colui che più di ogni altro deve dimostrarsi degno dell'onore e del nome degli antenati. Per questo, quando Attila ha un sogno premonitore sulla morte dei figli, li vede come falchi che volano via dalle sue mani;[69] per questo anche Randvér, figlio di Ermanarico, fatto impiccare dal padre per gelosia, prima di morire prese il suo falco, lo spennò e lo mandò al padre, con ciò intendendo che come il falco era incapace di volare perché senza piume, così il regno era ora senza eredi perché il re era vecchio e non aveva altri figli.[70]

I falchi sono considerati anche un dono regale.[71]

Haukr e *Valr* si trovano anche come nomi di persona e in alcuni casi in soprannomi.

Hábrók «alti calzoni» (probabilmente a motivo della posizione del piumaggio sulle zampe) è ricordato nel mito come il «migliore tra i falchi».[72]

g. *Cigno*

È corrispettivo del colore bianco, dell'alba, della valchiria che spesso assume questa forma. Il nome del cigno femmina, in nordico *álptr* (o anche *elptr*), deriva da una radice per «bianco».[73] Il cigno indica l'epifania del divino in forma di sposa celeste. È perciò simbolo di natura femminile. La sua apparizione all'alba[74] richiama le origini del cosmo; il suo canto, che è anche la sua ultima manifestazione, ricorda il suono primordiale (*svanr*, nome nordico del cigno maschio, è corradicale del latino *sonus*); il folclore islandese conosce la credenza per cui il canto notturno del cigno annuncia l'arrivo del disgelo.

Fanciulle e donne-cigno sono frequenti nella tradizione nordica: tali sono a esempio le spose del fabbro Völundr e dei suoi fratelli.[75] Nella *Saga di Hrómundr*[76] si narra di tale Helgi il Prode il quale, durante una battaglia contro Óláfr, fu protetto dalla sua amata che volteggiava nel campo di battaglia sotto forma di cigno; quando ella fu ferita a morte, le sorti della battaglia mutarono a sfavore di Helgi.[77] Questa donna di nome Kára (o Lára) era la valchiria Sigrún rinata, appunto, sotto quel nome.[78] Anche Goðrún, donna di particolare nobiltà e sposa dell'eroe Sigurðr, è legata a questa simbologia. Di lei si dice che viene consolata nel suo dolore da Þóra, la quale ricama per lei «palazzi delle terre del Sud e cigni danesi».[79] In taluni versi il celebre Alfredo Poeta turbolento paragona la sua amata a un cigno.[80]

Il cigno viene dunque a simboleggiare la donna nella sua funzione di figura annunciatrice di un messaggio divino, la quale, facendosi tramite tra la terra e il cielo, apre all'uomo la porta d'una conoscenza superiore (sono d'altronde le valchirie a condurre gli eroi morti nella Valhalla). In questo senso va anche intesa l'allusione alla carne di cigno come nutrimento dell'eroe.[81]

Un legame del cigno con le norne, dee che stabiliscono il destino degli uomini, si ritrova là dove Snorri informa che due cigni, dai quali tutta quella razza è discesa, vivono presso Urðarbrunnr, la «fonte del destino», che è il medesimo luogo in cui dimorano le norne.[82] In Saxo[83] è detto di tre cigni che volavano sopra Fridlevus recitando un canto profetico: dopo di ciò cadde dal cielo una cintura (*cingulum*) incisa di rune (*literae*) in cui era interpretata la canzone.

L'identità simbolica cigno = fanciulla ritorna dove si racconta di una fanciulla di nome Helga, la quale, prima ancora di nascere, fu vista in sogno dal padre Þorsteinn sotto forma di cigno.[84] Anche Saxo[85] riferisce che Hadingus interpretò l'immagine simbolica di un cigno come riferentesi a sua figlia.

Taluni nomi di donna sono formati su *svanr* m. «cigno»: così

Svanhvít «bianca come un cigno» (nome di una valchiria),[86] *Svanhildr*,[87] *Svanlaug*.

Svanr è anche nome d'uomo o soprannome.

h. *Oca*

Condivide talvolta la simbologia del cigno come immagine della donna sovrannaturale;[88] altre volte invece è animale che col suo grido annuncia e sottolinea gli eventi sconvolgenti e clamorosi, come la morte dell'eroe Sigurðr.[89]

Nella *Predizione dell'indovina*[90] si allude a un misterioso «bosco delle piccole oche» (*gaglviðr* m.) nel quale canta un gallo di nome Fjalarr. Anche qui forse il riferimento è alle qualità delle oche quali annunciatrici di eventi, simbologia che sarebbe rafforzata dalla citazione del gallo, animale cui è attribuita un'analoga funzione.

In una saga[91] l'uccisione di tre oche è indicata come parte di una pratica magica per togliere un maleficio.

2. *Animali che appartengono al mondo terrestre*

a. *Cervo - Cerva*

È animale di simbologia solare poiché le sue corna che perennemente si rinnovano (emblema dell'eternità) sono considerate corrispettive dei raggi del sole dotati di virtù vivificanti. Tale concetto risalta con tutta evidenza da alcuni versi in cui è descritto l'eroe Helgi:

> Così eccelleva Helgi fra gli eroi
> come un frassino rigoglioso tra i rovi,
> o come un giovane cervo, bagnato di rugiada,
> che tutti sovrasta gli altri animali
> e le cui corna risplendono contro il cielo stesso.[1]

Anche di Sigurðr è detto che era come «un cervo dalle zampe slanciate»,[2] e in una saga Goðrún sogna l'eroe come un cervo dal pelame dorato.[3]

L'identità cervo-sole (che spiega il paragone degli eroi solari con questo animale) è ancora evidente nel *Canto del sole*, componimento d'ispirazione cristiana:

Il cervo del sole
vidi venire dal Sud;
due insieme lo domavano.
I suoi piedi si posavano sulla terra,
le sue corna toccavano il cielo.[4]

Il cervo è animale annunciatore della luce celeste e vivificante. Il *Dialogo di Sigrdrífa* narra dell'ascesa di Sigurðr su *Hindarfjall*, cioè sul «Monte della Cerva», dove egli incontrerà la valchiria che gli farà dono della sapienza simboleggiata dalle rune.[5] Altrove è detto che l'eroe era stato allevato da una cerva.[6] L'identità simbolica tra le corna del cervo e i raggi del sole che dardeggiano e distruggono le forze dell'oscurità si rileva anche là dove si dice che il dio Freyr – privato della sua buona spada – dovette combattere contro il gigante Beli e lo uccise con un corno di cervo:[7] egli è detto significativamente «luminoso uccisore di Beli».[8] Il motivo della morte causata dalle corna di un cervo si ritrova a proposito del re danese Frodo.[9]

Ma il cervo è altresì strettamente legato all'albero cosmico. Al pari di esso, infatti, partecipa dei tre strati dell'essere: le zampe toccano la terra, il corpo appartiene al mondo di superficie, le corna ramificate sono come le fronde che si protendono nel cielo. Ciò spiega non soltanto il paragone dell'eroe Helgi con il frassino (albero cosmico) e poi con il cervo,[10] ma soprattutto la presenza di questi animali presso Yggdrasill, albero che sorregge l'universo. Secondo il racconto di Snorri[11] quattro cervi saltano fra i rami di Yggdrasill e ne brucano le foglie: essi sono *Dáinn* «morto» (?); *Dvalinn* «[quello che] indugia» (?);[12] *Duneyrr* (o *Dyneyrr*) «[quello che] fa rumore su un terreno ghiaioso» o forse «[quello che ha] orecchie pelose» o «[quello che ha] orecchie marrone»; *Duraþrór* (o *Dyraþrór*) nome oscuro, forse «cinghiale sonnacchioso» (?).

Un altro cervo sta nella Valhalla e bruca i rami di Léraðr (altro nome dell'albero cosmico).[13] Questo cervo si chiama *Eikþyrnir*, che significa «con le corna [ricurve come rami di] quercia» o «con le corna [di legno] di quercia».

Legate alla simbologia del cervo sono anche la figura e la vicenda di tale Þórir, grande adoratore pagano soprannominato Cervo (*hjörtr*). Re Óláfr Tryggvason lo aveva sconfitto in battaglia ed egli si era dato alla fuga. Uno degli uomini del sovrano aveva scagliato una lancia contro di lui ed egli era caduto a terra moribondo. Dal suo corpo era allora uscito un grosso cervo. Il cane del re lo aveva inseguito e dopo una lotta furibonda entrambi erano morti: la carcassa del cervo appariva asciutta e luminosa.[14]

Qui va ricordata anche la figura di Sigurðr Cervo ricordato in talune fonti; di lui è detto, e la circostanza non appare casuale, che morì durante una battuta di caccia.[15]

Dalle frequenti raffigurazioni di cervi nelle incisioni rupestri dell'età del bronzo fino alla presenza ricorrente di tale animale nel folclore scandinavo (giochi, maschere), il cervo ha svolto indubbiamente una fondamentale funzione simbolica.

b. *Cavallo*

Animale di importanza fondamentale nell'economia della vita quotidiana, il cavallo è legato a una complessa simbologia che investe i più diversi aspetti dell'esistenza.

Esso è innanzitutto simbolo di fecondità e di pienezza di vita. È perciò annunciatore della luce: così si dice che il carro solare guidato da *Sól* «sole» è trainato da due cavalli sotto le cui scapole stanno dei mantici di ferro che servono per rinfrescarle. I destrieri del sole sono *Árvakr* e *Alsviðr*. Il primo è «[quello che] si desta presto», forse identico a *Vakr* «desto» che si dice guidato da *Morginn* «mattino». Il secondo è «velocissimo» o forse «fortissimo». Un prezioso reperto archeologico risalente all'età del bronzo raffigura un carro col disco solare trainato da un cavallo (Trundholm in Sjælland, Danimarca, prima età del bronzo). Sulle orecchie di Árvakr e sugli zoccoli di Alsviðr sono incise le rune.[16]

Annunciatore di luce è evidentemente anche il cavallo di *Dagr* «giorno», che ha nome *Skinfaxi* «criniera splendente». Per la legge dell'antitesi luce-buio gli è opposto *Hrímfaxi* «criniera brinata», il destriero guidato da *Nótt* «notte».[17] Similmente molti dei cavalli degli Asi hanno nel nome la qualità luminosa degli dèi che li montano: così *Gísl* (o *Gils*) «luminoso» (più difficilmente «ostaggio» o «frusta»); *Glaðr* «felice» o «luminoso» (che è altro nome di Skinfaxi, il cavallo di Dagr); *Glenr* quasi certamente «luminoso»; *Gler* (o *Glær*) «luminoso»; *Gullfaxi* (o *Gullinfaxi*) «criniera d'oro», il cavallo appartenuto al gigante Hrungnir e poi donato da Thor al figlio Magni;[18] *Gulltoppr* «ciuffo d'oro», il cavallo di Heimdallr; *Gyllir* «dorato»;[19] *Silfrintoppr* «ciuffo d'argento» (detto anche *Silfrtoppr*). A

Dagr «giorno» è attribuito a volte il destriero *Drasill* (o *Drösull*)[20] «cavallo» (termine poetico). Gli altri cavalli degli Asi elencati da Snorri sono *Léttfeti* «piede agile»; *Falhófnir* (o *Fallófnir*) «con gli zoccoli giallo scuro» (o forse «con gli zoccoli nascosti [dal troppo pelo]»); *Sinir* «nerboruto»; *Skeiðbrimir* «[quello che] ansima per la corsa». Tra i cavalli degli dèi vanno citati anche *Blóðughófi* «zoccolo insanguinato», che è il cavallo di Freyr;[21] *Jór* «cavallo» (termine poetico), e forse *Blakkr* «scuro», ove il suo cavaliere Björn sia da identificare con Odino.[22] Il destriero di Odino è tuttavia per eccellenza *Sleipnir* «[quello che] scivola velocemente», il migliore fra i destrieri,[23] cavallo grigio dotato di otto zampe (simbolo della sua velocità? Come tale è raffigurato a esempio sulla pietra di Tjängvide I e su quella di Ardre VIII, VIII-IX secolo, in Gotland, Svezia). Come narra il mito, Sleipnir fu generato da *Svaðilfœri* (o *Svaðilfari*) «[quello che] fa dei viaggi faticosi» e da Loki trasformatosi in puledra.[24] È un cavallo sacro e sui suoi denti sono incise le rune;[25] inoltre ha il potere magico di cavalcare in tutti i mondi: per questo Odino lo monta quando deve recarsi nel regno dei morti e lo presta a Hermóðr per il medesimo scopo.[26] Similmente narra Saxo che Hadingus – eroe odinico – in sella al cavallo del dio vide sotto di sé la distesa del mare.[27] La capacità del cavallo di passare dall'una all'altra dimensione ne fa un animale iniziatico che accompagna il cavaliere negli altri mondi. Per questo si dice che «il cavallo di Baldr fu bruciato con lui»;[28] ciò spiega anche la ragione per cui dei cavalli sono stati talora ritrovati nelle tombe.[29] Capacità di trascorrere in tutti i mondi hanno i cavalli delle valchirie,[30] così come *Hófvarpnir* «[quello che] scaglia (cioè: scalcia?) con gli zoccoli» (?), cavallo della dea Gná, mitico puledro generato da *Hamskerpir* «fianchi magri» o «cute rugosa»? con *Garðrofa* «[quella che] devasta i recinti». Attraverso il fuoco sa cavalcare *Grani* «[cavallo col] labbro superiore assai peloso», destriero di Sigurðr, detto figlio di Sleipnir[31] e sul cui petto sono incise le rune.[32] Anche Skírnir servitore di Freyr ebbe in prestito dal dio un cavallo capace di passare attraverso le fiamme.[33] L'eroe Helgi afferma che dopo la morte cavalcherà col suo pallido destriero per le vie del cielo.[34]

Per la sua qualità di conoscitore di altri mondi il cavallo è animale dotato di qualità profetiche: già Tacito informava che i Germani lo usavano a scopo divinatorio;[35] di Grani è detto che conosceva da sé la notizia della morte di Sigurðr, suo padrone.[36]

Esso è inoltre vittima sacrificale per eccellenza: i reperti archeologici lo testimoniano con evidenza fin dalla tarda età della pietra.[37]

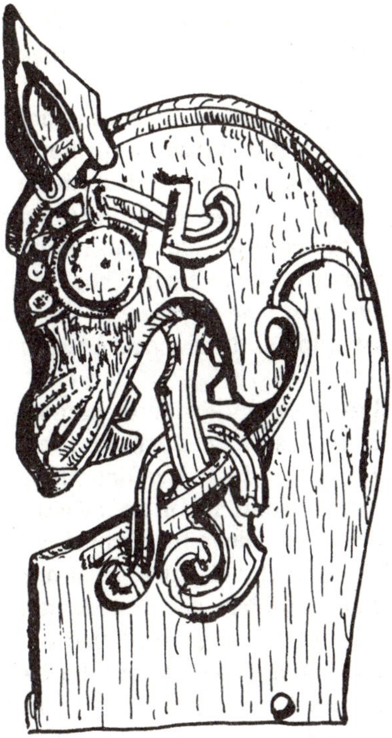

Testa di cavallo in legno appartenente al corredo della nave funeraria di Gokstad. Vestfold, Norvegia, IX secolo

In tal senso informa anche Adamo da Brema[38] quando descrive la grande festa sacrificale che aveva luogo a Uppsala ogni nove anni. La carne del cavallo sacrificato era cibo prediletto: nelle fonti è precisato che la sua consumazione rimase in uso anche dopo la conversione al cristianesimo.[39]

Il cavallo è talora collegato con il dio Odino, che può forse assumere tale aspetto (tra i suoi appellativi sono *Jálkr* e *Jálg*, probabilmente «[cavallo] castrato», e anche *Hrosshárs-Grani* «[il cui] labbro [è coperto] di peli di cavallo»),[40] ma soprattutto con Freyr, dio della fecondità, di cui il cavallo è simbolo evidente. Di Hrafnkell, sacerdote di Freyr, racconta la saga omonima che possedeva un cavallo per lui assai prezioso cui aveva dato nome *Freyfaxi* «criniera di Freyr». «Egli aveva donato a Freyr, suo amico, la metà di quel cavallo. Per quell'animale aveva un così grande affetto che aveva giurato di uccidere chi lo avesse cavalcato senza il suo consenso.»[41] Un altro cavallo con il medesimo nome è citato in una saga dove si specifica che il suo possessore aveva riposto in esso la propria fede.[42]

L'equazione simbolica cavallo = fecondità appare con tutta evidenza nella *Breve storia di Völsi*, dove si parla di un membro di cavallo conservato nel lino e nel porro e che veniva venerato in una casa.[43] Qui vanno anche riportate le parole di Adamo da Brema il quale, menzionando Fricco (divinità, verosimilmente da identificare con Freyr, adorata con Odino e con Thor nel grande tempio di Uppsala), lo descrive *cum ingenti priapo*.[44]

La funzione del cavallo nei riti di magia è testimoniata da diverse fonti.[45]

Simbolo di fertilità, il cavallo è contemporaneamente legato all'immagine della morte a causa del dualismo fondamentale dell'esistenza. Esso non solo sa condurre i defunti all'altro mondo, ma è anche strumento di morte come sacrificio iniziatico. Così la «cavalcata» è immagine metaforica della forca che dà la morte per impiccagione (sacrificio in onore di Odino). «Cavalcare» (antico nordico *ríða*) significa talora «dondolare dalla forca», così come «domare un cavallo freddo» è «morire impiccato».[46] Qui va ricordato il sacrificio iniziatico di Odino appeso per nove notti all'albero cosmico e immolato a se stesso. Il frassino cosmico ha nome *Yggdrasill* «cavallo di Yggr» (appellativo del dio).[47]

Una morte tormentosa è anche quella patita da coloro che secondo un'antica credenza venivano «cavalcati» durante il sonno da una strega (*mara* f. «incubo») fino a morirne spossati.[48] Il cavallo come presagio di morte si ha anche quando appaia un destriero grigio, talora con una donna a cavallo.[49]

La duplice simbologia del cavallo legato ai contrastanti aspetti dell'esistenza: vita-morte, fecondità-infecondità, spiega forse la ragione della coppia di gemelli in forma equina (dioscuri). Nel mito nordico essi sono forse riconoscibili nelle figure di Alrekr ed Erik.[50]

Qui può inoltre essere ricordata la figura dei due guerrieri detti Haddingjar,[51] che potrebbero essere collegati a questo concetto ove fosse corretta l'interpretazione del nome che li riconnette a *haddr* m. «chioma femminile». Ciò infatti potrebbe avvicinarli agli Alcis di cui parla Tacito,[52] i quali erano dei fratelli, corrispondenti a *Castor* e *Pollux* nella *interpretatio romana*, venerati in un bosco sacro cui presiedeva un sacerdote in abbigliamento femminile.

Anche la forma della runa ᛗ **ehwaz* «cavallo» potrebbe forse essere la stilizzazione di due teste equine che si fronteggiano.[53]

Pietra runica di Möjbro. Uppland, Svezia, v secolo

Appendice. Cavaliere

È una figura alla quale è affidata una missione superiore per importanza a qualsiasi compito quotidiano; un personaggio la cui azione deve essere nobile e regale, incidere sugli eventi e dominarne il corso. Il cavaliere per eccellenza è Odino, che possiede il mitico destriero Sleipnir[54] sul quale ogni giorno (e con lui gli altri dèi con i propri cavalli) si reca presso l'albero cosmico per tenere consiglio.[55]

Un cavaliere investito d'una missione difficile e delicata è certamente Hermóðr, che per adempiere al proprio compito deve addirittura spingere il suo cavallo (Sleipnir, prestatogli da Odino) fino nel regno dei morti donde tenterà di riportare il dio Baldr.[56]

Capacità di innalzarsi al di sopra delle cose del mondo e di identificarsi con il proprio scopo è mostrata dal cavaliere Sigurðr, allorché con il mitico destriero Grani (che non voleva essere montato da altri se non da lui) attraversa il bastione di fuoco che circonda la dimora della valchiria Brunilde.[57]

L'atto del montare a cavallo e partire senza ulteriori indugi per la propria meta esprime un'azione che è conseguenza della riflessione e deve perciò essere compiuta senza tentennamenti e senza errori.[58]

c. *Ariete*

Simbolo di vitalità primitiva e prorompente, di passaggio dal freddo e dall'umido al calore e alla luce (dunque dall'acqua al fuoco), l'ariete è connesso nel mondo nordico al dio Heimdallr. Ciò non soltanto perché un appellativo del dio, Hallinskiði, è anche nome poetico dell'ariete o perché, al contrario, questo animale venga anche detto *heimdali*,[59] quanto piuttosto per l'identità della funzione simbolica. Dio che sta al limite del tempo e dello spazio a vegliare sulla successione dei cicli, Heimdallr è come l'ariete che sorge nel cielo di primavera ad annunciare il rinnovarsi delle stagioni. Generato da nove madri – le onde, figlie del dio del mare Ægir –, Heimdallr è l'ariete celeste, il fuoco prodotto dalle acque; si consideri del resto che il mito celtico di Gwenhidwy suggerisce (insieme alle tradizioni di diverse popolazioni costiere) che in un ciclo di nove onde le prime otto sono le pecore, mentre la nona, più possente, è l'ariete. Ma l'ariete è anche emblema di virilità eccellente e questo pare spiegare, una volta di più, la funzione del dio quando la sua figura venga considerata come parallela e contrapposta a quella di Mardöll (uguale è la seconda parte del nome; per la prima si è pensato all'antitesi *heimr* m. «mondo» / *marr* m. «mare»), divinità femminile identificata con Freyja, dea della fecondità.[60]

Un sacrificio in cui l'officiante si lava le mani nel sangue di un ariete[61] e il nome proprio *Hrútr* «ariete» sono indizi della funzione cultuale di questo animale.

d. *Maiale - Cinghiale*

Simbolo di fecondità e di potenza primitiva, di forza e di passione, è perciò animale sacro agli dèi della fertilità, come mostra il verro magico che fu creato dal nano Brokkr e da lui donato al dio Freyr.[62] Chiamato *Gullinbursti* «setole d'oro» o *Slíðrugtanni* «zanne spaventose», questo verro è capace di correre tanto nell'aria quanto nell'acqua più velocemente di qualsiasi destriero. Esso inoltre può farlo tanto di giorno quanto di notte, poiché nessuna notte è così profonda e nessun luogo così oscuro da non poter essere illuminati dallo splendore delle sue setole. Esso è dunque capace di accedere a qualsiasi dimensione spaziale o temporale. Sul carro trainato dal suo verro, Freyr si recò al funerale di Baldr.[63]

Con Gullinbursti va identificato anche *Hildisvíni* «maiale di

Hildr (battaglia)», appartenente a Freyja. Anch'esso è stato preparato da due nani, Dáinn e Nabbi; ha il petto lucente e le setole d'oro (è definito infatti *gullinbursti*).[64] La fonte che ce ne parla lascia intendere che sotto l'aspetto del verro si cela in realtà Óttarr, eroe prediletto dalla dea Freyja. L'allusione è qui verosimilmente all'eroe come figura di uomo potente e fecondo.[65] L'illusione ottica (*sjónhverfing* f.) che lo fa apparire come un verro è opera della dea-maga.[66] Freyja stessa è comunque una dea-scrofa: così testimonia infatti il suo appellativo *Sýr* «scrofa».

Agli dèi della fecondità dovette con ogni probabilità essere offerto il sacrificio di un verro, rito testimoniato in diverse fonti. In una di esse[67] si parla di un «verro del sacrificio» (*sonargöltr* m.) sul quale si prestavano i giuramenti. A un rituale analogo si allude nella *Saga di Hervör*[68] e nella *Saga degli Ynglingar*,[69] dove si offre un sacrificio a scopo divinatorio. Tale sacrificio è detto *sonarblót* n., l'animale *sonargöltr*; esso è, molto probabilmente, il verro eminente del gregge, corrispettivo del *sonorpair* longobardo.[70] Nella *Saga di Hervör* è specificato che re Heiðrekr «doveva sacrificare a Freyr il verro più grande che aveva».[71]

Nelle fonti citate il sacrificio del verro viene altresì messo in connessione con la festa di metà inverno detta *jól* n.pl., periodo durante il quale si riteneva tra l'altro che i morti tornassero sulla terra. Il maiale come cibo di immortalità dei defunti è presente nel mito là dove si parla di *Sæhrímnir* «[bestia] di mare fuligginosa» (?) o «gigante del mare» (?). Nutrimento degli eroi morti che dimorano con Odino nella Valhalla, viene cotto ogni giorno dal cuoco Andhrímnir nel calderone Eldhrímnir e consumato a pasto, ma è di nuovo intero la sera.[72] È dunque cibo divino che perennemente si rinnova. Questa sua qualità è dovuta forse al fatto che il maiale si nutre di ghiande, frutto della quercia, albero legato al dio del tuono e talvolta inteso forse anche come albero cosmico.

Il maiale e il cinghiale come simboli di fecondità e di potenza fruttificante sono legati anche alla stirpe dei re svedesi detti Ynglingar (discendenti di Freyr), i quali, tra i beni preziosi della stirpe, possedevano a esempio un elmo detto *Hildisvín* «maiale di battaglia» o *Hildigöltr* «verro di battaglia» e l'anello detto *Svíagríss* «maiale degli Svedesi».[73]

Alla simbologia del cinghiale quale spirito della foresta selvaggio e indomabile, immagine del predominio della forza bruta sulla razionalità e sull'intelletto, si riferisce l'espressione *verða at gjalti*, lett. «diventare un cinghiale» che ha senso di «diventare pazzo».

Ciò è detto di persone che hanno perduto il lume della ragione e allontanandosi dal consorzio degli uomini fuggono in preda a un'irrefrenabile follia.[74]

A un potere magico del sangue sacrificale del verro (*sonardreyri* m.) si allude là dove esso sembra far parte degli ingredienti di una pozione magica;[75] altrove[76] esso viene mescolato nella coppa dell'oblio offerta a Goðrún.

e. *Mucca*

È l'incarnazione del principio femminile nutritore, la madre primordiale che cibandosi dell'erba assume le forze vitali della terra e le trasforma in cibo. È perciò in un certo senso la terra stessa che alimenta i suoi figli. In questa vicinanza simbolica sta probabilmente la ragione per cui nel resoconto di Tacito[77] sul culto della dea Nerthus «*Terra Mater*» è riferito che il suo carro era trainato da mucche. L'identità simbolica mucca = femmina è sottolineata altresì, sebbene con intenti spregiativi, anche in un verso.[78]

La mucca per eccellenza nel mito nordico è Auðhumla (o Auðumla o Auðhumbla), della quale è detto che alle origini nutrì il gigante primordiale Ymir poiché dalle sue mammelle scorrevano quattro fiumi di latte. Inoltre, leccando alcune pietre ghiacciate che erano salate, essa diede vita a un uomo primordiale, Buri, progenitore degli dèi. Il nome *Auðhumla* dovrebbe significare «mucca senza corna, ricca [di latte]».[79]

La mucca come immagine della forza nutritiva e feconda legata all'abbondanza del mondo delle origini ritorna anche là dove si allude a vacche e a buoi dalle corna d'oro talora posseduti da giganti.[80]

La mucca è annoverata tra gli animali sacrificali; a un suo culto si fa riferimento là dove si narra che re Ögvaldr faceva sacrifici a una mucca che teneva sempre con sé e il cui latte gli pareva particolarmente salutare. Quando egli morì, la mucca fu sepolta in un tumulo accanto al suo.[81] In una saga[82] è riferito della venerazione per un'altra mucca di nome Síbilja[83] che era ritenuta una divinità.[84]

f. *Bue - Toro*

Simbolo della capacità dell'uomo di padroneggiare le forze incontrollabili della natura incarnate dal toro – senza tuttavia disperderne i benèfici effetti –, il bue, animale domestico per eccellenza, incarna il dominio sull'irrazionalità, il calmo lavoro, la capacità di produrre attraverso il sacrificio, l'affermarsi della civiltà. È dunque al contempo simbolo di potere e animale sacrificale per eccellenza,[85] forza conservatrice e invincibile anche se passiva, lunare (pure nel senso di una passività come sacrificio consapevole).

Il bue significa per l'uomo lo stabilirsi di un mondo operoso, civile e fecondo; così nel mito di Gefjun[86] si dice che ella si procacciò una terra e instaurò un suo regno grazie all'aiuto di quattro buoi da lei generati con un gigante. Similmente Karl, figlio di Heimdallr-Rígr e progenitore della stirpe contadina sulla terra, è detto prospero perché capace di domare i buoi e di costruire aratri.[87]

Il bue, come fonte di cibo diretta (per la sua carne) e indiretta (per il suo lavoro), è animale che incarna la ricchezza. Una ricchezza che talvolta ancora richiama l'età dell'oro, quando la cupidigia dei giganti non minacciava la fecondità della terra. Così sono ricordati «i nomi degli antichi buoi» (*gamalla uxna nöfn*),[88] tra cui *Himinhrjótr* (*Himinhrjóðr*, *Himinrjóðr*) che significa, presumibilmente, «[quello che] torreggia [con le corna, sicché esse paiono perforare] il cielo» o forse «[quello che] devasta (o [quello che] arrossa) il cielo». Questo bue, il più grande della mandria del gigante Hymir, viene ucciso da Thor, il quale ne fa l'esca con cui tenta di catturare il serpente cosmico che giace nell'oceano (con ciò si intende che il dio adesca uno spirito del male offrendogli di ingoiare e quindi distruggere un simbolo di prosperità?).[89]

Il colore nero del pelame dei buoi dei giganti[90] pare riferirsi alla simbologia di questi esseri demoniaci che hanno trasferito sull'animale la loro qualità. In una saga si dice che alcuni buoi, i quali avevano trasportato il cadavere di un essere malvagio, erano stati «cavalcati» dalle streghe (cioè messi a morte da esseri malvagi mediante una cavalcata selvaggia).[91] Anche qui gli animali assorbono la qualità negativa degli esseri con i quali sono venuti a contatto.

Va rilevata infine la connessione, apparentemente singolare, fra il bue e l'aquila, che appare a esempio dal racconto di Snorri sul rapimento di Iðunn, dove si dice che il gigante Þjazi, in forma d'aquila, pretende di aver parte al banchetto degli dèi che stanno cucinando un bue.[92] Tale connessione è confermata con tutta evidenza in un carme in cui è detto esplicitamente: «spesso indica buoi il sognare aquile».[93] Qui il mito indica probabilmente ancora una volta il tentativo dei giganti (simboleggiati dall'aquila) di impadronirsi di ciò che è emblema di ricchezza e di fecondità.

Nelle saghe si fa talora riferimento a buoi maestosi e di cui il proprietario menava vanto;[94] in particolare in una fonte è ricordato un bue detto *spámaðr* «indovino» che a quanto pare era oggetto di venerazione.[95]

Il toro è simbolo di possanza incontrollabile e pericolosa, di calore fecondante e di pienezza di vita. È animale sacrificale[96] legato probabilmente agli dèi della fecondità.

Esso è al contempo animale sacrificatore: del re svedese Egill, che è una delle tante incarnazioni del dio della fecondità, è detto che morì trafitto dalle corna di un toro destinato al sacrificio.[97]

In aspetto di toro appaiono talora gli spiriti di esseri magici o protettori, specie quando debbano sostenere una lotta,[98] compiere un'aggressione,[99] proteggere[100] o minacciare qualcuno.[101] In questo caso la loro simbologia si confonde talora con quella del bue.[102]

g. *Pecora*

È animale sacrificale la cui carne veniva cotta e consumata dopo il sacrificio. Ciò si deduce soprattutto dai dati etimologici, poiché il suo nome, in antico nordico *sauðr* m., è connesso a *sjóða* «cuocere», «far bollire», ma anche al gotico *sauþs* «vittima». Un'allusione al sacrificio di questi animali in connessione all'assemblea si trova nella *Saga dei Gotlandesi*.[103] In un'altra fonte è riferito di un tale Þorsteinn Naso rosso che possedeva un grosso gregge di pecore. Egli era un grande adoratore pagano e conoscitore del futuro; inoltre faceva sacrifici a una cascata.[104] Ogni autunno stabiliva quali pecore dovessero morire e le faceva abbattere. L'ultimo autunno in cui visse disse: «'uccidete pure le pecore che volete; ora io sono destinato a morire oppure tutte le pecore, se non entrambi'. E la notte in cui morì, tutte le pecore finirono nella cascata».[105]

h. *Capra – Caprone*

Come in altre tradizioni, la capra è legata al dio del tuono nella sua funzione di fecondatore e nutritore. È infatti animale che conobbe grandissima diffusione e fu tra i primi a essere addomesticato, conosciuto per l'esuberanza sessuale e la prolificità, fonte di sicuro nutrimento. La capra è pertanto legata alle manifestazioni del dio Thor:[106] il suo carro (che muovendosi nel cielo provoca il tuono) è trainato da due capri: *Tanngnjóstr* «[quello che] fa scricchiolare i denti»,[107] e *Tanngrisnir* «[quello che] digrigna i denti» o forse «[i cui] denti non hanno un allineamento ordinato». Esse sono per lui anche fonte di nutrimento che si rinnova.[108]

Oltre all'aspetto fecondante e positivo, la capra presenta anche una simbologia nefasta. Entrambe le funzioni paiono caratterizzare Heiðrún, la capra che sta nella Valhalla e si nutre delle foglie di Léraðr (l'albero cosmico). Il nome di *Heiðrún* è oscuro, forse «[quella che] possiede un segreto prezioso». Dalle sue mammelle scorre un sacro idromele che sazia ogni giorno gli eroi di Odino:[109] in ciò la funzione nutritiva. Ma la capra che bruca i germogli rappresenta anche una minaccia per l'albero cosmico: in ciò ha senso negativo. In un carme Heiðrún è fatta oggetto di disprezzo poiché è considerata simbolo di lussuria.[110] Tale simbologia di animale lascivo, riprovevole e demoniaco (molto evidente soprattutto per il caprone) spiega a esempio l'allusione agli organi sessuali di Loki legati alla barba di una capra nel mito di Skaði[111] e la costante relazione esistente fra questo animale e i giganti (che similmente vivono fra le rocce). Tale relazione è rivelata non soltanto da taluni dei nomi di questi esseri, come *Eimgeitir* «fumante [pastore di] capre», *Geit* «capra», *Geitla* «capretta», *Geitir* «capro», *Þrígeitir* «tre [volte] Geitir» e forse *Hadda* «pelosa» (?) e *Víparr* «irsuto» (?); ma risulta con tutta evidenza a esempio nella vicenda di Björn detto *Hafr-Björn* «Björn delle capre», al quale un gigante aveva fatto moltiplicare il gregge.[112]

La simbologia della capra, e soprattutto del caprone, come essere demoniaco spiega anche la connessione con le streghe e i maghi.[113] La relazione fra Thor, nemico mortale dei giganti, e le capre vuole forse indicare nel dio colui che ha il potere di valorizzare la funzione benefica dell'animale, distruggendone invece il lato demoniaco (qui si può anche rammentare la credenza, testimoniata presso taluni popoli, secondo la quale il caprone è animale che attira il fulmine). Un'allusione al potere del dio Thor di separare la funzione positiva delle capre da quella negativa si ha forse in due diverse strofe del *Carme di Hymir*: nella prima si precisa che egli, recandosi dal gigante Hymir, si preoccupò di mettere al sicuro le sue capre prima di entrare nella di lui dimora; nella seconda si allude a un tentativo del malvagio Loki di uccidere una delle due capre del dio.[114]

Il nome della capra è presente quale soprannome (a esempio *geit* f., *geitskegg* n., *geitskör* m.) oppure anche come nome di persona (*Brúsi*,[115] *Hafr*).

i. *Cane – Cagna*

La simbologia prevalente nel mondo nordico è quella di uno spirito custode che tiene lontano l'uomo dai pericoli e insieme presagisce e annuncia gli eventi. Esso è dunque animale che «sta di guardia». Questa funzione si esplica, innanzitutto, nella custodia di regni cui è estremamente pericoloso accedere. Così è nota la figura di Garmr, il migliore fra i cani, che, si dice, sta legato davanti alla caverna Gnipahellir, abitata da forze oscure e forse da defunti.[116] Anche le dimore dei giganti, demoni dell'oscurità e del caos, sono guardate da cani feroci.[117] E ancora si riferisce di un cane infernale dal petto insanguinato che si fa incontro a Odino, quando questi si reca nel regno dei morti.[118] Così pure la dimora divina di Menglöð verso la quale si dirige Svipdagr è guardata da cani feroci (detti qui *garmar*, pl. di *garmr*),[119] chiamati *Gífr* «avido» o «mostro» e *Geri* «avido» (questo è anche il nome di uno dei lupi di Odino). La simbologia di questi guardiani pericolosi si sovrappone nel loro aspetto nefasto a quella del lupo. *Garmr*, a esempio, «[quello che] ulula», è incatenato, proprio come il malvagio lupo Fenrir, sino alla fine del mondo. In quel giorno sarà libero e combatterà con Týr (il dio che un tempo fu mutilato dal lupo) un duello per entrambi mortale.[120] Garmr è inoltre definito *freki* «lupo»,[121] lett. «avido», che è tra l'altro il nome d'uno dei due lupi di Odino. Il termine *garmr* è anche usato nelle *kenningar* che designano talune entità pericolose o ostili. Le cagne avide di cadaveri[122] sono da intendersi come lupi o streghe e incarnano un presagio di morte.[123]

La funzione del cane come animale che col suo comportamento (generalmente il latrato) avverte una situazione pericolosa o un evento incombente si ha non solo nel caso del cane infernale Garmr che abbaierà per annunciare la fine del mondo,[124] bensì anche nell'episodio in cui i cani di re Geirrøðr, rifiutando di slanciarsi contro Grímnir (sotto le cui vesti si celava Odino), preavvertirono il padrone del pericolo incombente e ignoto.[125] Nella *Saga di Hálfr* si riferisce del cane di re Hjörleifr il quale «non abbaiava mai a meno che non temesse per il re»[126] e perciò con il suo latrato aveva salvato il suo padrone. Il cane è qui spirito custode che preavvisa delle minacce dell'ignoto, grazie alla sua conoscenza intuitiva.[127]

Nella *Saga di Hákon il Buono* si narra la curiosa vicenda degli abitanti del distretto di Trondheimen in Norvegia i quali, dovendo scegliersi un re tra un cane e uno schiavo, elessero il cane, che si chiamava *Saurr* «fango» (dunque un re pupazzo?), poiché pensavano di potersi in tal modo governare da soli. Con la magia gli infusero il senno di tre uomini ed esso divenne capace di parlare. Trattato con ogni onore regale, morì poi sbranato da alcuni lupi.[128] Questa storia rappresenta verosimilmente una delle tante versioni del mito dell'usurpatore; essa pare da mettere in relazione con la funzione del cane come «spirito custode», il quale si sostituisce talvolta all'uomo.[129]

Il cane è altresì animale sacrificale: resti di cani sono stati infatti rinvenuti nelle tombe dell'età vichinga. Conoscitore dell'aldiquà e dell'aldilà, esso accompagna il padrone sui sentieri degli inferi.[130] Assai importante è la testimonianza di Adamo da Brema, il quale ci informa che durante la grande festa sacrificale di Uppsala, che aveva luogo ogni nove anni, anche i cani venivano sacrificati e appesi agli alberi del bosco sacro, irrorati del sangue delle vittime.[131]

La simbologia della cagna si distingue in parte per un suo particolare aspetto. Per la sua natura essa è emblema di lussuria e di prolificità, il che ne stabilisce l'immediato legame con Freyja, dea nordica dell'amore.[132] Anche là dove alla cagna è affidata una funzione di guardiana, essa è tuttavia prevalentemente investita dal concetto di lussuria: è ricordato infatti un episodio in cui Odino, desideroso di sedurre la bella figlia di Billingr, s'avvicinò al suo letto nottetempo, ma vi trovò legata una cagna.[133]

Il soprannome «cane» (*hundr* m.; *gagarr* m.; *snati* m. lett. «[quello che] fiuta») è ricordato nelle fonti islandesi.

j. *Gatto*

Per la sua qualità di animale lascivo e ritenuto dotato di poteri magici, è sacro a Freyja, dea dell'amore e della magia, della quale è detto che possiede un carro trainato da due gatti.[134] Più che per la sua qualità lussuriosa,[135] il gatto è tuttavia ricordato per le sue supposte doti magiche (dovute forse alle abitudini notturne e alla forza interiore, talvolta pericolosa, celata sotto un'apparenza sorniona): si veda la citazione del rumore del passo di un gatto fra gli ingredienti con i quali fu preparato il nastro magico che doveva tenere legato il lupo Fenrir.[136] Esso ha perciò un particolare rapporto con le streghe e i maghi. In una fonte[137] in cui si descrive l'abbigliamento di un'indovina, è precisato che ella indossava un cappuccio scuro di pelle di capretto ornato di pelliccia di gatto e guanti di pelliccia di gatto. Particolarmente interessante è anche il racconto di una saga[138] in cui si dice che un tale Þórólfr Sleggja, uomo pericoloso e malvagio, possedeva venti gatti assai grossi, neri e dotati di qualità magiche nei quali riponeva la massima fiducia. Fortificati da lui nel loro potere stregonesco, essi lo aiutarono a difendersi dai suoi assalitori con urla, movimenti e roteare degli occhi. La saga precisa che nonostante la morte di Þórólfr, sprofondato in una palude, il luogo in cui egli aveva abitato rimase popolato dai gatti e fu sempre una brutta località.

Aspetto di gatto assumono comunemente nel folclore le streghe. Sotto tale forma possono tuttavia manifestarsi altri esseri malvagi. Nella *Breve storia di Ormr Stórólfsson*[139] si dice che il protagonista combatté contro una gigantessa che aveva assunto forma di gatto. Un gatto nel quale si esprime la simbologia del mostro pericoloso che si presenta con aspetto apparentemente inoffensivo è senza dubbio quello contro il quale combatte il dio Thor, presso la corte di Útgarða-Loki, e sotto le cui spoglie si cela il serpente cosmico.[140]

Da collegare al valore magico del gatto sono forse i resti di tali animali trovati nelle tombe preistoriche.

Il termine «gatto» (*köttr*, *kausi*, *ketlingr* e *kettuhryggr* «dorso di gatto», tutti m.) come soprannome non è infrequente nei testi scandinavi medievali.

k. *Serpe*

È manifestazione di una forma di vita elementare che si esprime essenzialmente come movimento contrapposto all'immobilità della materia; tuttavia non ha calore. Quindi simboleggia al contempo il principio dell'esistenza e il suo sviluppo mancato o disatteso (ciò anche a motivo della forma che resta difettosa di organi ben evidenti). È legato alla terra sulla quale vive e nelle cui viscere scava la propria dimora: è dunque anche emblema dell'incapacità di elevarsi al cielo. Ha perciò simbologia fausta e infausta.

Al serpe come possessore della vita primordiale e precursore della luce si riferiscono verosimilmente le diverse raffigurazioni di questo animale nell'iconografia. Nelle incisioni rupestri dell'età del bronzo, così come su raschiatoi destinati a uso cultuale, esso appare in connessione con il cavallo e con il disco del sole.

In età vichinga prevale una connotazione nefasta del serpe. Esso produce veleno, perciò è origine del male nel mondo; insieme al lupo, viene caricato di una simbologia negativa e perversa. La sua immagine si confonde con quella del drago e del mostro pericoloso per gli uomini e per gli dèi.

Il serpe-mostro per eccellenza ricordato nel mito è *Miðgarðsormr* «serpe di Miðgarðr», figlio di Loki e della gigantessa Angrboða, nemico mortale del dio Thor. Fu sprofondato dagli dèi nell'oceano, dove giace avvolto attorno alla terra come un anello; in tutta la sua lunghezza giunge a fatica a mordersi la coda.[141] Esso appare come una sorta di dio primordiale e di spirito delle acque (nelle immagini poetiche il serpe è talora detto «pesce della terra», *fiskr foldar* o *fiskr grundar*); il cerchio in cui è costretto rappresenta l'interezza del ciclo, il suo principio e la sua fine (per questo non è chiuso). È anche una forza vitale originaria che deve essere dominata e controllata; per questo gli dèi lo gettarono nell'oceano, cioè simbolicamente al limite dello spazio. Esso vive tuttavia anche al limite del tempo. Infatti, nonostante il tentativo di Thor di trarlo dalle profondità marine e di ucciderlo,[142] esso sorgerà dagli abissi solo alla fine del mondo, quando combatterà con il dio un duello per entrambi mortale.[143] Miðgarðsormr, come il Leviatano della tradizione biblica, è il mostro del caos primitivo, ma al contempo il vero possessore, l'incarnazione stessa del primo movimento da cui originò la vita. In questa luce va intesa la profezia mitica in cui si dice che gli dèi sopravvissuti alla catastrofe finale si riuniranno e converseranno fra loro ricordandosi degli antichi eventi e del serpe cosmico[144] (in ciò l'indicazione che in un nuovo ciclo dovrà esserci un nuovo serpe?).

Ma Miðgarðsormr è detto anche *Jörmungandr* «demone cosmicamente potente»,[145] definizione che sottolinea la sua potenza magica e difficile da dominare.

Il concetto di serpe come demone e come nemico viene a questo animale dal suo rapporto con la terra intesa come entità opposta al cielo, come materialità opposta alla spiritualità. Questa idea che esprime l'antagonismo naturale fra gli uccelli e i serpenti trova un riflesso nel mito relativo all'albero cosmico Yggdrasill, del quale è detto che le sue radici sono continuamente rose e tormentate da serpi.[146] Questi sono: *Góinn* «[quello che] spalanca [la bocca]» o forse «[animale di] terra»[147] e *Móinn* «[animale che vive nella] brughiera», figli di *Grafvitnir* «lupo (cioè mostro) [che dimora] in una buca»; *Grábakr* «dorso grigio»; *Grafvölluðr* forse «[quello che ha] potere sulla tana» (in tal caso **Grafvölduðr*) o «[quello che] scava [un buco] nel terreno»; *Ófnir* «[quello che] istiga» o «[quello che] si attorciglia»; *Sváfnir* forse «[quello che] addormenta» (cioè «uccide»). Gli ultimi due sono altresì appellativi di Odino; qui va ricordato che il serpe è una delle forme che il dio è capace di assumere[148] e che sotto tale aspetto egli riuscì a penetrare nella dimora di Gunnlöð.[149]

Fra i serpi che rodono le radici dell'albero cosmico è ricordato soprattutto *Níðhöggr* «[quello che] colpisce con odio». Esso, per il tramite dello scoiattolo Ratatoskr, scambia continuamente cattive parole con un'aquila appollaiata sui rami più alti dell'albero.[150] Di Níðhöggr è detto altresì che succhia il sangue dei cadaveri dei morti malvivi, i cui corpi tormenterà alla fine del mondo. Costoro dimoreranno in una casa con le porte rivolte a nord, tutta costruita con pelli di serpenti e dentro la quale gocciolerà veleno.[151] Níðhöggr è ricordato anche nell'ultima immagine della *Predizione dell'indovina* come mostro che volerà alla fine del mondo, portando tra le piume i cadaveri.[152]

Il rapporto del serpe come demone con il mondo dei morti, specie con quelli che in vita furono malvagi, risente senza dubbio di concezioni cristiane. Tuttavia il serpe come incarnazione dello spirito di un defunto che può essere funesto per i vivi è concezione che risale assai indietro nel tempo (ciò è dovuto forse all'abitudine dell'animale di scavarsi una buca nel terreno). Il serpe diviene perciò anche guardiano severo e pericoloso di un tesoro.[153] La lotta dell'eroe per impadronirsi di quella ricchezza è emblema della lotta del vivo contro il morto, del tentativo di affermazione delle esigenze evolutive contro gli istinti regressivi e distruttori. Essa appare anche come una sorta di conquista dell'immortalità. Al serpe come custode dell'oro prezioso alludono probabilmente i passi in cui esso viene definito lucido e splendente,[154] con immagine che lo identifica con l'oro medesimo.

Nel mito, il serpe-drago più famoso, cui è affidata la gelosa custodia di un tesoro, è senza dubbio Fáfnir, figlio di Hreiðmarr, ucciso da Sigurðr per istigazione di Reginn, suo fratello.[155] *Fáfnir* è forse «[quello che] abbraccia» (cioè che tiene per sé tutto il tesoro?). È emblema della cupidigia e del male, poiché nella sua figura

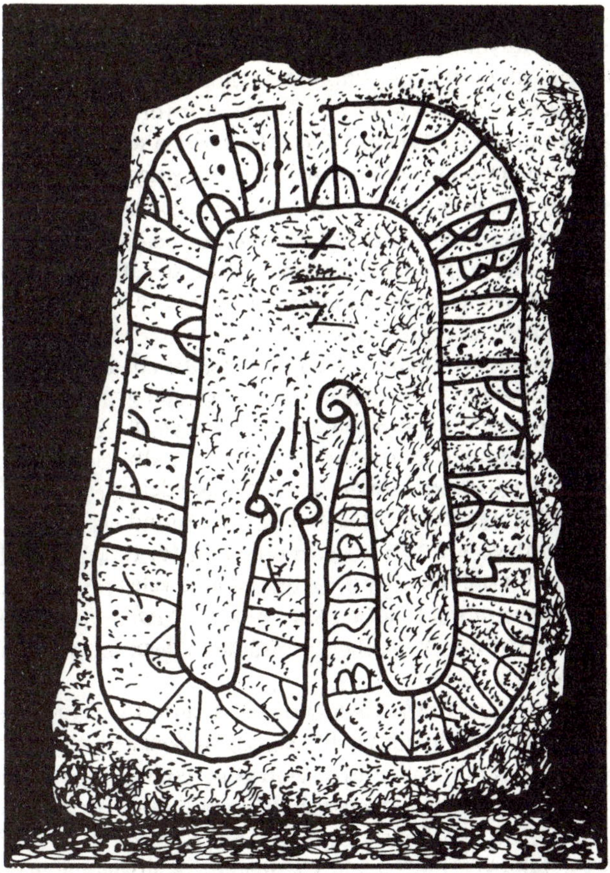

Pietra runica di Södra Lunger al centro di una sepoltura con pietre disposte in forma di nave. Närke, Svezia, XI secolo

è espressa la perversione della simbologia dell'oro il cui possesso scatena tendenze regressive e avidità, anziché essere fonte di pace e saggezza divina. Fáfnir stesso recita: «Io sputavo veleno quando giacevo sull'[oro] eredità / cospicua di mio padre».[156] Ma Fáfnir possiede egli stesso la saggezza, seppure non voglia farne dono; ciò appare evidente là dove il racconto dice che Sigurðr diviene estremamente saggio dopo aver bevuto il suo sangue ed essersi cibato del suo cuore.[157]

Al serpe come conoscitore di segreti del mondo ctonio fanno riferimento anche un paio di allusioni all'acutezza del suo sguardo.[158]

Dopo aver sconfitto il serpe, cioè dopo il trionfo sugli istinti animaleschi e regressivi dell'essere, Sigurðr potrà andare all'incontro con la valchiria.[159]

Le allusioni a un carattere divino e iniziatico del serpe restano di gran lunga meno numerose rispetto a quelle che lo collocano in una griglia simbolica nefasta. Il serpe è detto infatti corrispettivo del lupo: cibarsi della carne di questi animali induce ad azioni scellerate;[160] nelle fonti inoltre sono ricordate delle streghe a cavallo di un lupo le quali usano serpi come briglie.[161]

Il serpe è per sua natura simbolicamente correlato al veleno, cioè alla manifestazione tangibile del male cosmico che è tuttavia connaturato all'esistenza stessa del mondo. Quando della coppa dell'oblio data a Goðrún è detto che vi era il «lungo pesce della brughiera»,[162] si intende che in essa era contenuto un simbolo di vita primordiale cui appartiene anche il principio del male.

La tradizione delle saghe leggendarie ricorda eroi insensibili al potere dei serpi e al veleno. Tali sono a esempio i Völsungar, in particolare Sigmundr e suo figlio Sinfjötli. Di quest'ultimo è detto in particolare che fu riconosciuto dal padre come vero figlio allorché si dimostrò capace di impastare senza eccessivi problemi della farina nella quale era nascosto un serpe.[163]

Il tema del serpe si ritrova anche in una saga dove si riferisce che una fanciulla aveva avuto in dono un piccolo serpe e che lo aveva messo in un cesto con dell'oro; esso però crebbe fino a diventare un mostro, ma insieme era cresciuto anche l'oro.[164] Questo serpe fu ucciso dall'eroe Ragnarr. Esso sputava veleno, ma Ragnarr poté difendersi dal suo effetto micidiale poiché possedeva un paio di calzoni che erano stati bolliti nel catrame e rotolati nella sabbia. Per questo egli era soprannominato Calzoni ispidi (*loðbrók*).[165] La stessa saga racconta che Ragnarr fu gettato nella fossa dei serpenti, dove compose un carme mentre essi lo tormentavano (questo carme resta noto alla tradizione come *Dialogo di Kráka*: *Krákumál*). Il motivo della fossa dei serpenti si ritrova nella storia del nibelungo Gunnarr che, si narra, vi fu fatto gettare da Attila.[166]

La parola *ormr* m. «serpe» si trova in diversi nomi di persona (a esempio *Ormarr*, *Ormsteinn*, *Þórormr*); inoltre è ricordato in particolare il soprannome dello scaldo Gunnlaugr detto Lingua di serpe (*ormstunga*; protagonista della saga omonima) con evidente riferimento al suo dire mordace. Egli aveva ereditato tale soprannome dal bisnonno.[167]

Parti del corpo di serpi (vertebre, coda) sono state rinvenute fra reperti di carattere magico risalenti all'età del bronzo (Maglehøj presso Frederikssund e Lungby, entrambe in Sjælland, Danimarca).

l. *Orso*

Incarna un'entità selvaggia oscura e pericolosa che proviene dalla foresta e dalle caverne dove le forze della natura e della terra sono conservate nella loro condizione originaria e difficile da dominare. La simbologia dell'orso è legata senza dubbio alle concezioni e alle condizioni di vita di un popolo cacciatore per il quale questo animale rappresenta al contempo il nemico da abbattere ma anche lo spirito della foresta da conoscere, rispettare e imitare (qui vanno ricordati i riti dei Lapponi relativi a questo animale).

L'apparizione di un orso (specie durante un sogno) è per lo più presagio di un pericolo imminente o di un'aggressione da cui ci si dovrà difendere.[168] Tuttavia aspetto di orso assumono talora gli spiriti (*hugir*)[169] delle persone,[170] specie quando debbano sostenere un combattimento importante e decisivo. Assai significativa è senza dubbio la storia dell'eroe Böðvarr Piccolo orso (*bjarki*), del quale è riferito che, mentre rimaneva a sedere, un orso combatteva in sua vece sul campo di battaglia.[171] Costui era figlio di *Björn* «orso» e di *Bera* «orsa». Suo padre, stregato dalla matrigna, aveva assunto l'aspetto di un orso pur conservando i sentimenti e lo sguardo degli esseri umani. Di notte tuttavia egli riacquistava le sue sembianze. Figlia di un contadino, Bera, che fin da piccola aveva consuetudine con lui, aveva concepito con lui tre gemelli, uno dei quali era l'eroe Böðvarr. Egli aveva acquisito le capacità del padre probabilmente perché, quando costui in aspetto d'orso era stato ucciso, la matrigna malvagia aveva costretto Bera a mangiare un pezzetto della sua carne.[172] Diventare orso ed essere al contempo uomo è dunque possesso di una condizione iniziatica nella quale si sfrutta, senza tuttavia essere definitivamente posseduti, l'aspetto pericoloso e aggressivo dell'inconscio.

Le fonti scandinave riferiscono con abbondanza di particolari di taluni guerrieri, detti *berserkir* (sing. *berserkr*), lett. «camicie d'orso», che erano consacrati a Odino. Costoro, e i guerrieri-lupo loro corrispettivi, combattevano rivestiti dalla pelle dell'animale e, invasi da particolare furore (detto *berserksgangr* m. «furia dei *berserkir*»), urlavano come cani e orsi, mordevano gli scudi e non temevano né il ferro né il fuoco.[173] Nel *Dialogo del corvo*[174] l'identità di costoro con i guerrieri-lupo appare in tutta evidenza; in una saga[175] si precisa che dopo un attacco di *berserksgangr* essi sono spossati e si narra che alcuni di loro vennero uccisi mediante un eccesso di calore; in un'altra fonte sono definiti «pelli di lupo» e il *berserksgangr* è detto una malattia; inoltre essi sono ritenuti capaci di camminare nel fuoco e nonostante ciò vengono uccisi con questo mezzo[176] (stesse qualità sono attribuite agli Hirpi Sorani a Roma e agli Haumavarka in Iran).[177] La vicinanza simbolica dei guerrieri-orso e dei guerrieri-lupo appare evidente da molte altre fonti.[178]

Alla concezione del guerriero come «orso» alludono diversi nomi di persona quali *Björn* «orso» e molti suoi composti (a esempio *Arnbjörn*, *Gunnbjörn*, *Kolbjörn*, *Þorbjörn*). In particolare vanno ricordati *Björnúlfr* (o *Bjarnúlfr*) lett. «orso-lupo» e *Bjarnheðinn* «guerriero-orso» (lett. «casacca d'orso»), parallelo a *Úlfheðinn*, nome proprio ma anche nome comune: «guerriero-lupo» (lett. «casacca di lupo»).[179]

L'orso come animale che conosce i segreti della foresta è preda e nutrimento di chi viva un periodo iniziatico[180] e sulle sue unghie sono incise le rune.[181] Esso è anche un animale magico, come mostra la citazione dei tendini di un orso fra gli ingredienti che servirono per preparare il nastro Gleipnir, il solo che avrebbe permesso agli dèi di incatenare il lupo Fenrir.[182]

Nella simbologia dell'orso va infine ricordato che esso incarna l'aspetto maschile, aggressivo e distruttore,[183] perciò è pericoloso per le donne avere a che fare con lui. Ciò spiega forse la ragione per cui dei *berserkir* è detto che dovevano rimanere celibi.[184]

m. *Lupo*

È emblema di forza selvaggia, oscura e pericolosa. È dunque il «nemico» per eccellenza delle forze della luce, legato agli esseri demoniaci e perversi. Questa simbologia è incarnata innanzitutto nella figura di Fenrir, figlio del malvagio Loki e della gigantessa Angrboða[185] e a sua volta progenitore di mostri in forma di lupi.[186] *Fenrir*, il cui nome significa probabilmente «[lupo irsuto che vive] nella brughiera» o «lupo di palude», è destinato a combattere con Odino nell'ultimo giorno e a ucciderlo; per questo gli dèi lo hanno incatenato con l'inganno e relegato su un'isoletta in mezzo a un lago. Ma ciò è costato a Týr la perdita della mano destra che egli aveva offerto in garanzia: scopertosi ingannato il lupo gliela staccò con un morso.[187] Fenrir dovrà attendere in catene la fine del mondo; soltanto allora sarà libero perché soltanto allora ogni legame sarà spezzato. Insieme agli altri demoni assalirà la terra, lotterà con Odino e lo ingoierà, ma dovrà infine soccombere contro Víðarr.[188] Fenrir è dunque incatenato, ulula terribilmente e la bava che gli scorre dalla bocca forma un fiume detto Ván: perciò è detto *Vánargandr* «demone del Ván». Anche *Þjóðvitnir* «lupo (= nemico) del popolo» è un suo appellativo.[189]

Come gli dèi, anche il sole e la luna sono minacciati da lupi che li inseguono e che nell'ultimo giorno li divoreranno.[190] Uno è *Skoll* (o *Sköll*) «inganno»: insegue il sole e nell'ultimo giorno lo distruggerà. L'altro è *Hati* «[quello che] odia», «nemico», figlio di *Hróðvitnir* (o *Hróðrsvitnir*) «lupo della fama» o «lupo dell'elogio». È potentissimo e ingoierà la luna, per questo è detto *Mánagarmr* «cane della luna»: qui senza dubbio una rappresentazione mitologica del timore dell'eclissi, anche se nomi quali *solvarg* svedese, *solulv* norvegese, lett. «lupo del sole», indicano il fenomeno del parelio.[191] All'immagine del crepuscolo degli dèi, come grande bufera del mondo preceduta dal terribile inverno detto *Fimbulvetr* m., è attribuita la definizione «tempo di vento, tempo di lupi».[192] L'ululato del vento e quello del lupo si sovrappongono ad annunciare l'arrivo della tempesta cosmica.

La simbologia nefasta del lupo spiega il palese collegamento con gli esseri demoniaci, quali Loki, i giganti e le streghe. Il primo è padre di Fenrir e di altri mostri in forma di lupo che ha generato con le gigantesse. Di due dei suoi figli *Váli* (o *Áli*) «piccolo combattente» e *Narfi* (o *Nari*) «sottile» (?) è detto che il primo sotto forma di lupo sbranò il fratello. Le budella di quest'ultimo, narra il mito, furono utilizzate dagli dèi per legare Loki.[193] Loki inoltre è detto padre delle streghe.[194] Il legame con i giganti è rafforzato là dove si dice che presso la dimora del gigante Þjazi si sentivano ululare i lupi[195] o dall'osservazione che il termine *fenrir* vale talora «gigante»;[196] quello con le streghe appare evidente in diversi passi, in alcuni dei quali è riferito che questi animali sono la cavalcatura prediletta di questi esseri.[197] Qui va anche ricordato che Miðgarðsormr, il serpe cosmico, è figlio di Loki e fratello di Fenrir.[198] La simbologia perversa del lupo è accentuata là dove si fa riferimento a persone che si nutrono della sua carne e compiono poi dei misfatti,[199] o dove esso è considerato animale del malaugurio o nemico.[200] Nella *Saga dei Völsungar* è riferito che la madre di Siggeir in forma di lupa uccise i figli di Völsungr dilaniandoli.[201]

Un'altra equazione simbolica collega il lupo all'uomo malvagio, il quale sarà espulso dalla società e dovrà vagare per le foreste come un animale. Nella medesima *Saga dei Völsungar* è detto che Sigi, il quale si era macchiato di un delitto disonorevole, era stato definito «lupo nei luoghi sacri» (*vargr í véum*), espressione che lo qualifica come nemico degli dèi e degli uomini.[202] Un'allusione a questo concetto si ha anche nel termine *vargtré*, lett. «albero del lupo», che indicava l'albero su cui venivano impiccati i malfattori o quello su cui accanto alla forca di un condannato veniva impiccato un lupo.[203]

Il lupo si nutre di cadaveri;[204] questa sua abitudine, oltre al fatto che gli è consueto il vagare nella notte, lo collega al regno dei morti. A questo proposito si deve altresì ricordare che Fenrir è fratello di Hel, guardiana dell'aldilà;[205] inoltre l'immagine della foresta oscura e pericolosa di cui il lupo è signore indica talora simbolicamente un «altro mondo». Questo animale diviene perciò annunciatore della morte, sia quando si sottolinea il suo colore grigio, che è appunto il colore del trapasso,[206] sia quando i lupi vengono definiti *grey norna* «cani delle norne» (dee che stabiliscono il destino).[207] L'eroe che uccide molti nemici sarà perciò «amico ai lupi»;[208] un presagio favorevole per il guerriero è udire l'ululato del lupo nel bosco o essere accompagnato alla battaglia da uno di questi animali.[209] Talvolta il giovane guerriero bramoso di battaglia e di vendetta è egli stesso definito «lupo».[210]

La simbologia del lupo come animale dell'aldilà è incarnata particolarmente nei due lupi di Odino, *Geri* e *Freki*, entrambi «avido», che vivono con lui nella Valhalla dove si radunano gli eroi morti. Il dio li nutre col proprio cibo perché a lui è sufficiente il vino.[211] Geri in particolare condivide la funzione del cane infernale là dove si dice che esso sta di guardia alla dimora di Menglöo sino alla fine degli dèi.[212] Il nome Freki, che può essere inteso genericamente come «lupo»,[213] compare anche come denominazione del «fuoco»:[214] qui il legame simbolico è stabilito mediante il concetto di nemico e distruttore. Un altro lupo sacro a Odino è quello che pende impiccato (e dunque sacrificato al dio) alla porta occidentale della Valhalla.[215]

Al lupo come conoscitore del mistero del regno dei morti si allude verosimilmente là dove si dice che sulle unghie dell'animale sono incise le rune.[216]

Consacrati a Odino dovettero essere anche i guerrieri-lupo, detti *úlfheðnar* (sing. *úlfheðinn*). Questa parola è formata da *úlfr* m. «lupo» e *heðinn* m. «casacca», più precisamente «corto capo di vestiario

Guerriero con maschera animale e úlfheðinn *raffigurati su una lamina in bronzo che decorava un elmo rinvenuto a Torslunda. Öland, Svezia, V-VII secolo*

senza maniche con un cappuccio di pelle» (inteso evidentemente come tramite magico). Uno di essi è raffigurato su una piastra di bronzo rinvenuta a Torslunda in Öland (Svezia, V-VII secolo). Vi si riconosce infatti la figura di un guerriero con testa di lupo e pelliccia di lupo da cui pende una coda, ma sotto la quale spuntano due gambe umane. Egli è inoltre armato di spada e lancia (arma sacra a Odino). I guerrieri-lupo sono corrispettivi dei guerrieri-orso che combattevano invasi da particolare furore. Dei guerrieri di Odino è detto che erano «invasi dalla furia come lupi o cani».[217] Lo scaldo Þorbjörn *hornklofi* li identifica con i guerrieri-orso detti *berserkir*;[218] in una saga in cui è confermata questa identità, si dice che essi anziché corazze portavano pelli di lupo.[219] Una chiara allusione a questo costume si ha anche in un carme dove si legge: «sotto ogni casacca di pelle mi attendo delle mani».[220] Qui va collegato anche il termine *vargstakkr* m. «tunica di lupo».

Talvolta confusa con la figura del guerriero-lupo è quella del lupo mannaro (*vargúlfr* m.), presente anche nella tradizione nordica.

La più famosa storia di lupi mannari ricordata nelle fonti scandinave medievali è senza dubbio quella riferita a proposito di Sigmundr e Sinfjötli.[221]

Qui va ricordata anche la figura di *Kveldúlfr*, lett. «lupo della sera».[222]

I molti nomi di persona composti con *úlfr* m. «lupo» alludono senza dubbio alle diverse credenze e tradizioni legate a questo animale (a esempio *Björnólfr*, *Eyjólfr*, *Herjólfr*, *Hrólfr*, *Hundólfr*, *Þórólfr*).

n. *Volpe*

È animale astuto e malizioso; perciò in esso si incarnano gli spiriti delle persone infide che talora appaiono nei sogni.[223] *Refr* (m.) «volpe» si ritrova talora come nome proprio, spesso a indicare persone assai astute.[224]

3. *Animali che appartengono al mondo acquatico*

a. *Pesce*

È il dominatore del regno delle acque, dunque di un «mondo» che ha caratteristiche di regno infero. È perciò simbolo di saggezza e di fecondità, entrambe qualità che vengono acquisite dopo un contatto fruttuoso con l'aldilà.

Forma di pesce, attraverso la quale è garantito un contatto con il regno delle acque, sanno assumere il dio-mago Odino[1] o il dio-demone Loki.[2] In tale aspetto appare anche il nano Andvari, custode di un prezioso tesoro.[3] Gli ultimi due sono in particolare un salmone e un luccio che vivono in una cascata; essi derivano perciò la propria saggezza dalle acque delle origini. Un pesce che vive in un fiume è invece conoscitore e mediatore dei misteri di due mondi diversi.[4]

La relazione del pesce con la magia si deduce anche là dove si dice che il respiro di un pesce, cioè la sua inesistente qualità aerea, fu uno degli ingredienti con i quali fu preparato il nastro magico Gleipnir che solo consentì agli dèi di incatenare il lupo Fenrir.[5] Nel *Libro dell'insediamento*[6] è ricordato che una donna dotata di qualità magiche sapeva con le proprie arti attirare i pesci verso la riva. Questa pratica era assai diffusa fra i maghi lapponi. Qui è inteso che, forse più di altri animali, il pesce «sente» il potere degli incantesimi.[7]

α. Luccio

Pesce di grosse dimensioni, con macchie gialle sul dorso scuro e ventre argenteo, il luccio anima le acque in cui nuota con i riflessi cangianti della sua pelle (in latino esso è *lūcius*, dalla stessa radice di *lux*, dunque animale che «riluce»). A questa idea è dovuta verosimilmente la sua funzione nel mito che ricorda come il nano Andvari, originario possessore dell'oro che avrebbe causato la rovina dei Nibelunghi, vivesse in una cascata sotto forma di luccio.[8]

Qui si può suggerire che il pesce lucente che guizza nella cascata sia immagine stessa dell'oro, secondo una metafora, assai frequente nelle *kenningar*, che definisce questo metallo «fiamma» o «luce» delle fonti e delle acque.[9]

β. Salmone

Condivide il simbolismo generale del pesce, ma in quanto animale che risale i corsi d'acqua fino alla sorgente è possessore del segreto delle origini della vita. Per questo è cibo prelibato degli dèi.[10]

Sotto forma di salmone si cela Loki,[11] dio malvagio, il quale tuttavia appartiene anche a una triade divina che si muove alle origini del tempo.[12] In un'occasione egli uccide l'innocente *Otr* «lontra», che aveva pescato un salmone e lo mangiava a occhi chiusi.[13] Qui il salmone di cui si nutre la lontra accentua la simbologia di quest'ultimo animale, il quale ha funzione di spirito iniziatico perché possiede i misteri divini.

b. *Lontra*

È animale che conosce i segreti dell'acqua così come quelli della terra, poiché il suo apparire e scomparire sulla superficie dei fiumi è simbolo di un contatto costante con questo come con l'altro mondo. Nel mito nordico esso compare all'inizio della leggenda legata all'oro dei Nibelunghi, dove si dice che gli dèi, Odino, Hœnir e Loki, uccisero *Otr* «lontra», figlio di Hreiðmarr, e dovettero pagare per lui un pesante guidrigildo: l'oro maledetto che finirà poi nel Reno.[14] Questo mito spiega la *kenning* che definisce l'oro «guidrigildo della lontra» (*otrs gjöld*).

Poiché la lontra è mediatrice dei misteri divini e dunque spirito iniziatico (qualità sottolineata anche dal fatto che si nutre di salmoni), la sua uccisione risulta un vero e proprio sacrilegio: a ciò si potrà porre rimedio solo a caro prezzo, ma inevitabili saranno le conseguenze nefaste.

Il nome «lontra» (*otr* m.) si ritrova talora come soprannome.

c. *Foca*

È animale che può vivere tanto nell'acqua quanto sulla terra: pertanto è a suo agio in due diverse dimensioni dell'essere. Il suo rapporto con la terra è tuttavia temporaneo, quasi casuale, sfuggente a qualsiasi controllo. Il mare è invece per essa un sicuro rifugio, e di quel luogo, che è al contempo mondo infero e dimora di mostri o esseri sovrannaturali, la foca può rivelare ogni segreto.

Questa simbologia è manifesta nella figura del *marmennill* (o *marmendill* m.), essere che vive nelle profondità marine e ha qualità profetiche, ma parla soltanto quando gli aggrada. Esso è descritto come un nano con una grossa testa e lunghe braccia, ma con corpo di foca dalla vita in giù.[15] Nella *Saga di Hálfr*[16] è ricordato un episodio in cui talune persone pescarono un *marmennill*: fu condotto dal re, ma non voleva parlare. Avvenne però poi che vedendo maltrattati dal sovrano una serva e un cane, esso rise e interrogato sul perché rivelò che questi avrebbero salvato la vita del re. Poi insistette per essere restituito al mare. Nel *Libro dell'insediamento*[17] è narrato che uno di questi esseri indicò a Selþórir in quale luogo avrebbe dovuto stabilirsi; si noti che la prima parte del nome del colono *Sel-* significa «foca»; è detto infatti che al momento della profezia egli era coricato nell'imbarcazione e coperto da una pelle di foca.

Per la sua relazione col mondo delle acque dove vivono demoni e mostri pericolosi, la foca ha una particolare connessione con le streghe. In una saga[18] si narra che, dopo la morte di una donna esperta di arti magiche, una fattoria fu tormentata da spettri che si manifestavano sotto forma di foca. Simile episodio è narrato in un'altra saga, dove si dice che un morto malvivo appariva in aspetto di foca dallo sguardo umano.[19] Ancora è ricordato l'episodio in cui la strega Katla, che voleva operare una magia, fu resa inoffensiva da tale Geirriðr, la quale le ficcò sulla testa una borsa di pelle di foca.[20] Un sacchetto di pelle, informa la *Saga di Erik il Rosso*,[21] era parte integrante del corredo magico delle streghe. Il passo citato[22] suggerisce che esso fosse fatto di pelle di foca. Una connessione della foca con i giganti si trova in un racconto leggendario dove si dice che essi giocavano con una testa di questo animale.[23]

Aspetto di foca assumono anche Heimdallr e Loki allorché combattono un duello decisivo per il possesso di un oggetto prezioso (probabilmente la cintura [o collana] di Freyja, simbolo del potere sulla fecondità)[24] rubato da Loki. L'aspetto di foca può qui essere spiegato non solo dall'usanza di svolgere i duelli su isolette, bensì soprattutto dalla natura dell'oggetto conteso, il potere sul quale può determinare la vita o la morte (terra-acqua).

Il termine «foca» (*selr* m.) non è infrequente tra i soprannomi.

d. *Tricheco*

Condivide in parte la simbologia della balena, in parte quella della foca.

In una saga[25] è riferito di una strega di nome Þórveig che era apparsa in aspetto di tricheco pur restando riconoscibile dallo sguardo; una ferita inferta all'animale risultò poi sul suo corpo. In un'altra saga[26] è invece ricordato un episodio in cui un uomo malvagio era apparso sotto forma di un tricheco assai pericoloso, il quale fu attaccato da altre persone esperte in magia che avevano assunto anch'esse aspetto animale.

Un coltello di denti di tricheco e una cintura dello stesso materiale sono ricordati fra gli oggetti posseduti da donne dotate di poteri stregoneschi.[27]

Il termine *rostungr* m. «tricheco» si ritrova anche fra i soprannomi.

e. *Balena*

Legata alla simbologia del mare inteso come un «altro mondo» in cui a volte hanno dimora i defunti, più spesso esseri sovrannaturali di varia natura, la balena è generalmente considerata un mostro minaccioso portatore di cattivi presagi. Essa è connessa alle streghe, come appare a esempio dal racconto della *Saga di Friðþjófr*,[28] dove ne compaiono due a cavalcioni di una balena. Nella *Heimskringla* è riferito di un uomo dotato di qualità magiche che aveva visitato l'Islanda per conto di re Araldo Gormsson Dente azzurro in aspetto di balena.[29] Questo animale è altresì connesso ai giganti, come mostra non solo il nome di gigante *Hvalr* che significa appunto «balena» (e diviene in epoca successiva uno dei nomi del demonio), ma anche la *kenning* «cinghiali di Víðblindi (un gigante)», che vale «balene»,[30] e il fatto che esse sono la preda di pesca di questi esseri.[31] Il *Libro dell'insediamento* riferisce un episodio nel quale il possesso di una balena, in cui si era incarnato lo spirito di un gigante, crea discordia tra due persone.[32]

La funzione positiva della balena, fonte preziosa di nutrimento, non è assente in un mondo nel quale il procacciarsi il cibo costituiva un pressante problema quotidiano. Tuttavia anche in questo caso tale aspetto è condizionato dalla prevalente considerazione del legame tra la balena e le forze pericolose della natura. In questo senso testimonia l'episodio narrato nella *Saga di Erik il Rosso*,[33] dove si parla di una nave il cui equipaggio soffriva la fame e invano rivolse suppliche a Dio: quando Þórhallr il cacciatore, appartatosi, invocò invece il dio pagano Thor, una balena si lasciò catturare: la sua carne causò tuttavia malessere e nessuno seppe dire di che tipo di balena si trattasse.[34]

4. *Insetti*

a. *Api*

Capaci di produrre da sé il proprio nutrimento trasformando l'essenza della terra – succhiata attraverso i fiori – nel miele, simbolicamente connesso col fuoco, le api svolgono una funzione divina di sublimazione e di purificazione. Il corso perfetto della loro esistenza richiama inoltre il concetto dell'eternità come serie di cicli ricorrenti; mentre il prodotto della loro attività è ingrediente indispensabile dell'idromele, bevanda divina per eccellenza. Tutto ciò spiega la citazione delle api in connessione all'albero cosmico; da esso, irrorato quotidianamente dalle norne con l'acqua d'una fonte sacra, cade sulla terra una rugiada, detta stilla di miele, di cui si nutrono questi insetti.[1]

b. *Mosca*

È considerata una delle forme assunte dagli esseri demoniaci. Il mito ricorda infatti che Loki il malvagio poteva apparire in forma di mosca,[2] aspetto da lui assunto per disturbare il nano Brokkr intento a forgiare il martello di Thor, che per questa ragione risulterà imperfetto; così come, per rubare il monile di Freyja, Brísingamen. Ciò sottolinea il significato demoniaco della mosca, poiché il martello di Thor e il monile di Freyja sono oggetti che garantiscono l'ordine e la vita del cosmo. Il nome di un fratello di Loki, *Býleiptr*, è stato anche interpretato come «lampo di ape», con allusione alla forma di insetto assunta dai demoni.[3]

In aspetto di mosca appaiono talora nella tradizione islandese spiriti malvagi inviati a danneggiare qualcuno.[4]

Qui non pare inutile ricordare che nel folclore lappone i maghi sono ritenuti capaci di inviare delle mosche blu che con la loro puntura provocano malattie alle vittime.

Note

1 *Yng* 7; cfr. p. 35.
2 *Gyl* 50; v. pp. 160-2.
3 *Gyl* 42; v. p. 114.
4 Rispettivamente: *Ská* 44 [5]; v. p. 93 e *Sör* 1; v. pp. 117-8.
5 *Ská* 3 [1], 29; v. p. 116; *Þry* 3, 5, 9; v. p. 118; *Ská* 27 [4]; v. p. 140, rispettivamente.
6 *Ská* 2-3 [1]; v. pp. 115-6; *Ská* 5-6 [2]; v. pp. 91-2; *Gyl* 18; *Vaf* 37; v. p. 56 (c).
7 *Ská* 47 [6]; *Reg* pr, 1-2; *Völs* 14; v. p. 386.
8 *Völ* pr, 1-2; v. p. 439; cfr. pp. 307 (3) e 555-6 (g).
9 Come la balena o il tricheco; cfr. pp. 585-6 (d, e).
10 *Gyl* 34, 47-8, 51, 53; *Vsp* 40-1 e *passim*; *Vaf* 47, 53; *Grí* 24; *Lok* 39, 41; *Hyn* 44; *Hym passim*; cfr. pp. 573 e 578-9 (m). In Saxo (V, XVI 1), dove è riferito l'episodio della morte del re Frotho ucciso da una strega trasformatasi in mucca marina (cfr. p. 281), è detto che, quando i soldati del re lo vendicarono uccidendo il mostro e i suoi figli, essi s'avvidero che, non appena morti, costoro assumevano l'aspetto di corpi umani con testa animale.
11 Fra gli esempi, numerosissimi, si vedano: *Atm* 17-20; *Völs* 36; *Reg* 20; *HHv* pr, 35; *Gís* 14, 34; *Eyr* 43, 53-4; *Harð* 30; *Dro* 10; *Váp* 13; *Ljó* 16 (26); *Örv* I 5; *Örv* II 4; *Sög* 2; *Þórð* 3, 8.
12 *Ldn* S 329, H 284: *þat sá úfreskir menn at landvættir allar fylgðu Hafr-Birni til þings, en þeim Þorsteini til veiða ok fiskjar.*

1. *Animali che appartengono al mondo aereo: gli uccelli*

1 Funzione affidata di preferenza al corvo; cfr. *HH I* 5 e pp. 551-2 (e).
2 *HHv* pr, 1-4.
3 *Ríg* 44-8.
4 *Fáf* pr, 32-44; *Ská* 48 [6]; *Völs* 19-20; v. p. 390.
5 *Gðr I* pr; v. p. 395.
6 *Yng* 18.
7 *Gyl* 16; cfr. p. 62.
8 *Fjö* 23-4; cfr. p. 404.
9 V. a esempio *Gun* 2 e *Saxo* IX, XI, 4.
10 *Gís* 34.
11 *Gyl* 34; *Edda Kuhn* pp. 320-1; v. p. 65. Sugli uccelli nel mito cfr. *Ská* 76.
12 *Gyl* 16; *Grí* 32; v. pp. 62-3.
13 *HH II* 50: *er á asklimum ernir sitja*.
14 *Grí* 10.
15 *Gyl* 39; *Grí* 25-6; v. p. 58.
16 *Gyl* 16: «ed è dotata di grande sapienza» (*ok er hann margs vitandi*).
17 *Sig* 16.
18 *Vsp* 59; *HH I* 1; *HHv* 6.
19 *Ská* 6 [2]; v. pp. 91-2.
20 V. soprattutto *Ork* 8; *Reg* 26; *NGþ* 6; *Saxo* IX, V, 5.
21 Esempi in *HH I* 45; *HH II* 23; v. anche *Ská* 76; cfr. il testo d'una delle iscrizioni runiche di Gripsholm (Södermanland, Svezia, XI secolo).
22 *Saxo* VIII, IV, 2.
23 *HHv* pr; v. p. 369.
24 *Ská* 2-3 [1]; v. pp. 115-6.
25 *Ská* 5-6 [2]; v. pp. 91-2.
26 *Gyl* 18; *Vaf* 37; v. p. 56 (c); cfr. anche *Saxo* VIII, XV, 4-6.
27 *Fjö* 18, 23-5, 30; v. pp. 404-5.
28 *Vsp* 43.
29 *HH II* 48.
30 *Vsp* 42.
31 *Vsp* 43; a questo è affidato il compito di destare nell'ultimo giorno i compagni di Hel?
32 *Saxo* I, VIII, 14; v. p. 412.
33 *Risāla*, ed. cit., §§ 89-90.
34 Cfr. p. 221 (7).
35 *Sig* 17.
36 Cfr. *Ská* 79.
37 *Ská* 53 [7]: *þá gaf hann þeim eigi lengri hvíld eða svefn en gaukrinn þagði*; cfr. *Gro* 7; v. pp. 181-2.
38 Cfr. *HH I* 5; *Bro* 5; *Ríg* 47.
39 Si avverte in *Háv* 85 di non fidarsi di una «cornacchia che stride» (*galandi kráka*).
40 *Ldn* S 5, H 5; cfr. *Fornmanna sögur norðurlanda*, ed. cit., vol. XI, p. 412.
41 *Ldn* S 168, H 137.
42 *Knýý* 117.
43 Cfr. p. 644 (1).
44 *Reg* 20, dove il dio appare con il nome di Hnikarr; v. anche *Njá* 79 e *Stu* I, II, 136.

45 Si veda in *Lok* 43 il termine *meinkráka* f. «cornacchia di sventura».
46 Cfr. gli aggettivi *hrafnblár* «scuro [come un] corvo»; *hrafnsvartr* «nero [come un] corvo»; il nome proprio *Hrafnsvartr* «Nerocorvo» e l'espressione *svartir sem hrafn á hárslit* «scuri come un corvo nel colore dei capelli» (*Ská* 51 [6]) riferita ai Nibelunghi, i quali erano esseri in relazione col regno dei morti.
47 *Hálf* 10, *passim*.
48 In *Dám* 9-13 è ricordato un corvo che era bianco come la neve e si chiamava *Hvítserkr* «camicia bianca»: in questo animale è forse suggerita la contemporanea appartenenza del corvo al mondo dei vivi e a quello dei defunti.
49 *HH* I 44; *Sig* 1; *Gðr* II 8; v. anche *Stu* I, II, 187, dove si dice che due corvi seguivano degli uomini armati, certi che prima o poi avrebbero dato battaglia procurando loro un pasto sicuro.
50 *HH* II 43: *Óðins haukar*; cfr. p. 211 e, per lo scaldo, p. 694, nota 12.
51 *ÓlT* 27: *þá kómu þar fljúgandi hrafnar ii ok gullu hátt; þá þykkist jarl vita, at Óðinn hefir þegit blótit*.
52 *Gyl* 38, 49; *Yng* 7; v. p. 59; in *Edda Kuhn* p. 321 si precisa che Huginn vola verso gli impiccati, Muninn sui cadaveri.
53 *Reg* 18, 26; *Fáf* 35; *HH* I 54; *Gðr* II 29, dove si trova solo Huginn.
54 *Ldn* H 5 (cfr. S 5); S 6, H 6.
55 I versi sono di Helgi Óláfsson il Fidato: v. *Ldn* S 377, H 332; cfr. i versi dello scaldo Þorleifr Poeta dello *jarl*, in *Skj* I: A, p. 141; B, p. 132.
56 *Yng* 27.
57 *Skj* I: A, p. 168; B, p. 158.
58 *Fjö* 45; v. p. 407.
59 *Völs* 8; v. p. 383.
60 *Gyl* 15; v. p. 62.
61 V. a esempio *HH* II 43.
62 *Gyl* 24; *Grí* 14.
63 *Ská* 3 [1], 29; *Þry* 3, 5, 9; v. pp. 116 e 118.
64 *Ská* 27 [4], 28; v. p. 140.
65 *Her* pp. 83, 140; cfr. p. 203.
66 *Gðr* II 18; cfr. pp. 633-4 (4).
67 *Hálf* 10, 12, 15, 16. A esempio nel cap. 12 essi sono detti «falchi nella sala del re» (*haukar í höll konungs*); nel cap. 15 «un falco per coraggio» (*haukr... at hug*).
68 *Sgk* 67; v. p. 395.
69 *Gðr* II 41; *Völs* 35.
70 *Ská* 51 [6]; cfr. *Saxo* VIII, X, 12; v. p. 398.
71 *ÓlH* 125.
72 Esso è ricordato anche come falco del famoso re danese Hrólfr [Magro come un] palo; *Hról* 40.
73 Cfr. il latino *albus*, corradicale.
74 Cfr. *Völ* pr; v. p. 439.
75 *Völ* pr, 1-4; v. pp. 439-40.
76 *Hró* 6-7.
77 Su questo tema è incentrato il componimento islandese noto come *Griplur*, ed. cit.; cfr. l'episodio narrato in *Saxo* IX, IV, 11 e p. 314, nota 5 (Appendice 2).
78 *HH* II pr; v. p. 379 e p. 431, nota 83.
79 *Gðr* II 14: *sali suðrœna ok svani danska*; v. p. 395.
80 *Hal* 9.

81 *Eli* 26.
82 *Gyl* 16; v. p. 63.
83 *Saxo* VI, IV, 4-5.
84 *Gun* 2.
85 *Saxo* I, VIII, 23; v. p. 414.
86 *Völ* pr, 2; v. p. 439.
87 Nome, tra l'altro, della figlia di Sigurðr e Goðrún; v. p. 398.
88 Si veda in *Atk* 39 l'allusione a Goðrún, definita «luminosa come una piccola oca» (*in gaglbjarta*); a lei le oche sono connesse anche in *Gðr I* 16; v. anche *HH II* 7.
89 *Gðr I*, 16; *Sgk* 29; v. p. 394.
90 *Vsp* 42.
91 *Kor* 22.

2. *Animali che appartengono al mondo terrestre*

1 *HH* II 38: *Svá bar Helgi af hildingum / sem ítrskapaðr askr af þyrni, / eða sá dýrkálfr, döggu slunginn, / er øfri ferr öllum dýrum / ok horn glóa við himinn sjálfan*; v. pp. 377-8.
2 *Gðr I* 2: *hjörtr hábeinn.*
3 *Völs* 27. Anche in *Fáf* 2, dove Sigurðr definisce se stesso «nobile animale» (*göfugt dýr*) l'allusione è probabilmente al cervo.
4 *Sól* 55: *Sólar hjörtr / leitk sunnan fara; / hann teymdu tveir saman. / Fœtr hans stóðu foldu á, / enn tóku horn til himins.*
5 *Sig* pr; cfr. anche *Fáf* 42; *Ská* 49 [6] (ivi *Hindarfjall*); *Völs* 20; v. p. 391.
6 *Þið* I, p. 303.
7 *Gyl* 37; v. pp. 149-50.
8 *Vsp* 53: *bani Belja, bjartr.*
9 *Skjö* 7; cfr. p. 280.
10 V. sopra la citazione da *HH II* 38 (cfr. nota 1).
11 *Gyl* 16; cfr. *Grí* 33; v. p. 63.
12 Cfr. il cervo *Dvalarr* (o *Dalarr*) ricordato nelle *þulur*.
13 *Gyl* 39; v. pp. 59 e 63.
14 *ÓlTOS* 38, 45.
15 *Breve storia dei figli di Ragnarr* (*Þáttr af Ragnars sonum*; ed. G. Jónsson, Reykjavík 1959, *FSN* vol. I), cap. 5; *Hve* 2-3; *HálfE* 1; *Flat passim*; *Egi* 26.
16 *Sig* 15; v. p. 55 (b).
17 V. p. 55 (b).
18 *Ská* 25 [3]; v. pp. 137 e 139. Cfr. Gullinfaxi nelle *þulur*.
19 In *Hát* 19 questa parola pare tuttavia avere il senso generico di «cavallo».
20 Nelle *þulur* esso pare tuttavia non essere un nome proprio.
21 Nella seconda formula magica di Merseburgo, ed. cit., si riferisce dell'azzoppamento del cavallo del dio e viene recitato un incantesimo risanatore.
22 Cfr. pp. 209 e 256, nota 136.
23 Cfr. l'episodio di cui è riferito alle pp. 205-6.
24 *Gyl* 42; v. p. 114.
25 *Sig* 15.
26 *Bal* 2 e *Gyl* 49, rispettivamente; v. pp. 155, 157 e 159.
27 *Saxo* I, VI, 7-9; v. p. 409. V. anche *Saxo* VI, II, 4 e *Her* pp. 82 e 139-40.

28 *Gyl* 15: *Baldrs hestr var brendr með honum*; v. p. 159.
29 Così a esempio a Gokstad e a Oseberg (Vestfold, Norvegia, IX secolo); cfr. *Ger* 27.
30 Cfr. *HHv* pr; *HH II* pr.
31 *Völs* 13; v. p. 386.
32 *Sig* 17.
33 *Skí* 8-9; v. pp. 149-50.
34 *HH II* 49; v. pp. 378-9. In *Saxo* VII, XI, 3 è detto di un vortice pericoloso (cfr. p. 465 [a]) che fu superato a cavallo.
35 *Ger* 10.
36 *Gðr II* 5.
37 A quel periodo risale il ritrovamento a Ulltorpå in Scania (Svezia) dei resti di un cavallo sacrificato.
38 *AdB* IV, 27; cfr. *ÓlH* 107.
39 *Kri* 12 e *Ísl* 7; cfr. *Njá* 105 e *ÓlH* 58.
40 Per tale simbologia v. *HHv* 20; p. 203.
41 *Hraf* 3: *Hann gaf Frey vin sínum þann hest hálfan. Á þessum hesti hafði hann svá mikla elsku at hann strengði þess heit at hann skyldi þeim manni at bana verða sem honum riði án hans vilja.*
42 *Vat* 34.
43 Cfr. pp. 610-1 (o).
44 *AdB* IV, 26. Per la venerazione di cavalli consacrati a Freyr cfr. p. 282 e note relative.
45 Cfr. p. 535.
46 Cfr. pp. 212 e 259, nota 177.
47 *Háv* 138-9; v. p. 89 e nota precedente.
48 Cfr. pp. 99 e 110, nota 55.
49 Cfr. pp. 472 e 492, note 37-8.
50 Di loro si è riferito a p. 463, nota 26.
51 Cfr. p. 434, nota 1.
52 *Ger* 43.
53 Sulle diverse denominazioni del cavallo e i nomi dei cavalli mitici v. *Ská* 74 e *Als*, *Þgþ* ivi citati.
54 *Gyl* 15; cfr. p. 560.
55 *Gyl* 15.
56 *Gyl* 49; v. pp. 157 e 159.
57 *Ská* 49 [6]; *Sig* pr; *Völs* 21; v. p. 393.
58 I «cavalieri dell'apocalisse» del mito nordico sono i figli di Muspell; su di loro cfr. p. 53, nota 3.
59 Nelle *þulur*, dove sono elencate diverse denominazioni per «ariete».
60 Cfr. pp. 222 e 285.
61 *Ljó* 4.
62 *Ská* 44 [5]; v. pp. 93-4.
63 *Gyl* 49; v. p. 159.
64 *Hyn* 7.
65 *Hyn* 5-7; v. anche str. 45. Tuttavia si potrebbe anche pensare a un guerriero celato da un elmo con figura di verro: Hildisvín è altrove il nome di un elmo (v. sotto e nota 73). Anche il soprannome di re Araldo Dente di battaglia (*hilditönn*) inteso diversamente da Saxo (VII, X, 4), potrebbe essere riferito qui.
66 Episodi simili si vedano in *Eyr* 20 e *Gul* 20.
67 *HHv* pr.

68 *Her* pp. 54 e 129.
69 *Yng* 18.
70 Editto di Rotari, ed. cit., pp. 80-1, § 351.
71 *Her* 10: *þann gölt, er mestan fekk, skyldi hann gefa Frey.*
72 *Gyl* 38; *Grí* 18; v. p. 59.
73 *Ská* 55 [8].
74 Cfr. *Háv* 129; *Fun* 1; *Vat* 26; *Gís* 28, a esempio. V. tuttavia la diversa interpretazione dell'espressione data da F. Guðmundsson: *Ork* p. 4, nota 1.
75 *Hyn* 38.
76 *Gðr* II 21; v. p. 395. Diverse denominazioni per «verro» sono ricordate nelle *þulur*.
77 *Ger* 40.
78 *Lok* 23.
79 *Gyl* 6; v. p. 50.
80 *Þry* 23; *HHv* 4; cfr. pp. 655-6 (4).
81 *ÓlT* 64; *ÓlTOS* 43.
82 *Ragn* 9-10, 12.
83 Il nome vale forse «[quella che] mugge sempre» o può essere ricondotto a «sibilla», cioè indovina (cfr. sotto, p. 568 e nota 95).
84 Nelle *þulur* vengono elencate diverse denominazioni per «mucca».
85 Esempi in *Yng* 15; *Víg* 9, 25; *Hyn* 10; *Flat* I, pp. 249 e 261. Cfr. p. 282.
86 *Gyl* 1; *Yng* 5; *Rag* 13; cfr. pp. 292-3 (2) e 297, nota 3.
87 *Ríg* 22; v. p. 67.
88 *Ská* 74; *Þul.*
89 *Gyl* 48; *Hym* 17-24; v. pp. 129-30.
90 *Hym* 18; *Þry* 23.
91 *Eyr* 34; cfr. p. 99. In *Flat* III, pp. 6-7, un bue apparso in sogno viene interpretato come presagio di malattia.
92 *Ská* 2 [1]; v. p. 115.
93 *Atm* 20: *opt er þat fyr oxnum, er örnu dreymr.*
94 Cfr. a esempio *Lax* 31; *Bkþ* 2; *Gau* 6.
95 *ÞþoÞ*. Cfr. p. 566 (e) e sopra, nota 83.
96 V. a esempio *Egi* 65; *Flat* I, p. 261.
97 *Yng* 26; cfr. *Saxo* V, XVI, 1-2; pp. 280-1.
98 *Ldn* S 350, H 309.
99 *Ljó* 16 (26).
100 *Harð* 26.
101 *Eyr* 43.
102 Cfr. *Ljó* 16 (26); *Váp* 13 e anche *Hym* 14-5.
103 *Gut* p. 64.
104 *Ldn* S 355, H 313; cfr. p. 43, nota 49 e pp. 486-7 (j).
105 *«Skeri þér nú sauði þá er vilið; feigr em ek nú eða allr sauðrinn elligar, nema bæði sé.» En þá nótt er hann andaðisk rak sauðinn allan í forsinn.*
106 *Hym* 7, 20, 31, dove il dio è detto «signore dei capri» (*hafra dróttin*); *Þry* 21.
107 Il soprannome Tanngnjóstr si ritrova in *Kor* 6.
108 V. pp. 133-4, le fonti ivi citate e p. 143, nota 5.
109 *Gyl* 39; *Grí* 25; v. pp. 58-9.
110 *Hyn* 46-7. Ivi infatti è connessa con la dea Freyja; cfr. p. 285.
111 *Ská* 3 [1]; cfr. p. 278.

112 Cfr. pp. 329-30 e 347; per la relazione giganti-capre v. anche in particolare: *Saxo* I, IV, 2; VII, II, 4 e VIII, XIV, 14; *Skí* 35.
113 Cfr. *Eyr* 20.
114 *Hym* 7 e 37, rispettivamente.
115 In *OþS* questo è il nome di un gigante.
116 Forse a questo nome è legato quello di Gramr, detto altrove (*Hról* 43) cane del leggendario re danese Hrólfr [Magro come un] palo. Un cane dí nome Gramr è ricordato anche in *ÞorV* 15.
117 *Skí* 10, pr; *Þry* 6; v. anche *Saxo* VI, II, 5; VIII, XIV 12 e inoltre IX, IV, 3.
118 *Bal* 2-3; v. p. 155.
119 Così appare da *Fjö* 16-8; la dimora di Menglöð tuttavia può apparire anche come dimora di giganti; v. pp. 403-4. Cfr. i termini *festargarmr* e *festarhundr* (entrambi maschili) in *Lax* 51.
120 *Gyl* 51; v. pp. 189 e 191, nota 12.
121 *Vsp* 44, 49, 54, 58.
122 *HH I* 13, 44; *Ham* 29.
123 V. anche *Atm* 25.
124 *Vsp* 44, 49, 54, 58; *Gyl* 51; v. p. 186.
125 *Grí* pr; v. p. 153.
126 *Hálf* 8: *er aldri gó, nema hann vissi konungi ótta vánir.*
127 V. anche l'episodio in *Njá* 76.
128 *HákG* 12; v. anche *ÓlH* 137. Cfr. *SnEArn* III, pp. 314-5.
129 V. anche la storia del cane Raka nel *Chronicon lethrense*, ed. cit., cap. 5. Una storia simile è narrata inoltre da Saxo (VII, IX, 4).
130 Cfr. *Saxo* V, XI, 3.
131 *AdB* IV, 27; cfr. Thietmar di Merseburg, *Chronicon*, ed. cit., I, 9; cfr. anche *AdB* III, 8.
132 Cfr. p. 285.
133 *Háv* 101.
134 *Gyl* 24, 49; *Ská* 29; v. p. 60.
135 V. a questo proposito l'allusione in *HH I* 18.
136 *Gyl* 34; *Edda Kuhn* p. 321; v. p. 65.
137 *Eir* 4.
138 *Vat* 28.
139 *OþS*.
140 *Gyl* 46; v. pp. 125 e 127.
141 *Gyl* 34; v. p. 64. Cfr. il «ricordo» di questa figura mitica in *Sög* 3.
142 *Hym* 17-24; *Gyl* 47-8; *Rag* 16; *Hús* 6 (cfr. *Ská* 9 e 12); v. pp. 129-30 e 132. Cfr. anche il duello tra il dio e il serpe in *Gyl* 46-7, dove il mostro assume forma di gatto (v. p. 572 e sopra, nota 140).
143 *Gyl* 51; *Vsp* 50, 56; v. p. 189.
144 *Gyl* 53; *Vsp* 60; v. p. 189.
145 *Jörmun-* è parola che contiene un'idea di possanza cosmica, universale, sovrumana.
146 *Gyl* 16; *Grí* 34; v. pp. 62-3.
147 Nelle *þulur* questo è anche nome di spada.
148 *Yng* 7; cfr. p. 35.
149 *Ská* 6 [2]; v. p. 91; cfr. pp. 209 e 211.
150 *Gyl* 15-6; v. pp. 62-3.
151 *Gyl* 52; *Vsp* 38-9; v. p. 189; cfr. p. 73.

152 *Vsp* 66; v. p. 191. Nelle *þulur* Níðhöggr è anche nome di spada. Cfr. *Saxo* VIII, XV, 4 e 9, dove si allude a serpi che dimorano in una caverna dell'aldilà.
153 Tale è altresì il morto; cfr. pp. 364, nota 12 e 661, appendice 1.
154 *Skí* 27; *Völ* 17; *Grp* 11; *Reg* pr; *Fáf* 19, 26, a esempio.
155 Cfr. pp. 388-91 e fonti citate a p. 400.
156 *Fáf* 18: *Eitri ek fnœsta, / er ek á arfi lá / miklum míns föður.*
157 *Fáf* pr, 32-9; *Völs* 20; cfr. *Gðr I* pr; v. pp. 390-1.
158 *Völ* 17; *Ríg* 34; cfr. la figura di Sigurðr Occhio di serpe (*ormr í auga*) ricordato in diverse fonti (v. tra l'altro *Ragn passim*; *Breve storia dei figli di Ragnarr*, ed. cit., *passim*; *HálfE* 1; *ÓlT* 9; *Hve* 2-3; *HálfS* 5; *Flat passim*) così soprannominato perché pareva che avesse un serpe negli occhi.
159 *Sig passim*; *Völs* 21; *NGþ* 6; v. p. 391. Altri famosi eroi uccisori di serpi o di draghi sono Ragnarr (*Ragn* 2; v. sotto) e Frotho (*Saxo* II, I, 1-3).
160 *Bro* 4; cfr. anche la variante in *Edda Kuhn* p. 323 e *Völs* 32; v. p. 394.
161 Cfr. p. 110, nota 57 e p. 157.
162 *Gðr II* 22: *lyngfiskr langr*; v. p. 395.
163 *Völs* 7; cfr. *Frá*; v. p. 382.
164 *Ragn* 2; cfr. *Saxo* IX, IV, 5 e forse anche VII, VI, 1.
165 *Ragn* 2; cfr. *OlM* V, 17; *J.Á.* I, pp. 638-9. La pelle di animale, in particolare del bue, come difesa dal veleno dei serpi è ricordata in *Saxo* II, I, 2-3 e VI, IV, 10.
166 V. p. 397 e fonti citate a p. 400; cfr. *Saxo* IX, IV, 38.
167 *Gunnlaugs saga ormstungu* (per l'ed. cfr. indice delle abbreviazioni: *Gun*). Va qui ricordato anche che in *Ská* 74 Snorri elenca diverse denominazioni per «serpe».
168 V. a esempio *Atm* 17-8.
169 Cfr. pp. 358-60.
170 V. a esempio *Ldn* S 350, H 309; *Njá* 23; *Örv I* 5; *Örv II* 4; *Þþu*.
171 *Hról* 50; cfr. *Saxo* II, VI, 9-12 (particolarmente II, VI, 11, dove dopo aver ucciso un orso egli invitò un compagno a berne il sangue per acquistare vigore); II, VII.
172 *Hról* 24-36, in particolare 27. Questo concetto del guerriero-orso si ritrova anche in *Ham* 25.
173 *Yng* 6; cfr. *Háv* 73. V. anche *Saxo* VII, II, 7; VII, II, 11 e soprattutto *Kri* 9 e *Njá* 103: qui si dice che un *berserkr* non aveva avuto il coraggio di camminare su un fuoco che era stato benedetto da un missionario cristiano. Sul significato del termine *berserkr* cfr. tuttavia l'opinione di E. Noreen, *Ordet bärsärk*, in *Arkiv för nordisk filologi*, XLVIII (1932), pp. 242-54.
174 *Hra* 8, 19-21.
175 *Eyr* 25 e 28.
176 *Vat* 9 (cfr. *Hra* 21), 37 (cfr. *Vat* 30) e 46 rispettivamente; cfr. anche l'episodio narrato in *Egi* 40.
177 Sui *berserkir* altri esempi, fra i numerosissimi, in *Egi* 27, 64, 70, dove sono connessi alle credenze sulla «forma» diversa che può essere assunta da un essere (cfr. il concetto di *hamr* alle pp. 358-9); *Ásm* 4, 8-9; *Örv II*, 14; *Her* pp. 4-11, 96-7; *Fri* 7. V. anche *Drei Lygisögur*, ed. cit., pp. 143-5.
178 *Atk* 11; *Hár* 37 (cfr. l'epiteto spregiativo *lupa* in *Saxo* VI, IX, 19).
179 Cfr. anche l'elenco dei guerrieri in *Saxo* VI, II, 3, i cui nomi sono tutti composti con *Biorn* «orso».
180 *HH II* 8; *Völ* 9-10.
181 *Sig* 16.
182 *Gyl* 34; *Edda Kuhn* pp. 320-1; v. p. 65.

183 In Saxo (IX, IV, 3) un orso è, assieme a un cane, il pericoloso guardiano della dimora di una fanciulla.
184 Nelle *þulur* sono elencate le diverse denominazioni per «orso».
185 *Gyl* 34; *Hau* 8; v. p. 63.
186 *Gyl* 12; *Vsp* 40; v. p. 56.
187 *Gyl* 25, 35; *Lok* pr, 38-9; *Mál* 21; v. pp. 63-6.
188 *Gyl* 51; *Vsp* 44, 49, 51, 53, 55, 58; *Vaf* 52-3; *Grí* 23; *Lok* 38-9, 41; *Hyn* 44; *Hák* 20; v. pp. 186-9.
189 Il nome Fenrir, per lo più col senso generico di «lupo», ricorre nelle *kenningar*, dove ha prevalente connotazione nefasta (cfr. *HH I* 40).
190 Le allusioni a Fenrir in *Gyl* 51 e *Vaf* 46-7 paiono piuttosto da riferire a costoro; v. il mito alle pp. 55-6.
191 Cfr. *Her* p. 68, dove questi due lupi hanno nome Skalli e Hatti.
192 *Vsp* 45, cit. in *Gyl* 51: *vindöld, vargöld.*
193 *Gyl* 50; *Lok* 49, pr; v. p. 162.
194 *Hyn* 41. Qui va ricordato che il progenitore delle indovine è *Viðólfr* (o *Vittólfr*) «lupo della foresta» o «lupo di magia» (cfr. p. 110, nota 56).
195 Cfr. p. 277; v. anche *Hyn* 5.
196 Nelle *þulur.*
197 Cfr. p. 110, nota 57 e p. 157.
198 *Gyl* 34; *Hym* 23; v. p. 63.
199 Cfr. p. 253, nota 76, p. 576 e sopra, nota 160.
200 Esempi in *Atk* 8; *Drá*; *Völs* 35; *Gís* 14; *Njá* 62; *Dro* 10; *HróG* 7; *Harð* 31 e *Örv I* 5, *Örv II* 4, dove si parla di *úlfshugr*, cioè di uno spirito (*hugr* m.) in forma di lupo. Nelle saghe sono ricordati taluni personaggi il cui soprannome allude a queste credenze. Cfr. a esempio i due Heiðrekr ciascuno detto *úlfshamr* «involucro di lupo» (*Sör* 6; *Her* p. 156 e *Þþb* 12).
201 *Völs* 5; v. pp. 381-2; cfr. *Saxo* VII, II, 5.
202 *Völs* 1; cfr. *Egi* 49; *ÓlTOS* 15. Allusioni a questo concetto si hanno in diversi luoghi (*HH I* 36-41; *HH II* 33; *Fjö* 4; *Saxo* V, III, 4; *Sgk* 12).
203 Cfr. *Ham* 47; *Saxo* V, XII e VIII, IX, 5; cfr. *AdB* III, 8.
204 *Gyl* 12; *Gðr II* 7, 11, 12, 29; *Atm* 24; v. anche *Ská* 72.
205 *Gyl* 34; v. pp. 63-64.
206 *HH II* 1; *Eirm* 7; cfr. p. 472 (d).
207 *Ham* 29.
208 *HH I* 6: *varga vinr.*
209 *Reg* 22.
210 *HH II* 37; *Reg* 13; *Sig* 35.
211 *Gyl* 38; *Grí* 19; v. p. 59.
212 *Fjö* 13-4; v. p. 403. Nelle *þulur* il suo nome significa «lupo» ma anche «corvo», animale parimenti connesso a Odino e alla simbologia della morte (cfr. p. 552).
213 V. *Þul*; *K*; *Höf* 11; e soprattutto *Vsp* 44, 49, 51, dove si allude a Fenrir.
214 Nelle *þulur.*
215 *Grí* 10; v. p. 58.
216 *Sig* 16.
217 *Yng* 6: *váru galnir sem hundar eða vargar*; cfr. *Saxo* V, III, 9 e VI, VII, 5.
218 *Hra* 20-1; tale identificazione, che in questi versi appare palese, è comunque sottintesa in tutte le fonti. Per il soprannome dello scaldo v. indice delle abbreviazioni: *Hra* e nota relativa.
219 *Vat* 9; cfr. *Eyr* 25.

220 *Háv* 73: *er mér í heðin hvern handar vœnir*; cfr. *Saxo* I, IV, 3 e i nomi di persona *Úlfheðinn* e *Úlfhamr* (per il significato di *hamr* m., cfr. pp. 358-9).
221 *Völs* 8; v. pp. 382-3.
222 *Egi* 1, *passim*; cfr. il racconto della *Saga di Áli Neo*, ed. cit., capp. 8-10, in cui il lupo mannaro è considerato un essere infelice soggetto a una crudele magia (v. anche la *Saga di Giovanni il Giocatore*: *Jóns saga leikara*, ed. M. Soderback, Diss. Chicago 1949, *passim*). Anche Olao Magno riferisce della furia di uomini che assumono aspetto di lupo (*OlM* XVIII, 46-7).
223 Esempi di questa simbologia si ritrovano in *HavÍ* 20 e in *ÞorV* 12.
224 Cfr. *Gís* 27; *Saxo* VIII, XVI, 2 (dove il nome è Refo) e *Gau* 6, 9-11.

3. *Animali che appartengono al mondo acquatico*

1 *Yng* 7; v. p. 35.
2 *Lok* pr; *Gyl* 50; v. pp. 160-2.
3 *Reg* pr, 1-2; *Ská* 47 [6]; *Völs* 14; v. p. 386.
4 Cfr. *Grí* 21.
5 *Gyl* 34; *Edda Kuhn* pp. 320-1; v. p. 65.
6 *Ldn* S 145, H 116.
7 Sulle diverse denominazioni del pesce v. le *þulur*.
8 V. sopra, nota 3.
9 V. a esempio lo stesso *Reg* alla str. 1.
10 *Þry* 24; v. p. 120.
11 V. sopra, nota 2.
12 Cfr. p. 262, nota 3 (7).
13 *Ská* 47 [6]; *Reg* pr; *Völs* 14; v. p. 386.
14 *Ská* 47 [6]; *Reg* pr; *Völs* 14; v. pp. 386 e 388.
15 *J.Á.* I, pp. 132-3.
16 *Hálf* 7.
17 *Ldn* S 68, H 56.
18 *Eyr* 53-4; cfr. p. 362.
19 *Lax* 18. Cfr. anche la *Saga di Goðmundr*, ed. cit., capp. 34-5, dove si riferisce di una donna in cui si era incarnato uno spirito malvagio, la quale aveva nome Selkolla (la cui prima parte è uguale a *selr* m. «foca») per il fatto che a volte pareva avere la testa di foca.
20 *Eyr* 20; cfr. *HarH* 33; per altri esempi di tale pratica v. pp. 604 (g) e 625, nota 65.
21 *Eir* 4.
22 *Eyr* 20.
23 *Þþb* 6. Ivi la testa di foca è definita luminosa, come se facesse scintille; inoltre ne gocciolava grasso come pece incandescente.
24 *Ská* 16, 24; *Hús* 2.
25 *Kor* 18.
26 *Hjá* 20.
27 *Eir* 4, 5.
28 *Fri* 6. In *Ket* 3 si fa riferimento a una balena nella quale si era incarnata una strega e che era riconoscibile perché aveva lo sguardo umano (cfr. anche *Ket* 2 e 5).
29 *ÓlT* 33; cfr. p. 347.
30 *Ská* 59; *Víðblinda geltir*; cfr. pp. 325 e 329.

31 *Hym* 21; v. p. 130.
32 *Ldn* H 63; cfr. anche *Grím* 2.
33 *Eir* 8; cfr. p. 232.
34 Sulle diverse denominazioni per «balena» v. le *þulur*.

4. *Insetti*

1 *Gyl* 16; v. p. 63.
2 *Ská* 44 [5]; v. p. 93 e *Sör* 1; v. pp. 117-8 (in questa seconda fonte Loki assume anche l'aspetto di pulce, insetto che appare comunque investito di simbologia nefasta).
3 Cfr. tuttavia p. 273, nota 5 (20).
4 Cfr. *J.Á.* I, pp. 321-3, 334-8, 340, 374, 529, 591, 594, 596, 626.

IX. L'uomo

1. *Parti del corpo*

a. *Cuore*

È il centro dell'essere, che ne incarna e manifesta la natura; è il vaso nel quale scorre il sangue, liquido della vita (e in ciò corrispettivo della coppa); è soprattutto la sede del coraggio[1] e del pensiero.[2] «Coraggioso» è in nordico *hugþrúðr* o *hjartaþrúðr* (dove *hugr* m. «animo», «pensiero» e *hjarta* n. «cuore»; l'aggettivo *þrúðugr, þrúðinn* vale «forte»); «vigliacco» è *hugblauðr* o *hjartablauðr* (dove *blauðr* «vile»). In esso tutta la vita dell'essere è concentrata e manifestata: perciò la morte sarà inferta colpendo il cuore.[3]

La storia del gigante di fango Mökkurkálfi, cui fu data vita con il cuore di una cavalla,[4] così come quella relativa a un uomo di legno divenuto capace di agire come un essere umano dopo che gli era stato impiantato il cuore di un morto,[5] rafforzano il concetto del cuore come centro vitale per eccellenza dal quale dipende l'energia di tutto il resto del corpo.

L'uso di strappare il cuore al nemico aveva lo scopo di verificarne il coraggio e il valore: si veda nella vicenda dei Nibelunghi il racconto relativo alla morte di Hjalli e di Högni, ai quali viene strappato il cuore. Il cuore vile del primo continua a tremare dopo la morte; l'altro, appartenuto a un valoroso, si mostra coraggioso anche dopo il supplizio.[6]

Nutrirsi del cuore di un essere, così come berne il sangue, è dunque un mezzo per acquisire nuove qualità positive o negative. Loki, il malvagio, mangiò un cuore semiarrostito che aveva trovato: ciò lo rese gravido ed egli partorì le streghe.[7] Di Sigurðr è ricordato che si cibò del cuore di Fáfnir e divenne capace di intendere il linguaggio degli uccelli.[8] Della maga Þorbjörg si racconta che fu accolta in una fattoria dove le furono dati da mangiare i cuori di tutti gli animali sacrificati. Ciò doveva verosimilmente consentirle di entrare in contatto con le diverse forze della natura per poter praticare la sua stregoneria.[9]

Nell'atto di Goðrún, che per vendicarsi del marito Attila gli arrostisce i cuori dei suoi stessi figli,[10] è da vedere il momento estremo di un atto di vendetta.[11]

Guerriero che beve il sangue di un orso. Da Olaus Magnus, Historia de gentibus septentrionalibus, *Romae 1555*

b. *Sangue*

È l'immagine stessa della forza vitale del corpo; trasmette vigore, calore ed energia. A questo concetto è legato senza dubbio l'uso testimoniato a esempio da Saxo di bere del sangue di un animale per rinvigorire le proprie forze[12] (questa pratica è disdegnata dal vichingo Hjalmarr, che la giudica simile al comportamento dei lupi[13]). Dell'eroe per eccellenza Sigurðr è ricordato che divenne straordinariamente saggio dopo aver bevuto il sangue del serpe Fáfnir (e di Reginn) ed essersi cibato del suo cuore.[14]

Nella *Saga di Hrólfr* [*Magro come un*] *palo*[15] è riferito che il guerriero Höttr acquisì grande vigore dopo aver bevuto del sangue. Saxo[16] ricorda anche un episodio in cui per riacquistare le forze un guerriero raccolse il proprio sangue in un elmo e lo bevve; dell'eroe Starkaðr (Starcatherus) riferisce invece che preferì perdere le proprie energie vitali piuttosto che bere un'acqua nella quale era mescolato il sangue di un caduto.[17]

Il sangue sacrificale è ricordato tra gli ingredienti di coppe che trasmettono la forza o l'oblio.[18]

Il sangue come fonte di potenza e di vigore aveva una grande importanza nei riti sacrificali, durante i quali se ne irroravano gli altari.[19] Esso aveva anche funzione divinatoria.[20] Con il sangue dovevano talora essere segnate le rune: così suggerisce il racconto in cui si dice che una maga aveva inciso tali segni su delle radici e le aveva poi bagnate di sangue.[21] In un verso l'allusione ai segni magici tinti di rosso che si trovano su una coppa intende verosimilmente che essi fossero segnati nel sangue.[22]

Il sangue è essenza stessa della vita: avere lo stesso sangue equivale a partecipare della medesima esistenza. Per questo è considerato un sacrilegio gravissimo l'omicidio tra congiunti:[23] esso è una sorta di maledizione che può colpire una famiglia.[24]

L'istituto della «fratellanza di sangue» (*fostbrœðralag* n.), che stabiliva fra contraenti un legame strettissimo pari a quello familiare,[25] prevedeva una cerimonia durante la quale il sangue veniva effettivamente mescolato.

L'immagine del sangue è spesso presagio di morte o di disgrazia imminente.[26] Nella *Saga di Njáll*[27] si dice che Þórðr vide una capra ricoperta di sangue e Njáll comprese che era destinato a morire entro breve tempo. In un'altra saga[28] una pioggia di sangue è il primo di diversi eventi straordinari e funesti che colpiscono una fattoria. Nella *Saga degli uomini di Ljósavatn* l'immagine del mare come sangue è presagio di morte violenta.[29] Il sangue come simbolo infausto è ricordato anche dove è riferito che un luogo fu dichiarato sconsacrato perché vi era caduto del sangue durante degli scontri.[30]

Al sangue come essenza stessa della vita del corpo e mezzo di conoscenza della sua condizione si riferisce la *Saga degli uomini di Eyr* dove racconta che il *goði* («sacerdote») Snorri raccolse della neve macchiata del sangue di un ferito, la compresse e se la portò alla bocca; in questo modo fu in grado di dire che il sangue proveniva dalle interiora di un uomo destinato a morire entro breve tempo.[31]

c. *Testa*

È la parte che identifica l'essere; inoltre contiene la sua intelligenza e la esprime mediante la parola. Alla testa come entità oracolare si riferisce il mito relativo al saggio Mímir, il quale, mandato in ostaggio dagli Asi presso i Vani, fu da costoro decapitato. Odino tuttavia prese la sua testa, vi spalmò degli unguenti di erbe e cantò degli incantesimi, cosicché essa parlava con lui, gli rivelava molte cose nascoste e notizie dagli altri mondi.[32] Al potere oracolare di una testa staccata dal tronco e insepolta fa riferimento anche la *Saga degli uomini di Eyr*.[33]

Nella tradizione delle fiabe sono ricordate teste che parlano nelle fonti (sono esse forse l'immagine della luna ivi riflessa?).[34] A un mito che ci resta ignoto si riferisce la *kenning* che definisce la testa «spada di Heimdallr». È detto infatti che il dio fu ucciso da una testa umana.[35] Qui va forse ricordato che la testa del nemico rappresenta la parte nobile dell'avversario, del cui possesso ci si può vantare portandola con sé.[36] Staccare la testa significa determinare morte inesorabile[37] e impadronirsi di un trofeo magico (si veda a esempio questo uso presso i Celti).

Le molte teste attribuite a taluni giganti indicano la meccanica ripetizione della banalità del loro essere.

d. *Cranio*

È la sede della mente umana, nella quale è contenuta e protetta la vita nella sua più elevata espressione. Perciò è il cielo del corpo umano, come mostra l'equazione simbolica macroantropo = microcosmo presente nei miti cosmogonici: gli dèi, che sacrificarono il gigante Ymir per creare il mondo, trassero il cielo dal suo cranio e le nuvole dal suo cervello.[38]

Il cranio contiene altresì una nozione di eternità: fa parte di ciò che resta dell'uomo dopo la morte e ne rappresenta la parte regale. Così dal corpo di innocenti sacrificati per cruda vendetta viene recuperato il cranio e se ne fanno coppe preziose in cui scorre il liquido della vita.[39] La connessione simbolica: cranio del gigante = coppa da cui scorre il liquido sacro = cielo da cui proviene la pioggia, liquido vivificante (e di qui l'insistenza nel racconto cosmogonico nell'equazione nubi = cervello), si desume là dove il cranio del gigante Hymir viene detto «più duro di ogni coppa»,[40] ma soprattutto dove si precisa che le rune (simbolo di sapienza) vennero tratte «da quel liquido, che era gocciolato dal cranio di Heiðdraupnir»,[41] figura nella quale va verosimilmente riconosciuto un gigante.

Legato a questa simbologia pare essere un dato relativo al reperto archeologico di Vemmerlöv (Scania, Svezia), dove sono stati rinvenuti fra l'altro i resti di quattro uomini dei quali era stato sacrificato il cranio (età del bronzo).

e. *Capelli*

Come le unghie, i capelli sono una parte del corpo umano che dopo la morte non subisce un processo di deterioramento e di putrefazione: ciò, insieme alla loro crescita costante, ne fa il simbolo d'un elemento che sfugge alla caducità e possiede qualità particolari.

I capelli sono manifestazione delle energie vitali dell'uomo, così come i boschi lo sono per la terra. Questo è rammentato nei miti sull'origine del mondo che fu creato sacrificando il corpo del gigante primordiale Ymir: gli alberi infatti furono tratti dalla chioma.[42] Nel mito nordico è nota la chioma di Sif, moglie del dio Thor, dea per la quale taluni nani fecero una chioma tutta d'oro che cresceva come i capelli naturali.[43] Ella è perciò definita «la dea dalla bella chioma».[44] Il riferimento all'oro rafforza la simbologia che vuole i capelli dotati delle energie vitali della materia e allude a Sif come dea che presiede alle energie vegetative.

Nei capelli è espressa la diversa qualità di ogni essere. Così dalla chioma di Baldr, dio luminoso per eccellenza, irradia la sua bellezza: «inoltre tu puoi osservarne la bellezza nella chioma e nel corpo»;[45] essa è perciò immagine dei raggi del sole che vivificano il mondo. Nella chioma di Thor, che egli scuote quando è adirato,[46] è manifestata la potenza terribile del dio del tuono.

La tradizione, d'altronde in molti luoghi diffusa, di sospendere il taglio e qualsiasi cura dei capelli in occasione di un periodo particolare legato a un'assenza o a un voto è presente là dove[47] si dice che Váli non si lavò le mani né si pettinò finché non ebbe vendicato il fratellastro Baldr.[48] Essa ritorna anche nella vicenda di re Araldo, soprannominato Bella chioma (*hárfagr*). Di lui si dice che, per conquistare un'altera fanciulla disposta a sposare solo un vero re, aveva reagito al di lei rifiuto con queste parole: «questo voto io faccio... che non mi taglierò né pettinerò i capelli fino a quando non mi sarò impadronito di tutta la Norvegia». Per questo egli è soprannominato anche *lúfa* «chioma folta e piena di sebo».[49]

Oltre a *hárfagr* agg. e *lúfa* f., altri soprannomi fanno riferimento ai capelli; a esempio: *hárþrúðr* agg. «bei capelli», *gullkárr* agg. «capelli d'oro», *lokkr* m. «ricciolo», *kembir* m. «che pettina» o «che carda [la lana]».[50]

f. *Volto*

Esprime più che qualsiasi altra parte del corpo la natura e la condizione dell'essere. Fissare il volto significa avere dominio sulla persona. Per questo il volto del dio è sottratto alla vista degli uomini. Esso è l'essenza stessa, la luce e la verità della divinità. Di Baldr, dio luminoso e amatissimo, è detto che la sua bellezza può essere osservata nella chioma e nel corpo:[51] con ciò si intende che il suo volto è come il sole che non può essere fissato direttamente.

Odino, dio-mago dalla natura temibile e inquietante, è il «mascherato» (*Grímr* o *Grímnir*); in tal modo egli sottrae il segreto della sua identità agli sguardi profani.[52]

L'equazione volto del dio = luce è forse riconoscibile nella figura di Ullr, antico dio del cielo, qualora sia corretta l'etimologia che riconnette il suo nome al gotico *wulþus* «splendore», anglosassone *wuldor* «gloria», latino *vultus*.[53]

g. *Occhio*

Insieme all'orecchio è parte essenziale dell'uomo:[54] quella che gli consente di misurarsi con lo spazio. Manifesta lo stato interiore della persona (funzione nella quale è corrispettivo dei denti)[55] e ne trasmette la potenza. L'osservazione degli occhi informa sulla natura reale dell'essere.[56] Del famoso re Óláfr il Santo è detto che aveva gli occhi straordinariamente belli e acuti, sicché era pericoloso fissare il suo sguardo quando era adirato.[57]

Alla qualità magica degli occhi e dello sguardo si fa riferimento in molte fonti. Odino, dio-mago per eccellenza, era capace di paralizzare i nemici con il solo potere dello sguardo o anche di fermare in volo i loro dardi;[58] anche l'occhio delle streghe e dei maghi è ritenuto capace a esempio di rendere inefficaci le armi.[59]

Il potere di Odino deriva da una mutilazione della qualità visiva: per ottenere ogni conoscenza e apprendere il segreto di ogni magia, egli ha lasciato uno degli occhi nella fonte di Mímir, ottenendone in cambio un sorso del liquido prezioso in cui è contenuta la scienza delle cose.[60] In tal modo ha concentrato in un occhio solo, tuttavia assai più potente, le due qualità di questo organo: quella indagatrice e difensiva, e quella saettante, offensiva, pericolosa. Odino è detto dunque *Tvíblindi* «cieco da entrambi [gli occhi]», *Bileygr* «guercio», ma anche *Báleygr* «occhio fiammeggiante». A un sacrificio degli occhi in un rito in onore del dio si fa forse riferimento dove si racconta di un supplizio nel quale i corvi (animali a lui sacri) strappano gli occhi alla vittima.[61]

L'occhio è attributo eccellente del mago,[62] suo strumento di conoscenza[63] e di offesa. Colui che è «dotato di una seconda vista» è detto *úfreskr*.[64]

Al potere malvagio, dunque al «malocchio» delle streghe e dei maghi, si allude ripetutamente nelle fonti specie quando si riferisce che a questi personaggi, prima che fossero giustiziati, veniva ficcato in testa un sacco di pelle: ciò impediva loro di danneggiare con lo sguardo gli esecutori della condanna.[65] Per la stessa ragione ai morti venivano chiusi gli occhi, impedendo al potere del loro sguardo di agire pericolosamente su qualcuno.[66]

Il potere terribile dell'occhio di un demone o di un dio è testimoniato anche altrove. Di Thor si dice che aveva occhi terribili e penetranti:[67] taluni reperti raffigurano il suo martello Mjöllnir dotato di due occhi acuti e profondi. Del gigante Hymir è riferito che col potere dello sguardo mandò in frantumi una colonna e otto calderoni;[68] di taluni gatti dotati di potere magico si racconta in una saga che difesero una casa con sguardi feroci.[69] La stessa fonte riferisce che una maga aveva provocato una valanga concentrando l'efficacia di un'azione magica con uno sguardo rivolto alla montagna.[70] In un'altra saga[71] è detto che un mago rese arida una terra fertile semplicemente dirigendo verso di essa il suo sguardo maligno. Per difendersi dal potere dello sguardo di un essere malvagio occorre posare gli occhi su di lui per primi; per questo nel folclore norvegese è diffusa la credenza che un lupo non possa nuocere a chi lo abbia visto prima che l'animale si sia accorto di lui.[72]

La qualità luminosa degli occhi appare là dove il mito riferisce degli occhi di un gigante tramutati in stelle,[73] o di quelli di due fanciulli, uccisi per vendetta, che furono trasformati in pietre preziose.[74] Il concetto degli occhi come astri del cielo si ritrova a esempio nell'espressione *ennitungl* n. «luna della fronte» che significa, appunto «occhio».[75]

h. *Orecchio*

È la parte del corpo che più di ogni altra pone l'uomo in relazione col tempo, poiché gli consente di avvertirne lo scorrere. Insieme all'occhio è dunque misura delle dimensioni del cosmo.[76]

Nel mito nordico è noto l'orecchio o meglio l'udito del dio Heimdallr, il quale veglia sullo scorrere del tempo e misura il compimento dei cicli. Di lui è detto che sente l'erba crescere sulla terra e la lana sul dorso delle pecore.[77]

L'orecchio o l'udito (che sono poi simbolicamente la stessa cosa) di Heimdallr è forse quanto inteso nel termine *hljóð* n., con il quale è indicata un'entità nascosta sotto l'albero cosmico, presso la fonte di Mímir, nello stesso luogo in cui Odino ha lasciato in pegno uno degli occhi.[78]

L'orecchio è l'organo che permette di concentrare l'attenzione sul silenzio e di catturare il primo suono del mondo, quello da cui ebbe inizio la manifestazione temporale delle cose, prima ancora del loro dispiegarsi nello spazio. Per questo l'orecchio di Baldr, dio che dovrà vivere nel ciclo futuro, conserva un segreto a lui affidato da Odino;[79] per questo anche sull'orecchio di Árvakr, cavallo del mattino che traina il carro del sole, sono incise le rune.[80]

Simbolicamente l'orecchio è altresì immagine del cono o vortice primordiale nel quale il suono delle origini si formò e fu percepito per la prima volta.

i. *Barba*

Simbolo di virilità e di coraggio, quanto di saggezza,[81] la barba è caratteristica di Odino (si vedano i suoi appellativi *Hárbarðr* «barba grigia»; *Hengikjöptr* «gota cadente»; *Hrosshárs-Grani* «[il cui] labbro [è coperto] di peli di cavallo»; *Langbarðr* «barba lunga»; *Rauðgrani* «barba rossa»; *Síðgrani* e *Síðskeggr* «barba cadente»), il quale appare spesso nelle vesti di un viandante dalla lunga barba avvolto in un mantello scuro e coperto da un cappellaccio.[82] Essa è altresì tratto tipico del dio Thor, la cui barba rossa,[83] che il dio scuote quando è adirato,[84] è forse simbolo del lampo. Secondo Snorri, una barba lunga è anche caratteristica di Bragi, dio della poesia e figlio di Odino, «sicché viene detto *skeggbragi* (m. «Bragi con la barba») chi ha molta barba».[85]

Per la sua crescita costante, la barba è segno della virilità dell'uomo, mentre il progredire della sua lunghezza è misura d'una saggezza che va aumentando con l'avanzare della vita. La parola *skeggi* m. (da *skegg* n. «barba») «uomo» è anche nome di persona[86] o soprannome;[87] tra i personaggi leggendari è ricordato Grímr Guancia irsuta (*loðinkinni*), di cui si dice in una fonte che una delle sue guance era ricoperta di pelo scuro e con quella egli era nato; su di essa le armi non facevano presa;[88] tra i soprannomi sono ricordati anche *rauðskeggr* «barba rossa»; *tjúguskegg* «barba biforcuta»; *lafskegg* «barba cadente»; *gullskeggr* «barba d'oro».

j. *Bocca*

Connessa alla simbologia sull'origine del mondo, la bocca spalancata del gigante (la cui denominazione più frequente è in antico nordico *jötunn* m. «divoratore») rappresenta il vuoto o vortice primordiale, il risveglio alla vita come sensazione di fame e desiderio di cibo. Tale significato si riconosce soprattutto nel mito relativo al gigante Ölvaldi, padre di Gangr, Iði e Þjazi. Di lui si racconta che possedeva molto oro e che quando morì i suoi figli stabilirono di dividersi l'eredità in questo modo: ciascuno doveva prendere per sé delle boccate e tutti altrettante.[89] L'oro è qui emblema dell'abbondanza e della purezza della materia primordiale.

Ma la bocca è altresì fonte del suono, voce del dio (Odino è detto anche *Ómi* «[colui che ha la voce] risonante»), e dunque richiama il suono primordiale da cui scaturì il mondo: in ciò forse la spiegazione d'una possibile equivalenza fra i diversi significati simbolici attribuiti alla runa ᚨ **ansuz* nei poemetti runici («bocca» in quello anglosassone, col senso tuttavia di fonte della verità; «dio», «ase», probabilmente Odino, in quello islandese; «foce» [sbocco] di fiume in quello norvegese).

La bocca è infine un mezzo di comunicazione dell'interno con l'esterno: essa può ugualmente dare e ricevere. Per mezzo di ciò che attraverso essa viene assunto, il mondo esteriore agisce sulle qualità dell'essere: il mito di Sigurðr a esempio narra che egli divenne capace di intendere il linguaggio degli uccelli (cioè di raggiungere un livello superiore di vita) allorquando, scottandosi un dito col sangue che colava dal cuore del drago Fáfnir da lui arrostito per conto di Reginn, se lo ficcò istintivamente in bocca.[90]

Una simbologia opposta ma derivante dallo stesso concetto si rileva a esempio nella notazione del *Dialogo di Fáfnir*, dove si dice che «quando Fáfnir strisciò via dall'oro, sputava veleno»,[91] con ciò intendendo che egli, attraverso la bocca, contaminava il mondo esterno con la sua qualità nefasta.[92]

k. *Denti*

Per la loro qualità duratura che sfugge alla corruzione della materia contengono una nozione di eternità; sono perciò simbolicamente corrispettivi delle sostanze pure delle origini. Ciò spiega il motivo per cui il dio Heimdallr, che vive al limite dello spazio e del tempo, abbia i «denti d'oro»: egli è detto infatti *Gullintanni*.[93]

In un carme[94] si dice che sui denti di Sleipnir, cavallo di Odino, sono incise le rune, simbolo di conoscenza.

La crescita dei denti è manifestazione della crescita della persona, per questo la nascita del primo dente è sancita con un dono (*tannfé* n.). Del dio Freyr è detto che in tale occasione ebbe in dono al principio dei tempi la sua dimora Álfheimr.[95] L'allusione al dente del dio spuntato al principio dei tempi sottolinea una volta di più il collegamento con le sostanze pure delle origini. L'usanza del *tannfé* «regalo per il primo dente» è testimoniata in diversi luoghi nelle fonti.[96]

La qualità duratura dei denti e l'eguaglianza simbolica della materia di cui sono fatti, con altre similmente ritenute risalenti alle origini (sostanze cornee, gemme), giustificano l'atto del mitico fabbro Völundr il quale, dopo aver ucciso per vendetta i figli di re Níðuðr che lo aveva fatto imprigionare e mutilare, fece con i loro denti delle collane preziose.[97]

I denti, infine, esprimono come gli occhi lo stato interiore dell'essere, la sua reazione immediata alla situazione circostante.[98]

Di tale Ögmundr a esempio si precisa in una saga che era scuro in tutto il corpo tranne gli occhi e i denti.[99]

l. *Mano*

Le mani consentono un contatto diretto del corpo con il mondo circostante permettendo altresì di agire su di esso. Trasmettono o ricevono energia. Tale senso hanno perciò le mani aperte e innalzate al cielo di talune figure che compaiono sulle incisioni rupestri dell'età del bronzo.[100] Tale senso ha quindi anche il racconto in cui si dice che Odino prima di mandare i suoi in missione o in battaglia imponeva loro le mani sul capo dando la benedizione.[101] Le mani tese durante la pronunzia di un voto sono anche segno della disponibilità al contatto con il divino.[102] Essere toccato dalla mano di una divinità equivale talora a morire.[103]

Le mani sono strumento dell'azione e simbolo della capacità di intervenire attivamente nel mondo;[104] per questo incatenare le mani equivale a bloccare tutto l'essere.[105]

La mano è parte del corpo indispensabile e sacra: sul suo dorso sono incise le rune.[106] Il riferimento alla mutilazione di Ermanarico,[107] le cui mani erano state gettate nel fuoco, intende sottolineare che gli era stata preclusa ogni possibilità di incidere sul mondo.

La mano offerta è garanzia di sincerità, atto di disponibilità e di sottomissione. La cerimonia del giuramento del patto di fratellanza di sangue prevedeva a esempio che durante la pronuncia del voto i contraenti si prendessero per mano.[108] Similmente, per dimostrare la propria innocenza, Goðrún tuffa la mano in una caldaia bollente sottoponendosi all'ordalia.[109]

Ma il mito ricorda soprattutto come Týr, resosi garante a nome di tutti gli dèi nei confronti del lupo Fenrir, ponesse la mano destra nella bocca del mostro e venisse da questi mutilato con un morso non appena l'inganno degli dèi fu reso palese.[110]

L'atto di non lavarsi le mani finché non si sia portato a compimento un voto è verosimilmente legato all'idea di uno stato di squilibrio cui si deve porre rimedio.[111]

m. *Piede*

È la parte del corpo che consente il contatto con la terra. L'orma del piede sul terreno è segno dell'avvenuto passaggio di un uomo o soprattutto di un dio, il quale ha perciò espresso il suo dominio su quel luogo e vi ha effuso la sua potenza magica e fecondante. Tale senso paiono avere le diverse rappresentazioni della pianta di un piede nelle incisioni rupestri dell'età del bronzo.

Il piede appare dunque come un simbolo fallico. Ciò spiega perché il mito racconti come i piedi del gigante primordiale Ymir generarono l'un con l'altro un figlio,[112] o anche perché Skaði, figlia del gigante Þjazi, ebbe la possibilità di scegliersi uno sposo fra gli dèi, dovendo tuttavia giudicare solo dai piedi.[113] Non a caso lo sposo prescelto fu Njörðr, dio della fecondità. Un difetto al piede, quale a esempio la zoppìa, o una mutilazione a questa parte del corpo, significa dunque una grave limitazione per l'essere, non soltanto riferita alle sue possibilità di movimento. Tale senso hanno forse le frequenti mutilazioni ai piedi provocate durante i duelli.[114] Forse va ricordato qui anche il nome del gigante *Úfoti* «senza piede».[115]

Ma il piede, che è la parte del corpo che più di ogni altra appartiene alla terra, ha anche la funzione di sottolineare il necessario legame dell'essere con tale elemento, l'assoluto bisogno di questo contatto ai fini di una vita del tutto armoniosa. La testa e le mani senza i piedi non valgono nulla, poiché l'integrità dell'essere ha ragione di esistere solo se è attuata «dalla testa ai piedi».

Nel racconto relativo alle vicende dei Nibelunghi è detto che Sörli e Hamðir uccisero Erpr, loro fratello (o fratellastro), poiché avevano ritenuto stupido quanto da lui affermato, e cioè che egli avrebbe loro garantito lo stesso aiuto che possono darsi le mani e i piedi. Tale atto fu poi causa della loro morte.[116] Questo racconto è senza dubbio legato al concetto del piede come parte indispensabile all'integrità dell'essere.

Anche taluni reperti sacrificali, quali quelli della palude di Skede (Öland, Svezia), risalenti alla tarda età del ferro, sono probabilmente legati a questa concezione. Ivi, infatti, sono stati ritrovati sacchetti di pelle che contenevano solo la testa e i piedi dell'animale sacrificato: in ciò un'allusione all'offerta alla divinità della totalità dell'essere. Quando il fabbro Völundr sacrificò per vendetta i giovani figli di re Níðuðr, è detto che gettò i loro piedi nella fornace.[117]

Nella figura del nibelungo Gunnarr, del quale è detto che sapeva suonare l'arpa con i piedi,[118] è indicato forse il raggiungimento di una perfetta armonia del corpo.

Infine occorre notare che l'inciampare è considerato presagio infausto. Così è per il guerriero, secondo le parole di Odino;[119] così appare anche dal racconto delle vicende di Erik il Rosso. È detto infatti che quando fu organizzata la prima spedizione per esplorare le coste del continente americano da poco casualmente scoperte da Bjarni Herjólfsson, Erik si recò a cavallo alle navi; il suo cavallo però incespicò, egli fu sbalzato di sella e si fece male a un piede: allora disse che rinunciava al viaggio.[120]

n. *Unghie*

Sono parte del corpo incorruttibile ma pericolosa, specie se appartengono a un animale aggressivo, e dunque temibile, come il lupo o l'orso.[121]

A un rituale magico che scongiuri e dòmini il pericolo rappresentato da questi animali si riferiscono verosimilmente i versi in cui si suggerisce di incidere le rune sui loro artigli.[122] Nella stessa fonte si allude a rune segnate sull'unghia della norna (dea del destino)[123] e a ᚾ, la runa *nauþiz (che indica la necessità, ma anche il fuoco celeste), la quale incisa sull'unghia impedisce all'eroe di essere ingannato dalla donna di un altro.

Le unghie di un cadavere sono immagine della sua potenzialità demoniaca e nefasta. Il mito ricorda in particolare la nave Naglfar, fatta con le unghie dei morti, sulla quale nell'ultimo giorno le forze del male avanzeranno sul mare tempestoso verso la battaglia finale con gli dèi.[124]

o. *Fallo*

È simbolo evidente di fecondità. Figure dotate di un fallo di grandi dimensioni compaiono nelle incisioni rupestri dell'età del bronzo, così come pietre di inequivocabile forma fallica e risalenti presumibilmente fino al IV secolo d.C. sono state ritrovate in diversi luoghi in Scandinavia (anche all'interno di tombe). Il fallo è legato evidentemente al dio della fecondità per eccellenza, Freyr, nel quale va con ogni probabilità riconosciuto quel Fricco «dal grande fallo» (*cum ingenti priapo*) venerato secondo Adamo da Brema nel famoso tempio pagano di Uppsala.[125]

Molti idoli di carattere fallico, i più antichi dei quali risalgono all'età del bronzo, sono stati ritrovati in Scandinavia, specie in Danimarca. Particolarmente interessante è la statuetta rinvenuta a Rällinge (Södermanland, Svezia) che risale probabilmente al periodo vichingo e raffigura verosimilmente Freyr stesso.

Il rapporto Freyr-fallo-fecondità si arricchisce di nuovi elementi quando si prenda in considerazione la simbologia del cavallo, animale strettamente legato al dio.[126] La *Breve storia di Völsi*[127] è particolarmente illuminante al riguardo. Ivi si riferisce del culto tributato a un fallo di cavallo detto Völsi presso una famiglia di contadini che, vivendo in un luogo sperduto della Norvegia, era rimasta legata alla tradizione pagana. Questo fallo, tagliato via a un cavallo morto, era stato raccolto dalla padrona di casa, la quale lo aveva avvolto nel lino e conservato per mezzo di erbe (in particolare porro o forse aglio: *líni gœddr en laukum studdr*). Ogni sera veniva fatto circolare tra le persone di casa, ciascuna delle quali recitava una strofa sempre terminante con le parole: «accolga Mörnir questo sacrificio» (*þiggi Mörnir þetta blœti*). Tanto il nome Völsi, da *vǫlr* m. «bastone» e anche «bacchetta magica» (da esso probabilmente il nome della stirpe Völsungar cui appartiene anche l'eroe per eccellenza Sigurðr), quanto, seppure con minor certezza, Mörnir (che è anche denominazione di spada, forse corradicale del verbo *merja* «sfondare»; si confronti Mörn, nome di gigantessa) indicano il *membrum virile*: il racconto pare dunque da intendere come testimonianza di un antico culto alla divinità-fallo.

Un culto del fallo di un cavallo pare altresì potersi desumere dalle parole con cui il re Magnús il Buono derideva Araldo di Duro Consiglio accusandolo di aver costruito un recinto «attorno al fallo di un cavallo» (*um hestreðr*).[128]

Un legame col fallo pare infine avere l'uso di preparare la lizza per un duello piantando ai quattro angoli dei paletti di forma fallica a scopo probabilmente protettivo.[129] A questi paletti è dato nome *tjösnur* (sing. *tjasna* f.).[130]

La venerazione del fallo e l'uso di simboli che vi alludano nella forma sono legati evidentemente all'idea che esso sia capace di attirare e di concentrare in sé l'energia vitale del cosmo, il che lo rende simbolicamente corrispettivo dell'albero o colonna cosmica che regge il mondo.

2. *Vestiario*

a. *Mantello*

Identifica la funzione e la situazione di chi lo indossa. È simbolo regale, sacerdotale, magico o iniziatico. Avvolge l'uomo e ne unifica l'essenza. Affida inoltre il proprio significato al colore.

A un mantello rosso con funzione di veste sacrificale allude la *Saga dei valligiani di Vatnsdalr*;[1] esso è tuttavia anche simbolo di distinzione e regalità.[2] Spesso invece un mantello grigio è l'abbigliamento di qualcuno che porta con sé un annuncio di morte, sia quando egli stesso vi vada incontro sia quando ne sia strumento per gli altri.[3]

Il mantello per eccellenza del mito nordico è tuttavia la cappa magica di colore scuro che garantisce invulnerabilità[4] o invisibilità.[5] Esso infatti separa l'uomo dalla realtà visibile collocandolo in un «altro mondo», in una dimensione inaccessibile. Lì egli è posto al riparo dai pericoli, ma compie anche un itinerario iniziatico di conoscenza.[6]

Odino stesso è definito *heklumaðr*, cioè «uomo col mantello». Di lui si dice che possedeva una cappa scura e che in tale abbigliamento si presentò a re Geirrøðr, il quale lo riconobbe come un essere magico e pericoloso poiché i cani non si volevano slanciare contro di lui.[7]

L'allusione a mantelli scuri quali oggetti assai preziosi è ricorrente nelle saghe.[8] Particolarmente interessante è tuttavia il racconto della *Saga di Oddr della Freccia* in cui è riferito che Oddr, trovandosi in una fattoria in cui una veggente prediceva il futuro ai presenti, si nascose sotto il mantello perché non voleva che ella gli rivelasse il proprio destino.[9] Con questo gesto egli intendeva escludersi dal consorzio degli uomini, perché la donna non avesse alcun potere su di lui. Nel *Libro degli Islandesi*[10] è riferito che tale Þorgeirr, dovendo prendere un'importante decisione circa l'accettazione o no del cristianesimo in Islanda, si mise a giacere sotto il mantello e vi rimase per un giorno e una notte senza pronunciar parola. Quindi intervenne all'assemblea con parole di saggezza. Con ciò egli volle senza dubbio estraniarsi dal mondo e compiere un viaggio di conoscenza nell'aldilà per poter prendere la decisione più giusta. In un'altra fonte[11] si racconta che un tale Þorgrímr recuperò le proprie energie in modo miracoloso, inaspettato e straordinario, dopo aver giaciuto sotto il proprio mantello. In una saga leggendaria[12] è detto di un uomo esperto di arti magiche il quale si mise a giacere sotto un mucchio di stoffe e, mentre il suo corpo rimaneva in quella posizione, lo spirito si trasformò in un pescespada che andò a combattere un tricheco nel quale si celava lo spirito di un sovrano malvagio. Quando il suo corpo si risvegliò dallo stato di *trance*, egli era completamente bagnato.

Nelle fonti è ricordato anche l'uso di avvolgersi nel proprio mantello mormorando formule magiche.[13]

A una simbologia del mantello come strumento che consente di allontanarsi nel tempo e nello spazio in una sorta di *regressio ad uterum* pare alludere anche il racconto in cui è riferito che un tale Ingólfr, andando a recuperare una palla che era rotolata via durante una partita, si trovò nel luogo in cui sedeva una fanciulla di nome Valgerðr. Ella lo ricoprì col proprio mantello e da quel giorno egli fu invaghito di lei.[14] Nella *Saga dei valligiani di Laxárdalr* si dice che un uomo che aveva accettato in dono un mantello dal re Óláfr Tryggvason «si era messo troppo nel potere del re».[15]

Diversi soprannomi fanno riferimento all'uso di portare un mantello e al suo significato simbolico: a esempio *hekluskeggi* «uomo (lett. «barba») col mantello»; *gráfeldr* «manto grigio»; *rauðfeldr* «manto rosso»; *skinnfeldr* «manto di pelle».

b. *Camicia*

È oggetto magico che può trasmettere particolari qualità o garantire una speciale protezione a chi lo indossi. Nelle saghe sono frequenti le allusioni a camicie o tuniche tessute da donne esperte di magia, contro le quali le armi risultano del tutto inoffensive; nel *Libro dell'insediamento* si dice che una donna esperta di magia di nome Hildigunnr aveva fatto per un certo Einarr una tunica che le armi non avevano potere di perforare;[16] in una saga un tale Hrolleifr indossa una giacchetta magica preparata da sua madre Ljót;[17] del famoso eroe Oddr della Freccia è noto che aveva ricevuto in dono dalla sua amata, figlia del re d'Irlanda, una camicia dotata di ogni possibile qualità magica.[18]

La camicia diviene in questo caso una sorta di corazza magica, uno scudo protettivo per il corpo e, poiché la protezione che fornisce è di tipo difensivo, femminile, essa può essere preparata solo da una donna.

Nel folclore scandinavo è nota la «camicia del fidanzamento» che la promessa sposa deve cucire per l'amato con le proprie mani. La *Saga di Gísli* fa riferimento al fatto che l'atto di cucire una camicia per un uomo da parte di una donna fosse da intendere come una sorta di dichiarazione d'amore per lui.[19]

La camicia o casacca magica può avere anche una diversa funzione, che dipende in questo caso dal materiale con cui è stata fatta. I *berserkir*, guerrieri-orso consacrati a Odino, sono tali poiché indossando la pelle dell'animale ne assorbono le qualità. Letteralmente il loro nome vale «camicie d'orso». Similmente gli *úlfheðnar* guerrieri-lupo indossano una pelle di lupo che consente una magica trasposizione delle virtù dell'animale dentro il loro corpo (*úlfr* è «lupo», *heðinn*, pl. *heðnar*, è «casacca», «corto capo di vestiario senza maniche con un cappuccio di pelle»).[20]

c. *Cappuccio*

Ha lo scopo di dissimulare la vera natura di un essere la cui segreta identità sarà svelata soltanto a pochi e al momento giusto. È parte indispensabile del travestimento di Odino, che spesso si cela sotto le spoglie di un viandante con in testa un cappuccio o un cappellaccio. Nella *Saga di Hálfr* egli si presenta a una donna sotto il falso nome di *Höttr* «cappuccio». *Síðhöttr* «lungo cappuccio» è un altro dei suoi appellativi.[21] Un cappuccio è presente altresì nell'abbigliamento di coloro che si dedicano alla magia. Della maga Þorbjörg si racconta che provocò l'oscurità avvolgendosi un cappuccio intorno alla testa.[22]

Nella dettagliata descrizione di un'altra maga dal medesimo nome, che troviamo nella *Saga di Erik il Rosso*,[23] si precisa che ella indossava un cappuccio nero di pelle di capretto ornato di pelliccia di gatto. Nel *Libro dell'insediamento*[24] si narra di un tale Ljótr al quale, dopo averlo colpito, i nemici si affrettarono a girare il cappuccio attorno al capo, allo scopo, verosimilmente, di evitare che il suo sguardo di moribondo potesse danneggiare qualcuno.

Nel *Carme di Rígr* l'allusione ai vecchi cappucci della coppia di sposi Ái e Edda, che con l'intervento divino di Heimdallr-Rígr divengono progenitori della stirpe dei servi, indica nella modestia dell'abbigliamento la povertà fisica e morale della condizione.[25] (Così anche il nome di gigantessa *Sveipinfalda* «nascosta da un cappuccio».)

d. *Nastro*

Indica un legame indissolubile con la divinità. Nel mito nordico è noto il nastro d'oro che Fulla, ancella di Frigg, porta tra i capelli.[26] Nella forma circolare e nella materia esso rivela che questa dea partecipa dell'immortalità e del segreto della vita (infatti è detto anche che ella prende parte ai consigli di Frigg).

e. *Maschera*

Nasconde la vera qualità dell'essere, riservandone la vista a chi sia destinato. Sottrae la visione del dio a uno sguardo profano. Per questo Odino è detto *Grímnir* «mascherato» o anche *Grímr*. Il travestimento del dio, che cela in tal modo la sua vera identità, è motivo ricorrente nelle saghe.[27]

Come lui, taluni eroi si sottraggono temporaneamente al mondo alterando il proprio aspetto. Dello scaldo Alfredo Poeta turbolento è

Maschera umana rinvenuta a Valsgärde. Uppland, Svezia, VI *secolo. Da G. Jones,* A History of the Vikings, *Oxford University Press, New York-Toronto 1969², p. 36*

riferito a esempio che prese l'aspetto di un mendicante operando grandi mutamenti specie sul volto.[28] Il motivo, assai diffuso anche in altre tradizioni, dell'eroe camuffato che non viene riconosciuto se non al momento opportuno, si ritrova in diverse saghe nordiche.[29]

Il travestimento è una sorta di «morte apparente», consente di uscire dal mondo e al contempo di restarvi, permette altresì di acquisire dall'esterno la scienza della vita. È uno stato di mediazione fra due realtà – vita e morte insieme – nel quale ci si può giovare dei benefici di entrambe le condizioni. Alle origini il travestimento dovette perciò avere significato iniziatico.

Il motivo del viaggio iniziatico sotto mentite spoglie si ritrova nella vicenda di re Gylfi[30] e di Svipdagr.[31]

Il travestimento in aspetto animale, che dovette avere la propria origine nei rituali di un popolo cacciatore, è ricordato là dove si allude alle maschere animali di taluni dèi (quali Freyja e Frigg, che ne possiedono una da falco),[32] o quando si riferisce della capacità di Odino di cambiare aspetto assumendo quello di un qualsiasi essere.[33] Questa qualità è ricordata anche in alcuni dei suoi appellativi. La partecipazione al mondo animale, mediata attraverso la maschera, consente l'accesso a quella sfera dell'essere che in essi è incarnata. Essa dà perciò il controllo di un mondo invisibile, irrazionale e talvolta demoniaco.[34]

La maschera rappresenta infine anche ciò che cela un'imperfezione, un processo evolutivo frenato o eccessivo, uno sviluppo mancato, disatteso o sproporzionato. Qui vanno riferiti probabilmente i nomi di giganti *Aurgrímnir* m., *Gríma* f., *Grímlingr* e *Grímnir* m., nei quali si vuole alludere, verosimilmente, all'imperfezione fisica e spirituale di questi esseri.[35]

f. *Guanti*

Evitano il contatto con qualche cosa di pericoloso o concentrano l'energia delle mani. Nel mito nordico sono noti i «guanti di ferro» (*járngreipr* f. pl., cfr. *járnglófi* m.) del dio Thor, che gli sono indispensabili quando debba impugnare il martello Mjöllnir, sua arma magica:[36] è detto infatti che egli, una volta in cui se ne trovò privo, dovette prendere a prestito quelli di una gigantessa.[37]

Una lontana eco di questo mito si trova forse nella *Breve storia di Ormr Stórólfsson*,[38] dove Menglöð,[39] figlia di un gigante, presta a un eroe dei guanti grazie ai quali egli può sconfiggere suo padre.

g. *Cintura*

Per la forma ad anello con la quale circonda il corpo trasmettendo le proprie virtù e al contempo impedendo a quelle del corpo di andare disperse, la cintura è oggetto magico di duplice e complementare funzione. Essa è un limite in cui le energie sono raccolte, riflesse e accresciute.

Nel mito nordico è famosa la «cintura di potenza» (*megingjarðar* f. pl.) del dio Thor. Essa gli è indispensabile quando debba affrontare i giganti, poiché, «quando se ne cinge, gli si raddoppia la potenza divina»:[40] per questo il dio, indotto da Loki a entrare nel recinto del gigante Geirrøðr senza martello né guanti di ferro né cintura, deve ricorrere all'aiuto della gigantessa Gríðr che gli dà in prestito la propria.[41]

Il valore magico della cintura risalta dal racconto della *Saga di Erik il Rosso*[42] nel quale tale oggetto fa parte del corredo della veggente Þorbjörg. Si tratta qui di una cintura detta *hnjóskulindi* m. (in cui c'erano funghi). La stessa fonte parla d'una cintura donata a una donna esperta di arte magica.[43]

La cintura consente all'uomo di concentrare al meglio le proprie forze e di attuare il pieno possesso di sé. Perciò gli trasmette sicurezza e protezione e lo rende pronto alle azioni importanti della vita.[44]

Una cintura magica in cui è contenuto il potere sulla fecondità è forse anche Brísingamen, oggetto prezioso (usato per aiutare le partorienti?) appartenente a Freyja, sottratto da Loki e per il quale combattono Loki stesso e Heimdallr.[45]

In questo quadro simbolico va probabilmente inserito anche un dato archeologico. In una palude vicino a Tollund presso Silkeborg (Jutland, Danimarca) fu rinvenuto nel 1950 il cadavere assai ben conservato di un uomo dell'apparente età di quarant'anni, morto presumibilmente per impiccagione. Il cadavere era completamente nudo, fatta eccezione per un cappuccio di pelle sul capo e una cintura intorno alla vita (il reperto risale all'età del ferro).

h. *Calzature*

Sono simbolo di intermediazione fra il corpo e la terra, dunque di distacco dalla materia e di autorità. Tali sono senza dubbio i calzari di Frigg, sposa di Odino, dei quali, così come dello scrigno, si prende cura Fulla, l'ancella che ha parte ai suoi segreti consigli.[46]

Le calzature sono inoltre collegate ai riti familiari in occasione di adozioni, matrimoni o morti. Il codice delle leggi norvegesi del Gulaþing[47] informa dell'uso di far indossare una medesima scarpa (fatta con la pelle di un toro di tre anni) ai membri della famiglia adottante e all'adottato; nei matrimoni si era soliti gettare scarpe vecchie dietro agli sposi; quanto ai morti, la *Saga di Gísli* allude alla consuetudine di «allacciare agli uomini le scarpe di Hel (regno dei morti) con le quali essi devono andare nella Valhalla»,[48] con lo scopo, verosimilmente, di facilitare loro il viaggio verso gli inferi e impedirne il ritorno. Qui va anche riferito l'uso di gettare scarpe e ritagli di pelle sui tumuli dei morti. Quest'ultima abitudine va verosimilmente messa in relazione con quanto riferito da Snorri a proposito del dio Víðarr che nell'ultimo giorno ucciderà il lupo Fenrir: egli schiaccerà la mascella inferiore del lupo con quel piede che indosserà la calzatura che tutte le epoche hanno contribuito a fare gettando gli avanzi della lavorazione delle scarpe.[49]

Le calzature magiche di Loki,[50] grazie alle quali egli poteva correre tanto nell'aria quanto nell'acqua, sono simbolo del dominio su diversi elementi.

3. *Atteggiamenti*

a. *Sonno*

Ha due significati diversi e contrastanti.

Rappresenta innanzitutto uno stato di debolezza durante il quale si è maggiormente esposti alle insidie e si può cadere nelle mani dei nemici. Nella storia del fabbro Völundr è riferito a esempio che costui fu imprigionato dai guerrieri di Níðuðr durante il sonno, in un momento cioè in cui il suo essere si era abbandonato allentando le proprie difese.[1] Il mito ricorda anche che il martello di Thor e il monile di Freyja furono sottratti agli dèi mentre essi dormivano.[2] In tutti questi casi il sonno rappresenta uno stato di debolezza e di abbandono, una condizione anti-iniziatica e perciò foriera di pericoli.

Tale significato ha anche il sonno della valchiria Brunilde, addormentata per punizione da Odino con la spina del sopore e che sarà risvegliata da Sigurðr.[3] Esso indica una condizione di immobilità e di regresso. Per contrasto la veglia sarà uno stato iniziatico che attraversa tutto l'essere: per questo fra gli appellativi di Odino è ricordato *Vakr* «desto».

Un sonno non voluto è anche il segno dell'azione di uno spirito malvagio, che costringe la persona in uno stato di debolezza per poter agire liberamente.[4]

Del sonno approfittano anche le streghe che sotto forma di *mara* (f. «incubo») cavalcano gli uomini fino a farli morire.[5]

Il sonno è però anche condizione simile a quella della morte, nella quale è dunque consentito all'anima di staccarsi dal corpo e vivere esperienze straordinarie. Durante il sonno a esempio avvengono i sogni, in cui sono trasmessi i messaggi dell'aldilà;[6] in esso inoltre si manifesta talora un intervento delle potenze sovrannaturali. In una saga[7] è ricordata la vicenda di un tale ritenuto morto e perciò vegliato, il quale improvvisamente si rialzò con grande spavento dei presenti. Egli tuttavia li rassicurò affermando di essere stato vittima di un sonno simile a uno svenimento, durante il quale era stato magicamente risanato da una ferita.

Durante il sonno del corpo, l'anima può compiere azioni magiche. Di Odino è ricordato che, mentre il suo corpo giaceva come morto o addormentato, lo spirito assumeva forma animale recandosi in giro per occuparsi delle proprie o altrui faccende.[8]

Quando Saxo racconta la vicenda di un eroe, che dormiva mentre il suo spirito (come specificato in un'altra fonte) in aspetto di orso agiva fuori del corpo,[9] definisce lo stato del guerriero con queste parole, attribuite a un compagno che tenta di ridestarlo: *Ut quid habes, Biarco? num te sopor occupat altus?* In esse è resa efficacemente l'idea dello stato di sonno simile a *trance*.[10]

Nella *Saga dei Völsungar*[11] è riferito che Brunilde giaceva nel letto da tre giorni e mezzo e nessuno osava svegliarla. Sigurðr comprese però che ella non stava dormendo, bensì concentrava le energie dello spirito per compiere la propria vendetta. La notazione in cui è riferito che nessuno osava svegliarla è legata alla credenza che non si dovessero destare le persone addormentate, specie se mostravano di sognare. Si riteneva infatti che in tal modo si sarebbe impedito all'anima di rientrare nel corpo; l'uomo sarebbe diventato pazzo e lo spirito avrebbe vagato in giro con grave danno per le altre persone.[12]

b. *Silenzio*

È l'attenzione concentrata sull'ascolto di un messaggio divino, di un suono sacro che attiri su di sé ogni capacità uditiva. Tale senso ha senza dubbio in nordico la parola *hljóð* n., che vale al medesimo tempo «silenzio» e «ascolto».[13] E là dove si dice che il *hljóð* del dio Heimdallr è celato sotto l'albero cosmico si allude verosimilmente al suo orecchio dall'udito finissimo o anche al suo corno che suonerà per segnalare la fine del ciclo.[14] Entrambi sono infatti simboli del suono che si ode all'inizio e alla fine dei tempi, rispettivamente organo e strumento nei quali il suono, da cui ogni altra entità origina, è prodotto e contemporaneamente percepito. Qui va ricordato che il nome del gigante primordiale Ymir, dal quale fu tratto il cosmo, potrebbe valere «mormorio».[15]

Il dio Víðarr, il cui compito nel mito sarà quello di vendicare la morte di Odino, è definito da Snorri «silenzioso».[16] Il suo silenzio ha valore sacro perché sottolinea lo stato di preparazione e di attesa dell'azione cui egli è chiamato.

Del figlio di re Hjörvarðr e di Sigrlinn è detto che era robusto e di bei lineamenti; tuttavia era taciturno e non aveva un nome. Egli prese a parlare quando la valchiria Sváva gli dette il nome di Helgi.[17]

Il silenzio come espressione di un periodo iniziatico di crescita e di preparazione alle azioni determinanti della vita appare chiaramente nel racconto di Saxo, là dove egli riferisce che Uffo (probabilmente «lupetto»), figlio di un re danese,[18] sebbene fisicamente assai dotato, appariva poco intelligente; inoltre era rinchiuso in un ininterrotto silenzio e non rideva mai.[19] Egli aveva mantenuto assai a lungo tale atteggiamento, finché, venuto un momento in cui il regno di Danimarca correva il grave pericolo di finire sotto una dominazione straniera, aveva rotto il silenzio e sfidando a duello i nemici si era guadagnato al contempo la stima dei sudditi e il diritto alla successione.[20]

In Saxo appare anche la simbologia del silenzio come arma contro la magia nera.[21]

c. *Riso*

La risata è momento liberatorio, atto risolutore, manifestazione che sottolinea il raggiungimento di un livello superiore di vita o di conoscenza.

Tale senso ha a esempio la risata della dea Skaði, con la quale è sancita la pace tra lei e gli Asi e la sua ammissione nel novero di costoro.[22]

Tale senso hanno anche le diverse allusioni a eroi che muoiono ridendo,[23] poiché nel momento della morte essi raggiungono una perfetta visione del compimento del loro destino.

La risata come espressione caratteristica degli esseri dotati di preveggenza è legata anche alla figura del *marmennill*,[24] del quale è detto che ride quando vede che gli uomini all'oscuro del disegno superiore del fato agiscono scioccamente.

4. *Funzioni*

a. *Cuoco*

È colui che cuoce la carne dell'animale sacrificato, come mostra la connessione del verbo *sjóða* «cuocere», «far bollire», col termine gotico *sauþs* «vittima»; ha dunque una funzione importante nel rito.[1] È tuttavia anche «colui che sorveglia il calderone»,[2] dunque ha il compito di occuparsi del cibo sacro che trasmette forza vivificante. Nel mito[3] è ricordata la figura del cuoco *Andhrímnir* «[colui che è] esposto alla fuliggine», il quale cuoce ogni giorno nella Valhalla il cibo dell'immortalità per gli eroi di Odino. La sua figura ha dunque piuttosto un valore sacrale e non profano come apparirebbe d'acchito.[4]

Il cuoco è anche colui che grazie al fuoco opera una trasmutazione della vivanda che da cruda che era diventa cotta.[5] La sua è dunque una funzione civilizzatrice, poiché il cibarsi di carne cruda è simbolo di uno stato di regresso e di vita selvatica simile a quella dell'animale.[6]

Il potere di trasformazione del cibo da crudo a cotto è considerato anche opera di magia.[7] Nella tradizione del folclore sono ricordati i calderoni delle streghe nei quali mediante la cottura si manipolano le sostanze.[8] Di Sigurðr è ricordato che acquisì una conoscenza superiore dopo aver arrostito il cuore del drago Fáfnir ed essersene cibato.[9]

b. *Battelliere*

Governando un'imbarcazione che collega due sponde, il battelliere è colui che è in grado di congiungere due mondi altrimenti inesorabilmente distinti. Dalla sua volontà dipendono le sorti di chi voglia compiere un viaggio nell'altro mondo, come pure la possibilità di tornare indietro. È dunque figura iniziatica, mediatore fra due realtà, garanzia di un itinerario che per essere corretto deve prevedere anche il ritorno.

Il battelliere più celebre del mito è senza dubbio Hárbarðr, cioè Odino che appare come di consueto sotto mentite spoglie. È narrato infatti che Thor, di ritorno da oriente (cioè verosimilmente dalle terre dei giganti), giunse a uno stretto e si vide negare da Hárbarðr il passaggio che gli avrebbe consentito di tornare in breve tempo nel Paese degli dèi. Il motivo del rifiuto sta forse nell'incompiutezza del viaggio?[10]

Il battelliere è tuttavia anche colui che conduce gli uomini nel regno dei morti: in tal caso gli è affidato il compito di impedire loro di tornare indietro; ché se i vivi, compiuto il viaggio iniziatico, possono rientrare nell'aldiqua, la stessa cosa non può avvenire per i defunti, il cui ritorno sarebbe estremamente pericoloso. Ciò spiega il motivo per cui il battelliere che traghetta il cadavere di Sinfjötli nel

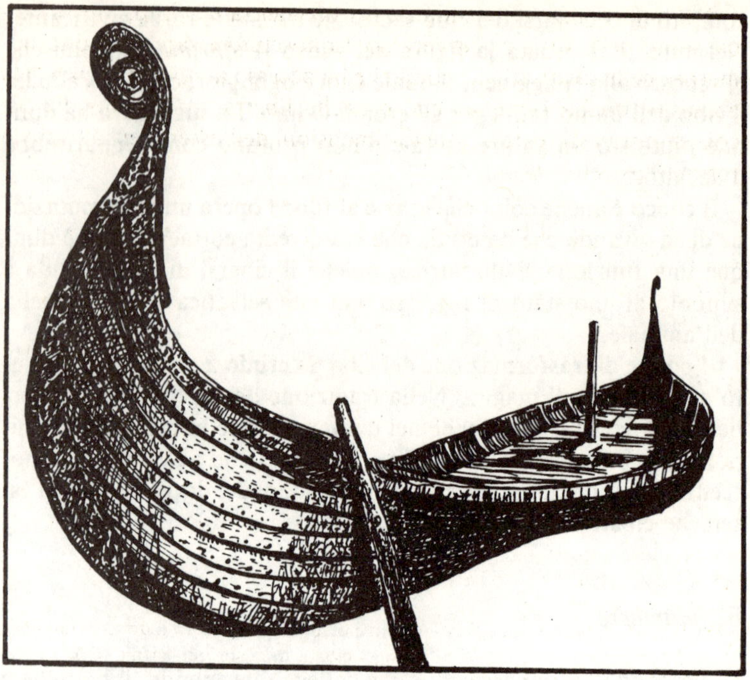

Il battello di Oseberg. Vestfold, Norvegia, IX *secolo*

regno dei morti rifiuta di far salire sulla medesima barca anche Sigmundr che lo aveva trasportato fin da lui: non solo Sigmundr non è evidentemente pronto per un viaggio nell'aldilà, ma del viaggio di ritorno potrebbe approfittare anche il morto con grave pericolo per gli uomini di questo mondo.[11]

c. *Viandante*

È colui che si estrania dal consorzio sociale che gli è consueto per affrontare itinerari di avventura e di conoscenza. Va incontro al destino e al contempo mette alla prova se stesso per acquisire una scienza superiore. La figura del viandante si identifica generalmente con quella dello «straniero», di colui cioè che viene da un «altro mondo». Nei tratti volutamente alterati, egli nasconde la sua vera identità.[12]

Nel mito nordico il viandante per eccellenza è Odino,[13] le cui apparizioni nelle vesti di un vecchio sconosciuto e sapiente sono numerose nelle saghe. Egli è colui che ha accesso ai diversi mondi. Ha acquisito quella sapienza che è anche libertà, poiché appartiene contemporaneamente a tutte le dimensioni dell'essere senza tuttavia restare costretto in alcuna.[14]

Note

1. *Parti del corpo*

1 Cfr. *HH I* 53; *HHv* 20.
2 Cfr. *Háv* 95.
3 *Vsp* 55; *HH I* 40; *Fáf* pr; *Sgk* 21.
4 *Ská* 25 [3]; v. p. 138.
5 *Þþj*; per la storia v. p. 296.
6 *Atk* 21-5; *Völs* 39; v. pp. 396-7.
7 *Hyn* 41; cfr. p. 99.
8 Cfr. p. 529, nota 7. Anche di Goðrún è detto che possedeva il dono di intendere il linguaggio degli uccelli dopo essersi cibata del cuore di Fáfnir (*Gðr I* pr; v. p. 395).
9 *Eir* 4. V. anche p. 253, nota 76.
10 *Gðr II* 41; *Atk* 36; *Atm* 83; *Ská* 51 [6]; *Völs* 40; v. p. 397.
11 Sulle diverse denominazioni del cuore v. *Ská* 88.
12 *Saxo* I, VI, 8; II, VI, 11; IV, III, 5; cfr. *OlM* V, 16.
13 *Örv I* 18; *Örv II* 9.
14 *Fáf* pr, 27, 39; *Völs* 19-20. Similmente è detto di Goðrún sua sposa; v. sopra, nota 8.
15 *Hról* 35.
16 IV, III, 6.
17 VI, VII, 9; v. p. 424.
18 *Hyn* 38; *Gðr II* 21; v. p. 395.
19 Esempi in *Hyn* 10; *Yng* 15; *Her* pp. 44, 91, 122.
20 Cfr. *Hym* 1, dove si allude ai bastoncini oracolari intrisi nel sangue.
21 *Gre* 79, cfr. 81.
22 *Gðr II* 22; cfr. anche *Egi* 44.
23 Cfr. *Vsp* 45.
24 Cfr. *Yng* 14; *Váp* 2, *passim*; *Gís passim*; *Lax* 49, a esempio. Assai significativa è inoltre l'intera vicenda di Sigurðr e dei Nibelunghi (v. pp. 394-400).
25 Cfr. *Lok* 9. Per la descrizione della cerimonia v. pp. 15, 23, nota 22 e p. 638 (9).
26 Cfr. *Atm* 19; *Gís* 24, 30, 33.
27 *Njá* 41.
28 *Eyr* 51.
29 *Ljó* 11 (21). Allusioni di questo genere si trovano in *Saxo* VI, IV, 1; v. in particolare anche il carme in *Njá* 157 (su cui cfr. pp. 631-2 [2]). L'equazione san-

gue = mare è legata al mito sull'origine del mondo, nel quale è detto che dal sangue del gigante primordiale Ymir fu tratto il mare (*Gyl* 8; *Grí* 40; *Vaf* 21; v. pp. 50-1).

30 *Ldn* S 85, H 73.

31 *Eyr* 45.

32 *Yng* 4, 7; cfr. *Gyl* 51; *Vsp* 46; v. pp. 86-7.

33 *Eyr* 43; v. anche *Þþb* 8.

34 Si veda a esempio *La sposa cespugliosa* (*Buskebruden*, ed. in *Norske Folke-Eventyr fortalte af* P. Chr. Asbjørnsen og J. Moe, Christiania 1867[4], pp. 284-90).

35 *Gyl* 27; *Ská* 87: *Heimdalar sverð* (cfr. *Ská* 16).

36 Cfr. *Lok* 14.

37 *Lok* 57; *Skí* 23; *Völ* 24, 34; *Fáf* 34; *HH* II 27; *Ghv* 12; *Ham* 28, cfr. *Hym* 23.

38 *Gyl* 8; *Vaf* 21; *Grí* 40; v. pp. 50-1.

39 *Völ* 24, 34-5; v. p. 441; *Atm* 82; *Ská* 51 [6]; *Völs* 40; v. p. 397.

40 *Hym* 30: *harðari... kálki hverjum*; v. p. 132.

41 *Sig* 13: *af þeim legi, er lekið hafði / úr hausi Heiðdraupnis.*

42 *Grí* 40: *baðmr úr hári*; cfr. *Gyl* 8; v. pp. 50-1.

43 *Ská* 44 [5]; cfr. anche *Ská* 41; v. pp. 92-3.

44 *Ská* 30: *it harfagra goð*; v. anche *SnE* prologo, cap. 3.

45 *Gyl* 22: *ok þar eptir mátþú marka hans fegrð, bæði á hár ok á líki*; cfr. *Saxo* VII, VI, 1.

46 *Þry* 1.

47 *Vsp* 33.

48 Cfr. *Bal* 11 e *Reg* 25, dove Hnikarr (= Odino) raccomanda al guerriero d'essere lavato e pettinato la mattina. Sull'uso di non tagliarsi i capelli v. anche *Ger* 31.

49 *HarH* 4: *þess strengi ek heit... at aldri skal skera hár mitt né kemba, fyrr ek hefi eignaz allan Nóreg...* (cfr. *Egi* 3; *Ágr* 1-2 e anche *Flat*, I, p. 563; *HarH* 23).

50 Qui va forse ricordato anche il soprannome di tale Grímr detto *kamban* «pettine»? (*Ldn* H 19; S 232, H 198; su di lui cfr. p. 316, nota 9). A proposito della simbologia dei capelli va ricordato anche che in Saxo (VI, VI, 4) compare il tema, frequente poi nelle fiabe della fanciulla che pettina e spulcia (qui un fabbro, nelle fiabe di norma un gigante). L'atto del pettinare o dello spulciare mette in intima, diretta relazione con la persona poiché i capelli appaiono sempre come manifestazione esteriore dello stato interiore dell'essere. V. anche *Saxo* VIII, XV, 13, dove taluni peli strappati alle basette di un gigante ne conservano la qualità negativa ed effondendola sui presenti causano la morte di diverse persone (cfr. VIII, XV, 8).

51 *Gyl* 22; cfr. p. 602 e sopra, nota 45.

52 Cfr. p. 205.

53 Cfr. p. 220.

54 *Háv* 7.

55 Cfr. *Völ* 17 e p. 607 (k).

56 *HH* I 6; *HH* II 2, 4; *Fáf* 5; *Gðr* I, 14, 27; *Ríg* 21, 34; *Ská* 27 [4]; *Saxo* II, II, 5; III, VI, 18; cfr. l'episodio in *Hal* 6 in cui un occhio, seppure strappato alla persona, conserva le sue caratteristiche.

57 *ÓlH* 3; *Flat* II, p. 14; *Erfi* 13; di diversi personaggi è ricordato che avevano gli occhi penetranti e potenti. V. a esempio *Flat* I, pp. 386-7; *Gön* 33 (dove si parla specificamente di occhi di fuoco); *Saxo* VI, VIII, 4; VII, XI, 1; VII, XI, 8-9; VIII, VI, 3; *Völs* 42 (cfr. *Saxo* VIII, X, 11). Questa caratteristica è inoltre attribuita a Sigurðr (*Völs* 32; cfr. *Gðr* I 14); v. pp. 394 e 426.

58 *Háv* 150; v. p. 58.

59 Cfr. *Vat* 29; *Gul* 17; *Gun* 7; *Saxo* VI, V, 14, VII, II, 13; cfr. pp. 645 e 667, note 7-8.
60 *Gyl* 15; *Vsp* 28; v. p. 62; cfr. pp. 203-5.
61 *Hyn* 45; cfr. *Fjö* 45.
62 Cfr. *Grp* 21; *Hyn* 6 (dove si allude agli occhi di Freyja, dea-maga per eccellenza) e *Vat* 26.
63 V. anche *Sig* 27.
64 Cfr. *Ldn* S 329, H 284; S 350, H 309; *Örv II* 29 e anche *Saxo* II, VII, 26 e VII, I, 5.
65 Esempi in *Gís* 19; *Eyr* 20; *Lax* 37-8; *Ldn* S 142; *HarH* 33 e *Hraf* 15, dove curiosamente questa procedura viene praticata nei confronti di un cavallo che evidentemente era ritenuto un essere demoniaco. V. anche *Saxo* V, VII, 4.
66 Cfr. p. 364, nota 4.
67 *Þry* 27; *Gyl* 44.
68 *Hym* 12; v. p. 129.
69 *Vat* 28; cfr. p. 572.
70 *Vat* 36.
71 *Lax* 38.
72 Un concetto simile si ritrova in *Vat* 26 a proposito di una strega; in *Háv* 129 Odino raccomanda al guerriero di non alzare lo sguardo nel mezzo della mischia per non essere soggetto a stregoneria.
73 *Hár* 19; *Ská* 4 [1]; v. p. 116.
74 *Völ* 35; v. p. 441.
75 *Rag* 13.
76 *Háv* 7.
77 *Gyl* 27; v. p. 60.
78 *Vsp* 27-8; *Gyl* 15; v. pp. 62 e 224.
79 *Vaf* 54-5; cfr. *Her* pp. 83, 140; v. p. 170, nota 9.
80 *Sig* 15.
81 Cfr. *Atk* 34; *Vat* 18; *Njá* 44.
82 Cfr. p. 205.
83 *Eir* 8; *ÓlTOS* 59; *Flat* I, pp. 397-8; II, p. 72; *Fló* 21; *Bár* 8.
84 *Þry* 1.
85 *Ská* 18: *er sá kallaðr skeggbragi, er mikit skegg hefir.* Cfr. p. 244.
86 Esempio Skeggi Ásbjarnarson detto *Járnskeggi* «barba di ferro» (*ÓlT* 66).
87 Un famoso colono islandese, ricordato come assai devoto del dio Thor (cfr. pp. 229-30), era detto infatti Þórólfr *Mostrarskegg* «barba di Mostr» (località norvegese dalla quale proveniva).
88 *Grím* 1.
89 *Ská* 4 [1].
90 Cfr. p. 529, nota 7. V. anche a p. 99 il mito sull'origine delle streghe.
91 *Fáf* pr: *Enn er Fáfnir skreið af gullinu, blés hann eitri*; v. anche str. 18.
92 Cfr. il serpe di Miðgarðr di cui è detto che nell'ultimo giorno contaminerà il mondo sputando veleno (*Gyl* 51; v. p. 186).
93 Gyl 27; v. pp. 60 e 222.
94 *Sig* 15.
95 *Grí* 5: *Álfheim Frey gáfu í árdaga tívar at tannfé.*
96 *Lax* 20-1; *Flat* I, p. 481; *ÓlTOS* 63 a esempio.
97 *Völ* 25, 36; v. p. 441.
98 Cfr. a esempio *Völ* 17.
99 *Örv I* 26; *Örv II* 13; v. anche *Hálf* 7, dove in una strofa è evidenziata la naturale associazione tra gli occhi e i denti rispetto al resto del corpo.

100 Esempio a Backa, Bohuslän, Svezia.
101 *Yng* 2.
102 *HHv* pr.
103 Cfr. *HH* I 30, dove si allude alla mano di Rán, moglie del gigante-dio del mare Ægir, che afferra e trascina nel suo regno coloro che muoiono annegati. In Saxo (I, VI, 6) si parla di una mano gigantesca che uccide (v. pp. 408-9).
104 *Fáf* 6; *HH* II 44.
105 *Völ* 11; v. p. 440; cfr. *Háv* 149.
106 *Sig* 7.
107 *Ham* 24; cfr. *Völs* 44; *Saxo* VIII, X, 14; *Ská* 51 [6]; v. p. 400.
108 *Gís* 6; v. p. 23, nota 22.
109 *Gðr* III 9. V. anche p. 32.
110 *Gyl* 25, 34; *Lok* pr, 38-9; v. pp. 65-6 e 218; cfr. anche *Saxo* V, III, 15 e l'episodio in *Egil* 11, dove un gigante mozza la mano a un eroe.
111 *Vsp* 33; *Bal* 11. Sulle diverse denominazioni della mano v. *Ská* 88.
112 *Gyl* 5; *Vaf* 33; v. p. 50.
113 *Ská* 3 [1]; cfr. p. 278.
114 Esempi in *Eyr* 8; *Gís* 2; *Stu* I, II, 99; *Þórð* 7; in *Gun* 17 è riferito in particolare che, a causa di un danno al piede subìto durante un combattimento con Þórðr, Gunnlaugr non poté impedire le nozze dell'amata con un altro uomo. V. anche *Saxo* III, VI, 3.
115 Cfr. p. 330. Cfr. anche p. 608 e sopra, nota 107 (in riferimento alla mutilazione di Ermanarico) e *Saxo* VI, IV, 7; IX, V, 2.
116 *Ská* 51 [6]; *Völs* 44; *Ham* 12-3; v. p. 400.
117 *Völ* 24, 34; v. p. 441.
118 *Ská* 51 [6]; *Atm* 66; *Völs* 39; v. p. 397.
119 *Reg* 24.
120 *Grœ* 2. Sulle diverse denominazioni del piede v. *Ská* 88.
121 *Atm* 17.
122 *Sig* 16.
123 *Sig* 17.
124 *Gyl* 51; *Vsp* 50-1; v. p. 186. Alle unghie dei giganti come arma infernale si allude in *Saxo* I, VI, 6; v. p. 409. Cfr. tuttavia *ÓlH* 244-5, dove si dice che al re Óláfr il Santo anche dopo morto crescevano le unghie e i capelli come da vivo, il che venne considerato una sorta di miracolo.
125 *AdB* IV, 26.
126 Cfr. pp. 282 e 561-2.
127 *Völsa þáttr* in *Flat* II, pp. 331-6.
128 *Mor*, p. 110.
129 *Kor* 10.
130 Termine forse legato all'inglese antico *teors*, alto tedesco antico *zers* «membro virile»; cfr. J. de Vries, *Altnordisches...*, cit., pp. 591-2 e anche qui p. 544, nota 60.

2. *Vestiario*

1 *Vat* 26; cfr. p. 470 (b).
2 Cfr. a esempio *Stu* I, II, 75; *Örv* I 1; *Örv* II 1; *Atk* 4 e *Saxo* VII, X, 6.
3 Esempi in *Gís* 34; *Stu* I, II, 156; cfr. p. 472 (d).

4 E qui la sua simbologia si sovrappone a quella della camicia (v. *Vat* 19); cfr. *Saxo* II, IV, 2; III, II, 10; III, III, 4; IV, I, 19; IV, X, 3 e IX, IV 6; *ÓlH* 193.
5 Esempi in *Stu* I, II, 94; *Saxo* III, II, 10.
6 Cfr. *Saxo* I, VIII, 14, dove Hadingus avvolto da una donna nel proprio mantello scompare con lei sotto terra; v. p. 412.
7 *Grí* pr; v. p. 153.
8 Esempi in *Eyr* 13, 18, 20; *Hal* 9, 11; *Gís* 16, 20; *Vat* 44; *Ljó* 17 (27); *Eir* 4 (dove il mantello appartiene a una maga); *Bjar* 11, 25; *Gön* 33; *Bár* 8; *Njá* 91.
9 *Örv I* 2 e *Örv II* 2.
10 *Ísl* 7.
11 *Hávl* 19-21.
12 *Hjá* 20.
13 Esempio in *Þþu*; v. anche *Stu* II, I, 2.
14 *Vat* 37; *Hal* 2.
15 *Lax* 40: *mjök hafa gengit á konungs vald.*
16 *Ldn* H 63, cfr. S 75.
17 *Vat* 19.
18 *Örv I* 22, 24 e *Örv II* 11-2; v. anche *Gul* 6, 10; *Egil* 15.
19 *Gís* 9; cfr. anche *Vat* 38.
20 Cfr. pp. 577-8 (l) e 580-1.
21 *Hálf* 1; cfr. pp. 205-6. Cfr. un simile travestimento di Starcatherus (Starkaðr) in Saxo (VI, VI, 3 e 5), v. p. 422, e del principe Oli (*Saxo* VII, XI, 8). Cfr. anche *Fri* 11; *Hról* 3.
22 *Harð* 25.
23 *Eir* 4.
24 *Ldn* S 142; cfr. pp. 604 e 625, nota 65.
25 *Ríg* 2.
26 *Gyl* 35; cfr. pp. 61 e 216 (4).
27 Cfr. pp. 205-7 e note relative.
28 *Hal* 6.
29 Cfr. p. 630, nota 12 e anche *Þórð* 7.
30 *Gyl* 1; v. pp. 200 e 249, nota 10.
31 *Fjö passim*; v. pp. 402-7.
32 Cfr. p. 554 (f) e note relative.
33 *Yng* 6-7; v. p. 35.
34 La maschera è inoltre simbolicamente corrispettiva della notte, come appare dal termine poetico *gríma* (f.) «maschera» appunto, che in poesia vale anche «notte» (cfr. *Hálf* 16 in un verso).
35 Cfr. p. 330. In Saxo (V, III, 30) si fa precisa allusione a una maga mascherata.
36 *Gyl* 21; v. p. 59 (c).
37 *Ská* 27 [4]; v. p. 140.
38 *OþS*.
39 Nome identico a quello dell'amata di Svipdagr; v. pp. 401-7.
40 *Gyl* 21: *er hann spennir þeim um sik, þá vex honum ásmegin hálfu*; cfr. anche *Þór* 7 e *Ská* 12; v. p. 59 (c).
41 *Ská* 27 [4]; *Edda Kuhn* p. 317; v. p. 140.
42 *Eir* 4.
43 *Eir* 5. Un'altra cintura magica è ricordata da Saxo (III, III, 6; cfr. VI, IV, 5).
44 Così a esempio in *Gís* 34 si precisa che Gísli, al momento di affrontare i suoi

nemici nel combattimento definitivo, indossava un mantello grigio con un cappuccio legato in vita con una fune.

45 *Ská* 24 e *Hús* 2, ivi citata; cfr. pp. 285-6 e 657 (5); v. pp. 117-8.

46 *Gyl* 35; cfr. p. 214 (2) e *Gðr* I 9. Si noti che in *Gyl* 37 Skírnir viene definito «servitore» di Freyr col termine *skósveinn* che lett. vale «ragazzo [che si prende cura delle] scarpe».

47 *NGL* I, p. 31, § 58.

48 *Gís* 14: *at binda mönnum helskó, þá er þeir skulu ganga á til Valhallar*; cfr. p. 72.

49 *Gyl* 51; v. pp. 188-9.

50 *Ská* 44 [5]; v. p. 94.

3. *Atteggiamenti*

1 *Völ* 10-1; v. p. 440; similmente durante il sonno viene ucciso lo *jarl* Fránmarr (*HHv* pr; v. p. 369). Di Otr è detto invece che venne ucciso in un momento in cui aveva gli occhi chiusi (*Ská* 47 [6]; *Reg* pr; *Völs* 14; v. p. 386).

2 *Þry* 1 e *Sör* 2 rispettivamente; v. p. 118.

3 V. p. 391; cfr. p. 112, nota 14.

4 Cfr. *Njá* 12; *Þþu*; *Finn* 39-40. Qui va anche rilevato che lo sbadiglio è un'azione cui viene attribuito un significato magico in relazione al fatto che è strettamente collegato al momento in cui ha inizio o fine il periodo di sonno; esso segnala dunque il passaggio dallo stato di normalità a quello di *trance* o viceversa (cfr. *Flat* I, p. 580; *Hról* 3 e 50).

5 V. pp. 99 e 110, nota 55.

6 Cfr. pp. 168-9, appendice.

7 *Lax* 49.

8 *Yng* 7; cfr. p. 35.

9 *Saxo* II, VII, 11; cfr. *Hról* 50-1 e p. 577 (l).

10 Sul sonno come stato magico di *trance* cfr. *Havf* 19 e forse anche *Saxo* VII, I, 5, dove si allude allo svenimento di una maga.

11 *Völs* 31; v. p. 394.

12 Cfr. p. 214, appendice e p. 260, nota 8.

13 Cfr. *Vsp* 1.

14 *Vsp* 27; cfr. p. 223.

15 *Gyl* 5-8; v. p. 50; cfr. p. 317.

16 *Gyl* 29; *Ská* 19, 27 [4]: *inn þögli áss*; v. pp. 60 e 140; cfr. p. 242 (17).

17 *HHv* pr, 6-7; v. p. 369.

18 *Saxo* IV, III-V.

19 V. sotto (c).

20 Su questo personaggio cfr. anche la cronaca di S. Aggesen (*Svenonis Aggonis filii brevis historia regum Dacie*, in *Scriptores Minores Historiae Danicae*, ed. cit., I, capp. 2-3, dove si precisa che Uffo era rimasto senza parlare da sette a trent'anni; v. anche *Annales Ryenses*, ed. cit., cap. 29.

21 *Saxo* V, III, 7.

22 Cfr. p. 278.

23 *Hálf* 15; *Skjö* 9, a esempio; v. p. 426.

24 Cfr. p. 584 (c).

4. *Funzioni*

1 Cfr. anche p. 568 (g).
2 *Hvergœtir* m.; cfr. *Atm* 62.
3 *Gyl* 38; *Grí* 18; v. p. 59.
4 In ciò probabilmente la spiegazione dell'uccisione del cuoco di Högni cui fa riferimento *Atm* 61-3 (particolare altrimenti estraneo alla vicenda); v. p. 397.
5 Cfr. un altro termine per «cuoco», *brass* m. - che compare solo in *Atm* 63 -, verosimilmente connesso al norvegese *bras*, svedese *bras(-eld)* «fuoco crepitante», faroese e svedese dialettale *brasa* «arrostire».
6 Cfr. *HH* II pr, 7-8; v. pp. 373-4 e anche *Örv* I 18 e *Örv* II 9, dove si raccomanda di non mangiare carne cruda né bere sangue, pratiche considerate abominevoli per l'eroe. V. anche *Saxo* VI, IX, 10 e VIII, XV, 3 dove il cibo crudo che si consuma in un «altro mondo» fa morire gli esseri umani. V. infine in un verso di Þormóðr Poeta di Kolbrún l'allusione alla carne cruda come cibo del corvo (*Skj* I: A, p. 278; B, p. 257).
7 Cfr. *Ská* 2 [1]; v. p. 115.
8 *Saxo* V, II, 6-7.
9 *Fáf* pr, 32; *Ská* 48 [6]; *Völs* 19-20; v. pp. 390-1. In Saxo (III, VI, 13) si parla di cuocere il corpo di un uomo tagliato a pezzi.
10 Questo episodio è narrato nel *Canto di Hárbarðr* (*Hár passim*) e fornisce ai due dèi il pretesto per scambiarsi una lunga serie di reciproci insulti. In particolare Odino definisce Thor uno straccione miserabile senza neppure le calzature, dicendolo pari ai briganti e ai ladri di cavalli, degno solo della stirpe dei servi (str. 6, 8, 24). Thor, minacciando ripetutamente il battelliere (nel quale peraltro egli non ha riconosciuto Odino) di punirlo severamente per il passaggio negato, ne sottolinea altresì l'ingiustizia, l'inettitudine e il malgarbo (str. 13, 25, 27, 43, 47, 49, 51, 59). Questo dialogo inoltre è assai interessante perché in esso si fa menzione di diversi miti. Alcuni ci sono noti da altre fonti: il mito del duello di Thor con Hrungnir (str. 14-5; v. pp. 137-9); il mito dell'uccisione di Þjazi (str. 19; v. pp. 115-6); il mito dell'incontro di Thor con Skrýmir (str. 26; v. pp. 121-7). Altri sono ricordati solo qui, ma poiché vi si fa riferimento in forma frammentaria non possiamo ricostruire la storia. In particolare: 1) Odino allude alla morte della madre di Thor (str. 4-5): la notizia pare tuttavia soltanto una menzogna destinata ad addolorare l'avversario poiché più avanti (str. 56) si fa esplicita menzione di Fjörgyn che si farà incontro al figlio quando - seppure a piedi e dopo un lungo cammino - egli arriverà finalmente a casa. 2) A una domanda di Thor su chi sia il proprietario dell'imbarcazione, Odino risponde nominando un tale *Hildólfr*, «lupo della battaglia», di cui dice che abita a *Ráðseyjarsund* «stretto dell'isola del consiglio»: si tratta forse di Odino medesimo? (str. 7-8). 3) Odino riferisce di un periodo di cinque anni, da lui trascorso presso Fjölvarr (un gigante?) nell'isola Algrœn, durante il quale ha combattuto battaglie, avuto molte esperienze e molte fanciulle: queste vengono descritte come indomabili e sagge, seppure non amichevoli né ben disposte; di loro è detto inoltre che intrecciavano fili di sabbia e scavavano il fondo di una valle profonda (*þær ór sandi síma undu/ ok ór dali djúpum / grund um grófu*, str. 18); inoltre Odino si vanta di averle sopraffatte in malizia e di avere giaciuto accanto alle sette sorelle (str. 16-8). 4) Odino racconta di astuzie usate contro le streghe per sottrarle ai loro uomini e di un gigante di nome Hlébarðr al quale, dopo averne ottenuto una bacchetta magica, egli tolse il senno (str. 20). 5) Thor ricorda d'aver ucciso in Oriente donne di giganti mentre

salivano a un monte e di avere in tal modo salvato gli uomini impedendo che quella stirpe si moltiplicasse, cfr. p. 232 (str. 23). 6) Odino ricorda (tema caro al mito) di aver incitato l'uno contro l'altro i principi (str. 24). 7) Thor riferisce di essere stato a guardia di un fiume sopraffacendo dei misteriosi figli di Svárangr (un gigante?) che lo avevano assalito a sassate (str. 29). 8) Odino afferma di avere avuto in Oriente (cioè nella terra dei giganti?) un'avventura amorosa segreta con una donna definita candida come il lino (una valchiria?), asserendo altresì che avrebbe avuto bisogno dell'aiuto di Thor, per trattenerla (str. 30-3). 9) Thor ribatte di aver ucciso donne malvagie, definite «lupe» (*vargynjur*) e spose di taluni *berserkir*, le quali avevano distrutto la sua nave sebbene puntellata e lo avevano minacciato con bastoni di ferro, cacciando Þjálfi suo servitore (str. 37-9). 10) Entrambi gli dèi alludono a uno scontro fra le loro truppe e a un tentativo di riconciliazione (str. 40-2). 11) Odino racconta di un suo contatto con i vecchi che dimorano nei tumuli (dunque i morti), che è nuovamente da intendersi come un apprendistato iniziatico (str. 44-6). 12) Odino riferisce dell'infedeltà della moglie di Thor, Sif: anche qui, come nel caso dell'annuncio della morte della madre, potrebbe trattarsi di una menzogna, cfr. tuttavia p. 136 (str. 48). Il dialogo si conclude quando Thor, non ottenendo da Hárbarðr il passaggio, deve accontentarsi dell'indicazione sul lungo e faticoso cammino che dovrà percorrere a piedi. Alle indicazioni Odino fa seguire parole di cattivo augurio, con le quali si conclude il carme: «Va', ora, là dove per intero ti abbiano gli spiriti maligni!» (*Farðu nú, þars þik hafi allan gramir!*; str. 50-60).

11 *Frá*; *Völs* 10; v. pp. 384-5.

12 Cfr. a esempio *Hal* 6; *Hálf* 16; *Örv I* 37; *Örv II* 24; *Fri* 11; *Saxo* I, IV, 2-10; VII, II, 13; VII, VII, 6; VII, XI, 8; IX, IV, 18.

13 Cfr. *Háv* 147; v. i numerosi esempi riportati alle pp. 205-7.

14 V. la definizione che dà di se stesso l'eroe odinico Ericus *disertus*; cfr. p. 255, nota 120.

X. Riti e momenti determinanti

1. *Sacrificio*

Sul piano religioso corrisponde all'azione magica, poiché in esso viene richiesto alla divinità di intervenire a mutare gli eventi o, quantomeno, a preannunciarli. La tradizione nordica conosce perciò il sacrificio innalzato per la prosperità e la pace (*til árs ok friðar*),[1] per la vittoria (*til sigrs*),[2] per divinare il futuro (*til fréttar*).[3]

L'offerta della vittima al dio nel rito sacrificale stabilisce uno scambio di energia creatrice e spirituale, esteso in una sorta di comunione a tutti i partecipanti, ma nel quale è al contempo riconosciuta la supremazia della divinità.

La pratica sacrificale nel Nord presenta forme e vittime diverse in probabile relazione alla divinità cui il sacrificio veniva offerto e nelle quali si manifesta anche il sovrapporsi di antiche e recenti forme di culto.[4] Ancora in epoca vichinga è testimoniato l'uso dei sacrifici umani, la cui pratica era diffusa fra i Germani.[5] È inoltre evidente la connessione dei sacrifici con le feste che segnavano i momenti culminanti del ciclo dell'anno.[6]

Ma la simbologia di questo rito nel mondo nordico mostra anche come il sacrificio eccelso sia quello in cui la vittima è l'essere medesimo immolato a se stesso. Se da una parte questa concezione appare come retaggio di antichissimi culti,[7] d'altro canto essa assume il significato di un rito iniziatico dal quale scaturiscono frutti di conoscenza superiore.[8]

2. *Battaglia*

Ha il senso di una cornice ideale al compimento del destino del guerriero. Tale simbologia è espressa mirabilmente nella *Saga di Njáll*, dove si parla di dodici misteriose tessitrici, che erano in realtà valchirie, le quali lavoravano a un telaio in cui la trama era costituita da intestini umani, i pesi da crani, la navetta da una freccia, il

Raffigurazione di due guerrieri armati. Pietra di Hunninge I. Gotland, Svezia, VIII-IX secolo

pettine da una spada. Immagine delle divinità femminili che «tessono» il destino dell'uomo, esse lavoravano recitando dei versi in cui era preannunciata la morte per i guerrieri.[1] La battaglia è qui definita «tessitura di Dörruðr» (cioè «di Odino»).[2] Il legame simbolico della battaglia col destino è espresso anche nel termine nordico *ørlög* n. pl., che ha entrambi questi significati. L'espressione *ørlög drýgja*,[3] riferita alle valchirie, significa tanto «suscitar battaglie» quanto «stabilir destini». È noto che per il guerriero nordico la morte in battaglia era una «scelta» fatta dal dio. La valchiria, colei che per volere di Odino sceglie i caduti, ha un nome (*valkyrja* f.) che nella sua seconda parte è formato su *kjósa* «scegliere». Ella conduce i caduti nella Valhalla, paradiso degli eroi morti.[4]

La battaglia ha anche il significato di un sacrificio di cui si è vittime o sacerdoti. Le infinite allusioni al guerriero come a colui che dà cibo alle aquile, ai corvi e ai lupi,[5] animali sacri a Odino, hanno il senso di una offerta fatta al dio. Il successo o la sconfitta nella battaglia, situazione cruciale in cui si mette alla prova il destino degli uomini,[6] viene del resto fatto dipendere più dal potere magico e dalla volontà del dio che non dal valore del guerriero in se stesso. Nessuno, per quanto coraggioso e audace, potrebbe infatti opporsi a una potenza superiore che vuole farlo soccombere.[7]

Anche la protezione concessa dalla valchiria all'eroe ha carattere sovrannaturale;[8] essa è tuttavia sempre dipendente dalla volontà di Odino,[9] il quale si presenta perciò come assoluto signore della vita e della morte.[10]

3. *Duello*

Ha il significato di un giudizio di dio, d'una lotta tra due princìpi opposti. Un duello può risolvere definitivamente qualsiasi contesa, poiché in esso sono posti l'uno davanti all'altro due princìpi altrimenti inconciliabili. Nella lotta, ciascuna delle due parti stimola e rinnova le proprie energie e il vincitore esce rafforzato nella propria essenza. Ogni duello è un'esplosione del contrasto innato e necessario all'esistenza.

L'uso di far svolgere i duelli su un isolotto (la parola nordica per «duello» è *hólmganga* f., lett. «andare – *ganga* – sull'isolotto – *hólmr* –») sottolinea questa simbologia: l'isolotto circondato dall'acqua riproduce infatti un piccolo cosmo, e il duello che vi si svolge ripropone la lotta perenne delle forze della luce contro quelle del buio.[1] Tale lotta è destinata all'interno di questo ciclo di vita a non vedere la vittoria definitiva di una delle due parti: ciò spiega perché i vari tentativi del dio Thor di uccidere il serpe cosmico, nemico degli dèi, siano destinati a fallire.[2]

Il duello finale di ogni entità col suo opposto si concluderà nell'ultimo giorno con reciproca uccisione:[3] solo con una fusione degli opposti sarà infatti possibile una rigenerazione; la vita nuova conoscerà tuttavia un nuovo antagonismo.

Le regole che governano lo svolgimento dei duelli ci sono trasmesse da diverse saghe.[4] In particolare si dice che il terreno su cui avveniva lo scontro era delimitato ai quattro angoli da paletti di forma fallica e aveva ai lati quattro rami di nocciolo. La recita di una formula magica dava valore rituale alla preparazione della lizza per il duello.[5]

È ricordato anche che Ullr è il dio che si deve invocare per i duelli.[6]

4. *Caccia*

La caccia che si svolge nella foresta, ove si inseguono e si uccidono gli animali, presenta una molteplice simbologia. Innanzitutto è attività regale e divina mediante la quale il dio cacciatore distrugge le forze incontrollabili e nefaste rappresentate dagli animali. Due sono nel *pantheon* nordico gli dèi cacciatori per eccellenza: uno è Ullr, dio luminoso armato di un arco di tasso[1] e detto, appunto, *Veiðiáss*, «dio cacciatore»;[2] l'altra è Skaði, moglie del dio Njörðr, come Ullr armata di arco.[3]

Ma la caccia, a motivo del vagare nella foresta a contatto con le forze vive della natura, è anche occasione di apprendimento, periodo iniziatico, momento magico durante il quale le forze dell'uomo vengono perennemente rigenerate e accresciute. Seguire le tracce degli animali diviene simbolo della ricerca d'una conoscenza superiore.[4]

Poiché il bosco e la foresta rappresentano talora un «altro mondo», la caccia significa altresì allontanamento dal quotidiano, assenza, periodo durante il quale si può anche venire danneggiati.[5]

Un esempio nel quale la caccia diviene un pretesto per la morte sacrificale di un re è narrato da Snorri,[6] il quale riferisce della morte di re Egill, ucciso da un toro destinato al sacrificio che era sfuggito agli uomini rifugiandosi nella foresta.

5. *Festa*

È l'occasione nella quale ci si distacca dalla quotidianità per entrare in contatto con il divino mediante un rito che ha spesso carattere sacrificale. Due sono gli scopi principali di una festa: suggellare con un atto sacro un patto fra gli uomini (matrimonio, sodalizio) o rinnovare il legame con le potenze sovrannaturali (ivi compresi gli spiriti dei morti legati alla stirpe) affinché queste ultime promuovano la fecondità e la pace. Spesso i due momenti sono contemporanei.

Il calendario della Scandinavia pagana era segnato da talune feste che cadevano in periodi determinati e la cui collocazione appare dettata tanto dalle esigenze di una società contadina quanto da ricorrenze astronomiche (da cui le prime sono strettamente dipendenti).

Una prima festa è quella detta delle «notti d'inverno» (*vetrnætr* f. pl.) che avveniva appunto all'inizio di questa stagione (probabilmente attorno alla metà di ottobre): suoi scopi principali erano la pace e il buon raccolto.[1] Una seconda festa detta *jól* n. pl. (sostituita poi dal Natale cristiano che nelle lingue scandinave ne conserva il nome) cadeva nel cuore dell'inverno. Aveva la durata di tredici giorni e dodici notti ed

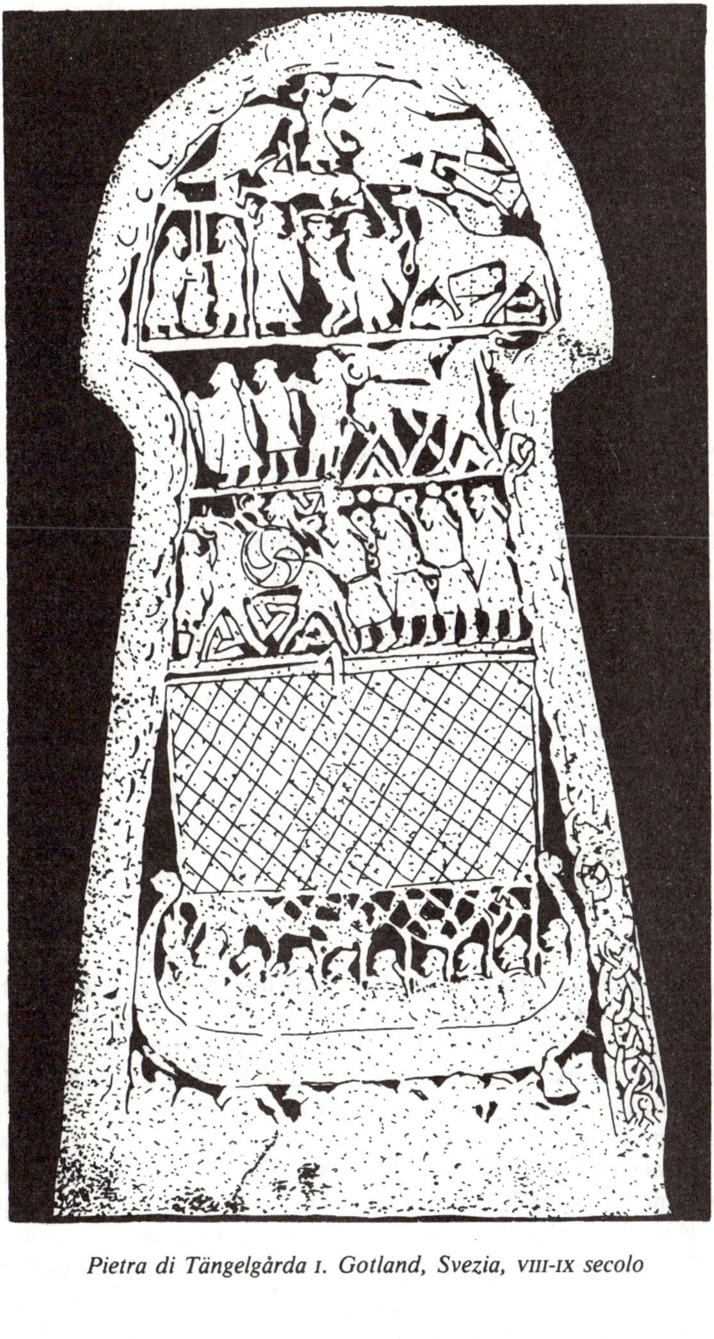

Pietra di Tängelgårda I. *Gotland, Svezia,* VIII-IX *secolo*

era legata al culto dei morti che tornano sulla terra, all'accensione di un nuovo fuoco, all'inaugurazione di un nuovo ciclo; periodo di matrimoni e di sacrifici.[2] Una festa primaverile aveva luogo nel periodo in cui si usa ora collocare la Pasqua cristiana.[3] Legata al solstizio d'estate è la festa di mezza estate, la cui tradizione si è perpetuata nel folclore scandinavo fino ai nostri giorni. A essa erano legati particolari riti del fuoco.[4]

6. *Banchetto*

Rito durante il quale, mediante la comunanza del cibo e soprattutto delle bevande, si stabilisce un vincolo di unione tra i partecipanti; il banchetto consente altresì di creare un legame degli uomini con gli dèi, dei vivi con i defunti. Esso è infatti strettamente connesso al sacrificio alla divinità e al festino in onore del morto. Da loro (gli dèi o gli antenati) l'uomo può dunque ricevere forza e saggezza. Così Ægir sarà istruito sulle vicende divine durante un banchetto degli Asi, poiché il banchetto degli dèi è considerato comunione di beni sacri quali sono appunto la saggezza e la pace.[1] La ribalderia di Loki che distrugge la pace del convito, nel quale regnava un'armonia perfetta,[2] appare dunque come un vero e proprio sacrilegio.[3]

7. *Bevuta*

La bevuta rituale, con la quale l'uomo assume un liquido dotato di particolari poteri, ha lo scopo di stabilire un contatto con la divinità per mezzo delle forze della terra in esso contenute. Essa è pertanto riservata a momenti particolari quali le feste sacrificali in onore degli dèi (di diversa natura a seconda del dio chiamato in causa e dello scopo del sacrificio), i brindisi in onore di un defunto, i solenni giuramenti,[1] i matrimoni. Ogni festa è un rito che stabilisce legami particolari fra i partecipanti e l'atto di far circolare il corno di mano in mano ne garantisce l'efficacia trasmettendo a tutti in egual misura le virtù del liquido consacrato con una preghiera.[2]

Il vocabolario nordico conosce diverse espressioni che testimoniano l'importanza sociale e religiosa della bevuta; così *drekka brúðlaup*, *drekka erfi*, *drekka gildi*, *drekka jól*. Il verbo *drekka* significa «bere», ma qui ha piuttosto il valore di «consacrare mediante una bevuta» e si riferisce rispettivamente al matrimonio, *brúðlaup* (n.); al festino in onore del defunto, *erfi* (n.); al banchetto i cui convitati sono individui legati da vincoli particolari di solidarietà (*gildi* n. è termine corradicale di *gilda*); a *jól* (n. pl.), grande festa pagana dell'inverno.[3]

Il concetto di bevuta come momento culminante della festa, con il quale si sancisce un atto giuridico attraverso un rito religioso, è rafforzato se si osserva che il verbo *drekka* viene usato nel significato di «fare una festa» oltre che in quello più comune di «bere».[4]

La bevuta rituale consente una rigenerazione delle energie vitali,[5] rigenerazione che talora avviene attraverso gli eccessi dell'ebbrezza. Lo stato di ebbrezza infatti separa lo spirito dalla realtà quotidiana e lo mette in comunicazione con l'altro mondo, dove esso viene a contatto con le energie vegetative. Lo stato di ebbrezza è pertanto pari a quello di *trance*, consente un percorso iniziatico e un ritorno a vita nuova: in esso è necessario tuttavia che l'uomo sappia dominare le forze sprigionate dalla bevanda, anziché esserne vittima.[6]

8. *Danza*

Raffigurata fin dalle incisioni rupestri, la danza è un rituale connesso ai momenti importanti della vita della famiglia e della stirpe; ha lo scopo di stabilire il corretto rapporto con le entità sacre mediante gesti religiosi che siano in accordo con i ritmi dell'universo. L'origine cultuale di gran parte delle danze popolari è rivelata dall'interpretazione simbolica di ogni movimento.

Il folclore scandinavo conosce anche la danza delle streghe e quella degli elfi: esse hanno preferibilmente moto circolare e tracciano nello spazio una zona ben delimitata in cui siano concentrate le loro qualità sovrannaturali.[1] La danza degli elfi in particolare può avere l'effetto di sconvolgere la vita dell'essere umano che ne sia stato casualmente testimone.[2]

Una rituale «danza delle spade» viene descritta da Olao Magno nella sua *Historia de gentibus septentrionalibus*;[3] questa è senza dubbio una fonte assai tarda (xvi secolo), tuttavia già Tacito riferiva di giovani germani che eseguivano nudi una danza delle spade.[4]

Una danza rituale collegata ai sacrifici innalzati a Uppsala dagli Svedesi (e dunque in verosimile connessione con le divinità della fecondità) è ricordata da Saxo.[5]

9. *Giuramento*

È la consacrazione di un'alleanza mediante l'intervento del divino.

Nel mondo nordico è noto in particolare il «giuramento di sangue» con il quale si stringeva un vincolo pari a quello familiare impegnandosi al reciproco sostegno e alla vendetta. La cerimonia durante la quale esso veniva pronunciato è descritta con abbondanza di dettagli nella *Saga di Gísli*, dove si dice che i contraenti dovevano passare sotto una lunga zolla erbosa sollevata da terra e puntellata con una lancia, mescolare il sangue e tenersi per mano in ginocchio invocando a testimoni tutti gli dèi.[1] Nel legame con la terra e il cielo era sancito il valore cosmico di tale atto.[2]

Ma ogni giuramento (*eiðr* m.) è sacro poiché è un rito in cui sono chiamate in causa diverse entità simboliche e divinità (bordo di una nave, orlo dello scudo, dorso di un cavallo, filo della spada; bianca pietra sacra; sole che inclina verso sud; roccia di Sigtýr [=Odino], cavallo del cuscino [=letto], anello di Ullr);[3] nel Nord è noto altresì il *baugeiðr* m. «giuramento [fatto sull']anello» che fa riferimento a un anello sacro usato a tale scopo e conservato nel tempio.[4]

Per questo quando un giuramento venga infranto la conseguenza non potrà che essere una sciagura, poiché esso è sentito come un legame indissolubile.[5] Soltanto agli dèi è concesso ingannare la fiducia degli esseri malvagi proferendo falsi giuramenti.[6]

Diversa seppur simile natura ha il voto (*heit* n.), che va inteso come un impegno solenne preso da un uomo al cospetto della divinità.[7]

Il mito ricorda la dea Vár come testimone dei giuramenti scambiati fra uomini e donne.[8]

Tappeto ritrovato a Oseberg. Vestfold, Norvegia, IX *secolo*

10. *Viaggio*

L'essenza del viaggio non è spostamento, ma allontanamento. Esso è un periodo naturale di assenza, di esperienza, di rigenerazione. Il viaggio è avventura e ricerca, distacco dalle consuetudini, perciò occasione di prova iniziatica nel contatto con una realtà diversa e imprevedibile.

Il viaggio dà saggezza, poiché se correttamente condotto porta alla scoperta del punto in cui il centro spirituale del proprio essere coincide con quello del mondo. Perciò esso deve necessariamente concludersi nel ritorno.

Ma se nei viaggi simbolici l'andata sarà itinerario faticoso e irto di pericoli, il ritorno sarà invece rapido, istantaneo e improvviso come il risveglio da un sonno; allo stesso modo in cui è folgorante la manifestazione di una verità a lungo cercata.

Il mito nordico conosce innanzitutto i viaggi e le assenze di Odino, dio mago (e di Óðr suo corrispettivo).[1] Tra i suoi appellativi si ricordano *Gangleri* «stanco del cammino», *Kjalarr* «[colui che va sulla] slitta», *Vegtamr* «abituato alla via». Egli compie per lo più viaggi nell'aldilà (presso i demoni o presso o morti) per accrescere la propria sapienza magica.[2] Un viaggio iniziatico nel tempo e nello spazio è senza dubbio il sacrificio cui egli si sottopose rimanendo impiccato all'albero cosmico per nove notti.[3] Durante i suoi viaggi egli compare talora presso gli uomini come un viandante dispensatore di saggezza.[4] Alle assenze di Odino dal regno è legato il mito dell'usurpatore del trono (in Saxo Mithothyn e Ollerus, nelle fonti occidentali Vili e Vé).

Molti viaggi compie anche Thor, il quale si reca in Oriente a combattere i giganti:[5] nelle sue imprese è misurata la forza delle potenze del bene contro quelle del male.

Un viaggio lungo e doloroso è quello di Baldr nel regno dei morti,[6] donde egli tornerà solo nell'ultimo giorno.[7] Sia questi il dio della luce o della vegetazione, il mito allude senza dubbio al necessario periodo di rigenerazione che egli deve trascorrere nel mondo infero.

Itinerari di conoscenza e di ricerca della verità sono infine quelli intrapresi da taluni eroi, come Sigurðr[8] e Svipdagr,[9] i quali attraverso difficili prove devono raggiungere una fanciulla nella quale è incarnata la sposa sovrannaturale che elargisce il dono della sapienza e della verità.

Il nome del gigante *Alfarinn* «[colui che ha] molto viaggiato» è collegato alla grande sapienza di questi esseri.[10] Anche il nome del nano *Farli* «[colui che] viaggia» allude al fatto che, in quanto abitatori del mondo ctonio, costoro hanno parte ai segreti del mondo.[11]

Note

1. *Sacrificio*

1 Tale sacrificio pare collegato in particolare con Freyr e Njörðr, dèi della fecondità per eccellenza: cfr. *Gyl* 24; *Yng* 10; *HákG* 14; *Flat* I, p. 406 e anche qui pp. 524 e 530, nota 20.

2 È questo invece un sacrificio più comunemente offerto a Odino; cfr. in primo luogo *HákG* 14, e pp. 210 e 257, nota 154.

3 Esempi in *Hym* 1 (dove il rito è attribuito agli dèi medesimi); *Ldn* S 7, H 7; S 198, H 166; S 218, H 184; *Yng* 38; *Her* pp. 41, 120 e *La bella pergamena* (*Fagrskinna*), ed. F. Jónsson, København 1902-1903, p. 76.

4 Cfr. pp. 30 e 41, nota 33 e anche E.O.G. Turville-Petre, *op. cit.*, pp. 251-62.

5 La «vittima eccellente» del sacrificio umano nel Nord pare essere il «re divino»; cfr. pp. 445-6. La tradizione riguardante i Germani allude spesso a nemici offerti

verosimilmente al dio della guerra; cfr. p. 41, note 34-6 e inoltre Tacito, *Annales*, ed. cit., XIII, 57; Giordane, *Getica*, ed. cit., V, 40; pp. 212 e 259, nota 180. Altri sacrifici umani sono ricordati a esempio in *ÓlH* 141; *Hálf* 11 (al dio del mare); *Gau* 7 e *Saxo* VI, V, 6-7 (il celebre sacrificio di re Víkarr immolato a Odino, v. pp. 418-20); *Saxo* III, III, 13 (sacrificio stabilito da Frø, cioè da Freyr; v. p. 411); *Gau* 1-2 (dove si parla di un suicidio volontario, in periodi di carestia, messo in atto gettandosi da una rupe da cui si credeva si sarebbe raggiunta la Valhalla, dimora di Odino); *Kri* 12 e *ÓlT* 67, dove si ripete che i pagani usavano scaraventare i condannati dalle rupi; cfr. p. 282). Due fonti (*Eyr* 10 e *Ldn* S 85, H 73) usano l'espressione «condannare al sacrificio» (*til blóts dœma*), il che fa pensare che le vittime dei sacrifici fossero malfattori o prigionieri. Nel passaggio dalla «vittima scelta» come il re a una vittima meno «nobile» si può forse vedere un decadimento del rito o anche un atto di purificazione della società dalle persone ritenute indegne o inferiori. In questo senso può anche essere interessante una notazione che si trova in *Vat* 25, dove si afferma che una vendetta non può essere compiuta se non si è prima provveduto a compiere il sacrificio (che è in questo caso un sacrificio estivo).

6 Fonti privilegiate in questo senso sono Adamo da Brema (*AdB* IV, 27, scolio 141); *ÓlH* 77, 107-9 (cfr. *Flat* II, pp. 184-5); *ÓlH* 117; *HákG* 17. In *Yng* 8 è attribuita a Odino la regola secondo la quale i diversi sacrifici dovevano avere luogo in diversi periodi dell'anno. Cfr. pp. 634 e 636 (5).

7 Tipica è a esempio da parte dei popoli cacciatori l'offerta di un animale al dio-animale della specie: così in area scandinava può essere ricordato che i Lapponi avevano l'abitudine di offrire un orso all'orso per placare la sua ira e tornare ad avere caccia abbondante; qui si può forse pensare che l'offerta di un determinato animale a un dio fosse da mettere in relazione con la simbologia di quel medesimo animale che al contempo era incarnata nella divinità.

8 L'esempio più evidente di questa concezione è senza dubbio il mito relativo all'impiccagione di Odino all'albero cosmico; v. p. 89. Cfr. anche il mito del «dio sacrificato» (v. pp. 155-62) in cui la vittima innocente è il migliore fra gli dèi.

2. *Battaglia*

1 *Njá* 157; si tratta del carme noto come *Canto di Dörruðr* (= Odino; *Darraðarljóð*); cfr. p. 210.

2 *Dar* 4, 5-6: *vef Darraðar.*

3 V. a esempio *Völ* 1, 3.

4 *Gyl* 38-40; cfr. anche *Hár* 24; v. pp. 58-9 e 71-2, appendice 2.

5 Esempi in *HH I* 6, 45; *HH II* 7-8, 23; *Reg* 18.

6 V. *HH I* 10, 45; *HH II* 23; *Fáf* 31; *Ríg* 37.

7 Cfr. le allusioni alla magia guerriera di Odino in *Háv* 148, 150, 156, 158; v. p. 58 e anche *Yng* 2, 6-7; un riferimento alle pratiche magiche legate alla battaglia si ha pure in *Háv* 129 e *Reg* 23.

8 *HHv* pr.

9 *Sig* pr; v. p. 391.

10 V. anche *Lok* 22. Sulle diverse denominazioni della battaglia v. *Ská* 61-2; *Þul.*

3. *Duello*

1 Cfr. il mito alle pp. 173-8 e anche p. 482.
2 Cfr. p. 266, nota 30.
3 *Gyl* 51; *Vsp* 53-6; v. pp. 188-9.
4 *Sva* 9; *Kor* 10; *Gun* 11 ed *Egi* 64-5, in particolare. Anche Saxo (II, VI, 10 e IV, III, 18) fa riferimento alle regole per i duelli (cfr. anche III, V, 6; III, VI, 2; IV, II, 2; IV, III, 1; IV, III, 3; IV, IV, 8-11; V *passim*; VI e VIII *passim*).
5 Cfr. p. 539 (i).
6 *Gyl* 31; v. pp. 60 e 219-20. Duelli famosi sono ricordati in *Njá* 102 (tra Thor e Cristo! cfr. pp. 232-3); *Gís* 1; *Eyr* 8; *Bjar* 4.

4. *Caccia*

1 *Gyl* 31; cfr. pp. 219-20.
2 *Ská* 22.
3 *Gyl* 23; cfr. p. 278.
4 *Völ* pr; *Ríg* 46; cfr. pp. 483-4.
5 *Hym* 9-10; *Völ* 4, 8; v. pp. 439-40.
6 *Yng* 26; cfr. pp. 280-1.

5. *Festa*

1 Esempi in *Gís* 15; *ÓlH* 107, 117; *Eyr* 37. Cfr. pp. 301-2.
2 Esempi in *Víg* 4; *Eyr* 54; *ÓlH* 108, 117; *Eir* 7.
3 Esempi in *ÓlH* 109, 117.
4 Per una discussione approfondita dei diversi aspetti e significati di queste feste v. J. de Vries, *Altgermanische...*, cit., I, pp. 445-58.

6. *Banchetto*

1 *Ská* 1 [1], *passim*. In questo testo (che è la seconda parte dell'*Edda* di Snorri), Ægir, istruito dal dio Bragi, ha, seppure in modo meno evidente, la medesima funzione attribuita nella prima parte al re Gylfi, istruito da Odino (su ciò v. pp. 200 e 249, nota 10).
2 *Lok passim*; *Ská* 42; v. pp. 134-7.
3 Sul significato del banchetto presso i Germani v. *Ger* 22.

7. *Bevuta*

1 V. a esempio *HHv* pr, 32; *Jóm* 37.
2 Snorri tuttavia specifica che era uso dei Vichinghi bere in successione, mentre nelle altre occasioni si beveva a due a due, uomo e donna e insieme per conto proprio coloro che erano in più (*Yng* 37).
3 Cfr. pp. 634-5 (5). Per gli esempi dei diversi tipi di bevute e la discussione relativa

si rimanda a M. Cahen, *Études sur le vocabulaire religieux du vieux scandinave: la libation*, Paris 1921.

4 Cfr. R. Cleasby-G. Vigfússon, *op. cit.*, pp. 104-5.

5 *Sig passim*; *Gðr* III 21.

6 Cfr. *Háv* 12-4, 19, 137.

8. *Danza*

1 Cfr. pp. 466-7.

2 È questo, a esempio, il tema della ballata popolare nota come *Colpo d'elfo* (*Elveskud*; per l'ed. v. *The Types of the Scandinavian Medieval Ballad*, a cura di B.R. Jonsson-S. Solheim-E. Danielsson, Oslo-Bergen-Tromsø 1978², p. 42), nota in tutta la Scandinavia.

3 *OlM* XV, 23.

4 *Ger* 24: *inter gladios se atque infestas frameas saltu iaciunt*.

5 *Saxo* VI, V, 10. Nella sua opera sono ricordate anche danze per celebrare una vittoria (III, V, 4).

9. *Giuramento*

1 *Gís* 6; v. p. 23, nota 22.

2 Esempi in *Fós* 2; *Egi* 34; *Örv* II 1, 19; *Sör* 4, 6; *Flat* I, p. 525; v. anche *Lok* 9; *Bro* 17; *Gre* 19; *Völ* 26; *Saxo* I, VI, 7; IV, I, 11. Cfr. le leggi antiche del Gulaþing: *NGL* I, pp. 56-7, §§ 132-6; p. 80, § 239; v. anche *NGL* I, p. 124, § 13; p. 146, § 46; p. 152, § 16; p. 181, § 19 (leggi del Frostaþing) e *NGL* II, pp. 309-10, §§ 6-8 (leggi cristiane più recenti del Gulaþing).

3 *Völ* 33; *Gðr* III 30; *Atk* 30, rispettivamente.

4 Cfr. *Háv* 110; *Víg* 25; *Ldn* H 268; *Eyr* 4, 16, 44; *Flat* I, p. 249 (*Þþu*); *Dro* 6; *Kja* 2; *ÞórðB* 1; *Akv* 30.

5 *Vsp* 26; *HH* II 31-3; *Sig* 23; *Bro* 2, 5; *Sgk* 17, 20, 28.

6 Cfr. *Háv* 110; *Gyl* 34; v. pp. 65-6.

7 Esempi in *Ldn* S 6, H 6; *Hraf* 3; *HarH* 4 (cfr. p. 602); *HHv* pr; *Jóm* 37.

8 *Gyl* 35; v. pp. 61 e 294 (5).

10. *Viaggio*

1 *Gyl* 35; *Yng* 3; *Saxo* I, VII, 1-2 e III, IV, 10-2; cfr. pp. 207-8 e 286 (7).

2 *Vaf passim*; *Bal passim*.

3 *Háv* 138-41; *Vaf* 50; v. p. 89.

4 *Grí passim*; v. pp. 153-4, a esempio; cfr. pp. 205-7.

5 *Hár* pr; *Gyl* 42, 45; *Ská* 25 [3]; *Lok* pr; cfr. pp. 474-5 (α).

6 *Gyl* 49; v. pp. 157 e 159-60.

7 *Gyl* 53; v. p. 189.

8 *Sig passim*; *Völs* 21; v. pp. 389-91.

9 *Grg passim*; *Fjö passim*; v. pp. 401-7.

10 Cfr. p. 322.

11 Cfr. p. 336.

XI. Oggetti e strumenti magici e rituali

1. *Vessillo*

SIMBOLO che compare piuttosto tardi, ripreso verosimilmente dai Romani, la bandiera rappresenta come altrove il genio e la virtù dei combattenti che la innalzano, e insieme la loro protezione.[1]

Oltre alle bandiere con effigie d'aquila,[2] sono noti i vessilli con l'immagine del corvo, uccello di Odino strettamente connesso alla simbologia della guerra. A tali bandiere innalzate dai Vichinghi danesi fanno talora riferimento fonti anglosassoni.[3] Uno di questi vessilli, detto *Hrafnsmerki* «bandiera del corvo», è ricordato nelle saghe. Si dice che assicurasse la vittoria all'esercito che lo innalzava, ma l'alfiere era destinato a ineluttabile morte. Tessuto per Sigurðr Hlöðvésson da sua madre Auðna, esso era fatto con tale abilità che il soffio del vento pareva animare l'uccello che vi era raffigurato.[4]

2. *Armi*

Le armi sono strumento di offesa e di difesa: dunque garantiscono all'uomo indipendenza e conseguentemente potere. Ma affinché tale potere sia veramente efficace e non venga mai meno, esso dovrà essere di qualità magica, pari a quello che distingue le diverse armi degli dèi (Gungnir lancia di Odino, Mjöllnir martello di Thor, la spada magica di Freyr, l'arco di Ullr) per mezzo delle quali essi conducono l'eterna battaglia contro le forze del male. Le armi sono generalmente di metallo: per questo posseggono il potere primordiale del fuoco che le ha forgiate e paiono vivere di vita propria, talvolta demoniaca. Questo loro carattere si rileva tra l'altro dal fatto che spesso le armi hanno un nome. Così la spada Tyrfingr,[1] la spada Grásiða poi riforgiata in lancia,[2] la spada Dragvendill, per non citare che qualche esempio.[3] Taluni fra questi nomi, quali quello della corazza Finnzleif[4] o della spada Dáinsleif,[5] la cui seconda parte *-leif* f. vale «eredità», rivelano il legame delle diverse armi

Particolare della pietra di Smiss I. *Gotland, Svezia,* VIII-IX *secolo*

con la stirpe che le possiede, e il loro passaggio di padre in figlio simboleggia la trasmissione del potere di difesa e di accrescimento della prosperità della stirpe, la consegna di un oggetto ambivalente – ora benefico ora malefico – il cui uso dovrà andare a vantaggio esclusivo della famiglia.[6]

Il legame delle armi con gli antenati pare essere un motivo non secondario per cui assai spesso esse si trovano nelle tombe dell'età del ferro e dell'età vichinga: la funzione protettrice e tutelare del defunto sarà accresciuta attraverso quegli stessi strumenti che gli consentirono in vita di operare per la prosperità della sua stirpe. Il potere delle proprie armi sarà infine accresciuto da una magia che renda inette a offendere quelle del nemico: a ciò fa riferimento la *Saga degli Ynglingar* quando elenca le qualità di Odino,[7] così come diverse altre fonti.[8] In tale prospettiva vanno senza dubbio intesi taluni ritrovamenti di armi rese inutilizzabili, fra i reperti funerari dell'età del ferro.[9]

In una società in cui la guerra è occupazione quotidiana di molti dèi, le armi non potranno che avere un carattere sacrale: su di esse perciò si presteranno solenni giuramenti.[10] E la concezione della guerra e del combattimento come aspetto ineluttabile della vita, intrecciato allo svolgersi degli eventi e a esso indispensabile, si ha nel riferimento al fiume cosmico Slíðr (o Slíð), del quale si dice che scorre da oriente attraverso valli avvelenate trascinando pugnali e spade.[11]

Di talune armi è detto talora che sono dono degli dèi.[12]

Incisione rupestre di Varlös, in cui compare una figura provvista di arco. Bohuslän, Svezia, età del bronzo

a. *Arco*

Arma caratteristica del dio Ullr, detto per questa ragione *Bogaáss* «dio dell'arco»,[13] ne sottolinea la funzione di dio luminoso del cielo che nell'esercizio di quest'attività rivela la sua qualità fontamentale, dardeggiando, come fa il sole, le forze oscure e distruttrici. Anche Skaði, moglie del dio Njörðr, è dea cacciatrice armata d'arco.[14]

L'immagine di una divinità con l'arco presente nelle incisioni rupestri raffigura probabilmente Ullr stesso, dio molto antico; così come il legno di tasso, materiale preferito per l'arco (*ýr* m. significa sia «tasso» che «arco di tasso»),[15] richiama forse l'albero cosmico[16] (pianta che sarebbe stata piuttosto un tasso che non un frassino) e di conseguenza la divinità dell'universo a esso collegata.

b. *Freccia*

Simbolo divino e maschile, la freccia è strumento di penetrazione, apertura, superamento dello spazio, della pesantezza (dunque della materialità) e di elevazione. È altresì emblema di scelta avvenuta, di sicurezza della direzione, di decisione. La velocità con la quale corrisponde alla volontà la rende immagine dell'intuizione folgorante, dell'azione risoluta ed efficace, come efficaci e folgoranti sono i raggi del sole che dardeggiano la terra. Per questo è anche emblema di luce e corrispettiva della fiamma. Tutto ciò ne fa arma perfetta dell'eroe solare, il cui compito è quello di distruggere le forze del male e dell'oscurità. Esemplare è in proposito il racconto della saga di Oddr, detto appunto «della Freccia» (*Örvar-Oddr*), nella quale è detto che il protagonista possedeva tre frecce magiche adorne d'oro e dotate della straordinaria qualità di cogliere sempre il bersaglio e di tornare indietro da sole. Esse erano considerate i beni preziosi di Gusir: costui infatti era un re dei Finni (popolo ritenuto assai esperto in magia), che le aveva possedute prima che giungessero all'eroe.[17] Nel nome dell'eroe Oddr, che significa «punta», è ulteriormente sottolineata la simbologia del racconto.

La freccia e l'arco sono strumenti del guerriero e del cacciatore, per i quali l'esperienza della vita è la lotta contro le forze del male: l'apprendimento del loro uso è perciò azione iniziatica.[18]

Il potere della freccia di trasmettere morte immediata e ineluttabile appare anche nel mito sulla morte di Baldr, che viene ucciso da un rametto di vischio magicamente trasformato in freccia.[19]

L'uso della «freccia di guerra» (*herör* f.) inviata di luogo in luogo per radunare celermente un esercito contro il nemico è testimoniato in diversi luoghi.[20]

c. *Lancia*

Frequente fra i reperti archeologici e nelle incisioni rupestri dell'età del bronzo, la lancia fu senza dubbio arma assai diffusa in Scandinavia, usata dagli uomini, ma attribuita anche agli dèi.[21] È un'arma di offesa, dunque aggressiva, maschile: in ciò forse la ragione per cui nelle incisioni rupestri figure di palese carattere fallico sono provviste di lancia.

La lancia è l'arma privilegiata di Odino: egli è detto «signore della lancia».[22] Il mito ricorda infatti che dai nani egli ebbe in dono *Gungnir* «oscillante», la sua lancia magica.[23] Con essa combatté nella guerra contro i Vani[24] e con essa combatterà la battaglia dell'ultimo giorno.[25]

La lancia è arma ideale per il dio: di Odino è detto infatti che combatte magicamente; la lancia scagliata da lontano è come il suo sguardo, con il quale può atterrire i nemici paralizzandoli[26] o fermare i giavellotti altrui.[27] Essa diviene altresì strumento dei sacrifici a lui offerti: egli stesso, nel racconto del sacrificio iniziatico a cui si sottopose, rivela d'esser rimasto appeso all'albero cosmico per nove notti «da lancia ferito».[28] Altrove si precisa che quando fu

Figura (un dio?) provvista di lancia che compare nelle incisioni rupestri di Litsleby. Bohuslän, Svezia, età del bronzo

vicino alla morte Odino «si fece segnare con la punta della lancia».[29] A una morte rituale provocata da una lancia (e dunque con la vittima consacrata a Odino) si fa riferimento senza dubbio in talune fonti.[30] La connessione della lancia con Odino si osserva anche là dove è detto che il tetto della Valhalla, sua dimora, è sorretto da aste di lance.[31] Anche le valchirie, divinità guerriere al suo servizio, sono armate di lance.[32]

Oltre che di Odino, la lancia pare essere attributo di Týr, dio dell'assemblea. Così indica la consuetudine di piantare una lancia al centro del cerchio in cui essa si svolgeva; così pare indicare anche la forma della runa ↑ che è detta appunto **Tīwaz*, nome germanico del dio.[33]

Diverse lance famose sono ricordate nelle saghe e a esse è spesso attribuita qualità magica.[34]

d. *Spada*

È l'arma eccellente del guerriero, maschile, incisiva, penetrante e decisa. Esprime la capacità di agire energicamente, di superare un ostacolo o un nemico grazie a una forza risoluta ed efficace. Il filo della lama, e con esso la punta, nei quali è concentrata la sua virtù, identificano l'essenza dell'azione così come la funzione di chi la possiede. Dell'eroe Sigurðr è detto che alla fine del suo apprendistato ebbe in dono dal nano-fabbro Reginn, che aveva curato la sua educazione, la spada *Gramr* «irata», «ostile».[35] Essa era così tagliente che, tuffata in un fiume, aveva diviso in due di netto un ciuffo di lana trasportato dalla corrente. Questa spada, definita «ferro straordinariamente luminoso»,[36] è la stessa con cui Sigurðr uccide il serpe Fáfnir[37] e libera la valchiria Brunilde dal sonno magico imposto da Odino fendendo l'armatura che la tiene prigioniera.[38] Questa stessa spada egli pone nel talamo quando, assunte le sembianze di Gunnarr, conquista la fanciulla che dovrà andare in sposa all'amico.[39] In quest'ultimo episodio la spada è simbolo di un volere superiore che preclude l'azione. Essa esprime l'interdizione di un atto umano in ragione di un ordinamento divino.[40]

La spada di Sigurðr è il dono che egli riceve al termine di un percorso iniziatico o, per meglio dire, nel momento in cui il suo approccio alla vita si fa, da passivo, attivo. Essa dunque lo seguirà fino alla morte. Rappresenta la sua forza di eroe solare, la sua stessa capacità di intervenire nel mondo. Essa è magica perché fu costruita da un nano; possiede la scienza del mondo poiché fu forgiata in oro, temprata nel fuoco, ma intrisa di gocce di veleno (contiene dunque i princìpi del bene e del male).[41]

A spade magiche si allude con molta frequenza nelle fonti. Del dio Freyr è detto che possedeva una spada così buona che combatteva da sola; egli la donò al suo servitore Skírnir per ottenere il suo aiuto.[42] Skírnir è lo «splendente» al servizio del dio della fecondità. Qui la spada è intesa come arma solare; è in realtà essa stessa un raggio di sole cui è dato potere di distruggere le forze dell'oscurità e del caos. Un'altra spada magica assai famosa è *Tyrfingr* «[con l'impugnatura di] legno resinoso» o forse meglio «[celata] sottoterra». Appartenuta al famoso *berserkr* Angantýr, era stata sepolta con lui dopo la sua morte. È detto però che Hervör, fanciulla guerriera figlia di Angantýr, si era recata al tumulo del padre al calar delle tenebre e, sfidando il grave pericolo del contatto con i defunti, aveva evocato il padre dalla tomba, facendosi consegnare l'arma. Essa era perciò altamente efficace, poiché era stata per un certo periodo nel regno dei morti.[43] Di un'altra spada famosa, *Dáinsleif* «eredità di Dáinn» (un nano il cui nome vale «morto»), è detto che fu preparata dai nani: essa è causa di morte ogni volta che viene sguainata e le ferite che procura non guariscono.[44] Della spada *Sköfnungr* «levigata»[45] è detto che il sole non deve mai risplendere sulla sua impugnatura e le ferite da essa provocate possono guarire solo se strofinate con una pietra magica che la accompagna. Essa inoltre non deve essere mai tratta in presenza di una donna (forse un'allusione al significato fallico di quest'arma presente altresì in modo assai più evidente nell'episodio in cui Sigurðr fende con un sol colpo di spada la corazza di Brunilde addormentata).

Un'arma magica cui è affidata funzione sacrificale è senza dubbio la spada di re Geirrøðr la quale, per volere di Odino, gli sfuggì dalle mani con l'impugnatura rivolta verso terra: egli vi inciampò e rimase trafitto.[46]

Nella *Saga dei Völsungar* è ricordata la spada che Odino aveva conficcato nel grande albero di melo nella sala dei Völsungar. Sigmundr, il solo capace di estrarla dal tronco perché a ciò destinato, divenne un eroe dotato di speciali virtù. Con quella stessa spada egli poté tagliare anche la pietra liberandosi così dalla prigionia.[47]

Una spada malvagia è senza dubbio *Lævateinn* «ramo di male», forgiata da Loki oltre il cancello dei morti.[48]

Annunciatrice di sciagure è anche l'immagine della spada del gigante Surtr, arma fiammeggiante con cui nell'ultimo giorno egli incendierà tutto il mondo col fuoco. In essa è racchiusa la potenza distruttrice e devastante che si manifesta al limite del tempo quando un ciclo è compiuto.[49]

Il significato sacrale e sociale della spada è testimoniato dall'allusione al giuramento fatto «per il filo della spada».[50]

Le spade si ritrovano numerose fra i reperti archeologici dell'età del ferro.[51]

e. *Elmo*

È simbolo della dignità e della fierezza del guerriero, segno di sicurezza e di regalità. Odino, dio supremo, possiede un elmo d'oro[52] e ha fra i suoi appellativi *Hjálmberi* «[colui che] porta l'elmo». Similmente un elmo d'oro è simbolo della maestà regale:[53] esso è dunque da considerare fra gli oggetti più preziosi nel corredo del guerriero.[54]

Nell'elmo è concentrata l'impressione che il guerriero dà al nemico, sia essa di maestà o di terrore. Per questo esso rappresenta al contempo potenza e invulnerabilità. Il mito nordico ricorda a esempio un «elmo di terrore» (*œgishjálmr* m.) che Sigurðr aveva sottratto al serpe Fáfnir dopo averlo ucciso. Quell'elmo, dotato del potere

Testa umana con elmo incisa in corno di alce rinvenuta a Sigtuna. Uppland, Svezia, x secolo

di incutere terrore a chiunque lo guardasse, possedeva dunque qualità apotropaiche.[55]

Anche l'elmo ha quindi simbologia bivalente: esso rivela, o quando sia necessario nasconde, l'essenza di chi lo indossa. Ha valore maschile, attivo quando incuta terrore o timore sacro; è invece femminile, passivo, protettivo quando difenda chi lo indossi. L'elmo è perciò anche parte indispensabile del corredo delle valchirie.[56] Di Brunilde in particolare si dice che Sigurðr la trovò addormentata con indosso l'elmo e la corazza che ne proteggevano la segreta identità.[57]

L'«elmo che nasconde», dunque l'elmo nella sua funzione di protezione che rende invisibile, è noto nel vocabolario nordico con il termine *huliðshjalmr* m. (anche *hulinshjalmr*). Tale parola si trova a esempio dove si dice che con tale espressione vengono definite, nel regno dei morti, le nubi del cielo.[58] Ma questo termine è legato anche a una pratica magica ben nota che consisteva proprio nel «creare un elmo di invisibilità» (*bregða huliðshjalmi*) su qualcuno per sottrarlo ai nemici stendendo una coltre di nebbia, vapore o fumo.[59]

f. *Corazza*

È simbolo di integrità e di unità dell'essere. È arma passiva, protettrice, femminile, contrapposta alla spada che la fende,[60] la quale è attiva, aggressiva, maschile.

La simbologia della corazza appare chiaramente soprattutto nella vicenda della valchiria Brunilde (*Brynhildr*) «Hildr (lett. «battaglia») con la corazza». Per lunghi anni ella aveva dormito serrata nella sua corazza, della quale si dice che «era così aderente come se fosse cresciuta con la carne».[61] L'eroe Sigurðr la libera dall'incantesimo fendendo la corazza con la spada magica: il suo atto ha anche un probabile significato sessuale. Il senso simbolico di una verginità o integrità che è stata spezzata si trova anche nell'allusione alle corazze macchiate di sangue,[62] specie là dove il riferimento è alle valchirie. L'integrità perduta allude tuttavia anche a un brutale sconvolgimento della pace.

La corazza della valchiria Brunilde, che per lei è sicura protezione,[63] rappresenta anche la matrice in cui ella difende la propria integrità e nella quale deve rinchiudersi allorché debba affrontare, dopo avervi già trascorso il periodo del lungo sonno impostole da Odino, la condizione ben più grave e definitiva della morte: «indossò la corazza d'oro – non era felice nell'animo – prima di trafiggersi con il filo della spada».[64] L'atto di indossare la corazza, altrimenti inspiegabile, è una sorta di *regressio ad uterum*.[65]

g. *Scudo*

È arma difensiva e protettrice dietro la quale tuttavia sono raccolte e concentrate le virtù aggressive del guerriero. È perciò un'immagine che cela e al contempo raccoglie energia prorompente e pericolosa. Al carattere difensivo aggiunge una funzione di separazione del guerriero dal mondo, ne inquadra e sottolinea l'essenza potente e misteriosa. Scudi istoriati a volte con figure terrificanti avevano qualità apotropaiche. Nella tradizione vichinga sono ricordati scudi dipinti che raffiguravano le storie mitiche, nei quali dunque l'esistenza stessa del cosmo era riassunta e posseduta. Un caso esemplare è il componimento dello scaldo Bragi Boddason, *Carme encomiastico per Ragnarr* (*Ragnarsdrápa*, IX secolo), nel quale sono descritte scene mitologiche istoriate su uno scudo.[66]

Nelle fonti le allusioni a scudi preziosi posseduti dagli eroi sono assai numerose.[67] Nella *Saga di Egill*[68] è riferito di uno scudo donato a un poeta (perché vi componesse attorno una poesia?). Già Tacito[69] notava che i Germani possedevano scudi di vari colori ai quali era affidata evidentemente una diversa simbologia (*scuta tamen lectissimis coloribus distingunt*). Di scudi bianchi e rossi era fatto, secondo il mito, il bastione all'interno del quale giaceva addormentata la valchiria Brunilde.[70] L'immagine dello scudo come barriera ritorna dove Brunilde dispone che scudi siano eretti attorno al rogo in cui ella brucerà con Sigurðr.[71] Nella descrizione della Valhalla, dimora degli eroi morti di Odino, è detto che il tetto era fatto di scudi disposti a mo' di tegole.[72] Questa dimora starà salda fino all'ultimo giorno, quando ogni ordine sarà sconvolto. È detto che allora «si fenderanno gli scudi».[73]

La funzione magica e sacrale di quest'arma è confermata là dove si allude[74] al giuramento prestato sull'orlo dello scudo. In un carme Odino ricorda un canto magico capace di rendere i suoi guerrieri forti e invulnerabili: esso viene cantato «sotto gli scudi».[75] Questo passo esprime l'idea fondamentale della simbologia dello scudo nel quale è raccolta nella sua forma più completa ed efficace la virtù del guerriero.

Gli *Skjöldungar*, mitica stirpe danese, vengono fatti risalire a *Skjöldr*, figlio di Odino: il suo nome significa «scudo». Essi, suoi discendenti, sono dunque i «[guerrieri armati di] scudo».[76] Dei guerrieri-orso e dei guerrieri-lupo consacrati a Odino è detto che invasi dal furore mordevano gli scudi.[77] Anche l'atto di scuotere tali armi[78] allude a un rito di guerra; del *barditus*, il grido guerriero dei Germani, è detto che proveniva da dietro gli scudi.[79]

Riferita al concetto di una barriera dietro la quale è celata una entità pericolosa e potente è anche l'immagine dello scudo detto *Svalinn* (o *Svöl*) «fresco», che è posto davanti al sole per impedire che il mondo sia arso.[80] Il calore del sole, «dio splendente» (*skínandi goð*) sul cui scudo sono incise le rune,[81] così come la sua potenza sono corrispettivi dell'ardore e del vigore guerriero.

Un mito che ci resta sconosciuto è all'origine della *kenning* che definisce lo scudo «nave di Ullr».[82] Forse si può pensare che questo dio, che ha carattere «invernale», usasse lo scudo come una slitta. Qui si può ricordare quanto narrato a proposito dei Cimbri i quali, per entrare in Italia attraverso le Alpi, avrebbero usato gli scudi come slitte.[83]

Lo scudo sotto i piedi è ricordato anche nel mito del duello di Thor con il gigante Hrungnir:[84] costui, temendo di essere attaccato da sottoterra, si pose lo scudo sotto i piedi scoprendo così le proprie difese.

L'uso dello scudo innalzato come segnale di tregua è ricordato a esempio in Saxo.[85]

h. *Coltello*

Strumento sacrificale per eccellenza, simbolo di azione efficace e decisa, il coltello è citato nel mito soltanto all'inizio dell'*Edda*, dove Snorri parla di un giocoliere all'ingresso della dimora degli Asi il quale stava «nel vano della porta... e faceva un gioco di destrezza con dei pugnali tenendone sette per aria contemporaneamente».[86] Qui si vuole probabilmente indicare la divina padronanza di un pericoloso strumento di morte.

3. *Bacile*

La simbologia del bacile (e degli oggetti a esso corrispettivi quali la coppa, la caldaia, il calderone o la tinozza) si incentra sulla sua funzione di contenitore di un liquido sacro, il quale nella tinozza viene preparato, nella coppa consumato. Possedere questo oggetto significa perciò avere potere di creazione e distribuzione delle energie divine contenute nel liquido. Nel tino si fa fermentare la birra, bevanda sacra: esso sarà perciò possesso prezioso destinato agli dèi, da sottrarre al dominio pericoloso dei giganti; così pare da intendere il mito del viaggio di Thor e Týr presso il gigante Hymir, quando essi si impadroniranno della preziosa caldaia che servirà a preparare la birra agli dèi, e Thor distruggerà la coppa magica del gigante.[1]

Quali contenitori per un liquido sacro, il bacile e la coppa sono gli oggetti sacrificali per eccellenza, frequenti tra i reperti archeologici (basti fra tutte la citazione dello splendido catino d'argento istoriato con figure umane e animali risalente alla prima età del ferro e ritrovato a Gundestrup nello Jutland, Danimarca).[2] Alla funzione sacrificale della tinozza fa riferimento senza dubbio il racconto della morte di Fjölnir, mitico re svedese figlio di Freyr, il quale, secondo quanto narrato da Snorri, annegò in una tinozza colma di idromele.[3]

Un collegamento con questa simbologia potrebbero forse avere anche le cosiddette *älvkvarnar* (Svezia), cavità a forma di scodella incise su massi o superfici rocciose e risalenti all'ultima fase dell'età della pietra.[4]

Il mito nordico conosce diversi calderoni e bacili magici. *Eldhrímnir* «fuligginoso per il fuoco» è il nome di un recipiente che si trova nella Valhalla e nel quale il cuoco Andhrímnir cucina il cibo dell'immortalità per i guerrieri di Odino.[5]

Ma il bacile non dispensa soltanto nutrimento perpetuo, bensì anche saggezza senza limiti: il mito sull'origine della poesia, simboleggiata da un sacro idromele che rende poeta chi lo beva, fa riferimento a un vaso e due coppe nei quali tale idromele fu preparato dai nani. Il vaso si chiamava *Óðrørir* «[quello che mette] lo spirito in [uno stato di] eccitazione»; le coppe *Boðn* «recipiente» e *Són* «sangue» (con verosimile allusione al sangue del saggio Kvasir che, mescolato al miele, diede origine all'idromele della poesia).[6]

La simbologia della coppa e del bacile come fonte d'una possibilità rigeneratrice e d'una vita nuova e diversa si rivela anche nell'allusione alla coppa che contiene il liquido dell'oblio che può rivelarsi giovevole[7] o pernicioso.[8]

Come fonte di potenza e verità divina, il bacile ha inoltre una sua precisa funzione nella pratica dell'ordalia: di Goðrún, sposa di Sigurðr e poi di Attila, si racconta a esempio che, accusata di adulterio, poté dimostrare la propria innocenza tuffando un braccio in una caldaia bollente e ritraendolo intatto.[9] A tale rituale fa presumibilmente riferimento anche il *Dialogo di Grímnir* là dove dice:

Di Ullr ha il favore e di tutti gli dèi,
chi per primo tocca il fuoco;
poiché le dimore dei figli degli Asi saranno aperte,
quando si tolgano le caldaie.[10]

Alle coppe come oggetti magici dotati di vita propria fa riferimento un verso[11] in cui si dice che esse risuonarono nel momento della morte di Sigurðr.[12]

4. *Corno*

È innanzitutto quello dell'animale, materia cornea che sfugge alla corruzione del corpo e per questo contiene una nozione di eternità.

Tale senso hanno a esempio le corna d'oro di taluni bovini[1] che nell'immagine richiamano l'età felice delle origini segnata dalla prosperità e dall'abbondanza. Esse sono la sede della forza e della dignità dell'animale,[2] arma pericolosa, penetrante e mortale.[3] Le corna di cervo esprimono in particolare tutta una simbologia fausta: sono luminose come i raggi del sole,[4] eterne per la loro capacità di rinnovarsi perennemente, sorgente di un liquido vivificante: dalle corna del cervo Eikþyrnir che si nutre delle foglie dell'albero cosmico, informa Snorri, cadono gocce così grandi che da esse originano i fiumi del mondo.[5]

Il corno di animale, debitamente lavorato, assume la funzione di contenitore del liquido della vita. A questo concetto si allude a esempio quando si dice che la valchiria risvegliata da Sigurðr «prese il corno, colmo di idromele, e gli diede la bevanda del ricordo»,[6] e anche quando si aggiunge che le rune, simbolo di saggezza, vanno incise sul corno.[7] Esse sono quelle stesse rune che furono tratte da un liquido caduto in gocce dal corno di un misterioso Hoddrofnir, da identificare forse con il gigante Mímir[8] (l'equazione: corno ricolmo di liquido sacro = saggezza e abbondanza risulta qui assolutamente trasparente). Mímir, gigante assai saggio, possiede una fonte, Mímisbrunnr, che si trova ai piedi dell'albero cosmico: da essa il gigante beve servendosi del corno detto *Gjallarhorn* (o *Gjallahorn*) «corno risonante», che altrove è detto appartenere al dio Heimdallr.[9] A tale corno fa presumibilmente riferimento la *Predizione dell'indovina*[10] là dove indica, con il termine *hljóð* n. (il cui significato non è qui del tutto chiaro), un attributo di Heimdallr che, come l'occhio di Odino, è nascosto (dunque sepolto?) ai piedi dell'albero cosmico. *Hljóð* può essere il corno del dio, o forse il suo udito (definito da Snorri assolutamente straordinario),[11] rappresentato simbolicamente dall'orecchio. Qui va probabilmente riconosciuta l'immagine del vortice primordiale che ebbe forma di corno o di orecchio e nel quale fu udito il primo suono. *Hljóð* del resto, nella sua accezione più comune, significa «silenzio»: esso indica tuttavia quel silenzio che è al contempo attenzione e concentrazione poiché precede l'ascolto di un messaggio divino.[12] La parola può infatti significare anche «suono». Del corno di Heimdallr, Gjallarhorn, si dice che viene udito in tutti i mondi e che il dio lo farà risuonare alto nell'aria quando la fine del ciclo sarà imminente.[13] Il corno è perciò anche strumento ideale della sentinella che annuncia il mutare degli eventi.[14]

Figure di suonatori di corni di forma sottile e allungata (*lur*) sono frequenti nelle incisioni rupestri; questi oggetti inoltre sono stati rinvenuti fra i reperti votivi dell'età del bronzo e del ferro (essi compaiono spesso in coppie: in ciò un riferimento alle due corna dell'animale?). Particolarmente pregevoli dovettero essere i due corni d'oro di Gallehus (presso Tondern, Jutland meridionale, Danimarca, v secolo) rubati e poi fusi, sui quali erano istoriate scene di carattere mitologico (su uno era incisa anche un'iscrizione in caratteri runici).

In una saga[15] è ricordato che un grande corno era conservato in un tempio. In un'altra fonte si parla di un corno che aveva poteri oracolari in quanto su di esso era incisa una testa umana che preannunziava gli eventi.[16] All'importanza del corno presso i Germani allude anche Cesare.[17]

5. *Gioielli*

Sono simbolo regale di dominio; spesso hanno altresì valore di amuleti che concentrano magicamente il potere proprio di una funzione o di una dignità e manifestano la conoscenza di segreti divini. Talvolta hanno origine dal sacrificio di innocenti i cui occhi, denti o crani sono stati trasformati in oggetti preziosi da un fabbro magico;[1] tal altra sono contenuti e protetti in scrigni che ne difendono la preziosa funzione iniziatica e guardati da esseri pericolosi che mettono a dura prova chi voglia impossessarsene.[2]

Poiché il materiale di cui i gioielli sono fatti (pietre e metalli) proviene dalle viscere della terra, essi posseggono e possono trasmettere i segreti del mondo ctonio, là dove si sviluppa l'azione delle forze fecondanti. Per questo sono talora conservati in buche e caverne.[3] I gioielli sono perciò più spesso caratteristici delle divinità femminili legate alla fecondità. Ciò è evidente non soltanto nell'allusione allo scrigno di Frigg, di cui ha cura la sua ancella Fulla,[4] bensì soprattutto per il monile *Brísingamen* «monile dei Brísingar» (forse con allusione ai nani che lo avevano fatto), appartenente alla dea della fecondità per eccellenza Freyja, della quale è noto inoltre che ha due figlie *Hnoss* e *Gersimi* (o *Gørsemi* o *Görsimi*) i cui nomi significano appunto «gioiello».[5] Brísingamen, che pare inteso in molte fonti come una collana,[6] dovette forse originariamente essere una cintura preziosa dotata del potere di alleviare le fatiche delle partorienti. Così parrebbe indicare tra l'altro l'allusione dello scaldo Þjóðólfr di Hvínir, che definisce Loki «ladro della cintura di Brísingr».[7] Un mito cui accennano fonti d'epoca diversa narra del furto da parte di Loki di questo oggetto prezioso opera dei nani e della lotta fra lo stesso Loki e il dio Heimdallr, i quali combatterono in forma di foca per il suo possesso a Singasteinn (un isolotto?).[8]

La prima parte del nome di questo oggetto tanto prezioso è troppo vicina a un termine poetico per «fuoco», *brísingr* m., perché si possa parlare di coincidenza. Qui siamo di fronte, verosimilmente, alla simbologia del fuoco (condivisa dall'oro che in numerose *kenningar* è detto «fiamma delle fonti») come sorgente di luce, calore, vita e fecondità (in norvegese *brising* è un falò con significato rituale).

6. *Anello*

Per la forma circolare che esprime la perfezione infinita compiuta in se stessa, e per il materiale – metallo prezioso, oro o argento – di cui è fatto, l'anello ben si presta a una simbologia regale e divina. Infatti nella forma e nella materia esso assomma in sé un duplice aspetto: il potere sul ciclo della vita che vi è conchiuso nella sua interezza dal principio alla fine (a ciò alluderebbe l'uso prevalente di non saldare gli anelli) e la conoscenza di ciò che rende la vita stessa prospera e feconda. L'anello d'oro rappresenta perciò un dominio sul tempo e sullo spazio, sullo spirito e sulla materia (una materia tuttavia intesa come frutto copioso della sapienza divina, incontaminata dalla cupidigia). I miti della creazione precisano così che l'oceano, simbolo della materia senza forma, fu avvinto strettamente alla terra e legato attorno a essa come un anello.[1] La forma dell'anello non saldato rappresenta anche il potere sulle forze del male che vengono trattenute e paralizzate fino all'ultimo giorno. Del serpe di Miðgarðr, uno dei simboli del male cosmico, è detto che gli dèi lo gettarono nel mare profondo che circonda il mondo, dove crebbe. Esso giace nell'oceano, avvolto attorno alla terra, giungendo a fatica in tutta la sua lunghezza a circondarla.[2]

Funzione simbolica simile a quella dell'anello hanno i bracciali (talora a forma di spirale, il che allude al susseguirsi dei cicli) o i collari.

Scena raffigurata sulla pietra di Tängelgårda I. *Gotland, Svezia,* VIII-IX *secolo*

Della funzione sociale e cultuale dell'anello testimoniano diverse fonti,[3] che ci informano dell'uso di aspergere un anello del tempio con sangue sacrificale, così come della consuetudine di prestare su di essi i giuramenti solenni.[4] L'anello stabilisce perciò un legame indissolubile, stringe un patto fra uomo e dio o fra uomo e uomo con la divinità a testimone. Esso diviene dunque altresì segno di riconoscimento di un'alleanza consacrata.[5]

L'anello è simbolo della perfezione e della prosperità del ciclo: così il mito della «pace di Fróði» narra che questo re (verosimilmente da identificare col dio della fecondità Freyr) garantì al suo popolo (i Danesi) un periodo di pace e di prosperità talmente perfetto che non vi era allora ladro né grassatore, «tanto che un anello d'oro rimase a lungo [esposto] nella landa di Jelling».[6]

Il possesso di un anello garantisce poteri divini, ma può condurre alla rovina ove lo si volga al servizio della cupidigia. Narra Snorri[7] che Odino possedeva un magico anello d'oro detto *Draupnir*, forgiato dai nani-fabbri, dal quale ogni nove notti scaturiscono (lett. «gocciolano» e il nome Draupnir si spiega nella connessione con *drjúpa* «gocciolare») otto anelli di uguale peso (e cioè con esso nove, numero del ciclo compiuto). Questo anello, simbolo del potere sulla ricchezza feconda, fu posto dal dio sul rogo di Baldr,[8] che dunque ne è detto possessore.[9] Virtù magica simile a quella di Draupnir è attribuita in una saga tarda[10] a un anello detto *Gainn* («[quello che] va»??). Nel *Dialogo di Skírnir* è ricordato che Skírnir offrì Draupnir a Gerðr per indurla a cedere all'amore del dio Freyr.[11]

Legati al potere sulla fecondità paiono essere anche la collana di Freyja Brísingamen[12] e un bracciale magico di cui parla Saxo, donato insieme a diversi anelli da Odino a Rinda per ottenerne i favori.[13]

Un potere simile a quello di Draupnir appartiene all'anello *Andvaranautr* «dono di Andvari», cioè del nano che vi lega una maledizione allorché esso gli viene sottratto da Loki. Questo anello, col quale – se gli fosse stato lasciato – «egli avrebbe potuto di nuovo accrescere le sue ricchezze»,[14] diverrà per questa ragione strumento di cupidigia e il suo uso scorretto condurrà alla rovina coloro che lo possederanno: esso sarà l'origine delle sciagure dei Nibelunghi.[15]

La simbologia fausta dell'anello quale emblema di pace e di prosperità spiega l'uso frequente di farne dono eccellente,[16] così come la sua appartenenza agli oggetti più preziosi della stirpe.[17] Simbologia infausta sarà al contrario da rilevare là dove l'anello sia rubato, spezzato o contaminato da simboli di male. Così va intesa la notazione relativa all'anello esposto nella landa di Jelling, che sottolinea l'assenza di qualsiasi ladro che ne minacciasse la funzione benefica trasformandolo in oggetto puramente venale. Così pure il racconto del *Carme di Völundr*, nel quale tutta una serie di sventure e delitti è annunciata dal furto e poi dalla rottura di un anello.[18] Così infine va inteso il gesto di Goðrún allorché, per mettere sull'avviso i fratelli (cui suo marito Attila ha teso un tranello) invia loro un messaggio in rune e l'anello Andvaranautr legato con un pelo di lupo.[19] E, dopo la loro morte, il suo gettar via le collane e spezzare gli anelli[20] non è semplice sfogo al dolore quanto piuttosto atto con cui ella sottolinea che la pace della stirpe (e dunque la sua possibilità di prosperare) è stata definitivamente compromessa.

Una funzione sacrificale dell'anello può forse essere dedotta dal racconto della *Saga degli Ynglingar* relativo al re Agni e alla sua sposa Skjálf, la quale, per vendicare l'uccisione di suo padre, impiccò il marito per mezzo d'un collare d'oro che apparteneva al patrimonio della famiglia.[21]

La rilevanza simbolica dell'anello è rafforzata dalle numerose immagini in cui esso è chiaramente rappresentato, come appare soprattutto da talune bratteate e anche da una raffigurazione che si trova sulla pietra di Tängelgårda I (Gotland, Svezia, VIII-IX secolo) su cui si vedono dei guerrieri che tengono in mano anelli di singolari dimensioni.

Appendice 1. Il significato del tesoro

È nascosto nelle viscere della terra come il segreto che è custodito nell'intimo. Guardato da esseri demoniaci o notturni, quali draghi, nani o demoni, che lo difendono gelosamente:[1] la sua conquista deve perciò avvenire mediante delle prove e delle lotte che rappresentano la capacità dell'uomo di affrontare gli istinti regressivi e oscuri dell'animo simboleggiati dai guardiani. La conquista del tesoro da parte dell'eroe sarà dunque conquista di saggezza: esso infatti rappresenta altresì l'essenza divina celata nell'interiorità dell'animo e della quale si ottiene il possesso e il dominio solo grazie a un difficile processo di evoluzione spirituale. È significativo che Sigurðr, allorché uccide il serpe Fáfnir, custode di un tesoro, divenga contemporaneamente capace di intendere il linguaggio degli uccelli, cioè di accedere a un livello superiore di conoscenza. La sapienza è anche simboleggiata nell'oro e nei gioielli che del tesoro costituiscono l'essenza.[2]

Possedere un tesoro equivale a possedere il segreto delle cose: esso va perciò custodito e difeso. Molte sono nelle fonti le allusioni a tesori sepolti sotto terra:[3] essi hanno anche il senso di una sorta di «provvista» per l'aldilà; nella *Saga degli Ynglingar* è detto infatti che Odino aveva stabilito che ognuno sarebbe giunto nella Valhalla con le ricchezze che aveva sulla pira «e che vi avrebbe anche usufruito di ciò che personalmente aveva sotterrato».[4] Questa concezione spiega il perché di diversi tesori sepolti è detto che dopo la morte del proprietario non vennero più ritrovati. Di Odino stesso è riferito altresì che grazie alle sue arti magiche entrava nelle rocce e nei tumuli, legava con le sole parole coloro che vi dimoravano e si impadroniva di quanto vi era custodito. Egli infatti sapeva dove erano nascosti tutti i tesori della terra, cioè, metaforicamente, aveva possesso del segreto di ogni cosa.[5] Il tesoro è la saggezza che appartiene contemporaneamente al mondo dell'aldiquà e a quello dell'aldilà.

Appendice 2. Il dono

Sancisce i momenti determinanti della vita. Tipica è l'usanza di fare un dono prezioso allorché si dà il nome: ciò è detto *nafnfestr* (f.).[1] Similmente è nota l'usanza di fare un dono per il primo dente;[2] sono comuni inoltre i doni nuziali[3] e quelli che suggellano un'amicizia.[4]

Il significato del dono va individuato nella trasmissione, insieme all'oggetto, della potenza magica che vi è contenuta; tuttavia esso rappresenta altresì un mezzo di circolazione dei beni, come insegna Odino che afferma: «un dono esige sempre una ricompensa»[5] e anche: «all'amico l'uomo deve essere amico, e ricambiare dono con dono».[6]

6. *Imbarcazione*

È simbolo evidente della possibilità di affrontare il mare. Ora, poiché rispetto alla terra il mare rappresenta un «altro mondo» in cui la materia ha conservato aspetto informe e disordinato e nel quale dimorano perciò molte forze oscure e talora i defunti, l'imbarcazione – che è nel mondo nordico frequentemente una nave – diviene lo strumento che permette di avventurarvisi con il minor rischio possibile conservando al contempo la propria identità e distinzione.

La nave, come mezzo che consente all'uomo il viaggio in un «altro mondo», diviene perciò bersaglio delle forze oscure che vogliono sopraffare chi si è introdotto nelle loro dimore. In tal senso va letto il riferimento alle streghe che distruggono la nave del dio Thor[1] così come quello a Hrímgerðr, figlia di un gigante, la quale tenta di affondare la flotta dell'eroe Helgi.[2] Opportuna sarà dunque una magia che sappia contrastare queste forze.[3]

Legate a questa simbologia sono, evidentemente, le numerose navi funerarie. All'età del bronzo risalgono diverse sepolture, con le pietre disposte in forma di nave, che si ritrovano a esempio in Gotland o in Öland (Svezia). Famose sono inoltre le vere e proprie «navi funerarie» dell'età vichinga: si ricordino qui i celebri reperti archeologici di Oseberg e Gokstad in Vestfold, Norvegia, entrambi risalenti al IX secolo.[4]

La nave funeraria per eccellenza ricordata nel mito è senza dubbio *Hringhorni* «[che ha] un anello sul dritto di poppa», sulla quale fu posto il cadavere del dio Baldr.[5]

Connessione palese con il mondo infero ha la nave Naglfar – la più grande che ci sia – che si trova in Muspell. Essa è fatta con le unghie dei morti, perciò si presta attenzione se un uomo muore con le unghie non tagliate, perché costui porta molto materiale per questa nave che gli uomini e gli dèi vogliono si costruisca lentamente. Infatti, quando *Naglfar* (o *Naglfari*) «nave di unghie» o «nave dei cadaveri» sarà pronta, giungerà la fine del mondo. Naglfar, guidata dal gigante Hrymr, procederà nel mare tempestoso e su di essa avanzeranno con Loki tutte le forze malvagie verso la battaglia finale con gli dèi.[6] Questa nave incarna l'identità spaventosa delle forze del male che sorgono dal regno del buio e del caos. L'immagine ricorda quella, contraria, della famiglia del gigante Bergelmir, che alle origini si sottrasse agli dèi fuggendo su un'imbarcazione.[7]

Un'altra nave famosa ricordata nel mito è *Skíðblaðnir* «[fatta di]

Sepoltura con pietre disposte in forma di nave a Tjelders.
Gotland, Svezia, età del ferro

pezzi di legno piccoli e sottili». Essa è la migliore fra le navi e appartiene a Freyr (in una fonte tuttavia è attribuita a Odino).[8] Costruita dai nani figli di Ívaldi, questa nave può viaggiare in tutti i mondi e può ospitare tutti gli dèi in assetto di guerra; inoltre, quando non se ne abbia bisogno, la si può piegare come una tovaglia e riporre in una borsa. Per il suo legame col dio della fecondità, essa è verosimilmente connessa alle numerose navi cultuali che si ritrovano nelle incisioni rupestri dell'età del bronzo (spesso con accanto o sopra dischi solari o alberi) e pare dunque legata ai culti della vegetazione di cui Freyr è patrono. Il viaggio per mare sarebbe una sorta di processione, il transito nel mondo infero da cui si trae nuova forza vitale (così il sole pare scendere al tramonto nelle profondità marine per riemergerne all'alba). Skíðblaðnir rappresenta tuttavia anche il potere degli dèi sui diversi «mondi». Tale senso ha non solo l'allusione alla sua capacità di contenere tutti gli dèi in assetto di guerra, bensì anche la notazione che, non appena la vela è levata, un vento la spinge ovunque si voglia andare.[9]

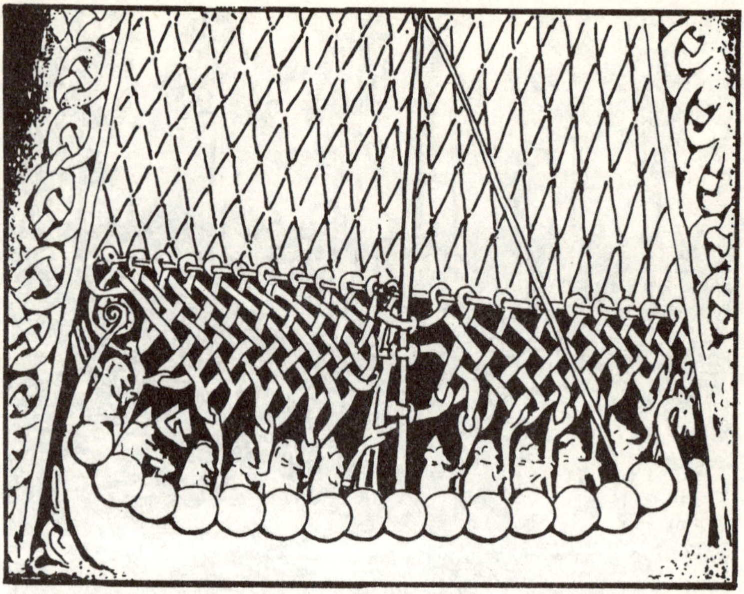

Raffigurazione di nave con guerrieri vichinghi. Pietra di Smiss I. Gotland, Svezia, VIII-IX secolo

Al valore sociale e simbolico della nave si allude là dove si parla di un giuramento fatto sul bordo di una nave.[10]

L'imbarcazione è infine mezzo di collegamento tra due rive che resterebbero altrimenti inesorabilmente separate; qui però essa condivide la simbologia incarnata nella figura del battelliere.[11]

Le storie nordiche ricordano navi belle e famose come quella celebre del re Óláfr Tryggvason detta *Lungo serpente* (*Ormr inn langi*) o quella di cui si dice in una saga[12] che comprendeva il linguaggio delle persone.[13]

7. *Carro*

È prima di tutto un intermediario tra la terra e il cielo, veicolo d'una manifestazione del divino. Per questo gli dèi si spostano su un carro che esprime la loro identità e distinzione.[1] Già Tacito riferiva del culto di Nerthus, dea della terra, il cui carro trainato da mucche veniva condotto in giro dal sacerdote.[2] La *Saga di Óláfr Tryggvason* narra la storia di tale Gunnarr Helmingr il quale, sostituitosi al dio Freyr, andava in processione per la Svezia in sua vece con il carro sacro.[3]

Funzione divina ha anche il carro di *Sól* «sole», dea che tiene le redini di due cavalli.[4] Il carro solare è associato all'idea di armonia e ordine del cosmo: la sua ruota (che è altresì il disco solare) è una frequente rappresentazione nelle incisioni rupestri.[5] Esso è presente anche nei reperti archeologici dell'età del bronzo.[6] Due carri particolarmente pregevoli risalenti all'età del ferro preromana sono stati ritrovati nella palude di Dejbjerg nello Jutland, Danimarca: si tratta verosimilmente di oggetti destinati a uso cultuale.

Ma il carro non è legato solamente alla divinità: esso è anche veicolo di un'anima che debba fare esperienza in un nuovo mondo: tale senso ha il carro funebre (vedi quelli rinvenuti nelle tombe dell'età vichinga). Su un carro funebre riccamente adornato Brunilde, la valchiria che ha amato Sigurðr senza speranza, si reca nel mondo degli inferi.[7]

Pietra runica di Levide. Gotland, Svezia, età vichinga. Da un disegno di P.A. Säve, Reseberättelse 1863, *in* Antikvarisk-topografiska arkivet, *Vitterhets-akademien, Stockholm 1864*

Appendice 1. Ruota

È un simbolo solare sia per la forma circolare sia perché esprime il movimento che il sole pare compiere costantemente intorno alla terra.

Ruote e dischi solari sono frequenti fra i reperti archeologici fin dall'età della pietra più recente (v. a esempio i ritrovamenti di Vester Såby in Sjælland, Danimarca). Particolarmente interessanti sono le testimonianze dell'età del bronzo, alla quale risalgono diverse raffigurazioni di questo simbolo nelle incisioni rupestri, così come i cosiddetti «carri del disco solare», fra cui eccelle il reperto di Trundholm, Danimarca.[1] All'età del ferro appartengono le ruote usate come offerte votive ritrovate a esempio nella palude di Filaren a Mellösa (Södermanland, Svezia). La ruota, nella cui simbologia si riassumono i concetti di perfezione, divenire e libertà di trascorrere nello spazio, è anche attributo di una delle divinità raffigurate sul bacile sacrificale d'argento di Gundestrup (Jutland, Danimarca, IV secolo): tuttavia esso è da ascrivere probabilmente alla cultura celtica.

Alla ruota del carro di Odino si allude là dove si afferma che su di essa sono incise le rune.[2]

Come espressione del divenire del tempo, la ruota condivide in parte la simbologia della macina del mulino.[3]

Essa è infine indicata come simbolo di incostanza: in un carme si dice infatti che i cuori delle donne sono stati fatti su una ruota che gira.[4]

Appendice 2. Auriga

La guida di un carro, trainato da animali di varie specie, simboleggia il dominio sulle realtà che da quegli stessi animali sono rappresentate. Ora, poiché gli animali sono emblema di forze incontrollabili e impetuose, il dominio su di essi significa altresì governo e ordinamento di tali forze, realizzazione di ordine cosmico, funzione divina di controllo. Così *Sól*, la dea «sole», guida un carro con due cavalli, emblema della forza prorompente;[1] così Freyja alla guida del suo carro trainato dai gatti è dominatrice della lussuria da essi simboleggiata e ne indirizza gli impulsi verso la sfera della fecondità;[2] così Freyr al cui veicolo è aggiogato un verro dalle setole d'oro ha nelle mani le redini della prosperità e della ricchezza;[3] così infine Thor, che percorrendo il cielo sul suo carro trainato dalle capre provoca il tuono, ha potere su questi animali, connessi ai giganti di cui egli è nemico mortale.[4]

Note

1. *Vessillo*

1 Esempi in *ÓlH* 204-6, 219-21, 223-4, 226-7, 229; *Vat* 43; *Egi* 53-4.
2 Come quelle che secondo Saxo (VIII, IV, 2) sventolarono durante la famosa battaglia di Brávellir (cfr. pp. 211 e 549).
3 *Cronaca anglosassone*, ed. C. Plummer-J. Earle, *Two Saxon Chronicles*, Oxford 1892, I, p. 77; *Asser's Life of King Alfred*, ed. W.H. Stevenson, Oxford 1904, p. 54, cfr. pp. 265-6; *Encomium Emmae Reginae*, ed. A. Campbell, London 1949, p. 24.
4 *Ork* 11-2; *Njá* 157; *Þors* 2; cfr. p. 552.

2. *Armi*

1 Cfr. p. 649.
2 Cfr. p. 472 (d).
3 *Ket* 3, 5; *Grím* 3. Cfr. la spada Dragvandill in *Egi* 61, 64-5. V. anche le corazze e gli scudi magici dati da Goðrún ai nibelunghi Sörli e Hamðir (*Ská* 51 [6]); v. p. 400).
4 *Ská* 55 [8].
5 *Ská* 62 [9]; v. p. 177.
6 V. anche e soprattutto la spada *Ættartangi* «impugnatura della stirpe» nella *Vat*; essa è ritenuta dotata di *heill*, cioè della «fortuna» della stirpe (v. in particolare cap. 29; cfr. p. 306, appendice 2).
7 *Yng* 6; cfr. *Háv* 148, 150; v. p. 58.
8 V. a esempio *Sig* 27; *Erfi* 16; *Egi* 65; *Kor* 22-3; *Saxo* VII, II, 1. Cfr. pp. 603 (g) e 625, nota 59.
9 Cfr. *Eir* 4, dove a una maga viene dato un coltello spezzato in punta.
10 *Völ* 33.
11 *Vsp* 36; v. p. 494, nota 65.
12 *Hyn* 2; *Völs* 3. A testimoniare l'importanza attribuita alle armi, Snorri dedica parte dell'*Edda* alle diverse denominazioni di questi oggetti (v. *Ská* 62-3 e *Þul*).
13 *Gyl* 23, 31; cfr. pp. 219-20 (6).
14 *Gyl* 23; cfr. p. 278.
15 V. anche *Gðr* II 18.
16 Cfr. p. 536 (d).
17 *Örv* I 6, *passim*; *Örv* II 4, *passim*; cfr. *Ket* 3 e *Gríms* 1, dove è spiegato che Ketill, nonno di Oddr, aveva ucciso Gusir e gli aveva sottratto le frecce magiche. V. anche la figura dell'eroe Án detto Arciere (*bogsveigir*) nella saga omonima (*Áns*; cfr. p. 345, nota 59).
18 *Ríg* 28, 35; *Gðr* II 18.
19 *Gyl* 49; v. pp. 156-7. Cfr. il racconto sulla morte di Víkarr in *Gau* 7; v. pp. 420 e 210.
20 Esempi in *Egi* 3; *ÓlH* 39, 112, 120; *Saxo* V, V, 5. Cfr. *NGL* I, p. 60, § 151 e p. 66, § 181. Sul significato giuridico di questo uso cfr. M. Scovazzi, *op. cit.*, I, pp. 252-5. Sull'uso di una freccia infuocata (*tundrör* f.) per prendere possesso di un territorio cfr. pp. 456 e 462, nota 6.
21 *Fáf* 15.

22 *Son* 22: *geirs dróttin.*
23 *Ská* 44 [5]; v. pp. 92-3.
24 *Vsp* 24; cfr. *Hlö* 28; v. p. 86.
25 *Gyl* 51; v. p. 188.
26 *Yng* 6; cfr. *Háv* 148, 150; v. p. 58.
27 *Háv* 150.
28 *Háv* 138: *geiri undaðr*; v. p. 89.
29 *Yng* 9: *lét hann marka sik geirsoddi*; v. anche la medesima fonte a proposito di Njörðr. Cfr. *HH* II pr, dove Dagr uccide Helgi trapassandolo con una lancia avuta da Odino; v. p. 377; cfr. pp. 210 e 212.
30 V. nota precedente e *Gau* 7. Un'allusione a questo rituale si può forse riconoscere anche in *Atm* 24.
31 *Grí* 9; cfr. anche *Atk* 14; v. p. 58.
32 *HH* I 15, 54.
33 Cfr. pp. 216-7.
34 Esempi in *Hal* 4; *Gís* (1), 11, 16. In *Njá* 30 è descritta l'arma magica di Hallgrímr che è detta *atgeirr* m., sorta di grossa lancia o alabarda. A lui nessun'arma tranne quella avrebbe potuto recare la morte. Inoltre nel combattimento essa emetteva un suono, come se cantasse (cfr. anche *Njá* 79).
35 *Ská* 48-50 [6]; *Reg* pr, 25; *Sig* pr; *Sgk* 22; *Þul*; *Völs* 11, 15, 17, 23, 32; *NGþ* 5, *passim*; v. pp. 388-9.
36 *Sgk* 22: *kynbirt járn.*
37 *Ská* 48 [6]; *Fáf* pr, 1, 28-30; *Völs* 19-20 (cfr. *NGþ* 6); v. pp. 389-90.
38 *Ská* 49 [6]; *Sig* pr; *Völs* 21 (cfr. *NGþ* 6); v. p. 391.
39 *Ská* 49 [6]; *Grp* 15; *Bro* 19; *Sgk* 4, 68; *Völs* 29; v. p. 393.
40 V. anche un episodio analogo in *Saxo* IX, XI, 2-3; cfr. VI, VII, 6; v. p. 423.
41 *Bro* 19; cfr. *HHv* 9.
42 *Skí* 8-9; *Gyl* 37; v. pp. 149-50.
43 *Her* pp. 1-31, 92-114, *passim*; cfr. *Örv* I 29; *Örv* II 14; *Þul*; *Hlö* pr e *Skí* I: A, p. 349; B, p. 322. Nel nome di questa spada, così come nel racconto relativo a Tyrfingr, è sottolineata l'importanza attribuita alle armi appartenute ai defunti della stirpe: in esse è infatti garantita la continuità della virtù magica degli antenati. Per questo molte volte nelle fonti si sottolinea che una spada era appartenuta a un antenato o che era stata per un certo periodo nel tumulo di un morto. Cfr. a esempio *Saxo* VII, IX, 11 e IV, IV, 6-7. Anche il fatto che molte spade magiche siano forgiate dai nani (v. tra i numerosi esempi *Ásm* 1, dove si dice dei nani-fabbri Alíus e Olíus che preparavano queste armi; v. p. 443) va riconnesso al legame di questi esseri con gli spiriti dei morti: cfr. pp. 331-2.
44 *Ská* 62 [9]; v. p. 177.
45 Ricordata in *Lax* 57, (58), 76, 78; *Kor* 9-11; *Hról* 45, 50, 52; *Þul*; *Ldn* S 174, H 140; *Þórð* 1-2, 4, 10, 12; *ÞórðB* 6 (di questa spada è detto anche che era stata posta nel tumulo del celebre re Hrólf [Magro come un] palo).
46 *Grí* pr finale; v. p. 154.
47 *Völs* 3, 8; *Edda Kuhn* p. 321; v. p. 384.
48 *Fjö* 26; v. p. 405.
49 *Gyl* 51; *Vsp* 52; v. p. 187.
50 *Völ* 33: *at mækis egg.* In Saxo (II, VIII, 4) toccare la spada del re significa essere ammessi nella sua guardia.
51 Per altri esempi della qualità di vita autonoma, talora demoniaca, attribuita alle spade v. *Völ* pr, 18; *HHv* 8; *Gðr* II 38; *Saxo* II, II, 7-8; II, VI, 11; II, VII, 19; III,

II, 5; III, VI, 25 (dove si sottolinea il fatto che ogni spada è strettamente collegata a chi la possiede); *Hel* 6; *Lax* 30, 46; *Vat* 17, cfr. 29.

52 *Gyl* 51; v. anche *Sig* 14.

53 *HákG* 30.

54 Si veda in *Ská* 55 [8] la citazione dell'elmo prezioso detto *Hildisvín* «maiale di battaglia» o *Hildigöltr* «verro di battaglia» (con probabile allusione a un elmo che aveva l'aspetto di una maschera animale, cfr. p. 565); v. anche *HH II* 7, 14; le *Rime di Bjarki* (*Bjarkarímur*, ed. F. Jónsson, *Hrólfs saga Kraka og Bjarkarímur*, København 1904), VIII, 25; *Hát* str. 2.

55 *Ská* 48 [6]; *Reg* pr; *Fáf* 16-7, pr; *Völs* 18; v. p. 388. In *Þja* 9 Æger è nome di un elmo: dunque un «elmo di terrore». Cfr. anche p. 180 (nota 17) e forse *Saxo* II, VII, 17, dove si parla di uno «spaventoso ornamento di guerra» (*et horrendo belli praecingar amictu*).

56 *HH I* 15; *HHv* 28; *Odd* 16.

57 *Fáf* 44; *Ská* 49 [6]; *Völs* 21 (cfr. *NGþ* 6) e soprattutto *Sig* pr: «... vide che là giaceva un uomo addormentato con tutta l'armatura. Per prima cosa gli tolse l'elmo dal capo. Allora vide che era una donna...» (*sá at þar lá maðr ok svaf með öllum hervápnum. Hann tók fyrst hjálminn af höfði honum. Þá sá hann, at þat var kona*). Brunilde è altrove detta «Hildr sotto l'elmo» (*Hild undir hjálmi*: *Hel* 7); v. p. 391.

58 *Alv* 18.

59 Cfr. pp. 98 e 110, nota 46.

60 *Atm* 24, 52; *Gro* 13.

61 *Sig* pr: *brynjan var föst, sem hon væri holdgróin*; v. anche *Grp* 15; *Ská* 49 [6]; *Völs* 21; v. p. 391.

62 *HH I* 15; *HH II* 7, 44.

63 *Sgk* 37.

64 *Sgk* 47: *gullbrynju smó - vara gott í hug - áðr sik miðlaði mækis eggjum*; v. p. 395.

65 Che trova conferma nell'allusione al grembo della madre nella str. 45.

66 Cfr. Ludovica Koch, *op. cit.*, pp. 317-57 dove si dà conto di questo uso fra gli scaldi.

67 V. a esempio *HH I* 33; *Gðr II* 15-6; *Ham* 20; *Hlö* pr; *Saxo* IV, I, 9 e VII, IX, 15.

68 *Egi* 78.

69 *Ger* 6.

70 *Sig* pr; *Hel* 9.

71 *Sgk* 66; v. p. 395.

72 *Gyl* 2, cfr. *Hra* 11 ivi citato ed erroneamente attribuito a Þjóðólfr; *Grí* 9; cfr. *Atk* 14.

73 *Vsp* 45: *skildir eru klofnir*.

74 *Völ* 33.

75 *Háv* 156: *undir randir*; cfr. sotto e nota 79.

76 Cfr. pp. 200 e 250, nota 25.

77 V. a esempio *Yng* 6; cfr. p. 577 (l).

78 Cfr. *Lok* pr.

79 *Ger* 3. La forma potrebbe tuttavia essere *baritus*.

80 *Grí* 38; *Þul*; v. p. 55 (b).

81 *Sig* 15.

82 *Ská* 62: *skip Ullar*.

83 Plutarco, *Vite parallele* (Βίοι Παράλληλοι, ed. C.L. Lindskog-K. Ziegler, Leipzig 1971), XXIII, 3; cfr. Ammiano Marcellino, *Rerum gestarum libri*, ed. A. Selem, Torino 1965, XVI, 12.

84 *Ská* 25 [3]; cfr. *Ská* 62 e *kenningar*; v. p. 138.
85 *Saxo* III, II, 7.
86 *Gyl* 2: *...í hallardurunum... ok lék at handsöxum ok hafði* VII *senn á lopti*; cfr. p. 249, nota 10.

3. *Bacile*

1 *Hym passim*; v. pp. 128-9 e 132.
2 Il ritrovamento è del 1891.
3 Cfr. p. 525. V. in Saxo (V, XIV, 3) la descrizione del grande calderone di re Frotho, corrispettivo del dio Freyr.
4 Cfr. p. 310.
5 *Gyl* 38; *Grí* 18; v. p. 59.
6 *Ská* 4-6 [2]; v. p. 90.
7 *Gðr* II 21-4.
8 *Háv* 13.
9 *Gðr* III 6-9, *passim*.
10 *Grí* 42: *Ullar hylli hefr ok allra goða, / hverr er tekr fyrstr á funa; / þvíat opnir heimar verða um ása sonum, / þá er hefja af hvera.*
11 *Sgk* 29; v. p. 394.
12 Cfr. l'episodio in *Egi* 44, dove è riferito che un corno andò in frantumi da solo perché era stato mescolato del veleno alla bevanda. La notazione del *Dialogo di Hamðir* (*Ham* 23) sulle coppe rovesciate nella sala di Ermanarico nel corso di uno scontro è da intendere come simbolo di una frattura insanabile della pace.

4. *Corno*

1 *Þry* 23; *HHv* 4; v. pp. 120 e 368.
2 *Hym* 7, 19; *HH* II 38.
3 *Gyl* 37; *Yng* 26.
4 *HH* II 38.
5 *Gyl* 39; si noti che uno dei fiumi cosmici si chiama, significativamente, *Horn* «corno».
6 *Sig* pr: *Hón tok þá horn, fullt mjaðar, ok gaf honum minnisveig*; v. p. 391.
7 *Sig* 7. Analoga simbologia va attribuita al corno di cervo ricolmo d'oro cui si fa allusione in *Hról* 45 e *Ská* 55 [8].
8 *Sig* 13; cfr. p. 323.
9 *Gyl* 15, 27; v. anche *Grí* 13, dove si allude al fatto che Heimdallr beve felice il nettare degli dèi.
10 *Vsp* 27.
11 *Gyl* 27.
12 Cfr. *Vsp* 1.
13 *Gyl* 27, 51; *Vsp* 46; v. p. 187.
14 *Ham* 18.
15 *Stur* 18; cfr. p. 268, nota 61.
16 *Þþb* 8; cfr. pp. 600-1.
17 *De bello gallico*, ed. cit., VI, 28.

5. *Gioielli*

1 Esempi in *Völ* 24-5, 34-6; *Atm* 52; v. pp. 441 e 397, rispettivamente.
2 Cfr. *Ská* 48 [6]; *Reg* pr; *Fáf* pr, 16-8; v. pp. 388-90; *Völ* 20-3; v. pp. 439-40.
3 *Ská* 47 [6]; v. p. 388.
4 *Gyl* 35; cfr. pp. 214 (2) e 216 (4).
5 *Gyl* 35; *Yng* 10.
6 *Þry* 13, 15, 19; *Gyl* 35; *Ská* 16, 24.
7 *Hau* 9: *Brísings girði þjófr.*
8 *Sör* 1; *Ská* 16, 24; *Hús* 2; v. pp. 117-8.

6. *Anello*

1 *Gyl* 8; v. p. 50.
2 *Gyl* 34 e 47; v. pp. 63-4. La forma ad anello esprime qui un potere di tipo magico che resta tale finché lo si preservi, cioè finché si riesca a evitarne la rottura: il serpe cosmico sarà perciò pericoloso il giorno in cui ergendosi dal mare si sottrarrà a quella forma circolare che ora magicamente lo tiene imprigionato.
3 Cfr. pp. 638 (9) e 643, nota 4 (9).
4 *Baugeiðr* m. è detto il «giuramento sull'anello»; v. a esempio *Háv* 110; «sull'anello di Ullr» (*at hringi Ullar*) giura Attila, *Atk* 30; gli dèi Freyr e Njörðr sono invocati in *Ldn* H 268, là dove si chiama in causa anche il «dio onnipotente» (*inn almáttki áss*) che pare identificabile con Thor; v. sopra, nota 3.
5 Cfr. *Hár* 42 e l'episodio relativo a Hadingus e Regnilda in *Saxo* I, VIII, 13; v. p. 412.
6 *Ská* 53 [7]: *svá at gullhringr einn lá á Jalangrsheiði lengi*; v. anche *Skjö* 3. V. p. 181; cfr. p. 280; cfr. anche *Saxo* V, XII.
7 *Ská* 44 [5]; v. p. 93.
8 *Gyl* 49; v. p. 159; cfr. p. 271, nota 14.
9 *Ská* 13.
10 *Þja* 9.
11 *Skí* 21; v. pp. 150-1. V. anche *Saxo* III, II, 5.
12 V. sopra, nota 8 (5).
13 *Saxo* III, IV, 2; v. p. 166.
14 *Ská* 47 [6]: *mega œxla sér fé af bauginum.*
15 V. pp. 386, 388.
16 Esempi in *Vsp* 29; *Háv* 136; *Ská* 55 [8]; *Ldn* S 310, H 270; *Eir* 5; *Eyr* 44; *Hal* 7, 10.
17 *Ská* 55 [8]; *Hról* 44-5 a esempio, dove è ricordato l'anello *Svíagríss* «maiale degli Svedesi» (su cui cfr. pp. 520 e 565).
18 *Völ* 10, pr, 26; v. pp. 439-42.
19 *Drá*; *Atk* 8; v. p. 396.
20 *Atm* 46.
21 *Yng* 19; cfr. anche la maledizione legata al collare del re Vísburr (*Yng* 14).

Appendice 1. *Il significato del tesoro*

1 Fra gli esempi, numerosissimi, cfr. *Völ* pr; *Grp* 13; *Reg* pr, 1-5; *Fáf passim*; *Völs* 14, 18; *Þþb* 13; *Hró* 4; *Saxo* II, I, 2-3; V, II, 5; V, III, 25; VI, IV, 7; VI, IV, 10; VII, XI, 7; VIII, XIV, 7 e 18. Cfr. anche III, III, 8.
2 V. pp. 389-91.
3 V. a esempio *Ldn* S 356, H 314; *Saxo* V, II, 5; V, III, 25 e VII, XI, 7.
4 *Yng* 8: *þess skyldi hann ok njóta, er hann sjálfr hafði í jörð grafit*; cfr. *Egi* 85.
5 *Yng* 7.

Appendice 2. *Il dono*

1 Cfr. pp. 214 e 260, nota 4.
2 L'esempio più rilevante in *Grí* 5, dove si dice che Álfheimr, dimora del dio Freyr, gli fu data in dono per il primo dente; cfr. pp. 279 e 607.
3 V. *HHv* 42; *Þry* 29, 32; *Yng* 14, a esempio.
4 Esempi in *Gís* 5; *Ldn* S 310, H 270; *Hra* 15-6; *Stu* I, II, 126; *Hal* 9; *Lax* 13.
5 *Háv* 145: *ey sér til gildis gjöf*; cfr. p. 255, nota 117.
6 *Háv* 42: *Vin sínum skal maðr vinr vera / ok gjalda gjöf við gjöf*. Cfr. *Gís* 12, dove non è accettato un dono per il quale non si vuole dare ricompensa.

6. *Imbarcazione*

1 *Hár* 39; cfr. p. 629, nota 10.
2 *HHv* pr, 12-30; v. pp. 370-1.
3 *Háv* 154; *Sig* 10.
4 Cfr. *Yng* 23; v. p. 170, nota 7. V. anche *Ytal* 24 (cfr. *Yng* 31), dove di un re morto bruciato nella sua casa è detto che arse nella nave col focolare, fissa sul luogo di costruzione. Cfr. *Saxo* III, II, 11; V, VIII, 1 e VIII, V, 1.
5 *Gyl* 49; v. p. 157.
6 *Gyl* 51; *Vsp* 50; v. p. 186.
7 *Gyl* 7; *Vaf* 35; v. pp. 50 e 53, nota 6.
8 *Yng* 7.
9 *Gyl* 43; v. p. 93.
10 *Völ* 33.
11 Cfr. pp. 621-2 (b).
12 *Fri* 6.
13 Sulle navi vichinghe v. P.G. Foote-D.M. Wilson, *The Viking Achievement*, London 1970, pp. 232-62. Sulle diverse denominazioni della nave v. *Ská* 64 e *Þul*.

7. *Carro*

1 Cfr. p. 666, appendice 2.
2 *Ger* 40; cfr. p. 280.
3 Cfr. pp. 279-80 e 288, nota 13. V. anche *Saxo* VIII, II, 12.
4 *Gyl* 11; *Grí* 37; v. p. 55.
5 Cfr. p. 666, appendice 1.

6 Cfr. p. 27.
7 *Hel* pr, 5; *NGþ* 9; v. p. 432, nota 50; cfr. *Saxo* VIII, V, 1.

Appendice 1. Ruota

1 V. sopra, nota 6.
2 *Sig* 15; v. pp. 211 e 257, nota 158.
3 Cfr. p. 183.
4 *Háv* 84.

Appendice 2. Auriga

1 *Gyl* 11; v. p. 55; cfr. p. 559 (b).
2 *Gyl* 21, 49; v. pp. 60 e 159; cfr. pp. 285 e 571 (j).
3 *Gyl* 49; v. p. 159; cfr. p. 564 (d).
4 *Gyl* 21; v. p. 60; cfr. pp. 226 e 568-9 (h). Anche Odino pare essere in talune fonti un signore del carro: v. sopra, nota 2 (*Appendice 1. Ruota*).

Appendici generali

Fonti

Il materiale piuttosto ricco e tuttavia non sempre omogeneo da cui trarre notizie sulla mitologia e sulla religione nordica (due sfere che qui come altrove assai spesso si sovrappongono e si confondono) è vario per natura, importanza e cronologia.

Area scandinava

Fonti privilegiate per lo studio della mitologia nordica sono due libri che per le ragioni di seguito spiegate portano il medesimo titolo di *Edda*.

Nel 1643 il vescovo islandese Brynjólfur Sveinsson ritrovava un manoscritto, risalente alla seconda metà del XIII secolo, nel quale un ignoto raccoglitore aveva riunito carmi mitologici ed eroici di diversa origine e natura. Egli attribuì erroneamente tale opera all'erudito Sæmundr il Saggio (1054-1133) e, poiché alcune parti dei carmi ivi contenuti erano citate nell'*Edda* prosastica di Snorri Sturluson (v. sotto), egli la ritenne una sorta di precedente di quella, dandole appunto il titolo di *Edda*. Per distinguerla dall'altra essa viene abitualmente designata come *Edda* poetica, antica, (un tempo, appunto, di Sæmundr).

Il manoscritto che contiene questi carmi porta il nome di *Codex Regius* (islandese *Konungsbók*) ed è attualmente conservato a Reykjavík.[1] Un buon numero di componimenti che per contenuto, stile e intento riecheggiano i carmi eddici sono stati rinvenuti in altri manoscritti e vengono di solito stampati assieme a quelli del *Codex Regius*. Altri sono contenuti in saghe leggendarie.

I carmi più propriamente mitologici, quelli cioè che sono incentrati sulle figure e sulle vicende degli dèi e dei vari esseri sovrannaturali (giganti, nani, elfi, valchirie), contenuti nel *Codex Regius* sono dieci: la *Predizione dell'indovina* (*Völuspá*), in cui si tratta della cosmogonia, della cosmologia e della fine del mondo; il *Dialogo dell'Alto* (*Hávamál*),[2] carme composito in cui Odino in prima persona dà voce alla propria saggezza ed esperienza alludendo a miti che lo riguardano; il *Dialogo di Vafþrúðnir* (*Vafþrúðnismál*), contesa verbale che ha per protagonisti Odino e il saggio gigante Vafþrúðnir e per argomento le origini del mondo, il suo ordinamento e il suo destino; il *Dialogo di Grímnir* (*Grímnismál*), in cui Odino, celatosi sotto la falsa identità di Grímnir («mascherato»), viene torturato tra due fuochi da re Geirrøðr e in tale situazione rivela la propria sapienza sul mondo degli dèi; il *Dialogo di Skírnir* (*Skírnismál*),[3] in cui si narra il mito della passione del dio Freyr per la gigantessa Gerðr; il *Canto di Hárbarðr* (*Hárbarðsljóð*), nel quale Hárbarðr (sotto le cui spoglie si cela Odino) e Thor si affrontano in un duello verbale con molte allusioni ai miti (taluni dei quali ci restano tuttavia sconosciuti); il *Carme di Hymir* (*Hymiskviða*), in cui si narra del viaggio degli dèi Týr e Thor presso il gigante Hymir; l'*Invettiva di Loki* (*Lokasenna*), nella quale Loki dà sfogo alla propria ribalderia lanciando accuse a tutti gli dèi e dee e alludendo a vicende in cui essi si sono coperti di disonore; il *Carme di Þrymr* (*Þrymskviða*), in cui è narrato il mito del furto del martello di Thor, Mjöllnir, da parte dei giganti; il *Dialogo di Alvíss* (*Alvíssmál*), in cui il saggio nano Alvíss, interrogato da Thor per una notte intera, enumera i nomi delle diverse entità presso le stirpi che popolano il mondo (uomini, dèi, morti, giganti, nani, elfi).

A questi carmi vengono comunemente aggiunti: *I sogni di Baldr* (*Baldrs draumar*), in cui Odino, in seguito ai sogni angosciosi del figlio, si reca nel regno dei morti per interrogare una veggente sul destino che attende Baldr; il *Carme di Rígr* (*Rígsþula*), nel quale si fa del dio Heimdallr-Rígr il progenitore delle diverse classi sociali; il *Canto di Hyndla* (*Hyndluljóð*), che contiene diverse allusioni alle storie degli eroi e degli dèi: il *Canto di Grotti* (*Grottasöngr*), che è legato al mito del mulino del cielo; e infine il *Canto magico di Gróa* (*Grógaldr*), che, insieme al *Dialogo di Fjölsviðr* (*Fjölsvinnsmál*), racconta la vicenda di Svipdagr e Menglöð.

I carmi eroici, quelli cioè che, pur facendo ampio riferimento al mondo degli dèi e degli esseri sovrannaturali, sono tuttavia incentrati sulle figure di esseri umani dei quali si narrano le vicende o le imprese, sono, nel *Codex Regius*, diciannove. Essi possono essere enucleati attorno a tre temi principali: la drammatica vicenda del mitico fabbro Völundr; la figura dell'eroe Helgi Hjörvarðsson Uccisore di Hundingr; il ciclo mitico ed eroico dei Nibelunghi nel quale compaiono figure leggendarie come quella di Sigfrido (Sigurðr) e Brunilde (Brynhildr) o personaggi di sicura realtà storica quali Ermanarico (Jörmunrekr) e Attila (Atli). A questi carmi viene comunemente aggiunto il *Carme di Hlöðr* (*Hlöðskviða*).

Il testo dell'*Edda* poetica presenta problemi di varia natura sia per quanto riguarda la data di composizione dei singoli carmi (o anche delle diverse parti di un carme), sia per l'area in cui essi si vennero formando, sia per il contenuto (in cui convivono elementi arcaici e seriori e nel quale si possono spesso riconoscere gli influssi di culture diverse da quella germanica, quali a esempio la celtica, la latina e la cristiana). Tutto ciò va ovviamente tenuto nel debito conto quando si debbano valutare i dati mitologici che in essi vengono conservati.

Il secondo libro che porta il titolo di *Edda* (titolo che specificamente gli appartiene, come è precisato in uno dei manoscritti che ce lo hanno trasmesso, il *Codex Upsaliensis*) è un'opera prevalentemente in prosa, ma nella quale sono inseriti molti versi dell'*Edda* poetica. Questo libro fu redatto, presumibilmente tra il 1222 e il 1225, dall'islandese Snorri Sturluson (1179-1241), uomo politico e letterato, figura tra le più eminenti del medioevo scandinavo. Il libro è concepito come un manuale per aspiranti scaldi, cioè per coloro che volevano dedicarsi a quel tipo di poesia detta, appunto, «scaldica», componente indispensabile della quale era la conoscenza della mitologia. Sui racconti mitologici infatti è basata gran parte delle metafore (*kenningar*) che caratterizzavano quest'arte.

L'*Edda* di Snorri, detta anche prosastica o recente, è costituita da un prologo e tre parti. La prima parte, l'*Inganno di Gylfi* (*Gylfaginning*), è la più interessante riguardo ai contenuti mitologici. Vi si narra di un duplice inganno: quello di Gylfi, mitico re svedese conoscitore di magie, il quale travestitosi da vecchio si era recato nel Paese degli Asi per scoprire la fonte della loro saggezza e del loro potere; e quello degli Asi i quali, maghi a loro volta e di lui più potenti, lo avevano accolto in una dimora misteriosa, svanita nel nulla al termine del loro colloquio. Gylfi, intrattenuto da Odino, manifestatosi a lui sotto triplice veste, interroga il dio sull'origine del mondo, il suo ordinamento, i grandi avvenimenti occorsi fra gli dèi, la catastrofe finale segnata nel destino.

La seconda parte dell'*Edda* di Snorri si intitola *Dialogo sull'arte poetica* (*Skáldskaparmál*). Vi si dà conto dell'origine e del significato di molte *kenningar* e dei cosiddetti *úkend heiti* (semplici denominazioni considerate tuttavia particolarmente «poetiche»). L'elemento mitologico consiste qui nella spiegazione dell'origine di molte metafore, che resterebbero altrimenti inesorabilmente oscure. L'intento didattico, assai più marcato che nella prima parte, non ne soffoca tuttavia l'intersesse.

La terza parte dell'*Edda* di Snorri, *Enumerazione dei metri poetici* (*Háttatal*), ha carattere più marcatamente tecnico. La componente mitologica è qui limitata alla presenza di talune *kenningar*.

Una corretta valutazione dell'opera di Snorri come fonte di dati mitologici deve tener conto del fatto che l'autore era non solo un uomo molto dotto, ma anche che scriveva in un'epoca in cui il cristianesimo si era ormai affermato in Islanda. Questo duplice fattore, oltre all'innegabile talento artistico di Snorri, ha certamente influito sull'utilizzazione da lui fatta delle proprie fonti. E se si considera che buona parte delle sue conoscenze gli veniva soprattutto dalla tradizione orale, si comprende come spesso sia arduo riconoscere eventuali manipolazioni dell'autore.

Anche l'altra grande opera di Snorri, *L'orbe terrestre* (*Heimskringla*), storia dei re norvegesi dalle origini ai suoi giorni, riveste, specie nella parte iniziale, la *Saga degli Ynglingar* (*Ynglinga saga*), un interesse dal punto di vista mitologico. Qui tuttavia la trattazione di questo materiale da parte di Snorri risente in misura maggiore che nell'*Edda* della sua qualità di «letterato», come mostra a esempio una marcata concezione evemeristica riguardo agli dèi.

Come precedentemente accennato, la *poesia scaldica* era basata in gran parte su un'approfondita conoscenza del patrimonio mitologico. In effetti non soltanto le *kenningar*, cioè le sue particolari metafore, spesso assai intricate, contengono allusioni mitologiche, ma diversi componimenti – specie quelli degli scaldi più antichi – riferiscono singole storie o alludono palesemente alle credenze mitologico-religiose pagane. Qui basterà citare il *Carme encomiastico per Ragnarr* (*Ragnarsdrápa*) di Bragi Boddason (IX secolo), che descrive le scene mitiche raffigurate su uno scudo ricevuto in dono dal poeta; il *Dialogo del corvo* (*Hrafnsmál*) di Þorbjörn *hornklofi*[4] (IX-X secolo), che ha la veste di un dialogo tra un corvo e una valchiria; l'*Enumerazione degli Ynglingar* (*Ynglingatal*), e soprattutto il componimento *Lungo come l'autunno* (*Haustlöng*) di Þjóðólfr di Hvínir (IX secolo), che descrive il rapimento di Iðunn e il duello di Thor col gigante Hrungnir; il *Carme encomiastico della casa* (*Húsdrápa*) di Ulfr Uggason (X secolo), che prende spunto dalle scene mitiche raffigurate sulle pareti di una casa islandese; il *Carme encomiastico per Thor* (*Þórsdrápa*) di Eilífr Goðrúnarson (X-XI secolo), che narra il viaggio del dio Thor presso il gigante Geirrøðr. Tra gli altri scaldi che ci hanno tramandato nozioni mitologiche più o meno importanti restano famosi Eyvindr Finnsson detto Plagiatore (X secolo), autore del *Dialogo per Hákon* (*Hákonarmál*); Einarr Helgason *skálaglamm*[5] (X secolo) che compose la *Carenza dell'oro (Vellekla)*; Alfredo Óttarson detto Poeta turbolento (X-XI secolo); Egill Skallagrímsson (X secolo) e la poetessa Steinunn Refsdóttir (X secolo), vivace avvocata del paganesimo. Tra i testi anonimi merita una citazione il *Dialogo per Erik* (*Eiríksmál*, X secolo), che descrive efficacemente l'accoglienza fatta a un sovrano nella Valhalla.

La poesia scaldica è per sua natura legata a una struttura metrica rigorosa: questo fatto, pur impedendo senza dubbio che essa andasse incontro ad alterazioni e manipolazioni di rilievo, non ha tuttavia potuto evitare del tutto la corruzione di taluni passi, motivo per cui le allusioni mitologiche ivi contenute risultano talora estremamente incerte. L'arte scaldica inoltre fiorì per un periodo relativamente lungo: comparsa nel IX secolo, in epoca ancora pagana, essa perdurò almeno fino al XIII secolo, quando il cristianesimo si era affermato nel Nord. Diverso valore andrà pertanto attribuito ai dati forniti da opere di diversa datazione. Anche l'area geografica di provenienza andrà inoltre tenuta in considerazione.

Sempre nell'ambito della poesia scaldica vanno infine segnalate le *þulur* (sing. *þula*), sorta di filastrocche in cui si enumeravano i termini d'uso prevalentemente poetico collegati ai temi ricorrenti dell'arte scaldica: anch'esse pertanto riecheggiano in buona misura le concezioni mitologiche.

Il patrimonio letterario della Scandinavia medievale è (soprattutto in Islanda) ricco e variato e nei diversi generi che lo compongono si trovano frequenti allusioni e riferimenti all'antico credo pagano.

La *tradizione storicistica* (cui appartiene a esempio la *Heimskringla* di Snorri) ha lasciato frutti copiosi. Le notizie sulla religione pagana della Scandinavia e le allusioni mitologiche vi compaiono sotto diversi aspetti: di memoria genealogica, di vero e proprio fatto cronachistico, di elemento da additare quale esempio negativo di sopravvivenza d'un credo contrario alla fede cristiana. Si citano qui soltanto come esempi il *Libro dell'insediamento* (*Landnámabók*), che dà notizie sui primi coloni (per lo più norvegesi) stabilitisi in Islanda tra l'874 e il 930; il *Libro degli Islandesi* (*Íslendingabók*); la stessa *Heimskringla* di Snorri.

Un posto a parte in questo panorama merita un'opera di grande importanza, nella quale ampio spazio è dato ai temi mitologici e leggendari. Si tratta del voluminoso lavoro di Saxo Grammaticus (1150-1216) dal titolo *Gesta Danorum*. L'opera, scritta in latino, si compone di 16 libri e tratta della storia danese dalle origini fino al 1185 ca. Ricchi di materiale leggendario sono particolarmente i primi nove libri, nei quali Saxo, basandosi su antiche fonti danesi e nord-occidentali (alcune delle quali sono oggi purtroppo perdute), narra la storia favolosa delle origini del regno danese. In Saxo, dotto vissuto in ambiente cristiano e in un'area della Scandinavia assai esposta per evidenti ragioni geografiche a pressioni di varia natura e a mutamenti più rapidi che altrove, il materiale originario fu senza dubbio rielaborato come dimostra, a esempio, oltre alla concezione evemeristica assai marcata, la diversa e più «romanzata» versione del mito della morte di Baldr.

Un genere letterario che godette di ampia e fortunata diffusione fu quello della saga, anche se sotto questa denominazione vengono radunati racconti di natura assai diversa, motivo che ne ha suggerito una più articolata suddivisione.

Le più interessanti dal punto di vista mitologico e leggendario sono le cosiddette «saghe del tempo antico» (*fornaldar sögur*), quali la *Saga dei Völsungar* (*Völsunga saga*), che riporta in prosa, con talune variazioni e aggiunte, le vicende di Sigurðr e dei Nibelunghi; la *Saga di Hrólfr* [*Magro come un*] *palo* (*Hrólfs saga kraka*), incentrata - come la *Saga degli Skjöldungar* (*Skjöldunga saga*) di cui resta, oltre a qualche frammento, una versione latina di Arngrímur Jónsson - su personaggi mitici dell'antica Danimarca. I temi ispiratori di queste opere, e di altre famose saghe leggendarie (quali la *Saga di Hervör* [*Hervarar saga*]; la *Saga di Gautrekr* [*Gautreks saga*]; la *Saga di Ragnarr Calzoni ispidi* [*Ragnars saga loðbrókar*] o la *Saga di Oddr della Freccia* [*Örvar-Odds saga*]), non sono tuttavia da considerarsi propriamente mitologici (ove con mito si intenda una storia che ha per protagonisti gli dèi o gli esseri sovrannaturali e il cui svolgimento sia strettamente connesso al valore funzionale di tali entità). Qui infatti, nonostante le figure divine o sovrannaturali agiscano spesso in prima persona, ci si trova piuttosto di fronte a uno scenario umano, sebbene i protagonisti mantengano un legame speciale con quelle forze che interferiscono, condizionandole, nella loro esistenza e nelle loro vicende. Questi uomini, che nel rapporto costante con le entità divine vanno acquisendo doti e qualità superiori, si muovono in quel territorio dai confini difficilmente individuabili dove il mito viene via via perdendo la propria compattezza strutturale, andando gradualmente a confondersi nella leggenda e nella fiaba.

Incentrate per lo più sulle vicende dei primi coloni insediatisi in Islanda sono diverse saghe familiari, note appunto come «saghe degli Islandesi»

(*Íslendinga sögur*). Più che di notizie rigorosamente mitologiche, esse sono ricche di riferimenti all'antica religione, al folclore e alla magia. Per tali contenuti si segnalano in particolare: la *Saga degli uomini di Eyr* (*Eyrbyggja saga*), la *Saga di Hrafnkell Sacerdote di Freyr* (*Hrafnkels saga Freysgoða*), la *Saga di Egill* (*Egils saga*, da taluni attribuita a Snorri), la *Saga dei valligiani di Vatnsdalr* (*Vatnsdœla saga*), la *Saga dei valligiani di Laxárdalr* (*Laxdœla saga*), la *Saga di Víga-Glúmr* (*Víga-Glúms saga*), la *Saga di Erik il Rosso* (*Eiríks saga rauða*), la *Saga di Gísli* (*Gísla saga*), la *Saga di Grettir* (*Grettis saga*) e soprattutto la celebre *Saga di Njáll* (*Njáls saga*). Il carattere di questi racconti è apparentemente quello di una cronaca; tuttavia un esame più approfondito ha messo in luce, oltre a diverse inesattezze storiche, contaminazioni fra i testi e manipolazioni letterarie. Le notizie ivi contenute andranno dunque vagliate con attenzione, tenendo conto anche del fatto che la prima redazione scritta di questi testi avvenne a notevole distanza di tempo dal periodo in cui ebbero luogo gli eventi in essi narrati.

Altri tipi di saghe, quali quelle a marcata ispirazione cristiana o quelle scritte a imitazione di racconti leggendari medievali, offrono spunti meno copiosi, anche se non vanno del tutto trascurate. Le cosiddette «saghe dei re» (*konunga sögur*) vanno ascritte alla tradizione storicistica.

Sempre restando nell'area scandinava, ma allontanandoci dall'ambito strettamente letterario, possiamo raccogliere altre notizie sull'antico credo di quelle regioni da fonti di diversa e varia natura. Molto importanti sono le *raccolte di leggi*. Assai interessanti si rivelano non solo le norme giuridiche riferentisi al periodo pagano, ma anche i codici redatti in epoca ormai definitivamente cristiana. In essi i divieti riguardanti molte pratiche, ritenute evidentemente contrarie alla nuova dottrina, dimostrano – mentre ci forniscono le notizie relative – il perdurare d'una fede radicata nella tradizione.

Tra le fonti indirette va annoverato altresì quel materiale, spesso ricco e vario, ma al contempo difficilmente valutabile, che viene dalla tradizione popolare e dal folclore (anche da quello dei vicini Lapponi). Proverbi, detti popolari, filastrocche, credenze superstiziose, danze, canzoni: in tutto ciò ritroviamo tracce d'una remota cultura. Parte delle antiche concezioni e delle storie del passato sopravvive in particolare nelle celebri *ballate scandinave* diffuse in tutta l'area fin dal tardo Medioevo.

Le fonti scandinave di cui finora s'è trattato sono assai diverse fra loro per natura, importanza e caratteristiche; tuttavia hanno in comune il fatto di essere posteriori al periodo pagano. Infatti, anche quelle – come la poesia eddica o scaldica e le saghe – che per molta parte del contenuto risalgono all'epoca precristiana, ebbero la loro redazione scritta dopo un lasso di tempo più o meno lungo rispetto alla data di composizione, il che ha evidentemente influito sulla loro veste definitiva.

Nell'area scandinava troviamo tuttavia due elementi assai utili per la conoscenza del paganesimo nordico che non solo risalgono per buona parte al periodo precristiano, ma hanno altresì potuto sottrarsi a qualsiasi manipolazione.

Si tratta in primo luogo delle *iscrizioni runiche*, cioè di quei testi, per lo più assai brevi, redatti in un alfabeto di origine verosimilmente nordetrusca diffuso in Scandinavia prima dell'introduzione della scrittura latina.[6] Le iscrizioni runiche, delle quali restano ampie testimonianze soprattutto su pietra o metalli, compaiono in Scandinavia attorno al III secolo. I riferimenti all'antico credo che vi si trovano sono soprattutto di carattere magico: essi vanno valutati su base cronologica e in relazione all'area di ritrovamento. Va tuttavia rilevato che molte iscrizioni ci sono giunte in forma frammentaria, il che aggrava i problemi d'interpretazione già di per sé notevoli.

Molto importanti per delineare un quadro degli antichi culti sono anche i *toponimi*, specie quelli nei quali è stato possibile rilevare o supporre il nome di una divinità. Uno studio approfondito delle aree di diffusione di taluni tipi e delle più frequenti connessioni con le diverse designazioni dei luoghi di culto ha consentito non solo la conferma di dati forniti da altre fonti, ma anche il rilevamento di notizie altrove taciute.[7]

Anche gli *antroponimi* valgono come fonte indiretta di antiche concezioni, specie quando testimoniano la predilezione e la venerazione per un dio col cui nome sono composti.[8]

Gli elementi forniti dalle diverse fonti dirette o indirette debbono infine essere confrontati con i dati offerti dall'*archeologia*. Questi ultimi infatti, purché correttamente valutati, appaiono assai utili poiché caratterizzati da una rigida obiettività.

Un riflesso delle antiche credenze si trova altresì nell'*iconografia*, la quale conserva memoria delle concezioni mitologiche del passato ben oltre il periodo della conversione al cristianesimo.[9]

Area non scandinava

Anche al di fuori dell'area scandinava numerose fonti, di natura spesso assai diversa fra loro, contengono riferimenti preziosi.[10]

Per il periodo propriamente inteso come «vichingo» (IX-XI secolo), che coincide grosso modo con l'ultima fase dell'era pagana, due sono le principali fonti di informazione.

La prima è costituita dai resoconti dei *viaggiatori arabi* (soprattutto di

Ibn Faḍlān, autore dell'opera nota come *Risāla [Breve libro]*, i quali vennero in contatto con i Vichinghi svedesi che si erano spinti a oriente. Questi racconti appaiono piuttosto degni di fede, ma le notizie che forniscono riguardano per lo più aspetti della vita vichinga estranei alla sfera propriamente mitologica.

Un'altra fonte d'informazione, da vagliare tuttavia molto attentamente, è data dagli scritti degli *autori cristiani*, i quali, col preciso scopo di favorire la diffusione della loro dottrina, compilarono vite di missionari o resoconti delle opere degli uomini della Chiesa. Assai importante per i riferimenti al mondo scandinavo resta soprattutto l'opera di Adamo da Brema, *Gesta Hammaburgensis Ecclesiae Pontificum*, che è una fonte di grande rilievo a riguardo del paganesimo svedese.

L'intento propagandistico vizia palesemente queste opere, non tuttavia al punto di condizionare l'importanza delle notizie che in esse ci sono fornite.

Notizie sulla religione germanica (e di riflesso su quella scandinava) troviamo anche, retrocedendo nel tempo, nell'opera di Tacito, *Germania* (98 d.C. ca.), la quale, basata a sua volta su un libro di Plinio il Vecchio andato purtroppo perduto, è da considerare di fondamentale importanza.

Un accenno al culto del sole fra le popolazioni scandinave abbiamo infine nell'opera di Pitea di Marsiglia che visitò la Norvegia, da lui detta Thule, nel IV secolo a.C., lasciandone tuttavia un resoconto (giuntoci peraltro attraverso vari autori e in forma frammentaria) di tipo prevalentemente geografico.

Lo studio della religione e della mitologia nordica andrà costantemente inserito nella più ampia cornice della *cultura germanica* e, nella misura del possibile, indoeuropea. Indispensabile è infatti il confronto con i dati relativi a quei Germani continentali che assai prima degli Scandinavi subirono pressioni e influssi destinati a incidere profondamente sul loro patrimonio di tradizioni.

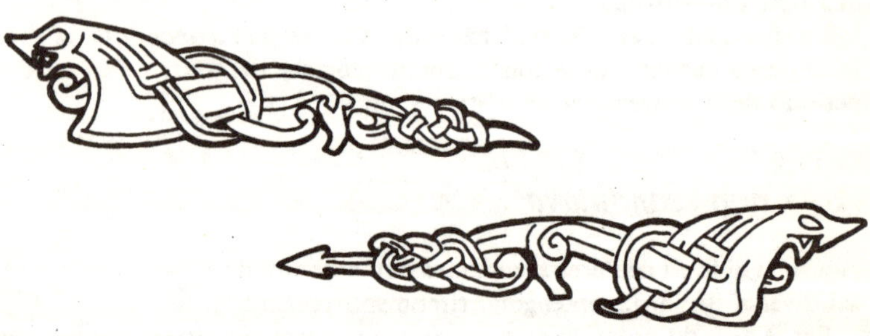

Dettaglio degli ornamenti della croce di pietra di Kirk Michael. Isola di Man, Inghilterra, età vichinga. Da P.G. Foote-M. Wilson, The Viking Achievement, *London 1973[2], p. 302*

Note

1 In altri manoscritti sono conservati taluni carmi eddici o parti di essi. V. *Edda-digte*, ed. J. Helgason, København-Oslo-Stockholm, vol. I, 1971, pp. V-X; vol. II, 1962, pp. V-XII; vol. III, 1968, pp. V-XVII (*NF* voll. IV, VII, VIII).

2 Mi pare appropriato tradurre il nordico *mál* n. con «dialogo», secondo quanto suggerito da Ludovica Koch (*op. cit.*, *passim*) nella traduzione dei titoli di molti componimenti scaldici. In effetti in tutti questi componimenti siamo di fronte a un «dialogo» o a un «discorso» (così mostra anche il titolo della seconda parte dell'*Edda* di Snorri: *Skáldskaparmál*, che è, apppunto, un «Dialogo sull'arte poetica»).

3 Indicato talora come *För Skírnis* (*Viaggio di Skírnir*).

4 Per il significato del soprannome cfr. p. 694, nota 12.

5 Per il significato del soprannome cfr. p. 695, nota 20.

6 Esso continuò tuttavia a essere usato per parecchio tempo dopo la cristianizzazione, particolarmente per iscrizioni funerarie.

7 Valga qui soprattutto il caso esemplare di *Ullinn, divinità la cui esistenza, testimoniata con certezza dai toponimi, è taciuta da altre fonti.

8 L'osservazione della diffusione in Islanda degli antroponimi contenenti il nome di Thor è a esempio una spia della grande venerazione tributata al dio in quel Paese (cfr. pp. 230 e 268, nota 54).

9 Si veda a esempio la raffigurazione di vicende del ciclo di Sigurðr incise su legno nella chiesa di Hylestad (Setesdal, Norvegia, XII secolo); v. p. 399.

10 Di area scandinava possono anche essere considerati, sebbene geograficamente non vi siano compresi, molti dati di varia natura che ci vengono da zone in cui assai importante fu la presenza vichinga (in particolare delle isole britanniche).

Indice delle abbreviazioni

I NUMERI che nel testo seguono le abbreviazioni qui elencate si riferiscono di norma ai capitoli (quando si tratta di opere in prosa) o alle strofe (quando si tratta di opere in poesia), a meno che non sia specificamente indicato il riferimento alla o alle pagine (p./pp.). L'abbreviazione «pr» si riferisce alle parti in prosa (peraltro brevi) contenute in taluni carmi.

AdB = Adamo da Brema, *Gesta Hammaburgensis Ecclesiae Pontificum (Opere dei vescovi della Chiesa di Amburgo)*, ed. Io. M. Lappenberg, *MGH*, Hannoverae 1846, Scriptorum tom. VII, pp. 267-389[1]

Ágr = *Ágrip af Nóregs konunga sögum (Compendio delle saghe dei re norvegesi)*, ed. F. Jónsson, Halle 1929 (*ASB* vol. XVIII)

Als = *Alsvinnsmál (Dialogo di Alsviðr)*, in *Edda Kuhn* (vedi), p. 320

Alv = *Alvíssmál (Dialogo di Alvíss)*, in *Edda Kuhn* (vedi), pp. 124-9

Áns = *Áns saga bogsveigis (Saga di Án Arciere)*, ed. G. Jónsson, Reykjavík 1959 (*FSN* vol. II)

ASB = *Altnordische Saga-Bibliothek*

Ásm = *Ásmundar saga kappabana (Saga di Ásmundr Uccisore di eroi)*, ed. G. Jónsson, Reykjavík 1959 (*FSN* vol. I)

Atk = *Atlakviða in grœnlenzka (Carme groenlandese di Attila)*, in *Edda Kuhn* (vedi), pp. 240-7

Atm = *Atlamál in grœnlenzku (Dialogo groenlandese di Attila)*, in *Edda Kuhn* (vedi), pp. 248-63

Bal = *Baldrs draumar (I sogni di Baldr)*, in *Edda Kuhn* (vedi), pp. 277-9

Ban = *Bandamanna saga (Saga dei confederati)*, ed. G. Jónsson, Reykjavík 1936 (*ÍF* vol. VII)

Bár = *Bárðar saga Snæfellsáss (Saga di Bárðr Spirito di Snæfell)*, ed. G. Jónsson, Reykjavík 1946 (*ÍS* vol. III)

Bja = *Bjarkamál (Dialogo di Bjarki)*, in *Skj* (vedi) I: A, pp. 180-1; B, pp. 170-1[2]

Bjar = *Bjarnar saga Hítdœlakappa (Saga di Björn, Eroe dei valligiani di Hítardalr)*, ed. S. Nordal-G. Jónsson, Reykjavík 1938 (*ÍF* vol. III)[3]

Bkþ = *Brandkrossa þáttr (Breve storia di Brandkrossi)*, ed. J. Jóhannesson, Reykjavík 1950 (*ÍF* vol. XI)

Bós = *Bósa saga ok Herrauðs (Saga di Bósi e Herrauðr)*, ed. G. Jónsson,[4] Reykjavík 1959 (*FSN* vol. III)

Bro = *Brot af Sigurðarkviðu (Frammento del carme di Sigurðr)*, in *Edda Kuhn* (vedi), pp. 198-201

Dám = *Dámusta saga (Saga di Dámusti)*, ed. L.F. Tan-Haverhorst, Haarlem 1939

Dar = *Darraðarljóð (Canto di Dörruðr)*, in *Skj* (vedi) I: A, pp. 419-21; B, pp. 389-91

Drá = Dráp Niflunga (Uccisione dei Nibelunghi), in *Edda Kuhn* (vedi), p. 223

Drau = Draumr Þorsteins Síðu-Hallssonar (Sogno di Þorsteinn Síðu-Hallsson), ed. J. Jóhannesson, Reykjavík 1950 (*ÍF* vol. XI)

Dro = Droplaugarsona saga (Saga dei figli di Droplaugr), ed. J. Jóhannesson, Reykjavík 1950 (*ÍF* vol. XI)

Edda Kuhn = Edda. Die Lieder des Codex Regius, herausgegeben von G. Neckel, vierte umgearbeitete Auflage von H. Kuhn, Heidelberg 1962-1968, I-II (i testi sono contenuti nel volume I, cui qui sempre ci si riferisce)[5]

Egi = Egils saga Skallagrímssonar (Saga di Egill Skallagrímsson), ed. S. Nordal, Reykjavík 1933 (*ÍF* vol. II)[6]

Egil = Egils saga einhenda ok Ásmundar berserkjabana (Saga di Egill il Monco e di Ásmundr Uccisore di berserkir), ed. G. Jónsson, Reykjavík 1959 (*FSN* vol. III)[7]

Eir = Eiríks saga rauða (Saga di Erik il Rosso), ed. E.Ó. Sveinsson, Reykjavík 1935 (*ÍF* vol. IV)[8]

Eirm = Eiríksmál (Dialogo per Erik), in *Skj* (vedi) I: A, pp. 174-5; B, pp. 164-6

EirV = Eiríks saga víðförla (Saga di Erik Gran Viaggiatore), ed. V. Ásmundarson, Reykjavík 1889

Eli = Elis saga ok Rósamundu (Saga di Elis e Rosamunda), ed. E. Kölbing, Niederwalluf bei Wiesbaden 1971 (rist. ed. 1881)

Erfi = Sigvatr Þórðarson, *Erfidrápa Óláfs helga (Carme encomiastico in memoria di Óláfr il Santo)*, in *Skj* (vedi) I: A, pp. 257-65; B, pp. 239-45

Eyr = Eyrbyggja saga (Saga degli uomini di Eyr), ed. E.Ó. Sveinsson-M. Þórðarson, Reykjavík 1935 (*ÍF* vol. IV)[9]

Fáf = Fáfnismál (Dialogo di Fáfnir), in *Edda Kuhn* (vedi), pp. 180-8

Finn = Finnboga saga ramma (Saga di Finnbogi il Forte), ed. J. Halldórsson, Reykjavík 1959 (*ÍF* vol. XIV)

Fjö = Fjölsvinnsmál (Dialogo di Fjölsviðr), ed. G. Jónsson, Akureyri 1954 (*Eddukvæði* vol. II)

Flat = Flateyjarbók (Libro di Flatey), ed. G. Vigfússon-C.R. Unger, Christiania 1860-1868, I-III

Fljó = Fljótsdæla saga (Saga dei valligiani di Fljótsdalr), ed. J. Jóhannesson, Reykjavík 1950 (*ÍF*, vol. XI)

Fló = Flóamanna saga (Saga degli uomini di Flói), ed. B. Halldórsson-J. Torfason-S. Tomásson-Ö. Thorsson, Reykjavík 1987 (*Íslendinga sögur* vol. I)

Fós = Fóstbrœðra saga (Saga dei fratelli di sangue), ed. B.K. Þórólfsson-G. Jónsson, Reykjavík 1943 (*ÍF* vol. VI)[10]

Frá = Frá dauða Sinfjötla (Della morte di Sinfjötli), in *Edda Kuhn* (vedi), pp. 162-3

Fri = Friðþjófs saga ins frœkna (Saga di Friðþjófr il Prode), ed. L. Larsson, Halle 1901 (*ASB* vol. IX)

FSN = *Fornaldar sögur Norðurlanda*
Fun = *Fundinn Nóregr (Scoperta della Norvegia)* = *Ork* 1-3
Fær = *Færeyinga saga (Saga dei Faroesi)*, ed. F. Jónsson, København 1927
Gau = *Gautreks saga (Saga di Gautrekr)*, ed. G. Jónsson, Reykjavík 1959 (*FSN* vol. IV)[11]
Gðr I = *Goðrúnarkviða in fyrsta (Primo carme di Goðrún)*, in *Edda Kuhn* (vedi), pp. 202-6
Gðr II = *Goðrúnarkviða önnur (Secondo carme di Goðrún)*, in *Edda Kuhn* (vedi), pp. 224-31
Gðr III = *Goðrúnarkviða in þriðja (Terzo carme di Goðrún)*, in *Edda Kuhn* (vedi), pp. 232-3
Ger = P. Cornelio Tacito, *Germania* (*De origine et situ Germanorum*), ed. R. Much, Heidelberg 1967
Ghv = *Goðrúnarhvöt (Incitamento di Goðrún)*, in *Edda Kuhn* (vedi), pp. 264-8
Gís = *Gísla saga Súrssonar (Saga di Gísli Súrsson)*, ed. Agnete Loth, København-Oslo-Stockholm 1967 (*NF* vol. IX)[12]
Gre = *Grettis saga Ásmundarsonar (Saga di Grettir Ásmundarson)*, ed. G. Jónsson, Reykjavík 1936 (*ÍF* vol. VII)[13]
Grg = *Grógaldr (Canto magico di Gróa)*, ed. G. Jónsson, Akureyri 1954 (*Eddukvæði* vol. II)
Grí = *Grímnismál (Dialogo di Grímnir)*, in *Edda Kuhn* (vedi), pp. 56-68
Grím = *Gríms saga loðinkinna (Saga di Grímr Guancia irsuta)*, ed. G. Jónsson, Reykjavík 1959 (*FSN* vol. II)
Gro = *Grottasöngr (Canto di Grotti)*, in *Edda Kuhn* (vedi), pp. 297-301
Grp = *Grípisspá (Profezia di Grípir)*, in *Edda Kuhn* (vedi), pp. 164-72
Grœ = *Grœnlendinga saga (Saga dei Groenlandesi)*, ed. E.Ó. Sveinsson-M. Þórðarson, Reykjavík 1935 (*ÍF* vol. IV)[14]
Gul = *Gull-Þóris saga (Saga di Þórir dell'Oro)*, ed. K. Kålund, København 1898 (*SUGNL* vol. XXVI)
Gun = *Gunnlaugs saga ormstungu (Saga di Gunnlaugr Lingua di serpente)*, ed. S. Nordal-G. Jónsson, Reykjavík 1938 (*ÍF* vol. III)[15]
Gut = *Guta saga (Saga dei Gotlandesi)*, ed. H. Pipping, København 1905-1907 (*SUGNL* vol. XXXIII)
Gutl = *Gutalagen (Leggi dei Gotlandesi)*, ed. H. Pipping, København 1905-1907 (*SUGNL* vol. XXXIII)
Gyl = Snorri Sturluson, *Gylfaginning (L'inganno di Gylfi)*, prima parte della *SnE* (cfr.), ed. Anne Holtsmark-J. Helgason: Snorri Sturluson, *Edda. Gylfaginning og prosafortellingene av Skáldskaparmál*, Oslo-Stockholm-København 1971 (*NF* vol. I)[16]
Gön = *Göngu-Hrólfs saga (Saga di Hrólfr Pedone)*, ed. G. Jónsson, Reykjavík 1959 (*FSN* vol. III)
Hák = Eyvindr Finsson Plagiatore (*skáldaspillir*), *Hákonarmál (Dialogo per Hákon)*, in *Skj* (vedi) I: A, pp. 64-8; B, pp. 57-60
HákG = Snorri Sturluson, *Uphaf sögu Hákonar góða (Inizio della saga di Hákon il Buono)*, quarta parte della *Hei* (vedi)

Hal = *Hallfreðar saga vandræðaskálds (Saga di Alfredo Poeta turbolento)*, ed. E.Ó. Sveinsson, Reykjavík 1939 (*ÍF* vol. VIII)[17]
Hál = Eyvindr Finsson Plagiatore (*skáldaspillir*), *Háleygjatal (Enumerazione dei Háleygjar)*, in *Skj* (vedi) I: A, pp. 68-71; B, pp. 60-2
Hálf = *Hálfs saga ok Hálfsrekka (Saga di Hálfr e dei guerrieri di Hálfr)*, ed. A. Le Roy Andrews, Halle 1909 (*ASB* vol. XIV)[18]
HálfB = *Hálfdanar saga Brönufóstra (Saga di Hálfdan Figlioccio di Brana)*, ed. G. Jónsson, Reykjavík 1959 (*FSN* vol. IV)
HálfE = *Hálfdanar saga Eysteinssonar (Saga di Hálfdan Eysteinsson)*, ed. G. Jónsson, Reykjavík 1959 (*FSN* vol. IV)
HálfS = Snorri Sturluson, *Saga Hálfdanar svarta (Saga di Hálfdan Nero)*, seconda parte della *Hei* (vedi)
Ham = *Hamðismál (Dialogo di Hamðir)*, in *Edda Kuhn* (vedi), pp. 269-74
Hár = *Hárbarðsljóð (Canto di Hárbarðr)*, in *Edda Kuhn* (vedi), pp. 78-87
Harð = *Harðar saga (Saga di Hörðr)*, ed. S. Hast, København 1960 (*Editiones Arnamagnæanæ, Series* A, vol. VI)
HarG = Snorri Sturluson, *Sagan af Haraldi konungi gráfeld (Saga di re Araldo Mantogrigio)*, quinta parte della *Hei* (vedi)
HarH = Snorri Sturluson, *Haralds saga ins hárfagra (Saga di Araldo Bella chioma)*, terza parte della *Hei* (vedi)
Hát = Snorri Sturluson, *Háttatal (Enumerazione dei metri poetici)*, terza parte della *SnE* (vedi); cfr. *Skj* (vedi) II: A, pp. 52-77; B, pp. 61-88.
Hátt = Rögnvaldr *jarl Kali* e Hallr Þórarinsson, *Háttalykill (Chiave dei metri poetici)*, in *Skj* (vedi) I: A, pp. 505-28; B, pp. 478-508
Hau = Þjóðólfr di Hvínir, *Haustlöng (Lungo come l'autunno)*, in *Skj* (vedi) I: A, pp. 16-20; B, pp. 14-8
Háv = *Hávamál (Dialogo dell'Alto)*, in *Edda Kuhn* (vedi), pp. 17-44
HávÍ = *Hávarðar saga Ísfirðings (Saga di Hávarðr di Ísafjörðr)*, ed. B.K. Þórólfsson-G. Jónsson, Reykjavík 1943 (*ÍF* vol. VI)
Hei = Snorri Sturluson, *Heimskringla (L'Orbe terrestre)*, ed. F. Jónsson, Oslo 1966 (rist. ed. 1911)
Heið = *Heiðarvíga saga (Saga della battaglia nella brughiera)*, ed. K. Kålund, København 1904 (*SUGNL* vol. XXXI)[19]
Hel = *Helreið Brynhildar (Viaggio di Brunilde verso gli inferi)*, in *Edda Kuhn* (vedi), pp. 219-22
Helg = *Helgi saga Óláfs konungs Haraldssonar (Saga di re Óláfr Haraldsson il Santo)*, ed. G. Jónsson, Reykjavík 1957 (*KS* vol. I; nota come saga «leggendaria» di Óláfr il Santo)
Hell = *Hellismanna saga (Saga degli uomini di Hellir)*, ed. G. Jónsson, Reykjavík 1946-1947 (*ÍS* vol. II)
Her = *Hervarar saga ok Heiðreks konungs (Saga di Hervör e di re Heiðrekr)*, ed. J. Helgason, København 1924 (*SUGNL* vol. XLVIII)[20]
HH I = *Helgakviða Hundingsbana in fyrri (Primo carme di Helgi Uccisore di Hundingr)*, in *Edda Kuhn* (vedi), pp. 130-9
HH II = *Helgakviða Hundingsbana önnur (Secondo carme di Helgi Uc-*

cisore di Hundingr), in *Edda Kuhn* (vedi), pp. 150-61

HHv = *Helgakviða Hjörvarðssonar (Carme di Helgi Hjörvarðsson)*, in *Edda Kuhn* (vedi), pp. 140-9

HistN = *Monumenta Historica Norvegiae (Documenti di storia della Norvegia)*, ed. G. Storm, Kristiania 1880, pp. 69-124

Hjá = *Hjálmþérs saga ok Ölvis (Saga di Hjálmþér e di Ölvir)*, ed. G. Jónsson, Reykjavík 1959 (*FSN* vol. IV)

Hlö = *Hlöðskviða (Carme di Hlöðr)*, in *Edda Kuhn* (vedi), pp. 302-12

Hra = Þorbjörn *hornklofi*,[21] *Hrafnsmál (Dialogo del corvo)*, in *Skj* (vedi) I: A, pp. 24-9; B, pp. 22-5

Hraf = *Hrafnkels saga Freysgoða (Saga di Hrafnkell Sacerdote di Freyr)*, ed. J. Helgason, Oslo-København-Stockholm 1974 (*NF* vol. II)[22]

Hró = *Hrómundar saga Gripssonar (Saga di Hrómundr Gripsson)*, ed. G. Jónsson, Reykjavík 1959 (*FSN* vol. II)

HróG = *Hrólfs saga Gautrekssonar (Saga di Hrólfr Gautreksson)*, ed. G. Jónsson, Reykjavík 1959 (*FSN* vol. IV)

Hról = *Hrólfs saga kraka ok kappa hans (Saga di Hrólfr [Magro come un] palo e dei suoi eroi*), ed. G. Jónsson, Reykjavík 1959 (*FSN* vol. I)

Hús = Ulfr Uggason, *Húsdrápa (Carme encomiastico della casa)*, in *Skj* (vedi) I: A, pp. 136-8; B, pp. 128-30

Hve = *Hversu Nóregr byggðisk (Come fu popolata la Norvegia)*, ed. G. Jónsson, Reykjavík 1959 (*FSN* vol. II)

Hym = *Hymiskviða (Carme di Hymir)*, in *Edda Kuhn* (vedi); pp. 88-95

Hyn = *Hyndluljóð (Canto di Hyndla)*, in *Edda Kuhn* (vedi), pp. 288-96

HþÞ = *Helga þáttr Þórissonar (Breve storia di Helgi Þórisson)*, ed. G. Jónsson, Reykjavík 1959 (*FSN* vol. IV)

Hœn = *Hœnsa-Þóris saga (Saga di Þórir del Pollame)*, ed. W. Baetke, Halle 1953 (*Altnordische Textbibliothek* vol. II)

Höf = Egill Skallagrímsson, *Höfuðlausn (Riscatto della testa)*, in *Skj* (vedi) I: A, pp. 35-9; B, pp. 30-3

ÍF = *Íslenzk Fornrít*

IllT = *Illuga saga Tagldarbana (Saga di Illugi Uccisore di Tögld)*, ed. G. Jónsson, Reykjavík 1946-1947 (*ÍS* vol. III)

ÍS = *Íslendinga sögur*

Ísl = Ari Þorgilsson il Saggio, *Íslendingabók (Libro degli Islandesi)*, ed. Anne Holtsmark, Oslo-Stockholm-København s.d. (*NF* vol. V)

J.Á. = J. Árnason, *Íslenzkar Þjóðsögur og Æfintýri*, Leipzig 1862-1864, I-VI[23]

Jóm = *Jómsvíkinga saga (Saga dei Vichinghi di Jómsborg)*, in *Fornmanna sögur*, vol. XI, Kaupmannahöfn 1828[24]

K = *Kenning(-ar)*

Ket = *Ketils saga hœngs (Saga di Ketill Salmone)*, ed. G. Jónsson, Reykjavík 1959 (*FSN* vol. II)

Kja = *Kjalnesinga saga (Saga degli uomini di Kjalarnes)*, ed. J. Halldórsson, Reykjavík 1959 (*ÍF* vol. XIV)

KLNM = *Kulturhistoriskt lexikon för nordisk medeltid från vikingatid till reformationstid*, Malmö 1956-1978, I-XXII
Kný = *Knýtlinga saga (Saga dei Knýtlingar)*, ed. B. Guðnason, Reykjavík 1982 (*ÍF* vol. XXXV)
Kor = *Kormáks saga (Saga di Kormákr)*, ed. E.Ó. Sveinsson, Reykjavík 1939 (*ÍF* vol. VIII)[25]
Krá = *Krákumál (Dialogo di Kráka)*, in *Skj* (vedi) I: A, pp. 641-9; B, pp. 649-56
Kri = *Kristni saga (Saga della cristianizzazione)*, ed. B. Kahle, Halle 1905 (*ASB* vol. XI)
KS = *Konunga sögur*
Lax = *Laxdœla saga (Saga dei valligiani di Laxárdalr)*, ed. E.Ó. Sveinsson, Reykjavík 1934 (*ÍF* vol. V)[26]
Ldn = *Landnámabók (Libro dell'insediamento)*, ed. J. Benediktsson, Reykjavík 1986 (*ÍF* vol. I); H = versione della *Hauksbók (Libro di Haukr Erlendsson)*, S = versione della *Sturlubók (Libro di Sturla Þórðarson)*
Ljó = *Ljósvetninga saga (Saga degli uomini di Ljósavatn)*, ed. B. Sigfússon, Reykjavík 1940 (*ÍF* vol. X)
Lok = *Lokasenna (Invettiva di Loki)*, in *Edda Kuhn* (vedi), pp. 96-110
Mál = *Málsháttakvæði (Poema dei proverbi)*, in *Skj* (vedi) II: A, pp. 130-6; B, pp. 138-45
MGH = *Monumenta Germaniae Historica*
Mor = *Morkinskinna (Pergamena marcia)*, ed. F. Jónsson, København 1932 (*SUGNL* vol. LIII)
NF = *Nordisk Filologi. Texter og lærebøger til universitetsbrug. Serie A: Texter*
NGL = *Norges gamle love indtil 1387*, ed. R. Keyser-P.A. Munch, Christiania 1846-1885, I-IV
NGþ = *Norna-Gests þáttr (Breve storia di Norna-Gestr)*, ed. G. Jónsson, Reykjavík 1959 (*FSN* vol. I)[27]
Njá = *Njáls saga (Saga di Njáll)*, ed. E.Ó. Sveinsson, Reykjavík 1954 (*ÍF* vol. XII)[28]
Odd = *Oddrúnargrátr (Lamento di Oddrún)*, in *Edda Kuhn* (vedi), pp. 234-9
ÓlH = Snorri Sturluson, *Uphaf sögu ins helga Óláfs konungs (Inizio della saga di re Óláfr il Santo)*, settima parte della *Hei* (vedi)
OlM = Olaus Magnus, *Historia de gentibus septentrionalibus (Storia dei popoli settentrionali)*, Romae 1555 (repr. Copenhagen 1972)[29]
ÓlT = Snorri Sturluson, *Óláfs saga Tryggvasonar (Saga di Óláfr Tryggvason)*, sesta parte della *Hei* (vedi)[30]
ÓlTOS = Oddr Snorrason, *Óláfs saga Tryggvasonar (Saga di Óláfr Tryggvason)*, ed. G. Jónsson, Reykjavík 1957 (*KS* vol. I)
Ork = *Orkneyinga saga (Saga degli uomini delle Orcadi)*, ed. F. Guðmundsson, Reykjavík 1965 (*ÍF* vol. XXXIV)
OþS = *Orms þáttr Stórólfssonar (Breve storia di Ormr Stórólfsson)*, in *Flat* (vedi) I, pp. 521-32

Rag = Bragi Boddason, *Ragnarsdrápa (Carme encomiastico per Ragnarr)*, in *Skj* (vedi) I: A, pp. 1-4; B, pp. 1-4

Ragn = *Ragnars saga loðbrókar (Saga di Ragnarr Calzoni ispidi)*, ed. G. Jónsson, Reykjavík 1959 (*FSN* vol. I)[31]

Reg = *Reginsmál (Dialogo di Reginn)*, in *Edda Kuhn* (vedi), pp. 173-9

Rey = *Reykdœla saga (Saga dei valligiani di Reykjadalr)*, ed. B. Sigfússon, Reykjavík 1940 (*ÍF* vol. X)

Ríg = *Rígsþula (Carme di Rígr)*, in *Edda Kuhn* (vedi), pp. 280-7

Rún = *Rúnakvæði (Poema delle rune)*, in *Skj* (vedi) II: A, pp. 229-30; B, pp. 248-9

Saxo = Saxo Grammaticus, *Gesta Danorum (Imprese dei Danesi)*, ed. J. Olrik-H. Ræder, Hauniæ 1931-1957[32]

Sam = *Samsons saga fagra (Saga di Samson il Bello)*, ed. J. Wilson, Copenhagen 1953 (*SUGNL* vol. LXV:1)

Sgk = *Sigurðarkviða in skamma (Carme breve di Sigurðr)*, in *Edda Kuhn* (vedi), pp. 207-18

Sig = *Sigrdrífumál (Dialogo di Sigrdrífa)*, in *Edda Kuhn* (vedi), pp. 189-97

Ská = Snorri Sturluson, *Skáldskaparmál (Dialogo sull'arte poetica)*, seconda parte della *SnE* (vedi)[33]

Skí = *Skírnismál (Dialogo di Skírnir)*, in *Edda Kuhn* (vedi), pp. 68-77 (ivi indicato col titolo di *För Skírnis* = *Viaggio di Skírnir)*

Skj = F. Jónsson, *Den Norsk-Islandske Skjaldedigtning*, I: 800-1200 (A-B), København-Kristiania 1912; II: 1200-1400 (A-B), København-Kristiania 1915[34]

Skjö = *Skjöldunga saga (Saga degli Skjöldungar)*, versione latina di Árngrímur Jónsson, ed. J. Benediktsson, *Rerum danicarum fragmenta*, Hafniae 1959 (*Bibliotheca Arnamagnæana*, vol. IX: 1, pp. 331-456)

SnE = Snorri Sturluson, *Edda (Edda)*, ed. F. Jónsson, København 1931 (*Edda Snorra Sturlusonar udgivet efter håndskrifterne af kommissionen for det arnamagnæanske legat*)

SnEArn = *Edda Snorra Sturlusonar*, ed. arnamagnæana, Hafniae, vol. I 1848, vol. II 1852, vol. III 1880-1887

Sól = *Sólarljóð (Canto del sole)*, in *Skj* (vedi) I: A, pp. 628-40; B, pp. 635-48[35]

Son = Egill Skallagrímsson, *Sonatorrek (Perdita dei figli)*, in *Skj* (vedi) I: A, pp. 40-3; B, pp. 34-7

Stu = *Sturlunga saga (Saga degli Sturlungar)*, ed. J. Jóhannesson-M. Finnbogason-K. Eldjárn, Reykjavík 1946, I-II

Stur = *Sturlaugs saga starfsama (Saga di Sturlaugr il Laborioso)*, ed. G. Jónsson, Reykjavík 1959 (*FSN* vol. III)

SUGNL = *Samfund til udgivelse af gammel nordisk literatur*

Sva = *Svarfdœla saga (Saga dei valligiani di Svarfaðardalr)*, ed. J. Kristjánsson, Reykjavík 1956 (*ÍF* vol. IX)

Sög = *Sögubrot af nokkurum fornkonungum í Dana ok Svía veldi (Frammento della storia di alcuni re antichi dell'impero dei Danesi e degli Svedesi)*, ed. B. Guðnason, Reykjavík 1982 (*ÍF* vol. XXXV)

Sör = *Sörla þáttr eða Heðins saga ok Högna (Breve storia di Sörli o saga di Heðinn e di Högni)*, ed. G. Jónsson, Reykjavík 1959 (*FSN* vol. I)

SörS = *Sörla saga sterka (Saga di Sörli il Forte)*, ed. G. Jónsson, Reykjavík 1959 (*FSN* vol. III)

Upp = *Upphaf allra frásagna (Inizio di tutte le narrazioni)*, ed. B. Guðnason, Reykjavík 1982 (*ÍF* vol. XXXV)

Vaf = *Vafþrúðnismál (Dialogo di Vafþrúðnir)*, in *Edda Kuhn* (vedi), pp. 45-55

Váp = *Vápnfirðinga saga (Saga degli uomini di Vápnafjörðr)*, ed. J. Jóhannesson, Reykjavík 1950 (*ÍF* vol. XI)

Vat = *Vatnsdœla saga (Saga dei valligiani di Vatnsdalr)*, ed. E.Ó. Sveinsson, Reykjavík 1939 (*ÍF* vol. VIII)[36]

Vel = Einarr Helgason *skálaglamm*,[37] *Vellekla (Carenza dell'oro)*, in *Skj* (vedi) I: A, pp. 122-31; B, pp. 117-24

Víg = *Víga-Glúms saga (Saga di Víga-Glúmr)*, ed. J. Kristjánsson, Reykjavík 1956 (*ÍF* vol. IX)

Vígl = *Víglundar saga (Saga di Víglundr)*, ed. J. Halldórsson, Reykjavík 1959 (*ÍF* vol. XIV)

Vsp = *Völuspá (Predizione dell'indovina)*, in *Edda Kuhn* (vedi), pp. 1-16

Völ = *Völundarkviða (Carme di Völundr)*, in *Edda Kuhn* (vedi), pp. 116-23

Völs = *Völsunga saga (Saga dei Völsungar)*, ed. M. Olsen, København 1906-1908 (*SUGNL* vol. XXXVI)[38]

Yng = Snorri Sturluson, *Ynglinga saga (Saga degli Ynglingar)*, prima parte della *Hei* (vedi)[39]

Ytal = Þjóðólfr di Hvínir, *Ynglingatal (Enumerazione degli Ynglingar)*, in *Skj* (vedi) I: A, pp. 7-14; B, pp. 7-15[40]

Þgþ = *Þórgrímsþula (Canto di Þorgrímr)*, in *Edda Kuhn* (vedi), pp. 318-9

Þið = *Þiðriks saga af Bern (Saga di Teodorico di Verona)*, ed. H. Bertelsen, København, vol. I 1905, vol. II 1908-1911 (*SUGNL* vol. XXXIV)

Þja = *Þjalar-Jóns saga (Saga di Giovanni della Lima)*, ed. L.F. Tan-Haverhorst, Haarlem 1939

Þór = Eilífr Goðrúnarson, *Þórsdrápa (Carme encomiastico per Thor)*, in *Skj* (vedi) I: A, pp. 148-52; B, pp. 139-44

Þórð = *Þórðar saga hreðu (Saga di Þórðr Discordia)*, ed. J. Halldórsson, Reykjavík 1959 (*ÍF* vol. XIV)

ÞórðB = *Brot af Þórðar sögu hreðu (Frammento della saga di Þórðr Discordia)*, ed. J. Halldórsson, Reykjavík 1959 (*ÍF* vol. XIV)

Þors = *Þorsteins saga Síðu-Hallssonar (Saga di Þorsteinn Síðu-Hallsson)*, ed. J. Jóhannesson, Reykjavík 1950 (*ÍF* vol. XI)

ÞorV = *Þorsteins saga Víkingssonar (Saga di Þorsteinn Víkingsson)*, ed. G. Jónsson, Reykjavík 1959 (*FSN* vol. III)

Þry = *Þrymskviða (Carme di Þrymr)*, in *Edda Kuhn* (vedi), pp. 111-5

Þul = *Þulur*, in *Skj* (vedi) I: A, pp. 651-90; B, pp. 657-80[41]

Þþb = *Þorsteins þáttr bæjarmagns (Breve storia di Þorsteinn Potente nella fattoria)*, ed. G. Jónsson, Reykjavík 1959 (*FSN* vol. IV)

Þþj = *Þorleifs þáttr jarlsskálds (Breve storia di Þorleifr Poeta dello jarl)*, in *Flat* (vedi) I, pp. 207-15

ÞþoÞ = *Þiðranda þáttr ok Þorhalls (Breve storia di Þiðrandi e di Þorhallr)*, in *Flat* (vedi) I, pp. 418-21

Þþu = *Þorsteins þáttr uxafóts (Breve storia di Þorsteinn Piede di bue)*, in *Flat* (vedi) I, pp. 249-63

Örv I = *Örvar-Odds saga (Saga di Oddr della Freccia*: versione breve), ed. R.C. Boer, Halle 1892 (*ASB* vol. II)[42]

Örv II = *Örvar-Odds saga (Saga di Oddr della Freccia*: versione lunga), ed. G. Jónsson, Reykjavík 1959 (*FSN* vol. II)

Note

1 Traduzione italiana: Adamo di Brema, *Storia degli arcivescovi della chiesa di Amburgo*, introduzione, traduzione con testo latino a fronte, commento a cura di I. Pagani, Torino 1996.

2 Vd. A. Piccolini (a cura di), *I frammenti del canto di Bjarki (Bjarkamál)*, Catania 1996.

3 Traduzione italiana: *Saga di Björn campione dei valligiani di Hítardalr*, commento e traduzione di M. Francini, Padova 2004.

4 Traduzione italiana: *La saga di Bósi*, traduzione, introduzione e note a cura di G. Fort, Roma 2008.

5 Traduzione italiana: *L'Edda. Carmi norreni*, introduzione, traduzione e commento di C.A. Mastrelli, Firenze 1982^2; *Il canzoniere eddico*, a cura di P.G. Scardigli, Milano 1982.

6 Traduzione italiana: *La saga di Egill*, a cura di M. Meli, Milano 1997; brani di questa e di altre saghe (cui si farà riferimento con note relative) si possono trovare in traduzione in due volumi: *Le più belle pagine delle letterature della Scandinavia*, a cura di M. Gabrieli, Milano 1961, e *I Vichinghi di Jómsborg e altre saghe del Nord*, a cura di A. Mari Catani, Firenze 1982.

7 Traduzione italiana: *Saga di Egill il monco*, traduzione dall'islandese antico e introduzione di F. Ferrari, Milano 1995.

8 Traduzione italiana: *Saga di Eirik il rosso, in Antiche saghe islandesi*, introduzione e traduzione di M. Scovazzi, Torino 1973 (la medesima traduzione è stata ripubblicata a cura di Sonia Piloto di Castri, Palermo 1991). Questa saga è tradotta anche in: *La saga di Erik il rosso e la saga dei Groenlandesi*, a cura di Rita Caprini, Parma 1995.

9 Traduzione italiana: *Saga degli uomini di Eyr*, in *Antiche saghe islandesi*, cit.

10 Cfr. nota 2.

11 Traduzione italiana: *Saga di Gautrekr*, traduzione dall'islandese e introduzione di M. Bampi, Milano 2004.

12 Traduzione italiana: *La saga di Gísli figlio di Súrr. Una storia medievale islandese*, a cura di Gianna Chiesa Isnardi, Milano 1985.

13 Traduzione italiana: *La saga di Grettir*, a cura di Vittoria Grazi, Istituto Universitario Orientale, Napoli 1983; cfr. anche nota 6.

14 Traduzione italiana in: *La saga di Erik il rosso e la saga dei Groenlandesi*, cit.

15 Traduzione italiana: *La saga di Gunnlaugr lingua di serpente*, a cura di Gianna Chiesa Isnardi, Alessandria 1999.

16 Traduzione italiana: Snorri Sturluson, *Edda*, a cura di G. Dolfini, Milano 1982^2; *Edda di Snorri*, introduzione e traduzione dal norreno di Gianna Chiesa Isnardi, Milano 2003.

17 Traduzione italiana: *Saga di Hallfred, in Antiche saghe islandesi*, cit.
18 Traduzione italiana: *Saga di Hálfr e dei Hálfsrekkar*, in *Leggende e miti vichinghi*, introduzione e traduzione dal norreno di Gianna Chiesa Isnardi, Milano 1989^3 (1^a ed. col titolo *Storie e leggende del Nord*, Milano 1977).
19 Traduzione italiana: *La Saga della battaglia nella brughiera*, traduzione curata da M. Bellante (www.digitalheidarviga.org).
20 Traduzione italiana: *La saga di Hervör*, introduzione, traduzione e note di M. Meli, Padova 1995.
21 Il soprannome dello scaldo Þorbjörn, *hornklofi*, significa forse « [colui che] ha spezzato un corno [per bere] », ma potrebbe anche essere nome riferito al corvo (di cui è denominazione nelle *þulur*) e valere « artiglio di corno ».
22 Traduzione italiana: *La saga di Hrafnkell godi-del-dio-Freyr*, traduzione dall'islandese antico e introduzione di Maria Cristina Lombardi, Milano 1997.
23 Traduzione italiana (selezione) in: *Racconti popolari e fiabe islandesi*, a cura di G. Chiesa Isnardi, Milano 2004.
24 Cfr. nota 6.
25 Traduzione italiana: *La saga di Kormákr*, traduzione di Silvia Cosimini, Reykjavík 1996.
26 Traduzione italiana: *Laxdœla saga: la saga della gente della valle del fiume del salmone*, traduzione dall'islandese, introduzione e note di G. Sigurðardóttir, prefazione di J. Kristjánsson, Milano 1995; cfr. nota 6.
27 Traduzione italiana: *Il racconto di Nornagestr*, edizione critica, traduzione e commento a cura di Adele Cipolla, Verona 1996.
28 Traduzione italiana: *La saga di Njáll*, a cura di M. Meli, Milano 1997; cfr. nota 6.
29 Traduzione italiana: Olaus Magnus, *Storia dei popoli settentrionali*, introduzione, scelta, traduzione e introduzione di G. Monti, Milano 2001.
30 Cfr. nota 6.
31 Traduzione italiana: *Saga di Ragnarr*, traduzione dall'islandese antico e introduzione di M. Meli, Milano 1993.
32 Traduzione italiana: Sassone Grammatico, *Gesta dei re e degli eroi danesi*, a cura di Ludovica Koch e Maria Adele Cipolla, Torino 1993.
33 I numeri che nel testo seguono l' abbreviazione *Ská* sono riferiti ai capitoli secondo la numerazione della *SnE*, tuttavia tra [ ] sono riportati i numeri delle parti dello *Skáldskaparmál* che essendo compresi nell'edizione qui indicata sotto la voce *Gyl* compaiono nelle due traduzioni parziali dell'*Edda* di Snorri Sturluson di cui alla nota 16.
34 Un'antologia della poesia scaldica è contenuta nel volume: *Gli scaldi. Poesia cortese d'epoca vichinga*, a cura di Ludovica Koch, Torino 1984.
35 Vd. A. Piccolini, *Solarljod, Il canto del sole, un poema didattico visionario norreno del sec. XIII*, a cura di C. Sipione, Catania 2009.
36 Traduzione italiana: *Saga di Vatnsdal, in Antiche saghe islandesi*, cit.
37 Il soprannome vale « suono della bilancia » e si riferisce al fatto che il poeta aveva ricevuto in dono una bilancia che poteva emettere un suono premonitore.
38 Traduzione italiana: *La saga dei Volsunghi e dei Nibelunghi*, tradotto dall'antico nordico da S. Friedmann, con introduzione di Teresita Friedmann Coduri, Lanciano 1931; *La saga dei Volsunghi*, a cura di M. Meli, prefazione di Laura Mancinelli, Alessandria 1993; *La saga dei Völsunghi*, a cura di Ludovica Koch, traduzione di Annalisa Febbraro, Parma 1994.
39 Traduzione italiana: *Saga degli Ynglingar*, in *Leggende e miti vichinghi*, cit. Nella saga è conservato il carme *Ynglingatal*, del quale dunque è qui presente la traduzione.
40 V. nota precedente.
41 Per le varianti e le integrazioni alle *þulur* cfr. anche *SnEArn* (vedi): II, pp. 468-93, pp. 551-72 e 614-27.
42 Traduzione italiana: *Saga di Oddr l'arciere*, traduzione dall'islandese antico e introduzione di F. Ferrari, Milano 1994.

Bibliografia

La bibliografia relativa all'argomento trattato in questo volume è vastissima. Qui pertanto ci si limita a suggerire testi fondamentali di consultazione, di cui ci si potrà avvalere per l'eventuale approfondimento dei singoli temi.

Branston, B., *Gods of the North*, London-New York 1955 (trad. it. *Gli dèi del Nord*, Milano 1962)

Briem, Ó, *Heiðinn siður á Íslandi*, Reykjavík 1945

Brøndsted, J., *Vikingerne*, København 1976[3] (trad. it. *I Vichinghi*, Torino 1976)

Burenhult, G. (red.), *Arkeologi i Norden*, I-II, Stockholm 1999-2000

Bæksted, A., *Guder og Helte i Norden*, København 1963

Chevalier, J. - Gheerbrandt, A., *Dictionnaire des symboles*, s.l. (ma Paris) 1969

Davidson R. Ellis, Hilda, *Gods and Myths of Northern Europe*, Harmondsworth 1964

–, *Scandinavian Mythology*, London 1969

Dumézil, G., *Les dieux des Germains*, Paris 1959 (trad. it. *Gli dèi dei Germani*, Milano 1988[4])

Friesen, O. von (cur.), *Nordisk Kultur*, vol. VI, *Runorna*, Stockholm-Oslo-København 1933

Grimm, J., *Deutsche Mythologie*, Gütersloh 1835; 4ª ed. a cura di E.H. Meyer, Berlin 1875-1878; rist. Frankfurt 1981

Helm, K., *Altgermanische Religionsgeschichte*, Heidelberg 1913-1953

Holtsmark, Anne, *Norrøn Mytologi*, Oslo 1970

Hoops, J., *Reallexikon der germanischen Altertumskunde*, I-IV, Strassburg 1911-1919

Jones, G., *A History of the Vikings*, Oxford-New York-Toronto 1968 (trad. it. *I Vichinghi*, Roma 1977)

Kulturhistoriskt lexikon för nordisk medeltid, från vikingatid till reformationstid, I-XXII, Malmö 1956-1978

Lid, N. (cur.), *Nordisk kultur*, vol. XXVI, *Religionshistorie*, Stockholm-Oslo-København 1942

Mogk, E., *Germanische Religionsgeschichte und Mythologie*, Berlin-Leipzig 1927[3]

Müllenhoff, K., *Deutsche Altertumskunde*, I-V, Berlin 1870-1908

Munch, P.A., *Norrøne gude- og heltesagn*, Kristiania 1922[3]; nuova ed. rivista da Anne Holtsmark, Oslo 1967

Olrik, A. - Ellekilde, H., *Nordens gudeverden*, I-II, København 1926-1951

Rydberg, V., *Undersökningar i germansk Mytologi*, Stockholm 1886-1889

Schröder, F.R., *Quellenbuch zur germanischen Religionsgeschichte*, Berlin-Leipzig 1933

SIMEK, R., *Lexikon der germanischen Mythologie*, Stuttgart 1984
SIMPSON, JACQUELINE, *Everyday life in the Viking Age*, Batsford 1966
STRÖM, F., *Nordisk hedendom*, Lund 1967[2]
TURVILLE-PETRE, E.O.G., *Myth and Religion of the North*, London 1964 (trad. it. *Religione e miti del Nord*, Milano 1964)
VRIES, J. DE, *Altgermanische Religionsgeschichte*, I-II, Berlin 1970[3]
–, *Altnordisches etymologisches Wörterbuch*, Leiden 1962[2]
–, *Altnordische Literaturgeschichte*, I-II, Berlin 1964-1967[2]

Indice dei nomi

Questo indice comprende i nomi mitologici e leggendari. L'asterisco accanto al numero della pagina indica che il nome è citato solo in una didascalia, la parentesi che vi è fatto riferimento solo indirettamente. Non sono riportati i nomi di luogo reali anche quando essi siano presenti in un contesto mitologico o leggendario. Similmente sono esclusi gli esseri umani, tranne che in tre casi: 1. quando si tratti di celebri personaggi protagonisti di saghe leggendarie; 2. quando paiano in qualche modo riecheggiare figure del mito; 3. quando siano compresi nel capitolo sugli eroi (pp. 367-438).

L'indice è suddiviso in tre parti: 1. nomi nordici; 2. nomi germanici; 3. nomi appartenenti ad altre tradizioni.

Per quanto riguarda la prima parte (nomi nordici) l'ordine alfabetico seguito è quello dell'antico nordico: *a, b, c, d, o, e, f, g, h, i, j, k, l, m, n, o, p, q, r, s, t, u, v (w), x, y, z, þ, æ, œ, ö, ø*. Per semplicità non si è fatta distinzione fra vocali brevi e lunghe (segnate con ´). Þ e ð rappresentano le spiranti dentali sorda e sonora (cfr. inglese *thin* e *then*); *y* ha valore di *ü* del tedesco; *æ*, *œ* hanno pronuncia di *e* aperta; *ö* corrisponde a una *o* aperta; *ø* ha valore di *ö* tedesco.

Accanto ai nomi mitologici (in particolare quelli minori) sono specificate le fonti (ove esse non si trovino nel testo); il riferimento è tuttavia limitato alle fonti «privilegiate» della mitologia nordica: *Edda poetica*, *Edda* di Snorri, *þulur*, composizioni scaldiche e *kenningar*[1] (queste ultime non vengono tuttavia nominate specificamente allorché siano citate nell'opera di Snorri).

Nella seconda e terza parte l'ordine alfabetico è quello italiano, con le eventuali, opportune integrazioni.

1. Nomi nordici

[1] Nei casi in cui le *kenningar* nelle quali compare il nome mitologico siano un massimo di due viene indicata con precisione la fonte, negli altri casi ci si limita all'abbreviazione *K*. L'indicazione *scaldi* significa che il nome mitologico è utilizzato in poesia (al di fuori delle *kenningar*) con notevole frequenza. Infine va precisato che per taluni nomi mitologici (in particolare: valchirie, corvi di Odino, figlie di Ægir) non sempre è possibile determinare se essi – quando siano elementi costitutivi di una *kenning* – vengano considerati effettivamente personificazioni o se abbiano piuttosto un valore poetico traslato (battaglia, corvo in generale, onda). Per indicazioni più approfondite sull'uso dei nomi mitologici in poesia si rimanda a S. Egilsson, *op. cit.*, alle rispettive voci.

2. Nomi germanici

3. Nomi appartenenti ad altre tradizioni

Indice generale

Finito di stampare
nel mese di gennaio 2018
per conto della Longanesi & C.
da Grafica Veneta S.p.A., di Trebaseleghe (PD)
Printed in Italy